전문 법률서적

최신 형사재판

공직선거법(상)

김 민 수 편저

진 원 사

서 문

사람은 누구든지 어떤 국가의 영역 안에서 정치활동을 하고 있습니다. 우리 헌법은 모든 국민들에게 법률이 정하는 바에 따라 선거권과 공무담임권을 보장하고 있습니다. 일정한 선거직 공무원을 선출하기 위해 제정된 법률이 공직선거법이며 이 법을 위반한 경우에는 형사처벌을 하고 있습니다. 이 책은 공직선거법에 관한 형사재판 사례를 엮은 것입니다.

이 책의 특징은 첫째 공직선거법의 전체 조문을 해설하는 대신 선거범죄에 관한 형사재판의 사례에 한정하였고, 둘째 선거범죄에 대한 형사재판 중에서 최신 4~5년 동안에 있었던 재판사례를 정리하였고, 셋째 재판사례를 주제별로 정리하는 대신 현재시점부터 연대기적 순서대로 정리하였고, 넷째 대법원판례에서 인용된 법률을 가급적 사례별로 모두 정리하여 놓았고, 다섯째 대법원판례의 기초가 된 하급심 판결도 가급적 모두 찾아 정리하여 놓았습니다.

편저자는 선거범죄에 관한 최신의 형사재판사례를 정리하여 보았는데, 법무법인 가온의 신환복 대표변호사님과 동료변호사님들의 격려에 용기를 얻어 출간하기로 결심하게 되었습니다. 편저자는 선거범죄에 관한 최신 형사재판사례를 정리한 자료를 책으로 묶어 놓으면 필요한 분들에게 자료정리의 수고를 좀 덜어 줄 수 있으리라고 생각을 해 봅니다.

이 책이 세상에 나오기까지 도와주신 여러분들께 깊은 감사를 드립니다. 진원사 양진수 사장님과 편집부 직원들의 수고와 지원이 있었기 때문에 이 책이 세상에 나올 수 있었습니다. 그동안 저에게 큰 은혜를 베풀어 주시는 가족들과 많은 분들에게 항상 감사를 드립니다.

2012년 1월

편저자 김민수

목 차

목 차

목 차

공직선거법위반 (상)

Chapter 01

문자메시지와 전보의 발송 및 제3자의 기부행위, 탈법방법에 의한 인쇄물 배부행위

[1] 사건의 쟁점

1. 공직선거법상 '사전선거운동'의 의미 및 여기에서 제외되는 '일상적·의례적·사교적인 행위'의 판단 기준
2. '지방자치단체장'이 구 공직선거법 제86조 제1항의 적용제외 대상인지 여부(소극)
3. 현직 구청장으로 차기 구청장 선거에 출마할 가능성이 있는 피고인이 선거운동기간 전에 구청 공무원 등과 공모하여 선거구민들에게 자신의 업적을 홍보하는 내용의 문자메시지와 전보를 발송하고, 골프대회 등 사적인 행사에서 인사말을 하였다고 하여 구 공직선거법 위반으로 기소된 사안에서, 위 행위가 사전선거운동 및 같은 법 제86조 제1항 제1호 위반 행위에 해당한다고 본 원심판단을 수긍한 사례
4. 구 공직선거법상 '기부행위'와 관련하여 출연자와 기부행위자가 일치하지 않는 등 어느 쪽이 기부행위자인지 분명하지 않은 경우, 기부행위자의 특정 방법
5. 구청 공무원인 피고인이 현직 구청장으로 차기 구청장 선거에 출마할 가능성이 있는 갑의 구정활동을 홍보하는 내용이 담긴 잡지를 관내 동장들에게 교부하였다고 하여 구 공직선거법 위반으로 기소된 사안에서, 위 행위가 제3자 기부행위 및 탈법방법에 의한 인쇄물 배부행위에 해당한다고 본 원심판단을 수긍한 사례

[2] 관련법령

1. 구 공직선거법(2010. 1. 25. 법률 제9974호로 개정되기 전의 것) 제254조 제2항, 제3항(현행 제254조 제2항 참조)
2. 구 공직선거법(2010. 1. 25. 법률 제9974호로 개정되기 전의 것) 제60조 제1항 제4호, 제86조 제1항, 국가공무원법 제2조, 지방공무원법 제2조, 정당법 제22조 제1항 제1호
3. 형법 제30조, 구 공직선거법(2010. 1. 25. 법률 제9974호로 개정되기 전의 것) 제86조 제1항 제1호, 제2항 제4호, 제254조 제2항, 제3항(현행 제254조 제2항 참조), 제255조 제1항 제10호

4. 구 공직선거법(2010. 1. 25. 법률 제9974호로 개정되기 전의 것) 제112조 제1항
5. 구 공직선거법(2010. 1. 25. 법률 제9974호로 개정되기 전의 것) 제93조 제1항, 제115조, 제255조 제2항 제5호, 제257조 제1항 제1호

가. 구 공직선거법 [2010. 1. 25. 법률 제9974호로 개정되기 전의 것]

제60조(선거운동을 할 수 없는 자) ① 다음 각 호의 어느 하나에 해당하는 자는 선거운동을 할 수 없다. 다만, 제4호 내지 제8호에 해당하는 자가 후보자의 배우자인 경우에는 그러하지 아니하다. 〈개정 1995.12.30, 1997.1.13, 2000.2.16, 2002.3.7, 2004.3.12, 2005.8.4〉

1. 대한민국 국민이 아닌 자
2. 미성년자(19세 미만의 자를 말한다. 이하 같다)
3. 제18조(선거권이 없는 자) 제1항의 규정에 의하여 선거권이 없는 자
4. 「국가공무원법」 제2조(공무원의 구분)에 규정된 국가공무원과 「지방공무원법」 제2조(공무원의 구분)에 규정된 지방공무원. 다만, 「정당법」 제22조(발기인 및 당원의 자격) 제1항 제1호 단서의 규정에 의하여 정당의 당원이 될 수 있는 공무원(국회의원과 지방의회의원 외의 정무직공무원을 제외한다)은 그러하지 아니하다.
5. 제53조(공무원 등의 입후보) 제1항 제2호 내지 제8호에 해당하는 자(제4호 내지 제6호의 경우에는 그 상근직원을 포함한다)
6. 향토예비군 소대장급 이상의 간부
7. 통·리·반의 장 및 읍·면·동주민자치센터(그 명칭에 관계없이 읍·면·동사무소 기능전환의 일환으로 조례에 의하여 설치된 각종 문화·복지·편익시설을 총칭한다. 이하 같다)에 설치된 주민자치위원회(주민자치센터의 운영을 위하여 조례에 의하여 읍·면·동사무소의 관할구역별로 두는 위원회를 말한다. 이하 같다)위원
8. 특별법에 의하여 설립된 국민운동단체로서 국가 또는 지방자치단체의 출연 또는 보조를 받는 단체(바르게살기운동협의회·새마을운동협의회·한국자유총연맹을 말한다)의 상근 임·직원 및 이들 단체 등(시·도조직 및 구·시·군조직을 포함한다)의 대표자
9. 삭제 〈2005.8.4〉

② 향토예비군 소대장급 이상의 간부·주민자치위원회위원 또는 통·리·반의 장이 선거사무장, 선거연락소장, 선거사무원, 회계책임자, 연설원, 대담·토론자 또는 투표참관인이나 부재자투표참관인이 되고자 하는 때에는 선거일전 90일(선거일전 90일 후에 실시사유가 확정된 보궐선거등에서는 그 선거의 실시사유가 확정된 때부터 5일)까지 그 직을 그만두어야 하며, 선거일 후 6월 이내(주민자치위원회위원은 선거일까지)에는 종전의 직에 복직될 수 없다.

이 경우 그만둔 것으로 보는 시기에 관하여는 第53條(공무원 등의 입후보) 제2항의 규정을 준용한다. 〈개정 2002.3.7, 2008.2.29〉

第86條(공무원 등의 선거에 영향을 미치는 행위금지) ① 공무원(국회의원과 그 보좌관·비서관·비서 및 지방의회의원을 제외한다), 第53條(공무원 등의 입후보) 제1항 제4호 및 제6호에 규정된 기관 등의 상근 임·직원, 통·리·반의 장, 주민자치위원회위원과 향토예비군소대장급 이상의 간부, 특별법에 의하여 설립된 국민운동단체로서 국가나 지방자치단체의 출연 또는 보조를 받는 단체(바르게살기운동협의회·새마을운동협의회·한국자유총연맹을 말한다)의 상근 임·직원 및 이들 단체 등(시·도조직 및 구·시·군조직을 포함한다)의 대표자는 다음 각 호의 어느 하나에 해당하는 행위를 하여서는 아니 된다. 〈개정 1997.11.14, 2000.2.16, 2002.3.7, 2004.3.12, 2005.8.4〉

1. 소속직원 또는 선거구민에게 교육 기타 명목여하를 불문하고 특정 정당이나 후보자(후보자가 되고자 하는 자를 포함한다. 이하 이 항에서 같다)의 업적을 홍보하는 행위
2. 선거운동의 기획에 참여하거나 그 기획의 실시에 관여하는 행위
3. 정당 또는 후보자에 대한 선거권자의 지지도를 조사하거나 이를 발표하는 행위
4. 선거기간중 소속직원 또는 선거구민에게 명목여하를 불문하고 법령이 정하는 외의 금품 기타 이익을 주거나 이를 약속하는 행위. 다만, 관혼상제 기타 의례적이거나 직무상의 행위로서 중앙선거관리위원회규칙이 정하는 행위를 제외한다.
5. 선거기간중 국가 또는 지방자치단체의 예산으로 시행하는 사업 중 즉시 공사를 진행하지 아니할 사업의 기공식을 거행하는 행위
6. 선거기간중 정상적 업무외의 출장을 하는 행위
7. 선거기간중 휴가기간에 그 업무와 관련된 기관이나 시설을 방문하는 행위

② 지방자치단체의 장은 선거일전 60일(선거일전 60일 후에 실시사유가 확정된 보궐선거등에 있어서는 그 선거 의 실시사유가 확정된 때)부터 선거일까지 다음 각 호의 1에 해당하는 행위를 하여서는 아니 된다. 〈신설 1995.12.30, 1997.11.14, 1998.4.30, 2000.2.16, 2002.3.7, 2004.3.12〉

1. 삭제 〈2004.3.12〉
2. 정당의 정강·정책과 주의·주장을 선거구민을 대상으로 홍보·선전하는 행위. 다만, 당해 지방자치단체의 장의 선거에 예비후보자 또는 후보자가 되는 경우에는 그러하지 아니하다.
3. 창당대회·합당대회·개편대회 및 후보자선출대회를 제외하고는 정당이 개최하는 시국강연회, 정견·정책발표회, 당원연수·단합대회 등 일체의 정치행사에 참석하거나

선거대책기구, 선거사무소, 선거연락소를 방문하는 행위. 다만, 당해 지방자치단체의 장 선거에 후보자가 되는 경우와 당원으로서 소속정당이 당원만을 대상으로 개최하는 정당의 공개행사에 의례적으로 방문하는 경우에는 그러하지 아니하다.

4. 다음 각 목의 1을 제외하고는 교양강좌, 사업설명회, 공청회, 직능단체모임, 체육대회, 경로행사, 민원상담 기타 각종 행사를 개최하거나 후원하는 행위
   가. 법령에 의하여 개최하거나 후원하도록 규정된 행사를 개최·후원하는 행위
   나. 특정일·특정시기에 개최하지 아니하면 그 목적을 달성할 수 없는 행사
   다. 천재·지변 기타 재해의 구호·복구를 위한 행위
   라. 직업보도교육 또는 유상으로 실시하는 교양강좌를 개최·후원하는 행위 또는 주민자치센터가 개최하는 교양강좌를 후원하는 행위. 다만, 종전의 범위를 넘는 새로운 강좌를 개설하거나 수강생을 증원하거나 장소를 이전하여 실시하는 주민자치센터의 교양강좌를 후원하는 행위를 제외한다.
   마. 집단민원 또는 긴급한 민원이 발생하였을 때 이를 해결하기 위한 행위
   바. 가목 내지 마목에 준하는 행위로서 중앙선거관리위원회규칙으로 정하는 행위
5. 통·리·반장의 회의에 참석하는 행위. 다만, 천재·지변 기타 재해가 있거나 집단민원 또는 긴급한 민원이 발생하였을 때에는 그러하지 아니하다.

③ 지방자치단체의 장은 다음 각 호의 어느 하나에 정하는 기간 동안 제112조(기부행위의 정의 등) 제2항 제4호의 직무상의 행위와 관련하여 그의 직명 또는 성명을 밝히거나 그가 하는 것으로 추정할 수 있는 방법으로 소속직원 또는 선거구민에게 명목여하를 불문하고 법령이 정하는 외의 금품 기타 이익을 주거나 이를 약속하는 행위를 하여서는 아니 된다. 다만, 그 직무상의 행위와 관련하여 지방자치단체가 당해 지방자치단체의 장의 임기개시일 전부터 정기적으로 행하여 오거나 다음 각 호의 규정에 따른 기간개시일 전에 대상·방법·범위 등을 구체적으로 정한 당해 지방자치단체의 조례에 따라 정기적으로 행하여 온 금품 그 밖의 이익을 주거나 이를 약속하는 행위는 그러하지 아니하다. 〈신설 2004.3.12, 2005.8.4〉

1. 선거구역이 당해 지방자치단체의 관할구역과 같거나 겹치는 선거의 후보자가 되고자 하는 경우
   선거일전 1년(보궐선거등에 있어서는 그 선거의 실시사유가 확정된 때)부터 선거일까지
2. 제1호 외의 선거의 경우
   선거일전 60일(선거일전 60일 후에 실시사유가 확정된 보궐선거등에 있어서는 그 선거의 실시사유가 확정된 때)부터 선거일까지

④ 제3항 단서의 규정에 불구하고 다음 각 호의 어느 하나에 해당하는 경우에는 "그가 하는 것으로 추정할 수 있는 방법"에 해당되는 것으로 한다. 〈신설 2005.8.4〉

1. 종전의 대상·방법·범위·시기 등을 확대·변경하는 경우
2. 당해 지방자치단체의 장이 참석한 장소 또는 행사에서 행하는 경우
3. 당해 지방자치단체의 장의 업적을 홍보하는 등 그를 선전하는 행위가 부가되는 경우
4. 당해 지방자치단체의 장의 직명 또는 성명을 유추할 수 있는 방법으로 행하는 경우
5. 그 밖에 위 각 호의 어느 하나에 준하는 것으로서 중앙선거관리위원회규칙으로 정하는 경우

⑤ 지방자치단체의 장은 다음 각 호의 어느 하나에 해당하는 경우를 제외하고는 지방자치단체의 사업계획·추진실적 기타 지방자치단체의 활동상황을 알리기 위한 홍보물(홍보지·소식지·간행물·시설물·녹음물·녹화물 기타의 홍보물 및 신문·방송을 이용하여 행하는 경우를 포함한다)을 분기별로 1종 1회를 초과하여 발행·배부 또는 방송하여서는 아니되며 당해 지방자치단체의 장의 선거의 선거일전 180일(보궐선거등에 있어서는 그 선거의 실시사유가 확정된 때, 이하 제6항에서 같다)부터 선거일까지는 홍보물을 발행·배부 또는 방송할 수 없다. 〈신설 1998.4.30, 2000.2.16, 2004.3.12, 2006.3.2〉

1. 법령에 의하여 발행·배부 또는 방송하도록 규정된 홍보물을 발행·배부 또는 방송하는 행위
2. 특정사업을 추진하기 위하여 그 사업과 이해관계가 있는 자나 관계주민의 동의를 얻기 위한 행위
3. 집단민원 또는 긴급한 민원이 발생하였을 때 이를 해결하기 위한 행위
4. 기타 위 각 호의 1에 준하는 행위로서 중앙선거관리위원회규칙이 정하는 행위

⑥ 지방자치단체의 장은 당해 지방자치단체의 장의 선거의 선거일전 180일부터 선거일까지 주민자치센터가 개최하는 교양강좌에 참석할 수 없으며, 근무시간 중에 공공기관이 주최하는 행사외의 행사에는 참석할 수 없다. 〈신설 1998.4.30, 2002.3.7〉
[2006헌마1096, 2008.5.29 헌법재판소 한정위헌결정으로 이 호는 공무원의 지위를 이용하지 아니한 행위에 대하여 적용하는 한 헌법에 위반]

제93조(탈법방법에 의한 문서·도화의 배부·게시 등 금지) ① 누구든지 선거일전 180일(보궐선거등에 있어서는 그 선거의 실시사유가 확정된 때)부터 선거일까지 선거에 영향을 미치게 하기 위하여 이 법의 규정에 의하지 아니하고는 정당(창당준비위원회와 정당의 정강·정책을 포함한다. 이하 이 조에서 같다) 또는 후보자(후보자가 되고자 하는 자를 포함한다. 이하 이 조에서 같다)를 지지·추천하거나 반대하는 내용이 포함되어 있거나 정당의 명칭 또는 후보자의

성명을 나타내는 광고, 인사장, 벽보, 사진, 문서·도화, 인쇄물이나 녹음·녹화테이프 기타 이와 유사한 것을 배부·첩부·살포·상영 또는 게시할 수 없다. 다만, 선거운동기간 중 후보자가 제60조의3(예비후보자 등의 선거운동) 제1항 제2호의 규정에 따른 명함을 직접 주거나 후보자가 그와 함께 다니는 자 중에서 지정한 1인과 후보자의 배우자(배우자 대신 후보자가 그의 직계존·비속 중에서 신고한 1인을 포함한다)가 그 명함을 직접 주는 경우에는 그러하지 아니하다. 〈개정 1997.11.14, 1998.4.30, 2002.3.7, 2004.3.12, 2005.8.4〉

② 누구든지 선거일전 90일부터 선거일까지는 정당 또는 후보자의 명의를 나타내는 저술·연예·연극·영화·사진 기타 물품을 이 법에 규정되지 아니한 방법으로 광고할 수 없으며, 후보자는 방송·신문·잡지 기타의 광고에 출연할 수 없다. 다만, 선거기간이 아닌 때에 「신문 등의 자유와 기능보장에 관한 법률」 제2조(용어의 정의)의 규정에 따른 정기간행물의 판매를 위하여 통상적인 방법으로 광고하는 경우에는 그러하지 아니하다. 〈개정 1998.4.30, 2005.8.4〉

③ 누구든지 선거운동을 하도록 권유·약속하기 위하여 선거구민에 대하여 신분증명서·문서 기타 인쇄물을 발급·배부 또는 징구하거나 하게 할 수 없다. 〈신설 1995.12.30〉

제112조(기부행위의 정의 등 〈개정 2004.3.12〉) ① 이 법에서 "기부행위"라 함은 당해 선거구안에 있는 자나 기관·단체·시설 및 선거구민의 모임이나 행사 또는 당해 선거구의 밖에 있더라도 그 선거구민과 연고가 있는 자나 기관·단체·시설에 대하여 금전·물품 기타 재산상 이익의 제공, 이익제공의 의사표시 또는 그 제공을 약속하는 행위를 말한다. 〈개정 2004.3.12〉

1. 삭제 〈2004.3.12〉
2. 삭제 〈2004.3.12〉
3. 삭제 〈2004.3.12〉
4. 삭제 〈2004.3.12〉
5. 삭제 〈2004.3.12〉
6. 삭제 〈2004.3.12〉
7. 삭제 〈2004.3.12〉
8. 삭제 〈2004.3.12〉
9. 삭제 〈2004.3.12〉
10. 삭제 〈2004.3.12〉
11. 삭제 〈2004.3.12〉

② 제1항의 규정에 불구하고 다음 각 호의 어느 하나에 해당하는 행위는 기부행위로 보지 아니한다. 〈개정 2004.3.12, 2005.8.4, 2008.2.29〉

1. 통상적인 정당활동과 관련한 행위
   가. 정당이 각급당부에 당해 당부의 운영경비를 지원하거나 유급사무직원에게 보수를 지급하는 행위
   나. 정당의 당헌·당규 기타 정당의 내부규약에 의하여 정당의 당원이 당비 기타 부담금을 납부하는 행위

다. 선거비용제한액의 범위 내에서 정당이 소속후보자에게 선거비용을 지원하는 행위
라. 제140조(창당대회 등의 개최와 고지의 제한) 제1항의 규정에 의한 창당대회 등과 제141조(당원집회의 제한) 제2항의 규정에 의한 당원집회 및 당원교육 기타 소속당원만을 대상으로 하는 당원집회에서 참석당원 등에게 정당의 경비로 교재 기타 정당의 홍보인쇄물이나 싼 값의 정당의 배지나 상징마스코트를 제공하는 행위
마. 통상적인 범위 안에서 선거사무소·선거연락소 또는 정당의 사무소를 방문하는 자에게 다과·떡·김밥·음료(주류는 제외한다) 등 다과류의 음식물을 제공하는 행위
바. 통상적인 범위 안에서 시·도당의 대표자가 참석하는 당직자회의(읍·면·동 단위 이상의 지역책임자급 간부와 관할 구·시·군의 수에 상당하는 상위직의 간부가 참석하는 회의를 말한다)에 참석한 당직자에게 식사류의 음식물(온천장·관광지 또는 유흥시설을 갖춘 장소 등에서 하는 음식물을 포함한 접대를 제외한다)을 제공하는 행위

2. 의례적 행위
가. 민법 제777조(친족의 범위)의 규정에 의한 친족의 관혼상제의식 기타 경조사에 축의·부의금품을 제공하는 행위
나. 정당의 대표자가 당해 당부에서 근무하는 유급사무직원에게 연말·설 또는 추석에 의례적인 선물을 제공하는 행위
다. 정당의 대표자가 주관하는 당무에 관한 회의에서 참석한 각급 당부의 대표자·책임자 또는 유급당직자에게 정당의 경비로 식사류의 음식물을 제공하는 행위
라. 정당의 중앙당의 대표자가 당무파악 및 지역여론을 수렴하기 위하여 시·도당을 방문하는 때에 정당의 경비로 방문지역의 기관·단체의 장 또는 사회단체의 간부나 언론인 등 제한된 범위의 인사를 초청하여 간담회를 개최하고 식사류의 음식물을 제공하는 행위
마. 친목회·향우회·종친회·동창회 등 각종 사교·친목단체 및 사회단체의 구성원으로서 당해 단체의 정관·규약 또는 운영관례상의 의무에 기하여 종전의 범위 안에서 회비를 납부하는 행위
바. 종교인이 평소 자신이 다니는 교회·성당·사찰 등에 통상의 예에 따라 헌금(물품의 제공을 포함한다)하는 행위
사. 통상적인 범위 안에서 선거운동을 위하여 후보자와 함께 다니는 자나 국회의원·후보자·예비후보자가 관할구역안의 지역을 방문하는 때에 함께 다니는 자에게 식사류의 음식물(온천장·관광지 또는 유흥시설을 갖춘 장소 등에서 하는 음식물을 포함한 접대를 제외한다)을 제공하는 행위. 이 경우 함께 다니는 자의 범위에 관하여는 중앙선거관리위원회규칙으로 정한다.
아. 기관·단체·시설의 대표자가 소속 상근직원이나 그 배우자, 직계존·비속이 결혼

하거나 사망한 때에 통상적인 범위 안에서 축의·부의금품을 제공하는 행위

자. 읍·면·동 이상의 행정구역단위의 정기적인 문화·예술·체육행사, 각급학교의 졸업식 또는 공공의 이익을 위한 행사에 의례적인 범위 안에서 상장(부상을 제외한다)을 수여하는 행위. 다만, 제60조의2(예비후보자등록) 제1항의 규정에 따른 예비후보자등록신청개시일부터 선거일까지 후보자(후보자가 되고자 하는 자를 포함한다)가 직접 수여하는 행위를 제외한다.

3. 구호적·자선적 행위

가. 법령에 의하여 설치된 사회보호시설 중 수용보호시설에 의연금품을 제공하는 행위

나. 「재해구호법」의 규정에 의한 구호기관(전국재해구호협회를 포함한다) 및 「대한적십자사 조직법」에 의한 대한적십자사에 천재·지변으로 인한 재해의 구호를 위하여 금품을 제공하는 행위

다. 「장애인복지법」 제58조에 따른 장애인복지시설(유료복지시설을 제외한다)에 의연금품·구호금품을 제공하는 행위

라. 「국민기초생활 보장법」에 의한 수급권자인 중증장애인에게 자선·구호금품을 제공하는 행위

마. 자선사업을 주관·시행하는 국가·지방자치단체·언론기관·사회단체 또는 종교단체 기타 국가기관이나 지방자치단체의 허가를 받아 설립된 법인 또는 단체에 의연금품·구호금품을 제공하는 행위. 다만, 광범위한 선거구민을 대상으로 하는 경우 누가 주는 것인지를 알 수 있는 방법으로 제공하는 행위를 제외한다.

4. 직무상의 행위

가. 국가기관 또는 지방자치단체가 자체사업계획과 예산으로 행하는 법령에 의한 금품제공행위(지방자치단체가 표창·포상을 하는 경우 부상의 수여를 제외한다. 이하 나목에서 같다)

나. 지방자치단체가 자체사업계획과 예산으로 대상·방법·범위 등을 구체적으로 정한 당해 지방자치단체의 조례에 의한 금품제공행위

다. 구호사업 또는 자선사업을 행하는 국가기관 또는 지방자치단체가 자체사업계획과 예산으로 당해 국가기관 또는 지방자치단체의 명의를 나타내어 행하는 구호행위·자선행위

라. 선거일전 60일까지 국가·지방자치단체 또는 공공기관[「정부투자기관 관리기본법」 제2조(적용범위)의 규정에 의한 정부투자기관 그 밖에 중앙선거관리위원회규칙이 정하는 기관을 말한다]의 장이 업무파악을 위한 초도순시 또는 연두순시차 하급기관을 방문하여 업무보고를 받거나 주민여론 등을 청취하면서 자체사업계획과

예산에 따라 참석한 소속공무원이나 임·직원, 유관기관·단체의 장과 의례적인 범위안의 주민대표에게 통상적인 범위 안에서 식사류(지방자치단체의 장의 경우에는 다과류를 말한다)의 음식물을 제공하는 행위

마. 물품구매·공사·역무의 제공 등에 대한 대가의 제공 또는 부담금의 납부 등 채무를 이행하는 행위

5. 그 밖에 위 각 호의 어느 하나에 준하는 행위로서 중앙선거관리위원회규칙으로 정하는 행위

③ 제2항에서 "통상적인 범위 안에서 제공하는 음식물"이라 함은 중앙선거관리위원회규칙으로 정하는 금액범위 안에서 일상적인 예를 갖추는데 필요한 정도로 현장에서 소비될 것으로 제공하는 것을 말하며, 기념품 또는 선물로 제공하는 것은 제외한다. 〈신설 1997.11.14〉

④ 삭제 〈2004.3.12〉

⑤ 각급선거관리위원회(읍·면·동선거관리위원회를 제외한다)는 기부행위제한의 주체·내용 및 기간 그 밖에 필요한 사항을 광고 등의 방법으로 홍보하여야 한다. 〈개정 1997.11.14, 2004.3.12, 2005.8.4〉

제115조(제삼자의 기부행위제한) 제113조(후보자 등의 기부행위제한) 또는 제114조(정당 및 후보자의 가족 등의 기부행위제한)에 규정되지 아니한 자라도 누구든지 선거에 관하여 후보자(후보자가 되고자 하는 자를 포함한다. 이하 이 조에서 같다) 또는 그 소속정당(창당준비위원회를 포함한다. 이하 이 조에서 같다)을 위하여 기부행위를 하거나 하게 할 수 없다. 이 경우 후보자 또는 그 소속정당의 명의를 밝혀 기부행위를 하거나 후보자 또는 그 소속정당이 기부하는 것으로 추정할 수 있는 방법으로 기부행위를 하는 것은 당해 선거에 관하여 후보자 또는 정당을 위한 기부행위로 본다. 〈개정 2004.3.12〉

제254조(선거운동기간위반죄) ① 선거일에 투표마감시각 전까지 선거운동을 한 자는 3년 이하의 징역 또는 600만원 이하의 벌금에 처한다.

② 선거운동기간전에 다음 각 호의 1에 해당하는 행위를 한 자는 이 법에 다른 규정이 있는 경우를 제외하고는 2년 이하의 징역 또는 400만원 이하의 벌금에 처한다.

1. 벽보·현수막·애드벌룬·표지판·선전탑·광고판 기타 명칭의 여하를 불문하고 선전시설물이나 용구 또는 각종 인쇄물을 사용하여 선거운동을 하거나 하게 한 자
2. 방송·신문·통신 또는 잡지 기타 간행물을 이용하여 선거운동을 하거나 하게 한 자
3. 정견발표회·좌담회·토론회·향우회·동창회 또는 반상회 기타의 집회를 개최하여 선거운동을 하거나 하게 한 자

4. 선거운동을 위한 기구를 설치하거나 사조직을 만들어 선거운동을 하거나 하게 한 자
5. 호별방문하여 선거운동을 하거나 하게 한 자

③ 제2항에 규정된 방법외의 방법으로 선거운동기간전에 선거운동을 하거나 하게 한 자는 1년 이하의 징역 또는 200만원 이하의 벌금에 처한다.

제255조(부정선거운동죄) ① 다음 각 호의 어느 하나에 해당하는 자는 3년 이하의 징역 또는 600만원 이하의 벌금에 처한다. 〈개정 1995.12.30, 1997.11.14, 1998.4.30, 2000.2.16, 2002.3.7, 2004.3.12, 2005.8.4, 2009.2.12〉

1. 제60조(선거운동을 할 수 없는 자) 제1항의 규정에 위반하여 선거운동을 하거나 하게 한 자 또는 같은 조 제2항이나 제205조(선거운동기구의 설치 및 선거사무관계자의 선임에 관한 특례) 제4항의 규정에 위반하여 선거사무장 등으로 되거나 되게 한 자
2. 제61조(선거운동기구의 설치) 제1항의 규정에 위반하여 선거운동기구를 설치하거나 이를 설치하여 선거운동을 한 자
3. 제62조(선거사무관계자의 선임) 제1항 내지 제3항의 규정에 위반하여 선거사무장·선거연락소장이나 선거사무원을 선임한 자

3의2. 제68조(어깨띠) 제2항의 규정을 위반하여 어깨띠를 선거운동을 위하여 착용하거나 하게 한 자

4. 삭제 〈2004.3.12〉
5. 삭제 〈2004.3.12〉
6. 제80조(연설금지장소)의 규정에 위반하여 선거운동을 위한 연설·대담을 한 자
7. 제81조(단체의 후보자 등 초청 대담·토론회) 제1항의 규정에 위반하여 후보자 등 초청 대담·토론회를 개최한 자
8. 제81조 제7항[제82조(언론기관의 후보자등 초청 대담·토론회) 제4항에서 준용하는 경우를 포함한다]의 규정에 위반하여 대담·토론회를 개최한 자
9. 제85조(지위를 이용한 선거운동금지) 제2항 또는 제3항의 규정에 위반한 행위를 하거나 하게 한 자
10. 제86조(공무원등의 선거에 영향을 미치는 행위금지) 제1항 제1호 내지 제4호·제2항·제3항 또는 제5항의 규정에 위반한 행위를 하거나 하게 한 자 또는 같은 조 제6항의 규정에 위반한 행위를 한 자
11. 제87조(단체의 선거운동금지) 제1항의 규정을 위반하여 선거운동을 하거나 하게 한 자 또는 동조 제2항의 규정을 위반하여 사조직 기타 단체를 설립·설치하거나 하게 한 자

12. 제88조(타 후보자를 위한 선거운동금지) 본문의 규정에 위반하여 다른 정당이나 후보자를 위한 선거운동을 한 자
13. 제89조(유사기관의 설치금지) 제1항 본문의 규정에 위반하여 유사기관을 설립·설치하거나 기존의 기관·단체·조직 또는 시설을 이용한 자
14. 삭제 〈2004.3.12〉
15. 제92조(영화 등을 이용한 선거운동금지)의 규정에 위반하여 저술·연예·연극·영화나 사진을 배부·공연·상연·상영 또는 게시하거나 하게 한 자
16. 제105조(행렬등의 금지) 제1항의 규정에 위반하여 무리를 지어 거리행진·인사 또는 연달아 소리 지르는 행위를 하거나 하게 한 자, 같은 조 제2항의 규정에 위반하여 모양과 색상이 동일한 모자나 옷을 착용하거나 기타 표지물을 휴대하여 선거운동을 하거나 하게 한 자
17. 제106조(호별방문의 제한) 제1항 또는 제3항의 규정에 위반하여 호별로 방문하거나 하게 한 자
18. 제107조(서명·날인운동의 금지)의 규정에 위반하여 서명이나 날인을 받거나 받게 한 자
19. 제109조(서신·전보 등에 의한 선거운동의 금지) 제1항 본문 또는 제2항의 규정에 위반하여 서신·전보·모사전송·전화 기타 전기통신의 방법을 이용하여 선거운동을 하거나 하게 한 자나 같은 조 제3항의 규정에 위반하여 협박하거나 하게 한 자
20. 제218조의14 제1항을 위반하여 재외선거권자를 대상으로 선거운동을 한 자

② 다음 각 호의 어느 하나에 해당하는 자는 2년 이하의 징역 또는 400만원 이하의 벌금에 처한다. 〈개정 1995.12.30, 1997.11.14, 1998.4.30, 2000.2.16, 2002.3.7, 2004.3.12, 2005.8.4, 2007.1.3, 2008.2.29〉

1. 제60조의3 제1항 제4호 후단을 위반하여 예비후보자홍보물을 작성한 자

1의2. 대통령선거 및 지방자치단체의 장선거의 예비후보자가 아닌 자로서 제60조의4 제1항의 예비후보자공약집을 발간·배부한 자, 같은 항을 위반하여 1종을 넘어 예비후보자공약집을 발간·배부한 자, 같은 항을 위반하여 예비후보자공약집을 통상적인 방법으로 판매하지 아니하거나 방문판매의 방법으로 판매한 자, 같은 조 제2항을 위반하여 예비후보자공약집을 발간·배부한 자

1의3. 제64조(선전벽보) 제1항·제8항, 제65조(선거공보) 제1항·제2항, 제66조(선거공약서) 제1항 내지 제5항의 규정을 위반하여 선전벽보·선거공보 또는 선거공약서를 선거운동을 위하여 작성·사용하거나 하게 한 자

2. 제65조 제7항의 규정을 위반하여 선거공보에 후보자정보공개자료의 전부 또는 일부를 게재하지 아니한 자

3. 제57조의3(당내경선운동) 제1항의 규정을 위반하여 경선운동을 한 자
4. 제91조(확성장치와 자동차 등의 사용제한) 제1항·제3항 또는 제216조(4개 이상 선거의 동시실시에 관한 특례) 제1항의 규정에 위반하여 확성장치나 자동차를 사용하여 선거운동을 하거나 하게 한 자
5. 제93조(탈법방법에 의한 문서·도화의 배부·게시 등 금지) 제1항의 규정에 위반하여 문서·도화 등을 배부·첩부·살포·게시·상영하거나 하게 한 자, 같은 조 제2항의 규정에 위반하여 광고 또는 출연을 하거나 하게 한 자 또는 제3항의 규정에 위반하여 신분증명서·문서 기타 인쇄물을 발급·배부 또는 징구하거나 하게 한 자
6. 제100조(녹음기 등의 사용금지)의 규정에 위반하여 녹음기 또는 녹화기를 사용하여 선거운동을 하거나 하게 한 자
7. 삭제 〈1995.12.30〉
8. 제271조의2(선거에 관한 광고의 제한) 제1항의 규정에 의한 광고중지요청에 불응하여 광고를 하거나 광고게재를 의뢰한 자

③ 제85조 제1항의 규정에 위반하여 선거운동을 하거나 하게 한 자는 5년 이하의 징역에 처한다.
④ 제82조의5(선거운동정보의 전송제한) 제1항의 규정을 위반하여 선거운동정보를 전송한 자, 동조 제2항의 규정을 위반하여 선거운동정보에 해당하는 사실 등을 선거운동정보에 명시하지 아니하거나 허위로 명시한 자, 동조 제3항의 규정을 위반하여 수신자의 동의를 얻지 아니하고 선거운동정보를 전송한 자, 동조 제4항의 규정을 위반하여 기술적 조치를 한 자, 동조 제5항의 규정을 위반하여 비용을 수신자에게 부담하도록 한 자, 동조 제6항의 규정을 위반하여 선거운동정보를 전송한 자는 1년 이하의 징역 또는 100만원 이하의 벌금에 처한다. 〈신설 2004.3.12, 2005.8.4〉
[2006헌마1096, 2008.05.29, 공직선거법(2005. 8. 4. 법률 제7681호로 개정된 것) 제255조 제1항 제10호 중 '제86조 제1항 제2호' 부분은 공무원의 지위를 이용하지 아니한 행위에 대하여 적용하는 한 헌법에 위반된다.]

제257조(기부행위의 금지제한 등 위반죄) ① 다음 각 호의 1에 해당하는 자는 5년 이하의 징역 또는 1천만원 이하의 벌금에 처한다. 〈개정 1996.2.6, 1997.1.13, 1997.11.14, 2000.2.16, 2004.3.12〉

1. 제113조(후보자 등의 기부행위제한)·제114조(정당 및 후보자의 가족 등의 기부행위제한) 제1항 또는 제115조(제삼자의 기부행위제한)의 규정에 위반한 자
2. 제81조(단체의 후보자 등 초청 대담·토론회) 제6항[제82조(언론기관의 후보자 등 초청 대담·

토론회) 제4항에서 준용하는 경우를 포함한다]의 규정을 위반한 자

② 제81조 제6항·제82조 제4항·제113조·제114조 제1항 또는 제115조에서 규정하고 있는 정당(창당준비위원회를 포함한다)·정당의 대표자·정당선거사무소의 소장, 국회의원·지방의회의원·지방자치단체의 장, 후보자(후보자가 되고자 하는 자를 포함한다. 이하 이 조에서 같다), 후보자의 배우자, 후보자나 그 배우자의 직계존·비속과 형제자매, 후보자의 직계비속 및 형제자매의 배우자, 선거사무장, 선거연락소장, 선거사무원, 회계책임자, 연설원, 대담·토론자, 후보자 또는 그 가족과 관계있는 회사 등이나 그 임·직원과 제삼자[제116조(기부의 권유·요구 등의 금지)에 규정된 행위의 상대방을 말한다]에게 기부를 지시·권유·알선·요구하거나 그로부터 기부를 받은 자[제261조(과태료의 부과·징수 등) 제5항의 규정에 해당하는 자를 제외한다]는 3년 이하의 징역 또는 500만원 이하의 벌금에 처한다. 〈개정 1997.1.13, 2000.2.16, 2004.3.12, 2008.2.29〉
③ 제117조(기부 받는 행위 등의 금지)의 규정에 위반한 자는 3년 이하의 징역 또는 500만원 이하의 벌금에 처한다. 〈신설 1995.5.10〉
④ 제1항 내지 제3항의 죄를 범한 자가 받은 이익은 이를 몰수한다. 다만, 그 전부 또는 일부를 몰수할 수 없을 때에는 그 가액을 추징한다. 〈신설 1995.5.10〉

나. 국가공무원법 [법률 제10342호, 2010. 6. 8, 일부개정]

제2조(공무원의 구분) ① 국가공무원(이하 "공무원"이라 한다)은 경력직공무원과 특수경력직공무원으로 구분한다.
② "경력직공무원"이란 실적과 자격에 따라 임용되고 그 신분이 보장되며 평생토록 공무원으로 근무할 것이 예정되는 공무원을 말하며, 그 종류는 다음 각 호와 같다.

1. 일반직공무원: 기술·연구 또는 행정 일반에 대한 업무를 담당하며, 직군(職群)·직렬(職列)별로 분류되는 공무원
2. 특정직공무원: 법관, 검사, 외무공무원, 경찰공무원, 소방공무원, 교육공무원, 군인, 군무원, 헌법재판소 헌법연구관, 국가정보원의 직원과 특수 분야의 업무를 담당하는 공무원으로서 다른 법률에서 특정직공무원으로 지정하는 공무원
3. 기능직공무원: 기능적인 업무를 담당하며 그 기능별로 분류되는 공무원

③ "특수경력직공무원"이란 경력직공무원 외의 공무원을 말하며, 그 종류는 다음 각 호와 같다.

1. 정무직공무원
   가. 선거로 취임하거나 임명할 때 국회의 동의가 필요한 공무원

나. 고도의 정책결정 업무를 담당하거나 이러한 업무를 보조하는 공무원으로서 법률이나 대통령령(대통령실의 조직에 관한 대통령령만 해당한다)에서 정무직으로 지정하는 공무원

2. 별정직공무원: 특정한 업무를 담당하기 위하여 별도의 자격 기준에 따라 임용되는 공무원으로서 법령에서 별정직으로 지정하는 공무원

3. 계약직공무원: 국가와의 채용 계약에 따라 전문지식·기술이 요구되거나 임용에 신축성 등이 요구되는 업무에 일정 기간 종사하는 공무원

4. 고용직공무원: 단순한 노무에 종사하는 공무원

④ 제3항에 따른 별정직공무원·계약직공무원 및 고용직공무원의 채용조건·임용절차·근무상한연령, 그 밖에 필요한 사항은 국회규칙, 대법원규칙, 헌법재판소규칙, 중앙선거관리위원회규칙 또는 대통령령으로 정한다. [전문개정 2008.3.28]

다. 지방공무원법 [법률 제10343호, 2010. 6. 8, 일부개정]

제2조(공무원의 구분) ① 지방자치단체의 공무원(지방자치단체가 경비를 부담하는 지방공무원을 말하며, 이하 "공무원"이라 한다)은 경력직공무원과 특수경력직공무원으로 구분한다.

② "경력직공무원"이란 실적과 자격에 따라 임용되고 그 신분이 보장되는 공무원을 말하며, 그 종류는 다음 각 호와 같다.

1. 일반직공무원: 기술·연구 또는 행정 일반에 대한 업무를 담당하며 직군·직렬별로 분류되는 공무원

2. 특정직공무원: 공립 대학 및 전문대학에 근무하는 교육공무원, 자치경찰공무원 및 지방소방공무원과 그 밖에 특수 분야의 업무를 담당하는 공무원으로서 다른 법률에서 특정직공무원으로 지정하는 공무원

3. 기능직공무원: 기능적인 업무를 담당하며 그 기능별로 분류되는 공무원

③ "특수경력직공무원"이란 경력직공무원 외의 공무원을 말하며, 그 종류는 다음 각 호와 같다.

1. 정무직공무원

가. 선거로 취임하거나 임명할 때 지방의회의 동의가 필요한 공무원

나. 고도의 정책결정업무를 담당하거나 이러한 업무를 보조하는 공무원으로서 법령 또는 조례에서 정무직으로 지정하는 공무원

2. 별정직공무원: 특정한 업무를 담당하기 위하여 별도의 자격기준에 따라 임용되는 공무원으로서 법령 또는 조례에서 별정직으로 지정하는 공무원

3. 계약직공무원: 지방자치단체와의 채용계약에 따라 전문지식·기술이 요구되거나 임용에 신축성 등이 요구되는 업무에 일정 기간 종사하는 공무원
4. 고용직공무원: 단순한 노무에 종사하는 공무원

④ 제3항에 따른 별정직공무원·계약직공무원 및 고용직공무원의 임용조건, 임용절차, 근무 상한연령, 그 밖에 필요한 사항은 대통령령 또는 조례로 정한다.
[전문개정 2008.12.31]

라. 정당법 [법률 제9973호, 2010. 1. 25, 일부개정]

제22조(발기인 및 당원의 자격) ① 국회의원 선거권이 있는 자는 공무원 그 밖에 그 신분을 이유로 정당가입이나 정치활동을 금지하는 다른 법령의 규정에 불구하고 누구든지 정당의 발기인 및 당원이 될 수 있다. 다만, 다음 각 호의 어느 하나에 해당하는 자는 그러하지 아니하다.

1. 「국가공무원법」 제2조(공무원의 구분) 또는 「지방공무원법」 제2조(공무원의 구분)에 규정된 공무원. 다만, 대통령, 국무총리, 국무위원, 국회의원, 지방의회의원, 선거에 의하여 취임하는 지방자치단체의 장, 국회의원의 보좌관·비서관·비서, 국회 교섭단체의 정책연구위원과 「고등교육법」 제14조(교직원의 구분) 제1항·제2항의 규정에 의한 총장·학장·교수·부교수·조교수·전임강사인 교원을 제외한다.
2. 총장·학장·교수·부교수·조교수·전임강사를 제외한 사립학교의 교원
3. 법령의 규정에 의하여 공무원의 신분을 가진 자

② 대한민국 국민이 아닌 자는 당원이 될 수 없다.

마. 형법 [법률 제10259호, 2010. 4. 15, 일부개정]

제30조(공동정범) 2인 이상이 공동하여 죄를 범한 때에는 각자를 그 죄의 정범으로 처벌한다.

[3] 서울중앙지방법원의 판결[1)]

【피 고 인】 피고인 1 외 4인
【검 사】 검 사
【변 호 인】 법무법인

【주 문】

1. 피고인 1을 벌금 7,000,000원에, 피고인 2를 징역 6월에, 피고인 4를 벌금 2,000,000원에 각 처한다.
2. 피고인 1, 4가 위 벌금을 납입하지 아니하는 경우 각 50,000원을 1일로 환산한 기간 위 피고인들을 노역장에 유치한다.
3. 다만, 피고인 2에 대하여는 이 판결 확정일로부터 2년간 위 형의 집행을 유예한다.
4. 이 사건 공소사실 중 ① 피고인 1에 대한 각 기부행위로 인한 각 공직선거법위반의 점, ② 피고인 2에 대한 2009. 11. 25.자(2009. 11. 23.자 기부행위 포함), 2009. 12. 8.자, 2009. 12. 10.자 및 2010. 1. 7.자 각 제3자 기부행위로 인한, 2009. 11. 25.자, 2009. 12. 8.자, 2009. 12. 10.자, 2010. 1. 8.자 및 2010. 1. 9.자 각 사전선거운동 및 공무원의 선거운동금지위반으로 인한 각 공직선거법위반의 점, ③ 피고인 4에 대한 2009. 11. 25.자 사전선거운동 및 지방공단 상근임원의 선거운동금지위반으로 인한 각 공직선거법위반의 점, ④ 피고인 3, 5는 각 무죄.

【이 유】

【범죄사실】

피고인 1은 2006. 7. 1.부터 2010. 6. 30.까지 서울 중구청장으로 재직하던 지방 정무직 공무원으로서 2010. 6. 2. 실시된 제5회 전국동시지방선거에 무소속으로 서울 중구청장 후보로 출마하였다가 낙선한 사람이고, 피고인 2는 2007. 7.경부터 2010. 6. 30.경까지 서울 중구청장 비서실장으로 근무하면서 구청장인 피고인 1을 보좌하고 비서실 직원들을 통할하여 구청장 일정 관리, 각종 민원업무 처리 등 비서실 업무를 총괄하던 사람으로 지방행정직 5급 공무원이며, 피고인 4는 중구청 산하 지방공기업인 중구시설관리공단 이사장으로 구청장인 피고인 1의 감독을 받아 ○○아트홀 스포츠센터, 공소외 25 문화체육센터 등 중구청 문화체육시설의 관리·운영 등 시설관리공단의 업무를 총괄하는 사람이다.

---

1) 서울중앙지방법원 2010. 12. 24. 선고 2010고합1048 판결 【공직선거법위반】

1. 피고인 1, 2, 4의 문자메시지 및 전보 발송을 통한 사전선거운동 등으로 인한 공직선거법위반

공무원 및 지방공단의 상근임원은 선거운동을 할 수 없고, 소속 직원 또는 선거구민에게 교육 기타 명목 여하를 불문하고 특정 정당이나 후보자(후보자가 되고자 하는 자를 포함한다)의 업적을 홍보하는 행위를 하여서는 아니 되며, 누구든지 선거운동 기간 전에 선거운동을 할 수 없다.

가. 피고인 1, 2의 공동범행

(1) 피고인 1, 2는 2009. 6. 1.경 서울 중구 예관동 (지번 1 생략) 중구청장 비서실에서 비서실 직원 공소외 2로 하여금 중구청 내부 전산망 문자발송 프로그램을 이용하여 중구 내 직능단체 회원 등 중구[2] 거주민들에게 "6월의 첫날! 싱싱한 에너지 많이 받으셔서 새롭고 활기차게 보내세요! 중구청장 피고인 1"이라는 내용의 문자메시지를 보내게 한 것을 비롯하여 그때부터 2009. 10. 1.경까지 중구청장 비서실에서 비서실 직원 공소외 2 등으로 하여금 별지 범죄일람표(1) 기재 연번 1번부터 8번 기재와 같이 선거구민에게 중구청장인 피고인 1 명의의 위와 같은 취지의 인사말이 담긴 문자메시지를 보내게 하였다.

이로써 공무원인 위 피고인들은 공모하여 피고인 1을 위하여 선거운동 기간 전에 선거운동을 하였다.

(2) 피고인 1, 2는 2009. 6. 1.경 위 중구청장 비서실에서 직원 공소외 2로 하여금 인터넷 '케이티(KT)전보115' 사이트를 이용하여 중구 거주민인 황학동 (이하 생략)에 사는 공소외 52에게 "(이하 생략) 공소외 52 이사님의 생신을 진심으로 축하드리며, 변함없는 건강과 함께 행운을 기원 드립니다. 중구청장 피고인 1"이라는 내용으로 생일축하전보를 발송한 것을 비롯하여 그때부터 2010. 2. 27.경까지 별지 범죄일람표(2) 기재와 같이 중구 선거구민 2,218명에게 중구청장인 피고인 1 명의의 생일축하전보를 발송하였다.

이로써 공무원인 위 피고인들은 공모하여 피고인 1을 위하여 선거운동 기간 전에 선거운동을 하였다.

(3) 피고인 1, 2는 2009. 9.경 서울 중구 소재 ◈병원 입원 환자 중 중구 거주민 명단을 ◈병원 총무부장 공소외 26으로부터 팩스로 전송받아 비서실 직원 공소외 1로 하여금 관리하게 하면서 2009. 9. 9.경 위 중구청장 비서실에서 공소외 1로 하여금 인터넷 '케이티전보115' 사이트를 이용하여 ◈병원에 입원 중인 중구 필동 거주민 공소외 27에게 "빠른 쾌유를 기원 드리며, 더욱 건강하시고 행복하시기

2) 공소장에는 '9,406명'으로 되어 있으나, 문자메시지 발송 건수 중 수신자에게 제대로 도달하지 않은 경우도 있다고 보이므로, 특정하지 않는다.

바랍니다. 중구청장 피고인 1"이라는 내용으로 쾌유기원전보를 발송한 것을 비롯하여 그때부터 2010. 2. 17.경까지 별지 범죄일람표(3) 기재와 같이 ◈병원 입원환자 중 서울 중구 거주민 등 223명에게 중구청장인 피고인 1 명의의 쾌유기원전보를 발송하였다. 이로써 공무원인 위 피고인들은 공모하여 피고인 1을 위하여 선거운동 기간 전에 선거운동을 하였다.

나. 피고인 1, 2, 4의 공동범행

피고인 4는 2009. 10. 26.경 서울 중구 신당동 (지번 2 생략)에 있는 중구시설관리공단 사무실에서 자신이 관리하는 중구 시설관리공단 산하 ○○아트홀 스포츠센터 및 공소외 25 체육센터 등 소속 회원 5,898명(중구민 4,744명)의 주소, 전화번호 등 인적사항이 기재된 명단파일을 피고인 2로 하여금 선거운동을 위한 문자발송에 이용하게 할 목적으로 피고인 2의 이메일(인터넷주소 생략)로 전송하고, 피고인 1, 2는 위 일시경 피고인 4로부터 받은 명단파일을 문자발송 대상자에 추가하라며 비서실 직원 공소외 2에게 주어,

(1) 2009. 11. 10.경 서울 중구 예관동 (지번 1 생략) 중구청장 비서실에서 공소외 2로 하여금 중구청 내부 전산망 문자발송 프로그램을 이용하여 중구 내 직능단체 회원 등 중구[3] 거주민들에게 "성동고 자율형 공립고 선정! 우리중구 명문학교 만들기의 결실입니다! 중구청장 피고인 1"이라는 내용의 문자메시지를 별지 범죄일람표(1) 기재 연번 12번 기재와 같이 보내게 하였다.

이로써 공무원인 피고인 1, 2는 지방공단의 상근임원인 피고인 4와 공모하여 피고인 1의 업적을 홍보함과 동시에 선거운동 기간 전에 선거운동을 하였다.

(2) 2009. 12. 1.경 위 중구청장 비서실에서 직원 공소외 2로 하여금 중구청 내부 전산망 문자발송 프로그램을 이용하여 중구 내 직능단체 회원 등 중구 거주민들[4]에게 "올 한해 마무리하는 12월 첫날! 건강&행복&사랑 가득 채우시는 한 달 되세요^^ 중구청장 피고인 1"이라는 내용의 문자메시지를 보내게 한 것을 비롯하여 2009. 11. 1.부터 2009. 12. 31.까지 비서실 직원 공소외 2 등으로 하여금 별지 범죄일람표(1) 기재 연번 9번 내지 11번, 13번 내지 17번 기재와 같이 선거구민에게 중구청장 피고인 1 명의의 위와 같은 취지의 인사말이 담긴 문자메시지를 보내게 하였다. 이로써 공무원인 피고인 1, 2는 지방공단의 상근임원인 피고인 4와 공모하여 피고인 1을 위하여 선거운동 기간 전에 선거운동을 하였다.

---

3) 공소장에는 '31,382명'으로 되어 있으나, 문자메시지 발송 건수 중 수신자에게 제대로 도달하지 않은 경우도 있다고 보이므로, 특정하지 않는다.

4) 공소장에는 '31,251명'으로 되어 있으나, 문자메시지 발송 건수 중 수신자에게 제대로 도달하지 않은 경우도 있다고 보이므로, 특정하지 않는다.

2. 피고인 1의 ○○골프회장배 골프대회를 이용한 사전선거운동 등으로 인한 공직선거법위반 공무원은 선거운동을 할 수 없고, 누구든지 선거운동 기간 전에 선거운동을 할 수 없다.
   피고인 1은 피고인 5가 회장으로 있는 ○○아트홀 내 골프연습장 회원들의 사적 모임인 ○○골프회의 '제1회 서울시 중구 ○○골프회장배 골프대회' 행사를 이용하여 회원들인 선거구민들을 상대로 선거운동을 하기로 계획하고, 2009. 11. 25. 08:00경 위 골프대회의 출발장소인 서울 중구 ○○동 (지번 3 생략)에 있는 ○○아트홀 앞 노상에서 골프대회 장소인 ◎◎씨씨(CC)로 출발하기 위해 대기 중인 버스 3대에 각 올라타 참석자 100여명에게 "안녕하십니까. 중구청장 피고인 1입니다. 중구 발전을 위해 열심히 하겠습니다. 회원들을 위해 골프장 거리를 넓힐 생각도 갖고 있습니다."라고 말한 후, 참석자들과 일일이 악수를 하고, 수행비서 공소외 4는 피고인 1의 사진과 직함이 새겨진 명함을 참석자들에게 배부하였다.
   이로써 공무원인 피고인 1은 선거운동 기간 전에 선거운동을 하였다.

3. 피고인 1의 경로당 식사대접을 이용한 사전선거운동 등으로 인한 공직선거법위반 공무원은 선거운동을 할 수 없고, 누구든지 선거운동 기간 전에 선거운동을 할 수 없다.
   피고인 1은 피고인 5가 ○○골프회 명의로 경로당 노인들에게 식사를 대접하기 위하여 마련한 자리를 이용하여 선거운동을 하기로 계획하였다.

가. 피고인 1은 2009. 12. 8. 12:00경 서울 중구 신당1동에 있는 신당1동 경로당에서 열린 '신당1동 경로당 송년식사 대접' 자리에 참석하여 경로당 노인들에게 "구청장 피고인 1입니다. 추우신데 옷 따뜻하게 입으시고, 건강하세요"라는 말을 하고 노인들과 일일이 악수를 하였다.
   이로써 공무원인 피고인 1은 선거운동 기간 전에 선거운동을 하였다.

나. 피고인 1은 2009. 12. 10. 12:00경 서울 중구 신당1동에 있는 '○○○ 숯불갈비'에서 열린 '광희문 경로당 송년식사 대접' 자리에 참석하여 경로당 노인들에게 "구청장 피고인 1입니다. 식사대접이 약소하지만 많이 드시고, 건강하시고 즐겁게 노세요"라는 말을 하고 노인들과 일일이 악수를 하였다.
   이로써 공무원인 피고인 1은 선거운동 기간 전에 선거운동을 하였다.

4. 피고인 1의 뮤지컬 '△△' 공연을 이용한 사전선거운동 등으로 인한 공직선거법위반 공무원은 선거운동을 할 수 없고, 누구든지 선거운동 기간 전에 선거운동을 할 수 없다.
   피고인 1은 자신이 지휘·감독하고 피고인 3이 사장으로 있는 ○○아트홀이 공연기획사 공소외 28 주식회사와 공동 투자하여 2009. 11. 25.경부터 ○○아트홀에서 유료(티켓

1장 당 40,000원)로 공연 중인 뮤지컬 '△△'의 무료공연 행사에 중구 구민들이 참석하는 것을 이용하여 선거운동을 하기로 계획하였다.

가. 피고인 3은 2010. 1. 8. 20:00경 서울 중구 흥인동에 있는 ○○아트홀에서 열린 위 무료공연 행사에서 공연기획사 대표 공소외 18에게 뮤지컬 '△△' 공연 시작 전 피고인 1이 인사말을 할 수 있는 순서를 마련해 달라고 얘기하였다.
피고인 3으로부터 위와 같은 부탁을 받은 공소외 18은 공연배우 공소외 21에게 피고인 1을 무대에 올려 인사를 하는 순서를 마련하라고 한 후, 피고인 1은 공연 시작 무렵 무대로 나가 무료공연 행사에 참석한 통·반장 등 중구민 148명을 상대로 "구청장 피고인 1입니다. 제설작업 하느라 수고하셨습니다. 중구는 앞으로도 계속 발전할 겁니다. 여러분은 중구에 거주하는 것이 복 받은 것입니다. 앞으로 집값도 많이 오를 겁니다." 라고 말을 하였다.
이로써 공무원인 피고인 1은 선거운동 기간 전에 선거운동을 하였다.

나. 피고인 3은 2010. 1. 9. 19:00경 열린 중구 구민을 위한 두 번째 무료공연 행사에도 피고인 1이 무대에서 인사를 할 수 있도록 하였고, 피고인 1은 전날과 마찬가지로 공연 시작 무렵 무대로 나가 무료공연 행사에 참석한 통·반장 등 중구민 153명을 상대로 "구청장 피고인 1입니다. 제설작업 하느라 수고하셨습니다. 중구는 앞으로도 계속 발전할 겁니다. 여러분은 중구에 거주하는 것이 복 받은 것입니다. 앞으로 집값도 많이 오를 겁니다."라고 말을 하였다.
이로써 공무원인 피고인 1은 선거운동 기간 전에 선거운동을 하였다.

5. 피고인 2의 골프잡지 배부를 통한 기부행위, 탈법방법에 의한 인쇄물 배부, 사전선거운동 등으로 인한 공직선거법위반

누구든지 선거일전 180일부터 선거일까지 선거에 영향을 미치게 하기 위하여 공직선거법의 규정에 의하지 아니하고는 정당 또는 후보자(후보자가 되고자 하는 자를 포함한다)를 지지·추천하거나 반대하는 내용이 포함되어 있거나 정당의 명칭 또는 후보자의 성명을 나타내는 광고, 인사장, 벽보, 사진, 문서·도화, 인쇄물이나 녹음·녹화테이프, 그 밖에 이와 유사한 것을 배부·첩부·살포·상영 또는 게시할 수 없고, 제3자는 선거에 관하여 후보자(후보자가 되고자 하는 자를 포함한다)를 위하여 기부행위를 하거나 하게 할 수 없다. 또한, 공무원은 선거운동을 할 수 없고, 누구든지 선거운동 기간 전에 선거운동을 할 수 없다.

피고인 2는 중구청장 피고인 1이 표지모델로 되어 있고, "1등 중구! 1등 구청장!"이라는 제목 하에 피고인 1의 7대 주요 중점사업을 홍보하는 내용으로 인터뷰 기사(26-37쪽, 총

12쪽)가 실려 있는 "○○○"라는 골프잡지(시가 1만원 상당)를 위 잡지의 발행인 공소외 5로부터 2010. 1.경 교부받고, 위 잡지를 각 동에 무료로 배부하여 중구청장 피고인 1의 업적을 널리 홍보하려고 마음먹었다.

피고인 2는 2010. 1. 6.경 중구청 문화체육과 팀장 공소외 6을 비서실로 불러 "○○○" 골프잡지를 2010. 1. 7. 중구청 기획상황실에서 열릴 확대간부회의에 참석한 동장들에게 배부하라고 지시하였다.

피고인 2로부터 위와 같은 지시를 받은 공소외 6은 2010. 1. 6. 19:00경 직원 공소외 29, 30을 피고인 2에게 보내 골프잡지를 받아오게 한 후 2010. 1. 7. 10:00경 중구청 기획상황실에서 중구청장 주재로 열린 간부회의가 끝난 직후 회의에 참석한 을지로동 동장 공소외 31 등 동장 15명에게 위 골프잡지[5] 50여권(50만원 상당)을 구청에서 나누어 주는 잡지라면서 무료로 배부하여 그 무렵 동사무소 민원실 등에 비치하도록 하였다.

이로써 피고인 2는 선거에 영향을 미치게 하기 위하여 피고인 1이 표지모델로 되어 있고, 피고인 1의 7대 주요 중점사업을 홍보하는 내용이 포함되어 있는 "○○○" 골프잡지(시가 1만원 상당) 50권을 배부하여 공무원이 선거운동 기간 전에 선거운동을 함과 동시에 후보자가 되고자 하는 피고인 1을 위하여 기부행위를 하고 이와 동시에 탈법방법에 의하여 인쇄물을 배부하였다.[6]

【증거의 요지】

1. 피고인 1, 2, 3, 4, 5의 각 일부 법정진술
1. 증인 공소외 2, 1, 32, 3, 13, 33, 26, 34, 35, 7, 36, 10, 4, 37, 18, 9, 6, 10의 각 법정진술
1. 피고인 1, 2, 3, 4, 5 및 공소외 2, 1, 3, 6에 대한 각 검찰 피의자신문조서(증거목록 163, 166, 172, 176, 183, 187, 188, 190, 192, 194, 201, 202, 204, 205, 208, 210, 212)
1. 공소외 37, 38, 39, 33, 9, 4, 13에 대한 각 검찰 진술조서(증거목록 168, 173, 174, 180, 185, 186, 196)
1. 피고인 2, 5, 4, 3 및 공소외 1, 2, 3, 6에 대한 각 경찰 피의자신문조서, 공소외 32에 대한 각 경찰 피의자신문조서 사본(증거목록 46, 52, 71, 78 내지 80, 83 내지 85, 106, 149, 151, 152, 243)

---

5) 당초 공소사실에는 '75권'으로 되어 있으나, 아래 '피고인들 및 그 변호인들의 주장에 대한 판단' 5.의 나.항에서 살펴보는 바와 같이 50여권인 것으로 보인다.

6) 공소사실에는 표목의 기재와 달리 '탈법방법에 의한 인쇄물 배부' 부분이 누락되어 있는바, 이는 단순 누락으로 보인다. 또한 아래 '피고인들 및 그 변호인들의 주장' 중 1. 나. (2)의 (다) 1)항에서 살펴보는 바와 같이 공무원의 선거운동금지위반 및 제3자 기부행위로 인한 각 공직선거법위반죄가 인정되기 때문에 사전선거운동으로 인한 공직선거법위반죄가 별도로 성립한다.

1. 공소외 10, 12, 9, 40, 41, 42, 3, 4, 33, 1, 2, 26, 43, 6, 36, 53, 31, 44, 38, 39, 37, 5, 29, 30, 31, 45에 대한 각 경찰진술조서(증거목록 22, 25, 26, 59 내지 61, 64 내지 67, 70, 77, 112, 118, 121 내지 124, 126, 127, 140, 236, 238 내지 241)
1. 공소외 46의 진술서(증거목록 16)
1. 내사보고(중구시설관리공단 운영자료), 내사보고(첩보 병합, 내사 진행), 내사보고(핸드폰번호 확인), 내사보고(추가 동일문자내용 확인), 내사보고(고발건 관련), 내사보고(중구청 KT크로샷 월별 요금자료 붙임), 내사보고(압수수색영장 집행관련), 내사보고(압수수색검증영장 집행관련 자료 붙임), 내사보고(구청장실 비서실 현장채증 자료), 내사보고(중구청 압수물 관련), 내사보고(이메일 선거관련 중요사항 붙임), 내사보고(비서실 공소외 1 USB 자료 중 각 동별 생일담당자 지정), 내사보고(공소외 1 USB, ◈병원 명단 및 축전, 전보발송 자료 확인), 내사보고(전보발송 상황), 내사보고(◈병원 관계자 전화번호 자료 확인), 내사보고(전보발송내역), 내사보고(◈병원 환자 전보발송내역 확인), 수사보고(문자 및 전보 발송 요금), 내사보고(공소외 43 자료제출), 내사보고(구청장 일정 관련), 내사보고(공소외 21 우편진술), 수사보고(피고인 2 이메일 관련), 수사보고(공소외 32 이메일 관련), 수사보고(중구청 CCTV), 수사보고(통합메시지 발송내역 보관현황 확인), 수사보고(공소외 2 USB 저장문서 중 문자발송 문서 확인), 수사보고(선거운동을 할 수 없는 자 확인), 수사보고(구청장 일정표 첨부보고), 수사보고(중구청 내부전산망 문자발송 프로그램 발송내역 보고), 수사보고(잡지 '○○○'에 게재된 중구청장 기사 첨부 보고), 2010. 1. 5. 피고인 1 일정 확인, 수사보고(피의자 피고인 1, 2, 4의 재직증명서 첨부), 고발장 사본, 문자메시지 사본, 문자메시지 전송 사본, ○○○ 잡지(증거목록 12 내지 15, 32, 33, 37, 38, 47, 48, 56 내지 58, 63, 69, 72, 74, 87, 114, 132, 142, 157 내지 159, 164, 165, 167, 181, 191, 195, 199, 213, 216, 218, 222, 244)

【법령의 적용】

1. 범죄사실에 대한 해당법조 및 형의 선택

피고인 1 : 각 공직선거법(2010. 1. 25. 법률 제9974호로 개정되기 전의 것, 이하 '구 공직선거법'이라 한다) 제254조 제3항, 형법 제30조(판시 제1의 가. (1)항, 제1의 나.항 내지 제4항 기재 각 사전선거운동의 점, 다만 형법 제30조는 판시 제1의 가. (1)항, 제1의 나.항 기재 각 사전선거운동의 점에 대하여만), 각 공직선거법 제254조 제2항, 형법 제30조(판시 제1의 가. (2), (3)항 기재 각 사전선거운동의 점, 각 포괄하여), 각 구 공직선거법 제255조 제1항 제1호, 제60조 제1항 제4호, 형법 제30조(판시 제1의 가. (1)항, 제1의 나.항 내지 제4항 기재 각 공무원의 선거운동금지위반의 점, 다만 형법 제30조는 판시 제1의 가. (1)항, 제1의 나.항 기재 각 공무원의 선거운동금지위반의 점에 대하여만), 각 공직선거법 제255조 제1항 제2호, 제60조 제1항 제4호, 형법 제30조(판시 제1의 가. (2), (3)항 기재 각 공무원의 선거운동금지위반의 점, 각 포괄하여),

구 공직선거법 제255조 제1항 제10호, 제86조 제1항 제1호, 형법 제30조(판시 제1의 나. (1)항 기재 공무원의 업적홍보행위의 점)

피고인 2 : 각 구 공직선거법 제254조 제3항, 형법 제30조(판시 제1의 가. (1)항, 제1의 나.항, 제5항 기재 각 사전선거운동의 점, 다만 형법 제30조는 판시 제1의 가. (1)항, 제1의 나.항 기재 각 사전선거운동의 점에 대하여만), 각 공직선거법 제254조 제2항, 형법 제30조(판시 제1의 가. (2), (3)항 기재 각 사전선거운동의 점, 각 포괄하여), 각 구 공직선거법 제255조 제1항 제1호, 제60조 제1항 제4호, 형법 제30조(판시 제1의 가. (1)항, 제1의 나.항, 제5항 기재 각 공무원의 선거운동금지위반의 점, 다만 형법 제30조는 판시 제1의 가. (1)항, 제1의 나.항 기재 각 공무원의 선거운동금지위반의 점에 대하여만), 각 공직선거법 제255조 제1항 제2호, 제60조 제1항 제4호, 형법 제30조(판시 제1의 가. (2), (3)항 기재 각 공무원의 선거운동금지위반의 점, 각 포괄하여), 구 공직선거법 제255조 제1항 제10호, 제86조 제1항 제1호, 형법 제30조(판시 제1의 나. (1)항 기재 공무원의 업적홍보행위의 점), 공직선거법 제257조 제1항 제1호, 제115조(판시 제5항 기재 제3자 기부행위의 점), 공직선거법 제255조 제2항 제5호, 제93조 제1항(판시 제5항 기재 탈법방법에 의한 인쇄물 배부의 점)

피고인 4 : 각 구 공직선거법 제254조 제3항, 형법 제30조(판시 제1의 나.항 기재 각 사전선거운동의 점), 각 구 공직선거법 제255조 제1항 제1호, 제60조 제1항 제5호(판시 제1의 나.항 기재 각 지방공단 상근임원의 선거운동금지위반의 점), 구 공직선거법 제255조 제1항 제10호, 제86조 제1항 제1호(판시 제1의 나. (1)항 기재 지방공단 상근임원의 업적홍보행위의 점)

1. 상상적 경합

피고인 1, 2, 4 : 각 형법 제40조, 제50조

피고인 1 : 판시 제1의 가.항, 나.의 (2)항, 제2 내지 4항 기재 사전선거운동 및 공무원의 선거운동금지위반의 점으로 인한 각 공직선거법위반죄 상호간, 형이 더 무거운 공무원의 선거운동금지위반의 점으로 인한 공직선거법위반죄에 정한 형으로, 판시 제1의 나. (1)항 기재 사전선거운동, 공무원의 선거운동금지위반, 공무원의 업적홍보행위로 인한 각 공직선거법위반죄 상호간, 형과 죄질이 가장 무거운 공무원의 선거운동금지위반으로 인한 공직선거법위반죄에 정한 형으로 각 처벌

피고인 2 : 판시 제1의 가.항, 나.의 (2)항 기재 사전선거운동 및 공무원의 선거운동금지위반으로 인한 각 공직선거법위반죄 상호간, 형이 더 무거운 공무원의 선거운동금지위반으로 인한 공직선거법위반죄에 정한 형으로, 판시 제1의 나. (1)항 기재 사전선거운동, 공무원의 선거운동금지위반, 공무원의 업적홍보행위로 인한 각 공직선거법위반죄 상호간, 형과 죄질이 가장 무거운 공무원의 선거운동금지위반으로 인한 공직선거법위반죄에 정한 형으로, 판시 제5항 기재 사전선거운동, 탈법방법에 의한 인쇄물 배부, 공무원의

선거운동금지위반, 제3자 기부행위로 인한 각 공직선거법위반죄 상호간, 형이 가장 무거운 제3자 기부행위로 인한 공직선거법위반죄에 정한 형으로 각 처벌

피고인 4 : 판시 제1의 나. (1)항 기재 사전선거운동, 지방공단 상근임원의 선거운동금지위반, 지방공단 상근임원의 업적홍보행위로 인한 각 공직선거법위반죄 상호간, 형과 죄질이 가장 무거운 지방공단 상근임원의 선거운동금지위반으로 인한 공직선거법위반죄에 정한 형으로, 제1의 나. (2)항 기재 사전선거운동, 지방공단 상근임원의 선거운동금지위반으로 인한 각 공직선거법위반죄 상호간, 형이 더 무거운 지방공단 상근임원의 선거운동금지위반으로 인한 공직선거법위반죄에 정한 형으로 각 처벌

1. 형의 선택

피고인 1, 4 : 각 공직선거법위반죄에 대하여 각 벌금형 선택

피고인 2 : 각 공직선거법위반죄에 대하여 각 징역형 선택

1. 경합범가중

피고인 1, 2, 4 : 각 형법 제37조 전단, 제38조 제1항 제2호, 제50조(피고인 1에 대하여 범정이 가장 무거운 판시 제4의 나.항 기재 공무원의 선거운동금지위반으로 인한 공직선거법위반죄에 정한 형에 경합범가중, 피고인 2에 대하여 형이 가장 무거운 판시 제5항 기재 제3자 기부행위로 인한 공직선거법위반죄에 정한 형에 경합범가중, 피고인 4에 대하여 범정이 더 무거운 판시 제1의 나. (2)항 기재 지방공단 상근임원의 선거운동금지위반으로 인한 공직선거법위반죄에 정한 형에 경합범가중)

1. 노역장유치

피고인 1, 4 : 각 형법 제70조, 제69조 제2항

1. 미결구금일수의 산입

피고인 2 : 형법 제57조

1. 집행유예

피고인 2 : 형법 제62조 제1항(아래 양형이유에서 볼 유리한 정상 참작)

【피고인들 및 그 변호인들 주장에 대한 판단】

1. 문자메시지 및 전보 발송을 통한 사전선거운동 등으로 인한 공직선거법위반 부분(피고인 1, 2, 4)

가. 주장의 요지

(1) 중구청 비서실 직원 공소외 2, 1이 공소사실 기재와 같이 '중구청장 피고인 1' 명의의 문자메시지 및 전보를 발송한 사실은 있으나, 그 수신자가 피고인 1의 지인이나 중구청 관내 직능단체 회원들인바, 이는 일상적, 의례적, 사교적 행위로서

구정활동의 일환으로 이전 구청장 때부터 지속적, 반복적으로 이루어진 업무에 불과하다. 또한 발송 당시는 피고인 1이 차기 구청장으로 출마할 지 여부가 불확실한 시기였으므로, 선거운동에 해당된다고 보기 어렵다.

(2) 성동고 자율형 공립고 선정 문자메시지 발송은 성동고의 자율형 공립고 선정 사실을 학부모들에게 널리 알려 성동고 입학 지원자 모집을 활성화하려고 한 것에 불과하므로, 구청장의 업적홍보행위에 해당하지 않는다. 또한 ◈병원 입원 환자에 대한 쾌유기원 전보발송은 ◈병원의 중구민에 대한 의료지원 등 ◈병원과 중구청과의 업무협조관계에 따라 이루어진 것으로, 선거운동과 무관하다.

(3) 공직선거법상 사전선거운동금지 규정(제254조 제2항)은 행위별로 기간을 특정하여 금지하는 개별 조항에서 규정하고 있지 아니한 경우에 한하여 예외적·보충적으로 적용되는 것인바, 이 부분 공소사실에 해당하는 문자 및 전보 발송 행위에 대하여는 공직선거법상 개별적 금지 조항이 있으므로(제109조 제1항 또는 제93조 제1항), 이와 별도로 사전선거운동금지 규정은 적용되지 않는다.

(4) 문자메시지 및 전보 발송 업무는 사실상 비서실의 전결처리사항이었는바, 피고인 1은 이에 관하여 비서실 직원들로부터 보고받거나 관여한 사실이 없다.

(5) 피고인 2는 공소외 1, 2에게 구체적으로 문자메시지 및 전보 발송을 지시한 사실이 없고, 특히 이 부분 공소사실에 해당하는 문자메시지 및 전보에 대하여는 그 수신자 등을 제대로 알지 못하므로, 범의 자체가 인정된다고 할 수 없다.

(6) 피고인 4는 중구시설관리공단의 ○○아트홀 스포츠센터의 민원업무 처리 등과 관련하여 업무협조 차원에서 소속 회원들의 자료를 중구청에 보내준 것에 불과하고, 나아가 그 자료가 문자메시지 발송에 사용되리라는 것을 예상하지도 못하였다.

나. 판 단

(1) 인정사실

앞에서 든 증거들에 의하면, 다음 각 사실이 인정된다.

(가) 중구청 비서실은 행정관리국 총무과 소속으로 일반직 5급인 비서실장과 별정직 비서 2명, 일반직 비서 3명, 기능직 운전원 1명 등 7명으로 구성되는데, 비서실장인 피고인 2는 중구청장을 보좌하고, 비서실 직원들에게 업무를 지시하거나 그들로부터 업무보고를 받고, 구청장에게 업무를 보고하는 등 비서실 업무를 총괄하였다.

(나) 비서실 직원 공소외 2는 전임자로부터 업무를 인수받아 중구청 관내 직능단체 임원 및 회원, 통·반장 등의 생일자 명단, 사조직 단체의 명단 등을 관리하였고, 비서실 직원 공소외 1은 2009. 6.경부터 공소외 2의 요청에 따라 공소외

2로부터 중구청 관내 직능단체 임원 및 회원, 통·반장 등의 생일자 명단을 건네받아 각 동의 서무담당으로부터 생일, 주소, 전화번호 등을 확인하는 방법으로 위 생일자 명단을 지속적으로 관리하였다.

(다) 피고인 2는 2009. 9.경 ◈병원의 총무부장 공소외 26에게 ◈병원 입원 환자 중 중구민의 명단을 보내줄 것을 요청하였고, 이에 공소외 26은 ◈병원 원무과 직원 공소외 47로 하여금 주 단위로 중구청에 입원 환자 중 중구민 명단을 팩스로 전송하도록 하였으며, 공소외 1은 피고인 2의 지시에 따라 ◈병원 입원 환자 중 중구민 명단을 건네받아 그 명단을 업데이트하며 지속적으로 관리하였다.

(라) 피고인 4는 2009. 10. 26.경 피고인 2에게 자신이 관리하는 중구시설관리공단의 ○○아트홀 스포츠센터, 공소외 25 문화체육센터 등 3개 단체의 소속 회원 5,898명(그 중 중구민 회원은 4,774명이다)의 주소, 전화번호, 성별 등이 기재된 명단 파일을 이메일로 보내주었고, 공소외 2는 피고인 2로부터 위 명단을 건네받아 업데이트 하면서 관리하였다.

(마) 공소외 2는 공소외 1이 (나)항과 같이 관리한 생일자 명단을 이용하여 생일축하전보를 발송할 대상자를 월별로 정리하여 발송일자를 생일 전일로 지정하여 1개월분의 다량 전보발송신청서를 작성한 후 '케이티전보115'라는 사이트에 접속하여 전보발송을 의뢰하는 방법으로 별지 범죄일람표(2) 기재와 같이 중구민 2,218명에게 '중구청장 피고인 1' 명의의 생일축하 전보를 발송하였고, 공소외 1은 직접 또는 공소외 2의 도움을 받아 위와 같은 방법으로 (다)항과 같이 ◈병원으로부터 건네받아 관리하고 있던 입원 환자 중 중구민 223명에게 별지 범죄일람표(3) 기재와 같이 22회에 걸쳐 '중구청장 피고인 1' 명의의 쾌유기원전보를 발송하였다.

(바) 또한 공소외 2는 자신 내지 공소외 1이 관리하던 중구청 관내 직능단체 임원 및 회원, 통·반장, 사조직 회원들을 대상으로 자신이 사용하는 업무용 컴퓨터로 구청 내부망(EKP)에 접속하여 다량문자 발송 프로그램(케이티 크로샷)을 이용하여 별지 범죄일람표(1) 기재와 같이 여러 차례에 걸쳐 문자메시지를 발송하였고, 특히 2009. 11.경 이후부터는 (라)항과 같이 피고인 4로부터 건네받은 중구시설관리공단의 ○○아트홀 스포츠센터, 공소외 25 문화체육센터 등의 소속 회원들을 포함하여 문자메시지를 전송하였다.[7)]

(사) 공소외 2는 위와 같이 문자메시지와 생일축하전보 및 쾌유기원전보 등을 발송한 후 그 내역을 기재한 문자발송내역 및 전보발송내역을 작성하여 공소외 1에게 건네주었고, 공소외 1은 퇴근 무렵 또는 다음날 아침 위 문자발송내역 및

7) 그 중 일부는 공소외 1, 공소외 3이 발송한 것도 포함되어 있다.

전보발송내역을 생일자 명단, 통화 및 접견내역 등과 함께 구청장의 집무실 책상 위에 올려놓는 방식으로 구청장에게 서면으로 보고하였다.

(2) 피고인 1, 2, 4의 주장에 대한 구체적 판단

(가) 문자메시지 및 전보 발송 행위가 일상적, 의례적, 사교적 행위거나 기존부터 행해지던 구정활동의 일환으로 사전선거운동에 해당하는지 여부

먼저 공소외 2, 1이 중구민들에게 이 부분 공소사실 기재와 같이 문자메시지, 생일축하전보 및 쾌유기원전보 등을 발송한 행위가 공직선거법상 사전선거운동에 해당하는지 여부에 관하여 본다.

살피건대, 사전선거운동이라 함은 특정의 선거에 있어서 선거운동기간 전에 특정한 후보자의 당선을 목적으로 투표를 얻거나 얻게 하기 위하여 필요하고 유리한 모든 행위, 또는 반대로 특정한 후보자의 낙선을 목적으로 필요하고 불리한 모든 행위 중 선거인을 상대로 당선 또는 낙선을 도모하기 위하여 하는 것이라는 목적의사가 객관적으로 인정될 수 있는 능동적·계획적 행위를 말하며, 일상적·의례적·사교적인 행위는 여기에서 제외되고, 일상적·의례적·사교적인 행위인지 여부는 그 행위자와 상대방의 사회적 지위, 그들 사이의 관계, 행위의 동기, 방법, 내용과 태양 등 제반 사정을 종합하여 사회통념에 비추어 판단하여야 한다(대법원 2008. 3. 27. 선고 2008도225 판결 등 참조).

이 사건에 관하여 보건대, 앞에서 든 증거들에 의하여 인정되는 다음과 같은 사정들 즉, ① 이 사건 문자메시지, 생일축하전보 및 쾌유기원전보가 발송된 것은 2009. 6.경 이후로서 2010. 6. 2. 실시된 전국동시지방선거로부터 약 1여년 이전이었을 뿐만 아니라, 피고인 1의 구청장으로서 재직기간이 1년이 채 남지 않은 시기였고, 당시 피고인 1은 □□□당 소속이었으며, 그 이전에도 1991. 경부터 꾸준히 정치활동을 해오던 상황이었는바, 피고인 1이 차기 구청장으로 출마할 지 여부가 불확실하였다고 하더라도 출마할 가능성이 충분히 있었던 것으로 보이는 점,[8] ② 중구민들에 대한 문자메시지 발송이 이전 구청장 시절부터 있었다고 하더라도 선거를 1여년 앞둔 2009년 후반기부터 그 발송량이 갑자기 증가하였는바, 발송 대상자가 2009. 6. 1.경부터는 그 이전부터 증가하여 꾸준히 1만 여명 정도였다가, 2009. 11. 1.경에는 2만 1,000여 명, 2009. 11.

---

8) 또한 피고인 1은 공소외 48 전 국회의원의 보좌관이었던 공소외 32를 별정직 6급 비서로 채용하였는바, 공소외 32가 비서실 내에서 특별한 업무를 맡은 바 없고, 피고인 공소외 2가 검찰조사에서, "공소외 32는 공소외 48 의원의 보좌관 출신으로 선거를 대비하여 별정직 6급 비서로 채용되어 근무한 것으로 알고 있다."라는 취지로 진술하고 있음(증거기록 2536쪽)에 비추어, 피고인 1이 차기 구청장 선거를 염두에 두고 있었다고 볼 여지가 있다. 한편, 피고인 1은 2010. 2. 26.경 □□□당을 탈당하여 ♤♤당에 입당하였고, 2010. 6. 2. 실시된 전국동시지방선거에는 무소속 후보로 출마하였다.

10.경에는 3만 1,000여 명, 2009. 11. 26.경에는 2만 5,000여 명, 2009. 12. 1.경에는 3만 1,000여 명에 달했던 점(중구 유권자 수는 10만 여명을 상회할 뿐이다), ③ 문자메시지 발송 대상자가 피고인 1과 평소 지면이나 친교가 있다고 볼 수 없는 불특정다수의 일반 선거구민이고, 발신자도 중구청 내지 담당 부서가 아닌 '중구청장 피고인 1'로 되어 있으며, 발신자 전화번호로 피고인 1의 개인 휴대전화 번호가 표시되어 있었던 점(문자메시지의 수신자들은 발신인이 '중구청장 피고인 1'로 되어 있어 피고인 1이 사적으로 문자메시지를 발송하였다고 생각할 가능성이 크다), ④ 생일축하전보의 경우에도 중구청 관내 통·반장들의 수만 2,000여 명이 넘고 직능단체 임원 및 회원들의 수까지 합하면 수천 명에 달하는바, 그 발송 대상자가 피고인 1과 평소 지면이나 친교가 있다고 볼 수 없는 불특정다수의 일반 선거구민인 것으로 보이고, 발신자도 중구청 내지 담당 부서가 아닌 '중구청장 피고인 1'로 되어 있는 점, ⑤ 문자메시지나 생일축하전보의 내용이 의례적인 인사말이라고 하더라도 그 문자메시지 및 전보의 발송으로 인하여 피고인 1에 대한 인지도가 제고될 뿐만 아니라, 그에 대한 좋은 이미지가 형성되어 선거에 유리하게 작용할 수 있다고 보이는 점, ⑥ 나아가 피고인 1이 평소 지면이나 친교가 있는 지인들에게 문자메시지 및 전보를 발송한 것이라면 그 비용을 개인적으로 부담하여야 마땅하나, 이 사건 문자메시지 및 전보 발송 비용은 중구청 예산으로 지출된 점, ⑦ 성동고 자율형 공립고 선정 문자메시지는, ㉠ 담당 부서인 교육지원과가 아니라 비서실에서 발송되었고,[9] ㉡ 발신인이 중구청 내지 중구청 교육지원과가 아닌 '중구청장 피고인 1'로 되어 있을 뿐만 아니라, ㉢ 발신자 전화번호에 피고인 1의 휴대전화 번호가 표시되어 있으며, ㉣ 수신인 역시 성동고 입학 지원 대상의 학부모가 아닌 일반 중구민들이고, ㉤ 문자메시지 내용 자체도 정보 제공보다는 오히려 피고인 1에 대한 긍정적 평가자료가 되는 업적홍보에 가까운 것으로[10] 보임에 비추어, 성동고 입학 지원자 모집을 위해서라기보다는 오히려 피고인 1의 업적을 홍보하기 위한 문자메시지로 보이는 점, ⑧ ◈병원 입원 환자 중 중구민들에 대한 쾌유기원전보는, ㉠ 의료지원 업무와는 무관하게 피고인 2가 직접 ◈병원 총무부장에게 입원 환자 중 중구민 명단을 요청하였고, ㉡ 발신인이 중구청 내지 담당 부서가 아닌 '중구청장

9) 공소외 2는 그 발송경위와 관련하여 검찰조사에서, "교육지원과 공소외 49가 구청장실에 와서 성동고가 자율형 공립고로 선정되었다는 내용을 보고한 후 피고인 2가 자신에게 홍보메시지를 보내자고 하여 공소외 49로부터 받은 보고서의 문구를 인용하여 문자메시지를 발송하였다."라는 취지로 진술하고 있다(증거기록 2548쪽).

10) 대법원은 "공직선거법상 '특정 정당이나 후보자의 업적을 홍보하는 행위' 중 업적이라 함은 선거에서 긍정적 평가 자료가 될 수 있는 일체의 사회적 행위로 해석함이 상당하다."라고 판시하고 있다(대법원 1997. 4. 25. 선고 97도320 판결 참조).

피고인 1'로 되어 있으며, ㉢ 수신인이 피고인 1과 평소 지면이나 친교가 없는 불특정다수의 일반 선거구민인 ◈병원 입원 환자 중 중구민들이고, ㉣ 피고인 2가 일반 생일자 명단과 마찬가지로 공소외 1에게 입원 환자 명단을 건네주어 관리하게 하였으며, ㉤ 중구청이 ◈병원과 사이의 의료지원 업무협조 차원에서 명단을 받은 것이라는 피고인 1, 2의 주장을 받아들인다고 하더라도 입원 환자들에게 단순히 쾌유기원전보를 발송한 것은 의료지원 협조와는 무관한 것으로[11] 보임에 비추어, 피고인 1의 인지도를 제고하기 위한 것으로 보이는 점 등의 사정을 종합하여 볼 때, '중구청장 피고인 1' 명의로 문자메시지, 생일축하전보 및 쾌유기원전보를 발송한 행위는 구정활동의 일환으로 관행적으로 이루어지는 일상적·의례적·사교적인 행위에 해당한다고 보기 어렵고, 차기 구청장에 출마할지 모르는 피고인 1에 대한 인지도를 제고함으로써 당선을 도모하기 위하여 하는 것이라는 목적의사가 객관적으로 인정될 수 있는 능동적·계획적인 사전선거운동에 해당한다고 할 것이므로, 피고인 1, 2, 4의 이 부분 주장은 이유 없다.

(나) 피고인 1, 2, 4의 공모관계 인정여부

다음으로 피고인 1, 2, 4가 위와 같이 공소외 2, 1 등이 중구민들에게 문자메시지, 생일축하전보 및 쾌유기원전보를 발송함으로써 피고인 1을 위하여 사전선거운동을 한 행위에 가담하였거나 이를 공모하였는지 여부에 관하여 본다.

살피건대, 2인 이상이 공동으로 가공하여 범죄를 행하는 공동정범에 있어서 공모나 모의는 반드시 직접, 명시적으로 이루어질 필요는 없고 순차적, 암묵적으로 상통하여 이루어질 수도 있으나, 어느 경우에도 범죄에 공동 가공하여 이를 공동으로 실현하려는 의사의 결합이 있어야 할 것이고, 피고인이 공모의 점과 함께 범의를 부인하는 경우에는 이러한 주관적 요소로 되는 사실은 사물의 성질상 범의와 상당한 관련성이 있는 간접사실 또는 정황사실을 증명하는 방법에 의하여 이를 입증할 수밖에 없으며, 이 때 무엇이 상당한 관련성이 있는 간접사실에 해당할 것인가는 정상적인 경험칙에 바탕을 두고 치밀한 관찰력이나 분석력에 의하여 사실의 연결 상태를 합리적으로 판단하는 방법에 의하여야 하고, 이러한 간접사실이나 정황사실도 범죄의 구성요건에 관한 것이므로 합리적인 의심의 여지가 없는 엄격한 증명을 요한다고 할 것이다(대법원 2008. 3. 27. 선고 2008도225 판결 등 참조).

먼저 피고인 1의 가담여부에 관하여 보건대, 앞에서 든 증거들에 의하여 인정되는 다음과 같은 사정들 즉, ① 피고인 1은 스스로도 비서실 직원들이 직능단체의 임원 및 회원, 통·반장 등에게 관례적으로 문자메시지나 생일축하전보 등을

---

11) 중구청에서 위 명단을 활용하여 ◈병원과 사이에 의료지원 사업을 하였는지 여부도 불명확하다.

발송한다는 사실을 알고 있었다고 인정하고 있는 점, ② 나아가 앞에서 살펴본 바와 같이 공소외 1로부터 문자발송내역과 전보발송내역을 수시로 서면보고 방식으로 보고받았던 것으로 보이는 점, ③ 또한 피고인 1은 문자메시지 및 전보 발송 업무가 전결처리사항으로 전적으로 비서실에 일임되었으므로 자신은 이와 무관하다는 취지로 주장하나, 위와 같은 문자메시지 및 전보 발송 업무가 비서실의 전결처리사항이라고 볼 근거가 없을 뿐만 아니라, 설령 그렇다고 하더라도 당초부터 위와 같이 중구민들에게 자신 명의로 문자메시지와 생일축하 전보 및 쾌유기원전보가 발송된다는 사실을 알고 있었고, 그러한 가운데 이를 비서실 직원들에게 위임한 것에 불과하므로(공소외 2, 1의 입장에서 문자메시지 및 전보 발송 업무를 기존부터 행해지던 관행적인 업무로 생각하였다고 하더라도, 피고인 1의 의사에 반하여 그러한 업무를 하였다고 기대할 수 없다), 피고인 1이 그로 인한 형사책임으로부터 자유롭다고 볼 수 없는 점 등에 비추어 볼 때, 피고인 1은 비서실 직원들로 하여금 중구민들에게 선거운동 목적으로 문자메시지 및 전보를 발송하도록 사실상 지시하였거나 그러한 사실을 보고받아 알면서도 이를 묵인하였다고 할 것이므로, 이 부분 공소사실에 대한 공모관계가 충분히 인정된다고 할 것이다. 따라서, 피고인 1의 이 부분 주장은 이유 없다.

다음으로 피고인 2의 가담여부에 관하여 보건대, 앞에서 든 증거들에 의하여 인정되는 다음과 같은 사정들 즉, ① 피고인 2는 앞에서 살펴본 바와 같이 공소외 1에게 ◈병원 입원 환자 중 중구민 명단을 건네주면서 쾌유기원전보를 발송하도록 직접 지시한 점,[12] ② 또한 공소외 2에게 성동고 자율형 공립고 선정 문자메시지 및 목요컬쳐클럽 관련 문자메시지를 발송하도록 직접 지시하고, 피고인 4로부터 이메일로 전송받은 ○○아트홀 스포츠센터 회원 명단 등 3개 단체 명단을 건네주면서 관리하라고 지시한 점,[13] ③ 뿐만 아니라 중구청 행정관리국 자치행정과 지역진흥팀장 공소외 3에게도 통·반장이나 단체장들에게 안부 문자메시지를 보내도록 제의한 점,[14] ④ 평소에도 비서실 직원들이 문자

12) 이와 관련하여 공소외 1은 이 법정 및 검찰조사에서, "◈병원 입원 환자 명단은 2009. 9.경 팩스로 왔는데, 팩스가 온 당일 피고인 2가 자신에게 명단을 주면서 '◈병원 환자 명단이니, 명단으로 정리하고 쾌유기원전보를 발송해라. 그리고 앞으로도 추가로 명단이 올 테니 업데이트하여 관리하라'라고 말하였다."고 진술하고 있다(증거기록 2848쪽).

13) 이와 관련하여 공소외 2는 검찰조사에서, "피고인 2가 자신에게 관리하라고 표현하였지만 문자메시지를 발송하는 명단에 포함하여 발송하라는 의미로 생각하였는데, 그런 목적 이외에 제가 위와 같은 명단을 별도로 관리할 이유는 없는 것이다."라는 취지로 진술하고 있다(증거기록 2549쪽). 한편, 이 법정에서는 이와 달리 "피고인 2가 자신에게 단순히 보관만 하라고 하였는데, 자신이 임의로 판단해서 문자메시지를 발송한 것이다."라는 취지로 진술하였으나, 이를 그대로 믿기 어렵다.

14) 이와 관련하여 공소외 3은 이 법정에서, "피고인 2가 자신을 부르더니 '자치행정과 지역진흥팀에서 단체관리 업무도 총괄하고, 통·반장 업무도 하니, 통·반장들이나 단체장들, 임원들에게 내일이 성탄절이니까 안부문자

메시지를 발송한다는 사실을 알고 있었고 그 문구에 대하여 공소외 2와 상의하는 등 직접 관여하기도 하였던 점,[15] ⑤ 공소외 2, 1이 비서실의 업무를 총괄하는 비서실장인 피고인 2와 무관하게 문자메시지 및 전보를 발송하였다고 보기 어려운 점 등에 비추어 볼 때, 피고인 2는 공소외 2, 1 등으로 하여금 중구민들에게 선거운동 목적으로 문자메시지 및 전보를 발송하도록 직접 지시하였거나 그러한 사실을 알면서도 이를 묵인하였다고 할 것이므로, 이 부분 공소사실에 대한 공모관계가 충분히 인정된다고 할 것이다. 따라서, 피고인 2의 이 부분 주장도 이유 없다.

마지막으로 피고인 4의[16] 가담여부에 관하여 보건대, 앞에서 든 증거들에 의하여 인정되는 다음과 같은 사정들 즉, ① 피고인 4는 앞에서 살펴본 바와 같이 피고인 2에게 중구시설관리공단의 ○○아트홀 스포츠센터 등 3개 단체의 소속 회원 명단을 보내주었는데, 그 직후 피고인 2로부터 위 명단을 건네받은 공소외 2가 위 명단에 포함된 회원들에게 문자메시지를 발송한 점, ② 피고인 4는 피고인 2에게 스포츠센터 회원들의 민원해결 차원에서 참고용으로 사용하도록 이를 제공하였다는 취지로 주장하나, 중구시설관리공단이 중구청 산하 기관이라고 하더라도 별도의 업무를 담당하는 독립된 기관인데, 그 민원처리를 위하여 중구청 비서실에 위 명단을 제공하였다는 것은 상식적으로 납득하기 어려운 점, ③ 뿐만 아니라 피고인 2가 위 명단파일을 공소외 2에게 건네줄 때 위와 같이 민원해결 참고용이라는 언급도 한 사실이 없는 점, ④ 나아가 피고인 2가 민원처리를 위하여 위 명단을 활용하였다는 구체적인 자료가 없는 점, ⑤ 한편, 피고인 4는 피고인 2에게 이메일로 위 명단을 보내면서 '제5회 전국동시지방선거 사무일정'이란 문건도 함께 보낸[17] 점 등의 사정에 비추어 볼 때, 피고인 4는 중구청 비서실에서 자신이 건네준 스포츠센터 등 3개 단체 소속 회원들의 명단을 이용하여 중구민들에게 문자메시지를 전송하리라는 사정을 충분히 알 수 있었고, 실제로 그와 같은 업무에 활용하도록 도움을 주기 위하여 위 명단을 보낸 것으로 보이므로, 이 부분 공소사실에 대한 공모관계가 충분히 인정된다고 할 것이다.

같은 것을 보내는 것이 어떻겠느냐'라고 제의하였다."라고 진술하고 있다.

15) 이와 관련하여 공소외 2는 이 법정에서, "자신이 입사한 초기에 피고인 2와 문구를 상의하기도 하였다."라는 취지로 진술하고 있고, 검찰조사에서, "피고인 2는 자신이 문구작성 작업을 하는 장면을 가끔씩 살펴보고, 문구의 내용에 대하여 수정하라고 하였고, 명절에 보내는 문자메시지의 경우 자신이 사전에 인터넷에 있는 예시 문구 중에서 발송할 문구를 선정하여 피고인 2에게 보여드리며 상의를 한 후 최종적으로 문구를 정하여 발송하였다."라고 진술하고 있다(증거기록 2547쪽).

16) 범죄사실 1.의 나.항에 한한다.

17) 또한 피고인 4가 위 명단파일을 보내면서 작성한 이메일에는 "우리 피고인 1 청장님을 중심으로 남아 있는 여생 아름답게 보냈으면 하네, 아침에 건네준 자료 보내니. 참고하게나, 앞으로도 명단을 작성해 보내주겠네"라는 내용이 기재되어 있었다.

따라서, 피고인 4의 이 부분 주장 역시 이유 없다.

(다) 기타 주장에 대한 판단

1) 문자 및 전보 발송 행위에 대하여 공직선거법상 개별적 금지 조항이 있음에도 사전선거운동금지 규정이 적용될 수 있는지 여부에 관하여 본다.

먼저 범죄사실 제1항 중 공직선거법이 2010. 1. 25. 개정되기 이전에 이루어진 문자 및 전보 발송 행위에 관하여는, 구 공직선거법 제254조 제2항이 선거운동기간 전에 위 조항에서 열거하고 있는 각 호에 해당하는 행위를 한 자는 구 공직선거법에 다른 규정이 있는 경우를 제외하고 처벌하고, 제3항은 제2항에 규정된 방법 외의 방법으로 선거운동 기간 전에 선거운동을 한 자를 처벌하도록 규정하고 있다.[18] 그런데, 검사는 이 부분 공소사실에 대하여 공무원의 선거운동금지 규정과 사전선거운동금지 규정을 각 적용하여 기소하고 있는 것으로 보이는바, 공무원의 선거운동은 구 공직선거법 제254조 제2항 각 호에서 열거한 행위에 해당하지 않으므로, 같은 조 제3항이 적용되어 공무원의 선거운동금지 위반으로 인한 공직선거법위반죄와 별도로 사전선거운동금지위반으로 인한 공직선거법위반죄가 성립한다.

다음으로 범죄사실 제1항 중 공직선거법이 개정된 이후에 이루어진 전보 발송 행위에 관하여는, 현행 공직선거법 제254조 제2항이 선거운동 기간 전에 공직선거법에 규정된 방법을 제외한 방법으로 선거운동을 한 자를 처벌하도록 규정하고 있으므로,[19] 공무원의 선거운동금지위반으로 인한 공직선거법위반죄와 별도로 사전선거운동금지위반으로 인한 공직선거법위반죄가 성립한다.[20]

---

18) 구 공직선거법 제254조 ② 선거운동 기간 전에 다음 각 호의 1에 해당하는 행위를 한 자는 이 법에 다른 규정이 있는 경우를 제외하고는 2년 이하의 징역 또는 400만원 이하의 벌금에 처한다. 1. 벽보·현수막·애드벌룬·표지판·선전탑·광고판 기타 명칭의 여하를 불문하고 선전시설물이나 용구 또는 각종 인쇄물을 사용하여 선거운동을 하거나 하게 한 자 2. 방송·신문·통신 또는 잡지 기타 간행물을 이용하여 선거운동을 하거나 하게 한 자 3. 정견발표회·좌담회·토론회·향우회·동창회 또는 반상회 기타의 집회를 개최하여 선거운동을 하거나 하게 한 자 4. 선거운동을 위한 기구를 설치하거나 사조직을 만들어 선거운동을 하거나 하게 한 자 5. 호별방문하여 선거운동을 하거나 하게 한 자 ③ 제2항에 규정된 방법 외의 방법으로 선거운동 기간 전에 선거운동을 하거나 하게 한 자는 1년 이하의 징역 또는 200만원 이하의 벌금에 처한다.

19) 현행 공직선거법 제254조 ② 선거운동 기간 전에 이 법에 규정된 방법을 제외하고 선전시설물·용구 또는 각종 인쇄물, 방송·신문·뉴스통신·잡지, 그 밖의 간행물, 정견발표회·좌담회·토론회·향우회·동창회·반상회, 그 밖의 집회, 정보통신, 선거운동기구나 사조직의 설치, 호별방문, 그 밖의 방법으로 선거운동을 한 자는 2년 이하의 징역 또는 400만원 이하의 벌금에 처한다.

20) 이와 관련하여 피고인 1, 피고인 2, 피고인 4는 공직선거법상 별도의 처벌규정(탈법방법에 의한 문서배부이다)이 있는 경우 사전선거운동금지 규정을 적용하여 처벌할 수 없다는 내용의 대법원 판결(대법원 2009. 5. 14. 선고 2009도1938)을 인용하며 그 주장의 근거로 삼고 있으나, 위에서 살펴본 바와 같이 2010. 1. 25. 개정된 공직선거법 제254조 제2항에서는 종전에 규정되어 있던 '이 법에 다른 규정이 있는 경우를 제외하고'를 삭제하는 한편 일반적 선거운동 규정이었던 제254조 제3항을 삭제하여 가중적 처벌규정과 일반적 처벌

따라서, 피고인 1, 2, 4의 이 부분 주장은 이유 없다.

2) 피고인 1, 2, 4는 이 사건 문자메시지 및 전보 발송 중 중구 비거주자에 대한 발송 부분은 이 부분 공소사실에서 제외되어야 한다고 주장한다.
살피건대, 공직선거법 제58조 제1항 소정의 선거운동은 공직선거법상 '기부행위'의 경우와는 달리 그 상대방이 제한되어 있지 않으므로, 그 선거운동의 상대방이 당선 또는 낙선을 도모하는 특정 후보자의 선거구안에 있거나 선거구민과 연고가 있는 사람이나 기관·단체·시설 등에 해당하여야만 선거운동에 해당한다고 볼 것은 아닌바(대법원 2007. 3. 30. 선고 2006도9043 판결 등 참조), 이 사건의 경우 문자메시지 및 전보 발송 대상자가 중구 비거주자라고 하더라도 선거에 영향을 미칠 수 있다면 사전선거운동의 상대방에 해당한다고 보아야 하므로, 피고인 1, 2, 4의 이 부분 주장도 이유 없다.

3) 피고인 2, 4는, 공직선거법상 공무원의 후보자업적 홍보금지 규정(제86조 제1항 제1호)은 공무원이 주체가 되어 후보자의 업적을 홍보하는 행위를 금지하고 있고, 위 규정의 취지에 비추어 공무원이 독자적인 권한으로 후보자를 홍보한 행위만이 위 규정의 규율을 받는다고 보아야 하는바, 이 부분 공소사실인 문자 및 전보 발송 행위는 비서실에서 구정활동의 일환으로 행해진 것으로 피고인 2, 4가 그 행위의 주체라고 볼 수 없다는 취지로 주장하나, 공직선거법상 후보자업적 홍보금지 규정의 주체를 위와 같이 제한할 아무런 근거가 없으므로, 피고인 2, 4의 이 부분 주장 또한 이유 없다.

4) 피고인 1은, 구청장은 공직선거법 제86조 제2항 내지 제7항 규정에 따라 선거운동 기간 전이라도 일정 범위 내에서 지방자치단체의 활동상황을 알리기 위한 업무를 수행할 수 있는바, 문자메시지 및 전보 발송 행위는 지방자치단체 사무 처리에 필요한 정당한 범위 내의 업무에 해당한다는 취지로 주장하나, 이 부분 공소사실 중 구청장의 업적을 홍보하는 내용의 문자메시지를 공직선거법 제86조 제5항에서 열거하고 있는 '지방자치단체의 활동상황을 알리기 위한 홍보물'에 해당한다고 볼 수 없고, 가사 해당한다고 하더라도 같은 조항에 따라 선거일전 180일부터 선거일까지는 홍보물을 발행·배부할 수 없고, 그 이외에도 분기별로 1종 1회를 초과하여 발행·배부할 수 없다는 규정을 위배하였으므로, 피고인 1의 이 부분 주장 역시 이유 없다.

규정의 구별을 없앴는바, 위 대법원 판결은 구 공직선거법 제254조 제2항에 관한 해석으로, 이 사건에 그대로 적용된다고 보기 어렵다. 현행 공직선거법에 따른다면, 선거운동 기간 전의 선거운동은 원칙적으로 모두 금지되고, 별도의 개별금지 규정이 있다고 하더라도 사전선거운동금지 규정의 적용을 받으며, 다만 선거운동에 해당하는지 여부가 문제된다고 할 것이다.

2. ○○골프회장배 골프대회를 이용한 사전선거운동 등으로 인한 공직선거법위반 부분 (피고인 1)

가. 주장의 요지

○○아트홀의 당연직 이사장으로 골프대회 참가자들에게 통상적인 축사 및 의례적인 격려인사를 하였을 뿐이고, 자신의 지지를 호소하는 등 선거와 관련된 어떠한 발언도 한 사실이 없으므로, 이는 선거운동에 해당하지 않는다.

나. 판 단

앞에서 살펴본 사전선거운동의 법리에 기초하여, 앞에서 든 증거들에 의하여 인정되는 다음과 같은 사정들 즉, ① 피고인 1이 ○○골프회장배 골프대회의 출발장소에 참석하여 참석자들에게 인사말을 한 것은 2010. 6. 2. 실시된 제5회 전국동시지방선거로부터 6개월 정도 이전인 2009. 11. 25.경이고, 당시는 위 1. 나. (2)의 (가) ①항에서 살펴본 바와 같이 피고인 1이 차기 구청장으로 출마할 가능성이 충분히 있다고 보이는 시기였던 점, ② ○○골프회장배 골프대회가 중구청 산하 생활체육연합회에 소속되어 있는 ○○골프회에서 주최하는 행사이기는 하나, ○○골프회는 중구 시설관리공단이 관리·운영하는 ○○아트홀 내 골프연습장을 이용하는 사람들의 사적 모임으로서, 위 골프대회는 중구청에서 주관하는 공식행사가 아니라 ○○골프회 회장인 피고인 5가 사적으로 개최한 행사인 점, ③ 피고인 1은 전날 금일일정표를 확인하고 임의로 골프대회 출발장소에 참석하기로 결정한 것으로 담당 부서인 중구청 문화체육과 등과 협의하여 공식적으로 참석한 것은 아닌 것으로 보이는 점, ④ 이 사건 당일 피고인 1은 골프대회 참석자들을 태우고 대기 중인 버스 3대에 올라타 참석자들에게 자신의 신분을 밝히고 인사말을[21] 하면서 회원들과 악수를 하였고, 뒤따르던 수행비서 공소외 4가 피고인 1의 명함을 참석자들에게 배부한 점(구청장이 관내 행사에 참석하여 자신의 명함을 배부하는 행위는 극히 이례적인 것으로 보인다) 등에 비추어 볼 때, 피고인 1이 사적으로 개최된 골프대회 출발장소에 참석하여 인사말을 하고 악수를 하면서 명함을 배부한 행위는 단순히 일상적·의례적·사교적인 행위라고 보기 어렵고, 차기 구청장에 출마할지 모르는 자신에 대한 인지도를 제고함으로써 당선을 도모하기 위하여 하는

21) 당시 골프대회에 참가하였던 공소외 7은 이 법정에서, "피고인 1이 분명히 회원들에게 '운동 잘 하고, 운동하는 부분에 대해서도 지원을 아끼지 않겠다.'라는 취지로 말을 하였다."라고 진술하고 있고, 공소외 12는 경찰조사에서, "피고인 1이 '안녕하십니까. 구청장 피고인 1입니다. 중구 발전을 위해 열심히 하겠습니다. 회원들을 위해 골프장을 넓힐 생각을 갖고 있습니다.'라고 말하였다."라고 진술하였으며(증거기록 330쪽), 공소외 9는 검찰조사에서, "'안녕하십니까. 피고인 1입니다.'라는 인사말을 하면서 '○○골프장 거리를 넓힐 생각을 가지고 있다. 잘 다녀오시라'는 등 통례적인 인사말을 하였다."라고 진술하고 있다(증거기록 3280쪽. 다만 이 법정에서는 "당시 피고인 1이 무슨 말을 했는지 기억나지 않는다."는 취지로 진술하였다).

것이라는 목적의사가 객관적으로 인정될 수 있는 능동적·계획적인 사전선거운동에 해당한다고 할 것이므로, 피고인 1의 이 부분 주장은 이유 없다.

3. 경로당 식사대접을 이용한 사전선거운동 등으로 인한 공직선거법위반 부분(피고인 1)

가. 주장의 요지

경로당 식사 대접이 '효 실천 사업'의 일환으로 계획된 행사라는 수행비서의 보고를 듣고 잠시 참석하여 의례적인 인사를 하였을 뿐이다.

나. 판 단

앞에서 살펴본 사전선거운동의 법리에 기초하여, 앞에서 든 증거들에 의하여 인정되는 다음과 같은 사정들 즉, ① 피고인 1이 경로당 식사대접 행사에 참석하여 참석자들에게 인사말을 한 것은 2010. 6. 2. 실시된 제5회 전국동시지방선거로부터 180일 이내인 2009. 12. 초경이고, 당시는 위 1. 나. (2)의 (가) ①항에서 살펴본 바와 같이 피고인 1이 차기 구청장으로 출마할 가능성이 충분히 있다고 보이는 시기였던 점, ② 신당1동 및 광희문 경로당 식사대접 행사는 ○○골프회 회장인 피고인 5가 ○○골프회장배 골프대회를 개최한 후 남은 행사비로 마련한 사적인 행사로서 중구청에서 주관하는 공식적인 행사와는 무관하고, 중구청장이 2회에 걸쳐 연속적으로 방문할 만한 행사도 아닌 점, ③ 피고인 1은 금일일정표를 확인하고 다른 행사로 가던 도중 점심시간을 이용하여 잠시 참석한 것인바, 중구청 담당 부서와 협의하여 공식적으로 참석한 것이 아닌 점, ④ 구청장이 구정활동의 일환으로 관내 행사에 참석하는 것이 일정한 범위 내에서 허용된다고 하더라도 선거를 앞둔 시기에 사적인 행사에 참석하여 인사말을 하는 행위는 선거운동에 해당한다고 볼 여지가 큰 점(특히 구청장의 지위를 이용한 선거운동을 규제한다는 측면에서 더더욱 그러하다) 등에 비추어 볼 때, 피고인 1이 사적으로 개최된 경로당 식사대접 행사에 참석하여 인사말을 하고 참석한 사람들과 악수를 한 행위는 단순히 일상적·의례적·사교적인 행위라고 보기 어렵고, 차기 구청장에 출마할지 모르는 자신에 대한 인지도를 제고함으로써 당선을 도모하기 위하여 하는 것이라는 목적의사가 객관적으로 인정될 수 있는 능동적·계획적인 사전선거운동에 해당한다고 할 것이므로, 피고인 1의 이 부분 주장은 이유 없다.

4. 뮤지컬 '△△' 공연을 이용한 사전선거운동 등으로 인한 공직선거법위반 부분(피고인 1)

가. 주장의 요지

제설작업을 한 구민들의 노고를 치하하고 격려하기 위하여 공연장에 참석하여 단순한 감사의 말과 덕담을 한 것에 불과하고, 소외계층 초청행사에 관내 단체장 등이 참석할 경우 공연시작 전에 인사말을 하는 것은 일반적인 관행이다.

나. 판 단

앞에서 든 증거들에 의하면, ① ○○아트홀에서 뮤지컬 '△△'을 공연하던 공소외 28 주식회사는 피고인 3의 도움으로 협찬사의 협찬을 받아 문화나눔행사 형식의 무료공연을 진행하기로 하였는데, 피고인 2가 구청장의 일정을 고려하여 무료공연 날짜를 지정하였고, 구청장인 피고인 1의 참석이 예정되어 있었던 사실,[22] ② 피고인 1은 2010. 1. 8. 무료공연에 참석하였는데, 공연 시작 전 피고인 3이 공소외 28 주식회사 대표 공소외 18에게 "중구청장이 오는데 인사말을 할 수 있도록 준비를 해 달라."라는 부탁을 하였고, 공소외 18은 공연배우 공소외 21에게 공연 시작 전 피고인 1을 무대에 올려 인사를 할 수 있는 순서를 마련하라고 지시한 사실, ③ 이에 따라 피고인 1은 2010. 1. 8. 및 2010. 1. 9. 공연 시작 전 무대에 올라가 무료공연에 참석한 중구민들에게 공소사실 기재와 같은 인사말을 한 사실이 인정된다.

앞에서 살펴본 사전선거운동의 법리에 기초하여, 위 인정사실 및 앞에서 든 증거들에 의하여 인정되는 다음과 같은 사정들 즉, ① 피고인 1이 뮤지컬 '△△'의 무료공연에 참석하여 중구민들에게 인사말을 한 것은 2010. 6. 2. 실시된 제5회 전국동시지방선거로부터 5개월 정도 이전인 2010. 1. 초경이고, 당시는 위 1. 나. (2)의 (가) ①항에서 살펴본 바와 같이 피고인 1이 차기 구청장으로 출마할 가능성이 충분히 있다고 보이는 시기였던 점, ② 뮤지컬 '△△'의 무료공연은 무료공연 교환권 배부를 위하여 중구청의 도움을 받기는 하였으나 공연기획사인 공소외 28 주식회사가 사기업체의 협찬을 받아 진행하려고 하였던 공연으로 중구청 내지 ○○아트홀에서 주관하는 공식적인 행사와는 무관한 점, ③ □□□당 예비후보가 공연장에 참석하자 피고인 1이 무료공연 참석을 취소하였고, 무료공연 자체의 공직선거법위반 여부가 문제되자 나머지 무료공연이 취소되었던 점, ④ 앞에서 살펴본 바와 같이 구청장이 구정활동의 일환으로 관내 행사에 참석하는 것이 일정한 범위 내에서 허용된다고 하더라도 선거를 앞둔 시기에 사적인 행사인 무료공연에 참석하여 인사말을 하는 행위는 선거운동에 해당한다고 볼 여지가 큰 점 등에 비추어 볼 때, 피고인 1이 중구청의 공식행사와 무관한 무료공연에 참석하여 인사말을 한 행위는 단순히 일상적·의례적·사교적인 행위라고 보기 어렵고, 차기 구청장 선거를 염두에 두고 자신의 인지도를 제고하기 위한 능동적·계획적 행위라고 보이며, 피고인 3은 위와 같은 피고인 1의 사전선거운동행위에 가담하였다고 할 것이므로, 피고인 1의 이 부분 주장은 이유 없다.

---

22) 이에 관하여는 아래 '무죄 부분' 중 제3항에서 자세히 살펴본다.

5. 골프잡지 배부를 통한 기부행위, 탈법방법에 의한 인쇄물 배부, 사전선거운동 등으로 인한 공직선거법위반 부분(피고인 2)

가. 주장의 요지

골프잡지를 동장 개인들에게 준 것이 아니므로 기부행위의 상대방이 존재하지 아니하여 기부행위라고 할 수 없고, 유권자를 상대로 직접 골프잡지를 배부한 것도 아니므로 탈법방법에 의한 인쇄물의 배부행위라고 볼 수도 없다. 또한 공직선거법의 규정상 탈법방법에 의한 인쇄물배부금지 규정의 적용을 받는 이상 별도로 사전선거운동 금지 규정은 적용되지 않고, 설령 사전선거운동 금지 규정이 적용된다고 하더라도 선거운동과의 연관성을 인정할 수 없어 사전선거운동이라 할 수 없다.

나. 판 단

앞에서 든 증거들에 의하면, ① 피고인 1은 2009. 12.경 사적인 모임에서 '○○○'를 발행하는 잡지사 대표 공소외 5를 만났는데, 공소외 5의 요청에 따라 2009. 12. 15.경 중구청에서 구청장 신년인터뷰를 하였고, 그에 따라 피고인 1의 7대 중점사업을 홍보하는 내용이 담긴 신년인터뷰 기사가 위 골프잡지의 2010. 1월호에 실린 사실, ② 공소외 5는 위 골프잡지 2010. 1월호 50여권[23] 정도를 중구청 관광공보과에 보냈고, 그 후 피고인 2가 피고인 공소외 6에게 2010. 1. 7. 열릴 중구청 확대간부회의에 참석한 동장들에게 위 골프잡지를 배부하라고 지시한 사실, ③ 이에 따라 공소외 6이 직원 공소외 29, 30을 시켜 동장들에게 위 골프잡지를 배부하게 한 사실이 인정된다.

사실관계가 이와 같다면, 공소외 5는 '○○○' 잡지사와 신년인터뷰를 진행한 피고인 1에게 그에 대한 신년인터뷰기사가 실린 골프잡지를 증여하였고,[24] 따라서 위 골프잡지에 대한 소유권 또는 처분권은 피고인 1이 가진다고 할 것이며, 위 골프잡지의 처분권을 사실상[25] 위임받은 피고인 2가 중구청의 일반적인 행정업무와는 무관하게 피고인 1의 구정활동을 홍보하는 내용이 담긴 골프잡지를 동장들에게 배부한 것은 피고인 1의 업적을 홍보하고 인지도를 제고하기 위한 것으로 보인다. 나아가 피고인 2가 동장들에게 위 골프잡지를 배부함으로써 골프잡지에 대한 소유권 또는 처분권이 동장들

23) 당초 공소장에는 75권으로 기재되어 있으나, 공소외 5의 경찰진술이나 배부내역(증거기록 8권 226, 227, 239쪽)에 비추어, 50여권 정도인 것으로 보인다.

24) 공소외 5는 경찰조사에서, "사실 인터뷰하고 기사가 실리면 금전적으로 도움을 주는 것이 맞는데, (관광공보과장이) 예산이 없다고 나중에 보자고 하였다. 아니 뭐 기사를 실어주면 소정에 뭐라도 있어야 하는데, 이럴 줄 알았으면 다른 사람 인터뷰 했을 텐데 시간만 낭비하였다."라고 진술하고 있고(증거기록 8권 196쪽, 197쪽), 위 골프잡지에 구청장의 인터뷰가 실렸다고 하더라도 중구청과는 관련이 없다는 점에 비추어, 공소외 5는 인터뷰 대상자인 피고인 1 개인에게 골프잡지를 증여한 것으로 보인다.

25) 피고인 1은 자신의 인지도 제고를 위하여 위 골프잡지사와 신년인터뷰를 하였고, 따라서 중구청 관광공보과로 보내진 위 골프잡지를 중구청 직원들이 보도록 하거나 다른 곳에 보내는 것을 용인하였다고 볼 것이다.

에게 넘어간 것으로 보아야 하므로, 이는 공직선거법상 기부행위에 해당하고, 또한 변호인의 주장대로 위 골프잡지를 동사무소에 비치하도록 하기 위하여 배부하였다고 하더라도 동장들에게 배부한 이상, 탈법방법에 의한 인쇄물의 배부행위가 성립한다고 할 것이다. 따라서, 피고인 2의 이 부분 주장은 모두 이유 없다.[26)]

【양형이유】

1. 피고인 1

이 사건 범행은 구청장이라는 공무원의 지위에 있는 피고인 1이 유권자인 중구민들에게 문자메시지 및 전보를 발송하고, 중구청의 공식행사와는 무관한 사적인 행사에 여러 차례 참석하여 인사말을 한 것인바, 문자메시지 및 전보를 발송한 횟수 및 그 발송 대상자가 상당한 정도에 이를 뿐만 아니라, 1여년에 걸쳐 장기간에 이루어져 선거의 자유와 공정을 크게 해하였다는 측면에서 범행 자체가 중대한 점, 그 범행이 구청장의 지위에서 비서실 직원들을 이용하여 조직적, 계획적으로 이루어졌을 뿐만 아니라, 구청장의 직무활동을 이용하여 행해진 것으로 보이는 점, 이와 같이 지방자치단체 단체장의 경우 단체장의 지위에서 그 권한을 남용하여 불법적인 선거운동을 자행할 가능성이 농후하고, 그러한 행위가 선거결과에 미치는 영향 역시 상대적으로 큼에 비추어 이에 대한 엄격한 규제가 필요한 점 등을 고려할 때, 피고인 1이 이 사건 범행 이전에 선거 관련 범행으로 처벌받은 전과가 없고, 지난 4년간 구청장으로 재직하면서 중구 발전에 기여한 바가 크다 하더라도 피고인에 대한 엄벌이 필요하다.

그러므로 이상의 양형요소 및 그 밖에 피고인의 연령, 성행, 가족관계, 가정환경, 범행의 동기와 수단, 범행 후의 정황 등 이 사건 기록에 나타난 양형 조건이 되는 사정들을 종합하여 주문과 같은 형을 정한다.

2. 피고인 2

이 사건 범행은 중구청 비서실장이라는 공무원의 지위에 있는 피고인 2가 피고인 1과 공모하여 유권자인 중구민들에게 문자메시지 및 전보를 발송하고, 동장들에게 피고인 1의 업적이 포함된 골프잡지를 배부한 것인바, 문자메시지 및 전보를 발송한 횟수 및 그 발송 대상자가 상당한 정도에 이를 뿐만 아니라, 1여년에 걸쳐 장기간에 이루어져 선거의 자유와 공정을 크게 해하였다는 측면에서 범행 자체가 중대한 점, 특히 선거의 중립성을 엄정히 준수하여야 할 공무원의 지위에서 이 사건 범행을 저질렀고, 나아가

26) 공직선거법상 사전선거운동금지 규정을 적용할 수 없다는 주장에 대하여는 위 1. 나. (2)의 (다)의 1)항에서 살펴본 바와 같다.

중구청장인 피고인 1의 비서실장으로서 구청장의 재선을 위해 비서실 직원들을 이용하여 조직적, 계획적으로 이 사건 범행에 이르렀으며, 특히 그 범행을 주도한 것으로 보이는 점, 아울러 수사단계에서부터 거짓 진술로 일관하였을 뿐만 아니라, 직원들을 이용하여 선거관리위원회의 조사를 방해하는 등 범행을 은폐하고 조작하려는 시도를 하는 등 그 죄질이 매우 불량한 점에 비추어, 피고인 2에 대한 엄벌이 불가피하다.

다만, 피고인 2가 30년 넘게 공무원으로 재직하여 왔고 그 동안 여러 차례 모범공무원으로 표창을 받은 점, 이 사건 범행 이전에 아무런 전과 없이 성실하게 살아온 점, 그 밖에 피고인의 연령, 성행, 가족관계, 가정환경, 범행의 동기와 수단, 범행 후의 정황 등 이 사건 기록에 나타난 양형 조건이 되는 사정들을 종합하여 주문과 같은 형을 정한다.

3. 피고인 4

이 사건 범행은 지방공단 상근임원의 지위에 있는 피고인 4가 중구청 비서실에 자신이 관리하는 중구시설관리공단 산하 단체 소속 회원의 명단을 건네줌으로써 문자메시지 발송에 가담한 것으로 그로 인하여 선거의 자유 및 공정을 크게 해하였다는 점에서 이에 대한 엄벌이 필요하나, 피고인 4는 문자메시지 발송에 도움을 주기 위하여 명단을 넘겨준 행위만을 한 것으로 이 사건 범행에의 가담 정도가 작은 점, 이 사건 범행 이전에 처벌받은 전력 없이 성실하게 살아온 점, 그 밖에 피고인의 연령, 성행, 가족관계, 가정환경, 범행의 동기와 수단, 범행 후의 정황 등 이 사건 기록에 나타난 양형 조건이 되는 사정들을 종합하여 주문과 같은 형을 정한다.

【무죄부분】

1. ○○골프회장배 골프대회를 이용한 기부행위 및 사전선거운동으로 인한 공직선거법위반 부분(피고인 1, 2, 4, 5)

가. 공소사실의 요지

공무원 및 지방공단의 상근임원은 선거운동을 할 수 없고, 지방자치단체장이나 후보자(후보자가 되고자 하는 자를 포함한다)는 당해 선거구안에 있는 자 또는 당해 선거구 밖에 있더라도 그 선거구민과 연고가 있는 자 등에 대해서 기부행위를 할 수 없으며, 제3자는 선거에 관하여 후보자(후보자가 되고자 하는 자를 포함한다)를 위하여 기부행위를 하거나 하게 할 수 없고, 누구든지 선거운동 기간 전에 선거운동을 할 수 없다.

피고인 1, 2, 5는 피고인 5가 회장으로 있는 ○○아트홀 내 골프연습장 회원들의 사적 모임인 '○○골프회' 명의로 '제1회 서울시 중구 ○○골프회장배 골프대회'를 개최하면서 종전의 월례 대회와 다르게 700만원 상당의 경품을 제공하고 중구청장의 사진과 축사가 들어간 달력을 제작하여 제공하는 등 이 행사를 이용하여 회원들인 선거구민들을 상대로 피고인 1의 선거운동을 하기로 계획하였고, 피고인 4도 골프대회 시상식에 참석하여 피고인 1의 선거운동을 하기로 마음먹었다.

(1) 피고인 1, 2, 5의 공동범행

피고인 5는 2009. 11. 15.경 내지 11. 17.경 서울 중구 일원에서 전화로 피고인 2에게 2009. 11. 25. 개최 예정인 '제1회 서울시 중구 ○○골프회장배 골프대회'를 위한 피고인 1의 사진과 축사가 담긴 탁상용 달력을 제작할 예정이니 축사를 보내달라고 요청하고, 피고인 2는 중구청 문화체육과에 피고인 1의 축사를 작성해서 피고인 5에게 보내주라고 하여 문화체육과 직원 공소외 14는 2009. 11. 18. 15:40경 "저(구청장 피고인 1) 또한 강한 중구·행복 중구를 위해 열심히 뛰겠다."는 내용이 담긴 피고인 1의 축사를 달력 제작업자인 공소외 15의 이메일로 전송하였다. 피고인 1의 축사를 전송받아 2009. 11. 23.경 완성된 위 탁상용 달력(1부 가격 2,500원 상당) 중 피고인 5가 작성한 대회사(달력 4번째 장)에는 "골프에 지대한 관심과 노력을 기울이시는 피고인 1 구청장님 고맙습니다. 항상 편안하고 활기찬, 행복과 강한 중구로 거듭나게 도와주시는 피고인 1 구청장님께 깊은 감사의 말씀을 드립니다."라는 내용으로 피고인 1을 선전하는 문구가 있었고, 피고인 1의 축사(달력 5번째 장)에는 위와 같이 피고인 1이 '강한 중구·행복 중구를 위해 열심히 하겠다.'는 취지의 문구와 피고인 1의 사진이 수록되어 있었다.

피고인 5는 2009. 11. 23.경 완성된 달력 중 3부를 중구청 비서실로 피고인 2, 1에게 보내 이를 중구 구민이 대다수인 ○○골프회원들에게 배포할 것을 알린 후, 같은 날 서울 중구 홍인동 (지번 3 생략)에 있는 ○○아트홀 스포츠센터 골프장(건물 5, 6층) 입구에 달력 200부를 쌓아 놓아 골프회원들로 하여금 가져가게 하고, 2009. 11. 25.경 경북 ◎◎에 있는 ◎◎CC에서 '제1회 서울시 중구 ○○골프회장배 골프대회' 시상식을 하면서 참석한 회원들에게 달력 100부를 제공하였다.

이로써 피고인 1, 2, 5는 공모하여 피고인 5, 2는 후보자가 되고자 하는 피고인 1을 위하여 달력 300부(75만원 상당)의 기부행위를 하고, 피고인 1은 피고인 5로 하여금 위와 같이 자신을 위하여 기부행위를 하도록 하였다.

(2) 피고인 2, 5의 공동범행

공무원인 피고인 2 및 피고인 5는 피고인 1과 공모하여 범죄사실 제2항 기재와 같이 피고인 1이 위 골프대회 출발장소에 참석하여 대기 중인 버스 3대에 올라타 참석자들에게 인사말을 하고 악수를 하며, 수행비서 공소외 4가 피고인 1의 사진과 직함이 새겨진 명함을 배부함으로써, 피고인 1을 위하여 선거운동 기간 전에 선거운동을 하였다.

(3) 피고인 4, 5의 공동범행

피고인 5, 4는 2009. 11. 25. 20:00경 경북 ◎◎ 소재 ◎◎CC에서 '제1회 서울시 중구 ○○골프회장배 골프대회' 시상식을 개최하면서 피고인 5는 피고인 4로 하여금 위 달력 5번째 장에 기재된 "강한 중구·행복 중구를 위해 열심히 뛰겠다."는 내용이 담긴 구청장의 축사를 읽게 하고, 피고인 4는 위 내용의 구청장 축사를 골프대회 참석자 100여명 앞에서 구청장 대신 낭독하였다.

이로써 지방공단의 상근임원인 피고인 4는 피고인 5와 공모하여 피고인 1을 위하여 선거운동 기간 전에 선거운동을 하였다.

나. 피고인 1, 2, 4, 5 주장의 요지

(1) 달력 배부로 인한 기부행위 부분과 관련하여, ○○골프회장배 골프대회는 ○○골프회 회장인 피고인 5가 자신의 사회활동 일환으로 개최한 것으로 자신의 위상을 높이기 위하여 구청장 축사를 달력에 삽입한 것이고, 중구청에서는 문화체육행사 협조 차원에서 구청장 축사를 보내준 것에 불과하다. 나아가 피고인 1, 2가 피고인 5에게 구청장 축사를 삽입한 달력을 제작하여 배포하여 줄 것을 부탁하거나 지시한 사실이 없다.

(2) 피고인 1의 인사말 부분과 관련하여, 피고인 2는 골프대회 당일 버스에 올라타거나 피고인 1의 명함을 배부한 사실이 없고, 피고인 5도 피고인 1의 범행에 가담한 사실이 없다.

(3) 구청장 축사 대독 부분과 관련하여, 피고인 5는 피고인 1의 선거운동을 위한다는 의사가 없었고, 피고인 4는 피고인 5의 요청에 따라 얼떨결에 찢겨진 구청장 축사 부분을 대독한 것일 뿐, 피고인 1의 선거운동을 위하여 대독한 것은 아니다.

다. 판 단

(1) 달력 배부로 인한 기부행위 부분

(가) 이 사건 기록에 의하면, ① ○○골프회 회장인 피고인 5는 ○○골프회장배 골프대회를 개최하면서 2009. 11. 15.경 내지 2009. 11. 16.경 중구청 문화체육과 과장 공소외 13에게 골프대회에서 배부할 달력에 포함시킬 구청장 축사를 부탁하였고, 이에 공소외 13은 문화체육과 직원 공소외 14에게 구청장 축사를 작성하여 보내주라고 지시한 사실, ② 피고인 5는 공소외 14에게 달력 제작업자인 공소외 15의 연락처를 알려 주었고, 공소외 14는 구청장 축사를 작성하여 공소외 13에게 보여준 후 이를 공소외 15에게 이메일을 통하여 보내준 사실, ③ 공소외 15는 구청장 축사가 포함된 달력의 제작을 완성한 후 피고인 5의 요청에 따라 달력 3부를 중구청 비서실에 보낸 사실, ④ 피고인 5는 완성된 달력

1,000부 중 200여부를 ○○아트홀 스포츠센터 골프장 입구에 쌓아 놓았고, 100여부를 ○○골프회장배 골프대회 개최장소인 ◎◎CC로 가져가 시상식을 하면서 참석한 회원들에게 배부한 사실이 인정된다.

(나) 먼저 피고인 1, 2가, 피고인 5가 피고인 1의 축사가 포함된 달력을 제작하는데 관여하였거나 피고인 5와 이를 공모하였는지 여부에 관하여 살피건대, 이 사건 기록에 의하여 인정되는 다음과 같은 사정들 즉, ① ○○골프회장배 골프대회에서 배부될 달력에 포함된 구청장 축사는 피고인 5가 공소외 13에게 부탁하여, 공소외 13의 지시로 공소외 14에 의하여 작성된 것으로 보이고, 피고인 1, 2가 피고인 5에게 구청장 축사가 포함된 달력을 제작해줄 것을 부탁하거나 지시하였다는 사실을 인정할 객관적 증거가 없는 점,[27] ② 특히 검사가 제출한 피고인 2, 5 및 공소외 13, 14 사이의, 축사 작성 무렵인 2009. 11. 16.경 내지 2009. 11. 17.경의 통화내역만으로는 피고인 5가 피고인 2에게 축사 작성을 의뢰하였고, 피고인 2가 공소외 13이나 공소외 14에게 축사 작성을 지시하였다는 사실을 인정하기 부족한 점, ③ 중구청에 등록된 생활체육단체가 행사를 진행하면서 중구청에 구청장 축사를 부탁할 경우, 중구청 문화체육과에서 문화체육행사 협조 차원에서 구청장 축사를 보내는 것이 관례로 보이는 점{공소외 13, 14의 각 법정진술, 공소외 13의 검찰진술 및 공소외 14의 경찰진술(증거기록 682쪽, 3626쪽), 변호인 제출의 증 제14호증}, ④ 아래 (다)의 ②항에서 살펴보는 바와 같이 피고인 5가 자신 내지 ○○골프회의 위상을 높이기 위해 임의로 중구청의 도움을 받아 구청장의 축사가 포함된 달력을 제작하여 배부하였다고 볼 여지가 큰 점 등에 비추어 볼 때, 검사가 제출한 증거만으로 피고인 1, 2가 피고인 5와 공모하여 구청장 축사가 포함된 달력을 제작하고 이를 배부하였다고 보기 어렵고, 달리 이를 인정할 증거가 없다.

(다) 다음으로 피고인 5가 피고인 1의 선거운동을 위하여 구청장의 축사가 포함된 달력을 제작하여 골프대회 참석자들에게 배부하였는지 여부에 관하여 살피건대,

---

27) 이와 관련하여 공소외 14는 이 법정 및 검찰조사에서, "2009. 11. 15.경 내지 11. 16.경 사무실에서 문화체육과 과장 공소외 13이 '피고인 5 회장이 골프대회를 하는데 구청장 축사를 하나 써 달라 한다.'고 이야기하였고, 문화체육과에서 하는 행사 중에 구민체육대회와 같이 구청에서 직접 하는 큰 행사의 경우 중구청장에게 보고를 하나 그 외에는 중구청장에게 보고하지 않고 보통 과장이나 국장 선에서 전결로 끝나는 것으로 알고 있다."라는 취지로 진술하였다(증거기록 2733쪽). 또한 공소외 13은 이 법정 및 검찰조사에서, "피고인 5가 자체 대회를 하는데 중구청장의 축사가 필요하다고 부탁을 하였고, 그것이 문화체육과의 소관업무이기도 하기에 담당자인 공소외 14 계장에게 지시를 하였다. 자체 대회를 할 때에 축사를 작성해달라는 부탁을 많이 하기 때문에 문화체육과에서 평상시 하는 업무이기도 해서 부탁을 받고 담당자에게 지시한 것이다. 평소 이 정도 업무는 과장 전결로 처리하기 때문에 중구청장에게 보고하지 않고 보내주라고 하였다."라고 진술하고 있다(증거기록 3625쪽, 3631쪽).

이 사건 기록에 의하여 인정되는 다음과 같은 사정들 즉, ① ○○골프회는 중구청 산하 생활체육연합회 소속 클럽이기는 하나, 이 사건 골프대회는 피고인 5가 자신의 음력생일날에 맞춰 사적으로 개최한 행사인 점(이 점에 있어 2009. 11. 9. 개최된 '제1회 중구청장배 및 연합회장배 국민생활체육 골프대회'와 그 성격이 다르다), ② 피고인 5는 중구에서 떡볶이 판매 사업을 운영하면서 '중구 신당동 떡볶이 상우회 회장', '중구 중부 조기축구회 명예회장', '중구 문화예술진흥 자문위원', '중구 재경 ◐◐향우회 회원', '○○○대학교 서울총학생회장', '○○골프회 회장' 등 여러 가지 사회활동을 왕성하게 하는 사람인바, 자신의 사회적 위상 내지 자신이 회장으로 있는 ○○골프회의 품격을 높이기 위하여 달력에 구청장 축사를 포함시킨 것으로 보이는 점, ③ 피고인 5의 개회사에 기재된 피고인 1에 대한 내용 부분 역시 ○○골프회가 중구청 산하 생활체육연합회에 소속되어 있어 일반적인 관행 내지 위 ②항에서 살펴본 바와 같은 이유에서 피고인 5가 이를 언급한 것으로 보이는 점, ④ 위 (나)의 ③항에서 살펴본 바와 같이 중구청에 등록된 생활체육단체가 행사를 진행하면서 달력 내지 팜플렛 등을 제작할 경우 그 안에 구청장의 축사를 포함시키고, 이를 위해서 중구청에 구청장 축사를 부탁하는 것이 관례로 보이는 점 등의 사정에 비추어 볼 때, 피고인 5는 자신이 회장으로 있는 ○○골프회 명의의 골프대회를 개최하면서 자신 내지 ○○골프회의 위상을 높이기 위해 중구청의 도움을 받아 구청장의 축사가 포함된 달력을 제작하여 배부한 것으로 보이고, 그 밖에 검사가 제출한 증거만으로 피고인 5가 피고인 1의 선거운동을 위하여 구청장의 축사가 포함된 달력을 제작하여 배부하였다고 보기 어려우며, 달리 이를 인정할 증거가 없다.

(2) 피고인 1의 인사말 부분

피고인 2, 5가, 피고인 1이 골프대회 출발장소에 참석하여 참석자들에게 인사말을 하고 악수를 하면서 명함을 배부한 행위에 가담하였거나 이를 공모하였는지 여부에 관하여 살피건대, 이 사건 기록에 의하여 인정되는 다음과 같은 사정들 즉, ① 피고인 2는 2009. 11. 25. ○○골프회장배 골프대회 출발장소에 참석하기는 하였으나 피고인 1이 버스에 올라가 참석자들에게 인사말을 할 때에는 동행한 사실이 없는 점, ② 피고인 2, 5가 사전에 긴밀히 협의하여 피고인 1로 하여금 위 골프대회 출발장소에 참석하여 회원들에게 인사말을 하도록 하였다는 사실을 인정할 증거가 없는 점 등에 비추어 볼 때, 검사가 제출한 증거만으로 피고인 1이 위 골프대회 출발장소에서 선거운동의 일환으로 인지도를 제고하기 위하여 인사말을 하는 행위에 피고인 2, 5가 가담하였거나 이를 공모하였다고 보기 어렵고, 달리 이를 인정할 증거가 없다.

(3) 구청장 축사 대독 부분

피고인 4가 피고인 1을 위한 선거운동을 하려는 피고인 5와 공모하여 ○○골프회장배 골프대회 시상식장에서 피고인 1의 선거운동을 위하여 구청장 축사 부분을 대신 낭독하였는지 여부에 관하여 살피건대, 이 사건 기록에 의하면, 피고인 4가 ○○골프회장배 골프대회 시상식장에서 피고인 5의 요청에 따라 구청장 축사 부분을 구청장 대신 낭독한 사실은 인정되나, 피고인 5는 이 법정에서, "자신이 피고인 4에게 '여기 계신 사람들 중에서 가장 연로하시고, 관리공단 이사장으로서 특별히 오셨으니까 대신 읽어주시면 어떻겠느냐'라고 부탁을 하자 피고인 4가 얼떨결에 나와서 구청장 축사를 대독한 것 같다."라는 취지로 진술하고 있고, 피고인 4도 이 법정에서, "피고인 5가 자신에게 '여기에서 이사장님이 제일 지위가 높으니 축사를 좀 해 달라.'라고 하여 피고인 5가 단상에 올려준 축사를 그대로 읽은 것이다."라고 진술하고 있으며, 위 (1)항에서 살펴본 바와 같이 피고인 5는 자신 내지는 ○○골프회의 위상을 높이고 아울러 일반적인 관례에 따라 중구청 산하 생활체육연합회에 소속된 ○○골프회 주최의 골프대회에서 피고인 4로 하여금 구청장 축사를 낭독하게 한 것으로 보임에 비추어, 검사가 제출한 증거만으로 피고인 5가 피고인 1의 선거운동을 위하여 피고인 4로 하여금 구청장 축사를 낭독하게 하였다고 보기 어렵고, 달리 이를 인정할 증거가 없다.

라. 결 론

따라서, 이 부분 공소사실인 피고인 1에 대한 기부행위로 인한 공직선거법위반, 피고인 2에 대한 제3자 기부행위로 인한 공직선거법위반, 2009. 11. 25.자 사전선거운동 및 공무원의 선거운동금지위반으로 인한 각 공직선거법위반, 피고인 5에 대한 각 공직선거법위반, 피고인 4에 대한 사전선거운동 및 지방공단 상근임원의 선거운동금지위반으로 인한 각 공직선거법위반의 점은 모두 범죄의 증명이 없는 경우에 해당하므로, 형사소송법 제325조 후단에 의하여 무죄를 선고하기로 한다.

2. 경로당 식사대접을 이용한 기부행위 및 사전선거운동 등으로 인한 공직선거법위반 부분 (피고인 1, 2, 5)

가. 공소사실의 요지

공무원은 선거운동을 할 수 없고, 지방자치단체장이나 후보자(후보자가 되고자 하는 자를 포함한다)는 당해 선거구안에 있는 자 또는 당해 선거구 밖에 있더라도 그 선거구민과 연고가 있는 자 등에 대해서 기부행위를 할 수 없으며, 제3자는 선거에 관하여 후보자(후보자가 되고자 하는 자를 포함한다)를 위하여 기부행위를 하거나 하게 할 수 없고,

누구든지 선거운동 기간 전에 선거운동을 할 수 없다.

피고인 1, 2, 5는 ○○골프회를 이용하여 ○○골프회 명의로 경로당 노인들에게 식사를 대접하는 자리를 마련한 후 선거구민인 신당1동·광희문 경로당 노인들에게 식사 및 탁상용 달력을 제공하고, 피고인 1의 선거운동을 하기로 계획하였다.

피고인 5는 피고인 2, 1과 사전에 협의하여, 2009. 12. 8. 12:00경 서울 중구 신당1동에 있는 신당1동 경로당에서 열린 '신당1동 경로당 송년식사 대접' 자리에 피고인 1을 참석하게 한 후, 신당1동 경로당 회장 공소외 16에게 노인들 식사비용으로 현금 50만원 및 탁상용 달력 100부(25만원 상당)를 제공하고, 피고인 1은 경로당 노인들에게 "구청장 피고인 1입니다. 추우신데 옷 따뜻하게 입으시고, 건강하세요"라는 말을 하고 노인들과 일일이 악수를 하였고, 2009. 12. 10. 12:00경 서울 중구 신당1동에 있는 '○○○ 숯불갈비'에서 열린 '광희문 경로당 송년식사 대접' 자리에 피고인 1을 참석하게 한 후 광희문 경로당 총무 공소외 17에게 노인들 식사비용으로 현금 50만원 및 탁상용 달력 100부(25만원 상당)를 제공하고, 피고인 1은 경로당 노인들에게 "구청장 피고인 1입니다. 식사대접이 약소하지만 많이 드시고, 건강하시고 즐겁게 노세요"라는 말을 하고 노인들과 일일이 악수를 하였다.

이로써, 공무원인 피고인 2 및 피고인 5는 피고인 1과 공모하여 선거운동 기간 전에 선거운동을 하고, 피고인 5, 2는 후보자가 되고자 하는 피고인 1을 위하여 기부행위를 하고, 피고인 1은 피고인 5로 하여금 위와 같이 자신을 위하여 기부행위를 하도록 하였다.

나. 피고인 1, 2, 5 주장의 요지

2차례의 경로당 식사대접 행사는 피고인 5가 공소외 16으로부터 경로당 식사대접 제안을 받고 ○○골프회장배 골프대회를 개최한 후 남은 행사비 100만원으로 진행한 것이고, 피고인 1, 2, 5가 사전에 공모하여 경로당 식사대접의 방법으로 피고인 1의 선거운동을 위하여 기부행위를 한 것은 아니다. 또한 피고인 1은 경로당 식사대접이 효실천 사업의 일환으로 계획된 것이라는 수행비서의 보고를 받고 그 자리에 잠시 참석하여 의례적인 인사말을 한 것에 불과하고, 피고인 2, 5는 피고인 1이 인사말을 하는 행위에 가담하거나 이를 공모한 사실이 없다.

다. 판 단

(1) 기부행위 부분

먼저 피고인 1, 2가 피고인 5와 공모하여 신당1동 및 광희문 경로당 식사대접 행사를 개최하여 참석자들에게 식사를 대접하고 달력을 제공하였는지 여부에 관하여 살피건대, 이 사건 기록에 의하여 인정되는 다음과 같은 사정들 즉, ① 피고인 1이 경로당 식사대접 행사에 참석하게 된 경위와 관련하여, 피고인 1은 이 법정에서, "경로당 식사대접 행사가 금일일정표상 '기타 일정'으로 되어 있어, 점심시간에 따로 점심약속이 되어 있던 장소로 가는데 지장이 없어서 참석을 하게 된 것이고, 그때 수행비서가 그러한 것을 알려줘서 자신이 가게 된 것이다."라는 취지로 진술하고 있고, 수행비서 공소외 4는 이 법정에서, "경로당 식사대접 행사 이전의 일정을 마치고 나서 자신이 중구청장에게 다음 일정에 대해서 이야기를 하니까 '시간이 되니까 잠깐 들르자'라고 하여 참석하게 되었다."라는 취지로 진술하고 있는 점, ② 또한 경로당 식사 대접 행사는 신당1동에서 '동향보고' 형식으로 비서실에 보고된 것에[28] 따라 구청장의 금일일정표에 기재된 것으로 보이는바, 피고인 1이 사전에 경로당 식사 대접 행사에 참석하기로 예정되어 있었던 것으로 보이지 아니하는 점,[29] ③ 검사가 제출한, 경로당 식사대접 행사 이전의 피고인 2, 5 및 공소외 16, 50의 통화내역만으로는 피고인 1, 2, 5가 사전에 협의하여 경로당 식사대접 행사를 하려고 하였다는 사실을 인정하기에 부족한 점 등에 비추어 볼 때, 피고인 1, 2가 피고인 5와 공모하여 경로당 식사대접 행사를 개최하여 참석자들에게 식사를 대접하고 달력을 제공하였다고 보기 어렵고, 달리 이를 인정할 증거가 없다.

다음으로 피고인 5가 피고인 1의 선거운동을 위하여 경로당 식사대접 행사를 개최하여 참석자들에게 식사를 대접하고 달력을 제공하였는지 여부에 관하여 살피건대, 이 사건 기록에 의하여 인정되는 다음과 같은 사정들 즉, ① 피고인 5는 ○○골프회장배 골프대회를 개최한 후 행사비 100만원 정도가 남아 그 돈을 어떻게 사용할지 생각하다가, 신당1동 경로당 회장 공소외 16을 만나 공소외 16으로부터 경로당 회원들에 대한 식사대접을 제안받고 신당1동 및 광희문 경로당 회원들에게 식사대접을 하게 된 점(피고인 5의 법정진술, 공소외 16의 검찰진술,[30] ② 위 1. 다. (1)의 (다)에서 살펴본 바와 같이 피고인 5는 여러 가지 사회활동을 왕성하게 하고 있는바, 자신 내지 자신이 회장으로 있는 ○○골프회의 사회적 위상을 높이기

---

28) 피고인 2의 검찰진술(증거기록 3979쪽), 공소외 35의 경찰진술(증거기록 1576쪽)

29) 이와 관련하여, 중구효도협의회 회장인 공소외 35는 검찰조사에서, "피고인 5에게 '그날 누구 오냐'라고 물었더니 피고인 5가 '청장님이 오실 겁니다.'라고 말했다."라는 취지로 진술하였으나(증거기록 2943쪽), 이 법정에서는 "피고인 5가 '혹시 청장님이 오시지 않겠느냐'라고 말하였다."라는 취지로 진술하고 있다.

30) 이와 관련하여 공소외 16은 검찰조사에서, "피고인 5가 '○○골프회에서 돈이 모아진 것이 있는데, 그 돈을 어떻게 사용하였으면 좋겠습니까?'라고 물어, 자신이 '불우이웃돕기를 하는 것보다는 동네 경로당에다 점심대접이나 해 드리는 것이 좋지 않느냐'라고 하였더니 피고인 5가 '좋습니다. 그렇게 하겠습니다.'라고 대답하였고, 이어 피고인 5에게 '신당1동에는 경로당이 두 군데가 있으니 신당1동 경로당만 대접하지 말고, 광희문 경로당에도 똑같이 대접을 해 드려라."라고 하였다고 진술하고 있다(증거기록 2957쪽).

위하여 경로당 식사대접 행사를 주최한 것으로 보이는 점, ③ 위에서 살펴본 바와 같이 경로당 식사대접 행사를 기획하거나 피고인 1이 위 행사 자리에 참석함에 있어 피고인 5가 피고인 1, 2와 사전에 긴밀히 협의하였다고 볼 증거가 없는 점 등의 사정에 비추어 볼 때, 피고인 5는 골프대회를 마친 후 남은 행사비를 사용하기 위하여 ○○골프회 차원에서 경로당 식사대접 행사를 진행한 것으로 보이고, 그 밖에 검사가 제출한 증거만으로는 피고인 5가 피고인 1의 선거운동을 위하여 경로당 식사대접 행사를 개최하여 기부행위를 하였다고 보기 어려우며, 달리 이를 인정할 증거가 없다.

(2) 피고인 1의 인사말 부분

피고인 2, 5가 피고인 1이 경로당 식사대접 행사에 참석하여 참석자들에게 인사말을 하는 행위에 가담하였거나 이를 공모하였는지 여부에 관하여 살피건대, 이 사건 기록에 의하여 인정되는 다음과 같은 사정들 즉, ① 피고인 2는 2009. 12. 8. 열린 신당1동 경로당 식사대접 및 2009. 12. 10. 열린 광희문 경로당 식사대접 행사에 참석한 사실이 없어 피고인 1이 참석자들에게 인사를 하는 행위에 직접 가담한 사실이 없는 점, ② 피고인 2, 5가 사전에 긴밀히 협의하여 피고인 1로 하여금 위 경로당 식사대접 자리에 참석하여 참석자들에게 인사말을 하도록 하였다는 사실을 인정할 증거가 없는 점 등에 비추어 볼 때, 검사가 제출한 증거만으로는 피고인 2, 5가 피고인 1과 공모하여 피고인 1이 위 경로당 식사대접 자리에서 선거운동의 일환으로 인지도를 제고하기 위하여 인사말을 하였다고 보기 어렵고, 달리 이를 인정할 증거가 없다.

라. 결 론

따라서, 이 부분 공소사실인 피고인 1에 대한 기부행위로 인한 공직선거법위반, 피고인 2에 대한 제3자 기부행위로 인한 공직선거법위반, 2009. 12. 8.자 및 2009. 12. 10.자 사전선거운동 및 공무원의 선거운동금지위반으로 인한 각 공직선거법위반, 피고인 5에 대한 각 공직선거법위반의 점은 모두 범죄의 증명이 없는 경우에 해당하므로, 형사소송법 제325조 후단에 의하여 무죄를 선고하기로 한다.

3. 뮤지컬 '△△' 무료공연을 통한 기부행위 및 사전선거운동 등으로 인한 공직선거법위반 부분(피고인 1, 2, 3)

가. 공소사실의 요지

공무원은 선거운동을 할 수 없고, 지방자치단체장이나 후보자(후보자가 되고자 하는 자를 포함한다)는 당해 선거구안에 있는 자 또는 당해 선거구 밖에 있더라도 그 선거구민과 연고가 있는 자 등에 대해서 기부행위를 할 수 없으며, 제3자는 선거에 관하여 후보자(후보자가 되고자 하는 자를 포함한다)를 위하여 기부행위를 하거나 하게 할 수 없고, 누구든지 선거운동 기간 전에 선거운동을 할 수 없다.

피고인 1, 2, 3은 피고인 1이 지휘·감독하고 피고인 3이 사장으로 있는 ○○아트홀이 공연기획사 공소외 28 주식회사와 공동 투자하여 2009. 11. 25.경부터 ○○아트홀에서 유료(티켓 1장 당 40,000원)로 공연 중인 뮤지컬 '△△' 공연을 이용하여 중구 구민들에게 지정된 공연 당일 입장권과 교환할 수 있는 교환권을 무료로 제공하고 중구 구민들이 참석하는 무료공연 행사에 피고인 1이 참석하여 선거운동을 하기로 계획하였다.

(1) 피고인 3은 2010. 1. 초순경 뮤지컬 '△△' 공연을 기획한 공연기획사 대표 공소외 18에게 "협찬사를 구해 협찬금을 지원받을 예정이니 뮤지컬 '△△' 공연 중 총 5회의 공연을 각 회당 250명씩 중구 구민을 위한 무료 공연으로 기획하여 제안 공문을 가지고 피고인 2를 만나라"고 하였고, 피고인 2에게는 "중구 구민을 대상으로 '문화나눔행사'를 한다는 명목으로 무료공연 교환권을 나눠주는 것이 어떻겠느냐, 위 행사를 진행할 공연기획사 대표가 찾아갈 것이다."라고 미리 얘기를 하였다. 이에 따라 공소외 18은 공연기획사 이사 공소외 37로 하여금 무료공연 제안 공문과 공연 프로그램, 전단 등을 가지고 2010. 1. 4.경 중구청 비서실에서 피고인 2를 만나게 하였고, 피고인 2는 2010. 1. 4. 10:00경 공소외 37로부터 무료공연에 관한 공문을 전달받으면서 무료공연 날짜가 정해지면 연락을 주겠다고 한 후 그날 13:01경 공소외 37에게 전화로 "2010. 1. 8., 1. 9., 1. 10., 1. 12. 4일 동안 5회에 걸쳐 무료공연을 진행하고, 무료공연 교환권은 내일 비서실로 가져와라. 와서 소관 부서 직원도 만나고, 구청장님하고도 인사를 해라"고 하였다.
피고인 2는 그 무렵 피고인 1에게 위 무료공연 행사에 대해 보고를 하였고, 2010. 1. 5. 11:00경 공소외 37, 18로부터 무료공연 교환권 1,250장을 전달받으면서 중구청 문화체육과 팀장 공소외 6을 불러 '무료공연 입장권을 가져가 각 동을 통해 제설작업을 하느라 수고한 중구민들에게 배부하라'고 지시하였고, 곧이어 피고인 1에게 공소외 37, 18을 데리고 가 "이번 구민초청 무료공연 행사를 기획한 공소외 28 주식회사 대표입니다."라고 소개하여 피고인 1은 공소외 37, 18에게 "고맙고 감사하다"고 인사를 하였다.
피고인 2는 2010. 1. 6.경 비서실로 공소외 6을 불러 2010. 1. 7. 중구청 기획상황실에서 열릴 확대간부회의에 참석한 동장들을 통해 무료공연 교환권을 중구민들에게 배부하라고 지시하였다. 피고인 2로부터 위와 같은 지시를 받은 공소외

6은 2010. 1. 7. 10:00경 중구청 기획상황실에서 중구청장 주재로 열린 간부회의가 끝난 직후 회의에 참석한 신당4동장 공소외 36 등 동장 15명에게 "제설작업에 수고한 구민들에게 나누어 주라"며 구청에서 나누어 주는 무료티켓인 것처럼 위 무료공연 교환권 1,250장(5,000만원 상당)을 제공하여 그 무렵 동장들로 하여금 구민들에게 무료로 배부하게 하였다.

이로써 피고인 1, 2, 3은 공모하여 지방자치단체장이면서 후보자가 되고자 하는 피고인 1은 기부행위를 하고, 피고인 2, 3은 후보자가 되고자 하는 피고인 1을 위하여 기부행위를 하였다.

(2) 공무원인 피고인 2 및 피고인 3은 피고인 1과 사전에 협의하여 범죄사실 제4항 기재와 같이 피고인 1이 무대에 올라가 중구민들에게 인사말을 하도록 하여 피고인 1을 위하여 선거운동 기간 전에 선거운동을 하였다.

나. 피고인 1, 2, 3 주장의 요지

(1) 기부행위 부분과 관련하여, 뮤지컬 '△△'의 무료공연 행사는 기획사인 공소외 28 주식회사 대표 공소외 18이 티켓 예매실적이 극히 저조하자, 피고인 3에게 협찬사의 협찬을 받아 소외계층을 대상으로 문화나눔행사를 진행할 것을 제의하여 이루어진바, 피고인 1의 선거운동을 위한 기부행위로 볼 수 없다. 뿐만 아니라 피고인 1은 위 무료공연 행사의 기획 및 진행에 관하여 실질적으로 관여하거나 지시한 사실이 없고, 피고인 2는 피고인 3의 부탁을 받고 공소외 18을 중구청 문화공연 담당자인 공소외 6에게 소개해주고 공소외 6에게 무료공연 교환권 배부에 협조할 것만을 지시하였으며, 피고인 3은 공소외 18에게 협찬사를 구해주고 문화나눔행사의 대상자 선정을 위하여 피고인 2를 소개해주었을 뿐, 피고인 1, 2, 3이 공소사실 기재와 같이 기부행위를 공모한 사실이 없다.

(2) 피고인 1의 인사말 부분과 관련하여, 피고인 2, 3은 피고인 1이 뮤지컬 '△△' 무료공연의 시작 전 무대에 올라 참석자들에게 인사말을 한 행위에 가담하였거나 이를 공모한 사실이 없다.

다. 판 단

(1) 기부행위 부분

(가) 인정사실

이 사건 기록에 의하면, 다음 각 사실이 인정된다.

1) 뮤지컬 '△△' 공연은 공소외 18이 운영하는 공연기획사 공소외 28 주식회사가 기획하여 ○○아트홀과 공동으로 주최하였는데, 공소외 28 주식회사와 ○○아트홀은 총 제작비의 70%를 공소외 28 주식회사가, 30%를 ○○아트홀이 각 부담

하고 이익금도 그 비율에 따라 나누기로 하되, 손실이 발생할 경우 ○○아트홀의 투자금 중 50%는 공소외 28 주식회사가 보장해주기로 약정하였다.

2) 공소외 18은 2009. 12.경 피고인 3에게 협찬사를 구해줄 것을 부탁하였고, 이에 피고인 3은 공소외 18에게 '중구청의 비서실장을 찾아가면 문화체육과 담당자를 소개시켜 줄 것이니, 문화나눔행사를 진행해 봐라.'는 취지로 말하였다.

3) 그 후 공소외 28 주식회사의 공연기획업무를 담당하던 공소외 37은 2010. 1. 4. 오전 중구청을 방문하여 피고인 2를 만나 피고인 2에게 문화나눔행사 관련 공문과 공연 프로그램, 전단 등을 전달하였고, 그날 오후 피고인 2가 공소외 37에게 공연 일자(2010. 1. 8., 1. 9., 1. 10., 1. 12.)를 지정해주면서 그 다음날 무료공연 교환권을 가지고 오라고 하였다. 이에 따라 공소외 18, 37은 2010. 1. 5. 오전 중구청을 방문하여 피고인 2 및 중구청 문화체육과 팀장 공소외 6을 만나 그들에게 뮤지컬 '△△'의 무료공연 교환권 1,250장을 교부하였다.

4) 피고인 2는 2010. 1. 6.경 공소외 6에게 무료공연 교환권을 동장들에게 배부하라고 지시하였고, 이에 공소외 6은 2010. 1. 7.경 열린 중구청의 확대간부회의가 끝난 후 중구 황학동, 중림동 등 관내 15개 동장들에게 무료공연 교환권을 교부하여 동장들로 하여금 중구 구민들에게 배부하도록 하였고,[31] 그 직후 무료공연 교환권의 배부사실에 관하여 피고인 2에게 보고하자 피고인 2는 공소외 6에게 '공연일에 ○○아트홀 공연장에 미리 가 있다가 구청장을 영접하라'는 취지로 말하였다.

5) 뮤지컬 '△△'의 무료공연은 2010. 1. 8., 1. 9., 1. 10. 등 3일에 걸쳐 4차례 진행되었는데,[32] 피고인 1은 2010. 1. 8. 및 1. 9. 공연에 참석하여 공연 시작 전 무대에서 관객들을 대상으로 인사말을 하였고, 2010. 1. 10. 공연에는 당초 참석하기로 하였으나 □□□당 예비후보가 공연장에 와 있다는 말을 듣고 참석하지 않았다.

6) 한편, 피고인 3은 2010. 1. 11.경 공소외 18에게 한국예술문화단체총연합회 총무부장인 공소외 22의 전화번호를 알려주며 '협찬업체가 잡혔으니 계약서를 만들어 공소외 22를 만나 협찬계약을 체결하라'는 취지로 말하였고, 공소외 18은 2010. 1. 12.경 공소외 22를 만나 공소외 22에게 공소외 23 주식회사와 사이의 협찬계약서를 건네준 후 그 다음날 공소외 23 주식회사의 대표 공소외 51의 인장이 날인된 협찬계약서를 퀵서비스를 통해 건네받았다.

---

31) 공소외 6은 수사기관에서의 진술과 다르게 이 법정에서, "동장들에게 무료공연 교환권을 나누어주면서 공소외 28 주식회사 에서 주는 것이라는 취지로 이야기하였다."라고 진술하고 있다.

32) 2010. 1. 10. 무료공연이 2차례 이루어졌고, 2010. 1. 12.자 무료공연은 취소되었다.

(나) 피고인 1, 2, 3이 공모하여 피고인 1의 선거운동을 위하여 뮤지컬 '△△' 무료공연을 통한 기부행위를 하였는지 여부

살피건대, 공직선거법 제112조 제1항의 기부행위는 그에 의한 기부의 효과를 후보자 또는 후보자가 되려는 자에게 돌리려는 의사를 가지고 공직선거법 제112조 제1항에 규정된 사람에게 금품 등을 제공하는 것으로서 그 출연자가 기부행위자가 되는 것이 통례이지만, 그 기부행위를 한 것으로 평가되는 주체인 기부행위자는 항상 그 물품 등의 사실상 출연자에 한정되는 것은 아니고, 또 출연자와 기부행위자가 일치하지 않거나 외형상 기부행위에 함께 관여하는 듯이 보여서 어느 쪽이 기부행위자인지 분명하지 않은 경우에는 그 물품 등이 출연된 동기 또는 목적, 출연행위와 기부행위의 실행 경위, 기부자와 출연자 그리고 기부받는 자와의 관계 등 모든 사정을 종합하여 기부행위자를 특정하여야 한다(대법원 2008. 3. 13. 선고 2007도9507 판결 등 참조).

이 사건에 관하여 보건대, 이 사건 기록에 의하여 인정되는 다음과 같은 사정들 즉, ① 피고인 3은 뮤지컬 '△△' 무료공연의 협찬사가 확정되지 않았음에도 문화나눔행사의 진행을 위하여 공소외 18을 중구청 내 담당부서가 아닌 비서실장인 피고인 2에게 소개시켜 준 점, ② 공소외 18, 37은 무료공연 교환권을 피고인 2 및 공소외 6에게 교부하였고, 피고인 2가 공연일자를 지정해주었으며 공소외 6에게 무료공연 교환권을 중구청 관내 동장들을 통하여 제설작업에 수고한 중구 구민들에게 배부하도록 지시한 점, ③ 당초 피고인 2가 공소외 6을 통하여 무료공연 교환권을 배부할 당시부터 피고인 1이 뮤지컬 '△△'의 무료공연에 참석하기로 예정되어 있었고, 실제로 뮤지컬 '△△'의 무료공연에 두 차례 참석하여 공연 시작 전 무대에서 관객들을 상대로 인사말을 한 점, ④ 그러나 피고인 1은 그 후인 2010. 1. 10.자 무료공연에 □□□당 예비후보가 와있음을 알고 참석하지 않았고, □□□당 예비후보의 문제제기로 무료공연에 대한 공직선거법 위반 여부가 문제되자 2010. 1. 12.자 무료공연이 취소된 점, ⑤ 동장을 통하여 무료공연 교환권을 배부받은 중구민들 입장에서는 구청에서 무료공연 교환권을 나누어주는 것으로 받아들일 가능성이 커 보이는 점, ⑥ 피고인 3은 뮤지컬 '△△' 무료공연의 공직선거법위반 여부가 문제되자 공소외 18, 37, 43 등에게 허위의 진술을 지시하고, 관련 문서도 허위로 작성하도록 한 점 등 피고인 1, 2, 3이 공모하여 조직적으로 피고인 1의 선거운동의 일환으로 무료공연 교환권을 기부하였다고 볼만한 강한 의심이 가는 사정이 없지는 아니하다.

그러나, 다른 한편, 위 인정사실 및 이 사건 기록에 의하면, ① 뮤지컬 '△△' 공연은 공소외 28 주식회사와 ○○아트홀이 공동으로 주최하여 진행된 유료공연

이었는데, 공연의 성수기에 해당하는 2009. 12.분 및 2010. 1.분의 티켓 예매실적이 극히[33] 저조하자 공소외 18이 2009. 12.경부터 먼저 피고인 3에게 협찬사를 구해줄 것을 부탁하였고, 이에 따라 공소외 18과 피고인 3 사이에 협찬사의 협찬을 받아 소외계층을 대상으로 문화나눔행사를 진행하기로 기획하게 된 점,[34] ② 피고인 3은 공소외 18의 부탁에 따라 뮤지컬 '△△' 공연의 협찬사를 구하려고 노력하였는데, 무료공연이 진행될 무렵에는, 비록 협찬사가 확정되지는 않았지만, 협찬사가 충분히 정해질 것으로 예상되었고,[35] 이에 따라 공소외 18은 피고인 3을 통하여 피고인 2를 만나 중구청의 협조를 받아 무료공연을 진행하게 된 점,[36] ③ 특히 예매실적이 저조할 경우 빈 객석을 채우기 위하여 협찬사의 협찬을 받아 소외계층을 대상으로 무료공연 행사를 진행하고, 설령 협찬사를 구하지 못하였다고 하더라도 빈 객석을 채우기 위해 금전적인 손실을 감수하고라도 무료공연을 진행하기도 하며, 아울러 협찬사는 공연이 진행 중이거나 종료한 후에도 추후 기업의 홍보활동에 이용하거나 세제혜택을 받기 위하여 협찬을 하는 것이 공연예술계의 관행으로 보이는 점, ④ 또한 문화 소외계층에 대한 무료공연인 문화나눔행사를 진행할 경우에는 무료공연 교환권을 배부하기 위하여 관할 행정관청의 도움이 요구되는바, 뮤지컬 '△△'의 무료공연에도 무료공연 교환권을 중구 구민들에게 배부하기 위하여 중구청의 도움이 필요하였고, 이를 위하여 피고인 3이 공소외 18을 피고인 2에게 소개시켜 준 것으로 보이는 점,[37] ⑤ 공소외 6은 이 법정에서, 동장들에게 무료공연 교환권을 배부하면서 "공소외 28 주식회사가 기획사라는 이야기를 했었던 것 같다."라는 취지로 진술하고 있는 점,[38] ⑥ 뮤지컬 '△△'의 무료공연은 위 ①항에서 살펴

33) 피고인 3의 변호인 제출의 증 제21호증 참조

34) 이와 관련하여 공소외 18은 이 법정에서, "자신이 피고인 3에게 협찬을 요구하면서 협찬을 받아내는 방법으로 '문화나눔행사라는 말을 하게 되면 기업 측에서도 협찬에 훨씬 더 잘 응할 것이다.'라는 취지로 제안을 했다."라고 진술하고 있고, 검찰조사에서, "2009. 12.경부터 협찬을 요청하였는데, 피고인 3과 이야기하면서 '사회적으로 힘든 사람들에게 표를 나눠주는 형식으로 대기업으로부터 협찬을 받으면 좋지 않겠느냐'라는 이야기가 나왔다"라고 진술하고 있다(증거기록 2896쪽).

35) 공소외 18은 피고인 3로부터 "공소외 19 주식회사 쪽에서 협찬을 해줄 수도 있을 것 같다."라는 말을 듣고 2010. 1. 8.경 '공소외 19 주식회사와 함께하는 문화나누기'라는 문구가 기재된 현수막을 공연장 입구에 설치하기도 하였다.

36) 공소외 18은 ○○아트홀 사장인 피고인 3의 "협찬사를 구해줄 수 있다."라는 취지의 말을 상당히 신뢰하였던 것으로 보인다.

37) 이와 관련하여 공소외 6은 이 법정 및 검찰조사에서, "피고인 2가 공소외 18과 공소외 37을 자신에게 소개시켜주면서 '이분들이 주민들을 위하여 무료공연을 하기로 하였으니 적극적으로 도와주라. 티켓을 가져왔으니 동사무소에서 주민들에게 배부할 수 있도록 나눠줘라'라고 이야기하였다."라고 진술하고 있다(증거기록 3582쪽).

38) 다만, 공소외 6은 검찰조사에서, 이와는 달리 "기획사에서 나누어 주는 것이라고 말을 한 기억은 없다."라고 진술하였다(증거기록 3588쪽). 한편, 광희동 동장 공소외 38과 황학동 동장 공소외 39는 검찰조사에서, "당

본 바와 같이 공소외 18의 제의로 진행되었는데, 공소외 18이 위 무료공연에 의한 기부의 효과를 피고인 1에게 돌리려는 의사를 가지고 무료공연을 진행하였다고 볼 객관적 자료가 없을 뿐만 아니라, 피고인 2, 3이 무료공연 교환권을 중구 구민들에게 배부하는 것을 도와주었다는 사정만으로 피고인 2, 3을 무료공연을 통한 기부행위자로 평가하기 어렵고,[39] 피고인 2, 3은 단지 공소외 28 주식회사가 무료공연을 진행함 있어 협찬사를 구해주거나 무료공연 교환권의 배부에 협조한 정도에 불과한 것으로 보이는 점, ⑦ 피고인 3은 뮤지컬 '△△'의 무료공연 진행 중 공직선거법위반 여부가 문제가 되자 이를 무마하기 위하여 공소외 18, 37, 43 등에게 허위진술을 지시하고, 관련 문서도 허위로 작성하도록 한 것으로 보이지만, 이는 사후의 사정으로 그러한 사정만으로 피고인 3이 피고인 1의 선거운동을 위하여 무료공연을 진행하였다고 보기는 어려운 점, ⑧ ○○아트홀에서는 2007. 12.경 및 2008. 1.경 공소외 24 주식회사의 협찬을 받아 창작뮤지컬 공연에 중구에 거주하는 소외계층을 초청하는 방식으로 문화나눔행사를 진행한 사실도 있었던 점(변호인 제출의 증 제22 내지 24호증) 등과 같은 사정이 존재한다.

그런데, 형사재판에서 공소제기된 범죄사실에 대한 입증책임은 검사에게 있는 것이고, 유죄의 인정은 법관으로 하여금 합리적인 의심을 할 여지가 없을 정도로 공소사실이 진실한 것이라는 확신을 가지게 하는 증명력을 가진 증거에 의하여야 하므로, 그와 같은 증거가 없다면 설령 피고인에게 유죄의 의심이 간다 하더라도 피고인의 이익으로 판단할 수밖에 없는바, 앞에서 본 사정들에 비추어 볼 때, 결국 뮤지컬 '△△' 무료공연은 공소외 28 주식회사의 주도 하에 중구청의 도움을 받아 문화나눔행사의 형식으로 진행된 것으로, 그 과정에서 이루어진 무료공연 교환권 배부행위를 피고인 1의 선거운동을 위한 기부행위라고 볼 수 없을 뿐만 아니라, 나아가 검사가 제출한 증거만으로 합리적 의심을 할 여지가 없을 정도로 피고인 1, 2, 3이 공소사실 기재와 같이 문화나눔행사를 통하여 위와 같은 기부행위를 사전에 공모하였다고 인정하기도 어려우며, 달리 이 부분 공소사실을 인정할 증거가 없다.

(2) 피고인 1의 인사말 부분

피고인 2, 3이 피고인 1이 무료공연에 참석하여 공연시작 전 무대에 올라 참석자

시 공소외 6이 기획사에서 나온 무료공연 교환권이라면서 '제설작업에 수고한 구민들에게 배부하는 것이다.' 라고 말하였다."라는 취지로 진술하고 있다(증거기록 2868쪽, 2881쪽).

39) 피고인 2, 피고인 3이 사전에 공소외 28 주식회사 의 무료공연 기획에 관여하였다고 볼 증거가 없고, 피고인 3 및 공소외 18, 공소외 6 등 관련자들의 진술에 비추어, 피고인 2가 무료공연 교환권을 교부받아 이를 동장들에게 배부한 행위 자체를 공직선거법상 기부행위라고 보기는 어렵다.

들에게 인사말을 한 행위에 가담하였거나 이를 공모하였는지 여부에 관하여 본다. 살피건대, 피고인 2는 피고인 1이 무료공연에 참석할 수 있도록 무료공연 일자를 지정해주었고 공소외 6에게 무료공연에 참석하여 피고인 1을 영접하라고 지시하였으며, 피고인 3은 피고인 1이 무료공연에 참석한다는 이야기를 듣고 공소외 18에게 인사말을 할 수 있는 기회를 마련할 것을 지시하는 등 피고인 2, 3이 이 사건 범행 부분에 가담하였다고 볼만한 강한 의심이 가는 사정이 있기는 하나, 다른 한편, 이 사건 기록에 의하여 인정되는 다음과 같은 사정들, 즉 ① 피고인 2는 2010. 1. 8. 및 2010. 1. 9. 무료공연에 실제로 참석한 바 없어 피고인 1이 무대에 올라 인사말을 한 행위에 직접 가담한 사실이 없는 점, ② 앞서 살펴본 바와 같이 피고인 2가 무료공연 교환권의 배부 및 공연날짜 지정 등에 관여한 사실은 있으나, 나아가 피고인 1이 무료공연에 참석하여 참석자들에게 인사말을 함에 있어 피고인 1과 사전에 공모하였다는 사실을 인정할 증거가 없는 점, ③ 피고인 3은 구청장인 피고인 1이 무료공연에 참석한다는 이야기를 듣고 일종의 관행에 따라 피고인 1이 무대에서 인사할 수 있는 자리를 마련한 것으로 볼 여지가 있고, 또한 피고인 1이 무대에서 인사할 수 있는 자리가 마련된 것도 사전에 예정되어 있었다기보다는 공연 당일 갑작스럽게 이루어진 것으로 보이는 점, ④ 피고인 3의 경우에도 피고인 1, 2와 공모하여 피고인 1의 선거운동을 위하여 피고인 1을 무료공연에 참석하게 한 후 무대에서 참석자들에게 인사말을 하도록 사전에 협의하였다고 인정할 만한 증거가 없는 점 등에 비추어 볼 때, 검사가 제출한 증거만으로는 합리적 의심을 할 여지가 없을 정도로 피고인 1이 무료공연에 참석하여 선거운동의 일환으로 인지도를 제고하기 위하여 무대에 올라 참석자들에게 인사말을 함에 있어 피고인 2, 3이 피고인 1과 공모하였다고 보기 어렵고, 달리 이를 인정할 증거가 없다.

라. 결 론

따라서, 이 부분 공소사실 중 피고인 1에 대한 기부행위로 인한 공직선거법위반, 피고인 2 및 피고인 3에 대한 각 공직선거법위반의 점은 모두 범죄의 증명이 없는 경우에 해당하므로 형사소송법 제325조 후단에 의하여 무죄를 선고하기로 한다.

이상의 이유로 주문과 같이 판결한다.

[4] 서울고등법원의 판결[40)]

【피 고 인】 피고인 1 외 4인
【항 소 인】 피고인 1 외 2인 및 검사
【검　　사】 검 사
【변 호 인】 법무법인

【원심판결】 서울중앙지방법원 2010. 12. 24. 선고 2010고합1048 판결
【주　　문】

원심판결 중 피고인 1, 2, 4에 대한 유죄부분을 각 파기한다.

피고인 1을 벌금 500만원에, 피고인 2를 벌금 400만원에, 피고인 4를 벌금 150만원에 각 처한다.

피고인 1, 2, 4가 각 위 벌금을 납입하지 아니하는 경우 각 금 5만원을 1일로 환산한 기간 위 피고인들을 노역장에 유치한다.

피고인 1, 2, 4에 대하여 각 위 벌금에 상당한 금액의 가납을 명한다.

원심판결 중 피고인 1, 2, 4에 대한 무죄부분과 피고인 3, 5에 대한 검사의 항소를 모두 기각한다.

【이　　유】

1. 항소이유의 요지

가. 피고인 1, 2, 4

(1) 문자메시지 및 전보 발송 부분에 관한 사실오인 또는 법리오해

(가) 선거운동이 아니라는 주장(피고인 1, 2, 4)

1) '중구청장 피고인 1' 명의의 문자메시지 및 전보의 수신자는 피고인 1의 지인이나 중구청 관내 직능단체 회원들이고, 그 내용도 정치적 색깔이 없는 단순한 인사말일 뿐이어서 이 사건 문자메시지 및 전보의 발송은 일상적, 의례적, 사교적 행위이거나, 피고인 1 이전 구청장 시절부터 지속적, 반복적으로 이루어진 구정 활동의 일환에 불과하고, 타구청장들도 피고인 1보다 더 많은 문자메시지 및 전보를 발송하고 있으며 그 증가량도 중구청과 유사하고, 게다가 피고인 1은 발송 당시에는 차기 구청장으로 출마할 지 여부가 불확실한 시기였으므로, 문자메시지 및 전보 발송은 선거운동에 해당하지 않는다.

---

40) 서울고등법원 2011. 3. 21. 선고 2011노73 판결 【공직선거법위반】

2) 성동고 자율형 공립고 선정 문자메시지 발송은 학부모들에게 성동고의 자율형 공립고 선정 사실을 널리 알려 성동고 입학 지원자 모집을 활성화하려고 한 것에 불과할 뿐이고, 구청장의 업적홍보행위에 해당하지 아니하므로, 이는 선거운동이 아니다. 또한 ◈병원 입원 환자에 대한 쾌유기원전보 발송은 ◈병원의 중구민에 대한 의료지원 등 ◈병원과 중구청의 업무협조관계에 따라 이루어진 것으로 선거운동과 무관하다.

(나) 고의가 없다는 주장(피고인 1)

피고인 1은 구청 간부들에게 수회 공직선거법 준수를 강조하고 각 과와 동으로 선거법 관련 사항을 숙지하도록 시달하였으며, 이 사건 문자메시지 및 전보 발송에 관하여 업무활동의 일환으로 선거운동과 무관하다고 판단하였을 뿐이므로, 공직선거법위반에 대한 고의가 없었다.

(다) 예비후보자로서 또는 공직선거법 제82조의5의 반대해석상 문자메시지 또는 전보 발송이 허용된다는 주장(피고인 1)

공직선거법 제60조의3 제1항 제7호에 따르면 예비후보자는 문자메시지를 이용하여 선거운동정보를 전송하는 행위를 할 수 있으므로, 사실상의 예비후보자이었던 피고인 1은 예비후보자 등록 시작일인 2010. 2. 19.부터 같은 달 27.까지 생일축하전보 발송을 할 수 있고, 위 규정과 공직선거법 제82조의5 제6항을 반대해석하면, 피고인 1은 선거운동정보가 아닌 이 사건 문자메시지 및 전보의 발송을 할 수 있다.

(라) 서울 중구 비거주자에 대한 발송 부분(피고인 2, 4)

서울 중구에 거주하지 않는 사람에 대한 문자메시지 발송이 중구청장 선거에 영향을 미칠 수 있는 경우라는 입증이 없으므로, 이 부분은 선거운동에 해당하지 않음에도 유죄로 인정한 원심은 사실오인 또는 법리오해의 위법이 있다.

(마) 미도달 부분에 대한 주장(피고인 2, 4)

발송한 문자메시지 중 도달하지 못한 경우는 공직선거법위반죄의 미수에 해당하는데, 이에 대한 처벌규정이 없으므로 미도달 부분은 무죄에 해당함에도, 이러한 부분까지 유죄로 인정한 원심은 법리오해의 위법이 있다.

(바) 공직선거법상 개별 금지 조항에 대한 법리오해 주장(피고인 2, 4)

공직선거법상 사전선거운동금지 규정(제254조 제2항)은 행위별로 기간을 특정하여 금지하는 개별 조항에서 규정하고 있지 아니한 경우에 한하여 예외적·보충적으로 적용되는 것인바, 이 사건 문자메시지 및 전보 발송에 대하여는 공직선거법상 개별 금지 조항(제93조 제1항 또는 제109조 제1항)이 있으므로, 이와 별도로 사전선거운동금지 규정을 적용하여 처벌할 수 없음에도, 이 사건 문자메시지 및 전보 발송이 사전선거운동금지 규정(제254조 제2항)에 해당한다고 판단한 원심은 법리오해의 위법이 있다.

(사) 구법을 적용한 것이 위법이라는 주장(피고인 1)

원심판시 문자메시지 및 전보 발송으로 인한 사전선거운동의 점(원심판시 범죄사실 제1항)에 대하여 검사가 각 구 공직선거법(2010. 1. 25. 법률 제9974호로 개정되기 전의 것, 이하 '구 공직선거법'이라 한다) 제254조 제3항에 의하여 기소하지 아니하였음에도 원심은 적용법조의 변경절차 없이 위 법조를 적용한 위법이 있다. 따라서 2010. 1. 25. 이전에 이루어진 전보발송행위에 대하여 구 공직선거법위반으로 의율한 것은 공소제기 범위를 넘어서 판단한 것으로 위법하다.

(아) 공동정범관계 부인(피고인 1, 2, 4)

피고인 1은 문자메시지 및 전보 발송 업무가 사실상 비서실의 전결처리사항이기 때문에 이에 관하여 비서실 직원들로부터 보고받거나 관여한 사실이 없고, 피고인 2는 공소외 1, 2에게 구체적으로 문자메시지 및 전보 발송을 지시한 사실이 없을 뿐만 아니라, 이 사건 문자메시지 및 전보의 수신자 등을 제대로 알지 못하며, 피고인 4는 중구시설관리공단의 ○○아트홀 스포츠센터의 민원업무 처리 등과 관련하여 업무협조 차원에서 소속 회원들의 자료를 중구청에 보내준 것에 불과하고, 나아가 그 자료가 문자메시지 발송에 사용되리라는 것을 예상하지도 못하였으므로, 위 피고인들은 문자메시지 및 전보 발송으로 인한 공직선거법위반죄의 공모공동정범으로 볼 수 없다. 가사 피고인 4에 대하여 공동정범 관계가 인정된다고 하더라도 피고인 4가 넘긴 명단의 사람들이 아닌 사람들에 대한 문자메시지 발송행위에 대하여는 공모하지 아니하였으므로 이 부분까지 공동정범으로 인정할 수 없다.

(2) ○○골프회장배 골프대회, 경로당 식사대접, 뮤지컬 '△△' 공연시 각 인사한 부분에 관한 사실오인 또는 법리오해(피고인 1)

(가) 업무활동의 일환이거나 일상적, 의례적, 사교적 행위 주장

1) ○○골프회장배 골프대회 인사 부분

피고인 1은 ○○아트홀 스포츠센터의 관리·운영자로서 위 스포츠센터 회원들의 사적 모임인 ○○골프회 골프대회 참가자들 중 타 구민들에게 자신을 소개하기 위하여 명함을 배부하였고, 골프대회 참가자들에게 통상적인 축사 및 의례적인 격려인사를 하였을 뿐 자신의 지지를 호소하는 등 선거와 관련된 어떠한 발언도 한 사실이 없으므로, 이 부분 행위는 업무활동의 일환이거나 일상적, 의례적, 사교적 행위로서 선거운동에 해당하지 않는다.

2) 경로당 식사대접 인사 부분

피고인 1은 경로당 식사 대접이 '효 실천 사업'의 일환으로 계획된 행사라는 수행비서의 보고를 듣고 잠시 참석하여 의례적인 인사를 하였을 뿐이고, 자신의 지지를 호소하는 등 선거와 관련된 어떠한 발언도 한 사실이 없으므로, 이 부분 행위도 업무활동의 일환이거나 일상적, 의례적, 사교적 행위로서 선거운동에 해당하지 않는다.

3) 뮤지컬 '△△' 공연 인사 부분

피고인 1은 제설작업을 한 구민들의 노고를 치하하고 격려하기 위하여 공연장에 참석하여 단순한 감사의 말과 덕담을 한 것에 불과하고, 소외계층 초청행사에 관내 단체장 등이 참석할 경우 공연시작 전에 인사말을 하는 것은 일반적인 관행이므로, 이 부분 행위는 업무활동의 일환이거나 일상적, 의례적, 사교적 행위로서 선거운동에 해당하지 않는다.

(나) 공직선거법상 허용된다는 주장

구 공직선거법 제86조 제2항 제4호에 의하면 각 목에 규정된 경우를 제외하고 지방자치단체장은 선거일로부터 60일전까지는 직능단체모임, 체육대회, 경로행사를 개최하거나 후원하는 행위를 할 수 있는바, 피고인 1이 선거일로부터 60일 전에 골프대회 출발장소, 경로당 식사대접장소, ○○아트홀과 공소외 28 주식회사가 만든 뮤지컬 '△△' 공연장소에서 각 인사말을 한 행위는 골프대회, 경로행사, 무료공연행사를 후원하는 것보다 훨씬 선거에 미치는 영향이 미약하다고 할 것이어서 이는 당연히 허용된다.

(3) 골프잡지 배부 부분에 관한 사실오인 또는 법리오해(피고인 2)

피고인 2는 골프잡지를 동장 개인들에게 준 것이 아니므로 기부행위의 상대방이 존재하지 아니하여 기부행위라고 할 수 없고, 골프잡지의 소유권자가 아니므로 제3자 기부행위에 해당하지 아니하며, 유권자를 상대로 직접 골프잡지를 배부한 것도 아니므로 탈법방법에 의한 인쇄물의 배부행위라고 볼 수도 없다.

(4) 양형부당의 주장(피고인 1, 2, 4)

원심이 피고인 1에게 선고한 벌금 700만원, 피고인 2에게 선고한 징역 6월, 집행유예 2년, 피고인 4에게 선고한 벌금 200만원의 형은 각 너무 무거워서 부당하다.

나. 검 사

(1) ○○골프회장배 골프대회 부분에 관한 사실오인 또는 법리오해

(가) 달력 기부 부분

피고인 1, 2, 5는 공모하여, 피고인 5가 피고인 1의 홍보를 위해 달력을 제작하여 기부한 것이 명백함에도 제3자 기부행위의 점에 대하여 무죄를 선고한 원심은 사실오인 및 법리오해의 위법이 있다.

(나) 피고인 2, 5의 인사말 공모 부분

피고인 2, 5가 피고인 1을 골프대회 출발장소에 참석시키고, 피고인 5가 옆에서 수행함으로써 공범 사이에 기능적 행위지배가 있었음이 명백함에도 피고인 2, 5의 각 선거운동의 점에 대하여 무죄를 선고한 원심은 사실오인 및 법리오해의 위법이 있다.

(다) 축사대독 부분

피고인 5, 4가 공모하여 피고인 1을 홍보하는 내용이 있는 축사를 대독함으로써 피고인 1을 위하여 선거운동을 한 것이 명백함에도 이에 대하여 무죄를 선고한 원심은 사실오인 및 법리오해의 위법이 있다.

(2) 경로당 식사대접 부분에 관한 사실오인 또는 법리오해

(가) 금품과 달력 기부 부분

피고인 2, 5가 피고인 1을 위하여 경로당 노인들에게 식사비용과 달력을 기부한 것이 명백함에도 제3자 기부행위의 점에 대하여 무죄를 선고한 원심은 사실오인 및 법리오해의 위법이 있다.

(나) 피고인 2, 5의 인사말 공모 부분

피고인 2, 5가 피고인 1을 골프대회 출발장소에 참석시키고, 피고인 5가 옆에서 수행함으로써 공범 사이에 기능적 행위지배가 있었음이 명백함에도 피고인 2, 5의 선거운동의 점에 대하여 무죄를 선고한 원심은 사실오인 및 법리오해의 위법이 있다.

(3) 뮤지컬 '△△' 무료공연 부분에 관한 사실오인 또는 법리오해

(가) 공연 무료교환권 기부 부분

피고인 1, 2, 3이 공모하여 뮤지컬 '△△'의 문화나눔행사를 선거운동목적으로 변질시켜 피고인 1을 위하여 동장들로 하여금 구민들에게 위 공연의 무료교환권을 배부하게 함으로써 이를 기부한 것이 명백함에도 제3자 기부행위의 점에 대하여 무죄를 선고한 원심은 사실오인 및 법리오해의 위법이 있다.

(나) 피고인 2, 3의 인사말 공모 부분

피고인 2는 피고인 1을 위 공연장소에 참석시키고, 피고인 3은 공연기획사 담당자에게 피고인 1이 인사말을 할 수 있도록 지시함으로써 공범 사이에 기능적

행위지배가 있었음이 명백함에도 피고인 2, 3의 선거운동의 점에 대하여 무죄를 선고한 원심은 사실오인 및 법리오해의 위법이 있다.

(4) 양형부당의 주장

원심이 피고인 1, 2, 4에게 선고한 앞서 나온 형은 각 너무 가벼워서 부당하다.

2. 피고인 1, 2, 4의 항소이유에 관한 판단

가. 문자메시지 및 전보 발송 부분의 사실오인 또는 법리오해 주장에 관하여

(1) 선거운동이 아니라는 주장에 관하여(피고인 1, 2, 4)

원심이 적법하게 채택·조사한 증거들에 의하면, ① 중구청장 피고인 1 명의의 문자메시지는 2008년 추석 때 10,994건, 2008년 성탄절 때 4,000건, 2008년~2009년 연말연시 때 숫자미상, 2009년 설 때 7,382건이 발송되다가(증거기록 제1696면~제1700면) 2009. 5.경부터 매월 중점적으로 발송되기 시작하고(증거기록 제1019면), 이 사건 생일축하전보의 발송량이 갑자기 증가하기 시작한 것은 2009. 6.경인 사실(증거기록 제1020면), ② 이 사건 문자메시지 발송 대상자가 2009. 6. 1.경부터 9,400여 명 정도로 중구 유권자(약 10만여 명)의 약 9% 정도에 이르다가, 2009. 11. 1.경에는 2만 1,000여 명, 2009. 11. 10.경에는 3만 1,000여 명, 2009. 11. 26.경에는 2만 5,000여 명, 2009. 12. 1.경에는 3만 1,000여 명에 달하였고, 생일축하전보 발송대상자인 중구청 관내 통·반장들의 수만 2,000여 명이 넘고 직능단체 임원 및 회원들의 수까지 합하면 수천 명에 달했던 사실, ③ 문자메시지 및 전보 발신자가 중구청 내지 담당 부서가 아니라 중구청장의 직함과 성명까지 기재한 '중구청장 피고인 1'로 되어 있고, 피고인 1의 개인 휴대전화 번호가 발신자 전화번호로 표시되어 있었던 사실, ④ 성동고 자율형 공립고 선정 문자메시지의 발송 내용은 "성동고 자율형 공립고 선정! 우리중구 명문학교 만들기의 결실입니다! 중구청장 피고인 1"인 사실, ⑤ 쾌유기원전보의 발송대상자는 피고인 2가 의료지원 업무와는 무관하게 직접 ◈병원 총무부장에게 요청하여 받은 입원환자 명단에 있는 중구민이고, 중구청에서 그 입원환자 명단을 이용하여 의료지원을 한 적이 없었던 사실 등을 인정할 수 있다.

위 인정사실을 기초로 하여 이 사건 적법한 증거들에 의하여 인정되는 다음과 같은 사정들, 즉 ① 중구청장 피고인 1 명의의 문자메시지는 명절, 성탄절, 연말연시에만 발송되다가 2009. 5.경부터 매월 발송되기 시작하면서 △△ 그 발송건수도 증가한 점, ② 문자메시지 및 전보 발송 대상자가 피고인 1과 평소 지면이나 친교가 있다고 볼 수 없는 불특정다수의 일반 선거구민으로 보이는 점, ③ 성동고 자율형 공립고 선정 문자메시지의 내용은 정보 제공보다는 오히려 피고인 1의

업적홍보에 가까운 점 등을 종합하여 보면, '중구청장 피고인 1' 명의로 이 사건 문자메시지, 생일축하전보 및 쾌유기원전보를 발송한 행위는 구정활동의 일환 또는 일상적·의례적·사교적인 행위에 해당한다고 보기 어렵다.

한편 피고인 1, 2, 4의 변호인들이 제출한 증거들에 의하면 서울의 타 구청에서도 문자메시지와 전보를 보낸 사실이 인정되지만, 타 구청에서 보낸 문자메시지의 수만 파악이 될 뿐, 비서실이 아닌 각 국, 과에서 보낸 것과 타구청장들의 직함과 성명을 기재하여 보낸 것이 구별되지 아니하고, 타구청장들의 직함과 성명을 기재하여 보낸 문자메시지의 기간별 변동량을 알 수도 없는바, 위 변호인들이 제출한 증거들만으로는 앞서의 인정에 방해되지 아니한다.

또한 원심이 적법하게 채택·조사한 증거들에 의하여 인정되는 다음과 같은 사정들, 즉 ① 피고인 1은 2009. 6. 당시 □□□당 소속이었던 점, ② 피고인 1은 1991년경부터 꾸준히 정치활동을 해온 점, ③ 피고인 1이 당시 구청장 재선출마를 포기할 만한 객관적 사유가 없었던 것으로 보이는 점 등을 종합하여 보면, 피고인 1은 2009. 6.경 이미 차기 구청장으로 출마할 가능성이 충분히 있었던 것으로 보인다.

따라서 이 사건 문자메시지 및 전보 발송은 차기 구청장에 출마할 가능성이 있는 피고인 1에 대한 인지도를 제고함으로써 당선을 도모하기 위하여 하는 것이라는 목적의사가 객관적으로 인정될 수 있는 선거운동에 해당한다고 할 것이므로, 위 피고인의 이 부분 주장은 이유 없다.

(2) 고의가 없다는 주장에 관하여(피고인 1)

비록 피고인 1이 구청 간부들에게 수회 공직선거법 준수를 강조하고 각 과와 동사무소에 선거법 관련 사항을 숙지하도록 시달한 사실이 인정된다 하더라도, 위 (1)항에서 본 바와 같이 이 사건 문자메시지 및 전보의 발송 동기와 경위, 내용과 취지, 발송 대상, 피고인 1의 선거운동경력 등에 관한 제반 사정을 종합하면, 피고인 1은 선거에서 당선되고자 하는 목적으로 이 사건 문자메시지 및 전보를 발송하였다고 봄이 상당하므로 위 피고인에 대한 범의도 충분히 인정된다.

(3) 예비후보자로서 또는 공직선거법 제82조의5의 반대해석상 문자메시지 또는 전보 발송이 허용된다는 주장에 관하여

공직선거법 제60조의3 제1항 제7호에 의하면, 예비후보자는 문자메시지를 이용하여 선거운동정보를 전송하는 행위를 할 수 있으나, 피고인 1이 이 사건 문자메시지를 발송할 당시의 구 공직선거법 제60조의3에 의하면 위 제7호가 규정되어 있지 않았을 뿐만 아니라, 피고인 1은 예비후보자의 지위에 있지도 아니하였으므로 위 규정에

따라 선거운동정보를 담은 문자메시지를 보낼 수 있다고 인정되지 아니한다.
또한 공직선거법 제82조의5 제6항의 반대해석상 선거운동정보가 아닌 문자메시지 및 전보를 발송하는 것이 허용된다는 주장에 관하여 살피건대, 위 조항은 자동생성 프로그램 그 밖의 기술적 장치를 이용하여 선거운동정보를 전송하는 것을 금지하는 규정일 뿐, 자동생성 방법이 아니면 모든 선거운동이 허용된다는 취지의 규정은 아니므로, 피고인 1의 위 주장은 더 나아가 살필 필요 없이 이유 없다.

(4) 서울 중구 비거주자에 대한 발송 부분에 관하여(피고인 2, 4)
공직선거법 제58조 제1항 소정의 선거운동은 공직선거법상 '기부행위'의 경우와는 달리 그 상대방이 제한되어 있지 않으므로, 그 선거운동의 상대방이 당선 또는 낙선을 도모하는 특정 후보자의 선거구안에 있거나 선거구민과 연고가 있는 사람이나 기관·단체·시설 등에 해당하여야만 선거운동에 해당한다고 볼 것은 아니다(대법원 2007. 3. 30. 선고 2006도9043 판결 등 참조).
살피건대, 이 사건의 경우 문자메시지 및 전보 발송 대상자가 중구 비거주자라고 하더라도 선거에 영향을 미치게 하기 위한 목적을 가진 것이라면 선거운동의 상대방에 해당한다고 보아야 하는바, 원심이 적법하게 채택·조사한 증거들에 의하면 이 사건 문자메시지 및 전보 발송 대상자 중 중구 비거주자들은 중구에 직장을 가지고 있거나 중구시설관리공단의 회원 등 중구의 문화시설을 이용하는 자들로서 선거에 영향을 미칠 수 있는 관련성이 있다고 인정되므로, 위 피고인들의 이 부분 주장도 이유 없다.

(5) 미도달 부분에 대한 주장에 관하여(피고인 2, 4)
공직선거법에서 규제하는 문서(문자메시지) 배부의 경우, '배부행위'란 문언의 의미에 비추어 보면, 직접 배부행위의 상대방에게 문서·도화 등이 도달되지 않는 이상 배부행위자의 사자 또는 그 내용을 모르는 운송기관 등에게 교부된 것만으로는 배부행위가 기수에 이르렀다고 할 수 없다(대법원 2009. 5. 14. 선고 2009도1938 판결). 원심이 적법하게 채택·조사한 증거들에 의하면, 원심판시 범죄사실 제1의 가. (1)항과 나.항의 별지 범죄일람표(1) 기재 연번별 문자메시지 중 도달된 것의 수는 당심 별지 범죄일람표 기재 중 도달란의 각 기재와 같은바, 당심 별지 범죄일람표 기재 중 도달란의 각 기재 수를 초과하는 부분의 문자메시지 발송 부분은 무죄를 선고하여야 할 경우에 해당함에도 이 부분 공소사실을 모두 유죄로 인정한 원심판결은 위법하므로, 피고인 2, 4의 이 부분 항소는 이유 있다.
한편, 피고인 2, 4의 위 항소이유의 주장은 이 부분 공범관계에 있는 피고인 1에게도 관련되는 것인바, 원심판결 중 피고인 1의 문자메시지 발송을 통한 공직선거법위반의 점 부분(원심판시 제1의 가. (1)항과 나.항 부분)에 관한 범죄사실 중 당심 별지 범죄일람표 도달란의 각 기재 수를 초과하는 부분의 문자메시지 발송 부분도 위법하다고 할 것이므로 이 점에 관하여 형사소송법 제364조의2에 의하여 직권으로 판단하기로 한다.

(6) 공직선거법상 개별 금지 조항에 대한 법리오해에 관하여

(가) 문자메시지 발송행위 부분(피고인 2, 4)

구 공직선거법 제254조 제2항이 선거운동 기간 전에 위 조항에서 열거하고 있는 각 호에 해당하는 행위를 한 자는 구 공직선거법에 다른 규정이 있는 경우를 제외하고 위 조항에 의하여 처벌하는 것으로 규정하고 있고, 구 공직선거법 제254조 제2항에서 정한 '이 법에 다른 규정이 있는 경우'란 법에 별도의 처벌규정이 있는 경우를 말하므로, 법에 별도의 처벌규정이 있는 경우에는 위 법 제254조 제2항 위반으로는 처벌할 수 없다(대법원 2009. 5. 14. 선고 2009도1938 판결 참조).

살피건대 이 사건 문자메시지 발송 중 당심 별지 범죄일람표 기재 연번 1번 내지 15번 기재의 발송은 선거일로부터 180일 그 전에 이루어진 것들로서 구 공직선거법 제255조 제2항 제5호, 제93조 제1호에서 처벌하고 있는 탈법방법에 의한 문서·도화의 배부 등 금지위반으로 인한 공직선거법위반죄에 해당하지 아니하므로 별도의 처벌규정이 있는 경우에 해당하지 아니한다.

그러나 이 사건 문자메시지 발송 중 당심 별지 범죄일람표 기재 연번 16번, 17번 기재의 발송은 선거일전 180일(2009. 12. 4.)부터 선거일까지 사이에 구 공직선거법의 규정에 의하지 않고 문자메시지를 발송한 것으로서 구 공직선거법 제255조 제2항 제5호, 제93조 제1호에서 처벌하고 있는 선거운동의 방법에도 해당하므로, 여기에는 구 공직선거법 제255조 제2항 제5호가 적용될 수 있을 뿐 구 공직선거법상 사전선거운동의 점이 인정될 여지가 없어서 위 피고인들의 이 부분 주장은 이유 있다.

한편 피고인 2, 4의 위 항소이유의 주장은 이 부분 공범관계에 있는 피고인 1에게도 관련되는 것인바, 원심판결 중 피고인 1의 문자메시지 발송을 통한 공직선거법위반의 점 부분(원심판시 제1의 나.의 (2)항 부분)에 관한 범죄사실 중 당심 별지 범죄일람표 연번 16, 17번 기재 부분의 문자메시지 발송 부분도 위법하다고 할 것이므로 이 점에 관하여 형사소송법 제364조의2에 의하여 직권으로 판단하기로 한다.

(나) 전보 발송행위 부분(피고인 2)

피고인 2의 이 사건 전보 발송행위 중 원심판시 별지 범죄일람표(2) 연번 1번 내지 1414번 기재, 같은 범죄일람표(3) 연번 1번 내지 140번 기재의 각 발송

행위는 선거일로부터 180일 그 전에 이루어진 것들로서 구 공직선거법 제255조 제2항 제5호, 제93조 제1호에서 처벌하고 있는 탈법방법에 의한 문서·도화의 배부 등 금지위반으로 인한 공직선거법위반죄에 해당하지 아니하므로 구 공직선거법상 사전선거운동의 점으로 처벌된다.

그러나 선거일전 180일부터 현행 공직선거법 시행 전까지 사이에 해당하는 원심판시 별지 범죄일람표(2) 연번 1415번 내지 1897번 기재, 같은 범죄일람표(3) 연번 141번 내지 204번 기재의 각 발송 행위는 구 공직선거법 제255조 제2항 제5호, 제93조 제1호에서 처벌하고 있는 선거운동의 방법에 해당하므로, 여기에는 위 (가)항에서 본 바와 같이 구 공직선거법 제255조 제2항 제5호가 적용될 수 있을 뿐 구 공직선거법상 사전선거운동의 점이 인정될 여지가 없으므로, 이 부분은 범죄로 되지 아니하여 무죄를 선고하여야 할 경우에 해당함에도 이 부분 공소사실을 유죄로 인정한 원심판결은 위법하다.

한편 현행 공직선거법 제254조 제2항은 종전에 규정되어 있던 '이 법에 다른 규정이 있는 경우를 제외하고'를 삭제하고 '이 법에 규정된 방법을 제외하고 ……각종 인쇄물, …… 그 밖의 방법으로 선거운동을 한 자'를 처벌하는 것으로 개정되었는바, 현행 공직선거법 제254조 제2항에 의하면 선거운동 기간 전의 선거운동은 원칙적으로 모두 독립하여 금지되고, 구법과 달리 별도의 개별 금지규정이 있다고 하더라도 위 사전선거운동금지 규정의 적용을 받아 모두 처벌되므로, 이 사건 전보 발송 행위 중 현행 공직선거법의 시행일 이후에 이루어진 원심판시 별지 범죄일람표(3) 연번 1898번 내지 2218번 기재, 같은 범죄일람표(3) 연번 205번 내지 223번 기재의 각 발송 행위는 탈법방법에 의한 문서·도화의 배부 등 금지위반으로 인한 공직선거법위반죄와 별도로 사전선거운동금지위반으로 인한 공직선거법위반죄가 성립한다고 볼 것이어서, 결국 이 부분 전보발송행위에 대하여는 공직선거법 제254조 제2항에 따라 처단할 수 있다.

그런데 포괄일죄로 되는 개개의 범죄행위가 법 개정의 전후에 걸쳐서 행하여진 경우에는 신·구법의 법정형에 대한 경중을 비교하여 볼 필요도 없이 범죄 실행 종료시의 법이라고 할 수 있는 신법을 적용하여 포괄일죄로 처단하여야 하는바(대법원 1998. 2. 24. 선고 97도183 판결), 이 사건 생일축하전보 발송 및 쾌유기원전보 발송으로 인한 각 공직선거법위반의 점은 비록 앞서 본 바와 같이 각 그 중간에 사전선거운동으로 인정될 수 없는 부분이 있기는 하지만 각 그 자체로 단일하고 계속된 범의 아래 밀접한 시기에 걸쳐 동일한 수단, 방법으로 이루어져 같은 법익을 침해하였을 뿐만 아니라, 각 그와 상상적 경합관계에 있는 공무원의 선거운동금지위반 행위 역시 단일하고 계속된 범의 아래 밀접한 시기에 걸쳐 동일한 수단, 방법으로 이루어져 포괄일죄의 관계에 있는 점, 나아가 중간에 법률의 개정 혹은 법률규정의 체계 등을 이유로 사전선거운동으로 인정될 수 없는 부분이 있다고 하여 선거일전 180일 그 전에 이루어진 사전선거운동 부분과 보충성 없이 원칙적으로 사전선거운동을 금하는 현행법에 따른 사전선거운동 부분을 경합범으로 보게 되면 피고인에게 오히려 불리하게 작용하는 점 등을 고려하면 위 각 행위들은 전체로서 포괄일죄 관계에 있다고 보아야 한다. 따라서 위 피고인의 이 부분 주장은 원심판시 별지 범죄일람표(2) 연번 1415번 내지 1897번 기재의 발송 부분, 같은 범죄일람표(3) 연번 141번 내지 204번 기재의 발송 부분에 관하여 이유 있고, 나머지 부분에 관하여는 이유 없다.

한편, 피고인 2의 위 항소이유의 주장은 이 부분 공범관계에 있는 피고인 1에게도 관련되는 것인바, 원심판결 중 피고인 1의 전보 발송을 통한 공직선거법 위반의 점 부분(원심판시 제1의 가. (2)항, (3)항 부분)에 관한 범죄사실 중 별지 범죄일람표(2) 연번 1415번 내지 1897번 기재, 같은 범죄일람표(3) 연번 141번 내지 204번 기재의 각 발송 부분도 위법하다고 할 것이므로 이 점에 관하여 형사소송법 제364조의2에 의하여 직권으로 판단하기로 한다.

(다) 한편 위 피고인들은 공직선거법 개별 금지 조항으로서 구 공직선거법 제255조 제1항 제19호, 제109조 제1항을 들어 위와 같은 취지의 주장을 하고 있으나, 이 사건 문자메시지 및 전보 발송은 모두 선거기간 전에 종료된 행위로서, 선거기간중 서신, 전보, 모사전송 그 밖에 전기통신의 방법을 이용하여 선거운동을 하는 것을 금지하는 구 공직선거법 제109조 제1항의 적용을 받지 아니하므로, 위 피고인들의 주장은 이유 없다.

(7) 구법을 적용한 것이 위법이라는 주장에 관하여(피고인 1)

검사가 원심판시 문자메시지 발송으로 인한 사전선거운동의 점(원심판시 범죄사실 제1의 가. (1)항, 제1의 나.항)에 대하여 명시적으로 구 공직선거법에 의하여 기소한 것은 아니었지만, 형법 제1조 제1항에서 규정하고 있는 범죄의 성립과 처벌은 행위시의 법률에 의한다는 행위시법 적용의 원칙과 피고인의 방어권 행사에 실질적인 불이익을 초래할 염려가 없는 경우에는 법원이 공소장변경 절차 없이 일부 적용법조를 달리 할 수도 있다는 원칙에 비추어 살펴보건대, 현행 공직선거법은 구 공직선거법 제254조 제2항 및 제3항에서 선거운동기간 전에 인쇄물이나 통신, 집회의 개최 등을 이용하여 선거운동을 하거나 그 외의 방법으로 사전선거운동을 하는 것은 2년 이하의 징역 또는 400만원 이하의 벌금에 처하거나 혹은 1년 이하의 징역 또는 200만원 이하의 벌금에 처하도록 규정하고 있던 것을 선거운동 전에 인쇄물, 뉴스통신, 집회, 그 밖의 방법으로 선거운동을 한 자는 2년 이하의 징역 또는 400만원 이하의 벌금에 처하는 것으로 개정하면서 개정법의 공포일인 2010. 1. 25.부터 적용되는데, 위 각 공소사실의 행위시법인 사전선거운동에 관한 구 공직선거법의 규정은 현행 공직선거법의 대응 규정과 비교할 때 범죄구성요건은 대부분 비슷하거나 현행법보다 일부 보충성규정으로 인하여 완화되어 있고, 그 법정형도 현행 공직선거법의 법정형보다 무겁지 아니하여, 구법을 적용하는 것이 피고인의 방어권행사에 실질적 불이익을 주지 아니하므로, 적용법조에 관한 공소장의 변경이 없더라도 법원이 직권으로 이를 평가하여 행위시법인 구 공직선거법을 적용하여 유죄로 인정하더라도 거기에 판결 결과에 영향을 미친 위법이 있다고 할 수 없으므로 위 피고인의 이 부분 주장은 이유 없다.

한편 이 사건 전보 발송으로 인한 공직선거법위반의 점(원심판시 범죄사실 제1의 가. (2), (3)항)은 각 공직선거법 개정 전후에 걸쳐 이루어졌으나, 각 포괄일죄에 해당하므로 위 (6)의 (나)항에서 본 바와 같이 각 행위종료시법인 현행 공직선거법을 적용하여야 할 것인바, 검사는 이에 관하여 현행 공직선거법을 적용하여 기소하였고, 원심도 현행 공직선거법 제254조 제2항(각 사전선거운동의 점), 제255조 제1항 제2호, 제60조 제1항 제4호(공무원의 선거운동금지위반의 점)를 적용하였기 때문에 이 부분 법률적용에 아무런 위법이 없다. 따라서 2010. 1. 25. 이전에 이루어진 전보 발송행위에 대하여 공직선거법위반으로 의율한 것은 공소제기 범위를 넘어선 잘못된 판단이라는 위 피고인의 주장은 이유 없다.

(8) 공동정범관계 부인에 관하여

(가) 피고인 1의 가담여부

원심이 적법하게 채택·조사한 증거들에 의하여 인정되는 다음과 같은 사실들, 즉 ① 피고인 1은 비서실 직원들이 직능단체의 임원 및 회원, 통·반장 등에게 문자메시지나 생일축하전보 등을 발송한다는 것을 알고 있었던 사실, ② 피고인 1은 비서실직원들을 직접 지시·감독하는 지위에 있으면서도 자신의 직함과 성명이 기재된 문자메시지와 전보가 발송되는 것을 전혀 제지한 적이 없는 사실, ③ 공소외 1이 매일 문자발송내역과 전보발송내역을 서면보고서로 작성하여 피고인 1의 책상에 놓는 방식으로 보고하였던 사실 등을 종합하며 보면, 피고인 1은 비서실 직원들로 하여금 중구민들에게 선거운동 목적으로 문자메시지 및 전보를 발송하도록 사실상 지시하였거나 그러한 사실을 보고받아 알면서도 이를 묵인하였다고 할 것이므로, 이 부분 공소사실에 대한 공모관계와 기능적 행위지배가 있었다고 충분히 인정된다.

따라서 피고인 1의 이 부분 주장은 이유 없다.

(나) 피고인 2의 가담여부

원심이 적법하게 채택·조사한 증거들에 의하여 인정되는 다음과 같은 사실들, 즉 ① 피고인 2는 생일축하전보 발송 업무를 공소외 2 대신 공소외 1이 담당하도록 업무를 조정한 사실, ② 피고인 2는 공소외 1에게 ◈병원 입원 환자 중 중구민 명단을 건네주면서 쾌유기원전보를 발송하도록 직접 지시한 사실, ③ 공소외 2에게 성동고 자율형 공립고 선정 문자메시지 및 목요컬쳐클럽 관련 문자메시지를 발송하도록 직접 지시하고, 피고인 4로부터 이메일로 전송받은 ○○아트홀 스포츠센터 회원 명단 등 3개 단체 명단을 건네주면서 관리하라고 지시한 사실, ④ 비서실 직원도 아닌 공소외 3에게도 통·반장이나 단체장들에게 크리스마스 인사 문자메시지를 보내도록 제의한 사실, ⑤ 공소외 2와 문자메시지의 문구에 대하여 상의한 적이 있었던 사실 등을 종합하여 보면, 피고인 2는 공소외 2, 1 등으로 하여금 중구민들에게 선거운동 목적으로 문자메시지 및 전보를 발송하도록 직접 지시하였거나 그러한 사실을 알면서도 이를 묵인하였다고 할 것이므로, 이 부분 공소사실에 대한 공모관계와 기능적 행위지배가 있었다고 충분히 인정된다. 따라서 피고인 2의 이 부분 주장은 이유 없다.

(다) 피고인 4의 가담여부

원심이 적법하게 채택·조사한 증거들에 의하여 인정되는 다음과 같은 사실들, 즉 ① 피고인 4가 피고인 2에게 중구시설관리공단의 ○○아트홀 스포츠센터 등 3개 단체의 소속 회원 명단을 보내주었고, 그 직후 피고인 2는 공소외 2로 하여금 위 명단에 포함된 회원들에게 문자메시지를 발송하게 한 사실, ② 피고인 4는 피고인 2에게 위 명단과 함께 '제5회 전국동시지방선거 사무일정'이란 문건과 "우리 피고인 1 청장님을 중심으로 남아 있는 여생 아름답게 보냈으면 하네, 아침에 건네준 자료 보내니, 참고하게나. 앞으로도 명단을 작성해 보내주겠네"라는 내용의 이메일을 보낸 사실, ③ 피고인 4는 검찰에서 '사실 민원 때문에 중구청에서 명단을 가지고 있을 이유는 그다지 크지 않지만 참고용으로 주었다'는 취지로 진술한 사실, ④ 한편 중구시설관리공단이 중구청 산하 기관이라고 하더라도 별도의 업무를 담당하는 독립된 기관인 사실 등을 종합하여 보면, 피고인 4는 피고인 2가 중구청장의 재선을 위하여 문자메시지를 발송하고 있음을 알고, 피고인 2를 도와 문자메시지 발송대상자수를 증가시키기 위해 ○○아트홀 스포츠센터 등 3개 단체 소속 회원들의 명단을 보냈고, 추가로 계속하여 보내줄 예정이었다고 보이므로, 피고인 4가 명단을 넘겨준 후 문자메시지 발송 부분(판시 제1의 나.항 부분 전체) 중 도달 부분에 대한 공모관계와 기능적 행위지배가 있었다고 충분히 인정된다.

나아가 피고인 4가 자신이 넘겨준 명단의 사람 수를 초과한 부분의 문자메시지 발송에 대하여도 공동정범이 되는지에 관하여 살피건대, 모든 공범자가 스스로 범죄의 구성요건을 실현하는 것을 전제로 하지 아니하고, 그 실현행위를 하는 공범자에게 그 행위결정을 강화하도록 협력하는 것으로도 가능하며, 이에 해당하는지 여부는 행위 결과에 대한 각자의 이해 정도, 행위 가담의 크기, 범행지배에 대한 의지 등을 종합적으로 고려하여 판단하여야 하는바(대법원 2006. 12. 22. 선고 2006도1623 판결), 이 사건 문자메시지 발송자대상자 중 피고인 4가 넘겨준 명단의 사람들은 ○○아트홀 스포츠센터 등 소속회원 등에 불과하지만, 앞서 본 바와 같이 ① 피고인 4는 피고인 2가 중구청장의 재선을 위하여 문자메시지를 발송하고 있음을 알고, 피고인 2로 하여금 문자메시지 발송대상자수를 증가시킬 수 있도록 돕기 위해서 명단을 보냄으로써 피고인 2에게 문자메시지 발송을 강화하도록 협력하였다고 보이는 점, ② 피고인 2는 피고인 4로부터 명단을 받은 이후 발송대상자를 더욱 증가시켜서 2009. 11. 10. 26,066건, 2009. 11. 26. 20,486건, 2009. 12. 1. 25,830건의 문자메시지를 발송한 점, ③ 피고인 4는 명단을 넘겨주는 행위를 1회에 그치지 않고 계속해서 추가로 보내 주기로 함으로써 피고인 2의 문자메시지 발송에 계속 협력할 의지를 표현한 점 등을 종합하여 보면, 피고인 4는 자신이 넘겨준 명단의 수를 초과한 부분의 문자메시지 발송에 대하여도 공동실행의 의사가 있었다고 인정되므로 피고인 4가 명단을 넘겨준 이후의 문자메시지 발송으로 인한 공직선거법위반의 점(원심판시 범죄 사실 제1의 나.항) 전부에 대하여 공동정범이 된다.

따라서 위 피고인의 이 부분 주장 역시 이유 없다.

나. ○○골프회장배 골프대회, 경로당 식사대접, 뮤지컬 '△△' 공연시 각 인사한 부분에 관한 사실오인 또는 법리오해에 관하여(피고인 1)

(1) 업무활동의 일환이거나 일상적, 의례적, 사교적 행위 주장에 관하여

(가) ○○골프회장배 골프대회 인사 부분

원심이 적법하게 채택·조사한 증거들에 의하여 인정되는 다음과 같은 사정들, 즉 ① 피고인 1이 ○○골프회장배 골프대회의 출발장소에서 참석자들에게 인사말을 한 시점은 선거일 189일 전으로, 위 제2의 가. (1)항에서 본 바와 같이 피고인 1이 차기 구청장으로 출마할 가능성이 충분히 있다고 보이는 시기였던 점, ② 위 골프대회는 ○○골프회 회장인 피고인 5가 자신 또는 ○○골프회의 위상을 높이기 위하여 개최한 행사인 점, ③ 피고인 1은 '안녕하십니까. 구청장 피고인 1입니다. 중구 발전을 위해 열심히 하겠습니다. 회원들을 위해 골프장을 넓힐 생각을 갖고 있습니다.'라는 내용의 인사말을 하면서 회원들과 악수를

하였고, 뒤따르던 수행비서 공소외 4가 피고인 1의 사진이 인쇄되어 있는 명함을 참석자들에게 배부한 점 등을 종합하여 보면, 피고인 1이 ○○골프회 회장이 개최한 골프대회 출발장소에 참석하여 인사말을 하고 악수를 하면서 명함을 배부한 행위는 구청장의 업무활동의 일환이거나 단순히 일상적·의례적·사교적인 행위라고 보기 어렵고, 차기 구청장에 출마할 가능성이 있는 자신에 대한 인지도를 제고함으로써 당선을 도모하기 위하여 하는 것이라는 목적의사가 객관적으로 인정될 수 있는 선거운동에 해당한다고 할 것이므로, 피고인 1의 이 부분 주장은 이유 없다.

(나) 경로당 식사대접 인사 부분

원심이 적법하게 채택·조사한 증거들에 의하여 인정되는 다음과 같은 사정들, 즉 ① 피고인 1이 경로당 식사대접 행사에서 참석자들에게 인사말을 한 시점은 선거일로부터 180일 이내인 2009. 12. 초경으로, 앞서 본 바와 같이 피고인 1이 차기 구청장으로 출마할 가능성이 충분히 있다고 보이는 시기였던 점, ② 신당1동 및 광희문 경로당 식사대접 행사는 피고인 5가 ○○골프회 회장으로서 자신 또는 ○○골프회의 위상을 높이기 위하여 골프대회의 연장으로 개최한 행사이고, 피고인 1의 금일일정표에도 주요행사가 아닌 기타행사로 구분되어 있었음에도 2회에 걸쳐 연속적으로 방문한 점 등을 종합하여 보면, 피고인 1이 ○○골프회 회장인 피고인 5가 개최한 경로당 식사대접 행사에 참석하여 인사말을 하고 참석한 사람들과 악수를 한 행위는 구청장의 업무활동의 일환이거나 단순히 일상적·의례적·사교적인 행위라고 보기 어렵고, 차기 구청장에 출마할 가능성이 있는 자신에 대한 인지도를 제고함으로써 당선을 도모하기 위하여 하는 것이라는 목적의사가 객관적으로 인정될 수 있는 선거운동에 해당한다고 할 것이므로, 피고인 1의 이 부분 주장은 이유 없다.

(다) 뮤지컬 '△△' 공연 인사 부분

원심 및 당심이 적법하게 채택·조사한 증거들에 의하여 인정되는 다음과 같은 사정들, 즉 ① 피고인 1이 뮤지컬 '△△'의 무료공연 장소에서 중구민들에게 인사말을 한 시점은 선거일로부터 5개월 정도 전으로서, 앞서 본 바와 같이 피고인 1이 차기 구청장으로 출마할 가능성이 충분히 있다고 보이는 시기였던 점, ② 뮤지컬 '△△'의 무료공연은 공소외 28 주식회사가 사기업체의 협찬을 받아 진행하려고 하였던 공연으로 중구청 내지 ○○아트홀에서 주관하는 공식적인 행사와는 무관함에도 3회에 걸쳐 연속적으로 참여하려고 하였고, 실제 2회 참석한 점, ③ 피고인 1이 공연장소에서 "구청장 피고인 1입니다. 제설작업 하느라 수고하셨습니다. 중구는 앞으로도 계속 발전할 겁니다. 여러분은 중구에 거주하는 것이 복 받은 것입니다. 앞으로 집값도 많이 오를 겁니다."라고 자신의 업적을 홍보하고 선심성 공약을 하는 듯한 발언을 한 점 등을 종합하여 보면, 피고인 1이 공소외 28 주식회사가 기획한 무료공연 장소에서 인사말을 한 행위는 구청장의 업무활동의 일환이거나 단순히 일상적·의례적·사교적인 행위라고 보기 어렵고, 차기 구청장에 출마할 가능성이 있는 자신에 대한 인지도를 제고함으로써 당선을 도모하기 위하여 하는 것이라는 목적의사가 객관적으로 인정될 수 있는 선거운동에 해당한다고 할 것이므로, 피고인 1의 이 부분 주장은 이유 없다.

(2) 공직선거법상 허용된다는 주장에 관하여

구 공직선거법 제86조 제2항 제4호에 의하면, 선거일전 60일부터 위 조항의 각 목에 정한 경우를 제외하고는 교양강좌, 사업설명회, 공청회, 직능단체모임, 체육대회, 경로행사, 민원상담 기타 각종 행사를 개최하거나 후원하는 행위를 금지하고 있는바, 이는 선거일에 가까워지면서 선거운동의 과열과 혼탁을 엄정히 방지하기 위하여 선거일전 60일부터는 선거에 영향을 미치지 아니하더라도 위 조항의 각 목에 정한 경우를 제외하고는 직능단체모임, 체육대회, 경로행사 등을 개최하거나 후원하는 행위를 일체 금지한다는 것이므로, 선거일전 60일 그 전에는 선거에 영향을 미치는지 여부와 상관없이 직능단체모임, 체육대회, 경로행사 등을 개최하거나 후원하는 행위를 허용한다는 의미로 반대해석을 할 수 없고, 선거일전 60일 그 전에 선거에 영향을 미치는 직능단체모임, 체육대회, 경로행사 등을 개최하거나 후원하는 행위는 여전히 선거운동에 해당하여 공직선거법위반이 된다. 앞서 본 바와 같이 피고인 1이 ○○골프회장배 골프대회, 경로당 식사대접, 뮤지컬 '△△' 공연시 각 인사한 부분은 모두 선거운동에 해당하므로, 피고인 1의 위 주장은 이유 없다.

다. 골프잡지 배부 부분에 관한 사실오인 또는 법리오해에 관하여(피고인 2)

(1) 원심이 적법하게 채택·조사한 증거들에 의하여 인정되는 다음과 같은 사실들, 즉 ① 피고인 1의 7대 중점사업을 홍보하는 내용이 담긴 신년인터뷰 기사가 '○○○'라는 골프잡지의 2010년 1월호에 실린 사실, ② 위 골프잡지 발행사의 대표 공소외 5는 위 골프잡지 2010년 1월호 50여권 정도를 중구청 관광공보과에 보낸 사실, ③ 그 후 공소외 6은 피고인 2의 지시에 따라 위 골프잡지를 중구청 확대간부회의에 참석한 동장들에게 배부한 사실, ④ 피고인 2는 원심법정에서 '골프잡지는 동사무소에 비치하라는 취지로 준 것이 아니라 버리거나 치워야 되는데 동장이라도 보라는 취지에서 주었다.'는 취지로 진술한 사실, ⑤ 동장들은 골프잡지를

동사무소 소속 직원들에게 나눠 주거나 동사무소에 비치한 사실 등을 종합하여 보면, 피고인 2는 피고인 1을 홍보하기 위하여 임의로 동장들에게 위 골프잡지를 교부하였고, 동장들은 중구 선거구민과 연고가 있는 불특정 또는 다수의 자에게 전파할 가능성이 있었던 것으로 보이는바, 위 골프잡지의 민사상의 소유자가 누구인지 여부와 관계없이 피고인 2가 동장들에게 중구청의 일반적인 행정업무와는 무관하게 피고인 1의 구정활동을 홍보하는 내용이 담긴 골프잡지를 동장들에게 배부한 행위는 공직선거법상 제3자 기부행위에 해당함과 동시에 탈법방법에 의한 인쇄물의 배부행위에 해당한다고 할 것이다.

따라서 이 부분에 관한 위 피고인의 주장은 이유 없다.

(2) 한편 원심은 피고인 2의 골프잡지 배부행위에 대하여 구 공직선거법상 사전선거운동의 점에도 해당한다고 판단하였다.

그러나 직권으로 보건대, 피고인 2가 선거일전 180일 후에 골프잡지를 배부한 행위는 구 공직선거법 제255조 제2항 제5호, 제93조 제1호에서 처벌하고 있는 선거운동의 방법에 해당하므로, 여기에는 위 제2의 가. (6) (가)항에서 본 바와 같이 구 공직선거법 제255조 제2항 제5호가 적용될 수 있을 뿐 구 공직선거법상 사전선거운동의 점이 인정될 여지가 없으므로, 이 부분은 범죄로 되지 아니하여 무죄를 선고하여야 할 경우에 해당함에도 이 부분 공소사실을 유죄로 인정한 원심판결은 위법하다.

라. 소결론

따라서 위와 같이 피고인 2, 4의 사실오인 또는 법리오해 주장은 이 사건 문자메시지 및 전보 발송을 통한 공직선거법위반의 점 부분 일부에 관하여 이유 있고, 피고인 1의 이 사건 문자메시지 및 전보 발송을 통한 공직선거법위반의 점 부분 일부, 피고인 2의 골프잡지 배부를 통한 사전선거운동의 점에 관하여 직권파기 사유가 있는바, 원심은 피고인 1, 2, 4에 대한 각 나머지 죄와 상상적 경합범, 포괄일죄 혹은 형법 제37조 전단의 경합범으로 처리하여 하나의 형을 선고하였으므로, 원심판결 중 피고인 1, 2, 4에 대한 유죄부분은 유지될 수 없게 되었기 때문에, 피고인 1, 2, 4의 양형부당 주장에 관한 판단을 생략한다.

3. 검사의 항소이유에 관한 판단

가 ○○골프회장배 골프대회 부분

(1) 달력 기부 부분에 관하여

(가) 공소사실의 요지

피고인 1, 2, 5는 공모하여 후보자가 되고자 하는 피고인 1을 위하여 중구청장의 사진과 축사가 들어간 달력을 제작하여 300부(75만원 상당)의 기부행위를 하고, 피고인 1은 피고인 5로 하여금 위와 같이 자신을 위하여 기부행위를 하도록 하였다.

(나) 원심의 판단

원심은 피고인 1, 2가 피고인 5와 공모하여 구청장 축사가 포함된 달력을 제작하고 이를 배부하였음을 인정할 증거가 없고, 피고인 5가 피고인 1의 선거운동을 위하여 달력을 제작하여 배부하였다고 보기 어렵다는 이유로 피고인 1, 2, 5의 이 부분 공소사실에 관하여 무죄로 판단하였다.

(다) 당심의 판단

이 부분 공소사실에 부합하는 듯한 증거로는 공소외 7, 8, 9의 각 원심 법정진술, 공소외 10, 11, 12에 대한 각 경찰진술조서 등이 있고, 이에 의하면 피고인 5가 배포한 달력들 중에 피고인 1의 축사가 있는 달력이 ○○골프회 회원들 중 일부에게 배부된 사실이 인정되나, 아래에서 보는 바와 같은 이유로 위 인정의 사정만으로는 이 부분 공소사실을 인정하기에 부족하다.

오히려 원심이 적법하게 채택·조사한 증거들에 의하면, ① 피고인 5는 중구에서 여러 가지 사회활동을 왕성하게 하여 온 사실, ② ○○골프회 회장인 피고인 5는 이미 수개월 전부터 ○○골프회장배 골프대회를 개최하겠다고 말하여 오다가 자신의 음력생일날에 맞춰 위 골프대회를 개최한 사실, ③ 피고인 5는 위 골프대회를 처음 개최하면서 중구청 문화체육과 과장 공소외 13에게 골프대회에서 배부할 달력에 포함시킬 구청장 축사를 부탁하였고, 이에 공소외 13은 문화체육과 직원 공소외 14에게 구청장 축사를 작성하여 보내주라고 지시한 사실, ④ 피고인 5는 공소외 14에게 달력 제작업자인 공소외 15의 연락처를 알려주었고, 공소외 14는 구청장 축사를 작성하여 공소외 13에게 보여준 후 이를 공소외 15에게 이메일을 통하여 보내준 사실, ⑤ 공소외 15는 구청장 축사가 포함된 달력의 제작을 완성한 후 피고인 5의 요청에 따라 달력 3부를 중구청 비서실에 보낸 사실, ⑥ 피고인 5는 피고인 1의 축사가 공직선거법위반의 소지가 있다는 말을 듣고 달력 배포를 중단시키고 달력에서 축사 부분을 찢어버린 사실을 인정할 수 있다.

위 인정사실들을 기초로 하여 이 사건 적법한 증거들을 검토해 보면 인정할 수 있는 다음과 같은 사정들, 즉 ① ○○골프회장배 골프대회는 그 회장인 피고인 5가 개최한 행사인 점, ② 피고인 5는 자신의 사회적 위상 내지 자신이 회장으로 있는 ○○골프회의 품격을 높이기 위하여 달력에 구청장 축사를 포함시키고, 개회사에 피고인 1에 대한 내용 부분을 기재한 것으로 보이는 점, ③ 중구청에 등록된 생활체육단체가 행사를 진행하면서 중구청에 구청장 축사를 부탁할 경우, 중구청 문화체육과에서 문화체육행사 협조 차원에서 구청장 축사를 보내는 것이 관례로 보이는 점 등의 사정을 종합하여 보면, 피고인 5는 ○○골프회 명의의 골프대회를 개최하면서 자신 내지 ○○골프회의 위상을 높이기 위해 중구청의 도움을 받아 구청장의 축사가 포함된 달력을 제작하여 배부한 것으로 보이고, 그 밖에 검사가 제출한 증거만으로 피고인 5가 피고인 1의 선거운동을 위하여 구청장의 축사가 포함된 달력을 제작하여 배부하였다고 보기 어렵다.

또한 앞서 본 바와 같은 사정에 비추어, 검사가 제출한 피고인 2, 5 및 공소외 13, 14 사이의 통화내역만으로는 피고인 5가 피고인 2에게 축사 작성을 의뢰하고, 피고인 2가 공소외 13이나 공소외 14에게 축사 작성을 지시하였다는 사실을 인정하기 부족하고, 피고인 1, 2가 피고인 5와 공모하여 구청장 축사가 포함된 달력을 제작하고 이를 배부하였다는 점에 관하여 검사가 제출한 증거만으로 이를 인정하기에 부족하며, 달리 이를 인정할 증거가 없다.

따라서 검사의 위 주장은 이유 없다.

(2) 피고인 2, 5의 인사말 공모 부분에 관하여

(가) 공소사실의 요지

공무원인 피고인 2 및 피고인 5는 피고인 1과 공모하여 피고인 1이 ○○골프회장배 골프대회 출발장소에서 버스 3대에 올라타 참석자들에게 인사말을 하고 악수를 하며, 수행비서 공소외 4가 피고인 1의 사진과 직함이 새겨진 명함을 배부함으로써, 피고인 1을 위하여 선거운동 기간 전에 선거운동을 하였다.

(나) 원심의 판단

원심은 피고인 1이 위 골프대회 출발장소에서 인사말을 하는 행위에 피고인 2, 5가 가담하였거나 이를 공모하였음을 인정할 증거가 없다는 이유로 피고인 2, 5의 이 부분 공소사실에 대하여 무죄로 판단하였다.

(다) 당심의 판단

원심이 적법하게 채택·조사한 증거들에 의하면, ① 피고인 2는 평소 외부행사 시 피고인 1을 수행하지 아니한 사실, ② 피고인 2는 피고인 5와 20여 년간 친분을 유지하여 온 사실, ③ 피고인 2는 피고인 1이 버스에 올라가 참석자들에게 인사말을 할 때에는 동행한 사실이 없고, 수행비서 공소외 4가 동행한 사실을 인정할 수 있다.

위 인정사실들을 기초로 하여 이 사건 적법한 증거들을 검토하여 인정할 수 있는 다음과 같은 사정들, 즉 ① 앞서 본 바와 같이 위 골프대회는 피고인 5가 피고인 1의 선거운동을 위한 목적이 아니라 자신의 위상을 높이기 위하여 개최했던 것으로 보이는 점, ② 피고인 2는 피고인 5와의 친분관계로 골프대회 출발 장소에 특별히 나온 것으로 보이는 점, ③ 피고인 2는 외부행사시 피고인 1을 수행하지 않기 때문에 피고인 1이 외부행사에서 인사말을 하는지 여부나 인사말의 내용에 대해서 알 수 없었다고 보이는 점, ④ 피고인 2, 5가 사전에 긴밀히 협의하여 피고인 1로 하여금 위 골프대회 출발장소에 참석하여 회원들에게 인사말을 하도록 하였다는 사실을 인정할 증거가 없는 점 등에 비추어 볼 때, 검사가 제출한 증거만으로 피고인 1이 위 골프대회 출발장소에서 인사말을 하는 행위에 피고인 2, 5가 가담하였거나 이를 공모하였다고 보기 어렵고, 달리 이를 인정할 증거가 없으므로, 검사의 이 부분 주장은 이유 없다.

(3) 피고인 4의 축사대독 부분에 관하여

(가) 공소사실의 요지

피고인 5가 위 골프대회 시상식에서 피고인 4로 하여금 "강한 중구·행복 중구를 위해 열심히 뛰겠다."는 내용이 담긴 구청장의 축사를 읽게 하고, 피고인 4는 위 내용의 구청장 축사를 구청장 대신 낭독함으로써 지방공단의 상근임원인 피고인 4는 피고인 5와 공모하여 피고인 1을 위하여 선거운동 기간 전에 선거운동을 하였다.

(나) 원심 판단의 요지

원심은 검사가 제출한 증거만으로 피고인 5가 피고인 1의 선거운동을 위하여 피고인 4로 하여금 구청장 축사를 낭독하게 하였다고 보기 어렵고 달리 이를 인정할 증거가 없다는 이유로 피고인 4, 5의 이 부분 공소사실에 대하여 무죄로 판단하였다.

(다) 당심의 판단

원심이 적법하게 채택·조사한 증거들에 의하면, ① 피고인 5는 검찰에서 '달력은 계속 보관을 하는 관계로 선거일 180일 이후에도 존속하기 때문에 축사 부분이 선거법에 위반될 수 있어서 찢었지만, 선거일전 180일까지는 축사를 낭독하여도 문제가 없다고 생각하였다.'는 취지로 진술(증거기록 제3435면)한 사실, ② 중구청장의 격려사 및 축사가 ○○골프회장배 골프대회 식순에 들어가 있었던 사실, ③ 피고인 5는 사회활동을 왕성하게 하면서 ○○골프회 회장으로서 이미 수개월 전부터 ○○골프회장배 골프대회를 준비하여 자신의 음력생일날에 맞춰 위 골프대회를 개최한 사실 등을 인정할 수 있다.

위 인정사실을 기초로 하여 이 사건의 적법한 증거들을 검토해보면 인정할 수 있는 다음과 같은 사정들, 즉 ① 피고인 5는 피고인 1을 위한 선거운동의 목적이 아니라 자신의 위상을 높이기 위한 목적으로 골프대회를 개최했던 것으로 보이는 점, ② 피고인 5는 비록 중구청장의 축사가 선거일전 180일이 지나면 선거법위반으로 문제의 소지가 될 수도 있으나 그 전에는 문제가 되지 않을 것이라고 생각하고, 골프대회 식순에 있는 중구청장의 격려사 및 축사 낭독을 강행하고자 하였던 것으로 보이는 점, ③ 그래서 골프대회 시상식에서 피고인 4에게 대독을 부탁하였고, 피고인 4는 별 생각 없이 피고인 5가 단상에 올려준 축사를 그대로 읽은 것으로 보이는 점 등을 종합하여 보면, 피고인 5는 자신 내지는 ○○골프회의 위상을 높이고 아울러 일반적인 관례에 따라 피고인 4로 하여금 구청장 축사를 낭독하게 한 것으로 보일 뿐, 위 피고인들이 공모하여, 피고인 4가 피고인 1의 선거운동을 위하여 구청장 축사를 대독하였다고 보기 어렵고, 검사가 제출한 증거만으로는 이를 인정하기에 부족하며, 달리 이를 인정할 증거가 없다. 따라서 검사의 이 부분 주장은 이유 없다.

나. 경로당 식사대접 부분(피고인 1, 2, 5)

(1) 금품과 달력 기부 부분에 관하여

(가) 공소사실의 요지

피고인 5는 피고인 2, 1과 사전에 협의하여, 피고인 1을 위하여, 2009. 12. 8. 12:00경 신당1동 경로당 회장 공소외 16에게 노인들 식사비용으로 현금 50만원 및 탁상용 달력 100부(25만원 상당)를 제공하고, 2009. 12. 10. 12:00경 광희문 경로당 총무 공소외 17에게 노인들 식사비용으로 현금 50만원 및 탁상용 달력 100부(25만원 상당)를 제공함으로써 기부행위를 하고, 피고인 1은 피고인 5로 하여금 위와 같이 자신을 위하여 기부행위를 하도록 하였다.

(나) 원심의 판단

원심은 검사가 제출한 증거만으로는 공무원인 피고인 1, 2가 피고인 5와 공모하여 피고인 5, 2가 피고인 1의 선거운동을 위하여 경로당 식사대접 행사를 개최하여 기부행위를 하였다고 보기 어려우며, 달리 이를 인정할 증거가 없다는 이유로 위 피고인들의 이 부분 공소사실에 대하여 무죄로 판단하였다.

(다) 당심의 판단

원심이 적법하게 채택·조사한 증거들에 의하여 인정되는 다음과 같은 사정들, 즉 ① 피고인 5는 신당1동 경로당 회장 공소외 16의 제안에 따라 ○○골프회장배 골프대회를 개최한 후 남은 행사비 100만원으로 신당1동 및 광희문 경로당 회원들에게 식사대접을 한 점, ② 피고인 5는 골프대회 장소에 걸어두었던 현수막을 각 식사대접 장소에도 걸어두었던 점, ③ 앞서 본 바와 같이 피고인 5는 여러 가지 사회활동을 왕성하게 하고 있는바, 자신 내지 ○○골프회의 사회적 위상을 높이기 위하여 경로당 식사대접 행사를 주최한 것으로 보이는 점,

④ 경로당 식사대접 행사를 기획하거나 피고인 1이 위 행사 자리에 참석함에 있어 피고인 5가 피고인 1, 2와 사전에 긴밀히 협의하였다고 볼 증거가 없는 점 등의 사정을 종합하여 보면, 피고인 5는 골프대회를 마친 후 남은 행사비를 사용하기 위하여 ○○골프회 차원에서 경로당 식사대접 행사를 진행하고, 아울러 골프대회 때 피고인 1의 축사 부분을 찢고 배포한 뒤 남은 달력을 제공한 것으로 보이며, 그 밖에 검사가 제출한 증거만으로는 피고인 5가 피고인 1의 선거운동을 위하여 경로당 식사대접 행사를 개최하여 기부행위를 하였다고 보기 어렵고, 달리 이를 인정할 증거가 없다.

또한 원심이 적법하게 채택·조사한 증거들에 의하여 인정되는 다음과 같은 사실들, 즉 ① 경로당 식사대접 행사는 피고인 1의 금일일정표에 '기타 일정'으로 되어 있었던 사실, ② 피고인 1은 점심시간에 따로 점심약속이 되어 있던 장소로 가는데 지장이 없어서 참석한 사실 등을 종합하여 보면, 피고인 5가 경로당 식사대접 행사를 진행하고, 달력을 제공함에 있어, 피고인 1, 2가 공모하여 가담하였다고 보기 어렵다. 따라서 검사의 이 부분 주장은 이유 없다.

(2) 피고인 2, 5의 인사말 공모 부분에 관하여

(가) 공소사실의 요지

공무원인 피고인 1, 2는 피고인 5와 공모하여, 2009. 12. 8. 12:00경 신당1동 경로당 노인들에게 "구청장 피고인 1입니다. 추우신데 옷 따뜻하게 입으시고, 건강하세요"라는 말을 하고 노인들과 악수를 하였고, 2009. 12. 10. 12:00경 광희문 경로당 노인들에게 "구청장 피고인 1입니다. 식사대접이 약소하지만 많이 드시고, 건강하시고 즐겁게 노세요"라는 말을 하고 노인들과 일일이 악수를 함으로써, 선거운동 기간 전에 선거운동을 하였다.

(나) 원심의 판단

원심은 검사가 제출한 증거만으로는 피고인 1이 위 경로당 식사대접 자리에서 선거운동의 일환으로 인지도를 제고하기 위하여 인사말을 함에 있어 피고인 2, 5가 피고인 1과 공모하였다고 보기 어렵고, 달리 이를 인정할 증거가 없다는 이유로 피고인 2, 5의 이 부분 공소사실에 관하여 무죄로 판단하였다.

(다) 당심의 판단

원심이 적법하게 채택·조사한 증거들에 의하여 인정되는 다음과 같은 사정들, 즉 ① 피고인 2는 경로당 식사대접 행사에 직접 참석한 사실이 없는 점, ② 경로당 식사대접 행사는 피고인 5가 자신의 또는 ○○골프회의 위상을 높이기 위하여 개최한 행사이고, 피고인 1의 금일일정표에 '기타 일정'으로 되어 있었기 때문에, 피고인 1이 경로당 식사대접 행사에 참석할 지에 대하여 피고인 2가 알고 있었다고 보기 어려운 점, ③ 피고인 1은 점심시간에 따로 점심약속이 되어 있던 장소로 가는데 지장이 없어서 참석한 점, ④ 피고인 2, 5가 사전에 긴밀히 협의하여 피고인 1로 하여금 위 경로당 식사대접 자리에 참석하여 참석자들에게 인사말을 하도록 하였다는 사실을 인정할 증거가 없는 점 등을 종합하여 볼 때, 검사가 제출한 증거만으로 피고인 1이 위 경로당 식사대접 행사장소에서 인사말을 하는 행위에 피고인 2, 5가 가담하였거나 이를 공모하였다고 보기 어렵고, 달리 이를 인정할 증거가 없으므로, 검사의 이 부분 주장은 이유 없다.

다. 뮤지컬 '△△' 무료공연 부분(피고인 1, 2, 3)

(1) 공연 무료교환권 기부 부분에 관하여

(가) 공소사실의 요지

피고인 1, 2, 3은 공모하여 중구 관내 동장 15명에게 구청에서 나누어 주는 무료티켓인 것처럼 뮤지컬 '△△' 공연의 무료교환권 1,250장(5,000만원 상당)을 제공하여 그 무렵 동장들로 하여금 구민들에게 무료로 배부하게 함으로써 후보자가 되고자 하는 피고인 1은 기부행위를 하고, 피고인 2, 3은 후보자가 되고자 하는 피고인 1을 위하여 기부행위를 하였다.

(나) 원심의 판단

검사가 제출한 증거만으로는 합리적 의심을 할 여지가 없을 정도로 피고인 1, 2, 3이 공소사실 기재와 같이 문화나눔행사를 통하여 위와 같은 기부행위를 사전에 공모하였다고 인정하기 어렵고 달리 이 부분 공소사실을 인정할 증거가 없다는 이유로 피고인 1, 2, 3에 대하여 무죄로 판단하였다.

(다) 당심의 판단

원심 및 당심이 적법하게 채택·조사한 증거들에 의하여 인정되는 다음과 같은 사정들, 즉 ① 뮤지컬 '△△' 공연은 공소외 28 주식회사와 ○○아트홀이 공동으로 주최하여 진행된 유료공연이었는데, 공연의 성수기에 해당하는 2009. 12.분 및 2010. 1.분의 티켓 예매실적이 극히 저조하자 공소외 28 주식회사의 대표인 공소외 18이 2009. 12.경부터 먼저 ○○아트홀 사장인 피고인 3에게 협찬사를 구해줄 것을 부탁하였고, 이에 따라 공소외 18과 피고인 3 사이에 협찬사의 협찬을 받아 소외계층을 대상으로 문화나눔행사를 진행하기로 기획하게 된 점, ② 피고인 3은 공소외 18의 부탁에 따라 뮤지컬 '△△' 공연의 협찬사를 구하려고 노력하였는데, 무료공연이 진행될 무렵에는, 비록 협찬사가 확정되지는 않았지만, 공소외 19 주식회사 등 협찬사가 충분히 정해질 것으로 예상되었던 점(2010. 1. 8.경 '공소외 19 주식회사와 함께 하는 문화나누기'라는 문구가 기재된 현수막이 공연장 입구에 설치되었었다), ③ 문화 소외계층에 대한 무료공연인 문화나눔행사를 진행할 경우에는 무료공연 교환권을 배부하기 위하여 관할 행정관청의 도움이 요구되는바, 뮤지컬 '△△'의 무료공연에도 무료공연 교환권을 중구 구민들에게 배부하기 위하여 중구청의 도움이 필요하였고, 이를 위하여 피고인 3이 공소외 18을 피고인 2에게 소개시켜 준 것으로 보이는 점, ④ 이에 따라 공소외 18은 피고인 3을 통하여 피고인 2를 만나 중구청의 협조를 받아 무료공연을 진행하게 된 점, ⑤ 공소외 28 주식회사는 공연날짜를 구청에게 잡아달라고 부탁하는 것이 편리하고, 표 판매 실적이 1월 초에 가장 저조하기 때문에 피고인 2에게 문화나눔행사 공연일정을 2010. 1. 15. 이전으로 잡아달라고 하였던 점, ⑥ 중구청에서 공소외 28 주식회사에게 소외계층의 명단만 넘겨줄 수도 있으나, 공소외 28 주식회사에서 문화나눔행사 공연일정을 촉박하게 잡았기 때문에 관내 동장을 통해 배부하는 것이 공연일정에 맞추기에 적합했던 것으로 보이는 점, ⑦ 공소외 6은 이 법정에서, 동장들에게 무료공연 교환권을 배부하면서 "공소외 28 주식회사가 기획사라는 이야기를 했었던 것 같다."라는 취지로 진술하고 있는 점, ⑧ 공소외 28 주식회사의 이사 공소외 20이 티켓제작 의뢰 담당 직원으로부터 예약자를 누구로 할 것이냐는 질문을 받고 중구청에서 대상자들에게 문화나눔교환권을 나눠주고 있으니 중구로 하라고 지시하여 문화나눔행사교환권의 입장권에 '예약자명 ; 중구'로 기재된 점, ⑨ 피고인 1이 문화나눔행사 공연무대에서 관객들에게 이런 문화행사를 열어준 공소외 28 주식회사와 ○○아트홀에 감사한다고 말했던 점(공소외 21에 대한 우편조서, 증거기록 제2280면), ⑩ 공소외 22는 2010. 1. 11. 또는 1. 12.경 피고인 3으로부터 공소외 19 주식회사에서 협찬을 안하기로 하였다는 말을 듣고 공소외 23 주식회사를 협찬업체로 소개하였던 점, ⑪ 협찬사는 공연이 진행 중이거나 종료한 후에도 추후 기업의 홍보활동에 이용하거나 세제혜택을 받기 위하여 협찬을 하는 것이 공연예술계의 관행으로 보이는 점, ⑫ ○○아트홀에서는 2007. 12.경 및 2008. 1.경에도 공소외 24 주식회사의 협찬을 받아 창작뮤지컬 공연에 중구에 거주하는 소외계층을 초청하는 방식으로 문화나눔행사를 진행한 사실이 있었고, 이 사건 문화나눔행사 이후인 2010. 1. 말경에도 ◇◇◇◇와 ☆☆의 협찬을 받아 문화나눔행사를 준비했던 점 등을 종합하여 보면, 피고인 2, 3은 단지 공소외 28 주식회사가 무료공연을 진행함에 있어 협찬사를 구해주거나 무료공연 교환권의 배부에 협조한 정도에 불과한 것으로 보이고, 이와 같이 피고인 2, 3이 중구 구민들에게 무료공연 교환권을 배부하는 것을 도와주었다는 사정만으로 피고인 2, 3을 무료공연을 통한 기부행위자로 평가하기 어렵다. 따라서 공소외 28 주식회사가 중구청의 도움을 받아 문화나눔행사의 형식으로 뮤지컬 '△△' 무료공연을 진행하는 과정에서 이루어진 무료공연 교환권 배부행위를 피고인 1의 선거운동을 위한 기부행위라고 볼 수 없을 뿐만 아니라, 검사가 제출한 증거만으로 피고인 1, 2, 3이 공소사실 기재와 같이 문화나눔행사를 통하여 위와 같은 기부행위를 사전에 공모하였다고 인정하기도 어려우며, 달리 이 부분 공소사실을 인정할 증거가 없다.

따라서 검사의 이 부분 주장은 이유 없다.

(2) 피고인 2, 3의 인사말 공모 부분에 관하여

(가) 공소사실의 요지

공무원인 피고인 2 및 피고인 3은 피고인 1과 사전에 협의하여 2회에 걸쳐 ○○아트홀에서 열린 뮤지컬 '△△' 무료공연 행사에서 피고인 1이 무대에 올라가 중구민들에게 인사말을 하도록 하여 피고인 1을 위하여 선거운동 기간 전에 선거운동을 하였다.

(나) 원심의 판단

원심은 검사가 제출한 증거만으로는 합리적 의심을 할 여지가 없을 정도로 피고인 1이 공연무대에서 참석자들에게 인사말을 함에 있어 피고인 2, 3이 피고인 1과 공모하였다고 보기 어렵고, 달리 이를 인정할 증거가 없다는 이유로 피고인 2, 3의 이 부분 공소사실에 대하여 무죄로 판단하였다.

(다) 당심의 판단

검사가 제출한 증거들에 의하면, ① 피고인 2는 피고인 1이 무료공연에 참석할 수 있도록 무료공연 일자를 지정해주었고 공소외 6에게 무료공연에 참석하여 피고인 1을 영접하라고 지시한 사실, ② 피고인 3은 피고인 1이 무료공연에 참석한다는 이야기를 듣고 공소외 18에게 인사말을 할 수 있는 기회를 마련할 것을 지시한 사실 등이 인정된다.

그러나 원심이 적법하게 채택·조사한 증거들에 의하여 인정되는 다음과 같은 사정들, 즉 ① 피고인 1은 공연 장소에 피고인 2와 동행하지 아니하고, 수행비서 공소외 4와 동행한 점, ② 피고인 1이 무대에서 인사할 수 있는 자리가 사전에 예정되어 마련된 것이 아니라 공연 당일 갑작스럽게 이루어진 것으로 보이는 점, ③ 피고인 3은 ○○아트홀 사장으로서 피고인 1을 직접 보좌하는 지위에 있지 않았던 점, ④ 피고인 3은 구청장이 무료공연에 참석한다는 이야기를 듣고 일종의 관행에 따라 피고인 1이 무대에서 인사할 수 있는 자리를 마련한 것으로 볼 여지가 있는 점 등에 비추어 보면, 검사 제출의 증거로 인정되는 위와 같은 사정만으로는 피고인 2, 3이 피고인 1과 공모하여 피고인 1의 선거운동을 위하여 피고인 1을 무료공연에 참석하게 한 후 무대에서 참석자들에게 인사말을 하도록 사전에 협의하였다고 보기 어렵고, 달리 합리적 의심을 할 여지가 없을 정도로 이를 인정할 증거가 없다.

따라서 검사의 이 부분 주장은 이유 없다.

라. 소결론

따라서, 원심판결 중 피고인들에 대한 각 무죄부분에 대한 검사의 사실오인 또는 법리오해 주장은 모두 이유 없고, 한편 위 제2의 라.항에서 본 바와 같이 원심판결 중 피고인 1, 2, 4에 대한 유죄부분은 이미 유지될 수 없게 되었기 때문에, 검사의 피고인 1, 2, 4의 양형부당 주장에 관한 판단을 생략한다.

4. 결 론

그렇다면 앞서 본 바와 같이 ① 원심판시 피고인 1, 2, 4의 문자메시지 발송을 통한 공직선거법위반의 점 부분(원심판시 범죄사실 제1의 가. (1)항과 나.항 부분, 다만 피고인 4는 원심판시 범죄사실 제1의 나.항 부분에 대하여만)에 관한 범죄사실 중 당심 별지 범죄일람표 기재 중 도달란의 각 기재 수를 초과하는 부분의 문자메시지 발송 부분과, ② 원심판시 피고인 1, 2, 4의 문자메시지 발송을 통한 공직선거법위반의 점 부분(원심판시 제1의 나.의 (2)항 부분)에 관한 범죄사실 중 당심 별지 범죄일람표 연번 16, 17번 기재 부분, ③ 원심판시 피고인 1, 2의 전보 발송을 통한 공직선거법위반의 점 부분(원심판시 범죄사실 제1의 가. (2)항, (3)항 부분) 중 원심판시 별지 범죄일람표(2) 연번 1415번 내지 1897번 기재의 생일축하전보발송, 같은 범죄일람표(3) 연번 141번 내지 204번 기재의 쾌유기원전보발송 행위로 인한 사전선거운동의 점 부분, ④ 피고인 2의 골프잡지 배부를 통한 공직선거법위반의 점에 대한 부분(원심판시 범죄사실 제5항 부분)에 관하여 직권파기 사유가 있거나, 피고인 2, 4의 사실오인 또는 법리오해의 주장이 이유 있다.

따라서 형사소송법 제364조 제2항, 제6항에 의하여 원심판결 중 피고인 1, 2, 4에 대한 유죄부분을 각 파기하기로 하고, 변론을 거쳐 다시 다음과 같이 판결하며, 원심판결 중 피고인 1, 2, 4에 대한 무죄부분과 피고인 3, 5에 관한 검사의 항소는 이유 없어 이를 모두 기각하기로 한다.

【범죄사실 및 증거의 요지】

당심에서 인정하는 피고인 1, 2, 4에 대한 범죄사실 및 증거의 요지는 원심판시 범죄사실 중 제1의 가. (1)항 중 제4면 제6행의 '별지 범죄일람표(1) 기재 연번 1번부터 8번 기재와 같이'를 '당심 별지 범죄일람표 기재 연번 1번 내지 8번까지 중 도달란 기재 숫자만큼'으로, 제1의 나. (1)항 중 제6면 제1, 2행의 '별지 범죄일람표(1) 기재 연번 12번 기재와 같이'를

'당심 별지 범죄일람표 기재 연번 12번 중 도달란 기재 숫자만큼'으로, 제1의 나. (2)항 중 제6면 제10, 11행의 '별지 범죄일람표(1) 기재 연번 9번 내지 11번, 13번 내지 17번 기재와 같이'를 '당심 별지 범죄일람표 기재 연번 9번부터 11번, 13번부터 17번까지 중 도달란 기재 숫자만큼'으로 변경하고, 제1의 가. (2)항 말미에 '다만 사전선거운동의 점은 별지 범죄일람표(2) 연번 1415번부터 1897번 기재와 같이 생일축하전보를 발송한 부분을 제외한다.'를, 제1의 가. (3)항 말미에 '다만 사전선거운동의 점은 별지 범죄일람표(3) 연번 141번부터 204번 기재와 같이 쾌유기원전보를 발송한 부분을 제외한다.'를, 제1의 나. (2)항 말미에 '다만 사전선거운동의 점은 당심 별지 범죄일람표 기재 연번 16번, 17번 도달란 기재 숫자만큼과 같이 문자메시지를 발송한 부분을 제외한다.'를 삽입하는 외에는, 원심판결 각 해당란 기재와 같으므로 형사소송법 제369조에 의하여 이를 그대로 인용한다.

【법령의 적용】

1. 범죄사실에 대한 해당법조

피고인 1 : 각 구 공직선거법 제254조 제3항, 형법 제30조(원심판시 제1의 가. (1)항, 제1의 나.항 내지 제4항 기재 각 사전선거운동의 점, 다만 제1의 나. (2)항 중 당심 별지 범죄일람표 기재 연번 16번, 17번 도달란 기재 숫자만큼과 같이 문자메시지를 발송한 부분은 제외하고, 형법 제30조는 원심판시 제1의 가. (1)항, 제1의 나항 기재 각 사전선거운동의 점에 대하여만), 각 공직선거법 제254조 제2항, 형법 제30조(원심판시 제1의 가. (2), (3)항 기재 각 사전선거운동의 점, 다만원심판시 별지 범죄일람표(2) 연번 1415번부터 1897번 기재와 같이 생일축하전보를 발송한 부분과 같은 범죄일람표(3) 연번 141번부터 204번 기재와 같이 쾌유기원전보를 발송한 부분은 제외, 각 포괄하여), 각 구 공직선거법 제255조 제1항 제1호, 제60조 제1항 제4호, 형법 제30조(원심판시 제1의 가. (1)항, 제1의 나.항 내지 제4항 기재 각 공무원의 선거운동금지위반의 점, 다만 형법 제30조는 원심판시 제1의 가. (1)항, 제1의 나.항 기재 각 공무원의 선거운동금지위반의 점에 대하여만), 각 공직선거법 제255조 제1항 제2호, 제60조 제1항 제4호, 형법 제30조(원심판시 제1의 가. (2), (3)항 기재 각 공무원의 선거운동금지위반의 점, 각 포괄하여), 구 공직선거법 제255조 제1항 제10호, 제86조 제1항 제1호, 형법 제30조(원심판시 제1의 나. (1)항 기재 공무원의 업적홍보행위의 점)

피고인 2 : 각 구 공직선거법 제254조 제3항, 형법 제30조(원심판시 제1의 가. (1)항, 제1의 나.항 기재 각 사전선거운동의 점, 다만 제1의 나. (2)항 중 당심 별지 범죄일람표 기재 연번 16번, 17번 도달란 기재 숫자만큼과 같이 문자메시지를 발송한 부분은 제외), 각 공직선거법 제254조 제2항, 형법 제30조(원심판시 제1의 가. (2), (3)항 기재 각 사전선거운동의 점, 다만원심판시 별지 범죄일람표(2) 연번 1415번부터 1897번 기재와 같이 생일축하전보를 발송한 부분과 같은 범죄일람표(3) 연번 141번부터 204번 기재와 같이 쾌유기원전보를 발송한 부분은 제외, 각 포괄하여), 각 구 공직선거법 제255조 제1항 제1호, 제60조 제1항 제4호, 형법 제30조(원심판시 제1의 가. (1)항, 제1의 나.항, 제5항 기재 각 공무원의 선거운동금지위반의 점, 다만 형법 제30조는 원심판시 제1의 가. (1)항, 제1의 나.항 기재 각 공무원의 선거운동금지위반의 점에 대하여만), 각 공직선거법 제255조 제1항 제2호, 제60조 제1항 제4호, 형법 제30조(원심판시 제1의 가. (2), (3)항 기재 각 공무원의 선거운동금지위반의 점, 각 포괄하여), 구 공직선거법 제255조 제1항 제10호, 제86조 제1항 제1호, 형법 제30조(원심판시 제1의 나. (1)항 기재 공무원의 업적홍보행위의 점), 공직선거법 제257조 제1항 제1호, 제115조(원심판시 제5항 기재 제3자 기부행위의 점), 구 공직선거법 제255조 제2항 제5호, 제93조 제1항(원심판시 제5항 기재 탈법방법에 의한 인쇄물 배부의 점)

피고인 4 : 각 구 공직선거법 제254조 제3항, 형법 제30조(원심판시 제1의 나.항 기재 각 사전선거운동의 점, 다만 제1의 나. (2)항 중 당심 별지 범죄일람표 기재 연번 16번, 17번 도달란 기재 숫자만큼과 같이 문자메시지를 발송한 부분은 제외), 각 구 공직선거법 제255조 제1항 제1호, 제60조 제1항 제5호, 형법 제30조(원심판시 제1의 나.항 기재 각 지방공단 상근임원의 선거운동금지위반의 점), 구 공직선거법 제255조 제1항 제10호, 제86조 제1항 제1호, 형법 제30조(원심판시 제1의 나. (1)항 기재 지방공단 상근임원의 업적홍보행위의 점)

1. 상상적 경합

각 형법 제40조, 제50조

피고인 1 : 원심판시 제1의 가.항, 나.의 (2)항, 제2항 내지 4항 기재 사전선거운동 및 공무원의 선거운동금지위반의 점으로 인한 각 공직선거법위반죄 상호간(다만 제1의 가.의 (2), (3)항 중 원심판시 별지 범죄일람표(2) 연번 1415번부터 1897번 기재와 같이 생일축하전보를 발송한 부분과 같은 범죄일람표(3) 연번 141번부터 204번 기재와 같이 쾌유기원전보를 발송한 부분, 제1의 나. (2)항 중 당심 별지 범죄일람표 기재 연번 16번, 17번 도달란 기재 숫자만큼과 같이 문자메시지를 발송한 부분은 제외), 형이 더 무거운 공무원의 선거운동금지위반의 점으로 인한 공직선거법위반죄에 정한 형으로, 원심판시 제1의 나. (1)항 기재 사전선거운동, 공무원의 선거운동금지위반, 공무원의 업적홍보행위로 인한 각 공직선거법위반죄 상호간, 형과 죄질이 가장 무거운 공무원의 선거운동금지위반으로 인한 공직선거법위반죄에 정한 형으로 각 처벌

피고인 2 : 원심판시 제1의 가.항, 나.의 (2)항 기재 사전선거운동 및 공무원의 선거운동금지위반으로 인한 각 공직선거법위반죄 상호간{다만 제1의 가.의 (2), (3)항 중 원심판시 별지 범죄일람표(2) 연번 1415번부터 1897번 기재와 같이 생일축하전보를 발송한 부분과 같은 범죄일람표(3) 연번 141번부터 204번 기재와 같이 쾌유기원전보를 발송한 부분, 제1의 나. (2)항 중 당심 별지 범죄일람표 기재 연번 16번, 17번 도달란 기재 숫자만큼과

같이 문자메시지를 발송한 부분은 제외}, 형이 더 무거운 공무원의 선거운동금지위반으로 인한 공직선거법위반죄에 정한 형으로, 원심판시 제1의 나. (1)항 기재 사전선거운동, 공무원의 선거운동금지위반, 공무원의 업적홍보행위로 인한 각 공직선거법위반죄 상호간, 형과 죄질이 가장 무거운 공무원의 선거운동금지위반으로 인한 공직선거법위반죄에 정한 형으로, 원심판시 제5항 기재 탈법방법에 의한 인쇄물 배부, 공무원의 선거운동금지위반, 제3자 기부행위로 인한 각 공직선거법위반죄 상호간, 형이 가장 무거운 제3자 기부행위로 인한 공직선거법위반죄에 정한 형으로 각 처벌

피고인 4 : 원심판시 제1의 나. (1)항 기재 사전선거운동, 지방공단 상근임원의 선거운동금지위반, 지방공단 상근임원의 업적홍보행위로 인한 각 공직선거법위반죄 상호간, 형과 죄질이 가장 무거운 지방공단 상근임원의 선거운동금지위반으로 인한 공직선거법위반죄에 정한 형으로, 원심판시 제1의 나. (2)항 기재 사전선거운동, 지방공단 상근임원의 선거운동금지위반으로 인한 각 공직선거법위반죄 상호간(다만 당심 별지 범죄일람표 기재 연번 16번, 17번 도달란 기재 숫자만큼과 같이 문자메시지를 발송한 부분은 제외), 형이 더 무거운 지방공단 상근임원의 선거운동금지위반으로 인한 공직선거법위반죄에 정한 형으로 각 처벌

1. 형의 선택

피고인 1, 2, 4 : 각 공직선거법위반죄에 대하여 각 벌금형 선택

1. 경합범가중

피고인 1, 2, 4 : 각 형법 제37조 전단, 제38조 제1항 제2호, 제50조(피고인 1에 대하여 범정이 가장 무거운 원심판시 제4의 나.항 기재 공무원의 선거운동금지위반으로 인한 공직선거법위반죄에 정한 형에 경합범가중, 피고인 2에 대하여 형이 가장 무거운 원심판시 제5항 기재 제3자 기부행위로 인한 공직선거법위반죄에 정한 형에 경합범가중, 피고인 4에 대하여 범정이 가장 무거운 원심판시 제1의 나. (1)항 기재 지방공단 상근임원의 선거운동금지위반으로 인한 공직선거법위반죄에 정한 형에 경합범가중)

1. 노역장유치

피고인 1, 2, 4 : 각 형법 제70조, 제69조 제2항

1. 가납명령

피고인 1, 2, 4 : 각 형사소송법 제334조 제1항

【양형의 이유】

1. 피고인 1

피고인 1이 지방자치단체장이라는 지위에서 그 권한을 남용하여 문자메시지 및 전보를 발송한 횟수 및 그 수신자의 범위, 발송기간 등에 비추어 이 사건 범행 자체가 중대하다고 아니할 수 없는 점, 그 범행이 구청장의 지위에서 비서실 직원들을 이용하여 조직적, 계획적으로 이루어진 점 등은 피고인에게 불리한 양형 요소이다.

한편 피고인이 벌금 2회 이외에 동종 전과가 없고, 지난 4년간 구청장으로 재직하면서 중구 발전에 기여한 바가 크다는 점 등은 피고인에게 유리한 양형 요소이다.

그러므로 이상의 양형요소 및 그 밖에 피고인의 연령, 성행, 가족관계, 가정환경, 범행의 동기와 수단, 범행 후의 정황 등 이 사건 기록에 나타난 양형 조건이 되는 사정들을 종합하여 주문과 같은 형을 정한다.

2. 피고인 2

피고인 2가 선거의 중립성을 엄정히 준수하여야 할 공무원의 지위에 있음에도 오히려 피고인 1과 공모하여 주도적으로 유권자인 중구민들에게 문자메시지 및 전보를 발송하고, 동장들에게 피고인 1의 업적이 포함된 골프잡지를 배부한 범행은 선거의 자유와 공정을 크게 해하여 중대한 점, 피고인이 직원들을 이용하여 선거관리위원회의 조사를 방해하는 등 범행을 은폐하고 조작하려는 시도를 하는 등 범행 후의 정황도 불량한 점은 피고인에게 불리한 양형 요소이다.

한편 이 사건 범행은 피고인이 구청장의 비서실장으로서, 종전 비서실장의 업무관행을 기반으로 구청장을 보좌하는 가운데서 이루어진 점, 피고인이 30년 넘게 공무원으로 재직하여 왔고 그 동안 여러 차례 모범공무원으로 표창을 받은 점, 이 사건 범행 이전에 아무런 전과 없이 성실하게 살아온 점, 그 밖에 피고인의 연령, 성행, 가족관계, 가정환경, 범행의 동기와 수단, 범행 후의 정황 등 이 사건 기록에 나타난 양형 조건이 되는 사정들을 종합하여 주문과 같은 형을 정한다.

3. 피고인 4

피고인 4는 지방공단 상근임원의 지위에서 그 권한을 남용하여 자신이 관리하는 중구시설관리공단 산하 단체 소속 회원의 명단을 피고인 2에게 건네줌으로써 문자메시지 발송행위에 가담하였는바, 자신이 선거관리위원회 직원 출신이었으므로 더욱 선거의 공정성을 엄수해야 했어야 한다는 점에서 이에 대한 엄벌이 필요하나, 피고인 4는 이 사건 범행에의 가담 정도가 경미하고 전과가 없는 점, 그 밖에 피고인의 연령, 성행, 가족관계,

가정환경, 범행의 동기와 수단, 범행 후의 정황 등 이 사건 기록에 나타난 양형 조건이 되는 사정들을 종합하여 주문과 같은 형을 정한다.

【무죄부분】

1. 피고인 1, 2, 4의 문자메시지 발송 중 도달되지 않은 부분에 관한 각 공직선거법위반의 점
이 사건 공소사실 중 피고인 1, 2, 4의 문자메시지 발송 중 원심판시 별지 범죄일람표(1) 연번 1번 내지 15번 각 기재 수중 도달되지 않은 부분에 관한 공무원 또는 지방공단의 상근임원의 선거운동금지위반의 점, 사전선거운동의 점, 같은 표 연번 16번, 17번 각 기재 수중 도달되지 않은 부분에 관한 공무원 또는 지방공단의 상근임원의 선거운동금지위반의 점은 각 위 제2의 가. (5)항에서 본 바와 같은 이유로 범죄의 증명이 없는 경우에 해당하여 형사소송법 제325조 후단에 의하여 무죄를 선고하여야 할 것이나, 이와 포괄일죄의 관계에 있는 원심판시 범죄사실 중 제1의 가.의 (1)항, 제1의 나.항 기재의 공직선거법위반죄를 유죄로 인정한 이상, 따로 주문에서 무죄를 선고하지 않는다.

2. 피고인 1, 2, 4의 문자메시지 발송 중 당심 별지 범죄일람표 연번 16번, 17번 기재 도달된 문자메시지 발송을 통한 사전선거운동의 점
피고인 1, 2, 4가 공모하여 당심 별지 범죄일람표 연번 16번, 17번 기재 도달된 문자메시지를 발송함으로써 선거운동 기간 전에 선거운동을 하였다는 부분은 위 제2의 가. (6) (가)항에서 본 바와 같은 이유로 범죄로 되지 아니하는 경우에 해당하므로 형사소송법 제325조 전단에 의하여 무죄를 선고하여야 할 것이나 이와 상상적 경합범으로 공소제기된 피고인 1, 2의 공무원의 선거운동금지위반으로 인한 공직선거법위반죄, 피고인 4의 지방공단 상금임원의 선거운동금지위반으로 인한 공직선거법위반죄를 유죄로 인정한 이상 주문에서 따로 무죄를 선고하지 아니한다.

3. 피고인 1, 2의 전보 발송 중 원심판시 별지 범죄일람표(2) 연번 1415번 내지 1897번 기재의 생일축하전보발송, 같은 범죄일람표(3) 연번 141번 내지 204번 기재의 쾌유기원전보발송을 통한 사전선거운동의 점
원심판시 피고인 1, 2의 전보 발송 중 별지 범죄일람표(2) 연번 1415번 내지 1897번 기재의 생일축하전보발송, 같은 범죄일람표(3) 연번 141번 내지 204번 기재의 쾌유기원전보발송을 통한 사전선거운동의 점은 위 제2의 가. (6) (나)항에서 본 바와 같은 이유로 범죄로 되지 아니하는 경우에 해당하므로 형사소송법 제325조 전단에 의하여 무죄를 선고하여야 할 것이나 이와 상상적 경합범으로 공소제기된 피고인 1, 2의 공무원의 선거운동금지위반으로 인한 공직선거법위반죄를 유죄로 인정한 이상 주문에서 따로 무죄를 선고하지 아니한다.

4. 피고인 2의 골프잡지 배부를 통한 사전선거운동의 점

이 사건 공소사실 중 피고인 2가 골프잡지 50권을 배부하여 공무원이 선거운동 기간 전에 선거운동을 하였다는 부분은, 위 제2의 다. (2)항에서 본 바와 같은 이유로 범죄로 되지 아니하는 경우에 해당하므로 형사소송법 제325조 전단에 의하여 무죄를 선고하여야 할 것이나 이와 상상적 경합범으로 공소제기된 피고인 2의 골프잡지 배부를 통한 기부행위, 탈법방법에 의한 인쇄물 배부로 인한 공직선거법위반죄를 유죄로 인정한 이상 주문에서 따로 무죄를 선고하지 아니한다.

이상의 이유로 주문과 같이 판결한다.

[5] 대법원의 판결[41)]

【피 고 인】 피고인 1 외 4인
【상 고 인】 피고인 1 외 2인 및 검사
【변 호 인】 법무법인 외 1인

【원심판결】 서울고법 2011. 3. 21. 선고 2011노73 판결
【주　　문】
상고를 각 기각한다.

【이　　유】
상고이유를 판단한다.

1. 피고인 1, 2, 4의 상고이유에 대하여

가. 문자메시지 및 전보 발송으로 인한 각 공직선거법 위반의 점에 대하여

사전선거운동이란 특정 선거에 있어서 선거운동기간 전에 특정한 후보자의 당선을 목적으로 투표를 얻거나 얻게 하기 위하여 필요하고 유리한 모든 행위, 또는 반대로 특정한 후보자의 낙선을 목적으로 필요하고 불리한 모든 행위 중 선거인을 상대로 당선 또는 낙선을 도모하기 위하여 하는 것이라는 목적의사가 객관적으로 인정될 수 있는 능동적·계획적인 행위를 말하며, 일상적·의례적·사교적인 행위는 여기에서 제외되고, 일상적·의례적·사교적인 행위인지 여부는 그 행위자와 상대방의 사회적 지위, 그들 사이의 관계, 행위의 동기, 방법, 내용과 태양 등 여러 사정을 종합하여 사회통념에

---

41) 대법원 2011. 7. 14. 선고 2011도3862 판결 【공직선거법위반】

비추어 판단하여야 한다(대법원 2007. 8. 23. 선고 2007도3940 판결 등 참조).

원심판결 이유에 의하면, 원심은, 그 판시와 같은 사정들을 종합하여 볼 때 '중구청장 피고인 1' 명의로 중구 거주민들에게 인사말이 담긴 문자메시지, 생일축하 전보, 쾌유기원 전보를 발송한 행위는 구정활동의 일환 또는 일상적·의례적·사교적인 행위에 해당한다고 보기 어렵고, 차기 구청장에 출마할 가능성이 있는 피고인 1에 대한 인지도를 제고함으로써 당선을 도모하기 위하여 하는 것이라는 목적의사가 객관적으로 인정될 수 있는 행위일 뿐만 아니라, 발송대상자 중 중구 비거주자들도 중구에 직장을 가지고 있거나 중구시설관리공단의 회원 등 중구의 문화시설을 이용하는 자들로서 선거에 영향을 미칠 수 있는 관련성이 있다고 인정되므로, 위 행위는 선거운동에 해당한다고 판단한 후, 피고인 4는 피고인 2가 피고인 1의 재선을 위하여 문자메시지를 발송하고 있음을 알고도 피고인 2를 도와 문자메시지 발송대상자 수를 증가시키기 위해 ○○아트홀 스포츠센터 등 3개 단체 소속 회원들의 명단을 보냈고, 추가로 계속하여 명단을 보내주기로 함으로써 피고인 2의 문자메시지 발송에 계속 협력할 의지를 표현하였으므로, 피고인 4는 자신이 명단을 넘겨준 이후의 문자메시지 발송으로 인한 공직선거법 위반의 점 전부에 대하여 공동정범이 된다고 판단하였다.

위 법리와 기록에 비추어 살펴보면, 원심의 이러한 사실인정과 판단은 정당한 것으로 수긍할 수 있다. 원심판결에는 원심의 전권에 속하는 증거의 취사선택 등에 있어서 논리와 경험의 법칙에 위배하고 자유심증주의의 한계를 벗어나거나 사전선거운동 및 공동정범의 성립에 관한 법리오해, 심리미진 등의 위법이 없다.

한편 원심은, 위 피고인들이 2009. 11. 10.경 중구 거주민들에게 "성동고 자율형 공립고 선정! 우리 중구 명문학교 만들기의 결실입니다! 중구청장 피고인 1"이라는 내용의 문자메시지를 발송하였다는 요지의 공소사실에 대하여, 이는 사전선거운동에 해당함과 아울러 공무원이 선거구민에게 후보자가 되고자 하는 자의 업적을 홍보하는 행위를 금지하는 구 공직선거법(2010. 1. 25. 법률 제9974호로 개정되기 전의 것, 이하 '구 공직선거법'이라 한다) 제86조 제1항 제1호에 위배된다고 판단하였다.

이에 대한 상고이유의 주장은, 구 공직선거법 제86조의 규정 방식에 비추어 지방자치단체장에게는 구 공직선거법 제86조 제1항이 적용되지 않는다는 것이다.

그런데 구 공직선거법 제86조 제1항이 규정하는 공무원은 구 공직선거법 제60조에 의하여 선거운동이 금지되는 공무원의 범위와 같으므로 국가공무원법 제2조에 의한 국가공무원과 지방공무원법 제2조에 의한 지방공무원이 이에 해당한다. 한편 구 공직선거법 제60조 제1항 제4호에서, 정당법 제22조 제1항 제1호 단서의 규정에 의하여 정당의 당원이 될 수 있는 공무원(국회의원과 지방의회의원 외의 정무직공무원을 제외)은 선거운동을 할 수 있다고 규정함에 따라 국회의원, 지방의회의원, 국회의원의 보좌관·비서관·비서 등은 선거운동을 할 수 있으며, 다만 선거에 의하여 취임하는 지방자치단체장은 정무직공무원으로서 정당에는 가입할 수 있으나 선거운동을 할 수는 없다. 이처럼 선거운동이 허용되는 국회의원과 그 보좌관·비서관·비서 및 지방의회의원은 구 공직선거법 제86조 제1항의 적용 대상에서도 제외되고 있으나, 선거운동이 금지되는 지방자치단체의 장은 위 조항의 적용제외 대상에 해당하지 않는다(헌법재판소 2005. 6. 30. 선고 2004헌바33 전원재판부 결정 참조).

따라서 위 상고이유의 주장은 받아들일 수 없다.

나. ○○골프회장배 골프대회, 경로당 식사대접, 뮤지컬 '△△' 공연에서 인사한 행위로 인한 각 공직선거법 위반의 점에 대하여

원심판결 이유에 의하면, 원심은, ○○아트홀 내 골프연습장 회원들의 모임인 ○○골프회의 회장인 피고인 5가 사적으로 개최한 대회인 ○○골프회장배 골프대회의 출발장소에서 피고인 1이 참석자들에게 "안녕하십니까. 구청장 피고인 1입니다. 중구 발전을 위해 열심히 하겠습니다. 회원들을 위해 골프장을 넓힐 생각을 갖고 있습니다."라는 내용의 인사말을 하면서 회원들과 악수를 하고 명함을 배부한 행위와 피고인 5가 위 골프대회의 연장으로 개최한 경로당 식사대접 행사에 2회에 걸쳐 연속적으로 참석하여 인사말을 하고 악수를 한 행위 및 중구청 내지 ○○아트홀에서 주관하는 공식적인 행사와는 무관한 공연인 뮤지컬 '△△'의 무료공연 장소에 2회 참석하여 "구청장 피고인 1입니다. 제설작업 하느라 수고하셨습니다. 중구는 앞으로도 계속 발전할 겁니다. 여러분은 중구에 거주하는 것이 복 받은 것입니다. 앞으로 집값도 많이 오를 겁니다."라는 내용의 인사말을 한 행위는 구청장의 업무활동의 일환이거나 단순히 일상적·의례적·사교적인 행위라고 보기 어렵고, 차기 구청장에 출마할 가능성이 있는 자신에 대한 인지도를 제고함으로써 당선을 도모하기 위하여 하는 것이라는 목적의사가 객관적으로 인정될 수 있는 선거운동에 해당한다고 판단한 후, 구 공직선거법 제86조 제2항 제4호가 선거일전 60일부터 지방자치단체장이 교양강좌, 사업설명회, 공청회, 직능단체모임, 체육대회, 경로행사, 민원상담 기타 각종 행사를 개최하거나 후원하는 행위를 금지하고 있는 것은 선거일에 가까워지면서 선거운동의 과열과 혼탁을 방지하기 위하여 선거일전 60일부터는 선거에 영향을 미치지 아니하더라도 위와 같은 행사를 개최하거나 후원하는 행위를 일체 금지한다는 취지이므로, 선거일전 60일 그 전에는 선거에 영향을 미치는지 여부와 상관없이 위와 같은 행사를 개최하거나 후원하는 행위를 허용한다는 의미로 반대해석을 할 수는 없고, 선거일전 60일 그 전에 선거에 영향을 미치는 직능단체모임, 체육대회, 경로행사 등을 개최하거나 후원하는 행위는

여전히 선거운동에 해당하여 공직선거법 위반이 된다고 판단하였다.

앞서 본 법리와 기록에 비추어 살펴보면, 원심의 이러한 사실인정과 판단은 정당한 것으로 수긍할 수 있다.

원심판결에는 원심의 전권에 속하는 증거의 취사선택 등에 있어서 논리와 경험의 법칙에 위배하고 자유심증주의의 한계를 벗어나거나 사전선거운동 및 구 공직선거법 제86조 제2항 제4호의 해석에 관한 법리를 오해하는 등의 위법이 없다.

다. 피고인 2의 골프잡지 배부로 인한 각 공직선거법 위반의 점에 대하여

구 공직선거법 제112조 제1항의 기부행위는 그에 의한 기부의 효과를 후보자 또는 후보자가 되려는 자에게 돌리려는 의사를 가지고 구 공직선거법 제112조 제1항에 규정된 사람에게 금품 등을 제공하는 것으로서 그 출연자가 기부행위자가 되는 것이 통례이지만, 그 기부행위를 한 것으로 평가되는 주체인 기부행위자는 항상 그 물품 등의 사실상 출연자에 한정되는 것은 아니고, 또 출연자와 기부행위자가 일치하지 않거나 외형상 기부행위에 함께 관여하는 듯이 보여서 어느 쪽이 기부행위자인지 분명하지 않은 경우에는 그 물품 등이 출연된 동기 또는 목적, 출연행위와 기부행위의 실행 경위, 기부자와 출연자 그리고 기부받는 자와의 관계 등 모든 사정을 종합하여 기부행위자를 특정하여야 한다(대법원 2008. 3. 13. 선고 2007도9507 판결 등 참조).

원심판결 이유에 의하면, 원심은, 피고인 2가 피고인 1의 7대 중점사업을 홍보하는 내용의 인터뷰 기사가 실린 골프잡지를 피고인 1을 홍보하기 위하여 중구 관내 동장들에게 교부하였고, 동장들은 중구 선거구민과 연고가 있는 불특정 또는 다수의 자에게 전파할 가능성이 있었던 것으로 보이므로, 위 골프잡지의 민사상 소유자가 누구인지 여부와 관계없이 피고인 2가 중구청의 일반적인 행정업무와는 무관하게 피고인 1의 구정활동을 홍보하는 내용이 담긴 골프잡지를 동장들에게 배부한 행위는 구 「공직선거법」상 제3자 기부행위에 해당함과 동시에 탈법방법에 의한 인쇄물의 배부행위에 해당한다고 판단하였다. 위 법리와 기록에 비추어 살펴보면, 원심의 이러한 사실인정과 판단은 정당한 것으로 수긍할 수 있다.

원심판결에는 원심의 전권에 속하는 증거의 취사선택 등에 있어서 논리와 경험의 법칙에 위배하고 자유심증주의의 한계를 벗어나거나 구 「공직선거법」상 기부행위와 탈법방법에 의한 인쇄물의 배부행위에 관한 법리오해, 심리미진 등의 위법이 없다.

2. 검사의 상고이유에 대하여

가. 문자메시지 및 전보 발송행위 중 무죄 부분에 대하여

구 공직선거법 제254조 제2항이 선거운동기간 전에 위 조항에서 열거하고 있는 각 호에

해당하는 행위를 한 자는 구 「공직선거법」에 다른 규정이 있는 경우를 제외하고는 위 조항에 의하여 처벌하는 것으로 규정하고 있고, 구 공직선거법 제254조 제2항에서 정한 '이 법에 다른 규정이 있는 경우'란 법에 별도의 처벌규정이 있는 경우를 말하므로, 법에 별도의 처벌규정이 있는 경우에는 위 법 제254조 제2항 위반으로는 처벌할 수 없다(대법원 2009. 5. 14. 선고 2009도1938 판결 등 참조).

원심판결 이유에 의하면, 원심은, 피고인 1, 2, 4가 발송한 문자메시지 중 선거일전 180일(2009. 12. 4.)부터 선거일까지 사이에 해당하는 원심 별지 [범죄일람표] 연번 16, 17번 기재의 각 발송행위 및 피고인 1, 2가 발송한 전보 중 선거일전 180일부터 현행 「공직선거법」시행 전까지 사이에 해당하는 제1심 별지 [범죄일람표(2)] 연번 1415번 내지 1897번 기재, 같은 [범죄일람표(3)] 연번 141번 내지 204번 기재의 각 발송행위는 구 「공직선거법」의 규정에 의하지 않고 문자메시지 또는 전보를 발송한 것으로서 구 공직선거법 제255조 제2항 제5호, 제93조 제1호에서 처벌하고 있는 선거운동의 방법에 해당하므로, 여기에는 구 공직선거법 제255조 제2항 제5호가 적용될 수 있을 뿐 구 「공직선거법」상 사전선거운동의 점이 인정될 여지가 없다는 이유로 위 부분 사전선거운동으로 인한 공직선거법 위반의 공소사실을 무죄로 판단하였다.

위 법리와 기록에 비추어 살펴보면, 원심의 이러한 판단은 정당한 것으로 수긍할 수 있다. 원심판결에는 상고이유에서 주장하는 바와 같이 사전선거운동과 포괄일죄의 법적용에 관한 법리를 오해하는 등의 위법이 없다.

나. 골프대회 관련 무죄 부분에 대하여

원심판결 이유를 기록에 비추어 살펴보면, 원심이 그 판시와 같은 사정들을 종합하여, 피고인 5가 ○○골프회 명의의 골프대회를 개최하면서 자신 내지 ○○골프회의 위상을 높이기 위해 구청장의 축사가 포함된 달력을 제작하여 배부한 것으로 보일 뿐, 피고인 5가 피고인 1의 선거운동을 위하여 위 달력을 배부하였다고 보기 어렵고, 피고인 1이 위 골프대회 출발장소에서 인사말을 하여 사전선거운동을 한 행위에 피고인 2, 5가 가담하였거나 이를 공모하였다고 보기 어려우며, 위 골프대회 시상식장에서 피고인 4가 구청장의 축사를 대독한 것은 피고인 5가 자신 내지 ○○골프회의 위상을 높이기 위해 일반적인 관례에 따라 피고인 4로 하여금 축사를 낭독하게 한 것으로 보일 뿐, 피고인 5, 4가 공모하여 피고인 1의 선거운동을 위하여 한 행위라고 보기 어렵다는 이유로, 위 부분 각 공소사실을 무죄로 판단한 제1심을 유지한 것은 정당한 것으로 수긍할 수 있다.

원심판결에는 원심의 전권에 속하는 증거의 취사선택 등에 있어서 논리와 경험의 법칙에 위배하고 자유심증주의의 한계를 벗어나거나 「공직선거법」상 기부행위와 공범의 성립에 관한 법리를 오해하는 등의 위법이 없다.

다. 경로당 식사대접과 관련한 무죄 부분에 대하여

원심판결 이유를 기록에 비추어 살펴보면, 원심이 그 판시와 같은 사정들을 종합하여, 피고인 5가 골프대회를 마친 후 남은 행사비를 사용하기 위하여 ○○골프회 차원에서 경로당 식사대접 행사를 진행하고, 아울러 골프대회 때 피고인 1의 축사 부분을 찢고 배포한 뒤 남은 달력을 제공한 것으로 보이며, 그 밖에 검사가 제출한 증거만으로는 피고인 5가 피고인 1의 선거운동을 위하여 경로당 식사대접 행사를 개최하여 기부행위를 하였다고 보기 어렵고, 피고인 1이 위 경로당 식사대접 장소에서 인사말을 하여 사전선거운동을 한 행위에 피고인 2, 5가 가담하였거나 이를 공모하였다고 보기 어렵다는 이유로, 위 부분 각 공소사실을 무죄로 판단한 제1심을 유지한 것은 정당한 것으로 수긍할 수 있다.

원심판결에는 원심의 전권에 속하는 증거의 취사선택 등에 있어서 논리와 경험의 법칙에 위배하고 자유심증주의의 한계를 벗어나거나 「공직선거법」상 기부행위와 공범의 성립에 관한 법리를 오해하는 등의 위법이 없다.

라. 뮤지컬 무료공연과 관련한 무죄 부분에 대하여

원심판결 이유를 기록에 비추어 살펴보면, 원심이 그 판시와 같은 사정들을 종합하여, 악어컴퍼니가 중구청의 도움을 받아 문화나눔 행사의 형식으로 뮤지컬 '△△' 무료공연을 진행하는 과정에서 이루어진 무료공연 교환권 배부행위를 피고인 1의 선거운동을 위한 기부행위라고 볼 수 없을 뿐만 아니라, 검사가 제출한 증거만으로 피고인 1, 2, 공소외인이 문화나눔 행사를 통하여 기부행위를 할 것을 사전에 공모하였다고 인정하기도 어렵고, 피고인 1이 위 무료공연 장소에서 인사말을 하여 사전선거운동을 한 행위에 피고인 2, 공소외인이 가담하였거나 이를 공모하였다고 보기 어렵다는 이유로, 위 부분 각 공소사실을 무죄로 판단한 제1심을 유지한 것은 정당한 것으로 수긍할 수 있다.

원심판결에는 원심의 전권에 속하는 증거의 취사선택 등에 있어서 논리와 경험의 법칙에 위배하고 자유심증주의의 한계를 벗어나거나 「공직선거법」상 기부행위와 공범의 성립에 관한 법리를 오해하는 등의 위법이 없다.

3. 결 론

그러므로 상고를 각 기각하기로 하여, 관여 대법관의 일치된 의견으로 주문과 같이 판결한다.

Chapter 02

이른바 '4대강 사업'에 반대하는 활동

[1] 사건의 쟁점

1. 공직선거법 제90조 제1항, 제93조 제1항, 제103조 제3항에서 정한 '선거에 영향을 미치게 할 목적' 유무의 판단 기준
2. 공직선거법 제58조 제1항에서 정한 '선거운동'의 의미 및 구체적인 행위가 선거운동에 해당하는지의 판단 기준
3. 특정 정당이나 후보자 또는 입후보예정자와 특정 정책 사이의 관련성을 나타내지 않고 정책 자체에 대한 지지·반대 의사를 표현하는 단체의 활동이 '선거에 영향을 미치게 할 목적의 탈법행위' 또는 '선거운동'에 해당하는지의 판단 기준
4. 지역 환경운동연합의 사무국장과 간사인 피고인들이 제5회 전국동시지방선거를 앞두고 선거 쟁점인 이른바 '4대강 사업'에 반대하는 활동을 하였다고 하여 공직선거법 위반으로 기소된 사안에서, 증거부족 등을 이유로 위 공소사실을 무죄로 인정한 원심판단을 수긍한 사례

[2] 관련법령

1. 공직선거법 제90조 제1항, 제93조 제1항, 제103조 제3항
2. 공직선거법 제58조 제1항, 제105조 제1항, 제107조
3. 공직선거법 제58조 제1항, 제90조 제1항, 제93조 제1항, 제103조 제3항, 제105조 제1항, 제107조
4. 형법 제30조, 공직선거법 제58조 제1항, 제90조 제1항, 제93조 제1항, 제103조 제3항, 제105조 제1항, 제107조, 제255조 제1항 제16호, 제18호, 제2항 제5호, 제256조 제2항 제1호 (아)목, (카)목, 형사소송법 제307조, 제308조, 제325조

가. 공직선거법 [법률 제10303호, 2010. 5. 17, 타법개정]

제58조(정의 등) ① 이 법에서 "선거운동"이라 함은 당선되거나 되게 하거나 되지 못하게 하기 위한 행위를 말한다. 다만, 다음 각 호의 1에 해당하는 행위는 선거운동으로 보지 아니한다. 〈개정 2000.2.16〉

1. 선거에 관한 단순한 의견개진 및 의사표시
2. 입후보와 선거운동을 위한 준비행위
3. 정당의 후보자 추천에 관한 단순한 지지·반대의 의견개진 및 의사표시
4. 통상적인 정당활동

② 누구든지 자유롭게 선거운동을 할 수 있다. 그러나 이 법 또는 다른 법률의 규정에 의하여 금지 또는 제한되는 경우에는 그러하지 아니하다.

제90조(시설물설치 등의 금지) ① 누구든지 선거일전 180일(보궐선거등에서는 그 선거의 실시사유가 확정된 때)부터 선거일까지 선거에 영향을 미치게 하기 위하여 이 법의 규정에 의한 것을 제외하고는 다음 각 호의 어느 하나에 해당하는 행위를 할 수 없다. 이 경우 정당(창당준비위원회를 포함한다)의 명칭이나 후보자(후보자가 되려는 사람을 포함한다. 이하 이 조에서 같다)의 성명·사진 또는 그 명칭·성명을 유추할 수 있는 내용을 명시한 것은 선거에 영향을 미치게 하기 위한 것으로 본다.

1. 화환·풍선·간판·현수막·애드벌룬·기구류 또는 선전탑, 그 밖의 광고물이나 광고시설을 설치·진열·게시·배부하는 행위
2. 표찰이나 그 밖의 표시물을 착용 또는 배부하는 행위
3. 후보자를 상징하는 인형·마스코트 등 상징물을 제작·판매하는 행위

② 제1항에도 불구하고 다음 각 호의 어느 하나에 해당하는 행위는 선거에 영향을 미치게 하기 위한 행위로 보지 아니한다.

1. 선거기간이 아닌 때에 행하는 「정당법」 제37조 제2항에 따른 통상적인 정당활동
2. 의례적이거나 직무상·업무상의 행위 또는 통상적인 정당활동으로서 중앙선거관리위원회규칙으로 정하는 행위
   [전문개정 2010.1.25]

제93조(탈법방법에 의한 문서·도화의 배부·게시 등 금지) ① 누구든지 선거일전 180일(보궐선거등에 있어서는 그 선거의 실시사유가 확정된 때)부터 선거일까지 선거에 영향을 미치게 하기 위하여 이 법의 규정에 의하지 아니하고는 정당(창당준비위원회와 정당의 정강·정책을

포함한다. 이하 이 조에서 같다) 또는 후보자(후보자가 되고자 하는 자를 포함한다. 이하 이 조에서 같다)를 지지·추천하거나 반대하는 내용이 포함되어 있거나 정당의 명칭 또는 후보자의 성명을 나타내는 광고, 인사장, 벽보, 사진, 문서·도화, 인쇄물이나 녹음·녹화테이프 그 밖에 이와 유사한 것을 배부·첩부·살포·상영 또는 게시할 수 없다. 다만, 다음 각 호의 어느 하나에 해당하는 행위는 그러하지 아니하다. 〈개정 1997.11.14, 1998.4.30, 2002.3.7, 2004.3.12, 2005.8.4, 2010.1.25〉

1. 선거운동기간 중 후보자, 제60조의3 제2항 각 호의 어느 하나에 해당하는 사람(같은 항 제2호의 경우 선거연락소장을 포함하며, 이 경우 "예비후보자"는 "후보자"로 본다)이 제60조의3 제1항 제2호에 따른 후보자의 명함을 직접 주는 행위
2. 선거기간이 아닌 때에 행하는 「정당법」 제37조 제2항에 따른 통상적인 정당활동

② 누구든지 선거일전 90일부터 선거일까지는 정당 또는 후보자의 명의를 나타내는 저술·연예·연극·영화·사진 그 밖의 물품을 이 법에 규정되지 아니한 방법으로 광고할 수 없으며, 후보자는 방송·신문·잡지 기타의 광고에 출연할 수 없다. 다만, 선거기간이 아닌 때에 「신문 등의 진흥에 관한 법률」 제2조 제1호에 따른 신문 또는 「잡지 등 정기간행물의 진흥에 관한 법률」 제2조에 따른 정기간행물의 판매를 위하여 통상적인 방법으로 광고하는 경우에는 그러하지 아니하다. 〈개정 1998.4.30, 2005.8.4, 2010.1.25〉
③ 누구든지 선거운동을 하도록 권유·약속하기 위하여 선거구민에 대하여 신분증명서·문서 기타 인쇄물을 발급·배부 또는 징구하거나 하게 할 수 없다. 〈신설 1995.12.30〉

제103조(각종집회 등의 제한) ① 삭제 〈2010.1.25〉
② 특별법에 따라 설립된 국민운동단체로서 국가나 지방자치단체의 출연 또는 보조를 받는 단체(바르게살기운동협의회·새마을운동협의회·한국자유총연맹을 말한다) 및 주민자치위원회는 선거기간중 회의 그 밖에 어떠한 명칭의 모임도 개최할 수 없다. 〈신설 2005.8.4〉
③ 누구든지 선거기간중 선거에 영향을 미치게 하기 위하여 향우회·종친회·동창회·단합대회 또는 야유회, 그 밖의 집회나 모임을 개최할 수 없다. 〈개정 2010.1.25〉
④ 선거기간중에는 특별한 사유가 없는 한 반상회를 개최할 수 없다.
⑤ 누구든지 선거일전 90일(선거일전 90일후에 실시사유가 확정된 보궐선거등에 있어서는 그 선거의 실시사유가 확정된 때)부터 선거일까지 후보자(후보자가 되고자 하는 자를 포함한다)와 관련있는 저서의 출판기념회를 개최할 수 없다. 〈신설 2004.3.12〉

제105조(행렬 등의 금지) ① 누구든지 선거운동을 위하여 5명(후보자와 함께 있는 경우에는 후보자를 포함하여 10명)을 초과하여 무리를 지어 다음 각 호의 어느 하나에 해당하는 행위를

할 수 없다. 다만, 제2호의 행위를 하는 경우에는 후보자와 그 배우자(배우자 대신 후보자가 그의 직계존비속 중에서 신고한 1인을 포함한다), 선거사무장, 선거연락소장, 선거사무원, 후보자와 함께 있는 활동보조인 및 회계책임자는 그 수에 산입하지 아니한다. 〈개정 2004.3.12, 2005.8.4, 2010.1.25〉

1. 거리를 행진하는 행위
2. 다수의 선거구민에게 인사하는 행위
3. 연달아 소리지르는 행위. 다만, 제79조(공개장소에서의 연설·대담)의 규정에 의한 공개장소에서의 연설·대담에서 당해 정당 또는 후보자에 대한 지지를 나타내기 위하여 연달아 소리지르는 경우에는 그러하지 아니하다.

② 삭제 〈2010.1.25〉

제107조(서명·날인운동의 금지) 누구든지 선거운동을 위하여 선거구민에 대하여 서명이나 날인을 받을 수 없다.

제255조(부정선거운동죄) ① 다음 각 호의 어느 하나에 해당하는 자는 3년 이하의 징역 또는 600만원 이하의 벌금에 처한다. 〈개정 1995.12.30, 1997.11.14, 1998.4.30, 2000.2.16, 2002.3.7, 2004.3.12, 2005.8.4, 2009.2.12, 2010.1.25〉

1. 제57조의6 제1항을 위반하여 당내경선에서 경선운동을 한 사람
2. 제60조(선거운동을 할 수 없는 자) 제1항의 규정에 위반하여 선거운동을 하거나 하게 한 자 또는 같은 조 제2항이나 제205조(선거운동기구의 설치 및 선거사무관계자의 선임에 관한 특례) 제4항의 규정에 위반하여 선거사무장 등으로 되거나 되게 한 자
3. 제61조(선거운동기구의 설치) 제1항의 규정에 위반하여 선거운동기구를 설치하거나 이를 설치하여 선거운동을 한 자
4. 제62조 제1항부터 제4항까지의 규정을 위반하여 선거사무장·선거연락소장·선거사무원 또는 활동보조인을 선임한 자
5. 제68조 제2항 또는 제3항(어깨띠의 규격을 말한다)을 위반하여 어깨띠, 모자나 옷, 표찰·수기·마스코트·소품, 그 밖의 표시물을 사용하여 선거운동을 한 사람
6. 제80조(演說禁止場所)의 규정에 위반하여 선거운동을 위한 연설·대담을 한 자
7. 제81조(단체의 후보자 등 초청 대담·토론회) 제1항의 규정에 위반하여 후보자 등 초청 대담·토론회를 개최한 자
8. 제81조 제7항[제82조(언론기관의 후보자등 초청 대담·토론회) 제4항에서 준용하는 경우를 포함한다]의 규정에 위반하여 대담·토론회를 개최한 자

9. 제85조(지위를 이용한 선거운동금지) 제2항 또는 제3항의 규정에 위반한 행위를 하거나 하게 한 자
10. 제86조 제1항 제1호부터 제3호까지·제2항 또는 제5항을 위반한 사람 또는 같은 조 제6항을 위반한 행위를 한 사람
11. 제87조(단체의 선거운동금지) 제1항의 규정을 위반하여 선거운동을 하거나 하게 한 자 또는 동조 제2항의 규정을 위반하여 사조직 기타 단체를 설립·설치하거나 하게 한 자
12. 제88조(타 후보자를 위한 선거운동금지)본문의 규정에 위반하여 다른 정당이나 후보자를 위한 선거운동을 한 자
13. 제89조(유사기관의 설치금지) 제1항 본문의 규정에 위반하여 유사기관을 설립·설치하거나 기존의 기관·단체·조직 또는 시설을 이용한 자
14. 삭제 〈2004.3.12〉
15. 제92조(영화 등을 이용한 선거운동금지)의 규정에 위반하여 저술·연예·연극·영화나 사진을 배부·공연·상연·상영 또는 게시하거나 하게 한 자
16. 제105조(행렬등의 금지) 제1항의 규정에 위반하여 무리를 지어 거리행진·인사 또는 연달아 소리 지르는 행위를 한 사람
17. 제106조(호별방문의 제한) 제1항 또는 제3항의 규정에 위반하여 호별로 방문하거나 하게 한 자
18. 제107조(서명·날인운동의 금지)의 규정에 위반하여 서명이나 날인을 받거나 받게 한 자
19. 제109조 제1항 또는 제2항을 위반하여 서신·전보·모사전송·전화 그 밖에 전기통신의 방법을 이용하여 선거운동을 하거나 하게 한 자나 같은 조 제3항을 위반하여 협박하거나 하게 한 자
20. 제218조의14 제1항·제6항 또는 제7항을 위반하여 재외선거권자를 대상으로 선거운동을 한 자

② 다음 각 호의 어느 하나에 해당하는 자는 2년 이하의 징역 또는 400만원 이하의 벌금에 처한다. 〈개정 1995.12.30, 1997.11.14, 1998.4.30, 2000.2.16, 2002.3.7, 2004.3.12, 2005.8.4, 2007.1.3, 2008.2.29, 2010.1.25〉

1. 제60조의3 제1항 제4호 후단을 위반하여 예비후보자홍보물을 작성한 자

1의2. 대통령선거 및 지방자치단체의 장선거의 예비후보자가 아닌 자로서 제60조의4 제1항의 예비후보자공약집을 발간·배부한 자, 같은 항을 위반하여 1종을 넘어 예비후보자공약집을 발간·배부한 자, 같은 항을 위반하여 예비후보자공약집을 통상적인 방법으로 판매하지 아니하거나 방문판매의 방법으로 판매한 자, 같은 조 제2항을 위반하여 예비후보자공약집을 발간·배부한 자

1의3. 제64조 제1항·제9항, 제65조 제1항·제2항, 제66조 제1항부터 제5항까지를 위반하여 선거벽보·선거공보 또는 선거공약서를 선거운동을 위하여 작성·사용하거나 하게 한 자

2. 삭제 〈2010.1.25〉
3. 제57조의3(당내경선운동) 제1항의 규정을 위반하여 경선운동을 한 자
4. 제91조(확성장치와 자동차 등의 사용제한) 제1항·제3항 또는 제216조(4개 이상 선거의 동시실시에 관한 특례) 제1항의 규정에 위반하여 확성장치나 자동차를 사용하여 선거운동을 하거나 하게 한 자
5. 제93조(탈법방법에 의한 문서·도화의 배부·게시 등 금지) 제1항의 규정에 위반하여 문서·도화 등을 배부·첩부·살포·게시·상영하거나 하게 한 자, 같은 조 제2항의 규정에 위반하여 광고 또는 출연을 하거나 하게 한 자 또는 제3항의 규정에 위반하여 신분증명서·문서 기타 인쇄물을 발급·배부 또는 징구하거나 하게 한 자
6. 제100조(녹음기 등의 사용금지)의 규정에 위반하여 녹음기 또는 녹화기를 사용하여 선거운동을 하거나 하게 한 자
7. 삭제 〈1995.12.30〉
8. 제271조의2(선거에 관한 광고의 제한) 제1항의 규정에 의한 광고중지요청에 불응하여 광고를 하거나 광고게재를 의뢰한 자

③ 다음 각 호의 어느 하나에 해당하는 사람은 5년 이하의 징역에 처한다.
〈개정 2010.1.25〉

1. 제57조의6ㅠ제2항을 위반하여 경선운동을 한 사람
2. 제85조ㅠ제1항을 위반하여 선거운동을 한 사람

④ 제82조의5(선거운동정보의 전송제한) 제1항의 규정을 위반하여 선거운동정보를 전송한 자, 동조 제2항의 규정을 위반하여 선거운동정보에 해당하는 사실 등을 선거운동정보에 명시하지 아니하거나 허위로 명시한 자, 동조 제3항의 규정을 위반하여 수신자의 동의를 얻지 아니하고 선거운동정보를 전송한 자, 동조 제4항의 규정을 위반하여 기술적 조치를 한 자, 동조 제5항의 규정을 위반하여 비용을 수신자에게 부담하도록 한 자, 동조 제6항의 규정을 위반하여 선거운동정보를 전송한 자는 1년 이하의 징역 또는 100만원 이하의 벌금에 처한다. 〈신설 2004.3.12, 2005.8.4〉
[2006헌마1096, 2008.05.29, 공직선거법(2005. 8. 4. 법률 제7681호로 개정된 것) 제255조 제1항 제10호 중 '제86조 제1항 제2호' 부분은 공무원의 지위를 이용하지 아니한 행위에 대하여 적용하는 한 헌법에 위반된다.]

第256條(각종제한규정위반죄) ① 제103조 제2항을 위반하여 모임을 개최한 자는 3년 이하의 징역 또는 600만원 이하의 벌금에 처한다. 〈신설 2000.2.16, 2005.8.4, 2010.1.25〉
② 다음 각 호의 어느 하나에 해당하는 자는 2년 이하의 징역 또는 400만원 이하의 벌금에 처한다. 〈개정 1995.4.1, 1995.12.30, 1997.11.14, 1998.4.30, 2000.2.16, 2002.3.7, 2004.3.12, 2005.8.4, 2008.2.29, 2009.2.12, 2010.1.25〉

1. 선거운동과 관련하여 다음 각 목의 어느 하나에 해당하는 자
   가. 제67조의 규정에 위반하여 현수막을 게시한 자
   나. 삭제 〈2004.3.12〉
   다. 제79조 제10항을 위반하여 소속 정당의 정강·정책, 후보자의 경력·정견·활동상황 외의 내용을 방송 또는 방영한 사람
   라. 제84조를 위반하여 특정 정당으로 부터의 지지 또는 추천받음을 표방한 자
   마. 제82조의4(정보통신망을 이용한 선거운동) 제4항의 규정에 위반하여 각급선거관리위원회의 요청을 이행하지 아니한 자
   바. 제86조 제1항 제5호부터 제7호까지 또는 제7항을 위반한 행위를 한 사람
   사. 제89조(유사기관의 설치금지) 제2항의 규정에 위반하여 선거에 영향을 미치는 행위 또는 선전행위를 하거나 하게 한 자
   아. <u>제90조(시설물설치 등의 금지)의 규정에 위반하여 선전물을 설치·진열·게시·배부하거나 하게 한 자 또는 상징물을 제작·판매하거나 하게 한 자</u>
   자. 제101조(타연설회 등의 금지)의 규정에 위반하여 타연설회 등을 개최하거나 하게 한 자
   차. 제102조 제1항 또는 제2항을 위반하여 연설·대담 또는 대담·토론회를 개최하거나 녹음기 또는 녹화기를 사용한 자
   카. <u>제103조(각종집회등의 제한) 제3항 내지 제5항의 규정에 위반하여 각종집회등을 개최하거나 하게 한 자</u>
   타. 제104조(연설회장에서의 소란행위등의 금지)의 규정에 위반하여 연설·대담장소등에서 질서를 문란하게 하거나 횃불을 사용하거나 하게 한 자
   파. 제108조 제1항을 위반하여 여론조사의 경위와 그 결과를 공표 또는 인용하여 보도한 자, 같은 조 제2항 및 제4항을 위반하여 여론조사를 한 자, 같은 조 제5항을 위반하여 여론조사의 결과를 공표 또는 보도한 자나 여론조사와 관련 있는 자료일체를 해당 선거의 선거일후 6개월까지 보관하지 아니한 자 또는 같은 조 제6항을 위반하여 여론조사를 한 자
   하. 제108조의2를 위반하여 비교평가를 하거나 그 결과를 공표한 자 또는 비교평가와 관련있는 자료 일체를 해당 선거의 선거일후 6개월까지 보관하지 아니한 자
   거. 제111조(의정활동 보고) 제1항 단서의 규정에 위반하여 선거일전 90일부터 선거일까지

의정활동을 보고한 자

2. 선거질서와 관련하여 다음 각 목의 어느 하나에 해당하는 자

가. 제39조 제8항(제218조의9 제3항에서 준용하는 경우를 포함한다)의 규정에 위반하여 선거인명부작성사무를 방해하거나 영향을 주는 행위를 한 자

나. 제46조(명부사본의 교부) 제4항[제60조의3(예비후보자 등의 선거운동) 제5항 및 제111조(의정활동 보고) 제4항에서 준용하는 경우를 포함한다]의 규정을 위반하여 선거인명부·부재자신고인명부(전산자료복사본을 포함한다)의 사본이나 세대주명단을 다른 사람에게 양도·대여 또는 재산상의 이익 기타 영리를 목적으로 사용하거나 하게 한 자

다. 삭제

라. 제161조(投票參觀) 제7항[제162조(不在者投票參觀) 제4항 및 제181조(開票參觀) 제11항에서 준용하는 경우를 포함한다]의 규정에 위반하여 참관인이 되거나 되게 한 자

마. 제163조(제218조의17 제7항에서 준용하는 경우를 포함한다)를 위반하여 투표소(제149조의2 제3항 및 제4항에 따른 기표소가 설치된 장소를 포함한다)에 들어가거나, 표지를 하지 아니하거나, 표지 외의 표시물을 달거나 붙이거나, 표지를 양도·양여하거나 하게 한 자

바. 제166조(제218조의17 제7항에서 준용하는 경우를 포함한다)에 따른 명령에 불응한 자 또는 같은 규정을 위반한 표지를 하거나 하게 한 자

사. 제166조의2 제1항(제218조의17제7항에서 준용하는 경우를 포함한다)을 위반하여 투표지를 촬영한 사람

아. 제183조(개표소의 출입제한과 질서유지) 제1항의 규정에 위반하여 개표소에 들어간 자 또는 같은 조 제2항의 규정에 위반하여 표지를 하지 아니하거나 표지외의 표시물을 달거나 붙이거나 표지를 양도·양여하거나 하게 한 자

3. 다음 각 목의 어느 하나에 해당하는 통보를 받고 지체없이 이를 이행하지 아니한 자

가. 제8조의2(選擧放送審議委員會) 제5항 및 제6항 [제8조의3(選擧記事審議委員會) 제6항에서 준용하는 경우를 포함한다]의 규정에 의한 제재조치 등

나. 제8조의3 제3항의 규정에 의한 사과문 또는 정정보도문의 게재

다. 제8조의4(선거보도에 대한 반론보도청구) 제3항의 규정에 의한 반론보도의 결정

라. 제8조의6(인터넷언론사의 정정보도 등) 제1항 또는 제3항의 규정에 의한 조치 또는 동조 제6항의 규정에 의한 반론보도의 결정

4. 제262조의2(선거범죄신고자 등의 보호) 제2항의 규정을 위반한 자

③ 정당(당원협의회를 포함한다)이 다음 각 호의 어느 하나에 해당하는 행위를 한 때에는 해당 정당에 대하여는 1천만원 이하의 벌금에 처하고, 해당 정당의 대표자·간부 또는

소속 당원으로서 위반행위를 하거나 하게 한 자는 2년 이하의 징역 또는 400만원 이하의 벌금에 처한다. 〈개정 2000.2.16, 2004.3.12, 2006.3.2, 2007.1.3, 2010.1.25〉

1. 제137조(정강·정책의 신문광고 등의 제한)의 규정에 위반하여 일간신문 등에 광고를 한 자
2. 제137조의2(정강·정책의 방송연설의 제한) 제1항 내지 제3항의 규정에 위반하여 정강·정책의 방송연설을 한 자
3. 제138조(정강·정책홍보물의 배부제한 등)의 규정(제4항을 제외한다)에 위반하여 정강·정책홍보물을 제작·배부한 자

3의2. 제138조의2(정책공약집의 배부제한 등)의 규정(제3항을 제외한다)을 위반하여 정책공약집을 발간·배부한 자

4. 제139조(정당기관지의 발행·배부제한)의 규정(제3항을 제외한다)에 위반하여 정당기관지를 발행·배부한 자
5. 제140조(창당대회 등의 개최와 고지의 제한) 제1항 및 제2항의 규정에 위반하여 창당대회 등을 개최한 자
6. 제141조(당원집회의 제한) 제1항 및 제4항(철거하지 아니한 경우를 제외한다)의 규정에 위반하여 당원집회를 개최한 자
7. 삭제 〈2004.3.12〉
8. 삭제 〈2004.3.12〉
9. 제144조(정당의 당원모집 등의 제한) 제1항의 규정에 위반하여 당원을 모집하거나 입당원서를 배부한 자
10. 제61조의2(정당선거사무소의 설치) 제1항의 규정을 위반하여 정당선거사무소를 설치하거나, 동조 제2항의 규정을 위반하여 소장 또는 유급사무직원을 둔 자

④ 다음 각 호의 어느 하나에 해당하는 자는 1년 이하의 징역 또는 200만원 이하의 벌금에 처한다. 〈개정 1995.12.30, 1997.1.13, 1997.11.14, 1998.4.30, 2000.2.16, 2004.3.12, 2005.8.4, 2007.1.3, 2008.2.29, 2010.1.25〉

1. 제48조(선거권자의 후보자추천) 제3항의 규정에 위반하여 검인받지 아니한 추천장에 의하여 선거권자의 추천을 받거나 받게 한 자 또는 선거운동을 위하여 추천선거권자수의 상한수를 넘어 선거권자의 추천을 받거나 받게 한 자
2. 제61조(선거운동기구의 설치) 제5항[제61조의2(정당선거사무소의 설치) 제7항에서 준용하는 경우를 포함한다]의 규정에 위반하여 선거사무소나 선거연락소를 설치한 자

2의2. 제61조(선거운동기구의 설치) 제7항의 규정에 의하여 선거사무소의 폐쇄명령을 받고도 이를 이행하지 아니한 자

3. 제62조 제7항을 위반하여 선거사무장·선거연락소장 또는 선거사무원을 선임한 자

또는 같은 조 제8항을 위반하여 선거운동을 하는 자를 모집한 자
4. 제63조(선거운동기구 및 선거사무관계자의 신고) 제1항 후단의 규정에 위반하여 선거사무원수의 2배수를 넘어 두거나 두게 한 자
5. 제64조 제8항(제65조 제11항 및 제66조 제8항에서 준용하는 경우를 포함한다)을 위반하여 선거벽보·선거공보 또는 선거공약서의 수량을 넘게 인쇄하여 제공한 자
6. 제69조 제1항의 횟수에 관한 규정을 위반하지 아니하였으나 같은 조 제5항을 위반하여 광고한 사람
7. 삭제 〈2010.1.25〉
8. 제79조 제1항·제3항부터 제5항까지·제6항(표지를 부착하지 아니한 경우는 제외한다)·제7항을 위반하여 공개장소에서의 연설·대담을 한 자
9. 제81조(단체의 후보자 등 초청 대담·토론회) 제3항 또는 제4항의 규정에 위반하여 대담·토론회의 개최신고를 하지 아니하거나 표지를 게시 또는 첩부하지 아니한 자
10. 삭제 〈2004.3.12〉
11. 제118조(선거일후 답례금지)의 규정에 위반한 자
12. 제272조의2(선거범죄의 조사 등) 제3항의 규정에 위반하여 출입을 방해하거나 자료제출요구에 응하지 아니한 자 또는 허위의 자료를 제출한 자

⑤ 삭제 〈2004.3.12〉

나. 형법 [법률 제10259호, 2010. 4. 15, 일부개정]

제30조(공동정범) 2인 이상이 공동하여 죄를 범한 때에는 각자를 그 죄의 정범으로 처벌한다.

다. 형사소송법 [법률 제9765호, 2009. 6. 9, 타법개정]

제307조 (증거재판주의) ① 사실의 인정은 증거에 의하여야 한다.
② 범죄사실의 인정은 합리적인 의심이 없는 정도의 증명에 이르러야 한다.
[전문개정 2007.6.1]

제308조(자유심증주의) 증거의 증명력은 법관의 자유판단에 의한다.

제325조(무죄의 판결) 피고사건이 범죄로 되지 아니하거나 범죄사실의 증명이 없는 때에는 판결로써 무죄를 선고하여야 한다.

[3] 서울고등법원의 판결42)

【피 고 인】 피고인 1 외 1인
【항 소 인】 검 사
【검 사】 검 사
【변 호 인】 법무법인(피고인들을 위하여)

【원심판결】 수원지방법원 안양지원 2010. 12. 22. 선고 2010고합149 판결
【주 문】
검사의 피고인들에 대한 항소를 모두 기각한다.

【이 유】

1. 검사 항소이유의 요지(사실오인)

이른바 '4대강 사업'의 실시 여부는 이번 지방선거에서 쟁점으로 부각된 정치·사회적 현안으로서 이에 관한 찬반활동은 특정 정당이나 후보자의 당선 내지 낙선에 관련된 행위에 해당하는바, 피고인들의 이 사건 각 행위와 관련된 제반 사정을 종합하면 선거운동 또는 선거에 영향을 미치게 하기 위한 것임이 충분히 인정된다. 그럼에도 피고인들의 행위를 선거와 무관한 시민단체의 일상활동으로 판단한 원심에는 사실오인의 위법이 있다.

2. 판 단

가. 공소사실의 요지

피고인들은 제5회 전국동시지방선거를 앞두고 '4대강 사업' 반대 후보자들의 당선을 목표로 출범한 '□□□□□□□□□□연대'에 참여한 '△△환경운동연합'의 소속단체로서 ♤♤시장 무소속 후보자 공소외인을 지지하는 '○○○○○○ 환경운동연합'의 사무국장 및 간사인바, '4대강 사업'을 지지하는 ◇◇◇당 및 ◇◇◇당 후보자를 반대하기로 마음먹고, 공모하여 2010. 4. 22.경부터 같은 해 5. 28.경까지 선거운동을 위하여 또는 선거에 영향을 미치게 하기 위하여 총 9회에 걸쳐 '4대강 사업' 반대에 관련된 광고물 또는 현수막 게시, 인쇄물 배부, 서명운동, 집회개최, 집단행진 등의 행위를 하였다.

나. 원심판단의 요지

피고인들 행위의 동기, 방식, 시기, 현수막 게시의 목적과 경위, '4대강 사업'에 대한 지지·반대와 특정 정당 또는 후보자 지지·반대와의 직접 관련성 여부, 피고인들과 선

---

42) 서울고등법원 2011. 2. 23. 선고 2011노27 판결 【공직선거법위반】

거운동 목적단체와의 관련성 여부 등에 관한 제반 사정을 종합하면, 피고인들의 행위는 환경운동활동가의 통상적 업무 범위 내에서 직무상·업무상 행한 활동에 해당하고, 피고인들에게 선거운동의 목적 또는 선거에 영향을 미치게 할 의사가 있었다고 볼 수 없으므로, 이 사건 공소사실은 범죄의 증명이 없는 경우에 해당한다.

다. 이 법원의 판단

(1) 쟁 점

피고인들이 공소사실과 같이 광고물 또는 현수막 게시, 인쇄물 배부, 서명운동, 집회개최 및 집단행진 행위를 한 사실은 피고인들도 시인하고 있는바, 이 사건의 쟁점은 피고인들의 위 행위가 선거운동의 목적 또는 선거에 영향을 미치게 할 의사에서 비롯되었는지 여부라 할 것이다. 다만 그 전제로서 검사의 주장과 같이 '4대강 사업'에 관한 피고인들의 활동을 곧 특정 정당 또는 후보자의 당선 내지 낙선을 위한 행위로 볼 수 있는지 여부가 문제되므로 이를 먼저 검토하기로 한다.

(2) 피고인들의 '4대강 사업' 반대활동이 곧 특정 정당 또는 후보자에 대한 선거운동으로 볼 수 있는지 여부

원심이 적법하게 채택·조사한 증거들에 의하여 인정되는 다음과 같은 사정, 즉 ① '4대강 사업'은 기본적으로 특정 정당이 주도하는 것이 아니라 2009.경부터 정부가 예산으로 추진, 시행하는 사업인 점, ② 2010. 6. 2. 개최된 전국동시지방선거를 앞두고 ☆☆당, ▽▽▽▽당, ◎◎◎당 등이 '4대강 사업' 반대를 공약에 넣은 반면 ◇◇◇당, ◁◁◁◁당, ▷▷▷▷당 등은 위 사업에 대한 찬반을 공약에 포함시키지 아니하는 등 주요 정당이 모두 '4대강 사업'에 관한 공식 입장을 밝힌 것은 아니라는 점, ③ 피고인들의 해당 선거구는 '4대강 사업'과 직접 관련 있는 지역이 아니고, 출마한 후보자를 보더라도 피고인들 소속 단체에서 추천한 후보 또는 위 단체의 정책자문위원인 후보자도 '4대강 사업' 반대를 주요 공약으로 채택하지 아니한 점 등을 종합하면, 피고인들이 '4대강 사업'에 반대하는 활동을 하였다는 사실만으로 위 지방선거에서 ◇◇◇당 또는 그 후보자에 대한 낙선운동의 목적이 있었다거나 기타 선거운동 목적 또는 선거에 영향을 미치게 할 의사가 있었다고 곧바로 단정할 수 없고, 피고인들 행위의 시기, 방법, 경위 등에 관한 개별적 사정을 종합적으로 고찰하여 선거관련성 여부를 검토하여야 한다.

(3) 피고인들이 선거운동 목적 또는 선거에 영향을 미치게 할 의사로 이 사건 각 행위를 하였는지 여부

원심이 적절하게 설시한 바와 같이, 위 증거들에 의하여 인정되는 다음 각 사정들에 비추어 보면 검사가 제출한 증거만으로는 피고인들이 선거운동 목적 또는 선거에 영향을 미치게 할 의사로 이 사건 각 행위를 하였다고 인정하기 부족하다.

(가) 피고인들이 소속된 ○○○○○○ 환경운동연합은 1997.경 창립되어 활동해온 단체로서, 위 지방선거 1년 전 이미 '4대강 사업' 초기부터 집회 및 토론회, 거리캠페인 및 서명운동, 현장조사 등 위 사업 반대활동을 지속적으로 벌여왔고, 이 사건 후에도 관련 사진전을 개최하는 등 활동을 유지하였다. 한편 이 사건 무렵 피고인들의 활동이 활발해지기는 하였으나 이는 '4대강 사업'의 본격적 진행에 따라 반대운동도 강화된 데 기인한 측면이 강해, 반드시 지방선거를 겨냥하였다고 볼 수는 없다. 이처럼 이 사건 각 행위는 환경운동단체 간부들로서 피고인들의 통상적인 활동 범위 내에 있어 특별히 지방선거를 의식하였다고 보기 어렵다.

(나) 앞서 본 바와 같이 피고인들의 '4대강 사업' 반대활동 자체를 특정 정당 또는 후보자에 대한 선거운동으로 보기 어렵다. 또한 피고인들은 게시 또는 배부한 사진, 인쇄물, 현수막 등에 특정 정당 또는 후보자를 언급하거나 유추할 수 있는 표현을 사용하지 않았다. 한편 피고인들이 2010. 5. 5.경 이후 선거 또는 투표와 관련된 문구가 기재된 현수막을 게시하였으나, 이는 선거관리위원회가 위 '4대강 사업' 반대운동의 위법성을 지적하며 중단을 요구하자 이에 반발하는 과정에서 다소 강하거나 풍자적인 표현이 나오게 된 것으로서, 특정 정당이나 후보자의 당선 또는 낙선을 진지하게 염두에 둔 행위라고 보기 어렵다.

(다) 피고인들이 속한 ○○○○○○ 환경운동연합의 상급단체가 '4대강 사업' 반대 후보자들의 당선을 목표로 출범한 '□□□□□□□□□□연대'에 가입한 것은 맞으나, 피고인들의 이 사건 각 행위는 ○○○○○○ 환경운동연합의 독자적인 결정에 따른 것이고, □□□□□□□□□□연대가 피고인들의 활동에 별다른 영향을 미쳤다고 볼 특별한 증거가 없다.

(4) 소결론

그밖에 달리 피고인들이 특정 정당 또는 후보자의 당선 또는 낙선 목적에서, 또는 지방선거에 영향을 미치게 할 의사로 이 사건 각 광고물 또는 현수막 게시, 인쇄물 배부, 서명운동, 집회개최 및 집단행진 등의 행위를 하였다고 인정할 증거가 없으므로, 이 사건 공소사실은 범죄의 증명이 없는 경우에 해당한다. 따라서 같은 취지에서 피고인들에게 무죄를 선고한 원심의 조치는 정당하고, 거기에 검사의 주장과 같은 사실오인의 위법이 없다.

3. 결 론

그렇다면 검사의 피고인들에 대한 항소는 이유 없어 형사소송법 제364조 제4항에 따라 이를 모두 기각하기로 하여 주문과 같이 판결한다.

[4] 대법원의 판결[43)]

【피 고 인】 피고인 1 외 1인
【상 고 인】 검 사
【변 호 인】 법무법인

【원심판결】 서울고법 2011. 2. 23. 선고 2011노27 판결
【주　　문】
상고를 모두 기각한다.

【이　　유】
상고이유를 판단한다.

1. 가. 공직선거법 제90조 제1항, 제93조 제1항, 제103조 제3항에서 '선거에 영향을 미치게 하기 위하여'라는 전제 아래 그에 정한 행위를 제한하고 있는 것은 고의 이외에 초과 주관적 요소로서 '선거에 영향을 미치게 할 목적'을 범죄성립요건으로 규정한 것이므로, 비록 그 목적에 대한 적극적 의욕이나 확정적 인식을 요하지 아니하고 미필적 인식으로 충분하다고는 하더라도, 위 각 규정의 입법 목적이 선거의 공정성과 평온성을 침해하는 탈법적인 행위를 차단함으로써 공공의 이익을 도모하는 것임을 염두에 두고 합리적으로 판단하여야 하며, 그러한 목적이 있는지 여부는 피고인의 사회적 지위, 피고인과 후보자·경쟁 후보자 또는 정당과의 관계, 행위의 동기 및 경위와 수단 및 방법, 행위의 내용과 태양, 행위 당시의 사회상황 등을 종합하여 사회통념에 비추어 판단하여야 한다(대법원 2006. 3. 24. 선고 2004도8716 판결, 대법원 2009. 5. 28. 선고 2009도1937 판결 등 참조). 그리고 공직선거법 제105조 제1항, 제107조는 '선거운동을 위하여'라는 전제 아래 그에 정한 행위를 제한하고 있는데, 공직선거법 제58조 제1항에 규정된 선거운동은 특정 후보자의 당선 내지 득표나 낙선을 위하여 필요하고도 유리한 모든 행위로서 당선 또는 낙선을 도모한다는 목적의지가 객관적으로 인정될 수 있는 능동적·계획적인 행위를 말하므로, 단순히 장래의 선거운동을 위한 내부적·절차적 준비행위에 해당하는 통상적인 정당활동과는 구별되나, 구체적으로 어떠한 행위가 선거운동에 해당하는지 여부를 판단함에 있어서는 단순히 그 행위의 명목뿐만 아니라 그 행위의 태양, 즉 그 행위가 행하여지는 시기·장소·방법 등을 종합적으로 관찰하여 그것이 특정 후보자의 당선 또는 낙선을 도모하는 목적의지를 수반

43) 대법원 2011. 6. 24. 선고 2011도3447 판결 【공직선거법위반】

하는 행위인지 여부를 판단하여야 한다(대법원 2005. 10. 14. 선고 2005도301 판결, 대법원 2009. 3. 12. 선고 2009도445 판결 등 참조).

나. 위와 같은 '선거에 영향을 미치게 하기 위하여' 또는 '선거운동을 위하여'의 판단 기준은 개인뿐 아니라 단체의 행위에 대해서도 그대로 적용되어야 할 것이므로, 단체가 그 지향하는 목적에 따라 주최한 집회와 활동이 그 단체가 기존에 행하던 활동의 연장선상에서 이루어진 것이라 하더라도 그 활동에서 선거에 영향을 미치게 할 목적 또는 선거운동을 위한 목적이 인정된다면 마땅히 공직선거법에 의한 규제를 받아야 할 것이다. 따라서 단체의 정부 정책에 대한 지지·반대활동이 정치적 의사표현에 해당한다는 이유만으로 이를 공직선거법이 규제하는 '선거에 영향을 미치게 할 목적의 탈법행위' 또는 '선거운동'에서 일률적으로 배제된다고 할 수는 없다.
그러나 한편 단체가 선거 이전부터 지지·반대하여 온 특정 정책이, 각 정당 및 선거에 출마하고자 하는 입후보예정자들이 공약으로 채택하거나 정당·후보자 간 쟁점으로 부각된 정치적·사회적 현안을 말하는 이른바 '선거쟁점'에 해당하게 되었다 하더라도, 그러한 사정만으로 그 특정 정책에 대한 단체의 지지·반대활동이 전부 공직선거법에 의한 규제 대상이 된다고 할 수도 없다. 특정 정당이나 후보자 또는 입후보예정자와 특정 정책 사이의 관련성을 나타냄이 없이 그 정책 자체에 대한 지지·반대 의사를 표현하는 단체의 활동이 '선거에 영향을 미치게 할 목적의 탈법행위' 또는 '선거운동'에 해당하는지 여부는 그 정책이 '선거쟁점'이 되었는지 여부에 따라 일률적으로 결정될 수 없고, 위에서 본 판단 기준에 따라 개별적으로 판단되어야 한다. 또한 이러한 법리는, 선거쟁점이 된 특정 정책에 대한 단체의 지지·반대활동이 결과적으로 그 정책에 찬성하거나 반대하는 정당, 후보자, 입후보예정자에게 유·불리한 영향을 미치게 되는 경우에도 마찬가지라고 할 것이다.

2. 원심은, 1997년 창립된 이래 지속적으로 환경보호운동을 하여 온 '○○○○○○ 환경운동연합'의 사무국장과 간사인 피고인들이 2010. 6. 2. 실시된 제5회 전국동시지방선거의 쟁점인 이른바 '4대강 사업'에 반대하는 활동을 하였다는 사실만으로는 위 지방선거에서 한나라당 또는 그 후보자에 대한 낙선운동의 목적이 있었다거나 기타 선거운동 목적 또는 선거에 영향을 미치게 할 목적이 있었다고 곧바로 단정할 수 없고, 피고인들 행위의 시기, 방법, 경위 등에 관한 개별적 사정을 종합적으로 살펴서 선거관련성 여부를 판단하여야 한다고 전제한 다음, 그 판시와 같은 이유를 들어 검사가 제출한 증거만으로는 피고인들이 선거운동 목적 또는 선거에 영향을 미치게 할 목적으로 공소사실 기재 각 행위를 하였다고 인정하기에 부족하다고 보아, 이 사건 공소사실에 대하여 그 범죄의

증명이 없음을 이유로 무죄를 선고한 제1심판결을 유지하였다.

위 법리와 기록에 비추어 볼 때 원심의 판단은 정당하고, 거기에 상고이유 주장과 같이 논리와 경험의 법칙을 위배하고 자유심증주의의 한계를 벗어나거나 헌법 및 공직선거법의 관련 법리를 오해한 위법은 없다.

3. 그러므로 상고를 모두 기각하기로 하여 관여 대법관의 일치된 의견으로 주문과 같이 판결한다.

Chapter 03 소속직원들을 감사실로 불러 특정후보자의 지지를 부탁한 사안

[1] 사건의 쟁점

1. 공직선거법 제85조 제2항에서 금지하는 '기관·단체 등의 조직 내에서의 직무상 행위를 이용하여 그 구성원에 대하여 선거운동을 한 경우'에 해당하는지의 판단 기준
2. 한국관광공사 감사인 피고인이 자신의 비서를 통해 소속 직원들을 감사실로 불러 국회의원 재선거에 출마한 특정 후보의 지지를 부탁한 사안에서, 위 행위가 공직선거법 제85조 제2항에서 금지하는 선거운동에 해당한다고 본 원심판단을 수긍한 사례

[2] 관련법령

1. 공직선거법 제85조 제2항
2. 공직선거법 제85조 제2항, 제255조 제1항 제9호

가. 공직선거법 [법률 제10303호, 2010. 5. 17, 타법개정]

제85조(지위를 이용한 선거운동금지) ① 공무원은 그 지위를 이용하여 선거운동을 할 수 없다. 이 경우 공무원이 그 소속직원이나 제53조 제1항 제4호부터 제6호까지에 규정된 기관 등의 임직원 또는 「공직자윤리법」 제17조에 따른 영리사기업체 및 협회의 임·직원을 대상으로 한 선거운동은 그 지위를 이용하여 하는 선거운동으로 본다. 〈개정 2001.1.26, 2005.8.4, 2010.3.12〉

② 누구든지 교육적·종교적 또는 직업적인 기관·단체 등의 조직내에서의 직무상 행위를 이용하여 그 구성원에 대하여 선거운동을 하거나 하게 하거나, 계열화나 하도급 등 거래상 특수한 지위를 이용하여 기업조직·기업체 또는 그 구성원에 대하여 선거운동을 하거나 하게 할 수 없다.

③ 누구든지 교육적인 특수관계에 있는 선거권이 없는 자에 대하여 교육상의 행위를 이용하여 선거운동을 할 수 없다.

제255조(부정선거운동죄) ① 다음 각 호의 어느 하나에 해당하는 자는 3년 이하의 징역 또는 600만원 이하의 벌금에 처한다. 〈개정 1995.12.30, 1997.11.14, 1998.4.30, 2000.2.16, 2002.3.7, 2004.3.12, 2005.8.4, 2009.2.12, 2010.1.25〉

1. 제57조의6 제1항을 위반하여 당내경선에서 경선운동을 한 사람
2. 제60조(선거운동을 할 수 없는 자) 제1항의 규정에 위반하여 선거운동을 하거나 하게 한 자 또는 같은 조 제2항이나 제205조(선거운동기구의 설치 및 선거사무관계자의 선임에 관한 특례) 제4항의 규정에 위반하여 선거사무장 등으로 되거나 되게 한 자
3. 제61조(선거운동기구의 설치) 제1항의 규정에 위반하여 선거운동기구를 설치하거나 이를 설치하여 선거운동을 한 자
4. 제62조 제1항부터 제4항까지의 규정을 위반하여 선거사무장·선거연락소장·선거사무원 또는 활동보조인을 선임한 자
5. 제68조 제2항 또는 제3항(어깨띠의 규격을 말한다)을 위반하여 어깨띠, 모자나 옷, 표찰·수기·마스코트·소품, 그 밖의 표시물을 사용하여 선거운동을 한 사람
6. 제80조(연설금지장소)의 규정에 위반하여 선거운동을 위한 연설·대담을 한 자
7. 제81조(단체의 후보자 등 초청 대담·토론회) 제1항의 규정에 위반하여 후보자 등 초청 대담·토론회를 개최한 자
8. 제81조 제7항[제82조(언론기관의 후보자등 초청 대담·토론회) 제4항에서 준용하는 경우를 포함한다]의 규정에 위반하여 대담·토론회를 개최한 자
9. <u>제85조(지위를 이용한 선거운동금지) 제2항 또는 제3항의 규정에 위반한 행위를 하거나 하게 한 자</u>
10. 제86조 제1항 제1호부터 제3호까지·제2항 또는 제5항을 위반한 사람 또는 같은 조 제6항을 위반한 행위를 한 사람
11. 제87조(단체의 선거운동금지) 제1항의 규정을 위반하여 선거운동을 하거나 하게 한 자 또는 동조 제2항의 규정을 위반하여 사조직 기타 단체를 설립·설치하거나 하게 한 자
12. 제88조(타 후보자를 위한 선거운동금지)본문의 규정에 위반하여 다른 정당이나 후보자를 위한 선거운동을 한 자
13. 제89조(유사기관의 설치금지) 제1항 본문의 규정에 위반하여 유사기관을 설립·설치하거나 기존의 기관·단체·조직 또는 시설을 이용한 자
14. 삭제 〈2004.3.12〉
15. 제92조(영화 등을 이용한 선거운동금지)의 규정에 위반하여 저술·연예·연극·영화나

사진을 배부·공연·상연·상영 또는 게시하거나 하게 한 자

16. 제105조(행렬등의 금지) 제1항의 규정에 위반하여 무리를 지어 거리행진·인사 또는 연달아 소리 지르는 행위를 한 사람
17. 제106조(호별방문의 제한) 제1항 또는 제3항의 규정에 위반하여 호별로 방문하거나 하게 한 자
18. 제107조(서명·날인운동의 금지)의 규정에 위반하여 서명이나 날인을 받거나 받게 한 자
19. 제109조 제1항 또는 제2항을 위반하여 서신·전보·모사전송·전화 그 밖에 전기통신의 방법을 이용하여 선거운동을 하거나 하게 한 자나 같은 조 제3항을 위반하여 협박하거나 하게 한 자
20. 제218조의14 제1항·제6항 또는 제7항을 위반하여 재외선거권자를 대상으로 선거운동을 한 자

② 다음 각 호의 어느 하나에 해당하는 자는 2년 이하의 징역 또는 400만원 이하의 벌금에 처한다. 〈개정 1995.12.30, 1997.11.14, 1998.4.30, 2000.2.16, 2002.3.7, 2004.3.12, 2005.8.4, 2007.1.3, 2008.2.29, 2010.1.25〉

1. 제60조의3 제1항 제4호 후단을 위반하여 예비후보자홍보물을 작성한 자

1의2. 대통령선거 및 지방자치단체의 장선거의 예비후보자가 아닌 자로서 제60조의4 제1항의 예비후보자공약집을 발간·배부한 자, 같은 항을 위반하여 1종을 넘어 예비후보자공약집을 발간·배부한 자, 같은 항을 위반하여 예비후보자공약집을 통상적인 방법으로 판매하지 아니하거나 방문판매의 방법으로 판매한 자, 같은 조 제2항을 위반하여 예비후보자공약집을 발간·배부한 자

1의3. 제64조 제1항·제9항, 제65조 제1항·제2항, 제66조 제1항부터 제5항까지를 위반하여 선거벽보·선거공보 또는 선거공약서를 선거운동을 위하여 작성·사용하거나 하게 한 자

2. 삭제 〈2010.1.25〉
3. 제57조의3(당내경선운동) 제1항의 규정을 위반하여 경선운동을 한 자
4. 제91조(확성장치와 자동차 등의 사용제한) 제1항·제3항 또는 제216조(4개 이상 선거의 동시실시에 관한 특례) 제1항의 규정에 위반하여 확성장치나 자동차를 사용하여 선거운동을 하거나 하게 한 자
5. 제93조(탈법방법에 의한 문서·도화의 배부·게시 등 금지) 제1항의 규정에 위반하여 문서·도화 등을 배부·첩부·살포·게시·상영하거나 하게 한 자, 같은 조 제2항의 규정에 위반하여 광고 또는 출연을 하거나 하게 한 자 또는 제3항의 규정에 위반하여 신분증명서·문서 기타 인쇄물을 발급·배부 또는 징구하거나 하게 한 자

6. 제100조(녹음기 등의 사용금지)의 규정에 위반하여 녹음기 또는 녹화기를 사용하여 선거운동을 하거나 하게 한 자
7. 삭제 〈1995.12.30〉
8. 제271조의2(선거에 관한 광고의 제한) 제1항의 규정에 의한 광고중지요청에 불응하여 광고를 하거나 광고게재를 의뢰한 자

③ 다음 각 호의 어느 하나에 해당하는 사람은 5년 이하의 징역에 처한다. 〈개정 2010.1.25〉

1. 제57조의6 제2항을 위반하여 경선운동을 한 사람
2. 제85조 제1항을 위반하여 선거운동을 한 사람

④ 제82조의5(선거운동정보의 전송제한) 제1항의 규정을 위반하여 선거운동정보를 전송한 자, 동조 제2항의 규정을 위반하여 선거운동정보에 해당하는 사실 등을 선거운동정보에 명시하지 아니하거나 허위로 명시한 자, 동조 제3항의 규정을 위반하여 수신자의 동의를 얻지 아니하고 선거운동정보를 전송한 자, 동조 제4항의 규정을 위반하여 기술적 조치를 한 자, 동조 제5항의 규정을 위반하여 비용을 수신자에게 부담하도록 한 자, 동조 제6항의 규정을 위반하여 선거운동정보를 전송한 자는 1년 이하의 징역 또는 100만원 이하의 벌금에 처한다. 〈신설 2004.3.12, 2005.8.4〉
[2006헌마1096, 2008.05.29, 공직선거법(2005. 8. 4. 법률 제7681호로 개정된 것) 제255조 제1항 제10호 중 '제86조 제1항 제2호' 부분은 공무원의 지위를 이용하지 아니한 행위에 대하여 적용하는 한 헌법에 위반된다.]

[3] 서울중앙지방법원의 판결44)

【피 고 인】 피고인
【검　　사】 검 사
【변 호 인】 변호사 1 외 1인

【주　　문】
피고인을 벌금 1,500,000원에 처한다.
피고인이 위 벌금을 납입하지 아니하는 경우 50,000원을 1일로 환산한 기간 피고인을 노역장에 유치한다.

44) 서울중앙지방법원 2010. 11. 25. 선고 2010고합1394 판결 【공직선거법위반】

【이 유】

【범죄사실】

피고인은 한국관광공사의 상임감사로서 위 공사의 업무 전반 및 회계에 대한 감사, 직원들에 대한 직무감독 등 업무를 담당하는 사람이다.

한국관광공사는 한국관광공사법에 의해 자본금의 1/2 이상을 정부가 출자하여 설립된 공공기관으로 위 공사의 상근임원은 선거운동을 할 수 없고, 누구든지 교육적·종교적 또는 직업적인 기관·단체 등의 조직 내에서의 직무상 행위를 이용하여 그 구성원에 대하여 선거운동을 하거나 하게 할 수 없다.

그럼에도 피고인은 2010. 7. 28. 실시된 서울 ○○구 '을' 선거구 국회의원 재선거에 후보자로 출마한 공소외 1의 선거를 돕기 위해 2010. 7. 20. 16:00경 서울 중구 청계천로 40에 있는 한국관광공사 감사실에서 ○○구 '을' 선거구에 거주하는 관광공사 직원 공소외 2에게 "어디에 사느냐. ○○구 재보궐선거에 공소외 1 후보가 출마하는 것을 알고 있느냐. 내가 개인적으로 공소외 1 후보와 친하고, 공소외 1 후보 도움도 많이 받았다. ○○구에서 학교를 나왔으니 주변 지인들에게도 공소외 1 후보에 대하여 잘 말해 달라."고 말하여 공소외 1의 선거운동을 하였다.

피고인은 이를 비롯하여 2010. 7. 20.~21.경 한국관광공사 감사실에서 별지 범죄일람표 기재와 같이 3회에 걸쳐 ○○구 '을' 선거구에 거주하는 관광공사직원 3명에게 공소외 1의 선거운동을 하였다.

【증거의 요지】

1. 피고인의 일부 법정진술
1. 피고인에 대한 검찰 피의자신문조서의 일부 진술기재
1. 공소외 2, 3, 4에 대한 각 검찰 진술조서의 각 진술기재
1. 각 전화복명서(증거기록 50, 51쪽)의 각 기재
1. 수사보고(감사직무규정 등 첨부), 한국관광공사 조직도, 감사직무 규정, 수사보고(○○구 '○○을' 선거구 확인)의 각 기재

【법령의 적용】

1. 범죄사실에 대한 해당법조

   각 공직선거법 제255조 제1항 제2호, 제60조 제1항 제5호, 제53조 제1항 제4호(각 선거운동을 할 수 없는 자가 선거운동을 한 점), 각 공직선거법 제255조 제1항 제9호, 제85조 제2항(각 조직 내에서의 직무상 행위를 이용하여 선거운동을 한 점)

1. 상상적 경합
   형법 제40조, 제50조(판시 선거운동을 할 수 없는 자가 선거운동을 한 것으로 인한 각 공직선거법위반죄 및 조직 내에서의 직무상 행위를 이용하여 선거운동을 한 것으로 인한 각 공직선거법위반죄 상호간, 죄질이 더 무거운 선거운동을 할 수 없는 자가 선거운동을 한 것으로 인한 각 공직선거법위반죄에 정한 형으로 처벌)
1. 형의 선택
   각 벌금형 선택
1. 경합범가중
   형법 제37조 전단, 제38조 제1항 제2호, 제50조(범정이 가장 무거운 2010. 7. 21.자 공직선거법위반죄에 정한 형에 경합범 가중)
1. 노역장유치
   형법 제70조, 제69조 제2항

【피고인 및 변호인의 주장에 대한 판단】

1. 피고인 및 변호인의 주장의 요지

가. 조직 내에서 직무상 행위를 이용하여 선거운동을 하지 않았다는 취지의 주장(2010. 11. 19.자 변론요지서 4쪽)

이 사건 공소사실 중 피고인이 선거운동을 할 수 없는 지위에서 선거운동을 한 것은 부인할 여지가 없다고 할 것이나, 직업적인 기관 등의 조직 내에서 직무상 행위를 이용하여 그 구성원에 대하여 선거운동을 하였다는 점에 대해서는 달리 직무상 행위를 이용했다는 추가적 정황이 없는 상태에서 단지 감사라는 지위에서 감사실에서 위와 같은 선거운동을 한 것만으로 직무상 행위를 이용했다고 볼 여지가 있는지에 대해서는 법리상 의문이 있다고 할 것이므로, 이 사건 공소사실 중 조직 내에서 직무상 행위를 이용하여 선거운동을 한 것으로 인한 공직선거법위반의 점은 유죄의 증명이 없는 경우에 해당하여 무죄의 판결을 선고하여야 한다.

나. 형법 제16조에서 규정한 법률의 착오에 해당한다는 취지의 주장(2010. 11. 19.자 변론요지서 2쪽)

피고인은 공소외 1 당시 국회의원 후보자와의 개인적인 친분과 의리상 공소외 1 후보자를 도와줄 방안을 생각하던 차에 한국관광공사 감사이긴 하나 선거구에 주소를 둔 직원들을 개인적으로 만나 사적으로 공소외 1 후보의 지지를 부탁하는 정도는 허용되는 것으로 오인하고 이 사건 각 행위에 이르게 된 것이다. 만일 이와 같은 행위가 공직선거법상 금지된다는 사실을 사전에 알았다면 쉽게 언론이나 선관위에 문제를 제기할 개연성이 있는 노조가입 직원들을 상대로 무모하게 이와 같은 행위를 할 엄두를 내지 못하였을 것이다. 피고인은 제16대 국회의원을 역임하기는 하였으나 지역구 선거를 거친 것이 아니라 비례대표로 국회의원이 된 것이기 때문에 지나치게 복잡하고 세분화한 공직선거법에 대하여 알지 못하였다.

2. 판 단

가. 조직 내에서 직무상 행위를 이용하여 선거운동을 한 것에 해당하지 않는다는 취지의 주장에 대한 판단

공직선거법 제85조 제2항 전문은 "누구든지 교육적·종교적 또는 직업적인 기관·단체 등의 조직 내에서의 직무상 행위를 이용하여 그 구성원에 대하여 선거운동을 하거나 하게 할 수 없다"는 취지로 규정하고 있는데, 여기서 '직업적인 기관 등의 조직 내에서의 직무상 행위를 이용하여 그 구성원에 대하여 선거운동을 한 행위'라 함은 직업적 업무를 목적으로 하는 기관의 조직 내에서 그 구성원에 대한 지휘감독권 등으로 인하여 직무와 관련한 영향력을 미칠 수 있는 지위에 있는 사람이 그 직무집행을 빙자하여 또는 직무를 집행하는 기회에 편승하여 그 구성원에 대하여 선거운동을 한 행위를 말하는 것이다(대구고등법원 2007. 4. 5. 선고 2007노44 판결 참조).

앞서 거시한 증거들에 의하여 인정되는 다음과 같은 사정 즉 ① 한국관광공사의 감사는 종합감사, 특정감사, 일상감사, 재무감사, 기강감사를 할 수 있으며(증거기록 114쪽 감사직무규정 제4조), 감사상 필요에 의하여 관계서류·장부·증빙서 및 물품 등의 제출요구, 관계자의 출석 및 답변요구, 창고, 금고, 장부 및 물품 등의 봉인 및 조사, 회계관계 거래처에 대한 조사 자료 청구 및 조회, 전산시스템에 대한 접근, 기타 감사상 필요하다고 인정되는 조치를 할 수 있는 권한이 있고 그와 같은 요구를 받은 자는 특별한 사유가 없는 한 이에 응해야 하며(증거기록 115쪽 감사직무규정 제12조), 감사결과 규정·제도 또는 운영상 불합리한 사항의 개선, 위법 부당하다고 인정된 사항에 대한 시정, 관계직원에 대한 징계 또는 변상, 관계직원에 대한 교육 및 기타 필요한 조치를 한국관광공사 사장에게 요구하여야 하는바(증거기록 115쪽 감사직무규정 제17조), 한국관광공사의 감사인 피고인은 한국관광공사의 직원들에게 직무와 관련하여 영향을 미칠 수 있는 지위에 있었던 점, ② 공소외 2, 3, 4는 피고인이 개인적으로 불러서 피고인을 찾아간 것이 아니라 피고인의 비서인 공소외 5로부터 감사인 피고인이 부른다는 말을 듣고 한국관광공사 감사실에 찾아가 피고인을 만난 것이고(증거기록 69, 79, 89쪽), 위 공소외 2, 3, 4가 업무 이외의 개인적인 목적으로 피고인을 만날 이유는 없는 것이어서 위 공소외 2, 3, 4는 피고인이 업무와 관련된 일로 부르는 것으로 생각하고

피고인을 찾아간 것으로 보이는 점, ③ 피고인은 위와 같이 공소외 2, 3을 감사실로 불러 공소외 1 후보에 대하여 말하기 전인 2010. 7. 19.경 감사실 비서인 공소외 5에게 한국관광공사 직원 8~9명 정도의 인사기록카드를 가져다 달라고 하였고, 공소외 2, 4와 이야기할 때 위 인사기록카드를 보기도 하였던 점(증거기록 50, 51, 69, 90쪽), ④ 공소외 2, 4는 피고인이 감사라는 지위에 있었기 때문에 당황하기는 하였으나 공소외 1 후보와 관련된 이야기를 하는 것에 대하여 별다른 이의제기를 하지 못하고 감사실을 나온 점(증거기록 71, 91쪽)을 종합하여 보면, 피고인의 이 사건 각 행위는 '조직 내에서의 직무상 행위를 이용하여 그 구성원에 대하여 선거운동을 한 행위'에 해당한다고 할 것이다. 따라서 이 부분 피고인의 주장은 이유 없다.

나. 형법 제16조에서 규정한 법률의 착오에 해당한다는 취지의 주장에 대한 판단

형법 제16조에서 자기의 행위가 법령에 의하여 죄가 되지 아니하는 것으로 오인한 행위는 그 오인에 정당한 이유가 있는 때에 한하여 벌하지 아니한다고 규정하고 있는 것은 단순한 법률의 부지의 경우를 말하는 것이 아니고, 일반적으로 범죄가 되는 경우이지만 자기의 특수한 경우에는 법령에 의하여 허용된 행위로서 죄가 되지 아니한다고 그릇 인식하고 그와 같은 그릇 인식함에 정당한 이유가 있는 경우에는 벌하지 아니한다는 취지이다(대법원 2005. 6. 10. 선고 2005도835호 판결).

그런데 피고인은 검찰에서 조사를 받으면서 검사의 "위 선거법 규정들(위 '법령의 적용'에 기재된 공직선거법 규정을 의미한다)을 전혀 몰랐던 것인가요, 아니면 본인이 해당되지 않는다고 생각한 것인가요"라는 질문에 대하여 "위 규정들을 몰랐습니다. 단순히 저는 공적인 자리에서 선거운동을 하거나, 밥을 사주면서 선거운동을 하는 것은 위법이라고 생각하였지만 개인적으로 이야기하는 것은 위법이 되는 줄 알지 못하였습니다" 라는 취지로 각 진술하였다(증거기록 108쪽).

피고인의 위 진술에 의하면 피고인은 이 사건에 적용될 공직선거법 규정 자체를 알지 못하였다는, 피고인이 이 사건 각 행위가 공직선거법에 위반되는 것인지 몰랐다고 하더라도 이는 단순한 법률의 부지에 불과하고, 형법 제16조에서 정하고 있는 법률의 착오에 해당한다고 볼 수 없다. 따라서 피고인의 이 부분 주장도 이유 없다.

【양형의 이유】

피고인이 공소외 1 후보자와 개인적인 친분으로 인하여 이 사건 각 범행에 이르게 된 것이고 선거운동 대상 직원이 3명으로 많지 않아 선거에 영향을 미쳤을 것으로는 보이지 아니하는 점, 피고인이 2000. 9. 8. 출판물에 의한 명예훼손죄로 선고유예의 처벌을 받은 이외에는 형사처벌 전력이 없는 점을 유리한 양형조건으로 하고,

피고인은 한국관광공사의 직원들에 대한 감사를 통하여 그 결과에 따라 징계를 요구할 수 있는 권한이 있는 한국관광공사 감사의 지위에 있으면서 그러한 지위를 이용하여 판시 범죄사실 기재와 같이 한국관광공사의 직원 3명을 위 공사 감사실로 불러 공소외 1 후보에 대한 선거운동을 하였는바, 이는 감사의 지위를 이용하여 위 직원들의 선거의 자유를 침해하려고 한 것이어서 그 책임이 가볍지 아니한 점, 또한 피고인은 감사실에서 보유하고 있던 직원리스트를 이용하여 공소외 1 후보가 출마한 '○○을' 선거구에 거주하고 있는 한국관광공사의 직원 8명 정도의 명단을 파악하여 그 직원들의 인사관리카드를 인사부서에 요구하여 제출받은 후 그 직원들만 감사실로 부르는 등 선거운동의 대상을 선정함에 있어서도 한국관광공사 감사의 지위에 있음으로서 알 수 있는 직원들의 신상정보를 이용하기도 한 점을 불리한 양형조건으로 하고, 그 밖에 피고인의 연령, 성행, 범행 후의 정황 등 제반 양형조건들을 참작하여 주문과 같이 형을 정한다.

[별지 생략]

[4] 서울고등법원의 판결45)

【피 고 인】 피고인
【항 소 인】 피고인
【검　　사】 검 사
【변 호 인】 법무법인

【원심판결】 서울중앙지방법원 2010. 11. 25. 선고 2010고합1394 판결

【주　　문】

피고인의 항소를 기각한다.

【이　　유】

1. 항소이유의 요지

가. 법리오해 내지는 사실오인

피고인이 자신이 감사로 재직 중인 한국관광공사 직원들에게 공소외 1 후보의 지지를 부탁하는 행위를 한 것은 사실이나, 당시 마땅한 장소가 없어서 피고인의 집무실인 감사실에서 직원들에게 위와 같은 부탁을 한 것일 뿐, 당시 그 부탁의 내용이 업무와

45) 서울고등법원 2011. 1. 27. 선고 2010노3324 판결 【공직선거법위반】

무관한 사적인 내용에 불과하였고, 감사로서의 직무와 관련된 행위를 이용하여 부탁하거나 구체적으로 어떤 행위를 요구하여 그 이행 여부에 따라 어떤 이익이나 불이익을 줄 것 같은 암시를 주는 등 직무상 행위를 이용한 사실은 없다.

그럼에도 피고인이 직무상 행위를 이용하여 그 구성원에 대하여 선거운동을 한 사실을 인정한 원심판결에는 법리를 오해하거나 사실을 오인하여 판결에 영향을 미친 위법이 있다.

나. 양형부당

원심이 피고인에게 선고한 형(벌금 150만원)이 너무 무거워서 부당하다.

2. 판 단

가. 피고인이 직무상 행위를 이용하여 선거운동을 하였는지 여부

(1) 공직선거법 제85조 제2항 전문은 "누구든지 교육적·종교적 또는 직업적인 기관·단체 등의 조직 내에서의 직무상 행위를 이용하여 그 구성원에 대하여 선거운동을 하거나 하게 할 수 없다"는 취지로 규정하고 있는바, 여기서 '직업적인 기관 등의 조직 내에서의 직무상 행위를 이용하여 그 구성원에 대하여 선거운동을 한 행위'라 함은 '직업적인 조직 내에서 신분상 또는 직무상의 지휘감독권이 미치는 사람에게 외견상 그 직무에 관련한 행위에 편승하여 선거운동을 하는 행위'를 말하는 것으로 봄이 상당하다.

(2) 그런데, 원심이 적법하게 채택하여 조사한 증거들에 의하여 인정되는 다음과 같은 사정들 즉, ① 한국관광공사의 감사는 감사상 필요에 의하여 관계서류·장부·증빙서 및 물품 등의 제출 요구, 관계자의 출석 및 답변요구, 기타 감사상 필요하다고 인정되는 조치를 할 수 있는 권한이 있고, 그와 같은 요구를 받은 자는 특별한 사유가 없는 한 이에 응해야 하며, 감사 결과 규정·제도 또는 운영상 불합리한 사항의 개선, 위법 부당하다고 인정된 사항에 대한 시정, 관계직원에 대한 징계 또는 변상, 관계직원에 대한 교육 및 기타 필요한 조치를 한국관광공사 사장에게 요구하여야 하는바, 한국관광공사의 감사인 피고인은 한국관광공사의 직원들에게 직무와 관련하여 영향을 미칠 수 있는 지위에 있었던 점, ② 한국관광공사의 직원인 공소외 2, 3, 4는 피고인이 개인적으로 불러서 피고인을 찾아간 것이 아니라, 피고인의 비서인 공소외 5로부터 감사인 피고인이 부른다는 말을 듣고 한국관광공사 감사실로 찾아가 피고인을 만난 점, ③ 위 공소외 2, 3, 4는 피고인과 개인적인 친분관계가 없어, 위 공소외 2, 3, 4는 피고인이 업무와 관련된 일로 부르는 것으로 생각하고 피고인을 찾아간 것으로 보이는 점, ④ 피고인은 2010.

7. 19.경 위 공소외 5에게 공소외 1 후보의 지역구에 거주하는 한국관광공사 직원 8~9명 정도의 인사기록카드를 가져다 달라고 하였고, 위 공소외 2, 4와 이야기할 때 위 인사기록카드를 보기도 하였던 점, ⑤ 위 공소외 2, 4는 피고인이 감사라는 지위에 있었기 때문에 당황하기는 하였으나 공소외 1 후보와 관련된 이야기를 하는 것에 대하여 별다른 이의제기도 하지 못하고 감사실을 나온 것으로 보이는 점 등을 종합해 보면, 피고인은 직업적인 조직인 한국관광공사 내에서 감사라는 지위를 이용하여 직무상의 지휘감독권이 미치는 위 공소외 2, 3, 4에게 외견상 그 직무에 관련된 행위에 편승하여 공소외 1 후보를 당선시킬 목적으로 선거운동을 하였다고 봄이 상당하다.

(3) 따라서 피고인이 조직 내에서의 직무상 행위를 이용하여 그 구성원에 대하여 선거운동을 하였음을 인정한 원심판결은 정당한 것으로 수긍할 수 있고, 거기에 법리를 오해하거나 사실을 오인하여 판결에 영향을 미친 위법이 있다고 할 수 없으므로, 피고인의 이 부분 주장은 받아들일 수 없다.

나. 양형부당 주장에 대한 판단

피고인이 공소외 1 후보와의 개인적인 친분으로 인하여 이 사건 각 범행에 이르게 된 것으로 보이는 점, 피고인이 선거운동을 한 직원이 3명으로서 선거에 별다른 영향을 미치지 아니하였을 것으로 보이는 점, 피고인에게 동종범죄로 처벌받은 전력이 없는 점 등은 인정된다.

그러나 피고인은 공직선거법에 의하여 전혀 선거운동을 할 수 없는 한국관광공사의 감사임에도 불구하고 선거운동을 한 점, 피고인은 직원들에 대한 감사를 통하여 그 결과에 따라 징계를 요구할 수 있는 감사라는 지위를 이용하여 선거운동 대상자들의 신상정보를 파악한 다음에, 그 직원들을 상대로 선거운동을 하였는바, 이는 위 직원들의 선거의 자유를 침해하려고 한 것이어서 그 죄질이 좋지 아니한 점, 기타 피고인의 나이, 성행, 가족관계 등 이 사건 변론에 나타난 제반 양형조건들을 참작해 보면, 원심이 피고인에게 선고한 형이 너무 무거워서 부당하다고 인정되지 아니하므로, 피고인의 이 부분 주장도 받아들일 수 없다.

3. 결 론

따라서 피고인의 항소는 이유 없으므로, 형사소송법 제364조 제4항에 따라 이를 기각하기로 하여 주문과 같이 판결한다.

[5] 대법원의 판결[46)]

【피 고 인】 피고인
【상 고 인】 피고인
【변 호 인】 변호사 1 외 1인

【원심판결】 서울고법 2011. 1. 27. 선고 2010노3324 판결
【주 문】
상고를 기각한다.

【이 유】
상고이유를 판단한다.

1. 공직선거법 제85조 제2항 위반죄의 성립 여부에 대하여
공직선거법 제85조 제2항은 교육적·종교적 또는 직업적인 기관·단체 등의 조직 내에서의 직무상 행위를 이용하여 그 구성원에 대하여 선거운동을 하는 것을 금지하고 있는바, 구체적으로 어떠한 행위가 조직 내에서의 직무상 행위를 이용한 것인지를 판단함에 있어서는, 그 조직에서 차지하고 있는 지위에 기하여 취급하는 직무의 내용은 물론 그 행위가 행하여지는 시기·장소·방법 등 여러 사정을 종합적으로 관찰하여 직무와 관련된 행위인지 여부를 판단하여야 한다.
원심판결 이유에 의하면, 원심은 그 채용 증거에 의하여 판시와 같은 사실 및 사정들을 인정한 다음, 피고인이 한국관광공사 내에서 감사로서 가지고 있는 권한의 내용, 피고인이 한국관광공사 소속 직원들을 감사실로 불러 특정 후보의 지지를 부탁하는 발언을 하게 된 경위와 그 시기·장소·방법 등을 종합하여 볼 때, 피고인이 조직 내에서의 직무상 행위를 이용하여 그 구성원에 대하여 선거운동을 한 것에 해당한다고 판단하였다.
위 법리와 기록에 비추어 살펴보면, 원심의 위와 같은 판단은 정당한 것으로 수긍이 되고, 거기에 상고이유로 주장하는 바와 같이 공직선거법 제85조 제2항 위반죄에 관한 법리를 오해하는 등으로 판결에 영향을 미친 위법이 있다고 할 수 없다.
피고인의 나머지 상고이유의 주장은 결국 사실심인 원심의 전권사항에 속하는 증거의 취사선택과 사실인정을 탓하는 것에 불과하여 적법한 상고이유로 볼 수 없을 뿐 아니라, 기록에 비추어 살펴보더라도 원심이 심리를 다하지 아니하거나 자유심증주의의 한계를 벗어나 판결 결과에 영향을 미친 위법이 있다고 인정되지 아니하므로, 이를 다투는 상고

46) 대법원 2011. 4. 28. 선고 2011도1925 판결 【공직선거법위반】

이유의 주장은 모두 이유 없다.

2. 양형부당 주장에 대하여

형사소송법 제383조 제4호의 규정에 의하면 사형, 무기 또는 10년 이상의 징역이나 금고가 선고된 사건에 있어서만 양형부당을 사유로 한 상고가 허용되는 것이므로, 피고인에게 벌금형이 선고된 이 사건에 있어서는 형의 양정이 부당하다는 사유는 적법한 상고이유가 되지 못한다.

3. 결　론

그러므로 상고를 기각하기로 하여 관여 대법관의 일치된 의견으로 주문과 같이 판결한다.

Chapter 04

현직시장이 공무원조직을 이용하여 업적을 홍보한 경우

[1] 사건의 쟁점

1. 구 공직선거법 제86조 제1항 제1호 및 제255조 제1항 제10호에서 처벌하고 있는 '공무원 등 공적 지위에 있는 자로 하여금 소속직원 또는 선거구민에게 특정 후보자 등의 업적을 홍보하는 행위를 하게 하는 자'가 '공무원 등 공적 지위에 있는 자'에 한정되는지 여부(소극)
2. 차기 지방선거에 입후보 예정인 현직 시장(시장)인 피고인이 읍면동장 등 공무원 조직을 이용하여 선거구민에게 자신의 업적을 홍보하게 하였다고 하여 구 공직선거법 위반으로 기소된 사안에서, 이를 유죄로 인정한 사례

[2] 관련법령

1. 구 공직선거법(2010. 1. 25. 법률 제9974호로 개정되기 전의 것) 제60조 제1항 제4호, 제85조 제1항, 제86조 제1항 제1호, 제255조 제1항 제10호
2. 구 공직선거법(2010. 1. 25. 법률 제9974호로 개정되기 전의 것) 제86조 제1항 제1호, 제255조 제1항 제10호

가. 구 공직선거법 [2010. 1. 25, 법률 제9974호로 개정되기 전의 것]

제60조(선거운동을 할 수 없는 자) ① 다음 각 호의 어느 하나에 해당하는 자는 선거운동을 할 수 없다. 다만, 제4호 내지 제8호에 해당하는 자가 후보자의 배우자인 경우에는 그러하지 아니하다. 〈개정 1995.12.30, 1997.1.13, 2000.2.16, 2002.3.7, 2004.3.12, 2005.8.4〉

1. 대한민국 국민이 아닌 자
2. 미성년자(19세 미만의 자를 말한다. 이하 같다)
3. 제18조(선거권이 없는 자) 제1항의 규정에 의하여 선거권이 없는 자

4. 「국가공무원법」 제2조(공무원의 구분)에 규정된 국가공무원과 「지방공무원법」 제2조(공무원의 구분)에 규정된 지방공무원. 다만, 「정당법」 제22조(발기인 및 당원의 자격) 제1항 제1호 단서의 규정에 의하여 정당의 당원이 될 수 있는 공무원(국회의원과 지방의회의원외의 정무직공무원을 제외한다)은 그러하지 아니하다.
5. 제53조(공무원 등의 입후보) 제1항 제2호 내지 제8호에 해당하는 자(제4호 내지 제6호의 경우에는 그 상근직원을 포함한다)
6. 향토예비군 소대장급 이상의 간부
7. 통·리·반의 장 및 읍·면·동주민자치센터(그 명칭에 관계없이 읍·면·동사무소 기능전환의 일환으로 조례에 의하여 설치된 각종 문화·복지·편익시설을 총칭한다. 이하 같다)에 설치된 주민자치위원회(주민자치센터의 운영을 위하여 조례에 의하여 읍·면·동사무소의 관할구역별로 두는 위원회를 말한다. 이하 같다)위원
8. 특별법에 의하여 설립된 국민운동단체로서 국가 또는 지방자치단체의 출연 또는 보조를 받는 단체(바르게살기운동협의회·새마을운동협의회·한국자유총연맹을 말한다)의 상근 임·직원 및 이들 단체 등(시·도조직 및 구·시·군조직을 포함한다)의 대표자
9. 삭제 〈2005.8.4〉

② 향토예비군 소대장급 이상의 간부·주민자치위원회위원 또는 통·리·반의 장이 선거사무장, 선거연락소장, 선거사무원, 회계책임자, 연설원, 대담·토론자 또는 투표참관인이나 부재자투표참관인이 되고자 하는 때에는 선거일전 90일(선거일전 90일 후에 실시사유가 확정된 보궐선거등에서는 그 선거의 실시사유가 확정된 때부터 5일)까지 그 직을 그만두어야 하며, 선거일후 6월 이내(주민자치위원회위원은 선거일까지)에는 종전의 직에 복직될 수 없다. 이 경우 그만둔 것으로 보는 시기에 관하여는 제53조(공무원 등의 입후보) 제2항의 규정을 준용한다. 〈개정 2002.3.7, 2008.2.29〉

제85조(지위를 이용한 선거운동금지) ① 공무원은 그 지위를 이용하여 선거운동을 할 수 없다. 이 경우 공무원이 그 소속직원이나 제53조(공무원 등의 입후보) 제1항 제4호 내지 제6호에 규정된 기관 등의 임·직원 또는 「공직자윤리법」 제17조(퇴직공직자의 유관사기업체 등에의 취업제한)의 규정에 의한 유관사기업체 및 협회의 임·직원을 대상으로 한 선거운동은 그 지위를 이용하여 하는 선거운동으로 본다. 〈개정 2001.1.26, 2005.8.4〉
② 누구든지 교육적·종교적 또는 직업적인 기관·단체 등의 조직 내에서의 직무상 행위를 이용하여 그 구성원에 대하여 선거운동을 하거나 하게 하거나, 계열화나 하도급 등 거래상 특수한 지위를 이용하여 기업조직·기업체 또는 그 구성원에 대하여 선거운동을 하거나 하게 할 수 없다.

③ 누구든지 교육적인 특수관계에 있는 선거권이 없는 자에 대하여 교육상의 행위를 이용하여 선거운동을 할 수 없다.

第86條(공무원 등의 선거에 영향을 미치는 행위금지) ① 공무원(국회의원과 그 보좌관·비서관·비서 및 지방의회의원을 제외한다), 제53조(공무원 등의 입후보) 제1항 제4호 및 제6호에 규정된 기관 등의 상근 임·직원, 통·리·반의 장, 주민자치위원회위원과 향토예비군소대장급 이상의 간부, 특별법에 의하여 설립된 국민운동단체로서 국가나 지방자치단체의 출연 또는 보조를 받는 단체(바르게살기운동협의회·새마을운동협의회·한국자유총연맹을 말한다)의 상근 임·직원 및 이들 단체 등(시·도조직 및 구·시·군조직을 포함한다)의 대표자는 다음 각 호의 어느 하나에 해당하는 행위를 하여서는 아니 된다. 〈개정 1997.11.14, 2000.2.16, 2002.3.7, 2004.3.12, 2005.8.4〉

1. 소속직원 또는 선거구민에게 교육 기타 명목여하를 불문하고 특정 정당이나 후보자(후보자가 되고자 하는 자를 포함한다. 이하 이 항에서 같다)의 업적을 홍보하는 행위
2. 선거운동의 기획에 참여하거나 그 기획의 실시에 관여하는 행위
3. 정당 또는 후보자에 대한 선거권자의 지지도를 조사하거나 이를 발표하는 행위
4. 선거기간중 소속직원 또는 선거구민에게 명목여하를 불문하고 법령이 정하는 외의 금품 기타 이익을 주거나 이를 약속하는 행위. 다만, 관혼상제 기타 의례적이거나 직무상의 행위로서 중앙선거관리위원회규칙이 정하는 행위를 제외한다.
5. 선거기간중 국가 또는 지방자치단체의 예산으로 시행하는 사업중 즉시 공사를 진행하지 아니할 사업의 기공식을 거행하는 행위
6. 선거기간중 정상적 업무외의 출장을 하는 행위
7. 선거기간중 휴가기간에 그 업무와 관련된 기관이나 시설을 방문하는 행위

② 지방자치단체의 장은 선거일전 60일(선거일전 60일 후에 실시사유가 확정된 보궐선거등에 있어서는 그 선거 의 실시사유가 확정된 때)부터 선거일까지 다음 각 호의 1에 해당하는 행위를 하여서는 아니 된다. 〈신설 1995.12.30, 1997.11.14, 1998.4.30, 2000.2.16, 2002.3.7, 2004.3.12〉

1. 삭제 〈2004.3.12〉
2. 정당의 정강·정책과 주의·주장을 선거구민을 대상으로 홍보·선전하는 행위. 다만, 당해 지방자치단체의 장의 선거에 예비후보자 또는 후보자가 되는 경우에는 그러하지 아니하다.
3. 창당대회·합당대회·개편대회 및 후보자선출대회를 제외하고는 정당이 개최하는 시국강연회, 정견·정책발표회, 당원연수·단합대회 등 일체의 정치행사에 참석하거나

선거대책기구, 선거사무소, 선거연락소를 방문하는 행위. 다만, 당해 지방자치단체의 장 선거에 후보자가 되는 경우와 당원으로서 소속정당이 당원만을 대상으로 개최하는 정당의 공개행사에 의례적으로 방문하는 경우에는 그러하지 아니하다.

4. 다음 각 목의 1을 제외하고는 교양강좌, 사업설명회, 공청회, 직능단체모임, 체육대회, 경로행사, 민원상담 기타 각종 행사를 개최하거나 후원하는 행위
 가. 법령에 의하여 개최하거나 후원하도록 규정된 행사를 개최·후원하는 행위
 나. 특정일·특정시기에 개최하지 아니하면 그 목적을 달성할 수 없는 행사
 다. 천재·지변 기타 재해의 구호·복구를 위한 행위
 라. 직업보도교육 또는 유상으로 실시하는 교양강좌를 개최·후원하는 행위 또는 주민자치센터가 개최하는 교양강좌를 후원하는 행위. 다만, 종전의 범위를 넘는 새로운 강좌를 개설하거나 수강생을 증원하거나 장소를 이전하여 실시하는 주민자치센터의 교양강좌를 후원하는 행위를 제외한다.
 마. 집단민원 또는 긴급한 민원이 발생하였을 때 이를 해결하기 위한 행위
 바. 가목 내지 마목에 준하는 행위로서 중앙선거관리위원회규칙으로 정하는 행위
5. 통·리·반장의 회의에 참석하는 행위. 다만, 천재·지변 기타 재해가 있거나 집단민원 또는 긴급한 민원이 발생하였을 때에는 그러하지 아니하다.

③ 지방자치단체의 장은 다음 각 호의 어느 하나에 정하는 기간 동안 제112조(기부행위의 정의 등) 제2항 제4호의 직무상의 행위와 관련하여 그의 직명 또는 성명을 밝히거나 그가 하는 것으로 추정할 수 있는 방법으로 소속직원 또는 선거구민에게 명목여하를 불문하고 법령이 정하는 외의 금품 기타 이익을 주거나 이를 약속하는 행위를 하여서는 아니 된다. 다만, 그 직무상의 행위와 관련하여 지방자치단체가 당해 지방자치단체의 장의 임기개시일 전부터 정기적으로 행하여 오거나 다음 각 호의 규정에 따른 기간개시일 전에 대상·방법·범위 등을 구체적으로 정한 당해 지방자치단체의 조례에 따라 정기적으로 행하여 온 금품 그 밖의 이익을 주거나 이를 약속하는 행위는 그러하지 아니하다. 〈신설 2004.3.12, 2005.8.4〉

1. 선거구역이 당해 지방자치단체의 관할구역과 같거나 겹치는 선거의 후보자가 되고자 하는 경우
 선거일전 1년(보궐선거등에 있어서는 그 선거의 실시사유가 확정된 때)부터 선거일까지
2. 제1호외의 선거의 경우
 선거일전 60일(선거일전 60일 후에 실시사유가 확정된 보궐선거등에 있어서는 그 선거의 실시사유가 확정된 때)부터 선거일까지

④ 제3항 단서의 규정에 불구하고 다음 각 호의 어느 하나에 해당하는 경우에는 "그가 하는 것으로 추정할 수 있는 방법"에 해당되는 것으로 한다. 〈신설 2005.8.4〉

1. 종전의 대상·방법·범위·시기 등을 확대·변경하는 경우
2. 당해 지방자치단체의 장이 참석한 장소 또는 행사에서 행하는 경우
3. 당해 지방자치단체의 장의 업적을 홍보하는 등 그를 선전하는 행위가 부가되는 경우
4. 당해 지방자치단체의 장의 직명 또는 성명을 유추할 수 있는 방법으로 행하는 경우
5. 그 밖에 위 각 호의 어느 하나에 준하는 것으로서 중앙선거관리위원회규칙으로 정하는 경우

⑤ 지방자치단체의 장은 다음 각 호의 어느 하나에 해당하는 경우를 제외하고는 지방자치단체의 사업계획·추진실적 기타 지방자치단체의 활동상황을 알리기 위한 홍보물(홍보지·소식지·간행물·시설물·녹음물·녹화물 기타의 홍보물 및 신문·방송을 이용하여 행하는 경우를 포함한다)을 분기별로 1종 1회를 초과하여 발행·배부 또는 방송하여서는 아니되며 당해 지방자치단체의 장의 선거의 선거일전 180일(보궐선거등에 있어서는 그 선거의 실시사유가 확정된 때, 이하 제6항에서 같다)부터 선거일까지는 홍보물을 발행·배부 또는 방송할 수 없다. 〈신설 1998.4.30, 2000.2.16, 2004.3.12, 2006.3.2〉

1. 법령에 의하여 발행·배부 또는 방송하도록 규정된 홍보물을 발행·배부 또는 방송하는 행위
2. 특정사업을 추진하기 위하여 그 사업과 이해관계가 있는 자나 관계주민의 동의를 얻기 위한 행위
3. 집단민원 또는 긴급한 민원이 발생하였을 때 이를 해결하기 위한 행위
4. 기타 위 각 호의 1에 준하는 행위로서 중앙선거관리위원회규칙이 정하는 행위

⑥ 지방자치단체의 장은 당해 지방자치단체의 장의 선거의 선거일전 180일부터 선거일까지 주민자치센터가 개최하는 교양강좌에 참석할 수 없으며, 근무시간 중에 공공기관이 주최하는 행사외의 행사에는 참석할 수 없다. 〈신설 1998.4.30, 2002.3.7〉
[2006헌마1096, 2008.5.29 헌법재판소 한정위헌결정으로 이 호는 공무원의 지위를 이용하지 아니한 행위에 대하여 적용하는 한 헌법에 위반]

제255조(부정선거운동죄) ① 다음 각 호의 어느 하나에 해당하는 자는 3년 이하의 징역 또는 600만원 이하의 벌금에 처한다. 〈개정 1995.12.30, 1997.11.14, 1998.4.30, 2000.2.16, 2002.3.7, 2004.3.12, 2005.8.4, 2009.2.12〉

1. 제60조(선거운동을 할 수 없는 자) 제1항의 규정에 위반하여 선거운동을 하거나 하게 한 자 또는 같은 조 제2항이나 제205조(선거운동기구의 설치 및 선거사무관계자의 선임에

관한 특례) 제4항의 규정에 위반하여 선거사무장 등으로 되거나 되게 한 자

2. 제61조(선거운동기구의 설치) 제1항의 규정에 위반하여 선거운동기구를 설치하거나 이를 설치하여 선거운동을 한 자
3. 제62조(선거사무관계자의 선임) 제1항 내지 제3항의 규정에 위반하여 선거사무장·선거연락소장이나 선거사무원을 선임한 자

3의2. 제68조(어깨띠) 제2항의 규정을 위반하여 어깨띠를 선거운동을 위하여 착용하거나 하게 한 자

4. 삭제 〈2004.3.12〉
5. 삭제 〈2004.3.12〉
6. 제80조(연설금지장소)의 규정에 위반하여 선거운동을 위한 연설·대담을 한 자
7. 제81조(단체의 후보자 등 초청 대담·토론회) 제1항의 규정에 위반하여 후보자 등 초청 대담·토론회를 개최한 자
8. 제81조 제7항[제82조(언론기관의 후보자등 초청 대담·토론회) 제4항에서 준용하는 경우를 포함한다]의 규정에 위반하여 대담·토론회를 개최한 자
9. 제85조(지위를 이용한 선거운동금지) 제2항 또는 제3항의 규정에 위반한 행위를 하거나 하게 한 자
10. 제86조(공무원등의 선거에 영향을 미치는 행위금지) 제1항 제1호 내지 제4호·제2항·제3항 또는 제5항의 규정에 위반한 행위를 하거나 하게 한 자 또는 같은 조 제6항의 규정에 위반한 행위를 한 자
11. 제87조(단체의 선거운동금지) 제1항의 규정을 위반하여 선거운동을 하거나 하게 한 자 또는 동조 제2항의 규정을 위반하여 사조직 기타 단체를 설립·설치하거나 하게 한 자
12. 제88조(타 후보자를 위한 선거운동금지) 본문의 규정에 위반하여 다른 정당이나 후보자를 위한 선거운동을 한 자
13. 제89조(유사기관의 설치금지) 제1항 본문의 규정에 위반하여 유사기관을 설립·설치하거나 기존의 기관·단체·조직 또는 시설을 이용한 자
14. 삭제 〈2004.3.12〉
15. 제92조(영화 등을 이용한 선거운동금지)의 규정에 위반하여 저술·연예·연극·영화나 사진을 배부·공연·상연·상영 또는 게시하거나 하게 한 자
16. 제105조(행렬등의 금지) 제1항의 규정에 위반하여 무리를 지어 거리행진·인사 또는 연달아 소리지르는 행위를 하거나 하게 한 자, 같은 조 제2항의 규정에 위반하여 모양과 색상이 동일한 모자나 옷을 착용하거나 기타 표지물을 휴대하여 선거운동을 하거나 하게 한 자

17. 第106조(호별방문의 제한) 제1항 또는 제3항의 규정에 위반하여 호별로 방문하거나 하게 한 자
18. 第107조(서명·날인운동의 금지)의 규정에 위반하여 서명이나 날인을 받거나 받게 한 자
19. 第109조(서신·전보 등에 의한 선거운동의 금지) 제1항 본문 또는 제2항의 규정에 위반하여 서신·전보·모사전송·전화 기타 전기통신의 방법을 이용하여 선거운동을 하거나 하게 한 자나 같은 조 제3항의 규정에 위반하여 협박하거나 하게 한 자
20. 제218조의14 제1항을 위반하여 재외선거권자를 대상으로 선거운동을 한 자

② 다음 각 호의 어느 하나에 해당하는 자는 2년 이하의 징역 또는 400만원 이하의 벌금에 처한다. 〈개정 1995.12.30, 1997.11.14, 1998.4.30, 2000.2.16, 2002.3.7, 2004.3.12, 2005.8.4, 2007.1.3, 2008.2.29〉

1. 제60조의3 제1항 제4호 후단을 위반하여 예비후보자홍보물을 작성한 자

1의2. 대통령선거 및 지방자치단체의 장선거의 예비후보자가 아닌 자로서 제60조의4 제1항의 예비후보자공약집을 발간·배부한 자, 같은 항을 위반하여 1종을 넘어 예비후보자공약집을 발간·배부한 자, 같은 항을 위반하여 예비후보자공약집을 통상적인 방법으로 판매하지 아니하거나 방문판매의 방법으로 판매한 자, 같은 조 제2항을 위반하여 예비후보자공약집을 발간·배부한 자

1의3. 제64조(선전벽보) 제1항·제8항, 제65조(선거공보) 제1항·제2항, 제66조(선거공약서) 제1항 내지 제5항의 규정을 위반하여 선전벽보·선거공보 또는 선거공약서를 선거운동을 위하여 작성·사용하거나 하게 한 자

2. 제65조 제7항의 규정을 위반하여 선거공보에 후보자정보공개자료의 전부 또는 일부를 게재하지 아니한 자
3. 제57조의3(당내경선운동) 제1항의 규정을 위반하여 경선운동을 한 자
4. 제91조(확성장치와 자동차 등의 사용제한) 제1항·제3항 또는 제216조(4개 이상 선거의 동시실시에 관한 특례) 제1항의 규정에 위반하여 확성장치나 자동차를 사용하여 선거운동을 하거나 하게 한 자
5. 제93조(탈법방법에 의한 문서·도화의 배부·게시 등 금지) 제1항의 규정에 위반하여 문서·도화 등을 배부·첩부·살포·게시·상영하거나 하게 한 자, 같은 조 제2항의 규정에 위반하여 광고 또는 출연을 하거나 하게 한 자 또는 제3항의 규정에 위반하여 신분증명서·문서 기타 인쇄물을 발급·배부 또는 징구하거나 하게 한 자
6. 제100조(녹음기 등의 사용금지)의 규정에 위반하여 녹음기 또는 녹화기를 사용하여 선거운동을 하거나 하게 한 자
7. 삭제 〈1995.12.30〉

8. 제271조의2(선거에 관한 광고의 제한) 제1항의 규정에 의한 광고중지요청에 불응하여 광고를 하거나 광고게재를 의뢰한 자

③ 제85조 제1항의 규정에 위반하여 선거운동을 하거나 하게 한 자는 5년 이하의 징역에 처한다.

④ 제82조의5(선거운동정보의 전송제한) 제1항의 규정을 위반하여 선거운동정보를 전송한 자, 동조 제2항의 규정을 위반하여 선거운동정보에 해당하는 사실 등을 선거운동정보에 명시하지 아니하거나 허위로 명시한 자, 동조 제3항의 규정을 위반하여 수신자의 동의를 얻지 아니하고 선거운동정보를 전송한 자, 동조 제4항의 규정을 위반하여 기술적 조치를 한 자, 동조 제5항의 규정을 위반하여 비용을 수신자에게 부담하도록 한 자, 동조 제6항의 규정을 위반하여 선거운동정보를 전송한 자는 1년 이하의 징역 또는 100만원 이하의 벌금에 처한다. 〈신설 2004.3.12, 2005.8.4〉

[2006헌마1096, 2008.05.29, 공직선거법(2005. 8. 4. 법률 제7681호로 개정된 것) 제255조 제1항 제10호 중 '제86조 제1항 제2호' 부분은 공무원의 지위를 이용하지 아니한 행위에 대하여 적용하는 한 헌법에 위반된다.]

[3] 창원지방법원 진주지원의 판결[47]

【피 고 인】 피고인 1 외 5인

【검 사】 검 사

【변 호 인】 변호사 1 외 8인

【주 문】

1. 피고인 1을 벌금 500만원에, 피고인 2(제2심 판결의 피고인 1)를 징역 10월에, 피고인 3(대법원판결의 제1심 공동피고인 2)을 벌금 90만원에, 피고인 4를 벌금 300만원에, 피고인 5, 6을 각 벌금 90만원에 처한다.
2. 피고인 1, 3, 4, 5, 6이 위 각 벌금을 납입하지 아니하는 경우 각 60,000원을 1일로 환산한 기간 위 피고인들을 노역장에 유치한다.
3. 다만, 피고인 2에 대하여는 이 판결 확정일로부터 2년간 위 형의 집행을 유예한다.
4. 피고인 1, 3, 4, 5, 6에 대하여 각 위 벌금에 상당한 금액의 가납을 명한다.

47) 창원지방법원 진주지원 2010. 10. 1. 선고 2010고합44,52(병합) 판결 【공직선거법위반】

【이 유】

【범죄사실】

피고인 2는 2002. 6.경부터 2010. 6.경까지 ○○시장으로서 ○○시 시정을 총괄하는 지위에 있었다.

피고인 1은 2008. 12. 29.경부터 2010. 6.경까지 ○○시청의 기획예산과 등 4개과의 업무를 총괄하는 자이었다.

피고인 3은 2008. 12. 29.경부터 ○○시청 총무국장으로서 총무과 등 4개과의 업무를 총괄한 자이다.

피고인 4는 2008. 7.경부터 총무국 소속의 총무과장으로서 ○○시 37개 읍면동의 지도·감독, 인사·생활동향 등을 총괄한 자이다.

피고인 5는 2008. 7.경부터 총무과 소속의 생활동향계장으로서 관내 여론 종합, 주요인사 동향 등을 파악한 자이다.

피고인 6은 2009. 7. 경부터 □□동장으로서 □□동의 업무를 총괄한 자이다.

1. 피고인 1의 단독범행

   피고인은 2009. 4.경 ○○시청 기획문화국장실에서 피고인 2가 그해 초순경 읍면동 초도순시와 각종 회의시 발언해 온 전국체전, 혁신도시, 4각 산업벨트 조성사업, ○○시 부채현황 등에 대한 개인적인 활동내용을 정리한 「참고자료(읍면동 자율홍보)」라는 제목의 문건을 작성하였다.

   위 문건은 '2010년 전국체전은 피고인 2 시장이 대한체육회 대의원 45명에게 서한문과 선물을 하고, 현지 실사단장인 공소외 2 및 공소외 3 사무총장과의 개인적 친분을 이용하여 시장의 이름을 걸고 유치한 것이다. 혁신도시는 피고인 2 시장이 참여정부로부터 정보를 미리 입수하여 물밑 작업과 당시 공소외 4 건교부장관과 공소외 5 국가균형발전 위원장과의 인맥을 통하여 유치한 것이다. 4각 산업벨트 조성 사업은 피고인 2 시장이 당시 건교부 차관이었던 공소외 4와의 개인적 친분으로 인하여 ○○시 전체에 그린벨트를 해제하였기 때문에 가능한 것이다. 2013년이면 ○○시가 남부권 중심도시로 거듭나게 될 것이며 때문에 앞으로 3~4년간이 ○○시의 미래를 좌우할 중요한 시기이므로 이러한 사업들을 잘 마무리하기 위해서는 시장님을 비롯한 전공무원과 35만 시민이 뭉쳐야 한다. 2002년 6월 피고인 2 시장 취임 후 ○○시 채무가 1,038억원에서 2009년 현재 372억원으로 줄었고 피고인 2 시장님이 국·도비 등을 확보해서 전국체전, 시가지정비(가로화단) 등 사업을 추진하는 것이지 빚을 내서 하는 게 아니다'라는 취지의 내용이다.

   피고인 1은 2009. 9. 1.경 ○○시청에서 열린 읍면동장회의에서 읍면동장에게 당일 배포된 위 「참고자료(읍면동 자율홍보)」 문건을 활용하여 주민들을 대상으로 시장의 중요성과 현안사업을 강조하면서 피고인 2의 업적을 홍보하도록 지시하였다.

이에 따라 공소외 1(대법원판결의 공소외인) △△동장은 2009. 9. 10. △△동 통장회의에서 통장 30명에게 "피고인 2 시장님 취임 후 그린벨트의 전면 해제로 혁신도시, 산업단지 조성 등 ○○시의 발전기반이 마련되었고, 피고인 2 시장님 취임시 채무액이 1,038억원이었는데 채무도 엄청나게 갚았으며, 가로화단조성 등 사업은 빚을 내어 하는 게 아니다"라는 취지로 피고인 2의 업적을 홍보하는 등 별지 일람표 기재와 같이 읍면동장들이 선거구민에게 피고인 2의 업적을 홍보하였다.

이로써 피고인은 소속직원들로 하여금 선거구민에게 피고인 2의 업적을 홍보하게 하였다.

2. 피고인 2의 단독범행

피고인은 2008년경부터 ○○시의 주요추진사업인 전국체전, 혁신도시 등 유치에 피고인이 어떠한 역할을 한 것이 없다는 지역 여론으로 인하여 2010. 3. 2. 지방선거에서 한나라당 공천을 받지 못해 3선이 어려워질 수 있을 것으로 판단하고 읍면동장 등 공무원 조직을 이용하여 ○○시 주요추진사업에 대한 시정홍보시 피고인에 대한 지지 여론을 조성하기로 마음먹었다.

가. 피고인은 2009. 9. 1.경 ○○시청에서 열린 읍면동장 회의에서 그 동안 각 읍면동의 홍보결과를 평가하고 읍면동장들에게 홍보대상을 중류 서민층까지 확대하라고 훈시를 하였다.

나. 피고인은 2009. 10. 6.경 ○○시청에서 열린 정례조회 자리에서 소속 직원들에게 "혁신도시, 전국체전 유치는 개인적인 인맥을 통해 이루어졌고, 공소외 6 국가균형발전위원장과의 친분으로 혁신도시에 주공, 토공 통합본사의 유치가 가능하니 이를 시민들에게 홍보하라"는 취지의 훈시를 하고, 계속하여 그날 읍면동장 회의를 주재하면서 읍면동장에게 "지지가 상승세이다. 민원 직원만 남기고 나가서 홍보해라. 100세대 이상 아파트 등 읍면동에 꼭 필요한 숙원사업 1-2건 정도 찾아서 대외비로 처리해라. 내 일이라고 생각하고 열심히 선거 매진해 달라. 농악대 관련하여 100만원이 내려갔으니 유용하게 사용하라"라는 취지로 피고인의 업적 홍보를 강조하는 훈시를 하였다.

다. 피고인 2는 2009. 11. 12.경 산청군 시천면에 있는 ◇◇연수원에서 피고인 6 □□동장의 '봉사단체와 주민센터 간 화합도모로 하나 된 □□만들기 실현'을 비롯한 공소외 7 ☆☆동장, 공소외 8 ▽▽동장, 공소외 9 ◎◎면장, 공소외 10 ◁◁동장 등의 주민홍보 사례 발표와 피고인 4 총무과장의 '지난 민선 4기 선거에서 조직적이고 체계적인 홍보 미흡 등으로 아파트 공략에 실패한 사례'발표가 끝난 후, 읍면동장에게 "코드 안 맞는 단체장을 교체해라. 내가 뛰는 게 몇 %나 될지 나름대로 평가하고, 죽도록 해도 안 되면 기법이 틀릴 수 있다. 선거에 접목하는 기법을 발표할 기회를 가져라. 읍면당 50가구 이상과 동단위 아파트 100세대 이상 5월까지 끝나는 사업, 금년과 내년 같이 푼다. 금년 중 ○○시 부채 24억원 다 갚고 내년부터는 부채가 없다. 주공·토공 통합본사 유치가 거의 확정적이다"라는 취지로 피고인의 업적 홍보를 강조하는 훈시를 하였다.

이에 따라 공소외 1 △△동장은 2009. 9. 10. △△동 통장회의에서 통장 30명에게 "피고인 2 시장님 취임 후 그린벨트의 전면 해제로 혁신도시, 산업단지 조성 등 ○○시의 발전기반이 마련되었고, 피고인 2 시장님 취임시 채무액이 1,038억원이었는데 채무도 엄청나게 갚았으며, 가로화단조성 등 사업은 빚을 내어 하는 게 아니다"라는 취지로 피고인 2의 업적을 홍보하는 등 별지 일람표 기재와 같이 읍면동장들이 선거구민에게 피고인 2의 업적을 홍보하였다.

이로써 피고인 2는 소속직원들로 하여금 선거구민에게 자신의 업적을 홍보하게 하였다.

3. 피고인 2, 1, 3의 공동범행

피고인 2는 2010. 1. 8. 17:00경 ○○시청에서 열린 긴급 읍면동장회의에 참석하기 전 피고인 1과 피고인 3에게 "내가 말을 한번 할 테니 도와달라"고 부탁한 다음, 회의에 참석한 읍면동장에게 "설을 앞두고 움직이는 것이 주춤하다. 기관장으로서 정치적 감각이 없다. 진성을 포함한 동부 5개면 엄청 실수한다. 공무원이 1,600명이다. 읍면동장이 선거에 나왔다고 생각해라. 사업비를 읍면동에 배정하였으니 4-5월까지 준공식을 다 해야 한다. 돈이 쏟아진다. 선거운동 하라고 주는 거다. 시장이 선거에 나섰다고 했으면 읍면동장은 죽기 아니면 살기다. 상승세 탔을 때 열심히 해야 한다. 선거를 안치러 보았기 때문에 여러분이 시장이라고 생각하고 선거에 나왔다고 생각하면 어떻게 해야 되는지 매일 분석표를 지니고 분석해라. 어차피 시장이 다시 된다. 죽을 각오로 해 보자. 특별히 부탁한다"는 취지의 훈시를 하였다.

이에 피고인 3은 피고인 2의 발언이 끝난 후 읍면동장에게 "시장님이 잘해 달라는 뜻이다. 어차피 한배다. 공무원 2,000명이 가족과 같이 한다면 접근을 못한다. 가정에 가장이 출마한다고 생각해라. 단체별로 다짐을 받자"라는 취지의 말을 하고, 피고인 1은 "각 읍면동별로 주민숙원사업을 할 수 있도록 사업비를 시장님이 해주셨다. 낮 시간에 컴퓨터 앞에 앉아 있지 말고 그 시간에 경로당을 찾아가 대화하고 공식적인 자리보다는 만나야 할 2-3명을 만나서 인간적으로 표를 얻어야 한다. 선거가 생각보다 녹녹한 싸움이 아니니 착착 챙겨서 만나라"라는 취지로 말하였다.

위와 같은 지시에 따라 피고인 6 □□동장은 같은 해 1. 18. □□동 바르게살기운동위원회 월례회에서 회원 17명에게 "우리 시장님이 그간 많은 일을 했고 앞으로 더 큰 일을 많이

하실 분이니 지지를 부탁한다. 우리 동에서 표가 많이 나와야 동장도 힘이 되고 할 말이 생깁니다. 많이 밀어주세요"라고 말하여 피고인 2의 업적을 홍보하는 등 별지 일람표 순번 4 내지 7, 9 내지 12 기재와 같이 읍면동장들이 피고인 2의 업적을 홍보하였다.

이로써 피고인들은 공모하여 소속 직원으로 하여금 선거구민에게 피고인의 업적을 홍보하게 하였다.

4. 피고인 4, 5의 공동범행

피고인들은 2009. 8.경 ○○시청 총무과 사무실에서 '두 번 했으면 됐지 3선은 욕심이다. 나이가 많다. 공천보다는 무소속에 무게를 둔다'라는 피고인 2에 관한 유언비어의 확산을 차단하여 피고인 2에 대한 지지여론을 형성하고자 「지역민심 적극대응조치」라는 문건을 작성하였다. 위 문건은 '일부 예비 정치인 및 지지자들이 목전에 펼쳐진 지역사회 발전은 뒷전에 두고 내년 지방선거에만 집착하면서 사회 민심 교란의 음해성 유언비어를 유포하고 있다. 유언비어 대응조치로서 법령으로 시장은 3번 하도록 규정하고 있고, 전국 230개 시장·군수 중 3선을 했거나 하고 있는 분이 48명으로 전체 21%를 차지하고 있으며, 현재 재직하고 있는 전국 230개 시장·군수 중 60세 이상이 120명으로 52%를 차지하고 있다. 자신의 능력이 없다보니 명분 없는 유언비어 유포로 민심을 사고 있다. 시장을 몇 번 했는가가 아니라 시장 감이 되고 능력(사업유치, 국·도비 확보 등)을 보여주고 시민들로부터 검증을 받아야 한다. 시장님은 한나라당 당원으로서 무소속에 무게를 둔 사실이 없고 공천도 그때 가서 정정당당하게 평가를 받는다. 시의원 초선하고 나서야 행정이 무엇인가를 알 것 같다는 게 다수의 말이고, 전국 230개 지방자치단체가 중앙 부처 등에 인맥 유지를 위해 혈안이며, ○○시는 전국체전, 4각 산업벨트 등 현안사업의 실현을 앞두고 있으므로 시장의 중요성이 크다'라는 취지의 내용이다.

피고인들은 같은 해 9. 1.경 ○○시청에서 열린 읍면동장회의에서 그곳에 참석한 읍면동장들에게 위 문건을 배부하였다.

이로써 피고인들은 공모하여 소속 직원에게 피고인 2의 업적을 홍보하였다.

5. 피고인 4의 단독범행

가. 피고인은 2009. 11. 12. 산청군 시천면에 있는 ◇◇연수원에서 열린 읍면동장 워크숍에서 읍면동장에게 "이번 읍면동장 연찬회를 개최하게 된 것은 서로 간에 정보를 공유하면서 유대를 강화하고 우리가 해내야 할 내년 6. 2. 그날을 대비하여 최선을 다하자는 큰 뜻이 담겨져 있습니다. 지난 민선 4기 선거에서 조직적이고 체계적인 홍보 미흡 등으로 아파트 공략에 실패하였는데 내년 선거를 위하여 그 대책으로 아파트 조직을

강화하고, 통반장을 최대한 활용하며, 아파트별 홍보요원을 별도로 구성하여 관리운영하고, 단체조직원 중 아파트 거주자를 별도로 관리하며, 아파트 관리사무소와 경로당에 관심을 집중해 주세요. 오늘 읍면동장님들이 발표하실 내용 중 좋은 사례 등을 총집결하여 내년 6. 2. 대사에서 우리들의 승리와 축하잔치를 만들어 봅시다"라는 취지로 말하여 피고인 2를 위한 선거운동을 하였다.

나. 피고인은 2009. 12. 말경 ○○시 상대동에 있는 ▷▷오리집에서 총무과 소속 직원 20여명이 있는 가운데 건배 제의를 하면서 "지난 5월에 전국체전의 전초전인 도민체전을 시민들의 대화합으로 타 지역의 전국체전보다 더 성대히 개최하였고, 우리 총무과에서 관중동원과 환영리셉션 등 주요 의전을 맡아 그 역할을 멋지게 해 냈습니다. 혁신도시 건설과 2010년 전국체전 종합경기장도 순조롭게 추진되고 있고, 4각 산업벨트 조성과 산업단지 기업유치도 척척 진행되고 있습니다. 우리 총무과는 지원부서이지만 모든 일들의 중심에는 항상 우리들이 있었고 중요한 역할을 하였습니다. 2010년 경인년에는 전국체전도 중요하지만 우리들의 가족인 피고인 2 시장님이 3선을 치루는 해입니다. 뭐니 뭐니 해도 가족이 제일입니다. 우리 모두가 힘을 합쳐 승리와 축배의 장을 만들어봅시다"라는 취지로 말하여 피고인 2를 위한 선거운동을 하였다.

6. 피고인 6

가. 피고인은 2010. 10. 18. 19:00경 ○○시 □□동에 있는 ◈◈식당에서 □□동 바르게살기위원회 월례회에 참석한 회원 17명에게 피고인 2의 부인을 소개하면서 "올해 6. 2. 선거가 있습니다. 우리 시장님이 다시 출마를 하십니다. 사실 우리 시장님이 일 많이 하셨고 우리 시장님만큼 일 잘하는 사람 없습니다. 우리 동에서 표가 많이 나와야 동장도 힘이 되고 할 말이 생깁니다. 많이 밀어주세요"라고 말하여 선거구민에게 피고인 2의 업적을 홍보하였다.

나. 피고인은 2010. 2. 2. 09:00경 ○○시 □□동에 있는 □□동사무소 2층 회의실에서 열린 노인일자리 발대식에서 주민 60여명이 참석한 가운데 "올해 사업비가 지난해 보다 많이 늘었습니다. 진주는 빚이 없는 도시입니다. 시장님이 많은 국비를 확보하여 혁신도시, 전국체전, 정촌·사봉 산업단지, 바이오밸리, 우주항공국가산업, 세라믹 등 많은 사업과 공사를 하였습니다. 하수관거사업으로 도시환경이 획기적으로 개선되었습니다. 이러한 일들이 완료되는 2013년에는 진주가 인구 50만 명의 남부권 중심도시로 변천하게 됩니다. 지난해 연말 피고인 2 시장님께 고맙다고 박수 많이 치셨죠. 오늘은 노인일자리를 주셔서 고맙고 앞으로 시민들을 위해 더욱 많은 일을 해달라는

의미에서 큰 박수를 부탁합니다"라는 취지의 말을 하여 선거구민에게 피고인 2의 업적을 홍보하였다.

【증거의 요지】

[판시 제1항]

1. 피고인 1의 일부 법정진술
1. 증인 피고인 6, 공소외 11의 각 법정진술
1. 공소외 12, 13의 각 검찰진술조서의 각 진술기재
1. 공소외 14, 15, 16(1, 2, 3회), 공소외 17, 18, 19(1회, 3회), 공소외 20(1, 2회), 공소외 7, 1(2회, 3회, 4회), 공소외 21(2회), 공소외 8(1회), 공소외 22, 23, 24(2회)의 각 경찰진술조서의 각 진술기재
1. 수사보고(읍면동장 회의 일자), 수사보고(☆☆동 관내 아파트관리소장 상대 수사), 수사보고(시정홍보사례)의 각 기재
1. 2010. 3. 4. 자 압수조서 중 인사말(노인일자리사업 발대식), 참고자료(읍면동 자율홍보)를 피고인 6으로부터 각 압수하였다는 취지의 기재
1. 2010. 3. 23. 자 압수조서 중 ☆☆동장 수첩을 공소외 7로부터 압수하였다는 취지의 기재
1. 공소외 24에 대한 경찰진술조서(2회)에 첨부된 ♤♤면 동향보고 자료, 공소외 13 작성의 진술서에 첨부된 참고자료(읍면동장) 관련문건의 각 기재
1. ○○시(전국체전준비단) 수첩(증 제1호), 업무수첩(증 제2호), 주민숙원사업과 관련 준공간담회개최보고(증 제3호), 부녀회 홍보결과 이메일(증 제6호), 동향보고(♠♠면자율방범대총회)(증 제7호), △△동장 메모지(증 제11호), 통장회의서류(증 제12호)

[판시 제2항]

1. 피고인 2의 일부 법정진술
1. 증인 피고인 6, 공소외 11의 각 법정진술
1. 공소외 25, 7, 19, 12, 13, 24, 1의 각 검찰진술조서의 각 진술기재
1. 공소외 14, 15, 17, 18, 26, 20(1, 2회), 공소외 27, 1(2회, 3회), 공소외 21(2회, 3회), 공소외 22, 23, 28, 29의 각 경찰진술조서의 각 진술기재
1. 수사보고(읍면동장 회의 일자)의 기재, 수사보고(☆☆동 관내 아파트관리소장 상대 수사), 수사보고(시정홍보사례)의 각 기재
1. 2010. 3. 4.자 압수조서 중 인사말(노인일자리사업 발대식)을 피고인 6으로부터 압수하였다는 취지의 기재

1. 2010. 3. 23.자 압수조서 중 ☆☆동장 수첩을 공소외 7로부터 압수하였다는 취지의 기재
1. 공소외 24에 대한 경찰진술조서(2회)에 첨부된 ♤♤면 동향보고 자료, 공소외 13 작성의 진술서에 첨부된 참고자료(읍면동장) 관련문건의 각 기재
1. ○○시(전국체전준비단) 수첩(증 제1호), 업무수첩(증 제2호), 주민숙원사업과 관련 준공간담회개최보고(증 제3호), 동장사례발표(증 제8호), 부녀회 홍보결과 이메일(증 제6호), 동향보고(♠♠면자율방범대총회)(증 제7호), △△동장 메모지(증 제11호), 통장회의서류(증 제12호)

[판시 제3항]

1. 피고인 2, 1, 3의 각 일부 법정진술
1. 공소외 11, 피고인 6의 각 법정진술
1. 공소외 19, 12, 13의 각 검찰진술조서의 각 진술기재
1. 공소외 26, 7, 21(2회), 공소외 1(3회), 공소외 13(2회), 공소외 28, 29의 각 경찰진술조서의 진술기재
1. 수사보고(읍면동장 회의 일자)의 기재, 수사보고(☆☆동 관내 아파트관리소장 상대 수사), 수사보고(시정홍보사례)의 각 기재
1. 2010. 3. 4.자 압수조서 중 인사말(노인일자리사업 발대식)을 피고인 6으로부터 압수하였다는 취지의 기재
1. 2010. 3. 23.자 압수조서 중 ☆☆동장 수첩을 공소외 7로부터 압수하였다는 취지의 기재
1. 공소외 24에 대한 경찰진술조서(2회)에 첨부된 ♤♤면 동향보고 자료, 공소외 13 작성의 진술서에 첨부된 참고자료(읍면동장) 관련문건의 각 기재
1. ○○시(전국체전준비단) 수첩(증 제1호), 업무수첩(증 제2호), 주민숙원사업과 관련 준공간담회개최보고(증 제3호), 부녀회 홍보결과 이메일(증 제6호), 동향보고(♠♠면자율방범대총회)(증 제7호), △△동장 메모지(증 제11호), 통장회의서류(증 제12호)

[판시 제4항]

1. 피고인 4, 5의 각 일부 법정진술
1. 증인 피고인 6, 공소외 11의 각 법정진술
1. 공소외 19, 1에 대한 각 검찰진술조서의 각 진술기재
1. 공소외 26, 29에 대한 각 경찰진술조서의 각 진술기재
1. 2010. 3. 4. 자 압수조서 중 지역민심 적극대응조치를 피고인 6으로부터 압수하였다는 취지의 기재
1. 지역민심 적극대응조치(증 제10호)

[판시 제5항]

1. 피고인 4의 각 일부 법정진술
1. 증인 피고인 6, 공소외 11의 각 법정진술
1. 공소외 7, 12, 13, 19의 각 검찰진술조서의 각 진술기재
1. 공소외 17, 18, 26, 20, 21, 30, 22, 31의 각 경찰진술조서의 각 진술기재
1. 미흡사례(수사기록 566-574면)의 기재
1. 수사보고(▷▷오리집 내부 사진첨부)에 첨부된 사진의 각 영상
1. 2010. 3. 10.자 압수조서 중 '반갑습니다' 문건을 피고인 4로부터 압수하였다는 취지의 기재

[판시 제6항]

1. 피고인 6의 법정진술
1. 공소외 14, 15의 각 경찰진술조서의 각 진술기재
1. 2010. 3. 4. 자 압수조서 중 인사말(노인일자리사업 발대식)을 피고인 6으로부터 압수하였다는 취지의 기재

【법령의 적용】

1. 범죄사실에 대한 해당법조 및 형의 선택

가. 피고인 1 : 구 공직선거법(2010. 1. 25. 법률 제9974호로 개정되기 전의 것, 이하 '공직선거법'이라 한다) 제255조 제1항 제10호, 제86조 제1항 제1호(판시 제1항 업적홍보지시의 점, 벌금형 선택), 공직선거법 제255조 제1항 제10호, 제86조 제1항 제1호, 형법 제30조(판시 제3항 업적홍보지시의 점, 벌금형 선택)

나. 피고인 2: 각 공직선거법 제255조 제1항 제10호, 제86조 제1항 제1호, 형법(판시 제2항 업적홍보지시의 점, 징역형 선택), 각 공직선거법 제255조 제1항 제10호, 제86조 제1항 제1호, 형법 제30조(판시 제3항 업적홍보지시의 점, 징역형 선택)

다. 피고인 3 : 공직선거법 제255조 제1항 제10호, 제86조 제1항 제1호, 형법 제30조(벌금형 선택)

라. 피고인 4 : 공직선거법 제255조 제1항 제10호, 제86조 제1항 제1호, 형법 제30조(업적홍보의 점, 벌금형 선택), 각 공직선거법 제255조 제1항 제1호, 제60조 제1항(선거운동의 점, 벌금형 선택)

마. 피고인 5 : 공직선거법 제255조 제1항 제10호, 제86조 제1항 제1호, 형법 제30조(벌금형 선택)

바. 피고인 6 : 각 공직선거법 제255조 제1항 제10호, 제86조 제1항 제1호(벌금형 선택)

1. 경합범가중
  가. 피고인 1 : 형법 제37조 전단, 제38조 제1항 제2호, 제50조(범정이 더 무거운 2009. 9. 1.자 공직선거법위반죄에 경합범가중)
  나. 피고인 2 : 형법 제37조 전단, 제38조 제1항 제2호, 제50조(죄질이 가장 무거운 2010. 1. 8.자 공직선거법위반죄에 경합범가중)
  다. 피고인 4 : 형법 제37조 전단, 제38조 제1항 제2호, 제50조(죄질이 가장 무거운 2009. 9. 1.자 공직선거법위반죄에 경합범가중)
  라. 피고인 6 : 형법 제37조 전단, 제38조 제1항 제2호, 제50조(죄질이 더 무거운 2010. 2. 2.자 공직선거법위반죄에 경합범가중)
1. 노역장 유치
  피고인 1, 3, 4, 5, 6 : 각 형법 제70조, 제69조 제2항
1. 집행유예
  피고인 2 : 형법 제62조 제1항(아래 양형의 이유 중 유리한 정상 참작)
1. 가납명령
  피고인 1, 3, 4, 5, 6 : 각 형사소송법 제334조 제1항

【피고인들 및 변호인들의 주장에 대한 판단】

1. 피고인 1과 변호인의 주장에 대한 판단
  가. 주장의 요지
  피고인 1과 변호인은 첫째, 판시 제1항 범행에 대하여 문건을 작성하여 일부 읍면동장들에게 배부한 것은 사실이나 읍면동장회의에서 배포한 사실은 없고, 둘째, 판시 제1, 3항의 각 범행에 대하여 읍면동장에게 홍보하라고 지시한 사실은 없다고 주장한다.
  나. 판시 제1항 기재 읍면동장 회의시 문건을 배포하였는지 여부에 대한 판단
  검사가 제출한 위 각 증거들에 의하면, 당시 읍면동장 회의에 참석한 읍면동장 여러 명이 「참고자료(읍면동 자율홍보)」 문건을 읍면동회의시 교부받았다고 진술하고 있는바, 그 진술에 합리성이 인정될 뿐만 아니라 이와 같이 진술한 읍면동장이 허위의 진술을 할 만한 특별한 사정이 없는 점을 고려하면 피고인 1이 판시 「참고자료(읍면동 자율홍보)」 문건을 판시 읍면동장회의에서 배포한 사실이 인정된다 할 것이므로, 위 주장은 이유 없어 받아들이지 아니한다.
  다. 홍보할 것을 지시하였는지 여부에 대한 판단
  검사가 제출한 위 각 증거들에 의하면, 피고인 1이 판시 제1항 기재 읍면동장 회의에서 위 문건을 배포하고 이를 홍보할 것을 강조한 사실을 인정할 수 있는바, 공무원조직은

확립된 위계질서에 따라 지휘, 통솔이 이루어지는 점, 피고인 1은 당시 기획문화국장으로 읍면동의 주민숙원사업에 대한 기획, 예산배정, 집행 등의 권한을 가지고 있는 자이었던 점 등을 종합하면 위 피고인이 소속직원인 읍면동장들로 하여금 선거구민에게 피고인 2의 업적을 홍보할 것을 지시한 사실을 인정할 수 있으므로, 위 주장도 이유 없어 받아들이지 아니한다.

2. 피고인 2와 변호인의 주장에 대한 판단

가. 주장의 요지

피고인 2와 변호인은 판시 제2, 3항 각 범행에 대하여 첫째, 부하 직원에게 개인업적을 홍보해 달라고 지시하거나 공모한 사실이 없고, 둘째, 시정주요정책에 대한 홍보를 강조한 것이지 개인 업적을 홍보하여 선거운동에 도움을 달라는 취지로 말한 것은 아니며, 셋째, 개인의 업적을 홍보한 것으로 보더라도 스스로 업적 홍보를 지시하는 경우에는 공직선거법 제86조 제1항 제1호의 공무원에 해당하지 아니하고, 넷째, 다른 공무원으로 하여금 피고인의 업적을 홍보하게 하는 경우를 처벌하는 구 공직선거법(법률 제9974호로 개정되기 전의 것) 제255조 제1항 제10호의 '제86조(공무원등의 선거에 영향을 미치는 행위금지) 제1항 제1호 내지 제4호·제2항·제3항 또는 제5항의 규정에 위반한 행위를 하게 한 자'라는 규정이 2010. 1. 25. 개정으로 삭제되었으므로 유리한 신법을 적용하여야 하며, 다섯째, 피고인 2는 공직선거법 제86조 제1항 제1호의 '후보자가 되고자 하는 자'에 해당하지 않는다고 주장한다.

나. 지시 및 공모 부분에 대한 판단

(1) 우선 피고인 2가 소속직원들로 하여금 피고인 2 개인 업적을 홍보하도록 지시하였는지 여부에 관하여 살피건대, 검사가 제출한 위 각 증거들에 의하면, 피고인 2가 판시 제2, 3항 기재와 같이 읍면동장 회의, 정례조회, 읍면동장 워크숍 등 소속직원들이 있는 자리에서 각 읍면동의 홍보결과를 평가하고, 다음해에 있을 선거를 언급하면서 여러 차례 자신의 업적을 홍보할 것을 강조한 사실을 인정할 수 있는바, 위 피고인의 당시 지위, 공무원조직의 상하관계 등을 종합하면 위 피고인이 소속직원인 읍면동장들로 하여금 선거구민에게 자신의 업적을 홍보할 것을 지시한 사실을 인정할 수 있으므로, 위 주장도 이유 없어 받아들이지 아니한다.

(2) 다음으로 피고인 2가 피고인 1, 3과 공모하여 판시 제3항 기재 범행을 하였는지 여부에 관하여 살피건대, 앞서 든 증거에 의하여 인정되는 다음과 같은 사정 즉, 피고인 1이 이 법정에서 판시 제3항 기재 긴급 읍면동장 회의에 참석하기 전에 피고인 2로부터 협조 요청을 받았다고 진술하고 있는 점, 또한 피고인 1이 2010.

5. 11. 검찰 조사를 받으면서 피고인 2로부터 총무과장인 피고인 3과 함께 있는 자리에서 위와 같은 협조 요청을 받았다고 진술한 적이 있다고 진술한 점, 일반적으로 읍면동장 회의는 분기별로 한 번씩 열리나 당시 읍면동장 회의는 그와 같은 정기적인 회의가 아닌 긴급하게 열린 회의였던 점, 읍면동장회의를 주관하고 준비하는 부서는 총무국이었으므로 피고인 2가 총무국장인 피고인 3에게 긴급 읍면동장회의를 하여야 하는 사정에 대하여 미리 말하였을 것으로 보이는 점, 위 읍면동장 회의시 피고인 2가 읍면동장들에게 한 발언 대부분이 자신이 이룬 사업에 대한 홍보가 미흡함을 꾸짖고, 선거 때까지 열심히 홍보해 달라는 내용이었는데 이어서 말한 피고인 3, 1도 읍면동장들에게 선거관련 언급을 하면서 열심히 하자는 취지로 말한 점 등을 종합하면, 피고인 2는 피고인 1, 3과 공모하여 소속 직원으로 하여금 선거구민에게 피고인 2의 업적을 홍보하게 하였다 할 것이다. 따라서 위 주장은 이유 없어 받아들이지 아니한다.

다. 개인업적 홍보가 아닌 시정홍보에 관한 훈시를 하였다는 주장에 대한 판단

앞서 든 각 증거에 의하면 ① 피고인 2는 판시 제2,3항 기재 읍면동장 회의 등 자리에서 '나의 개인적인 인맥으로 혁신도시 유치가 가능했다, 열심히 선거에 매진해 달라, 읍면동장들이 선거에 나왔다고 생각해라. 시장이 선거에 나섰다고 했으면 읍면동장은 죽기 아니면 살기다' 등 자신의 개인적인 업적 및 선거와 관련된 사항을 언급하며 홍보를 강조한 사실, ② 이에 읍면동장들이 별지 일람표 기재와 같이 모임 등 자리에서 위 피고인의 개인적 업적을 홍보한 후, 이에 대한 자료를 작성하여 총무과에 보고한 사실이 인정할 수 있는바, 이에 의하면 피고인 2는 읍면동장들에게 시정홍보뿐만 아니라 개인의 업적을 홍보할 것을 지시하였음을 인정할 수 있으므로 위 주장 역시 이유 없어 받아들이지 아니한다.

라. 후보자 본인이 본인의 업적을 홍보하는 경우에는 공직선거법 제86조 제1항 제1호의 적용대상이 아니라는 주장에 대한 판단

피고인 2가 본인의 업적을 홍보하였다 하더라도 위 각 범행 당시 위 피고인은 공무원 신분에 있던 자이었으므로 공직선거법 제86조 제1항 제1호가 적용된다 할 것이어서 이 부분 주장은 이유 없어 받아들이지 아니한다.

마. 구 공직선거법(법률 제9974호로 개정되기 전의 것) 제255조 제1항 제10호의 '제86조(공무원 등의 선거에 영향을 미치는 행위금지) 제1항 제1호 내지 제4호·제2항·제3항 또는 제5항의 규정에 위반한 행위를 하게 한 자'라는 규정이 2010. 1. 25. 개정으로 삭제되었으므로 유리한 신법을 적용하여야 한다는 주장에 대한 판단

형법 제1조 제2항의 규정은 형벌법령 제정의 이유가 된 법률이념의 변천에 따라 과거에 범죄로 보던 행위에 대하여 그 평가가 달라져 이를 범죄로 인정하고 처벌한 그 자체가 부당하였다거나 또는 과형이 과중하였다는 반성적 고려에서 법령을 개폐하였을 경우에 적용하여야 할 것이고, 이와 같은 법률이념의 변경에 의한 것이 아닌 다른 사정의 변천에 따라 그때그때의 특수한 필요에 대처하기 위하여 법령을 개폐하는 경우에는 이미 그 전에 성립한 위법행위를 현재에 관찰하여도 행위 당시의 행위로서는 가벌성이 있는 것이어서 그 법령이 개폐되었다 하더라도 그에 대한 형이 폐지된 것이라고는 할 수 없다(대법원 1997. 12. 9. 선고 97도2682 판결 등 참조).

구 공직선거법(법률 제9974호로 개정되기 전의 것) 제255조 제1항 제10호는 '제86조(공무원등의 선거에 영향을 미치는 행위금지) 제1항 제1호 내지 제4호·제2항·제3항 또는 제5항의 규정에 위반한 행위를 하거나 하게 한 자'를 처벌함을 정하고 있었는데 이 중 2010. 1. 25. 개정으로 '제86조(공무원등의 선거에 영향을 미치는 행위금지) 제1항 제1호 내지 제4호·제2항·제3항 또는 제5항의 규정에 위반한 행위를 하게 한 자' 부분은 삭제되었다.

그러나 공직선거법은 대한민국 헌법과 지방자치법에 의한 선거가 국민의 자유로운 의사와 민주적인 절차에 의하여 공정히 행하여지도록 하고, 선거와 관련한 부정을 방지함으로써 민주정치의 발전에 기여함을 목적으로 하고 있다. 이를 고려하면 제255조 제1항 제10호에서 공무원이 후보자(후보자가 되고자 하는 자)의 업적을 '홍보하게 하는 행위'를 삭제한 부분은 그와 같은 지시행위를 공동정범 또는 교사범 등으로 처벌하겠다는 취지로 봄이 상당하고 이를 법률이념의 변천으로 종래 공무원이 후보자가 되고자 하는 자의 업적을 홍보하게 하는 행위를 처벌하던 것이 부당하다는 반성적 고려에서 비롯된 것이라고는 볼 수 없으므로, 이 부분 주장도 이유 없다.

바. 공직선거법 제86조 제1항 제1호의 후보자가 되고자 하는 자에 해당하지 아니한다는 주장에 대한 판단

공직선거법 제86조 제1항 제1호의 '후보자가 되고자 하는 자'라 함은, 선거에 출마할 예정인 사람으로서 정당에 공천신청을 하거나 일반 선거권자로부터 후보자추천을 받기 위한 활동을 벌이는 등 입후보 의사가 확정적으로 외부에 표출된 사람뿐만 아니라 그 신분·접촉대상·언행 등에 비추어 선거에 입후보할 의사를 가진 것을 객관적으로 인식할 수 있을 정도에 이른 사람도 포함된다고 할 것이다(대법원 2007. 7. 26. 선고 2007도2625 판결 등 참조).

앞서 든 각 증거에 의하여 인정되는 다음과 같은 사정, 즉 피고인이 당시 현직 시장의 지위에 있었던 점, 피고인이 판시 기재와 같이 직접 선거관련 언급을 하였고, 피고인 발언을 그 자리에서 들은 읍면동장들이 피고인이 자신의 3선 당선을 위하여 홍보를 강조하는 것으로 이해했다는 취지로 진술하고 있는 점 등을 종합하면 범행 당시 피고인

역시 공직선거법 제86조 제1항 제1호의 후보자가 되고자 하는 자에 해당한다고 할 것이므로 변호인의 위 주장은 이유 없어 받아들이지 아니한다.

3. 피고인 3과 변호인의 주장에 대한 판단

가. 주장의 요지

피고인 3과 그 변호인은 판시 제3항 범행과 관련하여 피고인 2, 1로부터 내가 말을 할 테니 도와달라는 부탁을 들은 적이 없어 공모한 사실이 없다는 취지로 주장한다.

나. 판 단

형법 제30조의 공동정범은 공동가공의 의사와 그 공동의사에 기한 기능적 행위지배를 통한 범죄 실행이라는 주관적·객관적 요건을 충족함으로써 성립하는바, 공범자들 상호 간에 비록 전체의 모의과정이 없었다고 하더라도 순차적 또는 암묵적으로 상통하여 어느 범죄에 공동가공하여 그 범죄를 실현하려는 의사의 결합이 이루어지면 공모관계가 성립하고, 이러한 공모가 이루어진 이상 실행행위에 직접 관여하지 아니한 자라도 다른 공모자의 행위에 대하여 공동정범으로서의 형사책임을 진다(대법원 2000. 11. 10. 선고 2000도3483 판결, 대법원 2007. 4. 26. 선고 2007도235 판결 등 참조).

앞서 든 증거에 의하여 인정되는 다음과 같은 사정 즉, 피고인 1이 이 법정에서, 2010. 5. 11. 검찰 조사를 받으면서 피고인 2로부터 총무과장인 피고인 3과 함께 있는 자리에서 위와 같은 협조 요청을 받았다고 진술한 적이 있다고 진술한 점, 일반적으로 읍면동장 회의는 분기별로 한 번씩 열리나 당시 읍면동장 회의는 그와 같은 정기적인 회의가 아닌 긴급하게 열린 회의였던 점, 읍면동장회의를 주관하고 준비하는 부서는 총무국이었으므로 총무국장인 피고인 3은 피고인 2로부터 긴급 읍면동장회의를 열어야 하는 사정에 대하여 미리 들어 알고 있었을 것으로 보이는 점, 위 읍면동장 회의시 피고인 2가 읍면동장들에게 한 발언 대부분이 자신이 이룬 사업에 대한 홍보가 미흡함을 꾸짖고, 선거 때까지 열심히 홍보해 달라는 내용이었고 같은 자리에 있던 피고인 1, 3도 이를 듣고 있었던 점, 피고인 1은 그 전 읍면동장회의에서도 피고인 2의 업적을 홍보할 것을 계속 강조하였으므로 당일 읍면동장 회의에서 피고인 2의 훈시가 끝난 이후 피고인 1도 피고인 2의 업적을 홍보할 것을 강조하는 취지의 발언을 할 것임을 피고인 3으로서도 예상할 수 있었을 것인 점 등을 종합하면 피고인 3은 피고인 2, 1과 공모하여 소속직원으로 하여금 선거구민에게 피고인 2의 업적을 홍보하게 하였다 할 것이므로 이와 견해를 달리하는 위 주장은 이유 없어 받아들이지 아니한다.

4. 피고인 4, 5 및 그 변호인의 주장에 대한 판단

가 주장의 요지

피고인 4, 5 및 그 변호인은 피고인 4, 5가 「지역민심 적극 대응조치-대외비, 숙지후 파기」 문건을 만든 것은 사실이지만, 판시 제4항 기재 범행사실과 같이 읍면동장 회의시 배포한 사실은 없고, 피고인 5가 개인적으로 2개면 면장에게 교부를 하였을 뿐이라고 주장한다.

나. 판 단

앞서 든 증거에 의하여 인정되는 다음과 같은 사정 즉, 여러 읍면동장이 위 문건을 읍면동장 회의 시 교부받았다는 진술을 하고 있고, 증인 공소외 11이 2010. 7. 9. 이 법정에서 '피고인 5 계장님이 읍면동장회의 때 교부했던 서류들이 있을 것인데, 그 중에 파기해야 될 부분이 있다는 연락을 받았다'는 취지의 진술을 한 점 등을 종합하면 위 피고인들이 위 문건을 판시 제4항 기재 읍면동장회의에 배포한 사실이 인정된다 할 것이므로, 이 부분 주장은 이유 없어 받아들이지 아니한다.

5. 피고인 4와 변호인의 주장에 대한 판단

가. 주장의 요지

피고인 4와 변호인은 피고인 4의 판시 제5항 기재의 각 범행은 첫째, 선거운동이라고 할 수 없고, 선거운동의 목적도 없었으며, 둘째, 선거운동이라 하더라도 피고인 4가 그 위법성을 인식하지 못하였다는 취지로 주장한다.

나. 선거운동 및 선거운동 목적 여부에 관한 판단

공직선거법 제58조 제1항 소정의 선거운동은 특정후보자의 당선 내지 득표나 낙선을 위하여 필요하고도 유리한 모든 행위로서 당선 또는 낙선을 도모한다는 목적의사가 객관적으로 인정될 수 있는 능동적·계획적인 행위를 말하는 것으로, 단순히 장래의 선거운동을 위한 내부적·절차적인 준비행위에 해당하는 선거운동의 준비행위나 통상적인 정당활동과는 구별되나, 구체적으로 어떠한 행위가 선거운동에 해당하는지 여부를 판단함에 있어서는 단순히 그 행위의 명목뿐만 아니라 그 행위의 태양, 즉 그 행위가 행하여지는 시기·장소·방법 등을 종합적으로 관찰하여 그것이 특정후보자의 당선 또는 낙선을 도모하는 목적의지를 수반하는 행위인지 여부를 판단하여야 한다(대법원 2005. 10. 14. 선고 2005도301 판결 등 참조).

공무원인 피고인 4가 판시 제5항의 기재와 같이 읍면동장 또는 총무과 직원들이 모인 자리에서 피고인 2가 내년 선거에 출마할 것이므로 선거를 잘 치러보자는 취지로 말한

행위는 피고인 2의 당선을 도모하는 선거운동에 해당하고, 피고인 4는 당시 그와 같이 선거운동을 한다는 점을 인식, 의욕하고 있었다고 봄이 상당하므로, 위 주장은 이유 없어 받아들이지 아니한다.

다. 위법성의 인식 여부에 관한 판단

범죄의 성립에 있어서 위법의 인식은 그 범죄사실이 사회정의와 조리에 어긋난다는 것을 인식하는 것으로 족하고 구체적인 해당 법조문까지 인식할 것을 요하는 것은 아니므로(대법원 1987. 3. 24. 선고 86도2673 판결 참조), 가사 피고인이 그 주장과 같이 자신의 행위가 공직선거법위반죄에 해당되는 줄 몰랐다고 하더라도 그와 같은 사유만으로는 피고인에게 위법성의 인식이 없었다고 할 수 없다.

또한, 형법 제16조에서 자기가 행한 행위가 법령에 의하여 죄가 되지 아니하는 것으로 오인한 행위는 그 오인에 정당한 이유가 있는 때에 한하여 벌하지 아니한다고 규정하고 있는 것은 일반적으로 범죄가 되는 경우이지만 자기의 특수한 경우에는 법령에 의하여 허용된 행위로서 죄가 되지 아니한다고 그릇 인식하고 그와 같이 그릇 인식함에 정당한 이유가 있는 경우에는 벌하지 아니한다는 취지이고(대법원 2008. 12. 24. 선고 2008도9632 판결 등 참조), 이러한 정당한 이유가 있는지 여부는 행위자에게 자기 행위의 위법의 가능성에 대해 심사숙고하거나 조회할 수 있는 계기가 있어 자신의 지적 능력을 다하여 이를 회피하기 위한 진지한 노력을 다하였더라면 스스로의 행위에 대하여 위법성을 인식할 수 있는 가능성이 있었음에도 이를 다하지 못한 결과 자기 행위의 위법성을 인식하지 못한 것인지 여부에 따라 판단하여야 할 것인 데(대법원 2007. 10. 26. 선고 2006도7968 판결 등 참조), 기록에 비추어 살펴보면 이 사건에서 피고인 4가 자신의 행위를 법령에 의하여 특별히 죄가 되지 아니하는 것으로 인식하였거나 위 피고인에게 그와 같이 인식하는 데에 정당한 이유가 있었다고 볼 수 없으므로, 위 피고인과 변호인의 위 주장은 받아들이지 아니한다.

【양형의 이유】

1. 피고인 1

피고인은 ○○시의 기획문화국장으로서 정치적 중립의무가 있는 지방공무원임에도 피고인 2의 개인적인 업적을 홍보하는 내용의 문건을 만들어 이를 읍면동장 회의에 배포하고, ○○시 읍면동장들에게 업적을 홍보할 것을 지시하였다. 이는 공무원의 정치적 중립의무를 위반한 것이고 선거의 공정성을 해하는 행위이다. 특히 피고인이 문건을 작성하여 이를 배포하는 등 적극적으로 이 사건 범행을 하여 그 죄상이 가볍지 아니하다. 다만, 피고인이 범행을 일부 자백하면서 반성하고 있는 점, 1976년 공직생활을 시작하여

2010. 6.경 마칠 때까지 34년간 공익에 헌신하여 온 점, 선거범죄를 범한 기간은 공직기간 중 극히 짧은 기간인 점, 아무런 형사처벌을 받은 전력이 없는 점 등을 유리한 정상으로 참작하고, 그밖에 피고인의 나이, 환경, 성행, 범행의 동기, 수단과 결과, 범행 후의 정황 및 범행의 가담정도 등 이 사건 공판과정에서 나타난 여러 양형조건들을 고려하여 주문과 같이 형을 정한다.

2. 피고인 2

이 사건 범행은 ○○시장이었던 피고인이 그 휘하의 공무원들에게 개인의 업적을 홍보하게 하였다는 것으로 피고인은 지방자치단체장으로서의 고도의 선거 중립의무와 법령 준수의무가 요구됨에도 그 의무를 정면으로 위배하였고, 선거의 공정성도 해하였다. 뿐만 아니라 피고인은 국민이 부여한 해당 공무원들의 공적 권한을 자신의 개인적 목적을 위해 사용하였다. 피고인으로부터 홍보지시를 받은 소속공무원들은 주민들에게 피고인 개인의 업적을 홍보하고 이를 상부에 보고하는 일에 치중하였는바, 결국 피고인의 위 범행은 공무원 조직의 본연의 기능을 왜곡하는 결과를 초래한 것이다. 피고인의 이와 같은 범행은 그 죄질과 범정이 무거워 엄중한 처벌이 불가피하다.

다만, 피고인은 1967년 내무부 공무원으로 공직생활을 시작한 이래 2002. 2. 1. ○○시장으로 당선되어 2010. 6.경까지 43년 동안 공무원으로 근무하면서 공익에 헌신하여 온 점, 피고인에게 아무런 형사처벌전력이 없는 점 등을 유리한 정상으로 참작하고, 그 밖에 피고인의 나이, 성행, 환경, 범행의 동기, 수단과 결과, 범행 후의 정황 및 범행의 가담정도 등 이 사건 공판과정에서 나타난 여러 양형조건들을 고려하여 주문과 같이 형을 정한다.

3. 피고인 3

○○시 총무국장인 피고인이 공무원인 읍면동장들에게 업적을 홍보할 것을 지시한 것은 앞서 본 선거범죄의 중대성에 비추어 볼 때 죄상이 가볍지 아니하다.

다만, 범행을 일부 자백하면서 반성하고 있는 점, 피고인의 범행은 적극적이고 자발적으로 행한 것이었다 라기보다는 직속상관인 피고인 2의 협조요청에 따라 부득이 행하여졌다고 보이는 점, 피고인은 1976년 공직생활을 시작하여 현재까지 공익에 헌신하여 온 점, 아무런 형사처벌을 받은 전력이 없는 점 등을 유리한 정상으로 참작하고, 그 밖 에 피고인의 나이, 환경, 성행, 범행의 동기, 수단과 결과, 범행 후의 정황, 가담정도 등 이 사건 공판과정에서 나타난 여러 양형조건들을 고려하여 주문과 같이 형을 정한다.

4. 피고인 4

피고인은 ○○시 총무과장으로서 정치적 중립의무가 있는 지방공무원임에도, 피고인 2의 ○○시장 3선을 위하여 소속공무원인 읍면동장들에게 피고인 2 개인의 업적을 정리한 문건을 배부하여 업적을 홍보하고, 읍면동장 또는 총무과직원들이 있는 곳에서 피고인 2를 위한 선거운동을 하였다.

피고인이 범행을 일부 인정하며 반성하고 있고, 형사처벌을 받은 전력이 없는 점 등은 피고인에게 유리한 양형요소이다. 그러나 피고인의 위 범행은 앞서 본 선거범죄의 중대성에 비추어볼 때 그 죄상이 무거울 뿐 아니라, 피고인 2의 개인업적을 홍보하고, 선거운동을 하는 범행을 자발적이고 적극적으로 하였으므로 그에 상응하는 처벌이 불가피하다. 기타 피고인의 연령, 환경, 범행의 동기, 수단과 결과, 범행 후의 정황, 가담정도 등 이 사건 공판과정에서 나타난 여러 양형조건들을 고려하여 주문과 같이 형을 정한다.

5. 피고인 5, 6

피고인 5는 소속공무원인 읍면동장에게 피고인 2 개인의 업적을 정리한 문건을 배부하여 피고인 2의 업적을 홍보하였고, 피고인 6은 주민들에게 피고인 2의 개인적인 업적을 홍보하여 각각 공무원으로서 준수하여야 할 공무원의 정치적 중립의무를 방기하였다는 점에서 엄하게 처벌함이 마땅하나, 위 피고인들의 각 위법의 정도가 다른 피고인들보다는 크지 않다는 점, 피고인 5는 형사처벌을 받은 전력이 없다는 점 등을 유리한 정상으로 참작하고, 기타 위 피고인들의 나이, 환경, 성행, 범행의 동기, 수단과 결과, 범행 후의 정황, 가담정도 등 이 사건 공판과정에서 나타난 여러 양형조건들을 고려하여 각 주문과 같이 형을 정한다.

【무죄부분】

1. 피고인 2가 피고인 1과 공동하여 판시 제1항 범행을 하였다는 부분

피고인 2에 대한 이 사건 공소사실 중 피고인 2가 피고인 1과 공모하여 판시 제1항 기재와 같이 읍면동장들에게 「참고자료(읍면동 자율홍보)」 문건을 배포하고, 이를 이용하여 홍보할 것을 소속공무원인 읍면동장들로 하여금 피고인 2의 업적을 홍보하게 하였다는 점에 관하여 본다. 살피건대, 앞서 인정한 증거에 의하면 판시 제1항 기재 2009. 9. 1.경 읍면동장 회의에서 피고인 2가 읍면동장들에게 자신의 업적을 홍보할 것을 직접 지시한 사실은 판시 제2의 가항 기재와 같이 인정할 수 있다.

그러나 이에 나아가 피고인 2와 피고인 1이 읍면동장들에게 피고인 2의 업적을 홍보할 것을 지시할 것을 위 읍면동장 회의 이전에 미리 구체적으로 공모하였다는 점에 대한 증거가 없고, 피고인 2는 피고인 1이 위 읍면동장 회의에서 위 문건을 배포하고 이를 이용한 홍보를 강조할 당시 자신은 앞서 본 바와 같은 훈시를 마치고 이미 퇴장하였다고 변소하고 있는데, 당시 피고인 2가 계속해서 그 자리에 함께 있었음을 인정할 증거가 없어 피고인 2와 피고인 1이 그 자리에서 암묵적으로 상통하여 홍보지시에 대한 의사의

결합이 이루어졌다고 볼 수도 없다. 또한 피고인 1은 검찰 제1회 피의자신문을 받으면서 위 문건을 작성, 배포하는 것에 대하여 피고인 2에게 보고하지 않았다고 진술하고 있다. 이와 같이 피고인 1의 문건 작성 및 배포 또는 홍보 지시 행위에 피고인 2가 구체적으로 관여하였는지에 대한 증거가 없는 이상, 피고인 1의 위 범행이 피고인 2와의 공모에 의한 것이라고 섣불리 단정할 수 없다.

그렇다면, 피고인 2에 대한 위 공소사실은 범죄의 증명이 없는 경우에 해당하여 형사소송법 제325조 후단에 의하여 무죄를 선고하여야 할 것이나, 이와 동일한 공소사실 범위 내에 있는 판시 제2의 가항 공직선거법위반죄를 유죄로 인정한 이상 주문에서 따로 무죄의 선고를 하지 아니한다.

2. 피고인 1이 피고인 2와 공동하여 판시 제2의 가항 범행을 하였다는 부분

피고인 1에 대한 이 사건 공소사실 중 피고인 1이 피고인 2와 공모하여 판시 제2의 가항과 기재와 같이 2009. 9. 1.경 읍면동장회의에서 피고인 2가 자신의 업적을 홍보할 것을 읍면동장들에게 지시하여 그들로 하여금 피고인 2의 업적을 홍보하게 하였다는 점에 관하여 본다. 앞서 인정한 증거들에 의하면 2009. 9. 1.자 읍면동장 회의에서 피고인 2가 자신의 업적을 홍보할 것을 읍면동장들에게 지시할 당시 피고인 1이 그 자리에 있었다는 사실은 인정할 수 있으나, 그것만으로는 위 피고인들이 이를 구체적으로 공모하였다고 인정하기에는 부족하고, 달리 위 읍면동장회의 이전 또는 읍면동장회의 당시 피고인들 간에 구체적인 공모가 있었음을 인정할 증거가 없다.

그렇다면, 피고인 1에 대한 위 공소사실은 범죄의 증명이 없는 경우에 해당하여 형사소송법 제325조 후단에 의하여 무죄를 선고하여야 할 것이나, 이와 동일한 공소사실 범위 내에 있는 판시 제1항의 공직선거법위반죄를 유죄로 인정한 이상 주문에서 따로 무죄의 선고를 하지 아니한다.

[별지 생략]

[4] 부산고등법원의 판결[48)]

【피 고 인】 피고인 1 외 1인
【항 소 인】 피고인들
【검 사】 검 사
【변 호 인】 변호사 1 외 1인

【원심판결】 창원지방법원 진주지원 2010. 10. 1. 선고 2010고합44, 52(병합) 판결
【주 문】
1. 피고인 1의 항소를 기각한다.
2. 원심판결 중 피고인 2에 대한 부분을 파기한다.
피고인 2에 대한 형의 선고를 유예한다.

【이 유】
1. 항소이유의 요지
가. 피고인 1
피고인에 대한 이 사건 공소사실을 모두 유죄로 인정한 원심판결에는 아래와 같은 사실오인 또는 법리오해의 위법이 있다.
(1) 사실오인
피고인은 시정홍보를 지시하거나 독려한 적은 있어도 피고인 개인의 업적을 홍보해 달라고 지시하거나 그 홍보지시를 공모한 사실이 없다.
(2) 법리오해
설령 피고인이 개인업적에 대한 홍보를 지시한 것으로 인정된다고 하더라도, ① 공무원으로 하여금 업적을 홍보하게 하는 경우를 처벌하던 공직선거법 제255조 제1항 제10호의 「제86조(공무원 등의 선거에 영향을 미치는 행위금지) 제1항 제1호 내지 제4호·제2항·제3항 또는 제5항의 규정에 위반한 행위를 하게 한 자」라는 규정이 2010. 1. 25. 법률 제9974호로 개정된 공직선거법에서는 삭제되었고, 이는 법률이념의 변천에 따라 과거에 범죄로 보던 행위에 대하여 그 평가가 달라져 이를 범죄로 인정하고 처벌한 그 자체가 부당하였다는 반성적 고려에서 법령을 개폐한 경우에 해당하므로, 형법 제1조 제2항에 따라 신법인 개정 공직선거법의 규정을 적용하여야 하므로, 공무원으로 하여금 업적을 홍보하게 하는 행위는 이를

48) 부산고등법원 2010. 12. 15. 선고 2010노842 판결 【공직선거법위반】

처벌할 수 없고, ② 위와 같이 개정 전의 공직선거법 규정이 적용된다고 보더라도, 그 규정은 공무원의 선거개입을 막기 위한 규정으로 공무원이 타인인 후보자 등의 업적을 홍보하는 행위를 금하는 것일 뿐 후보자 또는 후보자가 되고자 하는 공무원이 스스로 본인의 업적을 홍보하거나 홍보하게 하는 경우까지 처벌하기 위한 규정은 아니므로, 피고인이 다른 공무원으로 하여금 업적을 홍보하게 한 행위는 이를 처벌할 수 없다.

(3) 양형부당

피고인에 대한 원심의 양형(징역 10월에 집행유예 2년)이 너무 무거워서 부당하다.

나. 피고인 2

(1) 사실오인 또는 법리오해

원심 판시의 범죄사실 제4항과 관련하여 당시 배부된 「지역민심 적극대응조치」라는 문건에는 피고인 1의 업적을 홍보하는 내용이 전혀 없음에도 이와 다른 전제에서 이 부분 공소사실을 유죄로 인정한 원심판결에는 사실오인 또는 법리오해의 위법이 있다.

(2) 양형부당

피고인에 대한 원심의 양형(벌금 300만원)이 너무 무거워서 부당하다.

2. 판 단

가. 피고인들의 사실오인 또는 법리오해 주장에 대한 판단

(1) 피고인 1의 주장에 대한 판단

(가) 사실오인 주장에 대한 판단

1) 선거에서의 공무원의 정치적 중립의무는 '국민 전체에 대한 봉사자'로서의 공무원의 지위를 규정하는 헌법 제7조 제1항, 자유선거원칙을 규정하는 헌법 제41조 제1항 및 제67조 제1항, 정당의 기회균등을 보장하는 헌법 제116조 제1항으로부터 나오는 헌법적 요청이다(헌법재판소 2004. 5. 14. 선고 2004헌나1 결정 등 참조). 또한 공직선거법은 제60조 제1항 제4호에서 공무원은 원칙적으로 선거운동을 할 수 없다고 규정하고, 제85조 제1항에서 공무원은 그 지위를 이용하여 선거운동을 할 수 없다고 규정하는 외에, 더 나아가 제86조에서 공무원 등 공적 지위에 있는 자들에 대해서 선거운동에까지는 이르지 아니하지만 선거에 영향을 미칠 수 있는 행위도 하지 못하도록 규제하고 있고 그 일환으로 공무원이 소속직원 또는 선거구민에게 교육 기타 명목여하를 불문하고 특정 정당이나 후보자(후보자가 되고자 하는 자를 포함)의 업적을 홍보하는 행위를 금지하고 있는바, 이는 관권선거나 공적 지위에 있는 자의 선거 개입 여지를 철저히 불식

시킴으로써 선거의 공정성을 확보하기 위한 것이다(대법원 2007. 10. 25. 선고 2007도4069 판결 등 참조). 따라서 피고인의 행위가 과연 공직선거법 제86조 제1항 제1호에 규정된 '업적 홍보를 하게 한 행위'에 해당하는지 여부는, 공무원의 정치적 중립의무에 관한 헌법적 요청과 공무원의 선거개입 여지를 불식시키고자 하는 공직선거법의 입법취지를 고려하여, 시정홍보 등의 명목에 구애됨이 없이 그 행위의 시기, 대상, 목적, 발언 등의 내용, 동기 등을 종합적으로 고찰하여 구체적, 실질적으로 판단하여야 한다. 한편 공직선거법 제86조 제1항 제1호에 규정된 '특정 정당이나 후보자의 업적을 홍보하는 행위' 중 업적이라 함은 선거에서 긍정적 평가자료가 될 수 있는 일체의 사회적 행위를 의미한다(대법원 1997. 4. 25. 선고 97도320 판결 등 참조).

2) 원심은 그 채택·조사의 증거들에 의하여 피고인에 대한 이 사건 공소사실을 모두 유죄로 인정하는 한편 범행을 부인하는 피고인의 주장에 대하여는 「피고인이 원심 판시 제2, 3항 기재와 같이 읍면동장 회의, 정례조회, 읍면동장 워크숍 등 소속직원들이 있는 자리에서 각 읍면동의 홍보결과를 평가하고, 다음해에 있을 선거를 언급하면서 여러 차례 자신의 업적을 홍보할 것을 강조한 사실을 인정할 수 있는바, 피고인의 지위, 공무원조직의 상하관계 등을 종합하면 피고인이 소속직원인 읍면동장들로 하여금 선거구민에게 자신의 업적을 홍보할 것을 지시한 사실을 인정할 수 있다.」는 이유를 들어 이를 배척하였는바, 앞서 본 법리 및 기록과 대조하여 볼 때 위와 같은 원심의 사실인정이나 판단은 정당하고 거기에 피고인이 지적하는 사실오인의 잘못이 있다고 보이지 않는다.

3) 부연하면, 원심이 적법하게 채택·조사한 증거들 및 원심 공동피고인 6의 당심 법정에서의 일부 증언을 종합하면, 피고인이 원심 판시의 각 회의나 모임 이전부터 원심 공동피고인 1 등에게 「지역별로 어느 지역이 안 좋다. 남자보다는 여자가 여론이 안 좋다. 직업별로는 농촌에 있는 농민들은 괜찮고, 교수들이나 3-40대 직장인들은 여론이 안 좋다.」는 등의 말을 하면서 시정홍보와 함께 선거에 있어서 피고인에게 유리한 분위기를 조성하는데 도움을 줄 것을 요청한 사실, 그 후 원심 판시의 각 회의나 모임에서 피고인이 한 발언은 전체적으로 볼 때 2010. 6. 2. 실시 예정인 선거 및 그와 관련한 지지율 동향 등을 언급하면서 읍면동장들에게 자신의 일처럼 홍보활동에 적극적으로 매진할 것을 강조하거나 독려하는 내용인 사실, 그에 따라 원심 공동피고인 6 등 일부 읍면동장들이 행사 유치나 수상 내역 등 피고인의 개인적인 업적을 홍보하는 내용의 원심 판시 별지 일람표 기재의 각 행위를 한 사실이 인정되고, 한편 원심 판시의 각 회의나 모임에서 피고인이 한 발언의 경위나 내용을 보면, ① 2009. 9. 1.

읍면동장 회의에서는 연령별, 지역별 지지율 등을 언급하면서 홍보대상을 중류 서민층까지 확대하라고 훈시하였고, ② 2009. 10. 6.경의 정례조회에서는 지지율이 상승세에 있다고 하면서 선거를 앞두고 홍보에 매진할 것을 강조하면서 민원부서의 직원들만 남기고 나가서 홍보하라는 등의 내용으로 훈시를 하였으며, ③ 2009. 11. 12.경의 워크숍에서는, 과거 선거에서의 홍보미흡으로 인한 아파트 공략 실패사례 등의 직원들 발표가 있은 후, ○○시의 부채감소, 사업유치, 예산증액 사실 등을 언급하면서 홍보에 매진할 것을 강조하였고, ④ 2010. 1. 8. 긴급 읍면동장회의에는, 그 참석 직전에 원심 공동피고인 1 등에게 「읍면동장이 알아듣도록 선거분위기를 잘 이야기 해 달라.」고 말한 후 그 회의에서 직접 선거를 언급하면서 읍면동장들의 적극적인 활동을 독려하는 취지의 훈시를 하였고, 이어 원심 공동피고인 3, 1도 읍면동장들을 상대로 선거때까지 주민들을 상대로 적극적인 홍보활동을 할 것을 강조하는 취지의 말을 한 사실이 인정되는바, 위 인정사실에 의하면, 피고인이 위 각 회의나 모임에서 선거를 언급하면서 홍보를 강조한 행위는 이를 선거에서의 중립이나 선거 분위기에 휩쓸리지 말 것을 강조하는 행위 또는 선거와 무관하게 시정홍보를 강조하거나 독려하는 행위로는 도저히 볼 수 없고, 오히려 원심 판시와 같이, 선거를 염두에 두고 단독으로 또는 원심 공동피고인 1 등과 공모하여 관내 읍면동장 등 직원들에게 피고인에게 유리한 내용의 홍보활동을 하도록 한 것임이 분명하다.

4) 따라서 피고인의 사실오인 주장은 이유 없다.

(나) 법리오해 주장에 대한 판단

1) 개정된 공직선거법의 규정이 적용되어야 한다는 주장에 대한 판단

공직선거법 제255조 제1항 제10호는 종래 「제86조(공무원 등의 선거에 영향을 미치는 행위금지) 제1항 제1호 내지 제4호·제2항·제3항 또는 제5항의 규정에 "위반한 행위를 하게 하거나 하게 한 자"」 등을 처벌하는 것으로 규정하고 있었는데, 공직선거법이 2010. 1. 25. 법률 제9974호로 개정되면서 「제86조 제1항 제1호부터 제3호까지·제2항 또는 제5항을 "위반한 사람"」 등을 처벌하는 것으로 규정됨으로써 공직선거법 제86조 제1항 제1호 등에 위반한 행위를 "하게 한" 사람을 처벌대상에서 제외하였음은 피고인의 주장과 같다. 그러나 위 개정 법률은 그 부칙 제9조 제1항에서 「이 법 시행 전의 행위에 대한 벌칙 및 과태료의 적용에 있어서는 종전의 규정에 따른다.」고 규정하여 개정 법률의 시행 전에 행해진 행위에 대하여는 종전의 벌칙규정을 적용하도록 하고 있다. 따라서 위 개정 법률의 시행 전에 저질러진 이 사건 각 범행에 대하여는 개정 전의 규정이 적용되어야 할 것이므로, 피고인의 이 부분 주장은 이유 없다.

2) 후보자 본인은 처벌할 수 없다는 주장에 대한 판단

피고인에 대한 공소사실은 피고인이 직접 또는 원심 공동피고인 1 등과 공모하여 소속직원인 공무원들로 하여금 선거구민들에게 피고인의 업적을 홍보하게 하였다는 것이고, 한편 위와 같이 이 사건 각 범행에 적용되어야 할 개정 전의 공직선거법의 규정에 의하면, 공무원 등 공적 지위에 있는 자들이 소속직원 또는 선거구민에게 후보자의 업적을 홍보하는 행위를 직접 하거나 또는 그와 같은 홍보행위를 하게 하는 경우를 처벌하고 있는바, 후보자인 공무원이 스스로 자신을 홍보하는 행위를 위 규정에 따라 처벌할 수 없다고 하더라도, 후보자인 공무원이 자기 자신을 위하여 다른 공무원으로 하여금 자신에 대한 홍보행위를 하도록 하는 경우는 위 규정의 문언은 물론이고 그 입법취지나 가벌성의 측면에서도 후보자인 공무원이 스스로 자신을 홍보하는 행위와는 구별되어 처벌대상이 된다고 볼 수밖에 없다 할 것이므로(대법원 2007. 10. 25. 선고 2007도4069 판결 등 참조), 이와 다른 전제에 선 피고인의 이 부분 주장도 이유 없다.

(2) 피고인 2의 주장에 대한 판단

피고인은 원심 판시의 범죄사실 4항과 관련하여 당시 배부된 「지역민심 적극대응조치」에는 피고인 1의 업적을 홍보하는 내용이 전혀 없다고 주장하나, 위 문건에는 피고인 1이 행정경험이 풍부하다는 점, 사업유치, 국•도비 확보 등의 실적이 있다는 점 등 선거에서 긍정적 평가자료가 될 수 있는 요소들이 포함되어 있음이 분명하므로, 피고인의 사실오인 또는 법리오해 주장은 이유 없다.

나. 피고인들의 양형부당 주장에 대한 판단

(1) 피고인 1

피고인이 40년 넘게 공무원으로 비교적 성실하게 근무하여 온 점, 피고인에게 아무런 형사처벌전력이 없는 점, 일부 지역 신문이나 ○○시장 출마를 염두에 둔 정치인이 2007년 및 2008년경 ○○시 공무원들의 업무 행태를 비난하거나 피고인의 업적, 역할 등을 폄하하는 내용의 기사를 게재하거나 발언을 하였고 이와 관련하여 ○○시 및 일부 공무원들이 손해배상청구소송을 제기하고 피고인도 피해자로서 형사고소를 하는 등의 과정을 거침으로써 피고인이 자신의 업적을 홍보할 필요성을 느끼게 된 면이 있는 등 일부 범행동기에 참작할만한 사정이 있는 점 등의 일부 유리한 정상이 있다. 그러나 한편 피고인 개인에 대한 언론 및 정치인들의 비판이나 비난은 피고인 스스로 감당하거나 대처해야 할 문제일 뿐 이를 의식하여 공무원들을 동원해서 자신의 역할이나 업적을 홍보하게 해서는 아니 되고 같은 취지에서 공직선거법도 이를 금하고 있는바, 이 사건 범행은 피고인이 ○○시장으로 재직하면서 선거를 염두에 두고 2009. 9.경부터 2010. 1. 경 사이에

그 휘하의 공무원들에게 자신의 업적을 홍보하게 한 것으로, 공무원 조직을 자신의 사적 목적에 동원한 행위라는 점, 이로 인하여 선거의 공정성 및 공무원의 정치적 중립성이 심하게 훼손되었다는 점, 상명하복관계에 있는 공무원 조직의 특성상 지방자치단체의 장인 피고인의 요청을 휘하의 공무원들이 거절하기가 쉽지 않을 것임은 충분히 예상할 수 있고, 따라서 피고인의 행위는 그 자체로 범죄가 될 뿐만 아니라 다른 공무원들까지 범죄에 연루되게 만들 가능성이 농후하고 실제로도 그렇게 된 점, 기타 이 사건 각 범행의 동기, 수단과 결과, 피고인의 연령, 성행, 지능과 환경, 전과관계, 범행 후의 정황 등 이 사건 변론에 나타난 제반 양형조건을 종합·검토하여 보면, 원심이 피고인에게 선고한 형량은 적정 범위 내에 있다고 판단되고 너무 무거워 부당하다고 할 수 없다.

(2) 피고인 2

피고인의 이 사건 범행은 피고인이 정치적 중립의무가 있는 공무원으로서 피고인 1의 업적을 홍보하고, 읍면동장 또는 총무과 직원들이 있는 곳에서 피고인 1을 위한 선거운동을 한 것으로 그 죄질이 결코 가볍다고 할 수 없으나, 한편 피고인이 자신의 잘못을 인정하면서 반성하고 있고, 처벌받은 전력이 없는 초범이라는 점, 당시 피고인이 맡고 있는 총무과장이라는 직책하에서는 시장인 피고인 1의 지시에 불응하기 어려웠을 것이고, 지방자치단체인 ○○시의 역할에 대한 홍보와 시장인 피고인 1 개인에 대한 홍보를 준별하지 못하여 범행에 이르게 된 측면이 있는 점, 피고인이 1975년경 공직에 입문한 이래 성실하게 근무하여 온 점, 그 과정에서 업무와 관련하여 수차례 표창을 받았고 노인급식 등 지역사회를 위한 봉사활동에도 적극 참여하였던 점, 이 사건과 관련된 원심 공동피고인들과의 양형의 형평성, 기타 이 사건 범행 동기, 수단과 결과, 피고인의 연령, 성행, 지능과 환경, 전과관계, 범행 후의 정황 등 이 사건 변론에 나타난 제반 양형조건을 종합·검토하여 보면, 원심이 피고인에게 선고한 형량은 다소 무거워 부당하다 할 것이다.

3. 결 론

그렇다면, 피고인 1의 항소는 이유 없으므로 형사소송법 제364조 제4항에 따라 이를 기각하고, 피고인 2의 항소는 이유 있으므로 형사소송법 제364조 제6항에 의하여 원심판결 중 피고인 2에 대한 부분을 파기하고 다시 변론을 거쳐 다음과 같이 판결하기로 하여 주문과 같이 판결한다.

【피고인 2의 범죄사실 및 증거의 요지】

원심 판결의 각 해당란 기재와 같으므로, 형사소송법 제369조에 의하여 이를 그대로 인용한다.

【법령의 적용】

1. 범죄사실에 대한 해당법조 및 형의 선택
   공직선거법 제255조 제1항 제10호, 제86조 제1항 제1호, 형법 제30조(업적홍보의 점, 벌금형 선택), 각 공직선거법 제255조 제1항 제1호, 제60조 제1항(선거운동의 점, 벌금형 선택)
1. 경합범가중
   형법 제37조 전단, 제38조 제1항 제2호, 제50조(죄질이 가장 무거운 2009. 9. 1. 공직선거법 위반죄에 경합범가중)
1. 선고유예할 형
   벌금 3,000,000원
1. 노역장유치
   형법 제70조, 제69조 제2항(1일 60,000원)
1. 선고유예
   형법 제59조 제1항(앞서 본 유리한 정상을 참작)

[5] 대법원의 판결49)

【피 고 인】 피고인
【상 고 인】 피고인
【변 호 인】 변호사 1 외 3인

【원심판결】 부산고법 2010. 12. 15. 선고 2010노842 판결

【주 문】

상고를 기각한다.

【이 유】

상고이유를 본다.

---

49) 대법원 2011. 4. 28. 선고 2010도17828 판결 【공직선거법위반】

1. 상고이유 제1점에 관하여

증거의 취사선택과 사실의 인정은 논리와 경험칙에 반하지 않는 한 사실심의 전권에 속하는바, 원심판결의 채용 증거들을 기록에 비추어 살펴보면, 원심이 그 판시와 같은 이유에서 피고인이 단독으로 또는 제1심 공동피고인 1, 2와 공모하여 공무원들로 하여금 선거구민에게 피고인의 업적을 홍보하게 하였다고 인정한 것은 정당하다.

원심판결에는 상고이유에서 주장하는 바와 같이 공판중심주의 및 채증법칙을 위반하여 판결에 영향을 미치는 등의 위법이 없다.

이 부분 상고이유의 주장은 이유 없다.

2. 상고이유 제2점에 관하여

원심판결 이유를 살펴보면, 원심은 "피고인이 2008년경부터 ○○시의 주요 추진사업인 전국체전, 혁신도시 등 유치에 피고인이 어떠한 역할을 한 것이 없다는 지역 여론으로 인하여 2010. 3. 2.(2010. 6. 2.의 오기이다) 지방선거에서 한나라당 공천을 받지 못해 3선이 어려워질 수 있을 것으로 판단하고 읍면동장 등 공무원 조직을 이용하여 ○○시 주요 추진사업에 대한 시정홍보 시 피고인에 대한 지지 여론을 조성하기로 마음먹고는, 2009. 9. 1.경 ○○시청에서 열린 읍면동장 회의에서 그동안 각 읍면동의 홍보결과를 평가하고 읍면동장들에게 홍보대상을 중류 서민층까지 확대하라고 훈시를 함으로써 소속직원인 공소외인 △△동장으로 하여금 2009. 9. 10. △△동 통장회의에서 선거구민인 통장 30명에게 '피고인 시장님 취임 후 그린벨트의 전면 해제로 혁신도시, 산업단지 조성 등 ○○시의 발전기반이 마련되었고, 피고인 시장님 취임 시 채무액이 1,038억원이었는데 채무도 엄청나게 갚았으며, 가로화단 조성 등 사업은 빚을 내어 하는 게 아니다'라는 취지로 피고인의 업적을 홍보하게 하였다."는 범죄사실을 유죄로 인정한 제1심판결을 유지하였다.

위 범죄사실에 기재된 피고인의 훈시 내용에 '피고인의 업적 홍보'라는 표현이 직접적·명시적으로 포함되어 있지 않더라도 피고인이 이 사건 범행에 이르게 된 동기 및 경위, 읍면동장 회의에서 훈시한 내용의 취지, 그 후 공소외인 △△동장의 언행 등을 종합하여 보면, 피고인이 공무원으로 하여금 선거구민에게 피고인의 업적을 홍보하게 하는 행위를 하였다는 이 사건 범죄의 구성요건을 충족하는 사실을 충분히 특정하고 있다고 보이므로, 상고이유에서 주장하는 바와 같이 원심판결의 이 부분 범죄사실의 기재가 그 자체로 죄가 되지 아니하는 경우에 해당된다고 볼 수 없다.

원심판결에는 죄가 되지 아니하는 행위에 대하여 유죄의 판단을 한 법리오해의 위법이 없다.

이 부분 상고이유의 주장도 이유 없다.

3. 상고이유 제3점에 관하여

구 공직선거법(2010. 1. 25. 법률 제9974호로 개정되기 전의 것, 이하 '공직선거법'이라 한다) 제86조 제1항 제1호는 공무원 등 공적 지위에 있는 사람들이 소속직원 또는 선거구민에게 교육 기타 명목 여하를 불문하고 특정 정당이나 후보자(후보자가 되고자 하는 자를 포함한다)의 업적을 홍보하는 행위를 금지하고, 같은 법 제255조 제1항 제10호는 '제86조 제1항 제1호의 규정에 위반한 행위를 하거나 하게 한 자'를 처벌하고 있다(위 금지규정 및 처벌규정을 합하여 이하 '이 사건 각 규정'이라 한다).

공직선거법은 제60조 제1항 제4호에서 공무원은 원칙적으로 선거운동을 할 수 없다고 규정하고, 제85조 제1항에서 공무원은 그 지위를 이용하여 선거운동을 할 수 없다고 규정하는 외에, 더 나아가 이 사건 각 규정에서 공무원 등 공적 지위에 있는 자들의 경우 선거에 영향을 미칠 수 있는 행위까지도 하지 못하도록 규제하고 있는바, 이는 이른바 관권선거 내지는 공적 지위에 있는 자의 선거개입 여지를 철저히 불식시킴으로써 선거의 공정성을 확보하기 위한 것이다(헌법재판소 2005. 6. 30. 선고 2004헌바33 전원재판부 결정 등 참조).

위와 같은 입법 취지 및 그 규정 내용 및 문언의 형식 등에 비추어 보면, 이 사건 각 규정은 공무원 등 공적 지위에 있는 자가 선거에 영향을 미치는 행위를 하는 것을 금지하려는 것으로서 그 주체가 '공무원 등 공적 지위에 있는 자'라는 점에 주안점을 두고 있는 것이지, '공무원 등 공적 지위에 있는 자'로 하여금 선거에 영향을 미치는 행위를 하게 하는 자의 행위 주체까지 '공무원 등 공적 지위에 있는 자'로 한정하는 것은 아니라고 봄이 상당하다.

따라서 공무원 등 공적 지위에 있는 자로 하여금 소속직원 또는 선거구민에게 특정 정당이나 후보자(후보자가 되고자 하는 자를 포함한다)의 업적을 홍보하는 행위를 하게 한 자는 그 자신이 공무원 등 공적 지위에 있는지 여부를 불문하고 누구든지 이 사건 각 규정에 따라 처벌된다.

이 사건의 경우는 상고이유에서 주장하는 바와 같이 피고인이 공무원의 지위에 있다거나 스스로 자신의 업적을 홍보하는 행위를 하였기 때문에 처벌하는 것이 아니라, 피고인이 공무원인 읍면동장으로 하여금 선거구민에게 피고인의 업적을 홍보하게 한 행위를 처벌하는 것이므로 피고인이 공무원 등 공적 지위에 있는지 여부는 이 사건 범죄 성립에 아무런 영향이 없다.

다만원심은 이와 관련하여 '이 사건 각 규정에 의하면, 공무원 등 공적 지위에 있는 자들이 후보자의 업적을 홍보하는 행위를 하게 하는 경우도 처벌하고 있으므로, 후보자인 공무원이 자기 자신을 위하여 다른 공무원으로 하여금 자신에 대한 홍보행위를 하도록 하는 경우는 처벌대상이 된다'고 하여 마치 피고인이 공무원의 지위에 있음을 전제로 처벌되는 것처럼 판시하여, 그 이유 설시에 다소 적절치 아니한 부분이 있기는 하나, 이 사건 공소사실을 유죄로 인정한 결론은 정당한 것으로 수긍할 수 있다.

원심판결에는 상고이유에서 주장하는 바와 같이 공직선거법 제86조 제1항의 해석 및 적용대상에 관한 법리를 오해하는 등의 위법이 없다.

이 부분 상고이유의 주장 역시 이유 없다.

4. 결 론

그러므로 상고를 기각하기로 하여, 관여 대법관의 일치된 의견으로 주문과 같이 판결한다.

Chapter 05

예비후보자가 문자메시지를 자동동보통신의 방법으로 전송한 사안

[1] 사건의 쟁점

1. 예비후보자가 컴퓨터 등을 활용한 자동 동보통신의 방법으로 문자메시지를 전송하는 일련의 사실행위를 다른 사람으로 대신하게 한 경우, 이를 공직선거법에서 허용하는 '예비후보자의 선거운동'으로 평가할 수 있는지 여부(한정 적극)
2. 기초지방자치단체장 예비후보자의 선거사무장이 예비후보자의 지시를 받아 그가 지켜보는 가운데 선거구민에게 지지를 부탁하는 내용의 문자메시지를 자동 동보통신의 방법으로 전송한 사안에서, 위 행위를 공직선거법에서 허용하는 '예비후보자의 선거운동행위'로 본 원심 판단을 수긍한 사례

[2] 관련법령

1. 공직선거법 제60조의3 제1항 제1호, 제2호, 제4호, 제6호, 제7호, 제82조의4 제1항 제3호
2. 공직선거법 제60조의3 제1항 제7호, 제82조의4 제1항 제3호, 제93조 제1항, 제255조 제2항 제5호, 형사소송법 제325조

가. 공직선거법 [법률 제10303호, 2010. 5. 17, 타법개정]

제60조의3(예비후보자 등의 선거운동) ① 예비후보자는 다음 각 호의 어느 하나에 해당하는 방법으로 선거운동을 할 수 있다. 〈개정 2005.8.4, 2008.2.29, 2010.1.25〉

1. 제61조(선거운동기구의 설치) 제1항 및 제6항 단서의 규정에 의하여 선거사무소를 설치하거나 그 선거사무소에 간판·현판 또는 현수막을 설치·게시하는 행위
2. 자신의 성명·사진·전화번호·학력(정규학력과 이에 준하는 외국의 교육과정을 이수한 학력을 말한다. 이하 제4호에서 같다)·경력, 그 밖에 홍보에 필요한 사항을 게재한 길이 9센티

미터 너비 5센티미터 이내의 명함을 직접 주거나 지지를 호소하는 행위. 다만, 지하철역구내 그 밖에 중앙선거관리위원회규칙으로 정하는 다수인이 왕래하거나 집합하는 공개된 장소에서 주거나 지지를 호소하는 행위는 그러하지 아니하다.

3. 전자우편(컴퓨터 이용자끼리 네트워크를 통하여 문자·음성·화상 또는 동영상 등의 정보를 주고받는 통신시스템을 말한다. 이하 같다)을 이용하여 문자·음성·화상 또는 동영상 기타의 정보를 전송하는 행위
4. 선거구안에 있는 세대수의 100분의 10에 해당하는 수 이내에서 자신의 사진·성명·전화번호·학력·경력, 그 밖에 홍보에 필요한 사항을 게재한 인쇄물(이하 "예비후보자홍보물"이라 한다)을 작성하여 관할 선거관리위원회로부터 발송대상·매수 등을 확인받은 후 후보자등록기간개시일 전일까지 1회에 한하여 중앙선거관리위원회규칙이 정하는 바에 따라 우편발송하는 행위. 이 경우 대통령선거 및 지방자치단체의 장선거의 예비후보자는 표지를 포함한 전체면수의 100분의 50 이상의 면수에 선거공약 및 이에 대한 추진계획으로 각 사업의 목표·우선순위·이행절차·이행기한·재원조달방안을 게재하여야 하며, 이를 게재한 면에는 다른 정당이나 후보자가 되려는 자에 관한 사항을 게재할 수 없다.
5. 선거운동을 위하여 어깨띠 또는 예비후보자임을 나타내는 표지물을 착용하는 행위
6. 전화를 이용하여 송·수화자 간 직접 통화하는 방식으로 지지를 호소하는 행위
7. 문자(문자 외의 음성·화상·동영상 등은 제외한다. 이하 이 호에서 같다)메시지를 이용하여 선거운동정보를 전송하는 행위. 이 경우 문자메시지를 컴퓨터 및 컴퓨터 이용기술을 활용한 자동 동보통신(同報通信)의 방법으로 전송할 수 있는 횟수는 5회를 넘을 수 없다.

② 다음 각 호의 어느 하나에 해당하는 사람은 예비후보자의 선거운동을 위하여 제1항 제2호에 따른 예비후보자의 명함을 직접 주거나 예비후보자에 대한 지지를 호소할 수 있다. 〈개정 2010.1.25〉

1. 예비후보자의 배우자와 직계존비속
2. 예비후보자와 함께 다니는 선거사무장·선거사무원 및 제62조 제4항에 따른 활동보조인
3. 예비후보자 또는 그의 배우자가 그와 함께 다니는 사람 중에서 지정한 각 1명

③ 제1항 제4호에 따라 예비후보자홍보물을 우편발송하고자 하는 예비후보자는 그 발송통수 이내의 범위 안에서 선거권자인 세대주의 성명·주소(이하 이 조에서 "세대주명단"이라 한다)의 교부를 구·시·군의 장에게 신청할 수 있으며, 신청을 받은 구·시·군의 장은 다른 법률의 규정에 불구하고 지체 없이 그 세대주명단을 작성·교부하여야 한다. 〈신설

2005.8.4, 2008.2.29〉

④ 제3항의 규정에 따른 세대주명단의 교부신청은 후보자등록기간개시일 전 5일까지 서면으로 신청하여야 하며, 그 작성비용을 함께 납부하여야 한다. 〈신설 2005.8.4〉

⑤ 제3항의 규정에 따라 교부된 세대주명단의 양도·대여 및 사용의 금지에 관하여는 제46조(명부사본의 교부) 제4항의 규정을 준용한다. 이 경우 "선거인명부 또는 부재자신고인명부"는 "세대주명단"으로 본다. 〈신설 2005.8.4〉

⑥ 예비후보자홍보물의 규격·면수와 작성근거 등의 표시, 어깨띠·표지물의 규격, 세대주명단의 교부신청과 비용납부 그 밖에 필요한 사항은 중앙선거관리위원회규칙으로 정한다. 〈신설 2005.8.4, 2008.2.29, 2010.1.25〉

[본조신설 2004.3.12]

[제목개정 2005.8.4]

제82조의4(정보통신망을 이용한 선거운동) ① 선거운동을 할 수 있는 자는 선거운동기간 중에 「정보통신망 이용촉진 및 정보보호 등에 관한 법률」 제2조 제1항 제1호에 따른 정보통신망(이하 "정보통신망"이라 한다)을 이용하여 다음 각 호의 어느 하나에 해당하는 방법으로 선거운동을 할 수 있다. 〈개정 2010.1.25〉

1. 인터넷 홈페이지 또는 그 게시판·대화방 등에 선거운동을 위한 내용의 정보를 게시하거나 전자우편을 전송하는 방법
2. 전화를 이용하여 송·수화자 간 직접 통화하는 방식으로 선거운동을 하는 방법
3. 문자(문자 외의 음성·화상·동영상 등은 제외한다) 메시지를 이용하여 선거운동정보를 전송하는 방법. 이 경우 컴퓨터 및 컴퓨터 이용기술을 활용한 자동 동보통신의 방법으로 전송할 수 있는 사람은 후보자에 한정하며, 그 횟수는 예비후보자로서 행한 횟수를 포함하여 5회를 넘을 수 없다.

② 누구든지 정보통신망을 이용하여 후보자(후보자가 되고자 하는 자를 포함한다), 그의 배우자 또는 직계존·비속이나 형제자매에 관하여 허위의 사실을 유포하여서는 아니되며, 공연히 사실을 적시하여 이들을 비방하여서는 아니 된다. 다만, 진실한 사실로서 공공의 이익에 관한 때에는 그러하지 아니하다.

③ 각급선거관리위원회(읍·면·동선거관리위원회를 제외한다)는 이 법의 규정에 위반되는 정보가 인터넷 홈페이지 또는 그 게시판·대화방 등에 게시되거나, 정보통신망을 통하여 전송되는 사실을 발견한 때에는 당해 정보가 게시된 인터넷 홈페이지를 관리·운영하는 자에게 해당 정보의 삭제를 요청하거나, 전송되는 정보를 취급하는 인터넷 홈페이지의 관리·운영자 또는 「정보통신망 이용촉진 및 정보보호 등에 관한 법률」 제2조 제1항 제3호의

규정에 의한 정보통신서비스제공자(이하 "정보통신서비스제공자"라 한다)에게 그 취급의 거부·정지·제한을 요청할 수 있다. 〈개정 2005.8.4〉

④ 제3항의 규정에 의한 요청을 받은 인터넷 홈페이지 관리·운영자 또는 정보통신서비스제공자는 지체없이 이에 따라야 한다.

⑤ 제3항의 규정에 의한 요청을 받은 인터넷 홈페이지 관리·운영자 또는 정보통신서비스제공자는 그 요청을 받은 날부터, 해당 정보를 게시하거나 전송한 자는 당해 정보가 삭제되거나 그 취급이 거부·정지 또는 제한된 날부터 3일 이내에 그 요청을 한 선거관리위원회에 이의신청을 할 수 있다.

⑥ 위법한 정보의 게시에 대한 삭제 등의 요청, 이의신청 기타 필요한 사항은 중앙선거관리위원회규칙으로 정한다.

[전문개정 2004.3.12]

[제82조의3에서 이동 〈2004.3.12〉]

제93조(탈법방법에 의한 문서·도화의 배부·게시 등 금지) ① 누구든지 선거일전 180일(보궐선거등에 있어서는 그 선거의 실시사유가 확정된 때)부터 선거일까지 선거에 영향을 미치게 하기 위하여 이 법의 규정에 의하지 아니하고는 정당(창당준비위원회와 정당의 정강·정책을 포함한다. 이하 이 조에서 같다) 또는 후보자(후보자가 되고자 하는 자를 포함한다. 이하 이 조에서 같다)를 지지·추천하거나 반대하는 내용이 포함되어 있거나 정당의 명칭 또는 후보자의 성명을 나타내는 광고, 인사장, 벽보, 사진, 문서·도화, 인쇄물이나 녹음·녹화테이프 그 밖에 이와 유사한 것을 배부·첩부·살포·상영 또는 게시할 수 없다. 다만, 다음 각 호의 어느 하나에 해당하는 행위는 그러하지 아니하다. 〈개정 1997.11.14, 1998.4.30, 2002.3.7, 2004.3.12, 2005.8.4, 2010.1.25〉

1. 선거운동기간 중 후보자, 제60조의3제2항 각 호의 어느 하나에 해당하는 사람(같은 항 제2호의 경우 선거연락소장을 포함하며, 이 경우 "예비후보자"는 "후보자"로 본다)이 제60조의3 제1항 제2호에 따른 후보자의 명함을 직접 주는 행위
2. 선거기간이 아닌 때에 행하는 「정당법」 제37조 제2항에 따른 통상적인 정당활동

② 누구든지 선거일전 90일부터 선거일까지는 정당 또는 후보자의 명의를 나타내는 저술·연예·연극·영화·사진 그 밖의 물품을 이 법에 규정되지 아니한 방법으로 광고할 수 없으며, 후보자는 방송·신문·잡지 기타의 광고에 출연할 수 없다. 다만, 선거기간이 아닌 때에 「신문 등의 진흥에 관한 법률」 제2조 제1호에 따른 신문 또는 「잡지 등 정기간행물의 진흥에 관한 법률」 제2조에 따른 정기간행물의 판매를 위하여 통상적인 방법으로 광고하는 경우에는 그러하지 아니하다. 〈개정 1998.4.30, 2005.8.4, 2010.1.25〉

③ 누구든지 선거운동을 하도록 권유·약속하기 위하여 선거구민에 대하여 신분증명서·문서 기타 인쇄물을 발급·배부 또는 징구하거나 하게 할 수 없다. 〈신설 1995.12.30〉

제255조(부정선거운동죄) ① 다음 각 호의 어느 하나에 해당하는 자는 3년 이하의 징역 또는 600만원 이하의 벌금에 처한다. 〈개정 1995.12.30, 1997.11.14, 1998.4.30, 2000.2.16, 2002.3.7, 2004.3.12, 2005.8.4, 2009.2.12, 2010.1.25〉

1. 제57조의6 제1항을 위반하여 당내경선에서 경선운동을 한 사람
2. 제60조(선거운동을 할 수 없는 자) 제1항의 규정에 위반하여 선거운동을 하거나 하게 한 자 또는 같은 조 제2항이나 제205조(선거운동기구의 설치 및 선거사무관계자의 선임에 관한 특례) 제4항의 규정에 위반하여 선거사무장 등으로 되거나 되게 한 자
3. 제61조(선거운동기구의 설치) 제1항의 규정에 위반하여 선거운동기구를 설치하거나 이를 설치하여 선거운동을 한 자
4. 제62조 제1항부터 제4항까지의 규정을 위반하여 선거사무장·선거연락소장·선거사무원 또는 활동보조인을 선임한 자
5. 제68조 제2항 또는 제3항(어깨띠의 규격을 말한다)을 위반하여 어깨띠, 모자나 옷, 표찰·수기·마스코트·소품, 그 밖의 표시물을 사용하여 선거운동을 한 사람
6. 제80조(연설금지장소)의 규정에 위반하여 선거운동을 위한 연설·대담을 한 자
7. 제81조(단체의 후보자 등 초청 대담·토론회) 제1항의 규정에 위반하여 후보자 등 초청 대담·토론회를 개최한 자
8. 제81조 제7항[제82조(언론기관의 후보자등 초청 대담·토론회) 제4항에서 준용하는 경우를 포함한다]의 규정에 위반하여 대담·토론회를 개최한 자
9. 제85조(지위를 이용한 선거운동금지) 제2항 또는 제3항의 규정에 위반한 행위를 하거나 하게 한 자
10. 제86조 제1항 제1호부터 제3호까지·제2항 또는 제5항을 위반한 사람 또는 같은 조 제6항을 위반한 행위를 한 사람
11. 제87조(단체의 선거운동금지) 제1항의 규정을 위반하여 선거운동을 하거나 하게 한 자 또는 동조 제2항의 규정을 위반하여 사조직 기타 단체를 설립·설치하거나 하게 한 자
12. 제88조(타 후보자를 위한 선거운동금지) 본문의 규정에 위반하여 다른 정당이나 후보자를 위한 선거운동을 한 자
13. 제89조(유사기관의 설치금지) 제1항 본문의 규정에 위반하여 유사기관을 설립·설치하거나 기존의 기관·단체·조직 또는 시설을 이용한 자

14. 삭제 〈2004.3.12〉
15. 제92조(영화 등을 이용한 선거운동금지)의 규정에 위반하여 저술·연예·연극·영화나 사진을 배부·공연·상연·상영 또는 게시하거나 하게 한 자
16. 제105조(행렬등의 금지) 제1항의 규정에 위반하여 무리를 지어 거리행진·인사 또는 연달아 소리 지르는 행위를 한 사람
17. 제106조(호별방문의 제한) 제1항 또는 제3항의 규정에 위반하여 호별로 방문하거나 하게 한 자
18. 제107조(서명·날인운동의 금지)의 규정에 위반하여 서명이나 날인을 받거나 받게 한 자
19. 제109조 제1항 또는 제2항을 위반하여 서신·전보·모사전송·전화 그 밖에 전기통신의 방법을 이용하여 선거운동을 하거나 하게 한 자나 같은 조 제3항을 위반하여 협박하거나 하게 한 자
20. 제218조의14 제1항·제6항 또는 제7항을 위반하여 재외선거권자를 대상으로 선거운동을 한 자

② 다음 각 호의 어느 하나에 해당하는 자는 2년 이하의 징역 또는 400만원 이하의 벌금에 처한다. 〈개정 1995.12.30, 1997.11.14, 1998.4.30, 2000.2.16, 2002.3.7, 2004.3.12, 2005.8.4, 2007.1.3, 2008.2.29, 2010.1.25〉

1. 제60조의3 제1항 제4호 후단을 위반하여 예비후보자홍보물을 작성한 자

1의2. 대통령선거 및 지방자치단체의 장선거의 예비후보자가 아닌 자로서 제60조의4 제1항의 예비후보자공약집을 발간·배부한 자, 같은 항을 위반하여 1종을 넘어 예비후보자공약집을 발간·배부한 자, 같은 항을 위반하여 예비후보자공약집을 통상적인 방법으로 판매하지 아니하거나 방문판매의 방법으로 판매한 자, 같은 조 제2항을 위반하여 예비후보자공약집을 발간·배부한 자

1의3. 제64조 제1항·제9항, 제65조 제1항·제2항, 제66조 제1항부터 제5항까지를 위반하여 선거벽보·선거공보 또는 선거공약서를 선거운동을 위하여 작성·사용하거나 하게 한 자

2. 삭제 〈2010.1.25〉
3. 제57조의3(당내경선운동) 제1항의 규정을 위반하여 경선운동을 한 자
4. 제91조(확성장치와 자동차 등의 사용제한) 제1항·제3항 또는 제216조(4개 이상 선거의 동시실시에 관한 특례) 제1항의 규정에 위반하여 확성장치나 자동차를 사용하여 선거운동을 하거나 하게 한 자
5. <u>제93조(탈법방법에 의한 문서·도화의 배부·게시 등 금지) 제1항의 규정에 위반하여 문서·도화 등을 배부·첩부·살포·게시·상영하거나 하게 한 자, 같은 조 제2항의 규정에 위반</u>

하여 광고 또는 출연을 하거나 하게 한 자 또는 제3항의 규정에 위반하여 신분증명서·문서 기타 인쇄물을 발급·배부 또는 징구하거나 하게 한 자

6. 제100조(녹음기 등의 사용금지)의 규정에 위반하여 녹음기 또는 녹화기를 사용하여 선거운동을 하거나 하게 한 자
7. 삭제 〈1995.12.30〉
8. 제271조의2(선거에 관한 광고의 제한) 제1항의 규정에 의한 광고중지요청에 불응하여 광고를 하거나 광고게재를 의뢰한 자

③ 다음 각 호의 어느 하나에 해당하는 사람은 5년 이하의 징역에 처한다. 〈개정 2010.1.25〉

1. 제57조의6 제2항을 위반하여 경선운동을 한 사람
2. 제85조 제1항을 위반하여 선거운동을 한 사람

④ 제82조의5(선거운동정보의 전송제한) 제1항의 규정을 위반하여 선거운동정보를 전송한 자, 동조 제2항의 규정을 위반하여 선거운동정보에 해당하는 사실 등을 선거운동정보에 명시하지 아니하거나 허위로 명시한 자, 동조 제3항의 규정을 위반하여 수신자의 동의를 얻지 아니하고 선거운동정보를 전송한 자, 동조 제4항의 규정을 위반하여 기술적 조치를 한 자, 동조 제5항의 규정을 위반하여 비용을 수신자에게 부담하도록 한 자, 동조 제6항의 규정을 위반하여 선거운동정보를 전송한 자는 1년 이하의 징역 또는 100만원 이하의 벌금에 처한다. 〈신설 2004.3.12, 2005.8.4〉

[2006헌마1096, 2008.05.29, 공직선거법(2005. 8. 4. 법률 제7681호로 개정된 것) 제255조 제1항 제10호 중 '제86조 제1항 제2호' 부분은 공무원의 지위를 이용하지 아니한 행위에 대하여 적용하는 한 헌법에 위반된다.]

나. 형사소송법 [법률 제9765호, 2009. 6. 9, 타법개정]

제325조(무죄의 판결) 피고사건이 범죄로 되지 아니하거나 범죄사실의 증명이 없는 때에는 판결로써 무죄를 선고하여야 한다.

[3] 광주고등법원의 판결[50)]

【피 고 인】 피고인
【항 소 인】 피고인
【검 사】 검 사
【변 호 인】 변호사(국선)

【원심판결】 광주지방법원 2010. 9. 3. 선고 2010고합281 판결

【주 문】

원심판결 중 피고인에 대한 부분을 파기한다.
피고인은 무죄.
피고인에 대한 이 판결의 요지를 공시한다.

【이 유】

1. 항소이유의 요지

가. 법리오해 주장

피고인은 2010. 6. 2. 치러진 전국동시지방선거 ○○구청장선거를 앞두고 예비후보자인 공소외인의 선거사무장으로서 공소외인의 지시를 받아 공소외인 명의로 가입한 문자발송서비스 사이트를 이용하여 문자메시지를 발송하였다. 따라서 위 문자메시지 발송행위는 법률적으로 예비후보자의 적법한 선거운동행위로 보아야 함에도, 원심은 법리를 오해하여 피고인의 탈법방법에 의한 문서 등의 배부로 인한 공직선거법위반의 점을 유죄로 인정하였다.

나. 양형부당 주장

설령 피고인에 대하여 유죄가 인정되더라도, 이 사건 범행의 경위 등에 비추어 원심이 선고한 형량(벌금 150만원)은 너무 무거워서 부당하다.

2. 피고인의 법리오해 주장에 대한 판단

가. 원심의 판단

원심은 공직선거법 제60조의3 제1항 제7호, 제2항, 제82조의4 제1항 제3호가 예비후보자 또는 후보자와 그 이외의 자가 할 수 있는 선거운동을 달리 정하면서 컴퓨터 및 컴퓨터 이용기술을 활용한 자동 동보통신(동보통신)의 방법으로 5회에 한하여 문자

50) 광주고등법원 2010. 11. 11. 선고 2010노353 판결 【공직선거법위반】

메시지를 이용하여 선거운동정보를 전송할 수 있는 사람을 예비후보자 또는 후보자로 한정하고 있는 점에 비추어 보면, 선거사무장인 피고인이 예비후보자인 공소외인의 지시에 의하여 문자메시지를 발송하였다고 하더라도 이와 같은 선거사무장의 행위를 예비후보자의 선거운동에 해당한다고 볼 수 없다고 판단하였다.

나. 이 법원의 판단

원심이 적법하게 채택하여 조사한 증거들에 의하면, 피고인은 2010. 6. 2. 치러진 전국동시지방선거 ○○구청장선거를 앞두고 예비후보자로 등록한 공소외인의 선거사무장인 사실, 피고인은 2010. 3. 27. 광주 (이하 생략)에 있는 공소외인의 선거사무실에서 공소외인의 지시를 받아 공소외인이 지켜보는 가운데 컴퓨터를 조작하여 공소외인의 아이디로 문자발송서비스 사이트(사이트 주소 생략)에 접속한 다음, 선거구민 38,406명에게 공소외인에 대한 지지를 부탁하는 내용의 문자메시지를 발송한 사실, 피고인의 위 문자메시지 발송행위는 공직선거법이 예비후보자 또는 후보자에게 허용하는 문자메시지 발송횟수 5회 중에 4회째에 해당하는 사실, 한편 위 문자발송서비스 사이트는 공소외인의 명의로 가입되어 있고, 문자메시지 발송비용은 공소외인의 선거비용 지출통장에서 지급되었으며, 발신번호 표시는 공소외인의 선거사무소 번호로 하였고, 수신거부시 발신자의 비용부담이 없도록 080번호를 부여한 사실을 각 인정할 수 있다.

그런데 공직선거법이 예비후보자 또는 후보자에게 선거운동으로서 허용하고 있는 '컴퓨터 및 컴퓨터 이용기술을 활용한 자동 동보통신의 방법으로 5회에 한하여 문자메시지를 이용하여 선거운동정보를 전송하는 행위'는 사실행위 측면에서 볼 때 문자발송서비스 사이트 가입행위, 문자메시지의 내용 작성행위, 상대방의 휴대전화기 번호 입력행위, 컴퓨터 조작의 마지막 단계인 엔터키 누름행위 등 일련의 과정으로 구성되어 있으므로, 위 문자메시지를 이용한 선거운동의 의미가 예비후보자 또는 후보자 명의로 가입한 문자발송서비스 사이트를 이용하면 5회의 횟수에 포함된다는 것인지, 예비후보자 또는 후보자의 지시·동의에 따라 문자메시지를 발송하면 5회의 횟수에 포함된다는 것인지, 더 나아가 예비후보자 또는 후보자가 직접 문자메시지의 내용을 모두 작성하고 컴퓨터 조작의 마지막 단계인 엔터키까지 쳐야 5회의 횟수에 포함된다는 것인지 분명하지 아니하다. 그리고 현실적으로 예비후보자 또는 후보자가 컴퓨터 및 컴퓨터 이용기술에 익숙하지 아니하여 타인이 후보자를 돕기 위하여 위 일련의 사실행위 중 일부를 대신하는 경우가 충분히 있을 수 있고, 문자메시지 전송을 이용한 선거운동은 예비후보자 또는 후보자가 선거인과 대면하면서 후보자의 명함을 직접 주거나 전화를 이용하여 송·수화자 간 직접 통화하면서 지지를 호소하는 행위들과는 달리,

컴퓨터 및 컴퓨터 이용기술을 활용한 자동 동보통신의 방법으로 문자메시지를 전송하는 사실행위 자체가 중요하지는 않다. 또한 공직선거법이 컴퓨터 및 컴퓨터 이용기술을 활용한 자동 동보통신의 방법으로 5회에 한하여 문자메시지를 이용하여 선거운동정보를 전송할 수 있는 사람을 예비후보자 또는 후보자로 한정한 것은 문자메시지 전송을 통한 선거운동행위의 편의성, 은밀성, 광범위성 등에 비추어 공정한 선거문화의 정착을 위하여 문자메시지 전송을 통한 선거운동의 주체와 횟수를 후보자마다 제한함에 목적이 있다고 보인다. 이와 같은 사정에다가 공직선거법 제60조의3 제1항 제7호, 제82조의4 제1항 제3호의 규정은 2010. 1. 25. 법률 제9974호로 신설되어 같은 날부터 시행된 규정으로서 현행 공직선거법이 선거관련 부정의 방지에 중점을 둔 규제중심의 입법을 유지하고 있어 변화된 정치·선거환경을 제대로 반영하지 못하고 국민의 일상적인 행위와 선거운동의 자유를 포함한 정치적 자유를 지나치게 제약하고 있는 실정이므로 따라서 예비후보자·후보자의 선거운동의 자유를 보다 확대하여 선거운동방법에 대한 규제를 대폭 개선하는 등 선진화된 선거제도를 마련하려는데 제·개정이유가 있음을 종합하면, <u>공직선거법 제60조의3 제1항 제7호, 제2항, 제82조의4 제1항 제3호가 예비후보자 또는 후보자에 한하여 문자메시지를 이용한 선거운동을 할 수 있게 규정한 것이 예비후보자 또는 후보자가 직접 문자메시지 발송행위 중 컴퓨터 조작의 마지막 단계인 엔터키까지 치는 경우로 좁게 해석되지는 않는다.</u>

따라서 피고인이 ○○구청장선거의 예비후보자인 공소외인의 지시를 받아 그를 돕기 위하여 공직선거법이 정한 5회의 횟수 내에서 컴퓨터 및 컴퓨터 이용기술을 활용한 자동 동보통신의 방법으로 문자메시지를 이용하여 선거운동정보를 전송한 것은 공직선거법 제60조의3 제1항 제7호에 의하여 위 공소외인에게 허용된 공소외인의 선거운동행위로 봄이 상당하므로(만일 그와 같이 해석하지 않는다면, 예컨대 예비후보자 또는 후보자가 자신의 명의로 문자발송서비스 사이트에 가입하여 문자메시지의 내용까지 모두 작성하였으나, 선거사무장으로 하여금 아무런 의미가 없는 컴퓨터 조작의 마지막 단계인 엔터키 누름행위만을 하도록 한 경우에 위 문자메시지 발송행위는 제한 횟수에 포함되지도 아니하고 선거사무장은 공직선거법위반죄로 처벌받게 되어 명백히 부당하다), 이를 지적하는 피고인의 법리오해 주장은 이유 있다.

3. 결 론

그렇다면 피고인의 항소는 이유 있으므로 형사소송법 제364조 제6항에 의하여 원심판결 중 피고인에 대한 부분을 파기하고 변론을 거쳐 다음과 같이 판결한다.

【무죄부분】

이 사건 공소사실의 요지는 ○○구청장선거의 예비후보자 공소외인의 선거사무장인 피고인이 위 공소외인을 위하여 문자발송서비스 사이트를 이용하여 선거구민 38,406명에게 공소외인의 지지를 호소하는 내용의 문자메시지 38,406통을 발송하였다는 것인바, 제2항에서 본 바와 같이 피고인의 행위는 위 공소외인의 지시를 받아 한 것으로서 공소외인의 선거운동행위로 판단함이 상당하다. 따라서 위 공소사실은 범죄로 되지 아니하는 경우에 해당하므로 형사소송법 제325조 전단에 의하여 피고인에 대하여 무죄를 선고하고, 형법 제58조 제2항에 의하여 피고인에 대한 판결의 요지를 공시한다.

[4] 대법원의 판결[51)]

【피 고 인】 피고인
【상 고 인】 검 사

【원심판결】 광주고법 2010. 11. 11. 선고 2010노353 판결

【주 문】

상고를 기각한다.

【이 유】

상고이유를 판단한다.

2010. 1. 25. 법률 제9974호로 개정된 공직선거법 제60조의3(예비후보자 등의 선거운동) 제1항 제7호에 "문자(문자 외의 음성·화상·동영상 등은 제외한다. 이하 이 호에서 같다)메시지를 이용하여 선거운동정보를 전송하는 행위. 이 경우 문자메시지를 컴퓨터 및 컴퓨터 이용기술을 활용한 자동 동보통신(동보통신)의 방법으로 전송할 수 있는 횟수는 5회를 넘을 수 없다."라는 규정을 신설하였고, 같은 법 제82조의4(정보통신망을 이용한 선거운동) 제1항 제3호에 "문자(문자 외의 음성·화상·동영상 등은 제외한다)메시지를 이용하여 선거운동정보를 전송하는 방법. 이 경우 컴퓨터 및 컴퓨터 이용기술을 활용한 자동 동보통신의 방법으로 전송할 수 있는 사람은 후보자에 한정하며, 그 횟수는 예비후보자로서 행한 횟수를 포함하여 5회를 넘을 수 없다."라고 규정하고 있으므로, 컴퓨터 및 컴퓨터 이용기술을 활용한 자동 동보통신(동보통신)의 방법으로 문자메시지를 이용하여 선거운동정보를 전송하는 행위는 예비후보자와

51) 대법원 2011. 3. 24. 선고 2010도15940 판결 【공직선거법위반】

후보자에 한정된다. 그런데 컴퓨터 및 컴퓨터 이용기술을 활용한 자동 동보통신(동보통신)의 방법으로 문자메시지를 이용하여 선거운동정보를 전송하는 통상적인 과정을 보면, 문자메시지 발송사이트 가입, 문자메시지 발송사이트 접속, 문자메시지 내용 및 수신자 번호 입력, 전송실행 등 일련의 사실행위로 구성되는바, 이러한 일련의 사실행위를 예비후보자 자신이 직접 실행하여야만 하는지에 관해서 보면, 종전 공직선거법이 변화된 정치·선거환경을 제대로 반영하지 못하고 국민의 일상적인 행위와 선거운동의 자유를 포함한 정치적 자유를 지나치게 제약하고 있는 실정임을 감안하여 예비후보자·후보자의 선거운동의 자유를 보다 확대하는 취지에서 2010. 1. 25. 법률 제9974호로 개정된 공직선거법에서 제60조의3(예비후보자 등의 선거운동) 제1항 제7호를 신설한 점, 같은 항에서 예비후보자가 할 수 있는 선거운동으로 선거사무소에 간판·현판 또는 현수막을 설치·게시하는 행위(제1호), 예비후보자홍보물을 우편발송하는 행위(제4호)를 규정하고 있는데, 그 사실행위를 예비후보자 자신이 직접 실행하여야만 한다고 해석하기 어려운 점, 예비후보자가 명함을 직접 주거나 지지를 호소하는 행위(같은 항 제2호), 전화를 이용하여 송·수화자 간 직접 통화하는 방식으로 지지를 호소하는 행위(같은 항 제6호)와는 달리 문자메시지를 이용하여 선거운동정보를 전송하는 일련의 사실행위 자체가 선거운동으로서 기능하는 것은 아닌 점, 반면 컴퓨터 및 컴퓨터 이용기술을 활용한 자동 동보통신(동보통신)의 방법으로 문자메시지를 이용하여 선거운동정보를 전송하는 행위는 일방적·편면적 행위로서 이를 엄격하게 제한하지 않으면 문자메시지의 대량 또는 무차별 전송으로 이어져 선거운동의 과열과 혼탁을 초래할 위험성이 높다는 점 등을 모두 모아 보면, <u>예비후보자가 자동 동보통신의 방법으로 문자메시지를 전송하는 일련의 사실행위를 자신의 지배하에 두어 자신이 직접 실행하는 것과 동일시할 수 있는 경우에 한하여 그 사실행위를 다른 사람으로 하여금 대체하게 하더라도 예비후보자 자신의 선거운동으로 평가할 수 있을 것이다.</u>

원심판결 이유에 의하면, 피고인은 2010. 6. 2. 치러진 전국동시지방선거 ○○구청장선거를 앞두고 예비후보자로 등록한 공소외인의 선거사무장인 사실, 피고인은 2010. 3. 27. 광주(이하 생략)에 있는 공소외인의 선거사무실에서 공소외인의 지시를 받아 공소외인이 지켜보는 가운데 컴퓨터를 조작하여 공소외인의 아이디로 문자발송서비스 사이트(사이트 주소 생략)에 접속한 다음, 선거구민 38,406명에게 공소외인에 대한 지지를 부탁하는 내용의 문자메시지를 발송한 사실, 피고인의 위 문자메시지 발송행위는 공직선거법이 예비후보자 또는 후보자에게 허용하는 문자메시지 발송횟수 5회 중에 4회째에 해당하는 사실, 한편 위 문자발송서비스 사이트는 공소외인의 명의로 가입되어 있고, 문자메시지 발송비용은 공소외인의 선거비용 지출통장에서 지급되었으며, 발신번호 표시는 공소외인의 선거사무소 번호로 하였고, 수신거부 시 발신자의 비용부담이 없도록 080번호를 부여한 사실을 알 수 있다.

앞서 본 법리와 사실관계에 의하면, 피고인이 위와 같이 문자메시지를 발송한 행위는 예비후보자인 공소외인의 지배하에서 공소외인 자신이 직접 실행한 것과 동일하게 평가할 수 있다. 원심이 같은 취지에서 피고인의 위와 같은 행위는 공직선거법 제60조의3 제1항 제7호에 의하여 위 공소외인에게 허용된 공소외인의 선거운동행위로 봄이 상당하다고 판단한 것은 정당하고, 거기에 상고이유로 주장하는 법리오해의 위법이 없다.

그러므로 상고를 기각하기로 하여 관여 대법관의 일치된 의견으로 주문과 같이 판결한다.

Chapter 06

선거 홍보차량에 설치된 비디오재생기와 확성장치를 이용하여 선거운동 동영상 등의 영상과 음성을 출력한 사안

[1] 사건의 쟁점

구청장선거에 입후보한 후보자 갑이 선거 홍보차량에 설치된 비디오재생기와 확성장치를 이용하여 선거운동 동영상 등의 영상과 음성을 출력한 사안에서, 확성장치 사용제한 위반으로 인한 공직선거법 위반죄와 비디오기기 사용제한 위반으로 인한 공직선거법 위반죄가 실체적 경합범 관계에 있다고 본 원심판단을 수긍한 사례

[2] 관련법령

공직선거법 제91조 제1항, 제100조, 제255조 제2항 제4호, 제6호

가. 공직선거법 [법률 제10303호, 2010. 5. 17, 타법개정]

제91조(확성장치와 자동차 등의 사용제한) ① 누구든지 이 법의 규정에 의한 공개장소에서의 연설·대담장소 또는 대담·토론회장에서 연설·대담·토론용으로 사용하는 경우를 제외하고는 선거운동을 위하여 확성장치를 사용할 수 없다. 〈개정 2004.3.12〉

② 삭제 〈2004.3.12〉

③ 누구든지 자동차를 사용하여 선거운동을 할 수 없다. 다만, 제79조에 따른 연설·대담장소에서 자동차에 승차하여 선거운동을 하는 경우와 같은 조 제6항에 따른 선거벽보 등을 자동차에 부착하여 사용하는 경우에는 그러하지 아니하다. 〈개정 2004.3.12, 2005.8.4, 2010.1.25〉

④ 정당·후보자·선거사무장 또는 선거연락소장은 제3항 단서에 따른 경우 외에 다음 각 호에 따른 수 이내에서 관할선거관리위원회가 교부한 표지를 부착한 자동차와 선박에

제64조의 선거벽보, 제65조의 선거공보 및 제66조의 선거공약서를 부착하여 운행하거나 운행하게 할 수 있다. 〈개정 1995.4.1, 1997.11.14, 2000.2.16, 2005.8.4, 2007.1.3, 2010.1.25〉

1. 대통령선거와 시·도지사선거
   선거사무소와 선거연락소마다 각 5대·5척 이내
2. 지역구국회의원선거와 자치구·시·군의 장 선거
   후보자마다 각 5대·5척 이내
3. 지역구시·도의원선거
   후보자마다 각 2대·2척 이내
4. 지역구자치구·시·군의원선거
   후보자마다 각 1대·1척

제100조(녹음기 등의 사용금지) 누구든지 선거기간중 이 법의 규정에 의하지 아니하고는 녹음기나 녹화기(비디오 및 오디오기기를 포함한다)를 사용하여 선거운동을 할 수 없다. 〈개정 2004.3.12, 2005.8.4〉

제255조(부정선거운동죄) ① 다음 각 호의 어느 하나에 해당하는 자는 3년 이하의 징역 또는 600만원 이하의 벌금에 처한다. 〈개정 1995.12.30, 1997.11.14, 1998.4.30, 2000.2.16, 2002.3.7, 2004.3.12, 2005.8.4, 2009.2.12, 2010.1.25〉

1. 제57조의6 제1항을 위반하여 당내경선에서 경선운동을 한 사람
2. 제60조(선거운동을 할 수 없는 자) 제1항의 규정에 위반하여 선거운동을 하거나 하게 한 자 또는 같은 조 제2항이나 제205조(선거운동기구의 설치 및 선거사무관계자의 선임에 관한 특례) 제4항의 규정에 위반하여 선거사무장 등으로 되거나 되게 한 자
3. 제61조(선거운동기구의 설치) 제1항의 규정에 위반하여 선거운동기구를 설치하거나 이를 설치하여 선거운동을 한 자
4. 제62조 제1항부터 제4항까지의 규정을 위반하여 선거사무장·선거연락소장·선거사무원 또는 활동보조인을 선임한 자
5. 제68조 제2항 또는 제3항(어깨띠의 규격을 말한다)을 위반하여 어깨띠, 모자나 옷, 표찰·수기·마스코트·소품, 그 밖의 표시물을 사용하여 선거운동을 한 사람
6. 제80조(演說禁止場所)의 규정에 위반하여 선거운동을 위한 연설·대담을 한 자
7. 제81조(단체의 후보자 등 초청 대담·토론회) 제1항의 규정에 위반하여 후보자 등 초청 대담·토론회를 개최한 자
8. 제81조 제7항[제82조(언론기관의 후보자등 초청 대담·토론회) 제4항에서 준용하는 경우를

포함한다]의 규정에 위반하여 대담·토론회를 개최한 자

9. 제85조(지위를 이용한 선거운동금지) 제2항 또는 제3항의 규정에 위반한 행위를 하거나 하게 한 자
10. 제86조 제1항 제1호부터 제3호까지·제2항 또는 제5항을 위반한 사람 또는 같은 조 제6항을 위반한 행위를 한 사람
11. 제87조(단체의 선거운동금지) 제1항의 규정을 위반하여 선거운동을 하거나 하게 한 자 또는 동조 제2항의 규정을 위반하여 사조직 기타 단체를 설립·설치하거나 하게 한 자
12. 제88조(타 후보자를 위한 선거운동금지) 본문의 규정에 위반하여 다른 정당이나 후보자를 위한 선거운동을 한 자
13. 제89조(유사기관의 설치금지) 제1항 본문의 규정에 위반하여 유사기관을 설립·설치하거나 기존의 기관·단체·조직 또는 시설을 이용한 자
14. 삭제 〈2004.3.12〉
15. 제92조(영화 등을 이용한 선거운동금지)의 규정에 위반하여 저술·연예·연극·영화나 사진을 배부·공연·상연·상영 또는 게시하거나 하게 한 자
16. 제105조(행렬등의 금지) 제1항의 규정에 위반하여 무리를 지어 거리행진·인사 또는 연달아 소리 지르는 행위를 한 사람
17. 제106조(호별방문의 제한) 제1항 또는 제3항의 규정에 위반하여 호별로 방문하거나 하게 한 자
18. 제107조(서명·날인운동의 금지)의 규정에 위반하여 서명이나 날인을 받거나 받게 한 자
19. 제109조 제1항 또는 제2항을 위반하여 서신·전보·모사전송·전화 그 밖에 전기통신의 방법을 이용하여 선거운동을 하거나 하게 한 자나 같은 조 제3항을 위반하여 협박하거나 하게 한 자
20. 제218조의14 제1항·제6항 또는 제7항을 위반하여 재외선거권자를 대상으로 선거운동을 한 자

② 다음 각 호의 어느 하나에 해당하는 자는 2년 이하의 징역 또는 400만원 이하의 벌금에 처한다. 〈개정 1995.12.30, 1997.11.14, 1998.4.30, 2000.2.16, 2002.3.7, 2004.3.12, 2005.8.4, 2007.1.3, 2008.2.29, 2010.1.25〉

1. 제60조의3 제1항 제4호 후단을 위반하여 예비후보자홍보물을 작성한 자

1의2. 대통령선거 및 지방자치단체의 장선거의 예비후보자가 아닌 자로서 제60조의4 제1항의 예비후보자공약집을 발간·배부한 자, 같은 항을 위반하여 1종을 넘어 예비후보자공약집을 발간·배부한 자, 같은 항을 위반하여 예비후보자공약집을 통상적인 방법으로 판매하지 아니하거나 방문판매의 방법으로 판매한 자, 같은 조

제2항을 위반하여 예비후보자공약집을 발간·배부한 자

1의3. 제64조 제1항·제9항, 제65조 제1항·제2항, 제66조 제1항부터 제5항까지를 위반하여 선거벽보·선거공보 또는 선거공약서를 선거운동을 위하여 작성·사용하거나 하게 한 자

2. 삭제 〈2010.1.25〉

3. 제57조의3(당내경선운동) 제1항의 규정을 위반하여 경선운동을 한 자

4. <u>제91조(확성장치와 자동차 등의 사용제한) 제1항·제3항 또는 제216조(4개 이상 선거의 동시실시에 관한 특례) 제1항의 규정에 위반하여 확성장치나 자동차를 사용하여 선거운동을 하거나 하게 한 자</u>

5. 제93조(탈법방법에 의한 문서·도화의 배부·게시 등 금지) 제1항의 규정에 위반하여 문서·도화 등을 배부·첩부·살포·게시·상영하거나 하게 한 자, 같은 조 제2항의 규정에 위반하여 광고 또는 출연을 하거나 하게 한 자 또는 제3항의 규정에 위반하여 신분증명서·문서 기타 인쇄물을 발급·배부 또는 징구하거나 하게 한 자

6. <u>제100조(녹음기 등의 사용금지)의 규정에 위반하여 녹음기 또는 녹화기를 사용하여 선거운동을 하거나 하게 한 자</u>

7. 삭제 〈1995.12.30〉

8. 제271조의2(선거에 관한 광고의 제한) 제1항의 규정에 의한 광고중지요청에 불응하여 광고를 하거나 광고게재를 의뢰한 자

③ 다음 각 호의 어느 하나에 해당하는 사람은 5년 이하의 징역에 처한다. 〈개정 2010.1.25〉

1. 제57조의6 제2항을 위반하여 경선운동을 한 사람
2. 제85조 제1항을 위반하여 선거운동을 한 사람

④ 제82조의5(선거운동정보의 전송제한) 제1항의 규정을 위반하여 선거운동정보를 전송한 자, 동조 제2항의 규정을 위반하여 선거운동정보에 해당하는 사실 등을 선거운동정보에 명시하지 아니하거나 허위로 명시한 자, 동조 제3항의 규정을 위반하여 수신자의 동의를 얻지 아니하고 선거운동정보를 전송한 자, 동조 제4항의 규정을 위반하여 기술적 조치를 한 자, 동조 제5항의 규정을 위반하여 비용을 수신자에게 부담하도록 한 자, 동조 제6항의 규정을 위반하여 선거운동정보를 전송한 자는 1년 이하의 징역 또는 100만원 이하의 벌금에 처한다. 〈신설 2004.3.12, 2005.8.4〉

[2006헌마1096, 2008.05.29, 공직선거법(2005. 8. 4. 법률 제7681호로 개정된 것) 제255조 제1항 제10호 중 '제86조 제1항 제2호' 부분은 공무원의 지위를 이용하지 아니한 행위에 대하여 적용하는 한 헌법에 위반된다.]

[3] 대법원의 판결[52)]

【피 고 인】 피고인
【상 고 인】 피고인

【원심판결】 부산고법 2010. 11. 17. 선고 2010노771 판결
【주　　문】
상고를 기각한다.

【이　　유】
상고이유를 판단한다.
원심판결 및 제1심판결 이유에 의하면, 원심이 유지한 제1심판결은, "후보자 등은 공개장소에서의 연설·대담을 하는 경우 등을 제외하고는 선거운동을 위하여 비디오기기를 사용할 수 없고, 연설·대담장소 또는 대담·토론회장에서 연설·대담·토론용으로 사용하는 경우를 제외하고는 선거운동을 위하여 확성장치를 사용할 수 없으며 확성장치 등의 사용이 허용되는 경우에도 야간에는 그 사용이 제한됨에도 불구하고, 피고인이 그 판시의 일시, 장소에서 선거 홍보차량에 설치된 비디오재생기와 확성장치를 이용하여 선거운동 동영상 등의 영상과 음성을 출력하였다."는 공소사실을 유죄로 인정하면서, 확성장치 사용제한 위반으로 인한 공직선거법 위반죄(공직선거법 제255조 제2항 6호, 제100조)와 비디오기기 사용제한 위반으로 인한 공직선거법 위반죄(공직선거법 제255조 제2항 4호, 제91조 제1항)를 실체적 경합범으로 판단하였다. 죄수관계에 관한 위와 같은 원심판단은 정당하고 거기에 상고이유 주장과 같은 실체적 경합범에 관한 법리오해 등의 위법은 없다.
그러므로 상고를 기각하기로 하여 관여 대법관의 일치된 의견으로 주문과 같이 판결한다.

---

52) 대법원 2011. 3.24. 선고 2010도15937 판결 【공직선거법위반】

Chapter 07

후보자에 관한 부정적 사실을 당 홈페이지에 게재한 사안

[1] 사건의 쟁점

1. 공직선거법 제251조 본문에서 정한 '후보자가 되고자 하는 자'의 의미
2. 공직선거법 제251조 본문에서 정한 '당선되거나 되게 하거나 되지 못하게 할 목적'이 있는지 여부의 판단 기준
3. 공직선거법 제251조 본문에서 정한 '사실의 적시'의 의미와 판단 기준
4. '사실의 적시'가 공직선거법 제251조 단서에 따라 위법성이 조각되기 위한 요건
5. 특정 정당 구의원 예비후보로 등록한 피고인이 같은 당 비례대표 시의원 후보자가 되고자 하는 갑의 활동, 태도 및 학력 등에 관한 사실을 부정적으로 적시한 게시물을 수회에 걸쳐 같은 당 홈페이지 자유게시판에 게재한 사안에서, 피고인에게 공직선거법 제251조의 후보자비방죄를 인정한 원심판단을 수긍한 사례
6. 공직선거법 제251조가 죄형법정주의의 명확성 원칙에 반하여 무효인지 여부(소극)

[2] 관련법령

1. 공직선거법 제251조
2. 공직선거법 제251조
3. 공직선거법 제251조
4. 공직선거법 제251조
5. 공직선거법 제251조
6. 형법 제1조 제1항, 헌법 제12조 제1항, 공직선거법 제251조

가. 공직선거법 [법률 제10303호, 2010. 5. 17, 타법개정]

제251조(후보자비방죄) 당선되거나 되게 하거나 되지 못하게 할 목적으로 연설·방송·신문·

통신·잡지·벽보·선전문서 기타의 방법으로 공연히 사실을 적시하여 후보자(후보자가 되고자 하는 자를 포함한다), 그의 배우자 또는 직계존·비속이나 형제자매를 비방한 자는 3년 이하의 징역 또는 500만원 이하의 벌금에 처한다. 다만, 진실한 사실로서 공공의 이익에 관한 때에는 처벌하지 아니한다.

나. 형법 [법률 제10259호, 2010. 4. 15, 일부개정]

제1조(범죄의 성립과 처벌) ① 범죄의 성립과 처벌은 행위시의 법률에 의한다.
② 범죄 후 법률의 변경에 의하여 그 행위가 범죄를 구성하지 아니하거나 형이 구법보다 경한 때에는 신법에 의한다.
③ 재판확정 후 법률의 변경에 의하여 그 행위가 범죄를 구성하지 아니하는 때에는 형의 집행을 면제한다.

다. 헌법 [헌법 제10호, 1987. 10. 29, 전부개정]

제12조 ① 모든 국민은 신체의 자유를 가진다. 누구든지 법률에 의하지 아니하고는 체포·구속·압수·수색 또는 심문을 받지 아니하며, 법률과 적법한 절차에 의하지 아니하고는 처벌·보안처분 또는 강제노역을 받지 아니한다.
② 모든 국민은 고문을 받지 아니하며, 형사상 자기에게 불리한 진술을 강요당하지 아니한다.
③ 체포·구속·압수 또는 수색을 할 때에는 적법한 절차에 따라 검사의 신청에 의하여 법관이 발부한 영장을 제시하여야 한다. 다만, 현행범인인 경우와 장기 3년 이상의 형에 해당하는 죄를 범하고 도피 또는 증거인멸의 염려가 있을 때에는 사후에 영장을 청구할 수 있다.
④ 누구든지 체포 또는 구속을 당한 때에는 즉시 변호인의 조력을 받을 권리를 가진다. 다만, 형사피고인이 스스로 변호인을 구할 수 없을 때에는 법률이 정하는 바에 의하여 국가가 변호인을 붙인다.
⑤ 누구든지 체포 또는 구속의 이유와 변호인의 조력을 받을 권리가 있음을 고지받지 아니하고는 체포 또는 구속을 당하지 아니한다. 체포 또는 구속을 당한 자의 가족등 법률이 정하는 자에게는 그 이유와 일시·장소가 지체없이 통지되어야 한다.
⑥ 누구든지 체포 또는 구속을 당한 때에는 적부의 심사를 법원에 청구할 권리를 가진다.
⑦ 피고인의 자백이 고문·폭행·협박·구속의 부당한 장기화 또는 기망 기타의 방법에 의하여 자의로 진술된 것이 아니라고 인정될 때 또는 정식재판에 있어서 피고인의 자백이

그에게 불리한 유일한 증거일 때에는 이를 유죄의 증거로 삼거나 이를 이유로 처벌할 수 없다.

[3] 서울고등법원의 판결53)

【피 고 인】 피고인
【항 소 인】 쌍 방
【검 사】 검 사
【변 호 인】 법무법인

【원심판결】 서울중앙지방법원 2010. 11. 5. 선고 2010고합1358 판결
【주 문】
피고인과 검사의 항소를 모두 기각한다.

【이 유】
1. 항소이유의 요지
가. 피고인
(1) 사실오인 또는 법리오해
피고인은 구의원 공천과정의 공정성을 촉구하고 지역위원장 공소외인의 불공정 행위를 ○○당 집행부에 알림으로써 공정한 재심사가 이루어지게 하기 위하여 이 사건 각 게시물을 게재한 것이지, 공소외인이 당선되지 못하게 할 목적으로 그러한 게재행위를 한 것이 아니다. 또한 공소외인은 비례대표 선거에 출마하려고 한 것이므로 피고인의 행위가 공소외인의 후보 순위나 당선 여부에 아무런 영향을 미칠 수 없고, 또한 피고인의 행위는 공소외인에 대한 ○○당의 후보자 추천에 관한 단순한 지지·반대의 의견개진 또는 의사표시에 불과한바, 이러한 이유에서도 피고인에게 공소외인에 대한 낙선 목적을 인정할 수 없다.
그럼에도 원심은 피고인이 공소외인을 비례대표 서울시의원으로 당선되지 못하게 할 목적을 가지고 있다고 인정하였으니, 원심에는 사실을 오인하거나 관련 법리를 오해하여 판결에 영향을 미친 위법이 있다.
(2) 위법성의 조각
피고인이 게재한 글은 그 내용이 진실이고 공공의 이익에 관한 것이므로 가사

53) 서울고등법원 2010. 12. 24. 선고 2010노3082 판결 **【공직선거법위반】**

피고인의 행위가 공소외인에 대한 후보자 비방에 해당한다고 하더라도 그 위법성이 조각된다.

(3) 양형부당

제반 양형조건에 비추어 원심의 선고형(벌금 150만원)은 너무 무거워서 부당하다.

나. 검사(양형부당)

사안의 내용, 범행 후의 정황 등에 비추어 원심의 위 선고형은 너무 가벼워서 부당하다.

2. 판 단

가. 피고인의 사실오인 또는 법리오해 등 주장에 관하여

(1) 공소외인에 대한 낙선 목적의 인정 여부

원심이 적법하게 채택·조사한 증거들에 의하면, ① 공소외인은 ○○당 서울강남을 지역위원회의 위원장으로 활동하면서 2009.경부터 주위에 비례대표 서울시의원으로 입후보할 뜻이 있음을 알렸고, 2010. 1.경부터는 피고인을 비롯한 지역위원회 당원들 또는 비례대표후보 추천권한을 가진 ○○당 서울시당 상무위원들에게 입후보 의사를 적극적으로 밝혀 온 점, ② 피고인은 서울특별시 강남(아)선거구의 ○○당 구의원 예비후보로 등록하고 정당공천을 받기를 기대하였으나, 공소외인이 경쟁 예비후보를 편파적으로 옹호한다고 생각하여 그에 대한 불만을 가지고 이 사건 각 게시물을 게재한 점, ③ 피고인은 이 사건 각 게시물에서 지역위원장으로서 공소외인의 활동, 태도 및 학력 등에 관한 사실을 부정적으로 적시하며 공소외인이 ○○당 비례대표 서울시의원이 되어서는 안 된다는 입장을 분명히 밝힌 점, ④ 이 사건 각 게시물은 자극적인 문구를 사용하여 공소외인을 비난하는 한편 강한 어조로 공소외인의 ○○당 비례대표 서울시의원 입후보를 반대하는 내용이 주된 것으로서, 피고인에 관한 공천심사과정의 불공정성을 객관적, 구체적으로 거론하여 그 시정을 구하는 취지는 그렇게 뚜렷이 드러나 있지 않은 점, ⑤ 피고인이 2010. 3. 28.부터 같은 달 30.까지 3일간 11회에 걸쳐 게시물을 게재한 ○○당 서울시당 홈페이지 자유게시판은 당시 ○○당원 뿐만 아니라 일반인에게도 자유롭게 공개되어 있었으며, 지방선거를 약 2개월 앞두고 정치적 관심이 고조된 탓에 하루 평균 위 자유게시판 접속량 또한 평소의 130건 내지 160건에서 수백 건 정도로 증가하였던 점, ⑥ 공직선거법이 비례대표 지방의원선거에 있어 정당명부식 비례대표제를 채택함에 따라 위 선거는 정당에 대한 선거로서의 성격을 가지는바, 피고인의 공소외인에 대한 비방행위는 그 소속 정당인 ○○당에 대한 선거인들의 투표에 부정적 영향을 미치게 되어 결국 ○○당 서울시의원 비례대표 후보자가 되려는 공소외인의 당선에 불리한 결과를 초래하게 되는 점 등이

인정되는바, 위와 같은 공소외인의 정치적 신분과 이에 대한 피고인의 인식, 피고인의 이 사건 행위 동기, 각 게시물의 내용과 취지, 게재 시기와 횟수, 위 자유게시판의 성격과 당시 상황, 비례대표 선거의 특성 등에 관한 제반 사정들을 종합하면, 피고인은 단순히 공천과정의 공정성을 촉구하거나 정당의 후보자 추천에 관한 의견을 개진하기 위한 차원이 아니라, ○○당 비례대표 서울시의원 후보자가 되고자 하는 공소외인으로 하여금 선거에서 당선되지 못하게 할 목적으로 이 사건 각 게시물을 게재하여 공소외인을 비방하였다고 봄이 상당하다.

따라서 같은 취지로 피고인의 공소외인에 대한 낙선 목적을 인정한 원심의 판단은 정당하고, 거기에 피고인이 주장하는 바와 같은 사실오인 또는 법리오해의 위법은 없다.

(2) 위법성의 조각 여부

앞서 본 피고인의 이 사건 각 게시물의 게재 동기, 게시물의 내용과 취지, 사용된 표현의 내용, 게시 횟수와 시기 및 방법 등에 관한 제반 사정을 종합하면, 피고인이 소명한 자료만으로는 이 사건 각 게시물에서 적시한 공소외인에 관한 사실이 진실하다거나 피고인이 이를 진실한 것으로 믿었고 또 그렇게 믿을만한 상당한 이유가 있었다고 보기 어렵다. 또한 위 사정들에 의하면 당시 피고인은 공소외인에 대한 불만으로 인하여 그를 비례대표 서울시의원으로 당선되지 못하게 하겠다는 것이 중요한 동기가 되어 이 사건 각 게시물을 게재하였다고 보이므로, 피고인에게 공적 이익을 위한다는 뜻이 일부 있었다고 하더라도 양자 사이에 상당성을 인정할 수 없다. 따라서 위법성 조각에 관한 피고인의 주장은 이유 없다.

나. 쌍방의 양형부당 주장에 관하여

피고인이 잘못을 뉘우치고 있고, 과거 선거범죄로 처벌받은 전력이 없는 점, 치밀한 사전 계획에 의했다기보다는 공소외인에 대한 불만으로 흥분한 상태에서 이 사건 범행에 이른 것으로 보이는 점, 이 사건 이후 다른 선거구에서 구의원으로 당선되어 나름대로 성실한 의정활동을 보이고 있는 점 등 피고인에게 참작할 정상들이 있다.

그러나 이 사건 범행은 피고인이 공천심사 과정에서 비롯된 개인적 불만을 이유로 피해 후보자 개인의 인격과 사회적 평가를 심하게 훼손하는 한편 선거인들의 피해 후보자 및 소속정당에 대한 선거의사를 왜곡시켜 선거의 공정성을 침해할 수 있는 중대한 선거범죄에 해당하는 점, 이 사건 게시물에 나타난 표현과 비방의 정도가 상당히 자극적이고 악의적이어서 범행의 죄질이 가볍지 아니한 점, 피고인의 범행으로 인하여 공소외인이 입은 정치적, 인격적 피해가 상당함에도 이 법원에 이르기까지 공소외인으로부터 제대로 용서를 얻지 못한 점, 공직선거 후보자에게는 일반인보다 훨씬 높은 수준의 준법의식, 도덕성과 품격 등의 자질이 요구되는 점 등의 사정을 고려하면 피고인에게 대해서 엄중한 처벌이 불가피하다.

위와 같은 사정들과 함께 피고인의 연령, 성행, 경력, 이 사건 범행의 경위, 동기, 수단, 방법 및 결과 등 변론과정에 나타난 제반 양형조건들을 모두 종합하면, 원심의 양형은 적정한 것으로서, 너무 무겁거나 가벼워서 부당하다고 보이지 않는다. 따라서 쌍방의 양형부당 주장은 모두 이유 없다.

3. 결 론

그렇다면 이 사건 피고인과 검사의 항소는 이유 없어 형사소송법 제364조 제4항에 따라 이를 모두 기각하기로 하여 주문과 같이 판결한다.

[4] 대법원의 판결[54)]

【피 고 인】 피고인

【상 고 인】 피고인

【원심판결】 서울고법 2010. 12. 24. 선고 2010노3082 판결

【주 문】

상고를 기각한다.

【이 유】

상고이유를 살펴본다.

1. 상고이유 제1, 2점에 관하여

공직선거법 제251조 본문의 '후보자가 되고자 하는 자'에는 선거에 출마할 예정인 사람으로서 정당에 공천신청을 하거나 일반 선거권자로부터 후보자추천을 받기 위한 활동을 벌이는 등 입후보의사가 확정적으로 외부에 표출된 사람뿐만 아니라 그 신분·접촉대상·언행 등에 비추어 선거에 입후보할 의사를 가진 것을 객관적으로 인식할 수 있을 정도에 이른 사람도 포함된다(대법원 2004. 4. 28. 선고 2003도4363 판결, 대법원 2009. 1. 15. 선고 2008도10365 판결 등 참조).

상고이유 중 공천을 받지 않은 자는 공직선거법 제251조의 '후보자가 되고자 하는 자'에 해당하지 않는다는 취지의 주장은 피고인이 이를 항소이유로 삼거나 원심이 직권으로

---

54) 대법원 2011. 3. 10. 선고 2011도168 판결 【공직선거법위반】

심판대상으로 삼은 바가 없는 것을 상고이유에서 비로소 주장하는 것으로서 적법한 상고이유가 되지 못할 뿐만 아니라, 원심이 채택한 증거들에 의하면, 공소외인은 ○○당 서울강남을 지역위원회의 위원장으로 활동하면서 2009년경부터 주위에 비례대표 서울시의원으로 입후보할 뜻이 있음을 알렸고 2010. 1.경부터는 피고인을 비롯한 지역위원회 당원들 또는 비례대표후보 추천권한을 가진 ○○당 서울시당 상무위원들에게 입후보 의사를 적극적으로 밝혀 왔음을 알 수 있는바, 앞서 본 법리에 비추어 보면 공소외인은 공직선거법 제251조의 '후보자가 되고자 하는 자'에 해당한다고 할 것이다.

따라서 원심판결에 공직선거의 후보자가 되고자 하는 자에 관한 법리오해, 채증법칙 위반 등의 잘못이 없으며, 정당의 공천을 받은 후보자만이 공직선거법 제251조의 '후보자가 되고자 하는 자'에 해당한다는 취지의 피고인의 주장은 독자적인 주장에 불과하다.

2. 상고이유 제3점에 관하여

<u>공직선거법 제251조 본문의 후보자비방죄에서 말하는 '당선되거나 되게 하거나 되지 못하게 할 목적'은 적극적 의욕이나 확정적 인식임을 요하지 아니하고 미필적 인식이 있으면 충분하다 할 것이고, 그 목적이 있었는지 여부는 피고인의 사회적 지위, 피고인과 후보자 또는 경쟁 후보자와의 인적 관계, 행위의 동기 및 경위와 수단·방법, 행위의 내용과 태양, 상대방의 성격과 범위, 행위 당시의 사회상황 등 여러 사정을 종합하여 사회통념에 비추어 합리적으로 판단하여야 한다</u>(대법원 2004. 4. 28. 선고 2003도4363 판결, 대법원 2008. 9. 11. 선고 2008도5917 판결 등 참조).

원심은 그 채택 증거에 의하여, ① 피고인은 서울특별시 강남(아)선거구의 ○○당 구의원 예비후보로 등록하고 정당공천을 받기를 기대하였으나, 공소외인이 경쟁 예비후보를 편파적으로 옹호한다고 생각하여 그에 대한 불만을 가지고 이 사건 각 게시물을 게재한 점, ② 피고인은 이 사건 각 게시물에서 지역위원장인 공소외인의 활동, 태도 및 학력 등에 관한 사실을 부정적으로 적시하며 공소외인이 ○○당 비례대표 서울시의원이 되어서는 안 된다는 입장을 분명히 밝힌 점, ③ 이 사건 각 게시물은 자극적인 문구를 사용하여 공소외인을 비난하는 한편, 강한 어조로 공소외인의 ○○당 비례대표 서울시의원 입후보를 반대하는 것이 주된 내용인 점, ④ 피고인이 2010. 3. 28.부터 같은 달 30일까지 3일간 11회에 걸쳐 게시물을 게재한 ○○당 서울시당 홈페이지 자유게시판은, 당시 ○○당원 뿐만 아니라 일반인에게도 자유롭게 공개되어 있었으며, 지방선거를 약 2개월 앞두고 정치적 관심이 고조된 탓에 위 자유게시판 접속량 또한 평소보다 훨씬 증가하였던 점, ⑤ 공직선거법이 비례대표 지방의원 선거에 있어 정당명부식 비례대표제를 채택함에 따라 위 선거는 정당에 대한 선거로서의 성격을 지니는바, 피고인의 공소외인에 대한 비방행위는 그 소속 정당인 ○○당에 대한 선거인들의 투표에 부정적 영향을

미쳐 결국 ○○당 서울시의원 비례대표 후보자가 되려는 공소외인의 당선에 불리한 결과를 초래하게 되는 점 등을 인정한 다음, 공소외인의 정치적 신분과 이에 대한 피고인의 인식, 피고인의 이 사건 행위 동기, 각 게시물의 내용과 취지, 게재 시기와 횟수, 위 자유게시판의 성격과 당시 상황, 비례대표 선거의 특성 등에 관한 제반 사정들을 종합하면, 피고인은 단순히 공천과정의 공정성을 촉구하거나 정당의 후보자 추천에 관한 의견을 개진하기 위한 것이 아니라, ○○당 비례대표 서울시의원 후보자가 되고자 하는 공소외인으로 하여금 선거에서 당선되지 못하게 할 목적으로 이 사건 각 게시물을 게재하였다고 봄이 상당하다고 판단하였다.

앞서 본 법리와 기록에 비추어 살펴보면 원심의 위와 같은 판단은 정당한 것으로 수긍할 수 있고, 거기에 상고이유의 주장과 같은 '당선되지 못하게 할 목적'에 관한 채증법칙 위반 등의 잘못이 없다.

한편 상고이유보충서에서 들고 있는 대법원판결은, 피고인이 공소외인이 ○○당 비례대표 서울시의원이 되어서는 안 된다는 의사를 분명하게 밝힌 이 사건과는 사안이 달라, 이 사건에 원용하기에 적절하지 아니하다.

3. 상고이유 제4, 5점에 관하여

공직선거법 제251조 본문의 '사실의 적시'란 가치판단이나 평가를 내용으로 하는 의견표현에 대치되는 개념으로서 시간과 공간적으로 구체적인 과거 또는 현재의 사실관계에 관한 보고 내지 진술을 의미하고, 그 표현내용이 증거에 의한 입증이 가능한 것을 말하는바, 어느 진술이 사실인가 또는 의견인가를 구별함에 있어서는 언어의 통상적 의미와 용법, 입증가능성, 문제된 말이 사용된 문맥, 그 표현이 행하여진 사회적 정황 등 전체적 정황을 고려하여 판단하여야 하며, 의견표현과 사실의 적시가 혼재되어 있는 때에는 이를 전체적으로 보아 사실을 적시하여 비방한 것인지 여부를 판단하여야 한다(대법원 2004. 6. 25. 선고 2004도2062 판결 등 참조).

그리고 '사실의 적시'가 공직선거법 제251조 단서의 규정에 의하여 위법성이 조각되기 위하여는, ① 적시된 사실이 전체적으로 보아 진실에 부합할 것, ② 그 내용이 객관적으로 공공의 이익에 관한 것일 것, ③ 행위자도 공공의 이익을 위하여 그 사실을 적시한다는 동기를 가지고 있을 것이 요구되며, 다만 반드시 공공의 이익이 사적 이익보다 우월한 동기가 되어야 하는 것은 아니나 사적 이익과 비교하여 공공의 이익이 명목상 동기에 불과하여 부수적인 데 지나지 아니하는 경우에는 공공의 이익에 관한 것으로 볼 수 없다.

원심은 그 판시 사실을 인정한 다음, 피고인은 단순히 공천과정의 공정성을 촉구하거나 정당의 후보자 추천에 관한 의견을 개진한 것이 아니라, ○○당 비례대표 서울시의원 후보자가 되고자 하는 공소외인으로 하여금 선거에서 당선되지 못하게 할 목적으로 사실을 적시하여 후보자를 비방하였다고 봄이 상당하고, 이 사건 각 게시물의 게재 동기, 게시물의 내용과 취지, 사용된 표현의 내용, 게시 횟수와 시기 및 방법 등에 관한 제반 사정을 종합하면, 피고인이 공소외인에 대한 불만으로 인하여 그를 비례대표 서울시의원으로 당선되지 못하게 하겠다는 것이 중요한 동기가 되어 이 사건 각 게시물을 게재하였다고 보이므로, 피고인에게 공적 이익을 위한다는 뜻이 일부 있었다고 하더라도 위법성이 조각되지 아니한다고 판단하였는바, 위에서 본 법리와 기록에 비추어 살펴보면 원심의 위와 같은 판단은 정당한 것으로 수긍이 가며, 거기에 공직선거법 제251조의 사실의 적시와 위법성조각사유에 관한 법리오해 등의 잘못이 없다.

4. 상고이유 제6점에 관하여

형사소송법 제254조 제4항에서 범죄의 일시·장소와 방법을 명시하여 공소사실을 특정하도록 한 취지는 법원에 대하여 심판의 대상을 한정하고 피고인에게 방어의 범위를 특정하여 그 방어권 행사를 용이하게 하기 위한 데 있는 것이므로, 공소제기된 범죄의 성격에 비추어 그 공소의 원인이 된 사실을 다른 사실과 구별할 수 있을 정도로 그 일시·장소·방법·목적 등을 적시하여 특정하면 족하고, 그 일부가 다소 불명확하더라도 그와 함께 적시된 다른 사항들에 의하여 그 공소사실을 특정할 수 있고, 그리하여 피고인의 방어권 행사에 지장이 없다면 공소제기의 효력에 영향이 없다(대법원 2010. 4. 29. 선고 2010도2556 판결 등 참조).

위 법리에 비추어 살펴보면, 이 사건 공소사실만으로도 '당선되지 못하게 할 목적인 선거'는 서울시 비례대표의원 선거임을 알 수 있고, 공소사실에 공소외인이 후보자가 되고자 하는 자에 해당하는 구체적인 근거를 설시하지 않더라도 법원의 심판대상의 한정과 피고인의 방어권 행사에 지장이 없으므로 공소제기의 효력에 영향이 없다고 할 것이다. 따라서 원심판결에 공소사실의 특정에 관한 법리를 오해한 잘못이 없다.

5. 상고이유 제7점에 관하여

처벌법규의 입법 목적이나 전체적 내용, 구조 등을 살펴보아 사물의 변별능력을 갖춘 일반인의 이해와 판단으로서 그의 구성요건요소에 해당하는 행위유형을 정형화하거나 한정할 합리적 해석기준을 찾을 수 있다면 죄형법정주의가 요구하는 형벌법규의 명확성의 원칙에 반하는 것이 아니라 할 것이다(대법원 2001. 11. 13. 선고 2001도3531 판결, 대법원 2002. 7. 26. 선고 2002도1855 판결 등 참조).

공직선거법 제251조 본문의 '후보자가 되고자 하는 자'에는 선거에 출마할 예정인 사람으로서 정당에 공천신청을 하거나 일반 선거권자로부터 후보자추천을 받기 위한 활동을 벌이는 등 입후보의사가 확정적으로 외부에 표출된 사람뿐만 아니라 그 신분·접촉대상·

언행 등에 비추어 선거에 입후보할 의사를 가진 것을 객관적으로 인식할 수 있을 정도에 이른 사람도 포함되고(대법원 2004. 4. 28. 선고 2003도4363 판결, 대법원 2009. 1. 15. 선고 2008도10365 판결 등 참조), 같은 조 단서의 '공공의 이익에 관한 때'라 함은 널리 국가·사회 기타 일반 다수인의 이익에 관한 것뿐만 아니라 특정한 사회집단이나 그 구성원 전체의 이익에 관한 것도 포함된다고 할 것인바(대법원 2008. 11. 13. 선고 2008도6342 판결 등 참조), 위에서 든 법리에 비추어 볼 때 공직선거법 제251조는 죄형법정주의가 요구하는 명확성을 갖추었다고 할 것이고, 피고인의 주장과 같이 지극히 불명확한 개념을 사용하여 죄형법정주의의 명확성의 원칙에 반하는 무효의 조항이라고 할 수 없다.

6. 결 론

그러므로 상고를 기각하기로 하여, 관여 대법관의 일치된 의견으로 주문과 같이 판결한다.

Chapter 08

벽보 등을 이용한 단체 등의 선전행위

[1] 사건의 쟁점

1. 공직선거법 제89조 제2항 본문 후단에서 정한 '그 명의를 유추할 수 있는 방법으로' 선전하는 행위의 의미 및 벽보 등을 이용한 단체 등의 선전행위가 정당이나 후보자의 명의를 쉽게 유추할 수 있는 방법에 해당하는지를 판단하는 기준(=일반 선거구민)
2. 석산 개발을 반대하거나 지하철 유치 예비타당성 검토방침을 환영한다는 취지의 본문과 함께 지방선거에 출마한 후보자가 설립한 추진위원회와 그 후보자가 개설한 인터넷카페의 명칭 및 그 카페 인터넷주소가 표시된 현수막을 게시한 사안에서, 위 현수막이 후보자의 명의를 유추할 수 있는 방법으로 이용되지 않았다고 본 원심판단을 수긍한 사례
3. 지방선거에 출마한 후보자가 입후보 전 자신이 설립한 추진위원회 회원 등을 통해 후보자의 성명과 사진이 들어있는 추진위원회 명의의 전단지를 선거구민들에게 배부한 사안에서, 전단지 배부 당시 후보자가 이미 지방선거에 입후보할 의사를 갖고 있었던 점 등에 비추어 전단지 배부행위는 사전선거운동 및 탈법적 문서배부행위에 해당한다고 본 원심판단을 수긍한 사례

[2] 관련법령

1. 공직선거법 제89조 제2항
2. 공직선거법 제89조 제2항
3. 공직선거법 제93조 제1항, 제254조 제2항, 제255조 제2항 제5호

가. 공직선거법 [법률 제10303호, 2010. 5. 17, 타법개정]

제89조(유사기관의 설치금지) ① 누구든지 제61조(선거운동기구의 설치) 제1항·제2항의

규정에 의한 선거사무소 또는 선거연락소외에는 후보자(후보자가 되고자 하는 자를 포함한다. 이하 이 조에서 같다)를 위하여 선거추진위원회·후원회·연구소·상담소 또는 휴게소 기타 명칭의 여하를 불문하고 이와 유사한 기관·단체·조직 또는 시설을 새로이 설립 또는 설치하거나 기존의 기관·단체·조직 또는 시설을 이용할 수 없다. 다만, 정당의 중앙당 및 시·도당의 사무소에 설치되는 각 1개의 선거대책기구 및 「정치자금법」에 의한 후원회는 그러하지 아니하다. 〈개정 1997.11.14, 2000.2.16, 2004.3.12, 2005.8.4〉

② 정당이나 후보자가 설립·운영하는 기관·단체·조직 또는 시설은 선거일전 180일(보궐선거등에 있어서는 그 선거의 실시사유가 확정된 때)부터 선거일까지 당해 선거구민을 대상으로 선거에 영향을 미치는 행위를 하거나, 그 기관·단체 또는 시설의 설립이나 활동내용을 선거구민에게 알리기 위하여 정당 또는 후보자의 명의나 그 명의를 유추할 수 있는 방법으로 벽보·현수막·방송·신문·통신·잡지 또는 인쇄물을 이용하거나 그 밖의 방법으로 선전할 수 없다. 다만, 「정치자금법」 제15조(후원금 모금 등의 고지·광고)의 규정에 따른 모금을 위한 고지·광고는 그러하지 아니하다. 〈개정 1997.11.14, 2004.3.12, 2005.8.4〉

第93조(탈법방법에 의한 문서·도화의 배부·게시 등 금지) ① 누구든지 선거일전 180일(보궐선거등에 있어서는 그 선거의 실시사유가 확정된 때)부터 선거일까지 선거에 영향을 미치게 하기 위하여 이 법의 규정에 의하지 아니하고는 정당(창당준비위원회와 정당의 정강·정책을 포함한다. 이하 이 조에서 같다) 또는 후보자(후보자가 되고자 하는 자를 포함한다. 이하 이 조에서 같다)를 지지·추천하거나 반대하는 내용이 포함되어 있거나 정당의 명칭 또는 후보자의 성명을 나타내는 광고, 인사장, 벽보, 사진, 문서·도화, 인쇄물이나 녹음·녹화테이프 그 밖에 이와 유사한 것을 배부·첩부·살포·상영 또는 게시할 수 없다. 다만, 다음 각 호의 어느 하나에 해당하는 행위는 그러하지 아니하다. 〈개정 1997.11.14, 1998.4.30, 2002.3.7, 2004.3.12, 2005.8.4, 2010.1.25〉

1. 선거운동기간 중 후보자, 제60조의3 제2항 각 호의 어느 하나에 해당하는 사람(같은 항 제2호의 경우 선거연락소장을 포함하며, 이 경우 "예비후보자"는 "후보자"로 본다)이 제60조의3 제1항 제2호에 따른 후보자의 명함을 직접 주는 행위
2. 선거기간이 아닌 때에 행하는 「정당법」 제37조 제2항에 따른 통상적인 정당활동

② 누구든지 선거일전 90일부터 선거일까지는 정당 또는 후보자의 명의를 나타내는 저술·연예·연극·영화·사진 그 밖의 물품을 이 법에 규정되지 아니한 방법으로 광고할 수 없으며, 후보자는 방송·신문·잡지 기타의 광고에 출연할 수 없다. 다만, 선거기간이 아닌 때에 「신문 등의 진흥에 관한 법률」 제2조 제1호에 따른 신문 또는 「잡지 등 정기간행물의 진흥에 관한 법률」 제2조에 따른 정기간행물의 판매를 위하여 통상적인 방법으로

광고하는 경우에는 그러하지 아니하다. 〈개정 1998.4.30, 2005.8.4, 2010.1.25〉
③ 누구든지 선거운동을 하도록 권유·약속하기 위하여 선거구민에 대하여 신분증명서·문서 기타 인쇄물을 발급·배부 또는 징구하거나 하게 할 수 없다. 〈신설 1995.12.30〉

제254조(선거운동기간위반죄) ① 선거일에 투표마감시각전까지 선거운동을 한 자는 3년 이하의 징역 또는 600만원 이하의 벌금에 처한다.
② 선거운동기간 전에 이 법에 규정된 방법을 제외하고 선전시설물·용구 또는 각종 인쇄물, 방송·신문·뉴스통신·잡지, 그 밖의 간행물, 정견발표회·좌담회·토론회·향우회·동창회·반상회, 그 밖의 집회, 정보통신, 선거운동기구나 사조직의 설치, 호별방문, 그 밖의 방법으로 선거운동을 한 자는 2년 이하의 징역 또는 400만원 이하의 벌금에 처한다. 〈개정 2010.1.25〉
③ 삭제 〈2010.1.25〉

제255조(부정선거운동죄) ① 다음 각 호의 어느 하나에 해당하는 자는 3년 이하의 징역 또는 600만원 이하의 벌금에 처한다. 〈개정 1995.12.30, 1997.11.14, 1998.4.30, 2000.2.16, 2002.3.7, 2004.3.12, 2005.8.4, 2009.2.12, 2010.1.25〉

1. 제57조의6 제1항을 위반하여 당내경선에서 경선운동을 한 사람
2. 제60조(선거운동을 할 수 없는 자) 제1항의 규정에 위반하여 선거운동을 하거나 하게 한 자 또는 같은 조 제2항이나 제205조(선거운동기구의 설치 및 선거사무관계자의 선임에 관한 특례) 제4항의 규정에 위반하여 선거사무장 등으로 되거나 되게 한 자
3. 제61조(선거운동기구의 설치) 제1항의 규정에 위반하여 선거운동기구를 설치하거나 이를 설치하여 선거운동을 한 자
4. 제62조 제1항부터 제4항까지의 규정을 위반하여 선거사무장·선거연락소장·선거사무원 또는 활동보조인을 선임한 자
5. 제68조 제2항 또는 제3항(어깨띠의 규격을 말한다)을 위반하여 어깨띠, 모자나 옷, 표찰·수기·마스코트·소품, 그 밖의 표시물을 사용하여 선거운동을 한 사람
6. 제80조(演說禁止場所)의 규정에 위반하여 선거운동을 위한 연설·대담을 한 자
7. 제81조(단체의 후보자 등 초청 대담·토론회) 제1항의 규정에 위반하여 후보자 등 초청 대담·토론회를 개최한 자
8. 제81조 제7항[제82조(언론기관의 후보자등 초청 대담·토론회) 제4항에서 준용하는 경우를 포함한다]의 규정에 위반하여 대담·토론회를 개최한 자
9. 제85조(지위를 이용한 선거운동금지) 제2항 또는 제3항의 규정에 위반한 행위를 하거나 하게 한 자

10. 제86조 제1항 제1호부터 제3호까지·제2항 또는 제5항을 위반한 사람 또는 같은 조 제6항을 위반한 행위를 한 사람
11. 제87조(단체의 선거운동금지) 제1항의 규정을 위반하여 선거운동을 하거나 하게 한 자 또는 동조 제2항의 규정을 위반하여 사조직 기타 단체를 설립·설치하거나 하게 한 자
12. 제88조(타 후보자를 위한 선거운동금지) 본문의 규정에 위반하여 다른 정당이나 후보자를 위한 선거운동을 한 자
13. 제89조(유사기관의 설치금지) 제1항 본문의 규정에 위반하여 유사기관을 설립·설치하거나 기존의 기관·단체·조직 또는 시설을 이용한 자
14. 삭제 〈2004.3.12〉
15. 제92조(영화 등을 이용한 선거운동금지)의 규정에 위반하여 저술·연예·연극·영화나 사진을 배부·공연·상연·상영 또는 게시하거나 하게 한 자
16. 제105조(행렬등의 금지) 제1항의 규정에 위반하여 무리를 지어 거리행진·인사 또는 연달아 소리 지르는 행위를 한 사람
17. 제106조(호별방문의 제한) 제1항 또는 제3항의 규정에 위반하여 호별로 방문하거나 하게 한 자
18. 제107조(서명·날인운동의 금지)의 규정에 위반하여 서명이나 날인을 받거나 받게 한 자
19. 제109조 제1항 또는 제2항을 위반하여 서신·전보·모사전송·전화 그 밖에 전기통신의 방법을 이용하여 선거운동을 하거나 하게 한 자나 같은 조 제3항을 위반하여 협박하거나 하게 한 자
20. 제218조의14 제1항·제6항 또는 제7항을 위반하여 재외선거권자를 대상으로 선거운동을 한 자

② 다음 각 호의 어느 하나에 해당하는 자는 2년 이하의 징역 또는 400만원 이하의 벌금에 처한다. 〈개정 1995.12.30, 1997.11.14, 1998.4.30, 2000.2.16, 2002.3.7, 2004.3.12, 2005.8.4, 2007.1.3, 2008.2.29, 2010.1.25〉

1. 제60조의3 제1항 제4호 후단을 위반하여 예비후보자홍보물을 작성한 자

1의2. 대통령선거 및 지방자치단체의 장선거의 예비후보자가 아닌 자로서 제60조의4 제1항의 예비후보자공약집을 발간·배부한 자, 같은 항을 위반하여 1종을 넘어 예비후보자공약집을 발간·배부한 자, 같은 항을 위반하여 예비후보자공약집을 통상적인 방법으로 판매하지 아니하거나 방문판매의 방법으로 판매한 자, 같은 조 제2항을 위반하여 예비후보자공약집을 발간·배부한 자

1의3. 제64조 제1항·제9항, 제65조 제1항·제2항, 제66조 제1항부터 제5항까지를 위반

하여 선거벽보·선거공보 또는 선거공약서를 선거운동을 위하여 작성·사용하거나 하게 한 자

2. 삭제 〈2010.1.25〉
3. 제57조의3(당내경선운동) 제1항의 규정을 위반하여 경선운동을 한 자
4. 제91조(확성장치와 자동차 등의 사용제한) 제1항·제3항 또는 제216조(4개 이상 선거의 동시실시에 관한 특례) 제1항의 규정에 위반하여 확성장치나 자동차를 사용하여 선거운동을 하거나 하게 한 자
5. 제93조(탈법방법에 의한 문서·도화의 배부·게시 등 금지) 제1항의 규정에 위반하여 문서·도화 등을 배부·첩부·살포·게시·상영하거나 하게 한 자, 같은 조 제2항의 규정에 위반하여 광고 또는 출연을 하거나 하게 한 자 또는 제3항의 규정에 위반하여 신분증명서·문서 기타 인쇄물을 발급·배부 또는 징구하거나 하게 한 자
6. 제100조(녹음기 등의 사용금지)의 규정에 위반하여 녹음기 또는 녹화기를 사용하여 선거운동을 하거나 하게 한 자
7. 삭제 〈1995.12.30〉
8. 제271조의2(선거에 관한 광고의 제한) 제1항의 규정에 의한 광고중지요청에 불응하여 광고를 하거나 광고게재를 의뢰한 자

③ 다음 각 호의 어느 하나에 해당하는 사람은 5년 이하의 징역에 처한다. 〈개정 2010.1.25〉

1. 제57조의6 제2항을 위반하여 경선운동을 한 사람
2. 제85조 제1항을 위반하여 선거운동을 한 사람

④ 제82조의5(선거운동정보의 전송제한) 제1항의 규정을 위반하여 선거운동정보를 전송한 자, 동조 제2항의 규정을 위반하여 선거운동정보에 해당하는 사실 등을 선거운동정보에 명시하지 아니하거나 허위로 명시한 자, 동조 제3항의 규정을 위반하여 수신자의 동의를 얻지 아니하고 선거운동정보를 전송한 자, 동조 제4항의 규정을 위반하여 기술적 조치를 한 자, 동조 제5항의 규정을 위반하여 비용을 수신자에게 부담하도록 한 자, 동조 제6항의 규정을 위반하여 선거운동정보를 전송한 자는 1년 이하의 징역 또는 100만원 이하의 벌금에 처한다. 〈신설 2004.3.12, 2005.8.4〉

[2006헌마1096, 2008.05.29, 공직선거법(2005. 8. 4. 법률 제7681호로 개정된 것) 제255조 제1항 제10호 중 '제86조 제1항 제2호' 부분은 공무원의 지위를 이용하지 아니한 행위에 대하여 적용하는 한 헌법에 위반된다.]

[3] 대법원의 판결[55)]

【피 고 인】 피고인
【상 고 인】 피고인 및 검사
【변 호 인】 변호사

【원심판결】 서울고법 2010. 12. 1. 선고 2010노2811 판결
【주 문】
상고를 모두 기각한다.

【이 유】
상고이유를 판단한다.

1. 검사의 상고이유에 대하여

공직선거법 제89조 제2항 본문 후단에 의하면, 정당이나 후보자가 설립·운영하는 기관·단체·조직 또는 시설(이하 '단체 등'이라고 한다)은 선거일전 180일(보궐선거등에 있어서는 그 선거의 실시사유가 확정된 때)부터 선거일까지 그 단체 등의 설립이나 활동내용을 선거구민에게 알리기 위하여 정당 또는 후보자의 명의나 그 명의를 유추할 수 있는 방법으로 벽보·현수막·방송·신문·통신·잡지 또는 인쇄물을 이용하거나 그 밖의 방법으로 선전하는 행위를 하여서는 아니 된다. 여기에서 '그 명의를 유추할 수 있는 방법으로' 선전하는 행위라 함은, 단체 등이 그 설립이나 활동내용을 벽보 등의 매체를 이용하여 선전하면서 정당이나 후보자의 명의를 직접 명시하지 않아도 그 선전에 사용된 특정 문구나 기호, 이미지, 영상 등에 의하여 또는 그러한 정보들을 종합함으로써 일반 선거인들이 그 정당이나 후보자의 명의를 쉽게 유추할 수 있다고 인정되는 경우를 의미하고, 위와 같이 벽보 등을 이용한 단체 등의 선전행위가 정당이나 후보자의 명의를 쉽게 유추할 수 있는 방법에 해당하는지 여부는 그 단체 등의 회원이 아닌 일반 선거구민을 기준으로 판단하여야 한다.

원심판결 이유에 의하면, 원심은, 제1심이 적법하게 채택·조사한 증거들에 의하더라도 이 사건 각 현수막에는 석산 개발을 반대하거나 지하철 유치 예비타당성 검토방침을 환영한다는 취지의 본문과 함께 이 사건 추진위원회 및 인터넷카페의 명칭과 그 인터넷주소가 표시되어 있을 뿐, 그 외에 피고인의 성명, 외모, 사회적·정치적 상징이나 이미지, 인터넷 아이디 또는 필명 등 피고인의 명의를 연상해 낼만한 사항들이 특별히 기재되어

55) 대법원 2011. 3. 10. 선고 2010도16996 판결 【공직선거법위반】

있지 않음을 알 수 있고, 이 사건 추진위원회 또는 인터넷카페의 명칭 자체에는 피고인의 명의를 유추할 만한 특징적인 요소가 없으며, 피고인이 이 사건 추진위원회 및 인터넷카페의 대표로 활동한 내용이 지역신문에 몇 번 보도되었고 지하철 유치에 관한 현수막 게시 이전에 피고인의 성명과 사진이 들어있는 이 사건 추진위원회 명의의 전단지 배포가 있었다는 등의 정황만으로는 당시 해당 선거구민들 일반이 이 사건 추진위원회 또는 인터넷카페의 명칭만으로 곧바로 피고인의 명의를 유추할 수 있을 정도로 위 단체들과 피고인의 관계를 파악하고 있었다고 보기 부족하며, 이 사건 인터넷카페의 인터넷주소 역시 그 자체에 의해서는 피고인의 명의를 유추할 만한 특징이 포함되어 있지 않다는 등의 이유로, 피고인의 명의를 유추할 수 있는 방법으로 이 사건 각 현수막이 이용되었다는 점이 인정되지 않는다고 판단하였다.

원심의 위와 같은 사실인정 및 판단은 앞에서 본 법리와 기록에 비추어 모두 정당한 것으로 수긍할 수 있고, 거기에 논리와 경험의 법칙에 위배하고 자유심증주의의 한계를 벗어나 사실을 인정한 위법이나 공직선거법 제89조 제2항의 해석에 관한 법리오해의 위법이 없다. 또한 앞서 본 법리에 비추어 보면, 원심이 나아가 이 사건 추진위원회와 인터넷카페의 명칭만으로도 피고인을 연상할 수 있는지 여부에 대하여 위 각 단체의 회원인 사람을 기준으로 판단하지 아니하였다 하여 판단유탈이나 이유불비의 위법이 있다고 볼 수도 없다.

2. 피고인의 상고이유에 대하여

가. 원심판결 이유에 의하면, 원심은, 제1심에서 적법하게 채택, 조사한 증거들에 의하여 인정되는 그 판시와 같은 사정들을 종합하면 피고인이 이 사건 전단지 배부 당시 이미 2010. 6. 2.자 지방선거에 입후보할 의사를 가지고 있었고, 이 사건 전단지 배부행위는 단순히 통상적인 시민운동의 일환에 그치는 것이 아니라, 위 지방선거를 앞두고 선거기간 전에 선거구민 등을 상대로 미리 피고인의 인지도를 높여 선거에서 유리한 결과를 얻으려는 능동적·계획적인 행위로서 사전선거운동에 해당함과 아울러 선거에 영향을 미치게 하기 위한 탈법적인 문서배부행위에 해당하며, 피고인이 이 사건 추진위원회 회원 등을 통하여 전단지 배부행위를 지시하고 독려한 사실도 넉넉히 인정된다고 판단하였다.

관련 법리 및 기록에 비추어 살펴보면, 원심의 위 사실인정 및 판단은 모두 정당한 것으로 수긍할 수 있고, 거기에 자유심증주의의 한계를 벗어나 사실을 인정한 위법이나 공직선거법 제93조 제1항의 해석에 관한 법리오해 등의 위법이 없다.

나. 이 사건 전단지 배부에 관한 피고인의 행위가 형법 제16조에서 규정한 법률의 착오에 해당하여 죄가 되지 않는데도 유죄를 선고한 것은 위법하다는 주장이나, 이 부분 공소사실을 유죄로 인정하는 것은 순수한 시민운동을 행한 국민의 참정권을 침해하는 헌법 위반에 해당한다는 주장은, 피고인이 이를 항소이유로 삼거나 원심이 직권으로 심판대상으로 삼은 바 없는 것이어서 적법한 상고이유가 되지 못할 뿐만 아니라, 직권으로 살펴보아도 이 부분 원심판결에 위 주장과 같은 법령 위반이나 헌법 위반이 있다고 인정되지 않는다.

3. 결 론

그러므로 상고를 모두 기각하기로 하여, 관여 대법관의 일치된 의견으로 주문과 같이 판결한다.

Chapter 09

허위 성명서를 작성하여 언론사에 보도자료로 제공한 행위

[1] 사건의 쟁점

1. 통상적인 방법을 벗어나 선거에 영향을 미치게 하기 위하여 언론기관에 보도자료를 제공하는 행위가 공직선거법 제93조 제1항 본문에서 금지하는 '탈법방법에 의한 문서의 배부 행위'에 해당하는지 여부(적극)
2. '특정 학교 동문회가 갑 후보를 공개 지지한다'는 취지의 허위 성명서를 작성하여 언론사에 보도자료로 제공한 행위가 공직선거법상 '탈법방법에 의한 문서의 배부 행위'에 해당한다고 본 원심판단을 수긍한 사례
3. 어떤 단체가 특정 후보자를 지지·추천하는지 여부가 공직선거법 제250조 제1항에서 정한 허위사실공표죄의 '경력등'에 관한 사실에 포함되는지 여부(소극)
4. '특정 학교 동문회가 갑 후보를 공개 지지한다'는 취지의 허위 성명서를 작성·배포한 행위가 공직선거법에서 정한 허위사실공표죄에 해당한다고 본 원심판단에 법리오해의 위법이 있다고 한 사례

[2] 관련법령

1. 공직선거법 제93조 제1항
2. 공직선거법 제93조 제1항, 제255조 제2항 제5호
3. 형법 제1조 제1항, 헌법 제12조 제1항, 공직선거법 제64조 제5항, 제250조 제1항
4. 공직선거법 제250조 제1항

가. 공직선거법 [법률 제10303호, 2010. 5. 17, 타법개정]

제64조(선거벽보) ① 선거운동에 사용하는 선거벽보에는 후보자의 사진(후보자만의 사진을 말한다)·성명·기호(제150조에 따라 투표용지에 인쇄할 정당 또는 후보자의 게재순위를 말한다.

이하 같다)·정당추천후보자의 소속정당명(무소속후보자는 "무소속"이라 표시한다)·경력[학력을 게재하는 경우에는 정규학력과 이에 준하는 외국의 교육과정을 이수한 학력 외에는 게재할 수 없다. 이 경우 정규학력을 게재하는 경우에는 졸업 또는 수료당시의 학교명(중퇴한 경우에는 수학기간을 함께 기재하여야 한다)을 기재하고, 정규학력에 준하는 외국의 교육과정을 이수한 학력을 게재하는 때에는 그 교육과정명과 수학기간 및 학위를 취득한 때의 취득학위명을 기재하여야 하며, 정규학력의 최종학력과 외국의 교육과정을 이수한 학력은 제49조 제4항 제6호에 따라 학력증명서를 제출한 학력에 한하여 게재할 수 있다. 이하 같다]·정견 및 소속정당의 정강·정책 그 밖의 홍보에 필요한 사항(지역구국회의원선거에 있어서는 비례대표국회의원후보자명단을, 지역구시·도의원선거에 있어서는 비례대표시·도의원후보자 명단을, 지역구자치구·시·군의원선거에 있어서는 비례대표자치구·시·군의원후보자명단을 포함하며, 후보자외의 자의 인물사진을 제외한다)을 게재하여 동에 있어서는 인구 500명에 1매, 읍에 있어서는 인구 250명에 1매, 면에 있어서는 인구 100명에 1매의 비율을 한도로 작성·첩부한다. 다만, 인구밀집상태 및 첩부장소 등을 감안하여 중앙선거관리위원회규칙으로 정하는 바에 따라 인구 1천명에 1매의 비율까지 조정할 수 있다. 〈개정 1995.4.1, 1995.12.30, 1997.1.13, 1997.11.14, 1998.4.30, 2000.2.16, 2002.3.7, 2004.3.12, 2005.8.4, 2010.1.25〉

② 제1항에 따른 선거벽보는 후보자(비례대표국회의원후보자와 비례대표지방의회의원후보자를 제외하며, 대통령선거에 있어서 정당추천후보자의 경우에는 그 추천정당을 말한다. 이하 이 조에서 같다)가 작성하여 후보자등록마감일후 3일(대통령선거에 있어 추가등록의 경우에는 추가등록마감일후 2일 이내를 말한다)까지 첩부할 지역을 관할하는 구·시·군선거관리위원회에 제출하고, 당해 구·시·군선거관리위원회가 이를 확인하여 선거벽보 제출마감일 후 2일(대통령선거와 섬 및 산간오지지역의 경우는 3일)까지 첩부한다. 이 경우 선거벽보의 일부를 제출하지 아니할 때에는 선거벽보를 첩부하지 아니할 지역(투표구를 단위로 한다)을 지정하여 선거벽보의 제출시에 서면으로 신고하여야 하되, 선거벽보를 첩부하지 아니할 지역을 신고하지 아니한 때에는 당해 구·시·군선거관리위원회가 그 지역을 지정한다. 〈개정 1995.4.1, 2000.2.16, 2005.8.4, 2010.1.25〉

③ 관할선거구선거관리위원회는 제2항에 따라 후보자가 작성하여 보관 또는 제출할 선거벽보의 수량을 선거기간개시일전 10일까지 공고하여야 한다. 이 경우 중앙선거관리위원회규칙으로 정하는 바에 따라 일정한 수량을 가산할 수 있다. 〈개정 1995.12.30, 2004.3.12, 2010.1.25〉

④ 후보자가 제2항에 따른 제출마감일까지 선거벽보를 제출하지 아니한 때와 규격을

넘거나 미달하는 선거벽보를 제출한 때에는 그 선거벽보는 첩부하지 아니한다. 〈개정 2010.1.25〉

⑤ 제2항에 따라 제출된 선거벽보는 정정 또는 철회할 수 없다. 다만, 후보자는 선거벽보에 게재된 후보자의 성명·기호·소속 정당명과 경력·학력·학위·상벌(이하 "경력등"이라 한다)이 거짓으로 게재되어 있거나 이 법에 위반되는 내용이 게재되어 있음을 이유로 해당 선거구선거관리위원회에 서면으로 정정 또는 삭제를 요청할 수 있으며, 그 요청을 받은 선거구선거관리위원회는 제2항에 따른 선거벽보 제출마감일까지 그 내용을 정정 또는 삭제하게 할 수 있다. 이 경우 해당 내용을 정정 또는 삭제하는 외에 새로운 내용을 추가하거나 종전의 배열방법·색상·규격 등을 변경할 수 없다. 〈개정 2010.1.25〉

⑥ 누구든지 선거벽보의 내용 중 경력 등에 관한 거짓 사실의 게재를 이유로 이의제기를 하는 때에는 해당 선거구선거관리위원회를 거쳐 직근 상급선거관리위원회에 서면으로 하여야 하고, 이의제기를 받은 상급선거관리위원회는 후보자와 이의제기자에게 그 증명서류의 제출을 요구할 수 있으며, 그 증명서류의 제출이 없거나 거짓 사실임이 판명된 때에는 그 사실을 공고하여야 한다. 〈신설 2010.1.25〉

⑦ 관할선거구선거관리위원회는 제1항의 선거벽보에 다른 후보자, 그의 배우자 또는 직계존·비속이나 형제자매의 사생활에 대한 사실을 적시하여 비방하는 내용이 이 법에 위반된다고 인정하는 때에는 이를 고발하고 공고하여야 한다. 〈개정 2010.1.25〉

⑧ 선거벽보를 인쇄하는 인쇄업자는 제3항의 선거벽보의 수량외에는 이를 인쇄하여 누구에게도 제공할 수 없다. 〈개정 2010.1.25〉

⑨ 후보자는 관할구·시·군선거관리위원회가 첩부한 선거벽보가 오손되거나 훼손되어 보완첩부하고자 하는 때에는 제3항에 따라 공고된 수량의 범위에서 그 선거벽보 위에 덧붙여야 한다. 〈신설 1995.12.30, 2010.1.25〉

⑩ 제1항에 따라 선거벽보를 첩부하는 경우에 첩부장소가 있는 토지·건물 그 밖의 시설물의 소유자 또는 관리자는 특별한 사유가 없는 한 선거벽보의 첩부에 협조하여야 한다. 〈개정 2010.1.25〉

⑪ 선거벽보 내용의 정정·삭제 신청, 수량공고·규격·작성·제출·확인·첩부·경력 등에 관한 허위사실이나 사생활비방으로 인한 고발사실의 공고 그 밖에 필요한 사항은 중앙선거관리위원회규칙으로 정한다. 〈개정 2000.2.16, 2010.1.25〉
[제목개정 2010.1.25]

제93조(탈법방법에 의한 문서·도화의 배부·게시 등 금지) ① 누구든지 선거일전 180일(보궐선거등에 있어서는 그 선거의 실시사유가 확정된 때)부터 선거일까지 선거에 영향을 미치게 하기 위하여 이 법의 규정에 의하지 아니하고는 정당(창당준비위원회와 정당의 정강·정책을 포함한다. 이하 이 조에서 같다) 또는 후보자(후보자가 되고자 하는 자를 포함한다. 이하 이 조에서 같다)를 지지·추천하거나 반대하는 내용이 포함되어 있거나 정당의 명칭 또는 후보자의 성명을 나타내는 광고, 인사장, 벽보, 사진, 문서·도화, 인쇄물이나 녹음·녹화테이프 그 밖에 이와 유사한 것을 배부·첩부·살포·상영 또는 게시할 수 없다. 다만, 다음 각 호의 어느 하나에 해당하는 행위는 그러하지 아니하다. 〈개정 1997.11.14, 1998.4.30, 2002.3.7, 2004.3.12, 2005.8.4, 2010.1.25〉

1. 선거운동기간 중 후보자, 제60조의3 제2항 각 호의 어느 하나에 해당하는 사람(같은 항 제2호의 경우 선거연락소장을 포함하며, 이 경우 "예비후보자"는 "후보자"로 본다)이 제60조의3 제1항 제2호에 따른 후보자의 명함을 직접 주는 행위
2. 선거기간이 아닌 때에 행하는 「정당법」 제37조 제2항에 따른 통상적인 정당활동

② 누구든지 선거일전 90일부터 선거일까지는 정당 또는 후보자의 명의를 나타내는 저술·연예·연극·영화·사진 그 밖의 물품을 이 법에 규정되지 아니한 방법으로 광고할 수 없으며, 후보자는 방송·신문·잡지 기타의 광고에 출연할 수 없다. 다만, 선거기간이 아닌 때에 「신문 등의 진흥에 관한 법률」 제2조 제1호에 따른 신문 또는 「잡지 등 정기간행물의 진흥에 관한 법률」 제2조에 따른 정기간행물의 판매를 위하여 통상적인 방법으로 광고하는 경우에는 그러하지 아니하다. 〈개정 1998.4.30, 2005.8.4, 2010.1.25〉
③ 누구든지 선거운동을 하도록 권유·약속하기 위하여 선거구민에 대하여 신분증명서·문서 기타 인쇄물을 발급·배부 또는 징구하거나 하게 할 수 없다. 〈신설 1995.12.30〉

제250조(허위사실공표죄) ① 당선되거나 되게 할 목적으로 연설·방송·신문·통신·잡지·벽보·선전문서 기타의 방법으로 후보자(후보자가 되고자 하는 자를 포함한다. 이하 이 조에서 같다)에게 유리하도록 후보자, 그의 배우자 또는 직계존·비속이나 형제자매의 출생지·신분·직업·경력등·재산·인격·행위·소속단체 등에 관하여 허위의 사실[학력을 게재하는 경우 제64조 제1항의 규정에 의한 방법으로 게재하지 아니한 경우를 포함한다]을 공표하거나 공표하게 한 자와 허위의 사실을 게재한 선전문서를 배포할 목적으로 소지한 자는 5년 이하의 징역 또는 3천만원이하의 벌금에 처한다. 〈개정 1995.12.30, 1997.1.13, 1997.11.14, 1998.4.30, 2000.2.16, 2004.3.12, 2010.1.25〉
② 당선되지 못하게 할 목적으로 연설·방송·신문·통신·잡지·벽보·선전문서 기타의 방법으로 후보자에게 불리하도록 후보자, 그의 배우자 또는 직계존·비속이나 형제자매에

관하여 허위의 사실을 공표하거나 공표하게 한 자와 허위의 사실을 게재한 선전문서를 배포할 목적으로 소지한 자는 7년 이하의 징역 또는 500만원 이상 3천만원 이하의 벌금에 처한다. 〈개정 1997.1.13〉

③ 당내경선과 관련하여 제1항(제64조 제1항의 규정에 따른 방법으로 학력을 게재하지 아니한 경우를 제외한다)에 규정된 행위를 한 자는 3년 이하의 징역 또는 6백만원 이하의 벌금에, 제2항에 규정된 행위를 한 자는 5년 이하의 징역 또는 1천만원 이하의 벌금에 처한다. 이 경우 "후보자: 또는 :후보자(후보자가 되고자 하는 자를 포함한다):는 :경선후보자:로 본다. 〈신설 2005.8.4〉

제255조(부정선거운동죄) ① 다음 각 호의 어느 하나에 해당하는 자는 3년 이하의 징역 또는 600만원 이하의 벌금에 처한다. 〈개정 1995.12.30, 1997.11.14, 1998.4.30, 2000.2.16, 2002.3.7, 2004.3.12, 2005.8.4, 2009.2.12, 2010.1.25〉

1. 제57조의6 제1항을 위반하여 당내경선에서 경선운동을 한 사람
2. 제60조(선거운동을 할 수 없는 자) 제1항의 규정에 위반하여 선거운동을 하거나 하게 한 자 또는 같은 조 제2항이나 제205조(선거운동기구의 설치 및 선거사무관계자의 선임에 관한 특례) 제4항의 규정에 위반하여 선거사무장 등으로 되거나 되게 한 자
3. 제61조(선거운동기구의 설치) 제1항의 규정에 위반하여 선거운동기구를 설치하거나 이를 설치하여 선거운동을 한 자
4. 제62조 제1항부터 제4항까지의 규정을 위반하여 선거사무장·선거연락소장·선거사무원 또는 활동보조인을 선임한 자
5. 제68조 제2항 또는 제3항(어깨띠의 규격을 말한다)을 위반하여 어깨띠, 모자나 옷, 표찰·수기·마스코트·소품, 그 밖의 표시물을 사용하여 선거운동을 한 사람
6. 제80조(연설금지장소)의 규정에 위반하여 선거운동을 위한 연설·대담을 한 자
7. 제81조(단체의 후보자 등 초청 대담·토론회) 제1항의 규정에 위반하여 후보자 등 초청 대담·토론회를 개최한 자
8. 제81조 제7항[제82조(언론기관의 후보자등 초청 대담·토론회) 제4항에서 준용하는 경우를 포함한다]의 규정에 위반하여 대담·토론회를 개최한 자
9. 제85조(지위를 이용한 선거운동금지) 제2항 또는 제3항의 규정에 위반한 행위를 하거나 하게 한 자
10. 제86조 제1항 제1호부터 제3호까지·제2항 또는 제5항을 위반한 사람 또는 같은 조 제6항을 위반한 행위를 한 사람
11. 제87조(단체의 선거운동금지) 제1항의 규정을 위반하여 선거운동을 하거나 하게 한 자 또는 동조 제2항의 규정을 위반하여 사조직 기타 단체를 설립·설치하거나 하게 한 자

12. 제88조(타 후보자를 위한 선거운동금지) 본문의 규정에 위반하여 다른 정당이나 후보자를 위한 선거운동을 한 자
13. 제89조(유사기관의 설치금지) 제1항 본문의 규정에 위반하여 유사기관을 설립·설치하거나 기존의 기관·단체·조직 또는 시설을 이용한 자
14. 삭제 〈2004.3.12〉
15. 제92조(영화 등을 이용한 선거운동금지)의 규정에 위반하여 저술·연예·연극·영화나 사진을 배부·공연·상연·상영 또는 게시하거나 하게 한 자
16. 제105조(행렬등의 금지) 제1항의 규정에 위반하여 무리를 지어 거리행진·인사 또는 연달아 소리 지르는 행위를 한 사람
17. 제106조(호별방문의 제한) 제1항 또는 제3항의 규정에 위반하여 호별로 방문하거나 하게 한 자
18. 제107조(서명·날인운동의 금지)의 규정에 위반하여 서명이나 날인을 받거나 받게 한 자
19. 제109조 제1항 또는 제2항을 위반하여 서신·전보·모사전송·전화 그 밖에 전기통신의 방법을 이용하여 선거운동을 하거나 하게 한 자나 같은 조 제3항을 위반하여 협박하거나 하게 한 자
20. 제218조의14 제1항·제6항 또는 제7항을 위반하여 재외선거권자를 대상으로 선거운동을 한 자

② 다음 각 호의 어느 하나에 해당하는 자는 2년 이하의 징역 또는 400만원 이하의 벌금에 처한다. 〈개정 1995.12.30, 1997.11.14, 1998.4.30, 2000.2.16, 2002.3.7, 2004.3.12, 2005.8.4, 2007.1.3, 2008.2.29, 2010.1.25〉

1. 제60조의3 제1항 제4호 후단을 위반하여 예비후보자홍보물을 작성한 자

1의2. 대통령선거 및 지방자치단체의 장선거의 예비후보자가 아닌 자로서 제60조의4 제1항의 예비후보자공약집을 발간·배부한 자, 같은 항을 위반하여 1종을 넘어 예비후보자공약집을 발간·배부한 자, 같은 항을 위반하여 예비후보자공약집을 통상적인 방법으로 판매하지 아니하거나 방문판매의 방법으로 판매한 자, 같은 조 제2항을 위반하여 예비후보자공약집을 발간·배부한 자

1의3. 제64조 제1항·제9항, 제65조 제1항·제2항, 제66조 제1항부터 제5항까지를 위반하여 선거벽보·선거공보 또는 선거공약서를 선거운동을 위하여 작성·사용하거나 하게 한 자

2. 삭제 〈2010.1.25〉
3. 제57조의3(당내경선운동) 제1항의 규정을 위반하여 경선운동을 한 자
4. 제91조(확성장치와 자동차 등의 사용제한) 제1항·제3항 또는 제216조(4개 이상 선거의

동시실시에 관한 특례) 제1항의 규정에 위반하여 확성장치나 자동차를 사용하여 선거운동을 하거나 하게 한 자

5. 제93조(탈법방법에 의한 문서·도화의 배부·게시 등 금지) 제1항의 규정에 위반하여 문서·도화 등을 배부·첩부·살포·게시·상영하거나 하게 한 자, 같은 조 제2항의 규정에 위반하여 광고 또는 출연을 하거나 하게 한 자 또는 제3항의 규정에 위반하여 신분증명서·문서 기타 인쇄물을 발급·배부 또는 징구하거나 하게 한 자
6. 제100조(녹음기 등의 사용금지)의 규정에 위반하여 녹음기 또는 녹화기를 사용하여 선거운동을 하거나 하게 한 자
7. 삭제 〈1995.12.30〉
8. 제271조의2(선거에 관한 광고의 제한) 제1항의 규정에 의한 광고중지요청에 불응하여 광고를 하거나 광고게재를 의뢰한 자

③ 다음 각 호의 어느 하나에 해당하는 사람은 5년 이하의 징역에 처한다. 〈개정 2010.1.25〉

1. 제57조의6 제2항을 위반하여 경선운동을 한 사람
2. 제85조 제1항을 위반하여 선거운동을 한 사람

④ 제82조의5(선거운동정보의 전송제한) 제1항의 규정을 위반하여 선거운동정보를 전송한 자, 동조 제2항의 규정을 위반하여 선거운동정보에 해당하는 사실 등을 선거운동정보에 명시하지 아니하거나 허위로 명시한 자, 동조 제3항의 규정을 위반하여 수신자의 동의를 얻지 아니하고 선거운동정보를 전송한 자, 동조 제4항의 규정을 위반하여 기술적 조치를 한 자, 동조 제5항의 규정을 위반하여 비용을 수신자에게 부담하도록 한 자, 동조 제6항의 규정을 위반하여 선거운동정보를 전송한 자는 1년 이하의 징역 또는 100만원 이하의 벌금에 처한다. 〈신설 2004.3.12, 2005.8.4〉
[2006헌마1096, 2008.05.29, 공직선거법(2005. 8. 4. 법률 제7681호로 개정된 것) 제255조 제1항 제10호 중 '제86조 제1항 제2호' 부분은 공무원의 지위를 이용하지 아니한 행위에 대하여 적용하는 한 헌법에 위반된다.]

나. 형법 [법률 제10259호, 2010. 4. 15, 일부개정]

제1조(범죄의 성립과 처벌) ① 범죄의 성립과 처벌은 행위시의 법률에 의한다.
② 범죄 후 법률의 변경에 의하여 그 행위가 범죄를 구성하지 아니하거나 형이 구법보다 경한 때에는 신법에 의한다.
③ 재판확정 후 법률의 변경에 의하여 그 행위가 범죄를 구성하지 아니하는 때에는 형의 집행을 면제한다.

다. 헌법 [헌법 제10호, 1987. 10. 29, 전부개정]

제12조 ① 모든 국민은 신체의 자유를 가진다. 누구든지 법률에 의하지 아니하고는 체포·구속·압수·수색 또는 심문을 받지 아니하며, 법률과 적법한 절차에 의하지 아니하고는 처벌·보안처분 또는 강제노역을 받지 아니한다.

② 모든 국민은 고문을 받지 아니하며, 형사상 자기에게 불리한 진술을 강요당하지 아니한다.

③ 체포·구속·압수 또는 수색을 할 때에는 적법한 절차에 따라 검사의 신청에 의하여 법관이 발부한 영장을 제시하여야 한다. 다만, 현행범인인 경우와 장기 3년 이상의 형에 해당하는 죄를 범하고 도피 또는 증거인멸의 염려가 있을 때에는 사후에 영장을 청구할 수 있다.

④ 누구든지 체포 또는 구속을 당한 때에는 즉시 변호인의 조력을 받을 권리를 가진다. 다만, 형사피고인이 스스로 변호인을 구할 수 없을 때에는 법률이 정하는 바에 의하여 국가가 변호인을 붙인다.

⑤ 누구든지 체포 또는 구속의 이유와 변호인의 조력을 받을 권리가 있음을 고지받지 아니하고는 체포 또는 구속을 당하지 아니한다. 체포 또는 구속을 당한 자의 가족등 법률이 정하는 자에게는 그 이유와 일시·장소가 지체없이 통지되어야 한다.

⑥ 누구든지 체포 또는 구속을 당한 때에는 적부의 심사를 법원에 청구할 권리를 가진다.

⑦ 피고인의 자백이 고문·폭행·협박·구속의 부당한 장기화 또는 기망 기타의 방법에 의하여 자의로 진술된 것이 아니라고 인정될 때 또는 정식재판에 있어서 피고인의 자백이 그에게 불리한 유일한 증거일 때에는 이를 유죄의 증거로 삼거나 이를 이유로 처벌할 수 없다.

[3] 서울고등법원의 판결[56)]

【피 고 인】 피고인
【항 소 인】 피고인
【검　　사】 검 사
【변 호 인】 변호사

【원심판결】 춘천지방법원 영월지원 2010. 10. 14. 선고 2010고합41 판결

---

56) 서울고등법원 2010. 12. 1. 선고 (춘천)2010노139 판결 【공직선거법위반】

【주 문】

피고인의 항소를 기각한다.

【이 유】

1. 항소이유의 요지

가. 사실오인 및 법리오해

(1) 피고인이 후보자의 선거운동원을 통해 이 사건 성명서를 언론사에 보도자료로 제공한 행위는 공직선거법 제93조 제1항에서 규정하는 '문서 등의 배부행위'에 해당하지 않음에도, 원심은 사실을 오인하여 탈법방법에 의한 문서배부의 공소사실을 유죄로 인정하였다.

(2) 이 사건 성명서의 내용인 특정 단체가 후보자를 지지한다는 사실은 공직선거법 제250조 제1항에서 규정하는 '경력'에 해당하지 않음에도, 원심은 사실을 오인하여 허위사실공표의 공소사실을 유죄로 인정하였다.

나. 양형부당

원심이 선고한 형(벌금 300만원)은 지나치게 무거워서 부당하다.

2. 판 단

가. 사실오인 및 법리오해 주장에 관한 판단

(1) 탈법방법에 의한 문서배부 관련 주장에 관하여

(가) 원심의 판단

공직선거법 제93조 제1항의 배부행위라 함은 같은 조항에 규정된 문서·도서 등을 불특정 다수인에게 교부하는 행위를 말하지만, 문서·도서 등을 개별적으로 어느 한 사람에게 교부하였더라도 그로부터 불특정 다수인에게 그 문서·도서 등이 전파될 가능성이 있다면 교부행위의 요건은 충족된다(대법원 2002. 1. 25. 선고 2000도1696 판결 등 참조). 원심이 적법하게 채택·조사한 증거들에 의하면, 피고인이 원심판결의 범죄사실 기재 일시·장소에서 공소외 1 선거사무실에서 언론사에 보도자료를 제공하는 등 행정업무를 총괄하는 공소외 2에게 이 사건 성명서를 교부한 사실, 위 공소외 2가 위 성명서를 13개 언론사 기자들에게 이메일로 송부한 사실, 위 언론사 중 뉴시스가 실제로 위 성명서를 인터넷에 게재한 사실이 인정되는바, 이에 의하면, 피고인의 이 사건 성명서 교부행위는 위 조항에서 규정하는 문서 배부행위에 해당한다.

(나) 당심의 판단

공직선거법은 선거의 공정한 집행 및 비용이 적게 드는 선거운동의 보장, 이를 통한 기회균등의 보장이라는 공익을 도모하기 위하여 제64조 내지 66조에서 문서의 경우 선전벽보, 선거공보, 선거공약서 등에 의한 선거운동만을 허용하면서 이에 대하여도 일정한 제한을 가하는 등 엄격한 규제를 하는 한편, 이러한 규제의 의미가 상실되는 것을 방지하기 위하여 제93조 제1항에서 선거일을 앞둔 일정한 기간 동안 선거에 영향을 미치게 하기 위하여 탈법방법에 의한 문서, 도화 등의 배부, 게시 등의 행위를 하는 것을 금지하고 있다.

공직선거법 제93조 제1항의 탈법방법에 의한 문서배부 등의 금지 규정이 선거운동에 있어서 표현의 자유 내지 언론의 자유라는 국민의 기본권을 제한하는 면이 있음은 사실이나, 위 규정에 의하여 보호되는 공익과 제한되는 언론의 자유 등 기본권과의 균형을 맞추기 위하여 위 규정은 '선거에 영향을 미치게 하기 위하여'라는 전제하에 선거운동방법의 제한을 하고 있다{헌법재판소 2001. 8. 30. 선고 99헌바92, 2000헌바39, 2000헌마167·168·199·205·280(병합) 결정 참조}.

위와 같은 공직선거법 제93조 제1항의 입법취지에 비추어 보면, 언론기관에 보도자료를 제공하는 경우라고 하더라도 객관적 사실을 제공하는 것을 넘어서서 이 사건 성명서와 같이 특정 후보자의 지지 여부에 관한 허위 내용의 자료를 제공하는 경우에는 '선거에 영향을 미치게 하기 위하여' 문서를 배부하는 것으로서 공직선거법 제93조 제1항이 금지하는 '문서 등의 배부행위'에 해당한다고 볼 것이다.

원심이 판시한 사정에 위와 같은 사정을 더하여 보면, 피고인의 이 사건 성명서 교부행위는 공직선거법 제93조 제1항의 '문서 등의 배부행위'에 해당한다고 본 원심의 판단은 정당한 것으로 수긍이 가고, 거기에 사실오인 또는 법리오해의 위법이 있다고 할 수 없다. 따라서 피고인의 위 주장은 받아들일 수 없다.

(2) 허위사실공표 관련 주장에 관하여

(가) 원심의 판단

공직선거법 제250조 제1항의 '경력등'이라 함은 후보자의 '경력·학력·학위·상벌'을 말하고(공직선거법 제64조 제5항), 공직선거법 제250조 제1항의 입법취지에 비추어 보면, 그 중 '경력'은 후보자의 행동이나 사적(사적) 등 그가 과거에 경험한 사정으로서 선거인의 투표에 관한 공정한 판단에 영향을 미칠 가능성이 있는 것, 즉 후보자의 실적과 능력 등을 유권자에게 강하게 인상지우고 선거인의 공정한 판단에 영향을 미칠 우려가 있는 사항을 말하는 것인바, 어느 단체가 후보자를 지지·추천하는지 여부는 후보자의 실적과 능력 등에 관한 사항으로서 위에서 말하는 '경력'에 관한 사실에 포함되는 것으로 봄이 상당하다.

따라서 △△중·고등학교 총동문회가 공소외 1 후보를 지지하는 의사표명을 한 사실이 없음에도 피고인이 판시 범죄사실 기재와 같이 '위 동문회가 공소외 1 후보를 공개지지한다'는 취지의 성명서를 작성하여 배포한 것은 공소외 1 후보의 '경력등'에 관한 허위의 사실을 공표한 것에 해당한다.

(나) 당심의 판단

원심의 위와 같은 판단을 기록과 대조하여 면밀히 살펴보면 원심의 판단은 정당한 것으로 수긍이 되고, 거기에 채증법칙을 위반하여 사실을 오인하거나 법리를 오해하여 판결에 영향을 미친 위법이 있다고 할 수 없다. 따라서 피고인의 이 부분 주장도 받아들일 수 없다.

나. 양형부당 주장에 관한 판단

피고인에게 동종 범죄전력이 없고 자신의 잘못을 반성하는 것으로 보이는 점, 이 사건 범행 직후 대부분의 언론사로부터 이 사건 성명서를 회수하여 보도가 되지 않도록 노력한 점 등은 유리한 정상으로 참작할 만하다.

그러나 이 사건 범행은 피고인이 후보자의 경력 등에 대한 허위사실을 보도자료로 언론사 기자들에게 배포한 것으로서, 그로 인하여 일부 언론에서 그 내용을 인터넷 뉴스로 보도하기까지 하였는바, 이러한 행위는 후보자의 자질 등 공직 적격성에 대한 선거인의 올바른 판단에 장애를 주어 선거의 공정을 심하게 해칠 뿐만 아니라 선거운동의 부당한 경쟁을 조장하는 것으로 이를 엄히 처벌할 필요가 있는 점, 이 사건 범행은 선거일로부터 불과 4일 전에 이루어진 것으로 선거에 영향을 미쳤을 가능성이 비교적 높은 점, 그밖에 피고인의 연령, 성행, 환경 등 이 사건 변론에 나타난 모든 양형조건을 종합해 보면, 원심이 선고한 형이 지나치게 무거워서 부당하다고는 볼 수 없다.

3. 결 론

그렇다면 피고인의 항소는 정당한 이유가 없으므로 형사소송법 제364조 제4항에 따라 이를 기각하기로 한다.

[4] 대법원의 판결[57)]

【피 고 인】 피고인
【상 고 인】 피고인
【변 호 인】 변호사

【원심판결】 서울고법 2010. 12. 1. 선고 (춘천)2010노139 판결
【주 문】
원심판결을 파기하고, 사건을 서울고등법원에 환송한다.

【이 유】
상고이유를 판단한다.

1. 공직선거법 제93조 제1항에 관한 법리오해의 점

공직선거법 제93조 제1항 본문에 "누구든지 선거일전 180일(보궐선거등에 있어서는 그 선거의 실시사유가 확정된 때)부터 선거일까지 선거에 영향을 미치게 하기 위하여 이 법의 규정에 의하지 아니하고는 정당(창당준비위원회와 정당의 정강·정책을 포함한다. 이하 이 조에서 같다) 또는 후보자(후보자가 되고자 하는 자를 포함한다. 이하 이 조에서 같다)를 지지·추천하거나 반대하는 내용이 포함되어 있거나 정당의 명칭 또는 후보자의 성명을 나타내는 광고, 인사장, 벽보, 사진, 문서·도화, 인쇄물이나 녹음·녹화테이프 그 밖에 이와 유사한 것을 배부·첩부·살포·상영 또는 게시할 수 없다."라고 규정하여 탈법방법에 의한 문서·도서의 배부·게시 등을 금지하고 있는바, 통상적으로 행하여 오던 방법을 벗어나 선거에 영향을 미치게 하기 위하여 언론기관에 보도자료를 제공하는 행위도 위 조항에서 말하는 탈법방법에 의한 문서의 배부 행위로 금지될 수 있다.

원심판결 및 원심이 적법하게 조사한 증거 등에 의하면, 피고인은 ○○○당 태백시 당원협의회 사무국장인 자로 공소외 1 후보자의 선거사무관계자가 아니며 이 사건 △△중중·고 총동문회를 대표하는 자도 아닌 사실, 피고인은 2010. 5. 29. 14:00경 ○○○당 태백시 사무실에서 △△중중·고 총동문회가 2010. 6. 2. 실시된 제5회 전국동시지방선거 태백시장 선거에서 공소외 1 후보를 지지하는 의사표명을 한 사실이 없음에도, 위 선거사무실 컴퓨터를 이용하여 '△△중중·고등학교 3만여 동문들은 6월 2일 지방선거에 있어 모교출신인 태백시장 후보를 공개 지지합니다'라는 취지의 허위 성명서를 작성한 다음 위 공소외 1 후보자의 선거운동원 공소외 2를 통해 보도자료로 배포하여 2010. 5.

---

57) 대법원 2011. 3. 10. 선고 2010도16942 판결 【공직선거법위반】

30. 22:45경 인터넷 뉴시스를 통해 위 허위 성명서가 인터넷에 게재되게 한 사실을 알 수 있다. 앞서 본 법리와 사실관계에 의하면, 위 공소외 1 후보자의 선거사무관계자도 아니고 위 △△중중·고 총동문회를 대표하는 자도 아닌 피고인이 허위의 성명서를 작성하여 보도자료로 제공한 행위는 선거에 영향을 미치게 하기 위한 것이 분명하다고 할 것이므로 공직선거법 제93조 제1항에서 금지하는 탈법방법에 의한 문서의 배부 행위에 해당한다고 할 것이다. 같은 취지의 원심의 판단은 정당하고, 거기에 공직선거법 제93조 제1항에 관한 법리오해의 위법이 없다.

2. 공직선거법 제250조 제1항에 관한 법리오해의 점

공직선거법 제250조 제1항에 "당선되거나 되게 할 목적으로 연설·방송·신문·통신·잡지·벽보·선전문서 기타의 방법으로 후보자(후보자가 되고자 하는 자를 포함한다. 이하 이 조에서 같다)에게 유리하도록 후보자, 그의 배우자 또는 직계존·비속이나 형제자매의 출생지·신분·직업·경력등·재산·인격·행위·소속단체 등에 관하여 허위의 사실(학력을 게재하는 경우 제64조 제1항의 규정에 의한 방법으로 게재하지 아니한 경우를 포함한다)을 공표하거나 공표하게 한 자와 허위의 사실을 게재한 선전문서를 배포할 목적으로 소지한 자는 5년 이하의 징역 또는 3천만원 이하의 벌금에 처한다."라고 규정하고 있다. 여기서 '경력등'이라 함은 후보자의 '경력·학력·학위·상벌'을 말하고(공직선거법 제64조 제5항), 공직선거법 제250조 제1항의 규정에 비추어 보면, 그 중 '경력'은 후보자의 행동이나 사적(사적) 등과 같이 후보자의 실적과 능력으로 인식되어 선거인의 공정한 판단에 영향을 미치는 사항을 말한다. 따라서 어떤 단체가 특정 후보자를 지지·추천하는지 여부는 후보자의 행동이나 사적 등에 관한 사항이라고 볼 수 없어 위에서 말하는 '경력'에 관한 사실에 포함되지 아니하고, 이와 달리 해석하는 것은 형벌법규를 지나치게 확장·유추해석하는 것으로서 죄형법정주의에 반하여 허용될 수 없다.

그런데도 원심이, △△중중·고등학교 총동문회가 동문인 공소외 1 후보를 지지하는 의사표명을 한 사실이 없음에도 피고인이 판시 범죄사실 기재와 같이 '위 동문회가 공소외 1 후보를 공개 지지한다'는 취지의 성명서를 작성하여 배포한 것이 공소외 1 후보의 '경력등'에 관한 허위의 사실을 공표한 것에 해당한다고 판단한 데에는 공직선거법 제250조 제1항의 '경력등'에 관한 법리를 오해함으로써 판결에 영향을 미친 위법이 있다.

3. 결 론

그러므로 원심판결 중 허위사실공표로 인한 공직선거법 위반죄 부분은 파기되어야 할 것인바, 이 부분은 나머지 범죄와 상상적 경합범의 관계에 있으므로, 원심판결 전부를 파기하고, 사건을 다시 심리·판단하게 하기 위하여 원심법원에 환송하기로 하여 관여 대법관의 일치된 의견으로 주문과 같이 판결한다.

Chapter 10

신문 등을 배부한 경우인지 여부

[1] 사건의 쟁점

1. 공직선거법 제95조 제1항에서 정한 '배부행위'의 의미
2. 인터넷 웹사이트에 글을 게시하면서 신문기사가 저장된 인터넷 주소를 링크하거나 신문기사 전문을 복사하여 첨부한 것이, 공직선거법 제95조 제1항에 규정된 신문 등을 배부한 경우에 해당하는지 여부(소극)

[2] 관련법령

1. 공직선거법 제95조 제1항
2. 공직선거법 제95조 제1항, 제252조 제1항

가. 공직선거법 [법률 제10303호, 2010. 5. 17, 타법개정]

제95조(신문·잡지 등의 통상방법외의 배부금지) ① 누구든지 이 법의 규정에 의한 경우를 제외하고는 선거에 관한 기사를 게재한 신문·통신·잡지 또는 기관·단체·시설의 기관지 기타 간행물을 통상방법외의 방법으로 배부하거나 그 기사를 복사하여 배부할 수 없다.
② 제1항에서 "선거에 관한 기사"라 함은 후보자[후보자가 되고자 하는 자를 포함한다. 이하 제96조(허위논평·보도의 금지) 및 제97조(방송·신문의 불법이용을 위한 행위 등의 제한)에서 같다]의 당락이나 특정 정당(창당준비위원회를 포함한다)에 유리 또는 불리한 기사를 말하며, "통상방법에 의한 배부"라 함은 종전의 방법과 범위 안에서 발행·배부하는 것을 말한다.

제252조(방송·신문 등 부정이용죄) ① 제82조의7(인터넷광고) 제5항·제94조(방송·신문 등에 의한 광고의 금지)·제95조(신문·잡지 등의 통상방법외의 배부금지) 제1항·제96조(허위논평·보도의

금지)·제98조(선거운동을 위한 방송이용의 제한) 또는 제99조(구내방송 등에 의한 선거운동금지)의 규정에 위반한 자는 3년 이하의 징역 또는 600만원 이하의 벌금에 처한다. 〈개정 2005.8.4〉
② 제71조(후보자등의 방송연설) 제12항 [제72조(방송시설주관 후보자연설의 방송) 제4항, 제73조(經歷放送) 제4항, 제74조(放送施設主管經歷放送) 제2항, 제81조(단체의 후보자등 초청 대담·토론회) 제8항, 제82조(언론기관의 후보자등 초청 대담·토론회) 제4항, 제137조의2(정강·정책의 방송연설의 제한) 제6항에서 준용하는 경우를 포함한다] 및 제82조의2(선거방송토론위원회 주관 대담·토론회) 제13항 후단[제82조의3(선거방송토론위원회 주관 정책토론회) 제2항에서 준용하는 경우를 포함한다]의 규정에 위반한 자는 2년 이하의 징역 또는 400만원 이하의 벌금에 처한다. 〈개정 1998.4.30, 2000.2.16, 2004.3.12, 2005.8.4〉

[3] 대법원의 판결[58)]

【피 고 인】 피고인
【상 고 인】 검 사

【원심판결】 부산고법 2010. 12. 1. 선고 2010노839 판결
【주 문】
상고를 기각한다.

【이 유】
상고이유를 판단한다.
공직선거법 제95조 제1항에서의 배부행위라 함은 같은 조항에 규정된 선거에 관한 기사를 게재한 신문 등을 불특정 또는 다수인에게 교부하거나 신문 등을 개별적으로 어느 한 사람에게 교부한 경우라 할지라도 그것이 불특정 또는 다수인에게 교부될 것이라는 점을 예견할 수 있는 특별한 정황 아래에서 교부하는 것을 말한다(대법원 2002. 1. 25. 선고 2000도1696 판결, 대법원 2009. 5. 14. 선고 2009도1938 판결 등 참조). 원심판결 이유에 의하면, 이 사건 공소사실 중 공직선거법 제95조 제1항 위반의 점 부분은 피고인이 공소사실 기재와 같이 4회에 걸쳐 인터넷 웹사이트 '사람사는 세상'(http://www.knowhow.go.kr)에 자신이 작성·게시한 "왜 공소외인이 깃발을 들어야 할까요."라는 제목의 글 등의 하단에 일간신문인 부산일보의 2010. 3. 8.자 기사(공소외인, 야권생존 위해 시장 후보로 나서야)가 저장된 인터넷 주소(URL)를 링크(link)해 두거나 그 기사 전문을 복사하여 첨부하였다는 것이다.

58) 대법원 2011.2.24. 선고 2010도17081 판결 【공직선거법위반】

이를 위 법리에 비추어 살펴보면, 피고인이 인터넷 웹사이트에 자신의 글을 게시하면서 그 게시물에 인터넷 웹페이지나 웹사이트 등의 서버에 저장된 신문기사의 웹 위치 정보를 나타내는 것에 불과한 인터넷 링크(Internet link)를 하여 두었다거나 신문기사 전문을 복사하여 첨부한 것만으로는 그것이 공직선거법 제95조 제1항에 규정된 신문 등을 배부한 경우에 해당한다고 할 수 없다.

원심이 같은 취지에서 이 부분 공소사실이 무죄라고 판단한 제1심판결을 그대로 유지한 것은 정당하고, 거기에 상고이유로 주장하는 바와 같은 공직선거법 제95조 제1항에 관한 법리오해 등의 위법이 없다. 이에 관한 상고이유의 주장과 위 행위가 배부행위에 해당함을 전제로 한 나머지 상고이유의 주장은 모두 이유 없다.

그러므로 상고를 기각하기로 하여 관여 대법관의 일치된 의견으로 주문과 같이 판결한다.

Chapter 11 선거운동의 기획에 참여하거나 그 기획의 실시에 관여하는 행위

[1] 사건의 쟁점

공직선거법 제86조 제1항 제2호에서 공무원에 대하여 금지하는 행위 중 하나로 규정하고 있는 '선거운동의 기획에 참여하거나 그 기획의 실시에 관여하는 행위'의 의미

[2] 관련법령

공직선거법 제86조 제1항 제2호, 제255조 제1항 제10호

가. 공직선거법 [법률 제10303호, 2010. 5. 17, 타법개정]

제86조(공무원 등의 선거에 영향을 미치는 행위금지) ① 공무원(국회의원과 그 보좌관·비서관·비서 및 지방의회의원을 제외한다), 제53조 제1항 제4호 및 제6호에 규정된 기관 등의 상근 임·직원, 통·리·반의 장, 주민자치위원회위원과 향토예비군소대장급 이상의 간부, 특별법에 의하여 설립된 국민운동단체로서 국가나 지방자치단체의 출연 또는 보조를 받는 단체(바르게살기운동협의회·새마을운동협의회·한국자유총연맹을 말한다)의 상근 임·직원 및 이들 단체 등(시·도조직 및 구·시·군조직을 포함한다)의 대표자는 다음 각 호의 어느 하나에 해당하는 행위를 하여서는 아니 된다. 〈개정 1997.11.14, 2000.2.16, 2002.3.7, 2004.3.12, 2005.8.4, 2010.1.25〉

1. 소속직원 또는 선거구민에게 교육 기타 명목여하를 불문하고 특정 정당이나 후보자(후보자가 되고자 하는 자를 포함한다. 이하 이 항에서 같다)의 업적을 홍보하는 행위
2. 지위를 이용하여 선거운동의 기획에 참여하거나 그 기획의 실시에 관여하는 행위
3. 정당 또는 후보자에 대한 선거권자의 지지도를 조사하거나 이를 발표하는 행위

4. 삭제 〈2010.1.25〉
5. 선거기간중 국가 또는 지방자치단체의 예산으로 시행하는 사업 중 즉시 공사를 진행하지 아니할 사업의 기공식을 거행하는 행위
6. 선거기간중 정상적 업무외의 출장을 하는 행위
7. 선거기간중 휴가기간에 그 업무와 관련된 기관이나 시설을 방문하는 행위

② 지방자치단체의 장(제4호의 경우 소속 공무원을 포함한다)은 선거일전 60일(선거일전 60일 후에 실시사유가 확정된 보궐선거등에 있어서는 그 선거 의 실시사유가 확정된 때)부터 선거일까지 다음 각 호의 어느 하나에 해당하는 행위를 하여서는 아니 된다. 〈신설 1995.12.30, 1997.11.14, 1998.4.30, 2000.2.16, 2002.3.7, 2004.3.12, 2010.1.25〉

1. 삭제 〈2004.3.12〉
2. 정당의 정강·정책과 주의·주장을 선거구민을 대상으로 홍보·선전하는 행위. 다만, 당해 지방자치단체의 장의 선거에 예비후보자 또는 후보자가 되는 경우에는 그러하지 아니하다.
3. 창당대회·합당대회·개편대회 및 후보자선출대회를 제외하고는 정당이 개최하는 시국강연회, 정견·정책발표회, 당원연수·단합대회 등 일체의 정치행사에 참석하거나 선거대책기구, 선거사무소, 선거연락소를 방문하는 행위. 다만, 해당 지방자치단체의 장선거에 예비후보자 또는 후보자가 된 경우와 당원으로서 소속 정당이 당원만을 대상으로 개최하는 정당의 공개행사에 의례적으로 방문하는 경우에는 그러하지 아니하다.
4. 다음 각 목의 1을 제외하고는 교양강좌, 사업설명회, 공청회, 직능단체모임, 체육대회, 경로행사, 민원상담 기타 각종 행사를 개최하거나 후원하는 행위
   가. 법령에 의하여 개최하거나 후원하도록 규정된 행사를 개최·후원하는 행위
   나. 특정일·특정시기에 개최하지 아니하면 그 목적을 달성할 수 없는 행사
   다. 천재·지변 기타 재해의 구호·복구를 위한 행위
   라. 직업보도교육 또는 유상으로 실시하는 교양강좌를 개최·후원하는 행위 또는 주민자치센터가 개최하는 교양강좌를 후원하는 행위. 다만, 종전의 범위를 넘는 새로운 강좌를 개설하거나 수강생을 증원하거나 장소를 이전하여 실시하는 주민자치센터의 교양강좌를 후원하는 행위를 제외한다.
   마. 집단민원 또는 긴급한 민원이 발생하였을 때 이를 해결하기 위한 행위
   바. 가목 내지 마목에 준하는 행위로서 중앙선거관리위원회규칙으로 정하는 행위
5. 통·리·반장의 회의에 참석하는 행위. 다만, 천재·지변 기타 재해가 있거나 집단민원 또는 긴급한 민원이 발생하였을 때에는 그러하지 아니하다.

③ 삭제 〈2010.1.25〉

④ 삭제 〈2010.1.25〉

⑤ 지방자치단체의 장(소속 공무원을 포함한다)은 다음 각 호의 어느 하나에 해당하는 경우를 제외하고는 지방자치단체의 사업계획·추진실적 그 밖에 지방자치단체의 활동상황을 알리기 위한 홍보물(홍보지·소식지·간행물·시설물·녹음물·녹화물 그 밖의 홍보물 및 신문·방송을 이용하여 행하는 경우를 포함한다)을 분기별로 1종 1회를 초과하여 발행·배부 또는 방송하여서는 아니되며 당해 지방자치단체의 장의 선거의 선거일전 180일(보궐선거등에 있어서는 그 선거의 실시사유가 확정된 때, 이하 제6항에서 같다)부터 선거일까지는 홍보물을 발행·배부 또는 방송할 수 없다. 〈신설 1998.4.30, 2000.2.16, 2004.3.12, 2006.3.2, 2010.1.25〉

1. 법령에 의하여 발행·배부 또는 방송하도록 규정된 홍보물을 발행·배부 또는 방송하는 행위
2. 특정사업을 추진하기 위하여 그 사업과 이해관계가 있는 자나 관계주민의 동의를 얻기 위한 행위
3. 집단민원 또는 긴급한 민원이 발생하였을 때 이를 해결하기 위한 행위
4. 기타 위 각 호의 1에 준하는 행위로서 중앙선거관리위원회규칙이 정하는 행위

⑥ 지방자치단체의 장은 당해 지방자치단체의 장의 선거의 선거일전 180일부터 선거일까지 주민자치센터가 개최하는 교양강좌에 참석할 수 없으며, 근무시간 중에 공공기관이 아닌 단체 등이 주최하는 행사(해당 지방자치단체의 청사에서 개최하는 행사를 포함한다)에는 참석할 수 없다. 다만, 제2항 제3호에 따라 참석 또는 방문할 수 있는 행사의 경우에는 그러하지 아니하다. 〈신설 1998.4.30, 2002.3.7, 2010.1.25〉

⑦ 지방자치단체의 장은 소관 사무나 그 밖의 명목 여하를 불문하고 방송·신문·잡지나 그 밖의 광고에 출연할 수 없다. 〈신설 2010.1.25〉

[2010.1.25 법률 제9974호에 의하여 2008.5.29 헌법재판소에서 한정위헌결정된 이 조 제1항 제2호를 개정함.]

第252조(방송·신문 등 부정이용죄) ① 제82조의7(인터넷광고) 제5항·제94조(방송·신문 등에 의한 광고의 금지)·제95조(신문·잡지 등의 통상방법외의 배부금지) 제1항·제96조(허위논평·보도의 금지)·제98조(선거운동을 위한 방송이용의 제한) 또는 제99조(구내방송 등에 의한 선거운동금지)의 규정에 위반한 자는 3년 이하의 징역 또는 600만원 이하의 벌금에 처한다. 〈개정 2005.8.4〉

② 제71조(후보자등의 방송연설) 제12항 [제72조(방송시설주관 후보자연설의 방송) 제4항, 제73조(經歷放送) 제4항, 제74조(放送施設主管經歷放送) 제2항, 제81조(단체의 후보자등 초청 대담·

토론회) 제8항, 제82조(언론기관의 후보자등 초청 대담·토론회) 제4항, 제137조의2(정강·정책의 방송연설의 제한) 제6항에서 준용하는 경우를 포함한다] 및 제82조의2(선거방송토론위원회 주관 대담·토론회) 제13항 후단[제82조의3(선거방송토론위원회 주관 정책토론회) 제2항에서 준용하는 경우를 포함한다]의 규정에 위반한 자는 2년 이하의 징역 또는 400만원 이하의 벌금에 처한다. 〈개정 1998.4.30, 2000.2.16, 2004.3.12, 2005.8.4〉

[3] 대법원의 판결[59)]

【피 고 인】 피고인 1 외 1인
【상 고 인】 검사 및 피고인 1
【변 호 인】 법무법인 1 외 1인

【원심판결】 광주고법 2010. 11. 25. 선고 2010노351 판결
【주　　문】
상고를 모두 기각한다.

【이　　유】
상고이유를 판단한다.

1. 피고인 1의 상고이유에 대하여

공직선거법 제86조 제1항 제2호에서 공무원에 대하여 금지하는 행위 중의 하나로 예시하고 있는 '선거운동의 기획에 참여하거나 그 기획의 실시에 관여하는 행위'라 함은 당선되게 하거나 되지 못하게 하기 위한 선거운동에는 이르지 아니하는 것으로서 선거운동의 효율적 수행을 위한 일체의 계획 수립에 참여하는 행위 또는 그 계획을 직접 실시하거나 실시에 관하여 지시·지도하는 행위를 말하는 것으로 해석하여야 하고, 반드시 구체적인 선거운동을 염두에 두고 선거운동을 할 목적으로 그에 대한 기획에 참여하는 행위만을 의미하는 것으로 볼 수는 없다(대법원 2007. 10. 25. 선고 2007도4069 판결 등 참조). 또 공범의 성립에 있어서 공모는 법률상 어떤 정형을 요구하는 것이 아니고 공범자 상호간에 직접 또는 간접으로 범죄의 공동실행에 관한 암묵적인 의사연락이 있으면 족하고, 이에 대하여는 직접증거가 없더라도 정황사실과 경험법칙에 의하여 이를 인정할 수 있다(대법원 1999. 3. 9. 선고 98도3169 판결, 대법원 2005. 9. 9. 선고 2005도2014 판결 등 참조).

---

59) 대법원 2011. 2. 24. 선고 2010도16650 판결 **【공직선거법위반】**

원심은, 그 채용 증거들에 의하여 판시사실을 인정한 다음, 피고인 1이 담당공무원 공소외인 등과 공모하여 그 판시와 같은 내용의 게시물을 작성·게시하도록 함으로써 공무원의 지위를 이용하여 선거운동의 기획에 참여하거나 그 기획의 실시에 관여하는 행위를 하였다고 판단하였는바, 앞서 본 법리와 기록에 비추어 살펴보면, 원심의 이러한 인정과 판단은 정당하고, 거기에 상고이유의 주장과 같은 공직선거법 제86조 제1항 제2호 및 공범에 관한 법리오해, 채증법칙 위배 등의 위법이 없다.

한편, 공직선거법 제86조 제1항의 입법 취지 등에 비추어 보면 판시 게시물 작성·게시행위가 법질서 전체의 정신이나 그 배후에 놓여 있는 사회윤리 내지 사회통념에 비추어 사회생활관계상 통상적으로 용인될 수 있는 행위인 '사회상규에 위배되지 아니하는 행위'라고 보기도 어려우므로, 위와 같은 게시물 작성·게시행위를 형법 제20조에 정한 정당행위로 볼 수 없다. 이에 관한 상고이유의 주장은 받아들일 수 없다.

2. 검사의 상고이유에 대하여

원심은, 그 판시와 같은 이유로 피고인들에 대한 이 사건 공소사실 중 판시 기부행위에 의한 공직선거법 위반의 점은 무죄라고 판단하였는바, 관련 법리와 기록에 비추어 살펴보면 원심의 이러한 조치는 정당한 것으로 수긍이 가고, 거기에 상고이유의 주장과 같은 법리오해, 채증법칙 위배 등의 위법이 없다.

한편, 검사는 원심판결 중 피고인 1에 대한 유죄 부분에 대하여도 불복한다는 취지로 상고장을 제출하였음에도 상고장 및 상고이유서에서 그 부분에 관한 상고이유를 기재하고 있지 아니하므로, 이 부분에 대한 상고는 이유 없다.

3. 결 론

그러므로 상고를 모두 기각하기로 하여 관여 대법관의 일치된 의견으로 주문과 같이 판결한다.

Chapter 12

식사제공과 기부행위

[1] 사건의 쟁점

1. 피고인이 피의자신문조서에 기재된 진술과 공판기일에서 한 진술의 임의성을 부인하면서 허위자백이라고 다투는 경우, '임의성' 유무의 판단 방법
2. 공직선거법상의 '기부행위'에 해당하는 행위가 위법이 조각되기 위한 요건
3. 현직 군수로서 차기 지방자치단체장 선거에 출마가 확실시되는 피고인이 선거구민들에게 식사를 제공하여 기부행위를 하였다는 내용의 공직선거법 위반의 공소사실에 대하여, 위 행위가 기부행위가 아니라거나 사회상규에 위배되지 아니하는 정당행위로서 위법성이 조각된다는 취지의 피고인의 주장을 배척한 원심판단을 수긍한 사례

[2] 관련법령

1. 형사소송법 제308조, 제309조, 제312조, 제317조
2. 형법 제20조, 공직선거법 제113조, 제257조 제1항 제1호
3. 형법 제20조, 공직선거법 제113조 제1항, 제257조 제1항 제1호

가. 형사소송법 [법률 제9765호, 2009. 6. 9, 타법개정]

제308조(자유심증주의) 증거의 증명력은 법관의 자유판단에 의한다.

제309조(강제등 자백의 증거능력 〈개정 1963.12.13〉) 피고인의 자백이 고문, 폭행, 협박, 신체구속의 부당한 장기화 또는 기망 기타의 방법으로 임의로 진술한 것이 아니라고 의심할 만한 이유가 있는 때에는 이를 유죄의 증거로 하지 못한다.

제312조(검사 또는 사법경찰관의 조서 등) ① 검사가 피고인이 된 피의자의 진술을 기재한 조서는 적법한 절차와 방식에 따라 작성된 것으로서 피고인이 진술한 내용과 동일하게 기재되어 있음이 공판준비 또는 공판기일에서의 피고인의 진술에 의하여 인정되고, 그 조서에 기재된 진술이 특히 신빙할 수 있는 상태하에서 행하여졌음이 증명된 때에 한하여 증거로 할 수 있다.
② 제1항에도 불구하고 피고인이 그 조서의 성립의 진정을 부인하는 경우에는 그 조서에 기재된 진술이 피고인이 진술한 내용과 동일하게 기재되어 있음이 영상녹화물이나 그 밖의 객관적인 방법에 의하여 증명되고, 그 조서에 기재된 진술이 특히 신빙할 수 있는 상태 하에서 행하여졌음이 증명된 때에 한하여 증거로 할 수 있다.
③ 검사 이외의 수사기관이 작성한 피의자신문조서는 적법한 절차와 방식에 따라 작성된 것으로서 공판준비 또는 공판기일에 그 피의자였던 피고인 또는 변호인이 그 내용을 인정할 때에 한하여 증거로 할 수 있다.
④ 검사 또는 사법경찰관이 피고인이 아닌 자의 진술을 기재한 조서는 적법한 절차와 방식에 따라 작성된 것으로서 그 조서가 검사 또는 사법경찰관 앞에서 진술한 내용과 동일하게 기재되어 있음이 원진술자의 공판준비 또는 공판기일에서의 진술이나 영상녹화물 또는 그 밖의 객관적인 방법에 의하여 증명되고, 피고인 또는 변호인이 공판준비 또는 공판기일에 그 기재 내용에 관하여 원진술자를 신문할 수 있었던 때에는 증거로 할 수 있다. 다만, 그 조서에 기재된 진술이 특히 신빙할 수 있는 상태하에서 행하여졌음이 증명된 때에 한한다.
⑤ 제1항부터 제4항까지의 규정은 피고인 또는 피고인이 아닌 자가 수사과정에서 작성한 진술서에 관하여 준용한다.
⑥ 검사 또는 사법경찰관이 검증의 결과를 기재한 조서는 적법한 절차와 방식에 따라 작성된 것으로서 공판준비 또는 공판기일에서의 작성자의 진술에 따라 그 성립의 진정함이 증명된 때에는 증거로 할 수 있다.
[전문개정 2007.6.1]

제317조(진술의 임의성) ① 피고인 또는 피고인 아닌 자의 진술이 임의로 된 것이 아닌 것은 증거로 할 수 없다.
② 전항의 서류는 그 작성 또는 내용인 진술이 임의로 되었다는 것이 증명된 것이 아니면 증거로 할 수 없다.
③ 검증조서의 일부가 피고인 또는 피고인 아닌 자의 진술을 기재한 것인 때에는 그 부분에 한하여 전2항의 예에 의한다.

나. 형법 [법률 제10259호, 2010. 4. 15, 일부개정]

제20조(정당행위) 법령에 의한 행위 또는 업무로 인한 행위 기타 사회상규에 위배되지 아니하는 행위는 벌하지 아니한다.

다. 공직선거법 [법률 제10303호, 2010. 5. 17, 타법개정]

제113조(후보자 등의 기부행위제한) ① 국회의원·지방의회의원·지방자치단체의 장·정당의 대표자·후보자(후보자가 되고자 하는 자를 포함한다)와 그 배우자는 당해 선거구안에 있는 자나 기관·단체·시설 또는 당해 선거구의 밖에 있더라도 그 선거구민과 연고가 있는 자나 기관·단체·시설에 기부행위(결혼식에서의 주례행위를 포함한다)를 할 수 없다.
② 누구든지 제1항의 행위를 약속·지시·권유·알선 또는 요구할 수 없다.
[전문개정 2004.3.12]

제257조(기부행위의 금지제한 등 위반죄) ① 다음 각 호의 1에 해당하는 자는 5년 이하의 징역 또는 1천만원 이하의 벌금에 처한다. 〈개정 1996.2.6, 1997.1.13, 1997.11.14, 2000.2.16, 2004.3.12〉

1. 제113조(후보자 등의 기부행위제한)·제114조(정당 및 후보자의 가족 등의 기부행위제한) 제1항 또는 제115조(제삼자의 기부행위제한)의 규정에 위반한 자
2. 제81조(단체의 후보자 등 초청 대담·토론회) 제6항[제82조(언론기관의 후보자 등 초청 대담·토론회) 제4항에서 준용하는 경우를 포함한다]의 규정을 위반한 자

② 제81조 제6항·제82조 제4항·제113조·제114조 제1항 또는 제115조에서 규정하고 있는 정당(창당준비위원회를 포함한다)·정당의 대표자·정당선거사무소의 소장, 국회의원·지방의회의원·지방자치단체의 장, 후보자(후보자가 되고자 하는 자를 포함한다. 이하 이 조에서 같다), 후보자의 배우자, 후보자나 그 배우자의 직계존비속과 형제자매, 후보자의 직계비속 및 형제자매의 배우자, 선거사무장, 선거연락소장, 선거사무원, 회계책임자, 연설원, 대담·토론자, 후보자 또는 그 가족과 관계있는 회사 등이나 그 임·직원과 제삼자[제116조(기부의 권유·요구 등의 금지)에 규정된 행위의 상대방을 말한다]에게 기부를 지시·권유·알선·요구하거나 그로부터 기부를 받은 자(제261조 제6항에 해당하는 사람은 제외한다)는 3년 이하의 징역 또는 500만원 이하의 벌금에 처한다. 〈개정 1997.1.13, 2000.2.16, 2004.3.12, 2008.2.29, 2010.1.25〉
③ 제117조(기부받는 행위 등의 금지)의 규정에 위반한 자는 3년 이하의 징역 또는 500만원 이하의 벌금에 처한다. 〈신설 1995.5.10〉

④ 제1항 내지 제3항의 죄를 범한 자가 받은 이익은 이를 몰수한다. 다만, 그 전부 또는 일부를 몰수할 수 없을 때에는 그 가액을 추징한다. 〈신설 1995.5.10〉

[3] 광주고등법원의 판결60)

【피 고 인】 피고인 1 외 1인
【항 소 인】 피고인 2 및 검사
【검　　사】 검 사
【변 호 인】 변호사 1 외 1인

【원심판결】 광주지방법원 2010. 7. 26. 선고 2010고합138, 169, 238, 312 판결
【주　　문】
원심판결 중 피고인 2(대법원 판결의 피고인)에 대한 부분을 파기한다.
피고인 2를 징역 1년 6월에 처한다.
다만, 이 판결 확정일부터 3년간 피고인 2에 대한 위 형의 집행을 유예한다.
검사의 피고인 1에 대한 항소를 기각한다.

【이　　유】
1. 항소이유의 요지
가. 피고인 2
(1) 사실오인 또는 법리오해
원심 판시 유죄부분(군수관사 음식물 제공으로 인한 공직선거법위반)에 관하여, 피고인 2는 2010. 3. 2. 민주당 ○○지역 청년위원장인 공소외 4와 전화통화를 하면서 주말에 군수관사에서 차를 마시기로 하였을 뿐 2010. 3. 7. 17:00 군수관사에서 청년위원회 임원들에게 저녁식사를 대접하기로 약속하지 않았다. 그런데 공소외 4를 비롯한 청년위원회 임원 20명이 약속 없이 저녁식사 무렵 군수관사에 찾아와 피고인 2는 통상적인 범위에서 음식물을 제공하게 되었다. 따라서 음식물 제공행위는 선거에 관련한 기부행위가 아니고, 설령 그렇지 아니하더라도 사회상규에 위배되지 아니하는 정당행위로서 위법성이 조각됨에도, 원심은 증거판단을 잘못한 결과 사실을 오인하거나 법리를 오해하여 음식물 제공으로 인한 공직선거법위반의 점을 유죄로 인정하였다.

60) 광주고등법원 2010. 10. 21. 선고 2010노278 판결 【공직선거법위반】

(2) 양형부당

음식물 제공을 한 경위, 음식물의 내용과 가액, 음식물을 제공한 대상, 피고인에게 선거에 관련한 기부행위의 의사가 없었던 점, 피고인이 반성하고 있는 점 등에 비추어 원심이 선고한 형량(벌금 80만원)은 너무 무거워서 부당하다.

나. 검 사

(1) 피고인 2에 대하여

(가) 사실오인

원심 판시 무죄부분 중 격려금 지급 및 취임식 비용 지원으로 인한 각 공직선거법위반 부분에 관하여, 피고인 2가 2008. 5. 무렵 ○○군 번영회장으로 취임하는 공소외 7을 견제하기 위하여 ○○군의 읍면 번영회장들 13인 중 피고인을 지지하는 7인으로 하여금 ○○군 번영회 협의회를 설립하도록 하면서 격려금 700만원을 지급하고, 공소외 8 협의회장 취임식에 현수막 및 기념수건 제작 비용 500만원을 지원하였다는 내용의 공소외 1의 진술, 피고인 2가 격려금 지급을 지시 내지 참모들의 건의에 동의하였다는 내용의 공소외 3의 (일부) 검찰 진술은 신빙성이 높다.

그리고 원심 판시 무죄부분 중 구정 선물(소고기) 제공으로 인한 공직선거법위반 부분에 관하여, 소고기 선물을 배포한 피고인 1과 피고인 2의 관계, 피고인 1의 경제적 능력, 구정 선물을 받은 선거구민의 분포, 피고인 1이 소고기 선물을 구입한 자금은 ○○군청 공무원 취직 청탁과 관련된 것으로 보이는 점 등에 비추어 피고인 2가 구정 선물 제공을 지시 내지 묵인하였다는 내용의 공소외 2, 3의 (일부) 검찰 진술은 신빙성이 높다.

따라서 원심은 위 각 부분을 유죄로 인정하여야 함에도 증거판단을 잘못한 결과 사실을 오인함으로써 판결에 영향을 미친 위법이 있다.

(나) 양형부당

(항소한 부분이 유죄로 인정되는 것을 전제로) 선거범죄의 중대성, 이 사건 각 범행의 동기, 범행의 수단과 방법, 격려금 및 취임식 지원비의 액수, 범행 후의 정황, 수사 및 재판 과정에서 피고인 2가 관련자들의 진술을 조작하면서 범행을 전면 부인하는 등 반성하지 아니하는 태도, 그 밖에 피고인의 나이, 평소 성행 등에 비추어 피고인에게 실형이 선고되어야 한다.

(2) 피고인 1에 대하여(양형부당)

선거범죄의 중대성, 이 사건 각 범행의 동기, 범행의 수단과 방법, 구정 선물(소고기)의 액수, 범행 후의 정황, 수사 및 재판 과정에서 피고인 1이 피고인 2의 관련성을 부인하는 등 반성하지 아니하는 태도, 그 밖에 피고인의 나이, 성행, 가정환경 등에 비추어 원심 형량(징역 1년에 집행유예 2년)은 너무 가벼워서 부당하다.

2. 이 법원의 판단

가. 피고인 2 부분

(1) 피고인 2의 사실오인 또는 법리오해 주장에 대한 판단

원심이 적법하게 채택하여 조사한 증거들에 의하면, 피고인 2는 공소외 4와 전화통화를 하여 2010. 3. 7. 19:00경 민주당 ○○지역 읍면 청년위원회 임원들이 군수관사에 방문할 것을 알고 있었던 사실(공소외 4에 대한 선거관리위원회 문답서), 피고인 2 측과 청년위원회 측은 모임이 끝날 때까지 군수관사에서 접대한 음식물 비용 부담에 관하여 이야기한 적이 없는 사실, 피고인 2는 참석자들에게 "있는 대로 준비했습니다. 맛있게 드십시오"라고 말하였고(공소외 10에 대한 선거관리위원회 문답서), 또 "이제 후보자 신분이 되는 만큼 좀 도와달라"는 취지로 말한 사실(공소외 11에 대한 선거관리위원회 문답서), 위 모임이 있었음을 경찰에서 알게 되자, 다음날인 2010. 3. 8. 오전에 피고인 2와 측근들은 대책 회의를 한 후 공소외 1, 5 등이 청년위원회 측 총무인 공소외 6을 찾아가 음식물 비용으로 30만원을 공소외 1의 계좌로 이체할 것을 부탁한 사실을 인정할 수 있다(공소외 6의 법정진술). 위 인정사실에다가 피고인 2는 현직 ○○군수로서 2010. 6. 2. 치러질 전국동시지방선거(제5회) ○○군수선거에 민주당 후보로 출마할 것이 확실시되었고, 민주당 ○○군수 선거후보자 경선(2010. 4.)이 얼마 남지 않은 시기였던 점, 위 모임에 참석한 사람들은 선거구민일 뿐 아니라 민주당 ○○지역 읍면 청년위원회의 회장 및 총무들로서 각 읍면의 청년위원이나 지역 주민에게 영향력을 끼칠 수 있을 것인 점, 참석자들에게 제공된 음식물은 단순히 재료 구입비를 참석자 수로 나누었을 때의 1인당 비용이 결코 적지 아니한 점, 공직선거법 제112조는 기부행위를 '당해 선거구안에 있는 자나 기관·단체·시설 및 선거구민의 모임이나 행사 또는 당해 선거구 밖에 있더라도 그 선거구민과 연고가 있는 자나 기관·단체·시설에 대하여 금전·물품 기타 재산상 이익을 제공, 이익제공의 의사표시 또는 그 제공을 약속하는 행위'로 정의하면서 극히 제한적으로 예외사유를 규정하고 있는 점 등을 종합하면, 원심이 이 사건 공소사실 중 음식물 제공으로 인한 공직선거법위반 부분에 대하여 선거에 관련한 기부행위가 아니라거나 사회상규에 위배되지 아니하는 정당행위로서 위법성이 조각된다는 취지의 피고인 2의 주장을 배척하고 유죄로 판단한 것은 넉넉히 수긍이 가고, 여기에 사실을 오인하거나 법리를 오해하여 판결에 영향을 미친 위법이 없다. 따라서 피고인 2의 위 주장은 이유 없다.

(2) 검사의 사실오인 주장에 대한 판단

(가) 격려금 지급 및 취임식 비용 지원으로 인한 공직선거법위반 부분

[원심의 판단]

원심은 "읍면 번영회장들이 2008. 5. 13.자 읍면 번영회 회의(간담회)에서 ○○군 번영회 협의회(이하, '협의회'라 한다)를 만들고, 공소외 8을 협의회장으로 선출하여 ○○군 번영회와 협의회가 양립하게 되었을 뿐이다"라는 내용의 공소외 12(○○읍 번영회장), 공소외 8(□□면 번영회장), 공소외 13(◇◇면 번영회장), 공소외 14(전 ○○군 생활체육회 사무국장)의 진술 및 2008. 5. 9.자 읍면 번영회 회의록, 2008. 5. 13.자 읍면 번영회 회의록을 주된 근거로 하여, 피고인 2가 공소외 1을 시켜 협의회를 만들도록 하고 공소외 8을 회장으로 취임하게 하였다는 내용의 공소외 1의 진술은 믿기 어렵다고 전제한 다음, 격려금 지급 사건의 공소사실에 부합하는 듯한 피고인 2의 일부 진술(2010. 4. 29.자 검찰 제2회 피의자신문)은, 민주당 ○○군수 선거후보자 경선(2010. 4. 17.)에서 선거후보자가 되었으나 2010. 4. 27. 구속된 피고인 2가 선거후보자 자격을 유지하기 위하여 반드시 석방되어야 하므로, 법원의 구속적부심사(2010. 5. 3.)를 앞두고 변호인의 조언에 따라 진술을 번복한 것에 불과하고, 공소외 1의 진술은 여러 차례 번복되었을 뿐만 아니라 피고인 2가 격려금 지급을 지시한 날짜를 특정하지 못하고, '군수 입장에서 돈을 주어도 되는지, 구체적으로 누구에게 얼마를 주어야 하는지, 어떠한 방법으로 줄 것인지' 등에 관하여 전혀 논의가 없었다고 하는 등 구체적이지 아니한 점, 공소외 1은 자신이 구속되면 국가유공자로서 연금(월 91만원) 수령 자격이 박탈될까 두려워 공소사실에 부합하는 진술을 할 만한 상황이었던 점, 공소외 1이 격려금 지급 지시를 받거나 사후 보고하였다는 일시에 피고인 2는 서울 출장중이거나 다른 일정이 있었던 점, 피고인 2가 격려금 지급을 지시 내지 동의하였다는 내용의 공소외 3의 검찰 진술(2010. 4. 13.자)은 공소외 3이 원심법정에서 피고인 2와 관계 없이 공소외 15(피고인의 큰형)와 상의하여 지급하였다고 하여 이를 번복한 점 등의 사정에 비추어 피고인 2가 2008. 5. 중순경 공소외 1, 3, 2에게 격려금을 읍면 번영회장들에게 지급하라고 지시하였음을 인정할 만한 증거가 없다고 판단하였다(원심은 공소외 1이 실제로 읍면 번영회장들에게 격려금을 지급하였는지 여부를 판단하지 않았다).

또한, 원심은 취임식 비용 지원 사건의 공소사실(피고인 2가 2010. 5. 19. 보석으로 석방된 후 공소외 1의 2010. 5. 27.자 제보에 의하여 2010. 7. 13. 기소되었다)에 부합하는 듯한 공소외 1의 진술은, 피고인 2가 군수관사에서 500만원을 주었다는 일시인 2008. 6. 13. 15:00-16:00에 피고인 2는 ○○군청에서 농업기술센터 및 노인

복지센터 관련 회의를 주재하고 있었던 점, 앞서 본 바와 같이 피고인 2가 공소외 1을 시켜서 협의회를 만들도록 하고 공소외 8을 회장으로 취임하게 하였음이 인정되지 아니한 이상 협의회장 취임식 비용을 지원한 이유가 특정되지 않는 점, 오히려 협의회장으로 취임한 공소외 8은 취임식 행사 후 5-6일이 지나 공소외 1에게 행사비용 600만원을 주었다고 진술한 점 등에 비추어 이를 믿기 어렵다고 판단하였다.

[이 법원의 판단]

그러나 원심 및 당심이 적법하게 채택하여 조사한 증거들에 의하여 인정할 수 있는 다음과 같은 사정을 살펴볼 때, 원심의 판단은 수긍할 수 없다.

1) '읍면 번영회장들의 합의로' 공소외 8을 협의회장으로 선출한 바 없음

2008. 5. 2. ○○군 번영회의 전임 회장인 공소외 16이 개최한 임시이사회에서 후임 회장으로 피고인 2와 정치적으로 경쟁 관계에 있는 공소외 7이 선출되자(○○군 번영회 회칙에 의하면, 회장은 이사회 의결을 통해 선출한다), 2008. 5.경 ○○군의 읍면 번영회장 13인은 읍면 번영회장들 중에서 군 번영회 회장이 선출되어야 한다는 이유로 공소외 7에 반대하면서 군 번영회와 별도로 협의회를 만들자고 주장하는 측과 이에 반대하는 측으로 양분되었다.

그런데 이 사건에서 협의회 측에 가담한 읍면 번영회장 7인(공소외 8, 12, 17, 13, 18, 19, 20) 중 5인(2008. 5. 13.자 읍면 번영회 회의에 참석하였으나 그 회의결과에 관하여 구체적 진술을 하지 아니한 공소외 19, 위 회의 이후인 2008. 5. 20.경 ☆☆면 번영회장으로 내정된 공소외 20은 각 제외)은 2008. 5. 13.자 읍면 번영회 회의결과 읍면 번영회장들의 합의로써 협의회를 설립하여 공소외 8을 회장으로 선출하고, 이에 따라 2008. 5. 22. 협의회장 취임식을 하였다고 주장(피고인 2의 주장, 원심판단과 같다)하는 반면에, 나머지 6인(공소외 21, 22, 23, 24, 25, 26)은 위 회의결과 의견이 분분하여 결국 대표 4인(공소외 8, 12, 25, 26)이 공소외 7 측과 협상하기로 하였고, 2008. 5. 15. 위 대표 4인과 공소외 7 측 3인(공소외 7, 27, 28)이 만나서 협상한 결과, 공소외 7을 군 번영회 회장으로 인정하여 취임식을 2008. 5. 30. 개최하고, 읍면 번영회장들은 군 번영회의 부회장(당연직)이 되어 군 번영회 업무에 참여하며, 그와 같은 내용으로 군 번영회 회칙(정관)을 개정하기로 합의하였음에도, 협의회 측에 가담한 읍면 번영회장들이 일방적으로 공소외 8을 협의회장으로 선출한 후 2008. 5. 22. 협의회장 취임식을 강행하였다고 다툰다(검사의 주장). 보건대,

① 협의회 측에 가담한 읍면 번영회장들은 협의회장 취임식을 하루 앞둔 2008. 5. 21. 피고인 2의 측근인 공소외 1로부터 격려금 100만원(공소외 8은 200만원, 격려금을

거절한 공소외 18은 제외)을 지급받은 이해관계인으로서 진술의 신빙성이 매우 의심스럽다{구체적으로 보면, 공소외 8과 공소외 12는 원심법정에서 격려금을 받았다고 하면서도 당시 ○○군 체육회 사무국장인 공소외 1이 체육회 격려금을 준 것으로 생각했다고 진술하나, 이는 ○○군 체육회장인 피고인 2가 주는 것으로 생각했다는 진술과 다름없고(사무국장 연봉 2,400만원 외에 별다른 수입이 없는 공소외 1이 개인적으로 체육회 격려금을 주었을 가능성은 전혀 없다), 격려금 지급 시기가 공소외 8의 협의회장 취임식 전날인 점 등에 비추어 보면, 위 격려금과 피고인 2 사이의 관련성을 애써 부인하는 공소외 8, 12의 진술은 신빙성이 낮다. 공소외 13은 2008. 5. 7.경 비로소 ◇◇면 번영회장이 된 자로서 원심에서 격려금을 받지 않았다고 극구 부인하였으나, 당심에서 피고인 2의 변호인이 공소외 13을 포함하여 공소사실에 기재된 읍면 번영회장들이 격려금을 받았음을 인정하겠다고 변론한 점에 비추어(공소외 3은 공소외 1을 대신하여 공소외 13에게 격려금을 전달하였다고 검찰에서 구체적으로 진술하였다) 공소외 13의 진술 신빙성은 낮다. 공소외 17은 마찬가지로 격려금을 받지 않았다고 부인하였을 뿐 아니라 피고인 2의 자형(자형)으로서 진술 신빙성이 낮다. 공소외 18은 격려금 수령을 거절하긴 하였으나 2010. 8. 10.자 검찰 진술에서 “2008. 5. 13.자 읍면 번영회 회의결과 협의회를 설립하여 공소외 8을 회장으로 선출하였다”라고 진술하였다. 그러나 위 공소외 18은 그보다 앞선 2010. 4. 20.자 검찰 진술에서는 “저희 읍면 번영회장들이 공소외 8을 직접적으로 추천한 것은 아니고, 이미 협의회 임시회장으로 내정된 느낌이 들었다. 투표를 한 것도 아니고 그냥 공소외 8이 협의회 임시회장으로 자연스럽게 거론되었다”라고 모호하게 진술하였던 점, 공소외 18은 2008. 5. 20. ▽▽▽ 식당에서(공소외 8, 12는 참석하지 않음), 위 대표 4인과 공소외 7 측의 2008. 5. 15. 협상결과에 따라 만든 군 번영회 회칙 개정안에 서명하였던 점에 비추어 보면, 회의결과와 관련한 공소외 18의 진술 부분은 믿기 어렵다(2008. 5. 13.자 읍면 번영회 회의에서 이미 읍면 번영회장들의 합의로써 협의회장이 선출되었다면, 위 대표 4인과 공소외 7 측의 2008. 5. 15. 협상의 자리가 있을 수 없고, 공소외 7을 군 번영회장으로 인정하는 것을 전제로 한 군 번영회 회칙 개정안이 준비되어 공소외 18이 서명하게 될 일도 없었을 것이다)}.

② 그리고 공소외 14는 전 ○○군 생활체육회 사무국장(2006. 8.-2010. 3.)으로서 자신이 군 번영회 사무국장까지 겸직하면서 2008. 5. 13.자 읍면 번영회 회의에 참석하여 회의결과를 알고 있다고 진술하나, 공소외 14는 2008. 5. 무렵 공소외 7이 군 번영회 회장에 취임하면서 군 번영회 사무국장직을 그만두었다고 하였고, 전 군 번영회 회장 겸 생활체육회 회장인 공소외 16은 공소외 14가

군 번영회 업무와 전혀 관련이 없고, 군 번영회 사무국장으로 공소외 29가 따로 있었다고 진술한 점 등에 비추어 진술의 신빙성이 그다지 높지 않다.

③ 또한, 2008. 5. 9.자 읍면 번영회 회의록 및 2008. 5. 13.자 읍면 번영회 회의록은 순수 민간단체인 번영회의 성격에 반하여 ○○읍장(공소외 30) 또는 ○○부군수(공소외 31)가 회의를 소집하고 ○○군청 공무원이 회의록을 작성하게 된 경위가 불분명하며, 회의록에 기재된 참석자와 발언내용이 실제와 다른 것이 확인되는 등 부정확하여 그 내용을 믿을 수 없다(예컨대, 공소외 19는 2008. 5. 9.자 읍면 번영회 회의에 참석하지 않았으나, 회의록에는 공소외 19가 참석한 것으로 기재되었다. 공소외 32의 검찰 진술 참조).

④ 반면에 협의회 구성에 반대한 읍면 번영회장들(공소외 21, 23, 25, 26)의 진술은, 2008. 5. 15. 대표 4인과 공소외 7 측이 만나서 협상한 결과로서 공소외 7을 군 번영회 회장으로 인정하는 것을 전제로 하는 군 번영회 회칙 개정안이 만들어진 점, 위 2008. 5. 13.자 읍면 번영회 회의 직후 ○○읍 식당에서 협의회 측에 가담한 읍면 번영회장 6인만이 피고인 2의 측근인 공소외 3과 만나 참석자 서명을 한 점(공소외 18의 2010. 8. 10.자 검찰 진술)과 부합하고, 위 읍면 번영회 회의를 전후하여 공소외 3, 1이 공소외 23, 21을 찾아와 군수를 도와달라 부탁하였다고 진술하는 등 그러한 사실이 없었다면 진술하기 어려운 부분까지 언급하고 있어 구체적이고 신빙성이 높다.

이러한 사정 등을 종합하면, 2008. 5. 13.자 읍면 번영회 회의결과 읍면 번영회장들의 합의로써 협의회를 설립하고 공소외 8을 협의회장으로 선출한 적은 없었다고 판단된다.

2) 협의회 구성에 찬성한 대가로 격려금이 지급됨

① 피고인 2와 공소외 7이 2006년 ○○군수선거 이래 치열한 정적(정적) 관계에 있음은 익히 알려진 바와 같다{공소외 7은 2002. 6. 13. 전국동시지방선거(제3회) ○○군수선거에서 당선되었으나 공직선거및선거부정방지법위반죄 등으로 징역형의 집행유예를 선고받은 판결이 2004. 1. 16. 확정되어 군수직을 상실하였고(공소외 7은 위 사건으로 2014년까지 피선거권이 박탈되었으나 2008. 8. 15. 복권되었다), 2004. 6. 5. 치러진 보궐선거에서 공소외 7의 처인 공소외 33이 당선되었다. 2006. 5. 31. 전국동시지방선거(제4회) ○○군수선거에서 피고인 2의 작은 형인 공소외 34와 위 공소외 33이 맞붙어 공소외 34가 당선되었으나, 공소외 34는 공직선거법위반죄로 재판을 받던 2006. 9. 18. 군수직을 사임하였고, 2006. 10. 25. 치러진 보궐선거에서 피고인 2가 위 공소외 33과 맞붙어 당선되었다. 따라서 2008. 5. 무렵 피선거권 복권 가능성이 거론되던 공소외

7이 지역 유지들로 구성된 ○○군 번영회 회장이 되어 읍면 번영회까지 장악하게 될 경우 피고인 2로서는 차기 ○○군수선거에서 상당한 부담을 갖게 될 염려가 있었을 것으로 보인다}.

② 그리고 협의회는 군 번영회 회장에 취임하는 공소외 7에 반대하는 의미로 구성되었다 (이미 군 번영회 회칙에 따라 이사회에서 공소외 7을 군 번영회 회장으로 선출하였는데, 이사회 구성원도 아닌 읍면 번영회장들이 군 번영회 회장을 다시 뽑자고 주장하고, 뜻대로 되지 않자 군 번영회와 별도로 협의회를 구성하고 협의회 회장을 선출한다는 것은 공소외 7을 군 번영회 회장으로 인정하지 않겠다는 의도 이외에는 설명이 되지 않는다).

③ 협의회 구성에 찬성한 읍면 번영회장 7인은 모두 격려금을 실제로 지급받거나 제안받았으나{공소외 8, 12, 19는 격려금 수령사실을 인정하였고, 공소외 13, 17, 20은 부인하였으며, 공소외 18은 격려금을 거절하였다. 공소외 17, 13의 부인 진술을 믿을 수 없음은 앞서 본 바와 같다. 공소외 20은 2008. 5. 20.경 피고인 2에 의하여 ☆☆면 번영회장에 추천되면서(공소외 35의 검찰 진술) 그 무렵 격려금까지 받은 자인바, 공소외 20은 2008. 4. 11.자 검찰에서 "공소외 1이 100만원을 주면서 피고인 2 군수가 주는 격려금이라 말했다. 그때는 13개 읍면 번영회장 모두에게 주는 것으로 생각했다"라고 진술하였음에도 그날 밤 바로 군수관사를 찾아가 피고인 2를 만난 후 진술을 번복하였다. 그러한 정황으로 볼 때, 피고인 2는 협의회 구성에 관하여 읍면 번영회장 과반수의 지지를 확보하기 위하여 공소외 20을 ☆☆면 번영회장으로 급조하는데 관여한 것으로 보이고, 공소외 20이 협의회 구성에 찬성하지 않았다면 격려금을 받을 만한 아무런 이유가 없다}, 이에 반대한 6인은 격려금을 지급받지 않았다.

④ 여기에다가 앞서 본 바와 같이 ○○군 체육회 사무국장에 불과한 공소외 1이 개인적으로 특정 읍면 번영회장들만을 골라서 체육회 격려금을 지급할 만한 이유가 없고, 격려금 지급시기는 공소외 8 협의회장 취임식 전날에 집중되었다. 이러한 사정 등을 종합하면, 공소외 8 등 일부 읍면 번영회장들에게 지급된 격려금은 ○○군 번영회장으로 취임한 공소외 7을 견제하기 위하여 만들어진 협의회에 찬성한 대가로 지급되었다고 충분히 인정할 수 있다.

3) 피고인 2의 친형인 공소외 15의 관여

공소외 15는 과거 ◎◎번영회장과 ○○군 군의회 의장을 한 경력이 있어 공소외 3이 번영회의 활성화(집기 구입, 불우이웃돕기·쓰레기 줍기 등 봉사활동)를 위하여 자금이 필요하다고 부탁하여 1,000만원을 주었을 뿐 구체적 용도에 관하여 공소외 3과 상의하거나 피고인 2에게 확인한 적이 없다는 취지로 진술한다.

그러나 공소외 1, 3이 피고인 2와 상의 없이 공소외 15에게 번영회 활성화를 위한 격려금을 달라고 할 이유가 전혀 없다. 그리고 공소외 15가 2008. 5. 30. 무렵(증거기록 7책 2,915쪽 참조) 1,000만원 중 격려금으로 지급하고 남은 300만원을 회수한 것으로 보아 공소외 15는 1,000만원의 용도와 협의회를 구성하게 된 경위에 관하여도 당연히 알았던 것으로 보인다. 이러한 사정이라면, 정치 경험이 많은 공소외 15가 현직 군수인 친동생을 위한 것이기도 하지만 동시에 치명타가 될 수 있는 선거구 내 개인 또는 민간단체에 대한 금전 기부행위에 관하여 피고인 2에게 확인하지 아니한 채 오로지 공소외 15 자신의 판단으로만 1,000만원을 지원하였다고 볼 수는 없다. 따라서 격려금은 피고인 2의 지시 또는 동의에 의하여 지급되었다고 볼 만한 충분한 정황이 있다.

4) 공소외 2, 3의 (일부) 검찰 진술의 신빙성 높음

① 공소외 1, 2, 3이 공소사실에 부합하는 진술을 하게 된 경위를 사건화 진행과정에 비추어 살펴보면 다음과 같다{사건의 흐름상 구정 선물(소고기) 살포 사건에 대한 진술을 포함시키기로 한다}. 검찰은 2010. 3. 무렵 피고인 1이 2010. 6. 2. 치러질 ○○군수선거의 입후보예정자인 피고인 2를 위하여 2010년 구정(2010. 2. 14.)을 앞두고 선거구민에게 소고기 선물을 돌렸다는 첩보를 입수하고, 2010. 3. 23. 피고인 1, 공소외 1 등의 주거지를 수색하여 피고인 1이 관리하던 선거조직 명단과 공소외 1이 작성한 메모(격려금 지급 명단과 내역, 증거기록 5책 2,134쪽)를 발견하였다. 검찰은 2010. 3. 24.부터 공소외 3, 1, 2 등을 차례로 소환 조사하던 중{검찰 소환 조사를 앞둔 2010. 3. 30. 오전에 공소외 1, 2는 군수관사에서 피고인 2를 만난 사실이 있고(공소외 1의 2010. 4. 5.자 검찰 진술), 2010. 4. 5. 공소외 3, 34, 36, 1은 변호사사무실(공소외 37)에 모인 사실이 있다(공소외 3의 2010. 4. 6.자 검찰 진술)}, 먼저 공소외 1이 공소외 2로부터 지인들에게 구정 선물을 할 것인지에 관하여 회의가 있었다는 이야기를 들었다고 진술하였다. 다음으로 2010. 4. 5. 공소외 2는 "설을 한 달 정도 앞두고(2010. 1. 중순경) 군수관사에서 피고인 2, 1, 공소외 3, 2, 1이 모여 구정 선물을 할 것인지 논의하였고, 자신과 공소외 1은 반대하였다"라고 진술하였고, 2010. 4. 7. 다시 "사실은 피고인 2, 1, 공소외 3, 2가 모여(당시 피고인 2는 체육회 사무국장인 공소외 1이 비리를 저지른 것으로 몰아붙여, 사이가 좋지 아니한 공소외 1은 제외) 구정 선물을 할 것인지 논의하였고, 피고인 2는 피고인 1, 공소외 3의 이야기를 듣고 '조심해서 형님들이 알아서 하라'고 말하였다"라고 진술하였다. 이어서 2010. 4. 9. 공소외 3도 검찰에서 "설 명절을 20여 일 정도 남겨두고(2010. 1. 20.경) 군수관사에서 피고인 2, 1, 공소외 3, 2, 1이 모여 구정 선물을 할 것인지 논의하였고, 피고인 1이 자기가 알아서 하겠다고 하자 피고인 2는 '서울 형님

(공소외 34)과 상의하여 알아서 하라'고 말하였다"라고 진술하였다.

위와 같이 구정 선물(소고기) 살포 사건 공소사실에 대한 공소외 2, 3의 부합 진술이 있은 다음, 2010. 4. 11. 공소외 1은 검찰에서 완전히 별개의 사건인 격려금 지급 사건에 관하여 "2008. 5. 15~16.쯤 공소외 2의 ◁◁건설 사무실에서 공소외 3, 2, 1이 모여 협의회 구성에 찬성한 읍면 번영회장들에게 격려금을 주는 것이 좋겠다고 상의한 후 군수관사로 가서 피고인 2에게 건의하자, 피고인 2가 공소외 3에게 '그게 좋겠다. 큰 형님(공소외 15)과 상의해서 처리하라'고 말하였다. 공소외 15로부터 돈을 받아 읍면 번영회장들에게 격려금을 돌린 지 3-4일 후 저녁에 공소외 3, 2와 함께 군수관사로 가서 공소외 3이 격려금 지급 내역을 보고하였다. 2010. 4. 7. 조사받으면서 검찰수사관이 격려금 지급 명단과 내역이 적힌 메모를 보여주었는데, 어차피 발각될 것 같아 돈을 받은 공소외 8 등을 설득하여 함께 자수하게 되었다"라고 진술하였고, 이어서 2010. 4. 13. 공소외 3도 검찰에서 "2008. 5. 15. 무렵 군수관사에서 공소외 2, 1과 함께 피고인 2를 만나서 (협의회 구성에 찬성한) 읍면 번영회장들에게 금전적인 지원을 하는 것이 좋겠다고 건의하자, 피고인 2가 '그러는 것이 좋겠다. 큰 형님과 상의해서 처리하라'는 식으로 이야기하였다"라는 취지로 진술하였다(요약하면, 공소외 1은 단지 구정 선물 회의가 있었다고 공소외 2로부터 들은 것을 말하였을 뿐임에도, 공소외 2는 구정 선물 회의에서 피고인 2가 구정 선물을 돌리는 것에 동의하였다고 인정하였고, 뒤이어 공소외 3까지 이를 인정하였다. 또 공소외 1이, 피고인 2가 격려금 지급을 지시하였다고 진술하자 공소외 3도 이를 인정하였다).

② 먼저 공소외 1, 2, 3은 피고인 1과 더불어 이른바 '빅4'로 불리던 피고인 2의 최측근들로서 그들이 위와 같이 일시적이나마 일치하여 공소사실에 부합하는 진술을 하였다는 점에 주목하여야 한다. 더구나 공소외 2는 위 2010. 4. 7.자 검찰 진술시 "난 이제 이야기 다 했어, 난 ○○에 갈 수 없어, (검찰청) 앞에서 공소외 34가 기다릴 것인데, 나를 가만히 놔두지 않을 것인데"라고 흥분하는 모습을 보였고, 공소외 3은 공소사실에 부합하는 진술을 하게 된 이유로 "계속해서 거짓으로 조사를 받으면 더 헤맬 수밖에 없다는 생각이 들어 사실을 말씀드린 것이고, 이미 다른 사람(공소외 2)이 다 말을 했는데 어떻게 제가 더 이상 거짓말을 할 수가 있겠느냐"라고 하면서 구정 선물 회의 당시 "피고인 2가 피고인 1에게 서울 형님(공소외 34)과 상의하라고 말하였다"라고 진술하여 공소외 34를 구체적으로 거명하였으며, 실제로 피고인 1이 구정 선물과 관련하여 공소외 34와 통화한 사실(공소외 34의 2010. 4. 29.자 검찰 진술)이 밝혀졌다. 특히 공소외 3은 과거에 ▷▷군수(관선), ●●부군수, □□부군수 경력이 있는 자로서

구정 선물(소고기) 살포 사건과 관련하여서는 "최근까지 피고인 1이 도의원선거(○○ 1선거구)에 출마할 것이라는 이야기를 듣지 못하였고, 구정 선물 수령자가 ○○군 전 지역에 걸쳐 있는 것이 확인된 마당에 피고인 1이 자신의 선거를 위해서 선물을 돌린 것은 아니며, 2009년 추석에도 추석 선물 회의를 한 후 피고인 1이 선물을 돌린 것은 확실하나, 돈이나 선물은 은밀하게 일해야 하므로 누구와 상의하여 진행하는지 구체적인 내용은 말해주지 않아 알지 못한다"라고 진술하였고, 격려금 지급 사건과 관련하여서는 공소외 1과 공통되게 공소외 15를 거명한 것 이외에도 "공소외 1은 2008. 5. 21. 무렵 공소외 13이 서울에 있어 격려금을 주지 못하였고, 며칠 후에 공소외 1로부터 100만원을 받아 공소외 13이 ○○읍에 나왔을 때 건네주었다"라는 등 전후 상황을 구체적으로 진술한 점을 주목할 필요가 있다.

③ 피고인 2의 변호인은, 공소외 1이 처음부터 계획적으로 피고인 2를 음해하는 허위 진술을 하였고 그 영향을 받은 공소외 2, 3이 공소사실에 부합하는 진술을 하게 되었다고 주장한다. 그러나 비록 공소외 1이 2010. 1. 31. 횡령 혐의로 ○○군 체육회 사무국장직에서 물러나게 되어 피고인 2와 사이가 좋지 않았고, 검사로부터 구속될 수도 있다는 말을 듣고는 연금 수령 자격이 박탈될까 두려워한 것이 사실이라고 하더라도, 2008. 3.부터 2010. 2. 무렵까지{공소외 1은 2010. 2. 9. ○○군청에서 있었던 돈선거추방위원회의 '공소외 34의 100억 살포설(공소외 34가 2010. 6. 2. 치러질 ○○군수선거에서 100억원을 사용해 동생인 피고인 2를 당선시키겠다는 취지로 말한 것) 녹음테이프 공개' 기자회견장에 난입하여 녹음기를 뺏으려고 하는 등 방해하기도 하였다} 피고인 2를 수행하면서 충성을 다하던 공소외 1이 갑자기 피고인의 낙마(낙마)를 기도하며 자신이 참석하지도 아니한 구정 선물 회의에 관하여 허위로 진술하였다고 볼 수는 없다. 오히려 공소외 1은, 피고인 1이 피고인 2를 위하여 구정 선물(소고기)을 돌린 범죄혐의로 2010. 3. 26. 구속되자, 검찰에서 피의자조사를 받으면서 피고인 2에 대한 관계, 구속에 대한 두려움, 자신은 회의에 참석하지 아니하여 처벌받지 않을 수 있다는 안도감 등의 심정이 복합적으로 작용하여 공소외 2로부터 구정 선물 회의가 있었다는 이야기를 들은 적이 있다는 정도로 진술하였던 것으로 보이고, 그러다가 2010. 4. 11. 격려금 지급 사건에 대하여 공소사실에 부합하는 진술을 한 것은 2010. 3. 23.자 공소외 1의 주거지 압수·수색에서 격려금 지급 대상과 내역이 기재된 자필 메모가 발견되었는데, 지급 대상자가 협의회 구성에 찬성한 읍면 번영회장들과 일치하여 어쩔 수 없이 진술하였던 것으로 판단된다(격려금을 받은 읍면 번영회장들 중 공소외 20, 8은 2010. 4. 11.에, 공소외

12는 2010. 4. 12.에 격려금을 받았다고 검찰 진술하였다). 나아가 공소외 2, 3이 공소외 1로부터 영향을 받아 피고인 2에게 치명적으로 불리한 허위 진술을 할 만한 어떠한 이유나 사정도 찾아볼 수 없다.

④ 따라서 공소외 2, 3이 공소사실에 부합하는 진술을 하게 된 경위, 진술 태도와 진술의 구체성, 피고인 2와의 관계 등을 종합하면, 격려금 지급 사건 및 구정 선물(소고기) 살포 사건에 관한 공소외 2, 3의 (일부) 검찰 진술은 그 신빙성이 매우 높고{공소외 2는 평소 심장병으로 건강이 좋지 아니하여 오랜 시간 동안 진행된 검찰 조사를 감당하기 힘들었고(실제로 공소외 2는 2010. 8. 19. 사망함), 공소외 3은 구정 무렵 피고인 1로부터 40만원을 받아 △△△회 회원 20명에게 멸치 선물을 한 것과 관련하여 공소외 38로부터 돈을 빌렸다고 거짓말한 것이 밝혀져(실제로는 피고인 1로부터 돈을 받았음) 곤란하였을 것으로는 보이지만, 그러한 사정만으로 공소외 2, 3의 위 검찰 진술이 허위였다고 보기 어렵다}, 이에 반하는 공소외 2, 3의 검찰에서의 다른 일부 진술이나 원심법정에서의 번복 진술은 자신들과 가까운 피고인 2를 일방적으로 보호하려는 동기에서 비롯된 것으로서 신빙할 수 없다.

5) 공소외 1 진술의 신빙성 높음

① 공소외 1이 격려금 지급 사건에 대하여 진술하게 된 동기는 공소외 1의 주거지 압수·수색에서 발견된 자필 메모 때문임은 앞서 본 바와 같다.

② 원심은 공소외 1이 진술을 번복한 점 등의 사정을 들어 이를 믿기 어렵다고 하였으나, 실상을 들여다보면 공소외 1은 2010. 4. 11. 격려금 사건에 대하여 공소사실에 부합하는 진술을 한 이래 2010. 4. 22.자 진술서(증거기록 5책 2,166쪽, 그 무렵 검사에게 같은 취지로 진술한 적이 있기는 하다)에서 단 한 차례 피고인 2가 격려금 지급 사건과 관련이 없다고 하였을 뿐, 그 직후인 2010. 4. 23.자 양심서(항소심에서 추가로 제출된 증거서류 2,061쪽)부터 당심에 이르기까지 일관하여 피고인 2가 격려금 지급을 지시하였다고 분명하게 진술하고 있다.

그리고 공소외 1은 진술을 일시 번복한 동기에 관하여, 2010. 4. 26.자 검찰 진술에서 "피고인 2가 4명의 수행원(공소외 36, 39, 40, 41)과 함께 2010. 4. 17. 11:00경 ◆◆◆ 주차장에서 공소외 1을 만나 오른손 주먹으로 공소외 1의 턱 부위를 폭행한 후(공소외 1에 대한 2010. 4. 19.자 진단서, 목뼈의 염좌 및 긴장 등으로 2주 상해진단이 내려졌다. 증거기록 7책 마지막 부분 3,372쪽) ○○군 남면 다산리에 있는 피고인의 모친 집에 데리고 가 폭언과 협박을 계속하고, 다시 공소외 2, 42(피고인 2의 매제), 공소외 36, 39와 함께 천안에 있는 변호사사무실(조○○)까지 데리고 가 상담을 받게 하는 등 강압적으로 회유하여 2010. 4. 22.자 진술서를 허위로 작성하였다"라고 진술하여 충분히 납득할 만한 설명을 하고 있다. 실제로 위 ◆◆◆ 주차장 폭행사건 및 다음날인 2010. 4. 18. 11:00경 공소외 1을 비롯하여 공소외 3, 36, 34가 ★★가든 식당에 모임을 가진 후, 공소외 3(4. 18.자), 공소외 1(4. 22.자), 공소외 2(4. 23.자)는 일치하여 피고인 2가 격려금 지급 사건과 관련 없다는 내용의 진술서를 검찰에 제출하였으나, 그 중 공소외 1은 위 2010. 4. 22.자 진술서를 검찰청에 발송한 2010. 4. 23.에 곧바로 '양심서'라는 제목으로 위 진술서가 피고인 2 측의 회유와 협박을 못 이겨 거짓으로 작성된 것이라는 내용을 기재하여 검찰청에 발송한 사실이 있다.

③ 2008. 5. 13.자 읍면 번영회 회의결과 읍면 번영회장들의 합의로써 협의회를 설립하고 공소외 8을 협의회장으로 선출한 적은 없었던 점, 공소외 8 등 읍면 번영회장들에게 지급된 격려금은 ○○군 번영회장으로 취임한 공소외 7을 견제하기 위한 협의회 구성에 찬성한 대가로 지급된 점, 격려금 자금을 마련한 공소외 15는 피고인 2의 친형인 점, 공소사실에 부합하는 진술을 하게 된 경위를 살펴볼 때, 공소외 2, 3의 (일부) 검찰 진술의 신빙성이 높은 점 등은 앞서 본 바와 같다.

이러한 사정 등을 모두 종합하면, 공소외 1의 진술은 대체로 일관적일 뿐 아니라 진술하게 된 경위와 진술번복의 동기가 구체적이고, 격려금을 지급한 이유, 자금조달과 지급방법, 나머지 자금의 처리, 격려금 지급과 취임식 비용 지원의 연관성 등에서 전후 맥락이 자연스럽고 표현이 세부적이며, 객관적 사실과도 완벽하게 일치하여 전체적으로 신빙성이 매우 높다고 판단된다.

한편, 원심은 피고인 2가 격려금 지급을 지시한 날짜를 특정하지 못하는 등 구체적이지 않을 뿐 아니라, 피고인 2가 격려금 지급을 지시하였다는 2008. 5. 15-16.경 피고인이 서울에 있었고, 공소외 1이 격려금을 지급한 후 피고인 2에게 사후 보고를 하였다는 2008. 5. 25.-27.경 피고인은 군수관사에서 저녁 시간에 다른 일정이 있었음을 들고 있으나, 굳이 피고인 2가 격려금의 지급액수와 지급방법 등 세부적인 것까지 지시하지 않더라도 격려금을 지급하라는 지시를 받은 공소외 3 등이 공소외 15와 상의하여 적절한 수준을 결정할 수 있는 점, 위 각 일시는 공소외 1이 격려금 지급 사건을 처음 진술하기 시작한 2010. 4. 11.로부터 2년 가까이 이전으로서 2008. 5. 13.자 읍면 번영회 회의, 2008. 5. 21. 격려금 지급 등 객관적 사실에 근거하여 그 무렵이라고 추정된 것일 뿐 정확한 일시가 아닌 점(<u>공소사실의 기재는 범죄의 일시, 장소, 방법 등을 명시하도록 규정하고 있음은 공소사실을 특정하는 방법으로서 가능한한 일시, 장소, 방법 등을 기재하도록 요구하였음에 불과하고 이것이 죄가 되는 사실 자체는 아니므로, 특별한 사정이</u>

없는 한 위와 같은 사실 기재가 없다 하더라도 다른 기재사실 등과 종합하여 범죄사실을 특정할 수 있을 때에는 이를 부적법한 공소라고 할 수 없다. 대법원 1985. 3. 12. 선고 83도2197 판결 참조), 피고인 2의 ○○군수 일정표는 사후에 조작될 수 있고 설령 조작된 것이 아니라고 하더라도 피고인 2와 공소외 1, 3, 2의 관계에 비추어 군수가 저녁 일정을 모두 마친 후에 격려금 지시나 사후 보고가 이루어졌을 가능성은 충분한 점 등에 비추어 보면, 이에 관한 피고인 2의 주장은 받아들일 만한 것이 못된다.

6) 취임식 비용 지원 사건에 관하여

같은 맥락에서 공소외 1이 공소외 8 협의회장의 취임식 비용 500만원을 현수막 및 기념수건 제작업체인 ▼▼▼(공소외 43)에 지급한 것은 객관적 사실인바, 공소외 1은 위 비용을 지급할 만한 개인적 이유나 경제적 능력이 없는 점, 반면에 공소외 1이 보좌하는 피고인 2는 정적 관계에 있는 공소외 7을 견제하기 위하여 협의회를 구성되도록 독려하였거나 협의회가 구성되는 상황을 이용하였으므로, 공소외 8 협의회장의 취임식 비용을 지원할 만한 충분한 동기가 있는 점, 자금사용 내역에 관한 공소외 1의 진술{공소외 15로부터 받은 1,000만원 중 700만원을 읍면 번영회장들에게 지급하고, 100만원은 계약금으로 ▼▼▼에 지급하였으며, 200만원은 공소외 1, 3, 2가 나누어 사용하였다가 공소외 15의 요구로 300만원을 모아 돌려주었으며, 2008. 6. 13.(금) 15:00-16:00 군수관사에서 피고인 2로부터 500만원을 받아 그 중 400만원을 잔금으로 ▼▼▼에 지급하고 100만원은 본인이 사용하였다}은 매우 구체적이고, '공소외 1로부터 계약금 100만원을 받았고, 금요일에 잔금 400만원을 받아 다음 주 월요일에 계좌에 입금하였다'라는 공소외 43의 진술, 통장 사본(입금 내역, 증거기록 7책 2,925쪽)과 정확히 부합한다.

반면에 협의회장 취임식 후 5-6일이 지나 취임식 비용 600만원을 공소외 1에게 주었다는 공소외 8의 진술은 이를 입증할 만한 출금 내역 등 객관적인 자료가 없고, 당초 공소외 1이 현수막과 기념수건을 준비한 것을 전혀 알지 못했다는 동인의 종전 진술과 모순되며, 공소외 1이 실제로 쓴 비용이 얼마인지 확인도 없이 막연히 600만원을 지급했다는 진술도 상식에 맞지 아니하여 전혀 믿을 만한 것이 못된다.

한편, 원심은 공소외 1이 군수관사에서 피고인 2로부터 500만원을 받았다고 진술한 일시인 2008. 6. 13. 15:00-16:00에, 피고인 2는 15:00-17:00 ○○군청에서 농업기술센터 및 노인복지센터 관련 회의를 하였다고 보았으나, 피고인 2의 ○○군수 일정표는 사후에 조작될 수 있고 설령 조작된 것이 아니라고 하더라도 함께 회의를 하였다는 ○○군청 공무원 공소외 44는 16:37에, 공소외 45는

16:10에 각각 전자결재를 한 것으로 밝혀진 점{수사보고(2008. 6. 13. 회의참가자 전자결재문서 내역 첨부), 증거기록 7책 2,997쪽}, ○○군청과 군수관사 사이의 거리는 도보로 2-3분 거리에 불과한 점{수사보고(군수관사, ◐◐◐, ○○군청 등 지도 첨부), 증거기록 2,996쪽}, 그 무렵 피고인 2와 공소외 1의 관계 등에 비추어 보면, 피고인 2가 회의를 모두 마치고 군수관사로 가서 500만원을 주었을 가능성이 충분하므로, 이에 관한 피고인 2의 주장은 받아들이지 않는다.

7) 피고인 2의 일시적인 자백 진술 등에 관하여

피고인 2는 검찰 제2회 피의자신문과 법원의 구속적부심사에서 한 자백 취지의 진술(격려금 지급 사건에 대하여는, 협의회가 새로 구성될 무렵 공소외 3이 운영비를 지원해 주는 게 어떻겠느냐고 건의하여 공소외 15와 상의해서 처리하라고 말하였다. 구정 선물 사건에 대하여는, 2010. 1. 10. 전후에 피고인 1이 ⊙⊙도의원선거에 출마할 생각으로 구정 선물을 돌리겠다고 말하여 피고인에게도 도움이 될 것이라고 생각했고, 기왕에 피고인이 평소 알고 지내는 공소외 46 전 ○○군수, 향교의 전교, 사회단체장 두세 분에게 과일 정도 선물하는 게 좋겠다고 하면서 공소외 34와 상의하라고 말하였다)과 그 무렵 피고인 2와 더불어 계획적으로 공소사실에 부합하게 진술한 공소외 3의 2010. 4. 27.자, 2010. 4. 30.자 검찰 진술, 공소외 2의 2010. 5. 1.자 검찰 진술은 모두 구속적부심사에서 자신의 석방을 노리고 변호인과 협의하여, 심지어 변호인의 권유로 허위로 한 것이라고 주장한다.

그러나 <u>피고인이 변호인의 충분한 조력을 받을 수 있는 상태에서 심사숙고 끝에 수사기관과 법원에 한 자백 취지의 진술을 단지 피고인에게 진술 당시 석방되어야 할 사정이 있었다는 이유로 원심과 같이 그 진술의 신빙성을 간단히 배척할 수 있는지는 매우 의문이다.</u> 더구나 공소외 1, 2, 3은 피고인 2가 구속되기 훨씬 이전에 공소사실에 부합하는 진술을 한 바 있음은 앞서 본 바와 같다.

결론적으로, 피고인 2의 검찰 제2회 피의자신문에서의 진술과 그 무렵 공소외 3, 2의 위 검찰 진술이 피고인의 석방을 위하여 계획적으로 공소사실에 일부 부합하게 허위로 진술한 것이라고 볼 만한 어떠한 근거도 없을 뿐만 아니라, 설령 그러한 계획 아래 진술이 이루어진 것이라 하더라도, 피고인 2가 이 사건 각 범행에 관여한 적이 없다는 사실이 진실로 인정되지는 않는다.

8) 정 리

결국, 앞서 본 여러 가지 사정을 종합하면, 피고인 2가 공소외 7을 견제하기 위하여 측근인 공소외 1, 3을 시켜 피고인 2를 지지하는 읍면 번영회장들로 하여금 군 번영회와 별도로 협의회를 구성하도록 독려하였거나 적어도 별도의 협의회가 만들어지는 상황을 이용하여, 친형인 공소외 15가 준 자금으로 협의회 구성에 찬성한 읍면 번영회장들에게 격려금 700만원을 지급하였고, 또한 공소외 8 협의회장 취임식 비용으로 500만원을 지원하였다는 내용의 이 부분 공소사실은 모두 유죄로 인정된다.

(나) 구정 선물(소고기) 살포로 인한 공직선거법위반 부분

[원심의 판단]

원심은 이 부분 공소사실에 부합하는 듯한 공소외 3, 2의 (일부) 검찰 진술에 관하여, 공소외 3, 2가 진술을 번복한 점, 공소사실에서 피고인 1과 공소외 3이 선물할 대상으로 언급하였다는 공소외 47, 민주당 당원이 아니라 지역 유지들에게 선물이 살포된 점, 공소외 2는 구정 선물 회의에 공소외 1이 참석한 것으로 진술하였다가 이를 번복한 점, 공소외 1의 진술은 공소외 2로부터 구정 선물 회의가 있었다고 들었다는 전문진술인 점 등의 사정을 들어 이를 믿기 어렵다고 판단하였다.

[이 법원의 판단]

그러나 원심 및 당심이 적법하게 채택하여 조사한 증거들에 의하여 인정할 수 있는 다음과 같은 사정을 살펴볼 때, 원심의 판단은 수긍할 수 없다.

1) 공소외 2, 3의 (일부) 검찰 진술은 신빙성이 높음

앞서 본 바와 같이 공소외 2, 3은 피고인 2의 최측근이었던 점, 피고인 1이 피고인 2를 위하여 구정 선물(소고기)을 돌린 범죄혐의로 2010. 3. 26. 구속되자, 검찰 소환조사를 받던 공소외 2(4. 7.자), 공소외 3(4. 9.자)은 일치하여 공소사실에 부합하는 진술을 하였던 점, 공소외 2는 위 진술 후 피고인 측으로부터의 후환을 두려워하며 흥분된 모습을 보였고, 공소외 3은 위 진술을 하는 이유와 피고인 1이 피고인 2를 위하여 은밀하게 명절 선물을 하고 있는 행태를 구체적으로 진술하면서 구정 선물 회의에서 피고인 2가 언급한 공소외 34까지 거명한 점, 공소외 2는 공소외 1과 함께 피고인 2에게 불려가 2010. 4. 17. 밤늦게까지 천안 변호사사무실에서 상담을 받았고, 공소외 3은 공소외 1과 함께 2010. 4. 18. 11:00경 ★★가든 식당에서 공소외 34를 만난 후 일치하여 진술을 번복하여 구정 선물 회의가 없었다고 주장하고 있는 점 등을 종합하면, 공소외 2, 3이 한 위 검찰 진술(2010. 1. 중순경 군수관사에서 구정 선물 회의가 있었고, 피고인 2가 피고인 1 등에게 공소외 34와 상의해 알아서 하라고 말하여 사실상 구정 선물을 하라는 지시를 하였다는 내용)은 신빙성이 매우 높다.

2) 피고인 1은 피고인 2를 위하여 구정 선물을 돌림

검사는 피고인 1이 피고인 2의 지시 내지 동의를 받고 2010. 6. 2. 치러질 ○○군수선거에 출마할 예정인 피고인 2를 위하여 소고기 선물을 지역 유지들에게 돌린 것이라고 주장하고, 이에 대하여 피고인 2는 피고인 1 자신이 2010. 6. 2. 치러질 ⊙⊙도의원선거에 출마하기 위하여 개인적인 선물을 돌렸다고 다툰다. 보건대, 피고인 1은 공소외 15(피고인의 큰형)의 곁에서 운전이나 잔심부름을 하면서 신임을 얻었고 2006. 5. 31. 치러진 ○○군수선거에서 후보자 공소외 34의 선거운동과 2006. 10. 25. 치러진 보궐선거에서 후보자 피고인 2의 선거운동을 하였으며, 공소외 15의 추천으로 피고인 2의 측근이 된 후에는 피고인 2의 돈이나 명절 선물 문제를 도맡아 은밀하게 처리하던 사람이다(공소외 3의 2010. 4. 13.자 검찰 진술). 여기에다가 피고인 1의 주거지는 ○○읍 만연리로서 선거구로 볼 때 ⊙⊙도의원 ○○1지구(○○읍, ○□면, ♡면, ○△면, ○▽면)에 해당함에도 피고인 1이 구정 선물을 돌린 대상자 32명 중 11명{별지 범죄일람표 (2) 연번 19-29}은 ○○2지구(□□면, ☆☆면, ♥면, △△면, ◇◇면)에 거주하는 점, 2010. 3. 23. 실시된 피고인 1의 주거지 압수·수색에서 피고인 2의 ○○군수선거 관련 자료(피고인 2의 민주당 ○○군수 선거후보자 경선을 대비하기 위한 대의원들의 당비 대납 자료, 피고인 2를 추천인으로 한 민주당 입당원서, 피고인 1이 '관리인'으로 기재된 ○○지역 유지 파일, 피고인 2를 지지하는 모임인 'XXX회', '++++회' 등의 명단 등)는 다수 발견되었으나, 피고인 1의 도의원선거 관련 자료는 발견되지 아니한 점, 공소외 3은 피고인 1로부터 자신이 도의원선거에 출마하겠다는 말을 전혀 듣지 못하였다고 진술한 점, 소고기 선물을 받은 공소외 48(농악단 단장)은 피고인 1이 "군수님이 설 잘 쇠라고 주는 거"라고 말하면서 소고기 선물을 주었다고 진술하였고(원심), 공소외 49(피고인 1은 공소외 49에게 소고기 선물을 주지 않았다고 주장하여 공소사실에서 제외됨)는 공소외 36이 전화한 후 집으로 찾아와 "피고인 2 군수님께서 보냈는데 이번에 잘 부탁한다"라고 하면서 소고기 선물을 주었다고 진술하였으며(원심), 공소외 50은 피고인 1이 별다른 말을 하지 않았으나 공소외 34 또는 피고인 2 군수의 심부름꾼 역할을 하는 사람이므로, 당연히 공소외 34 또는 피고인 2 군수가 주는 것으로 생각하고 소고기 선물을 받았다고 진술하였고(검찰), 공소외 51(전 ○○군수)은 모르는 여자가 공소외 34의 명함이 꽂혀있는 소고기 선물을 주고 갔는데, 사실 공소외 34가 주는 것은 피고인 2가 주는 것이나 똑같다고 진술하였으며(검찰), 공소외 52는 모르는 남자가 "공소외 34의 집에서 보냈다"라면서 소고기 선물을 주고 갔다고 진술하였고(검찰), 공소외 53은 피고인 1이 특별한 말 없이 소고기 선물을 주었으나, 피고인 1이 개인적으로 자신에게 소고기 선물을 줄 이유는 없고, 공소외

34 전 군수가 선거에 나왔을 때 선거운동을 하였기 때문에 공소외 34 또는 피고인 2 군수가 주는 선물이라고 생각하고 받았다고 진술한 점(검찰) 등을 종합하면, 피고인 1은 2010. 6. 2. 치러질 ○○군수선거에 후보자로 출마할 피고인 2를 위하여 선물 대상자 등에 관하여 공소외 34, 36 등과 상의한 후 ○○군 전역에 걸쳐 소고기 선물을 살포하였음을 충분히 인정할 수 있다.

3) "공소외 34와 상의해서 알아서 하라"라는 말의 의미에 관하여

공소외 2는 2010. 4. 7. 검찰에서 "사실은(설을 한 달 정도 앞두고 군수관사에서) 피고인 2, 1, 공소외 3, 2가 모여 구정 선물을 할 것인지 논의하였고, 피고인 2는 피고인 1, 공소외 3의 이야기를 듣고 '조심해서 형님들 알아서 하라'고 말하였다"라고 진술하였다. 이어서 공소외 3도 2010. 4. 9. 검찰에서 "설 명절을 20여 일 정도 남겨두고 군수관사에서 피고인 2, 1, 공소외 3, 2 등이 모여 구정 선물을 할 것인지 논의하였고, 피고인 1이 자기가 알아서 하겠다고 하자 피고인 2는 '서울 형님(공소외 34)과 상의하여 알아서 하라'고 말하였다"라고 진술하였다.

그런데 2인 이상이 공동으로 가공하여 범죄를 행하는 공동정범에 있어서 공모나 모의는 반드시 직접, 명시적으로 이루어질 필요는 없고 순차적, 암묵적으로 상통하여 이루어질 수도 있으나 어느 경우에도 범죄에 공동 가공하여 이를 공동으로 실현하려는 의사의 결합이 있어야 할 것이고, 피고인이 공모의 점과 함께 범의를 부인하는 경우에는 이러한 주관적 요소로 되는 사실은 사물의 성질상 범의와 상당한 관련성이 있는 간접사실 또는 정황사실을 증명하는 방법에 의하여 이를 입증할 수밖에 없으며, 이때 무엇이 상당한 관련성이 있는 간접사실에 해당할 것인가는 정상적인 경험칙에 바탕을 두고 치밀한 관찰력이나 분석력에 의하여 사실의 연결상태를 합리적으로 판단하는 방법에 의하여야 한다(대법원 2006. 2. 23. 선고 2005도8645 판결 참조).

이 사건에서 보건대, 피고인 2는 피고인 1, 공소외 3 등으로부터 구정 선물을 할 것인지에 관하여 의견을 듣던 중 피고인 1이 알아서 하겠다는 말을 듣고도 그것이 피고인 2 자신의 ○○군수선거에 관련한 기부행위가 될 수 있음을 알면서도 이를 금지하지 아니하였고, 오히려 공소외 34와 상의하라고 지시한 점, 실제로 피고인 1은 공소외 34와 선물 대상자 등에 관하여 상의한 후 ○○군 전역에 소고기 선물을 살포하였고, 선물을 받은 사람들은 소고기 선물을 ○○군수선거 입후보예정자인 피고인 2가 주는 것으로, 또는 피고인 1이나 공소외 34가 피고인 2를 위하여 주는 것으로 인식한 점 등에 비추어 보면, 피고인 2는 피고인 1, 공소외 34 등과의 사이에 위 구정 선물 사건의 범죄사실에 대한 순차적, 암묵적인 공모가 있었다고 충분히 인정할 수 있다.

4) 정 리

피고인 1은 2010. 6. 2. 치러질 ○○군수선거에 후보자로 출마할 피고인 2를 위하여 ○○군 전역에 걸쳐 소고기 선물을 살포하였고, 사람들은 소고기 선물이 실질적으로 ○○군수선거 입후보예정자인 피고인 2가 주는 것으로 인식한 점, 앞서 본 바와 같이 공소외 2, 3이 공소사실에 부합하는 진술을 하게 된 경위에 비추어 구정 선물 회의가 있었다는 내용의 공소외 2, 3의 (일부) 검찰 진술의 신빙성이 높은 점, 그 밖의 여러 사정{피고인 1은 검찰 제2회 피의자신문에서 2009. 12. 중순경 공소외 54로부터 개인적으로 빌린 2,400만원으로 소고기 선물을 샀다고 진술하였다. 그런데 피고인 1은 이 사건과 별도로, 공소외 54와 공모하여 2008. 10.부터 2009. 12.까지 사이에 ○○군청 공무원 취직청탁 명목으로 공소외 55 등 8인으로부터 합계 3억 5,000만원을 교부받았다는 범죄사실로 기소되어 형사재판을 받고 있고, 위 사건의 공소사실에는 공소외 54가 2009. 12. 7. 공소외 56으로부터 4,000만원을 받아 그 중 2,400만원을 피고인 1에게 건네주었다는 내용이 들어있는바(광주지방법원 2010고단2531 사건), 피고인 1이 소고기 선물을 구입한 자금은 ○○군청 공무원 인사청탁금의 일부로서 피고인 1이 피고인 2를 위하여 관리하는 자금이었을 가능성이 크다. 수사보고서(피고인 1이 공소외 57에게 입금한 1억원 등에 대한 자금 흐름 파악, 증거기록 7책 3,330쪽 참조)}을 모두 종합하면, 피고인 2가 2010. 1. 중순경 군수관사에서 피고인 1, 공소외 3, 2와 함께 구정 선물을 할 것인지 여부를 논의하던 중 피고인 1에게 피고인의 작은 형인 공소외 34와 상의하여 명절 선물을 돌리라는 취지로 이야기하였고, 이에 따라 피고인 1이 공소외 36 등과 함께 2010. 2. 8.부터 2. 12.까지 피고인 2의 지지를 부탁하며 선거구민인 공소외 46 등 32명에게 합계 224만원 상당을 기부하였다는 내용의 위 공소사실 부분도 넉넉히 유죄로 인정된다.

(3) 소결론

원심판결 중 피고인 2에 대한 무죄부분은 증거의 신빙성에 대한 판단을 잘못한 결과 사실을 오인하여 판결에 영향을 미친 위법이 있어 파기되어야 하고, 유죄부분은 위 파기되는 부분과 형법 제37조 전단의 실체적 경합범 관계에 있어 1개의 판결이 선고되어야 하므로, 결국, 원심판결 중 피고인 2에 대한 부분은 모두 파기를 면할 수 없다.

나. 검사의 피고인 1에 대한 양형부당 주장에 대한 판단

그러나 구정 선물 살포 부분 이외에 피고인 1이 대납한 민주당 대의원들의 당비가 28명 합계 336,000원, 피고인 2를 위하여 모집한 당원의 수가 25명, 피고인 1이 배부한

선거에 관한 기사가 실린 신문 부수가 300부로 그 수치가 적어 선거결과에 미친 영향이 비교적 작았다고 보이는 점, 피고인 1은 신용훼손죄 등으로 벌금형 4회를 받은 것 이외에는 동종 전과나 별다른 형사처벌 전력이 없는 점, 그 밖에 피고인 1의 나이, 평소의 성행, 가정환경 등 이 사건 변론에 나타난 양형의 조건이 되는 모든 사정을 더하여 보면, 원심이 피고인 1에 대하여 선고한 형은 적정하다.

3. 결 론

그렇다면 검사의 피고인 2에 대한 항소는 이유 있으므로, 피고인 2와 검사의 양형부당 주장에 대한 판단을 생략한 채 형사소송법 제364조 제6항에 의하여 원심판결 중 피고인 2에 대한 부분을 모두 파기하고 변론을 거쳐 다음과 같이 판결하며, 검사의 피고인 1에 대한 항소는 이유 없으므로 형사소송법 제364조 제2항에 의하여 이를 기각한다(피고인 1은 2010. 7. 28. 원심판결에 대한 항소를 제기하였으나, 이 법원은 2010. 9. 2. 항소이유서 제출기간 도과를 이유로 피고인 1의 항소를 기각하였다).

【범죄사실】

피고인 2는 2006. 10. 25. ○○군수 보궐선거에서 당선되어 ○○군수가 되었고, 2010. 6. 2. 실시된 전국동시지방선거(제5회) ○○군수선거에서 당선된 현직 ○○군수이다.

국회의원·지방의회의원·지방자치단체의 장·정당의 대표자·후보자(후보자가 되고자 하는 자를 포함한다)와 그 배우자는 당해 선거구안에 있는 자나 기관·단체·시설 또는 당해 선거구의 밖에 있더라도 그 선거구민과 연고가 있는 자나 기관·단체·시설에 기부행위(결혼식에서의 주례행위를 포함한다)를 할 수 없다.

1. 읍면 번영회장에게 격려금 지급

피고인 2는 2008. 2.경, 전(전) ○○군수(2002. 6. - 2004. 1.)로서 향후 지방선거에서 경쟁관계에 있는 공소외 7이 ○○군 번영회 회장으로 취임하게 된다는 이야기를 듣고, 피고인 2의 측근인 공소외 1 등을 시켜 공소외 7을 견제하기 위해 ○○군의 읍면 번영회장들로 하여금 ○○군 번영회 협의회(이하, '협의회'라 한다)를 만들도록 하였다. 그 후 피고인 2는 2008. 5. 일자불상경 공소외 7의 ○○군 번영회장 취임일자가 2008. 5. 30.로 정해지게 되자, 다시 공소외 1을 시켜 협의회 설립을 독려하는 한편, 공소외 7의 취임식보다 앞서는 2008. 5. 22. 협의회 회장의 취임식을 개최하는 방법으로 공소외 7의 ○○군 번영회장 취임식의 김을 빼기로 하였다.

피고인 2는 2008. 5.경 전남 ○○읍에 있는 피고인 2의 주거인 군수관사에서 공소외 3, 1, 2로부터 협의회 활동을 하게 될 읍면 번영회장 중 피고인 2를 지지하는 사람들에게 격려금을 주는 것이 좋겠다는 이야기를 듣고, 공소외 3 등에게 "그러는 것이 좋겠다"라고 하면서 "공소외 3이 형님이 큰 형님(공소외 15)과 알아서 상의를 해서 처리하십시오"라고 하면서 격려금을 기부하라는 취지로 지시를 하였다. 이에 공소외 3은 공소외 15에게 전화하여 피고인 2와 상의하였다고 하면서 번영회 격려금을 달라고 요구하였고, 공소외 15는 2008. 5. 21.경 공소외 2에게 연락하여 전남 ○○읍에 있는 공소외 2 운영의 ◁◁건설 사무실 앞 도로로 불러낸 뒤 공소외 2에게 현금 1,000만원을 건네주었다. 공소외 2는 위와 같이 공소외 15로부터 돈을 받은 후 ◁◁건설 사무실에 있는 공소외 1에게 다시 건네주고, 공소외 1은 공소외 3과 상의하여 협의회 회장으로 취임할 예정인 공소외 8(□□면 번영회장)에게 200만원을, 나머지 피고인 2 측 읍면 번영회장 5명에게 각 100만원씩 주기로 한 후 2010. 5. 21. ○○읍 소재 공소외 12(○○읍 번영회장)의 화신전기 사무실로 찾아가 공소외 12에게 100만원을 건네준 것을 비롯하여 별지 범죄일람표 (1) 기재와 같이 읍면 번영회장 6명에게 합계 700만원을 교부하였다.

이로써 피고인 2는 선거구민 6명에게 합계 700만원을 기부하였다.

2. 협의회장 취임식 비용 지원

피고인 2는 2008. 5. 20. 무렵 공소외 1을 시켜 공소외 8의 협의회장 취임식을 알리는 현수막과 기념수건을 제작한 후, ○○군 일원에 현수막을 걸고, 공소외 8의 협의회장 취임식장에 참석한 사람들에게 기념수건을 나누어주도록 하였다. 그 후 피고인 2는 2008. 6. 13. 16:00경 군수관사에서 공소외 1에게 500만원을 건네주면서 현수막 및 기념수건 제작비용을 계산하도록 하였다.

이로써 피고인 2는 선거구안에 있는 단체인 ○○군 번영회 협의회에 500만원 상당의 현수막 및 기념수건을 기부하였다.

3. 구정 선물(소고기) 살포

피고인 2는 2010. 1. 중순경 군수관사에서 피고인 1, 공소외 3, 2와 함께 모인 자리에서 피고인 1로부터 "공소외 47에는 선물을 해야 될 텐데 어떻게 해야 할지 모르겠습니다", 공소외 3으로부터 "민주당에 뭐라도 줘야 될 텐데 어떻게 해야 할지 걱정입니다"라는 이야기를 듣고, 피고인 1, 공소외 3에게 "조심해서 형님들이 알아서 하십시오"라고 하면서 통상 피고인 2의 명절 선물을 돌리던 피고인 1로 하여금 피고인 2의 형제와 상의하여 명절 선물을 돌리라는 취지로 이야기하였다.

이에 피고인 1은 2010. 2. 8.부터 2. 12.까지 피고인 2의 지지를 부탁하며 선거구민인 공소외 46에게 시가 7만원 상당의 소고기를 교부한 것을 비롯하여 별지 범죄일람표 (2) 기재와 같이 ○○군수선거 선거구민 32명에게 피고인 2의 지지를 부탁하며 시가 7만원 상당의 소고기를 교부하였다.

이로써 피고인 2는 선거구민 32명에게 합계 224만원 상당을 기부하였다.

4. 군수관사 식사제공

피고인 2는 2010. 3. 7. 19:00경 위 군수관사에서 피고인 2를 방문한 민주당 ○○지역위원회 읍면 청년위원장 모임 회장 공소외 4를 비롯하여 별지 범죄일람표 (3) 기재와 같이 선거구민 20명에게 약 36만원 상당의 식사를 제공하였다.

이로써 피고인 2는 선거구민 20명에게 약 36만원 상당을 기부하였다.

【증거의 요지】

[격려금 지급 및 취임식 비용 지원 부분]

1. 공소외 1, 43, 26의 법정진술
1. 공소외 15, 8, 12의 법정진술(일부)
1. 공소외 1에 대한 2010. 4. 11.자 검찰진술조서 및 이에 첨부된 메모 사본(격려금 지급 대상 및 내역), 공소외 1에 대한 2010. 4. 26.자, 2010. 5. 1.자, 2010. 5. 27.자 검찰진술조서
1. 공소외 20에 대한 2010. 4. 11.자 검찰진술조서
1. 공소외 3에 대한 2010. 4. 13.자 검찰진술조서
1. 공소외 16, 23, 25, 21, 35, 18, 32에 대한 각 검찰진술조서
1. 공소외 1의 2010. 4. 23.자 양심서
1. 의사 공소외 58 작성의 공소외 1에 대한 진단서
1. 수사보고(2008. 6. 13. 회의참가자 전자결재문서 내역 첨부), 수사보고(군수관사, ◐◐◐, ○○군청 등 지도 첨부)
1. 통장 사본(입금 내역)

[구정 선물(소고기) 살포 부분]

1. 공소외 1의 법정진술
1. 피고인 1, 공소외 54, 49, 48의 법정진술(일부)
1. 공소외 2에 대한 2010. 4. 7.자 검찰피의자신문조서(공소외 1 대질), 공소외 3에 대한 2010. 4. 9.자 검찰피의자신문조서
1. 공소외 20에 대한 2010. 4. 11.자 검찰진술조서
1. 공소외 48, 50, 51, 59, 52, 60, 53에 대한 각 검찰진술조서

[군수관사 음식물 접대 부분]

1. 피고인 2의 법정진술
1. 공소외 1, 4, 6의 법정진술
1. 공소외 4, 61, 62, 63, 64, 65, 11, 66, 67, 10, 68, 69, 70에 대한 각 문답서
1. 모임 관련 전화조사
1. 수사보고(공소외 11 휴대폰 문자메시지 사진촬영)

【법령의 적용】

1. 범죄사실에 대한 해당법조 및 형의 선택
   각 공직선거법 제257조 제1항 제1호, 제113조(징역형 선택)
1. 경합범 가중
   형법 제37조 전단, 제38조 제1항 제2호, 제50조
1. 집행유예
   형법 제62조 제1항(아래 양형이유 중 유리한 정상 참작)

【양형이유(피고인 2)】

이 사건은 현직 ○○군수인 피고인 2가 2008. 5.경 정적 관계에 있는 공소외 7을 견제하기 위하여 측근인 공소외 1, 3 등을 시켜 피고인을 지지하는 읍면 번영회장들로 하여금 ○○군 번영회 협의회라는 단체를 구성하도록 한 다음, 이에 동조한 읍면 번영회장들에게 격려금을 지급하고 협의회장 취임식 비용을 지원하였으며, 2010년 ○○군수선거를 4개월여 앞두고 측근인 피고인 1을 시켜 ○○군 전역에 구정 선물(소고기)을 살포하고, 민주당 ○○군수선거후보자 경선을 앞두고 민주당 ○○지역 청년위원회 임원들을 군수관사에 초대하여 저녁식사를 접대한 사안으로, 현직 지방자치단체장이 측근들을 시켜 차기 선거에 상당한 영향을 줄 수 있는 금전 기부행위를 하였고, 이로 인하여 ○○지역의 민심이 심각하게 분열되는 결과를 가져온 점, 민주정치 발전의 초석이 되는 공정한 선거문화의 정착을 위하여 관권선거, 금권선거 등 선거와 관련한 부정행위에 대하여 엄중한 처벌이 필요한 점, 범행 동기, 범행의 수단과 방법, 피고인이 범행을 전면 부인하면서 반성하지 아니하는 태도, 피고인 2가 사건 관련자들을 상대로 진술을 조작하려 한 정황이 엿보이고, 특히 주된 관련자인 공소외 1에게 진술 번복을 강압적으로 요구하며 폭력을 행사하기도 한 점 등에 비추어 볼 때, 죄질이 매우 불량하다. 다만, 격려금 지급 및 취임식 비용 지원 사건 부분은 그 액수가 적지 아니하나 ○○군수선거를 2년 앞두고 저지른 사건인 점, 살포한 소고기 선물의 수량과 군수관사에서 접대한 음식물의 가액 정도, 이 판결이 확정되면 피고인은 군수직을 상실하게 되는 점, 피고인 2는 아직까지 건축법위반죄, 상해죄 등으로 벌금형 4회를 받은 것 이외에

별다른 형사처벌 전력이 없는 점, 그 밖에 피고인의 나이, 평소 성행 등 변론에 나타난 양형 조건들을 모두 참작하여 주문과 같이 형을 정한다.
[별지 생략]

[4] 대법원의 판결61)

【피 고 인】 피고인
【상 고 인】 피고인
【변 호 인】 법무법인

【원심판결】 광주고법 2010. 10. 21. 선고 2010노278 판결
【주 문】
상고를 기각한다.

【이 유】
상고이유를 살펴본다.
1. 상고이유 제1 내지 4점에 관하여
가. 원심판결 이유를 기록에 비추어 살펴보면, 원심이 그 판시와 같은 이유로, 피고인에게 일부 무죄를 선고한 제1심판결을 파기하고 피고인의 이 사건 판시 격려금 지급, 협의 회장 취임식 비용 지원, 구정 선물 살포 관련 각 기부행위의 범행을 모두 유죄로 인정한 것은 정당하다. 원심판결에는 상고이유에서 주장하는 바와 같이 공모공동정범, 공판중심주의와 직접심리주의에 관한 판례위반, 심리미진, 경험칙 및 채증법칙 위반으로 인한 사실오인 등의 잘못이 없다.
나. 한편 피고인이 피의자신문조서에 기재된 피고인의 진술 및 공판기일에서의 피고인의 진술의 임의성을 다투면서 그것이 허위자백이라고 다투는 경우, 법원은 구체적인 사건에 따라 피고인의 학력, 경력, 직업, 사회적 지위, 지능 정도, 진술의 내용, 피의자신문조서의 경우 그 조서의 형식 등 제반 사정을 참작하여 자유로운 심증으로 위 진술이 임의로 된 것인지의 여부를 판단할 수 있다(대법원 2004. 10. 28. 선고 2003도8238 판결 등 참조).
위와 같은 법리와 기록에 비추어 살펴보면, 피고인이 변호인의 충분한 조력을 받을 수 있는 상태에서 심사숙고 끝에 수사기관과 법원에 자백 취지의 진술하였고, 공소외

61) 대법원 2011. 2. 24. 선고 2010도14720 판결 **【공직선거법위반】**

1, 2, 3은 피고인이 구속되기 훨씬 이전에 이미 공소사실에 부합하는 진술을 하였으며, 그 밖에 피고인의 학력, 경력, 직업, 사회적 지위 등을 종합하여 볼 때, 피고인의 제2회 검찰 피의자신문과정에서의 자백 진술은 그 임의성이 인정된다고 할 것이므로, 원심판결에는 상고이유에서 주장하는 바와 같은 증거능력에 관한 법리오해, 영상녹화물 조사 관련 심리미진의 잘못이 없다.

2. 상고이유 제5점에 관하여

공직선거법상 기부행위의 구성요건에 해당하는 행위라 하더라도 그것이 지극히 정상적인 생활형태의 하나로서 역사적으로 생성된 사회질서의 범위 안에 있는 것이라고 볼 수 있는 경우에는 일종의 의례적 행위나 직무상의 행위로서 사회상규에 위배되지 아니하여 위법성이 조각되는 경우가 있을 수 있지만 그와 같은 사유로 위법성의 조각을 인정함에는 신중을 요한다(대법원 2007. 11. 16. 선고 2007도7205 판결 등 참조).

원심은, ① 피고인은 민주당 ○○군당원협의회 △△면청년위원장이자 청년위원회(○○군 13개 읍면 청년위원장과 총무들의 모임)의 회장인 공소외 4와 사전에 연락하여 군수 관사 방문 일정을 정한 사실, ② 피고인은 현직 ○○군수로서 2010. 6. 2. 치러질 전국동시지방선거(제5회) ○○군수선거에 민주당 후보로 출마할 것이 확실시되었고, 민주당 ○○군수 선거후보자 경선(2010. 4.)이 얼마 남지 않은 시기였던 사실, ③ 위 모임에 참석한 사람들은 선거구민일 뿐 아니라 민주당 ○○지역 읍면 청년위원회의 회장 및 총무들로서 각 읍면의 청년위원이나 지역 주민에게 영향력을 끼칠 수 있었던 사실, ④ 피고인은 참석자들에게 "있는 대로 준비했습니다. 맛있게 드십시오."라고 말하였고, 또 "이제 후보자 신분이 되는 만큼 좀 도와달라."는 취지로 말한 사실, ⑤ 참석자들에게 제공된 음식물은 단순히 재료 구입비를 참석자 수로 나누었을 때의 1인당 비용도 결코 적지 않은 사실, ⑥ 경찰에서 위 모임이 있었음을 알게 되자, 피고인과 측근들은 다음날인 2010. 3. 8. 오전에 대책회의를 한 후 공소외 1, 5 등이 청년위원회 측 총무인 공소외 6을 찾아가 음식물 비용으로 30만원을 공소외 1의 계좌로 이체해 줄 것을 부탁한 사실 등을 인정한 다음, 음식물 제공으로 인한 공직선거법 위반 부분에 관하여 선거에 관련한 기부행위가 아니라거나 사회상규에 위배되지 아니하는 정당행위로서 위법성이 조각된다는 취지의 피고인의 주장을 배척하였다.

앞서 본 법리와 기록에 비추어 살펴보면, 원심의 이러한 판단은 정당하여 수긍할 수 있고, 거기에 상고이유로 주장하는 바와 같은 사회상규에 위배되지 아니하는 행위에 관한 법리오해 등의 잘못이 없다.

3. 결 론

그러므로 상고를 기각하기로 하여, 관여 대법관의 일치된 의견으로 주문과 같이 판결한다.

Chapter 13 선거에 관한 기사를 게재한 신문을 통상방법 외의 방법으로 배부한 행위

[1] 사건의 쟁점

1. 공직선거법 제95조 제1항에서 금지하는 '선거에 관한 기사를 게재한 신문을 통상방법 외의 방법으로 배부한 행위'에 해당하는 경우 및 '통상방법 외의 방법'은 특정인에 대한 지지를 유도하기 위한 선거홍보물의 일종으로 배부하는 경우만을 의미하는지 여부(소극)
2. 지역신문 발행인인 피고인이 지방자치단체장 선거 입후보 예정자들에게 불리한 내용이 전체 지면의 3분의 1 이상 채워져 있는 신문을 평소 발행부수보다 3배 이상으로 발행하여 배부한 행위가, 공직선거법상 '선거에 관한 기사를 게재한 신문을 통상방법 외의 방법으로 배부한 경우'에 해당한다고 한 사례

[2] 관련법령

1. 공직선거법 제95조 제1항, 제2항
2. 공직선거법 제95조 제1항, 제2항, 제252조 제1항

가. 공직선거법 [법률 제10303호, 2010. 5. 17, 타법개정]

제95조(신문·잡지 등의 통상방법외의 배부금지) ① 누구든지 이 법의 규정에 의한 경우를 제외하고는 선거에 관한 기사를 게재한 신문·통신·잡지 또는 기관·단체·시설의 기관지 기타 간행물을 통상방법외의 방법으로 배부하거나 그 기사를 복사하여 배부할 수 없다. ② 제1항에서 "선거에 관한 기사"라 함은 후보자[후보자가 되고자 하는 자를 포함한다. 이하 제96조(허위논평·보도의 금지) 및 제97조(방송·신문의 불법이용을 위한 행위 등의 제한)에서 같다]의 당락이나 특정 정당(창당준비위원회를 포함한다)에 유리 또는 불리한 기사를 말하며, "통상방법에 의한 배부"라 함은 종전의 방법과 범위 안에서 발행·배부하는 것을 말한다.

제252조(방송·신문 등 부정이용죄) ① 제82조의7(인터넷광고) 제5항·제94조(방송·신문 등에 의한 광고의 금지)·제95조(신문·잡지 등의 통상방법외의 배부금지) 제1항·제96조(허위논평·보도의 금지)·제98조(선거운동을 위한 방송이용의 제한) 또는 제99조(구내방송 등에 의한 선거운동금지)의 규정에 위반한 자는 3년 이하의 징역 또는 600만원 이하의 벌금에 처한다. 〈개정 2005.8.4〉

② 제71조(후보자등의 방송연설) 제12항 [제72조(방송시설주관 후보자연설의 방송) 제4항, 제73조(經歷放送) 제4항, 제74조(放送施設主管經歷放送) 제2항, 제81조(단체의 후보자등 초청 대담·토론회) 제8항, 제82조(언론기관의 후보자등 초청 대담·토론회) 제4항, 제137조의2(정강·정책의 방송연설의 제한) 제6항에서 준용하는 경우를 포함한다] 및 제82조의2(선거방송토론위원회 주관 대담·토론회) 제13항 후단[제82조의3(선거방송토론위원회 주관 정책토론회) 제2항에서 준용하는 경우를 포함한다]의 규정에 위반한 자는 2년 이하의 징역 또는 400만원 이하의 벌금에 처한다. 〈개정 1998.4.30, 2000.2.16, 2004.3.12, 2005.8.4〉

[3] 대법원의 판결[62)]

【피 고 인】 피고인
【상 고 인】 검 사

【원심판결】 대전고법 2010. 10. 22. 선고 2010노386 판결
【주 문】
원심판결을 파기하고, 사건을 대전고등법원에 환송한다.

【이 유】
상고이유를 판단한다.

1. 공직선거법(이하 '법'이라고 한다) 제95조 제1항은 "누구든지 이 법의 규정에 의한 경우를 제외하고는 선거에 관한 기사를 게재한 신문·통신·잡지 또는 기관·단체·시설의 기관지 기타 간행물을 통상방법 외의 방법으로 배부하거나 그 기사를 복사하여 배부할 수 없다."라고 규정하고, 같은 조 제2항은 "제1항에서 '통상방법에 의한 배부'라 함은 종전의 방법과 범위 안에서 발행·배부하는 것을 말한다."라고 규정하고 있다. 따라서 설령 신문 등의 발행인에게 사세확장 기타의 사유로 발행부수를 늘리려고 하는 의도가 일부 있었다고

62) 대법원 2011. 1. 27. 선고 2010도14940 판결 **【공직선거법위반】**

하더라도, 당해 신문에 게재된 기사의 내용, 증간 부수 및 경위, 배부처 기타 제반 사정에 비추어 그 행위가 전체적으로 보아 종전의 방법과 범위 안에서 발행·배부한 것으로 볼 수 없는 경우에는 법 제95조 제1항이 금지하고 있는 선거에 관한 기사를 게재한 신문을 통상 방법 외의 방법으로 배부한 것에 해당한다고 보아야 하고 (대법원 2000. 12. 8. 선고 2000도4600 판결, 대법원 2005. 3. 25. 선고 2005도39 판결 등 참조), 또한 "통상방법 외의 방법"은 반드시 특정인에 대한 지지를 유도하기 위한 선거홍보물의 일종으로 배부하는 경우만을 의미하는 것은 아니다(대법원 2005. 6. 23. 선고 2004도8969 판결 참조).

2. 원심이 유지한 제1심판결은 그 채용 증거를 종합하여, 피고인은 2007. 3. 19. ○○○신문을 창간한 이래 주간지로 발행해오다가 자금사정이 여의치 아니하여 2~3주에 한 번이나 한 달에 한 번 정도 발행하기도 하였고 어떤 달에는 아예 발행하지 못한 적도 있었으며, 처음에 1,500부에서 2,000부 발행하다가 2008년부터는 2,000부에서 3,000부를 발행하였지만, 2008. 3. 8. 및 2008. 6. 7., 2008. 12. 2.에는 각각 10,000부씩 발행하여 배부하였던 사실, 피고인은 평소 ○○○신문 광고비로 약 100만원 정도의 수입을 얻었는데, 2009. 12. 28.자 신문의 경우 2,858,000원의 광고수입을 얻은 사실, ○○○신문의 구독료를 납부하는 사람은 50명 정도에 불과하여 피고인은 신문 대부분을 무상으로 배포하여 왔는데, 2008년경부터 500~700부 정도를 우편으로 발송하고 나머지는 피고인과 공소외 1 기자 둘이서 상가, 아파트, 주택가, 사무실 등을 돌아다니면서 직접 배포하여 왔고, 위 2009. 12. 28.자 신문의 경우도 그와 같이 400부 정도를 우편으로 발송하고, 나머지는 피고인과 공소외 1 기자 둘이서 직접 배포한 사실을 인정한 다음, 피고인이 위 2009. 12. 28.자 신문 10,000부를 배부한 것은 피고인이 평소 실시하던 배부방법과 범위를 일탈하여 간행물 등을 선거홍보물화하는 이례적인 배부방법이라고 단정할 수 없다고 하여 무죄를 선고하였다.

3. 그러나 원심의 판단은 그대로 수긍하기 어렵다.

먼저 원심이 인정한 사실관계에 의하더라도, 피고인은 ○○○신문을 창간한 2007. 3. 19.부터 이 사건에서 문제된 위 2009. 12. 28.자 신문을 발행하기 전까지 통상 1,500~3,000부 정도를 발행하였을 뿐 10,000부를 발행한 것은 불과 3회에 불과하고, 그것도 2009년 들어서는 한 번도 없었다는 것이므로, 위 2009. 12. 28.자 신문은 평소보다 3배 이상 많이 발행되었음이 분명하고, 나아가 위 신문은 유료구독자가 거의 없어 주로 피고인과 기자인 공소외 1이 상가, 아파트 등을 돌아다니면서 배부하였다는 것이므로 피고인이 위와 같이 증가한 발행부수를 평소 배부되지 않던 곳에 배부하거나 종전에 배부하던 곳에도 더 많은 부수를 배부하였을 것임은 경험칙상 명백하다. 이와 함께 피고인이 위 2009. 12. 28.자 신문을 발행하기 전에 3회에 걸쳐 충주시장 선거에 무소속으로 입후보하였다가 낙선하였고 그 후인 2010. 6. 2. 지방선거에서도 충주시장 후보로 무소속 출마하였다가 낙선한 이력에 비추어 피고인은 민주당 소속으로 충청북도지사에 입후보할 예정인 공소외 2, 충주시장에 입후보할 예정인 공소외 3과는 정적 내지 경쟁자의 관계에 있다고 할 것인 점, 위 2009. 12. 28.자 신문은 전체 16면 중 6면에 걸쳐 위 공소외 2, 3을 노골적으로 비판하고 그 입후보를 반대하는 내용으로 채워져 있는 점 등 기록에 나타난 여러 사정을 앞에서 본 법리에 비추어 살펴보면, 설령 피고인이 위 2009. 12. 28.자 신문을 발행함에 있어 평소보다 많은 광고수입을 얻었고 그로 인하여 광고효과 또는 홍보효과를 높이기 위하여 발행부수를 늘린 측면이 있다고 하더라도, 위와 같이 평소보다 3배 이상 많은 10,000부를 발행하여 배부한 행위는 전체적으로 보아 종전의 방법과 범위를 벗어나서 발행·배부한 경우에 해당한다고 보아야 할 것이다. 그럼에도 원심은 이와 달리 무죄를 선고한 제1심판결을 그대로 유지하였으니, 원심판결에는 법 제95조 제1항 위반죄에 관한 법리를 오해하여 판결에 영향을 미친 위법이 있다고 할 것이다.

4. 그러므로 원심판결을 파기하고, 사건을 다시 심리·판단하게 하기 위하여 원심법원에 환송하기로 하여, 관여 대법관의 일치된 의견으로 주문과 같이 판결한다.

Chapter 14 허위학력을 경력란에 기재한 경우

[1] 사건의 쟁점

피고인이 ㅇㅇ대학교 경영행정대학원에서 개설한 1년 과정의 고위관리자 과정을 수료하였을 뿐 위 경영행정대학원을 졸업하거나 수료한 사실이 없음에도 선거구민들에게 'ㅇㅇ대학교 경영행정대학원 총원우회 고문'이라고 기재한 인쇄물을 배부한 사안에서, 이를 '학력'이 아닌 '경력'란에 기재하였더라도 공직선거법 제250조 제1항의 허위사실공표죄가 성립한다고 본 원심판단을 수긍한 사례

[2] 관련법령

공직선거법 제64조 제1항, 제250조 제1항

가. 공직선거법 [법률 제10303호, 2010. 5. 17, 타법개정]

제64조(선거벽보) ① 선거운동에 사용하는 선거벽보에는 후보자의 사진(후보자만의 사진을 말한다)·성명·기호(제150조에 따라 투표용지에 인쇄할 정당 또는 후보자의 게재순위를 말한다. 이하 같다)·정당추천후보자의 소속정당명(무소속후보자는 "무소속"이라 표시한다)·경력[학력을 게재하는 경우에는 정규학력과 이에 준하는 외국의 교육과정을 이수한 학력 외에는 게재할 수 없다. 이 경우 정규학력을 게재하는 경우에는 졸업 또는 수료당시의 학교명(중퇴한 경우에는 수학기간을 함께 기재하여야 한다)을 기재하고, 정규학력에 준하는 외국의 교육과정을 이수한 학력을 게재하는 때에는 그 교육과정명과 수학기간 및 학위를 취득한 때의 취득학위명을 기재하여야 하며, 정규학력의 최종학력과 외국의 교육과정을 이수한 학력은 제49조 제4항 제6호에 따라 학력증명서를 제출한 학력에 한하여 게재할 수 있다. 이하 같다]·정견 및 소속정당의 정강·정책 그 밖의 홍보에 필요한 사항(지역구국회의원선거에

있어서는 비례대표국회의원후보자명단을, 지역구시·도의원선거에 있어서는 비례대표시·도의원후보자 명단을, 지역구자치구·시·군의원선거에 있어서는 비례대표자치구·시·군의원후보자명단을 포함하며, 후보자외의 자의 인물사진을 제외한다)을 게재하여 동에 있어서는 인구 500명에 1매, 읍에 있어서는 인구 250명에 1매, 면에 있어서는 인구 100명에 1매의 비율을 한도로 작성·첩부한다. 다만, 인구밀집상태 및 첩부장소 등을 감안하여 중앙선거관리위원회 규칙으로 정하는 바에 따라 인구 1천명에 1매의 비율까지 조정할 수 있다. 〈개정 1995.4.1, 1995.12.30, 1997.1.13, 1997.11.14, 1998.4.30, 2000.2.16, 2002.3.7, 2004.3.12, 2005.8.4, 2010.1.25〉

② 제1항에 따른 선거벽보는 후보자(비례대표국회의원후보자와 비례대표지방의회의원후보자를 제외하며, 대통령선거에 있어서 정당추천후보자의 경우에는 그 추천정당을 말한다. 이하 이 조에서 같다)가 작성하여 후보자등록마감일후 3일(대통령선거에 있어 추가등록의 경우에는 추가등록마감일후 2일이내를 말한다)까지 첩부할 지역을 관할하는 구·시·군선거관리위원회에 제출하고, 당해 구·시·군선거관리위원회가 이를 확인하여 선거벽보 제출마감일후 2일(대통령선거와 섬 및 산간오지지역의 경우는 3일)까지 첩부한다. 이 경우 선거벽보의 일부를 제출하지 아니할 때에는 선거벽보를 첩부하지 아니할 지역(투표구를 단위로 한다)을 지정하여 선거벽보의 제출시에 서면으로 신고하여야 하되, 선거벽보를 첩부하지 아니할 지역을 신고하지 아니한 때에는 당해 구·시·군선거관리위원회가 그 지역을 지정한다. 〈개정 1995.4.1, 2000.2.16, 2005.8.4, 2010.1.25〉

③ 관할선거구선거관리위원회는 제2항에 따라 후보자가 작성하여 보관 또는 제출할 선거벽보의 수량을 선거기간개시일전 10일까지 공고하여야 한다. 이 경우 중앙선거관리위원회규칙으로 정하는 바에 따라 일정한 수량을 가산할 수 있다. 〈개정 1995.12.30, 2004.3.12, 2010.1.25〉

④ 후보자가 제2항에 따른 제출마감일까지 선거벽보를 제출하지 아니한 때와 규격을 넘거나 미달하는 선거벽보를 제출한 때에는 그 선거벽보는 첩부하지 아니한다. 〈개정 2010.1.25〉

⑤ 제2항에 따라 제출된 선거벽보는 정정 또는 철회할 수 없다. 다만, 후보자는 선거벽보에 게재된 후보자의 성명·기호·소속 정당명과 경력·학력·학위·상벌(이하 "경력등"이라 한다)이 거짓으로 게재되어 있거나 이 법에 위반되는 내용이 게재되어 있음을 이유로 해당 선거구선거관리위원회에 서면으로 정정 또는 삭제를 요청할 수 있으며, 그 요청을 받은 선거구선거관리위원회는 제2항에 따른 선거벽보 제출마감일까지 그 내용을 정정 또는 삭제하게 할 수 있다. 이 경우 해당 내용을 정정 또는 삭제하는 외에 새로운 내용을 추가하거나 종전의 배열방법·색상·규격 등을 변경할 수 없다. 〈개정 2010.1.25〉

⑥ 누구든지 선거벽보의 내용 중 경력등에 관한 거짓 사실의 게재를 이유로 이의제기를

하는 때에는 해당 선거구선거관리위원회를 거쳐 직근 상급선거관리위원회에 서면으로 하여야 하고, 이의제기를 받은 상급선거관리위원회는 후보자와 이의제기자에게 그 증명서류의 제출을 요구할 수 있으며, 그 증명서류의 제출이 없거나 거짓 사실임이 판명된 때에는 그 사실을 공고하여야 한다. 〈신설 2010.1.25〉

⑦ 관할선거구선거관리위원회는 제1항의 선거벽보에 다른 후보자, 그의 배우자 또는 직계존·비속이나 형제자매의 사생활에 대한 사실을 적시하여 비방하는 내용이 이 법에 위반된다고 인정하는 때에는 이를 고발하고 공고하여야 한다. 〈개정 2010.1.25〉

⑧ 선거벽보를 인쇄하는 인쇄업자는 제3항의 선거벽보의 수량외에는 이를 인쇄하여 누구에게도 제공할 수 없다. 〈개정 2010.1.25〉

⑨ 후보자는 관할구·시·군선거관리위원회가 첩부한 선거벽보가 오손되거나 훼손되어 보완첩부하고자 하는 때에는 제3항에 따라 공고된 수량의 범위에서 그 선거벽보 위에 덧붙여야 한다. 〈신설 1995.12.30, 2010.1.25〉

⑩ 제1항에 따라 선거벽보를 첩부하는 경우에 첩부장소가 있는 토지·건물 그 밖의 시설물의 소유자 또는 관리자는 특별한 사유가 없는 한 선거벽보의 첩부에 협조하여야 한다. 〈개정 2010.1.25〉

⑪ 선거벽보 내용의 정정·삭제 신청, 수량공고·규격·작성·제출·확인·첩부·경력 등에 관한 허위사실이나 사생활비방으로 인한 고발사실의 공고 그 밖에 필요한 사항은 중앙선거관리위원회규칙으로 정한다. 〈개정 2000.2.16, 2010.1.25〉

[제목개정 2010.1.25]

제250조(허위사실공표죄) ① 당선되거나 되게 할 목적으로 연설·방송·신문·통신·잡지·벽보·선전문서 기타의 방법으로 후보자(후보자가 되고자 하는 자를 포함한다. 이하 이 조에서 같다)에게 유리하도록 후보자, 그의 배우자 또는 직계존·비속이나 형제자매의 출생지·신분·직업·경력등·재산·인격·행위·소속단체 등에 관하여 허위의 사실[학력을 게재하는 경우 제64조 제1항의 규정에 의한 방법으로 게재하지 아니한 경우를 포함한다]을 공표하거나 공표하게 한 자와 허위의 사실을 게재한 선전문서를 배포할 목적으로 소지한 자는 5년 이하의 징역 또는 3천만원이하의 벌금에 처한다. 〈개정 1995.12.30, 1997.1.13, 1997.11.14, 1998.4.30, 2000.2.16, 2004.3.12, 2010.1.25〉

② 당선되지 못하게 할 목적으로 연설·방송·신문·통신·잡지·벽보·선전문서 기타의 방법으로 후보자에게 불리하도록 후보자, 그의 배우자 또는 직계존·비속이나 형제자매에 관하여 허위의 사실을 공표하거나 공표하게 한 자와 허위의 사실을 게재한 선전문서를 배포할 목적으로 소지한 자는 7년 이하의 징역 또는 500만원 이상 3천만원 이하의 벌금에 처한다. 〈개정 1997.1.13〉

③ 당내경선과 관련하여 제1항(제64조 제1항의 규정에 따른 방법으로 학력을 게재하지 아니한 경우를 제외한다)에 규정된 행위를 한 자는 3년 이하의 징역 또는 6백만원 이하의 벌금에, 제2항에 규정된 행위를 한 자는 5년 이하의 징역 또는 1천만원 이하의 벌금에 처한다. 이 경우 "후보자" 또는 "후보자(후보자가 되고자 하는 자를 포함한다)"는 "경선후보자"로 본다. 〈신설 2005.8.4〉

[3] 대법원의 판결[63)]

【피 고 인】 피고인
【상 고 인】 피고인
【변 호 인】 법무법인

【원심판결】 대전고법 2010. 10. 8. 선고 2010노347 판결
【주 문】
상고를 기각한다.

【이 유】
상고이유를 판단한다.

1. 상고이유 제1점에 관하여

공직선거법 제250조 제1항, 제64조 제1항에 의하면, 당선되거나 되게 할 목적으로 후보자 또는 후보자가 되고사 하는 자에게 유리하도록 허위의 사실을 공표하는 경우에는 허위사실공표죄가 성립하고, 이는 학력을 게재하는 경우에 정규학력과 이에 준하는 외국의 교육과정을 이수한 학력 외의 것을 게재하는 때에도 마찬가지로 적용된다.

원심이 적법하게 확정한 사실에 의하면, 피고인은 ○○대학교 경영행정대학원에서 개설한 1년 과정의 고위관리자 과정을 수료하였을 뿐 ○○대학교 경영행정대학원을 졸업하거나 수료한 사실이 없음에도 선거구민들에게 '○○대학교 경영행정대학원 총원우회 고문'이라고 기재한 이 사건 인쇄물을 배부한 사실을 알 수 있다.

사실관계가 위와 같다면, 비록 피고인이 이 사건 인쇄물에 '○○대학교 경영행정대학원 총원우회 고문'이라는 표시를 '학력'이 아닌 '경력'란에 기재하였고, '졸업' 또는 '수료'라는 문구를 기재하지 아니하였다고 하더라도, 그와 같은 기재만으로도 통상의 선거구민

---

63) 대법원 2010. 12. 23. 선고 2010도13750 판결 【공직선거법위반】

에게 피고인이 위 대학원에 설치된 정규학위 과정을 졸업 또는 수료한 것처럼 오인되게 하거나, 적어도 위 대학원의 고위관리자 과정을 이수한 경력이 있음을 나타내기에 충분하므로, 그 기재에는 학력의 의미도 내포되어 있다고 할 것이어서, 같은 란에 '대원대학 사회복지과 재학'이라고 학력을 기재하였는지 여부에 관계없이 공직선거법 제250조 제1항의 허위사실공표죄가 성립한다고 할 것이다(대법원 1999. 6. 11. 선고 99도307 판결, 대법원 2007. 2. 23. 선고 2006도8098 판결 등 참조). 같은 취지의 원심 판단은 정당하고, 거기에 공직선거법 제250조 제1항의 허위사실공표죄에 관한 법리오해 등의 위법이 있다고 할 수 없다.

2. 상고이유 제2점에 관하여

원심판결 이유에 의하면, 원심은 그 채용 증거들에 의하여 인정되는 다음과 같은 사정, 즉 이 사건 인쇄물과 명함에는 피고인의 사진이 인쇄되어 있고, 식당의 영업에는 불필요할 것으로 보이는 피고인의 경력, 학력 등이 기재되어 있으며, 큰 글씨로 "참신한 일꾼! 열정 있는 사람!"이라는 문구 또한 기재되어 있는 점, 피고인은 경로당, 어린이집 앞 및 보건소 앞 등에서 무차별적으로 이 사건 인쇄물과 명함을 배부한 점 등에 비추어 피고인이 이 사건 인쇄물과 명함을 배부한 것은 공직선거법 제93조 제1항의 선거에 영향을 미치기 위하여 한 것이라고 판단하였다.

관련 법령과 기록에 비추어 살펴보면, 원심의 위와 같은 판단은 정당하고, 거기에 공직선거법 제93조 제1항에 관한 법리오해 등의 위법이 있다고 할 수 없다.

3. 상고이유 제3점에 관하여

원심은, 피고인이 '2009 제천시성시화대성회' 책자에 피고인의 사진, 경력 등이 들어있는 광고를 게재한 사실 등을 인정한 다음, 그 판시와 같은 사정에 비추어 보면 피고인에게 선거운동의 목적이 있었던 것으로 보아야 한다고 판단하였는바, 관련 법리와 기록에 비추어 살펴보면 위와 같은 사실인정 및 판단은 모두 정당한 것으로 수긍이 가고, 거기에 선거운동의 개념에 관한 법리오해 등의 위법이 있다고 할 수 없다.

4. 결 론

그러므로 상고를 기각하기로 하여, 관여 대법관의 일치된 의견으로 주문과 같이 판결한다.

Chapter 15

선거운동과 관련하여 금품을 제공한 경우

[1] 사건의 쟁점

1. 공직선거법 제230조 제1항 제4호, 제135조 제3항 위반죄의 처벌대상인 행위 및 위 제135조 제3항에 정한 '선거운동과 관련하여'의 의미
2. 전국 동시 지방선거의 지방자치단체장 입후보예정자인 피고인 갑이 자신의 처를 통하여 피고인 을에게 차용금 명목의 돈을 지급함으로써 선거운동과 관련하여 금품을 제공하였다는 공직선거법 위반의 공소사실에 대하여, 이를 무죄로 선고한 원심판결에 법리오해의 위법이 있다고 한 사례

[2] 관련법령

1. 공직선거법 제135조 제3항, 제230조 제1항 제4호
2. 구 공직선거법(2009. 7. 31. 법률 제9785호로 개정되기 전의 것) 제135조 제3항, 제230조 제1항 제4호, 제5호, 제3항, 형사소송법 제313조 제1항, 제316조 제1항

가. 공직선거법 [법률 제10303호, 2010. 5. 17, 타법개정]

제135조(선거사무관계자에 대한 수당과 실비보상) ① 선거사무장·선거연락소장·선거사무원·활동보조인 및 회계책임자(이하 이 조에서 "선거사무장 등"이라 한다)에 대하여는 수당과 실비를 지급할 수 있다. 다만, 정당의 유급사무직원, 국회의원과 그 보좌관·비서관·비서 또는 지방의회의원이 선거사무장 등을 겸한 때에는 실비만을 보상할 수 있다. 〈개정 2000.2.16, 2010.1.25〉

② 제1항의 수당과 실비의 종류와 금액은 중앙선거관리위원회가 정한다.

③ 이 법의 규정에 의하여 수당·실비 기타 이익을 제공하는 경우를 제외하고는 수당·실비 기타 자원봉사에 대한 보상 등 명목여하를 불문하고 누구든지 선거운동과 관련하여 금품 기타 이익의 제공 또는 그 제공의 의사를 표시하거나 그 제공의 약속·지시·권유·알선·요구 또는 수령할 수 없다. 〈개정 1996.2.6, 1997.1.13, 1997.11.14, 2000.2.16〉

④ 삭제 〈2005.8.4〉

⑤ 삭제 〈2000.2.16〉

제230조(매수 및 이해유도죄) ① 다음 각 호의 어느 하나에 해당하는 자는 5년 이하의 징역 또는 1천만원 이하의 벌금에 처한다. 〈개정 1997.1.13, 1997.11.14, 2000.2.16, 2004.3.12, 2009.2.12, 2010.1.25〉

1. 투표를 하게 하거나 하지 아니하게 하거나 당선되거나 되게 하거나 되지 못하게 할 목적으로 선거인(선거인명부 또는 재외선거인명부등을 작성하기 전에는 그 선거인명부 또는 재외선거인명부등에 오를 자격이 있는 사람을 포함한다. 이하 이 장에서 같다) 또는 다른 정당이나 후보자(예비후보자를 포함한다)의 선거사무장·선거연락소장·선거사무원·회계책임자·연설원(제79조 제1항·제2항에 따라 연설·대담을 하는 사람과 제81조 제1항·제82조 제1항 또는 제82조의2 제1항·제2항에 따라 대담·토론을 하는 사람을 포함한다. 이하 이 장에서 같다) 또는 참관인(투표참관인·부재자투표참관인과 개표참관인을 말한다. 이하 이 장에서 같다)에게 금전·물품·차마·향응 그 밖에 재산상의 이익이나 공사의 직을 제공하거나 그 제공의 의사를 표시하거나 그 제공을 약속한 자
2. 선거운동에 이용할 목적으로 학교 기타 공공기관·사회단체·종교단체·노동단체 또는 청년단체·부녀단체·노인단체·재향군인단체·씨족단체 기타의 기관·단체·시설에 금전·물품 등 재산상의 이익을 제공하거나 그 제공의 의사를 표시하거나 그 제공을 약속한 자
3. 선거운동에 이용할 목적으로 야유회·동창회·친목회·향우회·계모임 기타의 선거구민의 모임이나 행사에 금전·물품·음식물 기타 재산상의 이익을 제공하거나 그 제공의 의사를 표시하거나 그 제공을 약속한 자
4. 제135조(선거사무관계자에 대한 수당과 실비보상) 제3항의 규정에 위반하여 수당·실비 기타 자원봉사에 대한 보상 등 명목여하를 불문하고 선거운동과 관련하여 금품 기타 이익의 제공 또는 그 제공의 의사를 표시하거나 그 제공을 약속한 자
5. 제1호 내지 제4호에 규정된 이익이나 직의 제공을 받거나 그 제공의 의사 표시를 승낙한 자

② 정당·후보자(후보자가 되고자 하는 자를 포함한다) 및 그 가족·선거사무장·선거연락소장·선거사무원·회계책임자·연설원 또는 제114조(정당 및 후보자의 가족 등의 기부행위제한) 제2항의 규정에 의한 후보자 또는 그 가족과 관계 있는 회사 등이 제1항 각 호의 1에 규정된 행위를 한 때에는 7년 이하의 징역 또는 1천500만원 이하의 벌금에 처한다.

③ 제1항 각 호의 1 또는 제2항에 규정된 행위에 관하여 지시·권유·요구하거나 알선한 자는 7년 이하의 징역 또는 1천500만원 이하의 벌금에 처한다.

④ 당선되거나 되게하거나 되지 못하게 할 목적으로 선거기간중 포장된 선물 또는 돈봉투 등 다수의 선거인에게 배부하도록 구분된 형태로 되어 있는 금품을 운반하는 자는 5년 이하의 징역 또는 1천만원 이하의 벌금에 처한다.

⑤ 선거관리위원회의 위원·직원(투표관리관을 포함한다. 이하 이 장에서 같다) 또는 선거사무에 관계있는 공무원이나 경찰공무원(사법경찰관리 및 군사법경찰관리를 포함한다)이 제1항 각 호의 1 또는 제2항에 규정된 행위를 하거나 하게 한 때에는 7년 이하의 징역에 처한다. 〈개정 2005.8.4〉

⑥ 제47조의2 제1항 또는 제2항을 위반한 자는 5년 이하의 징역 또는 1천만원 이하의 벌금에 처한다. 〈신설 2008.2.29〉

⑦ 당내경선과 관련하여 다음 각 호의 어느 하나에 해당하는 자는 3년 이하의 징역 또는 600만원 이하의 벌금에 처한다. 〈신설 2005.8.4, 2008.2.29〉

1. 제57조의5(당원 등 매수금지) 제1항 또는 제2항의 규정을 위반한 자
2. 후보자로 선출되거나 되게 하거나 되지 못하게 하거나, 경선선거인(당내경선의 선거인명부에 등재된 자를 말한다. 이하 이 조에서 같다)으로 하여금 투표를 하게 하거나 하지 아니하게 할 목적으로 경선후보자·경선운동관계자·경선선거인 또는 참관인에게 금품·향응 그 밖의 재산상의 이익이나 공사의 직을 제공하거나 그 제공의 의사를 표시하거나 그 제공을 약속한 자
3. 제57조의5 제1항 또는 제2항에 규정된 이익이나 직의 제공을 받거나 그 제공의 의사표시를 승낙한 자

⑧ 제7항 제2호·제3호에 규정된 행위에 관하여 지시·권유·요구하거나 알선한 자 또는 제57조의5제3항의 규정을 위반한 자는 5년 이하의 징역 또는 1천만원 이하의 벌금에 처한다. 〈신설 2005.8.4, 2008.2.29〉

나. 구 공직선거법[2009. 7. 31, 법률 제9785호로 개정되기 전의 것]

제135조(선거사무관계자에 대한 수당과 실비보상) ① 선거사무장·선거연락소장·선거

사무원 및 회계책임자(이하 이 조에서 "선거사무장 등"이라 한다)에 대하여는 수당과 실비를 지급할 수 있다. 다만, 정당의 유급사무직원, 국회의원과 그 보좌관·비서관·비서 또는 지방의회의원이 선거사무장 등을 겸한 때에는 실비만을 보상할 수 있다. 〈개정 2000.2.16〉
② 제1항의 수당과 실비의 종류와 금액은 중앙선거관리위원회가 정한다.
③ 이 법의 규정에 의하여 수당·실비 기타 이익을 제공하는 경우를 제외하고는 수당·실비 기타 자원봉사에 대한 보상 등 명목여하를 불문하고 누구든지 선거운동과 관련하여 금품 기타 이익의 제공 또는 그 제공의 의사를 표시하거나 그 제공의 약속·지시·권유·알선·요구 또는 수령할 수 없다. 〈개정 1996.2.6, 1997.1.13, 1997.11.14, 2000.2.16〉
④ 삭제 〈2005.8.4〉
⑤ 삭제 〈2000.2.16〉

제230조(매수 및 이해유도죄) ① 다음 각 호의 1에 해당하는 자는 5년 이하의 징역 또는 1천만원 이하의 벌금에 처한다. 〈개정 1997.1.13, 1997.11.14, 2000.2.16, 2004.3.12, 2009.2.12〉

1. 투표를 하게 하거나 하지 아니하게 하거나 당선되거나 되게 하거나 되지 못하게 할 목적으로 선거인(선거인명부 또는 재외선거인명부등을 작성하기 전에는 그 선거인명부 또는 재외선거인명부등에 오를 자격이 있는 사람을 포함한다. 이하 이 장에서 같다) 또는 다른 정당이나 후보자(예비후보자를 포함한다)의 선거사무장·선거연락소장·선거사무원·회계책임자·연설원[제79조(공개장소에서의 연설·대담) 제1항의 규정에 의하여 연설·대담을 하는 자와 제81조(단체의 후보자 등 초청 대담·토론회) 제1항 및 제82조(언론기관의 후보자등 초청 대담·토론회) 제1항의 규정에 의하여 대담·토론을 하는 자를 포함한다. 이하 이 장에서 같다] 또는 참관인(투표참관인·부재자투표참관인과 개표참관인을 말한다. 이하 이 장에서 같다)에게 금전·물품·차마·향응 기타 재산상의 이익이나 공사의 직을 제공하거나 그 제공의 의사를 표시하거나 그 제공을 약속한 자
2. 선거운동에 이용할 목적으로 학교 기타 공공기관·사회단체·종교단체·노동단체 또는 청년단체·부녀단체·노인단체·재향군인단체·씨족단체 기타의 기관·단체·시설에 금전·물품 등 재산상의 이익을 제공하거나 그 제공의 의사를 표시하거나 그 제공을 약속한 자
3. 선거운동에 이용할 목적으로 야유회·동창회·친목회·향우회·계모임 기타의 선거구민의 모임이나 행사에 금전·물품·음식물 기타 재산상의 이익을 제공하거나 그 제공의 의사를 표시하거나 그 제공을 약속한 자
4. 제135조(선거사무관계자에 대한 수당과 실비보상) 제3항의 규정에 위반하여 수당·실비 기타 자원봉사에 대한 보상 등 명목여하를 불문하고 선거운동과 관련하여 금품 기타

이익의 제공 또는 그 제공의 의사를 표시하거나 그 제공을 약속한 자
5. 제1호 내지 제4호에 규정된 이익이나 직의 제공을 받거나 그 제공의 의사 표시를 승낙한 자

② 정당·후보자(후보자가 되고자 하는 자를 포함한다) 및 그 가족·선거사무장·선거연락소장·선거사무원·회계책임자·연설원 또는 제114조(정당 및 후보자의 가족 등의 기부행위제한) 제2항의 규정에 의한 후보자 또는 그 가족과 관계 있는 회사 등이 제1항 각 호의 1에 규정된 행위를 한 때에는 7년 이하의 징역 또는 1천500만원 이하의 벌금에 처한다.
③ 제1항 각 호의 1 또는 제2항에 규정된 행위에 관하여 지시·권유·요구하거나 알선한 자는 7년 이하의 징역 또는 1천500만원 이하의 벌금에 처한다.
④ 당선되거나 되게하거나 되지 못하게 할 목적으로 선거기간중 포장된 선물 또는 돈봉투 등 다수의 선거인에게 배부하도록 구분된 형태로 되어 있는 금품을 운반하는 자는 5년 이하의 징역 또는 1천만원 이하의 벌금에 처한다.
⑤ 선거관리위원회의 위원·직원(투표관리관을 포함한다. 이하 이 장에서 같다) 또는 선거사무에 관계있는 공무원이나 경찰공무원(사법경찰관리 및 군사법경찰관리를 포함한다)이 제1항 각 호의 1 또는 제2항에 규정된 행위를 하거나 하게 한 때에는 7년 이하의 징역에 처한다. 〈개정 2005.8.4〉
⑥ 제47조의2 제1항 또는 제2항을 위반한 자는 5년 이하의 징역 또는 1천만원 이하의 벌금에 처한다. 〈신설 2008.2.29〉
⑦ 당내경선과 관련하여 다음 각 호의 어느 하나에 해당하는 자는 3년 이하의 징역 또는 600만원 이하의 벌금에 처한다. 〈신설 2005.8.4, 2008.2.29〉
1. 제57조의5(당원 등 매수금지) 제1항 또는 제2항의 규정을 위반한 자
2. 후보자로 선출되거나 되게 하거나 되지 못하게 하거나, 경선선거인(당내경선의 선거인명부에 등재된 자를 말한다. 이하 이 조에서 같다)으로 하여금 투표를 하게 하거나 하지 아니하게 할 목적으로 경선후보자·경선운동관계자·경선선거인 또는 참관인에게 금품·향응 그 밖의 재산상의 이익이나 공사의 직을 제공하거나 그 제공의 의사를 표시하거나 그 제공을 약속한 자
3. 제57조의5 제1항 또는 제2항에 규정된 이익이나 직의 제공을 받거나 그 제공의 의사표시를 승낙한 자

⑧ 제7항 제2호·제3호에 규정된 행위에 관하여 지시·권유·요구하거나 알선한 자 또는 제57조의5 제3항의 규정을 위반한 자는 5년 이하의 징역 또는 1천만원 이하의 벌금에 처한다. 〈신설 2005.8.4, 2008.2.29〉

다. 형사소송법 [법률 제9765호, 2009. 6. 9, 타법개정]

제313조(진술서등) ① 전2조의 규정 이외에 피고인 또는 피고인이 아닌 자가 작성한 진술서나 그 진술을 기재한 서류로서 그 작성자 또는 진술자의 자필이거나 그 서명 또는 날인이 있는 것은 공판준비나 공판기일에서의 그 작성자 또는 진술자의 진술에 의하여 그 성립의 진정함이 증명된 때에는 증거로 할 수 있다. 단, 피고인의 진술을 기재한 서류는 공판준비 또는 공판기일에서의 그 작성자의 진술에 의하여 그 성립의 진정함이 증명되고 그 진술이 특히 신빙할 수 있는 상태하에서 행하여 진 때에 한하여 피고인의 공판준비 또는 공판기일에서의 진술에 불구하고 증거로 할 수 있다.
② 감정의 경과와 결과를 기재한 서류도 전항과 같다.
[전문개정 1961.9.1]

제316조(전문의 진술) ① 피고인이 아닌 자(공소제기 전에 피고인을 피의자로 조사하였거나 그 조사에 참여하였던 자를 포함한다. 이하 이 조에서 같다)의 공판준비 또는 공판기일에서의 진술이 피고인의 진술을 그 내용으로 하는 것인 때에는 그 진술이 특히 신빙할 수 있는 상태하에서 행하여졌음이 증명된 때에 한하여 이를 증거로 할 수 있다. 〈개정 2007.6.1〉
② 피고인 아닌 자의 공판준비 또는 공판기일에서의 진술이 피고인 아닌 타인의 진술을 그 내용으로 하는 것인 때에는 원진술자가 사망, 질병, 외국거주, 소재불명 그 밖에 이에 준하는 사유로 인하여 진술할 수 없고, 그 진술이 특히 신빙할 수 있는 상태하에서 행하여졌음이 증명된 때에 한하여 이를 증거로 할 수 있다. 〈개정 1995.12.29, 2007.6.1〉
[전문개정 1961.9.1]

[3] 청주지방법원의 판결[64)]

【피 고 인】 피고인 1 외 1인
【검　　사】 검 사
【변 호 인】 변호사

【주　　문】

피고인 1을 벌금 2,000,000원에, 피고인 2를 벌금 3,000,000원에 각 처한다.

피고인들이 위 각 벌금을 납입하지 아니하는 경우 50,000원을 1일로 환산한 기간 피고인들을

64) 청주지방법원 2010. 4. 8. 선고 2010고합7 판결 【공직선거법위반】

노역장에 유치한다.
피고인 1로부터 1,200,000원을 추징한다.
피고인들에게 위 각 벌금에 상당한 금액의 가납을 명한다.
이 사건 공소사실 중 피고인들에 대한 2009. 8. 7.자 매수 및 이해유도의 점은 무죄.
피고인들에 대한 무죄판결의 요지를 공시한다.

【이 유】

【범죄사실】

1. 매수 및 이해유도

피고인 2는 충청북도 도의원(□□□당)으로서 2010. 6. 2. 실시될 전국 동시 지방선거의 △△군수 입후보예정자, 피고인 1은 □□□당 △△군협의회 총무인 사람이다.

공직선거법의 규정에 의하여 수당·실비 기타 이익을 제공하는 경우를 제외하고는 수당·실비 기타 자원봉사에 대한 보상 등 명목여하를 불문하고 누구든지 선거운동과 관련하여 금품 기타 이익의 제공 또는 그 제공의 의사를 표시하거나 그 제공의 약속·지시·권유·알선·요구 또는 수령할 수 없다.

피고인 2는 2009. 6. 중순경 피고인 1에게 "△△군수 선거에 출마할 예정이니 도와달라"고 제의하고 피고인 1은 이를 승낙하면서 피고인 2에게 "수고비조는 좀 주셔야겠습니다"라고 이야기하였고, 이에 피고인 2는 "필요한 것은 집 사람하고 상의를 하라"고 하였다.

이후 피고인 1은 2009. 7.경부터 피고인 2에게 공소외 6 △△군수의 활동 정황, △△군청 노조의 활동정황, 2010. 6. 2. 실시될 △△군수 선거 관련 판세 분석 등을 수시로 보고하고, 피고인 2를 위해 당원들에게 문자메시지를 전송하거나 피고인 2의 차량을 운전하는 등 선거운동 및 선거 관련 업무를 하였다.

피고인 2는 2009. 7.경 처 공소외 1에게 "피고인 1에게 신경 좀 써서 잘 해줘라"고 이야기하였고, 피고인 1이 2009. 7.경 공소외 1 운영의 충북 △△군 △△읍 동부리 소재 공소외 1 운영의 ○○농약사에 찾아가 공소외 1에게 "기름값 정도의 경비 30만원 정도를 달라"는 취지로 이야기하여 공소외 1로부터 현금 30만원을 받았다.

이후로도 피고인 1은 2009. 8.경 위와 같은 방법으로 현금 30만원, 2009. 9.경 현금 30만원, 2009. 10.경 현금 30만원 등 총 4회에 걸쳐 120만원을 교부받았다.

2. 피고인들의 부정선거운동 및 사전선거운동

누구든지 보궐선거등에 있어서는 그 선거의 실시사유가 확정된 때로부터 180일부터 선거일까지 선거에 영향을 미치게 하기 위하여 공직선거법의 규정에 의하지 아니하고는 후보자의 성명(후보자가 되고자 하는 자를 포함)을 나타내는 광고, 인사장, 벽보, 사진, 문서·도화, 인쇄물이나 녹음·녹화테이프 기타 이와 유사한 것을 배부·첩부·살포·게시·상영하거나 하게 하여서는 아니 되고, 공직선거법에 규정된 방법 외의 방법으로 선거운동기간 전에 선거운동을 하거나 하게 하여서는 아니 된다.

그럼에도 불구하고 피고인들은, 2009. 9. 24.경 충북 증평·△△·진천·음성군 선거구 국회의원 공소외 7(◇◇당)의 피선거권 상실로 인하여 2009. 10. 28. 실시되는 국회의원 재보궐선거와 관련하여 2009. 10. 8.경 □□□당 공소외 2 후보(낙선)의 공천이 확정되자, 위 공소외 2 후보의 선거운동 및 피고인 2의 2010. 6. 2. △△군수 선거 관련하여 피고인 2를 홍보하기 위한 목적으로, 피고인 2는 전화로 피고인 1에게 공천 확정 관련 문자메시지를 당원들에게 전송하도록 지시하고, 피고인 1은 2009. 10. 9. 13:20경부터 13:27경까지 충북 △△군 △△읍 동부리 (지번, 호수 생략) 위 피고인의 집에서 휴대전화 문자메시지를 대량으로 발송할 수 있는 인터넷 ☆☆☆ 사이트(www.☆☆☆.com) 서비스를 이용하여 □□□당 △△군협의회 당원 737명에게 "공소외 2 □□□당/공천확정을 축하하오며/ △△의 일군을 당선시켜/국회로... 피고인 2"라는 내용과 연락처를 피고인 2가 사용하는 핸드폰 번호인 "(휴대폰번호 생략)"으로 기재하여 전송하여 별지 1 범죄일람표 기재와 같이 그 중 546명에 전송 성공하였다.

이로써 피고인들은 공모하여 2009. 10. 28. 국회의원 보궐선거의 □□□당 공소외 2 후보와 관련하여 탈법방법으로 문자메시지를 전송함과 동시에 2010. 6. 2. △△군수 선거와 관련하여 피고인 2 입후보예정자와 관련하여 사전선거운동을 하였다.

3. 피고인 1의 사전선거운동

피고인은 2009. 10. 2. 08:50경부터 08:55경까지 위 피고인의 집에서 위 인터넷사이트 ☆☆☆(www.☆☆☆.com) 서비스를 이용하여 □□□당 △△군협의회 당원 654명에게 "달과 별이 가득한 추석 되십시오 - 도의원 피고인 2"라는 내용의 문자메시지를 전송하여 별지 2 범죄일람표 기재와 같이 그 중 466명에게 전송 성공하였다.

이로써 피고인은 2010. 6. 2. △△군수 선거와 관련하여 피고인 2 입후보예정자와 관련하여 사전선거운동을 하였다.

【증거의 요지】

1. 피고인 1, 2의 각 일부 법정진술
1. 증인 공소외 3, 4의 각 일부 법정 진술
1. 공소외 1에 대한 문답서 중 일부 진술기재
1. ☆☆☆캡쳐화면, ☆☆☆사용내역, ☆☆☆당원명단

【법령의 적용】

1. 범죄사실에 대한 해당법조

가. 피고인 1 : 각 구 공직선거법(2009. 7. 31. 법률 제9785호로 개정되기 전의 것, 이하 같다) 제230조 제1항 제5호, 제4호, 제135조 제3항(각 금품수령의 점), 각 구 공직선거법 제254조 제3항, 제2항, 형법 제30조(사전선거운동의 점), 구 공직선거법 제255조 제2항 제5호, 제93조 제1항, 형법 제30조(탈법방법에 의한 문서·도화 배부의 점),

나. 피고인 2 : 각 구 공직선거법 제230조 제3항, 제1항 제4호, 제135조 제3항(각 금품제공의 점), 각 구 공직선거법 제254조 제3항, 제2항, 형법 제30조(사전선거운동의 점), 구 공직선거법 제255조 제2항 제5호, 제93조 제1항, 형법 제30조(탈법방법에 의한 문서·도화 배부의 점),

1. 상상적 경합

각 형법 제40조, 제50조

1. 형의 선택

각 벌금형 선택

1. 경합범가중

각 형법 제37조 전단, 제38조 제1항 제2호, 제50조

1. 노역장유치 각 형법 제70조, 제69조 제2항

1. 추징

피고인 1 : 구 공직선거법 제236조 단서

1. 가납명령

각 형사소송법 제334조 제1항

【양형의 이유】

공직선거법은 대한민국 헌법과 지방자치법에 의한 선거가 국민의 자유로운 의사와 민주적인 절차에 의하여 공정히 행하여지도록 하고, 선거와 관련한 부정을 방지함으로써 민주정치의 발전에 기여함을 목적으로 하며, 특히 공직선거법에서 사전선거운동을 금지하는 취지는 후보자 사이의 지나친 경쟁이 선거관리의 곤란으로 이어져 선거부정행위의 발생을 막기 어렵고, 또한 후보자 사이의 무리한 경쟁의 장기화는 경비와 노력을 지나치게 소요하여 사회경제적으로 큰 손실을 가져오는 결과가 되어 이를 방지하기 위한 것인바, 피고인들의 이 사건 범죄는 위와 같은 공직선거법의 입법 목적 및 사전선거운동을 금한 취지에 반하는 행위이고, 피고인들이 범행을 인정하지 아니하고 있어 피고인들을 처벌할 필요성은 있다고 할 것이다. 다만, 피고인들은 동종의 범죄전력이 없고, 범행의 내용이 단지 문자메시지를

발송하는 것에 그친 것이거나, 선거운동과 관련하여 액수가 많지 않은 금품을 수수한 것인 점 등을 종합하여 주문과 같이 형을 정한다.

【무죄부분】

1. 공소사실의 요지

피고인 2는 충청북도 도의원(□□□당)으로서 2010. 6. 2. 실시될 전국 동시 지방선거의 △△군수 입후보예정자, 피고인 1은 □□□당 △△군협의회 총무인 사람이다.

공직선거법의 규정에 의하여 수당·실비 기타 이익을 제공하는 경우를 제외하고는 수당·실비 기타 자원봉사에 대한 보상 등 명목여하를 불문하고 누구든지 선거운동과 관련하여 금품 기타 이익의 제공 또는 그 제공의 의사를 표시하거나 그 제공의 약속·지시·권유·알선·요구 또는 수령할 수 없다.

피고인 1은 2009. 8. 중순경 위 ○○농약사에 찾아가 공소외 1에게 "돈이 필요한데 1,500만원을 빌려줄 수 있어요?"라며 돈을 요구하고, 공소외 1은 그 무렵 남편인 피고인 2에게 위 사실을 이야기하자 피고인 2는 "내년에 △△군수 선거까지 도와줄 사람이니까 기분 나쁘게 하면 안 되니 줄려면 기분좋게 빨리빨리 해줘라"라고 이야기하였다.

이에 공소외 1은 위와 같은 피고인 2의 지시에 따라 2009. 8. 7.경 피고인 1 명의의 농협 통장(계좌번호 생략)로 1,500만원을 송금하였다.

2. 판 단

가. 피고인들의 변소

구 공직선거법 제135조 제3항은 이 법의 규정에 의하여 수당·실비 기타 이익을 제공하는 경우를 제외하고는 수당·실비 기타 자원봉사에 대한 보상 등 명목여하를 불문하고 누구든지 선거운동과 관련하여 금품 기타 이익의 제공 또는 그 제공의 의사를 표시하거나 그 제공의 약속·지시·권유·알선·요구 또는 수령할 수 없다고 규정하고 있고, 제230조 제1항 제4호, 제5호 및 동조 제3항은 동법 제135조 제3항의 규정에 위반하여 수당·실비 기타 자원봉사에 대한 보상 등 명목여하를 불문하고 선거운동과 관련하여 금품 기타 이익의 제공 또는 그 제공의 의사를 표시하거나 제공을 약속한 자, 제공받은 자, 이를 지시한 자를 처벌하도록 하고 있다.

그러므로, 피고인들이 위 규정에 위반하였다고 인정하기 위하여는 피고인 1이 2009. 8. 7.자로 공소외 1로부터 지급받은 1,500만원이 피고인 2의 지시로 선거운동과 관련하여 지급된 금원이라는 사실이 인정되어야 할 것이다.

그런데 피고인들은 경찰 및 검찰 이래 이 법정에 이르기까지 일관하여 피고인 1이 공소외 1의 계좌를 통하여 2009. 8. 7.자 1,500만원을 지급받은 것은 피고인 1이 공소외 1로부터 개인적으로 차용한 것에 불과할 뿐 피고인 2의 △△군수선거 후보 출마 등 선거운동과 관련이 없는 금원이라고 주장하고 있다.

나. 유죄 입증정도에 관한 법리 및 공소사실에 부합하는 증거들에 대한 검토

형사재판에서 공소제기된 범죄사실에 대한 입증책임은 검사에게 있는 것이고, 유죄의 인정은 법관으로 하여금 합리적인 의심을 할 여지가 없을 정도로 공소사실이 진실한 것이라는 확신을 가지게 하는 증명력을 가진 증거에 의하여야 하므로, 그와 같은 증거가 없다면 설령 피고인에게 유죄의 의심이 간다 하더라도 피고인의 이익으로 판단할 수밖에 없다(대법원 2001. 8. 21. 선고 2001도2823 판결, 대법원 2006. 2. 24. 선고 2005도4737 판결 등 참조).

그런데 위 공소사실 기재 자체에 의하더라도 피고인 1이 공소외 1에게 “돈을 빌려달라”라고 이야기하여 공소외 1이 피고인 2와 상의하였더니 피고인 2가 “선거를 도와주는 사람이므로 기분나쁘게 하면 안되니 빨리 보내줘라”라고 하여 1,500만원을 보내주었다는 것으로, 위 금원이 피고인 1이 피고인 2의 선거운동을 도와주는데 대한 대가로 지급되었다는 것인지 여부가 불분명하다.

한편, 위 공소사실을 선거운동과 관련되어 지급되었다는 것으로 해석할 수 있다고 하더라도, 이에 명확하게 부합하는 증거로는 피고인들 및 공소외 1에 대한 각 문답서의 각 기재, 선거관리위원회 조사과정에서 피고인들 및 공소외 1을 조사한 선거관리위원회 직원인 공소외 3, 4, 5의 각 법정 진술 및 검찰 진술조서의 진술기재 등이 있을 뿐인데, 이는 다음에서 보는 바와 같이 그 증거능력이 없거나 이 부분 공소사실을 인정하기에 부족한 증거들이다.

(1) 우선, 피고인들에 대한 각 문답서는 피고인들과 변호인이 공판기일에서 내용을 인정하지 않았으므로 이를 증거로 사용할 수 없다.

(2) 다음으로 공소외 1에 대한 문답서 중 피고인 1에게 지급된 1,500만원이 피고인 2의 △△군수 선거와 관련한 성공보수 내지 선불금에 해당한다는 진술부분은 피고인들이 증거로 함에 동의한 바 없고, 공소외 1도 증인으로 출석하여 위 부분은 본인의 진술과 다르게 기재되어 있다고 진술하여 그 실질적 진정성립을 부인하고 있다. 한편, 공소외 1을 조사한 선거관리위원회 직원 공소외 5는 이 법정에 증인으로 출석하여 공소외 1이 선거관리위원회에서 진술한대로 기재되어 있다는 취지로 진술하였으나, 위 공소외 5의 진술이 형사소송법 제312조 제4항의 ‘그 밖의 객관적인 방법’에 해당된다고 보기는 어려우므로 위 공소외 5의 진술만으로 그 실질적 진정성립이 증명되었다고 보기 어렵고 달리 위 진술 부분의 실질적 진정성립을 인정할 증거가 없다. 따라서 따라서 공소외 1에 대한 문답서 중 위 성공보수금 및

선불금에 관한 진술 부분은 증거능력이 없다.

(3) 한편 증인 공소외 5의 진술 및 위 증인에 대한 검찰 진술조서의 내용은, 공소외 1이 선거관리위원회에서 피고인 1에게 지급된 1,500만원이 피고인 2의 △△군수 후보자 출마와 관련한 성공보수금 내지 선불금에 해당한다는 취지로 진술하는 것을 들었고 그 진술대로 문답서를 작성하였다는 것이나, 이는 형사소송법 제316조 제2항에 해당하는 전문진술로서 원진술자인 공소외 1이 이 이 법정에 나와 그와 반대로 진술한 이상 같은 항에서 규정하고 있는 이른바 '원진술자가 사망, 질병, 외국거주, 소재불명 그 밖에 이에 준하는 사유로 인하여 진술할 수 없는 경우'에 해당하지 않으므로, 위 진술 역시 그 증거능력을 인정할 수 없다.

(4) 그리고, 증인 공소외 3은 제2회 공판기일에 증인으로 출석하여, 피고인 1이 "그 돈을 성공보수금 명목이라고 얘기했습니다. 선거에 대한 성공보수금이라는 얘기를 꺼내서 제가 놀라기도 하여 성공보수금에 대해 구체적으로 물어보았더니 '선거에 당선되면 의례적으로 하는 그런 것 있지 않습니까'라는 말을 했고, 꼭 갚아야 되는 것은 아니라는 말도 했습니다"라고 진술하였는바, 위 진술에는 성공보수금의 구체적 내용이나 성격 등에 대한 명확한 내용이 없고, 특히 피고인 1이 '선거에 당선되면 의례적으로 하는 그런 것'이라고 진술한 부분의 의미가 무엇인지 불분명하여 공소외 3의 위 진술만으로 위 금원의 성격이 △△군수 선거운동과 관련한 성공보수금의 선불금에 해당된다고 인정하기에는 부족하다.

또한, 증인 공소외 4 역시 제2회 공판기일에 증인으로 출석하여 선거관리위원회 조사 당시 "실제 성공보수인지, 성공 보수라면 1,500만원을 그냥 준 것인지, 차용증을 작성한 이유 등에 대한 것을 물으니까 피고인 2 의원이 '내가 이것이라도 받아놓지 않고 군수 선거에서 떨어지면 이 돈을 어떻게 받느냐'고 얘기한 것 같습니다"라고 진술하였으나, 위 진술에 포함된 피고인 2의 진술내용은 경우에 따라서는 피고인 2가 차용증을 받아두고 피고인 1에게 빌려주었다가 나중에 당선되면 받지 않을 수도 있다는 취지의 진술로도 해석될 수 있어서 이러한 진술만을 근거로 피고인 1에게 지급된 1,500만원의 성격이 △△군수 선거와 관련하여 선불로 지급된 성공보수금이라고 단정하기는 어렵다고 할 것이다.

다. 소 결

결국 증인 공소외 3, 4의 각 검찰 및·법정 진술만으로는 피고인 2가 그의 처인 공소외 1에게 지시하여 △△군수 선거와 관련한 성공보수금의 선불금 명목으로 위 금원을 피고인 1에게 지급하였다는 사실을 인정하기에 부족하고, 달리 위 금원이 선거운동과 관련하여 지급되었다는 점을 인정할 만한 증거가 없다.

따라서 이 부분 공소사실은 범죄의 증명이 없는 경우에 해당하므로 형사소송법 제325조 후단에 의하여 피고인들에게 무죄를 선고하고, 형법 제58조 제2항에 의하여 피고인들에 대한 무죄판결의 요지를 공시한다.

[별지 범죄일람표 1, 2 생략]

[4] 대전고등법원의 판결65)

【피 고 인】 피고인 1 외 1인
【항 소 인】 피고인들 및 검사
【검 사】 검 사
【변 호 인】 법무법인

【원심판결】 청주지방법원 2010. 4. 8. 선고 2010고합7 판결
【주 문】
피고인들과 검사의 항소를 모두 기각한다.

【이 유】
1. 항소이유의 요지
가. 피고인 1
(1) 120만원 금품수령의 점에 관한 사실오인 내지 법리오해
피고인 1은 피고인 2의 처로부터 ○○농약사의 운영을 도와주거나 가끔씩 피고인 2를 위하여 대리운전을 해 준 대가로 매월 30만원을 지급받았을 뿐만 아니라 위 금원 수수 당시 피고인 2는 □□□당 당내경선도 거치지 않은 △△군수 입후보예정자에 불과하여, 위 금원은 구 공직선거법(2009. 7. 31. 법률 제9785호로 개정되기 전의 것, 이하 같다) 제230조 제1항 제4호 소정의 선거운동과 관련하여 제공받은 것이 아니다.
(2) 사전선거운동의 점에 관한 법리오해
피고인 1이 "공소외 2 □□□당/공천확정을 축하하오며/ △△의 일군을 당선시켜/국회로... 피고인 2", "달과 별이 가득한 추석 되십시오 - 도의원 피고인 2"라는 내용의 문자메시지를 발송한 것은 구 공직선거법 제58조 제1항 단서 제3, 4호 소정의 '정당의 후보자추천에 관한 단순한 지지·반대의 의견개진 및 의사표시'

65) 대전고등법원 2010. 6. 30. 선고 2010노154 판결 【공직선거법위반】

또는 '통상적인 정당활동'으로서 선거운동에 해당하지 아니한다.

(3) 부정선거운동의 점에 관한 법리오해

피고인 1이 "공소외 2 □□□당/공천확정을 축하하오며/ △△의 일군을 당선시켜/ 국회로... 피고인 2"라는 내용의 문자메시지를 발송한 것은 □□□당 △△지부 총무로서 당원들에게 당의 일정 및 후보자 공천에 관한 사실을 알리고자 하는 뜻에서 발송한 것에 지나지 않고 선거와 관련한 것이라는 인식이 전혀 없었으므로 구 공직선거법 제93조 제1항 소정의 선거에 영향을 미치게 하기 위한 행위가 아니다.

(4) 양형부당

원심의 양형(벌금 200만원)은 너무 무거워서 부당하다.

나. 피고인 2

(1) 120만원 금품제공의 점에 관한 사실오인 내지 법리오해

피고인 2는 자신이 운영하는 ○○농약사의 운영을 도와주거나 가끔씩 자신을 위하여 대리운전을 해 준 대가로 자신의 처가 매월 30만원을 피고인 1에게 지급하였을 뿐만 아니라 위 금원 수수 당시 피고인 2는 □□□당 당내경선도 거치지 않은 △△군수 입후보예정자에 불과하여, 위 금원은 구 공직선거법 제230조 제1항 제4호 소정의 선거운동과 관련하여 제공한 것이 아니다.

(2) 사전선거운동의 점에 관한 사실오인 내지 법리오해

피고인 2는 피고인 1이 "공소외 2 □□□당/공천확정을 축하하오며/ △△의 일군을 당선시켜/국회로... 피고인 2"라는 내용의 문자메시지를 보내는 것에 대하여 사전에 공모한 바가 없다. 게다가 피고인 1의 위 문자메시지 발송행위는 구 공직선거법 제58조 제1항 단서 제3, 4호 소정의 '정당의 후보자추천에 관한 단순한 지지·반대의 의견개진 및 의사표시' 또는 '통상적인 정당활동'으로서 선거운동에 해당하지 아니한다.

(3) 부정선거운동의 점에 관한 법리오해

피고인 2는 피고인 1이 "공소외 2 □□□당/공천확정을축하하오며/ △△의일군을당선시켜/국회로... 피고인 2"라는 내용의 문자메시지를 보내는 것에 대하여 사전에 공모한 바가 없다. 게다가 피고인 1의 위 문자메시지 발송행위는 □□□당 △△지부 총무로서 당원들에게 당의 일정 및 후보자 공천에 관한 사실을 알리고자 하는 뜻에서 발송한 것에 지나지 않고 선거와 관련한 것이라는 인식이 전혀 없었으므로 구 공직선거법 제93조 제1항 소정의 선거에 영향을 미치게 하기 위한 행위가 아니다.

(4) 양형부당

원심의 양형(벌금 300만원)은 너무 무거워서 부당하다.

다. 검 사

(1) 1,500만원 금품제공 및 수령의 점에 관한 사실오인 내지 법리오해

피고인 1은 피고인 2의 처로부터 차용 명목으로 지급받은 1,500만원을 선거운동과 관련하여 제공받았다. 원심은 증거법에 관한 법리를 오해하여 이에 부합하는 증거들 중 선거관리위원회 직원이 피고인들을 상대로 작성한 문답서의 증거능력을 배척하였다. 나머지 검사가 제출한 증거들만으로도 이 부분 공소사실을 충분히 인정할 수 있다.

(2) 양형부당

피고인들에 대한 원심의 양형은 너무 가벼워서 부당하다.

2. 판 단

가. 피고인들의 120만원 금품제공 및 금품수령의 점

(1) 구 공직선거법 제135조 제3항의 '선거운동과 관련하여'는 '선거운동에 즈음하여, 선거운동에 관한 사항을 동기로 하여'라는 의미로서, '선거운동을 위하여'보다 광범위하며, 선거운동의 목적 또는 선거에 영향을 미치게 할 목적이 없었다 하더라도 그 행위 자체가 선거의 자유·공정을 침해할 우려가 높은 행위를 규제할 필요성에서 설정된 것이므로, 반드시 금품제공이 선거운동의 대가일 필요는 없고, 선거운동 관련 정보제공의 대가, 선거사무관계자 스카우트 비용 등과 같이 선거운동과 관련된 것이면 무엇이든 이에 포함된다(대법원 2005. 2. 18. 선고 2004도6795 판결, 헌법재판소 2002. 4. 25. 선고 2001헌바26 전원재판부 결정 등 참조).

(2) 원심 및 당심에서 적법하게 채택하여 조사한 증거들에 의하여 인정되는 아래와 같은 사정들을 위 법리에 비추어 살펴보면, 피고인들의 관계가 개인적 고용관계라고 보기는 어렵고, 오히려 피고인 1이 선거운동과 관련하여 피고인 2의 처 공소외 1(대법원 판결의 공소외인)로부터 합계 120만원을 교부받은 사실을 충분히 인정할 수 있으므로, 같은 취지의 원심의 사실인정과 판단은 정당하고 거기에 사실을 오인하거나 법리를 오해하여 판결에 영향을 미친 위법은 없다.

1) 피고인 1은 2009. 7.부터 같은 해 10.까지 매월 30만원씩 합계 120만원을 피고인 2의 처 공소외 1로부터 지급받았는바, 그 당시 이미 괴산군의 지역 언론에서 피고인 2가 차기 △△군수 선거에 입후보할 것이라는 내용의 보도가 나올 정도로 피고인 2는 △△군수 선거에 출마할 의사를 가지고 있었다.

2) 피고인 1은 2009. 10.경 청주시 흥덕구 선거관리위원회 소속 공무원인 공소외 3에게 조사받을 당시 "2009. 7.경 피고인 2로부터 차기 △△군수 선거에 출마할 예정인데 도와 달라는 부탁을 받고 이를 승낙하면서 수고비를 요구하자 피고인

2가 자신의 처와 상의하라고 하였다"라는 취지로 진술하였고(공소외 3의 검찰 및 원심 법정에서의 진술), 검찰에서 당초 "피고인 2를 위하여 운전을 해주고 피고인 2의 처인 공소외 1의 농약사 운영에 도움을 주는 대가 명목으로 피고인 2의 처로부터 매월 30만원씩 합계 120만원을 교부받았다"고 진술하다가, 검사가 피고인 2가 선거관리위원회에서 피고인 1이 자신의 보좌관으로 활동하였다는 취지의 진술을 하였다고 알려주며 추궁하자 "자세히 기억이 나지는 않지만 피고인 2의 진술이 사실인 것 같고, 보좌관 역할을 하면서 매월 30만원 씩을 공소외 1로부터 지급받았다"는 취지로 진술하였다.

피고인 2는 2009. 10.경 충청북도 선거관리위원회 소속 공무원인 공소외 4에게 조사받을 당시 "2009. 7.경 피고인 1에게 자신이 술을 마셨을 때 대신 운전해 주고, 자신에 대한 의정활동 상황에 대한 신문스크랩, △△군 홈페이지를 검색하여 △△군이 돌아가는 상황과 △△군노조 활동상황을 파악하여 수시로 보고해 달라고 부탁하였다"는 취지로 진술하였고(공소외 4의 검찰 및 원심 법정에서의 진술), 검찰에서 "피고인 1이 △△군청의 주간 행사표를 출력하여 준 것과 기타 신문이나 지역 여론 등을 들은 것을 이야기 해 준 것과 피고인 1에게 위 120만원을 준 것이 전혀 무관하다고 볼 수 없다"는 취지로 진술하였다.

한편 피고인들은 그 이후 원심 법정에서는 위 120만원이 피고인 2를 위한 대리운전 및 피고인 2의 농약사 운영에 도움을 준 대가일 뿐 선거와는 아무런 관련이 없다는 취지로 진술하고 있다.

그런데 피고인들이 동일하게 원심 법정에서 그 이전과 달리 농약사 운영에 도움을 준 점을 부각시키면서 위 120만원의 교부에 관하여 애써 선거관련성을 부정하고 있는 것은 피고인들이 서로 입을 맞추어 사실과 다른 진술을 하고 있는 것이 아닌가 하는 의심이 들고, 여기에 ① 선거관리위원회에서 피고인들이 진술함에 있어 강압이나 회유 등은 없었던 것으로 보이는 점, ② 뒤에서 보는 바와 같이 실제로 피고인 1이 □□□당 당원들에게 문자메시지를 보내는 등 피고인 2를 위한 선거운동을 한 점까지 더하여 보면, 피고인들의 선거관리위원회에서의 최초 진술은 그 신빙성을 배척하기 어렵다 할 것이다.

3) 한편 검사 작성의 공소외 3, 4에 대한 각 진술조서와 공소외 3, 4의 원심 법정에서의 각 진술 중 피고인들의 진술을 그 내용으로 하는 부분은 모두 피고인들의 진술을 내용으로 하는 이른바 전문진술이나 전문진술을 기재한 조서로서 형사소송법 제310조의2의 규정에 의하여 원칙적으로 증거능력이 없으나, 다만 피고인 아닌 자의 공판준비 또는 공판기일에서의 진술이 피고인의 진술을 그 내용으로 하는 것인 때에는 형사소송법 제316조 제1항의 규정에 따라 그 진술이 특히

신빙할 수 있는 상태하에서 행하여진 때에 한하여 이를 증거로 할 수 있고, 그 전문진술이 기재된 조서는 형사소송법 제312조 내지 314조의 규정에 의하여 그 증거능력이 인정될 수 있는 경우에 해당하여야 함은 물론, 나아가 형사소송법 제316조 제1항의 규정에 따른 위와 같은 조건을 갖춘 때에 예외적으로 증거능력을 인정하여야 할 것이며, 형사소송법 제316조 제1항에서 말하는 '그 진술이 특히 신빙할 수 있는 상태하에서 행하여진 때'라 함은 그 진술을 하였다는 것에 허위 개입의 여지가 거의 없고, 그 진술 내용의 신빙성이나 임의성을 담보할 구체적이고 외부적인 정황이 있는 경우를 가리키는 것인바(대법원 2007. 7. 27. 선고 2007도3798 판결 참조), 피고인들이 선거관리위원회에서 진술을 하게 된 경위, 공소외 3, 4의 검찰 및 원심 법정에서의 진술 태도와 내용 등에 비추어 피고인들이 위와 같은 진술을 하였다는 것에 허위개입의 여지가 거의 없고, 그 진술내용의 신빙성이나 임의성을 담보할 구체적이고 외부적인 정황이 있다고 보이므로, 형사소송법 제316조 제1항의 규정에 따른 요건을 갖추었다 할 것이고, 검사 작성의 공소외 3, 4에 대한 각 진술조서는 진술자인 공소외 3, 4의 공판기일에서의 진술에 의하여 그 성립의 진정함이 증명되었으므로, 형사소송법 제312조 제4항의 규정에 따른 요건도 갖추었다 할 것이어서, 결국 공소외 3, 4의 검찰 및 원심 법정에서의 각 진술은 모두 증거능력이 있다고 보아야 한다.

나. 피고인 1의 사전선거운동의 점

(1) 구 공직선거법 제58조 제1항의 선거운동은 특정후보자의 당선 내지 득표나 낙선을 위하여 필요하고도 유리한 모든 행위로서 당선 또는 낙선을 도모한다는 목적의사가 객관적으로 인정될 수 있는 능동적·계획적인 행위를 말하는 것으로, 단순히 장래의 선거운동을 위한 내부적·절차적인 준비행위에 해당하는 선거운동의 준비행위나 통상적인 정당활동과는 구별되나, 구체적으로 어떠한 행위가 선거운동에 해당하는지 여부를 판단함에 있어서는 단순히 그 행위의 명목뿐만 아니라 그 행위의 태양, 즉 그 행위가 행하여지는 시기·장소·방법 등을 종합적으로 관찰하여 그것이 특정후보자의 당선 또는 낙선을 도모하는 목적의지를 수반하는 행위인지 여부를 판단하여야 한다(대법원 2005. 10. 14. 선고 2005도301 판결, 대법원 2007. 3. 15. 선고 2006도8869 판결 등 참조).

(2) 원심 및 당심에서 적법하게 채택하여 조사한 증거들에 의하여 인정되는 다음과 같은 사정들 즉, ① 피고인 1은 2009. 10. 2. "달과 별이 가득한 추석 되십시오 - 도의원 피고인 2", 2009. 10. 28. "공소외 2 □□□당/공천확정을 축하하오며/△△의 일군을 당선시켜/국회로... 피고인 2"라는 내용의 문자메시지를 전송한 점, ② 비록 문자메시지 수신자들이 □□□당 당원들이라 하더라도 그들은 모두

다음해 치러질 △△군수 선거에서 투표권을 행사하게 될 유권자들로서 위 선거에 적지 않은 영향을 미친 것으로 보이는 점, ③ 아울러 피고인 1은 피고인 2와 사이에 이미 △△군수 선거에 도움을 주기로 약속하였고, 그 일환으로 위 문자메시지의 발송자로 피고인 2의 성명을 명기하였던 것으로 보이는 점 등에 비추어 보면, 피고인 1이 위와 같은 내용의 문자메시지를 2회 전송한 행위는 단순히 피고인 2의 공천에 관한 단순한 지지의 의견개진이나 의사표시 또는 통상적인 정당활동이라고 국한하여 볼 수 없고 다음해 △△군수 선거에서 피고인 2의 당선을 도모하는 목적의지가 수반된 선거운동이라고 봄이 상당하다. 피고인 1의 이 부분 주장은 이유 없다.

다. 피고인 1의 부정선거의 점

구 공직선거법 제93조 제1항에서 '선거에 영향을 미치게 하기 위하여'라는 전제 아래 그에 정한 행위를 제한하고 있는 것은 고의 이외에 초과주관적요소로서 '선거에 영향을 미치게 할 목적'을 범죄성립요건으로 하는 목적범으로 규정한 것으로, 그 목적에 대하여는 적극적 의욕이나 확정적 인식을 필요로 하는 것이 아니라 미필적 인식만으로도 족하다 할 것이고, 그 목적이 있었는지 여부는 피고인의 사회적 지위, 피고인과 후보자·경쟁 후보자 또는 정당과의 관계, 행위의 동기 및 경위와 수단 및 방법, 행위의 내용과 태양, 행위 당시의 사회상황 등 여러 사정을 종합하여 사회통념에 비추어 합리적으로 판단하여야 한다(대법원 2007. 6. 15. 선고 2007도175 판결 참조).

원심 및 당심에서 적법하게 채택하여 조사한 증거들에 의하여 인정되는 다음과 같은 사정들 즉, ① 피고인 1은 2009. 10. 28. 국회의원 보궐선거로부터 불과 20일 전에 "공소외 2 □□□당/공천확정을 축하하오며/ △△의 일군을 당선시켜/국회로... 피고인 2"라는 내용의 문자메시지를 전송한 점, ② 위 문자메시지는 단순히 공소외 2 후보의 공천확정사실을 알리는 차원을 넘어 공소외 2 후보의 적극적인 지지를 호소하는 내용인바, 비록 문자메시지 수신자들이 □□□당 당원들이라 하더라도 그들은 모두 위 보궐선거에서 투표권을 행사하게 될 유권자들로서 위 보궐선거에 적지 않은 영향을 미친 것으로 보이는 점 등 위 문자메시지를 보낸 시기, 내용, 경위, 대상 및 발송량 등에 비추어 피고인 1이 위 문자메시지를 전송함에 있어 적어도 미필적으로나마 자신의 행위가 선거에 영향을 미칠 수 있다고 인식하였다고 봄이 상당하다 할 것이고, 피고인 1의 이 부분 주장 또한 이유 없다.

라. 피고인 2의 사전선거운동 및 부정선거운동의 점

피고인 1이 2009. 10. 9. 공소외 2 공천과 관련한 위 문자메시지를 전송한 행위는 단순히 피고인 2의 공천에 관한 단순한 지지의 의견개진이나 의사표시 또는 통상적인 정당활동이라고 국한하여 볼 수 없고 다음해 △△군수 선거에서 피고인 2의 당선을 도모하는 목적의지가 수반된 선거운동이라고 봄이 상당하다는 점 및 피고인 1이 위 문자메시지를 전송함에 있어 적어도 미필적으로나마 자신의 행위가 선거에 영향을 미칠 수 있다고 인식하였다고 봄이 상당하다는 점은 앞서 본 바와 같다.

한편 공소외 3, 4는 검찰 및 원심 법정에서 "피고인들을 조사할 당시 피고인 1은 피고인 2의 지시를 받고 위 문자메시지를 전송하였다고 말하였고, 피고인 2도 위와 같은 지시를 하였다고 말하였다"고 진술하였다.

그런데 피고인들이 선거관리위원회에서 진술을 하게 된 경위, 공소외 3, 4의 검찰 및 원심 법정에서의 진술 태도와 내용 등에 비추어 피고인들이 위와 같은 진술을 하였다는 것에 허위개입의 여지가 거의 없고, 그 진술내용의 신빙성이나 임의성을 담보할 구체적이고 외부적인 정황이 있다고 보이므로, 형사소송법 제316조 제1항의 규정에 따른 요건을 갖추었다 할 것이고, 또한 형사소송법 제312조 제4항의 규정에 따른 요건도 갖추었다 할 것이어서, 결국 공소외 3, 4의 검찰 및 원심 법정에서의 각 진술은 모두 증거능력이 있고, 피고인들이 동일하게 그 이후 경찰, 검찰 및 원심 법정에서는 피고인 2는 사전에 이를 모르고 있었다고 부인하고 있는 것은 피고인들이 서로 입을 맞추어 사실과 다른 진술을 하고 있는 것이 아닌가 하는 의심이 들며, 여기에 원심에서 적법하게 채택하여 조사한 증거들에 의하면 선거관리위원회에서 피고인들이 어떠한 강압이나 회유 없이 자유로운 분위기에서 진술한 것으로 보이는 점까지 더하여 보면, 피고인들의 선거관리위원회에서의 최초 진술은 그 신빙성을 배척하기 어렵다 할 것이다.

따라서 공소외 3, 4의 검찰 및 원심 법정에서의 각 진술에 의하면 피고인 2가 피고인 1과 공모하여 위 문자메시지 전송행위를 하였음이 충분히 인정되므로, 같은 취지의 원심의 사실인정과 판단은 정당하고 거기에 사실을 오인하거나 법리를 오해하여 판결에 영향을 미친 위법은 없다.

마. 검사의 사실오인 내지 법리오해 항소이유에 관하여

(1) 이 부분 공소사실

피고인 2는 충청북도 도의원(□□□당)으로서 2010. 6. 2. 실시될 전국 동시 지방선거의 △△군수 입후보예정자, 피고인 1은 □□□당 △△군협의회 총무인 사람이다. 공직선거법의 규정에 의하여 수당·실비 기타 이익을 제공하는 경우를 제외하고는 수당·실비 기타 자원봉사에 대한 보상 등 명목여하를 불문하고 누구든지 선거운동과 관련하여 금품 기타 이익의 제공 또는 그 제공의 의사를 표시하거나 그 제공의 약속·지시·권유·알선·요구 또는 수령할 수 없다.

피고인 1은 2009. 8. 중순경 위 ○○농약사에 찾아가 공소외 1에게 "돈이 필요한데 1,500만원을 빌려줄 수 있어요?"라며 돈을 요구하고, 공소외 1은 그 무렵 남편인 피고인 2에게 위 사실을 이야기하자 피고인 2는 "내년에 △△군수 선거까지 도와줄 사람이니까 기분 나쁘게 하면 안 되니 줄려면 기분좋게 빨리빨리 해줘라"라고 이야기하였다.

이에 공소외 1은 위와 같은 피고인 2의 지시에 따라 2009. 8. 7.경 피고인 1 명의의 농협 통장(계좌번호 생략)로 1,500만원을 송금하였다.

(2) 원심 판단의 요지

위 공소사실 기재 자체에 의하더라도 피고인 1이 공소외 1로부터 교부받은 1,500만원이 피고인 1이 피고인 2의 선거운동을 도와주는 데 대한 대가인지 여부가 불분명하다.

위 공소사실을 선거운동과 관련되어 지급되었다는 것으로 해석할 수 있다고 하더라도, 이에 부합하는 증거인 피고인들에 대한 각 문답서는 피고인들이 내용을 부인하므로 증거능력이 없고, 공소외 1에 대한 문답서는 실질적 진정성립을 인정할 증거가 없어 증거능력이 없으며, 공소외 5의 검찰 및 원심 법정에서의 진술은 형사소송법 제316조 제2항에 해당하는 전문진술로서 원진술자인 공소외 1이 이 법정에 나와 그와 반대로 진술한 이상 증거능력이 없다.

한편, 공소외 3의 검찰 및 원심 법정에서의 진술은 성공보수금의 구체적 내용이나 성격 등에 대한 명확한 내용이 없고, 특히 피고인 1이 '선거에 당선되면 의례적으로 하는 그런 것'이라고 진술한 부분의 의미가 무엇인지 불분명하여 공소외 3의 위 진술만으로 위 금원의 성격이 △△군수 선거운동과 관련한 성공보수금의 선불금에 해당된다고 인정하기에는 부족하며, 공소외 4의 검찰 및 원심 법정에서의 진술은 그 진술에 포함된 피고인 2의 진술내용이 경우에 따라서는 피고인 2가 차용증을 받아두고 피고인 1에게 빌려주었다가 나중에 당선되면 받지 않을 수도 있다는 취지의 진술로도 해석될 수 있어서 이러한 진술만을 근거로 피고인 1에게 지급된 1,500만원의 성격이 △△군수 선거와 관련하여 선불로 지급된 성공보수금이라고 단정하기는 어렵다.

결국 증인 공소외 3, 4의 각 검찰 및 법정 진술만으로는 피고인 2가 그의 처인 공소외 1에게 지시하여 △△군수 선거와 관련한 성공보수금의 선불금 명목으로 위 금원을 피고인 1에게 지급하였다는 사실을 인정하기에 부족하고, 달리 위 금원이 선거운동과 관련하여 지급되었다는 점을 인정할 만한 증거가 없다.

따라서 이 부분 공소사실은 범죄의 증명이 없는 경우에 해당하므로 형사소송법

제325조 후단에 의하여 피고인들에게 무죄를 선고한다.

(3) 당심의 판단

1) 공소외 3, 4 작성의 피고인들에 대한 각 문답서는 형사소송법 제313조 제1항 소정의 수사기관 이외의 자가 피고인들의 진술을 기재한 것으로서, 피고인들의 서명 또는 날인이 있고, 작성자인 공소외 3, 4의 원심 법정에서의 각 진술에 의하여 성립의 진정이 인정되며, 피고인들의 진술이 특히 신빙할 수 있는 상태하에서 행하여 진 것임이 인정되므로, 진술자인 피고인들이 비록 원심 및 당심에서 그 내용을 부인하고 있다고 하더라도 모두 증거능력이 있다. 이 점을 지적하는 검사의 논지는 이유 있다.

2) 한편 위 각 문답서와 공소외 3, 4의 검찰 및 원심 법정에서의 각 진술에 나타난 피고인들의 전체적인 진술 취지는, "피고인 1은 급히 돈이 필요하여 피고인 2의 처 공소외 1에게 1,500만원을 대여해 줄 것을 요청하였고, 공소외 1은 피고인 2가 '내년에 △△군수 선거까지 도와줄 사람이니까 기분 나쁘게 하면 안 되니 줄려면 기분좋게 빨리빨리 해줘라'라고 이야기하여 위 1,500만원을 대여하였으며, 피고인 1은 피고인 2가 △△군수에 당선되면 갚지 않아도 되는 성공보수금이라 생각하였다"는 것이다.

3) 그런데 원심 및 당심에서 적법하게 채택하여 조사한 증거들에 의하여 인정되는 다음과 같은 사정들 즉, ① 피고인 1은 피고인 2와 아무런 사전 의사연락 없이 공소외 1에게 먼저 요구하여 위 1,500만원을 차용한 점, ② 위 1,500만원은 피고인 2의 선거운동과 연관되지 않은 피고인 1 자신의 개인적인 빚을 갚는 데 사용한 점, ③ 공소외 1은 대여 당시 피고인 1로부터 차용증을 수령하였던 점, ④ 피고인 1이 피고인 2 측으로부터 선거와 관련하여 매월 30만원을 지급받고 있는 상황이었고, 그 외에 선거운동과 관련하여 거액이 필요한 정황은 보이지 않는 점, ⑤ 피고인 1이 성공보수금이라 생각하였다고 하더라도 피고인 2와는 아무런 의사의 합치 없는 혼자만의 생각이었을 가능성이 있는 점 등을 종합하여 보면, 위 각 문답서와 공소외 3, 4의 검찰 및 원심 법정에서의 각 진술만으로는 피고인 1이 차용한 위 1,500만원이 구 공직선거법 제135조 제3항의 '선거운동과 관련하여' 교부된 것이라고 단정할 수 없다.

4) 달리 이 부분 공소사실을 인정할 만한 증거가 없으므로, 이 부분 공소사실은 범죄의 증명이 없는 경우에 해당하는바, 원심판결에는 증거법에 관한 법리오해의 위법이 있으나, 판결 결과에 영향을 미치지는 않았으므로, 검사의 이 부분 항소는 받아들이지 아니한다.

바. 피고인들 및 검사의 양형부당 항소이유에 관하여

선거의 투명성과 공정성을 확립하여야만 우리나라가 선진 민주주의사회로 한발 더 나아갈 수 있고, 선거와 관련한 부정을 방지하기 위해서는 공직선거법에 위반되는 금품제공행위나 사전선거운동행위 및 부정선거운동행위를 엄히 처벌할 필요가 있다.

그러나 제공된 금품이 비교적 소액이고 피고인 2가 2010년 지방선거에 출마하지 않아 결과적으로 선거에 영향을 미치지 아니한 점 등 유리한 정상도 있다.

그 밖에 피고인들의 연령, 성행, 지능과 환경, 범행의 동기, 수단과 결과, 범행 후의 정황 등 이 사건 변론에 나타난 양형의 여러 조건들을 종합하여 보면, 피고인들에 대한 원심의 양형이 무겁거나 가벼워 부당하다고 인정되지는 않는다.

3. 결 론

피고인들과 검사의 항소는 각 이유 없으므로, 형사소송법 제364조 제4항에 의하여 이를 모두 기각하기로 하여 주문과 같이 판결한다.

[5] 대법원의 판결66)

【피 고 인】 피고인 1 외 1인

【상 고 인】 피고인들 및 검사

【원심판결】 대전고법 2010. 6. 30. 선고 2010노154 판결

【주 문】

원심판결을 파기하고, 사건을 대전고등법원에 환송한다.

【이 유】

상고이유를 판단한다.

1. 피고인들의 상고에 대하여

기록에 의하면, 피고인들은 법정기간 내에 상고이유서를 제출하지 않았고, 상고장에도 그 이유의 기재가 없다.

2. 검사의 상고에 대하여

검사는 원심판결 중 유죄 부분에 대하여도 불복한다는 취지의 상고장을 제출하였으나,

66) 대법원 2010. 12. 23. 선고 2010도9110 판결 【공직선거법위반】

상고장과 상고이유서 어디에도 그 부분에 관한 아무런 기재가 없으므로, 아래에서는 무죄 부분에 관한 상고이유만을 살피기로 한다.

가. 상고이유 제1점

원심판결 이유를 원심 및 제1심의 증거들에 비추어 살펴보면, 원심이 논리와 경험의 법칙에 위배하고 자유심증주의의 한계를 벗어나 사실을 인정한 위법이 없다.

나. 상고이유 제2점

공직선거법 제230조 제1항 제4호, 제135조 제3항의 위반죄는 선거운동과 관련하여 금품 기타 이익의 제공 또는 그 제공의 의사를 표시하거나 그 제공을 약속하는 행위를 처벌대상으로 하는 것으로서, 그 처벌대상은 공직선거법이 정한 선거운동기간 중의 금품제공 등에 한정되지 않으며, 같은 법 제135조 제3항에서 정한 '선거운동과 관련하여'는 '선거운동에 즈음하여, 선거운동에 관한 사항을 동기로 하여'라는 의미로서, '선거운동을 위하여'보다 광범위하고, 선거운동의 목적 또는 선거에 영향을 미치게 할 목적이 없었다 하더라도 그 행위 자체가 선거의 자유·공정을 침해할 우려가 높은 행위를 규제할 필요성에서 설정된 것이므로, 반드시 금품제공이 선거운동의 대가일 필요는 없으며, 선거운동 관련 정보제공의 대가, 선거사무관계자 스카우트 비용 등과 같이 선거운동과 관련된 것이면 무엇이든 이에 포함된다(대법원 2005. 2. 18. 선고 2004도6795 판결, 대법원 2005. 9. 15. 선고 2005도2246 판결, 대법원 2006. 6. 27. 선고 2006도2370 판결 등 참조).

원심은, 그 판시와 같은 사유를 들어 피고인 1이 차용한 위 1,500만원이 공직선거법 제135조 제3항의 '선거운동과 관련하여' 교부된 것이라고 단정할 수 없고, 달리 이 부분 공소사실을 인정할 증거가 없다고 판단하였지만, 위 법리에 비추어 볼 때 아래와 같은 이유로 수긍할 수 없다.

첫째, 원심이 인정한 사실관계에 의하면, 피고인 1이 피고인 2의 처 공소외인으로부터 1,500만원을 교부받았을 때는 이미 피고인 1이 피고인 2를 위해 2010. 6. 2. 실시될 괴산군수 선거 관련 판세분석 등 선거운동 및 선거 관련 업무를 행하고 있었다는 것인데, 그와 같은 정황이라면 위 1,500만원은 '선거운동에 즈음하여' 교부되었다고 봄이 상당하다.

둘째, 피고인 1이 피고인 2를 위해 선거운동을 하고 있지 않거나 할 예정이 아니라면, 공소외인이 피고인 1과 1,500만원이라는 적지 않은 돈을 거래할 합당할 이유를 찾아볼 수 없는데다가, 여기에 공소외인 또한 선거관리위원회 직원이 1,500만원의 대여경위에 대하여 질문하자, '남편인 피고인 2로부터 내년에 괴산군수 선거까지 도와줄 사람이니까 빌려주라는 취지의 말을 듣고 빌려주었다.'고 답변한 사실 자체는 인정하고 있는 점(공판기록 167, 168쪽) 등의 사정을 아울러 살필 때, 위 1,500만원은 '선거운동에 관한 사항을 동기로 하여' 교부되었다고 볼 수 있다.

셋째, 사실심의 적법한 증거에 의하면, 피고인 1과 공소외인은 1년간 금원을 차용한다면서 이들이 작성한 차용증상 변제기일은 금원차용시점으로부터 1년이 경과하지 않은 2010. 5. 31.로 정해져 있는데, 그 시점이 유독 선거일에 임박한 점, 차용증상 이자변제일을 월말로 정했음에도 실제로 이자가 지급된 사실은 없고, 공소외인은 차용증 기재와는 달리 애초부터 이자를 지급받을 의사가 없었다고 진술하고 있는 점, 차용증상 이자를 법정이자에 준하기로 하였으나, 피고인 1과 공소외인은 법정이자의 의미조차 알지 못하고 있는 점, 원심 변론종결일 당시 변제기일이 도래하였음에도, 공소외인 및 피고인 2가 피고인 1에게 원리금 변제를 최고하였다는 정황이 전혀 드러나지 않는 점 등의 사정을 알 수 있는데, 이는 피고인 1과 공소외인 사이의 금전 거래가 통상의 금전소비대차와는 다른 실질을 가지고 있다고 짐작할 사유에 해당한다.

넷째, 제공된 금품을 어디에 사용하였는지는 공직선거법 제135조 제3항 위반 여부를 좌우할 요소가 아니다. 앞서 본 법리에서 '선거운동과 관련하여'가 '선거운동을 위하여'보다 광범위한 의미라는 것은 위와 같은 측면에서도 이해할 수 있다.

결국, 이 부분 공소사실을 범죄의 증명이 없는 경우에 해당한다면서 제1심을 그대로 유지한 원심판결에는 공직선거법의 관련 규정에 관한 법리를 오해하여 판결에 영향을 미친 위법이 있고, 이 점을 지적하는 검사의 이 부분 상고이유 주장은 이유 있다.

3. 파기의 범위

수개의 범죄사실에 대하여 항소심이 일부는 유죄, 일부는 무죄의 판결을 하고 그 판결에 대하여 피고인 및 검사 쌍방이 상고를 제기하였으나, 유죄 부분에 대한 피고인의 상고는 이유 없고 무죄 부분에 대한 검사의 상고만 이유 있는 경우, 항소심이 유죄로 인정한 죄와 무죄로 인정한 죄가 형법 제37조 전단의 경합범 관계에 있다면 항소심판결의 유죄 부분도 무죄 부분과 함께 파기되어야 하므로(대법원 2000. 11. 28. 선고 2000도2123 판결, 대법원 2008. 5. 29. 선고 2008도2099 판결 등 참조), 원심판결은 전부 파기될 수밖에 없다.

4. 결 론

그러므로 원심판결을 파기하고, 사건을 다시 심리·판단하게 하기 위하여 원심법원에 환송하기로 하여, 관여 대법관의 일치된 의견으로 주문과 같이 판결한다.

Chapter 16

여론조사비용 명목의 돈을 교부한 사안

[1] 사건의 쟁점

1. 전·현직의 기초자치단체장, 광역의회·기초의회 의원으로서 차기 지방선거에 입후보할 의사가 있는 피고인들이 지역신문사 대표 및 편집국장의 요구에 의하여 여론조사비용 명목의 돈을 교부한 사안에서, 위 공직선거법 위반행위가 공갈 또는 강요된 행위에 의한 금전제공에 해당하지 않는다고 한 사례
2. 공직선거법 제58조 제1항에서 정한 '선거운동'의 의미와 그 해당 여부의 판단 기준 및 같은 법 제97조 제1항에서 정한 '선거운동을 위하여'에 불리한 보도를 회피하려는 소극적인 목적도 포함되는지 여부(적극)
3. 공직선거법 제112조 제1항에서 정한 '기부행위'의 의미 및 같은 법 제113조 제1항에서 정한 '당해 선거구안에 있는 자'와 '선거구민과 연고가 있는 자'의 의미
4. 상상적 경합과 법조경합의 구별 기준 및 법조경합의 한 형태인 '특별관계'의 의미
5. 공직선거법 제97조 제1항 위반죄가 같은 법 제113조 제1항 위반죄에 대하여 특별법 관계에 있다고 볼 수 없고, 위 죄는 각각 독립된 별개의 구성요건으로서 1개의 행위가 각 구성요건을 충족하는 경우 상상적 경합 관계에 있다고 본 원심판단을 수긍한 사례

[2] 관련법령

1. 형법 제12조, 제350조 제1항, 공직선거법 제97조 제1항, 제113조 제1항, 제235조 제1항, 제257조 제1항 제1호
2. 공직선거법 제58조 제1항, 제97조 제1항
3. 공직선거법 제112조 제1항, 제113조 제1항
4. 형법 제37조, 제40조
5. 형법 제37조, 제40조, 공직선거법 제97조 제1항, 제113조 제1항, 제235조 제1항, 제257조 제1항 제1호

가. 형법 [법률 제10259호, 2010. 4. 15, 일부개정]

제12조(강요된 행위) 저항할 수 없는 폭력이나 자기 또는 친족의 생명 신체에 대한 위해를 방어할 방법이 없는 협박에 의하여 강요된 행위는 벌하지 아니한다.

제37조(경합범) 판결이 확정되지 아니한 수개의 죄 또는 금고 이상의 형에 처한 판결이 확정된 죄와 그 판결확정 전에 범한 죄를 경합범으로 한다. 〈개정 2004.1.20〉

제40조(상상적 경합) 1개의 행위가 수개의 죄에 해당하는 경우에는 가장 중한 죄에 정한 형으로 처벌한다.

제350조(공갈) ① 사람을 공갈하여 재물의 교부를 받거나 재산상의 이익을 취득한 자는 10년 이하의 징역 또는 2천만원 이하의 벌금에 처한다. 〈개정 1995.12.29〉
② 전항의 방법으로 제삼자로 하여금 재물의 교부를 받게 하거나 재산상의 이익을 취득하게 한 때에도 전항의 형과 같다.

나. 공직선거법 [법률 제10303호, 2010. 5. 17, 타법개정]

제58조(정의 등) ① 이 법에서 "선거운동"이라 함은 당선되거나 되게 하거나 되지 못하게 하기 위한 행위를 말한다. 다만, 다음 각 호의 1에 해당하는 행위는 선거운동으로 보지 아니한다. 〈개정 2000.2.16〉
1. 선거에 관한 단순한 의견개진 및 의사표시
2. 입후보와 선거운동을 위한 준비행위
3. 정당의 후보자 추천에 관한 단순한 지지·반대의 의견개진 및 의사표시
4. 통상적인 정당활동

② 누구든지 자유롭게 선거운동을 할 수 있다. 그러나 이 법 또는 다른 법률의 규정에 의하여 금지 또는 제한되는 경우에는 그러하지 아니하다.

제97조(방송·신문의 불법이용을 위한 행위 등의 제한) ① 누구든지 선거운동을 위하여 방송·신문·통신·잡지 기타의 간행물을 경영·관리하는 자 또는 편집·취재·집필·보도하는 자에게 금품·향응 기타의 이익을 제공하거나 제공할 의사의 표시 또는 그 제공을 약속할 수 없다.
② 정당, 후보자, 선거사무장, 선거연락소장, 선거사무원, 회계책임자, 연설원, 대담·토론자 또는 제114조(정당 및 후보자의 가족 등의 기부행위제한) 제2항의 후보자 또는 그 가족과

관계있는 회사 등은 선거에 관한 보도·논평이나 대담·토론과 관련하여 당해 방송·신문·통신·잡지 기타 간행물을 경영·관리하거나 편집·취재·집필·보도하는 자 또는 그 보조자에게 금품·향응 기타 이익을 제공하거나 제공할 의사의 표시 또는 그 제공을 약속할 수 없다.

③ 방송·신문·통신·잡지 기타 간행물을 경영·관리하거나 편집·취재·집필·보도하는 자는 제1항 및 제2항의 규정에 의한 금품·향응 기타의 이익을 받거나 권유·요구 또는 약속할 수 없다.

제112조(기부행위의 정의 등) ① 이 법에서 "기부행위"라 함은 당해 선거구안에 있는 자나 기관·단체·시설 및 선거구민의 모임이나 행사 또는 당해 선거구의 밖에 있더라도 그 선거구민과 연고가 있는 자나 기관·단체·시설에 대하여 금전·물품 기타 재산상 이익의 제공, 이익제공의 의사표시 또는 그 제공을 약속하는 행위를 말한다. 〈개정 2004.3.12〉

1. 삭제 〈2004.3.12〉
2. 삭제 〈2004.3.12〉
3. 삭제 〈2004.3.12〉
4. 삭제 〈2004.3.12〉
5. 삭제 〈2004.3.12〉
6. 삭제 〈2004.3.12〉
7. 삭제 〈2004.3.12〉
8. 삭제 〈2004.3.12〉
9. 삭제 〈2004.3.12〉
10. 삭제 〈2004.3.12〉
11. 삭제 〈2004.3.12〉

② 제1항의 규정에 불구하고 다음 각 호의 어느 하나에 해당하는 행위는 기부행위로 보지 아니한다. 〈개정 2004.3.12, 2005.8.4, 2008.2.29, 2010.1.25〉

1. 통상적인 정당활동과 관련한 행위
   가. 정당이 각급당부에 당해 당부의 운영경비를 지원하거나 유급사무직원에게 보수를 지급하는 행위
   나. 정당의 당헌·당규 기타 정당의 내부규약에 의하여 정당의 당원이 당비 기타 부담금을 납부하는 행위
   다. 정당이 소속 국회의원, 이 법에 따른 공직선거의 후보자·예비후보자에게 정치자금을 지원하는 행위
   라. 제140조 제1항에 따른 창당대회 등과 제141조 제2항에 따른 당원집회 및 당원교육, 그 밖에 소속 당원만을 대상으로 하는 당원집회에서 참석당원 등에게 정당의 경비로 교재, 그 밖에 정당의 홍보인쇄물, 싼 값의 정당의 배지 또는 상징마스코트나 통상적인 범위에서 차·커피 등 음료(주류는 제외한다)를 제공하는 행위
   마. 통상적인 범위 안에서 선거사무소·선거연락소 또는 정당의 사무소를 방문하는 자에게 다과·떡·김밥·음료(주류는 제외한다) 등 다과류의 음식물을 제공하는 행위
   바. 중앙당의 대표자가 참석하는 당직자회의(구·시·군단위 이상의 지역책임자급 간부와

시·도수의 10배수에 상당하는 상위직의 간부가 참석하는 회의를 말한다) 또는 시·도당의 대표자가 참석하는 당직자회의(읍·면·동단위 이상의 지역책임자급 간부와 관할 구·시·군의 수에 상당하는 상위직의 간부가 참석하는 회의를 말한다)에 참석한 당직자에게 통상적인 범위에서 식사류의 음식물을 제공하는 행위

사. 정당이 소속 유급사무직원을 대상으로 실시하는 교육·연수에 참석한 유급사무직원에게 정당의 경비로 숙식·교통편의 또는 실비의 여비를 제공하는 행위

아. 정당의 대표자가 소속 당원만을 대상으로 개최하는 신년회·송년회에 참석한 사람에게 정당의 경비로 통상적인 범위에서 다과류의 음식물을 제공하는 행위

자. 정당이 그 명의로 재해구호·장애인돕기·농촌일손돕기 등 대민 자원봉사활동을 하거나 그 자원봉사활동에 참석한 당원에게 정당의 경비로 교통편의(여비는 제외한다)와 통상적인 범위에서 식사류의 음식물을 제공하는 행위

차. 정당의 대표자가 개최하는 정당의 정책개발을 위한 간담회·토론회에 참석한 직능·사회단체의 대표자, 주제발표자, 토론자 등에게 정당의 경비로 식사류의 음식물을 제공하는 행위

카. 정당의 대표자가 개최하는 정당의 각종 행사에서 모범·우수당원에게 정당의 경비로 상장과 통상적인 부상을 수여하는 행위

타. 제57조의5제1항 단서에 따른 의례적인 행위

파. 정당의 대표자가 주관하는 당무에 관한 회의에서 참석한 각급 당부의 대표자·책임자 또는 유급당직자에게 정당의 경비로 식사류의 음식물을 제공하는 행위

하. 정당의 중앙당의 대표자가 당무파악 및 지역여론을 수렴하기 위하여 시·도당을 방문하는 때에 정당의 경비로 방문지역의 기관·단체의 장 또는 사회단체의 간부나 언론인 등 제한된 범위의 인사를 초청하여 간담회를 개최하고 식사류의 음식물을 제공하는 행위

2. 의례적 행위

가. 민법 제777조(친족의 범위)의 규정에 의한 친족의 관혼상제의식 기타 경조사에 축의·부의금품을 제공하는 행위

나. 정당의 대표자가 중앙당 또는 시·도당에서 근무하는 해당 유급사무직원(중앙당 대표자의 경우 시·도당의 대표자와 상근 간부를 포함한다)·그 배우자 또는 그 직계존비속이 결혼하거나 사망한 때에 통상적인 범위에서 축의·부의금품(화환 또는 화분을 포함한다)을 제공하거나 해당 유급사무직원(중앙당 대표자의 경우 시·도당 대표자를 포함한다)에게 연말·설·추석·창당기념일 또는 그의 생일에 정당의 경비로 의례적인 선물을 정당의 명의로 제공하는 행위

다. 국가유공자의 위령제, 국경일의 기념식, 「각종 기념일 등에 관한 규정」 제2조에

규정된 정부가 주관하는 기념일의 기념식, 공공기관·시설의 개소·이전식, 합동결혼식, 합동분향식, 산하 기관·단체의 준공식, 정당의 창당대회·합당대회·후보자선출대회, 그 밖에 이에 준하는 행사에 의례적인 화환·화분·기념품을 제공하는 행위

라. 공익을 목적으로 설립된 재단 또는 기금이 선거일전 4년 이전부터 그 설립목적에 따라 정기적으로 지급하여 온 금품을 지급하는 행위. 다만, 선거일전 120일(선거일전 120일 후에 실시사유가 확정된 보궐선거등에 있어서는 그 선거의 실시사유가 확정된 때)부터 선거일까지 그 금품의 금액과 지급 대상·방법 등을 확대·변경하거나 후보자(후보자가 되려는 사람을 포함한다. 이하 이 조에서 같다)가 직접 주거나 후보자 또는 그 소속 정당의 명의를 추정할 수 있는 방법으로 지급하는 행위는 제외한다.

마. 친목회·향우회·종친회·동창회 등 각종 사교·친목단체 및 사회단체의 구성원으로서 당해 단체의 정관·규약 또는 운영관례상의 의무에 기하여 종전의 범위 안에서 회비를 납부하는 행위

바. 종교인이 평소 자신이 다니는 교회·성당·사찰 등에 통상의 예에 따라 헌금(물품의 제공을 포함한다)하는 행위

사. 선거운동을 위하여 후보자와 함께 다니는 자나 국회의원·후보자·예비후보자가 관할구역안의 지역을 방문하는 때에 함께 다니는 자에게 통상적인 범위에서 식사류의 음식물을 제공하는 행위. 이 경우 함께 다니는 자의 범위에 관하여는 중앙선거관리위원회규칙으로 정한다.

아. 기관·단체·시설의 대표자가 소속 상근직원(「지방자치법」 제6장제3절과 제4절에서 규정하고 있는 소속 행정기관 및 하부행정기관과 그 밖에 명칭여하를 불문하고 이에 준하는 기관·단체·시설의 직원은 제외한다. 이하 이 목에서 같다)이나 소속 또는 차하급기관·단체·시설의 대표자·그 배우자 또는 그 직계존비속이 결혼하거나 사망한 때에 통상적인 범위에서 축의·부의금품(화환 또는 화분을 포함한다)을 제공하는 행위와 소속 상근직원이나 소속 또는 차하급기관·단체·시설의 대표자에게 연말·설·추석·창립기념일 또는 그의 생일에 자체사업계획과 예산에 따라 의례적인 선물을 해당 기관·단체·시설의 명의로 제공하는 행위

자. 읍·면·동 이상의 행정구역단위의 정기적인 문화·예술·체육행사, 각급학교의 졸업식 또는 공공의 이익을 위한 행사에 의례적인 범위에서 상장(부상은 제외한다. 이하 이 목에서 같다)을 수여하는 행위와 구·시·군단위 이상의 조직 또는 단체(향우회·종친회·동창회, 동호인회, 계모임 등 개인 간의 사적모임은 제외한다)의 정기총회에 의례적인 범위에서 연 1회에 한하여 상장을 수여하는 행위. 다만, 제60조의2(예비후보자등록) 제1항의 규정에 따른 예비후보자등록신청개시일부터 선거일까지 후보자(후보자가 되고자 하는 자를 포함한다)가 직접 수여하는 행위를 제외한다.

차. 의정활동보고회, 정책토론회, 출판기념회, 그 밖의 각종 행사에 참석한 사람에게 통상적인 범위에서 차·커피 등 음료(주류는 제외한다)를 제공하는 행위

카. 선거사무소·선거연락소 또는 정당선거사무소의 개소식·간판게시식 또는 현판식에 참석한 정당의 간부·당원들이나 선거사무관계자들에게 해당 사무소 안에서 통상적인 범위의 다과류의 음식물(주류를 제외한다)을 제공하는 행위

타. 제114조 제2항에 따른 후보자 또는 그 가족과 관계있는 회사등이 개최하는 정기적인 창립기념식·사원체육대회 또는 사옥준공식 등에 참석한 소속 임직원이나 그 가족, 거래선, 한정된 범위의 내빈 등에게 회사등의 경비로 통상적인 범위에서 유공자를 표창(지방자치단체의 경우 소속 직원이 아닌 자에 대한 부상의 수여는 제외한다)하거나 식사류의 음식물 또는 싼 값의 기념품을 제공하는 행위

파. 제113조 및 제114조에 따른 기부행위를 할 수 없는 자의 관혼상제에 참석한 하객이나 조객 등에게 통상적인 범위에서 음식물 또는 답례품을 제공하는 행위

3. 구호적·자선적 행위

가. 법령에 의하여 설치된 사회보호시설중 수용보호시설에 의연금품을 제공하는 행위

나. 「재해구호법」의 규정에 의한 구호기관(전국재해구호협회를 포함한다) 및 「대한적십자사 조직법」에 의한 대한적십자사에 천재·지변으로 인한 재해의 구호를 위하여 금품을 제공하는 행위

다. 「장애인복지법」 제58조에 따른 장애인복지시설(유료복지시설을 제외한다)에 의연금품·구호금품을 제공하는 행위

라. 「국민기초생활 보장법」에 의한 수급권자인 중증장애인에게 자선·구호금품을 제공하는 행위

마. 자선사업을 주관·시행하는 국가·지방자치단체·언론기관·사회단체 또는 종교단체 그 밖에 국가기관이나 지방자치단체의 허가를 받아 설립된 법인 또는 단체에 의연금품·구호금품을 제공하는 행위. 다만, 광범위한 선거구민을 대상으로 하는 경우 제공하는 개별 물품 또는 그 포장지에 직명·성명 또는 그 소속 정당의 명칭을 표시하여 제공하는 행위는 제외한다.

바. 자선·구호사업을 주관·시행하는 국가·지방자치단체, 그 밖의 공공기관·법인을 통하여 소년·소녀가장과 후원인으로 결연을 맺고 정기적으로 제공하여 온 자선·구호금품을 제공하는 행위

사. 국가기관·지방자치단체 또는 구호·자선단체가 개최하는 소년·소녀가장, 장애인, 국가유공자, 무의탁노인, 결식자, 이재민, 「국민기초생활 보장법」에 따른 수급자 등을 돕기 위한 후원회 등의 행사에 금품을 제공하는 행위. 다만, 개별 물품 또는 그 포장지에 직명·성명 또는 그 소속 정당의 명칭을 표시하여 제공하는 행위는

제외한다.

아. 근로청소년을 대상으로 무료학교(야학을 포함한다)를 운영하거나 그 학교에서 학생들을 가르치는 행위

4. 직무상의 행위

가. 국가기관 또는 지방자치단체가 자체사업계획과 예산으로 행하는 법령에 의한 금품제공행위(지방자치단체가 표창·포상을 하는 경우 부상의 수여를 제외한다. 이하 나목에서 같다)

나. 지방자치단체가 자체사업계획과 예산으로 대상·방법·범위 등을 구체적으로 정한 당해 지방자치단체의 조례에 의한 금품제공행위

다. 구호사업 또는 자선사업을 행하는 국가기관 또는 지방자치단체가 자체사업계획과 예산으로 당해 국가기관 또는 지방자치단체의 명의를 나타내어 행하는 구호행위·자선행위

라. 선거일전 60일까지 국가·지방자치단체 또는 공공기관(「공공기관의 운영에 관한 법률」 제4조에 따라 지정된 기관이나 그 밖에 중앙선거관리위원회규칙으로 정하는 기관을 말한다)의 장이 업무파악을 위한 초도순시 또는 연두순시차 하급기관을 방문하여 업무보고를 받거나 주민여론 등을 청취하면서 자체사업계획과 예산에 따라 참석한 소속공무원이나 임·직원, 유관기관·단체의 장과 의례적인 범위안의 주민대표에게 통상적인 범위 안에서 식사류(지방자치단체의 장의 경우에는 다과류를 말한다)의 음식물을 제공하는 행위

마. 국가기관 또는 지방자치단체가 긴급한 현안을 해결하기 위하여 자체사업계획과 예산으로 해당 국가기관 또는 지방자치단체의 명의로 금품이나 그 밖에 재산상의 이익을 제공하는 행위

바. 선거기간이 아닌 때에 국가기관이 효자·효부·모범시민·유공자등에게 포상을 하거나, 국가기관·지방자치단체가 관할구역 안의 환경미화원·구두미화원·가두신문판매원·우편집배원 등에게 위문품을 제공하는 행위

사. 국회의원 및 지방의회의원이 자신의 직무 또는 업무를 수행하는 상설사무소에서 행하거나, 정당이 해당 당사에서 행하는 무료의 민원상담행위

아. 변호사·의사 등 법률에서 정하는 일정한 자격을 가진 전문직업인이 업무활동을 촉진하기 위하여 자신이 개설한 인터넷 홈페이지를 통하여 법률·의료 등 자신의 전문분야에 대한 무료상담을 하는 행위

자. 제114조 제2항에 따른 후보자 또는 그 가족과 관계있는 회사가 영업활동을 위하여 달력·수첩·탁상일기·메모판 등 홍보물(후보자의 성명이나 직명 또는 사진이 표시된 것은 제외한다)을 그 명의로 종업원이나 제한된 범위의 거래처, 영업활동에 필요한

유관기관·단체·시설에 배부하거나 영업활동에 부가하여 해당 기업의 영업범위에서 무료강좌를 실시하는 행위

차. 물품구매·공사·역무의 제공 등에 대한 대가의 제공 또는 부담금의 납부 등 채무를 이행하는 행위

5. 제1호부터 제4호까지의 행위 외에 법령의 규정에 근거하여 금품 등을 찬조·출연 또는 제공하는 행위
6. 그 밖에 위 각 호의 어느 하나에 준하는 행위로서 중앙선거관리위원회규칙으로 정하는 행위

③ 제2항에서 "통상적인 범위에서 제공하는 음식물 또는 음료"라 함은 중앙선거관리위원회규칙으로 정하는 금액범위 안에서 일상적인 예를 갖추는데 필요한 정도로 현장에서 소비될 것으로 제공하는 것을 말하며, 기념품 또는 선물로 제공하는 것은 제외한다. 〈신설 1997.11.14, 2010.1.25〉

④ 제2항 제4호 각 목 중 지방자치단체의 직무상 행위는 법령·조례에 따라 표창·포상하는 경우를 제외하고는 해당 지방자치단체의 명의로 하여야 하며, 해당 지방자치단체의 장의 직명 또는 성명을 밝히거나 그가 하는 것으로 추정할 수 있는 방법으로 하는 행위는 기부행위로 본다. 이 경우 다음 각 호의 어느 하나에 해당하는 경우에는 "그가 하는 것으로 추정할 수 있는 방법"에 해당하는 것으로 본다. 〈신설 2010.1.25〉

1. 종전의 대상·방법·범위·시기 등을 법령 또는 조례의 제정 또는 개정 없이 확대 변경하는 경우
2. 해당 지방자치단체의 장의 업적을 홍보하는 등 그를 선전하는 행위가 부가되는 경우

⑤ 각급선거관리위원회(읍·면·동선거관리위원회를 제외한다)는 기부행위제한의 주체·내용 및 기간 그 밖에 필요한 사항을 광고등의 방법으로 홍보하여야 한다. 〈개정 1997.11.14, 2004.3.12, 2005.8.4〉

[제목개정 2004.3.12]

제113조(후보자 등의 기부행위제한) ① 국회의원·지방의회의원·지방자치단체의 장·정당의 대표자·후보자(후보자가 되고자 하는 자를 포함한다)와 그 배우자는 당해 선거구안에 있는 자나 기관·단체·시설 또는 당해 선거구의 밖에 있더라도 그 선거구민과 연고가 있는 자나 기관·단체·시설에 기부행위(결혼식에서의 주례행위를 포함한다)를 할 수 없다.

② 누구든지 제1항의 행위를 약속·지시·권유·알선 또는 요구할 수 없다.

[전문개정 2004.3.12]

제235조(방송·신문 등의 불법이용을 위한 매수죄) ① 제97조(방송·신문의 불법이용을 위한 행위 등의 제한) 제1항·제3항의 규정에 위반한 자는 5년 이하의 징역 또는 1천만원 이하의 벌금에 처한다.
② 제97조 제2항의 규정에 위반한 자는 7년 이하의 징역 또는 2천만원 이하의 벌금에 처한다.

제257조(기부행위의 금지제한 등 위반죄) ① 다음 각 호의 1에 해당하는 자는 5년 이하의 징역 또는 1천만원 이하의 벌금에 처한다. 〈개정 1996.2.6, 1997.1.13, 1997.11.14, 2000.2.16, 2004.3.12〉

1. 제113조(후보자 등의 기부행위제한)·제114조(정당 및 후보자의 가족 등의 기부행위제한) 제1항 또는 제115조(제삼자의 기부행위제한)의 규정에 위반한 자
2. 제81조(단체의 후보자 등 초청 대담·토론회) 제6항[제82조(언론기관의 후보자 등 초청 대담·토론회) 제4항에서 준용하는 경우를 포함한다]의 규정을 위반한 자

② 제81조 제6항·제82조 제4항·제113조·제114조 제1항 또는 제115조에서 규정하고 있는 정당(창당준비위원회를 포함한다)·정당의 대표자·정당선거사무소의 소장, 국회의원·지방의회의원·지방자치단체의 장, 후보자(후보자가 되고자 하는 자를 포함한다. 이하 이 조에서 같다), 후보자의 배우자, 후보자나 그 배우자의 직계존비속과 형제자매, 후보자의 직계비속 및 형제자매의 배우자, 선거사무장, 선거연락소장, 선거사무원, 회계책임자, 연설원, 대담·토론자, 후보자 또는 그 가족과 관계있는 회사 등이나 그 임·직원과 제삼자[제116조(기부의 권유·요구 등의 금지)에 규정된 행위의 상대방을 말한다]에게 기부를 지시·권유·알선·요구하거나 그로부터 기부를 받은 자(제261조 제6항에 해당하는 사람은 제외한다)는 3년 이하의 징역 또는 500만원 이하의 벌금에 처한다. 〈개정 1997.1.13, 2000.2.16, 2004.3.12, 2008.2.29, 2010.1.25〉
③ 제117조(기부받는 행위 등의 금지)의 규정에 위반한 자는 3년 이하의 징역 또는 500만원 이하의 벌금에 처한다. 〈신설 1995.5.10〉
④ 제1항 내지 제3항의 죄를 범한 자가 받은 이익은 이를 몰수한다. 다만, 그 전부 또는 일부를 몰수할 수 없을 때에는 그 가액을 추징한다. 〈신설 1995.5.10〉

[3] 대법원의 판결[67)]

【피 고 인】 피고인 1 외 7인
【상 고 인】 피고인들
【변 호 인】 변호사 1 외 7인

【원심판결】 부산고법 2010. 7. 28. 선고 2010노398 판결
【주 문】
상고를 모두 기각한다.

【이 유】
상고이유를 판단한다.

1. 피고인 1, 3의 여론조사비용 명목 금전제공 사실 부인 주장에 관하여
원심판결 및 원심이 유지한 제1심판결 이유를 그 채택 증거에 비추어 살펴보면, 원심이 피고인 1이 공소외 1을 통하여 원심공동피고인 1에게 여론조사비용 명목으로 500만원을 교부한 사실 및 피고인 3이 원심공동피고인 1에게 같은 명목으로 500만원을 교부한 사실을 인정한 것은 정당하고, 거기에 경험칙에 어긋나거나 자유심증주의의 한계를 벗어난 위법이 있다고 할 수 없다.

2. 피고인 1, 2, 3, 4, 5, 6, 7(이하 '피고인 1 등 7인'이라고 한다)의 공갈 또는 강요된 행위에 의한 금전제공 주장에 관하여
원심판결 이유를 기록에 비추어 살펴보면, 원심이 원심공동피고인 1이 피고인 1 등 7인에게 여론조사비용을 요구한 행위가 형법 제12조에서 정한 '저항할 수 없는 폭력이나 자기 또는 친족의 생명·신체에 대한 위해를 방어할 방법이 없는 협박'에 해당한다고 할 수 없고, 위 피고인들이 그 요구를 거절하지 못하고 금전을 제공한 행위를 적법행위에 대한 기대가능성이 없는 행위라고 할 수도 없다고 판단한 것은 정당하고, 거기에 상고이유에서 주장하는 바와 같은 법리오해 등의 위법이 있다고 할 수 없다.
한편 공갈죄의 수단으로서 협박은 사람의 의사결정의 자유를 제한하거나 의사실행의 자유를 방해할 정도로 겁을 먹게 할 만한 해악을 고지하는 것을 말하는 것인바(대법원 2005. 7. 15. 선고 2004도7565 판결 등 참조), 피고인 1 등 7인과 원심공동피고인 1, 2의 각 사회적 지위 및 경력, 원심공동피고인 1이 위 피고인들에게 여론조사비용을 요구한 경위

67) 대법원 2010. 12. 9. 선고 2010도10451 판결 【공직선거법위반】

등에 비추어 볼 때, 원심공동피고인 1의 요구를 공갈죄의 협박에 해당한다고 보기는 어렵다고 할 것이므로, 이를 탓하는 상고이유의 주장도 받아들일 수 없다.

3. 피고인 1 등 7인의 공직선거법(이하 '법'이라고 한다) 제97조 제1항의 '선거운동을 위하여'에 관한 법리오해 주장에 관하여

법 제58조 제1항 소정의 선거운동은 특정후보자의 당선 내지 득표나 낙선을 위하여 필요하고도 유리한 모든 행위로서 당선 또는 낙선을 도모한다는 목적의사가 객관적으로 인정될 수 있는 능동적·계획적인 행위를 말하는 것으로, 구체적으로 어떠한 행위가 선거운동에 해당하는지 여부를 판단함에 있어서는 단순히 그 행위의 명목뿐만 아니라 그 행위의 태양, 즉 그 행위가 행하여지는 시기·장소·방법 등을 종합적으로 관찰하여 그것이 특정후보자의 당선 또는 낙선을 도모하는 목적의지를 수반하는 행위인지 여부를 판단하여야 한다(대법원 1999. 4. 9. 선고 98도1432 판결, 대법원 2010. 6. 24. 선고 2010도3935 판결 등 참조). 한편 법 제97조 제1항은 누구든지 선거운동을 위하여 방송·신문·통신·잡지 기타의 간행물을 경영·관리하는 자 또는 편집·취재·집필·보도하는 자에게 금품·향응 기타의 이익을 제공하거나 제공할 의사의 표시 또는 그 제공을 약속할 수 없다고 규정하고 있는바, 여기의 '선거운동을 위하여'에는 선거에서 당선을 위한 유리한 보도를 하게 하려는 적극적인 목적뿐만 아니라 불리한 보도를 회피하려는 소극적인 목적도 포함된다고 할 것이다.

원심은, 2010. 6. 2. 실시되는 지방선거에 입후보할 의사가 있는 피고인 1 등 7인이 각 해당 선거구민들을 상대로 그들과 야당후보들에 대한 지지도를 묻는 여론조사 및 그 보도를 계획하고 그 비용 명목으로 돈을 요구하는 공소외 2 신문사 편집국장 직무대행 원심공동피고인 1에게 위 비용 명목의 돈을 교부한 행위는 법 제97조 제1항의 '선거운동을 위하여' 한 행위에 해당한다고 판단하였는바, 앞에서 본 법리에 비추어 보면, 설령 위 피고인들이 원심공동피고인 1의 요구를 거절할 경우 향후 선거보도 등에서 불이익을 받을 것을 염려하여 이를 회피할 목적으로 위 요구에 응한 측면이 없지 않다고 하더라도, 그것이 자유의사가 억압된 상태에서 이루어진 것이 아닌 이상, 이를 '선거운동을 위하여' 한 것으로 보는 데 아무런 지장이 없으므로, 위와 같은 원심 판단은 정당하고, 거기에 법 제97조 제1항의 '선거운동을 위하여'에 관한 법리오해 등의 위법이 있다고 할 수 없다.

4. 피고인 1 등 7인의 법 제113조 제1항의 '기부행위' 및 '선거구민과 연고가 있는 자'에 관한 법리오해 주장에 관하여

가. 법 제112조 제1항은 '기부행위'를 당해 선거구안에 있는 자나 기관·단체·시설 및 선거구민의 모임이나 행사 또는 당해 선거구의 밖에 있더라도 그 선거구민과 연고가 있는 자나 기관·단체·시설에 대하여 금전·물품 기타 재산상 이익의 제공, 이익제공의 의사표시 또는 그 제공을 약속하는 행위를 말한다고 정의하고 있고, 제113조 제1항은 국회의원·지방의회의원·지방자치단체의 장·정당의 대표자·후보자(후보자가 되고자 하는 자를 포함한다)와 그 배우자는 당해 선거구안에 있는 자나 기관·단체·시설 또는 당해 선거구의 밖에 있더라도 그 선거구민과 연고가 있는 자나 기관·단체·시설에 기부행위(결혼식에서의 주례행위를 포함한다)를 할 수 없다고 규정하고 있다. 여기서 '당해 선거구안에 있는 자'란 선거구 내에 주소나 거소를 갖는 사람은 물론 선거구안에 일시적으로 머무르는 사람도 포함되고, '선거구민과 연고가 있는 자'란 당해 선거구민의 가족·친지·친구·직장동료·상하급자나 향우회·동창회·친목회 등 일정한 혈연적·인간적 관계를 가지고 있어 그 선거구민의 의사결정에 직접적 또는 간접적으로 어떠한 영향을 미칠 수 있는 가능성이 있는 사람을 말하며 그 연고를 맺게 된 사유는 불문한다(대법원 2007. 3. 30. 선고 2006도9043 판결 등 참조).

나. 원심은, 공소외 2 신문사는 울산 남구에 본사를 두면서 울산 전역을 그 권역으로 하는 언론기관으로 울산 전역에 지국을 두고 있을 뿐만 아니라, 원심공동피고인 2는 울산 남구에, 원심공동피고인 1은 울산 중구에 각각 주민등록을 두고 있고, 공소외 2 신문사의 다른 직원들도 울산의 모든 구·군(중구, 동구, 남구, 북구, 울주군)에 주민등록을 두고 있으므로, 원심공동피고인 2, 1 및 공소외 2 신문사는 모두 '당해 선거구안에 있는 자나 기관·단체·시설' 또는 '선거구민과 연고가 있는 자나 기관·단체·시설'로서 기부행위의 상대방이 되고, 피고인들의 행위가 법이나 중앙선거관리위원회규칙 및 그 위원회의 결정에 의하여 허용된 행위도 아닌 이상, 이는 법에서 금지하는 기부행위에 해당하고, 피고인들이 원심공동피고인 1에게 금전을 제공함으로써 일단 기부행위제한위반죄가 성립한 이상 그 후 원심공동피고인 1이나 원심공동피고인 2가 이를 공소외 2 신문사에 전달하였는지 여부는 범죄성립에 아무런 영향이 없다고 판단하였다.

기록과 앞에서 본 공직선거법의 규정 및 법리에 비추어 살펴보면, 원심의 위와 같은 판단은 모두 정당한 것으로 수긍이 가고(다만 이 사건 공소사실은 원심공동피고인 2와 원심공동피고인 1이 공모하여 피고인들에게 금전제공을 요구하였음을 전제로 그 기부행위의 상대방을 원심공동피고인 2와 원심공동피고인 1로 특정한 취지라고 할 것이므로, 원심 판시 중 공소외 2 신문사도 기부행위의 상대방이 되는 것처럼 설시한 부분은 적절하지 않다고 할 것이나, 이는 판결 결과에 영향이 없다), 거기에 법 제113조 제1항의 '기부행위' 및 '선거구민과 연고가 있는 자'에 관한 법리오해 또는 불고불리원칙에 위반한 위법 등이 있다고 할 수 없다.

5. 피고인 1, 2, 6의 법조경합 주장에 관하여

상상적 경합은 1개의 행위가 실질적으로 수개의 구성요건을 충족하는 경우를 말하고 법조경합은 1개의 행위가 외관상 수개의 죄의 구성요건에 해당하는 것처럼 보이나 실질적으로 1죄만을 구성하는 경우를 말하며, 실질적으로 1죄인가 또는 수죄인가는 구성요건적 평가와 보호법익의 측면에서 고찰하여 판단하여야 한다(대법원 1984. 6. 26. 선고 84도782 판결, 대법원 2003. 4. 8. 선고 2002도6033 판결 등 참조). 그리고 법조경합의 한 형태인 특별관계란 어느 구성요건이 다른 구성요건의 모든 요소를 포함하는 외에 다른 요소를 구비하여야 성립하는 경우로서 특별관계에 있어서는 특별법의 구성요건을 충족하는 행위는 일반법의 구성요건을 충족하지만 반대로 일반법의 구성요건을 충족하는 행위는 특별법의 구성요건을 충족하지 못한다(대법원 1993. 6. 22. 선고 93도498 판결, 대법원 2003. 4. 8. 선고 2002도6033 판결 등 참조).

법 제97조 제1항 및 제113조 제1항의 각 규정을 비교하여 보면, 행위 주체, 목적의 유무, 금품제공 또는 기부행위의 대상 등에 차이가 있고, 제97조 제1항 위반죄의 구성요건이 제113조 제1항 위반죄의 구성요건의 모든 요소를 포함하는 외에 다른 요소를 구비하는 경우에 해당하지 아니하므로, 전자가 후자에 대하여 특별법의 관계에 있다고 볼 수 없고, 이들은 각기 독립된 별개의 구성요건으로서 1개의 행위가 각 구성요건을 충족하는 경우에는 상상적 경합의 관계에 있다고 보아야 한다.

같은 취지의 원심 판단은 정당하고, 거기에 상고이유에서 주장하는 바와 같은 죄수에 관한 법리오해 등의 위법이 있다고 할 수 없다.

6. 피고인 2의 양형부당 주장에 관하여

형사소송법 제383조 제4호에 의하면 사형, 무기 또는 10년 이상의 징역이나 금고가 선고된 사건에서만 양형부당을 사유로 한 상고가 허용되므로, 위 피고인에 대하여 그보다 가벼운 형이 선고된 이 사건에서는 형의 양정이 부당하다는 주장은 적법한 상고이유가 되지 못한다.

7. 피고인 8에 관하여

피고인 8은 상고이유서 제출기간 내에 상고이유서를 제출하지 아니하였고, 상고장에도 상고이유의 기재가 없다.

8. 결 론

그러므로 상고를 모두 기각하기로 하여, 관여 대법관의 일치된 의견으로 주문과 같이 판결한다.

Chapter 17 여론조사 및 로데이터 제공 등의 대가로 돈을 제공한 사안

[1] 사건의 쟁점

1. 공직선거법 제58조 제1항에 정한 '선거운동'의 의미 및 어떠한 행위가 선거운동에 해당하는지 여부의 판단 기준
2. 공직선거법상 정당이나 후보자 내지 후보예정자에 대한 지지도를 알아보기 위한 '여론조사'의 허용 범위
3. 도교육감 선거 후보자에 대한 여론조사 등이 후보자의 인지도와 지지도 향상을 도모하고 선거에서의 당선을 유리하게 하기 위한 목적의 선거운동과 관련된 행위에 해당한다고 본 원심판단을 수긍한 사례
4. 도교육감 선거 후보자를 위한 선거운동과 관련하여 여론조사 및 로데이터 제공 등의 대가로 9천만원을 제공한 사안에서, 위 공직선거법 위반행위를 유죄로 인정한 원심판단을 수긍한 사례

[2] 관련법령

1. 공직선거법 제58조 제1항
2. 공직선거법 제58조 제1항
3. 공직선거법 제58조 제1항
4. 공직선거법 제135조 제3항, 제230조 1항 제4호, 제5호, 제236조

가. 공직선거법 [법률 제10067호, 2010. 3. 12, 일부개정]

제58조(정의 등) ① 이 법에서 "선거운동"이라 함은 당선되거나 되게 하거나 되지 못하게 하기 위한 행위를 말한다. 다만, 다음 각 호의 1에 해당하는 행위는 선거운동으로 보지 아니한다. 〈개정 2000.2.16〉

1. 선거에 관한 단순한 의견개진 및 의사표시
2. 입후보와 선거운동을 위한 준비행위
3. 정당의 후보자 추천에 관한 단순한 지지·반대의 의견개진 및 의사표시
4. 통상적인 정당활동

② 누구든지 자유롭게 선거운동을 할 수 있다. 그러나 이 법 또는 다른 법률의 규정에 의하여 금지 또는 제한되는 경우에는 그러하지 아니하다.

第135條(선거사무관계자에 대한 수당과 실비보상) ① 선거사무장·선거연락소장·선거사무원·활동보조인 및 회계책임자(이하 이 조에서 "선거사무장 등"이라 한다)에 대하여는 수당과 실비를 지급할 수 있다. 다만, 정당의 유급사무직원, 국회의원과 그 보좌관·비서관·비서 또는 지방의회의원이 선거사무장 등을 겸한 때에는 실비만을 보상할 수 있다. 〈개정 2000.2.16, 2010.1.25〉

② 제1항의 수당과 실비의 종류와 금액은 중앙선거관리위원회가 정한다.

③ 이 법의 규정에 의하여 수당·실비 기타 이익을 제공하는 경우를 제외하고는 수당·실비 기타 자원봉사에 대한 보상 등 명목여하를 불문하고 누구든지 선거운동과 관련하여 금품 기타 이익의 제공 또는 그 제공의 의사를 표시하거나 그 제공의 약속·지시·권유·알선·요구 또는 수령할 수 없다. 〈개정 1996.2.6, 1997.1.13, 1997.11.14, 2000.2.16〉

④ 삭제 〈2005.8.4〉

⑤ 삭제 〈2000.2.16〉

第230條(매수 및 이해유도죄) ① 다음 각 호의 어느 하나에 해당하는 자는 5년 이하의 징역 또는 1천만원 이하의 벌금에 처한다. 〈개정 1997.1.13, 1997.11.14, 2000.2.16, 2004.3.12, 2009.2.12, 2010.1.25〉

1. 투표를 하게 하거나 하지 아니하게 하거나 당선되거나 되게 하거나 되지 못하게 할 목적으로 선거인(선거인명부 또는 재외선거인명부 등을 작성하기 전에는 그 선거인명부 또는 재외선거인명부 등에 오를 자격이 있는 사람을 포함한다. 이하 이 장에서 같다) 또는 다른 정당이나 후보자(예비후보자를 포함한다)의 선거사무장·선거연락소장·선거사무원·회계책임자·연설원(제79조 제1항·제2항에 따라 연설·대담을 하는 사람과 제81조 제1항·제82조 제1항 또는 제82조의2 제1항·제2항에 따라 대담·토론을 하는 사람을 포함한다. 이하 이 장에서 같다) 또는 참관인(투표참관인·부재자투표참관인과 개표참관인을 말한다. 이하 이 장에서 같다)에게 금전·물품·차마·향응 그 밖에 재산상의 이익이나 공사의 직을 제공하거나 그 제공의 의사를 표시하거나 그 제공을 약속한 자

2. 선거운동에 이용할 목적으로 학교 기타 공공기관·사회단체·종교단체·노동단체 또는 청년단체·부녀단체·노인단체·재향군인단체·씨족단체 기타의 기관·단체·시설에 금전·물품 등 재산상의 이익을 제공하거나 그 제공의 의사를 표시하거나 그 제공을 약속한 자
3. 선거운동에 이용할 목적으로 야유회·동창회·친목회·향우회·계모임 기타의 선거구민의 모임이나 행사에 금전·물품·음식물 기타 재산상의 이익을 제공하거나 그 제공의 의사를 표시하거나 그 제공을 약속한 자
4. 제135조(선거사무관계자에 대한 수당과 실비보상) 제3항의 규정에 위반하여 수당·실비 기타 자원봉사에 대한 보상 등 명목여하를 불문하고 선거운동과 관련하여 금품 기타 이익의 제공 또는 그 제공의 의사를 표시하거나 그 제공을 약속한 자
5. 제1호 내지 제4호에 규정된 이익이나 직의 제공을 받거나 그 제공의 의사 표시를 승낙한 자

② 정당·후보자(후보자가 되고자 하는 자를 포함한다) 및 그 가족·선거사무장·선거연락소장·선거사무원·회계책임자·연설원 또는 제114조(정당 및 후보자의 가족 등의 기부행위제한) 제2항의 규정에 의한 후보자 또는 그 가족과 관계있는 회사 등이 제1항 각 호의 1에 규정된 행위를 한 때에는 7년 이하의 징역 또는 1천500만원 이하의 벌금에 처한다.
③ 제1항 각 호의 1 또는 제2항에 규정된 행위에 관하여 지시·권유·요구하거나 알선한 자는 7년 이하의 징역 또는 1천500만원 이하의 벌금에 처한다.
④ 당선되거나 되게하거나 되지 못하게 할 목적으로 선거기간중 포장된 선물 또는 돈봉투 등 다수의 선거인에게 배부하도록 구분된 형태로 되어 있는 금품을 운반하는 자는 5년 이하의 징역 또는 1천만원 이하의 벌금에 처한다.
⑤ 선거관리위원회의 위원·직원(투표관리관을 포함한다. 이하 이 장에서 같다) 또는 선거사무에 관계있는 공무원이나 경찰공무원(사법경찰관리 및 군사법경찰관리를 포함한다)이 제1항 각 호의 1 또는 제2항에 규정된 행위를 하거나 하게 한 때에는 7년 이하의 징역에 처한다. 〈개정 2005.8.4〉
⑥ 제47조의2 제1항 또는 제2항을 위반한 자는 5년 이하의 징역 또는 1천만원 이하의 벌금에 처한다. 〈신설 2008.2.29〉
⑦ 당내경선과 관련하여 다음 각 호의 어느 하나에 해당하는 자는 3년 이하의 징역 또는 600만원 이하의 벌금에 처한다. 〈신설 2005.8.4, 2008.2.29〉

1. 제57조의5(당원 등 매수금지) 제1항 또는 제2항의 규정을 위반한 자
2. 후보자로 선출되거나 되게 하거나 되지 못하게 하거나, 경선선거인(당내경선의 선거인명부에 등재된 자를 말한다. 이하 이 조에서 같다)으로 하여금 투표를 하게 하거나 하지 아니하게 할 목적으로 경선후보자·경선운동관계자·경선선거인 또는 참관인에게

금품·향응 그 밖의 재산상의 이익이나 공사의 직을 제공하거나 그 제공의 의사를 표시하거나 그 제공을 약속한 자

3. 제57조의5 제1항 또는 제2항에 규정된 이익이나 직의 제공을 받거나 그 제공의 의사 표시를 승낙한 자

⑧ 제7항 제2호·제3호에 규정된 행위에 관하여 지시·권유·요구하거나 알선한 자 또는 제57조의5 제3항의 규정을 위반한 자는 5년 이하의 징역 또는 1천만원 이하의 벌금에 처한다. 〈신설 2005.8.4, 2008.2.29〉

第236條(매수와 이해유도죄로 인한 이익의 몰수) 第230條(매수 및 이해유도죄) 내지 第235條(방송·신문 등의 불법이용을 위한 매수죄)의 죄를 범한 자가 받은 이익은 이를 몰수한다. 다만, 그 전부 또는 일부를 몰수할 수 없는 때에는 그 가액을 추징한다.

[3] 대법원의 판결[68]

【피 고 인】 피고인 1 외 1인
【상 고 인】 피고인들
【변 호 인】 변호사 1 외 2인

【원심판결】 대구고법 2010. 3. 25. 선고 2010노7 판결
【주　　문】
상고를 모두 기각한다.

【이　　유】
상고이유(상고이유서 제출기간이 경과한 후에 제출된 상고이유보충서의 기재는 상고이유를 보충하는 범위 내에서)를 판단한다.

1. 피고인들의 공통된 상고이유에 대하여
공직선거법 제58조 제1항 소정의 '선거운동'이라 함은 공직선거법 제2조 소정의 공직선거에서의 당선 또는 낙선을 위하여 필요하고도 유리한 모든 행위로서 당선 또는 낙선을 도모한다는 목적의사가 객관적으로 인정될 수 있는 능동적·계획적인 행위를 말하는 것이므로, 단순히 장래의 선거운동을 위한 내부적·절차적인 준비행위에 해당하는 선거

68) 대법원 2010. 6. 24. 선고 2010도3935 판결 【공직선거법위반(인정된죄명:지방교육자치에관한법률위반)】

운동의 준비행위나 통상적인 정당활동 또는 공직선거에 출마할 정당 추천 후보자를 선출하기 위한 당내 경선절차에서 공직선거법 제57조의3 제1항에 의하여 제한적으로 허용된 경선운동은 여기에 해당하지 아니하는 것이나, 구체적으로 어떠한 행위가 선거운동에 해당하는지 여부를 판단함에 있어서는 단순히 그 행위의 명목뿐만 아니라 그 행위의 태양, 즉 그 행위가 행하여지는 시기·장소·방법 등을 종합적으로 관찰하여 그것이 특정 후보자의 당선 또는 낙선을 도모하는 목적의지를 수반하는 행위인지 여부를 판단하여야 하고(대법원 2007. 3. 29. 선고 2006도8518 판결 등 참조), 선거에서 정당이나 후보자 내지 후보예정자에 대한 지지도를 알아보기 위한 여론조사는 일반적으로는 허용되나, 그 여론조사의 목적이 후보자나 후보예정자에 대한 인지도를 높이고 그의 장점을 부각시켜 그에 대한 지지를 유도하기 위한 것이라면, 이는 사전선거운동에 해당하여 허용할 수 없다(대법원 1998. 6. 9. 선고 97도856 판결 등 참조). 원심은, 채용 증거들에 의하여 그 판시와 같은 사실을 인정한 다음, 여론조사의 배경과 목적, 내용과 방법, 조사기간, 로데이터의 이용목적 등에 비추어 이 사건 여론조사 등은 후보자인 공소외 1의 인지도와 지지도의 향상을 도모하고 선거에서의 당선을 유리하게 하기 위한 목적의 선거운동과 관련된 행위에 해당한다고 판단하였는바, 앞서 본 법리와 기록에 비추어 살펴보면 원심의 위와 같은 사실인정과 판단은 정당하고, 거기에 상고이유의 주장과 같은 공직선거법 소정의 선거운동 관련 금품의 제공행위에 관한 법리오해, 채증법칙 위배 등의 위법이 없다.

2. 피고인 1의 나머지 상고이유에 대하여

원심은, 판시 증거들을 종합하여 피고인 1이 공소외 1, 2와 공모하여 공소외 1 후보자를 위한 선거운동과 관련하여 판시와 같은 여론조사 및 로데이터 제공 등의 대가로 석수경에게 9천만원을 제공한 사실을 인정한 다음, 피고인 1에 대한 이 사건 공소사실을 유죄로 판단하였는바, 관련 법리와 기록에 비추어 살펴보면 원심의 이러한 사실인정과 판단은 정당하고, 거기에 선거운동과 관련하여 제공된 금액의 범위 및 공동정범에 관한 법리오해, 채증법칙 위배, 심리미진 등의 위법이 없다.

3. 피고인 2의 추징에 관한 상고이유에 대하여

원심은, 판시 인정 사실을 토대로 하여 실제 여론조사에 사용된 비용 등을 공제함이 없이 피고인 2로부터 4천만원을 추징하였는바, 관련 법리와 기록에 비추어 살펴보면 원심의 이러한 인정과 판단은 정당하고, 거기에 공직선거법상의 추징에 관한 법리오해 등의 위법이 없다.

4. 결 론

그러므로 상고를 모두 기각하기로 하여 관여 대법관의 일치된 의견으로 주문과 같이 판결한다.

Chapter 18

유사기관에 해당여부

[1] 사건의 쟁점

1. 어떤 단체 등이 구 공직선거법 제89조 제1항 본문의 '유사기관'에 해당하는지 여부의 판단 기준
2. 법원이 공소장변경절차를 거치지 아니하고 공소사실과 달리 사실인정을 하기 위한 요건

[2] 관련법령

1. 구 공직선거법(2010. 1. 25. 법률 제9974호로 개정되기 전의 것) 제89조 제1항, 제255조 제1항 제13호
2. 형사소송법 제254조, 제298조

가. 구 공직선거법 [2010. 1. 25, 법률 제9974호로 개정되기 전의 것]

제89조(유사기관의 설치금지) ① 누구든지 제61조(선거운동기구의 설치) 제1항·제2항의 규정에 의한 선거사무소 또는 선거연락소외에는 후보자(후보자가 되고자 하는 자를 포함한다. 이하 이 조에서 같다)를 위하여 선거추진위원회·후원회·연구소·상담소 또는 휴게소 기타 명칭의 여하를 불문하고 이와 유사한 기관·단체·조직 또는 시설을 새로이 설립 또는 설치하거나 기존의 기관·단체·조직 또는 시설을 이용할 수 없다. 다만, 정당의 중앙당 및 시·도당의 사무소에 설치되는 각 1개의 선거대책기구 및 「정치자금법」에 의한 후원회는 그러하지 아니하다. 〈개정 1997.11.14, 2000.2.16, 2004.3.12, 2005.8.4〉

② 정당이나 후보자가 설립·운영하는 기관·단체·조직 또는 시설은 선거일전 180일(보궐선거등에 있어서는 그 선거의 실시사유가 확정된 때)부터 선거일까지 당해 선거구민을 대상으로 선거에 영향을 미치는 행위를 하거나, 그 기관·단체 또는 시설의 설립이나 활동내용을

선거구민에게 알리기 위하여 정당 또는 후보자의 명의나 그 명의를 유추할 수 있는 방법으로 벽보·현수막·방송·신문·통신·잡지 또는 인쇄물을 이용하거나 그 밖의 방법으로 선전할 수 없다. 다만, 「정치자금법」 제15조(후원금 모금 등의 고지·광고)의 규정에 따른 모금을 위한 고지·광고는 그러하지 아니하다. 〈개정 1997.11.14, 2004.3.12, 2005.8.4〉

제255조 (부정선거운동죄) ① 다음 각 호의 어느 하나에 해당하는 자는 3년 이하의 징역 또는 600만원 이하의 벌금에 처한다. 〈개정 1995.12.30, 1997.11.14, 1998.4.30, 2000.2.16, 2002.3.7, 2004.3.12, 2005.8.4, 2009.2.12〉

1. 제60조(선거운동을 할 수 없는 자) 제1항의 규정에 위반하여 선거운동을 하거나 하게 한 자 또는 같은 조 제2항이나 제205조(선거운동기구의 설치 및 선거사무관계자의 선임에 관한 특례) 제4항의 규정에 위반하여 선거사무장 등으로 되거나 되게 한 자
2. 제61조(선거운동기구의 설치) 제1항의 규정에 위반하여 선거운동기구를 설치하거나 이를 설치하여 선거운동을 한 자
3. 제62조(선거사무관계자의 선임) 제1항 내지 제3항의 규정에 위반하여 선거사무장·선거연락소장이나 선거사무원을 선임한 자

3의2. 제68조(어깨띠) 제2항의 규정을 위반하여 어깨띠를 선거운동을 위하여 착용하거나 하게 한 자

4. 삭제 〈2004.3.12〉
5. 삭제 〈2004.3.12〉
6. 제80조(연설금지장소)의 규정에 위반하여 선거운동을 위한 연설·대담을 한 자
7. 제81조(단체의 후보자 등 초청 대담·토론회) 제1항의 규정에 위반하여 후보자 등 초청 대담·토론회를 개최한 자
8. 제81조 제7항[제82조(언론기관의 후보자등 초청 대담·토론회) 제4항에서 준용하는 경우를 포함한다]의 규정에 위반하여 대담·토론회를 개최한 자
9. 제85조(지위를 이용한 선거운동금지) 제2항 또는 제3항의 규정에 위반한 행위를 하거나 하게 한 자
10. 제86조(공무원등의 선거에 영향을 미치는 행위금지) 제1항 제1호 내지 제4호·제2항·제3항 또는 제5항의 규정에 위반한 행위를 하거나 하게 한 자 또는 같은 조 제6항의 규정에 위반한 행위를 한 자
11. 제87조(단체의 선거운동금지) 제1항의 규정을 위반하여 선거운동을 하거나 하게 한 자 또는 동조 제2항의 규정을 위반하여 사조직 기타 단체를 설립·설치하거나 하게 한 자

12. 第88조(타 후보자를 위한 선거운동금지) 본문의 규정에 위반하여 다른 정당이나 후보자를 위한 선거운동을 한 자
13. 제89조(유사기관의 설치금지) 제1항 본문의 규정에 위반하여 유사기관을 설립·설치하거나 기존의 기관·단체·조직 또는 시설을 이용한 자
14. 삭제 〈2004.3.12〉
15. 제92조(영화 등을 이용한 선거운동금지)의 규정에 위반하여 저술·연예·연극·영화나 사진을 배부·공연·상연·상영 또는 게시하거나 하게 한 자
16. 제105조(행렬등의 금지) 제1항의 규정에 위반하여 무리를 지어 거리행진·인사 또는 연달아 소리지르는 행위를 하거나 하게 한 자, 같은 조 제2항의 규정에 위반하여 모양과 색상이 동일한 모자나 옷을 착용하거나 기타 표지물을 휴대하여 선거운동을 하거나 하게 한 자
17. 제106조(호별방문의 제한) 제1항 또는 제3항의 규정에 위반하여 호별로 방문하거나 하게 한 자
18. 제107조(서명·날인운동의 금지)의 규정에 위반하여 서명이나 날인을 받거나 받게 한 자
19. 제109조(서신·전보 등에 의한 선거운동의 금지) 제1항 본문 또는 제2항의 규정에 위반하여 서신·전보·모사전송·전화 기타 전기통신의 방법을 이용하여 선거운동을 하거나 하게 한 자나 같은 조 제3항의 규정에 위반하여 협박하거나 하게 한 자
20. 제218조의14 제1항을 위반하여 재외선거권자를 대상으로 선거운동을 한 자

② 다음 각 호의 어느 하나에 해당하는 자는 2년 이하의 징역 또는 400만원 이하의 벌금에 처한다. 〈개정 1995.12.30, 1997.11.14, 1998.4.30, 2000.2.16, 2002.3.7, 2004.3.12, 2005.8.4, 2007.1.3, 2008.2.29〉

1. 제60조의3 제1항 제4호 후단을 위반하여 예비후보자홍보물을 작성한 자

1의2. 대통령선거 및 지방자치단체의 장선거의 예비후보자가 아닌 자로서 제60조의4 제1항의 예비후보자공약집을 발간·배부한 자, 같은 항을 위반하여 1종을 넘어 예비후보자공약집을 발간·배부한 자, 같은 항을 위반하여 예비후보자공약집을 통상적인 방법으로 판매하지 아니하거나 방문판매의 방법으로 판매한 자, 같은 조 제2항을 위반하여 예비후보자공약집을 발간·배부한 자

1의3. 제64조(선전벽보) 제1항·제8항, 제65조(선거공보) 제1항·제2항, 제66조(선거공약서) 제1항 내지 제5항의 규정을 위반하여 선전벽보·선거공보 또는 선거공약서를 선거운동을 위하여 작성·사용하거나 하게 한 자

2. 제65조 제7항의 규정을 위반하여 선거공보에 후보자정보공개자료의 전부 또는 일부를 게재하지 아니한 자

3. 제57조의3(당내경선운동) 제1항의 규정을 위반하여 경선운동을 한 자
4. 제91조(확성장치와 자동차 등의 사용제한) 제1항·제3항 또는 제216조(4개 이상 선거의 동시실시에 관한 특례) 제1항의 규정에 위반하여 확성장치나 자동차를 사용하여 선거운동을 하거나 하게 한 자
5. 제93조(탈법방법에 의한 문서·도화의 배부·게시 등 금지) 제1항의 규정에 위반하여 문서·도화 등을 배부·첩부·살포·게시·상영하거나 하게 한 자, 같은 조 제2항의 규정에 위반하여 광고 또는 출연을 하거나 하게 한 자 또는 제3항의 규정에 위반하여 신분증명서·문서 기타 인쇄물을 발급·배부 또는 징구하거나 하게 한 자
6. 제100조(녹음기 등의 사용금지)의 규정에 위반하여 녹음기 또는 녹화기를 사용하여 선거운동을 하거나 하게 한 자
7. 삭제 〈1995.12.30〉
8. 제271조의2(선거에 관한 광고의 제한) 제1항의 규정에 의한 광고중지요청에 불응하여 광고를 하거나 광고게재를 의뢰한 자

③ 제85조 제1항의 규정에 위반하여 선거운동을 하거나 하게 한 자는 5년 이하의 징역에 처한다.

④ 제82조의5(선거운동정보의 전송제한) 제1항의 규정을 위반하여 선거운동정보를 전송한 자, 동조 제2항의 규정을 위반하여 선거운동정보에 해당하는 사실 등을 선거운동정보에 명시하지 아니하거나 허위로 명시한 자, 동조 제3항의 규정을 위반하여 수신자의 동의를 얻지 아니하고 선거운동정보를 전송한 자, 동조 제4항의 규정을 위반하여 기술적 조치를 한 자, 동조 제5항의 규정을 위반하여 비용을 수신자에게 부담하도록 한 자, 동조 제6항의 규정을 위반하여 선거운동정보를 전송한 자는 1년 이하의 징역 또는 100만원 이하의 벌금에 처한다. 〈신설 2004.3.12, 2005.8.4〉

[2006헌마1096, 2008.05.29, 공직선거법(2005. 8. 4. 법률 제7681호로 개정된 것) 제255조 제1항 제10호 중 '제86조 제1항 제2호' 부분은 공무원의 지위를 이용하지 아니한 행위에 대하여 적용하는 한 헌법에 위반된다.]

나. 형사소송법 [법률 제9765호, 2009. 6. 9, 타법개정]

제254조(공소제기의 방식과 공소장) ① 공소를 제기함에는 공소장을 관할법원에 제출하여야 한다.

② 공소장에는 피고인 수에 상응한 부본을 첨부하여야 한다.

③ 공소장에는 다음 사항을 기재하여야 한다.
1. 피고인의 성명 기타 피고인을 특정할 수 있는 사항
2. 죄명
3. 공소사실
4. 적용법조

④ 공소사실의 기재는 범죄의 시일, 장소와 방법을 명시하여 사실을 특정할 수 있도록 하여야 한다.
⑤ 수 개의 범죄사실과 적용법조를 예비적 또는 택일적으로 기재할 수 있다.

第298条(공소장의 변경) ① 검사는 법원의 허가를 얻어 공소장에 기재한 공소사실 또는 적용법조의 추가, 철회 또는 변경을 할 수 있다. 이 경우에 법원은 공소사실의 동일성을 해하지 아니하는 한도에서 허가하여야 한다.
② 법원은 심리의 경과에 비추어 상당하다고 인정할 때에는 공소사실 또는 적용법조의 추가 또는 변경을 요구하여야 한다.
③ 법원은 공소사실 또는 적용법조의 추가, 철회 또는 변경이 있을 때에는 그 사유를 신속히 피고인 또는 변호인에게 고지하여야 한다.
④ 법원은 전3항의 규정에 의한 공소사실 또는 적용법조의 추가, 철회 또는 변경이 피고인의 불이익을 증가할 염려가 있다고 인정한 때에는 직권 또는 피고인이나 변호인의 청구에 의하여 피고인으로 하여금 필요한 방어의 준비를 하게 하기 위하여 결정으로 필요한 기간 공판절차를 정지할 수 있다.
[전문개정 1973.1.25]

[3] 대법원의 판결[69)]

【피 고 인】 피고인 1 외 8인
【상 고 인】 피고인들
【변 호 인】 변호사 1 외 2인

【원심판결】 대전고법 2010. 1. 22. 선고 2009노404 판결
【주 문】
상고를 모두 기각한다.

---

69) 대법원 2010. 5. 13. 선고 2010도2095 판결 【지방교육자치에관한법률위반·사문서변조·변조사문서행사】

【이 유】

상고이유를 판단한다.

1. 피고인 1, 2의 거짓 부재자신고의 점에 대하여

가. 피고인 1의 상고이유 부분

1) 원심과 제1심에서 적법하게 채택한 증거들을 기록에 비추어 살펴보면, 피고인 1이 하위모집책인 공소외 1, 2, 3으로 하여금 선거구민으로부터 부재자신고서를 수집함에 있어서 신고명의인의 거소가 아닌 장소를 거소란에 기재하는 방법으로 제1심 판결 범죄사실 제2항 중 [범죄일람표 Ⅳ] 기재와 같이 부재자신고서를 수집하게 하여 거짓 부재자신고를 한 사실을 인정할 수 있으므로, 같은 취지의 원심의 사실인정은 정당하고, 거기에 자유심증주의의 한계를 벗어나 사실을 인정한 위법이 없다.

2) 또한 원심은 원심과 제1심에서 조사한 증거에 의하여, 부재자신고서 양식의 각주에 '거소는 부재자신고인이 거주하는 곳'을 의미하는 것으로 설명되어 있고, "허위로 부재자신고를 한 사람은 공직선거법 제247조에 따라 처벌(3년 이하의 징역 또는 500만원 이하의 벌금)될 수 있습니다."라고 기재되어 있는 사실을 인정한 다음, 위 인정 사실에 비추어 볼 때, 피고인 1이 거소의 의미를 '우편물을 받을 수 있는 곳'으로 잘못 알았거나 자신의 행위가 거짓으로 부재자신고를 한 범죄행위에 해당한다는 것을 몰랐다고 하더라도, 그러한 사유만으로는 형법 제16조에서 말하는 정당한 이유가 있는 법률의 착오에 해당한다고 할 수 없다고 판단하였다.

관련 법리와 기록에 비추어 살펴보면 원심의 위와 같은 판단은 정당하고, 거기에 법률의 착오 등에 관한 법리를 오해한 위법이 없다.

나. 피고인 2의 상고이유 부분

2인 이상이 범죄에 공동 가공하는 공범관계에서 공모는 법률상 어떤 정형을 요구하는 것이 아니고, 2인 이상이 공모하여 어느 범죄에 공동가공하여 그 범죄를 실현하려는 의사의 결합만 있으면 되는 것으로서, 비록 전체의 모의 과정이 없었다고 하더라도 수인 사이에 순차적으로 또는 암묵적으로 상통하여 그 의사의 결합이 이루어지면 공모관계가 성립하고, 이러한 공모가 이루어진 이상 실행행위에 직접 관여하지 아니한 자라도 다른 공모자의 행위에 대하여 공동정범으로서의 형사책임을 진다(대법원 2005. 1. 27. 선고 2004도7511 판결 등 참조).

원심은 원심과 제1심에서 조사한 증거에 의하여, 지방교육자치에 관한 법률(법률 제8069호)의 부칙 제6조 제7항에 의하면 이 사건 충남도교육감 보궐선거에서는 부재자투표소에서 투표하여야 할 부재자신고인 중 주민등록지인 구·시·군 밖에 거소를 둔 자만이 거소투표를 할 수 있도록 되어 있음에도, 공소외 4가 2009. 4. 5.경 피고인

2의 선거대책본부 사무실에서 위 선거의 후보자가 되고자 하는 피고인 2와 조직국장 공소외 5, 선거대책본부장 공소외 6 등에게 "부재자(거소)투표를 이용한 좋은 아이디어가 있다. 선거는 투표율을 올리는 싸움인데, 선거운동원들이 부재자신고서를 많이 받아 오면 우리 쪽 투표율이 올라간다. 선거운동원들이 부재자신고서를 대리하여 접수해 주고, 이것을 선거운동에 활용하면 좋지 않겠느냐. 부재자신고서를 수집하는 과정에서 이들의 인적사항을 알아내어 이를 데이터베이스화하여 후보자의 선거운동에 활용할 수 있다."고 말하여, 위 특례 규정을 이용하여 부재자신고서 수집 및 그 대리접수를 통한 선거운동을 하자고 제안하자, 피고인 2가 그 자리에서 "모든 것은 본부장의 허락이 있어야 하니 본부장이 받아들이면 할 것이다. 앞으로 본부장에게 보고하면서 일을 진행하라."고 말한 사실, 이에 따라 공소외 4 등은 2009. 4. 7.경 선거대책본부 사무실에서 선거연락소장 및 선거대책본부 관련자들을 모아놓고 부재자신고서 작성·수집 및 부재자신고 방법을 교육하면서, "거소지를 임의로 다른 시·군으로 써도 좋다. 거소지는 주소지와 다른 시·군·구로 써야 한다. 거소지를 후보자 선거사무소 등 지정된 곳으로 몰아서 써도 된다. 거소지를 지정할 곳이 없으면 공란으로 하거나 상동으로 써도 된다. 부재자신고사유란은 '⑪'(주민등록지인 구·시·군 밖에 거소를 둔 사람, 이러한 사유가 있는 경우 위 지방교육자치에 관한 법률 부칙에 따라 거소투표를 수 있다)에 동그라미 표시를 해야 한다."라고 교육한 후, 미리 준비한 부재자신고서 양식을 각 선거연락소장들에게 나누어 준 사실, 공소외 4 등이 위와 같이 배포한 부재자신고서 양식에는 '무조건 11번 항목에 동그라미 표시'라고 기재되어 있는 사실, 그 교육에 따라 선거연락소장들과 선거운동원들은 선거구민들로부터 부재자신고서를 수집하면서 신고명의인들이 주민등록지인 구·시·군 밖에 거소를 둔 자가 아님에도 임의의 장소를 거소란에 기재하여 부재자신고서를 작성하거나, 거소란이 공란으로 된 부재자신고서를 수집한 다음 거소란에 임의의 장소를 기재하는 방법으로 부재자신고서를 작성한 다음 이를 면사무소 등에 접수하여 거짓 부재자신고를 한 사실, 피고인 2는 공주선거연락소장 공소외 7로부터 "아무래도 오늘 교육내용이 이상한 것 같습니다. 나중에 큰 문제가 될 것 같습니다. 하지 않는 것이 좋겠습니다. 내가 부정감시단에서 일해 본 경험이 있어서 말하는 것입니다."라는 말을 듣고서도 "소장님이 내용을 잘 몰라서 그런 것 같습니다. 본부에 연락하여 알아보고 일을 진행하시라."는 취지로 말하고, 공소외 4에게 수시로 전화하여 "주민등록지와 거소지를 같이 하거나 신고자 본인이 임의로 지정한 곳으로 하면 위법이 아니냐. 후보자의 배우자가 신고서를 수집하는 것이 문제가 없는가."라는 등의 문의를 한 바 있는 사실 등을 인정한 다음, 피고인 2와 공소외 4 등, 선거연락소장들, 하부모집책 등과 사이에 순차적으로 또는 암묵적으로 상통하여 거짓으로 부재자신고를 하는 것에 대한 의사의 합치가 있었고, 나아가 피고인 2에게 공동가공의 의사와 공동의사에 기한 기능적 행위지배가 있었다고 보아 공동정범으로서의 죄책을 면할 수 없다고 판단하였다.

위에서 본 법리와 기록에 비추어 살펴보면, 원심의 위 사실인정 및 판단은 정당하고, 거기에 자유심증주의의 한계를 벗어나 사실을 인정한 위법이나 공모공동정범에 관한 법리를 오해한 위법이 없다.

2. 피고인 1, 3의 사문서변조 및 변조사문서행사의 점에 대하여

가. 원심은 원심과 제1심에서 조사한 증거들을 종합하여, 피고인 1, 3이 공소외 8, 9 등과 공모하여 선거구민들로부터 수집한 부재자신고서 중 신고사유 5번으로 기재된 부분을 신고사유 11번으로 임의로 고치는 방법으로 제1심판결 범죄사실 제3항 기재와 같이 사문서인 부재자신고서를 변조하고, 이를 각 읍·면·동사무소에 접수하여 행사한 사실을 인정하였다.

기록에 비추어 살펴보아도 원심의 위 사실인정이 자유심증주의의 한계를 넘어섰다고 볼 사유를 발견할 수 없으므로, 위 피고인들의 상고이유 중 사실심인 원심의 전권사항에 속하는 증거의 취사선택이나 사실의 인정을 탓하는 부분은 적법한 상고이유가 될 수 없다.

나. 상고심은 항소법원 판결에 대한 사후심이므로 항소심에서 심판대상이 되지 않은 사항은 상고심의 심판범위에 들지 않는 것이어서, 피고인이 항소심에서 항소이유로 주장하지 아니하거나 항소심이 직권으로 심판대상으로 삼은 사항 이외의 사유에 대하여는 이를 상고이유로 삼을 수 없다(대법원 2000. 3. 28. 선고 99도2831 판결 등 참조).

피고인 3은 그 상고이유서에서, 부재자신고인명부에 등재되지 않은 신고서는 범행을 위해 쓰일 수 없는 무용지물에 불과하므로 이러한 신고서를 변조하고 행사한 행위는 범죄로 될 수 없다는 취지의 주장을 하고 있으나, 기록에 의하면, 위 피고인은 위와 같은 사유에 관하여 항소이유로 주장을 하지 않았고, 원심판결이 위 사유에 관하여 직권으로 심판대상으로 삼은 바도 없으므로, 위 사유는 적법한 상고이유가 될 수 없다. 나아가 직권으로 살펴보아도 사문서변조죄나 변조사문서행사죄가 그 사문서를 변조하고 행사한 목적이 달성되어야만 성립되는 것은 아니므로, 원심판결에 위 주장과 같은 법리오해의 위법이 있다고 볼 수도 없다.

3. 피고인 1의 사전선거운동의 점에 대하여

원심과 제1심이 적법하게 채택한 증거들을 기록에 비추어 살펴보면, 피고인 1이 선거운동

기간 전에 선거구민인 공소외 3에게 "내가 교육감선거 관련해서 후보자를 지지하는데 간단한 서류만 작성해서 제출하면 그 인원에 따라 당락이 결정된다. 지금 그 일을 하고 있는데 나중에 부탁을 하면 좀 들어 달라."라고 말하고, 부재자신고서 양식 15장을 위 공소외 3에게 건네주면서 "신고서를 많이 받아와라. 그리고 투표용지가 오면 받아서 신고서 명의인들에게 건네주고 투표용지를 전해 줄 때 피고인 2 후보를 찍을 수 있게 말해 달라."고 말하여 피고인 2 후보자를 위하여 선거운동을 한 사실을 인정할 수 있으므로, 같은 취지의 원심의 사실인정은 정당한 것으로 수긍할 수 있고, 거기에 자유심증주의의 한계를 벗어나 사실을 인정한 위법이 없다.

4. 피고인 2의 유사기관 설치의 점에 대하여

어떤 단체 등이 공직선거법 제89조 제1항 본문의 '유사기관'에 해당하는지는 선거운동 목적의 유무에 의하여 결정되므로, 후보자가 되고자 하는 자가 내부적 선거 준비행위의 차원을 넘어 선거인에게 영향을 미칠 목적으로 단체 등을 설립하였다면 이는 위 조항 소정의 유사기관에 해당한다(대법원 2006. 6. 27. 선고 2005도303 판결 등 참조).

원심은 원심과 제1심에서 조사한 증거에 의하여, 피고인 2가 2009. 4. 28. 실시될 충청남도 교육감 보궐선거의 후보자로 등록하기에 앞서서 2009. 3. 초순경부터 그 선거운동을 위하여 공소외 7 등 17명을 선거구인 충청남도 각 시·군·구의 선거연락소장으로 영입하고, 17개의 사무실을 임차한 다음, 그 무렵부터 위 선거연락소장들로 하여금 이를 선거연락소로 사용하게 한 사실, 피고인 2 등은 2009. 3. 26.부터 3. 31.까지 위 선거연락소장들에게 선거운동 관련 활동비 명목으로 100만원씩을 주거나 피고인 2의 명함 등 선거운동 관련 홍보물을 주어, 선거연락소장들로 하여금 선거연락소에서 일할 선거운동원들을 모집하고 피고인 2 후보의 선거대책본부 사무실 개소식에 참석할 사람을 모집하게 한 사실, 피고인 2 등은 2009. 4. 5.경 불특정 다수의 선거구민을 상대로 부재자신고서를 수집하는 활동을 통하여 피고인 2 후보의 인지도를 높이는 등의 방법으로 선거운동을 하기로 결정한 다음, 2009. 4. 7. 위 17개 선거연락소의 소장들에게 부재자신고서 작성·수집 등의 방법을 교육하여, 그들 또는 각 선거연락소 소속 선거운동원들로 하여금 그 무렵부터 2009. 4. 13.까지 불특정 다수의 선거구민을 상대로 부재자신고서 수집활동을 하게 한 사실 등을 인정한 다음, 위 인정 사실에 나타난 17개 선거연락소를 설치한 시기, 동기 및 경위, 과정, 활동 내용 등에 비추어, 위 17개의 선거연락소는 순수한 선거준비행위의 차원에서 선거인에게 영향을 미치지 않는 내부적 행위로서 설치한 것이 아니라 선거운동을 목적으로 설치한 것으로서 위 법조 소정의 유사기관에 해당한다고 판단하였다.

앞서 본 법리와 기록에 비추어 살펴보면, 원심의 위와 같은 사실인정 및 판단은 정당한 것으로 수긍이 가고, 거기에 자유심증주의의 한계를 벗어나 사실을 인정한 위법이나 공직선거법 제89조 제1항의 유사기관에 관한 법리를 오해한 위법이 없다.

5. 피고인 3의 금품제공의 점에 대하여

원심과 제1심에서 적법하게 채택한 증거들을 기록에 비추어 살펴보면, 회계책임자인 피고인 3이 공소외 6 등과 공모하여 2009. 3. 26.부터 3. 31.까지 공소외 10 등 선거연락소장들에게 선거운동 관련 활동비 명목으로 100만원씩 합계 1,500만원을 제공한 사실을 인정할 수 있으므로, 같은 취지의 원심의 사실인정은 정당한 것으로 수긍할 수 있고, 거기에 자유심증주의의 한계를 벗어나 사실을 인정한 위법이 없다.

6. 피고인 4의 상고이유에 대하여

가. 공소사실이 특정되지 아니하여 공소제기가 무효라는 주장 부분

공소사실의 특정은 공소제기된 범죄의 성격에 비추어 그 공소의 원인이 된 사실을 다른 공소사실과 구별할 수 있을 정도로 그 일시, 장소, 방법, 목적 등을 적시하여 특정하면 족하고, 그 일부가 다소 불명확하더라도 그와 함께 적시된 다른 사항들에 의하여 그 공소사실을 특정할 수 있고, 그리하여 피고인의 방어권 행사에 지장이 없다면, 공소제기의 효력에는 영향이 없다(대법원 1987. 1. 20. 선고 86도2260 판결, 대법원 1989. 12. 12. 선고 89도2020 판결 등 참조).

피고인 4에 대한 공소사실은 범죄의 일시, 장소, 금품의 제공자, 수수한 금품액수 및 금품수수 명목 등을 특정하고 있으므로, 그 금품의 전달 경로가 누락되어 있다거나 실제와 달리 기재되어 있다 하더라도, 그러한 사정을 들어 공소사실 자체가 특정되어 있지 않다고는 말할 수 없고, 피고인의 방어권 행사에 지장이 있다고도 볼 수 없다. 이 부분 상고이유의 주장은 받아들일 수 없다.

나. 공소사실의 동일성에 관한 법리오해, 불고불리의 원칙 위반에 관한 주장 부분

피고인의 방어권 행사에 실질적인 불이익을 초래할 염려가 없는 경우에는 공소사실과 기본적 사실이 동일한 범위 내에서 법원이 공소장변경절차를 거치지 아니하고 다르게 사실을 인정하였다고 할지라도 불고불리의 원칙에 위배되지 아니한다(대법원 1994. 9. 9. 선고 94도998 판결, 대법원 2002. 3. 15. 선고 2001도970 판결 등 참조).

피고인 4에 대한 공소사실에 관하여 공소장에는 '피고인 4가 선거운동 관련 활동비 명목으로 현금 100만원을 교부받았다'라고 기재되어 있는데, 원심은 위 피고인의 항소이유에 대한 판단에서 "공소외 11이 피고인 4의 사자 또는 대리인으로서 선거운동과

관련하여 100만원을 받았다"라고 인정하면서도 위 공소사실을 그대로 유죄로 인정한 제1심을 유지하였다. 기록에 의하여 살펴보면, 원심의 위 조치는 공소사실과 기본적 사실이 동일한 범위 내에서 금품 수령행위의 태양을 보다 구체적으로 상세히 특정한 것이거나 또는 불명확한 점을 바로잡는 취지에 불과할 뿐만 아니라, 피고인 4는 원심에서 이 부분의 공소사실을 다투었고, 공소외 11이 받은 100만원을 위 피고인이 받은 것으로 볼 수 있는지에 관하여 심리가 충분히 되어 있음이 인정되므로, 위 피고인의 방어권 행사에 실질적인 불이익이 초래되었다고도 할 수 없다.

결국 원심의 조치는 위에서 본 법리에 비추어 정당한 것으로 수긍할 수 있고, 거기에 공소사실의 동일성에 관한 법리를 오해하거나 불고불리의 원칙을 위반한 위법이 있다고 할 수 없다.

다. 공범관계 성립에 관한 법리오해 및 사실오인, 심리미진 주장 부분

원심은 원심 및 제1심이 조사한 증거에 의하여 인정되는 그 판시와 같은 사실들을 종합하여, 공소외 11이 피고인 4의 사자 또는 대리인으로서 공소외 6으로부터 선거운동과 관련하여 100만원을 받았다고 보기에 충분하다고 판단하고, 위 피고인이 직접 위 돈을 받은 것과 동일하다고 보아 공소사실을 유죄로 인정한 제1심판결을 그대로 유지하였다. 관련 법리와 기록에 비추어 살펴보면 원심의 위 사실인정 및 판단은 정당한 것으로 수긍할 수 있고, 거기에 공직선거법 제230조 제1항 제5호의 금품수령죄에 관한 법리를 오해하여 심리를 다하지 아니한 위법이나 자유심증주의의 한계를 벗어나 사실을 인정한 위법이 있다고 볼 수 없다. 한편 원심은 위 피고인을 공소외 11과의 공범으로 보아 책임을 인정한 것이 아니므로, 원심판결에 공범관계의 성립에 관한 법리를 오해한 위법이 있다는 상고이유 주장도 받아들일 수 없다.

라. 법률의 착오에 관한 법리오해 주장 부분

이 부분 상고이유의 요지는, 피고인 4는 회계책임자 공소외 11로부터 50만원을 받아 선거운동기간 중 차량연료비로 사용하였을 뿐이고 이러한 행위는 형법 제16조의 법률의 착오에 해당하여 죄가 되지 않는다는 것이나, 이는 원심이 인정한 사실과는 다른 사실을 전제로 하여 원심판결의 잘못을 탓하는 취지에 불과하므로, 이 부분 상고이유의 주장은 받아들일 수 없다.

7. 피고인 5, 6, 7, 8, 9의 상고이유에 대하여

가. 사실오인 주장 부분

원심 및 제1심이 적법하게 채택한 증거들을 기록에 비추어 살펴보면, 원심이 위

피고인들의 이 사건 판시 각 범행을 유죄로 인정한 것은 정당하고, 거기에 자유심증주의의 한계를 벗어나 증거를 취사하거나 사실을 인정한 위법이 없으므로, 이 부분 상고이유의 주장은 사실심인 원심의 전권사항에 속하는 증거의 취사선택이나 사실의 인정을 탓하는 것으로 적법한 상고이유가 될 수 없다.

나. 피고인 5의 양형부당 주장 부분

피고인 5에게 벌금형이 선고된 이 사건에서 원심의 양형이 너무 무거워 부당하다는 사유는 적법한 상고이유가 될 수 없다.

8. 결 론

그러므로 상고를 모두 기각하기로 하여 관여 대법관의 일치된 의견으로 주문과 같이 판결한다.

Chapter 19

범인이 도피한 때에 해당여부

[1] 사건의 쟁점

1. 공직선거법 제268조 제1항 단서에 정한 공소시효 기간의 해석 및 위 단서에서 정한 '범인이 도피한 때'의 의미
2. 담당경찰관이 공직선거법 위반의 혐의사실을 고지하고 출석을 요구하는 전화통화와 출석요구서를 발송한 후, 체포영장을 발부받은 다음 4회에 걸쳐 피고인의 주거지 주변에서 밤과 낮을 번갈아 가며 잠복근무하고 집주인에게 탐문하는 등 검거·추적을 위한 직접적인 조치를 취하였음에도 피고인을 체포할 수 없었던 사안에서, 그 이후 피고인이 새로운 주소지로 전입신고를 함과 동시에 임대차계약서에 확정일자를 받고 주민등록증을 새로이 발급받은 사정 등을 이유로 도피의사 또는 도피상태를 단정할 수 없다고 한 원심판단에 법리오해 등의 위법이 있다고 한 사례

[2] 관련법령

1. 공직선거법 제268조 제1항
2. 구 공직선거법(2010. 1. 25. 법률 제9974호로 개정되기 전의 것) 제93조 제1항, 제255조 제2항 제5호, 제268조 제1항

가. 공직선거법 [법률 제10067호, 2010. 3. 12, 일부개정]

제268조(공소시효) ① 이 법에 규정한 죄의 공소시효는 당해 선거일후 6월(선거일후 에 행하여진 범죄는 그 행위가 있는 날부터 6월)을 경과함으로써 완성한다. 다만, 범인이 도피한 때나 범인이 공범 또는 범죄의 증명에 필요한 참고인을 도피시킨 때에는 그 기간은 3년으로 한다. 〈개정 2004.3.12〉

② 삭제 〈2005.8.4〉

나. 구 공직선거법 [2010. 1. 25. 법률 제9974호로 개정되기 전의 것]

제93조(탈법방법에 의한 문서·도화의 배부·게시 등 금지) ① 누구든지 선거일전 180일(보궐선거등에 있어서는 그 선거의 실시사유가 확정된 때)부터 선거일까지 선거에 영향을 미치게 하기 위하여 이 법의 규정에 의하지 아니하고는 정당(창당준비위원회와 정당의 정강·정책을 포함한다. 이하 이 조에서 같다) 또는 후보자(후보자가 되고자 하는 자를 포함한다. 이하 이 조에서 같다)를 지지·추천하거나 반대하는 내용이 포함되어 있거나 정당의 명칭 또는 후보자의 성명을 나타내는 광고, 인사장, 벽보, 사진, 문서·도화, 인쇄물이나 녹음·녹화테이프 기타 이와 유사한 것을 배부·첩부·살포·상영 또는 게시할 수 없다. 다만, 선거운동기간 중 후보자가 제60조의3(예비후보자 등의 선거운동) 제1항 제2호의 규정에 따른 명함을 직접 주거나 후보자가 그와 함께 다니는 자 중에서 지정한 1인과 후보자의 배우자(배우자 대신 후보자가 그의 직계존·비속 중에서 신고한 1인을 포함한다)가 그 명함을 직접주는 경우에는 그러하지 아니하다. 〈개정 1997.11.14, 1998.4.30, 2002.3.7, 2004.3.12, 2005.8.4〉

② 누구든지 선거일전 90일부터 선거일까지는 정당 또는 후보자의 명의를 나타내는 저술·연예·연극·영화·사진 기타 물품을 이 법에 규정되지 아니한 방법으로 광고할 수 없으며, 후보자는 방송·신문·잡지 기타의 광고에 출연할 수 없다. 다만, 선거기간이 아닌 때에 「신문 등의 자유와 기능보장에 관한 법률」 제2조(용어의 정의)의 규정에 따른 정기간행물의 판매를 위하여 통상적인 방법으로 광고하는 경우에는 그러하지 아니하다. 〈개정 1998.4.30, 2005.8.4〉

③ 누구든지 선거운동을 하도록 권유·약속하기 위하여 선거구민에 대하여 신분증명서·문서 기타 인쇄물을 발급·배부 또는 징구하거나 하게 할 수 없다. 〈신설 1995.12.30〉

제255조(부정선거운동죄) ① 다음 각 호의 어느 하나에 해당하는 자는 3년 이하의 징역 또는 600만원 이하의 벌금에 처한다. 〈개정 1995.12.30, 1997.11.14, 1998.4.30, 2000.2.16, 2002.3.7, 2004.3.12, 2005.8.4, 2009.2.12〉

1. 제60조(선거운동을 할 수 없는 자) 제1항의 규정에 위반하여 선거운동을 하거나 하게 한 자 또는 같은 조 제2항이나 제205조(선거운동기구의 설치 및 선거사무관계자의 선임에 관한 특례) 제4항의 규정에 위반하여 선거사무장 등으로 되거나 되게 한 자
2. 제61조(선거운동기구의 설치) 제1항의 규정에 위반하여 선거운동기구를 설치하거나 이를 설치하여 선거운동을 한 자
3. 제62조(선거사무관계자의 선임) 제1항 내지 제3항의 규정에 위반하여 선거사무장·선거

연락소장이나 선거사무원을 선임한 자

3의2. 제68조(어깨띠) 제2항의 규정을 위반하여 어깨띠를 선거운동을 위하여 착용하거나 하게 한 자

4. 삭제 〈2004.3.12〉

5. 삭제 〈2004.3.12〉

6. 제80조(연설금지장소)의 규정에 위반하여 선거운동을 위한 연설·대담을 한 자

7. 제81조(단체의 후보자 등 초청 대담·토론회) 제1항의 규정에 위반하여 후보자 등 초청 대담·토론회를 개최한 자

8. 제81조 제7항[제82조(언론기관의 후보자등 초청 대담·토론회) 제4항에서 준용하는 경우를 포함한다]의 규정에 위반하여 대담·토론회를 개최한 자

9. 제85조(지위를 이용한 선거운동금지) 제2항 또는 제3항의 규정에 위반한 행위를 하거나 하게 한 자

10. 제86조(공무원등의 선거에 영향을 미치는 행위금지) 제1항 제1호 내지 제4호·제2항·제3항 또는 제5항의 규정에 위반한 행위를 하거나 하게 한 자 또는 같은 조 제6항의 규정에 위반한 행위를 한 자

11. 제87조(단체의 선거운동금지) 제1항의 규정을 위반하여 선거운동을 하거나 하게 한 자 또는 동조 제2항의 규정을 위반하여 사조직 기타 단체를 설립·설치하거나 하게 한 자

12. 제88조(타 후보자를 위한 선거운동금지) 본문의 규정에 위반하여 다른 정당이나 후보자를 위한 선거운동을 한 자

13. 제89조(유사기관의 설치금지) 제1항 본문의 규정에 위반하여 유사기관을 설립·설치하거나 기존의 기관·단체·조직 또는 시설을 이용한 자

14. 삭제 〈2004.3.12〉

15. 제92조(영화 등을 이용한 선거운동금지)의 규정에 위반하여 저술·연예·연극·영화나 사진을 배부·공연·상연·상영 또는 게시하거나 하게 한 자

16. 제105조(행렬등의 금지) 제1항의 규정에 위반하여 무리를 지어 거리행진·인사 또는 연달아 소리지르는 행위를 하거나 하게 한 자, 같은 조 제2항의 규정에 위반하여 모양과 색상이 동일한 모자나 옷을 착용하거나 기타 표지물을 휴대하여 선거운동을 하거나 하게 한 자

17. 제106조(호별방문의 제한) 제1항 또는 제3항의 규정에 위반하여 호별로 방문하거나 하게 한 자

18. 제107조(서명·날인운동의 금지)의 규정에 위반하여 서명이나 날인을 받거나 받게 한 자

19. 제109조(서신·전보 등에 의한 선거운동의 금지) 제1항 본문 또는 제2항의 규정에 위반하여 서신·전보·모사전송·전화 기타 전기통신의 방법을 이용하여 선거운동을 하거나 하게 한 자나 같은 조 제3항의 규정에 위반하여 협박하거나 하게 한 자
20. 제218조의14 제1항을 위반하여 재외선거권자를 대상으로 선거운동을 한 자

② 다음 각 호의 어느 하나에 해당하는 자는 2년 이하의 징역 또는 400만원 이하의 벌금에 처한다. 〈개정 1995.12.30, 1997.11.14, 1998.4.30, 2000.2.16, 2002.3.7, 2004.3.12, 2005.8.4, 2007.1.3, 2008.2.29〉

1. 제60조의3 제1항 제4호 후단을 위반하여 예비후보자홍보물을 작성한 자

1의2. 대통령선거 및 지방자치단체의 장선거의 예비후보자가 아닌 자로서 제60조의4 제1항의 예비후보자공약집을 발간·배부한 자, 같은 항을 위반하여 1종을 넘어 예비후보자공약집을 발간·배부한 자, 같은 항을 위반하여 예비후보자공약집을 통상적인 방법으로 판매하지 아니하거나 방문판매의 방법으로 판매한 자, 같은 조 제2항을 위반하여 예비후보자공약집을 발간·배부한 자

1의3. 제64조(선전벽보) 제1항·제8항, 제65조(선거공보) 제1항·제2항, 제66조(선거공약서) 제1항 내지 제5항의 규정을 위반하여 선전벽보·선거공보 또는 선거공약서를 선거운동을 위하여 작성·사용하거나 하게 한 자

2. 제65조 제7항의 규정을 위반하여 선거공보에 후보자정보공개자료의 전부 또는 일부를 게재하지 아니한 자
3. 제57조의3(당내경선운동) 제1항의 규정을 위반하여 경선운동을 한 자
4. 제91조(확성장치와 자동차 등의 사용제한) 제1항·제3항 또는 제216조(4개 이상 선거의 동시실시에 관한 특례) 제1항의 규정에 위반하여 확성장치나 자동차를 사용하여 선거운동을 하거나 하게 한 자
5. 제93조(탈법방법에 의한 문서·도화의 배부·게시 등 금지) 제1항의 규정에 위반하여 문서·도화 등을 배부·첩부·살포·게시·상영하거나 하게 한 자, 같은 조 제2항의 규정에 위반하여 광고 또는 출연을 하거나 하게 한 자 또는 제3항의 규정에 위반하여 신분증명서·문서 기타 인쇄물을 발급·배부 또는 징구하거나 하게 한 자
6. 제100조(녹음기 등의 사용금지)의 규정에 위반하여 녹음기 또는 녹화기를 사용하여 선거운동을 하거나 하게 한 자
7. 삭제 〈1995.12.30〉
8. 제271조의2(선거에 관한 광고의 제한) 제1항의 규정에 의한 광고중지요청에 불응하여 광고를 하거나 광고게재를 의뢰한 자

③ 제85조 제1항의 규정에 위반하여 선거운동을 하거나 하게 한 자는 5년 이하의 징역에 처한다.

④ 제82조의5(선거운동정보의 전송제한) 제1항의 규정을 위반하여 선거운동정보를 전송한 자, 동조 제2항의 규정을 위반하여 선거운동정보에 해당하는 사실 등을 선거운동정보에 명시하지 아니하거나 허위로 명시한 자, 동조 제3항의 규정을 위반하여 수신자의 동의를 얻지 아니하고 선거운동정보를 전송한 자, 동조 제4항의 규정을 위반하여 기술적 조치를 한 자, 동조 제5항의 규정을 위반하여 비용을 수신자에게 부담하도록 한 자, 동조 제6항의 규정을 위반하여 선거운동정보를 전송한 자는 1년 이하의 징역 또는 100만원 이하의 벌금에 처한다. 〈신설 2004.3.12, 2005.8.4〉

[2006헌마1096, 2008.05.29, 공직선거법(2005. 8. 4. 법률 제7681호로 개정된 것) 제255조 제1항 제10호 중 '제86조 제1항 제2호' 부분은 공무원의 지위를 이용하지 아니한 행위에 대하여 적용하는 한 헌법에 위반된다.]

第268조(공소시효) ① 이 법에 규정한 죄의 공소시효는 당해 선거일후 6월(선거일후에 행하여진 범죄는 그 행위가 있는 날부터 6월)을 경과함으로써 완성한다. 다만, 범인이 도피한 때나 범인이 공범 또는 범죄의 증명에 필요한 참고인을 도피시킨 때에는 그 기간은 3년으로 한다. 〈개정 2004.3.12〉

② 삭제 〈2005.8.4〉

[3] 수원지방법원의 판결[70)]

【피 고 인】 피고인
【검　　사】 검 사

【주　　문】

이 사건 공소를 기각한다.

【이　　유】

1. 공소사실의 요지

피고인은, 누구든지 선거일전 180일부터 선거일까지 선거에 영향을 미치게 하기 위하여

---

70) 수원지방법원 2009. 10. 28. 선고 2009고합473 판결 **【공직선거법위반】**

공직선거법의 규정에 의하지 아니하고는 정당 또는 후보자를 지지·추천하거나 반대한다는 내용이 포함되어 있는 광고, 인사장, 벽보, 사진, 문서·도화, 인쇄물이나 녹음·녹화테이프 기타 이와 유사한 것을 배부·첩부·살포·상영 또는 게시할 수 없음에도, 2007. 9. 26.경 서울 송파구 (이하 상세주소 2 생략) 피고인의 집에서 제17대 대통령선거에 영향을 미치게 하기 위하여 자신의 컴퓨터를 이용하여 인터넷 사이트 미디어다음에 접속한 후 아고라 정치토론방 게시판(http://bbs1.agora.media.daum.net)에 '○○○'이라는 닉네임으로 "써비스 잘하는 창녀(안마걸) 잘고를 줄 아는 것이 곧 인생의 지혜다..? 이 장로님 말씀이 얼굴 덜 예쁜 창녀(안마걸)가 남자들이 덜 거쳐 가고 써비스가 좋대나...ㅉㅉㅉ 요즘 교회에서 이런 지혜 가르쳐 줍니까..?? 인생의 지혜... 써비스 잘하는 창녀..?? 요즘 교회 장로님들 다 그렇습니까..?? 대통령 해보겠다는 장로님이...??? 써비스 잘하는 창녀... 인생의 지혜라... 나라가 걱정됩니다."라는 내용의 글을 게시한 것을 비롯하여, 그 무렵부터 2007. 10. 23.경까지 사이에 별지 범죄일람표 기재와 같이 총 12회에 걸쳐 위 미디어다음의 아고라 토론방 게시판에 이○○ 후보자를 반대하는 내용이 포함되어 있는 문서를 게시하였다.

2. 이 법원의 판단

살피건대, 이 사건 공소사실은 공직선거법 제255조 제2항 제5호, 제93조 제1항에 해당하는 죄로서, 같은 법 제268조 본문의 규정에 따라 당해 선거일후 6월이 경과함으로써 공소시효가 완성되는 범죄인바, 이 사건 공소제기는 제17대 대통령 선거일인 2007. 12. 19.로부터 6개월이 경과하였음이 역수상 명백한 2009. 9. 30.에 제기되었음이 이 법원에 명백하다.

한편, 검사는 피고인이 '도피'하였으므로 이 사건 공소사실에 대한 공소시효는 공직선거법 제268조 단서의 규정에 따라 위 제17대 대통령 선거일로부터 3년이 지나야 완성되고 이 사건 공소는 그 기간 내에 제기된 것이므로 적법하다고 주장하나, 피고인의 일부 법정진술, 각 수사보고의 기재에 의하면, 피고인이 2007. 11. 2.경 사법경찰관리로부터 유선으로 출석요구를 받자 자진출석하겠다고 하고도 출석을 하지 아니하였고, 그 후 2007. 12. 12. 이 사건 공소사실로 체포영장이 발부된 후 피고인의 주거지인 서울 송파구 (이하 상세주소 2 생략)에 대한 사법경찰리의 수회 잠복수사에도, 피고인이 부동산중개업 등을 하면서 지방에 자주 거주하게 되면서 위 주거지에서 피고인에 대한 체포가 이루어지지 못한 사실, 그 후 2008. 1. 14.경 피고인이 사법경찰리의 출석요구 전화를 받고도 "현재 일 때문에 지방에 있으며 나중에 시간이 나면 출석하겠다."라며 전화를 끊고 그 후 출석을 하지 않다가 2009. 5. 27. 불심검문을 통해 지명수배된 사실을 알고 송파

경찰서에서 체포된 사실이 인정되나, 위와 같은 사실만으로는 피고인이 체포영장이 발부된 사실을 알면서도 수사기관의 체포를 피하기 위하여 자신의 위 주거지인 서울 송파구 (이하 상세주소 2 생략)를 떠나 다른 곳에서 거주하면서 도피하였다고 단정할 수도 없고, 피의자에게는 당연히 수사기관에 출석할 의무가 인정되는 것이 아닌 이상, 단순히 수사기관의 출석요구에 불응하였다는 점만으로는 피고인이 도피하였다고 볼 수 없으며, 달리 피고인이 도피하였다는 점을 인정할 아무런 증거가 없다.

3. 결 론

그렇다면, 이 사건 공소는 공소시효가 완성된 후에 제기된 것으로서, 공소제기의 절차가 법률의 규정에 위반되어 무효인 때에 해당하므로 형사소송법 제327조 제2호에 따라 공소를 기각한다. 이상의 이유로 주문과 같이 판결한다.

[범죄 일람표 생략]

[4] 서울고등법원의 판결[71)]

【피 고 인】 피고인
【항 소 인】 검 사
【검　　사】 검 사
【변 호 인】 변호사(국선)

【원심판결】 수원지방법원 2009. 10. 28. 선고 2009고합473 판결

【주　　문】

검사의 항소를 기각한다.

【이　　유】

1. 항소이유의 요지

피고인이 이 사건에 관하여 담당경찰관으로부터 2007. 11. 2.경 출석요구를 받아 피고인에 대한 수사가 개시되었음을 알고서도 이에 불응하였고 집에 들어오지 않아서 담당경찰관의 수차례에 걸친 잠복수사에도 불구하고 피고인을 체포할 수 없었던 점, 그 이후 끈질긴 시도 끝에 2008. 1. 14. 피고인과의 통화가 되어 담당경찰관이 피고인에게 피고인에

71) 서울고등법원 2010. 1. 14. 선고 2009노2997 판결 【공직선거법위반】

대한 체포영장이 발부된 사실까지 얘기하면서 출석을 요구하였는데 피고인이 일 때문에 지방에 있으니 나중에 시간이 나면 출석하겠다고 하면서도 여전히 수사기관에 아무런 통지도 없이 전입신고를 하지 않은 채 다른 곳으로 이사하고는 수사기관에 출석하지 아니하였던 점, 피고인이 검찰 조사과정에서 위 2008. 1. 14. 통화 당시 피고인이 "선거가 끝나면 선거 전에 있었던 일에 대해서는 그냥 넘어간다고 하던데 왜 자꾸 나오라고 하느냐"고 얘기했다고 진술하고 있는 점 등을 종합하면, 피고인은 형사처벌을 피하기 위하여 도피하였다고 할 것인데도 이와 달리 피고인이 도피하였다고 볼 수 없다면서 이 사건 공소에 대하여 공소시효가 지났다는 이유로 공소를 기각한 원심판결에는 사실오인 내지 법리오해로 인하여 판결에 영향을 미친 위법이 있다.

2. 판 단

가. 도피에 관한 법리

공직선거법 제268조 단서 소정의 '범인이 도피한 때'에 해당하기 위해서는 범인이 주관적으로 수사기관의 검거·추적으로부터 벗어나려는 도피의사가 있어야 하고, 객관적으로 수사기관의 검거·추적이 불가능한 상황, 즉 도피상태에 있어야 한다. 따라서 범인이 단지 수사기관의 소환에 응하지 않고 있을 뿐 법률상 인정되는 체포·구속 등이 가능한 경우에는 이를 도피한 때로 보기 어렵다.

한편, 공직선거법이 선거에 따른 정국의 불안을 신속히 해소하고 당선인 등 이해관계인의 지위와 선거결과를 조기에 안정시키려는 취지로 위와 같이 규정한 점, 형사소송법에서는 범인이 형사처벌을 면할 목적으로 국외에 있는 경우에 한하여 그 기간동안 공소시효를 정지하고 있는 점(제253조 제3항) 등에 비추어, 범인이 도피한 때에 해당하여 그 공소시효를 6월이 아닌 3년으로 적용되는 경우라고 판단함에 있어서 단순히 범인이 도주하거나 소재불명인 때와는 다르게 범인의 도피의사와 도피상태를 엄격하게 해석하여야 할 것이다.

나. 피고인이 자신의 형사처벌을 면하기 위하여 도피하였는지 여부

원심과 당심이 적법하게 채택하여 조사한 증거들에 의하면, ① 피고인이 2007. 11. 2.경 피고인의 휴대폰(번호 1 생략)을 통하여 이 사건의 담당경찰관인 경사 공소외 1로부터 출석요구를 받자 자진출석하겠다고 하고도 출석을 하지 아니하였고, 한편 담당경찰관은 출석요구를 위하여 피고인에게 그 외에도 2007. 11. 5. 및 같은 달 19. 우편으로 출석요구서를 발송하였고, 2007. 11. 6. 피고인의 다른 휴대폰(번호 2 생략)에, 같은 달 13., 같은 달 19.에 피고인의 또다른 휴대폰(번호 1 생략, 번호 3 생략)에 전화를 걸었던 사실(위 우편물은 폐문부재 등의 사유로 반송되었고, 위 전화통화시도는 불통 등으로

무산되었다), ② 다른 담당경찰관인 경사 공소외 2가 이 사건 공소사실로 1차 체포영장(유효기간 : 2007. 11. 30.부터 같은 해 12. 7.까지)이 발부된 후인 2007. 12. 4. 17:00부터 같은 날 23:00경까지, 같은 달 6. 19:00부터 23:00경까지, 같은 달 7. 15:00부터 18:00경까지, 2차 체포영장이 2007. 12. 12. 발부된 이후인 2007. 12. 28. 14:00부터 19:00경까지 피고인의 주거지인 서울 송파구 (이하 상세주소 2 생략) 근처에서 4회에 걸쳐 잠복수사를 하였으나, 피고인이 부동산중개업 등을 위해 지방에 머물렀던 시간이 많게 되면서 위 주거지에서 피고인에 대한 체포가 이루어지지 못한 사실, ③ 피고인은 2008. 1. 14.경 위 공소외 2의 출석요구 전화를 받고도 "현재 일 때문에 지방에 있으며 나중에 시간이 나면 출석하겠다"며 전화를 끊고 그 후 출석을 하지 않다가 2009. 5. 27. 불심검문을 통해 지명수배된 사실이 밝혀져 송파경찰서에서 체포된 사실을 인정할 수 있으나, 한편 원심과 당심이 적법하게 채택하여 조사한 증거들에 의하여 인정되는 다음과 같은 사정, 즉 ① 피고인의 주민등록표(등본주소변동)에 2007. 1. 31. '서울 송파구 (이하 상세주소 2 생략)'로 전입신고가 되는 과정에서 비로소 '서울 서초구 (이하 상세주소 3 생략)'로 재등록되었고, 피고인은 2007. 11. 23.부터 2008. 1. 18.까지의 기간동안 당시 서울 강남구 (이하 상세주소 4 생략)에 있는 공소외 4 주식회사 부동산실무아카데미학원에서 부동산개발에 관한 프로젝트파이낸싱(PF) 전문가 과정을 이수하였는데, 이는 피고인이 부동산개발과 관련한 일로 지방에 머문 시간이 많고 특히 이 사건으로 수사기관의 출석요구를 받을 당시에는 피고인의 주민등록상 주소지와는 다소 지리적으로 떨어져 있는 위 학원에서 강의를 받느라고 저녁시간을 보내고 새벽에는 대리운전을 하는 관계로 낮에는 주로 자느라고 연락을 받기가 힘들었다는 취지의 피고인 주장과 어느 정도 부합하는 측면이 있는 점, ② 피고인은 수원시 영통구 (이하 상세주소 5 생략)에 있는 직장에 다니게 됨에 따라 이 사건 공소시효가 도과하기 전인 2008. 3. 28. '수원시 영통구 (이하 상세주소 1 생략)(대법원 판결의 이하 상세주소 생략)'로 전입신고를 함과 동시에 임차건물부분의 임대차계약에 관하여 확정일자까지 받았고 심지어는 같은 날 수원시장 명의의 주민등록증까지 새로이 발급받았으며, 그 이후 피고인의 주소지는 당심에 이르기까지도 전혀 변경되지 않았는데도 수사기관에서는 피고인의 이러한 주민등록상 주소변경 등의 사실조차도 전혀 파악하지 않았고 그 결과 피고인의 새 주소지에 출석요구서조차도 전혀 보내지 아니하였던 점, ③ 이 사건이 관할 경찰서로부터 검찰로 송치된 2008. 1. 22. 이후 검찰에서도 피고인에 대한 출석요구 등 피고인의 신병확보를 위하여 특별한 조치는 취하지 않은 것으로 보이는 점, ④ 당심 증인으로 출석한 공소외 2는 2008. 1. 14.경 피고인과의 전화통화로 피고인에게 이 사건으로 체포영장이 발부된 사실도 고지하였다는 취지로 증언하고 있으나, 공소외 2가 작성한 2008. 1. 15.자 수사보고에는 사건의 개요를 설명하고 출석을 요구하였다고만 기재되어 있을 뿐 체포영장의 발부사실을 고지하였다는 직접적인 기재는 없는 점, ⑤ 피의자의 신분에 불과하던 피고인이 당연히 수사기관에 출석하여야 할 법률상 의무가 있는 것도 아니고 이는 가사 체포영장이 발부되어 있다고 하더라도 마찬가지인 점 등에 비추어 볼 때, 앞서 본 인정사실만으로는 피고인이 단순히 수사기관의 출석요구에 불응한 수준을 넘어서 피고인에게 도피의사가 있었다거나 또는 피고인이 도피상태에 있었다고 단정할 수는 없어서 피고인이 수사기관의 체포를 피하기 위하여 도피하였다고 볼 수가 없고, 달리 피고인이 도피하였다는 점을 인정할 만한 증거가 없으므로, 결국 원심의 판단은 정당하여서 검사의 주장은 이유 없다.

3. 결 론

따라서 검사의 항소는 이유 없으므로 형사소송법 제364조 제4항을 적용하여 이를 기각하기로 하여 주문과 같이 판결한다.

[5] 대법원의 판결[72)]

【피 고 인】 피고인

【상 고 인】 검 사

【원심판결】 서울고법 2010. 1. 14. 선고 2009노2997 판결

【주　　문】

원심판결 및 제1심판결을 파기하고, 사건을 수원지방법원에 환송한다.

【이　　유】

상고이유를 판단한다.

1. 공직선거법 제268조 제1항은 "이 법에 규정한 죄의 공소시효는 당해 선거일후 6월(선거일후 에 행하여진 범죄는 그 행위가 있는 날부터 6월)을 경과함으로써 완성한다. 다만, 범인이 도피한 때나 범인이 공범 또는 범죄의 증명에 필요한 참고인을 도피시킨 때에는 그 기간은 3년으로 한다"고 규정하고 있는바, 위 조항의 규정 형식 및 내용에 비추어 보면, 위 조항 단서의 사유가 발생한 경우 공소시효는 당해 선거일후 3년(선거일후에 행하여진 범죄는 그

72) 대법원 2010. 5. 13. 선고 2010도1386 판결 【공직선거법위반】

행위가 있는 날부터 3년)을 경과함으로써 완성된다고 해석함이 상당하다.

그리고 공직선거법 제268조 제1항 단서 소정의 '범인이 도피한 때'에 해당하기 위해서는 범인이 주관적으로 수사기관의 검거·추적으로부터 벗어나려는 도피의사가 있어야 하고, 객관적으로 수사기관의 검거·추적이 불가능한 도피상태에 있어야 한다. 이때 도피의사는 수사기관의 검거·추적으로부터 벗어남으로써 수사, 재판 및 형의 집행 등 형사사법의 작용을 곤란 또는 불가능하게 한다는 인식으로 족하고, 궁극적으로 형사처분을 면할 목적이나 공소시효를 도과시키려는 목적을 필요로 하는 것은 아니라고 할 것이다. 그리고 도피상태는 소재가 분명하더라도 검거·추적이 불가능한 경우를 포함하지만 단순히 수사기관의 소환에 응하지 않고 있을 뿐 검거·추적이 가능한 경우에는 도피상태라고 볼 수 없다.

2. 원심판결 이유와 원심이 적법하게 조사한 증거 등에 의하면, 이 사건의 담당경찰관인 공소외 1은 2007. 11. 2.경 피고인의 휴대폰(번호 1 생략)으로 연락하여 피고인이 이 사건 공소사실과 같이 수회에 걸쳐 인터넷에 글을 올린 사실을 확인하고 그 사건 조사를 위하여 피고인에게 출석을 요구하였으나 피고인은 출석하지 않은 사실, 담당경찰관은 출석요구를 위하여 피고인에게 2007. 11. 5. 및 같은 달 19. 우편으로 출석요구서를 발송하였으나 폐문부재로 반송되었고, 2007. 11. 6., 같은 달 13., 같은 달 19.에 피고인의 휴대폰(번호 1 생략, 번호 2 생략)으로 수회 통화를 시도하였으나 불통된 사실, 다른 담당경찰관인 공소외 2가 이 사건 공소사실로 1차 체포영장이 발부된 후인 2007. 12. 4. 17:00부터 같은 날 23:00경까지, 같은 달 6. 19:00부터 23:00경까지, 같은 달 7. 15:00부터 18:00경까지, 2차 체포영장이 발부된 이후인 2007. 12. 28. 14:00부터 19:00경까지 피고인의 주거지인 서울 송파구 (이하 상세주소 생략) 주변에서 4회에 걸쳐 잠복수사를 하였으나 피고인이 들어오지 않아 체포하지 못한 사실, 담당경찰관 공소외 2가 2007. 12. 7.경 피고인 주거지 집주인을 탐문수사하여 피고인의 소재를 파악하였는데 피고인이 위 주거지에 살고 있으나 요즘 얼굴을 보지 못하였다는 답변을 들었고 피고인과 최초 통화하였던 휴대폰(번호 1 생략)으로 수회 통화 시도하였으나 전화를 받지 않다가 전원을 꺼놓은 것으로 확인한 사실, 피고인은 2008. 1. 14.경 위 공소외 2의 출석요구 전화를 받고도 "선거도 끝나고 별거 아닌데 왜 그러냐, 현재 일 때문에 지방에 있으며 나중에 시간이 나면 출석하겠다"면서 전화를 끊은 사실, 위 공소외 2는 피고인이 출석할 의사가 없다고 판단하여 피고인에 대하여 지명수배를 하고 2008. 1. 22. 사건을 검찰로 송치하였고, 검사는 기소중지 처분을 한 사실, 피고인은 2009. 5. 27. 불심검문을 통해 지명수배된 사실이 밝혀져 체포된 사실을 알 수 있는바, 담당경찰관이 혐의사실을 고지하고 출석을 요구하는 전화통화와 출석요구서를 발송하는데 그치지 않고 체포영장을 발부받은

다음 4회에 걸쳐 피고인의 주거지 주변에서 밤과 낮을 번갈아 가며 잠복근무하고 집주인에게 탐문하는 등 검거·추적을 위한 직접적인 조치를 취하였음에도 피고인을 체포할 수 없었다면 객관적으로 수사기관의 검거·추적이 불가능한 도피상태라고 평가함이 상당하다.

3. 피고인이 도피의사를 부인하는 경우에는, 이러한 주관적 요소로 되는 사실은 사물의 성질상 주관적 의사와 상당한 관련성이 있는 간접사실 또는 정황사실을 증명하는 방법에 의하여 이를 입증할 수밖에 없다고 할 것이다.
원심판결 이유와 원심이 적법하게 조사한 증거 등에 의하면, 피고인은 2007. 1.경부터 서울 강남구 역삼동 소재 공소외 3 주식회사에서 하는 부동산관련 강의를 듣기 위하여 위 주거지로 전입신고를 마치고 거주하였는데 그 후 강의를 하는 회사가 변경되어 2007. 11. 23.부터 2008. 1. 18.까지 서울 강남구 논현동 소재 공소외 4 주식회사에서 수강을 마쳤고, 2007. 11. 말경부터 대리운전을 하였기 때문에 이 사건 담당경찰관의 연락을 받지 못하였다고 주장하는바, 피고인의 진술에 의하더라도 피고인은 위 강의를 듣기 위하여 위 주거지에 거주하면서 이 사건 공소사실 기재 글을 게시하였다는 것인데, 이 사건 공소사실 기재 글을 게시할 당시와 생활이 달라지지 않은 2007. 11. 말경까지 수회에 걸친 전화통화와 출석요구서 발송에도 불구하고 연락이 되지 않았고, 2007. 11. 말경부터 대리운전을 하였다고는 하나 그 무렵 이후 경찰관이 체포영장을 받아 4회에 걸쳐 밤과 낮을 번갈아 가며 잠복근무를 하였음에도 피고인을 체포할 수 없었으며, 집주인도 요즘 피고인의 얼굴을 보지 못했다고 하는 사정에 비추어, <u>피고인은 2007. 11. 2.경 담당경찰관으로부터 혐의사실을 고지받고 출석요구를 받은 때부터 종전의 주거지를 이탈하였거나 종전과는 다른 양상으로 거주하여 온 것으로 봄이 상당하다.</u>
피고인이 2008. 3. 28. '수원시 영통구 (이하 상세주소 생략)'로 전입신고를 함과 동시에 임대차계약서에 확정일자를 받고 수원시장 명의의 주민등록증까지 새로이 발급받은 사정이 있다고 하더라도, 그전에 이미 도피의사로 도피상태에 있어 공직선거법 제268조 제1항 단서 소정의 '범인이 도피한 때' 요건을 충족하였다면 이로써 공소시효의 기간은 3년이 된다고 할 것이다. 또한 경찰이 피고인에 대하여 2차 체포영장을 발부받고 지명수배 조치를 취한 다음 사건을 검찰에 송치하고 검찰이 기소중지 처분을 하였다면, 그 무렵에 도피의사가 있었는지 여부를 판단하면 족하고 그 후에 추가적인 조치를 취하였는지 여부는 도피의사를 판단할 직접적인 정황은 아니라고 할 것이다.
한편, 피고인 스스로 자진하여 수사기관에 출석하였는지 여부는 도피의사를 확정하는 주요한 정황이 될 수 있을 터인데, 담당경찰관이 2007. 11. 2. 처음 통화를 하면서 혐의 내용을 알려주었고 2008. 1. 14. 마지막 통화를 하면서 출석요구하였으며 이때 적어도 출석하지 않으면 체포영장이 발부되거나 지명수배될 수 있다는 사실은 알려주었다고 보는 것이 합당한데(원심은, 담당경찰관 공소외 2가 2008. 1. 15. 작성한 수사보고서에 체포영장이 발부된 사실을 고지하였다는 기재가 없다는 점을 지적하고 있으나, 공소외 2의 증언에 의하면 적어도 체포영장이 발부되거나 지명수배될 수 있다는 사실은 알려주었다고 보는 것이 경험칙에 부합한다), 피고인이 체포영장이 발부되거나 지명수배될 수 있다는 사실을 고지받고 또 2개월 이상에 걸쳐 출석요구를 받아 사건이 무마되지 않으리라는 것을 알았다고 보여지는 상황에서도 스스로 수사기관에 출석하지 않고 최종 출석통보를 받은 2008. 1. 14.로부터 1년 4개월 이상이 지난 2009. 5. 27. 불심검문으로 체포되었다면, 도피의사를 추단하는 정황이 될 수 있다.

위와 같은 여러 정황을 앞서 본 법리에 비추어 보면, 피고인이 담당경찰관으로부터 최종 출석통보를 받은 무렵 단순히 수사기관의 소환에 응하지 않는 것을 넘어서 수사기관의 검거·추적으로부터 벗어남으로써 수사, 재판 및 형의 집행 등 형사사법의 작용을 곤란 또는 불가능하게 한다는 인식이 있었다고 볼 여지가 충분하다.

4. 그런데도 원심이 판시와 같은 사정만을 들어 피고인에게 도피의사가 있었다거나 또는 피고인이 도피상태에 있었다고 단정할 수 없다고 판단한 데에는 공직선거법 제268조 제1항 단서 소정의 공소시효 기간에 관한 법리를 오해하여 필요한 심리를 다하지 아니함으로써 판결 결과에 영향을 미친 위법이 있다고 할 것이다.

또한, 제1심은 이 사건 공소는 공소시효가 완성된 후에 제기된 것으로서 공소제기의 절차가 법률의 규정에 위반되어 무효인 때에 해당한다는 이유로 형사소송법 제327조 제2호에 따라 공소를 기각하였고, 원심은 이러한 제1심의 판단을 그대로 유지하였는바, 형사소송법 제326조 제3호에 의하면 '공소의 시효가 완성되었을 때'에는 판결로써 면소의 선고를 하여야 하므로, 이 점에서도 원심판결은 파기를 면할 수 없고, 형사소송법 제393조에 의하여 원심판결 및 제1심판결을 모두 파기한다.

5. 그러므로 원심판결 및 제1심판결을 파기하고, 사건을 다시 심리·판단하게 하기 위하여 제1심법원에 환송하기로 하여 관여 대법관의 일치된 의견으로 주문과 같이 판결한다.

Chapter
20 시새마을운동의 대표자가 선거운동을 할 수 없는 자에 해당하는지 여부

[1] 사건의 쟁점

1. 사단법인 새마을운동중앙회가 공직선거법 제60조 제1항 제8호의 '특별법에 의하여 설립된 국민운동단체로서 국가 또는 지방자치단체의 출연 또는 보조를 받는 단체'에 해당한다고 한 사례
2. 시새마을회는 새마을운동중앙회의 시조직이므로, 지방의회 의원이자 시새마을회의 대표자인 피고인은 공직선거법 제60조 제1항 제8호의 '선거운동을 할 수 없는 자'에 해당한다고 한 사례

[2] 관련법령

1. 공직선거법 제60조 제1항 제8호
2. 공직선거법 제60조 제1항 제8호

가. 공직선거법 [법률 제10067호, 2010. 3. 12, 일부개정]

제60조(선거운동을 할 수 없는 자) ① 다음 각 호의 어느 하나에 해당하는 사람은 선거운동을 할 수 없다. 다만, 제1호에 해당하는 사람이 예비후보자·후보자의 배우자인 경우와 제4호부터 제8호까지의 규정에 해당하는 사람이 예비후보자·후보자의 배우자이거나 후보자의 직계존비속인 경우에는 그러하지 아니하다. 〈개정 1995.12.30, 1997.1.13, 2000.2.16, 2002.3.7, 2004.3.12, 2005.8.4, 2010.1.25〉

1. 대한민국 국민이 아닌 자
2. 미성년자(19세 미만의 자를 말한다. 이하 같다)
3. 제18조(선거권이 없는 자) 제1항의 규정에 의하여 선거권이 없는 자

4. 「국가공무원법」 제2조(공무원의 구분)에 규정된 국가공무원과 「지방공무원법」 제2조(공무원의 구분)에 규정된 지방공무원. 다만, 「정당법」 제22조(발기인 및 당원의 자격) 제1항 제1호 단서의 규정에 의하여 정당의 당원이 될 수 있는 공무원(국회의원과 지방의회의원외의 정무직공무원을 제외한다)은 그러하지 아니하다.
5. 제53조(공무원 등의 입후보) 제1항 제2호 내지 제8호에 해당하는 자(제4호 내지 제6호의 경우에는 그 상근직원을 포함한다)
6. 향토예비군 소대장급 이상의 간부
7. 통·리·반의 장 및 읍·면·동주민자치센터(그 명칭에 관계없이 읍·면·동사무소 기능전환의 일환으로 조례에 의하여 설치된 각종 문화·복지·편익시설을 총칭한다. 이하 같다)에 설치된 주민자치위원회(주민자치센터의 운영을 위하여 조례에 의하여 읍·면·동사무소의 관할구역별로 두는 위원회를 말한다. 이하 같다)위원
8. 특별법에 의하여 설립된 국민운동단체로서 국가 또는 지방자치단체의 출연 또는 보조를 받는 단체(바르게살기운동협의회·새마을운동협의회·한국자유총연맹을 말한다)의 상근 임·직원 및 이들 단체 등(시·도조직 및 구·시·군조직을 포함한다)의 대표자
9. 삭제 〈2005.8.4〉

② 향토예비군 소대장급 이상의 간부·주민자치위원회위원 또는 통·리·반의 장이 선거사무장, 선거연락소장, 선거사무원, 제62조 제4항에 따른 활동보조인, 회계책임자, 연설원, 대담·토론자 또는 투표참관인이나 부재자투표참관인이 되고자 하는 때에는 선거일전 90일(선거일전 90일 후에 실시사유가 확정된 보궐선거등에서는 그 선거의 실시사유가 확정된 때부터 5일)까지 그 직을 그만두어야 하며, 선거일후 6월 이내(주민자치위원회위원은 선거일까지)에는 종전의 직에 복직될 수 없다. 이 경우 그만둔 것으로 보는 시기에 관하여는 제53조 제4항을 준용한다. 〈개정 2002.3.7, 2008.2.29, 2010.1.25〉

[3] 의정부지방법원의 판결[73)]

【피 고 인】 피고인
【검　　사】 검 사
【변 호 인】 변호사

73) 의정부지방법원 2008. 7. 18. 선고 2008고합145 판결 **【공직선거법위반】**

【주　　문】

피고인을 벌금 2,000,000원에 처한다.

피고인이 위 벌금을 납입하지 아니하는 경우 50,000원을 1일로 환산한 기간 피고인을 노역장에 유치한다.

【이　　유】

【범죄사실】

[전과사실]

피고인은 2007. 10. 26. 의정부지방법원에서 공직선거법위반죄로 벌금 80만원을 선고받고 2008. 2. 1. 위 판결이 확정되었다.

[범죄사실]

피고인은 포천시 시의회 부의장이며 새마을운동협의회의 구·시·군 조직인 사단법인 포천시 새마을회의 대표이사 회장이다. 특별법에 의하여 설립된 국민운동단체로서 국가 또는 지방자치단체의 출연 또는 보조를 받는 새마을운동협의회의 구·시·군 조직의 대표자는 선거운동을 할 수 없다.

1. 그럼에도 불구하고 피고인은 2008. 3. 27.경 포천시 군내면 구읍리에 있는 청소공원 내 현충탑에서 같은 해 4. 9. 실시 예정인 제18대 국회의원 선거의 포천·연천 선거구 한나라당 소속 후보자 공소외 1을 수행하여 위 현충탑에 참배하고, 계속해서 포천시에 있는 공소외 1의 선거사무실에서 개최된 선거대책위원회 회의에 참석하여 선거대책위원장 공소외 2와 공소외 1의 지지부탁 연설 이후 "화이팅"이라는 구호를 3회 외침으로써 공소외 1을 당선되게 하기 위한 선거운동을 하였다.

2. 피고인은 2008. 3. 30. 11:00경 포천시 신읍동에 있는 민속장터에서 공소외 1을 수행하며 불특정 다수의 선거구민들에게 "공소외 1 당선을 위해 지지를 부탁합니다"라고 말하며 공소외 1을 당선되게 하기 위한 선거운동을 하였다.

3. 피고인은 2008. 4. 4. 14:00경 포천시 소흘읍 송우리에 있는 송우사거리에서 공소외 1을 수행하며 불특정 다수의 선거구민들에게 "공소외 1 후보자를 위해 잘 부탁합니다." 라고 지지를 부탁하며 공소외 1을 당선되게 하기 위한 선거운동을 하였다.

4. 피고인은 2008. 4. 5. 15:30경 포천시 신북면에 있는 포천중학교 입구에서부터 선거운동을 하는 위 후보자의 배우자를 수행하며 같은 시에 있는 가채1리 및 가채2리 경노당에

안내하고, 위 경노당에서 후보자의 지지를 부탁하는 후보자의 배우자와 선거운동원들을 안내하고 보조하여 공소외 1을 당선되게 하기 위한 선거운동을 하였다.

5. 피고인은 2008. 4. 6. 11:00경부터 같은 달 7. 12:00경까지 사이에 포천시 영중면 양문리에 있는 공소외 5 주식회사 사무실에서 사무실을 방문한 피고인은 선후배 등 선거구민들에게 "한나라당 후보자가 당선되어야 포천이 발전한다."고 공소외 1의 지지를 부탁하는 말을 하여 선거운동을 하였다.

【증거의 요지】

1. 피고인의 법정진술
1. 각 현장사진
1. 재직확인서

【법령의 적용】

1. 범죄사실에 대한 해당법조 및 형의 선택
   각 공직선거법 제255조 제1항 제1호, 제60조 제1항 제8호(벌금형 선택)
1. 경합범가중
   형법 제37조 전단, 제38조 제1항 제2호, 제50조(범정이 가장 무거운 2008. 4. 6. 공직선거법 위반죄에 정한 형에 경합범가중)
1. 노역장유치
   형법 제70조, 제69조 제2항

[4] 서울고등법원의 판결[74)]

【피 고 인】 피고인
【항 소 인】 피고인
【검　　사】 검 사
【변 호 인】 변호사 1 외 2인

【원심판결】 의정부지방법원 2008. 7. 18. 선고 2008고합145 판결
【주　　문】
피고인의 항소를 기각한다.

---
74) 서울고등법원 2008. 12. 30. 선고 2008노1986 판결 【공직선거법위반】

【이 유】

1. 항소이유의 요지

가. 공직선거법 제60조 제1항 제8호(이하 '이 사건 법률조항'이라고 한다) 소정의 '특별법에 의하여 설립된 국민운동단체(새마을운동협의회)'에 대한 법리오해 및 원심의 죄형법정주의 위반

새마을운동 관련 중앙단위 단체로는, '사단법인 새마을운동중앙회(이하 '새마을운동중앙회'라고만 한다)'와 그 회원 조직인 '새마을지도자중앙협의회', '새마을부녀회중앙연합회', '직·공장새마을운동중앙협의회', '새마을문고중앙회', '새마을금고연합회'가 있고, 과거 새마을운동중앙협의회규정(대통령령 제6104호)에 의하여 '새마을운동중앙협의회'가 설치된 바 있으나, 새마을운동중앙협의회 규정은 1990. 5. 3. 폐지되었으며, 위 규정에 의한 새마을운동중앙협의회는 현재 존재하지 않는바, 현재 이 사건 법률조항에서 말하는 '새마을운동협의회'라는 명칭의 국민운동단체는 존재하지 않고, 이 사건 법률조항 자체에 의하더라도 이들 단체가 '특별법에 의하여 설립된 국민운동단체(새마을운동협의회)'에 해당한다고 해석하기 위해서는 위 각 단체 역시 '특별법에 의하여 설립된 국민운동단체'이어야 하는바, 새마을운동중앙회 내지 사단법인 포천시새마을회(이하 '포천시새마을회'라고 한다)는 민법에 의하여 설립된 사단법인일 뿐, '특별법에 의하여 설립'된 단체가 아니고, 1980. 12. 13. 제정된 '새마을운동조직육성법'이 있으나, 이 법은 새마을운동중앙회의 설립 근거법률이 아니라 국가의 지원에 관한 근거법률일 뿐이며, 현재의 위 각 단체가 새마을운동조직육성법이라는 특별법에 의하여 설립된 국민운동단체라고는 할 수 없고, 죄형법정주의는 국가형벌권의 자의적인 행사로부터 개인의 자유와 권리를 보호하기 위하여 죄와 형을 법률로 정할 것을 요구하며, 그로부터 파생된 유추해석금지의 원칙은 성문의 규정은 엄격히 해석되어야 한다는 전제 아래 피고인에게 불리하게 성문규정이 표현하는 본래의 의미와 다른 내용으로 유추해석하는 것을 금지하고 있는데, 이 사건 법률조항 소정의 '특별법에 의하여 설립된 국민운동단체(새마을운동협의회)'라 함은 새마을운동중앙회와 그 회원 조직인 '새마을지도자중앙협의회', '새마을부녀회중앙연합회', '직·공장새마을운동중앙협의회'(및 '새마을문고중앙회', '새마을금고연합회')를 말한다고 해석하는 것은, 문언의 가능한 범위를 초과한 해석이고 지나친 유추해석으로서 죄형법정주의의 원칙에 위반되어 헌법상 허용될 수 없다.

따라서 새마을운동중앙회 또는 포천시새마을회가 이 사건 법률조항 소정의 '특별법에 의하여 설립된 국민운동단체(새마을운동협의회)' 또는 그 '시조직'에 해당함을 전제로 하는 이 사건 공소사실에 대해서는 죄가 되지 아니한다는 이유로 무죄가 선고되어야 함에도 불구하고 이에 대하여 유죄를 선고한 원심에는 법리오해로 인하여 판결에 영향을

미친 위법이 있다.

나. 이 사건 법률조항 소정의 '특별법에 의하여 설립된 국민운동단체(새마을운동협의회)의 시 조직'에 대한 법리오해

피고인은 포천시새마을회의 대표자(대표권 있는 이사)이므로, 피고인이 이 사건 법률조항을 위반하였다고 하기 위해서는, 이 사건 공소사실 기재와 같이 포천시새마을회가 '특별법에 의하여 설립된 국민운동단체(새마을운동협의회)'의 '포천시조직'에 해당하여야 하는데, 포천시새마을회는 2006. 4. 20. 민법에 의하여 설립된 독립된 단체이므로 가사, 현재의 새마을운동중앙회가 이 사건 법률조항 소정의 '특별법에 의하여 설립된 국민운동단체(새마을운동협의회)'라고 하더라도, 포천시새마을회는 새마을운동중앙회의 '포천시조직'이라고 볼 수 없고, 특히 새마을운동중앙회는 새마을지도자중앙협의회, 새마을부녀회중앙연합회, 직·공장새마을운동중앙협의회, 새마을문고중앙회, 새마을금고연합회를 회원 조직으로 하고 있으나, 포천시새마을회는 정관 제7조 제1항에서 정하고 있는 바와 같이, 새마을지도자 포천시협의회, 포천시 새마을부녀회, 직장·공장새마을운동포천시협의회 회원, 새마을문고포천시지부의 회원으로 구성되어 있어, 새마을운동중앙회의 회원조직 중에서 새마을금고연합회를 제외한 나머지 회원조직의 포천시지회 회원들이 조직한 새로운 사단법인으로서 회원조직도 상이하며, 새마을운동과 관련이 없다고 할 수는 없으나, 새마을운동중앙회의 시조직이라고 하기는 어렵고, 2006. 4. 20. 이전에 존재하였던 '새마을운동중앙회 포천시지회'의 경우는 '특별법에 의하여 설립된 국민운동단체(새마을운동협의회)의 시조직'이라고 할 수 있지만, 위와 같이 조직이나 구성에 있어서 차이가 있는 포천시새마을회를 이 사건 법률조항에서 정하고 있는 '특별법에 의하여 설립된 국민운동단체(새마을운동협의회)의 포천시조직'이라고 해석한다면, 이는 죄형법정주의에 반한다고 할 것이므로, 이처럼 피고인은 새마을운동과 관련이 있기는 하지만 독립된 민법상 사단법인인 포천시새마을회의 대표자임에도 불구하고, 피고인을 '특별법에 의하여 설립된 국민운동단체(새마을운동협의회)'의 포천시조직의 대표자로 잘못 판단한 원심 판결에는 이 사건 법률조항 소정의 '특별법에 의하여 설립된 국민운동단체(새마을운동협의회)의 시조직'에 대한 법리를 오해한 위법이 있다.

다. 이 사건 법률조항 소정의 '특별법에 의하여 설립된 국민운동단체(새마을운동협의회)의 시조직의 대표자'가 지방의회 의원의 지위에서 선거운동을 한 경우, 같은 조항 제4호 단서에 의하여 이 사건 법률조항의 적용이 배제되거나 위법성이 조각되는지 여부에 대한 법리오해

피고인은 이 사건 선거운동 당시 포천시새마을회 대표자로서 포천시의회 의원(부의장)의 지위를 겸하고 있었는데, 이와 같이 공직선거법 제60조 제1항 제4호 단서에 의하여 선거운동을 할 수 있는 지위에 있는 지방의회 의원이 이 사건 법률조항 소정의 '특별법에 의하여 설립된 국민운동단체(새마을운동협의회)의 시조직'의 대표자의 지위를 겸하는 경우, 선거운동 자유의 원칙상 이 사건 법률조항에도 불구하고, 지방의회 의원의 지위에서 선거운동을 할 수 있다고 해석하여야 하는바, ① 현행 공직선거법은 개인의 헌법상의 권리인 참정권을 실질적으로 보장하기 위해서 선거운동 자유의 원칙을 규정하고 있으므로(헌법 제24조 및 공직선거법 제58조 제2항), 이러한 헌법상의 참정권 및 공직선거법의 입법취지를 고려한다면, 선거운동을 할 수 없는 자의 지위를 최대한 좁게 해석하는 것이 타당하고, ② 우리 헌법이 헌법상의 대원칙으로서 대의제도와 지방자치제도(헌법 제8장)를 정하고 있으므로, 이러한 헌법상의 대의제도와 지방자치제도의 취지를 실질적으로 보장하기 위해서는 국민의 선거에 의하여 선출된 국회의원이나 지방의회 의원들이 진행 중인 선거에 있어서 자신을 선출해 준 국민들의 입장을 대변하여야 할 필요가 있으며, ③ 공직선거법 제60조 제1항 각 호에서 선거운동을 할 수 없는 자로 정하고 있는 사람을 보면, 제4호에서 정한 공무원에 대한 선거운동의 제한은 공무원의 정치적 중립의무라는 헌법상의 원칙(헌법 제7조 제2항)을 실천하기 위한 것임에 비하여, 제8호에서 정한 이른바 관변단체 관계자에 대한 선거운동의 제한은 이러한 헌법상의 원칙이나 법률적인 원칙과는 무관하게 선거에 미치는 사실상의 영향력에 기인한 것으로서 그 중요성이 제4호의 경우에 훨씬 미치지 못한다고 할 것인데, 공직선거법 제60조 제1항 제4호 단서는 헌법상의 원칙인 공무원의 정치적 중립의무에도 불구하고 지방의회 의원이라는 지위의 특수성을 인정하여 선거운동 자유의 원칙으로 되돌아간 것인바, 그와는 법률적인 중요성이 훨씬 미약한 제8호에 의하여 지방의회 의원의 선거운동의 자유가 다시 제한된다고 해석하는 것은 공직선거법은 물론 우리 헌법과 법체계의 전체적인 구조에도 반하는 위헌적인 해석이라고 할 것이므로, 우리 헌법 및 공직선거법의 전체적인 취지는 지방의회 의원과 같이 공직선거법 제60조 제1항 제4호 단서에 의하여 선거운동을 할 수 있는 자가 공직선거법 제60조 제1항 제8호 소정의 선거운동을 할 수 없는 자의 지위를 겸하더라도 선거운동의 자유가 제한되지 않는다는 입장이라고 보아야 할 것이고, 이 사건에 있어서 피고인은 포천시새마을회 대표자의 지위에서 선거운동을 한 것이 아니라, 포천시의회 의원(부의장)의 지위에서 선거운동을 한 것이므로, 이 사건 법률조항에도 불구하고, 공직선거법 제80조 제1항 제4호 단서에 따라 피고인에 대해서는 무죄가 선고되어야 할 것이며, 가사 그렇지 않다 하더라도, 이러한 경우는 사회상규상 위법성이 조각된다.

라. 이 사건 법률조항의 위헌성

피고인이 이 사건 법률조항에 의하여 선거운동이 제한된다고 해석할 경우, 공직선거법 제255조 제1항 제1호 및 이 사건 법률조항은 다음과 같은 이유에서 헌법에 위반되는 법률조항이다.

(1) 명확성 원칙 위반

헌법 제12조 제1항 제2문과 제13조 제1항 전단에서 천명하고 있는 죄형법정주의는 범죄와 형벌이 법률로 정해져야 함을 의미하는 것으로 이러한 죄형법정주의에서 파생되는 명확성의 원칙은 누구나 법률이 처벌하고자 하는 행위가 무엇이고, 그에 대한 형벌이 어떠한 것인지를 예견할 수 있고, 그에 따라 자신의 행위를 결정할 수 있도록 구성요건이 명확할 것을 의미하는 것인데, 이 사건 법률조항은 '특별법에 의하여 설립된 국민운동단체(새마을운동협의회)'나 그 시조직의 상근 임직원 또는 대표자의 선거운동을 제한하고 있는바, '특별법', '새마을운동협의회'라는 규정문언의 다의성(ambiguity), 애매모호성(vagueness) 및 광범성(overbreadth)으로 인해 여러 가지의 해석이 도출될 수 있고, 이로 인하여 위 구성요건에 해당하는 행위의 포섭범위가 불명확하거나 지나치게 넓어진다는 점에서, 형벌법규의 명확성 및 예측가능성을 현저히 결하고 있고, 이 사건 법률조항 소정의 '특별법에 의하여 설립된 국민운동단체(새마을운동협의회)'가 현재 존재하는 새마을운동중앙회 내지 그 회원단체를 의미하고, 피고인이 대표자로 있는 포천시새마을회가 '특별법에 의하여 설립된 국민운동단체(새마을운동협의회)' 또는 그 시조직에 해당한다고 해석하는 경우, 이 사건 법률조항은 헌법상의 대원칙인 죄형법정주의의 내용인 명확성의 원칙에 반하는 위헌적인 법률조항에 해당한다.

(2) 선거운동자유의 원칙, 참정권, 대의제도와 지방자치의 원칙 위반

피고인이 공직선거법 제60조 제1항 제4호 단서에 의하여 선거운동이 가능한 지방의회 의원임에도 불구하고 같은 항 제8호에 의하여 선거운동이 제한된다고 해석하는 경우, 이 사건 법률조항은 헌법상의 선거운동 자유의 원칙, 참정권은 물론 대의제도와 지방자치 원칙에 반하는 위헌적인 법률조항에 해당한다.

(3) 과잉금지 원칙 및 평등원칙 위반

이 사건 법률조항은 그 대표자나 상근임·직원 등이 선거운동이 제한되는 단체를 규정하면서 "특별법에 의하여 설립"되었다는 점 및 "국가 또는 지방자치단체의 출연 또는 보조를 받는 단체"라는 점을 이유로 들고 있는데, 현행법상 특별법에 의하여 설립된 단체는 무수히 많고, 비영리민간단체지원법 제6조에 의하여 보조금 및 소요경비의 지원을 받는 비영리민간단체의 경우 전국적으로 2008. 6. 30. 현재 7,779개에 달하며, 보조금의예산및관리에관한법률에 기하여 2003년도에 정부중

앙부처에서 보조금을 지급한 시민단체가 565개에 달하는 등 국가 및 지방자치단체의 출연이나 보조를 받는 단체 역시 무수히 많으나, 이러한 단체의 대표자나 상근임·직원 등에 대해서는 선거운동이 제한되지 않고 있고, 피고인의 선거법 위반 여부가 문제되는 포천시의 경우 농촌지역이 많고, 노인인구의 비중도 매우 높으며, 군부대 주둔지역이기도 하므로 포천시의 경우 전국농민회나 한국농업경영인중앙연합회(한농연), 한국여성농업인중앙연합회(한여농), 농촌지도자협회, 4H 운동조직과 같은 농업 관련 단체나 대한노인회, 재향군인회의 지부와 같은 단체들이 선거에 상당한 영향을 미치게 되나 이들 전국농민회나 한농연, 한여농, 대한노인회, 재향군인회 같은 조직들이 모두 포천시로부터 보조금을 받았음에도 불구하고, 이들 중 어느 조직이나 그 조직의 상근임원, 대표자 역시 선거운동의 제한을 전혀 받지 않는바, 따라서 새마을운동과 관련된 새마을운동협의회 또는 새마을운동중앙회를 이들 다른 단체에서 분리하여 특별하게 선거운동을 금지할 헌법상의 필요성이 없는 이상, 이 사건 법률조항은 헌법상의 참정권은 물론 평등의 원칙, 비례의 원칙, 과잉금지 원칙에 반하는 위헌적인 법률조항에 해당한다.

마. 선거운동에 대한 사실오인 내지 법리오해

원심이 인정한 피고인의 범죄사실에는 선거운동에 해당하지 않음이 명백한 사실이 포함되어 있음에도 불구하고, 사실관계를 오인하거나 선거운동의 개념에 대한 법리를 오해하여 이를 선거운동으로 판단한 위법이 있다.

(1) 원심 판시 범죄사실 1항에 대하여

원심 판결 중 피고인이 2008. 3. 27. 한나라당 추천 공소외 1(대법원 판결의 고소외인) 후보자를 수행하여 포천시 청소공원 내 현충탑을 참배하고, 포천시 소재 공소외 1 후보자의 선거사무소에서 개최된 선거대책위원회 회의에 참석하여 파이팅 구호를 3회 외침으로써 선거운동을 하였다는 부분은, 현충탑 참배나 선거대책위원회 회의라는 것이 모두 한나라당의 공소외 1 후보자를 비롯하여 한나라당 소속 포천시의회 의원들과 한나라당 포천시당원협의회 간부 및 당원들만이 참석한 당내 행사로서 유권자를 대상으로 한 선거운동이 아니라 향후 선거운동을 잘 하자는 다짐을 한 것에 불과하여 공직선거법 제58조 제1항 제2호의 선거운동을 위한 준비행위 내지 같은 항 제4호의 통상적인 정당활동에 지나지 않아 선거운동이라고 할 수 없고, 가사 그렇지 않다 하더라도, 피고인이 한나라당 소속 포천시의회 부의장 겸 한나라당 포천시당원협의회 운영위원으로서 한나라당 공천을 받은 공소외 1 국회의원후보자를 수행하여 현충탑에 헌화하고 국회의원 후보자 선거사무소에서 개최된 선거대책위원회에 참석한 것은 지극히 정상적인 생활형태로서 사회상규에 반하지 아니하여 위법성이 조각된다고 보아야 할 것임에도 불구하고,

이를 유죄로 인정한 원심판결에는 선거운동의 법리를 오해한 위법이 있다.

(2) 원심 판시 범죄사실 5항에 대하여

피고인은 공소외 5 주식회사의 대표이사로서 한나라당 추천으로 포천시의회 의원이 되었고, 한나라당 포천시당원협의회 운영위원이며, 피고인은 공소외 5 주식회사의 사무실에서 포천시의회 의원 및 부의장으로서의 직무도 함께 수행하여 왔기 때문에 평소에 지역주민들이 포천시 및 피고인의 지역구 관련 사항에 대한 의견개진을 위하여 공소외 5 주식회사의 사무실을 자주 방문하여 왔고, 피고인의 공소외 5 주식회사 사무실은 지역주민들과 피고인의 지지자들의 사랑방과 같은 역할을 하여 왔는데, 2008. 4. 6.에 피고인의 선후배를 포함한 포천시 주민들이 피고인의 사무실에 놀러 와서 선거와 무관한 일상사나 피고인의 의정활동, 포천시 관련 사항 등을 이야기하다가 자연스럽게 피고인이 한나라당 후보자인 공소외 1 후보자에 대한 지지의사를 표명하게 된 것에 불과한바, 이와 같이 피고인의 발언은 피고인이 적극적으로 사람들을 방문하거나 사람들을 모은 것이 아니라, 찾아온 지역 친지들과 이야기하는 과정에서 소극적으로 한나라당 추천 공소외 1에 대한 지지의사를 표명한 것으로서 공직선거법 제58조 제1항 제1호 소정의 선거에 관한 단순한 의견개진 및 의사표시에 해당하여 선거운동이라고 할 수 없으므로, 원심 판결 중 피고인이 2008. 4. 6. 포천시 소재 피고인 운영의 공소외 5 주식회사 사무실에서 사무실을 방문한 피고인의 선후배 등 선거구민들에게 "한나라당 후보자가 당선되어야 포천이 발전한다"고 발언을 하여 선거운동을 하였다는 부분도 무죄가 선고되어야 함에도 불구하고, 이 부분에 대하여 유죄를 선고한 원심에는 법리오해로 인하여 판결에 영향을 미친 위법이 있다.

바. 공소사실의 불특정 및 보강증거에 대한 법리오해

이 사건 공소사실 중 피고인이 2008. 4. 6. 11:00경부터 같은 달 7. 12:00경까지 공소외 5 주식회사 사무실에서 선거구민에게 공소외 1의 지지를 부탁하여 선거운동을 하였다고 되어 있는 부분은, 상식적으로 피고인이 2008. 4. 6. 11:00부터 같은 달 7. 12:00경까지 25시간을 계속해서 공소외 5 주식회사 사무실에 앉아 있을 수가 없고, 도대체 누구에게 선거운동을 하였다는 것인지도 명시가 되어 있지 않으므로 이 부분 공소사실은 특정이 되어 있지 않아 공소기각되어야 할 것이고, 더욱이 이 부분 범죄사실에 대하여, 피고인의 진술은 선거운동과 무관하게 자신이 한나라당 후보자를 지지한다는 개인적인 의사를 표명하였다는 취지이지 선거운동을 하였다는 취지가 아니므로, 이를 인정할 아무런 증거도 없으며, 가사 피고인이 이 부분을 자백하였다고 보더라도 피고인의 자백을 보강할 아무런 보강증거가 없어서 피고인에게 무죄가 선고되어야 함에도 불구하고, 이 부분에 대하여 유죄를 선고한 원심에는 법리오해로 인하여 판결에 영향을 미친 위법이 있다.

사. 양형부당

피고인이 그동안 포천시의회 의원으로 재직하면서 포천시 및 지역구의 발전을 위해서 성실하게 활동해왔고 서민 및 불우이웃을 대상으로 한 수많은 봉사활동을 적극적으로 해왔던 점, 피고인이 선거운동에 최소한도로 관여하였고, 그 과정에서 피고인이 대표자로 있는 포천시새마을회를 전혀 언급하지 않았음은 물론 포천시새마을회의 회원들을 상대로 하거나 위 단체 및 그 회원들을 이용하여 선거운동을 한 것이 아닌 점, 피고인이 그 잘못을 깊이 반성하고 있는 점 등 이 사건의 여러 가지 양형 조건에 비추어 피고인에 대한 원심의 선고형(벌금 200만원)은 너무 무거워 부당하다.

2. 항소이유에 대한 판단

가. 이 사건 법률조항 소정의 '특별법에 의하여 설립된 국민운동단체(새마을운동협의회)'에 대한 법리오해 및 원심의 죄형법정주의 위반 주장에 대한 판단

(1) 죄형법정주의와 유추해석

형벌법규는 문언에 따라 엄격하게 해석·적용하여야 하고 피고인에게 불리한 방향으로 지나치게 확장해석하거나 유추해석하여서는 아니되지만, 형벌법규의 해석에서도 법률문언의 통상적인 의미를 벗어나지 않는 한 그 법률의 입법취지와 목적, 입법연혁 등을 고려한 목적론적 해석이 배제되는 것은 아니라고 할 것이고, 처벌법규의 입법목적이나 그 전체적 내용, 구조 등을 살펴보아 사물의 변별능력을 제대로 갖춘 일반인의 이해와 판단으로서 그의 구성요건 요소에 해당하는 행위유형을 정형화하거나 한정할 합리적 해석기준을 찾을 수 있으며, 법률적용단계에서 다의적으로 해석될 우려가 없이 건전한 법관의 양식이나 조리에 따른 보충적인 해석에 의하여 그 의미가 구체화되어 해결될 수 있다면, 죄형법정주의에 있어서의 명확성의 원칙을 위반하였다고 볼 수 없다(대법원 2006. 5. 12. 선고 2005도6525 판결, 대법원 2002. 7. 26. 선고 2002도1855 판결, 헌법재판소 2002. 4. 25. 2001헌가27 결정 등 참조).

(2) 이 사건 법률조항의 내용

이 사건 법률조항은 '특별법에 의하여 설립된 국민운동단체로서 국가 또는 지방자치단체의 출연 또는 보조를 받는 단체(바르게살기운동협의회·새마을운동협의회·한국자유총연맹을 말한다)의 상근임·직원 및 이들 단체 등(시·도조직 및 구·시·군조직을 포함한다)의 대표자는 선거운동을 할 수 없다'고 규정하고 있다.

(3) 이 사건 법률조항 및 새마을운동조직육성법의 연혁과 새마을운동조직육성법상의 목적, 정의규정의 내용

(가) 이 사건 법률조항의 연혁

1994. 3. 16. 공직선거및선거부정방지법(법률 제4739호)이 제정되기 이전의 국회의원선거법 제41조(선거운동을 할 수 없는 자) 및 대통령선거법 제36조(선거운동을 할 수 없는 자)에는 이 사건 법률 조항과 같은 바르게살기운동협의회, 새마을운동협의회, 한국자유총연맹의 상근임직원 등에 관한 선거운동제한규정이 없었는데, 같은 날 위 국회의원선거법 및 대통령선거법이 폐지되고 위 공직선거및선거부정방지법이 제정될 당시, 국회 정치관계법 심의 특별위원회는 "특별법에 의하여 설립된 국가 또는 지방자치단체의 출연 또는 보조를 받는 단체(바르게살기운동특별협의회, 새마을운동협의회, 한국자유총연맹)의 상근임직원과 이들 단체의 중앙회장, 의료보험조합의 상근 임직원은 선거운동을 할 수 없다"는 내용의 법률안을 제안하였고 이 안이 채택되어 위 공직선거및선거부정방지법 제60조에 규정되었는바, 그후 2000. 2. 16. 법률 제6265호로 개정시 '이들 단체의 중앙회장' 부분은 '이들 단체 등(시·도조직 및 구·시·군조직을 포함한다)의 대표자'로 변경되었고, 이후 수회에 걸친 공직선거및선거부정방지법, 공직선거법의 제·개정에도 불구하고, 새마을운동협의회, 바르게살기운동특별협의회, 한국자유총연맹 상근 임직원 등의 위 선거운동 제한 규정은 변동이 없었다.

(나) 새마을운동조직육성법의 연혁 및 목적, 정의규정의 내용

새마을운동조직육성법은 1980. 12. 13. 법률 제3269호로 제정되어, 1999. 12. 31. 일부 개정(법률 제6101호), 2008. 2. 29. 일부 개정(법률 제8852호)을 거쳤고, 새마을운동중앙본부 또는 새마을운동협의회를 규율하는 법률은 새마을운동조직육성법 외에는 존재하지 않는바, 새마을운동조직육성법 제1조(목적)는 '이 법은 국민의 자발적 운동에 의하여 조직된 새마을운동조직을 지원·육성함으로써 새마을운동의 지속적인 추진과 향상을 도모하고 국가·사회발전에 기여함을 목적으로 한다'라고, 제2조(정의)는 '이 법에서 새마을운동조직이라 함은 새마을운동중앙본부와 그 산하조직인 새마을지도자중앙협의회·새마을부녀회중앙연합회·직장새마을운동중앙협의회·공장새마을운동추진본부·직능새마을운동중앙협의회 기타 새마을운동 관련 조직 및 그 계통조직으로서 주무부장관의 인가를 받아 설립된 법인을 말한다'라고 각 규정하고 있고, 위 개정에도 불구하고, 제1조(목적) 및 제2조(정의) 규정은 내용의 변경이 없었다.

(4) 1994. 3. 16. 공직선거및선거부정방지법 제정 당시의 바르게살기운동조직육성법, 한국자유총연맹육성에관한법률

이 사건 법률 조항이 최초 규정될 당시의 바르게살기운동조직육성법(1994. 1. 7. 법률 제4736호로 개정된 것, 이하 같다)도 새마을운동조직육성법과 같이 바르게살기운동조직에 대한 제1조(목적, '이 법은 바르게살기운동을 선도하고 이를 확산시키기 위하여 국민의 자발적 참여에 의하여 설립한 바르게살기운동조직을 지원·육성함으로써 바르게살기운동의 지속적인 추진과 발전을 도모하고 나아가 밝고 건강한 국가·사회건설에 이바지함을 목적으로 한다'고 규정되어 있다) 및 제2조(정의, '이 법에서 바르게살기운동조직이라 함은 바르게살기운동중앙협의회와 그 하부조직을 말한다'고 규정되어 있다) 규정이 있었고, 한국자유총연맹육성에관한법률(1989. 12. 30. 법률 제4183호로 개정된 것, 이하 같다)도 제1조(목적, '이 법은 사단법인 한국자유총연맹을 지원·육성함으로써 대한민국의 자유민주주의를 항구적으로 옹호·발전시키는데 이바지하게 함을 목적으로 한다'고 규정되어 있다) 규정이 있었는바, 바르게살기운동특별협의회, 한국자유총연맹을 규율하는 법률은 위 각 법률 외에는 따로 존재하지 않는다.

(5) 한편, 원심 및 당심이 적법하게 채택하여 조사한 증거들에 의하면, 다음 사실이 인정된다.

(가) 새마을운동중앙회는 그 명칭을 새마을운동중앙본부로 하여 민법 제32조에 의해 1980. 12. 19. 설립허가를 받고 1980. 12. 30. 법인으로 성립되었다가 1989. 3. 21. 새마을운동중앙협의회로 명칭이 변경되었고, 2000. 4. 19. 다시 새마을운동중앙회로 명칭이 변경되어 현재에 이르고 있다.

(나) 새마을운동중앙회는 국고보조금을 1998.까지, 지방비 정액보조금을 2003.까지 지급받다가 각 그 다음해부터 중단되었고, 그 이후 비영리민간단체지원법에 의하여 시민단체와 동등하게 지원하는 공모사업비(지방은 사회단체보조금)를 신청하여 받고 있는바, 한편 새마을운동중앙회 및 폐지된 사단법인 새마을운동중앙협의회의 법인등기부에는 출자방법으로 '국가 또는 지방자치단체로부터 양여받은 재산 및 출연금'이 기재되어 있다.

(다) 새마을운동중앙회와 시·도 및 시·군·구 소재 새마을회와의 관계에 관한 새마을운동중앙회 정관의 주요 내용은 다음과 같다.

제6조(하부조직) ① 중앙회는 서울특별시, 광역시 및 도(이하 "시·도"라 한다)에 지부를, 시·군·구(비자치구를 제외하고 시·도 출장소를 포함한다. 이하 같다)에 지회를 둘 수 있다.
②~④ 생략

제8조(조직) ① 중앙회는 시·도 및 시·군·구에 설치된 법인인 새마을회를 회원으로 한다.
② 생략

제39조(법인의 설립 등) ① 지부 및 지회는 법인으로 할 수 있고 그 명칭은 "새마을회"로 한다.
② 지부·지회가 일정요건을 갖추고 법인으로 설립코자 할 때에는 중앙회의 승인을 얻어야 한다.
③ 법인의 정관례는 이사회의 의결을 거쳐 따로 정하고, 새마을회 정관을 제·개정할 경우 회장과 사전협의하여야 한다.
④ 지부 및 지회가 법인인 새마을회로 설립됨과 동시에 당해 시·도 또는 시·군·구에 설치된 중앙회의 분사무소인 지부·지회는 폐지된 것으로 본다.
⑤ 새마을회의 운영 및 중앙회와의 관계 등은 지부·지회의 경우에 준하며, 회장은 새마을회 업무를 지휘하며 예산의 범위 내에서 새마을회의 운영경비를 지원할 수 있다.
⑥ 새마을회 산하 회원 단체는 새마을회 업무에 적극 참여·협조하여야 하며 회원단체의 자율적인 활동은 보장된다.

㈑ 포천시새마을회도 민법 제32조에 의하여 2006. 4. 20. 설립되었고, 포천시새마을회의 등기부등본 기재에 의하면, 포천시새마을회의 '존립기간 또는 해산사유' 중의 하나로 '중앙회로부터 제명처분을 받고 3월 이내에 회원으로 재가입되지 않았을 때'가 기재되어 있다.

⑹ 판 단

앞서 본 바와 같은 이 사건 법률조항의 내용, 이 사건 법률조항 및 새마을운동조직육성법의 연혁과 새마을운동조직육성법상의 목적, 정의규정의 내용, 바르게살기운동조직육성법, 한국자유총연맹육성에관한법률상의 목적, 정의규정의 내용, 새마을운동중앙회가 국가 또는 지방자치단체로부터 출연을 받았고, 현재도 보조를 받고 있는 사실, 새마을운동중앙회의 명칭 변경내용 및 새마을운동중앙회 정관의 내용, 포천시새마을회 등기부등본 기재내용 등에다가 위 규정내용 및 인정사실 등을 종합하여 알 수 있는 다음과 같은 사정들, 즉 앞서 본 바와 같이 비록 새마을운동중앙회 및 포천시새마을회가 민법에 의하여 설립되기는 하였으나, 한편 새마을운동중앙회, 바르게살기운동협의회, 한국자유총연맹 등에 관한 특별법은 위 법률들 이외에는 존재하지 아니하는 점, 위 법률들의 목적, 정의 규정내용에 의하면, 위 법률들은 위 단체들의 지원, 육성을 목적으로 하는 점, 새마을운동조직육성법이 1980. 12. 13. 제정되었고, 새마을운동중앙회는 그 직후인 1980. 12. 19. 그 명칭을 새마을운동중앙본부로 하여 설립허가를 받았으며, 1980. 12. 30. 법인으로 성립되었던 점 등을 앞서 본 법리에 보태어 보면, 위 각 법률들은 위 각 단체들의 실질적인 설립근거가 되는 법률들이라고 할 것이고, 따라서 1994. 3. 16. 제정된 이 사건 법률조항상의 '특별법에 의하여 설립된 국민운동단체로서 국가 또는 지방자치단체의 출연 또는 보조를 받는 단체(바르게살기운동협의회·새마을운동협의회·한국자유총연맹을 말한다)'에 있어서 특별법이라 함은 위 새마을운동조직육성법(1980. 12. 30. 법률 제3269호로 제정된 것, 이하 같다), 바르게살기운동조직육성법, 한국자유총연맹육성에관한법률을 가리킨다고 할 것이며, '특별법에 의하여 설립된 국민운동단체로서 국가 또는 지방자치단체의 출연 또는 보조를 받는 단체(바르게살기운동협의회·새마을운동협의회·한국자유총연맹을 말한다)'라 함은 새마을운동조직육성법상의 새마을운동중앙회(앞서 본 바와 같이 새마을운동조직육성법 제2조의 정의 규정은 변경되지 아니한 채 새마을운동조직육성법 제2조의 새마을운동중앙본부는 이 사건 법률조항 제정 당시 그 명칭이 새마을운동중앙협의회로 변경된 상태였고, 새마을운동중앙협의회는 그 명칭이 2000. 4. 19. 새마을운동중앙회로 변경되었으므로, 결국 이 사건 법률조항상의 '특별법에 의하여 설립된 국민운동단체로서 국가 또는 지방자치단체의 출연 또는 보조를 받는 단체인 새마을운동협의회'는 새마을운동중앙회를 말한다고 해석하여야 할 것이다), 바르게살기운동조직육성법상의 바르게살기운동협의회, 한국자유총연맹육성에관한법률상의 한국자유총연맹을 지칭한다고 해석함이 상당하고(이 사건 법률조항이 위 세 단체에 관한 것임은 이 사건 법률조항상의 위 괄호 안 세 단체에 관한 문언상으로도 분명하다), 이러한 해석은 새마을운동중앙회와 같은 단체에서 그 대표자가 그 단체를 이용하여 선거운동을 하게 되면 선거에 미치는 영향이 사실상 큰 점을 감안하여 그 선거운동을 금지하는 이 사건 법률조항의 입법취지와 목적, 입법연혁 등을 고려한 목적론적 해석으로서 위 법규의 입법목적이나 그 전체적 내용, 구조 등을 살펴보아 사물의 변별능력을 제대로 갖춘 일반인의 이해와 판단으로서 그의 구성요건 요소에 해당하는 행위유형을 정형화하거나 한정할 합리적 해석기준을 찾을 수 있고, 법률적용단계에서 다의적으로 해석될 우려가 없이 건전한 법관의 양식이나 조리에 따른 보충적인 해석에 의하여 그 의미가 구체화되어 해결될 수 있는 경우에 해당한다고 할 것인바, 새마을운동중앙회 및 포천시새마을회가 비록 민법에 의하여 설립된 사단법인의 형태를 가지고 있다고 하더라도 이와 같은 해석에 방해가 되거나 위 해석이 유추해석으로서 죄형법정주의에 위반되는 것은 아니라고 할 것이어서 피고인의 이 부분 주장은 이유 없다(아래에서 보는 바와 같이 포천시새마을회는 새마을운동중앙회의 포천시조직으로서 '특별법에 의하여 설립된 국민운동단체로서 국가 또는 지방자치단체의 출연 또는 보조를 받는 단체인 새마을운동중앙회의 시조직'에 해당한다고 할 것이므로 이에 관한 피고인의 주장도 이유 없다).

나. 이 사건 법률조항 소정의 '특별법에 의하여 설립된 국민운동단체(새마을운동협의회)의 시 조직'에 대한 법리오해 주장에 관한 판단

앞서 본 바와 같이 새마을운동중앙회는 이 사건 법률조항상의 '특별법에 의하여 설립된

국민운동단체로서 국가 또는 지방자치단체의 출연 또는 보조를 받는 단체'에 해당한다고 할 것이고, 위 새마을운동중앙회의 정관 및 포천시새마을회의 등기부등본 기재에 의하면, 법인으로 설립되어 '새마을회'의 명칭을 가진 포천시새마을회는 새마을운동중앙회의 지회에 해당하므로, 포천시새마을회는 새마을운동중앙회의 포천시조직이라고 할 것이어서, 포천시새마을회의 대표자인 피고인은 이 사건 법률조항상의 '특별법에 의하여 설립된 국민운동단체로서 국가 또는 지방자치단체의 출연 또는 보조를 받는 단체인 새마을운동협의회의 시조직의 대표자'로서 선거운동을 할 수 없는 자라고 할 것인바, 앞서 본 법리에 비추어 볼 때 이와 같은 해석이 유추해석으로서 죄형법정주의에 위반되는 것도 아니라고 할 것이고, 새마을운동중앙회의 회원과 포천시새마을회의 회원이 일부 차이가 있다 하더라도 앞서 본 바에 비추어 위 결론에 방해가 되는 것도 아니라고 할 것이어서 피고인의 이 부분 주장 역시 이유 없다.

다. 이 사건 법률조항 소정의 '특별법에 의하여 설립된 국민운동단체(새마을운동협의회)의 시 조직의 대표자'가 지방의회 의원의 지위에서 선거운동을 한 경우, 같은 조항 제4호 단서에 의하여 이 사건 법률조항의 적용이 배제되거나 위법성이 조각되는지 여부에 대한 법리오해 주장에 관한 판단

(1) 공직선거법 제60조 제1항 규정 전체의 내용은 다음과 같다.

다음 각 호의 어느 하나에 해당하는 자는 선거운동을 할 수 없다. 다만, 제4호 내지 제8호에 해당하는 자가 후보자의 배우자인 경우에는 그러하지 아니하다.

1. 대한민국 국민이 아닌 자
2. 미성년자(19세 미만의 자를 말한다. 이하 같다)
3. 제18조(선거권이 없는 자) 제1항의 규정에 의하여 선거권이 없는 자
4. 「국가공무원법」 제2조(공무원의 구분)에 규정된 국가공무원과 「지방공무원법」 제2조(공무원의 구분)에 규정된 지방공무원. 다만, 「정당법」 제22조(발기인 및 당원의 자격) 제1항 제1호 단서의 규정에 의하여 정당의 당원이 될 수 있는 공무원(국회의원과 지방의회의원 외의 정무직공무원을 제외한다)은 그러하지 아니하다.
5. 제53조(공무원 등의 입후보) 제1항 제2호 내지 제8호에 해당하는 자(제4호 내지 제6호의 경우에는 그 상근직원을 포함한다)
6. 향토예비군 소대장급 이상의 간부
7. 통·리·반의 장 및 읍·면·동 주민자치센터(그 명칭에 관계없이 읍·면·동사무소 기능전환의 일환으로 조례에 의하여 설치된 각종 문화·복지·편익시설을 총칭한다. 이하 같다)에 설치된 주민자치위원회(주민자치센터의 운영을 위하여 조례에 의하여 읍·면·동사무소의 관할구역별로 두는 위원회를 말한다. 이하 같다) 위원

8. 특별법에 의하여 설립된 국민운동단체로서 국가 또는 지방자치단체의 출연 또는 보조를 받는 단체(바르게살기운동협의회·새마을운동협의회·한국자유총연맹을 말한다)의 상근 임·직원 및 이들 단체 등(시·도조직 및 구·시·군조직을 포함한다)의 대표자

(2) 위 규정에 의하면, 공직선거법 제60조 제1항 각 호에서 선거운동을 할 수 없는 자로 열거하고 있는 내용은 서로 독립적인 것으로서 그중 어느 한 가지 항목에만 해당한다 하더라도 선거운동을 할 수 없다고 해석함이 상당하다고 할 것인바(이는 '다음 각 호의 어느 하나에 해당하는 자는 선거운동을 할 수 없다'는 위 규정의 문언상으로도 명백하다고 할 것이고, 예를 들어, 대한민국 국민인 향토예비군 소대장은, 위 제1호에 의하면, 대한민국 국민으로서 '대한민국 국민이 아닌 자'가 아니어서 선거운동을 할 수 있으나, 제6호의 '향토예비군 소대장급 이상의 간부'에는 해당하여 선거운동을 할 수 없게 되는 것이다), 이 사건에서와 같이 피고인이 선거운동을 할 수 있는 지방의회 의원으로서의 지위와 선거운동을 할 수 없는 '특별법에 의하여 설립된 국민운동단체로서 국가 또는 지방자치단체의 출연 또는 보조를 받는 단체인 새마을운동협의회의 시조직의 대표자'로서의 지위를 함께 가지고 있는 경우에, 피고인은 이 사건 법률조항에 의하여 선거운동의 제한을 받게 된다고 해석함이 상당하다고 할 것이고, 피고인의 주장처럼 공직선거법 제60조 제1항 제4호 단서에 의하여 선거운동을 할 수 있는 자가 공직선거법 제60조 제1항 제8호 소정의 선거운동을 할 수 없는 자의 지위를 겸하더라도 선거운동의 자유가 제한되지 않는다는 것이 우리 헌법 및 공직선거법의 전체적인 취지라고 볼 수는 없다고 할 것이며(피고인은 위 주장에서 선거운동자유의 원칙, 대의제, 지방자치원칙도 그 근거로 들고 있으나, 위 규정내용과 같이 이 사건 법률조항이 선거운동자유의 원칙에 대한 예외조항임은 그 문언내용상 명백하고, 이 사건 법률조항은 공직선거법 제60조 제1항 제4호와는 독립된 규정으로서 위 규정과 입법취지를 달리하며, 아래에서 보는 바와 같이 헌법에 위배되는 것도 아니라고 할 것이므로, 공직선거법 제60조 제1항 제4호 단서를 근거로 한 피고인의 위 주장 역시 이유 없다), 또한 위와 같이 양 지위를 겸하고 있는 피고인이 선거운동을 하는 경우가 극히 정상적인 생활형태의 하나로서 역사적으로 생성된 사회질서의 범위 안에 있는 것이어서 사회상규상 위법성이 조각되는 경우에 해당한다고 할 수도 없으므로, 결국 피고인의 위 주장 또한 이유 없다.

라. 이 사건 법률조항이 위헌이라는 주장에 대한 판단

(1) 명확성 원칙 위반 주장에 대한 판단

이 사건 법률조항의 해석 및 그와 같은 해석이 죄형법정주의의 명확성의 원칙에 위배되지 않음은 앞서 본 바와 같으므로, 피고인의 위 주장 또한 이유 없다.

(2) 선거운동자유의 원칙, 참정권, 대의제도와 지방자치의 원칙 및 과잉금지 원칙, 평등

원칙 위반 주장에 대한 판단

㈎ 대의민주주의를 원칙으로 하는 오늘날의 민주정치 아래에서의 선거는 국민의 참여가 필수적이고, 주권자인 국민이 자신의 정치적 의사를 자유로이 결정하고 표명하여 선거에 참여함으로써 민주사회를 구성하고 움직이게 하는 것이므로, 국민의 주권행사 내지 참정권 행사의 의미를 지니는 선거과정에의 참여행위는 원칙적으로 자유롭게 행하여질 수 있도록 최대한 보장하여야 하고, 이처럼 민주적 의회정치의 기초인 선거는 본래 자유로워야 하는 것이지만 그것은 동시에 공정하게 행하여지지 아니하면 아니되며, 또한 금권, 관권, 폭력 등에 의한 타락선거를 추방하고, 무제한적이고 과열된 선거운동으로 말미암아 발생할 사회경제적 손실과 부작용을 방지하며, 실질적인 선거운동의 기회균등을 보장하기 위하여는 선거의 공정성이 확보되어야 하는바, 선거의 공정성 확보를 위하여는 어느 정도 선거운동의 주체, 기간 등에 대한 규제가 행하여지지 않을 수 없다.

이에 따라 공직선거법 제60조 제1항은 선거운동을 할 수 있는 자를 포괄적으로 제한하는 방식을 취한 구 대통령선거법이나 구 국회의원선거법과 달리 개별적 제한·금지방식으로 전환하여 원칙적으로 누구든지 자유롭게 선거운동을 할 수 있도록 선거운동 주체의 폭을 넓히면서 다만 공무원 등 선거운동이 금지되는 사람들을 구체적·제한적으로 열거하고 있는데, 이와 같이 공직선거법이 공무원 또는 공무원에 준하는 사람들의 선거운동을 금지하고 있는 이유는, 그들이 그 직을 그대로 유지한 채 선거운동을 할 수 있는 경우 자신들의 지위와 권한을 특정 개인을 위한 선거운동에 남용할 소지가 많게 되고, 직무를 통하여 얻은 여러 가지 정보를 선거에 활용할 수 있을 뿐 아니라 자신의 부하직원을 선거운동에 동원할 염려도 있으며, 자신의 선거운동에 유리한 방향으로 편파적으로 직무를 집행하거나 관련 법규를 적용할 가능성도 있는 등 그로 인한 부작용과 폐해가 선거결과에 지대한 영향을 미치게 될 것이기 때문으로서, 선거의 형평성과 공정성을 보장하기 위하여 공무원이나 이에 준하는 공공단체의 구성원들로 하여금 선거운동에 관여하지 못하도록 하는 것은 입법자의 불가피한 조치라고 할 것이고, 한편 공직선거법이 과거 우리나라 선거 역사를 얼룩지게 한 관권, 금권, 폭력 등에 의한 불법·타락선거로부터 선거의 공정성을 지키기 위하여 제정된 경위에 비추어 볼 때 선거운동의 주체·방법·태양·기간을 어떻게 규율할 것인지는 선거전문가들의 집단이라고 볼 수 있는 입법부의 재량에 맡겨야 하고, 그것이 명백히 재량권의 한계를 벗어난 자의적인 입법이 아닌 한 입법형성의 자유를 존중하여야 하므로, 선거운동이 허용되거나 금지되는 사람의 인적 범위는 입법자가 그 재량의 범위 내에서 규율대상자의 직무의 성질과 내용을 살펴 정치적 중립성과 직무전념성이 어느 정도 요구되는지, 선거에 개입할 경우 선거의 공정성과 형평성을 해칠 우려가 어느 정도인지 등의 제반 사정을 종합적으로 검토하여 정할 사항이라고 할 것이다(헌법재판소 2004. 4. 29. 2002헌마467 결정 등 참조).

(나) 살피건대, 새마을운동중앙회는 이른바 관변단체로서 상근임직원 및 대표자 등이 그 단체를 이용하여 선거운동을 하게 되면 선거에 미치는 영향이 크므로, 이와 같은 공익적 업무 담당자에 대하여 선거운동을 허용할 경우에는 선거기간의 전후를 불문하고 후보자들 사이에서 이들을 선거운동원으로 활용하기 위한 경쟁이 치열해질 것이어서, 이에 대한 적절한 제한조치를 강구하는 것은 참된 의미에서의 선거의 실질적 자유와 공정성 및 공익적 업무 담당자들의 정치적 중립성을 보장하기 위한 제도적 장치로서 중요한 의미를 갖는다고 할 것이므로, 그 목적의 정당성이 인정되고, 공직선거법이 선거운동의 자유를 개별적으로 제한함에 있어, 선거에의 개입을 허용할 경우 예상되는 부작용과 폐해를 우려하여 피고인과 같이 일정한 신분 또는 지위를 갖는 사람들에 대하여 일괄적으로 선거운동을 금지하는 것은 공익적 업무 담당자들의 정치적 중립성을 유지하고 궁극적으로 선거의 공정성·형평성을 보장하는 방법의 하나로서 위에서 본 제한목적 달성에 적합한 수단으로서의 상당성이 인정된다고 볼 것이며, 이 사건 법률조항은 피고인과 같은 공익적 업무 담당자에 대하여 정치적 활동을 전면적으로 금지하는 것이 아니라 당선 또는 낙선을 위한 직접적인 활동만을 금지하고 있는 것이므로, 선거운동의 범위를 구체적으로 한정하고 이러한 틀 안에서 선거운동의 금지를 규정한 것이 선거의 공정성 확보라는 입법목적을 위해 필요한 상당성의 범위를 넘었다고 보기 어렵고, 선거운동에 참여함으로써 발생할 중대한 폐해를 방지하기 위하여 필요한 최소한의 정도를 넘는다고 보이지도 않으며, 이 사건 법률조항에 의하여 보호되는 선거의 실질적 자유와 공정의 확보라는 공공의 이익은 특히 높은 가치를 지니는 것이라고 할 것이므로, 선거운동 참여시 특히 폐해가 심할 것으로 명백히 예상되는 새마을운동중앙회의 시조직의 대표자 등에 대하여 선거운동을 금지함으로써 정치적 표현의 자유 중 일부인 선거운동의 자유를 제한하였다고 하여 보호되는 공익과 제한되는 기본권 사이에 현저한 불균형이 있다고는 볼 수 없어 충돌하는 법익 상호간의 균형성도 구비되어 있다고 볼 것이고, 이 사건 법률조항은 선거와 관련한 모든 행위 태양을 금지하는 것이 아니라 정치적 의사표현 중 정치적 의미가 크고 선거와 직접 관련성이 있는 선거운동만을 금지하고 있어 이 사건 법률조항에 의하여 선거운동이 금지된다고 하더라도 선거에 관한 의견개진, 입후보와 선거운동을 위한 준비행위, 공천과 관련된 활동, 그밖에 통상적인 정당활동을 비롯하여 선거운동 이외의 방법으로 특정 후보자를 위한 지원

활동의 가능성이 여전히 남겨져 있는 이상 선거와 관련하여 일정 범위 내에서는 자유롭게 자신의 정치적인 의사를 표현할 자유를 누리고 있다고 할 것이므로, 이로써 선거운동의 자유 내지 이를 위한 정치적 표현의 자유가 전혀 무의미해지거나 선거권 또는 선거의 자유의 실질적 의미가 상실된다고 보기 어렵고, 따라서 이 사건 법률조항이 선거운동의 자유의 본질적 내용을 침해하여 기본권이 형해화된다고 할 수 없는바, 결국 새마을운동중앙회 시조직의 대표자 등에 대하여 일체의 선거운동을 금지하는 것은 앞서 본 입법목적과 현실을 종합적으로 고려하여 나온 입법정책적 결정으로서 거기에 나름대로 합리적 이유가 있다고 할 수 있으므로, 이와 같이 입법부의 재량에 따라 정해진 이 사건 법률조항상의 선거운동 제한 대상을, 단지 다른 특별법에 의하여 설립된 단체나 보조금 및 소요경비의 지원을 받는 민간단체가 있다고 하여 이들과 비교하여 이 사건 법률조항이 과잉금지원칙, 비례의 원칙 및 평등원칙에 위배된다고 할 수는 없다고 할 것이고, 또한 앞서 본 바와 같이 이 사건 법률조항이 입법부의 재량에 의하여 정해져 위헌이라고 보기 어렵고, 공직선거법 제60조 제1항 각 호의 선거운동 제한사유는 독립적으로 판단되어야 하는 이상, 이에 따라 피고인의 선거운동이 제한을 받음으로 인하여 지방의회 의원으로서의 선거운동이 제한을 받더라도 헌법상의 선거운동 자유의 원칙, 참정권, 대의제도와 지방자치 원칙에 위배되는 것도 아니라고 할 것이다.

마. 선거운동에 대한 사실오인 내지 법리오해 주장에 관한 판단

무릇 공직선거법 제58조 제1항 소정의 선거운동은 특정 후보자의 당선 내지 득표나 낙선을 위하여 필요하고도 유리한 모든 행위로서 당선 또는 낙선을 도모한다는 목적이 객관적으로 인정될 수 있는 능동적·계획적인 행위를 말하고, 구체적으로 어떠한 행위가 선거운동에 해당하는지 여부를 판단함에 있어서는 단순히 그 행위의 명목뿐만 아니라 그 행위의 태양, 즉 그 행위가 행하여지는 시기·장소·방법 등을 종합적으로 관찰하여 그것이 특정후보자의 당선 또는 낙선을 도모하는 목적의지를 수반하는 행위인지 여부를 판단하여야 한다(대법원 2007. 10. 11. 선고 2007도3468 판결 등 참조).

(1) 원심 판시 범죄사실 1항 부분에 대한 주장에 관한 판단

원심 및 당심이 적법하게 채택하여 조사한 증거들에 의하면, 피고인은 한나라당 소속으로 포천시의회 의원이 되었고, 한나라당 포천시 당원협의회 운영위원인 자로서 원심 판시 범죄사실 제1항과 같이 제18대 국회의원 선거 한나라당 소속 후보자 공소외 1을 수행하여 현충탑에 참배하고, 계속해서 포천시에 있는 공소외 1의 선거사무실에서 개최된 선거대책위원회 회의, 이른바 출정식에 참석하여 선거대책

위원장 공소외 2와 공소외 1의 지지부탁 연설 이후 포천시의회 의장 공소외 3의 선창에 따라 위 출정식의 참석자 60여 명 가량과 함께 "화이팅"이라는 구호를 3회 외친 사실, 위 참석자 중에는 선거사무원, 연설원 등으로 등록되지 아니한 자도 상당수 포함되어 있었던 사실 등이 인정되고, 한편, 공직선거법 제141조 제1항에 의하면, "정당은 선거일전 30일부터 선거일까지 소속당원의 단합·수련·연수·교육 기타 명목여하를 불문하고 선거가 실시중인 선거구안이나 선거구민인 당원을 대상으로 당원수련회 등(이하 이 조에서 "당원집회"라 한다)을 개최할 수 없다"라고 규정되어 있어 선거일전 30일부터 선거일까지는 위와 같은 출정식을 위한 당원집회도 금지되어 있는바, 위 인정사실 및 위 규정내용 등을 종합하여 보면, 위 출정식에는 선거사무원, 연설원 등으로 등록되지 아니한 자도 상당수 포함되어 있고, 이 사건 당시는 선거일전 30일부터 선거일까지의 기간에 해당되므로 위와 같은 출정식 형태의 당원 집회도 금지되어, 결국 위 출정식이 선거운동을 위한 준비행위 내지 통상적인 정당활동으로서 적법하다고 할 수는 없고, 앞서 본 바와 같은 이 사건 집회의 성격과 내용, 참석자의 수 및 그 자격에다가 이 사건 당시는 선거일로부터 12일 전이었고, 이 사건 장소는 위 공소외 1 후보자의 선거사무실이었던 점 등을 앞서 본 법리에 비추어 볼 때 피고인의 위 행위는 위 공소외 1 후보자의 당선을 도모하는 목적의지를 수반하는 행위로서 선거운동으로 충분히 인정할 수 있다고 할 것이며, 피고인의 위와 같은 행위가 극히 정상적인 생활형태의 하나로서 역사적으로 생성된 사회질서의 범위 안에 있는 것이어서 사회상규상 위법성이 조각되는 경우에 해당한다고 할 수도 없으므로, 결국 피고인의 위 주장 또한 이유 없다.

(2) 원심 판시 범죄사실 5항 부분에 대한 주장에 관한 판단

살피건대, 원심이 적법하게 채택하여 조사한 증거들에 의하여 인정되는 다음과 같은 사정들, 즉 앞서 본 바와 같은 피고인의 지위, 피고인이 원심 판시 범죄사실 5항 부분의 행위를 하기 이전에도 피고인은 원심 판시 범죄사실 제1 내지 4항에서 보는 바와 같이 2008. 3. 27.부터 같은 해 4. 5.까지 위 공소외 1 후보자의 선거사무실 및 포천시내에서 선거운동을 계속 해왔던 점, 이 사건 당시는 선거일을 불과 2, 3일 남겨둔 시점이었던 점, 이 사건 당시 피고인이 진술한 내용은 아래 (바)(2)항에서 보는 바와 같이 한나라당 후보자를 지지하는 적극적인 내용이었던 점 등을 종합하여 보면, 이는 공직선거법 제58조 제1항 제1호 소정의 선거에 관한 단순한 의견개진 및 의사표시에 해당한다고 볼 수 없고, 앞서 본 법리에 비추어 선거운동에 해당한다고 넉넉히 인정할 수 있다고 할 것이므로 피고인의 이 부분 주장 또한 이유 없다.

바. 공소사실의 불특정 및 보강증거에 대한 법리오해 주장에 관한 판단

(1) 공소사실 불특정 주장에 대한 판단

무릇 공소사실의 기재에 있어서 범죄의 일시·장소·방법을 명시하여 공소사실을 특정하도록 한 형사소송법의 취지는 법원에 대하여 심판의 대상을 한정하고 피고인에게 방어의 범위를 특정하여 그 방어권 행사를 쉽게 해 주기 위한 데에 있는 것이므로, 공소사실은 이러한 요소를 종합하여 구성요건 해당사실을 다른 사실과 구별할 수 있을 정도로 기재하면 족하고, 공소장에 범죄의 일시·장소·방법 등이 구체적으로 적시되지 않았더라도 위와 같이 공소사실을 특정하도록 한 위 법의 취지에 반하지 아니하고 공소범죄의 성격에 비추어 그 개괄적 표시가 부득이한 경우에는 그 공소내용이 특정되지 않아 공소제기가 위법하다고 할 수 없다(대법원 2008. 1. 18. 선고 2007도7700 판결 등 참조).

살피건대, 이 부분 공소사실의 요지는, 피고인이 2008. 4. 6. 11:00경부터 같은 달 7. 12:00경까지 사이에 포천시 영중면 (이하 생략)에 있는 피고인 운영의 공소외 5 주식회사 사무실에서 사무실을 방문한 피고인의 선후배 등 선거구민들에게 "한나라당 후보자가 당선되어야 포천이 발전한다."고 공소외 1의 지지를 부탁하는 말을 하여 선거운동을 하였다는 것인바, 이는 앞서 본 법리에 비추어 볼 때 다른 사실과 구별할 수 있을 정도로 충분히 특정되어 피고인의 방어권 행사에 지장을 주었다고 볼 수 없으므로 이 부분 공소제기는 적법하다고 할 것이어서 피고인의 이 부분 주장 또한 이유 없다.

(2) 보강증거 미비 등 주장에 대한 판단

자백에 대한 보강증거는 범죄사실의 전부 또는 중요 부분을 인정할 수 있는 정도가 되지 아니하더라도 피고인의 자백이 가공적인 것이 아닌 진실한 것임을 인정할 수 있는 정도만 되면 족할 뿐만 아니라 직접증거가 아닌 간접증거나 정황증거도 보강증거가 될 수 있으며, 또한 자백과 보강증거가 서로 어울려서 전체로서 범죄사실을 인정할 수 있으면 유죄의 증거로 충분하다고 할 것이다(대법원 2007. 5. 31. 선고 2007도1419 판결 등 참조).

먼저 피고인이 이 부분 공소사실을 자백하였는지 여부에 관하여 살피건대, 원심이 적법하게 채택하여 조사한 증거들에 의하면, 피고인은 2008. 4. 7. 포천시 선거관리위원회에서 "2008. 4. 6. 및 4. 7. 본인의 사무실에서 지역 선, 후배들이 찾아오면 '한나라당 후보자가 당선되어야 한다, 그래야 포천이 발전한다'고 선거 이야기를 하였다"고 진술하였고, 2008. 4. 21. 경찰에서 "2008. 4. 6. 11:00경부터 같은 달 7. 12:00경까지 포천시 영중면 (이하 생략) 소재 '공소외 5 주식회사' 사무실에서 평소 잘 알고 지내는 지인들 및 동리 선, 후배 등 사무실에 찾아온 약

10여명의 사람들과 선거에 대하여 이야기를 나누면서 '한나라당 후보자가 당선되어야 포천이 발전한다'고 말하면서 공소외 1 후보자를 지지하는 선거운동을 한 사실이 있다"고 진술하였으며, 2008. 5. 8. 검찰에서도 위 경찰 진술과 같은 취지로 진술하는 등 이 부분 공소사실을 인정하였고, 원심에서도 이 부분 공소사실을 인정하였으므로 피고인은 이 부분 공소사실을 자백하였다고 할 것이고, 다음으로 보강증거 유무에 관하여는, 위 증거들에 의하면, 포천시 선거관리위원회의 이 부분 공소사실에 관한 고발장 내용이 "피고인이 2008. 4. 6.과 4. 7. 포천시 영북면 (이하 생략)에 소재한 본인의 사무실에서 지역 선, 후배들이 찾아오면 선거이야기를 하고 내방객들에게 한나라당 후보자가 당선되어야 포천이 발전한다고 말하는 등 한나라당 공소외 1 후보자를 위한 선거운동을 한 사실이 있다"는 것인 사실을 인정할 수 있는바, 이를 앞서 본 법리에 비추어 보면, 위 고발장은 이 부분 공소사실에 대한 보강증거가 된다고 할 것이며, 피고인의 위 자백과 보강증거가 서로 어울려서 전체로서 피고인의 자백이 가공한 것이 아닌 진실한 것으로서 범죄사실을 인정할 수 있다고 할 것이므로 피고인의 이 부분 주장 역시 이유 없다.

사. 양형부당 주장에 대한 판단

원심이 적법하게 채택하여 조사한 증거들에 의하여 인정되는 다음과 같은 사정, 즉 피고인은 2006. 12. 13. 포천시 여성단체협의회 회원 20여 명이 여행을 갈 때 액면금 10만원의 자기앞수표 3장이 들어 있는 봉투를 찬조금 명목으로 교부하여 기부행위를 함으로써 공직선거법위반으로 2007. 10. 26. 의정부지방법원에서 벌금 80만원을 선고받고 항소하였다가 항소가 기각되어 2008. 2. 1. 위 벌금이 확정되었는데, 그로부터 약 2개월 후인 2008. 3. 27.부터 2008. 4. 6.까지 선거운동을 할 수 없음에도 선거운동을 하는 이 사건 범행을 저지른 점, 그런데, 피고인은 2002. 8. 15.부터 새마을운동중앙회 포천지회장(앞서 본 바와 같이 새마을운동중앙협의회는 2000. 4. 19. 새마을운동중앙회로 명칭이 변경되었고, 포천시 새마을회의 등기부등본에 의하면, 포천시 새마을회가 2006. 4. 20.에야 법인으로 설립된 사실이 인정되므로, 그 사이인 2002. 8. 15.에는 포천시 새마을회가 새마을운동중앙회 포천지회로 존속했던 것으로 보인다)을 맡고 있다가 2006년 지방선거에 출마하면서 새마을운동중앙회 포천지회 사무국장 공소외 4에게 새마을운동중앙회 포천지회장의 경우 선거운동이 가능한지 확인해 보라고 지시하였고, 그 무렵 공소외 4로부터 지회장은 선거운동을 할 수 없다는 말을 듣고 자신이 선거운동을 할 수 없는 자에 해당한다는 사실을 이미 알고 있었던 점(증거기록 제60쪽) 등을 비롯하여 피고인의 연령, 성행, 지능과 환경, 범행의 경위, 수단과 결과, 범행 후의 정황 등 이 사건에 나타난 양형의 조건이 되는 여러 가지 사정을 참작하여 보면, 피고인이 주장하는 사정을 고려하더라도 원심이 선고한 벌금 200만원의 형이 결코 무거운 것으로 보이지 아니하므로, 피고인의 위 주장도 이유 없다.

3. 결 론

그렇다면, 피고인의 항소는 이유 없으므로 형사소송법 제364조 제4항에 따라 이를 기각하기로 하여 주문과 같이 판결한다.

[5] 대법원의 판결[75)]

【피 고 인】 피고인
【상 고 인】 피고인
【변 호 인】 변호사 1 외 2인

【원심판결】 서울고법 2008. 12. 30. 선고 2008노1986 판결
【주 문】
상고를 기각한다.

【이 유】
상고이유를 살펴본다.

1. 상고이유 제1점에 관하여

원심은, 그 판시와 같은 이유로 새마을운동중앙회는 공직선거법 제60조 제1항 제8호(이하 '이 사건 법률조항'이라 한다)의 '특별법에 의하여 설립된 국민운동단체로서 국가 또는 지방자치단체의 출연 또는 보조를 받는 단체(바르게살기운동협의회·새마을운동협의회·한국자유총연맹을 말한다)'에 해당한다고 해석함이 상당하고, 새마을운동중앙회 및 포천시 새마을회가 비록 민법에 의하여 설립된 사단법인의 형태를 지니고 있다고 하더라도 이와 같은 해석에 방해가 되거나 위 해석이 유추해석으로서 죄형법정주의에 위배되는 것은 아니라고 판단하였는바, 기록에 비추어 살펴보면, 원심의 판단은 정당한 것으로 수긍할 수 있고, 거기에 죄형법정주의의 원칙에 반하는 유추해석을 하였거나 이 사건 법률조항의 해석에 관한 법리를 오해한 잘못이 없다.

---

75) 대법원 2010. 5. 13. 선고 2009도327 판결 【공직선거법위반】

2. 상고이유 제2점에 관하여

원심은, 그 판시와 같은 이유로 포천시 새마을회는 새마을운동중앙회의 포천시조직이라고 할 것이어서 포천시 새마을회의 대표자인 피고인은 이 사건 법률조항상의 '특별법에 의하여 설립된 국민운동단체로서 국가 또는 지방자치단체의 출연 또는 보조를 받는 단체인 새마을운동협의회의 시조직의 대표자'로서 선거운동을 할 수 없는 자라고 판단하였는바, 기록에 비추어 살펴보면, 원심의 판단은 정당한 것으로 수긍할 수 있고, 거기에 이 사건 법률조항상의 '시조직', 죄형법정주의 원칙 등에 관한 법리오해의 잘못이 없다.

3. 상고이유 제3점에 관하여

원심은, 공직선거법 제60조 제1항 각 호에서 선거운동을 할 수 없는 자로 열거하고 있는 내용은 서로 독립적인 것으로서 그 중 어느 한가지 항목에만 해당하면 선거운동을 할 수 없다고 해석함이 상당하다는 등의 이유로, 피고인이 선거운동을 할 수 있는 지방의회 의원으로서의 지위와 선거운동을 할 수 없는 단체의 시조직의 대표자로서의 지위를 함께 가지고 있는 경우에 이 사건 법률조항에 의하여 선거운동의 제한을 받는 것이 타당하다고 판단하였는바, 원심판결 이유를 기록에 비추어 살펴보면, 원심의 판단은 정당한 것으로 수긍할 수 있고, 거기에 공직선거법 제60조 제1항 제4호 단서 및 선거자유의 원칙, 헌법상의 대의제 및 지방자치의 원칙에 관한 법리를 오해한 잘못이 없다.

4. 상고이유 제4점에 관하여

원심판결 이유에 의하면, 원심은 ① 이 사건 법률조항의 내용, 연혁, 새마을운동조직육성법의 연혁과 내용, 새마을운동중앙회의 변천과정 등에 비추어 보면, 포천시 새마을회는 새마을운동중앙회의 포천시조직이라고 할 것이어서 포천시 새마을회의 대표자인 피고인은 이 사건 법률조항상의 '특별법에 의하여 설립된 국민운동단체로서 국가 또는 지방자치단체의 출연 또는 보조를 받는 단체인 새마을운동협의회의 시조직의 대표자'에 해당하여 선거운동을 할 수 없는 자라고 명백하게 해석할 수 있으므로 이 사건 법률조항이 헌법상의 죄형법정주의에서 요구하는 명확성의 원칙에 위배되지 않고, ② 공직선거법 제60조 제1항 각 호의 선거운동 제한사유는 각각 독립적으로 판단하여야 하므로, 이 사건 법률조항에 따라 피고인의 선거운동이 제한을 받음으로 인하여 지방의회 의원으로서의 선거운동이 제한을 받더라도 헌법상의 선거운동 자유의 원칙, 참정권, 대의제도와 지방자치 원칙에 위배되는 것이 아니며, ③ 새마을운동중앙회 시조직의 대표자 등에 대해 선거운동을 금지하는 것은 그 목적의 정당성과 목적 달성에 적합한 수단으로서의 상당성이 인정되고, 이 사건 법률조항에 의하여 보호되는 선거의 실질적 자유와 공정의 확보라는 공공의 이익은 특히 높은 가치를 지니는 것으로서, 새마을운동중앙회 시조직의 대표자 등에 대하여 선거운동을 금지함으로써 정치적 표현의 자유 중 일부인 선거운동의 자유를 제한하였다고 하여 보호되는 공익과 제한되는 기본권 사이에 현저한 불균형이 있다고 볼 수 없으며, ④ 이 사건 법률조항은 피고인과 같은 공익적 업무 담당자에 대하여 정치적 활동을 전면적으로 금지하는 것이 아니라 단지 선거운동을 금지하는 것으로서 선거의 공정성 확보라는 입법목적을 위해 필요한 상당성의 범위를 넘었다고 보기 어렵고, 선거운동에 참여함으로써 발생할 중대한 폐해를 방지하기 위하여 필요한 최소한의 정도를 넘는다고 보이지도 아니한다고 판단하였는바, 원심판결 이유를 기록에 비추어 살펴보면 원심의 위와 같은 판단은 정당한 것으로 수긍이 가고, 상고이유에서 주장하는 바와 같이 이 사건 법률조항이 헌법상의 죄형법정주의의 명확성의 원칙, 대의제 및 지방자치의 원칙, 과잉금지의 원칙과 비례 및 평등의 원칙에 반하는 위헌적인 법률조항이라 할 수 없으며, 원심판결에 판단유탈, 이유불비, 심리미진 또는 법리오해 등의 잘못이 없다.

5. 상고이유 제5점에 관하여

공직선거법 제58조 제1항 소정의 선거운동은 특정 후보자의 당선 내지 득표나 낙선을 위하여 필요하고도 유리한 모든 행위로서 당선 또는 낙선을 도모한다는 목적이 객관적으로 인정될 수 있는 능동적·계획적인 행위를 말하고, 구체적으로 어떠한 행위가 선거운동에 해당하는지 여부를 판단함에 있어서는 단순히 그 행위의 명목뿐만 아니라 그 행위의 태양, 즉 그 행위가 행하여지는 시기·장소·방법 등을 종합적으로 관찰하여 그것이 특정 후보자의 당선 또는 낙선을 도모하는 목적의지를 수반하는 행위인지 여부를 판단하여야 한다(대법원 2007. 10. 11. 선고 2007도3468 판결 등 참조).

원심은, 적법하게 채택한 증거들에 의하여, 피고인이 2008. 3. 27. 한나라당 추천 공소외인 후보자를 수행하여 포천시 청소공원 내 현충탑을 참배하고, 포천시 소재 공소외인 후보자의 선거사무소에서 개최된 선거대책위원회 회의에 참석하여 '파이팅' 구호를 3회 외침으로써 선거운동을 하였고, 2008. 4. 6.에 피고인의 사무실을 방문한 피고인의 선후배를 포함한 포천시 선거구민들에게 "한나라당 후보자가 당선되어야 포천이 발전한다"고 공소외인 후보자의 지지를 부탁하는 말을 하여 선거운동을 하였다고 인정하여 이 부분 공소사실을 유죄로 판단하였다.

앞서 본 법리와 기록에 비추어 살펴보면, 원심의 위와 같은 사실인정 및 판단은 정당하고, 거기에 상고이유로 주장하는 바와 같은 공직선거법상의 선거운동의 범위와 당원집회, 불고불리의 원칙에 대한 법리를 오해한 잘못이 없다.

6. 결 론

그러므로 상고를 기각하기로 하여, 관여 대법관의 일치된 의견으로 주문과 같이 판결한다.

Chapter 21 자신은 전달자에 불과하다는 사실을 명백히 밝히고 금원을 연극제에 기탁한 사안

[1] 사건의 쟁점

1. 뇌물수수죄에 '영득의 의사'가 필요한지 여부(적극)
2. 불우이웃돕기 성금이나 연극제에 전달할 의사로 금원을 받은 것에 불과하고 영득할 의사로 수수하였다고 보기는 어렵다는 이유로, 뇌물수수의 점에 대해 무죄를 인정한 사례
3. 공직선거법상 기부행위와 관련하여 출연자와 기부행위자가 일치하지 않는 등 어느 쪽이 기부행위자인지 분명하지 않은 경우 기부행위자의 특정 방법
4. 자신은 전달자에 불과하다는 사실을 명백히 밝히고 금원을 연극제에 기탁한 사안에서, 기부의 효과를 자신에게 돌리려는 의사가 있었다고 단정하기 어렵고, 달리 이를 인정할 증거가 없다는 이유로, 공직선거법 위반의 점에 대해 무죄를 인정한 사례
5. 갑이 뇌물공여의 점에 대해 공동정범의 관계에 있는 을로부터 뇌물로 공여할 금품을 교부받은 경우, 그 행위는 상호간의 뇌물공여를 위한 예비행위에 불과할 뿐 자신의 이익을 취득하기 위하여 받은 것으로 볼 수는 없다는 이유로, 갑의 구 특정범죄가중처벌 등에 관한 법률 위반(알선수재)의 점에 대해 무죄를 인정한 사례

[2] 관련법령

1. 형법 제129조 제1항
2. 형법 제129조 제1항
3. 공직선거법 제112조 제1항
4. 공직선거법 제112조 제1항, 제113조 제1항, 제257조 제1항 제1호
5. 형법 제30조, 제133조 제1항, 구 특정범죄가중처벌 등에 관한 법률(2010. 3. 31. 법률 제10210호로 개정되기 전의 것) 제3조

가. 형법 [법률 제10067호, 2010. 3. 12, 일부개정]

제30조(공동정범) 2인 이상이 공동하여 죄를 범한 때에는 각자를 그 죄의 정범으로 처벌한다.

제129조(수뢰, 사전수뢰) ① 공무원 또는 중재인이 그 직무에 관하여 뇌물을 수수, 요구 또는 약속한 때에는 5년 이하의 징역 또는 10년 이하의 자격정지에 처한다.
② 공무원 또는 중재인이 될 자가 그 담당할 직무에 관하여 청탁을 받고 뇌물을 수수, 요구 또는 약속한 후 공무원 또는 중재인이 된 때에는 3년 이하의 징역 또는 7년 이하의 자격정지에 처한다.

제133조(뇌물공여등) ① 제129조 내지 제132조에 기재한 뇌물을 약속, 공여 또는 공여의 의사를 표시한 자는 5년 이하의 징역 또는 2천만원 이하의 벌금에 처한다. 〈개정 1995.12.29〉
② 전항의 행위에 공할 목적으로 제삼자에게 금품을 교부하거나 그 정을 알면서 교부를 받은 자도 전항의 형과 같다.

나. 공직선거법 [법률 제10067호, 2010. 3. 12, 일부개정]

제112조(기부행위의 정의 등) ① 이 법에서 "기부행위"라 함은 당해 선거구안에 있는 자나 기관·단체·시설 및 선거구민의 모임이나 행사 또는 당해 선거구의 밖에 있더라도 그 선거구민과 연고가 있는 자나 기관·단체·시설에 대하여 금전·물품 기타 재산상 이익의 제공, 이익제공의 의사표시 또는 그 제공을 약속하는 행위를 말한다. 〈개정 2004.3.12〉

1. 삭제 〈2004.3.12〉 2. 삭제 〈2004.3.12〉 3. 삭제 〈2004.3.12〉
4. 삭제 〈2004.3.12〉 5. 삭제 〈2004.3.12〉 6. 삭제 〈2004.3.12〉
7. 삭제 〈2004.3.12〉 8. 삭제 〈2004.3.12〉 9. 삭제 〈2004.3.12〉
10. 삭제 〈2004.3.12〉 11. 삭제 〈2004.3.12〉

② 제1항의 규정에 불구하고 다음 각 호의 어느 하나에 해당하는 행위는 기부행위로 보지 아니한다. 〈개정 2004.3.12, 2005.8.4, 2008.2.29, 2010.1.25〉

1. 통상적인 정당활동과 관련한 행위
   가. 정당이 각급당부에 당해 당부의 운영경비를 지원하거나 유급사무직원에게 보수를 지급하는 행위
   나. 정당의 당헌·당규 기타 정당의 내부규약에 의하여 정당의 당원이 당비 기타 부담

금을 납부하는 행위

다. 정당이 소속 국회의원, 이 법에 따른 공직선거의 후보자·예비후보자에게 정치자금을 지원하는 행위

라. 제140조 제1항에 따른 창당대회 등과 제141조 제2항에 따른 당원집회 및 당원교육, 그 밖에 소속 당원만을 대상으로 하는 당원집회에서 참석당원 등에게 정당의 경비로 교재, 그 밖에 정당의 홍보인쇄물, 싼 값의 정당의 배지 또는 상징마스코트나 통상적인 범위에서 차·커피 등 음료(주류는 제외한다)를 제공하는 행위

마. 통상적인 범위 안에서 선거사무소·선거연락소 또는 정당의 사무소를 방문하는 자에게 다과·떡·김밥·음료(주류는 제외한다) 등 다과류의 음식물을 제공하는 행위

바. 중앙당의 대표자가 참석하는 당직자회의(구·시·군단위 이상의 지역책임자급 간부와 시·도수의 10배수에 상당하는 상위직의 간부가 참석하는 회의를 말한다) 또는 시·도당의 대표자가 참석하는 당직자회의(읍·면·동단위 이상의 지역책임자급 간부와 관할 구·시·군의 수에 상당하는 상위직의 간부가 참석하는 회의를 말한다)에 참석한 당직자에게 통상적인 범위에서 식사류의 음식물을 제공하는 행위

사. 정당이 소속 유급사무직원을 대상으로 실시하는 교육·연수에 참석한 유급사무직원에게 정당의 경비로 숙식·교통편의 또는 실비의 여비를 제공하는 행위

아. 정당의 대표자가 소속 당원만을 대상으로 개최하는 신년회·송년회에 참석한 사람에게 정당의 경비로 통상적인 범위에서 다과류의 음식물을 제공하는 행위

자. 정당이 그 명의로 재해구호·장애인돕기·농촌일손돕기 등 대민 자원봉사활동을 하거나 그 자원봉사활동에 참석한 당원에게 정당의 경비로 교통편의(여비는 제외한다)와 통상적인 범위에서 식사류의 음식물을 제공하는 행위

차. 정당의 대표자가 개최하는 정당의 정책개발을 위한 간담회·토론회에 참석한 직능·사회단체의 대표자, 주제발표자, 토론자 등에게 정당의 경비로 식사류의 음식물을 제공하는 행위

카. 정당의 대표자가 개최하는 정당의 각종 행사에서 모범·우수당원에게 정당의 경비로 상장과 통상적인 부상을 수여하는 행위

타. 제57조의5 제1항 단서에 따른 의례적인 행위

파. 정당의 대표자가 주관하는 당무에 관한 회의에서 참석한 각급 당부의 대표자·책임자 또는 유급당직자에게 정당의 경비로 식사류의 음식물을 제공하는 행위

하. 정당의 중앙당의 대표자가 당무파악 및 지역여론을 수렴하기 위하여 시·도당을 방문하는 때에 정당의 경비로 방문지역의 기관·단체의 장 또는 사회단체의 간부나 언론인 등 제한된 범위의 인사를 초청하여 간담회를 개최하고 식사류의 음식물을 제공하는 행위

2. 의례적 행위

가. 민법 제777조(친족의 범위)의 규정에 의한 친족의 관혼상제의식 기타 경조사에 축의·부의금품을 제공하는 행위

나. 정당의 대표자가 중앙당 또는 시·도당에서 근무하는 해당 유급사무직원(중앙당 대표자의 경우 시·도당의 대표자와 상근 간부를 포함한다)·그 배우자 또는 그 직계존비속이 결혼하거나 사망한 때에 통상적인 범위에서 축의·부의금품(화환 또는 화분을 포함한다)을 제공하거나 해당 유급사무직원(중앙당 대표자의 경우 시·도당 대표자를 포함한다)에게 연말·설·추석·창당기념일 또는 그의 생일에 정당의 경비로 의례적인 선물을 정당의 명의로 제공하는 행위

다. 국가유공자의 위령제, 국경일의 기념식, 「각종 기념일 등에 관한 규정」 제2조에 규정된 정부가 주관하는 기념일의 기념식, 공공기관·시설의 개소·이전식, 합동결혼식, 합동분향식, 산하 기관·단체의 준공식, 정당의 창당대회·합당대회·후보자선출대회, 그 밖에 이에 준하는 행사에 의례적인 화환·화분·기념품을 제공하는 행위

라. 공익을 목적으로 설립된 재단 또는 기금이 선거일전 4년 이전부터 그 설립목적에 따라 정기적으로 지급하여 온 금품을 지급하는 행위. 다만, 선거일전 120일(선거일전 120일 후에 실시사유가 확정된 보궐선거등에 있어서는 그 선거의 실시사유가 확정된 때)부터 선거일까지 그 금품의 금액과 지급 대상·방법 등을 확대·변경하거나 후보자(후보자가 되려는 사람을 포함한다. 이하 이 조에서 같다)가 직접 주거나 후보자 또는 그 소속 정당의 명의를 추정할 수 있는 방법으로 지급하는 행위는 제외한다.

마. 친목회·향우회·종친회·동창회 등 각종 사교·친목단체 및 사회단체의 구성원으로서 당해 단체의 정관·규약 또는 운영관례상의 의무에 기하여 종전의 범위 안에서 회비를 납부하는 행위

바. 종교인이 평소 자신이 다니는 교회·성당·사찰 등에 통상의 예에 따라 헌금(물품의 제공을 포함한다)하는 행위

사. 선거운동을 위하여 후보자와 함께 다니는 자나 국회의원·후보자·예비후보자가 관할구역안의 지역을 방문하는 때에 함께 다니는 자에게 통상적인 범위에서 식사류의 음식물을 제공하는 행위. 이 경우 함께 다니는 자의 범위에 관하여는 중앙선거관리위원회규칙으로 정한다.

아. 기관·단체·시설의 대표자가 소속 상근직원(「지방자치법」 제6장제3절과 제4절에서 규정하고 있는 소속 행정기관 및 하부행정기관과 그 밖에 명칭여하를 불문하고 이에 준하는 기관·단체·시설의 직원은 제외한다. 이하 이 목에서 같다)이나 소속 또는 차하급기관·단체·시설의 대표자·그 배우자 또는 그 직계존비속이 결혼하거나 사망한 때에 통상적인 범위에서 축의·부의금품(화환 또는 화분을 포함한다)을 제공하는 행위와 소속

상근직원이나 소속 또는 차하급기관·단체·시설의 대표자에게 연말·설·추석·창립 기념일 또는 그의 생일에 자체사업계획과 예산에 따라 의례적인 선물을 해당 기관·단체·시설의 명의로 제공하는 행위

자. 읍·면·동 이상의 행정구역단위의 정기적인 문화·예술·체육행사, 각급학교의 졸업식 또는 공공의 이익을 위한 행사에 의례적인 범위에서 상장(부상은 제외한다. 이하 이 목에서 같다)을 수여하는 행위와 구·시·군 단위 이상의 조직 또는 단체(향우회·종친회·동창회, 동호인회, 계모임 등 개인 간의 사적모임은 제외한다)의 정기총회에 의례적인 범위에서 연 1회에 한하여 상장을 수여하는 행위. 다만, 제60조의2(예비후보자등록) 제1항의 규정에 따른 예비후보자등록신청개시일부터 선거일까지 후보자(후보자가 되고자 하는 자를 포함한다)가 직접 수여하는 행위를 제외한다.

차. 의정활동보고회, 정책토론회, 출판기념회, 그 밖의 각종 행사에 참석한 사람에게 통상적인 범위에서 차·커피 등 음료(주류는 제외한다)를 제공하는 행위

카. 선거사무소·선거연락소 또는 정당선거사무소의 개소식·간판게시식 또는 현판식에 참석한 정당의 간부·당원들이나 선거사무관계자들에게 해당 사무소 안에서 통상적인 범위의 다과류의 음식물(주류를 제외한다)을 제공하는 행위

타. 제114조 제2항에 따른 후보자 또는 그 가족과 관계있는 회사 등이 개최하는 정기적인 창립기념식·사원체육대회 또는 사옥준공식 등에 참석한 소속 임직원이나 그 가족, 거래선, 한정된 범위의 내빈 등에게 회사 등의 경비로 통상적인 범위에서 유공자를 표창(지방자치단체의 경우 소속 직원이 아닌 자에 대한 부상의 수여는 제외한다)하거나 식사류의 음식물 또는 싼 값의 기념품을 제공하는 행위

파. 제113조 및 제114조에 따른 기부행위를 할 수 없는 자의 관혼상제에 참석한 하객이나 조객 등에게 통상적인 범위에서 음식물 또는 답례품을 제공하는 행위

3. 구호적·자선적 행위

가. 법령에 의하여 설치된 사회보호시설중 수용보호시설에 의연금품을 제공하는 행위

나. 「재해구호법」의 규정에 의한 구호기관(전국재해구호협회를 포함한다) 및 「대한적십자사 조직법」에 의한 대한적십자사에 천재·지변으로 인한 재해의 구호를 위하여 금품을 제공하는 행위

다. 「장애인복지법」 제58조에 따른 장애인복지시설(유료복지시설을 제외한다)에 의연금품·구호금품을 제공하는 행위

라. 「국민기초생활 보장법」에 의한 수급권자인 중증장애인에게 자선·구호금품을 제공하는 행위

마. 자선사업을 주관·시행하는 국가·지방자치단체·언론기관·사회단체 또는 종교단체 그 밖에 국가기관이나 지방자치단체의 허가를 받아 설립된 법인 또는 단체에 의연

금품·구호금품을 제공하는 행위. 다만, 광범위한 선거구민을 대상으로 하는 경우 제공하는 개별 물품 또는 그 포장지에 직명·성명 또는 그 소속 정당의 명칭을 표시하여 제공하는 행위는 제외한다.

바. 자선·구호사업을 주관·시행하는 국가·지방자치단체, 그 밖의 공공기관·법인을 통하여 소년·소녀가장과 후원인으로 결연을 맺고 정기적으로 제공하여 온 자선·구호금품을 제공하는 행위

사. 국가기관·지방자치단체 또는 구호·자선단체가 개최하는 소년·소녀가장, 장애인, 국가유공자, 무의탁노인, 결식자, 이재민, 「국민기초생활 보장법」에 따른 수급자 등을 돕기 위한 후원회 등의 행사에 금품을 제공하는 행위. 다만, 개별 물품 또는 그 포장지에 직명·성명 또는 그 소속 정당의 명칭을 표시하여 제공하는 행위는 제외한다.

아. 근로청소년을 대상으로 무료학교(야학을 포함한다)를 운영하거나 그 학교에서 학생들을 가르치는 행위

4. 직무상의 행위

가. 국가기관 또는 지방자치단체가 자체사업계획과 예산으로 행하는 법령에 의한 금품제공행위(지방자치단체가 표창·포상을 하는 경우 부상의 수여를 제외한다. 이하 나목에서 같다)

나. 지방자치단체가 자체사업계획과 예산으로 대상·방법·범위 등을 구체적으로 정한 당해 지방자치단체의 조례에 의한 금품제공행위

다. 구호사업 또는 자선사업을 행하는 국가기관 또는 지방자치단체가 자체사업계획과 예산으로 당해 국가기관 또는 지방자치단체의 명의를 나타내어 행하는 구호행위·자선행위

라. 선거일전 60일까지 국가·지방자치단체 또는 공공기관(「공공기관의 운영에 관한 법률」 제4조에 따라 지정된 기관이나 그 밖에 중앙선거관리위원회규칙으로 정하는 기관을 말한다)의 장이 업무파악을 위한 초도순시 또는 연두순시차 하급기관을 방문하여 업무보고를 받거나 주민여론 등을 청취하면서 자체사업계획과 예산에 따라 참석한 소속공무원이나 임·직원, 유관기관·단체의 장과 의례적인 범위안의 주민대표에게 통상적인 범위 안에서 식사류(지방자치단체의 장의 경우에는 다과류를 말한다)의 음식물을 제공하는 행위

마. 국가기관 또는 지방자치단체가 긴급한 현안을 해결하기 위하여 자체사업계획과 예산으로 해당 국가기관 또는 지방자치단체의 명의로 금품이나 그 밖에 재산상의 이익을 제공하는 행위

바. 선거기간이 아닌 때에 국가기관이 효자·효부·모범시민·유공자등에게 포상을 하거나,

국가기관·지방자치단체가 관할구역 안의 환경미화원·구두미화원·가두신문판매원·우편집배원 등에게 위문품을 제공하는 행위

사. 국회의원 및 지방의회의원이 자신의 직무 또는 업무를 수행하는 상설사무소에서 행하거나, 정당이 해당 당사에서 행하는 무료의 민원상담행위

아. 변호사·의사 등 법률에서 정하는 일정한 자격을 가진 전문직업인이 업무활동을 촉진하기 위하여 자신이 개설한 인터넷 홈페이지를 통하여 법률·의료 등 자신의 전문분야에 대한 무료상담을 하는 행위

자. 제114조 제2항에 따른 후보자 또는 그 가족과 관계있는 회사가 영업활동을 위하여 달력·수첩·탁상일기·메모판 등 홍보물(후보자의 성명이나 직명 또는 사진이 표시된 것은 제외한다)을 그 명의로 종업원이나 제한된 범위의 거래처, 영업활동에 필요한 유관기관·단체·시설에 배부하거나 영업활동에 부가하여 해당 기업의 영업범위에서 무료강좌를 실시하는 행위

차. 물품구매·공사·역무의 제공 등에 대한 대가의 제공 또는 부담금의 납부 등 채무를 이행하는 행위

5. 제1호부터 제4호까지의 행위 외에 법령의 규정에 근거하여 금품 등을 찬조·출연 또는 제공하는 행위
6. 그 밖에 위 각 호의 어느 하나에 준하는 행위로서 중앙선거관리위원회규칙으로 정하는 행위

③ 제2항에서 "통상적인 범위에서 제공하는 음식물 또는 음료"라 함은 중앙선거관리위원회규칙으로 정하는 금액범위 안에서 일상적인 예를 갖추는데 필요한 정도로 현장에서 소비될 것으로 제공하는 것을 말하며, 기념품 또는 선물로 제공하는 것은 제외한다. 〈신설 1997.11.14, 2010.1.25〉

④ 제2항 제4호 각 목 중 지방자치단체의 직무상 행위는 법령·조례에 따라 표창·포상하는 경우를 제외하고는 해당 지방자치단체의 명의로 하여야 하며, 해당 지방자치단체의 장의 직명 또는 성명을 밝히거나 그가 하는 것으로 추정할 수 있는 방법으로 하는 행위는 기부행위로 본다. 이 경우 다음 각 호의 어느 하나에 해당하는 경우에는 "그가 하는 것으로 추정할 수 있는 방법"에 해당하는 것으로 본다. 〈신설 2010.1.25〉

1. 종전의 대상·방법·범위·시기 등을 법령 또는 조례의 제정 또는 개정 없이 확대 변경하는 경우
2. 해당 지방자치단체의 장의 업적을 홍보하는 등 그를 선전하는 행위가 부가되는 경우

⑤ 각급선거관리위원회(읍·면·동선거관리위원회를 제외한다)는 기부행위제한의 주체·내용 및 기간 그 밖에 필요한 사항을 광고 등의 방법으로 홍보하여야 한다. 〈개정 1997.11.14,

2004.3.12, 2005.8.4〉
[제목개정 2004.3.12]

第113조(후보자 등의 기부행위제한) ① 국회의원·지방의회의원·지방자치단체의 장·정당의 대표자·후보자(후보자가 되고자 하는 자를 포함한다)와 그 배우자는 당해 선거구안에 있는 자나 기관·단체·시설 또는 당해 선거구의 밖에 있더라도 그 선거구민과 연고가 있는 자나 기관·단체·시설에 기부행위(결혼식에서의 주례행위를 포함한다)를 할 수 없다.
② 누구든지 제1항의 행위를 약속·지시·권유·알선 또는 요구할 수 없다.
[전문개정 2004.3.12]

第257조(기부행위의 금지제한 등 위반죄) ① 다음 각 호의 1에 해당하는 자는 5년 이하의 징역 또는 1천만원 이하의 벌금에 처한다. 〈개정 1996.2.6, 1997.1.13, 1997.11.14, 2000.2.16, 2004.3.12〉

1. 제113조(후보자 등의 기부행위제한)·제114조(정당 및 후보자의 가족 등의 기부행위제한) 제1항 또는 제115조(제삼자의 기부행위제한)의 규정에 위반한 자
2. 제81조(단체의 후보자 등 초청 대담·토론회) 제6항[제82조(언론기관의 후보자 등 초청 대담·토론회) 제4항에서 준용하는 경우를 포함한다]의 규정을 위반한 자

② 제81조 제6항·제82조 제4항·제113조·제114조 제1항 또는 제115조에서 규정하고 있는 정당(창당준비위원회를 포함한다)·정당의 대표자·정당선거사무소의 소장, 국회의원·지방의회의원·지방자치단체의 장, 후보자(후보자가 되고자 하는 자를 포함한다. 이하 이 조에서 같다), 후보자의 배우자, 후보자나 그 배우자의 직계존비속과 형제자매, 후보자의 직계비속 및 형제자매의 배우자, 선거사무장, 선거연락소장, 선거사무원, 회계책임자, 연설원, 대담·토론자, 후보자 또는 그 가족과 관계있는 회사 등이나 그 임·직원과 제삼자[제116조(기부의 권유·요구 등의 금지)에 규정된 행위의 상대방을 말한다]에게 기부를 지시·권유·알선·요구하거나 그로부터 기부를 받은 자(제261조 제6항에 해당하는 사람은 제외한다)는 3년 이하의 징역 또는 500만원 이하의 벌금에 처한다. 〈개정 1997.1.13, 2000.2.16, 2004.3.12, 2008.2.29, 2010.1.25〉
③ 제117조(기부받는 행위 등의 금지)의 규정에 위반한 자는 3년 이하의 징역 또는 500만원 이하의 벌금에 처한다. 〈신설 1995.5.10〉
④ 제1항 내지 제3항의 죄를 범한 자가 받은 이익은 이를 몰수한다. 다만, 그 전부 또는 일부를 몰수할 수 없을 때에는 그 가액을 추징한다. 〈신설 1995.5.10〉

다. 구 특정범죄가중처벌 등에 관한 법률[2010. 3. 31. 법률 제10210호로 개정되기 전의 것]

제3조(알선수재) 공무원의 직무에 속한 사항의 알선에 관하여 금품이나 이익을 수수·요구 또는 약속한 자는 5년 이하의 징역 또는 1천만원 이하의 벌금에 처한다. 〈개정 1990.12.31〉

[3] 대법원의 판결[76)]

【피 고 인】 피고인 1 외 2인
【상 고 인】 검 사
【변 호 인】 변호사 1 외 1인

【원심판결】 서울고법 2009. 9. 25. 선고 2009노1863 판결
【주 문】
상고를 모두 기각한다.

【이 유】
각 상고이유를 판단한다.
1. 피고인 1에 대하여
가. 뇌물수수의 점에 대하여
뇌물을 수수한다는 것은 영득의 의사로 받는 것을 말하므로 영득의 의사가 없으면 뇌물을 수수하였다고 할 수 없다(대법원 1996. 6. 28. 선고 92도1803 판결 등 참조).
원심은 그 채택 증거에 의하여 그 판시와 같은 사실을 인정한 다음, 피고인 2가 2007. 12. 27. 피고인에게 제공한 2,000만원에 대하여는 ① 피고인이 피고인 2가 건네주는 돈이 든 쇼핑백을 받지 않으려고 실랑이를 하였고 그 과정에서 커피잔이 바닥에 떨어지기도 하였으며, 피고인 2가 그 사이 가버리는 바람에 그 자리에서 위 쇼핑백을 돌려줄 방법은 없어 보였던 점, ② 그 당시 금원을 건네려는 피고인 2와 피고인 사이에 여러 가지 말이 오고 갔는데, 피고인 2와 피고인 사이에 불우이웃돕기에 기부한다는 용처에 관하여 어느 정도 합의점에 도달하였다고 보여지는 점, ③ 피고인은 이를 받은

76) 대법원 2010. 4. 15. 선고 2009도11146 판결 【뇌물수수·뇌물공여·공직선거법위반·특정범죄가중처벌등에관한법률위반(알선수재)·입찰방해】

그 다음날 공소외 1 과장에게 피고인 2로부터 받은 쇼핑백 그대로 전달하며 피고인 2가 불우이웃돕기 성금에 기부하는 것임을 알리고 처리하도록 하였고, 위 금원은 바로 사회복지공동모금회에 입금되었으며 그 이후 피고인이 이러한 처리 사실을 피고인 2에게 알리고 영수증 교부 안내까지 한 점 및 피고인 2가 2008. 6. 13. 피고인에게 제공한 2,000만원에 대하여는 ① 피고인은 피고인 2가 건네주는 돈이 든 쇼핑백을 받지 않으려고 수차례 거절하였는데, 피고인 2는 이를 춘천연극제에 가져다주라는 말을 하였던 점, ② 피고인은 당일이 금요일이고 서울에서 재차 고성에까지 다녀오느라 그로부터 이틀 뒤인 일요일에 즉시 춘천연극제 임원에게 전화를 하였고, 월요일인 2008. 6. 16. 시장실에 온 춘천연극제 임원들에게 피고인 2가 기부하는 돈임을 밝히고 위 쇼핑백을 그대로 전달한 점, 그리고 피고인 2로서는 기업을 하는 입장에서 이 사건 입찰뿐만 아니라 향후 현직 춘천시장인 피고인과의 관계를 돈독히 할 필요가 있었을 것이지만, 피고인으로서도 이미 피고인 2가 생산하는 탈취기에 의하여 근화동 쓰레기처리시설 악취 민원을 해결한 바 있고, 기업도시 유치와 관련해서도 그 인적 네트워크를 통하여 이미 상당한 도움을 받았거나 향후 많은 도움을 받을 것을 기대하는 등 같은 지역 출신이라는 점에서 뿐만 아니라 상호 유대관계를 유지해야 하는 현실적인 필요성이 있어 피고인 2의 금원 교부 제의를 면전에서 단호하게 거절하기는 어려울 수도 있는 관계였던 점, 제반 정황에 비추어 피고인이 위 금원을 사적인 용도로 취득하거나 사용하기 위하여 받았다고 보기는 어려울 뿐만 아니라, 그 사용처가 공적인 용도와 관련된 것이라고 하더라도 피고인과 피고인 2 사이에 그 사용처에 관하여 어느 정도 구체적인 합의점을 찾지 못한 상황이었다면 피고인이 이를 건네받았을 것으로 보여 지지는 아니하는 점 등에 비추어 보면, <u>비록 피고인 2는 미필적으로나마 피고인에 대한 뇌물공여의 의사로 위 금원을 교부하였다 하더라도, 피고인은 평소 도움을 주고받으며 돈독하게 지내야 할 피고인 2가 교부하는 각 금원을 불우이웃돕기 성금이나 춘천연극제에 전달할 의사로 받은 것에 불과하고, 이를 자신이 영득할 의사로 수수하였다고 보기는 어렵다</u>는 이유로 이 부분 공소사실에 대하여 피고인에 대하여 무죄를 선고한 제1심판결을 유지하였다.

위 법리와 기록에 비추어 살펴보면, 원심의 판단은 정당한 것으로 수긍이 가고, 거기에 상고이유에서 주장하는 바와 같은 법리오해, 사실오인 등의 위법이 없다.

나. 공직선거법 위반의 점에 대하여

공직선거법 제112조 제1항의 기부행위는 그에 의한 기부의 효과를 후보자 또는 후보자가 되려는 자에게 돌리려는 의사를 가지고 공직선거법 제112조 제1항에 규정된 사람에게 금품 등을 제공하는 것으로서, 그 출연자가 기부행위자가 되는 것이 통례이지만 그 기부행위를 한 것으로 평가되는 주체인 기부행위자는 항상 그 물품 등의 사실상 출연자에 한정되는 것은 아니고, 또 출연자와 기부행위자가 일치하지 않거나 외형상 기부행위에 함께 관여하는 듯이 보여서 어느 쪽이 기부행위자인지 분명하지 않은 경우에는 그 물품 등이 출연된 동기 또는 목적, 출연행위와 기부행위의 실행 경위, 기부자와 출연자 그리고 기부받는 자와의 관계 등 모든 사정을 종합하여 기부행위자를 특정하여야 한다(대법원 2007. 3. 30. 선고 2006도9043 판결 등 참조).

원심은 그 채택 증거에 의하여 그 판시와 같은 사실을 인정한 다음, 그 인정 사실에 의하여 알 수 있는 다음과 같은 사정 즉, ① 피고인이 위 돈의 출연자는 피고인 2고 자신은 전달자에 불과하다는 사실을 명백히 밝힌 점, ② 피고인은 위 돈을 연극제 행사 등 공식적인 자리에서 전달한 것이 아니라 자신의 사무실에서 전달하였고, 그 상대방도 춘천연극제 간부 4명에 불과하였던 점, ③ 춘천연극제는 이 사건 이전에도 피고인 2의 역할에 의해 5,000만원을 기탁받은 바 있었고 그 답례로 추석선물을 보내기도 하였으므로, 피고인으로부터 위 2,000만원을 받은 춘천연극제 간부들도 피고인 2의 존재를 잘 알고 있었던 점 등의 사정을 종합하여 보면, 피고인에게 위 기부의 효과를 자신에게 돌리려는 의사가 있었다고 단정하기 어렵고, 달리 이를 인정할 증거가 없다는 이유로 이 부분 공소사실에 대해 무죄를 선고하였다.

위 법리와 기록에 비추어 살펴보면 원심의 판단은 정당한 것으로 수긍이 가고, 거기에 상고이유에서 주장하는 바와 같은 법리오해 등의 위법이 없다.

2. 피고인 2에 대하여

원심은, 공소외 2의 수사기관 및 제1심 법정에서의 각 진술을 그 판시와 같은 이유로 신빙성이 없다고 보고, 오히려 그 채택 증거 등을 종합하면 피고인과 공소외 3 주식회사의 공소외 2는 모두 이 사건 입찰에서 공사를 수주하기 위하여 공소외 3 주식회사측은 금원을 마련하고, 피고인은 춘천시장과의 두터운 친분관계를 내세워 춘천시장에 대한 뇌물을 공여하기로 모의한 것이라고 보아야 하는바, 사정이 이와 같다면 피고인은 공소외 2와의 사이에 춘천시장에 대한 뇌물공여를 공모하고 그 행위를 분담하기로 한 공동정범의 지위에 있을 뿐이므로, 그와 공동정범의 관계에 있던 공소외 2로부터 뇌물로 공여할 금품을 교부받았다 하더라도, 그 행위는 상호간의 뇌물공여를 위한 예비행위에 불과할 뿐이고 자신의 이익을 취득하기 위하여 돈을 받은 것이라고 볼 수는 없다고 판단하여 피고인에 대한 특정범죄 가중처벌 등에 관한 법률 위반(알선수재)죄에 대하여 무죄를 선고한 제1심판결을 유지하였다.

관계 법리와 기록에 비추어 살펴보면 원심의 판단은 정당한 것으로 수긍이 가고, 거기에 상고이유에서 주장하는 바와 같은 법리오해나 채증법칙 위반 등의 위법이 없다.

3. 피고인 3에 대하여

원심판결 이유를 기록에 비추어 살펴보면, 원심이 공소외 4, 5의 각 수사기관에서의 진술을 그 판시와 같은 이유로 신빙성이 없다고 보아 배척하고, 달리 증거가 없다는 이유로 피고인에게 무죄를 선고한 것은 사실심 법관의 합리적인 자유심증에 따른 것으로서 정당하고, 거기에 상고이유에서 주장하는 바와 같은 법리오해나 채증법칙 위반 등의 위법이 없다.

4. 결 론

그러므로 상고를 모두 기각하기로 하여 관여 대법관의 일치된 의견으로 주문과 같이 판결한다.

Chapter 22 버스 투어를 통하여 이루어진 지방자치단체장의 기부행위

[1] 사건의 쟁점

1. 공직선거법 제112조 제1항에 해당하는 '금품 등의 제공행위'는 같은 조 제2항과 이에 근거한 중앙선거관리위원회규칙 및 그 위원회 결정에 의하여 의례적 행위나 직무상 행위로서 허용되는 것으로 열거된 행위에 해당하지 아니하는 이상 지방자치단체의 장 등의 기부행위 금지위반을 처벌하는 같은 법 제257조 제1항 제1호의 구성요건해당성이 있는지 여부(적극)
2. 국가기관 또는 지방자치단체가 행하는 금품제공행위가 업무추진비의 지출이라는 형식으로 이루어지고 이러한 업무추진비가 그 편성목적 및 절차에 따라 지출되었다는 이유만으로 공직선거법 제112조 제2항 제4호 (가)목에서 정한 '법령에 의한' 금품제공행위 또는 같은 조 제2항 제4호 (나)목이 정한 '자체사업계획과 예산으로 대상·방법·범위 등을 구체적으로 정한 당해 지방자치단체의 조례'에 의한 금품제공행위에 해당하여 기부행위의 개념에서 제외된다고 할 수 있는지 여부(소극)
3. 지방자치단체장이 특정한 시책을 홍보함과 아울러 관광 일정이 상당 부분 포함된 '버스 투어'를 주도적으로 기획한 후 선거구민 중 여론형성층을 선별하여 그 행사에 참가하도록 한 사안에서, 이러한 '버스 투어'가 당해 지방자치단체의 조례에서 말하는 자원봉사활동에 해당한다고 보기는 어렵고, 따라서 이 조례는 '버스 투어'를 통하여 이루어진 일련의 기부행위를 직접적으로 뒷받침하는 조례라고 할 수 없다고 판단한 사례
4. 공직선거법상 기부행위의 구성요건에 해당하는 행위라 하더라도 '사회상규에 위배되지 아니하는 행위'로서 위법성이 조각될 수 있는지 여부(한정 적극) 및 이 사건 '버스 투어'를 통하여 이루어진 지방자치단체장의 기부행위가 '사회상규에 위배되지 아니하는 행위'에 해당하지 않는다고 한 사례

[2] 관련법령

1. 공직선거법 제112조 제1항, 제2항, 제113조, 제257조 제1항 제1호
2. 공직선거법 제112조 제2항 제4호
3. 공직선거법 제112조 제2항 제4호
4. 형법 제20조, 공직선거법 제112조 제1항, 제2항, 제113조, 제257조 제1항 제1호

가. 공직선거법 [법률 제9466호, 2009. 2. 12, 일부개정]

제112조(기부행위의 정의 등) ① 이 법에서 "기부행위"라 함은 당해 선거구안에 있는 자나 기관·단체·시설 및 선거구민의 모임이나 행사 또는 당해 선거구의 밖에 있더라도 그 선거구민과 연고가 있는 자나 기관·단체·시설에 대하여 금전·물품 기타 재산상 이익의 제공, 이익제공의 의사표시 또는 그 제공을 약속하는 행위를 말한다. 〈개정 2004.3.12〉

1. 삭제 〈2004.3.12〉 2. 삭제 〈2004.3.12〉 3. 삭제 〈2004.3.12〉
4. 삭제 〈2004.3.12〉 5. 삭제 〈2004.3.12〉 6. 삭제 〈2004.3.12〉
7. 삭제 〈2004.3.12〉 8. 삭제 〈2004.3.12〉 9. 삭제 〈2004.3.12〉
10. 삭제 〈2004.3.12〉 11. 삭제 〈2004.3.12〉

② 제1항의 규정에 불구하고 다음 각 호의 어느 하나에 해당하는 행위는 기부행위로 보지 아니한다. 〈개정 2004.3.12, 2005.8.4, 2008.2.29, 2010.1.25〉

1. 통상적인 정당활동과 관련한 행위
 가. 정당이 각급당부에 당해 당부의 운영경비를 지원하거나 유급사무직원에게 보수를 지급하는 행위
 나. 정당의 당헌·당규 기타 정당의 내부규약에 의하여 정당의 당원이 당비 기타 부담금을 납부하는 행위
 다. 정당이 소속 국회의원, 이 법에 따른 공직선거의 후보자·예비후보자에게 정치자금을 지원하는 행위
 라. 제140조 제1항에 따른 창당대회 등과 제141조 제2항에 따른 당원집회 및 당원교육, 그 밖에 소속 당원만을 대상으로 하는 당원집회에서 참석당원 등에게 정당의 경비로 교재, 그 밖에 정당의 홍보인쇄물, 싼 값의 정당의 배지 또는 상징마스코트나 통상적인 범위에서 차·커피 등 음료(주류는 제외한다)를 제공하는 행위
 마. 통상적인 범위 안에서 선거사무소·선거연락소 또는 정당의 사무소를 방문하는 자에게 다과·떡·김밥·음료(주류는 제외한다) 등 다과류의 음식물을 제공하는 행위

바. 중앙당의 대표자가 참석하는 당직자회의(구·시·군단위 이상의 지역책임자급 간부와 시·도수의 10배수에 상당하는 상위직의 간부가 참석하는 회의를 말한다) 또는 시·도당의 대표자가 참석하는 당직자회의(읍·면·동단위 이상의 지역책임자급 간부와 관할 구·시·군의 수에 상당하는 상위직의 간부가 참석하는 회의를 말한다)에 참석한 당직자에게 통상적인 범위에서 식사류의 음식물을 제공하는 행위

사. 정당이 소속 유급사무직원을 대상으로 실시하는 교육·연수에 참석한 유급사무직원에게 정당의 경비로 숙식·교통편의 또는 실비의 여비를 제공하는 행위

아. 정당의 대표자가 소속 당원만을 대상으로 개최하는 신년회·송년회에 참석한 사람에게 정당의 경비로 통상적인 범위에서 다과류의 음식물을 제공하는 행위

자. 정당이 그 명의로 재해구호·장애인돕기·농촌일손돕기 등 대민 자원봉사활동을 하거나 그 자원봉사활동에 참석한 당원에게 정당의 경비로 교통편의(여비는 제외한다)와 통상적인 범위에서 식사류의 음식물을 제공하는 행위

차. 정당의 대표자가 개최하는 정당의 정책개발을 위한 간담회·토론회에 참석한 직능·사회단체의 대표자, 주제발표자, 토론자 등에게 정당의 경비로 식사류의 음식물을 제공하는 행위

카. 정당의 대표자가 개최하는 정당의 각종 행사에서 모범·우수당원에게 정당의 경비로 상장과 통상적인 부상을 수여하는 행위

타. 제57조의5제1항 단서에 따른 의례적인 행위

파. 정당의 대표자가 주관하는 당무에 관한 회의에서 참석한 각급 당부의 대표자·책임자 또는 유급당직자에게 정당의 경비로 식사류의 음식물을 제공하는 행위

하. 정당의 중앙당의 대표자가 당무파악 및 지역여론을 수렴하기 위하여 시·도당을 방문하는 때에 정당의 경비로 방문지역의 기관·단체의 장 또는 사회단체의 간부나 언론인 등 제한된 범위의 인사를 초청하여 간담회를 개최하고 식사류의 음식물을 제공하는 행위

2. 의례적 행위

가. 민법 제777조(친족의 범위)의 규정에 의한 친족의 관혼상제의식 기타 경조사에 축의·부의금품을 제공하는 행위

나. 정당의 대표자가 중앙당 또는 시·도당에서 근무하는 해당 유급사무직원(중앙당 대표자의 경우 시·도당의 대표자와 상근 간부를 포함한다)·그 배우자 또는 그 직계존비속이 결혼하거나 사망한 때에 통상적인 범위에서 축의·부의금품(화환 또는 화분을 포함한다)을 제공하거나 해당 유급사무직원(중앙당 대표자의 경우 시·도당 대표자를 포함한다)에게 연말·설·추석·창당기념일 또는 그의 생일에 정당의 경비로 의례적인 선물을 정당의 명의로 제공하는 행위

다. 국가유공자의 위령제, 국경일의 기념식, 「각종 기념일 등에 관한 규정」 제2조에 규정된 정부가 주관하는 기념일의 기념식, 공공기관·시설의 개소·이전식, 합동결혼식, 합동분향식, 산하 기관·단체의 준공식, 정당의 창당대회·합당대회·후보자선출대회, 그 밖에 이에 준하는 행사에 의례적인 화환·화분·기념품을 제공하는 행위

라. 공익을 목적으로 설립된 재단 또는 기금이 선거일전 4년 이전부터 그 설립목적에 따라 정기적으로 지급하여 온 금품을 지급하는 행위. 다만, 선거일전 120일(선거일전 120일 후에 실시사유가 확정된 보궐선거등에 있어서는 그 선거의 실시사유가 확정된 때)부터 선거일까지 그 금품의 금액과 지급 대상·방법 등을 확대·변경하거나 후보자(후보자가 되려는 사람을 포함한다. 이하 이 조에서 같다)가 직접 주거나 후보자 또는 그 소속 정당의 명의를 추정할 수 있는 방법으로 지급하는 행위는 제외한다.

마. 친목회·향우회·종친회·동창회 등 각종 사교·친목단체 및 사회단체의 구성원으로서 당해 단체의 정관·규약 또는 운영관례상의 의무에 기하여 종전의 범위 안에서 회비를 납부하는 행위

바. 종교인이 평소 자신이 다니는 교회·성당·사찰 등에 통상의 예에 따라 헌금(물품의 제공을 포함한다)하는 행위

사. 선거운동을 위하여 후보자와 함께 다니는 자나 국회의원·후보자·예비후보자가 관할구역안의 지역을 방문하는 때에 함께 다니는 자에게 통상적인 범위에서 식사류의 음식물을 제공하는 행위. 이 경우 함께 다니는 자의 범위에 관하여는 중앙선거관리위원회규칙으로 정한다.

아. 기관·단체·시설의 대표자가 소속 상근직원(「지방자치법」 제6장제3절과 제4절에서 규정하고 있는 소속 행정기관 및 하부행정기관과 그 밖에 명칭여하를 불문하고 이에 준하는 기관·단체·시설의 직원은 제외한다. 이하 이 목에서 같다)이나 소속 또는 차하급기관·단체·시설의 대표자·그 배우자 또는 그 직계존비속이 결혼하거나 사망한 때에 통상적인 범위에서 축의·부의금품(화환 또는 화분을 포함한다)을 제공하는 행위와 소속 상근직원이나 소속 또는 차하급기관·단체·시설의 대표자에게 연말·설·추석·창립기념일 또는 그의 생일에 자체사업계획과 예산에 따라 의례적인 선물을 해당 기관·단체·시설의 명의로 제공하는 행위

자. 읍·면·동 이상의 행정구역단위의 정기적인 문화·예술·체육행사, 각급학교의 졸업식 또는 공공의 이익을 위한 행사에 의례적인 범위에서 상장(부상은 제외한다. 이하 이 목에서 같다)을 수여하는 행위와 구·시·군단위 이상의 조직 또는 단체(향우회·종친회·동창회, 동호인회, 계모임 등 개인 간의 사적모임은 제외한다)의 정기총회에 의례적인 범위에서 연 1회에 한하여 상장을 수여하는 행위. 다만, 제60조의2(예비후보자등록) 제1항의 규정에 따른 예비후보자등록신청개시일부터 선거일까지 후보자

(후보자가 되고자 하는 자를 포함한다)가 직접 수여하는 행위를 제외한다.

차. 의정활동보고회, 정책토론회, 출판기념회, 그 밖의 각종 행사에 참석한 사람에게 통상적인 범위에서 차·커피 등 음료(주류는 제외한다)를 제공하는 행위

카. 선거사무소·선거연락소 또는 정당선거사무소의 개소식·간판게시식 또는 현판식에 참석한 정당의 간부·당원들이나 선거사무관계자들에게 해당 사무소 안에서 통상적인 범위의 다과류의 음식물(주류를 제외한다)을 제공하는 행위

타. 제114조 제2항에 따른 후보자 또는 그 가족과 관계있는 회사 등이 개최하는 정기적인 창립기념식·사원체육대회 또는 사옥준공식 등에 참석한 소속 임직원이나 그 가족, 거래선, 한정된 범위의 내빈 등에게 회사 등의 경비로 통상적인 범위에서 유공자를 표창(지방자치단체의 경우 소속 직원이 아닌 자에 대한 부상의 수여는 제외한다)하거나 식사류의 음식물 또는 싼 값의 기념품을 제공하는 행위

파. 제113조 및 제114조에 따른 기부행위를 할 수 없는 자의 관혼상제에 참석한 하객이나 조객 등에게 통상적인 범위에서 음식물 또는 답례품을 제공하는 행위

3. 구호적·자선적 행위

가. 법령에 의하여 설치된 사회보호시설중 수용보호시설에 의연금품을 제공하는 행위

나. 「재해구호법」의 규정에 의한 구호기관(전국재해구호협회를 포함한다) 및 「대한적십자사 조직법」에 의한 대한적십자사에 천재·지변으로 인한 재해의 구호를 위하여 금품을 제공하는 행위

다. 「장애인복지법」 제58조에 따른 장애인복지시설(유료복지시설을 제외한다)에 의연금품·구호금품을 제공하는 행위

라. 「국민기초생활 보장법」에 의한 수급권자인 중증장애인에게 자선·구호금품을 제공하는 행위

마. 자선사업을 주관·시행하는 국가·지방자치단체·언론기관·사회단체 또는 종교단체 그 밖에 국가기관이나 지방자치단체의 허가를 받아 설립된 법인 또는 단체에 의연금품·구호금품을 제공하는 행위. 다만, 광범위한 선거구민을 대상으로 하는 경우 제공하는 개별 물품 또는 그 포장지에 직명·성명 또는 그 소속 정당의 명칭을 표시하여 제공하는 행위는 제외한다.

바. 자선·구호사업을 주관·시행하는 국가·지방자치단체, 그 밖의 공공기관·법인을 통하여 소년·소녀가장과 후원인으로 결연을 맺고 정기적으로 제공하여 온 자선·구호금품을 제공하는 행위

사. 국가기관·지방자치단체 또는 구호·자선단체가 개최하는 소년·소녀가장, 장애인, 국가유공자, 무의탁노인, 결식자, 이재민, 「국민기초생활 보장법」에 따른 수급자 등을 돕기 위한 후원회 등의 행사에 금품을 제공하는 행위. 다만, 개별 물품 또는

그 포장지에 직명·성명 또는 그 소속 정당의 명칭을 표시하여 제공하는 행위는 제외한다.

아. 근로청소년을 대상으로 무료학교(야학을 포함한다)를 운영하거나 그 학교에서 학생들을 가르치는 행위

4. 직무상의 행위

가. 국가기관 또는 지방자치단체가 자체사업계획과 예산으로 행하는 법령에 의한 금품제공행위(지방자치단체가 표창·포상을 하는 경우 부상의 수여를 제외한다. 이하 나목에서 같다)

나. 지방자치단체가 자체사업계획과 예산으로 대상·방법·범위 등을 구체적으로 정한 당해 지방자치단체의 조례에 의한 금품제공행위

다. 구호사업 또는 자선사업을 행하는 국가기관 또는 지방자치단체가 자체사업계획과 예산으로 당해 국가기관 또는 지방자치단체의 명의를 나타내어 행하는 구호행위·자선행위

라. 선거일전 60일까지 국가·지방자치단체 또는 공공기관(「공공기관의 운영에 관한 법률」 제4조에 따라 지정된 기관이나 그 밖에 중앙선거관리위원회규칙으로 정하는 기관을 말한다)의 장이 업무파악을 위한 초도순시 또는 연두순시차 하급기관을 방문하여 업무보고를 받거나 주민여론 등을 청취하면서 자체사업계획과 예산에 따라 참석한 소속공무원이나 임·직원, 유관기관·단체의 장과 의례적인 범위안의 주민대표에게 통상적인 범위 안에서 식사류(지방자치단체의 장의 경우에는 다과류를 말한다)의 음식물을 제공하는 행위

마. 국가기관 또는 지방자치단체가 긴급한 현안을 해결하기 위하여 자체사업계획과 예산으로 해당 국가기관 또는 지방자치단체의 명의로 금품이나 그 밖에 재산상의 이익을 제공하는 행위

바. 선거기간이 아닌 때에 국가기관이 효자·효부·모범시민·유공자 등에게 포상을 하거나, 국가기관·지방자치단체가 관할구역 안의 환경미화원·구두미화원·가두신문판매원·우편집배원 등에게 위문품을 제공하는 행위

사. 국회의원 및 지방의회의원이 자신의 직무 또는 업무를 수행하는 상설사무소에서 행하거나, 정당이 해당 당사에서 행하는 무료의 민원상담행위

아. 변호사·의사 등 법률에서 정하는 일정한 자격을 가진 전문직업인이 업무활동을 촉진하기 위하여 자신이 개설한 인터넷 홈페이지를 통하여 법률·의료 등 자신의 전문분야에 대한 무료상담을 하는 행위

자. 제114조 제2항에 따른 후보자 또는 그 가족과 관계있는 회사가 영업활동을 위하여 달력·수첩·탁상일기·메모판 등 홍보물(후보자의 성명이나 직명 또는 사진이 표시된 것은

제외한다)을 그 명의로 종업원이나 제한된 범위의 거래처, 영업활동에 필요한 유관 기관·단체·시설에 배부하거나 영업활동에 부가하여 해당 기업의 영업범위에서 무료강좌를 실시하는 행위

차. 물품구매·공사·역무의 제공 등에 대한 대가의 제공 또는 부담금의 납부 등 채무를 이행하는 행위

5. 제1호부터 제4호까지의 행위 외에 법령의 규정에 근거하여 금품 등을 찬조·출연 또는 제공하는 행위

6. 그 밖에 위 각 호의 어느 하나에 준하는 행위로서 중앙선거관리위원회규칙으로 정하는 행위

③ 제2항에서 "통상적인 범위에서 제공하는 음식물 또는 음료"라 함은 중앙선거관리위원회규칙으로 정하는 금액범위 안에서 일상적인 예를 갖추는데 필요한 정도로 현장에서 소비될 것으로 제공하는 것을 말하며, 기념품 또는 선물로 제공하는 것은 제외한다. 〈신설 1997.11.14, 2010.1.25〉

④ 제2항 제4호 각 목 중 지방자치단체의 직무상 행위는 법령·조례에 따라 표창·포상하는 경우를 제외하고는 해당 지방자치단체의 명의로 하여야 하며, 해당 지방자치단체의 장의 직명 또는 성명을 밝히거나 그가 하는 것으로 추정할 수 있는 방법으로 하는 행위는 기부행위로 본다. 이 경우 다음 각 호의 어느 하나에 해당하는 경우에는 "그가 하는 것으로 추정할 수 있는 방법"에 해당하는 것으로 본다. 〈신설 2010.1.25〉

1. 종전의 대상·방법·범위·시기 등을 법령 또는 조례의 제정 또는 개정 없이 확대 변경하는 경우
2. 해당 지방자치단체의 장의 업적을 홍보하는 등 그를 선전하는 행위가 부가되는 경우

⑤ 각급선거관리위원회(읍·면·동선거관리위원회를 제외한다)는 기부행위제한의 주체·내용 및 기간 그 밖에 필요한 사항을 광고 등의 방법으로 홍보하여야 한다. 〈개정 1997.11.14, 2004.3.12, 2005.8.4〉

[제목개정 2004.3.12]

第113조(후보자 등의 기부행위제한) ① 국회의원·지방의회의원·지방자치단체의 장·정당의 대표자·후보자(후보자가 되고자 하는 자를 포함한다)와 그 배우자는 당해 선거구안에 있는 자나 기관·단체·시설 또는 당해 선거구의 밖에 있더라도 그 선거구민과 연고가 있는 자나 기관·단체·시설에 기부행위(결혼식에서의 주례행위를 포함한다)를 할 수 없다.

② 누구든지 제1항의 행위를 약속·지시·권유·알선 또는 요구할 수 없다.

[전문개정 2004.3.12]

제257조(기부행위의 금지제한 등 위반죄) ① 다음 각 호의 1에 해당하는 자는 5년 이하의 징역 또는 1천만원 이하의 벌금에 처한다. 〈개정 1996.2.6, 1997.1.13, 1997.11.14, 2000.2.16, 2004.3.12〉

1. 제113조(후보자 등의 기부행위제한)·제114조(정당 및 후보자의 가족 등의 기부행위제한) 제1항 또는 제115조(제삼자의 기부행위제한)의 규정에 위반한 자
2. 제81조(단체의 후보자 등 초청 대담·토론회) 제6항[제82조(언론기관의 후보자 등 초청 대담·토론회) 제4항에서 준용하는 경우를 포함한다]의 규정을 위반한 자

② 제81조 제6항·제82조 제4항·제113조·제114조 제1항 또는 제115조에서 규정하고 있는 정당(창당준비위원회를 포함한다)·정당의 대표자·정당선거사무소의 소장, 국회의원·지방의회의원·지방자치단체의 장, 후보자(후보자가 되고자 하는 자를 포함한다. 이하 이 조에서 같다), 후보자의 배우자, 후보자나 그 배우자의 직계존비속과 형제자매, 후보자의 직계비속 및 형제자매의 배우자, 선거사무장, 선거연락소장, 선거사무원, 회계책임자, 연설원, 대담·토론자, 후보자 또는 그 가족과 관계있는 회사 등이나 그 임·직원과 제삼자[제116조(기부의 권유·요구 등의 금지)에 규정된 행위의 상대방을 말한다]에게 기부를 지시·권유·알선·요구하거나 그로부터 기부를 받은 자(제261조 제6항에 해당하는 사람은 제외한다)는 3년 이하의 징역 또는 500만원 이하의 벌금에 처한다. 〈개정 1997.1.13, 2000.2.16, 2004.3.12, 2008.2.29, 2010.1.25〉
③ 제117조(기부받는 행위 등의 금지)의 규정에 위반한 자는 3년 이하의 징역 또는 500만원 이하의 벌금에 처한다. 〈신설 1995.5.10〉
④ 제1항 내지 제3항의 죄를 범한 자가 받은 이익은 이를 몰수한다. 다만, 그 전부 또는 일부를 몰수할 수 없을 때에는 그 가액을 추징한다. 〈신설 1995.5.10〉

나. 형법 [법률 제7623호, 2005. 7. 29, 일부개정]

제20조(정당행위) 법령에 의한 행위 또는 업무로 인한 행위 기타 사회상규에 위배되지 아니하는 행위는 벌하지 아니한다.

[3] 대법원의 판결[77)]

【피 고 인】 피고인
【상 고 인】 피고인
【변 호 인】 변호사 1 외 4인

【원심판결】 대전고법 2009. 9. 11. 선고 2009노248 판결
【주 문】
상고를 기각한다.

【이 유】
상고이유(상고이유서 제출기간이 경과한 후에 제출된 변호인 ○○○의 상고이유보충서의 기재는 상고이유를 보충하는 범위 내에서)를 본다.

1. 상고이유 제1점에 대하여

공직선거법(이하 '법'이라 한다)은 제113조에서 지방자치단체의 장 등은 당해 선거에 관한 것인지 여부를 불문하고 일체의 기부행위를 할 수 없다고 규정하여 이를 금지하고, 제112조 제1항에서 처벌대상이 되는 기부행위의 종류를 포괄적으로 규정한 후, 같은 조 제2항에서 통상적인 정당행위와 관련한 행위, 의례적 행위, 구호적·자선적 행위나 직무상의 행위로서 기부행위로 보지 아니하는 경우를 제한적으로 열거하고 있다. 이러한 법의 규정방식에 비추어, 법 제112조 제1항에 해당하는 금품 등의 제공행위는 같은 조 제2항과 이에 근거한 중앙선거관리위원회규칙 및 그 위원회 결정에 의하여 의례적 행위나 직무상 행위로서 허용되는 것으로 열거된 행위에 해당하지 아니하는 이상 지방자치단체의 장 등의 기부행위 금지위반을 처벌하는 법 제257조 제1항 제1호의 구성요건해당성이 있다 할 것이다(대법원 2009. 4. 9. 선고 2009도676 판결 등 참조).

그리고 <u>스스로 범죄의 구성요건을 실현하지 아니한 자라 할지라도 범행에 대한 이해의 정도, 행위 가담의 크기, 범행 지배에 대한 의지 등을 종합적으로 고려해 볼 때 기능적 행위지배가 인정되는 경우라면 정범으로서의 죄책을 면할 수 없다</u>(대법원 2007. 7. 12. 선고 2007도579 판결 등 참조).

원심판결 및 원심이 적법하게 채택한 증거들에 의하면, ○○군청 행정과 소속 공무원인 공소외 1 주사와 공소외 2 계장이 이 사건 버스투어를 기안·보고하고, ○○군 군수인 피고인이 이를 결재하여 이 사건 버스투어가 각 시행된 사실, 위 공소외 1, 2도 이 사건

---

77) 대법원 2009. 12. 10. 선고 2009도9925 판결 【공직선거법위반】

버스투어는 피고인이 결재를 하지 아니하면 시행할 수 없는 것이라고 진술하고 있는 사실, 피고인은 이 사건 버스투어 시행을 위하여 위 공무원들에게 공직선거법 위반 여부의 검토를 지시한 사실, 피고인은 이 사건 3차 버스투어의 출발 직전에 현장에서 그 투어참석자들에게 인사말을 한 사실 등을 알 수 있다.

이러한 사실관계 및 앞서 본 법리, 법의 입법취지 등에 비추어 보면, 피고인에게 법 제113조 제1항 위반죄의 구성요건을 충족하는 것으로 본 원심의 판단은 정당하다. 원심판결에 상고이유에서 주장하는 바와 같은 법 제113조 제1항 소정의 기부행위의 주체, 법 제112조 제1항 소정의 재산상 이익의 제공에 관한 법리 오해 등의 위법이 없다.

2. 상고이유 제2점에 대하여

법 제112조 제2항 제4호 가목에서 국가기관 또는 지방자치단체의 직무상의 행위 중 하나로 열거된 '법령에 의한' 금품제공행위에 해당하려면, 그 금품제공행위와 관련된 '자체사업계획과 예산'과는 별도로 존재하는 법령에서 이를 직접적으로 뒷받침하고 있는 경우이어야 하고, 단순히 자체사업계획에 의하여 예산을 그 편성목적 및 절차에 따라 지출하였다는 것만으로는 위 조항에 의한 금품제공행위에 해당한다고 볼 수 없다. 따라서 국가기관 또는 지방자치단체가 행하는 금품제공행위에 관하여 이를 직접적으로 뒷받침하는 별도의 법령이 존재하지 아니하는 이상, 어떠한 금품제공행위가 업무추진비의 지출이라는 형식으로 이루어지고 이러한 업무추진비가 그 편성목적 및 절차에 따라 지출되었다는 이유만으로 그와 같은 금품제공행위를 법 제112조 제2항 제4호 가목에서 정한 법령에 의한 금품제공행위에 해당하여 기부행위의 개념에서 제외된다고 할 수 없다. 이는 편성목적 및 절차에 따른 업무추진비 지출이 제4호 나목이 정한 '자체사업계획과 예산으로 대상·방법·범위 등을 구체적으로 정한 당해 지방자치단체의 조례'에 의하여 이루어지지 아니한 경우에도 마찬가지이다 (대법원 2007. 7. 12. 선고 2007도579 판결 등 참조).

원심은 그 채택증거에 의하여 판시사실을 인정한 다음, 법의 입법취지, 자원봉사활동 기본법과 이 사건 조례의 규정 내용 등에 비추어 볼 때, 자체사업계획을 세울 수 있고 일정한 액수의 업무추진비 등의 예산을 사용할 수 있는 피고인이 특정한 시책을 홍보함과 아울러 관광 일정이 상당 부분 포함된 행사를 주도적으로 기획한 후, 선거구민 중 여론형성층을 선별하여 그 행사에 참가하도록 한 결과, 그 사람들이 이 사건 버스 투어에 수동적으로 참가하게 된 이 사건에서, 이러한 버스 투어가 이 사건 조례에서 말하는 자원봉사활동에 해당한다고 보기는 어렵고, 따라서 이 사건 조례는 이 사건 버스투어를 통하여 이루어진 일련의 기부행위를 직접적으로 뒷받침하는 조례라고 할 수 없다고 판단하였다.

앞서 본 법리에 비추어 기록을 살펴보면, 원심의 위와 같은 판단은 정당한 것으로 수긍할 수 있다. 원심판결에 상고이유에서 주장하는 바와 같은 법 제112조 제4호 나목 소정의 직무상 행위 및 자원봉사활동의 해석에 대한 법리 오해 등의 위법이 없다.

3. 상고이유 제3점에 대하여

공직선거법상 기부행위의 구성요건에 해당하는 행위라 하더라도 그것이 정상적인 생활형태의 하나로서 역사적으로 생성된 사회질서의 범위 안에 있는 것이라고 볼 수 있는 경우에는 사회상규에 위배되지 아니하여 위법성이 조각되는 경우가 있을 수 있지만 그와 같은 사유로 위법성의 조각을 인정함에는 신중을 요한다 할 것이다(앞서 든 대법원 2009도676 판결 등 참조).

원심은 피고인이 이 사건 버스 투어를 실시한 경위, 동기 및 대상, 그 규모와 횟수, 기부액수 등 제반사정 등에 비추어, 이 사건 버스 투어를 통하여 이루어진 피고인의 기부행위가 지극히 정상적인 생활형태의 하나로서 역사적으로 생성된 사회질서의 범위 안에 있는 행위로서 사회상규에 위배되지 아니하여 위법성이 조각된다고 볼 수 없다는 취지로 판단하였다.

앞서 본 법리 및 기록에 비추어 살펴보면, 원심의 위와 같은 판단은 정당하다. 원심판결에 상고이유에서 주장하는 바와 같은 사회상규에 위배되지 아니하는 행위에 대한 법리 오해 등의 위법이 없다.

4. 결 론

그러므로 상고를 기각하기로 하여 관여 대법관의 일치된 의견으로 주문과 같이 판결한다.

Chapter 23

허위의 재산신고서를 제출하여 공개되도록 하는 행위

[1] 사건의 쟁점

1. 차명계좌의 예금이 공직자윤리법 제4조 제1항의 등록 대상 재산에 해당하는지 여부(적극)
2. 지방교육자치에 관한 법률 제22조 제3항이 죄형법정주의가 요구하는 명확성의 원칙에 반하는지 여부(소극)
3. 공직후보자의 배우자 소유 재산에 대한 허위 신고 및 공개 행위를 처벌 대상으로 삼는 공직선거법 제250조 제1항이 헌법이 정한 형사상 자기책임원칙, 죄형법정주의에 위배되는지 여부(소극)
4. 허위의 재산신고서를 제출하여 공개되도록 하는 행위가 공직선거법 제250조 제1항에 정한 허위사실공표죄의 처벌 대상인지 여부(적극)

[2] 관련법령

1. 공직자윤리법 제4조 제1항, 제10조의2 제1항
2. 지방교육자치에 관한 법률 제22조 제3항, 헌법 제12조, 제13조
3. 공직선거법 제250조 제1항, 헌법 제12조, 제13조
4. 공직자윤리법 제10조의2 제1항, 공직선거법 제49조 제12항, 공직선거법 제250조 제1항

가. 공직자윤리법 [법률 제9617호, 2009. 4. 1, 타법개정]

제4조 (등록대상재산) ① 등록의무자가 등록할 재산은 다음 각 호의 어느 하나에 해당하는 사람의 재산(소유 명의와 관계없이 사실상 소유하는 재산, 비영리법인에 출연한 재산과 외국에 있는 재산을 포함한다. 이하 같다)으로 한다.

1. 본인
2. 배우자(사실상의 혼인관계에 있는 사람을 포함한다. 이하 같다)

3. 본인의 직계존속·직계비속. 다만, 혼인한 직계비속인 여자와 외증조부모, 외조부모, 외손자녀 및 외증손자녀는 제외한다.

② 등록의무자가 등록할 재산은 다음 각 호와 같다.

1. 부동산에 관한 소유권·지상권 및 전세권
2. 광업권·어업권, 그 밖에 부동산에 관한 규정이 준용되는 권리
3. 다음 각 목의 동산·증권·채권·채무 및 지식재산권(知識財産權)
   가. 소유자별 합계액 1천만원 이상의 현금(수표를 포함한다)
   나. 소유자별 합계액 1천만원 이상의 예금
   다. 소유자별 합계액 1천만원 이상의 주식·국채·공채·회사채 등 증권
   라. 소유자별 합계액 1천만원 이상의 채권
   마. 소유자별 합계액 1천만원 이상의 채무
   바. 소유자별 합계액 500만원 이상의 금 및 백금(금제품 및 백금제품을 포함한다)
   사. 품목당 500만원 이상의 보석류
   아. 품목당 500만원 이상의 골동품 및 예술품
   자. 권당 500만원 이상의 회원권
   차. 소유자별 연간 1천만원 이상의 소득이 있는 지식재산권
   카. 자동차·건설기계·선박 및 항공기
4. 합명회사·합자회사 및 유한회사의 출자지분
5. 주식매수선택권

③ 제1항에 따라 등록할 재산의 종류별 가액(價額)의 산정방법 또는 표시방법은 다음과 같다.

1. 토지는 「부동산 가격공시 및 감정평가에 관한 법률」에 따른 개별공시지가(해당 토지의 개별공시지가가 없는 경우에는 같은 법 제9조에 따라 공시지가를 기준으로 산정한 금액을 말한다) 또는 실거래가격
2. 주택은 「부동산 가격공시 및 감정평가에 관한 법률」 제16조 및 제17조에 따른 공시가격 또는 실거래가격
3. 상가·빌딩·오피스텔, 그 밖의 부동산은 대지를 「부동산 가격공시 및 감정평가에 관한 법률」에 따른 개별공시지가(해당 토지의 개별공시지가가 없는 경우에는 같은 법 제9조에 따라 공시지가를 기준으로 산정한 금액을 말한다)로 산정한 가액과 건물을 국가 또는 지방자치단체가 고시하는 공정가액 중 최고가액(취득가액이 있는 경우에는 취득가액을 함께 쓴다)으로 산정한 가액의 합계액 또는 실거래가격

4. 부동산에 관한 규정이 준용되는 권리는 실거래가격이나 전문가 등의 평가액 그리고 종류·수량·내용 등 명세
5. 현금·예금·채권 및 채무는 해당 금액
6. 국채·공채·회사채 등 유가증권은 액면가
7. 주식 중 한국거래소에 상장된 주권과 「자본시장과 금융투자업에 관한 법률」 제166조에 따라 장외거래되는 주식 중 증권시장과 유사한 방법으로 거래되는 주식은 재산등록 기준일의 최종거래가격(거래가 재산등록 기준일 전에 마감된 경우에는 마감일의 최종거래가격. 다만, 「자본시장과 금융투자업에 관한 법률」 제166조에 따라 장외거래되는 주식 중 증권시장과 유사한 방법으로 거래되는 주식의 경우에는 대통령령으로 정하는 거래가격을 말한다), 그 외의 주식은 액면가
8. 합명회사·합자회사 및 유한회사의 출자지분은 출자가액과 지분비율 및 최근 사업연도의 회사 연간매출액
9. 금 및 백금(금제품 및 백금제품을 포함한다)은 실거래가격이나 신고일 현재의 시장가격 그리고 종류·함량과 중량
10. 보석류는 실거래가격이나 전문가 등의 평가액 그리고 종류·크기·색상 등 명세
11. 골동품 및 예술품은 실거래가격이나 작가·크기를 고려한 전문가 등의 평가액 그리고 종류·크기·작가 및 제작연대 등 작품의 명세
12. 회원권은 취득가액. 다만, 골프회원권은 「소득세법」에 따른 기준시가 또는 실거래가격
13. 자동차·건설기계·선박 및 항공기는 실거래가격이나 감가상각 등을 고려한 전문가 등의 평가액 그리고 종류·제작연도·제작회사·등록번호 등 명세
14. 주식매수선택권은 받을 주식의 종류 및 수량, 행사가격·행사기간 등 행사조건, 받을 주식의 현재시가 등 명세

④ 제3항에서 규정한 것 외에 등록할 재산의 가액 산정방법과 표시방법, 그 밖에 등록에 필요한 사항은 대통령령으로 정한다.
⑤ 제2항에 따른 재산에 대하여 소유자별로 재산의 취득일자·취득경위·소득원 등을 기재하거나 소명자료를 첨부할 수 있다.
⑥ 제1항에 따른 등록대상재산 중 비영리법인에 출연한 재산은 다른 등록대상재산과 구분하여 표시하고 그 법인에서의 등록의무자의 직위를 밝혀야 한다.
[전문개정 2009.2.3]

제10조의2(공직선거후보자 등의 재산공개) ① 대통령, 국회의원, 지방자치단체의 장, 지방의회의원 선거의 후보자가 되려는 사람이 후보자등록을 할 때에는 전년도 12월 31일 현재의 제4조에 따른 등록대상재산에 관한 신고서를 관할 선거관리위원회에 제출하고, 관할 선거관리위원회는 후보자 등록 공고 시에 후보자의 재산신고사항을 공개하여야 한다.
② 대법원장·헌법재판소장·국무총리·감사원장·대법관·국회사무총장 등 임명에 국회의 동의가 필요한 공직자의 임명동의안 또는 헌법재판소재판관·중앙선거관리위원회위원 등 국회에서 선출하는 공직자의 선출안을 제출할 때에는 그 공직후보자에 대하여 제4조에 따른 등록대상재산에 관한 신고서를 국회에 제출하고, 국회의장은 지체 없이 그 공직후보자의 재산신고사항을 공개하여야 한다. 다만, 그 공직후보자가 전년도 12월 31일 현재 또는 그 이후의 등록대상재산에 관하여 해당 임명동의안 또는 선출안 제출 전까지 제10조 제1항에 따라 등록대상재산을 공개한 경우에는 그러하지 아니하되, 등록대상재산을 공개하였음을 확인할 수 있는 서류를 국회에 제출하여야 한다.
③ 중앙선거관리위원회 공직자윤리위원회와 국회 공직자윤리위원회는 제1항 또는 제2항의 재산신고사항을 심사하여 심사결과를 공개할 수 있다.
④ 제3항의 심사에는 제8조 제2항부터 제6항까지·제13항 및 제14항을 준용한다.
⑤ 제1항 및 제2항의 신고서 서식, 공개방법, 그 밖에 필요한 사항은 국회규칙 또는 중앙선거관리위원회규칙으로 정한다.
[전문개정 2009.2.3]

나. 지방교육자치에 관한 법률 [법률 제8852호, 2008. 2. 29, 타법개정]

제22조(교육감의 선출) ① 교육감은 주민의 보통·평등·직접·비밀선거에 따라 선출한다.
② 정당은 교육감선거에 후보자를 추천할 수 없으며, 교육감후보자는 「공직선거법」에 따른 선거권자의 추천을 받아 선거일전 15일부터 2일간 시·도선거관리위원회에 서면으로 등록신청을 하되, 그 추천 및 등록은 같은 법 제48조 및 제49조의 규정에 따른 무소속후보자의 추천 및 등록에 관한 규정을 준용한다.
③ 교육감 선거에 관하여 이 법에 정한 것을 제외하고는 그 성질에 반하지 않는 범위 안에서 「공직선거법」의 시·도지사선거에 관한 규정을 준용한다.

다. 헌법 [헌법 제10호, 1987. 10. 29, 전부개정]

제12조 ① 모든 국민은 신체의 자유를 가진다. 누구든지 법률에 의하지 아니하고는 체포·구속·압수·수색 또는 심문을 받지 아니하며, 법률과 적법한 절차에 의하지 아니하고는

처벌·보안처분 또는 강제노역을 받지 아니한다.
② 모든 국민은 고문을 받지 아니하며, 형사상 자기에게 불리한 진술을 강요당하지 아니한다.
③ 체포·구속·압수 또는 수색을 할 때에는 적법한 절차에 따라 검사의 신청에 의하여 법관이 발부한 영장을 제시하여야 한다. 다만, 현행범인인 경우와 장기 3년 이상의 형에 해당하는 죄를 범하고 도피 또는 증거인멸의 염려가 있을 때에는 사후에 영장을 청구할 수 있다.
④ 누구든지 체포 또는 구속을 당한 때에는 즉시 변호인의 조력을 받을 권리를 가진다. 다만, 형사피고인이 스스로 변호인을 구할 수 없을 때에는 법률이 정하는 바에 의하여 국가가 변호인을 붙인다.
⑤ 누구든지 체포 또는 구속의 이유와 변호인의 조력을 받을 권리가 있음을 고지받지 아니하고는 체포 또는 구속을 당하지 아니한다. 체포 또는 구속을 당한 자의 가족등 법률이 정하는 자에게는 그 이유와 일시·장소가 지체없이 통지되어야 한다.
⑥ 누구든지 체포 또는 구속을 당한 때에는 적부의 심사를 법원에 청구할 권리를 가진다.
⑦ 피고인의 자백이 고문·폭행·협박·구속의 부당한 장기화 또는 기망 기타의 방법에 의하여 자의로 진술된 것이 아니라고 인정될 때 또는 정식재판에 있어서 피고인의 자백이 그에게 불리한 유일한 증거일 때에는 이를 유죄의 증거로 삼거나 이를 이유로 처벌할 수 없다.

第13조 ① 모든 국민은 행위시의 법률에 의하여 범죄를 구성하지 아니하는 행위로 소추되지 아니하며, 동일한 범죄에 대하여 거듭 처벌받지 아니한다.
② 모든 국민은 소급입법에 의하여 참정권의 제한을 받거나 재산권을 박탈당하지 아니한다.
③ 모든 국민은 자기의 행위가 아닌 친족의 행위로 인하여 불이익한 처우를 받지 아니한다.

라. 공직선거법 [법률 제10067호, 2010. 3. 12, 일부개정]

第49조(후보자등록 등) ① 후보자의 등록은 대통령선거에 있어서는 선거일전 24일, 국회의원선거와 지방자치단체의 의회의원 및 장의 선거에 있어서는 선거일전 15일(이하 "후보자등록신청개시일"이라 한다)부터 2일간(이하 "후보자등록기간"이라 한다) 관할선거구선거관리위원회에 서면으로 신청하여야 한다. 〈개정 2002.3.7, 2004.3.12〉
② 정당추천후보자의 등록은 대통령선거와 비례대표국회의원선거 및 비례대표지방의회의원선거에 있어서는 그 추천정당이, 지역구국회의원선거와 지역구지방의회의원 및

지방자치단체의 장의 선거에 있어서는 정당추천후보자가 되고자 하는 자가 신청하되, 추천정당의 대표자가 서명·날인한 추천서와 본인승낙서(대통령선거와 비례대표국회의원선거 및 비례대표지방의회의원선거에 한한다)를 등록신청서에 첨부하여야 한다. 이 경우 비례대표국회의원후보자와 비례대표지방의회의원후보자의 등록은 추천정당이 그 순위를 정한 후보자명부를 함께 첨부하여야 한다. 〈개정 1995.4.1, 2000.2.16, 2005.8.4〉

③ 무소속후보자가 되고자 하는 자는 제48조(선거권자의 후보자추천)의 규정에 의하여 선거권자가 기명·날인(무인을 허용하지 아니한다)한 추천장(단기 또는 연기로 하며 간인을 요하지 아니한다)을 등록신청서에 첨부하여야 한다. 〈개정 1995.4.1, 2000.2.16, 2005.8.4〉

④ 제1항부터 제3항까지의 규정에 따라 후보자등록을 신청하는 자는 다음 각 호의 서류를 제출하여야 하며, 제56조 제1항에 따른 기탁금을 납부하여야 한다. 〈개정 2000.2.16, 2002.3.7, 2004.3.12, 2005.8.4, 2006.3.2, 2008.2.29, 2010.1.25〉

1. 중앙선거관리위원회규칙이 정하는 피선거권에 관한 증명서류
2. 「공직자윤리법」 제10조의2(공직선거후보자 등의 재산공개) 제1항의 규정에 의한 등록대상재산에 관한 신고서
3. 「공직자 등의 병역사항신고 및 공개에 관한 법률」 제9조(공직선거후보자의 병역사항신고 및 공개) 제1항의 규정에 의한 병역사항에 관한 신고서
4. 최근 5년간의 후보자, 그의 배우자와 직계존비속(출가한 딸과 외조부모 및 외손자녀를 제외한다)의 소득세(「소득세법」 제127조 제1항에 따라 원천징수하는 소득세는 제출하려는 경우에 한정한다)·재산세·종합부동산세의 납부 및 체납(10만원 이하 또는 3월 이내의 체납은 제외한다)에 관한 신고서. 이 경우 후보자의 직계존속은 자신의 세금납부 및 체납에 관한 신고를 거부할 수 있다.
5. 금고 이상의 형(제18조 제1항 제3호에 규정된 죄의 경우에는 100만원 이상 벌금형을 포함한다)의 범죄경력(실효된 형을 포함하며, 이하 "전과기록"이라 한다)에 관한 증명서류
6. 「초·중등교육법」 및 「고등교육법」에서 인정하는 정규학력(이하 "정규학력"이라 한다)에 관한 최종학력 증명서와 국내 정규학력에 준하는 외국의 교육기관에서 이수한 학력에 관한 각 증명서(한글번역문을 첨부한다). 이 경우 증명서의 제출이 요구되는 학력은 제60조의3 제1항 제4호의 예비후보자홍보물, 제60조의4의 예비후보자공약집, 제64조의 선거벽보, 제65조의 선거공보(같은 조 제8항의 후보자정보공개자료를 포함한다), 제66조의 선거공약서 및 후보자가 운영하는 인터넷 홈페이지에 게재하였거나 게재하고자 하는 학력에 한한다.

⑤ 후보자등록을 신청하는 자는 제60조의2 제2항에 따라 예비후보자등록을 신청하는 때에 제출한 서류는 제4항에도 불구하고 제출하지 아니할 수 있다. 다만, 그 서류 중 변경

사항이 있는 경우에는 후보자등록을 신청하는 때까지 추가하거나 보완하여야 한다. 〈개정 2010.1.25〉

⑥ 정당의 당원인 자는 무소속후보자로 등록할 수 없으며, 후보자등록기간 중(후보자등록 신청시를 포함한다) 당적을 이탈•변경하거나 2 이상의 당적을 가지고 있는 때에는 당해 선거에 후보자로 등록될 수 없다. 소속정당의 해산이나 그 등록의 취소 또는 중앙당의 시•도당창당승인취소로 인하여 당원자격이 상실된 경우에도 또한 같다. 〈개정 2004.3.12〉

⑦ 후보자등록신청서의 접수는 공휴일에 불구하고 매일 오전 9시부터 오후 5시까지로 한다.

⑧ 관할선거구선거관리위원회는 후보자등록신청이 있는 때에는 즉시 이를 수리하여야 하되, 등록신청서•정당의 추천서와 본인승낙서•선거권자의 추천장•기탁금 및 제4항 제2호 내지 제5호의 규정에 의한 서류를 갖추지 아니하거나 제47조 제3항의 규정에 따른 여성후보자 추천의 비율과 순위(비례대표지방의회의원선거에 한한다)를 위반한 등록신청은 이를 수리할 수 없다. 다만, 후보자의 피선거권에 관한 증명서류가 첨부되지 아니한 경우에는 이를 수리하되, 당해 선거구선거관리위원회가 그 사항을 조사하여야 하며, 그 조사를 의뢰받은 기관 또는 단체는 지체없이 그 사실을 확인하여 당해 선거구선거관리위원회에 회보하여야 한다. 〈개정 2000.2.16, 2002.3.7, 2004.3.12, 2005.8.4, 2006.10.4〉

⑨ 관할선거구선거관리위원회는 당선인결정 후 15일 이내에 당해 당선인이 제4항 제2호의 규정에 의하여 제출한 등록대상재산에 관한 신고서의 사본을 「공직자윤리법」 제9조(公職者倫理委員會)의 규정에 의한 해당공직자윤리위원회에 송부하여야 한다. 〈신설 2000.2.16, 2005.8.4〉

⑩ 후보자가 되고자 하는 자 또는 정당은 선거기간개시일전 150일부터 본인 또는 후보자가 되고자 하는 소속 당원의 전과기록을 후보자가 되고자 하는 자의 주소지를 관할하는 국가경찰관서의 장에게 조회할 수 있으며, 당해 국가경찰관서의 장은 지체없이 그 전과기록을 회보하여야 한다. 이 경우 회보받은 전과기록은 후보자등록시 함께 제출하여야 하며 관할선거구선거관리위원회는 그 확인이 필요하다고 인정되는 후보자에 대하여는 후보자등록마감후 지체없이 당해 선거구를 관할하는 검찰청의 장에게 그 후보자의 전과기록을 조회할 수 있고, 당해 검찰청의 장은 그 전과기록의 진위여부를 지체없이 회보하여야 한다. 〈개정 2002.3.7, 2004.3.12, 2005.8.4, 2006.2.21〉

⑪ 누구든지 선거기간중 관할선거구선거관리위원회가 제10항의 규정에 의하여 회보받은 전과기록을 열람할 수 있다. 〈신설 2000.2.16〉

⑫ 관할선거구선거관리위원회는 제4항 제2호 내지 제6호와 제10항의 규정에 의하여 제출받거나 회보받은 서류를 선거구민이 알 수 있도록 공개하여야 한다. 다만, 선거일후에는

이를 공개하여서는 아니 된다. 〈신설 2002.3.7, 2004.3.12〉

⑬ 삭제 〈2005.8.4〉

⑭ 삭제 〈2005.8.4〉

⑮ 후보자의 등록신청서와 추천서의 서식, 세금납부 및 체납에 관한 선고서의 서식, 제출·회보받은 서류의 공개방법 그 밖에 필요한 사항은 중앙선거관리위원회규칙으로 정한다. 〈개정 2004.3.12, 2005.8.4, 2010.1.25〉

[제목개정 2000.2.16]

第250條(허위사실공표죄) ① 당선되거나 되게 할 목적으로 연설·방송·신문·통신·잡지·벽보·선전문서 기타의 방법으로 후보자(후보자가 되고자 하는 자를 포함한다. 이하 이 조에서 같다)에게 유리하도록 후보자, 그의 배우자 또는 직계존·비속이나 형제자매의 출생지·신분·직업·경력 등·재산·인격·행위·소속단체 등에 관하여 허위의 사실[학력을 게재하는 경우 제64조 제1항의 규정에 의한 방법으로 게재하지 아니한 경우를 포함한다]을 공표하거나 공표하게 한 자와 허위의 사실을 게재한 선전문서를 배포할 목적으로 소지한 자는 5년 이하의 징역 또는 3천만원이하의 벌금에 처한다. 〈개정 1995.12.30, 1997.1.13, 1997.11.14, 1998.4.30, 2000.2.16, 2004.3.12, 2010.1.25〉

② 당선되지 못하게 할 목적으로 연설·방송·신문·통신·잡지·벽보·선전문서 기타의 방법으로 후보자에게 불리하도록 후보자, 그의 배우자 또는 직계존·비속이나 형제자매에 관하여 허위의 사실을 공표하거나 공표하게 한 자와 허위의 사실을 게재한 선전문서를 배포할 목적으로 소지한 자는 7년 이하의 징역 또는 500만원 이상 3천만원 이하의 벌금에 처한다. 〈개정 1997.1.13〉

③ 당내경선과 관련하여 제1항(제64조 제1항의 규정에 따른 방법으로 학력을 게재하지 아니한 경우를 제외한다)에 규정된 행위를 한 자는 3년 이하의 징역 또는 6백만원 이하의 벌금에, 제2항에 규정된 행위를 한 자는 5년 이하의 징역 또는 1천만원 이하의 벌금에 처한다. 이 경우 "후보자" 또는 "후보자(후보자가 되고자 하는 자를 포함한다)"는 "경선후보자"로 본다. 〈신설 2005.8.4〉

[3] 서울고등법원의 판결[78)]

【피 고 인】 피고인
【항 소 인】 피고인 및 검사
【검　　사】 검 사
【변 호 인】 법무법인

【원심판결】 서울중앙지방법원 2009. 3. 10. 선고 2009고합29 판결
【주　　문】
피고인과 검사의 항소를 모두 기각한다.

【이　　유】
1. 항소이유의 요지
가. 피고인
(1) 사실오인 내지 법리오해(지방교육자치에관한법률위반의 점, 항소이유서 제출기간 도과 후에 제출된 항소이유보충서는 항소이유서를 보충하는 범위 내에서만 판단한다)
(가) 허위의 인식 유무
피고인은 이 사건 재산신고 당시 처인 공소외 1이 차명예금을 보유하고 있다는 사실을 전혀 알지 못하였으므로, 재산신고에 관한 허위의 인식이 없었다.
또한, 금융실명제하에서 차명계좌의 예금주에 관한 법리에 비추어 보더라도, 이 사건 차명예금의 예금주는 자금의 출연자인 공소외 1이 아니라 계좌명의인인 공소외 2로 보아야 하고, 공소외 1을 차명예금의 사실상의 소유자로 보기도 어려우므로, 이 사건 차명예금은 재산신고의 대상이 아니다.
(나) 허위사실의 공표 행위 여부
후보자재산신고서는 후보자등록과정에서 등록신청서에 첨부하는 서류에 불과하고, 일반적인 선거홍보물과 같이 처음부터 공개할 것을 목적으로 하는 것은 아니며, 선거관리위원회가 법에 따라 공지하는 것일 뿐이므로, 피고인이 허위사실을 공표하였다고 의율하는 것은 부당하다.
또한, 교육감 선거에 관하여 규정하고 있는 지방교육자치에관한법률이 공직선거법을 준용하고 있으나, 그 준용의 범위를 선거절차 관련 규정뿐만 아니라 형사처벌 관련 규정으로 확대하는 경우 죄형법정주의에 반하므로, 피고인의 행위를 공직선거법 제250조 제1항으로 처벌하는 것은 부당하다.

---
78) 서울고등법원 2009. 6. 10. 선고 2009노682 판결 **【지방교육자치에관한법률위반·정치자금법위반】**

㈐ 결 론

따라서, 이 부분에 관한 공소사실을 유죄로 인정한 원심판결에는 사실오인 내지 법리오해로 인하여 판결에 영향을 미친 위법이 있다.

(2) 양형부당

피고인에 대하여 원심이 당선무효형인 벌금 150만원을 선고한 것은, 피고인의 행위나 경력, 범행 경위, 선거에의 영향, 당선무효형의 선고로 인한 사회적 비용, 교육 이념 및 방향에 대한 혼란 방지의 필요성, 피고인의 업적 등에 비추어 지나치게 무거운 형벌을 과한 것으로 부당하다.

나. 검 사

(1) 사실오인 내지 법리오해(정치자금법위반의 점)

피고인이 신뢰하였다고 주장하는 선거관리위원회의 관련 법령 해석에 일관성이 없고, 피고인이 이 사건 무상차입 행위에 관하여 구체적으로 선거관리위원회에 질의하는 등의 절차도 거치지 않았으므로, 피고인의 행위는 형법 제16조의 법률의 착오에 해당하지 아니함에도, 이 부분에 관한 공소사실에 대하여 무죄를 선고한 원심판결에는 사실오인 내지 법리오해로 인하여 판결에 영향을 미친 위법이 있다.

(2) 양형부당

피고인의 행위는 민주주의의 근간인 선거의 공정성을 해하고 유권자의 올바른 판단을 저해하는 행위로서 사안이 가볍지 않고, 피고인이 그 범행을 부인하고 반성하지 않는 점 등을 고려할 때, 원심의 형은 너무 가벼워서 부당하다.

2. 판 단

가. 피고인의 사실오인 내지 법리오해 주장에 대한 판단

(1) 재산신고 대상 여부

㈎ 법률의 규정

1) 교육감은 주민의 보통·평등·직접·비밀선거에 따라 선출하고(지방교육자치에관한법률 제22조 제1항), 정당은 교육감선거에 후보자를 추천할 수 없으며, 교육감후보자는 '공직선거법'에 따른 선거권자의 추천을 받아 선거일전 15일부터 2일간 시·도선거관리위원회에 서면으로 등록신청을 하되, 그 추천 및 등록은 같은 법 제48조 및 제49조의 규정에 따른 무소속후보자의 추천 및 등록에 관한 규정을 준용하며(지방교육자치에관한법률 제22조 제2항), 교육감 선거에 관하여 이 법에 정한 것을 제외하고는 그 성질에 반하지 않는 범위 안에서 '공직선거법'의 시·도지사선거에 관한 규정을 준용한다(지방교육자치에관한법률 제22조 제3항).

2) 후보자의 등록은 대통령선거에 있어서는 선거일전 24일, 국회의원선거와 지방자치단체의 의회의원 및 장의 선거에 있어서는 선거일전 15일부터 2일간 관할 선거구선거관리위원회에 서면으로 신청하여야 하고(공직선거법 제49조 제1항), 무소속후보자가 되고자 하는 자는 제48조(선거권자의 후보자추천)의 규정에 의하여 선거권자가 기명·날인한 추천장을 등록신청서에 첨부하여야 하며(공직선거법 제49조 제3항), 제1항 내지 제3항의 규정에 의하여 후보자등록을 신청하는 자는 공직자윤리법 제10조의2(공직선거후보자 등의 재산공개) 제1항의 규정에 의한 등록대상재산에 관한 신고서를 제출하여야 한다(공직선거법 제49조 제4항 제2호).

3) 대통령, 국회의원, 지방자치단체의 장, 지방의회의원 선거의 후보자가 되려는 사람이 후보자등록을 할 때에는 전년도 12월 31일 현재의 제4조에 따른 등록대상재산에 관한 신고서를 관할 선거관리위원회에 제출하고, 관할 선거관리위원회는 후보자 등록 공고시에 후보자의 재산신고사항을 공개하여야 한다(공직자윤리법 제10조의2).

4) 등록의무자가 등록할 재산은 본인, 배우자(사실상의 혼인관계에 있는 사람을 포함한다), 본인의 직계존속·직계비속(다만, 혼인한 직계비속인 여자와 외증조부모, 외조부모, 외손자녀 및 외증손자녀는 제외한다)의 재산(소유 명의와 관계없이 사실상 소유하는 재산, 비영리법인에 출연한 재산과 외국에 있는 재산을 포함한다)으로 하고(공직자윤리법 제4조 제1항), 그 종류는 부동산에 관한 소유권·지상권 및 전세권, 광업권·어업권, 그 밖에 부동산에 관한 규정이 준용되는 권리, 소유자별 합계액이 1천만원 이상의 현금(수표 포함), 예금, 주식·국채·공채·회사채 등 증권, 채권, 채무, 소유자별 합계액 500만원 이상의 금 및 백금(금제품 및 백금제품 포함), 품목당 500만원 이상의 보석류, 골동품 및 예술품, 권당 500만원 이상의 회원권, 소유자별 연간 1천만원 이상의 소득이 있는 지식재산권, 자동차·건설기계·선박 및 항공기, 합명회사·합자회사 및 유한회사의 출자지분, 주식매수선택권으로 한다(공직자윤리법 제4조 제2항).

㈏ 이 사건 차명예금의 귀속주체

1) 일반론

대법원은 차명예금과 관련하여 전원합의체 판결을 통하여, "금융실명거래및비밀보장에관한법률에 따라 실명확인 절차를 거쳐 예금계약을 체결하고 그 실명확인 사실이 예금계약서 등에 명확히 기재되어 있는 경우에는, 일반적으로 그 예금계약서에 예금주로 기재된 예금명의자나 그를 대리한 행위자 및 금융기관의 의사는 예금명의자를 예금계약의 당사자로 보려는 것이라고 해석하는 것이 경험법칙에 합당하고, 예금계약의 당사자에 관한 법률관계를 명확히 할 수 있어 합리적이다. 그리고 이와 같은 예금계약 당사자의 해석에 관한 법리는, 예금명의자 본인이 금융기관에 출석하여 예금계약을 체결한 경우나 예금명의자의 위임에 의하여 자금 출연자 등의 제3자(이하 '출연자 등'이라 한다)가 대리인으로서 예금계약을 체결한 경우 모두 마찬가지로 적용된다고 보아야 한다. 따라서 본인인 예금명의자의 의사에 따라 예금명의자의 실명확인 절차가 이루어지고 예금명의자를 예금주로 하여 예금계약서를 작성하였음에도 불구하고, 예금명의자가 아닌 출연자 등을 예금계약의 당사자라고 볼 수 있으려면, 금융기관과 출연자 등과 사이에서 실명확인 절차를 거쳐 서면으로 이루어진 예금명의자와의 예금계약을 부정하여 예금명의자의 예금반환청구권을 배제하고 출연자 등과 예금계약을 체결하여 출연자 등에게 예금반환청구권을 귀속시키겠다는 명확한 의사의 합치가 있는 극히 예외적인 경우로 제한되어야 한다. 그리고 이러한 의사의 합치는 금융실명거래및비밀보장에관한법률에 따라 실명확인 절차를 거쳐 작성된 예금계약서 등의 증명력을 번복하기에 충분할 정도의 명확한 증명력을 가진 구체적이고 객관적인 증거에 의하여 매우 엄격하게 인정하여야 한다"는 취지로 판시한 바 있다(대법원 2009. 3. 19. 선고 2008다45828 판결).

이와 관련하여, 차명예금은 특별한 사정이 없는 한 자금의 출연자가 아닌 예금계좌의 명의인을 예금주 또는 예금반환청구권의 귀속주체로 보아야 하므로, 공직자윤리법에 의한 재산등록 또는 공직선거법에 의한 재산신고와 관련하여, 차명예금은 원칙적으로 등록 또는 신고 대상 재산에서 제외되고 예외적인 경우에 한하여 등록 또는 신고 대상 재산에 포함된다고 해석할 수 있는지 여부가 문제된다.

그러므로 살피건대, 위 대법원 전원합의체 판결은 "금융기관과 예금계약을 체결하려는 사람이 다른 사람의 명의를 빌려 예금계약을 체결하는 차명예금의 경우에, 금융기관에 대한 관계에서 그 예금계약의 당사자(예금주)를 확정하는 문제에 관한 것으로, 계약에 관여한 당사자의 의사 해석을 통하여 원칙적으로 계좌의 명의인을 예금계약의 당사자로 보아야 한다"는 견해를 밝힌 것일 뿐이고, 자금의 출연자와 계좌의 명의인 사이의 관계에서 자금의 출연자의 예금에 관한 권리를 부인하는 것은 아니라고 해석된다.

나아가, 공직자윤리법은 등록 또는 신고 대상 재산으로 "소유 명의와 관계없이 등록의무자 등이 사실상 소유하는 재산"을 규정하고 있는데, 이는 아래에서 보는 바와 같이 주로 부동산이나 예금을 염두에 두고 소유관계의 형식과 내용이 상이하여 재산의 법적 귀속주체와 경제적 귀속주체가 다른 경우에, 실질적으로 재산을 사용·수익·처분하는 권능을 행사하는 경제적 귀속주체의 재산에 대한 등록 또는 신고 의무를 규정한 것으로 해석되므로, 차명예금도 등록대상재산의 범위에 포함된다.

2) 구체적 검토

원심 및 당심에서 제출된 여러 증거들에 의하면, ㉠ 피고인의 처인 공소외 1은 2003. 12.경 친구인 공소외 2 명의로 이 사건 차명계좌를 개설하면서, 예금주의 주소와 연락처로 자신의 주소와 연락처를 기재한 예금거래신청서를 제출하고, 그 계좌의 예금통장과 인감도장을 자신이 보관한 점, ㉡ 공소외 1은 이후에 예금의 인출 등 모든 거래를 직접 처리하였고, 공소외 2는 그러한 거래과정에 관여한 적이 없는 점, ㉢ 공소외 1은 은행 직원의 권유로 여러 번에 걸쳐 계좌의 해지 및 개설을 반복하면서 공소외 2 명의로 예금의 종류를 달리하는 계좌를 개설하였는데, 공소외 2는 최초의 차명계좌를 개설할 때를 제외하고는 그러한 계좌의 해지 및 개설 과정에 관여한 적 없고, 공소외 1이 혼자 금융기관을 방문하여 업무를 처리한 점, ㉣ 차명계좌를 개설한 금융기관은 공소외 1이 평소에 자신의 실명으로 개설한 다수의 계좌를 보유하고 있는 주거래은행으로서, 담당 직원이 공소외 1의 계좌 보유 내역을 비교적 상세히 알고 있었던 것으로 보이는 점, ㉤ 공소외 2는 이 사건 계좌에 대한 자신의 권리를 주장한 적이 전혀 없고, 공소외 1은 스스로 그 계좌의 예금이 실제로 자신이 모은 돈으로 적립한 것으로 자신의 재산이라고 주장하고 있는 점 등에 비추어 볼 때, 이 사건 차명예금은 그 명의 여하에 불구하고 공소외 1이 실질적으로 사용·수익·처분할 수 있는 공소외 1의 소유재산으로 봄이 상당하다.

3) 법률 규정의 효력

한편, ㉠ 피고인과 처 공소외 1의 재산보유내역에서 나타나는 바와 같이 우리나라의 대부분의 사람들이 보유하고 있는 자산으로 대표적으로 꼽을 수 있는 것이 '부동산'과 '예금'인데, 공직자윤리법이 규정하는 "소유 명의와 관계없이 사실상 소유하는 재산"의 개념에서 '차명 예금'을 제외한다면, 그에 관한 법률규정의 취지는 크게 훼손될 수밖에 없는 점, ㉡ '차명예금'은 '명의신탁 부동산'과 함께 우리 사회에서 가지는 상징성으로 인하여 특별법으로 '명의신탁' 또는 '차명'을 엄격히 금지하고 있는 대표적인 자산인데, 이러한 자산에 대하여 입법자가 공직자의 재산등록 대상에 포함시키지 않았다는 것은 쉽사리 납득하기 어려운 점, ㉢ 공직자윤리법이 등록의무자가 등록할 재산을 등록의무자 본인, 배우자, 직계존속·직계비속 등 사람의 재산으로 규정하면서 굳이 괄호로 "소유 명의와 관계없이 사실상 소유하는 재산"이라는 문구를 명시하여, 혹시라도 형식(명의)과 내용(실질)의 괴리로 재산의 법적 귀속주체와 경제적 귀속주체를 달리 볼 수 있는 재산에 대하여 등록재산 해당 여부에 관한 논란을 없애려는 의도를 분명히

한 점, ㉣ 부동산이나 예금은 우리 사회의 구성원의 대부분이 그 의미를 명확히 인식하고 있는 유형의 자산이고, 그에 관한 특별법이 제정된 지 수년이 지나 부동산이나 예금의 '명의신탁' 또는 '차명보유'로 인한 사회적 폐해의 근절에 대한 인식이 높아진 것으로 보이는 점, ㉤ 그에 따라 관련 법률에서 공직후보자로 하여금 "소유 명의와 관계없이 사실상 소유하는 재산"을 신고하거나 등록하도록 하는 규정을 두었다고 할 때, 통상적인 지적 수준과 이해능력을 가진 규범의 수범자로서는 그 규정에서 의미하는 재산에 당연히 '부동산'과 '예금'이 포함되고, '사실상의 소유'라는 개념으로 부동산의 경우에는 '명의신탁'에 의한 권리 보유, 예금의 경우에는 '비실명거래'에 의한 가명 또는 차명 계좌의 보유의 형태를 떠올릴 것으로 충분히 짐작할 수 있는 점 등에 비추어 볼 때, 등록대상재산의 개념에 관한 공직자윤리법의 규정이 명확성의 원칙에 반하는 것으로 볼 수 없다.

㈐ 소결론

따라서, 공소외 1의 차명예금은 공소외 1이 법적으로 또는 사실상 소유하는 재산으로 관련 법률에 의하여 피고인이 신고하여야 할 재산에 해당한다.

(2) 차명예금의 존재 인식 여부

㈎ 피고인의 주장

부부 사이에 상대방이 모르는 별도의 재산을 보유하는 경우도 있고, 공소외 1은 차명예금의 존재로 인하여 공직자인 피고인이 불이익을 입을 수 있다고 우려하여 끝까지 피고인에게 차명예금의 존재를 알리지 않았을 가능성이 있으며, 피고인이 공소외 1의 실명으로 되어 있는 적지 않은 금액의 예금이 있다는 사정을 알면서도 굳이 차명예금이 노출되는 위험을 감수하고 차명예금을 선거자금으로 사용할 이유가 없고, 이 사건 당시 피고인은 상당한 재력을 가진 것으로 믿은 공소외 3이 공소외 1로부터 자금을 조달할 것이라고는 전혀 예상치 못하였다. 따라서, 피고인은 이 사건 당시 공소외 1의 차명예금의 존재를 전혀 알지 못하였다.

㈏ 증명의 방법과 정도

피고인이 특정한 사실의 존재를 인식하고 있었는지 여부는 피고인의 내심의 영역에 속하고, 피고인이 내심의 의사나 인식을 부인하는 경우 직접증거에 의하여 내심의 의사나 인식의 존재를 증명하는 것은 불가능하다. 따라서, 법원으로서는 적법한 증거에 의하여 인정되는 간접사실 또는 정황사실을 토대로 합리적 사고와 경험칙에 의하여 내심의 의사나 인식의 존재 여부를 판단할 수밖에 없다. 물론 이 경우에도 직접증거에 의하여 사실인정을 하는 때와 마찬가지로, 합리적 의심을 배제할 정도의 엄격한 증명이 요구되는 것이나, 여기에서 말하는 '합리적 의심'이라 함은 모든 의문이나 불신을 포함하는 것이 아니라 논리와 경험칙에 기하여 요증사실과 양립할 수 없는 사실의 개연성에 대한 합리성 있는 의문을 의미하는 것으로서, 단순히 관념적인 의심이나 추상적인 가능성에 기초한 의심을 포함하는 개념은 아니다.

(다) 인정사실

이상의 논의를 전제로, 원심 및 당심의 여러 증거들에 의하여 인정되는 피고인의 차명계좌 인식 여부에 관한 간접사실 또는 정황사실을 정리하면 다음과 같다.

1) 공소외 2 명의의 차명계좌 개설

공소외 1은 2003. 12.경 외환은행 올림픽선수촌 지점에서 자신의 고등학교 동창인 공소외 2의 명의를 빌려 공소외 2 명의로 예금계좌(계좌번호 : 외환은행 계좌번호 1 생략)를 개설하였다가, 2005. 12. 14. 위 예금계좌를 해지하고 공소외 2 명의로 엠엠에프(MMF, Money Market Funds) 계좌(계좌번호 : 외환은행 계좌번호 2 생략, 이하 '이 사건 계좌'라 한다)를 개설하면서 위 해지계좌의 예금잔고 285,992,778원을 인출하여 이 사건 계좌에 입금하였고, 2007. 5. 11.경 공소외 2 명의로 예금계좌(계좌번호 : 외환은행 계좌번호 3 생략)를 추가로 개설하여 이 사건 계좌와 연결시켰으며, 2008. 1. 15. 이 사건 계좌와 위 연결계좌를 모두 해지하고 예금잔고 471,224,665원을 인출한 다음 공소외 2 명의로 새로이 개설한 예금계좌(계좌번호 : 외환은행 계좌번호 4 생략)에 이를 입금하였다(이하에서는 위와 같은 공소외 2 명의의 계좌를 통틀어 '이 사건 차명계좌'라 한다).

2) 차명예금이 피고인의 선거자금으로 유입된 과정

가) 공소외 1은 2008. 5. 20.경 피고인의 제자로서 선거자금의 조달 등 선거사무를 주도적으로 맡아 처리하고 있던 공소외 3의 처인 공소외 4에게 선거비용으로 현금 4,000만원을 건네주었고, 2008. 5. 28.경부터 2008. 6. 9.경까지 사이에 총 4회에 걸쳐 이 사건 차명계좌에서 인출한 돈으로 공소외 4의 조카인 공소외 5 명의의 예금계좌(계좌번호 : 우리은행 계좌번호 5 생략)에 선거비용으로 총 7,700만원을 입금하였으며, 2008. 6. 중순경 공소외 4에게 이 사건 차명계좌의 예금통장과 거래인감을 건네주고 비밀번호를 알려주어 공소외 4로 하여금 이 사건 차명계좌의 예금을 선거자금으로 사용하도록 하였다.

나) 공소외 4는 2008. 6. 16. 공소외 1로부터 건네받은 위 4,000만원 중 3,000만원을 "관할 선거관리위원회에 신고한 피고인의 선거비용의 수입·지출을 위한 예금계좌(농협 계좌번호 6 생략, 이하 '선거비용 계좌'라고 한다)"에 공소외 3 명의로 입금하였고, 2008. 6. 27. 이 사건 차명계좌에서 189,183,566원, 공소외 5 명의의 위 우리은행 예금계좌에서 8,000만원을 각 인출하고 일부 돈을 보태어 총 2억 7,000만원을 피고인의 선거비용 계좌에 공소외 3 명의로 입금하였으며,

2008. 8. 5. 이 사건 차명계좌에서 1억원을 인출하여 피고인의 선거비용 계좌에 공소외 3 명의로 입금하였다.

다) 한편, 공소외 3은 선거후 선거비용을 보전받은 다음 이 사건 차명계좌에 2008. 10. 2. 1억원, 2008. 10. 10. 195,919,720원을 각 송금하였다.

3) 피고인과 공소외 3의 관계

공소외 3은 피고인이 ○○고등학교 교사로 재직한 1960년대에 피고인으로부터 가르침을 받은 제자로서, 졸업 후에도 피고인과 연락을 하면서 돈독한 사제관계를 유지하였고, 공소외 4는 공소외 3의 처로서 공소외 3과 함께 피고인 부부를 만나면서 피고인의 처인 공소외 1과도 개인적으로 친분을 유지하였다.

공소외 3은 이 사건 교육감 선거에서 정식으로 선거사무원으로 신고하지 않은 채 자원봉사자의 신분으로 2008. 6.경부터 선거기획팀장 또는 선거총괄팀장의 직책을 맡아 선거자금의 조달, 선거비용 지출에 대한 계약 및 집행, 선거공보물을 통한 선거운동 등 전반적인 선거사무를 총괄하는 핵심적인 역할을 하다가, 자신과 공소외 4의 명의로 사설학원을 운영하는 공소외 3이 위와 같이 선거에 관여하는 것이 문제로 지적되자, 2008. 7. 8.경 선거총괄팀장의 직책에서 물러났으나, 그 후에도 선거자금 조달 등의 업무에 관여하면서 피고인의 선거운동을 적극적으로 도왔다.

4) 공소외 3이 조달한 선거자금

공소외 3은 자신이 운영하는 학원의 직원인 공소외 6, 7, 8로부터 차용한 6,500만원과 자신의 개인재산으로 마련한 4,484만원을 피고인의 선거비용 계좌에 입금하고, 2008. 7. 14.경 공소외 9로부터 3억원을 차용하는 방법으로 3억원을 마련하는 등 약 4억원을 피고인의 선거자금으로 조달하였다(공소외 9는 피고인과는 전혀 일면식도 없는 사람이고, 공소외 3이 제3자의 소개로 그를 만나 피고인의 선거자금 명목으로 금전을 빌렸다). 공소외 3은 그 외에도 앞서 본 바와 같이 공소외 4를 통하여 약 4억원을 피고인의 선거비용 계좌에 입금하였는데, 이 돈은 공소외 1의 차명계좌에 입금된 돈이나 공소외 1로부터 건네받은 현금으로 조달한 것이다.

5) 그 밖의 피고인의 선거자금 조달 및 선거비용 보전 내역

피고인은 이 사건 교육감 선거에 비용으로 약 30억원 가량을 지출하였는데, 공소외 3을 통하여 조달한 자금 외에는 피고인이나 공소외 1의 금융기관 대출금(매제인 공소외 10이나 동생인 공소외 11의 보증 부분 포함), 공소외 10 등 친인척으로부터 차용한 돈, 피고인의 기존의 예금, 후원자들의 격려금 등으로 비용을 마련하였다.

피고인은 2008. 8. 25.부터 같은 해 9. 26.까지 선거관리위원회로부터 선거비용 보전금으로 약 29억원을 지급받았다.

6) 공소외 1의 경력 및 소득 등

공소외 1은 교사로 재직하다가 1998. 2.경 명예퇴직하였고, 퇴직 당시 받은 1억 7천만원 정도의 퇴직금에 2천만원을 보태어 1억 9천만원을 만들어 교원공제조합에 종신형으로 예탁하여 두고(위 예탁금은 이 사건 계좌에 입금된 돈과는 별개의 것이고, 피고인은 후보자 재산신고시 배우자 재산내역에 위 예탁금을 포함시켰다), 위 예탁금의 이자로 월 80만원 내지 140만원을, 연금으로 월 130만원 내지 190만원 정도를 받아 왔다(위 예탁금 중 2008. 4.경 대여용도로 1억원을, 2008. 11.경 이사자금으로 1억원을 각 인출하여 현재 잔액은 1,500만원 정도이다).

7) 피고인의 경력 및 소득 등

피고인은 1957년부터 각급 중·고등학교의 교사로 재직하다가 1993. 3. 1.부터 1994. 9. 30.까지 장학관(서울특별시 강동교육청)으로, 다시 1996. 9. 1.부터 1998. 2. 28.까지 장학관(서울특별시 교육청 중등교육국장)으로 각 재직하였고, 1998. 3. 1.부터 2002. 7. 29.까지 ◎◎대학교 총장으로 재직하였으며, 그와 함께 1998. 9. 1.부터 2004. 8. 16.까지 서울특별시교육위원회 교육위원을 역임하다가 간선제에 의한 교육감으로 선출되어 2004. 8. 26.부터 이 사건 교육감 선거 전까지 서울특별시 교육감으로 재직하였다.

피고인은 교육위원을 역임할 당시 월 400만원 내지 500만원 정도의 급여와 월 300만원 정도의 연금을 받았고, 간선제 교육감으로 재직하는 동안에는 월 1,000만원 정도의 급여와 월 170만원 정도의 연금을 받았다. 피고인은 2006년경부터는 공소외 1에게 생활비로 월 300만원 정도를 주었고, 그 이전에는 생활비 명목으로 별도의 돈을 주지는 않았다.

8) 피고인의 재산등록 내역

피고인은 장학관, 교육위원, 교육감 등으로 재직하면서 정기적으로 공직자재산등록을 하였는데, 1998. 9. 1.부터 2008. 12. 31.까지의 재산등록현황을 살펴보면, 피고인과 공소외 1은 해당 기간 내내 같은 아파트 1채를 소유하여 가액의 변동을 제외하고는 부동산에 관한 재산의 변동은 없는 것으로 나타나고, 예금은 1998. 9. 1. 350,255,000원(그 중 공소외 1 명의의 예금은 263,329,000원)을 신고한 것을 시작으로 2004. 12. 31.까지는 대체로 3억원대 후반에서 4억원대 중반의 금액(그 중 공소외 1 명의의 예금은 2억원대 중반에서 3억원대 초반의 금액)으로 매년 큰 변동이 없다가, 피고인이 간선제 교육감으로 선출된 이후인 2005. 12. 31.부터는 직전 년도의 4억 1,000여만원(공소외 1 명의로 3억여 원)에서 5억 1,000여만원(공소외 1 명의로 3억 3,000여만원)으로, 그 다음해에는 5억 5,000여만원(공소외 1 명의로 3억 2,000여만원)으로, 그 다음해에는 6억 3,000여만원(공소외 1 명의로 3억

5,000여만원)으로 금액이 크게 늘어났다. 그 밖에 피고인은 전세보증금 채권과 전세보증금 채무를 제외하고는 부동산과 예금 외에 별다른 재산이 없는 것으로 신고를 하였다. 또한, 피고인이나 공소외 1은 주식투자나 부동산투자 등과 같은 고위험·고수익의 자산관리는 회피하고, 주로 예금이나 신탁 등의 안전자산 위주로 여유자금을 운영하였다.

9) 공소외 1의 차명예금의 변동 내역

공소외 1은 2002. 12.경 처음으로 공소외 2 명의로 차명계좌를 개설할 무렵에 약 4,000만원을 예치하였는데, 피고인이 간선제 교육감으로 선출된 이후인 2005. 1.경부터 2005. 12.경까지 3억 1,000여만원의 돈이 그 계좌에 입금되었고, 앞서 본 바와 같이 2005. 12. 14. 기존의 차명계좌를 해지하고 이 사건 계좌를 개설할 무렵에는 예금잔고가 285,992,778원에 이르렀으며, 2008. 1. 15. 이 사건 계좌를 해지할 무렵에는 예금잔고가 471,224,665원에 이르렀다. 또한, 공소외 1이 공소외 4에게 이 사건 차명계좌의 예금통장을 건네줄 당시에도 4억원이 넘는 예금이 남아 있었다.

10) 피고인과 공소외 1의 예금계좌 보유 형태

피고인과 공소외 1은 이 사건 차명계좌 외에도 각자 다수의 예금계좌를 보유하고 있는데, 그 계좌들은 전부 피고인이나 공소외 1의 실명으로 개설하여 거래하고 있다.

11) 이 사건 차명계좌의 거래 형태

이 사건 차명계좌가 개설된 이후에 수십 회에 걸쳐 예금의 입금과 인출이 이루어졌는데, 극히 예외적인 경우를 제외한 대부분의 경우 계좌이체나 수표의 입출금 등이 아닌 현금의 입출금 형태로 거래가 이루어졌고, 1회당 거래금액도 수천만원에 이르는 경우가 대부분이다.

12) 피고인과 공소외 1의 재산 관리 형태

피고인과 공소외 1은 혼인한 후에도 별도로 자신의 재산을 관리하면서 상대방의 재산에 대해서는 서로 간섭하지 않는 것을 원칙으로 하였고, 이 사건 교육감 선거 당시에도 공소외 1은 자신의 실명으로 된 예금계좌에 약 3억원 정도의 예금을 보유하고 있었으나, 피고인이나 공소외 1은 그 예금에 대해서는 거의 손을 대지 않고, 앞서 본 바와 같이 금융기관의 대출금이나 지인·친인척 또는 제3자로부터의 차용금 등으로 선거자금을 조달하였다. 그럼에도, 공소외 1은 이 사건 차명계좌의 예금으로 약 4억원 가량의 선거자금을 지원하였다.

13) 차명예금 보유 은폐 시도

피고인은 이 사건 교육감 선거 이후에 사설학원으로부터 거액의 선거자금을 제공받았다는 이유로 상대후보자 측이나 언론으로부터 집중적인 공격을 받고 그 자금이 피고인의 업무와 무관하지 않다는 이유로 뇌물수수 등의 혐의로 고발을 당하는 등 곤경에 처해 있었으며, 이 사건 수사도 처음부터 피고인의 차명예금을 문제삼은 것이 아니라 피고인의 선거자금 조달과 관련한 정치자금법 등의 위반 여부를 중심으로 전개되었다. 그리고, 이 사건 차명계좌에서 피고인의 선거자금으로 유입된 돈의 대부분은 앞서 본 바와 같이 사설학원의 운영자이자 상대후보자 측에 의하여 불법선거자금조달의 핵심관여자로 거론된 공소외 3의 명의로 피고인의 선거비용 계좌에 입금되었다.

그런데, 공소외 1이나 공소외 3, 4는 이러한 수사의 배경이나 수사의 초점에 대해서 어느 정도 알고 있었음에도, 공소외 4는 2008. 11. 11. 및 2008. 11. 13. 검찰에서 참고인조사를 받는 과정에서, '공소외 2를 알게 된 경위', '공소외 2와의 관계' 등에 관하여 거짓말을 하고 자신이 공소외 2로부터 2억 9,000만원을 차용하여 피고인의 선거자금으로 제공하고 선거가 끝난 후에도 추가로 1억원을 차용하고 공소외 2에게 공소외 3 명의로 차용증도 작성하여 주었다고 허위로 진술하는 등 공소외 2와 공소외 1의 관계 및 공소외 1의 차명예금 보유사실을 철저히 숨기려고 하였으며, 공소외 1은 공소외 2가 검찰에 처음으로 출석하여 참고인조사를 받은 날(2008. 11. 14.)의 전날에도 공소외 4 등과 함께 공소외 2를 만나 차명예금의 존재를 숨기고 공소외 2가 공소외 4를 통하여 공소외 3에게 돈을 빌려준 것으로 진술하여 달라는 취지로 부탁을 하였고, 공소외 2는 그에 따라 참고인조사를 받는 과정에서 처음에는 자신이 계좌의 실질적 소유자라고 주장하다가 심경의 변화를 일으켜 공소외 1의 차명예금의 존재를 시인하게 되었다.

한편, 공소외 2는 그 당시 차명예금 개설의 경위에 관하여, "피고인이 ◎◎대 총장으로 재직하면서 서울시 교육감으로 출마하려고 준비하고 있었는데, 공소외 1이 저에게 '네 이름을 빌려서 통장 하나 만들어 썼으면 좋겠다'라고 하여 제가 승낙하였습니다"라는 내용으로 진술을 하였다가, 공소외 1이 검찰에서 참고인조사를 받은 이후에 2차로 참고인조사를 받으면서 "공소외 1이 선교장학사업에 사용한다고 하면서 차명계좌의 개설을 부탁하였다"는 취지로 진술을 바꾸었다.

㈑ 판 단

이상에서 본 바와 같은 객관적 사실관계를 토대로, 경험칙과 논리에 입각하여 피고인 측이 주장하는 사실관계에 부합하는 관련자의 진술의 신빙성을 검토함과 동시에, 피고인이 이 사건 차명예금의 존재를 인식하고 있었다는 부분의 입증이 충분한지 여부를 살펴보기로 한다.

1) 차명예금의 성격

공소외 1은 수사기관 및 당심 법정에서 "자신이 기존에 직장동료나 지인들에게 가진 대여금채권을 회수하고 자신의 연금이나 이자수입 등을 알뜰이 모아 이 사건 차명예금을 조성하였고, 독실한 신앙인으로서 뜻한 바 있는 선교장학사업에 차질이 없게 하기 위하여 부득이 차명으로 계좌를 관리하였다"는 취지로 진술하고 있는바, 위에서 본 바와 같은 객관적 사실관계에 의하여 인정되는 다음과 같은 사정, 즉 ㉠ 공소외 1은 이 사건 차명계좌를 개설하기 5년 전에 이미 교직을 그만두고 그 이후로 별다른 직업이 없이 생활하면서, 정기적으로 수령하는 연금과 예탁금 등의 이자 외에 별다른 소득원이 없었는데, 그 연금과 이자의 합산액이 대체로 월 300만원에 미치지 못한 점, ㉡ 피고인과 육완순은 부동산을 제외하고는 예금 등에 관하여 각자 자신의 명의로 계좌를 보유하면서 별도로 재산을 관리하고 상대방의 재산에 대해서는 서로 관여하지 않는 생활방식을 고수하였고, 그로 인하여 공소외 1로서는 피고인으로부터 별다른 경제적 지원을 받을 수 없었던 점, ㉢ 피고인과 공소외 1의 자산은 아파트 1채를 제외하고는 대부분이 금융기관의 예금으로 구성되었고, 그로 인하여 단시간 내에 자산을 늘리기는 사실상 어려운 것으로 보이는 점, ㉣ 공소외 1은 피고인이 간선제로 실시되는 서울특별시 교육감 선거에 출마하기 몇 개월 전에 이 사건 차명계좌를 개설하였고, 교육감 선거가 실시될 무렵인 2004. 7.경부터 수천만원에 이르는 거액의 입·출금이 본격화된 점, ㉤ 피고인은 간선제 교육감으로 당선되고 교육감으로 취임한 날이 속하는 2004년 말 기준으로, 자신과 배우자의 예금으로 4억 1,000여만원(그 중 공소외 1 명의의 예금은 3억여 원)을 재산으로 신고하였는데, 2005년 말에는 예금이 5억 1,000여만원으로 늘고, 2006년 말에는 5억 5,000여만원, 2007년 말에는 6억 3,000여만원으로 예금이 늘어난 것으로 신고한 점, ㉥ 공소외 1은 2003년 12월경 이 사건 차명계좌를 개설할 무렵에 약 4,000여만원을 계좌에 입금하여 사용하였는데, 2005년경에 갑자기 10여 회에 걸쳐 수천만원의 뭉칫돈이 현금으로 입금되어 그 합계액이 3억 1,000여만원에 이르렀고, 그에 따라 2005년 말에는 이 사건 차명계좌의 잔고가 2억 8,000여만원에 이르렀으며, 그 이후에도 수시로 거액의 뭉칫돈이 유입되어 2008년 초에는 피고인의 차명예금이 4억 7,000여만원으로 늘어난 점, ㉦ 그로 인하여 2004년 말부터 2007년 말 내지 2008년 초까지 약 3년 동안에 피고인이 공직자재산등록시 신고한 재산과 이 사건 차명계좌의 예금을 합산하여 약 6억원 정도의 예금이 늘어난 점, ㉧ 피고인과 공소외 1은 실명으로 된 다수의 예금계좌를 가지고 있고 그 금액도 수억원에 이르는데도, 유독 이 사건 차명계좌만은 실명이 아닌 차명으로 관리되고 있고, 수천만원의 돈이 입·출금되는 과정에서 극히 예외적인 경우를 제외하고는 대부분 수표나 이체의 방식이 아닌 현금으로 거래가 이루어진 점, ㉢ 공소외 1은 수사기관이나 당심 법정에서 "2003년경에 선교장학사업에 사용할 목적으로 일정한 기간 내에 일정한 금액의 달성을 목표로 돈을 모으겠다는 결심을 굳히고, 혹시나 피고인이 그 돈에 손을 댈지도 모른다는 생각에 차명으로 계좌를 개설하고 돈을 관리하였으며, 계좌 개설을 전후하여 여러 차례 입출금이 이루어진 것은 돈이 필요하다고 하는 친인척의 요청으로 어쩔 수 없이 빌려주었다가 반환받은 것이다"라는 취지로 진술하고 있으나, 그러한 목적으로 남편에게도 비밀로 하고 모으는 돈을 친인척이나 지인이 필요하다는 이유로 이자도 받지 않고 선뜻 빌려주고 그 증빙으로 차용증이나 현금보관증도 받지 않았다는 것은 쉽사리 납득하기 어렵고, 피고인이 혹시라도 돈이 필요하다고 할 것을 염려하여 차명으로 예금을 관리하였다고 주장하면서도 피고인이 자신에게 이 사건 교육감 선거의 자금을 제공해 달라고 요청하지도 않았음에도, 스스로 약 4억원에 이르는 거액을 선거자금으로 제공한 것도 납득하기 어려운 점, ㉣ 또한, 공소외 1은 "이 사건 차명계좌에 대부분의 돈이 현금으로 입금된 경위에 관하여, 돈을 빌려간 친인척들이나 지인들이 고맙다고 인사를 하면서 쇼핑백 등에 현금을 담아 갖다 주었기 때문이다. 피고인이 굳이 현금으로 달라고 요구하지 않아도, 그 사람들이 알아서 현금으로 갖다 주었다"라는 취지로 진술하고 있으나, 이 역시 거액의 현금을 휴대하는 데에 따른 수고나 위험, 간편한 계좌이체나 수표의 발행을 통한 금융 편의 등을 감안한 통상적인 금융거래 형태에 비추어 쉽사리 납득하기 어려운 점, ㉤ 피고인은 당심에 이르러 공소외 1의 진술을 뒷받침하는 증거로 공소외 1로부터 돈을 빌렸다가 갚았다는 친인척이나 지인들의 진술서나 계약서 등 서류를 제시하고 있으나, 이 사건의 수사가 개시되고 제1심의 재판이 끝난 후에 한참의 시간이 흘러 당심의 변론이 종결될 무렵에 비로소 제출된 경위나 그 내용을 뒷받침하는 객관적 자료에 비추어, 피고인이 제출한 증거는 신빙성이 상당히 떨어지는 점, ㉥ 공소외 1이 친인척이나 제3자에게 실제로 빌려준 돈을 돌려받는 등의 방법으로 이 사건 차명예금을 모은 것이 사실이 아니라면, 공소외 1과 피고인의 사회적 지위, 공소외 1의 재산 정도, 자산관리 형태 등에 비추어 피고인과 아무런 관계없이 공소외 1의 계좌로 거액의 돈이 유입될 가능성은 거의 없는 점 등을 고려할 때, 이 사건 차명예금은 공소외 1이 독자적으로 모은 것이 아니라 어떤 식으로든 피고인과 관련되어 공소외 1에게 유입된 자금으로 조성된 것으로 보인다.

2) 차명예금이 선거자금으로 유입된 시점 및 경위

공소외 3은 "2008. 5.경 피고인의 선거비용으로 2~3억원 정도를 융통해 주겠다는 마음을 먹고 공소외 4에게 그 자금을 준비하라고 하였는데, 그 무렵 공소외 4가 공소외 1을 만나 보니 공소외 1이 '공소외 2의 통장에 4~5억원 정도 들어있으니까 그 돈을 지원해주겠다'고 말하여 그 말을 믿고 2008. 6. 11. 피고인과 선거비용 조달방법을 논의하면서 자신이 5억원 정도를 준비하겠다고 말했다"는 취지로 진술하고, 공소외 4는 "2008. 5.경 공소외 3으로부터 피고인의 선거자금으로 2~3억원 정도를 융통해 주어야 하니 자금을 준비하라는 말을 듣고는 여의치 않아 답답한 나머지 공소외 1을 찾아가 사정을 말하니 공소외 1이 남편 몰래 모아 놓은 돈이 있다고 하면서 현금 4,000만원을 주기에 받아왔고, 그 이후에 조카인 공소외 5의 예금계좌로 7,700만원을 송금받았으며, 2008. 6. 중순경 공소외 1로부터 선거비용으로 사용하기 위하여 공소외 2 명의의 예금통장을 건네받았다"는 취지로 진술하고 있다.

그러나, 공소외 3, 4 등의 이러한 진술과 이에 터잡은 피고인의 주장은, ㉠ 피고인과 공소외 3의 사전교감이 없이, 피고인을 돕기 위하여 선거자금을 마련할 생각을 가진 사람의 처가 도리어 피고인의 처를 만나 선거자금을 받아온다거나, 피고인의 처가 그토록 소중히 생각하고 숭고한 목적으로 사용하기 위하여 수년간 모았다는 거액의 예금의 들어 있는 통장을 선뜻 피고인의 제자의 배우자에게 건네준다는 것은 쉽사리 납득하기 어려운 점, ㉡ 공소외 3이 공소외 9로부터 조달한 3억원은 실제로 공소외 3이 조달한 자금으로 볼 수 있고, 이러한 자금을 합하면 공소외 3은 4억원이 넘는 선거자금을 조달하여 자신이 책임지기로 했다는 약 5억원에 근접한 자금을 실제로 조달한 것으로 보이는 점, ㉢ 이 경우 공소외 3이 조달한 약 4억원을 제외한 나머지 선거자금은 피고인이 친인척 등으로부터 빌리거나 자신이나 공소외 1의 예금을 사용하거나 제3자로부터 빌리는 등의 방식으로 조달할 수밖에 없었던 점, ㉣ 공소외 1은 피고인이 교육감 선거에 정식으로 예비후보자 또는 후보자 등록을 한 시점이나 공소외 3이 선거컨설팅업체를 통하여 예상선거비용을 산출하고 이를 토대로 자신이 약 5억원 정도의 선거자금을 마련하겠다고 피고인에게 말하였다는 시점(2008. 6. 11.)보다 훨씬 전인 2008. 5. 중순부터 2008. 6. 초순까지 기간에 이미 1억원이 넘는 돈을 이 사건 차명계좌에서 인출하여 피고인의 선거자금 명목으로 공소외 4를 통하여 공소외 3에게 제공하였고, 2008. 6. 중순에는 아예 이 사건 차명계좌의 예금통장을 공소외 4를 통하여 공소외 3에게 넘겨준 점, ㉤ 그 당시 공소외 3은 피고인의 선거사무소에서 선거기획팀장 또는 선거총괄팀장으로 불리우며 사실상 선거사무에 관한 전권을 위임받아 피고인의 수족으로 활동하고 있었던 점, ㉥ 피고인은 오랜기간 공소외 1과 혼인생활을 하면서 공소외 1의 재산에 대해서는 독립성을 보장하고 자신의 개인적 용도로 사용한 흔적은 없고, 이 사건 당시에도 공소외 1에게 선거자금의 제공을 요청하지는 않은 것으로 보이며, 공소외 1도 자신의 실명으로 보유하고 있던 약 3억원의 예금에 대해서는 피고인을 위한 선거자금으로 제공할 의사가 없었던 것으로 보이는데, 유독 이 사건 차명계좌에 대해서는 수억원의 돈을 인출하여 선거자금으로 제공하고 예금통장까지 타인에게 맡겨 예금을 관리하게 한 점 등을 고려할 때 선뜻 믿기 어렵고, 결국 이러한 여러 정황을 종합하면 공소외 3이 피고인의 후보자등록 및 재산신고 이전에 공소외 4를 통하여 공소외 1로부터 예금을 넘겨받아 피고인의 선거자금으로 제공하는 과정에 피고인의 의사가 반영되었다고 봄이 상당하다.

3) 소결론

그렇다면, 피고인은 이 사건 당시 공소외 1의 차명예금의 존재를 인식하고 있었다고 보는 것이 경험칙이나 논리에 부합하고, 그 증명의 정도도 합리적 의심을 배제할 정도에 이른다고 인정된다.

(3) 허위성의 인식 여부

피고인이 이 사건 당시 차명예금의 존재를 인식하고 있었고, 그 차명예금이 자신의 선거자금으로 유입되었으며, 그 예금의 규모도 상당한 점, 피고인은 장학관, 교육위원, 간선제 교육감을 역임하면서 수년간 공직자재산등록을 하여 실명 여부에 관계없이 배우자가 사실상 소유하고 있는 예금은 모두 재산신고대상에 포함된다는 사실을 충분히 알 수 있었던 점 등을 고려할 때, 피고인이 이 사건 재산신고서를 제출할 당시 이 사건 차명예금이 누락되어 신고사항이 진실하지 않다는 사실을 알고 있었다고 넉넉히 인정할 수 있다.

(4) 공표 행위 여부

㈎ 지방교육자치에관한법률에 의하여 준용되는 공직선거법은 공직후보자로 하여금 본인이나 가족 등의 병역사항, 각종 세금의 납부 및 체납에 관한 사항, 범죄경력, 학력 등과 함께 "재산 보유 내역"도 신고하도록 규정하고 있는데, 이는 공직자의 부정한 재산 증식을 방지하고 공무집행의 공정성을 확보하여 국민에 대한 봉사자로서 가져야 할 공직자의 윤리를 확립한다는 공직자윤리법의 목적을 반영한 것이 아니라, 유권자들에게 공직후보자에 대한 올바른 정보를 제공하여 유권자들로 하여금 해당 후보자에 대한 공정한 판단을 할 수 있도록 하기 위한 것이고, 그에 따라 이러한 신고사항을 포함하여 후보자 등의 출생지·신분·

직업·경력 등에 관한 사항에 대해서도 허위의 사실을 공표하는 것을 금지하고 그 위반행위에 대하여 형사처벌을 규정하고 있는 것이다. 따라서, 공직선거법이 신고대상재산을 규정하면서 공직자윤리법에 의한 규정을 인용하고 신고사항의 공개가 공직자윤리법에 규정되어 있더라도, 공직윤리법의 입법취지에 맞추어 공직선거법의 관련 규정을 해석하여야 하는 것은 아니다.

(나) 한편, 관할 선거관리위원회는 공직후보자가 후보등록시 제출한 재산신고서 등의 서류를 스캔 등의 방법으로 파일로 만들어 중앙선거관리위원회가 운영하는 선거정보통합시스템에 입력한 다음 인터넷선거정보조회시스템을 통하여 후보자등록일부터 선거일까지의 기간에 일반에 공개하고, 중앙선거관리위원회의 인터넷 홈페이지에 접속하는 사람은 누구나 후보자의 정보공개자료를 열람할 수 있게 되어 있는바, 이와 같이 후보자가 선거관리위원회에 재산신고서를 제출한 후에는 선거관리위원회에 의하여 자동적으로 그 내역이 일반에 공개되는 절차가 마련되어 있고, 그 과정에서 선거관리위원회 소속 직원이 별도로 신고사항의 진실성 여부를 심사하는 절차는 없으며, 피고인으로서도 자신의 재산이나 병역 사항 등이 그와 같은 절차를 통하여 그대로 일반에 공개될 것이라는 사정은 충분히 인식하고 있었을 것으로 보이므로, 피고인의 행위는 선거관리위원회의 담당 직원을 도구로 이용한 허위사실의 공표행위에 해당한다.

(5) 법령 적용의 문제

지방교육자치에관한법률은 "교육감 선거에 관하여 이 법에 정한 것을 제외하고는 그 성질에 반하지 않는 범위 안에서 '공직선거법'의 시·도지사에 관한 규정을 준용한다"(제22조 제3항)고 규정하면서, 제22조 제1항 및 제2항 외에 선거절차나 선거관련 행위의 처벌에 관한 규정을 별도로 규정하고 있지 않다. 따라서, 교육감 선거에 대해서는 전적으로 공직선거법의 관련 규정에 의하여 규율할 수밖에 없는데, 이러한 방식의 준용규정이 일반국민으로 하여금 규범의 존재 및 해석을 하는 데에 다소의 불편을 주는 것은 부인할 수 없으나, ㉠ 교육감 선거가 직선제로 전환되기 전의 지방교육자치에관한법률은 이 사건에서 문제되는 허위사실공표죄 등을 포함하여 선거운동 및 벌칙에 관한 조항을 별도로 두고 있다가 직선제의 도입으로 법을 개정하면서 그 조항을 모두 삭제하고 모두 공직선거법을 준용하는 형식으로 규정한 점, ㉡ 교육감은 그 관할구역이 시·도지사와 동일하고 정당 공천이 배제된다는 점을 감안하여 시·도지사 선거의 무소속 후보자에 대한 규정을 준용하도록 한 점, ㉢ 이러한 시·도지사와 교육감의 유사성으로 인하여 일반인으로서는 지방교육자치에관한법률의 준용규정을 통하여 공직선거법에 의하여 시·도지사의 선거에 적용되는 선거절차 및 벌칙에 관한 조항이 원칙적으로 교육감 선거에도 그대로 적용될 것이라고 충분히 예측할 수 있는 점, ㉣ 공직선거와 관련한 다른 법률에 엄격한 선거절차를 규정하고 그 위반에 대한 엄정한 형사처벌을 규정하고 있는 데에 반하여, 유독 교육감 선거에 대해서는 위법한 선거운동에 관한 처벌조항을 두지 않을 합리적 이유가 없는 점 등을 모두 참작하여 보면, 교육감 선거에 공직선거법의 벌칙조항을 적용하는 것은 적법하다.

(6) 결 론

그렇다면, 원심이 이 부분 공소사실을 유죄로 인정한 것은 정당하고, 거기에 피고인이 지적하는 바와 같은 위법이 있다고 할 수 없으므로, 피고인의 주장은 이유 없다.

나. 검사의 사실오인 내지 법리오해 주장에 대한 판단

(1) 공소사실 및 원심판단의 요지

㈎ 공소사실

피고인은 2008. 3.경 같은 해 7. 30. 실시된 서울특별시 교육감 선거에 출마하기로 마음먹고, 2008. 6. 13.경 서울 중구 신당동 소재 농협 신당동 지점에서 공소외 3으로부터 선거비용 명목으로 피고인의 선거비용 수입계좌(농협 계좌번호 6 생략)로 500만원, 같은 달 26.경 동인으로부터 484만원, 같은 해 8. 5.경 동인으로부터 1억원을 각 송금받는 등 합계 1억 984만원을 이자 없이 무상으로 대여받음으로써, 정치자금법에 정하지 아니한 방법으로 정치자금을 기부받았다.

㈏ 원심판단

1) 교육감 선거후보자는 정치자금법 제3조 제1호의 '공직선거의 후보자'에 해당하지는 않으나, 정치자금법 제3조 제1호의 '그 밖에 정치활동을 하는 자'에 해당하므로, 교육감 선거의 후보자 또는 후보자가 되고자 하는 자의 선거와 관련하여 소요되는 비용은 정치자금법 제3조 제1호 소정의 정치자금에 해당한다.

2) 한편, 정치자금법 제3조 제2호는 '제3자가 정치활동을 하는 자의 정치활동에 소요되는 비용을 부담하거나 지출하는 경우와 금품이나 시설의 무상대여를 기부로 본다'고 규정하고 있으므로, 피고인이 교육감 선거와 관련하여 선거비용으로 공소외 3으로부터 1억 984만원을 무상으로 대여받은 행위는 정치자금법 제45조 제1항에 위반된다.

3) 그러나, 피고인은 선거사무장을 통하여 선거관리위원회 소속 파견 공무원에게 선거비용 모집방법을 구체적으로 문의하여, 그 공무원으로부터 "교육감 선거에는 정치자금법이 적용되지 않아 후보자가 친족 이외의 자로부터 기부금이나

차입금을 받을 수 있다"는 취지의 답변을 받았으므로, 그에 따라 교육감 선거 비용 마련을 위하여 친족 이외의 자로부터 기부를 받아도 된다고 믿은 데에 정당한 이유가 있다.

4) 따라서, 피고인의 행위는 형법 제16조의 법률의 착오에 해당하여 죄가 되지 않는다.

(2) 논의의 전제

이 법원은 이 부분의 공소사실에 관하여, 원심이 판시한 바와 같이 교육감 선거의 후보자인 피고인이 정치자금법 제3조 제1호의 '공직선거의 후보자'에 해당하는지 또는 '그 밖에 정치활동을 하는 자'에 해당하는지 여부에 대해서는 굳이 판단하지 아니한다. 그 이유는 다음에서 보는 바와 같이 피고인의 행위는 법률의 착오에 의한 것으로 이를 처벌할 수 없기 때문이다.

(3) 법률의 착오 여부

㈎ 인정사실

원심 및 당심에서 제출된 여러 증거들에 의하면, 다음과 같은 사실을 인정할 수 있다.

1) 지방자치단체(시·도)의 교육·학예에 관한 사무의 집행기관인 교육감은 원래 초·중등교육법의 규정에 의한 학교운영위원회위원 전원으로 구성된 선거인단의 투표에 의한 '간선제'로 선출하였는데, 2006. 12. 20. 지방교육자치에관한법률의 개정으로 주민의 보통·평등·직접·비밀선거에 의하여 선출하는 '직선제'로 변경되었다.

2) 이 사건 교육감 선거 이전에 부산광역시를 시작으로 여러 시·도의 교육감 선거가 직선제로 치러졌는데, 당시 교육감 선거에 소요되는 비용이 정치자금법상의 정치자금으로서 법령의 제한을 받는지 여부에 관하여 논란이 있었고, 그 과정에서 중앙선거관리위원회는 2007. 1. 9. 부산광역시 선거관리위원회의 질의에 대하여 "교육감 선거와 관련하여 예비후보자 및 후보자의 선거운동 기타 선거에 소요되는 비용은 정치자금법 제3조 제1호에서 규정하고 있는 정치자금에 해당하지 아니하므로, 예비후보자 및 후보자가 민법 제777조의 규정에 의한 친족 외의 자로부터 선거운동 기타 선거에 소요되는 비용을 기부받을 경우 정치자금법에 위반되지 않는다"는 취지로 회신하였다.

3) 또한, 중앙선거관리위원회와 교육인적자원부가 2007. 11. 26. 공동발행한 '시·도 교육감 선거 관련 공직선거법 준용 해설' 책자에는 "교육감 선거에 소요되는 비용은 정치자금법상의 정치자금이 아니므로, 정치자금법은 원칙적으로 준용되지 않는다"고 기재되어 있고, 이 사건 교육감 선거에 즈음하여 서울특별시

선거관리위원회가 예비후보자와 후보자들을 위한 교육자료로 펴낸 '정치자금 회계실무' 책자에도 "교육감 선거에 소요되는 비용은 정치자금법의 적용대상이 되는 정치자금과 차이가 있고, 정치자금법상 교육감 선거 후보자가 교육감 선거의 선거운동 기타 선거에 소요되는 비용을 기부받는 행위를 금지하는 규정은 없다"고 기재되어 있다.

4) 한편, 교육감 선거의 관리는 시·도선거관리위원회가 맡는데, 이 사건 교육감 선거 당시 서울특별시 선거관리위원회는 선거사무의 효율적 관리·감독과 위법한 선거운동의 사전예방을 위하여 소속 공무원을 각 후보자의 선거사무소에 파견하고 앞서 본 바와 같은 교육감 선거 관련 책자를 일괄적으로 배포하였다. 선거관리위원회 파견 공무원은 선거운동기간 내내 후보자의 사무실을 수시로 방문하여 일반적인 선거관련 법령의 해석·적용에 관한 사항을 안내하기도 하고 후보자측에서 문의하는 구체적 선거 관련 사항에 대한 답변을 하는 등의 업무를 수행하는 역할을 한다.

5) 서울특별시 강서구 선거관리위원회 소속 행정사무관 공소외 12는 2008. 7. 30. 실시된 이 사건 교육감 선거와 관련하여, 2008. 6. 10.경부터 2008. 7. 29.경까지 피고인의 선거사무소에 지원팀으로 파견되었다.

6) 피고인의 선거사무소에는 사무장인 공소외 13이나 법무팀장인 공소외 14가 공식적으로 선거 관련 사무를 총괄하여 집행하고 있었는데, 공소외 12는 피고인의 선거사무소에 파견된 직후에 공소외 13이나 공소외 14로부터 선거자금의 모집방법에 관한 질문을 받고 그에 대하여 기존의 중앙선거관리위원회의 질의회신(2007. 1. 9.자 부산광역시 선거관리위원회 질의 관련) 및 선거 관련 책자의 내용에 근거하여 "교육감 선거에는 정치자금법이 적용되지 않으므로, 격려금을 받을 수도 있고 기부금을 받을 수도 있다. 다만, 격려금이나 기부금의 액수가 지나치게 과다한 경우에는 뇌물죄 등으로 처벌받을 수는 있다"는 취지로 답변하였고, "공직선거법에서 제한·금지하는 선거운동 또는 선거에 영향을 미치는 방법으로 하는 행위가 아니라면, 공직선거법과 정치자금법상 서울특별시 교육감 선거와 관련하여 친족 이외의 자로부터 기부를 받을 수 있다"는 내용의 2008. 6. 16.자 중앙선거관리위원회의 질의회신을 받은 후에는 즉시 공소외 13 또는 공소외 14에게 그 자료의 복사본을 주면서 "기부금 또는 격려금을 받을 수 있다"는 취지로 안내하였다.

7) 한편, 공소외 3은 앞서 본 바와 같이 피고인의 제자로서, 사실상 이 사건 교육감 선거에서 피고인의 사무장 역할을 수행하고 선거자금의 조달에도 핵심적인 역할을 담당한 인물인데, 피고인이 공소외 3 등 사설학원 관계자로부터 선거

자금을 제공받은 행위의 정당성 여부를 둘러싸고 각종 의혹이 제기되는 상황에서도, 피고인을 대리하여 선거사무를 처리한 공소외 13 등은 공소외 3에 대한 2억원의 차용증(2008. 8. 5.자)을 작성하면서 굳이 "단, 차용금의 원금만을 상환합니다"라는 문구를 명시하여 '무상대여'로 인한 위법 논란을 자초하였다.

(나) 판 단

위 인정사실에 의하면, 피고인이나 공소외 13, 14 등은 공소외 3으로부터 공소사실 기재 자금을 제공받을 당시, 위에서 본 바와 같은 선거자금 모금방법에 관한 공소외 12의 설명이나 관련 책자의 내용에 근거하여, 공소외 3이 피고인에게 대여 형식으로 제공하는 자금과 관련하여 적어도 그 이자 부분은 적정한 한도의 격려금 또는 기부금으로 특별히 법령에 저촉되지 않는 것으로 인식하고 있었다고 보이고, 나아가 피고인이나 공소외 13, 14 등이 공소외 3으로부터 선거자금을 제공받을 당시 관할 선거관리위원회에 공문으로 "선거비용의 조달과 관련하여, 친족 외의 자로부터 기부금을 받아도 되는지 또는 무상으로 금전을 차용해도 되는지 여부"에 관하여 구체적으로 문의하여 그에 관한 회신을 받지 않았다고 하더라도, 실질적으로는 선거관리위원회 소속 공무원을 통하여 관할 선거관리위원회로부터 "교육감 선거비용이 정치자금법상의 정치자금에 해당하지 않으므로, 무상차입이든 격려금이든 그 명목 여하에 불구하고 이를 포괄하는 개념으로 기부금을 받을 수 있다"는 취지의 유권해석을 받은 것으로 볼 수 있는바, 이러한 사정에 덧붙여 이 사건 교육감 선거가 법률의 개정 후에 각 시·도별로 처음으로 실시되는 직선제 선거로서 그에 관한 법령의 해석·적용에 혼선이 빚어진 점, 비록 법령의 해석·적용에 관한 최종적인 판단은 법원의 고유권한에 속하는 것이지만, 관련 업무에 관한 유권해석의 권한을 가진 국가기관의 언행을 신뢰한 자를 상대로 형사처벌을 가하는 문제는 신중히 접근할 필요가 있는 점 등을 고려할 때, 피고인의 행위는 "자기의 행위가 법률에 의하여 죄가 되지 않은 것으로 오인한 것으로, 그 오인에 정당한 이유가 있는 때"에 해당하여 처벌할 수 없다고 봄이 상당하다.

(4) 결 론

그렇다면, 이 부분 공소사실에 대하여 무죄를 선고한 원심판결은 정당하고, 거기에 검사가 지적하는 바와 같은 위법이 있다고 할 수 없으므로, 검사의 주장은 이유 없다.

다. 피고인 및 검사의 양형부당 주장에 대한 판단

(1) 당선무효형 선고의 당위성

공직후보자의 재산내역은 법률에 의하여 이를 신고하고 공개하도록 규정하고 있을 정도로, 후보자의 능력, 자질, 윤리의식 등 공직자로서 갖추어야 할 덕성을 평가하는 데에 중요한 요소로 고려되고 있다. 더구나 이 사건과 같이 후보자의 배우자가 차명으로 거액의 예금을 보유하고 있다는 사정은 유권자들로 하여금 그 후보자의 윤리의식이나 재산형성과정의 위법성에 대한 강한 의구심을 품게 하는 요소로 작용하여 선거결과에 적지 않은 영향을 미칠 수 있다.

이 사건의 경우 피고인이 신고하지 않은 예금은 4억 3,000여만원에 이르러 자신과 배우자의 전체 재산의 약 22%를 차지할 정도로 그 규모가 크고, 선거 결과 교육감으로 당선된 피고인과 2위 득표자의 지지율 격차는 1.78%에 불과할 정도로 접전이 펼쳐졌다. 따라서, 비록 이 사건 교육감 선거의 중요 쟁점이 후보자들의 재산형성과정이나 재산보유내역 등 개인의 신상에 관한 것이 아니었다고 하더라도, 이 사건 차명예금이 제대로 신고·공개된 경우에 후보자의 재산형성과정이나 재산보유내역도 다른 사항에 못지않은 파괴력을 가진 쟁점으로 부상하였을 가능성을 배제할 수 없다.

한편, 우리 사회가 현재의 교육계 종사자의 청렴도나 도덕성을 어떻게 바라보고 있는지에 대해서는 의견이 갈릴 수 있으나, 당위적으로 어떠해야 하는지에 대해서는 어느 직역보다도 높은 기대와 신뢰를 요구하고 있다고 보는 데에 이견이 없을 것이다. 특히 시·도 교육감의 경우 관할 지역 내의 교육현안에 관한 중대한 의사를 결정하고 막대한 교육예산을 집행하는 최고책임자이므로, 모름지기 교육감 선거에 출마한 후보자로서는 일반인이나 다른 공직자보다도 훨씬 높은 도덕성을 갖추어야 하고, 그러한 도덕성에 관계되는 사항은 빠짐없이 유권자에게 공개되어 유권자들에 의한 검증을 반드시 거쳐야 할 것이다. 나아가 후보자로 출마하려는 사람이 도덕성에 관계되는 사항에 약점을 가지고 있고, 그 사항이 법령에 의하여 유권자들에게 반드시 공개되어야 하는 것으로 규정되어 있다면, 그 사람으로서는 그 약점을 스스로 밝히고 그에 관한 유권자의 심판을 받을 각오가 없이 선거에 출마하여서는 아니될 것이다.

물론, 이 사건의 경우 피고인이 차명계좌의 존재를 밝히고 그에 관한 해명을 한 경우에도 유권자들이 여전히 경쟁후보자에 비하여 많은 표를 피고인에게 던졌을 가능성도 있고, 그와 같은 차명계좌를 보유하고 있다는 사정만으로 피고인이 교육감이 될 자격이 없다고 단언할 수 있을지는 의문이다. 그러나, 이와 같이 피고인이 교육감으로서의 자격을 제대로 갖추고 있는지 또는 피고인과 경쟁후보자 중 누구를 교육감으로 선택할 것인지 여부는 선거권을 행사하는 유권자들이 판단하여야 할 사항이고, 법원이 유권자의 판단을 대체할 수는 없다. 유권자의 선택의 옳고 그름은 사후에 밝혀질 것이지만, 그 판단의 과정에 기초로 제공되는 정보는 올바른 것이어야 하고, 그 정보를 왜곡하는 행위는 선거의 공정성을 해하고 유권자의 올바른 판단을 저해하는 것으로, 결코 가벼이 보아 넘길 수 있는 사안이 아니다. 따라서, 피고인이 교육을 천직으로 삼아 자신의 평생을 바치고, 이 사건 이전에 형사처벌을 받은 전력이 전혀 없는 점, 피고인의 임기가 1년 남짓밖에 남지 않았고, 교육감의 부재로 인한 교육행정의 혼선이나 갈등의 가능성을 배제할 수 없는 점 등을 고려하더라도, 피고인이 교육감 후보자에게 거는 일반의 신뢰를 저버리고 자신의 재산에 관한 사항을 허위로 신고하여 유권자들의 판단의 기초를 허물어버린 행위에 대해서는 그에 상응하는 엄중한 책임을 물어야 한다.

그렇다면, 원심이 이와 같은 모든 사정을 고려하여 피고인에게 당선무효에 해당하는 형을 선고한 것이 지나치게 무거워 부당하다고 보이지 않는다.

(2) 벌금형 선고의 적정성

한편, 피고인은 앞서 본 바와 같이 평생을 교육계에 몸담으면서 교육현안의 해결이나 교육정책의 수립을 위하여 끊임없이 헌신하고, 이 사건 이전에 형사처벌을 받은 전력이 전혀 없을 정도로 엄격한 자기관리를 한 것으로 보이는 점, 피고인이 70대 중반의 고령으로, 앞으로 교육행정의 전면에 나서 영향력을 행사하기는 어려울 것으로 보이는 점, 그 밖에 피고인의 경력, 성행, 범행의 경위, 수단과 방법, 범행 후의 정황 등 이 사건 기록에 나타난 양형의 조건이 되는 모든 사정을 고려하고, 유사한 사안에 관한 법원의 기존의 양형사례를 참조하여 보면, 원심이 선고한 벌금형은 형벌의 적정성과 형평성에 부합하는 것으로 인정되고, 그 형의 양정이 부당하다고 할 수 없다.

4. 결 론

그렇다면, 피고인과 검사의 항소는 모두 이유 없으므로, 형사소송법 제364조 제4항에 의하여 이를 모두 기각하기로 하여 주문과 같이 판결한다.

[4] 대법원의 판결[79)]

【피 고 인】 피고인
【상 고 인】 피고인 및 검사
【변 호 인】 법무법인

79) 대법원 2009. 10. 29. 선고 2009도5945 판결 **【지방교육자치에관한법률위반·정치자금법위반】**

【원심판결】 서울고법 2009. 6. 10. 선고 2009노682 판결

【주　　문】

상고를 모두 기각한다.

【이　　유】

상고이유를 판단한다.

1. 피고인의 상고이유에 대하여

가. 공직자윤리법 제4조 제1항은 "등록의무자가 등록할 재산은 다음 각 호의 1에 해당하는 자의 재산(소유명의에 불구하고 사실상 소유하는 재산, 비영리법인에의 출연재산과 외국에 있는 재산을 포함한다. 이하 같다)으로 한다."고 하고, 제10조의2 제1항은 "대통령·국회의원·지방자치단체의 장·지방의회의원 선거의 후보자가 되고자 하는 자가 후보자등록을 하는 때에는 전년도 12월 31일 현재의 등록대상재산에 관한 제4조의 규정에 의한 신고서를 관할 선거관리위원회에 제출하고, 관할 선거관리위원회는 후보자등록공고시에 후보자의 재산신고사항을 공개하여야 한다."고 한다.

공직자 및 공직후보자의 재산등록, 등록재산 공개 및 재산형성과정 소명과 공직을 이용한 재산취득의 규제, 공직자의 선물신고 및 주식백지신탁, 퇴직공직자의 취업제한 등을 규정함으로써 공직자의 부정한 재산 증식을 방지하고, 공무집행의 공정성을 확보하여 국민에 대한 봉사자로서 가져야 할 공직자의 윤리를 확립하고자 하는 공직자윤리법의 입법 목적과 소유 명의에 불구하고 사실상 소유하는 재산은 물론 비영리법인에의 출연재산까지도 빠짐없이 등록 또는 신고 대상으로 삼아 이를 명시하고 있는 위 조항들의 문언과 그 취지에 비추어 볼 때, 예금계좌의 명의자는 단순히 그 명의만을 빌려주었을 뿐이고 예금의 출연자가 계좌를 개설한 다음 통장과 인장을 스스로 관리하면서 전적으로 자신의 계산으로 예금을 입·출금하고 계좌를 해지·신설하는 등으로 예금계좌를 사실상 지배·관리하는 차명계좌의 경우 그 차명계좌상 예금은 출연자가 위 조항들에 의하여 등록 또는 신고하여야 할 사실상 소유하고 있는 재산에 해당한다고 보아야 한다(대법원 2007. 6. 28. 선고 2007도2598 판결 참조). 이는, 차명계좌의 예금계약상 당사자가 명의자와 금융기관이어서 출연자로서는 직접 금융기관에 대하여 예금계약상 당사자 또는 예금반환청구권자의 지위를 주장할 수 없는 경우라고 하여 달리 볼 것은 아니다.

그리고 공직자 및 공직후보자 재산등록 또는 신고를 통하여 달성하고자 하는 입법 목적의 정당성과 그 입법 목적 달성을 위하여는 소유 명의에 불구하고 사실상 소유하는 재산까지 모두 등록 또는 신고대상 재산으로 삼는 것이 불가피하다는 입법의 필요성

및 상당성, 나아가 사실상 소유하는 재산의 유형을 일일이 나열하는 것은 현실적으로 불가능한 반면 자의를 허용하지 않는 통상의 해석방법에 의하더라도 그 의미를 파악할 수 있는 점 등을 감안할 때, 위 조항들이 공직자 및 공직후보자의 양심의 자유를 본질적으로 침해하고 과잉금지원칙 또는 명확성의 원칙에 위반되어 헌법에 위반된다고 볼 수 없다(헌법재판소 2009. 3. 26. 선고 2007헌바72 결정 참조).

같은 취지에서, 피고인의 배우자 공소외 1이 판시와 같은 방법으로 친구 공소외 2의 명의로 개설하여 전적으로 지배·관리해 온 이 사건 차명계좌가 공직자윤리법 제4조 제1항, 제10조의2 제1항에서 정하고 있는 등록 또는 신고 대상재산에 해당한다고 판단한 원심은 정당하고, 거기에 상고이유에서 주장하는 바와 같은 법리오해 등의 위법은 없다. 원심은 공소외 1이 차명계좌의 예금계약상 당사자라고 인정한 바 없으므로 이를 전제로 원심을 탓하는 상고이유는 받아들일 수 없다. 상고이유에서 내세우고 있는 대법원 판결들은 이 사건과 적용법조 또는 사안을 달리하는 것들로 이 사건에 원용하기에 적절하지 아니하다.

나. 형벌 근거 법규가 어느 정도 명확하여야 하는가는 일률적으로 정할 수 없고, 개별적으로 그 특수성과 그러한 법적 규제의 원인이 된 여건이나 처벌의 정도 등을 고려하여 종합적으로 판단하여야 한다. 법치국가 원리의 한 표현인 명확성의 원칙은 기본적으로 모든 기본권제한 입법에 대하여 요구되는 것인바, 이는 규범의 의미 내용으로부터 무엇이 금지되는 행위이고 무엇이 허용되는 행위인지를 수범자가 알 수 없다면, 법적 안정성과 예측가능성은 확보될 수 없게 되고, 또한 자의적 법 집행을 가능하게 할 것이기 때문이다. 이와 같은 명확성의 원칙은 특히 형벌 근거 법규에 있어서 엄격히 요구되는데, 다만 그 명확성이 요구된다고 하여 입법자가 모든 형벌 근거 법규를 단순한 의미의 서술적인 형식과 개념에 의하여 일일이 규정하여야 한다는 것은 아니고, 자의를 허용하지 않는 통상의 해석방법에 의하더라도 당해 형벌 근거 법규의 보호법익과 그에 의하여 금지된 행위 및 처벌의 종류와 정도를 누구나 알 수 있도록 규정되어야 한다는 의미로 파악되어야 할 것이며, 형벌 근거 법규가 다소 광범위하여 어떤 범위에서는 법관의 보충적인 해석을 필요로 하는 형식과 개념을 사용하였다고 하더라도 그 점만으로 헌법이 요구하는 형벌 근거 법규의 명확성에 반드시 배치되는 것이라고는 볼 수 없다. 그렇지 않으면, 형벌 근거 법규의 입법 형식이 지나치게 구체적이고 정형적이 되어 부단히 변화하는 다양한 생활관계를 제대로 규율할 수 없게 될 것이기 때문이다(헌법재판소 2009. 3. 26. 선고 2007헌바72 결정 등 참조).

위 법리에 비추어 볼 때, 지방교육자치에 관한 법률 제22조가 교육감의 선출과 관련하여 제1항에서 "교육감은 주민의 보통·평등·직접·비밀선거에 따라 선출한다.", 제2항에서 "정당은 교육감선거에 후보자를 추천할 수 없으며, 교육감후보자는 공직선거법에 따른 선거권자의 추천을 받아 선거일전 15일부터 2일간 시·도선거관리위원회에 서면으로 등록신청을 하되, 그 추천 및 등록은 같은 법 제48조 및 제49조의 규정에 따른 무소속후보자의 추천 및 등록에 관한 규정을 준용한다."고 정한 다음 제3항에서 "교육감 선거에 관하여 이 법에 정한 것을 제외하고는 그 성질에 반하지 않는 범위 안에서 공직선거법의 시·도지사선거에 관한 규정을 준용한다."고 정한 것이 죄형법정주의가 요구하는 명확성의 원칙에 위반된다고 볼 수 없다. 원래 2006. 12. 20. 법률 제8069호로 개정되기 전의 지방교육자치에 관한 법률은 '제6장 교육위원 및 교육감 선출'에서 교육위원 및 교육감 선출에 관하여 제51조부터 제176조(제140조부터 제161조는 벌칙조항)에 이르기까지 방대하고 상세한 조항을 직접 마련하였으나 위 법률 개정으로 교육위원 및 교육감 선출을 주민직선제로 전환하면서 그 선출에 관하여 공직선거법과 별도의 규정을 둘 필요가 없다는 판단 아래 위 제6장을 모두 삭제하고 교육감 선거에 관하여는 제22조 제1, 2항에서 따로 언급하는 외에는 공직선거법 규정을 포괄적으로 준용하도록 정한 것이다(위 개정 당시 부칙 제8조는 "이 법 시행 전의 행위에 대한 벌칙의 적용에 있어서는 종전의 규정에 따른다."고 명시함으로써, 개정 전 행위는 개정 전 지방교육자치에 관한 법률의 처벌조항으로 개정 후 행위는 공직선거법의 처벌조항으로 각 처벌하고자 하는 취지를 분명히 하였다). 위와 같은 입법 연혁에 비추어 지방교육자치에 관한 법률 제22조 제3항에 의하여 교육감 선거에 관하여는 형벌 조항을 포함하여 공직선거법의 선거에 관한 조항을 원칙적·포괄적으로 준용하고자 하는 입법 의도를 명백히 인식할 수 있고, 실제 공직선거법의 선거에 관한 조항 중 정당의 추천과 관련된 조항 외에는 교육감 선거에 준용이 불가능하거나 적절하지 않은 조항을 발견하기 어려우므로, 지방교육자치에 관한 법률 제22조 제3항은 결국 공직선거법의 선거에 관한 조항 중 정당의 추천과 관련된 조항 이외의 조항은 이를 교육감 선거에 그대로 적용한다는 취지로 이해할 수 있을 뿐 아니라, 위와 같은 포괄적 준용 조항을 둔 것은 공직자를 선출하기 위한 선거라는 본질적으로 같은 성질의 절차를 가능한 한 공직선거법이라는 단일한 법률에 의하여 통일적으로 규율하기 위한 것이어서 예측가능성의 면에서는 오히려 바람직한 면도 있다. 따라서, 공직선거법의 조항 중 교육감 선거에 준용되는 조항들을 일일이 구체적으로 명시하지 않았다는 이유를 들어 지방교육자치에 관한 법률 제22조 제3항이 죄형법정주의가 요구하는 명확성의 원칙에 위반된다고 볼 수는 없다.

같은 취지의 원심 판단은 정당하고, 거기에 상고이유에서 주장하는 바와 같은 지방교육자치에 관한 법률 제22조 제3항의 해석·적용에 관한 법리오해 등의 위법은 없다.

다. 공직선거법 제250조 제1항은 "당선되거나 되게 할 목적으로 연설·방송·신문·통신·잡지·벽보·선전문서 기타의 방법으로 후보자(후보자가 되고자 하는 자를 포함한다)에게 유리하도록 후보자, 그의 배우자 또는 직계존·비속이나 형제자매의 출생지·신분·직업·경력등·재산·인격·행위·소속단체 등에 관하여 허위의 사실을 공표하거나 공표하게 한 자와 허위의 사실을 게재한 선전문서를 배포할 목적으로 소지한 자는 5년 이하의 징역 또는 3천만원 이하의 벌금에 처한다."고 정하고 있다.

위 조항의 입법 취지는 허위의 사실을 공표하여 선거인의 올바른 판단에 영향을 미치는 행위를 규제함으로써 선거의 공정을 보장함에 있는바, 위 조항의 재산에 관하여 별도의 정의 규정을 두고 있지는 않지만 공직선거법 제49조 제4항 제2호에 의하면 후보자등록을 신청하는 자는 공직자윤리법 제10조의2 제1항의 규정에 의한 등록대상재산에 관한 신고서를 제출하도록 하고 있어 공직자윤리법에 의한 등록대상재산을 기준으로 삼아 그 의미를 해석할 수 있고, 나아가 위 조항은 '당선되거나 되게 할 목적으로', '후보자에게 유리하도록', '공표' 또는 '소지'하는 행위를 처벌대상으로 삼고 있는바 위 조항의 여러 사항에 관하여 단순히 허위 또는 부실 기재하는 행위를 처벌하는 다른 조항들과의 구조적인 이중처벌 문제가 발생한다고 볼 수 없다(대법원 2007. 6. 28. 선고 2007도2598 판결 참조). 또한 위 조항 위반죄는 고의범이면서 당선되거나 되게 할 목적을 초과주관적 구성요건으로 하는 목적범으로서 공직후보자가 그 배우자 소유의 재산 신고 및 공개와 관련하여 위 조항에 의한 처벌 대상이 되는지가 문제되는 경우에도 공직후보자 자신에게 위와 같은 주관적 구성요건이 인정되는 것은 물론 나아가 그 자신의 행위에 위법성·기대가능성 등까지 모두 인정되는 경우에 한하여 비로소 위 조항에 의한 죄책이 인정되는 것이므로, 위 조항이 공직후보자의 배우자 소유의 재산에 대한 허위 신고 및 공개 행위를 처벌대상으로 삼는다고 하여 이를 헌법이 정한 형사상 자기책임원칙, 죄형법정주의를 위반하는 것이라고 볼 수 없다.

한편, 공직자윤리법 제10조의2 제1항의 공직후보자재산신고 제도는 공직자의 부정한 재산증식을 방지하고 공무집행의 공정성을 확보하여 국민에 대한 봉사자로서의 공직자의 윤리를 확립하고자 함에 입법 목적이 있고, 공직선거법 제49조 제12항의 후보자정보공개제도는 선거에 참여하는 정당·후보자 등의 공정경쟁의무에 터 잡아 후보자의 직업, 학력, 경력 등은 물론 재산상황, 병역사항, 최근 소득세·재산세·종합토지세 납부 및 체납실적, 전과기록 등에 관한 정보를 선거권자에게 공개함으로써 국민의 알권리와 국민의 선거권 행사를 보장하고자 함에 입법 목적이 있는 등 두 제도는 그 입법 취지와 기능을 달리하므로(대법원 2005. 2. 18. 선고 2004수78 판결 등 참조), 공직자윤리법에서 공직후보자재산신고 제도와 관련하여 허위 재산신고서 제출 행위를 형사처벌

대상으로 삼고 있지 않다거나, 재산신고서를 제출하여 공개되도록 하는 행위가 법령이 정한 공직후보자 등록신청행위의 일환으로 이루어지는 행위라는 사정만으로, 허위 재산신고서를 제출하여 공개되도록 하는 행위가 공직선거법 제250조 제1항에 정한 허위사실공표죄의 처벌대상에서 제외된다고 볼 수는 없다.

같은 취지의 원심 판단은 정당하고, 거기에 상고이유에 주장하는 바와 같은 공직선거법 제250조 제1항의 해석·적용에 관한 법리오해 등의 위법은 없다.

라. 피고인이 원심의 사실인정에 관하여 내세우는 사유들은 결국 구체적인 논리법칙·경험법칙 위반 사실을 특정하지 아니한 채 원심의 사실인정을 다투는 취지에 불과하므로 이는 적법한 상고이유에서 해당하지 아니한다.

마. 상고심으로서는 형사소송법 제383조 제4호에 의하여 사형·무기 또는 10년 이상의 징역·금고가 선고된 사건에서 형의 양정의 당부에 관한 상고이유를 심판하는 경우가 아닌 이상, 사실심법원이 양형의 기초 사실에 관하여 사실을 오인하였다거나 양형의 조건이 되는 정상에 관하여 심리를 제대로 하지 아니하였다는 주장은 적법한 상고이유가 될 수 없다. 또, 형사소송규칙 제132조의2 제2항, 제132조의3 제1항이 증거신청은 그 입증취지를 명시하여 개별적으로 하도록 한 취지는 증거능력이 없거나 불필요한 증거에 대한 증거신청을 효율적으로 가려내고 쟁점을 명확히 하며 상대방의 반박준비 기회를 보장하기 위한 것으로, 입증취지의 명시 등은 증거신청의 요건이지 증거조사의 적법요건은 아닌바, 증거동의를 거쳐 법원이 증거로 채택하는 결정을 하였다면 그 결정이 취소되지 않는 이상 단순히 입증취지를 명시하여 개별적으로 신청하지 않았다는 이유만을 내세워 그 증거에 대한 조사가 위법하다고 할 수는 없다. 상고이유에서 지적하고 있는 대법원판결은 이 사건과 사안을 달리하는 것들로 이 사건에 원용하기에 적절하지 아니하다. 원심의 양형에 관한 심리나 판단에 상고이유에서 주장하는 바와 같은 법리오해 등의 위법은 없다.

2. 검사의 상고이유에 대하여

형법 제16조는 “자기의 행위가 법령에 의하여 죄가 되지 아니하는 것으로 오인한 행위는 그 오인에 정당한 이유가 있는 때에 한하여 벌하지 아니한다.”고 하는바, 이때 정당한 이유가 있는지 여부는 행위자에게 자기 행위의 위법의 가능성에 대해 심사숙고하거나 조회할 수 있는 계기가 있어 자신의 지적 능력을 다하여 이를 회피하기 위한 진지한 노력을 다하였더라면 스스로의 행위에 대하여 위법성을 인식할 수 있는 가능성이 있었음에도 이를 다하지 못한 결과 자기 행위의 위법성을 인식하지 못한 것인지 여부에 따라 판단하여야 할 것이고, 이러한 위법성의 인식에 필요한 노력의 정도는 구체적인 행위 정황과 행위자 개인의 인식능력 등에 따라 평가되어야 한다.

같은 취지에서, 선거관리위원회 및 그 소속 직원이 교육감 선거비용과 관련하여 반복하여 표명한 견해를 신뢰하여 선거비용 조달을 위해 이자 없이 금원을 무상으로 빌리는 행위가 정치자금법 위반 행위에 해당하지 않는다고 믿은 것은 정당한 이유가 있는 때에 해당한다고 판단한 원심은 정당하다. 거기에 상고이유에서 주장하는 바와 같은 형법 제16조의 해석·적용에 관한 법리오해 등 위법은 없다.

3. 결 론

그러므로 상고를 모두 기각하기로 하여 관여 법관의 일치된 의견으로 주문과 같이 판결한다.

Chapter
24

스마트폰으로 문자메시지를 대량으로 발송한 행위

[1] 사건의 쟁점

1. 공직선거법 제251조 후보자비방죄에서 '비방'의 의미 및 위법성이 조각되기 위한 요건
2. 서신·전보 등에 의한 선거운동을 금지하는 공직선거법 제109조 제1항의 입법 취지 및 위 조항 단서에서 말하는 '컴퓨터를 이용한 자동송신장치를 설치한 전화에 의하는 경우'의 의미
3. 초소형 컴퓨터가 내장된 휴대전화(스마트폰)에 문자메시지를 대량으로 발송할 수 있는 프로그램을 설치하여 선거권자에게 문자메시지를 대량 발송한 행위가, 공직선거법 제109조 제1항 단서가 말하는 '컴퓨터를 이용한 자동송신장치를 설치한 전화에 의하여 선거운동을 한 경우'에 해당한다고 한 사례

[2] 관련법령

1. 공직선거법 제251조
2. 공직선거법 제109조 제1항
3. 공직선거법 제109조 제1항

가. 공직선거법 [법률 제9466호, 2009. 2. 12, 일부개정]

제109조(서신·전보 등에 의한 선거운동의 금지) ① <u>누구든지 선거기간중 이 법에 규정되지 아니한 방법으로 선거권자에게 서신·전보·모사전송 그 밖에 전기통신의 방법을 이용하여 선거운동을 할 수 없다.</u> 〈개정 1997.1.13, 1997.11.14, 2004.3.12, 2005.8.4, 2010.1.25〉
② 제60조의3 제1항 제6호·제7호 또는 제82조의4 제1항 제2호·제3호에 따른 전화 또는 문자메시지를 이용한 선거운동은 야간(오후 11시부터 다음 날 오전 6시까지를 말한다)에는 이를 할 수 없다. 〈개정 2010.1.25〉

③ 누구든지 선거운동을 위하여 후보자, 선거사무장, 선거연락소장, 선거사무원, 회계책임자, 연설원, 대담·토론자 또는 선거권자 등을 전화 기타의 방법으로 협박할 수 없다.

第251条(후보자비방죄) 당선되거나 되게 하거나 되지 못하게 할 목적으로 연설·방송·신문·통신·잡지·벽보·선전문서 기타의 방법으로 공연히 사실을 적시하여 후보자(후보자가 되고자 하는 자를 포함한다), 그의 배우자 또는 직계존·비속이나 형제자매를 비방한 자는 3년 이하의 징역 또는 500만원 이하의 벌금에 처한다. 다만, 진실한 사실로서 공공의 이익에 관한 때에는 처벌하지 아니한다.

[3] 대전고등법원의 판결[80)]

【피 고 인】 피고인
【항 소 인】 피고인 및 검사
【검　　사】 검 사
【변 호 인】 변호사(국선)

【제1심판결】 대전지방법원 2008. 10. 10. 선고 2008고합365 판결
【주　　문】
제1심판결을 파기한다.
피고인을 징역 6월에 처한다.
다만 이 판결 확정일로부터 1년간 위 형의 집행을 유예한다.
피고인에게 60시간의 사회봉사를 명한다.

【이　　유】
1. 항소이유의 요지
가. 피고인
(1) 선거운동정보의 전송제한 규정 위반의 점에 대하여
피고인이 문자메시지를 송신함에 있어 '수신거부시 삭제'라는 문구를 기재하였으므로 공직선거법 제82조의 5 제2항, 제5항의 필요한 조치를 다한 것이어서, 피고인의 행위는 선거운동정보의 전송제한 규정 위반으로 인한 공직선거법위반죄의 구성요건에 해당하지 않는다. 설령 피고인의 행위가 위 구성요건에 해당한다고

80) 대전고등법원 2009. 2. 5. 선고 2008노527 판결 【공직선거법위반】

하더라도 피고인은 유성구선거관리위원회가 발간한 책자와 유성구선거관리위원회 직원 공소외 4의 지도를 참고하여 위와 같은 문자메시지를 발송하였으므로, 피고인의 행위는 법령의 착오에 따라 이루어진 것이어서 죄가 된다고 할 수 없다.

(2) 컴퓨터를 이용한 자동송신장치를 설치한 전화 이용 선거운동의 점에 대하여
피고인측이 선거운동기간 동안 사용한 전화는 컴퓨터를 이용한 자동송신장치를 설치한 전화에 해당하지 아니한다.

나. 검 사
사실오인 또는 법리오해(후보자비방의 점에 대한 이유무죄부분에 대하여)

2. 판 단

가. 선거운동정보의 전송제한 규정 위반의 점에 대한 피고인의 주장

(1) 피고인의 행위가 선거운동정보의 전송제한 규정 위반의 구성요건에 해당하지 아니한다는 주장

공직선거법 제82조의 5 제2항 제4호에서는 선거운동 목적의 정보(이하 '선거운동정보'라고만 함)를 전자우편으로 전송하거나 전화를 이용하여 전송(송·수화자간 직접 통화하는 경우는 제외)하는 자는 수신거부의 의사표시를 쉽게 할 수 있는 조치 및 방법에 관한 사항을 선거운동정보에 명시하도록 규정하고 있고, 같은 조 제5항에서는 선거운동정보를 전송하는 자는 수신자가 수신거부를 할 때 발생하는 전화요금 기타 금전적 비용을 수신자가 부담하지 아니하도록 필요한 조치를 하도록 규정하고 있다. 같은 법 제255조 제4항에서는 위 제82조의 5 제2항의 규정을 위반하여 선거운동정보에 해당하는 사실 등을 선거운동정보에 명시하지 아니하거나 허위로 명시한 자, 같은 조 제5항의 규정을 위반하여 비용을 수신자에게 부담하도록 한 자 등에 대하여 1년 이하의 징역 또는 100만원 이하의 벌금에 처하도록 규정하고 있다.

제1심이 적법하게 채택·조사한 증거들을 종합하면, 피고인은 문자메시지 모두 부분에 " 〈선거운동정보〉 "라는 표시를 하였으나 그 다음에 "공소외 5 후보 음주운전 적발 면허취소 사실 시인"이라는 표기나 "공소외 5 후보-자기부상열차 인천에 결정 지지 발언"이라는 표기를 한 다음, '발신 전화번호의 표시없이' '수신거부시 삭제'라는 문구를 기재하여 문자메시지를 보내거나, '수신거부시 삭제'라는 문구를 기재한 후 '유료전화번호(○○○-○○○○ 등)'를 표시하거나 자동으로 표시되게 하여 문자메시지를 보낸 사실이 인정된다.

그런데 이와 같은 방식에 의한 문자메시지 전송은 수신자가 수신거부의 의사표시를 쉽게 할 수 있는 조치 및 방법에 관한 사항을 선거운동정보에 명시하였거나, 수신자가 수신거부를 할 때 발생하는 전화요금 기타 금전적 비용을 수신자가

부담하지 아니하도록 필요한 조치를 취하였다고는 볼 수 없으므로, 선거운동정보의 전송제한 규정을 준수하였다고 할 수 없다.

(2) 피고인의 행위가 법령의 착오에 따라 이루어진 것으로 죄가 되지 않는다는 주장
형법 제16조에서 자기가 행한 행위가 법령에 의하여 죄가 되지 아니한 것으로 오인한 행위는 그 오인에 정당한 이유가 있는 때에 한하여 벌하지 아니한다고 규정하고 있는 것은 일반적으로 범죄가 되는 경우이지만 자기의 특수한 경우에는 법령에 의하여 허용된 행위로서 죄가 되지 아니한다고 그릇 인식하고 그와 같이 그릇 인식함에 정당한 이유가 있는 경우에는 벌하지 아니한다는 취지이고, 이러한 정당한 이유가 있는지 여부는 행위자에게 자기 행위의 위법의 가능성에 대해 심사숙고하거나 조회할 수 있는 계기가 있어 자신의 지적능력을 다하여 이를 회피하기 위한 진지한 노력을 다하였더라면 스스로의 행위에 대하여 위법성을 인식할 수 있는 가능성이 있었음에도 이를 다하지 못한 결과 자기 행위의 위법성을 인식하지 못한 것인지 여부에 따라 판단하여야 할 것이고, 이러한 위법성의 인식에 필요한 노력의 정도는 구체적인 행위정황과 행위자 개인의 인식능력 그리고 행위자가 속한 사회집단에 따라 달리 평가되어야 한다(대법원 2006. 3. 24. 선고 2005도3717 판결 등 참조).

제1심이 적법하게 채택·조사한 증거들을 종합하면, 피고인의 아들인 공소외 3이 유성구선거관리위원회 직원 공소외 4로부터 '수신거부시 삭제하여 주시기 바랍니다'라는 내용을 입력하면 된다는 답변을 들은 사실, 유성구선거관리위원회에서 발간한 '선거운동기간중의 선거운동방법 및 제한, 금지사항 안내'라는 책자에는 수신거부안내로서 "수신을 원하지 않을 경우에 삭제하여 주시기 바랍니다"라고 기재되어 있었던 사실은 인정된다. 그러나, 대전시선거관리위원회 발행의 '정당·후보자를 위한 선거사무안내' 책자에는 수신거부안내로는 "수신거부 080-000-0000(송신자가 부담할 수 있는 연락처표기)", 문자메시지의 전송방법으로는 "위 선거운동정보의 표시, 수신거부안내의 내용을 안내한 후 선거운동정보를 제공하되, 작성예시에 준하는 안내문을 별도의 화면으로 작성하여 게시할 수 있음."이라고 되어 있고, 공직선거법 제82조 제2항 제4호, 제5항의 규정 그 자체로 선거운동정보를 전화를 이용하여 제공하는 경우 송신자가 비용을 부담하는 연락처를 표시하는 등의 방법으로 수신자가 비용을 부담하지 아니하고 수신거부의 의사표시를 할 수 있는 조치를 취하여야 한다는 것을 어렵지 않게 알 수 있는 점 및 공소외 3이 관할 유성구선거관리위원회에 서면으로 정식질의를 하지 않은 채 공소외 4에게 개인적인 문의만 한 점 등의 사정을 종합하여 보면, 피고인이 설령 자신의 행위가 법령에 위반되지 않는다고 오인하였다고 하더라도, 위법을 회피하기 위한 진지한 노력을

다하였다고 보기는 어려워 그 오인에 정당한 이유가 있다고 할 수는 없다.

나. 컴퓨터를 이용한 자동송신장치를 설치한 전화 이용 선거운동의 점에 대한 피고인의 주장

(1) 공소사실의 요지

누구든지 선거운동기간 중에는 컴퓨터를 이용한 자동송신장치를 설치한 전화를 이용하여 선거운동을 하여서는 아니됨에도, 피고인은 공소외 1로 하여금 대량문자발송생성 프로그램이 설치된 휴대전화 3대(휴대전화 번호 각 생략)를 1대당 약 100만원을 주고 구입하게 한 후, 2008. 4. 3. 16:07경 대전 유성구 장대동 (지번 및 층 생략)에 있는 피고인의 선거사무실에서, 공소외 3으로 하여금 위 휴대전화(번호 생략)를 이용하여 위 공소외 6의 휴대전화로 문자메시지를 발송하게 한 것을 비롯하여 2008. 3. 30. 21:11경부터 2008. 4. 8. 23:01경까지 사이에 별지 범죄일람표 (1) 기재와 같이 총 32,205회에 걸쳐 위 두 가지 내용의 문자메시지를 발송하게 함으로써 피고인은 선거운동기간 중에 컴퓨터를 이용한 자동송신장치를 설치한 전화를 이용하여 선거운동을 하였다.

(2) 판 단

(가) 공직선거법 제109조 제1항은 '누구든지 선거기간중 선거권자에게 서신·전보·모사전송 기타 전기통신의 방법을 이용하여 선거운동을 할 수 없다. 다만, 개인용 컴퓨터·전화(컴퓨터를 이용한 자동송신장치를 설치한 전화의 경우를 제외한다)에 의하는 경우에는 그러하지 아니하다'고 규정하고 있다. 이 규정의 입법취지는 서신·전기통신의 방법은 일방적·편면적 행위로서 이를 전면 허용할 경우 서신·전기통신의 대량 또는 무차별 송수신으로 이어져 선거홍보물이 범람하고 선거운동의 과열과 혼탁을 초래할 위험성이 많으므로 이를 방지하고자 하는 데에 있다. 따라서, 이 규정은 이와 같은 서신·전기통신의 방법을 이용한 선거운동은 이를 원칙적으로 금지하되, 다만 전기통신의 방법 중에서 개인용 컴퓨터에 의하는 경우이거나 컴퓨터를 이용한 자동송신장치를 설치하지 아니한 전화에 의하는 경우와 같이 대량 또는 무차별 송수신으로 이어질 위험성이 적은 경우에 한하여 이를 이용한 선거운동을 예외적으로 허용하는 취지라고 할 것이다(대법원 2005. 3. 11. 선고 2004도5446 판결 등 참조). 이와 같은 공직선거법 제109조 제1항의 입법취지와 문언적 해석에 의하면, '컴퓨터를 이용한 자동송신장치를 설치한 전화'라 함은 전화기로 문자메시지 등을 송신함에 있어 컴퓨터의 장치와 연결하여 이를 이용하거나 인터넷 또는 웹상에 연결하여 문자메시지 등을 대량 또는 무차별 송신하는 전화를 말하고, 단순히 전화기 자체에 문자메시지를 한꺼번에 다량으로 송신하는 기능이 설치된 전화가 일률적으로 이에 포함된다고 할 수 없다.

(나) 위와 같은 법리에 비추어 제1심이 적법하게 채택·조사한 증거들 및 당심 증인 공소외 7, 8의 증언을 종합하여 인정되는 다음과 같은 사정들을 종합하여 보면, 피고인이 이 사건 휴대전화기로 문자메시지를 송신한 것이 컴퓨터를 이용한 자동송신장치를 설치한 전화에 의하여 문자메시지를 발송한 것에 해당한다고 할 수 없으므로, 이 부분 공소사실은 범죄의 증명이 없는 경우에 해당한다.

① 휴대전화기에는 일반적으로 수신번호로 여러 개의 수신번호를 선택한 후 한꺼번에 문자메시지를 발송하는 기능이 포함되어 있는데, 피고인이 구입하여 사용한 이 사건 휴대전화기는 한꺼번에 문자메시지를 발송할 수 있는 수신번호의 수가 일반적인 휴대전화기에 비하여 많은 기능을 가진 것일 뿐이고, 송신을 함에 있어 컴퓨터를 이용하지는 않는다.

② 컴퓨터를 이용하여 인터넷을 통하여 문자메시지를 송신할 경우 병렬방식을 취하여 1회 발송 버튼 작동으로 수신전화번호 수의 제한 없이 무제한적으로 송신할 수 있음에 반하여, 이 사건 휴대전화기에 의하여 문자메시지를 발송하는 경우 1회 발송 버튼 작동으로 송신할 수 있는 수신전화번호의 수가 최대 1,000건으로 제한되어 있고, 일반적인 휴대전화기와 같이 직렬방식에 의하여 한건씩 순차적으로 발송되기 때문에 발송에 소요되는 시간도 훨씬 오래 걸린다. 따라서 이 사건 휴대전화기를 이용하여 문자메시지를 발송하는 방법이 문자메시지의 대량 또는 무차별 송수신으로 이어질 위험성이 크다고 할 수는 없다.

③ 다만, 이 사건 휴대전화기에는 문자메시지를 보낼 수신자의 전화번호를 입력함에 있어서, 전화번호를 일일이 손으로 입력하는 대신에 컴퓨터에서 작성한 전화번호 엑셀화일을 케이블선을 통하거나 USB포트로 휴대전화기에 옮길 수 있는 기능이 있어 이 경우 컴퓨터를 이용할 수 있는데, 이를 두고 컴퓨터를 이용한 자동송신장치를 설치한 전화라고 할 수는 없다.

④ 중앙선거관리위원회에서도, 컴퓨터의 장치 또는 인터넷이나 웹상과 연결되지 않고, 휴대전화기에 문자메시지 발송용량을 늘리는 프로그램을 설치하여 선거운동정보를 발송하는 것이 공직선거법 제255조 제1항 제19호, 제109조 제1항에 위반되는지에 관한 질의에 대하여 이에 저촉되지 않는다고 회신한 바 있고 (2006. 4. 19. 중앙선거관리위원회위원장 회답), 유성구 선거관리위원회에서 발간한 '선거운동기간중의 선거운동방법 및 제한, 금지사항 안내' 자료집에서도 이와 같은 사항이 기재되어 있다.

다. 검사의 후보자비방의 점에 대한 사실오인 또는 법리오해 주장

(1) 공소사실의 요지

누구든지 당선되지 못하게 할 목적으로 공연히 허위의 사실을 적시하여 후보자를

비방하여서는 아니됨에도 불구하고, 대전시의 숙원사업이던 자기부상열차 사업권이 인천으로 간 정부결정에 대하여 공소외 5 후보가 2007. 6. 27. ○○일보 기자와 인터뷰를 할 당시 '그 결정은 심사과정이나 점수산정에 문제가 없고, 정치적 논리 개입이 없었으며, 기술적, 객관적 평가였다'고 발언하였고, 피고인은 2008. 3. 28. TJB 방송국 토론회, 2008. 4. 1. KBS 방송국 토론회 및 2008. 4. 2. CMB 방송국 토론회에서 총 3회에 걸쳐 공소외 5 후보에게 위 발언에 대해 질문을 하여 공소외 5 후보로부터 '위 결정이 잘 된 결정이라는 것이 아니라 위 결정에 절차적인 흠을 발견할 수 없었다는 취지의 발언이었다'는 답변을 들었음에도, 2008. 4. 5. 11:23경 대전 유성구 장대동 (지번 및 층 생략)에 있는 피고인의 선거사무실에서, 피고인의 아들 공소외 3으로 하여금 공소외 9의 휴대전화로 '공소외 5 후보 자기부상열차 인천에 빼앗긴 결정 지지 발언'이라는 문자메시지를 발송한 것을 비롯하여 2008. 3. 30.경부터 2008. 4. 8.경까지 사이에 별지 범죄일람표 (1), (2) 기재와 같이 약 21,370회에 걸쳐 위와 같은 내용의 문자메시지를 발송하여, 당선될 목적으로 공연히 사실을 적시하여 후보자를 비방하였다.

(2) 제1심의 판단

제1심은, 피고인이 '공소외 5 후보 자기부상열차 인천에 빼앗긴 결정 지지발언'이라는 내용의 문자메시지를 발송하였다고 하더라도 이는 공소외 5 후보의 정치적 활동을 비판적으로 언급한 것에 불과할 뿐, 그것이 공소외 5 후보를 인격적으로 비하하는 내용이라 볼 수 없어 이는 비방에 해당한다고 보기 어렵고, 설령 그것이 비방에 해당한다고 하더라도 위 문자메시지의 내용은 전체적으로 객관적 사실에 부합하고 국회의원 선거에 즈음하여 지역 현안에 대한 후보자의 정치적 견해 등을 설명함으로써 선거구민에게 적합한 국회의원을 선택하도록 자료를 제공하려는 공공의 목적 또한 있었다고 인정되고 거기에 상당성도 있다는 이유로 이 부분 공소사실을 무죄로 판단하였다.

(3) 이 법원의 판단

(가) 공직선거법 제251조에서 '사실을 적시하여 후보자를 비방한다'는 의미는 후보자에 관련된 사실을 적시하여 당해 후보자를 비방함을 의미하는 것으로 사실적시에는 간접사실이라도 이를 적시하는 것이 후보자의 당선을 방해할 염려가 있는 것을 포함하고(대법원 2007. 3. 15. 선고 2006도8368 판결 등 참조), '비방'은 정당한 이유 없이 상대방에 대한 사회적 평가가 침해될 정도로 상대방을 깎아 내리거나 헐뜯는 것을 의미한다(대법원 2007. 9. 21. 선고 2007도2824 판결).

(나) 그런데, 제1심이 이 부분에 관하여 적법하게 채택·조사한 증거들을 종합하여 보면, ① 대전 지역의 오랜 숙원사업이었던 자기부상열차 사업에 관하여, 정부가

시범사업권 시행자를 인천으로 결정하자, 당시 대전 지역 시민들의 실망감이 컸고, 대전 지역에서는 정부의 이와 같은 결정에 대한 비판 여론이 형성되고 있었던 점, ② 대전 유성구 지역 국회의원인 공소외 5 후보자가 신문기자와의 인터뷰 또는 방송국 토론회에서 위 결정에 관하여 말한 취지는 자기부상열차 시범사업권 시행자가 인천으로 정해진 것을 지지한다는 것이 아니라, 정부에서 한 위 결정에 절차적인 흠을 발견할 수 없었다는 것임이 분명하였고, 피고인도 이를 잘 알고 있었던 점, ③ 그럼에도 피고인이 선거인들의 휴대전화기로 발송한 문자메시지의 내용 즉, '공소외 5 후보 자기부상열차 인천에 빼앗긴 결정 지지 발언'은 마치 공소외 5 후보가 자기부상열차 시범사업권 시행자가 인천으로 정해진 것 자체를 지지하는 발언을 한 것으로 선거구민들에게 이해되어 선거구민들로 하여금 공소외 5 후보의 실제 발언내용을 오해하여 공소외 5 후보자에 대한 강한 반발심을 불러일으킬 수 있었던 점 등에 비추어 보면, 피고인이 선거구민들에게 발송한 이와 같은 문자메시지의 내용은, 공소외 5 후보자의 당선을 방해할 염려가 있는 것으로, 공소외 5 후보자의 정치적 활동을 비판적으로 언급하는 정도를 넘어 공소외 5 후보자 개인에 대한 사회적 평가를 왜곡, 저하시키는 것으로서 피고인이 선거구민들에게 이와 같은 문자메시지를 발송한 행위는 사실을 적시하여 공소외 5 후보자를 비방한 경우에 해당한다.

(다) 공직선거법 제251조의 후보자비방죄에 있어서는 적시된 사실이 전체적으로 보아 진실에 부합하고 그 내용과 성질에 비추어 객관적으로 볼 때 공공의 이익에 관한 것으로서 행위자도 공공의 이익을 위하여 그 사실을 적시한다는 동기가 있으며, 반드시 공공의 이익이 사적 이익보다 우월한 동기가 된 것이 아니라도 양자가 동시에 존재하고 거기에 상당성이 인정된다면 같은 법조 단서에 의하여 위법성이 조각된다(대법원 2008. 9. 25. 선고 2008도6337 판결 등 참조).

그러나, 이 사건의 경우 위 문자메시지의 내용은 축약된 표현이어서 그 의미가 다의적으로 해석될 여지가 전혀 없지는 않다고 하더라도, 그 표현의 전체적 맥락이나 표현 방법 등에 비추어 보면, 자기부상열차 시범사업권 시행자를 인천으로 결정한 정부의 결정이 절차적 흠이 없는 객관적 결정이었다는 공소외 5 후보의 발언이 축약적으로 표현된 것이라기 보다는, 오히려 일반인으로 하여금 공소외 5 후보자가 자기부상열차 시범사업권 시행자가 인천으로 정해진 것 자체를 잘 된 것이라고 발언한 것인 양 이해되어 지도록 의도된 것이라고 할 것이므로, 그것이 진실한 내용이라고 보기 어려울 뿐만 아니라, 그 목적 또한 국회의원선거에 즈음하여 지역 현안에 대한 후보자의 정치적 견해 등을 설명함으로써 선거구민에게 적합한 국회의원을 선택하도록 자료를 제공한다는 공적 이익에 있었다기 보다는, 공소외 5 후보자의 정치적 견해를 왜곡되게 전달함으로써 공소외 5 후보자를 낙선시키고 자신이 당선되겠다는 사적 이익이 결정적으로 중요한 동기가 되었다고 할 것이므로, 피고인의 행위는 위법성이 조각되지 않는다.

3. 결 론

그러므로 형사소송법 제364조 제6항에 따라 제1심판결을 모두 파기하고, 변론을 거쳐 다시 다음과 같이 판결한다.

【범죄사실】

피고인은 2008. 4. 9. 실시된 제18대 국회의원 선거에서 대전 유성구에 무소속 후보자로 출마하여 낙선하였다.

1. 선거운동정보의 전송제한 규정 위반

누구든지 선거운동정보를 전자우편 또는 전화를 이용하여 전송하는 경우 선거운동정보에 해당되는 사실 및 수신거부의 의사표시를 쉽게 할 수 있는 조치 및 방법에 관한 사항을 명시해야 하고, 선거운동정보를 전송하는 자는 수신자가 수신거부를 할 때 발생하는 전화요금 기타 금전적 비용을 수신자가 부담하지 아니하도록 필요한 조치를 하여야 한다.

그럼에도, 피고인은 2008. 4. 3. 16:07경 대전 유성구 장대동 (지번 및 층 생략)에 있는 피고인의 선거사무실에서, 피고인의 아들인 공소외 3으로 하여금 위 선거사무실 자원봉사자 공소외 1 명의의 휴대전화(번호 생략)를 이용하여 공소외 6의 휴대전화(번호 생략)로 '공소외 5 후보 음주운전 적발 운전면허 취소사실 시인 ○○○-○○○○'이라는 문자메시지를 발송하고, 2008. 4. 5. 11:23경 같은 장소에서, 위 공소외 3으로 하여금 위 공소외 1의 처인 공소외 10 명의의 휴대전화(번호 생략)를 이용하여 공소외 9의 휴대전화(번호 생략)로 '공소외 5 후보 자기부상열차 인천에 빼앗긴 결정 지지 발언'이라는 문자메시지를 발송한 것을 비롯하여, 2008. 3. 30. 21:11경부터 같은 해 4. 8. 23:01경까지 사이에 별지 범죄일람표 (1), (2) 기재와 같이 총 42,743회에 걸쳐 위 두 가지 내용의 문자메시지를 발송하면서 발신 전화번호를 전혀 입력하지 아니하거나 유료전화번호를 입력하였다.

이로써 피고인은 선거운동정보를 전송하면서 수신거부의 의사표시를 쉽게 할 수 있는 조치 및 방법에 관한 사항을 명시하지 않거나 수신자가 수신거부를 할 때 발생하는 전화요금 기타 금전적 비용을 수신자가 부담하지 아니하도록 필요한 조치를 하지 아니하였다.

2. 후보자 비방

누구든지 당선되지 못하게 할 목적으로 공연히 허위의 사실을 적시하여 후보자를 비방하여서는 아니 된다.

대전시의 숙원사업이던 자기부상열차 사업권이 인천으로 간 정부결정에 대하여 공소외 5 후보가 2007. 6. 27. ○○일보 기자와 인터뷰를 할 당시 '그 결정은 심사과정이나 점수산정에 문제가 없고, 정치적 논리 개입이 없었으며, 기술적, 객관적 평가였다'고 발언하였다.

피고인은 2008. 3. 28. TJB 방송국 토론회, 2008. 4. 1. KBS 방송국 토론회 및 2008. 4. 2. CMB 방송국 토론회에서 총 3회에 걸쳐 공소외 5 후보에게 위 발언에 대해 질문을 하여 공소외 5 후보로부터 '위 결정이 잘 된 결정이라는 것이 아니라 위 결정에 절차적인 흠을 발견할 수 없었다는 취지의 발언이었다'는 답변을 들었다.

그럼에도 피고인은 선거구민들에게 '공소외 5 후보 자기부상열차 인천에 빼앗긴 결정 지지 발언'이라는 내용의 문자메시지를 보냄으로써 선거구민들로 하여금 마치 공소외 5 후보가 자기부상열차 사업권이 인천으로 간 것이 잘 된 결정이었다고 발언한 것처럼 오인하게 하여 자신의 선거운동에 유리하게 이용할 것을 마음먹었다.

피고인은, 2008. 4. 5. 11:23경 대전 유성구 장대동 (지번 및 층 생략)에 있는 피고인의 선거사무실에서, 공소외 3으로 하여금 제1항 기재와 같이 공소외 9의 휴대전화로 '공소외 5 후보 자기부상열차 인천에 빼앗긴 결정 지지 발언'이라는 문자메시지를 발송한 것을 비롯하여 2008. 3. 30.경부터 2008. 4. 8.경까지 사이에 별지 범죄일람표 (1), (2) 기재와 같이 약 21,370회에 걸쳐 위와 같은 내용의 문자메시지를 발송하였다.

이로써 피고인은 당선될 목적으로 공연히 사실을 적시하여 후보자를 비방하였다.

【증거의 요지】

1. 피고인의 일부 법정진술
1. 공소외 3에 대한 검찰 피의자신문조서
1. 공소외 5, 9, 11, 12, 13에 대한 각 경찰 진술조서
1. 각 경찰 압수조서
1. 각 수사보고
1. 통신자료통보
1. 통화내역 별책 2권
1. 각 문자사진

【법령의 적용】

1. 범죄사실에 대한 해당법조

공직선거법 제251조(후보자비방의 점), 공직선거법 제255조 제4항, 제82조의5 제2항,

제5항(선거운동정보의 전송제한 규정 위반의 점)

1. 상상적 경합
형법 제40조, 제50조
1. 형의 선택
징역형 선택
1. 집행유예
형법 제62조 제1항

【무죄부분】

이 사건 공소사실 중 컴퓨터를 이용한 자동송신장치를 설치한 전화 이용 선거운동의 점에 관한 공소사실의 요지는 항소이유의 판단 제2, 나의 (1)항 기재와 같은 바, 이 부분 공소사실은 항소이유에 관한 판단에서 본 바와 같이 범죄의 증명이 없는 경우에 해당하므로 형사소송법 제325조 후단에 의하여 무죄를 선고하여야 할 것이나, 이와 상상적 경합범의 관계에 있는 공직선거법위반죄를 유죄로 인정한 이상 따로 주문에서 무죄의 선고를 하지 아니한다. 이상의 이유로 주문과 같이 판결한다.

[별지 범죄일람표 1, 2 및 사회봉사명령 각 생략]

[4] 대법원의 판결[81)]

【피 고 인】 피고인
【상 고 인】 피고인 및 검사
【변 호 인】 법무법인 1 외 1인

【원심판결】 대전고법 2009. 2. 5. 선고 2008노527 판결
【주 문】

원심판결을 파기하고, 사건을 대전고등법원으로 환송한다.

【이 유】

상고이유를 판단한다.

1. 피고인의 상고이유 제1, 2점에 대하여

81) 대법원 2009. 6. 25. 선고 2009도1936 판결 【공직선거법위반】

가. 선거운동정보의 전송제한 규정 위반으로 인한 공직선거법 위반죄의 구성요건에 해당하는지 여부

원심이 적법하게 채택한 증거들을 기록에 비추어 살펴보면, 원심이 그 거시 증거들에 의하여 판시 사실을 인정한 다음, 발신 전화번호 표시 없이 '수신 거부시 삭제'라는 문구를 기재하여 문자메시지를 발송하거나, '수신 거부시 삭제'라는 문구를 기재한 후 유료전화번호를 표시하거나 자동으로 표시되게 하여 문자메시지를 발송하는 행위는 공직선거법(이하 '법'이라 한다) 제82조의5 제2항이 정한 수신자가 수신거부의 의사표시를 쉽게 할 수 있는 조치 및 방법에 관한 사항을 선거운동정보에 명시하거나, 같은 조 제5항이 정한 수신자가 수신거부를 할 때 발생하는 전화요금 기타 금전적 비용을 수신자가 부담하지 아니하도록 필요한 조치를 취한 것으로 볼 수 없다고 판단한 것은 정당하고, 거기에 상고이유에서 주장하는 바와 같은 법리를 오해한 위법이 없다.

나. 법령의 착오 여부

형법 제16조는 '자기의 행위가 법령에 의하여 죄가 되지 아니하는 것으로 오인한 행위는 그 오인에 정당한 이유가 있는 때에 한하여 벌하지 아니한다.'고 한다. 이 경우 문제가 되는 행위에 정당한 이유가 있는지 여부는 행위자에게 자기 행위의 위법의 가능성에 대해 심사숙고하거나 조회할 수 있는 계기가 있어 자신의 지적 능력을 다하여 이를 회피하기 위한 진지한 노력을 다하였더라면 스스로의 행위에 대하여 위법성을 인식할 수 있는 가능성이 있었음에도 이를 다하지 못한 결과 자기 행위의 위법성을 인식하지 못한 것인지 여부에 따라 판단하여야 할 것이고, 이러한 위법성의 인식에 필요한 노력의 정도는 구체적인 행위정황과 행위자 개인의 인식능력 그리고 행위자가 속한 사회집단에 따라 달리 평가되어야 한다(대법원 2006. 3. 24. 선고 2005도3717 판결 참조).

원심은 그 거시 증거들에 의하여 알 수 있는 판시 사정들에 비추어, 피고인이 설령 자신의 행위가 법령에 위반되지 않는다고 오인하였더라도, 위법을 회피하기 위한 진지한 노력을 다하였다고 인정하기 어려워 그 오인에 정당한 이유가 없다고 판단하였다. 원심의 판단은 이러한 법리에 따른 것으로 정당하고, 거기에 상고이유에서 주장하는 바와 같은 법령의 착오에 관한 법리를 오해한 위법이 없다.

피고인이 상고이유에서 인용한 판결은 이 사건에 적용하기에 적절하지 아니하다.

2. 피고인의 상고이유 제3, 4점에 대하여

법 제251조의 후보자비방죄는 당선되거나 되게 하거나 되지 못하게 할 목적으로 연설·방송·신문·통신·잡지·벽보·선전문서 기타의 방법으로 공연히 사실을 적시하여 후보자(후보자가 되고자 하는 자를 포함한다), 그의 배우자, 또는 직계존·비속이나 형제자매를

비방할 경우 성립하는 것으로서 이때 '비방'이라 함은 정당한 이유 없이 상대방을 깎아 내리거나 헐뜯는 것을 의미한다(대법원 2007. 9. 21. 선고 2007도2824 판결, 대법원 2008. 7. 10. 선고 2008도3261 판결). 한편 법 제251조 단서의 규정에 의하여 위법성이 조각되기 위하여서는 적시된 사실이 전체적으로 보아 진실에 부합하고, 그 내용과 성질에 비추어 객관적으로 볼 때 공공의 이익에 관한 것으로서 행위자도 공공의 이익을 위하여 그 사실을 적시한다는 동기를 가지고 있어야 하되, 반드시 공공의 이익이 사적 이익보다 우월한 동기에서 된 것이 아니더라도 양자가 동시에 존재하고 거기에 상당성이 인정되어야 할 것이다(대법원 2000. 4. 25. 선고 99도4260 판결, 대법원 2004. 10. 27. 선고 2004도3919 판결 참조).

원심이 적법하게 채택한 증거들을 기록에 비추어 살펴보면, 원심이, 선거권자들에게 그 판시 내용과 같은 문자메시지를 발송한 피고인의 행위가 법 제251조의 후보자비방죄에 해당하고, 나아가 문자메시지의 내용이 진실한 내용이라고 보기 어려울 뿐만 아니라 그 목적 또한 사적 이익이 결정적으로 중요한 동기가 되었으므로 위법성이 조각되지 않는다고 판단한 것은 정당하고, 거기에 상고이유에서 주장하는 후보자비방죄의 구성요건 및 위법성조각사유에 관한 법리를 오해한 위법이 없다.

3. 검사의 상고이유에 대하여

법 제109조 제1항에서 "누구든지 선거기간중 선거권자에게 서신·전보·모사전송 기타 전기통신의 방법을 이용하여 선거운동을 할 수 없다. 다만, 인터넷[광고의 경우에는 제82조의7(인터넷광고)의 규정에 따른 광고에 한한다]·전화(컴퓨터를 이용한 자동송신장치를 설치한 전화의 경우를 제외한다)에 의하는 경우에는 그러하지 아니하다."고 규정하고 있는바, 위 규정의 입법 취지는 서신·전기통신의 방법은 일방적·편면적 행위로서 이를 전면 허용할 경우 서신·전기통신의 대량 또는 무차별 송수신으로 이어져 선거홍보물이 범람하고 선거운동의 과열과 혼탁을 초래할 위험성이 많으므로 이를 방지하고자 하는 데에 있다 할 것이고, 따라서 위 규정은 이와 같은 서신·전기통신의 방법을 이용한 선거운동은 이를 원칙적으로 금지하되, 다만 전기통신의 방법 중에서 인터넷에 의하는 경우이거나 컴퓨터를 이용한 자동송신장치를 설치하지 아니한 전화에 의하는 경우와 같이 대량 또는 무차별 송수신으로 이어질 위험성이 적은 경우에 한하여 이를 이용한 선거운동을 예외적으로 허용하는 취지라고 할 것이다(대법원 2005. 3. 11. 선고 2004도5446 판결, 대법원 2009. 4. 23. 선고 2009도1376 판결 참조). 위와 같은 입법 취지 등을 고려해 볼 때, <u>위 조항 단서에서 말하는 '컴퓨터를 이용한 자동송신장치를 설치한 전화에 의하는 경우'에는 컴퓨터 기능을 보유하고 있는 휴대전화기에 자동적으로 대량의 문자메시지 등을 발송할 수 있는 컴퓨터프로그램을 설치한 다음 이를 실행하는 경우도 포함되는 것으로 보아야 한다.</u>

원심이 적법하게 채택한 증거에 의하면, 피고인의 선거운동 자원봉사자인 공소외 1이 공소외 2 주식회사로부터 문자메시지를 대량으로 발송할 수 있는 프로그램이 설치된 휴대전화(SCH-M450) 3대를 구입하였고, 피고인의 아들인 공소외 3이 위 휴대전화를 이용하여 선거권자들에게 공소사실과 같이 총 32,205회에 걸쳐 문자메시지를 발송한 사실, 공소외 1이 구입한 위 휴대전화는 스마트폰이라고 불리는 것으로서 디지털 휴대전화에 초소형 컴퓨터를 결합한 제품으로서 휴대전화 자체에 초소형 컴퓨터가 내장되어 있는 사실, 일반 휴대전화의 경우 그 이용자들이 동일 내용의 문자메시지를 한 번에 최대 20명에게만 발송할 수 있도록 휴대전화 제조사가 그 기능을 제한하여 놓았는데, 위 휴대전화에 설치된 프로그램은 동일 내용의 문자메시지를 한 번에 최대 1,000명에게 발송할 수 있도록 위와 같은 제한을 해제하여 주는 프로그램인 사실을 알 수 있는바, 이러한 사실관계를 위의 법리에 비추어 살펴보면, 피고인이 공소외 3으로 하여금 위와 같은 방법으로 선거권자에게 문자메시지를 대량 발송하게 한 행위는 법 제109조 제1항 단서가 말하는 컴퓨터를 이용한 자동송신장치를 설치한 전화에 의하여 선거운동을 한 경우에 해당한다고 보아야 할 것이다.

그런데도 원심은 피고인의 문자메시지 발송행위가 컴퓨터를 이용한 자동송신장치를 설치한 전화에 의한 선거운동에 해당한다고 할 수 없다고 보았으니, 원심판결 중 이 부분 판단에는 법 제109조 제1항의 요건에 관한 법리를 오해하여 판결에 영향을 미친 위법이 있다고 할 것이고, 이를 지적하는 검사의 상고이유는 이유 있다.

4. 결 론

그러므로 원심판결 중 컴퓨터를 이용한 자동송신장치를 설치한 전화 이용 선거운동의 점 부분은 파기되어야 할 것인바, 이는 나머지 유죄 부분과 상상적 경합범 관계에 있으므로 원심판결 전부를 파기하고, 사건을 다시 심리·판단하게 하기 위하여 원심법원으로 환송하기로 하여, 관여 법관의 일치된 의견으로 주문과 같이 판결한다.

Chapter 25

경력과 소속단체 등에 관하여 허위의 사실을 공표하게 한 행위

[1] 사건의 쟁점

1. 정당의 공직후보자 추천과 관련하여 '금품을 수수하였다'는 공소사실에 대하여, 법원이 공소장변경절차를 거치지 않고 직권으로 '금원을 대여함으로써 금융이익 상당의 재산상 이익을 수수하였다'는 범죄사실을 유죄로 인정한 것은, 피고인의 방어권 행사에 실질적인 불이익을 초래한 것으로 위법하다고 한 사례
2. 위조된 문서가 압수되어 현존하는 경우 문서위조죄에 관한 공소사실의 특정 정도
3. 공직선거법 제250조 제1항에 정한 허위사실공표죄의 행위 태양
4. '중앙선거관리위원회 인터넷 홈페이지 후보자 정보란'에 경력과 소속단체 등에 관하여 허위의 사실을 공표하게 한 행위가, 공직선거법 제250조 제1항에서 규정한 '기타의 방법'에 의한 허위사실 공표에 해당한다고 한 사례

[2] 관련법령

1. 형사소송법 제254조, 제298조, 공직선거법 제47조의2 제1항, 제230조 제6항
2. 형사소송법 제254조 제4항, 형법 제231조
3. 공직선거법 제250조 제1항
4. 공직선거법 제250조 제1항

가. 형사소송법 [법률 제8730호, 2007. 12. 21, 일부개정]

제254조(공소제기의 방식과 공소장) ① 공소를 제기함에는 공소장을 관할법원에 제출하여야 한다.

② 공소장에는 피고인 수에 상응한 부본을 첨부하여야 한다.

③ 공소장에는 다음 사항을 기재하여야 한다.
1. 피고인의 성명 기타 피고인을 특정할 수 있는 사항
2. 죄명
3. 공소사실
4. 적용법조

④ 공소사실의 기재는 범죄의 시일, 장소와 방법을 명시하여 사실을 특정할 수 있도록 하여야 한다.
⑤ 수 개의 범죄사실과 적용법조를 예비적 또는 택일적으로 기재할 수 있다.

제298조(공소장의 변경) ① 검사는 법원의 허가를 얻어 공소장에 기재한 공소사실 또는 적용법조의 추가, 철회 또는 변경을 할 수 있다. 이 경우에 법원은 공소사실의 동일성을 해하지 아니하는 한도에서 허가하여야 한다.
② 법원은 심리의 경과에 비추어 상당하다고 인정할 때에는 공소사실 또는 적용법조의 추가 또는 변경을 요구하여야 한다.
③ 법원은 공소사실 또는 적용법조의 추가, 철회 또는 변경이 있을 때에는 그 사유를 신속히 피고인 또는 변호인에게 고지하여야 한다.
④ 법원은 전3항의 규정에 의한 공소사실 또는 적용법조의 추가, 철회 또는 변경이 피고인의 불이익을 증가할 염려가 있다고 인정한 때에는 직권 또는 피고인이나 변호인의 청구에 의하여 피고인으로 하여금 필요한 방어의 준비를 하게 하기 위하여 결정으로 필요한 기간 공판절차를 정지할 수 있다.
[전문개정 1973.1.25]

나. 공직선거법 [법률 제9466호, 2009. 2. 12, 일부개정]

제47조의2(정당의 후보자추천 관련 금품수수금지) ① 누구든지 정당이 특정인을 후보자로 추천하는 일과 관련하여 금품이나 그 밖의 재산상의 이익 또는 공사의 직을 제공하거나 그 제공의 의사를 표시하거나 그 제공을 약속하는 행위를 하거나, 그 제공을 받거나 그 제공의 의사표시를 승낙할 수 없다.
② 누구든지 제1항에 규정된 행위에 관하여 지시·권유 또는 요구하거나 알선하여서는 아니 된다.
[본조신설 2008.2.29]

제230조(매수 및 이해유도죄) ① 다음 각 호의 어느 하나에 해당하는 자는 5년 이하의 징역 또는 1천만원 이하의 벌금에 처한다. 〈개정 1997.1.13, 1997.11.14, 2000.2.16, 2004.3.12, 2009.2.12, 2010.1.25〉

1. 투표를 하게 하거나 하지 아니하게 하거나 당선되거나 되게 하거나 되지 못하게 할 목적으로 선거인(선거인명부 또는 재외선거인명부등을 작성하기 전에는 그 선거인명부 또는 재외선거인명부등에 오를 자격이 있는 사람을 포함한다. 이하 이 장에서 같다) 또는 다른 정당이나 후보자(예비후보자를 포함한다)의 선거사무장·선거연락소장·선거사무원·회계책임자·연설원(제79조 제1항·제2항에 따라 연설·대담을 하는 사람과 제81조 제1항·제82조 제1항 또는 제82조의2 제1항·제2항에 따라 대담·토론을 하는 사람을 포함한다. 이하 이 장에서 같다) 또는 참관인(투표참관인·부재자투표참관인과 개표참관인을 말한다. 이하 이 장에서 같다)에게 금전·물품·차마·향응 그 밖에 재산상의 이익이나 공사의 직을 제공하거나 그 제공의 의사를 표시하거나 그 제공을 약속한 자
2. 선거운동에 이용할 목적으로 학교 기타 공공기관·사회단체·종교단체·노동단체 또는 청년단체·부녀단체·노인단체·재향군인단체·씨족단체 기타의 기관·단체·시설에 금전·물품 등 재산상의 이익을 제공하거나 그 제공의 의사를 표시하거나 그 제공을 약속한 자
3. 선거운동에 이용할 목적으로 야유회·동창회·친목회·향우회·계모임 기타의 선거구민의 모임이나 행사에 금전·물품·음식물 기타 재산상의 이익을 제공하거나 그 제공의 의사를 표시하거나 그 제공을 약속한 자
4. 제135조(선거사무관계자에 대한 수당과 실비보상) 제3항의 규정에 위반하여 수당·실비 기타 자원봉사에 대한 보상 등 명목여하를 불문하고 선거운동과 관련하여 금품 기타 이익의 제공 또는 그 제공의 의사를 표시하거나 그 제공을 약속한 자
5. 제1호 내지 제4호에 규정된 이익이나 직의 제공을 받거나 그 제공의 의사 표시를 승낙한 자

② 정당·후보자(후보자가 되고자 하는 자를 포함한다) 및 그 가족·선거사무장·선거연락소장·선거사무원·회계책임자·연설원 또는 제114조(정당 및 후보자의 가족 등의 기부행위제한) 제2항의 규정에 의한 후보자 또는 그 가족과 관계있는 회사 등이 제1항 각 호의 1에 규정된 행위를 한 때에는 7년 이하의 징역 또는 1천500만원 이하의 벌금에 처한다.
③ 제1항 각 호의 1 또는 제2항에 규정된 행위에 관하여 지시·권유·요구하거나 알선한 자는 7년 이하의 징역 또는 1천500만원 이하의 벌금에 처한다.
④ 당선되거나 되게 하거나 되지 못하게 할 목적으로 선거기간중 포장된 선물 또는 돈봉투 등 다수의 선거인에게 배부하도록 구분된 형태로 되어 있는 금품을 운반하는 자는

5년 이하의 징역 또는 1천만원 이하의 벌금에 처한다.

⑤ 선거관리위원회의 위원·직원(투표관리관을 포함한다. 이하 이 장에서 같다) 또는 선거사무에 관계있는 공무원이나 경찰공무원(사법경찰관리 및 군사법경찰관리를 포함한다)이 제1항 각 호의 1 또는 제2항에 규정된 행위를 하거나 하게 한 때에는 7년 이하의 징역에 처한다. 〈개정 2005.8.4〉

⑥ 제47조의2 제1항 또는 제2항을 위반한 자는 5년 이하의 징역 또는 1천만원 이하의 벌금에 처한다. 〈신설 2008.2.29〉

⑦ 당내경선과 관련하여 다음 각 호의 어느 하나에 해당하는 자는 3년 이하의 징역 또는 600만원 이하의 벌금에 처한다. 〈신설 2005.8.4, 2008.2.29〉

1. 제57조의5(당원 등 매수금지) 제1항 또는 제2항의 규정을 위반한 자
2. 후보자로 선출되거나 되게 하거나 되지 못하게 하거나, 경선선거인(당내경선의 선거인명부에 등재된 자를 말한다. 이하 이 조에서 같다)으로 하여금 투표를 하게 하거나 하지 아니하게 할 목적으로 경선후보자·경선운동관계자·경선선거인 또는 참관인에게 금품·향응 그 밖의 재산상의 이익이나 공사의 직을 제공하거나 그 제공의 의사를 표시하거나 그 제공을 약속한 자
3. 제57조의5 제1항 또는 제2항에 규정된 이익이나 직의 제공을 받거나 그 제공의 의사표시를 승낙한 자

⑧ 제7항 제2호·제3호에 규정된 행위에 관하여 지시·권유·요구하거나 알선한 자 또는 제57조의5 제3항의 규정을 위반한 자는 5년 이하의 징역 또는 1천만원 이하의 벌금에 처한다. 〈신설 2005.8.4, 2008.2.29〉

제250조(허위사실공표죄) ① 당선되거나 되게 할 목적으로 연설·방송·신문·통신·잡지·벽보·선전문서 기타의 방법으로 후보자(후보자가 되고자 하는 자를 포함한다. 이하 이 조에서 같다)에게 유리하도록 후보자, 그의 배우자 또는 직계존·비속이나 형제자매의 출생지·신분·직업·경력등·재산·인격·행위·소속단체 등에 관하여 허위의 사실[학력을 게재하는 경우 제64조 제1항의 규정에 의한 방법으로 게재하지 아니한 경우를 포함한다]을 공표하거나 공표하게 한 자와 허위의 사실을 게재한 선전문서를 배포할 목적으로 소지한 자는 5년이하의 징역 또는 3천만원이하의 벌금에 처한다. 〈개정 1995.12.30, 1997.1.13, 1997.11.14, 1998.4.30, 2000.2.16, 2004.3.12, 2010.1.25〉

② 당선되지 못하게 할 목적으로 연설·방송·신문·통신·잡지·벽보·선전문서 기타의 방법으로 후보자에게 불리하도록 후보자, 그의 배우자 또는 직계존·비속이나 형제자매에 관하여 허위의 사실을 공표하거나 공표하게 한 자와 허위의 사실을 게재한 선전문서를

배포할 목적으로 소지한 자는 7년 이하의 징역 또는 500만원 이상 3천만원 이하의 벌금에 처한다. 〈개정 1997.1.13〉

③ 당내경선과 관련하여 제1항(제64조 제1항의 규정에 따른 방법으로 학력을 게재하지 아니한 경우를 제외한다)에 규정된 행위를 한 자는 3년 이하의 징역 또는 6백만원 이하의 벌금에, 제2항에 규정된 행위를 한 자는 5년 이하의 징역 또는 1천만원 이하의 벌금에 처한다. 이 경우 "후보자" 또는 "후보자(후보자가 되고자 하는 자를 포함한다)"는 "경선후보자"로 본다. 〈신설 2005.8.4〉

제254조(선거운동기간위반죄) ① 선거일에 투표마감시각 전까지 선거운동을 한 자는 3년 이하의 징역 또는 600만원 이하의 벌금에 처한다.

② 선거운동기간 전에 이 법에 규정된 방법을 제외하고 선전시설물·용구 또는 각종 인쇄물, 방송·신문·뉴스통신·잡지, 그 밖의 간행물, 정견발표회·좌담회·토론회·향우회·동창회·반상회, 그 밖의 집회, 정보통신, 선거운동기구나 사조직의 설치, 호별방문, 그 밖의 방법으로 선거운동을 한 자는 2년 이하의 징역 또는 400만원 이하의 벌금에 처한다. 〈개정 2010.1.25〉

③ 삭제 〈2010.1.25〉

다. 형법 [법률 제7623호, 2005. 7. 29, 일부개정]

제231조(사문서등의 위조·변조) 행사할 목적으로 권리·의무 또는 사실증명에 관한 타인의 문서 또는 도화를 위조 또는 변조한 자는 5년 이하의 징역 또는 1천만원 이하의 벌금에 처한다. 〈개정 1995.12.29〉

[3] 서울고등법원의 판결[82)]

【피 고 인】 피고인 1 외 1인
【항 소 인】 피고인들 및 검사
【검　　사】 검　사 1 외 1인
【변 호 인】 변호사 1 외 2인

82) 서울고등법원 2008. 11. 14. 선고 2008노2368 판결 【공직선거법위반·공문서위조·위조공문서행사·사문서위조·위조사문서행사】

【원심판결】 수원지방법원 2008. 9. 5. 선고 2008고합226, 441(병합) 판결

【주　　문】

원심판결을 파기한다.

피고인 1을 판시 제1의 가.나.다. 죄에 대하여 징역 6월에, 판시 제1의 라. 죄 및 제2의 죄에 대하여 징역 2년에, 피고인 2를 징역 8월에 각 처한다.

피고인 1에 대하여 원심판결 선고 전의 구금일수 137일을 판시 제1의 가.나.다. 죄에 대한 위 형에 산입한다.

다만, 피고인 2에 대하여 이 판결 확정일부터 2년간 위 형의 집행을 유예한다.

피고인 1의 이력서에 의한 허위사실공표의 점은 무죄.

【이　　유】

1. 공소사실 및 원심판결의 요지

가. 피고인 1의 문서위조 및 행사의 점

(1) 피고인은 광주제일고등학교(이하 '광주일고'라고 한다)를 재학하거나 졸업한 사실이 없음에도 제18대 국회의원선거에 후보자로 출마하면서 행사할 목적으로 사실증명에 관한 공문서인 공소외 2 명의의 광주일고 재학증명확인원 1장을 위조하였다.

(2) 피고인은 공소외 3과 공모하여, 중국 소재 연변대학 성인교육학원에 재학하거나 졸업한 사실이 없음에도 위와 같은 목적으로 사실증명에 관한 사문서인 공소외 4 명의의 연변대학 졸업증명서 1장 및 학습성적증명서 1장을 각 위조하였다.

(3) 피고인은 위와 같이 위조한 문서들을 공소외 1(대법원판결의 공소외인)로 하여금 창조한국당 담당자에게 교부하게 하고, 다시 창조한국당 담당자로 하여금 중앙선거관리위원회에 피고인의 비례대표 후보자 등록서류를 접수하게 하면서 그 담당공무원에게 제출하게 하여 위와 같이 위조한 문서들 1장씩을 일괄 행사하였다.

나. 피고인 1의 허위사실공표의 점

피고인은 ① 광주일고 및 연변대학 정치학과를 다닌 사실이 없고, ② 2005년 6월 ~ 2008년 2월경 대통령 직속 국가균형발전위원회 '상임고문'을 역임한 사실이 없으며, ③ 사단법인 한국자유총연맹의 '부총재'를 지낸 사실이 없고, ④ '현재' 광주5·18민주화운동부상자회의 '상임고문'이 아니며, ⑤ 수원대학교 경영학 석사는 위조한 연변대 졸업증명서를 제출하여 입학한 사실이 밝혀져 2000. 7. 10. 그 학위수여가 취소되었고, ⑥ 피고인이 총재로 있는 단체는 피고인이 설립한 '한국사회청소년보호연맹'에 불과하고 한국청소년연맹육성에관한법률에 의해 1981년경 설립되어 정부 및 지방자치단체로부터 지원을 받아 청소년의 육성 활동을 하는 '사단법인 한국청소년연맹'이

아니며, ⑦ 선문대학교에는 정치학과가 없고 피고인은 선문대학교에 한 번도 강의를 하지 않은 무급 객원교원으로 약 10개월간 등록되어 있을 뿐 공소외 45교수도 아니고 정치학박사 학위를 받은 사실도 없고, ⑧ 피고인은 1975. 2. 25. 광주지방법원에서 사기죄로 징역 10월을 선고받고, 1978. 5. 3. 서울지방법원 남부지원에서 사기죄로 징역 1년을 선고받았으며, 1981. 9. 3. 서울형사지방법원에서 공갈죄로 징역 10월을 선고받고, 2001. 2. 6. 서울고등법원에서 공문서위조 등으로 징역 10월 및 공직선거및선거부정방지법위반죄로 징역 8월을 선고받은 범죄경력이 있는 자인데, 공소외 1로 하여금 허위로 기재된 피고인의 이력서 및 '정규학력증명에 관한 제출서', '전과기록증명에 관한 제출서'를 창조한국당 담당자에게 교부하게 하고, 다시, 창조한국당 담당자로 하여금 중앙선거관리위원회에 피고인의 비례대표 후보자 등록서류를 접수하게 하면서 그 담당공무원에게 허위의 이력서 등을 제출하게 하였다.

그 결과 ① 창조한국당 담당자는 중앙선거관리위원회에 피고인의 비례대표 후보자 등록서류를 접수하면서 다음과 같은 허위의 이력서도 함께 제출하였고,

- 67. 광주제일고등학교
- 89. 05. ~ 94. 07. 연변대학 정치학과 졸업 학사
- 98. 수원대학교 경영학 수료
- 05. 01. ~ 현재 광주 5·18민주화운동부상자회 상임고문
- 05. 06. ~ 08. 02. (대통령직속) 국가균형발전위원회 상임위원

② 창조한국당 담당자는 피고인의 허위 이력서를 보고 창조한국당 홍보물에 피고인의 학력·경력 등에 관하여 '광주제일고등학교, 수원대학교 경영학 석사, 광주 5·18민주화운동 상임고문, 자유총연맹 부총재, 대통령직속 국가균형발전위원회 상임위원'으로 기재한 후 중앙선거관리위원회에 제출하고, 중앙선거관리위원회는 그 홍보물 19,455,130장을 전국의 유권자에게 발송하였으며, ③ 피고인은 '선문대학교 정치학과 외래교수, 연변대 졸업, 광주 5.18민주화운동 상임고문, 한국청소년 연맹 총재(현), 대통령직속 국가균형발전위원회 상임위원(전)'으로 기재된 창조한국당 비례대표 후보자용 명함 1,800장을 전국 유권자에게 배포하였고, ④ 중앙선거관리위원회 인터넷 홈페이지 후보자 정보란에 피고인이 연변대학 정치학과를 졸업하고, 금고 이상의 전과가 없는 것으로 게시하게 함으로써, 제18대 국회의원선거에서 당선될 목적으로 이력서, 창조한국당 홍보물, 명함, 중앙선거관리위원회 인터넷 홈페이지 게시판 등에 후보자인 피고인에게 유리하도록 자신의 전과·학력·경력·신분·직업·소속단체 등에 관하여 허위의 사실을 공표하였다.

다. 피고인들의 공천 관련 금품수수의 점

피고인 1은 위와 같이 2008. 4. 9. 실시된 제18대 국회의원선거에서 창조한국당 추천의 비례대표국회의원으로 당선된 사람이고, 피고인 2는 창조한국당 재정국장이자 제18대 국회의원선거 당시 총선승리본부 관리지원단장을 역임한 사람인바, 피고인 1은 창조한국당이 자신을 당선권 범위 안에 있는 비례대표국회의원 후보자로 추천하는 일과 관련하여 창조한국당에 6억원의 대가를 제공하고, 피고인 2는 6억원을 제공받았다(공소사실에는 피고인 2가 문○○과 함께 6억원을 제공받은 것으로 되어 있다).

2. 항소이유의 요지

가. 피고인 1

(1) 사실오인 및 법리오해 주장

(가) 문서위조 및 행사의 점

① 광주일고 재학증명확인원 위조

위 재학증명확인원은 당시 광주일고의 교장이었던 공소외 2가 만들어 준 것으로 피고인 1이 위조한 사실이 없고, 공소사실 기재 범죄일시인 '2007년 12월경부터 2008. 3. 26.경까지 사이에' 위조되었다는 점을 인정할 아무런 증거가 없다.

② 연변대학 성인교육학원의 졸업증명서 및 학습성적증명서 위조

이 부분 공소사실은 문서위조의 일시·장소·방법, 공범인 공소외 3과 공모한 경위 등을 전혀 특정하지 않고 있어 공소장에 구체적인 범죄사실의 기재가 없으므로 공소제기의 절차가 법률의 규정에 위반되어 무효인 때에 해당한다. 피고인 1이 공소외 3과 공모하여 위 문서들을 위조하였다는 점을 인정할 아무런 증거가 없다.

③ 위조문서 행사

피고인 1은 위 재학증명확인원 및 졸업증명서, 학습성적증명서를 위조한 사실이 없을 뿐만 아니라, 가사 다른 사람에 의하여 위조되었다 하더라도 피고인 1이 위 문서들을 창조한국당에 제출할 때 위조되었다는 사정을 알지 못하였다.

(나) 허위사실공표의 점

① 광주일고

피고인 1은 광주일고에 입학한 것은 아니지만 2년 동안 청강을 한 사실이 있고, 선거홍보물 등에도 피고인 1이 광주일고를 '졸업'하였다는 기재는 없으므로 허위사실을 공표한 것이 아니다.

② 연변대학 성인교육학원

피고인 1은 공소외 3에게 속아 연변대학 성인교육학원의 졸업증명서 및 학습성적증명서가 권한 있는 자에 의하여 발급된 것으로 알고 있었으므로 허위사실을 공표한다는 고의가 없었다.

③ 국가균형발전위원회 상임위원

피고인 1은 제17대 국회 당시 열린우리당의 중앙당 정책위원회 부의장을 역임하였고, 당시 집권당 정책위원회의 부의장은 국가균형발전위원회의 당연직위원이었는데, 비서인 공소외 5에게 이력서 작성을 지시하면서 당연직위원으로 기재하라고 하였음에도, 공소외 5가 착오로 기간과 직책을 잘못 기재하였다.

④ 한국자유총연맹 부총재

피고인 1은 1997년부터 2003년까지 한국자유총연맹의 이사로 재직하였고, 위 연맹의 부총재직은 연맹의 이사들이 순차로 겸임하였으며, 1999년경 당시 총재인 공소외 6이 피고인 1을 부총재로 추대하여 그 후부터 부총재로 불렸으므로, 선거홍보물에 연맹의 부총재로 기재하였다 하여 허위사실을 공표한 것이라고 볼 수 없다.

⑤ 광주5·18민주화운동부상자회 상임고문

1986년부터 1991년까지 광주5·18민주화운동부상자회 회장이었던 공소외 7은 1990년경 피고인 1을 위 부상자회의 고문으로 추대하였는데, 위 부상자회의 규정상 고문의 임기에 관한 정함이 없고, 지금까지 고문의 임기가 종료되었다는 통지를 받은 사실이 없으므로 피고인 1이 위 부상자회의 '고문'이라고 기재하였다 하여 허위사실을 공표한 것이 아니고, '상임'고문으로 기재한 것은 이력서를 작성한 위 공소외 5의 착오에 불과하다.

⑥ 수원대학교 경영학 석사

피고인 1은 1999년 수원대학교 산업경영대학원 석사과정을 졸업하고 석사학위를 취득하였으나 2000년 7월경 그 학위가 취소되었는데, 선거홍보물에 착오로 '수원대학교 경영학 석사'로 기재된 것을 뒤늦게 발견하고 이를 창조한국당 서울시당 사무처장 공소외 8에게 선거홍보물과 명함에서 삭제할 것을 지시하였으나, 선거홍보물은 이미 발송되어 삭제할 수 없었고, 명함의 기재만 삭제하였으므로 위 부분에 대해서는 피고인 1에게 허위사실을 공표한다는 고의가 없었다.

⑦ 한국청소년연맹 총재

피고인 1이 총재로 있는 '한국사회청소년문화연맹'의 종전 명칭이 '한국청소년연맹'이었고, 피고인 1의 명함에 종전 명칭을 기재한 것이므로 허위사실이 아니다.

⑧ 선문대학교 정치학과 외래교수

피고인 1은 2007년경 선문대학교 객원교수로 위촉되었는데, 그 후 그 임용이 취소된 사실을 알지 못하여 명함에 위와 같이 기재한 것으로 허위사실을 공표한다는 고의가 없었다.

⑨ 전 과

피고인 1은 서울 강남경찰서 담당 경찰관으로부터 아무런 범죄경력이 없다고 기재된 '공직선거 후보자용 범죄경력조회회보서'를 발급받은 후 범죄경력이 없는 것으로 조회된 이유를 일부 전과는 이미 30년이 경과한 것이고, 일부 선거법위반 전과는 특별복권을 받았기 때문이라고 이해하고 창조한국당에 그대로 제출한 것에 불과하므로 전과에 관하여 허위사실을 공표한다는 인식이 없었다.

⑩ 목적범에서 목적의 결여

허위사실공표죄는 당선되거나 되게 할 목적이 있어야 성립하는데, 공직선거법의 '1인 2표 정당명부제'의 도입 취지에 비추어 비례대표국회의원 후보자의 학력·경력에 관한 사항은 당선되거나 되게 할 목적과 관련이 없는 것이므로 피고인 1에게는 허위사실공표죄의 목적이 없었다.

(다) 공천 관련 금품수수의 점

① 피고인 1이 창조한국당에 입금한 돈은 창조한국당의 채권(이하 '당채'라고 한다)의 매입대금이지 창조한국당의 후보자 추천(이하 '공천'이라고 한다) 대가가 아니고, 피고인 1이 당채를 매입한 것은 공천을 받기 위한 것이 아니라 비례대표 후보자로 당선되기 위한 것이었다.

② 헌법이 복수정당제를 보장하는 취지 및 죄형법정주의에 비추어 보면, 공직선거법 제47조의2 제1항은 공천과 관련하여 무상으로 금품을 제공하는 것만을 금지하는 것으로 좁게 해석하여야 하고, 금품의 수수가 금전소비대차관계에 불과한 경우에는 위 규정으로 처벌할 수 없다고 해석하여야 한다.

(5) 양형부당 주장

원심의 양형(문서위조 및 행사 부분에 대하여 징역 1년, 공직선거법위반 부분에 대하여 징역 2년)이 너무 무거워 부당하다.

나. 피고인 2

(1) 피고인 2는 창조한국당의 공천이 끝난 후 피고인 1에게 창조한국당의 재정이 어려우니 창조한국당의 당채를 매입해 달라고 요청하였고, 피고인 1은 창조한국당의 공식계좌를 통하여 당채 매입대금 6억원(기탁금 제외)을 입금하였으므로 피고인

1은 창조한국당에 공천 대가를 지급한 것이 아니라 대여금을 지급한 것이다.

(2) 피고인 1로부터 6억원을 지급받은 것은 창조한국당이지 피고인 2가 아니고, 피고인 2는 피고인 1을 비례대표 후보자로 공천하거나 공천에 영향을 줄 수 있는 지위에 있지 않았음에도 원심은 막연히 피고인 2가 공천과 관련하여 돈을 받았다고 판단한 잘못이 있다.

(3) 창조한국당 비례대표 공천심사위원회가 비례대표 후보자 명부를 확정한 것은 2008. 3. 25. 밤임에도 원심은 2008. 3. 24. 오전에 문○○, 공소외 9, 피고인 2가 피고인 1에게 비례대표 2번 확정을 축하한다고 말하였다고 인정한 잘못이 있다.

(4) 원심은 피고인 2의 유죄 증거로 피고인 1에 대한 각 검찰피의자신문조서의 일부 진술기재를 들고 있으나, 피고인 1에 대한 검찰피의자신문조서들은 수사검사가 피고인 1에게 술을 먹이면서 문○○에게 불리한 진술을 하면 벌금 30만원을 선고받게 하여 국회의원직을 유지하게 해 주겠다고 회유한 결과 피고인 1이 한 임의성 없는 허위 진술을 기재한 위법수집증거이고, 원심은 증거능력이 없는 증거에 의하여 사실을 인정한 잘못이 있다.

(5) 공직선거법 제47조의2 제1항의 규정은 그 범죄의 주체 및 구성요건이 불명확하여 헌법상 죄형법정주의 또는 명확성의 원칙에 위배되고, 정당의 적법한 당비 수수나 차용행위까지 처벌하는 결과를 낳으므로 헌법에 위반되고, 가사 합헌이라 하더라도 위 규정은 적어도 공천권이 있는 자 또는 공천에 큰 영향을 행사할 수 있는 공천심사위원 등이 공천과 관련하여 돈을 받은 경우에 처벌하는 것으로 좁게 해석하여야 한다.

다. 검 사

원심의 양형(피고인 1에 대한 형은 위와 같고, 피고인 2에 대한 형은 징역 8월)이 너무 가벼워 부당하다.

3. 문서위조 및 행사의 점에 관한 사실오인 주장에 대한 판단

가. 광주일고 재학증명확인원 위조

원심이 적법하게 채택·조사한 증거를 종합하면, 피고인 1이 중앙선거관리위원회에 제출한 광주일고 재학증명확인원(1권 102쪽)에는 글자체가 명조체이고, 모자를 쓴 학생복 차림의 증명사진 1장과 모자를 쓰지 않은 학생복 차림의 증명사진 1장이 붙어 있는데, 피고인 1이 총재로 있는 한국사회청소년보호연맹 사무실에서 글자체가 다르고, 증명사진이 붙어 있지 않은 또 다른 광주일고 재학증명확인원(1권 210쪽)이 압수된 사실, 광주

일고 재학증명확인원에 붙어 있는 증명사진 2장은 2007년 12월경부터 2008년 3월경까지 사이에 광주 월곡동 소재 '▽▽ 사진관'에서 '공소외 10'이라는 사람이 피고인 1의 30대 사진(1권 186쪽)을 가지고 와 위와 같은 증명사진으로 합성해 달라고 의뢰하여 작성된 사실, 피고인 1은 검찰에서 2007년 12월경 위 증명사진 2장을 만들어 광주일고 재학증명확인원에 붙였지만, 그 재학증명확인원 자체는 광주일고 재학시절 교장이었던 공소외 2가 작성해서 주었다고 진술한 사실(2권 581쪽), 피고인 1은 1996. 10. 21. 광주일고 10회 졸업생인 공소외 11의 졸업증명서를 발급받은 후 1996. 10. 22. 공소외 11의 졸업증명서를 참조하여 자신이 1967. 1. 21. 광주일고를 졸업하였다는 내용의 광주일고 졸업증명서 1장을 위조하여 2001. 2. 6. 서울고등법원에서 공문서위조 등으로 형사처벌을 받은 사실(이하 위 서울고등법원 판결을 '2001년 유죄판결'이라고 한다)등을 인정할 수 있는바, 사실관계가 이와 같다면, 피고인 1이 2007년 12월경부터 2008. 3. 26.까지 사이에 중앙선거관리위원회에 제출한 위 광주일고 재학증명확인원을 위조하였음을 충분히 인정할 수 있다.

나. 연변대학 성인교육학원의 졸업증명서 및 학습성적증명서 위조

(1) 공소사실의 기재는 범죄의 시일, 장소와 방법을 명시하여 사실을 특정할 수 있도록 하여야 하는데(형사소송법 제254조 제4항), 이와 같이 공소사실의 특정을 요구하는 법의 취지는 피고인의 방어권 행사를 쉽게 해 주기 위한 데에 있으므로, 공소사실은 이러한 요소를 종합하여 구성요건 해당사실을 다른 사실과 식별할 수 있는 정도로 기재하면 족하고, 공소장에 범죄의 일시·장소 등이 구체적으로 적시되지 않았더라도 위의 정도에 반하지 아니하고 공소범죄의 성격에 비추어 그 개괄적 표시가 부득이하며 그에 대한 피고인의 방어권 행사에 지장이 없다면 그 공소내용이 특정되지 않았다고 볼 수 없다. 또한, 문서위조죄에 대한 범죄의 일시·장소, 위조방법 등은 피고인이 그 범행을 자백하지 않는 한 언제 어디에서 어떻게 문서를 위조한 것인지 알기가 어려우므로 그 범죄일시·장소·위조방법 등을 특정하기가 곤란하여 부득이하게 개괄적으로 표시할 수밖에 없다는 점도 고려하여야 한다(대법원 2006. 6. 2. 선고 2006도48 판결 참조).

그러므로 살피건대, 기록에 의하면, 피고인 1은 중국에 거주하는 조선족인 공소외 3과 공모하여 중국 연변대학 성인교육학원의 졸업증명서 및 학습성적증명서 1장씩을 위조하였다는 위 공소사실에 대하여 검찰에서 진술하면서, 자신이 연변대학 성인교육학원에 실제로 등록을 한 후 다닌 적이 있고, 위 졸업증명서 및 학습성적증명서는 공소외 3으로부터 교부받았다고 진술하였으므로, 위 졸업증명서 및 학습성적증명서의 작성 경위에 관하여는 피고인 1 자신이 가장 잘 알고 있을

뿐만 아니라, 다음과 같이 위 문서들이 위조되었다고 인정하기에 충분한 증거가 있는 상황에서, 피고인 1이 위조범행을 자백하지 않는 이상 그 범행일시·장소·방법 등을 특정하는 것은 매우 곤란하므로 부득이하게 공소사실을 개괄적으로 기재하였다 하여 그것이 피고인 1의 방어권 행사를 현저히 곤란하게 한다거나 공소사실이 특정되지 않아 공소제기의 절차가 위법하다고 할 수 없다.

(2) 원심이 적법하게 채택·조사한 증거를 종합하면, 피고인 1이 중앙선거관리위원회에 제출한 연변대학 성인교육학원의 졸업증명서 및 학습성적증명서는 연변대학 성인교육학원 담당자가 작성하지 않은 위조된 문서인 사실(2권 529쪽), 피고인 1은 검찰에서 2005. 6. 5. 이후 중국 연변에 직접 가서 공소외 3과 연변대 학생처장 공소외 4로부터 위 졸업증명서 및 학습성적증명서를 받았다고 진술하였다가(2권 620쪽), 다시 공소외 3이 2004년 말 서울에 왔을 때 "정규 학사를 인정받는 데 역할을 좀 할 수 있느냐"고 하였더니 공소외 3이 가능하다고 하여 2005년 초경 서울에서 공소외 3에게 1,500만원을 지급하였더니 공소외 3이 2005년 6월경에 위 졸업증명서와 학생성적증명서를 가지고 왔고, 그 후 피고인 1이 연변대학교를 방문하여 사진촬영을 하였다고 진술한 사실, 그런데 그 후 공소외 3이 2006년경에 1,500만원을 주면 명예박사학위도 준다고 하여 공소외 3에게 추가로 1,500만원을 지급한 후 연변대학교 성인교육학원 졸업 관련 서류를 받았는데, 이를 확인한 결과 가짜로 판명되어 공소외 3에게 사기를 당한 것을 알았다고 진술한 사실, 한편, 위 2001년 유죄판결의 범죄사실 중 하나는 피고인 1이 연변대학교 사범학원 원장 명의의 졸업증명서 및 학생성적증명서 1장씩을 위조하였다는 것인 사실 등을 인정할 수 있다.

사실관계가 이와 같다면, 피고인 1이 공소외 3과 공모하여 위 졸업증명서 및 학습성적증명서 1장씩을 위조하였다고 봄이 상당하다.

다. 위조문서 행사

위 (1), (2)항에서 본 것과 같은 사실관계에 비추어 보면, 피고인 1은 광주일고 재학증명확인원 및 연변대학 성인교육학원 졸업증명서, 학습성적증명서 1장씩을 각 위조하여 중앙선거관리위원회에 제출한 사실을 충분히 인정할 수 있다.

4. 허위사실공표의 점에 관한 사실오인 주장에 대한 판단

가. 광주일고

기록에 의하면, 피고인 1은 검찰에서 광주일고 재학에 관하여 진술하면서, 처음에는 1967년 공소외 45로 입학시험에 합격하여 광주일고에 다니다가 가정형편이 어려워

2학년 때 중퇴하였다고 하였다가, 다시 청강생으로 광주일고를 2학년까지 다녔다고 진술하였고, 마지막에는 청강생으로 광주일고를 3학년까지 다녔다고 진술한 사실, 광주일고의 학적부(명렬표, 졸업대장, 제적부, 생활기록부 등)에는 피고인 1이 광주일고에 입학·재학·제적·졸업한 기록이 일체 없는 사실(1권 133쪽), 피고인 1이 자신의 집에서 하숙하였고, 2학년 때 담임선생님이기도 하였다는 공소외 12 교사는 1963년부터 1966년까지 사이에 광주일고에 재직한 기록이 없는 사실, 피고인 1은 전라남도 화순에 있는 ○○초등학교를 졸업한 후 ○○고등공민학교로 진학하였는데, ○○고등공민학교의 후신인 ○○중학교에서 보관하고 있는 ○○고등공민학교의 졸업대장에는 피고인 1이 ○○고등공민학교를 졸업한 기록이 남아 있지 않은 사실, 그럼에도 창조한국당 선거홍보물에는 '광주제일고등학교'로 기재되어 있는 사실(1권 110쪽)을 인정할 수 있는바, 사실관계가 위와 같다면, 피고인 1은 광주일고에 공소외 45로든 청강생으로든 재학한 사실이 없음에도 창조한국당 선거홍보물에 '광주제일고등학교'라고 기재함으로써 이를 본 선거인으로 하여금 마치 피고인 1이 광주일고를 다닌 것처럼 오인하도록 허위사실을 공표하였다고 할 것이다.

나. 연변대학 성인교육학원

피고인 1이 연변대학 성인교육학원 졸업증명서 및 학습성적증명서 1장씩을 위조한 사실은 위에서 본 바와 같고, 더구나 기록에 의하면, 피고인 1은 1994. 1. 18. 이전에는 중국을 방문한 사실이 없으며, 피고인 1 자신이 검찰에서 진술하면서 연변대학 성인교육학원에 실제로 입학한 사실은 없고, 다만, 공소외 3에게 1,500만원을 주고 위 졸업증명서 및 학습성적증명서를 받았다고 변명하고 있으므로, 피고인 1이 자신이 연변대학교 성인교육학원에 다니거나 졸업한 사실이 없다는 것을 잘 알고 있음에도 창조한국당 비례대표 후보자용 명함에 '연변대 졸업'이라고 기재하고, 위와 같이 위조된 졸업증명서 등을 제출함으로써 중앙선거관리위원회 인터넷 홈페이지 게시판 후보자 정보란에 연변대학 정치학과를 졸업한 것으로 게시하게 하여 허위사실을 공표하였다고 할 것이다.

다. 국가균형발전위원회 상임위원

대통령 자문기관인 국가균형발전위원회의 설치 근거법률인 구 국가균형발전특별법(2008. 2. 29. 법률 제8852호로 개정되기 전의 것) 제23조의 규정에 의하면, 국가균형발전위원회는 위원장 1인을 포함한 30인 이내의 위원으로 구성하되, 위원은 당연직위원과 위촉위원으로 구분되는데, 당연직위원은 산업자원부장관, 기획예산처장관, 그밖에 대통령령이 정하는 중앙행정기관의 장이 되고, 위촉위원은 지방자치법 제165조의 규정에 의한 협의체의 대표자가 추천한 자 등 중에서 대통령이 위촉하는 자로 임명한다. 같은 법 시행령 제21조 제1항의 규정에 의하면, 법 제23조 제2항에서 "대통령령이 정하는 중앙행정기관의 장"이라 함은 재정경제부장관·교육인적자원부장관·행정자치부장관·과학기술부장관·문화관광부장관·농림부장관·정보통신부장관·환경부장관·건설교통부장관 및 해양수산부장관을 말하고, 제23조·제24조의 규정에 의하면 국가균형발전위원회에 전문위원과 자문위원을 둘 수 있다. 한편, 국가균형발전위원회규정 제3조의 규정에 의하면, 위원회는 위원장 1인을 포함한 25인 이내의 위원으로 구성하고, 위원회의 위원은 재정경제부장관·교육인적자원부장관·행정자치부장관·과학기술부장관·문화관광부장관·산업자원부장관·정보통신부장관·건설교통부장관·기획예산처장관·국무조정실장 및 대통령비서실 정책실장, 국가균형발전에 관한 학식과 경험이 풍부한 자 중에서 대통령이 위촉하는 자로 구성한다.

나아가 기록에 의하면, 국가균형발전위원회에는 '상임위원'이라는 직제가 없고, 피고인 1은 국가균형발전위원회의 본 위원, 전문위원, 자문위원으로 활동한 경력이 없는 사실(1권 131쪽), 피고인 1은 한국사회청소년문화연맹 총재의 명함에도 '국가균형발전위원회 상임위원'으로 기재하고 있었고(2권 683쪽), 피고인 1의 비서 공소외 5는 이 명함을 보고 피고인 1의 이력서(1)에도 그와 같은 내용을 기재한 사실, 그럼에도 창조한국당 선거홍보물에 '대통령직속 국가균형발전위원회 상임위원'으로, 창조한국당 비례대표 후보자용 명함에 '대통령직속 국가균형발전위원회 상임위원(전)'으로 기재된 사실을 인정할 수 있는바, 이와 같은 법령의 규정 및 사실관계에 비추어 보면, 피고인 1은 국가균형발전위원회의 상임위원은 물론 위원으로서 관여한 사실이 없음에도 위와 같이 허위사실을 공표하였다고 할 것이다.

라. 한국자유총연맹 부총재

기록에 의하면, 사단법인 한국자유총연맹의 임원으로 총재 1인, 부총재 약간명, 사무처장 1인, 이사 5인 이상 50인 이내, 감사 2인이 있는데, 이사에는 총재, 부총재 등이 포함되고, 부총재 및 이사, 감사는 이사회의 동의를 얻어 총회에서 선출되는 사실(공판기록에 첨부된 한국자유총연맹 정관 참조), 피고인 1은 1997. 5. 1. 한국자유총연맹의 명예직 이사로 선임되어 2003. 2. 26.까지 재직하였으나 한국자유총연맹 부총재에 선임된 적은 없는 사실(2권 701쪽), 그럼에도 창조한국당 선거홍보물에 자유총연맹 부총재로 기재된 사실을 인정할 수 있는바, 가사 피고인 1이 한국자유총연맹의 임원이나 회원들로부터 부총재라고 불렸다 하더라도 그것은 예우 차원의 것이었고 피고인 1 자신도 이 점을 잘 알고 있었다고 보아야 할 것이므로, 피고인 1이 한국자유총연맹의 부총재직에 있었던 사실이 없음에도 위와 같은 허위사실을 공표하였다고 할 것이다.

마. 광주5·18민주화운동부상자회 상임고문

기록에 의하면, 사단법인 광주5·18광주민주화운동부상자회는 1986년 8월부터 1991년 7월경까지 공소외 7이 회장으로 재임하였는데, 공소외 7은 1990년 8~9월경 피고인 1을 고문으로 임명하였고, 그 이후 피고인 1을 고문으로 불렀던 사실, 위 부상자회에는 '상임고문'이라는 직제는 없었던 사실(1권 116쪽), 2003. 7. 19. 제정된 위 부상자회의 정관에도 '고문'이라는 직제는 있지만 '상임고문'이라는 직제는 없는 사실, 그럼에도 피고인 1은 문○○과 창조한국당에 제출한 각 이력서(1, 2)에 '05. 01 ~ 현재 광주5·18 민주화운동 부상자회 상임고문'으로 기재한 결과 창조한국당 선거홍보물과 비례대표 후보자용 명함에 '광주5·18민주화운동 상임고문'으로 기재되게 된 사실을 인정할 수 있는바, 사실관계가 이와 같다면, 피고인 1은 18년 전의 임명 사실을 근거로 선거인들에게 마치 제18대 총선 당시에도 위 부상자회의 '상임고문'으로 재임하고 있는 것으로 오인할 수 있도록 허위사실을 공표하였다고 할 것이다(피고인 1은 '상임' 부분의 기재는 공소외 5가 착오로 기재한 것이라고 주장하나, 이에 부합하는 듯한 원심 증인 공소외 5의 진술은 믿기 어렵다).

바. 수원대학교 경영학 석사

기록에 의하면, 피고인 1은 1996. 11. 25.경 수원대학교 경영대학원에 입학하는 데 행사할 목적으로 연변대학교 사범학원의 졸업증명서 및 학생성적증명서 1장씩을 위조한 후 이를 1996. 12. 1. 수원대학교 경영대학원 교무처에 행사하였고, 이러한 과정을 거쳐 1997. 3. 3. 수원대학교 경영대학원에 입학한 사실, 그 후 1999. 8. 21. 수원대학교로부터 경영학석사 학위를 취득하였으나 피고인 1이 위와 같이 졸업증명서 등을 위조한 것이 밝혀지자 2000. 7. 10. 그 학위수여가 취소되었고, 7월 19일 피고인 1에게 그 취지가 통지된 사실, 그럼에도 피고인 1은 2008. 3. 18. 문○○을 통해 창조한국당에 제출한 이력서(1)에 '98. 수원대학교 경영학 석사'로 기재함으로써 창조한국당 선거홍보물에 '수원대학교 경영학 석사'로 기재된 사실, 나아가 공소외 1이 2008. 3. 26. 이력서(1)을 일부 수정하여 창조한국당에 제출한 이력서(2)에도 '수원대학교 경영학 수료'로 기재된 사실을 인정할 수 있는바, 사실관계가 이와 같다면, 피고인 1이 각 이력서에 위와 같은 학력을 허위 기재한 것은 단순히 착오에 의한 것은 아니라고 보아야 할 것이고, 위와 같이 허위사실이 기재된 각 이력서를 제출함으로써 창조한국당 관계자로 하여금 허위사실이 기재된 선거홍보물 등을 제작하게 하여 허위사실을 공표하였다고 할 것이다.

사. 한국청소년연맹 총재

사단법인 한국청소년연맹의 설치 근거법률인 한국청소년연맹 육성에 관한 법률 제1조의 규정에 의하면, 한국청소년연맹은 대한민국 청소년 및 소녀의 전인교육·훈련을 통하여 조국통일과 민족웅비의 새 역사창조에 이바지할 수 있는 민족주체세력을 양성함과 동시에 세계로 향한 진취적 기상을 진작시키기 위하여 설립된 단체로서, 같은 법 제10조·제11조의 규정은 한국청소년연맹 또는 이와 유사한 명칭을 사용하는 것이 금지하고 있고, 이에 위반한 자는 200만원 이하의 벌금에 처하도록 하고 있다.

또한, 기록에 의하면, 피고인 1이 설립하여 총재로 있는 단체는 '한국사회청소년문화연맹'이고, 피고인 1이 창조한국당에 제출한 각 이력서(1, 2)에도 모두 '04. 01.- 현재 한국사회청소년문화연맹 총재'로 기재되어 있는 사실, 그럼에도 피고인 1은 창조한국당 비례대표 후보자용 명함에 '한국청소년연맹 총재'로 기재한 사실을 인정할 수 있다.

사실관계가 이와 같다면, 피고인 1은 자신이 임의로 설립한 '한국사회청소년문화연맹' 총재인 것을 이용하여 마치 전혀 다른 법적 단체인 '한국청소년연맹'의 총재인 것처럼 위 명함에 기재함으로써 선거인들을 오인하게 하는 허위사실을 공표하였고, 가사 '한국사회청소년문화연맹'의 종전 명칭이 '한국청소년연맹' 또는 이와 유사한 것이었다 하더라도 허위사실공표죄의 성립에는 아무런 영향이 없다 할 것이다.

아. 선문대학교 정치학과 외래교수

기록에 의하면, 선문대학교 아산캠퍼스나 천안캠퍼스에는 정치학과가 설치되어 있지 않고, 선문대학교는 피고인 1을 아산캠퍼스 교양학부 객원교원으로 임용하였으나 피고인 1이 실제 강의를 하지는 않았고, 피고인 1이 학력 및 경력 관련 증명서를 제출하지 않거나 그 내용이 일치하지 않아 임용을 취소한 사실, 그럼에도 피고인 1은 문○○을 통해 창조한국당에 제출한 이력서(1)에는 '07.07.01- 선문대학교 외래교수, 정치학박사'라고 기재한 후 창조한국당 비례대표 후보자용 명함에 '선문대학교 정치학과 외래교수'로 기재한 사실을 인정할 수 있다.

사실관계가 이와 같다면, 피고인 1은 선문대학교에 정치학과가 없다는 점과 객원교원으로 임용되었으나 그 임용이 바로 취소되었다는 점을 잘 알고 있었을 것으로 보이고, 따라서 위와 같은 허위의 사실을 위 명함에 기재함으로써 허위사실을 공표하였다고 할 것이다.

자. 전 과

공직선거법 제49조 제4항 제5호의 규정에 의하면, 후보자 등록을 신청하는 자는 '실효된 형을 포함하여 금고 이상의 형의 범죄경력'에 관한 증명서류를 제출하여야 하고,

이러한 현행 규정은 공직선거법이 2002. 3. 7. 법률 제6663호로 개정되면서 규정되었다.

기록에 의하면, 피고인 1은 1975. 2. 25. 광주지방법원에서 사기죄로 징역 10월을 선고받고, 1978. 5. 3. 서울지방법원 남부지원에서 사기죄로 징역 1년을 선고받았으며, 1981. 9. 3. 서울형사지방법원에서 공갈죄로 징역 10월을 선고받고, 2001. 2. 6. 서울고등법원에서 공문서위조죄 등으로 징역 10월 및 공직선거및선거부정방지법위반죄로 징역 8월을 선고받은 범죄경력이 있는 사실, 그런데 피고인 1은 2008. 3. 25. 18:00경 창조한국당에 비례대표 후보자 등록 관련 서류인 '전과기록증명에 관한 제출서'의 전과기록·죄명·형량(처분결과)·처분일자에 '해당사항 없음'으로 기재하였고, 2008. 3. 26. 서울 강남경찰서에서 발급받은 공직선거 후보자용 범죄경력조회회보서에 금고 이상의 전과가 없는 것으로 기재되어 있었음에도 이를 그대로 창조한국당에 제출함으로써 중앙선거관리위원회 인터넷 홈페이지 후보자 정보란에 피고인 1에게 금고 이상의 전과가 없는 것으로 게시된 사실을 인정할 수 있다.

위와 같은 법률 및 사실관계에 비추어 보면, 피고인 1 자신이 위와 같은 범죄전력이 있고, 후보자등록을 신청할 때에 실효된 형을 포함한 금고 이상의 형의 범죄전력에 관한 증명서류를 제출하여야 한다는 것을 잘 알고 있었음에도 마치 아무런 전과기록이 없는 것처럼 증명서류를 제출함으로써 허위사실을 공표하였다 할 것이다.

차. 허위사실공표의 목적

공직선거법은 비례대표국회의원 선거제도를 선거인이 지역구국회의원 후보자에게 투표하는 것과는 별도로 정당이 제시한 비례대표들의 명부를 보고 정당에 투표하여 각 정당이 얻은 득표율에 따라 비례대표국회의원 의석을 배분하는 정당명부식 비례대표제를 채택하고 있다. 따라서 정당명부식 비례대표제의 선거제도는 정당에 대한 선거로서의 성격을 가지게 되고, 후보자 개인의 인물·정견·신념 등을 특정 선거구의 선거인에게 알리는 것이 필요한 지역구국회의원선거와는 달리 정당의 정강·정책 등을 전국적으로 알리는 것이 필요하다(헌법재판소 2006. 7. 27.자 2004헌마217 결정 참조). 이때 정당이 작성한 비례대표국회의원 후보자 명부의 내용과 순위는 선거인이 그 정당의 정강·정책을 구체적으로 어떻게 구현할 것인지를 판단할 수 있는 자료가 될 뿐만 아니라 비례대표국회의원 후보자의 신분·직업·경력등·인격·행위·소속단체 등이 어떤지, 그것이 정당의 정강·정책 등과 부합하는지 여부 등은 선거인의 정당 지지도에 영향을 미쳐 정당의 득표율과 비례대표 의석수를 결정할 수 있는 중요한 의미가 있다. 따라서 비례대표 후보자의 학력·경력에 관한 사항에 관하여 허위사실을 공표하는 것이 '당선되거나 되게 할 목적'과 관련이 없다는 주장은 받아들이기 어렵다.

카. 이력서에 의한 허위사실공표의 점

직권으로 살피건대, 이 사건 공소사실 중 이력서에 의한 허위사실공표의 점의 요지는, 피고인 1은 2008. 3. 24. 12:00경 서울 영등포구 여의도동 (소재지 생략) 주식회사 ○○○ 사무실에서 공소외 1에게 창조한국당 비례대표국회의원 후보자 등록서류를 만들어 달라고 하면서 허위사실이 기재된 이력서(1)를 교부하였고, 이를 받은 공소외 1은 2008. 3. 25. 18:00경 창조한국당에서, 이력서(1) 중 학력·경력에 대한 증빙서류가 없는 부분을 아래와 같이 일부 수정한 이력서(2)를 피고인 1의 공천신청 관련 서류를 접수하면서 함께 제출하였으며, 창조한국당 담당자는 2008. 3. 26. 16:00경 중앙선거관리위원회에서, 피고인 1의 비례대표 후보자 등록서류를 접수하면서 그 이력서(2)도 함께 제출하였다.

- 67. 광주제일고등학교
- 89. 05. ~ 94. 07. 연변대학 정치학과 졸업 학사
- 98. 수원대학교 경영학 수료
- 05. 01. ~ 현재 광주 5·18민주화운동부상자회 상임고문
- 05. 06. ~ 08. 02. (대통령직속) 국가균형발전위원회 상임위원

이로써 피고인 1은 제18대 총선에서 당선될 목적으로 이력서에 후보자인 피고인 1에게 유리하도록 자신의 학력, 경력, 소속단체 등에 관하여 허위의 사실을 공표하였다는 것이다. 그러므로 살피건대, 공직선거법 제250조의 입법취지는 허위의 사실을 공표하여 선거인의 올바른 판단에 영향을 미치는 행위를 규제함으로써 선거의 공정을 보장함에 있고(대법원 2007. 3. 15. 선고 2006도8368 판결 참조), 그 행위태양인 '공표'라 함은 그 수단이나 방법의 여하를 불문하고 불특정 또는 다수인에게 허위사실을 알리는 것이다(대법원 2003. 11. 28. 선고 2003도5279 판결 참조).

그런데 허위의 사실이 기재된 이력서를 중앙선거관리위원회에 제출하는 행위는 그 이력서에 기재된 허위의 사실을 근거로 다른 수단에 의하여 불특정 또는 다수인에게 알려지는 것은 별론으로 하고, 이력서 제출행위 자체로는 선거인의 판단에 영향을 미쳐 선거의 공정을 해할 여지는 없으므로 허위사실공표죄를 구성하지 않는다고 보아야 할 것이다. 따라서 위 공소사실은 범죄로 되지 않는 때에 해당함에도 이 부분도 유죄로 인정한 원심에는 허위사실공표죄의 법리를 오해하여 판결에 영향을 미친 위법이 있으므로, 이와 실체적 경합범 관계에 있는 피고인 1에 대한 원심 판시 제1의 마. 및 제2의 죄(공직선거법위반) 부분은 더는 유지될 수 없게 되었다 할 것이다.

5. 피고인들의 공천 관련 금품수수의 점에 대한 판단

가. 공직선거법 제47조의2 제1항과 관련된 법리오해 주장

(1) 법률 규정

공직선거법 제47조의2 제1항은 "누구든지 정당이 특정인을 후보자로 추천하는 일과 관련하여 금품이나 그 밖의 재산상의 이익 또는 공사의 직을 제공하거나 그 제공의 의사를 표시하거나 그 제공을 약속하는 행위를 하거나, 그 제공을 받거나 그 제공의 의사표시를 승낙할 수 없다"고 규정하고, 같은 법 제230조 제6항은 "제47조의2 제1항 또는 제2항을 위반한 자는 5년 이하의 징역 또는 1천만원 이하의 벌금에 처한다"고 규정하고 있다.

(2) 공직선거법 제47조의2 제1항의 위헌 여부 등

공직선거법 제47조의2 제1항의 주체 및 구성요건이 불명확하여 헌법상 죄형법정주의 또는 명확성의 원칙에 위배되고, 가사 합헌이라고 하더라도 범죄의 주체를 제한하거나, 공천과 관련하여 무상으로 금품을 제공하는 것만을 금지하는 것으로 제한하여 해석하여야 하는지 여부를 본다.

살피건대, 헌법 제12조 및 제13조를 통하여 보장되고 있는 죄형법정주의의 원칙은 범죄와 형벌이 법률로 정하여져야 함을 의미하고, 이러한 죄형법정주의에서 파생되는 명확성의 원칙은 법률이 처벌하고자 하는 행위가 무엇이며 그에 대한 형벌이 어떠한 것인지를 누구나 예견할 수 있고, 그에 따라 자신의 행위를 결정할 수 있도록 구성요건을 명확하게 규정하는 것을 의미한다. 그러나 처벌법규의 구성요건이 명확하여야 한다고 하여 모든 구성요건을 단순한 서술적 개념으로 규정하여야 하는 것은 아니고, 통상의 해석방법에 의하여 건전한 상식과 통상적인 법 감정을 가진 사람이면 당해 처벌법규의 보호법익과 금지된 행위 및 처벌의 종류와 정도를 알 수 있도록 규정하였다면 헌법이 요구하는 처벌법규의 명확성에 배치되는 것이 아니다. 또한, 어떠한 법규범이 명확한지 여부는 그 법규범이 수범자에게 법규의 의미내용을 알 수 있도록 공정한 고지를 하여 예측가능성을 주고 있는지 여부 및 그 법규범이 법을 해석·집행하는 기관에 충분한 의미내용을 규율하여 자의적인 법해석이나 법집행이 배제되는지 여부, 다시 말하면 예측가능성 및 자의적 법집행 배제가 확보되는지 여부에 따라 이를 판단할 수 있는데, 법규범의 의미내용은 그 문언뿐만 아니라 입법 목적이나 입법 취지, 입법 연혁, 그리고 법규범의 체계적 구조 등을 종합적으로 고려하는 해석방법에 의하여 구체화하게 되므로, 결국 법규범이 명확성 원칙에 위반되는지 여부는 위와 같은 해석방법에 의하여 그 의미내용을 합리적으로 파악할 수 있는 해석기준을 얻을 수 있는지 여부에 달려 있다(대법원 2006. 5. 11. 선고 2006도920 판결 참조).

한편, 종래 정치자금법 제32조 제1호(2005. 8. 4. 법률 제7682호로 전부개정되기 전에는 정치자금에 관한 법률 제13조 제1호)는 "누구든지 공직선거에 있어서 특정인을 후보자로 추천하는 일과 관련하여 정치자금을 기부하거나 받을 수 없다"고 규정하고, 같은 법 제3조 제1호(위 전부개정 전에는 정치자금에 관한 법률 제3조 제2호)는 '정치자금'을 정의하면서 '당비, 후원금, 기탁금, 보조금과 정당의 당헌·당규 등에서 정한 부대수입 그 밖에 정치활동을 위하여 정당, 공직선거에 의하여 당선된 자, 공직선거의 후보자 또는 후보자가 되고자 하는 자, 후원회·정당의 간부 또는 유급사무직원 그 밖에 정치활동을 하는 자에게 제공되는 금전이나 유가증권 그 밖의 물건과 그 자의 정치활동에 소요되는 비용'을 말한다고 규정하고 있었다(정치자금에 관한 법률이 2004. 3. 12. 법률 제7191호로 개정되기 전에는 정치자금을 '당비, 후원금, 기탁금, 보조금, 후원회의 모집금품과 정당의 당헌·당규 등에서 정한 부대수입 기타 정치활동을 위하여 제공되는 금전이나 유가증권 기타 물건'으로 정의하였다가, 위 2004. 3. 2. 개정으로 위와 같이 개정되었다). 따라서 공직선거에 있어서 특정인을 후보자로 추천하는 행위와 관련하여 금전이 수수되었다 하더라도 그것이 정치활동을 위하여 제공된 '정치자금'이 아니라면 위 규정을 적용하여 처벌할 수 없었다(대법원 1999. 3. 23. 선고 99도404 판결 참조).

이에 공직선거법 제47조의2 제1항을 신설하여, 정당이 공직선거에서 특정인을 후보자로 추천하는 일과 관련하여 금품 등이 수수된 경우에는 그것이 정치자금이 아니라 하더라도 관련된 사람들을 처벌할 수 있도록 하였다.

이러한 입법 경위에 비추어 보면, 공직선거법 제47조의2 제1항은 종래의 정치자금법의 공백을 보완하면서, 정당 공천의 공정성과 정당 운영의 투명성, 도덕성을 제고하고 나아가 선출직 공직자 선거에 있어서 후보자 추천 단계에서부터 금권의 영향력을 원천적으로 봉쇄함으로써 궁극적으로 공명정대한 선거를 보장하기 위하여 마련된 규정으로, 위 규정이 금지하고 있는 것이 공직선거에 있어서 정당이 후보자를 추천하는 것과 관련된 금품수수행위, 즉, 정당의 적법한 당비 수수나 차용행위를 일체 금지하는 것이 아니라 그것이 후보자 공천과 관련되어 이루어지는 것을 금지하는 것임이 법 문언상 명백하다.

또한, 금품수수행위의 주체와 관련해서도, 법률이 일정한 행위를 금지하는 금지규정의 수범자를 그 입법취지에 따라 일정한 신분이 있는 사람으로 제한하지 않고 국민 일반에 대하여 해당 행위를 금지하는 경우 그 수범자를 '누구든지'라고 일반적으로 규정하는 것은 통상적인 일이다. 또한, 금지규정의 수범자에 관한 규정은 해당 규정이 금지하는 행위와 결합하여 파악되어야 하는바, 위 규정의 구성요건이 금품수수행위와 공천과의 관련성을 요구하고 있으므로 금품수수행위를 한 사람의 신분이나 지위, 금품을 수수한 사람의 상호 관계 등은 공천과의 관련성

정도에 따라 한정적으로 해석될 수 있어 위 규정이 범죄의 주체를 무한정 확대하고 있다고 할 수도 없다.

나아가 '정당이 특정인을 후보자로 추천하는 일과 관련하여'란 금품의 제공 등이 후보자 추천의 대가 또는 사례에 해당하거나, 그렇지 않다 하더라도 금품의 제공 등이 후보자 추천에 있어서 어떠한 형태로든 영향을 미칠 수 있는 경우에 해당하여야 하고(대법원 2007. 9. 6. 선고 2006도6307 판결 참조), 이에 해당하는지 여부는 피고인의 사회적 지위, 행위의 동기 및 경위, 수단과 방법, 행위의 내용과 태양, 행위 당시의 사회상황 등 여러 사정을 종합하여 사회통념에 비추어 합리적으로 판단할 수 있다.

마지막으로 위 규정이 처벌대상으로 하는 구체적인 행위는 '금품, 금품 이외의 재산상의 이익, 공사의 직을 제공하는 행위, 그 제공의 의사를 표시하는 행위, 그 제공을 약속하는 행위, 그 제공을 받는 행위, 그 제공의 의사표시를 승낙하는 행위'로서 명확하게 규정되어 있다.

따라서 위와 같은 법률 규정의 내용은 건전한 상식과 통상적인 법 감정을 가진 사람이라면 누구라도 어렵지 않게 그 의미를 파악할 수 있는 것으로서 애매하거나 모호하다고 할 수 없으므로 죄형법정주의원칙에 위반되지 않고, 위 범죄의 주체를 공천권이 있는 자 등 일정한 지위에 있는 사람으로 한정하거나 그 행위를 무상기부행위로 한정하여 해석할 필요는 없다 할 것이다.

(3) 공직선거법 제47조의2 제1항 위반행위의 주체

공직선거법 제230조 제6항, 제47조의2 제1항은 금품 등을 받은 사람을 처벌하는 규정이고, 피고인 1로부터 돈을 받은 것은 창조한국당이므로 위 규정을 적용하여 피고인 2 개인을 처벌할 수 없는지 여부에 관하여 본다.

살피건대, <u>공직선거법 제47조의2 제1항의 규정을 위반하여 후보자 추천과 관련한 금품 등을 제공받은 자라 함은 어디까지나 당해 위반행위를 실제로 행한 자연인을 의미하고, 이때 행위자가 자신이 아닌 다른 사람으로 하여금 금품 등을 취득하게 하는 경우에는 같은 법 제47조의2 제2항에 해당하는 것은 별론으로 하고, 원칙적으로 위 제47조의2 제1항을 위반하였다고 볼 수 없으나, 사회통념상 그 다른 사람이 금품 등을 받는 것을 행위자가 직접 받은 것과 같이 평가할 수 있는 관계가 있는 경우에는 위 법규정 위반에 따른 책임을 부담한다고 할 것이다</u>(형법 제129조 제1항의 뇌물수수죄에 관한 대법원 2004. 3. 26. 선고 2003도8077 판결, 형법 제357조 제1항의 배임수재죄에 관한 대법원 2008. 3. 27. 선고 2006도3504 판결 참조). 또한, 법인이나 단체 등에 속한 행위자가 법인이나 단체의 기관으로 행동하면서 위 규정을 위반하는 행위를 하였으나 금품 등의 수수행위로 인한 법률관계가 법인이나 단체 등에 귀속되는 경우 행위

자는 실제 위반행위를 한 자로서의 책임을 면할 수 없는 것이다(대법원 2005. 8. 19. 선고 2005도3045 판결, 1994. 2. 8. 선고 93도1483 판결 참조).

따라서 뒤에서 보는 바와 같이 피고인 1이 지급한 돈이 창조한국당의 공식계좌로 입금되어 현실적으로 창조한국당이 돈을 제공받은 결과로 되었을 뿐이고, 처음부터 '창조한국당'이 정당으로서 공직선거법 제47조의2 제1항의 위반행위를 한 것이라고는 볼 수 없는 이 사건에서는 위와 같은 법리에 따라 피고인 2가 공직선거법 제47조의2 제1항 위반행위를 하였는지 여부만이 문제될 뿐이라고 할 것이다.

나. 피고인 1의 검찰 진술이 위법수집증거 또는 임의성 없는 허위진술인지 여부

(1) 인정사실

기록에 의하면, ① 피고인 1이 제18대 총선에서 창조한국당 비례대표 2번으로 추천되어 2008. 4. 9. 당선되자, 피고인 1의 학력 및 경력 등에 관한 문서위조 및 행사, 허위사실공표 혐의에 대하여 내사가 진행된 끝에 2008. 4. 16. 피고인 1에 대하여 제1회 검찰피의자신문조서가 작성된 사실, ② 2008. 4. 18. 수원지방법원에 구속영장이 청구되어 4월 21일 피고인 1이 구속되었는데, 그 범죄사실에는 문서위조 및 행사, 허위사실공표죄 이외에도 '공천 대가 불법 정치자금 기부' 혐의가 추가된 사실, ③ 2008. 4. 21.부터 2008. 6. 10.까지 피고인 1에 대한 검찰피의자신문조서가 아홉 차례 작성되었는데, 피고인 1은 위 검찰피의자신문조서 작성 당시 검찰에서 "창조한국당의 공천심사위원회가 비례대표 후보자를 심사하여 공천을 확정하기 이전에 창조한국당 대표 문이 피고인 1에게 비례대표 2번을 주기로 하였고, 피고인 1은 그 대가로 문○○과 피고인 2의 요구에 따라 6억원의 당채를 매입하였다"는 취지로 진술한 사실, ④ 검사는 2008. 5. 9. 원심 2008고합226호 공문서위조 및 행사, 사문서위조 및 행사, 허위사실공표로 인한 공직선거법위반죄로 피고인 1에 대한 공소를 제기한 후 2008. 7. 17. 원심 2008고합441호 공천 관련 금품수수로 인한 공직선거법위반죄로 피고인 1과 피고인 2에 대한 공소를 제기한 사실, ⑤ 피고인 1은 위 2008고합441호가 위 2008고합226호에 병합된 첫 기일인 2008. 7. 25. 원심 제5회 공판기일에서 "2008고합441 사건의 공소사실이 사실과 다르다, 창조한국당에 채권을 담보로 돈을 빌려준 것이고, 공천 관련 대가는 아니었다"고 진술하였고, 원심 재판장이 위 사건으로 수사기관에서 조사를 받을 때 사실대로 진술하고, 조서의 기재가 진술한 대로 기재되어 있는지 확인하고, 서명, 날(무)인 하였는지를 묻자 "일부 안 그런 것도 있지만 말을 삼키겠다"고 답변한 사실, ⑥ 피고인 1은 원심 변론이 종결된 2008. 8. 22. 피고인신문 과정에서 "2008. 3. 18. 문○○ 대표에게 비례대표 2번을 달라고 요구하여 3월 23일경 문○○ 대표와 피고인 2로부터 2번에 공천되었다는 통지를 받았다,

그런데 문○○ 대표는 돈에 대해서는 이야기를 하지 않았고, 그것은 검찰 조사에서도 그렇게 이야기하였다, 피고인 2가 당의 어려움을 이야기하면서 채권을 매입해 달라고 심하게 독촉하였고, 채권을 매입하지 않으면 곤란하다는 이야기를 하여 불가피하게 돈을 지급하였다"는 취지로 진술한 사실, ⑦ 피고인 1은 원심 판결 선고를 앞둔 2008. 9. 1. 탄원서를 작성하여 원심 법원에 제출하였는데, 그 탄원서에 "저는 연속 일주일째 검찰 조사를 밤 10시가 넘도록 [···] 고강도 조사를 마치고 담당검사는 음모를 일삼으며 족발, 고기찌개, 만두를 시켜놓고 소주, 양주를 내놓고, [···] 검사의 권유에 커피잔 큰 잔으로 술을 마시게 하면서 문○○ 의원(당선자)가 '한 가지' 자금 10억을 달라 해 6억을 주었다고 한 건만 시인하면 이 당선자는 벌금 30만원 의원직 유지를 시켜 줄 수 있다고 하면서, 중앙당에서 당선자이 의원을 안 좋은 사람이라고 비평을 한다고 갈등을 조성하면서, 이 의원이 안됐다면서 애정이 교차한다는 등 갈등을 부채질하면서 음모를 일삼는 상태에서 [···] 협조를 안 하면 재판부에 추가의견을 내어 양형에 반영시켜 의원직을 박탈시키겠다고 음모함에 치를 떨었습니다"라고 기재한 사실, ⑧ 당심에 이르러 위와 같은 탄원서를 작성하게 된 경위나 실제 위와 같은 회유나 협박이 있었는지 여부가 다투어졌는데, 피고인 1은 처음에는 4월 22일 제3회 검찰피의자신문조서 작성시와 4월 24일 제4회 검찰피의자신문조서 작성시에 회유·협박이 있었고, 검찰 조사를 받던 중 술을 먹고 쓰러져 외부 병원에서 진료를 받은 날이 처음으로 검사의 회유·협박이 있었던 날이라고 진술하였다가, 피고인 1이 검찰 조사 도중 쓰러져 진료를 받은 날은 4월 30일인 것으로 확인되고, 그날 검사실에서 피고인 1을 계호한 교도관 공소외 13이 증인으로 출석하여 "그날은 음식물이 검사실에 반입되지 않았다"고 진술하자, 다시 4월 21일 구속된 날 술을 주면서 회유 시도가 있었고 그날이 검사실에서 쓰러진 날이라고 진술한 사실, ⑨ 피고인 1이 이 사건으로 검찰 조사를 받으면서 검사가 주문한 식사 등을 검사와 함께 먹거나 마신 적이 있었던 사실 등을 인정할 수 있다.

(2) 관련 법률

형사소송법 제308조의2에 의하면 적법한 절차에 따르지 아니하고 수집한 증거는 증거로 할 수 없고, 같은 법 제309조에 의하면 피고인의 자백이 고문, 폭행, 협박, 신체구속의 부당한 장기화 또는 기망 기타의 방법으로 임의로 진술한 것이 아니라고 의심할 만한 이유가 있는 때에는 이를 유죄의 증거로 하지 못한다. 또한, 행형법 제46조 제1항 제4호는 수용자가 흉기·주류 등 허가되지 아니하는 물건을 제작·소지·사용·수수 또는 은닉하는 행위를 한 때에는 징벌을 부과할 수 있다고 규정하고 있다[한편, 2008. 12. 22. 시행되는 행형법의 전부개정법률인

형의 집행 및 수용자의 처우에 관한 법률(2007. 12. 21. 법률 제8728호로 전부개정) 제132조 제1항은 주류·담배·현금·수표를 교정시설에 반입하거나 소지·사용·수수·교환 또는 은닉하는 행위(제1호) 또는 수용자에게 전달할 목적으로 주류·담배·현금·수표를 허가 없이 교정시설에 반입하거나 수용자와 수수 또는 교환하는 행위(제2호)를 한 사람에 대하여 6월 이하의 징역 또는 200만원 이하의 벌금에 처하도록 규정하고 있다].

(3) 관련 법리

한편, 헌법과 형사소송법이 정한 절차에 따르지 아니하고 수집된 증거는 기본적 인권 보장을 위해 마련된 적법한 절차에 따르지 않은 것으로서 원칙적으로 유죄 인정의 증거로 삼을 수 없다 할 것이다. 다만, 수사기관의 증거 수집 과정에서 이루어진 절차 위반행위와 관련된 모든 사정 즉, 절차 조항의 취지와 그 위반의 내용 및 정도, 구체적인 위반 경위와 회피가능성, 절차 조항이 보호하고자 하는 권리 또는 법익의 성질과 침해 정도 및 피고인과의 관련성, 절차 위반행위와 증거수집 사이의 인과관계 등 관련성의 정도, 수사기관의 인식과 의도 등을 전체적·종합적으로 살펴 볼 때, 수사기관의 절차 위반행위가 적법절차의 실질적인 내용을 침해하는 경우에 해당하지 아니하고, 오히려 그 증거의 증거능력을 배제하는 것이 헌법과 형사소송법이 형사소송에 관한 절차 조항을 마련하여 적법절차의 원칙과 실체적 진실 규명의 조화를 도모하고 이를 통하여 형사 사법 정의를 실현하려 한 취지에 반하는 결과를 초래하는 것으로 평가되는 예외적인 경우라면, 법원은 그 증거를 유죄 인정의 증거로 사용할 수 있다고 보아야 할 것이다. 또한, 수사기관이 피의자를 조사하면서 자백의 대가로 법률이 허용하지 않는 이익을 제공하겠다고 약속하거나 자백을 하더라도 피의사실을 가볍게 처리할 의사가 없음에도 자백하면 일정한 이익을 제공하겠다고 기망을 하고 피의자는 그 약속이나 기망에 기하여 자백한 경우, 자백하지 않으면 일정한 불이익을 가하겠다고 협박하여 자백에 이른 경우 등에는 그 자백은 임의성 없는 자백이라고 할 것인데, 자백의 임의성에 다툼이 있을 때에는 그 임의성을 의심할 만한 합리적이고 구체적인 사실을 피고인이 입증할 것이 아니고 검사가 그 임의성의 의문점을 해소하는 입증을 하여야 하고(대법원 2006. 1. 26. 선고 2004도517 판결 참조), 피고인의 검찰 진술의 임의성이 다투어지는 경우, 법원은 구체적 사건에 따라 피고인의 학력, 경력, 직업, 사회적 지위, 지능 정도, 진술의 내용, 피의자신문조서의 형식 등 제반 사정을 참작하여 자유로운 심증으로 위 진술이 임의로 된 것인지 아닌지를 판단하면 된다(대법원 2006. 10. 26. 선고 2004도8106 판결 참조).

(4) 판 단

이 사건으로 돌아와, 먼저, 검사가 구속피의자를 조사하면서 피의자에게 주류를 제공하는 행위가 적법한 절차에 위반하는지 여부를 본다.

위와 같은 현행 행형법 규정이 미결수용자인 구속피의자가 주류를 마시지 못 하도록 하고, 주류를 마신 미결수용자에게 징벌을 가하는 것은 수용시설의 안전과 질서를 유지하고 각종 사고를 예방할 수 있도록 하기 위한 것으로 이러한 점에서 구속피의자에게 주류를 제공하는 것 자체는 위법한 것이기는 하나, 위에서 본 위법수집증거배제법칙의 취지에 비추어 보면, 수사기관이 구속피의자로부터 진술증거를 수집하는 조사과정에서 그 피의자에게 주류를 제공하였다 하여 그 주류제공이 다음과 같은 기망 등의 수단이 되었다는 특별한 사정이 없는 이상 그 위법이 당해 증거수집절차를 전부 위법한 것으로 만드는 것은 아니라고 보아야 할 것이다.

다음, 이 사건에서 검사가 피고인 1에게 위와 같은 약속 또는 기망, 협박을 하였는지 여부에 관하여 본다.

피고인 1이 주장하는 약속 또는 기망, 협박의 요지는 "피고인 1이 문○○의 요구에 의하여 창조한국당에 6억원을 지급하였다는 진술을 하면 검사는 그 대가로 피고인 1을 위하여 벌금 30만원을 받게 하여 국회의원직을 유지시켜 줄 것이고, 그러한 협조를 하지 않으면 재판부에 추가의견을 내어 양형에 반영시켜 의원직을 박탈시키겠다"는 것이다. 그런데 우선, 피고인 1에 대한 피의사실 중에는 법정형이 징역형만 규정되어 있는 공문서위조 및 동행사죄가 포함되어 있으므로 피고인 1이 유죄판결을 받더라도 국회의원직을 유지할 수 있는 방법은 공문서위조 및 동행사죄의 피의사실에 대하여 공소를 제기하지 않는 것인데, 이미 2008. 4. 21. 이전에 국내 언론에서 광주일고 졸업증명서 위조 혐의가 보도되었고, 그것이 구속영장청구 범죄사실에 포함되어 있었던 상황에서 수사검사가 공소를 제기하면서 그 부분을 따로 떼어내 불기소처분을 하는 것이 현실적으로 가능한 것이었는지 의문이 들고, 따라서 검사가 구태여 이와 같이 실현되기 어려운 대가를 약속하면서 피의자를 회유하려고 시도하였을 것이라고는 생각하기 어렵다. 또한, 가사 위와 같은 약속과 기망이 있었다 하더라도 그러한 약속과 기망은 공문서위조 및 동행사 혐의로 공소가 제기된 이후에는 검사가 공소를 취소하지 않는 이상 실현될 수 없고 따라서 늦어도 이 무렵에는 기망 당하였음을 알 수 있었다고 보이는데, 피고인 1은 원심에서 탄원서 기재와 같은 주장을 하지 않고 2008. 4. 21. 이후 작성된 검찰피의자신문조서에 대하여 모두 임의성 및 성립의 진정을 인정하였다.

나아가 검사가 협박하였다는 내용은 재판부에 '추가의견'을 내어 양형에 반영시켜 의원직을 박탈하겠다는 것으로, 그 내용이 재판부에 아무런 의견을 제시하지 않은 공소제기 이전 시점에서 나올 수 없는 것일 뿐만 아니라, 이미 여러 차례 법원에서 유죄판결을 선고받은 전력이 있고, 비선거범죄로 벌금형을 받거나 선거범죄로 벌금 100만원 미만의 형을 선고받지 않는 이상 국회의원직을 유지하기 어렵다는 것을 잘 알고 있었을 피고인 1이 위와 같은 말에 외포 당하여 허위로 진술할 것이라고 예상하기는 쉽지 않으며, 따라서 구태여 위와 같은 정도의 협박으로 피고인 1의 진술을 얻으려고 시도하였을 것이라고는 생각하기 어렵다.
또한, 피고인 1이 위와 같은 약속이나 기망, 협박에 의하여 진실한 사실과 다른 허위 진술을 하였다면 피고인 1 자신은 검찰에서 허위 진술을 하기 시작한 시점을 누구보다 정확하게 알고 있어야 하는데, 위에서 본 바와 같이 검사의 회유나 협박이 있었던 시점에 관하여 여러 차례 번복하고 있다.
따라서 피고인 1이 주장하는 위와 같은 약속이나 기망, 협박이 있었다고 보기 어려우므로, 2008. 4. 21. 이후 작성된 피고인 1에 대한 검찰피의자신문조서가 위법수집증거이라거나 임의성이 없는 진술이라는 주장은 받아들이기 어렵다.

다. 피고인 1이 창조한국당에 지급한 돈의 성격과 공천 관련성

(1) 돈의 성격에 대한 판단기준

공직선거법 제47조의2 제1항은 정당이 특정인을 후보자로 추천하는 일과 관련하여 돈이 제공된 경우 그것이 '금품의 제공'인지 '재산상 이익의 제공'인지를 구별하고 있고, 정치자금법 제3조 제2호는 '금품의 무상대여'를 기부의 한 형태로 보고 있으며, 또한 피고인들이 이 사건 금품의 성격에 관하여 공천과는 관계없는 순수한 금전소비대차계약에 따른 대여금이라고 주장하고 있음은 위에서 본 바와 같다.
따라서, 피고인 1이 공소외 14, 15, 16 명의로 창조한국당에 입금한 돈의 성격이 이른바 '공천헌금'으로 피고인 1의 행위가 '금품의 제공'에 해당하는지 또는 '공천헌금'은 아니지만 공천과 관련된 금품의 대여(무상 또는 무상에 가까운 낮은 이율의 대여)에 해당하는지, 아니면 피고인들이 주장하는 바와 같이 순수한 금전소비대차계약에 따른 대여금인지를 본다.
그런데 위와 같은 금품이 제공된 사실은 시인하면서도 이를 무상으로 제공받거나 기부받은 것이 아니라 빌린 것이라고 주장하는 경우 금품을 제공받은 자가 그 돈을 실제로 빌린 것인지 여부는 제공받은 자가 제공한 자로부터 돈을 수수한 동기, 전달 경위 및 방법, 제공받은 자와 제공한 자 사이의 관계, 양자의 직책이나 직업 및 경력, 제공받은 자의 차용 필요성 및 제공한 자 외의 자로부터의 차용 가능성, 차용금의 액수 및 용처, 제공한 자의 경제적 상황 및 제공과 관련된 이익의

규모, 담보 제공 여부, 변제기 및 이자 약정 여부, 제공받은 자의 원리금 변제 여부, 채무불이행시 제공한 자의 독촉 및 강제집행의 가능성 등 증거에 의하여 나타나는 객관적인 사정을 모두 종합하여 판단하여야 할 것이다(대법원 2007. 9. 7. 선고 2007도3943 판결 참조).

(2) 인정사실

원심이 적법하게 채택·조사한 증거들과 이 법원이 채택·조사한 증거들을 종합하면, 다음과 같은 사실을 인정할 수 있다.

(가) 피고인들의 신분과 경력

① 피고인 1은 2008. 4. 9.에 실시된 제18대 총선에서 창조한국당 추천의 비례대표 후보자 2번으로 출마하여 당선된 사람이고, 피고인 2는 창조한국당 재정국장이자 제18대 총선 당시 총선승리본부 관리지원단장을 역임한 사람이다.

② 피고인 1은 1975. 2. 25. 광주지방법원에서 사기죄로 징역 10월을, 1978. 5. 3. 서울지방법원 남부지원에서 사기죄로 징역 1년을, 1981. 9. 3. 서울형사지방법원에서 공갈죄로 징역 10월을 각 선고받았고, 2000년 제16대 총선에 출마하면서 광주일고 및 연변대 졸업증명서 등을 위조·행사하고, 허위학력 및 체신부장관 비서실장, 국무총리 비서관 등 허위경력을 공표한 혐의로 2001. 2. 6. 서울고등법원에서 공문서위조죄 등으로 징역 10월을, 공직선거및선거부정방지법위반죄로 징역 8월을 선고받은 후 2005. 8. 15. 특별복권을 받았다.

③ 피고인 1은 위와 같이 허위의 학력·경력을 내세워 제16대 총선에 출마하였다가 실형을 선고받았던 경험을 거울삼아 제18대 총선에서는 비교적 검증이 소홀한 비례대표로 공천을 받아 국회의원이 되기로 마음을 먹고, 2008년 1월부터 3월 중순경까지 한나라당과 통합민주당의 비례대표 공천을 받으려고 시도하였으나 실패하였다. 피고인 1은 당선이 가능한 순위 내에서 비례대표 공천을 받기 위해서 정당이 요구한다면 기꺼이 5~7억원 정도의 기부를 할 생각이 있었고, 실제로 그 자금을 준비하였다.

④ 피고인 2는 2000년경 주식회사 ○○를 설립하여 경영하는 기업인으로, 중소기업 육성정책 등 창조한국당의 정책이 평소의 신념과 같아 2007년 10월경 창당 과정에서부터 창조한국당에 참여하였는데, 대통령선거 과정에서 중소기업 관련 정책제안을 하고 회계에도 밝아 문○○과 공소외 9(창조한국당 대표 특보단장)의 신임을 받고 2008년 1월 초경부터는 재정국장으로 근무하였다. 피고인 2는 주 1, 2회 정도 1회에 1~2시간 정도 출근하는 비상근 형태로 근무하였으나 당의 예산 등 재정업무를 총괄하였고, 제18대 총선 당시 총선승리본부(본부장 문○○, 부본부장 공소외 17, 18, 공소외 18은 총선기획단장 겸임) 산하 관리지원단장으로

있으면서, 조직체계상으로는 공소외 18 부본부장 겸 총선기획단장의 지휘통솔하에 있었으나 재정업무에 관해서는 그의 통솔을 받지 않았다.

(나) 창조한국당의 재정상태 및 총선 관련 재정의 운영

① 창조한국당은 2007. 12. 19. 실시된 제17대 대통령선거(이하 '대선'이라고 한다)를 치르면서 문○○ 후보가 개인재산을 투입하였음에도 2007. 11. 30.경부터는 선거자금이 부족하여 선거운동원에 대한 비용 지급도 중단할 정도였고, 그 결과 대선이 종료된 후 12억원(문○○의 차입금 약 44억원은 별도)의 부채를 부담하게 되었다.

② 창조한국당 대선평가단은 2008. 1. 20.경 대선 과정에서의 당 재정운영에 관하여, 금융권에서 돈을 대출받는 것이 불가능한 상황에서 구체적인 재원 조달 방법을 설정하지 않고 재정 한도에 근거하지 않은 즉흥적인 예산집행이 이루어졌다고 평가하였다.

③ 2008년에 들어와 지방 시·도당이나 그 밖의 채권자들로부터 채무변제 독촉이 심한 상황에서, 중앙당의 경비가 매월 4~6,000만원가량 들지만 당원들이 내는 당비는 대선 이후 2008년 1월경 1~2억원, 같은 해 2월경 7~8,000만원, 같은 해 3월경 6~7,000만원 등으로 계속 감소하고 있었으므로 당비 수입만으로는 12억원의 채무변제 및 당 운영 경비에 충당하기에도 부족하였고, 더욱이 제18대 총선을 위해 당장 써야 할 자금조차 턱없이 모자라 특단의 선거비용 충당방안을 마련하지 않으면 제18대 총선을 치르기 어려운 상황이었다. 2008. 1. 23. 2008년도 재정운영안에 의하면, 제18대 총선 자금만 75억원의 예산이 필요할 것으로 예상되었는데, 당시 당 계좌 잔고는 3,792만원 정도에 불과하였다.

④ 한편, 2008. 1. 12. 현재 창조한국당의 차입금은 문○○ 대표의 차입금 약 44억원을 제외하고도 공소외 19의 5,000만원(상환예정일 2008. 3. 1.), 공소외 20의 3,000만원(상환예정일 2008. 3. 1.), 2008. 1. 7. 공소외 17과 공소외 21의 각 1억원(이자 약정은 없고, 변제기일은 2008. 2. 15.이며, 2008. 1. 12. 당시 공동대표였던 문○○, 공소외 19, 20 명의의 차용증서가 교부되었다) 합계 3억원이 있었다.

⑤ 2008년 1월~2월경 총무국장 공소외 22는 "비례대표 특별당비 사례"라는 제목으로 피고인 2에게 "비례대표 특별당비 사례"라는 제목의 전자우편을 발송하였는데, 그 내용은 다음과 같다.

1) 16대 자민련 강모 의원 20억 공천헌금 후 1번 받고 당선
2) 17대의 경우 당선 안정권은 20억이 정설임, 다만 당선안정권이 몇 번째 순위이냐에 대한 판단이 다를 수 있음
3) 17대 이전에는 확실한 당선권은 30억도 다수였다고 함

4) 참고 : 작년 경기도의회 비례대표 당비 1억 5천 요구하였다가 문제됨

피고인 2는 위와 같은 내용의 전자우편을 받고 이를 출력한 다음, 자필로 비례대표 순번 옆에 금액을 의미하는 숫자를 다음과 같이 기재하였다.

1. 30 2. 25 3. 20 4. 25 5. 15 6. 10 7. 8 8. 7 9. 6 10. 5

⑥ 그 무렵 피고인 2는 공소외 9로부터 공천헌금 등에 대한 말을 듣고 자신의 수첩에 "공천심사건 장악, 당 발전기금, 공소외 19, 23, 24, 25, 26, 27, 28" 등의 이름을 기재해 놓았다.

⑦ 공소외 22는 2008. 2. 23. 19:38경 피고인 2, 공소외 9에게 '재정국 현재 현황'이라는 제목으로 전자우편을 보냈는데, 그 내용 중 예산 관련 부분은 '공소외 18 단장이 5억원정도 차입을 생각하신다고 한다, 그 차입금을 떠나 총선승리본부 인선도 하고, 총선국면이 본격 시작되는바, 당내에서 재정업무를 모두 완결하고 싶은 의사도 무리는 아니라고 판단된다. 그렇게 제안할 것 같다, 전제는 정확한 총선 소요예산 및 집행계획, 그 범위에서 문○○ 대표의 위임, 내부통제에 의한 지출이 될 것이다(공소외 18 단장이). 이러한 개략적인 계획을 문○○ 대표에게 보고하고 의중을 물은 것으로 알고 있다'는 취지였다.

이에 대하여 피고인 2는 2008. 2. 25. 12:00경 공소외 22에게 '공소외 18 단장이 현명하게 잘 판단하고, 문○○ 대표가 공감하고 승인하면, 공소외 9, 22 여러분이 협의하여 좋은 결정을 내리기 바란다'는 취지로 답변하였다.

⑧ 총선승리본부 관리지원단은 2008. 3. 1. '총선 관련 재정계획안'을 작성하여 3월부터 4월 30일까지의 예산안을 편성하였는데, 이 계획안에 의하면, 총선지출 예산으로 총액 28억 3,134만원(가장 규모가 큰 지출항목은 TV 광고로 3억 3,900만원정도 소요)이 필요한데, 수입은 당채 10억원, 특별당비 5억원, 당 발전기금 A 15억원, 당 발전기금 B 20억원 합계 50억원으로 구성되어 있었다. 공소외 22는 2008. 3. 7. 피고인 2, 공소외 9, 18에게 '총선자금 플로우'라는 제목으로 총선예산안에 관하여 설명하는 전자우편을 보내면서 위 '총선 관련 재정계획안'을 첨부하였다.

⑨ 공소외 22는 2008. 3. 4. 09:19경 공소외 9, 18, 피고인 2에게 '당무 현안 관련 몇 가지 전달'이라는 제목으로 전자우편을 보냈는데, 그 내용 중 공소외 17 부본부장과 관련해서는 '3월 3일 상임회의에 총선 예산 관련해서 공소외 17에게 사전에 업무보고나 협의가 없이 결정되어 회의에 상정된 것에 대하여 질책을 하였는데, 공소외 22가 일단 예산은 문○○ 대표의 확인사항이라고 보고하였다, 공소외 22가 마크맨이 되어 보고할 것은 보고하고 피할 것은 피하겠다', 공소외 21의 자금과 관련해서는, '월말에 필요한 자금을 구했는데 채권을 인수

할 의사는 없다고 한다, 공소외 21은 단(총선기획단을 의미하는 것으로 보인다)에서 비례대표 순번이라도 책임 있게 약속을 해 주어야 할 것 아니냐고 주장하고 있다, 순번도 안 주고 돈만 빌려달라고 하면서 단순 차입금 형식은 공소외 21이 수용하지 않을 태세다, 비례대표 선정위원회 회의도 없이 확정 순위를 줄 수도 없고…, 빌려달라고 설득하거나 순위 네고를 해서 확정을 주거나, 서로 합의한 금액을 공소외 45로 당비로 납부하게 하거나 하지 않는 한 공소외 21이 마련한 돈을 우리가 가용할 수 없을 것 같다, 달리 다른 창구로 자금을 마련해야 한다'는 취지였다.

이에 대하여 피고인 2는 같은 날 10:03경 공소외 9, 18, 22에게 위 전자우편에 대한 답변을 보냈는데, 그 내용은 공소외 17과 관련해서는 '비효율성과 불합리한 점을 개선하기 위해서는 보고체계와 의사결정 프로세스를 정립하는 것이 필요하므로 공소외 18 총선기획단장이 교통정리를 해 주기 바란다', 공소외 21과 관련해서는 '최소한의 1차 비례에 대한 당의 입장 정리, 2차 마무리에 대한 당의 입장 정리(내부 프로세스 및 기타 조건 등등)에 대해서 명확하게 정리되지 않으면 똑같은 일이 반복될 것이다, 시급하게 정리되어야 한다'는 취지였다.

⑩ 공소외 22는 2008. 3. 25. 13:59경 피고인 2에게 '3월 경상비'라는 제목으로 전자우편을 보내 피고인 2로부터 3월 경상비 총액 약 7,299만원의 집행 승인을 얻으려고 하였는데, 이에 대하여 피고인 2는 같은 날 14:00경 3월 경상비의 집행이 어렵다는 취지로 답변을 하면서 '홍보국에서 이야기하는 9,000만원 용지비용 건으로 오늘 집행이 어렵고, 당채가 들어오는 상황을 보아야 한다, 당채는 확인 중이다'라고 하였다. 그러나 공소외 22는 다시 같은 날 14:04경 피고인 2에게 '내일 지급분을 일부 지급하더라도 후보 등록과 관련된 지방 시·도당은 우선 고려 바란다'는 취지로 재답변하였고, 피고인 2는 '□□ 최상무에게 협조를 구해서…, 내일 결제 금액을 이원화하고, … 시도당 먼저 지급하는 것을 추진 중이다'라고 답변하였다.

⑪ 피고인 2는 2008. 3. 29. 13:06경 공소외 22가 공소외 29 조직국장, 공소외 30 재정국 차장 등과 협의하여 피고인 2에게 한 당직자들의 3월 활동비 인상 제안을 거절한 것에 대하여 공소외 22에게 전자우편을 보내면서 '이고문(공소외 19로 보인다)이 다섯 장 출연하는 것을 끌어내는 것으로 제안한 것을 진행하는 것이 합당하다, 따라서 이고문이 결단을 할 수 있는 주위 환경을 만드는 것이 중요하다, 총선을 마치고 당 재정이 적자상태가 지속되면 지금보다 더 힘들어질 것이다'라고 하였다.

피고인 2는 2008. 4. 1. 공소외 9와 함께 공소외 19를 만나 5억원을 내달라고 이야기하였다.

⑫ 피고인 2는 2008. 4. 26. 10:55경 공소외 9, 22에게 전자우편을 보내면서 당 재정계획의 문제점에 관하여 지적하면서 '만기 1년짜리 채권들이 돌아올 때 어떻게 상환할 것인가가 누락되어 있다, 소소하지만 당에 작년 대선 때 빌려준 분들에 대한 상환계획도 누락되어 있다, 현재 당이 지고 있는 약 4.5~5억원 정도의 빚을 언제까지 상환하겠다는 계획이 없다, 대선 때 문○○ 대표로부터 차입한 돈 중에서 스톡옵션 매각대금과 관련한 세금을 내야할 것은 일부라도 상환해야 한다'는 4가지를 지적하였고, 이에 대하여 공소외 22는 '위 재정계획은 당직개편과 당사 이전 후 단기의 살림살이에 대한 계획이므로 부채상환계획은 없는 것이다, 부채상환에 관하여 시도당에 대한 부채를 먼저 갚고, 진성당원 발굴 배가운동을 하여 정당의 고유 수입인 당비를 받는 방안, 현재 고정수입에서 지출을 절대적으로 줄여서 일부라도 변제하는 방안을 논의하였다'고 답변하였다. 그러자 피고인 2는 다시 공소외 22에게 '재정계획에서 부채상환계획이 없는 것을 문○○ 대표는 이해하지 못할 것이다, 빚은 가능한 한 빨리 갚아야 하고, 그렇지 못하면 합리적인 상환계획을 세워야 한다, … 내 의견은 부채상환계획이 들어가 있어야 한다는 것이다. … 빚 없이 해 두고 정책 정당으로 가는 것이 목표라고(문○○ 대표는) 생각하고 있는 것 같다'라고 답변하였다.

⑬ 한편, 창조한국당 중앙위원회는 2008. 2. 3. 당이 직면하고 있는 부채를 해결하기 위하여 특별당비, 재정활성화사업, 당채 발행, 특별 차입 등 재정안정화 대책에 관한 권한을 총선승리본부 상임회의에 위임하였고, 그 중 당채 발행은 기존 채무에 대하여 채권을 발행하여 기존 채무의 변제기를 유예시키거나 당원들에게 소액의 당채를 판매하여 총선에 소요될 자금을 조성하는 것이었다. 이에 총선승리본부 상임회의는 2008. 3. 11. 발행금 총액 9억 9,000만원 상당의 채권(이자 연 1%, 만기 1년·2년·3년 3종)을 발행하기로 의결하고 10만원 권, 20만원 권, 30만원 권, 100만원 권 등 4종류의 채권을 인쇄하였으나, 그 중 판매된 것은 공소외 31(△△△ 대표)에게 2008. 3. 21.자로 발행해 준 100만원권 45매 4,500만원어치 뿐이고, 나머지 채권은 판매되지 않았다. 그 후 2008년 4월 초순경 피고인 2와 공소외 22는 100만원 권 이하의 채권을 발행하는 것이 번거롭다는 당 재정국 직원 공소외 32의 의견에 따라 2008. 4. 5.경 1,000만원 권 채권 200매(액면금 20억원)를 인쇄하게 하였다.

⑭ 한편, 피고인 2는 2008. 3. 30. 다음과 같은 내용의 재정현황표를 작성하였다.

1. 현재

?	발전기금(원)	당채(원)	4월9일 이후 분납(원)	총액(원)	비고
A	0	0	13억	13억	?
B	6억	4억	0	10억	?
C	3억	2억	0	5억	?
D	2억	0	0	2억	?
총액	11억	6억	13억	30억	?

2. 현재

?	발전기금(원)	당채(원)	4월9일 이후 분납(원)	총액(원)	비고
A	10억	0	0	13억	23억
B	0	6억	4억	0	10억
C	0	3억	2억	0	5억
D	0	2억	0	0	2억
총액	10억	11억	6억	13억	40억

(다) 피고인 1의 후보자 추천 경위

① 피고인 1은 2008. 3. 15.경 공소외 33(△△ 대표)으로부터 소개받은 □□포럼 대표 공소외 34에게 "제18대 총선에서 통합민주당 비례대표 공천을 받으려고 하였는데 안 되었다"는 취지의 말을 한 후 공소외 34로부터 문○○ 대표도 위 포럼 초청연사였다는 말을 듣자, 공소외 34에게 '문○○ 대표와 창조한국당이 참신하니 소개시켜 달라'고 부탁하였고, 공소외 34가 그 자리에서 문○○ 대표에게 전화를 하여 피고인 1이 자유총연맹 등의 인맥이 넓어 선거에 도움이 될 사람이니 한 번 만나보라고 권유한 결과 문○○과 만나게 되었다.

② 피고인 1과 문○○은 2008. 3. 18. 17:00경 서울 중구에 있는 프레스센터 내쇼날프레스클럽 커피숍에서, 공소외 34의 소개로 처음 대면을 하였는데, 피고인 1은 문○○에게 창조한국당 비례대표 2번 공천을 받고 싶다는 취지의 말과 함께 위와 같이 허위의 사실이 기재된 이력서(1)를 주었고, 문○○은 이를 받아 수행비서 공소외 35에게 주며 당 조직사업단에 넘겨 비례대표 후보자로 검토해 보도록 지시하였으며, 위 이력서(1)는 공소외 36(당 조직사업단 부단장)을 통하여 주무부서인 당 총무국에 전달되었다.

③ 문○○(전화번호 생략)은 2008. 3. 20. 19:14경 피고인 1(전화번호 생략)에게 전화하여 6초가량 통화하였고, 피고인 1은 2008. 3. 20. 20:07경 문○○에게 전화하여 54초가량, 2008. 3. 21. 12:16경 문○○에게 전화하여 1분 45초가량 통화

하였으며, 문○○은 2008. 3. 23. 피고인 1에게 15:09경 5초가량, 19:06경 11분가량, 22:41경 1분 24초가량, 22:46경 35초가량 전화통화를 하였다.

④ 피고인 1은 문○○의 제의로 2008. 3. 24. 08:00경 서울 강남구에 있는 르네상스 호텔 비즈니스센터에서 문○○을 만나면서 배석한 피고인 2, 공소외 9를 소개받았다.

⑤ 문○○은 위와 같은 전화통화 과정에서 피고인 1에게 비례대표 2번을 줄 수 있다는 언질을 하였고, 피고인 1은 당의 공식적인 확정 절차는 남아 있지만 당대표인 문○○이 2번 공천을 긍정적으로 말하였기 때문에 비례대표 2번 공천을 받을 가능성이 매우 크다고 이해하였다.

⑥ 피고인 1은 문○○ 대표를 만난 후 3월 24일 위 공소외 1에게 창조한국당 비례대표국회의원 후보자 등록서류를 만들어 달라고 부탁하였고, 공소외 1은 다음 날인 3월 25일 18:00경에 창조한국당에 일부 수정한 이력서(2)와 후보자 등록서류(위조된 연변대학 졸업증명서 및 학습성적증명서, 위 개인용 범죄경력조회 회보서 등)를 접수하였다.

⑦ 한편, 창조한국당은 2008. 3. 23. 총선승리본부 상임회의를 개최하여 별도의 비례대표 선정위원회를 구성하지 않고 지역구 후보자의 공천을 심사하였던 공천심사위원회(위원장 공소외 37)에 비례대표 선정권한을 위임하기로 의결하였고, 이에 공천심사위원회는 2008. 3. 24.부터 2008. 3. 25. 16:00경까지 비례대표 후보자를 심사하였다.

그런데 피고인 1은 위와 같이 문○○이 받아서 당에 접수한 이력서(1)만 제출한 상태였고, 공천심사위원회의 공식 심사가 종료되기까지 이력서의 학력 및 경력 등을 증명할 수 있는 서류를 제출하지 않았으며, 관련 서류의 제출을 독촉하는 창조한국당 직원에게 "내가 직접 가야 관련 서류를 발급받을 수 있는데, 다른 사람들을 만나는 일로 시간이 없다"는 취지로 답변하면서 관련 서류를 제출하지 않았다. 이에 공천심사위원회는 피고인 1의 비례대표 심사를 유보한 상태에서 심사를 마치고, 공천심사위원들인 공소외 38, 39, 40은 귀가하였다.

⑧ 문○○, 공소외 9, 18, 37 등은 2008. 3. 25. 21:00경부터 밤늦게까지 비례대표 공천대상자들을 최종 조율한 결과 문○○을 통해 공소외 41 전 총리 등으로부터 추천이 있었던 것으로 알려진 피고인 1을 2번으로 확정하였다.

⑨ 이와 별도로 문○○은 2008. 3. 25. 밤과 2008. 3. 26. 07:48경 한국여성벤처협회 회장을 역임한 공소외 26에게 비례대표 후보자 추천을 승낙해 달라고 요청하였으나 실패하였고, 3월 24일경에는 참여성노동복지터 대표 공소외 42에게도 비례대표 상위 순번을 제안하였으나 실패한 바 있었다.

2008. 1. 6.부터 문○○ 대표 비서실 차장이었던 공소외 30도 2008. 3. 21. 공소외 43을 만나 창조한국당 비례대표 공천 신청을 할 것을 권유하였는데, 당시 공소외 30은 공소외 43에게 당이 재정적으로 어렵다고 하면서 특별당비나 당채 발행에 관하여 언급하였다.

⑩ 창조한국당 비례대표 1번은 공소외 19로 창조한국당의 공동대표였던 사람이고, 3번 공소외 21은 대선 당시 중앙당 민원실장을 하였으며, 4번 공소외 17은 대선 당시 특보단장, 비례대표 공천 당시 총선승리본부 부본부장 겸 총선기획단장이었고, 그 밖에 귀화 외국인 여성인 7번 공소외 44를 제외하고 5번 공소외 36 이하는 모두 당내 인사들이었다.

⑪ 공소외 18은 2008. 3. 26. 오전 비례대표 후보자들에게 공천확정 통지를 하였고, 창조한국당은 같은 날 비례대표 후보자 명부에 피고인 1을 추천순위 2번으로 등재하여 중앙선거관리위원회에 제18대 총선 비례대표 후보자 등록신청을 하였다.

⑫ 한편, 창조한국당 총무팀 직원 공소외 45는 2008. 3. 26. 공소외 1에게 전화하여 누락한 서류(광주일고 졸업증명서, 공직 후보자용 범죄경력조회 회보서 등)를 보완할 것을 요구하였고, 그제야 피고인 1은 같은 날 오전 강남경찰서에서 위와 같이 금고 이상의 전과가 없는 것으로 기재된 '공직선거 후보자용 범죄경력조회 회보서'를 발급받아 위조된 광주일고 재학증명확인원과 함께 공소외 1에게 주어, 공소외 1로 하여금 같은 날 16:00경 창조한국당에 제출하게 하였다.

(라) 공천 관련 금품수수

① 피고인 1은 2008. 3. 24. 위 르네상스 호텔에서 위와 같이 공소외 9를 만난 자리에서 공소외 9에게 창조한국당의 비례대표 공천기준과 당 발전에 기여할 수 있는 방법이 무엇인지를 물었고, 공소외 9는 피고인 1에게 "당 재정사정이 좋지 않다, 총선을 치르기 위해서 당채를 발행하고 있다, 당채를 판매하는 데 도움을 달라"는 말을 하였다. 당의 재정 문제에 관하여 피고인 1에게 설명하기 위해 참석한 피고인 2도 피고인 1에게 "당 재정이 어려우니 당채를 팔아달라, 융통해 주면 이자까지 쳐서 주겠다"고 하였다.

② 피고인 2는 2008. 3. 24. 피고인 1을 만난 이래, 같은 날 3회, 비례대표 후보자 등록 첫날인 3월 25일 8회, 후보자 등록 마감일인 3월 26일 8회가량 피고인 1에게 전화하거나 문자메시지를 보내 "당채를 사 달라, 3번이 5억원을 냈으니 2번은 적어도 5억원 넘게 내야할 것 아니냐, 기탁금을 제외하고 6억원을 내 달라, 이자까지 포함된 것으로 손해도 안 보는데 왜 돈을 내지 않느냐"고 하면서 당채 매입대금으로 6억원을 입금할 것을 독촉하였다.

③ 한편, 피고인 1은 통합민주당 비례대표 공천을 받으려고 노력하던 시기인 2008년 2월 중순경 공소외 46(◎◎◎ 대표)으로부터 주식회사 ♡♡의 약속어음(액면금 10억원)을 빌려 이를 ▽▽저축은행 등에서 할인한 후 비례대표 공천에 필요한 비용으로 사용하려고 하였으나 3월 13일까지 할인하지 못하였고, 3월 20일경 공소외 46에게 위 약속어음을 반환하면서 다시 액면금이 적은 약속어음을 빌리기로 약속을 받은 후 위 주식회사 ○○○을 경영하는 공소외 16에게 약속어음 할인 대출을 받는 데 주식회사 ○○○ 명의로 대출을 받게 해 달라고 부탁하였다.

④ 피고인 1은 2008. 3. 21. 공소외 46으로부터 주식회사 ◇◇의 약속어음(액면금 7억 8,000만원) 사본을 받은 후 군산시에 있는 ▷▷저축은행에서 위 주식회사 ○○○을 차주로 하고 공소외 46을 보증인으로 하여 대출을 받으려고 하였으나, 공소외 46은 보증을 서지 않으려고 하였고, ▷▷저축은행도 공소외 46이 보증을 서지 않는 이상 대출을 해줄 수 없다는 입장을 보였다.

⑤ 이에 피고인 1은 3월 24일부터 3월 27일경까지 공소외 46에게 무조건 보증을 서줄 것을 요구하였고, 공소외 46은 피고인 1에게 차용증을 써 주면 보증을 서겠다고 하여 대출을 받지 못하고 있다가 3월 28일 피고인 1이 공소외 46에게 차용증을 작성해 주고 공소외 46의 보증서를 받아 같은 날 ▷▷저축은행에 제출하였다. ▷▷저축은행은 3월 28일 18:05경 피고인 1이 알려준 주식회사 ○○○ 명의의 농협계좌(피고인 1이 관리하고 있었다)로 대출금 7억 1,000만원을 입금하였다.

⑥ 피고인 1은 2008. 3. 25. 아는 기업인들에게 전화하여 창조한국당 당채를 구입해 달라고 요청을 하였다.

⑦ 한편, 피고인 1은 후보자 등록 마감일로서 기탁금을 납부하여야 했던 2008. 3. 26. 17:04경 자신의 하나은행 계좌에서 창조한국당 제일은행 계좌(번호 생략)로 처인 공소외 14 명의로 2,000만원을 입금하였는데, 창조한국당 담당자는 피고인 1의 의사를 묻지 않고 임의로 위 돈 중 1,500만원을 피고인 1의 기탁금으로, 50만원을 공천심사료로, 450만원을 특별당비로 처리하였다.

⑧ 또한, 피고인 1은 2008. 3. 26. 17:06경 전남 화순에 있는 초등학교 동창 공소외 49로부터 4,000만원을 급하게 빌려 공소외 49로 하여금 4,000만원을 피고인 2를 받는 사람으로 하여 창조한국당의 제일은행 계좌(번호 생략)로 입금하게 하였는데, 창조한국당 담당자는 역시 피고인 1의 의사를 묻지 않고 임의로 위 돈으로 기탁금을 마련하지 못한 다른 비례대표 후보자의 기탁금으로 사용하였다.

⑨ 피고인 1은 2008. 3. 28. 18:18경 공소외 16 개인 명의로 피고인 2가 알려 준 창조한국당의 농협계좌(번호 생략)로 5억 5,500만원을 송금하였고, 피고인 2는 3월 29일 공소외 32에게 지시하여 3억원을 대선 채무 변제에 사용하였으며, 다음날 나머지 돈을 대선 채무의 변제 및 총선 홍보비 등으로 사용하였다.

⑩ 피고인 1이 위와 같이 5억 5,500만원을 입금하기 전날인 2008. 3. 27. 11:29경 문○○은 피고인 1에게 전화하여 9초가량, 다시 같은 날 11:30경 피고인 1에게 전화하여 2분 13초가량 통화하였고, 위와 같이 입금한 후인 2008. 3. 29. 18:42경 피고인 1이 문○○에게 전화하여 1분가량 통화를 하였다.

⑪ 그 후 피고인 2는 2008. 4. 7. 공소외 32에게 당채 발행을 준비하라고 지시하였으나 공소외 32가 선거로 바빠서 바로 준비를 하지 못하였고, 창조한국당은 총선이 끝난 후인 2008. 4. 21. 입금자인 공소외 49에게 1,000만원권 채권(발행일 2008. 3. 26. 이율 1%, 만기 2009. 3. 25.) 4매 합계 4,000만원 상당을, 4월 22일 공소외 16에게 1,000만원권 채권(발행일 2008. 3. 28. 이율 1%, 만기 2009. 3. 27.) 55매, 같은 내역의 100만원권 5매 합계 5억 5,500만원 상당을 발행하였다.

⑫ 창조한국당 비례대표 후보자 중 2008년 4월 중순경까지 창조한국당에 돈을 입금한 사람은 피고인 1 이외에 공소외 21과 공소외 17, 19가 있는데, 공소외 21은 3월 4일 5,000만원, 3월 6일 5,000만원, 3월 25일 1억원 합계 2억원(2008. 1. 7. 대여한 1억원을 합하면 3억원)을 입금하였고, 이와 별도로 창조한국당 당원인 동생 공소외 50이 4월 2일 1억 5,000만원을 입금하였다(당 재정국 직원 공소외 32는 이 돈이 공소외 21의 특별당비라고 생각하였다). 공소외 17은 3월 19일 1억원(2008. 1. 7. 대여한 1억원을 합하면 2억원)을 입금하였고, 공소외 19는 2008. 4. 18. 3,000만원을 입금하였다(2007년 12월에 입금한 것을 합하면 1억 1,000만원).

⑬ 공소외 21은 위 돈을 입금한 경위에 관하여 2008년 1월에 1억원을 빌려준 것은 대선 때의 부채 때문에 지방 시·도당에서 변제 독촉을 심하게 하고 중앙당사에서 농성을 하기에 이르자 당의 간부로서 솔선수범해서 당의 부채 문제를 해결하자고 공소외 17과 이야기한 후 자발적으로 당에 1억원을 빌려주었고, 그 후 2008년 2월 초부터 중앙위원회 회의에서 돈을 빌려달라는 말이 나왔는데, 이 때는 빌려주고 싶지 않았지만 당이 부채로 문을 닫을 상황이어서 3월 초에 1억원을 빌려주었으며, 3월 25일 당에 1억원을 빌려준 것은 비례대표 3번이 확정된 후에 광고비가 없다고 해서 빌려 준 것이라고 진술하였다.

⑭ 공소외 17이 3월에 입금한 1억원과 공소외 19가 4월에 입금한 3,000만원은 각각 특별당비로 처리되었다.

⑮ 창조한국당은 2008. 4. 18. 공소외 21에게 1,000만원권 채권(발행일 2008. 3. 4. 이율 1%, 만기 2011. 3. 3.) 20매 합계 2억원 상당을 발행하였다.
이로써 창조한국당의 당채 발행은 중앙위원회가 의결한 발행액 범위 내인 8억 4,000만원(공소외 31 4,500만원, 공소외 21 2억원, 공소외 49 4,000만원, 공소외 16 5억 5,500만원)이 되었다.

(마) 창조한국당의 당규

① 창조한국당의 당비규정에 의하면, 당비는 일반당비, 직책당비, 특별당비로 구분되는데, 특별당비는 당원이 당의 발전을 위하여 특별히 납부하는 당비를 말하고, 당대표와 최고회의는 국회의원선거 등 공직선거를 위하여 관계자로 하여금 특별당비를 납부하게 할 수 있도록 되어 있다.

② 2007. 11. 23. 제정된 창조한국당의 공직선거후보자추천규정에 의하면, 비례대표국회의원 후보자는 후보자 추천을 위한 선정위원회가 대상자를 선정하여 당대표가 최고회의와 협의하여 결정하고, 비례대표국회의원 후보자 추천을 위한 순위확정위원회가 그 순위를 확정하여 당대표가 추천하도록 되어 있다.

(3) 피고인 1이 창조한국당에 입금한 돈의 성격

위와 같은 사실관계에 비추어 인정되는 다음과 같은 사정, 즉, ① 피고인 2는 제18대 총선을 치르면서 당의 재정을 합리화하여 총선 자금을 조달함과 동시에 당이 부담하고 있었던 대선 채무를 변제하기 위하여 총선에서 자금 지출을 최소화함과 동시에 당의 수입을 당채 판매, 특별당비와 당 발전기금 납부의 방법으로 충당하려고 하였던 점, ② 2008년 3월 당시 창조한국당의 지지율이 낮았을 뿐만 아니라 문○○ 대표의 당선 여부도 불투명한 상황에서 당 외부인사는 물론이고 간부들조차 돌려받지 못하는 특별당비나 당 발전기금은 고사하고 변제될 것이 예정되어 있는 당채를 매입하는 방법으로도 돈을 대여하려고 하지 않고 있었던 점, ③ 이에 피고인 2를 비롯한 창조한국당의 예산 담당자들은 비례대표 후보 대상자들에게 금품을 출연할 것을 요청하였으나, 현실적으로 자금을 낼 수 있었던 사람은 비례대표 1번부터 4번까지인 공소외 19, 피고인 1, 공소외 17, 21 외에는 없었던 점, ④ 특히, 창조한국당은 지역구국회의원 후보자 중에는 문○○이 유일하게 당선가능성이 있었고, 비례대표국회의원의 경우 득표율이 3%만 넘기면 2명까지도 당선될 수 있기 때문에 비례대표국회의원 선거가 중요하였는데, 선거일이 다가옴에도 당의 인지도를 높일 수 있는 유력한 선거방법인 TV 홍보방송을 돈이 없어 계약조차 하지 못하고 미루고 있었고, 3월 25일 시점에서 당의 월 경상비조차 지급하지 못할 정도로 자금 사정이 극도로 악화되었던 점, ⑤ 피고인 1은 검찰에서 진술하면서 '처음부터 문○○와 피고인 2가 선거자금 조달을 부탁하면서

7, 8억을 빌려오라고 하였다'(2회 검찰피의자신문조서), '당에서 기탁금 빼고 처음부터 6억원을 빌려달라고 하였다, 이 말은 피고인 2가 주로 하였고, 문대표도 부탁하였다. 문대표는 나중에 고맙다고 하였다'(3회 검찰피의자신문조서), '3월 24일 이후 피고인 2가 3시간 간격으로 전화하여 당 채권을 사 달라고 요구하였다, 3번인 공소외 21이 5억원을 냈다고 하면서 최소한 5억 5,000만원 정도는 채권을 팔아주어야 한다고 하였다, 문대표는 3월 29일 오전에 전화하여 당 채권을 팔아주어 고맙다고 하였다'(4회 검찰피의자신문조서), '3월 24일 피고인 2가 2번 확정을 축하한다고 하면서 당이 대선 빚으로 어려우니 도와달라고 하였다, 3번이 5억원 정도인데 2번은 5억원보다는 더 채권을 사야 한다고 하였다, 피고인 2가 왜 돈을 입금하지 않느냐고 여러 차례 전화하였다, 3월 24일 이후 당에 돈을 입금하기 전에 문대표가 전화로 당이 재정적으로 어려운데 도와달라고 하였다, 나는 그때 최선을 다하겠다고 하였다, 3월 29일경에 문대표에게 전화를 하였더니 문대표가 채권을 사주어서 고맙다고 하면서 인사를 하였다, 그래서 나는 최선을 다했다고 이야기하였다'(6회 검찰피의자신문조서)', '3월 24일 오전에 피고인 2가 2번을 축하한다, 당 재정이 어려우니 당 채권을 팔아달라, 융통해 주면 이자까지 쳐 주겠다, 당 사정이 바닥이다, 3월 25일 전후로 공소외 21도 5억원정도 하신다는데, 피고인 1 총재는 그 이상으로 해 달라고 하였다'(피고인 2에 대한 2회 피의자신문조서), '채권 구입은 3. 24. 피고인 2 국장을 만났을 때 처음으로 이야기하였다, 피고인 2가 당 채권 구입을 독촉한 이유는 당 재정이 극도로 어려웠고, 내가 2번 공천을 받았으니 그만한 기여를 당에 하라는 것이었다, 피고인 2가 늘 하는 말이 공소외 21은 3번까지 당선이 확실하다고 하면서 5억원을 냈다, 그 돈은 당 발전기금으로 돌려받지 않는 돈이었다, 이자까지 포함된 것으로 손해도 안 보는데 왜 돈을 당에 내지 않느냐고 계속 독촉하였다, 3월 29일 문대표가 전화하여 당 채권을 사주어서 고맙다고 하였다, 3월 24일 피고인 2가 당 채권을 사 달라고 하여 제가 공소외 46에게 다시 어음을 빌려 달라고 하였다'(7회 검찰피의자신문조서), '피고인 2가 나에게 매일 전화하여 돈 입금을 독촉하였고, 문대표도 전화하여 피고인 2 단장이 채권 판매를 총괄하고 있으니 채권을 구입해 달라는 취지로 전화를 하였다'(9회 검찰피의자신문조서)는 취지로 말하여 일관되게 창조한국당에 입금한 돈은 당 채권 매입을 위한 돈이었다는 취지로 진술한 점, ⑥ 피고인 1이 공소외 14 명의로 입금한 돈 2,000만원에서 기탁금을 제외한 나머지 돈 50만원은 공천심사료로, 450만원은 특별당비로 처리되었으나 이에 대하여 피고인 1이 동의를 한 바가 없을 뿐만 아니라 피고인 2와 피고인 1 사이에서는 피고인 1이 당채 매입대금으로 6억원을 입금한다는 약속이 있었던 것으로 보이는 점, ⑦ 당채는 당원만이 매입

할 수 있는데, 피고인 1은 2008. 3. 18. 문○○을 만나 비례대표 공천을 받기를 희망하면서 이력서를 제출함으로써 당선 가능성이 있는 순위의 비례대표 후보자로 공천되는 것을 조건으로 창조한국당에 입당할 의사를 밝혔으므로 늦어도 3월 26일경에는 합법적으로 당채를 매입할 자격이 있었던 것으로 보이는 점, ⑧ 피고인 2가 피고인 1에게 6억원의 출연을 요구할 뿐 특별당비 또는 당 발전기금을 내라고 요구하지 않는 상황에서 피고인 1로서는 구태여 반환받을 수 없는 특별당비나 당 발전기금보다는 당채를 매입하는 방법을 선택하는 것이 유리했던 점, ⑨ 피고인 2는 총선 이후 재정계획을 수립하면서 만기 1년의 당채를 상환할 계획을 수립할 것을 요구하고 있었던 점, ⑩ 피고인 1이 창조한국당에 돈을 입금하면서 당원이 아닌 공소외 16, 49 명의로 입금한 것은 다른 당직자가 피고인 1의 입금사실을 알지 못하게 하려는 의도였다고도 볼 수 있으나, 피고인 1은 자신의 기탁금도 처 공소외 14 명의로 입금하였고, 당 내에서 당채 매입대금을 입금한다고 공공연히 말하였던 점에 비추어 보면 구태여 다른 사람 명의로 입금해야 할 필요가 없었던 것으로 보이는 점, ⑪ 공소외 16, 49에 대한 당채의 발행이 이 사건 수사가 시작된 이후에 시급하게 이루어졌다고 볼 여지도 있으나, 피고인 1 측에 대한 당채 발행만 뒤늦게 이루어진 것이 아니라 공소외 21에 대한 당채 발행도 비슷한 시기에 이루어졌고, 당채 발행이 늦어진 것이 실무자인 공소외 32가 총선으로 인하여 분주하였기 때문이라는 변소도 전혀 터무니없는 것으로는 보이지 않는 점, ⑫ 6억원이 이른바 '공천헌금'이라고 볼 수 있는 그 밖의 증거로는 "피고인 1로부터 비례대표 공천헌금을 마련하기 위하여 어음을 할인하려고 한다는 말을 들었다"고 하는 공소외 16의 검찰 진술과 "어음을 보증할 때 어음을 할인한 돈이 창조한국당으로 들어가는 돈이라는 것을 알았는데, 피고인 1이 빌려준다고 하였으나 제가 보니 공천 대가로 그냥 주는 것 같았다"고 하는 공소외 46의 진술 등이 있는데, 공소외 16의 진술은 피고인 1로부터 들은 이야기에 불과하여 피고인 1 자신이 당채 매입대금이었다고 진술하고 있는 이상 믿을 것이 못되고, 공소외 46의 진술은 공소외 46의 추측에 불과하며, 나아가 공소외 46이 피고인 1로부터 어음 할인금을 총선 이후 창조한국당으로부터 돈을 돌려받아 변제할 것이라는 말을 들었다고 진술하고 있는 점 등을 종합하면, 피고인 1이 창조한국당에 입금한 돈 합계 6억 1,500만원 중 기탁금을 제외한 6억원은 창조한국당의 당채 매입대금이었다고 봄이 상당하다.

(4) 공천 관련성

위에서 판단한 바와 같이 공직선거법 제47조의2 제1항이 규정하고 있는 '정당이 특정인을 후보자로 추천하는 일과 관련하여'란 금품의 제공 등이 후보자 추천의 대가 또는 사례에 해당하거나, 그렇지 않다 하더라도 금품의 제공 등이 후보자 추천에 있어서 어떠한 형태로든 영향을 미칠 수 있는 경우에 해당하여야 하고 (대법원 2007. 9. 6. 선고 2006도6307 판결 참조), 이에 해당하는지 여부는 피고인의 사회적 지위, 행위의 동기 및 경위, 수단과 방법, 행위의 내용과 태양, 행위 당시의 사회상황 등 여러 사정을 종합하여 사회통념에 비추어 합리적으로 판단하여야 한다.

이 사건에서 보면, ① 제18대 총선을 불과 10여 일 앞둔 시점에서 당의 재정 상태가 극도로 좋지 않았고, 금융기관이나 당 외부로부터 돈을 정상적으로 차용하는 것은 불가능한 상황이었기 때문에, 창조한국당으로서는 비례대표 후보자들에게 총선 자금의 지원을 기대할 수밖에 없었고, 그 결과 무엇보다도 당에 재정적으로 기여할 수 있는 인물을 비례대표 상위 순번으로 추천할 수밖에 없었던 것으로 보이는 점, ② 창조한국당 공천심사위원회는 피고인 1이 이력서(1)만을 제출하고 그 증빙서류를 일체 제출하지 않아 심사를 유보하였음에도 문○○, 공소외 9, 18, 37 등이 모여 문○○이 추천했다는 점과 위와 같이 3월 24일 피고인 1을 만났던 공소외 9의 평가에 근거하여 피고인 1을 비례대표 2번으로 확정한 점, ③ 그런데 공소외 9, 피고인 2가 3월 24일 피고인 1을 만났던 것은 당의 재정적 어려움을 덜기 위해 피고인 1에게 당채 매입을 요청하기 위한 것이었던 점, ④ 피고인 2는 3월 24일 이전에는 피고인 1을 알지 못하였는데, 거의 초면인 피고인 1에게, 그것도 피고인 1이 당선 가능성이 있는 상위의 비례대표 후보가 되기를 희망한다는 것을 잘 알면서도 노골적으로 당채 매입을 요청하였고, 그 요청 시기도 비례대표 후보자 등록일인 3월 25일 및 3월 26일에 집중되어 있었던 점, ⑤ 창조한국당의 입장에서 비례대표 2번에는, 공직선거법상 여성을 추천하도록 되어 있는 1번을 제외하고, 실질적으로 당을 상징하는 대표성을 띠는 후보자를 추천하는 것이 합리적이었고, 피고인 1은 당의 정강·정책 등과는 무관하게 비례대표 후보자로 추천받기 위해 창조한국당에 입당한 인물이라고 보아야 했으며, 창조한국당이 제출받은 피고인 1의 이력서(1)에는 국가균형발전위원회 상임위원 등 비교적 수월하게 확인할 수 있는 학력·경력 등이 기재되어 있었음에도 피고인 1의 이력 등에 관하여 별다른 검증도 하지 않은 채 피고인 1을 비례대표 2번으로 공천한 점, ⑥ 피고인 1은 그다지 많은 재산을 보유하고 있지 않음에도(약 12억원정도), 한나라당, 통합민주당의 비례대표 공천을 받기 위해 정당에 지급할 돈을 마련하려고 준비하고 있었고, 창조한국당에 비례대표 후보자로 공천 신청을 하면서도 공천 신청의 대가로 기꺼이 5~7억 정도의 돈을 출연할 마음의 준비가 되어 있었던 점, ⑦ 실제로 피고인 1은 피고인 2로부터 당채 매입에 관하여 심하게 독촉을 받고, 비례대표 후보자 등록이 임박하자 공소외 49로부터 급하게 돈을 빌려 4,000만원을 입금하였고, 보증을 서지 않으려는 공소외 46에게 간청하여 보증을 서게 함으로써 ▷▷저축은행으로부터 급하게 대출받은 돈을 창조한국당에 입금할 수 있었던 점, ⑧ 창조한국당의 당채는 이율이 연 1%에 불과하였으므로 당채의 매입은 사실상 금품의 무상대여에 가깝거나 더 나아가 만기에 정상적으로 상환될지 여부가 불투명하였으므로 무상대여 이상의 경제적 이익을 제공하는 것이라고 봄이 상당한데, 이러한 당채를 창조한국당 또는 문○○과 별다른 관계가 없었던 피고인 1이 아무런 대가 없이 6억원어치나 매입할 이유가 없었던 점 등을 종합하면, 피고인 1이 창조한국당에 당채 매입을 위해 지급한 6억원의 대여금은 창조한국당이 피고인 1 자신을 당선 가능성이 있었던 비례대표 2번으로 추천하는 데 따른 대가 또는 사례였다고 봄이 상당하다.

(5) 소결론

그렇다면, 피고인 1은 창조한국당의 비례대표 공천과 관련하여 당채 매입대금으로 6억원을 지급함으로써 그로 인한 재산상 이익을 제공하고, 피고인 2는 그 재산상 이익을 제공받았다고 할 것인데, 이와 달리 피고인 1이 창조한국당에 지급한 6억원을 이른바 '공천헌금'인 기부금이라고 보고 그 제공행위를 공직선거법 제47조의2 제1항의 '금품의 제공'이라고 판단한 원심은 사실을 오인하여 판결에 영향을 미친 위법이 있고, 이를 지적하는 피고인들의 주장은 이유 있다.

6. 피고인 1에 양형에 대한 판단

피고인 1에 대한 이 사건 각 범행은 위에서 본 바와 같이 ① 문서위조 및 행사, ② 허위사실공표, ③ 공천 관련 재산상 이익의 제공 등이다.

그런데 피고인 1은 이미 2000년에 제16대 총선과 관련하여 학력과 경력에 관한 문서를 위조하고 허위사실을 공표한 범죄로 합계 징역 1년 6월을 선고받은 전력이 있음에도 제18대 총선을 앞두고 다시 같은 유형의 위 ①, ②의 범죄를 저질렀고, 범행 이후에도 전혀 반성하고 있는 흔적을 찾아볼 수 없으므로 위 ①, ②의 범행만으로도 적어도 종전의 징역형과 같은 정도의 처벌이 불가피하다.

또한, 정당명부식 비례대표제도는 국회의원 의석수 결정에 당 자체에 대한 지지도를 반영하고 군소정당에게 국회 진출을 허용함으로써 그 정당이 내세우는 이념과 정책을 국정에 반영할 기회를 보장해 주며, 유권자에게는 정당선택의 폭을 넓혀 주기 위하여 공직선거법에 도입된 제도로서, 이는 정당이 공식기구를 통하여 투명하고 민주적인 절차에 의하여 후보자를 추천하는 것을 그 필요조건으로 하고 있다. 만약, 정당의 핵심당직자가 재력가들과 결탁하여 후보자 추천을 좌우할 경우에는 재력을 가진 소수 기득권자의 정치적 영향력이 증대되어 민주주의의 기초라 할 수 있는 1인 1표의 기회균등원리가 심각하게 훼손될 수 있을 뿐만 아니라, 후보자 추천과 관련하여 부당하게 조성된 정치자금을 이용하여 공당을 특정인을 위한 사당으로 전락시키는 결과를 가져 올 수 있는바, 현대 민주주의에서 정당이 갖는 기능과 역할의 중요성을 고려할 때 정당이 비례대표 후보자를 추천하는 일과 관련하여 부정한 금품거래가 이루어지는 것을 막을 필요가 있다. 그럼에도, 피고인 1은 자신의 경력을 은폐하는 것으로도 부족하여 재산상의 이익을 제공하고 정당의 비례대표 공천을 받았다. 이러한 피고인 1의 행위는 주권자인 국민이 공정한 절차에 의하여 국민의 대표자를 선출함으로써 국가체제에 대하여는 민주적 정당성을 부여하고, 국민에게는 그에 대한 신뢰를 갖게 하는 대의민주주의의 기반을 뿌리째 흔드는 것으로서, 그로 인하여 정당공천의 공정성과 정당운영의 투명성을 확보하고자 하는 개정된 공직선거법의 입법취지가 크게 훼손되었고, 많은 국민에게 정치에 대한 적지 않은 불신과 실망을 안겨주었다. 나아가 범행 이후에도 자신의 행위를 뉘우치지 아니한 채 법적 책임을 회피하려고 하는 등 개전의 정을 보이지 않고 있으므로, 위 ③ 부분에 대해서도 그것에 상응하는 엄중한 책임을 물을 필요가 있다.

따라서 위와 같은 양형이유에 위 ① 문서위조 및 행사의 범행은 ② 허위사실공표를 위한 수단으로서 전자보다 후자가 더 중한 죄라고 할 것인 점, ②와 ③의 범행은 공직선거법 위반죄로서 ①의 범행과는 분리선고되어야 한다는 점 등을 감안하여, 위 ①의 범행에 대한 형을 징역 6월로, ②와 ③의 범행에 대한 형을 징역 2년으로 정함이 상당하다.

따라서 피고인 1의 양형부당 주장은 원심 판시 제1의 가.나.다.라. 죄 부분에 대하여는 이유 있고, 원심 판시 제1의 마. 및 제2의 죄 부분에 대하여는 이유 없으며, 검사의 피고인 1에 대한 양형부당 주장도 이유 없다.

7. 결 론

그렇다면, 피고인들의 항소는 이유 있으므로 피고인 1에 대하여는 형사소송법 제364조 제2항·제6항에 의하여, 피고인 2에 대하여는 형사소송법 제364조 제6항에 의하여 원심판결을 파기하고, 다시 변론을 거쳐 다음과 같이 판결한다.

【범죄사실】

피고인 1은 2008. 4. 9. 실시된 제18대 국회의원선거(이하 '총선'이라고 한다)에서 창조한국당의 후보자 추천(이하 '공천'이라고 한다)을 받아 비례대표국회의원으로 당선된 사람인데, 2000년 제16대 총선에 출마하여 광주제일고등학교(이하 '광주일고'라고 한다) 및 연변대학교 졸업증명서 등을 위조·행사하고 이러한 허위학력과 체신부장관 비서실장·국무총리 비서관 등 허위경력 등 허위사실을 공표하여 2001. 2. 6. 서울고등법원에서 공문서위조죄 등으로 징역 10월 및 공직선거및선거부정방지법위반죄로 징역 8월을 각 선고받아 그 집행을 종료한 후 2005. 8. 15. 특별복권이 되었다.

1. 피고인 1의 문서위조 등과 허위사실공표의 점

가. 광주일고 재학증명확인원 위조

위 피고인은 광주일고를 재학하거나 졸업한 사실이 없음에도 마치 위 학교를 다닌 것처럼 내세워 제18대 총선에 출마하기로 마음먹었다.

위 피고인은 2007년 12월경부터 2008. 3. 26.경까지 사이에 서울 이하 불상지에서, 제18대 총선에 후보자로 출마하면서 중앙선거관리위원회 등에 제출하는 데 사용할 목적으로, A4용지에 '재학증명확인원, 성명 : 피고인 1, 생년월일 : 1951년 1월 22일, 상기인은 1965년에 광주제일고등학교에 입학하여 1966년 2학년까지 정히 수료하였음을 확인함, 1967년 2월 1일 광주제일고등학교 교장 공소외 2'라고 기재하고 임의로 새긴 광주일고 교장의 직인 및 교장 공소외 2의 인장을 날인하였다. 그리고 2007년 12월경 광주 광산구 월곡동에 있는 '▽▽ 사진관'에서, 사진사로 하여금 40대에 찍은 피고인의 사진을 이용하여 고등학교 교복을 입은 사진 2종류(하나는 모자를 착용하였고, 다른 하나는 스포츠형 머리를 한 사진)를 만들게 한 다음 그 무렵 서울 이하 불상지에서 위 사진 2장을 위 재학증명확인원 양쪽 위에 각 1장씩 붙임으로써 사실증명에 관한 공문서인 위 공소외 2 명의의 광주일고 재학증명확인원 1장을 위조하였다.

나. 연변대학 성인교육학원 졸업증명서 및 학습성적증명서 위조

위 피고인은 1989년 5월경부터 1994년 7월경까지 중국에 있는 연변대학 성인교육학원을 다니거나 졸업한 사실이 없음에도 제18대 총선에 출마하면서 마치 위 학교를 졸업한 것처럼 내세우기로 마음먹고, 중국에 거주하는 조선족인 공소외 3과 공모하여, 2005년 6월경 불상지에서, 제18대 총선에 후보자로 출마하면서 중앙선거관리위원회 등에 정규학력증명서로 제출하는 데 행사할 목적으로, A4용지에 중국 간체자로 '연변대학 성인교육학원 졸업증명, 성명 피고인 1, 남, 1951년 1월 22일 출생, 참가전국성인고고(성인고고), 성적합격, 1989년 5월부터 5년제 정치학과 수료, 성적합격, 1994년

7월, 증서번호 940167호, 연변대학 성인교육학원 교무처 처장, 공소외 4, 2005년 6월 8일'이라고 기재하고 임의로 새긴 연변대학성인교육학원 직인을 날인하고, 이어서 또 다른 A4용지에 '연변대학 성인교육학원 학습성적증명, 성명 피고인 1, 남, 1951년 1월 22일 출생, 학과 : 정치, 1989년 5월 입학, 1994년 7월 졸업, 서호(서호), 고시과목, 성적(1. 중국 혁명사 81, 2. 법학개론 78 등등), 연변대학 성인교육학원 교무처 처장, 공소외 4, 2005년 6월 8일'이라고 기재하고 임의로 새긴 연변대학 성인교육학원 직인을 날인함으로써 사실증명에 관한 사문서인 위 공소외 4 명의의 연변대학 졸업증명서 1장 및 학습성적증명서 1장을 각 위조하였다.

다. 위조문서의 행사

위 피고인은 2008. 3. 24. 12:00경 위 주식회사 ○○○ 사무실에서 위와 같이 위조한 연변대학 성인교육학원 졸업증명서 및 학습성적증명서가 마치 진정하게 성립한 것처럼 그 정을 모르는 주식회사 ○○○의 공소외 1에게 교부하여 창조한국당 비례대표국회의원 후보자 등록서류를 만들게 한 다음, 공소외 1로 하여금 2008. 3. 25. 18:00경 서울 영등포구 영등포 2가 창조한국당 사무실에서 위 피고인의 창조한국당 비례대표 후보자 등록서류를 접수하면서 위 연변대학 성인교육학원 졸업증명서 및 학습성적증명서를 제출하게 하고, 이어서 2008. 3. 26. 오후 위와 같이 위조한 광주일고 재학증명확인원이 마치 진정하게 성립된 것처럼 그 정을 모르는 위 공소외 1에게 주어 위 창조한국당 사무실에 제출하도록 한 다음, 2008. 3. 26. 16:00경 과천시 중앙동 2-3 중앙선거관리위원회에서, 그 정을 모르는 창조한국당 담당자로 하여금 위 피고인의 비례대표 후보자 등록서류를 접수하면서 위와 같이 위조된 광주일고 재학증명확인원, 연변대학 성인교육학원 졸업증명서 및 학습성적증명서를 중앙선거관리위원회 비례대표 후보자 등록서류 접수 담당공무원에게 제출하게 하여 위조된 공문서인 광주일고 재학증명확인원 및 사문서인 연변대학 성인교육학원 졸업증명서와 학습성적증명서 각 1장씩을 위 선관위 비례대표 후보자 등록서류 접수 담당공무원에게 일괄 행사하였다.

라. 허위사실공표의 점

누구든지 당선되거나 되게 할 목적으로 연설·방송·신문·통신·잡지·벽보·선전문서 기타의 방법으로 후보자 또는 후보자가 되고자 하는 자에게 유리하도록 후보자 또는 후보자가 되고자 하는 자의 출생지·신분·직업·경력등·재산·인격·행위·소속단체 등에 관하여 허위의 사실을 공표하거나 공표하게 하여서는 안 된다.

그런데 위 피고인은 ① 광주일고 및 연변대학 정치학과를 다닌 사실이 없고, ② 2005년 6월~2008년 2월경 대통령 직속 국가균형발전위원회 '상임고문'을 역임한 사실이 없으며,

③ 사단법인 한국자유총연맹(이하 '한국자유총연맹'이라고 한다)의 '부총재'를 지낸 사실이 없고, ④ '현재' 광주5·18민주화운동부상자회의 '상임고문'이 아니며, ⑤ 수원대학교 경영학 석사는 위조한 연변대학 졸업증명서를 제출하여 입학한 사실이 밝혀져 2000. 7. 10. 그 학위수여가 취소되었고, ⑥ 위 피고인이 총재로 있는 단체는 위 피고인이 설립한 '한국사회청소년보호연맹'에 불과하고 한국청소년연맹육성에관한법률에 의해 1981년경 설립되어 정부 및 지방자치단체로부터 지원을 받아 청소년의 육성 활동을 하는 '사단법인 한국청소년연맹(이하 '한국청소년연맹'이라고 한다)'이 아니며, ⑦ 선문대학교에는 정치학과가 없고 위 피고인은 선문대학교에 한 번도 강의를 하지 않은 무급 객원교원으로 약 10개월간 등록되어 있을 뿐 공소외 45교수도 아니고 정치학박사 학위를 받은 사실도 없으며, ⑧ 위 피고인은 1975. 2. 25. 광주지방법원에서 사기죄로 징역 10월을 선고받고, 1978. 5. 3. 서울지방법원 남부지원에서 사기죄로 징역 1년을 선고받았으며, 1981. 9. 3. 서울형사지방법원에서 공갈죄로 징역 10월을 선고받고, 2001. 2. 6. 서울고등법원에서 공문서위조죄 등으로 징역 10월 및 공직선거및선거부정방지법위반죄로 징역 8월을 선고받은 범죄경력이 있는 자이다. 그럼에도,

(1) 위 피고인은 2008. 3. 18. 16:50경 서울 중구 태평로에 있는 프레스센터 커피숍에서, 창조한국당 대표 문○○을 만나 자신을 창조한국당 비례대표로 공천해 달라고 하면서 다음과 같은 허위사실이 기재된 자신의 이력서(1)를 교부하였고,

- 67. 광주제일고등학교
- 89. 05. ~ 94. 07. 연변대학 정치학과 학사
- 98. 수원대학교 경영학 석사
- 07. 07. 01. ~ 선문대학교 외래교수 정치학 박사
- 05. 01. ~ 현재 광주5·18민주화운동부상자회 상임고문
- 05. 06 ~ 08. 02 (대통령직속) 국가균형발전위원회 상임위원

창조한국당 담당자는 위와 같은 이력서(1)를 보고 아래와 같은 내용의 창조한국당 홍보물을 작성하여 2008. 3. 26. 중앙선거관리위원회에 제출하였으며, 그 홍보물 19,455,130장이 전국의 유권자에게 발송되었다.

- 광주제일고등학교
- 수원대학교 경영학 석사
- 광주 5·18민주화운동 상임고문
- 자유총연맹 부총재
- 대통령직속 국가균형발전위원회 상임위원

(2) 위 피고인은 공소외 1에게 창조한국당 비례대표국회의원 후보자 등록서류를 만들어 달라고 하면서 위와 같이 허위사실이 기재된 이력서(1)를 교부하였고, 이를 받은 공소외 1은 2008. 3. 25. 18:00경 창조한국당에서, 이력서(1) 중 학력·경력에 대한 증빙서류가 없는 부분을 아래와 같이 일부 수정한 이력서(2)를 위 피고인의 공천신청 관련 서류를 접수하면서 함께 제출하였으며, 창조한국당 담당자는 2008. 3. 26. 16:00경 중앙선거관리위원회에서, 위 피고인의 비례대표 후보자 등록서류를 접수하면서 그 이력서(2)도 함께 제출하였다.

- 67. 광주제일고등학교
- 89. 05. ~ 94. 07. 연변대학 정치학과 졸업 학사
- 98. 수원대학교 경영학 수료
- 05. 01. ~ 현재 광주 5·18민주화운동부상자회 상임고문
- 05. 06. ~ 08. 02. (대통령직속) 국가균형발전위원회 상임위원

또한, 위 피고인은 2008. 3. 25. 18:00경 창조한국당에 비례대표 후보자 등록서류를 접수하면서 중앙선거관리위원회에 제출할 "정규학력증명에 관한 제출서"에 아래와 같은 내용을 기재하고 위와 같이 위조한 연변대학 성인교육학원 졸업증명서 및 학습성적증명서를 함께 제출하였고, 창조한국당 담당자는 이를 2008. 3. 26. 16:00경 중앙선거관리위원회에 제출함으로써 그 무렵 중앙선거관리위원회 인터넷 홈페이지 후보자 정보란에 위 피고인이 연변대학 정치학과를 졸업한 것으로 게시되었다.

- 학력: 연변대학교 정치학과(1989.5. ~ 1994. 7.)
- 증명서명 : 졸업증명서
- 발급번호 : 940167
- 발급기관명 : 연변대학교성인교육학원

(3) 위 피고인은 2008. 3. 26.경부터 2008. 4. 8.경까지 아래와 같은 허위내용이 기재된 창조한국당 비례대표 후보자용 명함 1,800장을 전국의 유권자에게 배포하였다.

- 선문대학교 정치학과 외래교수
- 연변대 졸업
- 광주 5.18민주화운동 상임고문
- 한국청소년연맹 총재(현)
- 대통령직속 국가균형발전위원회 상임위원(전)

(4) 위 피고인은 2008. 3. 25. 18:00경 창조한국당 사무실에서, 비례대표 후보자 등록 관련 서류를 접수하면서 중앙선거관리위원회에 제출할 '전과기록증명에 관한 제출서'에 전과기록·죄명·형량(처분결과)·처분일자에 '해당사항 없음'이라고 기재하고 자신의 이름 옆에 도장을 날인한 다음, 2008. 3. 12.경 강남경찰서장으로부터

미리 발급받아 가지고 있던 '개인용 범죄경력조회회보서'를 첨부하여 제출하였다. 다음날인 2008. 3. 26.경 강남경찰서 민원실에서 '공직선거 후보자용 범죄경력조회회보서'를 발급받았는데 그 회보서에는 위 피고인에게 금고 이상의 전과가 없는 것으로 기재되어 있었음에도 위 피고인은 공소외 1로 하여금 이를 그대로 창조한국당 담당자에게 제출하게 하였고, 창조한국당 담당자는 2008. 3. 26. 16:00경 중앙선거관리위원회에, 위 '전과기록증명에 관한 제출서' 및 '공직선거 후보자용 범죄경력조회회보서'를 제출하였으며, 그 무렵 중앙선거관리위원회 인터넷 홈페이지 후보자 정보란에 위 피고인에게 금고 이상의 전과가 없는 것으로 게시되었다. 위와 같이 위 피고인은 위 총선에서 당선될 목적으로 창조한국당 홍보물·명함·중앙선거관리위원회 인터넷 홈페이지 게시판 등에 후보자인 위 피고인에게 유리하도록 자신의 전과·학력·경력·신분·직업·소속단체 등에 관하여 허위의 사실을 공표하였다.

2. 피고인들의 공천 관련 금품수수의 점

[피고인들의 신분과 경력]

피고인 1은 위와 같이 2008. 4. 9. 실시된 제18대 국회의원선거(이하 '총선'이라고 한다)에서 창조한국당 추천의 비례대표 후보자 2번으로 출마하여 당선된 사람이고, 피고인 2는 창조한국당 재정국장이자 총선 당시 총선승리본부 관리지원단장을 역임한 사람이다.

피고인 1은 위와 같이 제16대 총선에 허위의 학력·경력을 내세워 출마하였다가 실형을 선고받았던 경험을 거울삼아 제18대 총선에서는 비교적 검증이 소홀한 비례대표로 공천을 받아 국회의원이 되기로 마음을 먹고, 2008년 1월부터 3월 중순경까지 한나라당과 통합민주당의 비례대표 공천을 받으려고 시도하였으나 실패하였다.

[창조한국당의 재정상태 및 선거비용 충당방안]

창조한국당은 2007. 12. 19. 실시된 제17대 대통령선거(이하 '대선'이라고 한다)를 치르면서 문○○ 후보가 개인재산을 투입하였음에도 2007. 11. 30.경부터는 선거자금이 부족하여 선거운동원에 대한 비용 지급도 중단할 정도였고, 그 결과 대선이 종료된 후 약 12억원(문○○의 차입금 약 44억원은 별도)의 부채를 부담하게 되어 지방 시·도당이나 그 밖의 채권자들로부터 채무변제 독촉이 심하였다.

이러한 상황에서, 2008년에는 중앙당의 경비가 매월 4~6,000만원가량 들지만 당원들이 내는 당비는 대선 이후 2008년 1월경 1~2억원, 같은 해 2월경 7~8,000만원, 같은 해 3월경 6~7,000만원 등으로 계속 감소하고 있었으므로 당비 수입만으로는 12억원의 채무변제 및 당 운영 경비에 충당하기에도 부족하였고, 더욱이 제18대 총선을 위해 당장 써야 할 자금조차 턱없이 모자라 특단의 선거비용 충당방안을 마련하지 않으면 제18대 총선을 치르기 어려운 상황이었다.

이에 창조한국당은 기존 채무에 대하여 당의 채권(이하 '당채'라고 한다)을 발행하여 기존 채무의 변제기를 유예시키거나 당원들에게 소액의 당채를 판매하여 총선에 소요될 자금을 조성할 목적으로, 2008. 2. 3. 중앙위원회에서 당채 발행 등 재정안정화 대책에 관하여 총선승리본부 상임회의에 위임하였고, 2008. 3. 11. 총선승리본부 상임회의를 개최하여 발행금 총액 9억 9,000만원 상당의 채권(이자 연 1%, 만기 1년·2년·3년 3종)을 발행하기로 의결하고 10만원 권, 20만원 권, 30만원 권, 100만원 권 등 4종류의 채권을 인쇄하였으나, 그 중 판매된 것은 공소외 31(△△△ 대표)에게 2008. 3. 21.자로 발행해 준 100만원 권 45매 4,500만원어치 뿐이고, 나머지 채권은 판매되지 않았다.

그 후 2008년 4월 초순경 피고인 2와 공소외 22(창조한국당 총무국장)는 100만원 권 이하의 채권을 발행하는 것이 번거롭다는 당 재정국 직원 공소외 32의 의견에 따라 2008. 4. 5.경 1,000만원 권 채권 200매(액면금 20억원)를 인쇄하게 하였다.

[피고인 1의 후보자 추천 경위]

피고인 1은 2008. 3. 15.경 공소외 33(△△ 대표)으로부터 소개받은 □□포럼 대표 공소외 34에게 "제18대 총선에서 통합민주당 비례대표 공천을 받으려고 하였는데 안 되었다"는 취지의 말을 한 후 공소외 34로부터 창조한국당 대표 문○○도 위 포럼 초청연사였다는 말을 듣자, 공소외 34에게 '문○○ 대표와 창조한국당이 참신하니 소개시켜 달라'고 부탁하였고, 공소외 34가 그 자리에서 문○○ 대표에게 전화를 하여 피고인 1이 자유총연맹 등의 인맥이 넓어 선거에 도움이 될 사람이니 한 번 만나보라고 권유한 결과 문○○과 만나게 되었다.

피고인 1과 문○○은 2008. 3. 18. 17:00경 서울 중구에 있는 프레스센터 내쇼날프레스클럽 커피숍에서, 공소외 34의 소개로 처음 대면을 하였는데, 피고인 1은 문○○에게 창조한국당 비례대표 2번 공천을 받고 싶다는 취지의 말과 함께 위와 같이 허위의 사실이 기재된 이력서(1)를 주었다. 문○○은 이를 받아 수행비서 공소외 35에게 주며 당 조직사업단에 넘겨 비례대표 후보자로 검토해 보도록 지시하였고, 위 이력서(1)는 공소외 36(당 조직사업단 부단장)을 통하여 주무부서인 당 총무국에 전달되었다.

그 후 피고인 1은 2008. 3. 20. 20:07경 문○○에게 전화하여 54초가량 통화를 하고, 2008. 3. 21. 12:16경 문○○에게 전화하여 1분 45초가량 통화를 하였으며, 문○○은 2008. 3. 23. 저녁 피고인 1에게 3회에 걸쳐 전화를 하였다. 피고인 1은 문○○의 제의로 2008. 3. 24. 08:00경 서울 강남구에 있는 르네상스 호텔 비즈니스센터에서 문○○을 만나면서 배석한 피고인 2, 창조한국당 특보단장인 공소외 9를 소개받았다.

문○○은 위와 같은 전화통화 과정에서 피고인 1에게 비례대표 2번을 줄 수 있다는 언질을 하였고, 피고인 1은 당의 공식적인 확정 절차는 남아 있지만 당대표인 문○○이 2번 공천을 긍정적으로 말하였기 때문에 비례대표 2번 공천을 받을 가능성이 매우 크다고 이해하였다. 피고인 1은 문○○ 대표를 만난 후 3월 24일 주식회사 ○○○의 공소외 1에게 창조한국당 비례대표국회의원 후보자 등록서류를 만들어 달라고 부탁하였고, 공소외 1은 다음날인 3월 25일 18:00경에 창조한국당에 일부 수정한 이력서(2)와 후보자 등록서류(위조된 연변대학 졸업증명서 및 학습성적증명서, 위 개인용 범죄경력조회 회보서 등)를 접수하였다.

한편, 창조한국당은 2008. 3. 23. 총선승리본부 상임회의를 개최하여 별도의 비례대표 선정위원회를 구성하지 않고 지역구 후보자의 공천을 심사하였던 공천심사위원회(위원장 공소외 37)에 비례대표 선정권한을 위임하기로 의결하였고, 이에 공천심사위원회는 2008. 3. 24.부터 2008. 3. 25. 16:00경까지 비례대표 후보자를 심사하였다. 그런데 피고인 1은 위와 같이 문○○이 받아서 당에 접수한 이력서(1)만 제출한 상태였고, 공천심사위원회의 공식 심사가 종료되기까지 이력서의 학력 및 경력 등을 증명할 수 있는 서류를 제출하지 않았으며, 관련 서류의 제출을 독촉하는 창조한국당 직원에게 "내가 직접 가야 관련 서류를 발급받을 수 있는데, 다른 사람들을 만나는 일로 시간이 없다"는 취지로 답변하면서 관련 서류를 제출하지 않았다. 이에 공천심사위원회는 피고인 1의 비례대표 심사를 유보한 상태에서 심사를 마치고, 공천심사위원들인 공소외 38, 39, 40은 귀가하였다.

문○○, 공소외 9, 18(총선기획단장 겸 공천심사위원), 공소외 37 등은 2008. 3. 25. 21:00경부터 밤늦게까지 비례대표 공천대상자들을 최종 조율한 결과 문○○을 통해 공소외 41 전 총리 등으로부터 추천이 있었던 것으로 알려진 피고인 1을 2번으로 확정하였고, 공소외 18은 2008. 3. 26. 오전 비례대표 후보자들에게 공천확정 통지를 하였으며, 창조한국당은 같은 날 비례대표 후보자 명부에 피고인 1을 추천순위 2번으로 등재하여 중앙선거관리위원회에 제18대 총선 비례대표 후보자 등록신청을 하였다.

한편, 창조한국당 총무팀 직원 공소외 45는 2008. 3. 26. 공소외 1에게 전화하여 누락한 서류(광주일고 졸업증명서, 공직 후보자용 범죄경력조회 회보서 등)를 보완할 것을 요구하였고, 그제야 피고인 1은 같은 날 오전 강남경찰서에서 위와 같이 금고 이상의 전과가 없는 것으로 기재된 '공직선거 후보자용 범죄경력조회회보서'를 발급받아 위조된 광주일고 재학증명확인원과 함께 공소외 1에게 주어, 공소외 1로 하여금 같은 날 16:00경 창조한국당에 제출하게 하였다.

[공천 관련 금품수수]

피고인 1은 2008. 3. 24. 위 르네상스 호텔에서 위와 같이 공소외 9를 만난 자리에서 공소외 9에게 창조한국당의 비례대표 공천기준과 당 발전에 기여할 수 있는 방법이 무엇인지를 물었고, 공소외 9는 피고인 1에게 "당 재정사정이 좋지 않다, 총선을 치르기 위해서 당채를 발행하고 있다, 당채를 판매하는 데 도움을 달라"는 말을 하였다. 당의 재정 문제에 관하여 피고인 1에게 설명하기 위해 참석한 피고인 2도 피고인 1에게 "당 재정이 어려우니 당채를 팔아 달라, 융통해 주면 이자까지 쳐서 주겠다"고 하였다.

피고인 2는 2008. 3. 24. 피고인 1을 만난 이래, 같은 날 3회, 비례대표 후보자 등록 첫날인 3월 25일 8회, 후보자 등록 마감일인 3월 26일 8회 가량 피고인 1에게 전화를 하여 "당채를 사 달라, 3번이 5억원을 냈으니 2번은 적어도 5억원 넘게 내야 할 것 아니냐, 이자까지 포함된 것으로 손해도 안 보는데 왜 돈을 내지 않느냐"고 하면서 당채 매입대금으로 5억원을 초과하는 돈의 입금을 독촉하였다.

한편, 피고인 1은 통합민주당 비례대표 공천을 받으려고 노력하던 시기인 2008년 2월 중순경 공소외 46으로부터 주식회사 ♡♡의 약속어음(액면금 10억원)을 빌려 이를 ♤♤저축은행 등에서 할인한 후 비례대표 공천에 필요한 비용으로 사용하려고 하였으나 3월 13일까지 할인하지 못하였고, 3월 20일경 공소외 46에게 위 약속어음을 반환하면서 다시 액면금이 적은 약속어음을 빌리기로 약속을 받은 후 위 주식회사 ○○○을 경영하는 공소외 16에게 약속어음 할인 대출을 받는 데 주식회사 ○○○ 명의로 대출을 받게 해 달라고 부탁하였다.

피고인 1은 2008. 3. 21. 공소외 46으로부터 주식회사 ◇◇의 약속어음(액면금 7억 8,000만원) 사본을 받은 후 군산시에 있는 ▷▷저축은행에서 위 주식회사 ○○○을 차주로 하고 공소외 46을 보증인으로 하여 대출을 받으려고 하였으나, 공소외 46은 보증을 서지 않으려고 하였고, ▷▷저축은행도 공소외 46이 보증을 서지 않는 이상 대출을 해 줄 수 없다는 입장을 보였다. 이에 피고인 1은 3월 24일부터 3월 27일경까지 공소외 46에게 무조건 보증을 서 줄 것을 요구하였고, 공소외 46은 피고인 1에게 차용증을 써 주면 보증을 서겠다고 하여 대출을 받지 못하고 있다가 3월 28일 피고인 1이 공소외 46에게 차용증을 작성해 주고 공소외 46의 보증서를 받아 같은 날 ▷▷저축은행에 제출하였다. ▷▷저축은행은 3월 28일 18:05경 피고인 1이 알려준 주식회사 ○○○ 명의의 농협계좌(피고인 1이 관리하고 있었다)로 대출금 7억 1,000만원을 입금하였다.

피고인 1은 후보자 등록 마감일로서 기탁금을 납부하여야 했던 2008. 3. 26. 17:04경 자신의 하나은행 계좌에서 창조한국당 제일은행 계좌(번호 생략)로 처인 공소외 14 명의로 2,000만원을 입금하였는데, 창조한국당 담당자는 피고인 1의 의사를 묻지 않고 임의로 위 돈 중 1,500만원을 피고인 1의 기탁금으로, 50만원을 공천심사료로, 450만원을 특별당비로 처리하였다.

또한, 피고인 1은 2008. 3. 26. 17:06경 전남 화순에 있는 초등학교 동창 공소외 49로부터 4,000만원을 급하게 빌려 공소외 49로 하여금 4,000만원을 피고인 2를 받는 사람으로 하여 위 창조한국당 제일은행 계좌로 입금하게 하였는데, 창조한국당 담당자는 역시 피고인 1의

의사를 묻지 않고 임의로 위 돈으로 기탁금을 마련하지 못한 다른 비례대표 후보자의 기탁금으로 사용하였다.

다시 피고인 1은 2008. 3. 28. 18:18경 공소외 16 명의로 피고인 2가 알려 준 창조한국당의 농협계좌(번호 생략)로 5억 5,500만원을 송금하였고, 피고인 2는 3월 29일 공소외 32에게 지시하여 3억원을 대선 채무 변제에 사용하였으며, 다음날 나머지 돈을 대선 채무의 변제 및 총선 홍보비 등으로 사용하였다.

그 후 피고인 2는 2008. 4. 7. 공소외 32에게 당채 발행을 준비하라고 지시하였으나 공소외 32가 선거로 바빠서 바로 준비를 하지 못하였고, 창조한국당은 총선이 끝난 후인 2008. 4. 21. 입금자인 공소외 49에게 1,000만원 권 채권(발행일 2008. 3. 26. 이율 1%, 만기 2009. 3. 25.) 4매 합계 4,000만원 상당을, 4월 22일 공소외 16에게 1,000만원 권 채권(발행일 2008. 3. 28. 이율 1%, 만기 2009. 3. 27.) 55매, 같은 내역의 100만원 권 5매 합계 5억 5,500만원 상당을 발행하였다.

이로써 피고인 1은 제18대 총선에서 창조한국당의 비례대표 후보자를 추천하는 일과 관련하여 창조한국당에 6억원을 이자 연 1%, 만기 대여일부터 1년으로 정하여 대여함으로써 그로 인한 재산상 이익을 제공하고, 피고인 2는 그 재산상 이익을 제공받았다.

【증거의 요지】

[판시 제1의 사실]

1. 피고인 1의 당심 법정에서의 일부 진술
1. 원심 공판조서 중 피고인 1의 일부 진술기재
1. 원심 공판조서 중 원심 증인 공소외 5의 일부 진술기재
1. 피고인 1에 대한 각 검찰피의자신문조서의 일부 진술기재
1. 공소외 1, 51, 52, 53에 대한 각 검찰진술조서
1. 수사보고(피내사자 피고인 1 판결문 사본), 판결문, 수사보고(피고인 1 선거공보물 편철), 개인별 출입국현황(피고인 1), 수사보고(피고인 1에 대한 중앙선관위 자료 첨부보고), 수사보고(피고인 1 당선인명부 첨부보고), 수사보고(피고인 1 출국기간확인보고), 수사보고(강남경찰서 범죄경력조회회보 확인보고), 수사보고(비례대표 피고인 1 허위학력등기재, 창조한국당 선거공보물 발송상황파악보고), 수사보고(피내사자 피고인 1 경력사항 확인), 경력관련 자료제공 회신의 건(5.18민주화운동), 수사보고(피내사자 피고인 1 경력사항 확인, 국가균형발전위), 학력조회 사실확인 송부(수원대), 경력사실 확인요청에 대한 회신(국가균형발전위), 학력조회 회보(광주일고), 광주제일고 재학증명원 부착사진 위조 확인보고, 수사보고(압수물 명함 첨부), 수사보고(압수물사본 첨부보고), 학력조회 회신(○○초), 학력사항 조회 회신(화순○○중), 수사보고

(피고인 1 '화순 ○○중학교 졸업사실 없음' 확인 보고), 수사보고(재학증명확인원 등 압수물 첨부), 수사보고(재학증명 확인원 원본 등 압수물 첨부), 수사보고(압수물 액자 첨부), 수사보고(압수물 감사장, 명함첩 등 첨부), 수사보고(통합민주당 비례대표 추천신청서식 중 이력서 학교란 허위 기재 확인보고), 수사보고(참고인 공소외 1 컴퓨터저장 서류 출력 첨부보고), 경력조회 회신(국회사무처장), 경력관련회신(자유총연맹), 연변대학 확인서 송부, 수사보고(선관위 회신), 피고인 1 당선자 관련 확인요청에 관한 건, 업무협조의뢰에 대한 회신, 경력사항 회신(선문대), 수사보고(한국청소년연맹 총장 허위기재 확인보고), 연변대 졸업증명서 위조회신(연변대 총장실), 수사보고(피고인 1 명함 정리보고)

1. 범죄경력조회(피고인 1)

[판시 제2의 사실]

1. 피고인들의 당심 법정에서의 일부 진술
1. 당심 증인 공소외 9, 34, 36의 당심 법정에서의 일부 진술
1. 원심 공판조서 중 피고인들의 일부 진술기재
1. 원심 공판조서 중 원심 증인 공소외 16, 22, 32, 37, 46, 54, 55의 일부 진술기재
1. 피고인들에 대한 각 검찰피의자신문조서의 일부 진술기재
1. 공소외 1, 5, 16, 32, 56, 피고인 2, 공소외 18, 21, 22, 30, 46, 49, 52, 53, 54, 55, 57, 58, 59에 대한 각 검찰진술조서
1. 공소외 30, 49, 51, 61, 62의 각 진술서
1. 수사보고(압수물 사본, 피고인 1의 수첩, ○○○ 대출서류), 수사보고[주 ○○○ 농협계좌(번호 생략) 거래내역표 첨부], 수사보고(대출신청관련서류 첨부보고), 수사보고(피고인 1 영장심문조서), 수사보고(공소외 9 수첩 사본 첨부보고), 수사보고(공천기준, 공천일정표 첨부보고), 수사보고(공소외 49 창조한국당 사랑채권 수령증), 수사보고(공소외 21 제출자료, 제3차 중앙위 등), 수사보고(공소외 33, 63과 통화보고), 수사보고(통합민주당 조직국장 공소외 64와 통화보고), 수사보고(공소외 9 수첩 첨부보고), 수사보고(창조한국당 차입금내역 및 차용증서), 수사보고(창조한국당 당헌·당규 첨부 보고), 압수관계서류(제4책), 통신기록(제5책), 수사보고(당무현황관련 몇 가지 전달 메일문건 첨부)

【법령의 적용】

1. 범죄사실에 대한 해당법조 및 형의 선택

가. 피고인 1 : 형법 제225조(공문서위조의 점), 형법 제229조, 제225조(위조공문서행사의 점), 각 형법 제231조, 제30조(각 사문서위조의 점, 징역형 선택), 각 형법 제234조, 제231조

(각 위조사문서행사의 점), 각 공직선거법 제250조 제1항(각 허위사실공표의 점, 징역형 선택), 공직선거법 제230조 제6항, 제47조의2 제1항(후보자 추천관련 재산상 이익 제공의 점, 징역형 선택)

나. 피고인 2 : 공직선거법 제230조 제6항, 제47조의2 제1항(징역형 선택)

1. 상상적 경합(피고인 1)
   형법 제40조, 제50조(각 위조공문서 및 위조사문서 행사죄 상호간, 형이 가장 무거운 위조공문서 행사죄에 정한 형으로 처벌)
1. 경합범의 분리선고(피고인 1)
   공직선거법 제18조 제3항·제1항 제3호(판시 제1의 라. 및 제2의 죄를 판시 제1의 가.나.다. 죄와 분리하여 선고함)
1. 경합범가중(피고인 1)
   형법 제37조전단, 제38조 제1항 제2호, 제50조(판시 제1의 가.나.다. 죄에 관하여 형 및 죄질이 가장 무거운 위조공문서행사죄에 경합범 가중 ; 판시 제1의 라. 및 제2의 죄에 관하여 범정이 가장 무거운 선거홍보물에 의한 허위사실공표로 인한 공직선거법위반죄에 경합범 가중)
1. 미결구금일수 산입(피고인 1)
   형법 제57조
1. 집행유예(피고인 2)
   형법 제62조 제1항(위 파기 사유 참작)

【양형이유(피고인 2)】

피고인 2 역시 피고인 1의 공천 관련 재산상 이익의 제공에 대한 양형이유에서 본 것과 마찬가지로 정당의 회계책임자로서 공천과 관련한 재산상 이익을 제공하려는 피고인 1로부터 이를 제공받은 행위는 엄벌에 처함이 마땅하다.

그러나 피고인 2는 창조한국당의 공식 예금계좌를 통하여 돈을 받았고, 받은 재산상 이익이 위 6억원 전부는 아닌 점, 위 6억원을 창조한국당의 운영자금 및 선거비용으로 사용하였을 뿐 사적으로 취득한 부분은 없는 것으로 보이고, 창당된 지 얼마 되지 않은 소규모 정당의 극심한 자금 부족을 해소하기 위해 위와 같은 범행을 저지른 점, 당채 매입대금으로 받은 돈을 상환하려고 노력한 점, 기업인으로서 창조한국당의 정강·정책에 대한 지지 또는 문○○ 대표와의 관계로 인하여 창조한국당 재정국장의 지위에 있었던 점, 전혀 처벌받은 전력이 없는 점 등 변론에 나타난 제반 양형의 조건을 참작하여 주문과 같이 형을 정한다.

【무죄부분】

피고인 1의 이력서에 의한 허위사실공표의 점의 요지는, 위 피고인은 2008. 3. 24. 12:00경 위 주식회사 ○○○ 사무실에서 공소외 1에게 창조한국당 비례대표국회의원 후보자 등록서류를 만들어 달라고 하면서 허위사실이 기재된 이력서(1)를 교부하였고, 이를 받은 공소외 1은 2008. 3. 25. 18:00경 창조한국당에서, 학력•경력에 대한 증빙서류가 없는 부분을 아래와 같이 일부 수정한 이력서(2)를 피고인의 공천신청 관련 서류를 접수하면서 함께 제출하였으며, 창조한국당 담당자는 2008. 3. 26. 16:00경 중앙선거관리위원회에서, 피고인의 비례대표 후보자 등록서류를 접수하면서 그 이력서(2)도 함께 제출하였다.

- 67. 광주제일고등학교
- 89. 05. ~ 94. 07. 연변대학 정치학과 졸업 학사
- 98. 수원대학교 경영학 수료
- 05. 01. ~ 현재 광주 5•18민주화운동부상자회 상임고문
- 05. 06. ~ 08. 02. (대통령직속) 국가균형발전위원회 상임위원

이로써 위 피고인은 제18대 국회의원선거에서 당선될 목적으로 이력서에 후보자인 위 피고인에게 유리하도록 자신의 학력, 경력, 소속단체 등에 관하여 허위의 사실을 공표하였다는 것이다.

그러므로 살피건대, 공직선거법 제250조의 입법취지는 허위의 사실을 공표하여 선거인의 올바른 판단에 영향을 미치는 행위를 규제함으로써 선거의 공정을 보장함에 있고(대법원 2007. 3. 15. 선고 2006도8368 판결 참조), 그 행위태양인 '공표'라 함은 그 수단이나 방법의 여하를 불문하고 불특정 또는 다수인에게 허위사실을 알리는 것이다(대법원 2003. 11. 28. 선고 2003도5279 판결 참조).

그런데 허위의 사실이 기재된 이력서를 중앙선거관리위원회에 제출하는 행위는 그 이력서에 기재된 허위의 사실을 근거로 다른 수단에 의하여 불특정 또는 다수인에게 알려지는 것은 별론으로 하고, 이력서 제출행위 자체로는 선거인의 판단에 영향을 미쳐 선거의 공정을 해할 여지는 없어 허위사실공표죄를 구성하지 않으므로 위 공소사실은 범죄로 되지 않는 때에 해당하고, 위에서 유죄로 인정한 각 공직선거법위반죄와는 실체적 경합범의 관계에 있으므로 이 부분에 대하여 형사소송법 제325조전단에 의하여 무죄를 선고한다.

이상의 이유로 주문과 같이 판결한다.

[4] 대법원의 판결83)

【피 고 인】 피고인 1 외 1인
【상 고 인】 피고인들 및 검사
【변 호 인】 변호사 1 외 6인

【원심판결】 서울고법 2008. 11. 14. 선고 2008노2368 판결
【주 문】
원심판결 중 피고인 1의 판시 제1의 라.죄 및 제2의 죄 부분과 피고인 2에 대한 부분을 각 파기하고, 그 부분 사건을 서울고등법원에 환송한다. 피고인 1 및 검사의 각 나머지 상고를 기각한다.

【이 유】
상고이유를 판단한다.
1. 피고인들의 정당의 후보자추천 관련 금품수수에 의한 공직선거법 위반의 점
가. 법원이 공소장의 변경 없이 직권으로 공소장에 기재된 공소사실과 다른 범죄사실을 인정하기 위하여는 공소사실의 동일성이 인정되는 범위 내이어야 할뿐더러 또한 피고인의 방어권 행사에 실질적 불이익을 초래할 염려가 없어야 한다(대법원 2003. 7. 25. 선고 2003도2252 판결, 대법원 2005. 4. 14. 선고 2005도913 판결 등 참조).
나. 이 부분 공소사실의 요지는, '피고인 1은 2008. 4. 9. 실시된 제18대 국회의원선거에서 창조한국당 추천의 비례대표국회의원으로 당선된 사람이고, 피고인 2는 창조한국당 재정국장이자 제18대 국회의원선거 당시 총선승리본부 관리지원단장을 역임한 사람인바, 피고인 1은 창조한국당이 자신을 당선권 범위 안에 있는 비례대표국회의원 후보자로 추천하는 일과 관련하여 창조한국당에 6억원의 대가를 제공하고, 피고인 2는 6억원을 제공받았다'는 것이다.
원심은, 판시와 같은 이유로 피고인들이 위 6억원의 '금품'을 수수한 사실을 인정할 수는 없으나, 판시 채용 증거들에 의하여 피고인 1은 창조한국당의 비례대표국회의원 후보자를 추천하는 일과 관련하여 이자 연 1%의 당채 매입대금으로 6억원을 지급함으로써 그로 인한 재산상 이익을 제공하고, 피고인 2는 그 재산상 이익을 제공받았다고 판단한 뒤, 공소장변경절차를 거치지 아니하고 '피고인 1은 제18대 총선에서 창조한국당의 비례대

83) 대법원 2009. 6. 11. 선고 2008도11042 판결 【공직선거법위반·공문서위조·위조공문서행사·사문서위조·위조사문서행사】

표국회의원 후보자를 추천하는 일과 관련하여 창조한국당에 6억원을 이자 연 1%, 만기 대여일로부터 1년으로 정하여 대여함으로써 그로 인한 재산상 이익을 제공하고, 피고인 2는 그 재산상 이익을 제공받았다'는 범죄사실을 유죄로 인정하였다.

다. 그러나 '정당의 공직후보자 추천과 관련하여 6억원의 금품을 수수하였다'는 공소사실에는 '위 6억원을 이자 연 1%, 만기 대여일로부터 1년으로 정하여 대여함으로써 그로 인한 재산상 이익을 수수하였다'는 점이 포함되어 있다고 보기 어렵고, 공소제기된 금품수수 행위와 원심이 인정한 금융이익 상당의 재산상 이익의 수수행위는 그 범죄행위의 내용 내지 태양이 서로 달라서 그에 대응할 피고인들의 방어행위 역시 달라질 수밖에 없다. 또한, 기록에 의하면 원심의 심리절차에서 위 6억원이 연리 1%의 창조한국당 당채 매입대금으로 지급된 것인지에 대하여도 어느 정도 심리가 행하여진 것으로 보이기는 하나, 피고인들이 금품수수라는 공소사실을 방어의 대상으로 하여 방어권을 행사함에 따라 일부 심리가 행하여진 것에 불과하고, 피고인들이 정당의 공직후보자 추천과 관련하여 재산상 이익을 수수한 점이 심판의 대상으로 될 것을 예상하여 이를 방어의 대상으로 하여 방어권을 행사한 것으로 보기에는 부족하므로, 그 부분에 관련하여 충분한 방어권 행사가 되었다고 볼 수는 없다. 따라서 공소장변경 없이 공직후보자 추천과 관련하여 재산상 이익을 수수한 것으로 인정하는 것은 피고인들의 방어권 행사에 실질적인 불이익이 초래된 것으로 볼 수 있다.

그럼에도 불구하고, 원심은 피고인들이 정당의 후보자추천과 관련하여 재산상 이익을 수수한 공직선거법 위반의 점에 대하여 공소장변경절차를 거치지 아니한 채 직권으로 유죄로 판단하였으니, 원심판결에는 공소장변경에 관한 법리를 오해하여 판결에 영향을 미친 위법이 있다고 할 것이므로, 위 공소사실에 대한 피고인들의 나머지 상고이유 및 검사의 상고이유에 대하여 나아가 살펴볼 필요 없이 원심판결은 그대로 유지될 수 없게 되었다.

2. 피고인 1의 공문서위조·위조공문서행사, 사문서위조·위조사문서행사 및 허위사실공표에 의한 공직선거법 위반의 점

가. 피고인 1의 상고이유에 대한 판단

(1) 사문서위조에 대하여

형사소송법 제254조 제4항에 의하면 "공소사실의 기재는 범죄의 일시, 장소와 방법을 명시하여 사실을 특정할 수 있도록 하여야 한다"고 되어 있는바, 이와 같이 공소사실의 특정을 요구하는 법의 취지는 피고인의 방어권 행사를 쉽게 해주기 위한 데에 있으므로, 공소사실은 이러한 요소를 종합하여 구성요건 해당사실을 다른 사실과 식별할 수 있는 정도로 기재하면 족하고, 공소장에 범죄의 일시,

장소 등이 구체적으로 적시되지 않았더라도 위의 정도에 반하지 아니하고 공소범죄의 성격에 비추어 그 개괄적 표시가 부득이하며 그에 대한 피고인의 방어권 행사에 지장이 없다면 그 공소내용이 특정되지 않았다고 볼 수 없다. 문서의 위조 여부가 문제되는 사건에서 그 위조된 문서가 압수되어 현존하고 있는 이상, 그 범죄 일시와 장소, 방법 등은 범죄의 동일성 인정과 이중기소의 방지, 시효저촉 여부 등을 가름할 수 있는 범위에서 사문서의 위조사실을 뒷받침할 수 있는 정도로만 기재되어 있으면 충분하다(대법원 2009. 1. 30. 선고 2008도6950 판결 등 참조). 같은 취지에서 판시 제1의 나.죄인 피고인 1의 이 사건 연변대학 성인교육학원 졸업증명서와 학습증명서 위조의 점에 관한 공소사실이 특정되었다고 본 원심의 판단은 정당하므로, 원심판결에 공소사실의 특정에 관한 법리오해의 잘못이 있다는 위 피고인의 상고이유 주장은 받아들일 수 없다.

(2) 허위사실공표죄에 대하여

공직선거법 제250조 제1항에서 규정한 허위사실공표죄의 행위는 "연설·방송·신문·통신·잡지·벽보·선전문서 기타의 방법으로" 유권자에게 후보자의 인적사항을 직접적으로 알리는 것으로서 최소한 선전문서와 동일한 기능을 가지는 매개체를 통하여 허위의 사실을 공표하거나 하게 하는 것이고, 여기서 "기타의 방법"에는 법문에 열거된 방법은 물론 불특정 또는 다수의 사람에게 전달될 수 있는 모든 수단·방법이 포함되는 것인바(대법원 2003. 11. 28. 선고 2003도5279 판결 참조), 피고인 1이 '중앙선거관리위원회 인터넷 홈페이지 후보자 정보란'에 경력과 소속단체 등에 관하여 허위의 사실을 공표하게 한 행위는 공직선거법 제250조 제1항에서 규정한 "기타의 방법"에 의한 허위사실 공표에 해당한다.

그리고 공직선거법 제49조 제4항 제5호, 제10항, 제11항, 제12항 등 관련 규정의 내용을 종합하여 보면, '전과'는 공직선거법 제250조 제1항에서 규정한 "경력 등"에 포함된다고 할 것이다.

또한 공직선거법 제250조 제1항은 고의 외에 초과 주관적 위법요소로서 "당선되거나 되게 할 목적"을 범죄성립요건으로 하는 목적범이라 할 것인데(대법원 2007. 9. 20. 선고 2007도5953 판결 등 참조), 공직선거법이 정당명부식 비례대표제를 채택하고 있고, 이러한 선거제도는 정당에 대한 선거로서의 성격을 가지게 되며, 나아가 정당이 작성한 비례대표국회의원 후보자 명부의 내용과 순위 및 그 비례대표국회의원 후보자의 신분·직업·경력·소속단체 등 후보자 개인의 인품과 자질에 관한 사항은 당해 정당의 정강·정책 등을 구체적으로 어떻게 구현할 것인지를 판단할 수 있는 자료가 될 것이라는 점을 고려하면, 비례대표국회의원 후보자인 피고인 1이 그의 경력 등에 관한 허위사실을 공표하는 것 역시 "당선되거나 되게 할 목적"하에 행하여진 것으로 보아야 한다.

같은 취지에서 원심이 이 부분 공소사실을 유죄로 인정한 것은 정당하고, 거기에 피고인 1의 상고이유에서 주장하는 바와 같이 판결 결과에 영향을 미친 공직선거법상 허위사실공표죄의 성립에 관한 법리오해의 위법이 없다.

(3) 나머지 상고이유에 대하여

피고인 1의 나머지 원심판결의 사실인정이 잘못되었다는 취지의 상고이유 주장은 모두 사실심인 원심의 전권에 속하는 증거의 취사선택과 사실의 인정을 탓하는 것에 불과하여 적법한 상고이유가 되지 못한다.

(4) 양형부당 주장에 대하여

피고인 1에 대하여 징역 10년보다 가벼운 형이 선고된 이 사건에서 원심의 양형이 너무 무겁다는 사유는 형사소송법 제383조 제4호의 규정상 적법한 상고이유가 될 수 없다.

나. 검사의 상고이유에 대한 판단

(1) 원심이, 피고인 1의 2008. 3. 18. 이력서 교부에 관하여, 위 이력서 교부행위가 별도의 허위사실공표 공소사실로 기소된 것이 아니라, 위 이력서 제출 후 중앙선거관리위원회로 하여금 그 이력서를 보고 작성한 홍보물을 전국의 유권자에게 발송되도록 한 행위를 허위사실공표의 공소사실로 기소하면서 그 경위를 기재한 것으로 보아 위 이력서 교부행위에 관하여 따로 유무죄의 판단을 하지 아니한 것은 정당하고, 거기에 검사의 상고이유에서 주장하는 바와 같은 심판의 대상이나 판단누락에 관한 법리오해의 위법이 없다.

(2) 공직선거법 제250조의 입법취지는 허위의 사실을 공표하여 선거인의 올바른 판단에 영향을 미치는 행위를 규제함으로써 선거의 공정을 보장함에 있고(대법원 2007. 3. 15. 선고 2006도8368 판결 참조), 그 행위태양인 "공표"라 함은 그 수단이나 방법의 여하를 불문하고 불특정 또는 다수인에게 허위사실을 알리는 것이다(대법원 2003. 11. 28. 선고 2003도5279 판결 참조).

같은 취지에서 원심이 그 판시와 같이 '피고인 1이 2008. 3. 24. 공소외인에게 허위의 사실이 담긴 이력서를 교부하고, 창조한국당은 공소외인을 통하여 제출받은 위 이력서를 중앙선거관리위원회에 제출하였다'는 공소사실은 범죄로 되지 않는 때에 해당한다고 보아 무죄로 판단한 조치는 정당하고, 거기에 검사의 상고이유에서 주장하는 바와 같은 허위사실공표죄에 대한 법리오해의 위법이 없다.

3. 결 론

그렇다면 원심판결 중 피고인 1의 판시 제2의 죄인 정당의 후보자추천 관련 금품수수에 의한 공직선거법 위반 부분은 파기되어야 하는데, 원심은 피고인 1에 대하여 위 공직선거법 위반죄와 판시 제1의 라. 죄인 허위사실공표에 의한 공직선거법 위반죄가 형법 제37조 전단의 경합범 관계에 있는 것으로 보아 그에 대하여 하나의 형을 선고하였으므로, 위 허위사실공표에 의한 공직선거법 위반죄 역시 파기를 면할 수 없다. 따라서 원심판결 중 피고인 1의 판시 제1의 라. 및 판시 제2의 각 공직선거법 위반죄에 대한 부분과 피고인 2에 대한 부분을 각 파기하고, 그 사건을 다시 심리·판단하게 하기 위하여 원심법원에 환송하며, 피고인 1 및 검사의 각 나머지 상고를 기각하기로 하여 관여 대법관의 일치된 의견으로 주문과 같이 판결한다.

Chapter 26 학력란에 '파리정치대학원 정치학전문학위 취득' 이라고 게재한 사안

[1] 사건의 쟁점

1. 공직선거법상 학력게재 대상인 '정규학력'의 의미 및 '이에 준하는 외국의 교육과정을 이수한 학력'에 해당하는지 여부를 판단하는 기준
2. 한국어 학교명이 '파리정치대학원'인 HEP는 프랑스의 교육법에 의하여 수여되는 국가학위를 수여할 수 없는 사립전문학교에 해당하고, 그 교육과정에 대한 입학자격, 수업연한, 교과과정, 학력평가 및 능력인증절차 등을 종합적으로 고려해 볼 때 우리나라의 교육법상의 정규학력에 준하는 교육과정이라고 인정하기 어려움에도 국회의원 후보자가 선거용 명함 및 예비후보자 홍보물과 후원회 안내장, 인터넷 홈페이지 등의 학력란에 '파리정치대학원 정치학전문학위 취득'이라고 게재한 사안에서, 위 게재행위가 선거구민들로 하여금 우리나라의 고등교육법상 석사학위 또는 박사학위에 해당하는 전문학위로 오인하여 후보자에 대한 정확한 판단을 그르치게 할 수 있는 허위학력의 게재에 해당한다는 이유로 공직선거법상 허위사실공표죄의 성립을 인정한 사례

[2] 관련법령

1. 공직선거법 제64조 제1항, 제250조 제1항
2. 공직선거법 제64조 제1항, 제250조 제1항

가. 공직선거법 [법률 제9466호, 2009. 2. 12, 일부개정]

제64조(선거벽보) ① 선거운동에 사용하는 선거벽보에는 후보자의 사진(후보자만의 사진을 말한다)·성명·기호(제150조에 따라 투표용지에 인쇄할 정당 또는 후보자의 게재순위를 말한다. 이하 같다)·정당추천후보자의 소속정당명(무소속후보자는 "무소속"이라 표시한다)·경력[학력을

게재하는 경우에는 정규학력과 이에 준하는 외국의 교육과정을 이수한 학력 외에는 게재할 수 없다. 이 경우 정규학력을 게재하는 경우에는 졸업 또는 수료당시의 학교명(중퇴한 경우에는 수학기간을 함께 기재하여야 한다)을 기재하고, 정규학력에 준하는 외국의 교육과정을 이수한 학력을 게재하는 때에는 그 교육과정명과 수학기간 및 학위를 취득한 때의 취득학위명을 기재하여야 하며, 정규학력의 최종학력과 외국의 교육과정을 이수한 학력은 제49조 제4항 제6호에 따라 학력증명서를 제출한 학력에 한하여 게재할 수 있다. 이하 같다]·정견 및 소속정당의 정강·정책 그 밖의 홍보에 필요한 사항(지역구국회의원선거에 있어서는 비례대표국회의원후보자명단을, 지역구시·도의원선거에 있어서는 비례대표시·도의원후보자 명단을, 지역구자치구·시·군의원선거에 있어서는 비례대표자치구·시·군의원후보자명단을 포함하며, 후보자외의 자의 인물사진을 제외한다)을 게재하여 동에 있어서는 인구 500명에 1매, 읍에 있어서는 인구 250명에 1매, 면에 있어서는 인구 100명에 1매의 비율을 한도로 작성·첩부한다. 다만, 인구밀집상태 및 첩부장소등을 감안하여 중앙선거관리위원회규칙으로 정하는 바에 따라 인구 1천명에 1매의 비율까지 조정할 수 있다. 〈개정 1995.4.1, 1995.12.30, 1997.1.13, 1997.11.14, 1998.4.30, 2000.2.16, 2002.3.7, 2004.3.12, 2005.8.4, 2010.1.25〉

② 제1항에 따른 선거벽보는 후보자(비례대표국회의원후보자와 비례대표지방의회의원후보자를 제외하며, 대통령선거에 있어서 정당추천후보자의 경우에는 그 추천정당을 말한다. 이하 이 조에서 같다)가 작성하여 후보자등록마감일후 3일(대통령선거에 있어 추가등록의 경우에는 추가등록마감일후 2일이내를 말한다)까지 첩부할 지역을 관할하는 구·시·군선거관리위원회에 제출하고, 당해 구·시·군선거관리위원회가 이를 확인하여 선거벽보 제출마감일 후 2일(대통령선거와 섬 및 산간오지지역의 경우는 3일)까지 첩부한다. 이 경우 선거벽보의 일부를 제출하지 아니할 때에는 선거벽보를 첩부하지 아니할 지역(투표구를 단위로 한다)을 지정하여 선거벽보의 제출시에 서면으로 신고하여야 하되, 선거벽보를 첩부하지 아니할 지역을 신고하지 아니한 때에는 당해 구·시·군선거관리위원회가 그 지역을 지정한다. 〈개정 1995.4.1, 2000.2.16, 2005.8.4, 2010.1.25〉

③ 관할선거구선거관리위원회는 제2항에 따라 후보자가 작성하여 보관 또는 제출할 선거벽보의 수량을 선거기간개시일전 10일까지 공고하여야 한다. 이 경우 중앙선거관리위원회규칙으로 정하는 바에 따라 일정한 수량을 가산할 수 있다. 〈개정 1995.12.30, 2004.3.12, 2010.1.25〉

④ 후보자가 제2항에 따른 제출마감일까지 선거벽보를 제출하지 아니한 때와 규격을 넘거나 미달하는 선거벽보를 제출한 때에는 그 선거벽보는 첩부하지 아니한다. 〈개정 2010.1.25〉

⑤ 제2항에 따라 제출된 선거벽보는 정정 또는 철회할 수 없다. 다만, 후보자는 선거벽보에 게재된 후보자의 성명·기호·소속 정당명과 경력·학력·학위·상벌(이하 "경력등"이라 한다)이 거짓으로 게재되어 있거나 이 법에 위반되는 내용이 게재되어 있음을 이유로 해당 선거구선거관리위원회에 서면으로 정정 또는 삭제를 요청할 수 있으며, 그 요청을 받은 선거구선거관리위원회는 제2항에 따른 선거벽보 제출마감일까지 그 내용을 정정 또는 삭제하게 할 수 있다. 이 경우 해당 내용을 정정 또는 삭제하는 외에 새로운 내용을 추가하거나 종전의 배열방법·색상·규격 등을 변경할 수 없다. 〈개정 2010.1.25〉

⑥ 누구든지 선거벽보의 내용 중 경력등에 관한 거짓 사실의 게재를 이유로 이의제기를 하는 때에는 해당 선거구선거관리위원회를 거쳐 직근 상급선거관리위원회에 서면으로 하여야 하고, 이의제기를 받은 상급선거관리위원회는 후보자와 이의제기자에게 그 증명서류의 제출을 요구할 수 있으며, 그 증명서류의 제출이 없거나 거짓 사실임이 판명된 때에는 그 사실을 공고하여야 한다. 〈신설 2010.1.25〉

⑦ 관할선거구선거관리위원회는 제1항의 선거벽보에 다른 후보자, 그의 배우자 또는 직계존·비속이나 형제자매의 사생활에 대한 사실을 적시하여 비방하는 내용이 이 법에 위반된다고 인정하는 때에는 이를 고발하고 공고하여야 한다. 〈개정 2010.1.25〉

⑧ 선거벽보를 인쇄하는 인쇄업자는 제3항의 선거벽보의 수량외에는 이를 인쇄하여 누구에게도 제공할 수 없다. 〈개정 2010.1.25〉

⑨ 후보자는 관할구·시·군선거관리위원회가 첩부한 선거벽보가 오손되거나 훼손되어 보완첩부하고자 하는 때에는 제3항에 따라 공고된 수량의 범위에서 그 선거벽보 위에 덧붙여야 한다. 〈신설 1995.12.30, 2010.1.25〉

⑩ 제1항에 따라 선거벽보를 첩부하는 경우에 첩부장소가 있는 토지·건물 그 밖의 시설물의 소유자 또는 관리자는 특별한 사유가 없는 한 선거벽보의 첩부에 협조하여야 한다. 〈개정 2010.1.25〉

⑪ 선거벽보 내용의 정정·삭제 신청, 수량공고·규격·작성·제출·확인·첩부·경력 등에 관한 허위사실이나 사생활비방으로 인한 고발사실의 공고 그 밖에 필요한 사항은 중앙선거관리위원회규칙으로 정한다. 〈개정 2000.2.16, 2010.1.25〉

[제목개정 2010.1.25]

제250조(허위사실공표죄) ① 당선되거나 되게 할 목적으로 연설·방송·신문·통신·잡지·벽보·선전문서 기타의 방법으로 후보자(후보자가 되고자 하는 자를 포함한다. 이하 이 조에서 같다)에게 유리하도록 후보자, 그의 배우자 또는 직계존·비속이나 형제자매의 출생지·신분·직업·경력등·재산·인격·행위·소속단체 등에 관하여 허위의 사실[학력을 게재하는

경우 제64조 제1항의 규정에 의한 방법으로 게재하지 아니한 경우를 포함한다]을 공표하거나 공표하게 한 자와 허위의 사실을 게재한 선전문서를 배포할 목적으로 소지한 자는 5년 이하의 징역 또는 3천만원이하의 벌금에 처한다. 〈개정 1995.12.30, 1997.1.13, 1997.11.14, 1998.4.30, 2000.2.16, 2004.3.12, 2010.1.25〉

② 당선되지 못하게 할 목적으로 연설·방송·신문·통신·잡지·벽보·선전문서 기타의 방법으로 후보자에게 불리하도록 후보자, 그의 배우자 또는 직계존·비속이나 형제자매에 관하여 허위의 사실을 공표하거나 공표하게 한 자와 허위의 사실을 게재한 선전문서를 배포할 목적으로 소지한 자는 7년 이하의 징역 또는 500만원 이상 3천만원 이하의 벌금에 처한다. 〈개정 1997.1.13〉

③ 당내경선과 관련하여 제1항(제64조 제1항의 규정에 따른 방법으로 학력을 게재하지 아니한 경우를 제외한다)에 규정된 행위를 한 자는 3년 이하의 징역 또는 6백만원 이하의 벌금에, 제2항에 규정된 행위를 한 자는 5년 이하의 징역 또는 1천만원 이하의 벌금에 처한다. 이 경우 "후보자" 또는 "후보자(후보자가 되고자 하는 자를 포함한다)"는 "경선후보자"로 본다. 〈신설 2005.8.4〉

[3] 대법원의 판결[84)]

【피 고 인】 피고인
【상 고 인】 피고인
【변 호 인】 변호사 1 외 2인

【원심판결】 서울고법 2009. 3. 19. 선고 2008노3130 판결
【주　　문】
상고를 기각한다.

【이　　유】
상고이유를 판단한다.

1. 상고이유 제1, 2점

공직선거법 제64조 제1항 및 동법 제250조 제1항에 의하면 학력을 게재하는 경우에는 정규학력과 이에 준하는 외국의 교육과정을 이수한 학력 외에는 게재할 수 없고, 이를

---

84) 대법원 2009. 5. 28. 선고 2009도2457 판결 【공직선거법위반】

위반한 경우에는 처벌하도록 하고 있는데, 여기서 '정규학력'이란 초·중등교육법 및 고등교육법에서 학교의 종류, 설립, 경영, 교원, 교과과정, 학력평가 및 능력인증 등에 관하여 엄격히 관리·통제되고 있는 학교교육제도상의 학력만을 의미한다(대법원 2006. 3. 10. 선고 2005도6316 판결, 헌법재판소 2000. 11. 30. 선고 99헌바95 결정 참조). 따라서 '이에 준하는 외국의 교육과정을 이수한 학력'에 해당하는지 여부도 외국의 교육과정에 대한 입학자격, 수업연한, 교과과정, 학력평가 및 능력인증 절차 등을 종합적으로 고찰하여 합리적으로 판단하여야 할 것이다(대법원 2007. 9. 20. 선고 2007도5953 판결 참조).

원심판결 및 원심이 적법하게 조사한 증거 등에 의하여 인정되는 다음과 같은 사정, 즉 이 사건 교육과정을 만든 Ecole des Hautes Etudes Politiques(정치고등교육학교, 이하 'HEP'라고 한다)는 한국어 학교명을 '파리정치대학원'이라는 명칭을 사용하고는 있으나, HEP는 프랑스의 교육법에 의하여 대학(Universite)이라는 명칭을 사용할 수 없고 국가학위를 수여할 수 없는 프랑스의 고등교육기관 중 사립전문학교(Ecoles specialisees)에 해당하는 고등교육기관인 점, 이 사건 교육과정은 전 단계의 학력 내지 학위의 취득을 입학자격으로 명확하게 규정하고 있는 우리나라의 고등교육법의 규정과는 달리 석사학위 소지자 외에도 전·현직 정치지도자 및 고위관료, 여성지도자, 학사학위 소지자로 전문직경력자에게 입학자격을 부여하고 있어 자의적, 편의적으로 해석되어 운용될 여지가 있는 점, HEP의 정규과정의 수업연한이 1년인데 이 사건 교육과정의 수업연한은 프랑스에서의 2주간 교육과정과 한국에서의 6개월간 월 1회 교육과정으로 구성되어 있으며, 프랑스에서 2주 동안 실제 이루어진 수업시간은 약 80시간 정도이며, 한국에서 6개월 동안 실제 이루어진 수업시간은 약 40여 시간에 불과한 점, HEP의 정규과정의 운영과는 달리 이 사건 교육과정의 운영은 프랑스어로 진행되지 아니하고, 프랑스에서의 교육과정조차 프랑스어를 한국어로 동시통역하는 방식으로 진행되었고, 이 사건 교육과정 중 프랑스에서의 교육과정은 평점 및 학점제 등으로 운영되지 않고 주로 특강과 기관방문으로 이루어졌고 별다른 평가가 이루어지지 않았으며, 한국에서의 교육과정은 HEP가 HEP의 정식교수가 아닌 이환식으로 하여금 그 프로그램의 구성, 담당교수의 선정, 한국인 교수의 위촉을 하도록 하고 그 교육과정도 대부분 HEP의 정식교수가 아닌 한국인 교수들이 담당하게 하며, 그 내용도 평점 및 학점제 등으로 운영되지 않고 주로 특강으로 이루어졌고 별다른 평가가 이루어지지 않았으며, 논문의 지도도 HEP의 교수들이 아닌 한국인 교수들이 지도하고 논문의 작성도 한국어로 1부를 작성한 다음 영어나 불어 중 택일하여 요약본을 작성하여 프랑스에 있는 HEP로 보냈고 HEP에서는 요약본인 서류로만 심사한 점, 이 사건 교육과정을 마친 사람에게는 이 사건 학위가 수여되었으나, 이는 국가학위가 아니고 위 학위를 국가학위로 인정받기 위해서는 별도로 HEP가 국립

대학 등과 협약을 체결하고 그 통제를 받거나 그러한 협약을 체결하지 아니한 경우에는 관할 대학구장(교육감)이 학생의 지식수준 및 적성이 통제되어질 수 있도록 정한 조건을 준수하여야만 국가학위로 인정받을 수 있는데, HEP는 이 사건 학위에 대하여 국립대학 등과 협약을 체결한 사실이 없는 점, 이 사건 교육과정을 마치고 이 사건 학위를 취득한 사람이 대학의 학술학위 과정으로 진학하기 위해서는 해당 대학에 설치된 에끼발랑스(equivalence des diplomes)라는 학위동등인정심사회의의 심사를 거쳐 학술학위 과정으로의 진학여부를 결정하게 되고, 그 심사 후 진학이 인정되지 않거나 하향조정되기도 하는 점, HEP는 이 사건 교육과정과 관련하여 우리나라의 고등교육법이 정하는 바에 따라 한국 학교와 공동연구과정에 관한 협약을 체결하거나 분교 설치 등의 절차를 취하였다는 아무런 자료가 없는 점 등을 종합해 보면, 이 사건 교육과정은 우리나라의 고등교육법이 인정하는 정규학력에 준하는 어느 학력에도 해당하지 아니한다고 할 것이다.

같은 취지에서 원심이, 피고인이 선거용 명함 및 예비후보자 홍보물과 후원회 안내장, 인터넷 홈페이지 및 네이버 블로그 등의 학력란에 이 사건 교육과정에 의한 이 사건 학위를 취득하였다는 취지의 '파리정치대학원 정치학전문학위 취득'이라고 게재한 것은 '대학원' 및 '전문학위'라는 명칭을 사용하고 있어 선거구민들로 하여금 우리나라의 고등교육법상 석사학위 또는 박사학위에 해당하는 전문학위로 오인하여 후보자에 대한 정확한 판단을 그르치게 할 수 있는 허위학력의 게재에 해당한다고 판단하여 주위적 공소사실을 유죄로 인정한 것은 정당하고, 거기에 상고이유에서 주장하는 것과 같은 채증법칙 위반이나 법리오해 등의 잘못이 없다.

2. 상고이유 제3점

원심판결 이유를 기록에 비추어 살펴보면, 원심이 판시와 같은 이유로 피고인에게 이 사건 교육과정이 우리나라의 고등교육법이 정하는 정규학력에 준하는 학력에 해당하지 아니한다는 점을 알면서도 이를 게재한다는 허위학력의 게재에 대한 고의가 있었음이 충분히 인정된다고 판단한 것은 정당하고, 거기에 허위사실공표의 고의에 관한 법리오해 등의 위법이 없다.

3. 결 론

그러므로 상고를 기각하기로 하여, 관여 대법관의 일치된 의견으로 주문과 같이 판결한다.

Chapter 27

후보자방송연설에서 연설내용 및 기자회견에서 의견표현

[1] 사건의 쟁점

1. 선거후보자가 후보자방송연설에서 상대 후보자가 '도의원을 하면서 단 한 건의 조례도 발의하지 않았다, 조례 하나 만들지 않았다'고 연설한 내용이 허위라고 보기 어렵고, 선거후보자에게 허위라는 것에 대한 인식이 없었다고 보아 공직선거법상 허위사실공표죄가 성립하지 않는다고 한 사례
2. 상대 후보자가 제기한 협박 사건 등에 관하여 기자회견에서 '자작극이 아닌가'라고 발언한 것이 의혹을 제기하는 형식으로 의견을 표현한 것에 불과하여 공직선거법 제251조의 후보자비방죄가 성립하지 아니한다고 한 사례

[2] 관련법령

1. 공직선거법 제250조 제2항
2. 공직선거법 제251조

가. 공직선거법 [법률 제9466호, 2009. 2. 12, 일부개정]

제250조(허위사실공표죄) ① 당선되거나 되게 할 목적으로 연설·방송·신문·통신·잡지·벽보·선전문서 기타의 방법으로 후보자(후보자가 되고자 하는 자를 포함한다. 이하 이 조에서 같다)에게 유리하도록 후보자, 그의 배우자 또는 직계존·비속이나 형제자매의 출생지·신분·직업·경력등·재산·인격·행위·소속단체 등에 관하여 허위의 사실[학력을 게재하는 경우 제64조(선전벽보) 제1항의 규정에 의한 방법으로 게재하지 아니한 경우를 포함한다]을 공표하거나 공표하게 한 자와 허위의 사실을 게재한 선전문서를 배포할 목적으로 소지한 자는 5년 이하의 징역 또는 3천만원이하의 벌금에 처한다. 〈개정 1995.12.30,

1997.1.13, 1997.11.14, 1998.4.30, 2000.2.16, 2004.3.12〉

② 당선되지 못하게 할 목적으로 연설·방송·신문·통신·잡지·벽보·선전문서 기타의 방법으로 후보자에게 불리하도록 후보자, 그의 배우자 또는 직계존·비속이나 형제자매에 관하여 허위의 사실을 공표하거나 공표하게 한 자와 허위의 사실을 게재한 선전문서를 배포할 목적으로 소지한 자는 7년 이하의 징역 또는 500만원 이상 3천만원 이하의 벌금에 처한다. 〈개정 1997.1.13〉

③ 당내경선과 관련하여 제1항(제64조 제1항의 규정에 따른 방법으로 학력을 게재하지 아니한 경우를 제외한다)에 규정된 행위를 한 자는 3년 이하의 징역 또는 6백만원 이하의 벌금에, 제2항에 규정된 행위를 한 자는 5년 이하의 징역 또는 1천만원 이하의 벌금에 처한다. 이 경우 "후보자" 또는 "후보자(후보자가 되고자 하는 자를 포함한다)"는 "경선후보자"로 본다. 〈신설 2005.8.4〉

제251조(후보자비방죄) 당선되거나 되게 하거나 되지 못하게 할 목적으로 연설·방송·신문·통신·잡지·벽보·선전문서 기타의 방법으로 공연히 사실을 적시하여 후보자(후보자가 되고자 하는 자를 포함한다), 그의 배우자 또는 직계존·비속이나 형제자매를 비방한 자는 3년 이하의 징역 또는 500만원 이하의 벌금에 처한다. 다만, 진실한 사실로서 공공의 이익에 관한 때에는 처벌하지 아니한다.

[3] 대법원의 판결[85)]

【피 고 인】 피고인 1 외 1인
【상 고 인】 검 사
【변 호 인】 법무법인

【원심판결】 부산고법 2009. 2. 25. 선고 2008노961 판결
【주 문】
상고를 기각한다.

【이 유】
상고이유에 대하여 판단한다.

---

85) 대법원 2009. 5. 28. 선고 2009도2194 판결 【공직선거법위반】

원심은, 피고인 1이 후보자방송연설 녹화를 하면서 연설한 내용 중 상대 후보자인 공소외인이 6년간 도의원을 하면서 단 한 건의 조례도 발의하지 않았다, 조례 하나 만들지 않았다고 한 부분에 대하여, 위 연설 내용의 취지는 공소외인이 국회법상 발의의원에 해당하는 정도로 주도적으로 발의를 하지 않았다는 것일 뿐 나아가 찬성자로 연서하는 정도의 관여까지 하지 않았다는 취지는 아닌 것으로 볼 여지가 충분하여 그 연설 내용이 허위사실이라고 보기 어려우며, 가사 그 연설 내용이 허위사실이라고 하더라도 그 판시 사정들을 종합하여 볼 때에 피고인 1이 그 연설 내용이 허위라는 점을 인식하지 못하였다고 보아야 한다는 제1심의 무죄이유에 보태어서, 국회의원으로 활동한 피고인 1 자신 및 경남도의회 의원들 역시 일반적으로 "발의"의 의미를 위와 같이 발의과정에 적극적으로 참여하는 것을 의미하는 것으로 사용하고 있으며, 피고인 1 스스로 자신의 의정보고서 등에 법률안 발의에 찬성자로 연서한 경우를 자신의 발의건수에 포함시키지 않은 사실 등을 종합하여, 위 연설 내용이 허위라고 보기 어렵고 피고인 1에게 그 허위사실에 대한 인식도 없었다고 판단하고, 피고인 1에게 무죄를 선고한 제1심판결을 유지하였다.

또한 원심은, 피고인 공영윤이 기자회견을 하면서 공소외인 후보가 제기한 협박 문자, 차량훼손사건은 공소외인 후보의 자작극 아닌가라고 한 부분에 대하여, 이는 공소외인 후보 측에서 그 사건을 마치 피고인 1 측에서 저지른 것처럼 수사를 촉구하는 기자회견을 하자 이에 대응하는 과정에서 새로운 사실관계를 추가함이 없이 단지 자작극이 아닌가 하는 의혹을 제기하는 형식으로 의견을 표현한 것에 불과하다는 제1심의 무죄이유를 원용하면서, 그 발언 당시의 표현을 기준으로 사실을 적시한 것인지 아니면 의견을 적시한 것인지 여부를 판단해 볼 때에 위 표현은 사실을 적시한 것이라고 보기에 부족하다고 판단하여, 피고인 공영윤에게 무죄를 선고한 제1심을 유지하였다.

기록에 비추어 살펴보면 원심의 위와 같은 판단은 옳고, 거기에 상고이유에서 주장하는 바와 같은 법리오해 또는 채증법칙 위배의 위법이 있다 할 수 없다.

그러므로 상고를 기각하기로 하여 관여 대법관의 일치된 의견으로 주문과 같이 판결한다.

Chapter 28 선거사무실 개소식을 알리는 내용의 문자메시지를 대량으로 발송한 행위

[1] 사건의 쟁점

1. 공직선거법 제93조 제1항에 규정된 문서·도화의 배부·게시 등 행위가 일상적·의례적·사교적 행위에 불과한 것인지 아니면 선거에 영향을 미치게 하기 위한 목적을 가진 탈법행위인지 여부를 판단하는 기준
2. 국회의원 예비후보자의 선거사무실 개소식을 알리는 내용의 문자메시지를 위 후보나 개소식과 직접 관련없는 사람들을 포함한 수천 명의 선거구민들에게 대량으로 발송한 행위가, 선거에 영향을 미치기 위한 행위에 해당한다고 한 사례

[2] 관련법령

1. 공직선거법 제93조 제1항
2. 공직선거법 제93조 제1항

가. 공직선거법 [법률 제9466호, 2009. 2. 12, 일부개정]

제93조(탈법방법에 의한 문서·도화의 배부·게시 등 금지) ① 누구든지 선거일전 180일(보궐선거등에 있어서는 그 선거의 실시사유가 확정된 때)부터 선거일까지 선거에 영향을 미치게 하기 위하여 이 법의 규정에 의하지 아니하고는 정당(창당준비위원회와 정당의 정강·정책을 포함한다. 이하 이 조에서 같다) 또는 후보자(후보자가 되고자 하는 자를 포함한다. 이하 이 조에서 같다)를 지지·추천하거나 반대하는 내용이 포함되어 있거나 정당의 명칭 또는 후보자의 성명을 나타내는 광고, 인사장, 벽보, 사진, 문서·도화, 인쇄물이나 녹음·녹화테이프 기타 이와 유사한 것을 배부·첩부·살포·상영 또는 게시할 수 없다. 다만, 선거운동기간 중 후보자가 제60조의3(예비후보자 등의 선거운동) 제1항 제2호의 규정에 따른 명함을

직접 주거나 후보자가 그와 함께 다니는 자 중에서 지정한 1인과 후보자의 배우자(배우자 대신 후보자가 그의 직계존·비속 중에서 신고한 1인을 포함한다)가 그 명함을 직접주는 경우에는 그러하지 아니하다. 〈개정 1997.11.14, 1998.4.30, 2002.3.7, 2004.3.12, 2005.8.4〉

② 누구든지 선거일전 90일부터 선거일까지는 정당 또는 후보자의 명의를 나타내는 저술·연예·연극·영화·사진 기타 물품을 이 법에 규정되지 아니한 방법으로 광고할 수 없으며, 후보자는 방송·신문·잡지 기타의 광고에 출연할 수 없다. 다만, 선거기간이 아닌 때에 「신문 등의 자유와 기능보장에 관한 법률」 제2조(용어의 정의)의 규정에 따른 정기간행물의 판매를 위하여 통상적인 방법으로 광고하는 경우에는 그러하지 아니하다. 〈개정 1998.4.30, 2005.8.4〉

③ 누구든지 선거운동을 하도록 권유·약속하기 위하여 선거구민에 대하여 신분증명서·문서 기타 인쇄물을 발급·배부 또는 징구하거나 하게 할 수 없다. 〈신설 1995.12.30〉

[3] 대전고등법원의 판결[86)]

【피 고 인】 피고인
【항 소 인】 피고인
【검　　사】 검 사
【변 호 인】 변호사 1 외 2인

【제1심판결】 대전지방법원 2008. 10. 17. 선고 2008고합420 판결

【주　　문】
제1심판결을 파기한다.
피고인은 무죄.

【이　　유】

1. 항소이유의 요지
양형과중

2. 직권판단

가. 제1심판결에는 다음에서 살피는 바와 같이 판결에 영향을 미친 사실오인 내지 법리오해의 위법이 있으므로, 피고인의 양형부당 주장에 앞서 직권으로 판단한다.

---

86) 대전고등법원 2009. 2. 5. 선고 2008노531 판결 **【공직선거법위반】**

나. 공소사실의 요지

피고인은 2008. 4. 9. 실시된 제18대 국회의원 선거에서 ○○ 동구 ○○○당 예비후보자로 출마한 공소외 1(대법원 판결의 공소외인)의 선거운동 자원봉사자로서 위 후보자의 홍보업무를 담당하던 사람인바, 2008. 2. 11.경 ○○ 동구 용전동 4거리에 있는 공소외 1의 선거사무소에서, 다른 후보자들에 비해 낮은 공소외 1의 인지도를 높이기로 마음먹고 공소외 1의 명의로 문자메시지 대량 전송을 위한 인터넷 사이트인 '문자천국(www.skysms.co.kr)'에 가입한 다음, 위 사이트 서버에 ○○ 동구에 거주하는 공소외 2를 비롯한 선거구민 9,308명의 휴대전화를 입력하고 문자메시지 발송대금 279,240원을 송금하는 방법으로 선거구민들의 휴대전화에 "모시는 글, ○○○당 동구 국회의원 예비후보 공소외 1 개소식, 2월 16일 PM 2시, 용전4거리 금강병원"이라는 내용의 문자메시지를 발송함으로써, 선거일전 180일부터 선거일까지의 기간동안 공직선거법의 규정에 의하지 아니하고 예비후보자 공소외 1을 지지하는 내용이 포함되어있는 문서를 살포하였다.

다. 판 단

(1) 공직선거법상의 '선거운동'이라 함은 '당선되거나 되게 하거나 되지 못하게 하기 위한 행위', 즉 특정한 후보자의 당선을 목적으로 투표를 얻거나 얻게 하기 위하여 필요하고 유리한 모든 행위 또는 반대로 특정한 후보자의 낙선을 목적으로 필요하고 불리한 모든 행위 중 선거인을 상대로 당선 또는 낙선을 도모하기 위하여 하는 것이라는 목적의사가 객관적으로 인정될 수 있는 능동적, 계획적 행위를 말하고, 또한 공직선거법 제93조 제1항에 규정된 문서·도화의 배부·게시 등 행위가 일상적·의례적·사교적 행위에 불과한 것인지 아니면 선거에 영향을 미치게 하기 위한 목적을 가진 탈법행위인지 여부는 그 행위의 시기, 내용, 방법, 대상, 형태 등을 종합하여 총체적으로 판단하여야 한다(대법원 2005. 10. 14. 선고 2005도301 판결, 대법원 2006. 4. 14. 선고 2005도3493 판결 등 참조).

(2) 검사 제출의 각 증거들을 종합하여 보면, 피고인이 공소사실 기재와 같은 내용의 문자메시지를 선거구민 9,308명에게 발송한 사실은 인정된다. 그러나, 위 각 증거들에 의하여 나타나는 다음과 같은 사정들, 즉 ① 피고인이 발송한 문자메시지의 내용은 단순히 예비후보자 공소외 1의 선거사무실 개소식을 알리는 것에 불과하고, 예비후보자 공소외 1의 지지를 부탁하는 등 선거에 영향을 미칠만한 사항은 전혀 포함되어 있지 않는 점, ② 이 사건 문자메시지를 발송한 대상도 불특정다수인이 아니라, 대부분이 ○○○당 일반당원 및 책임당원들이고, 그 밖에 예비후보자 공소외 1의 지인들, ○○초등학교 동문, ○○중학교 22회 동문, ○○고등

학교 54회 동문, ○○대학교 77학번 동문들로서 그 범위가 예비후보자 공소외 1이 속한 ○○○당 당원이거나 예비후보자 공소외 1의 사회생활상 통상적 지인의 범주를 크게 벗어나지 않는 점, ③ 피고인은 문자메시지를 발송하기 이전에 ○○동구 선거관리위원회 지도계장에게 개소식 사항을 휴대전화기 문자메시지로 알려도 되는지 문의한 후, 지도계장으로부터 피고인이 발송한 문자메시지 내용은 정보전달에 불과하기 때문에 ○○○당 당직자나 개소식에 관련된 당원, 지인 등에게는 발송가능한 것이라는 의견을 듣고 이 사건 문자메시지를 발송한 점 및 피고인이 문자메시지를 발송한 시기, 동기, 방법, 내용과 태양 등 제반 사정을 종합하여 볼 때, 예비후보자 명의로 같은 당 소속 당원들이나 예비후보자의 지인들에게 단순히 예비후보자 선거사무소 개소식을 알리는 문자메시지를 발송한 행위는 사회생활상의 일상적·의례적·사교적인 행위에 불과하고, 문자메시지를 발송한 대상자 수가 선거사무소 수용범위를 초과한다는 등의 사정만으로 예비후보자의 인지도를 높이고 지지를 이끌어 냄으로써 그 당선이나 선거에서 유리한 입지를 확보하게 하는 '선거운동' 내지 '선거에 영향을 미치기 위한 행위'에 해당한다고 단정할 수도 없으므로, 이 사건 공소사실은 범죄의 증명이 없는 경우에 해당한다.

3. 결 론

그러므로, 피고인의 양형과중 주장에 대하여 판단할 필요 없이 형사소송법 제364조 제2항, 제6항에 따라 제1심판결을 파기하고, 변론을 거쳐 다시 다음과 같이 판결한다.

이 사건 공소사실의 요지는 제2의 나항 기재와 같은 바, 항소이유의 판단에서 본 바와 같이 이는 범죄의 증명이 없는 경우에 해당하므로, 형사소송법 제325조 후단에 의하여 피고인에 대하여 무죄를 선고하기로 하여, 주문과 같이 판결한다.

[4] 대법원의 판결[87)]

【피 고 인】 피고인
【상 고 인】 검 사

【원심판결】 대전고법 2009. 2. 5. 선고 2008노531 판결
【주 문】

원심판결을 파기하고, 사건을 대전고등법원에 환송한다.

---

87) 대법원 2009. 5. 28. 선고 2009도1937 판결 **【공직선거법위반】**

【이 유】

상고이유를 판단한다.

공직선거법 제93조 제1항에 규정된 문서·도화의 배부·게시 등 행위가 일상적·의례적·사교적 행위에 불과한 것인지 아니면 선거에 영향을 미치게 하기 위한 목적을 가진 탈법행위인지 여부를 판단할 때에는, 위 조항의 입법 목적이 그에 정한 행위가 비록 선거운동에까지는 이르지 않더라도 선거의 공정성과 평온성을 침해하므로 그러한 탈법적인 행위를 차단함으로써 공공의 이익을 도모하려는 것임을 염두에 두고, 행위의 시기, 동기, 경위와 수단 및 방법, 행위의 내용과 태양, 행위 당시의 상황 등 모든 사정을 종합하여 사회통념에 비추어 합리적으로 판단하여야 한다(대법원 2005. 6. 23. 선고 2004도8969 판결 등 참조).

원심은, 적법하게 채택한 증거들에 의하여, 피고인이 문자메시지 대량전송 사이트를 이용하여 대전 동구 선거구민 9,308명의 휴대전화에 '모시는 글, ○○○당 동구 국회의원 예비후보 공소외인 개소식, 2월 16일 PM 3시, 용전4거리 금강병원'이라는 내용의 문자메시지를 발송한 사실을 인정하면서도, 문자메시지 내용이 단순히 선거사무실 개소식을 알리는 것에 불과하고, 공소외인의 지지를 부탁하는 등 선거에 영향을 미칠 만한 사항은 전혀 포함되어 있지 않은 점, 문자메시지 발송대상도 대부분이 ○○○당 일반당원 및 책임당원들이거나 그 밖에 공소외인의 초등학교부터 대학교까지의 동문들을 비롯한 사회생활상 통상적 지인의 범주를 벗어나지 않는 점, 피고인은 사전에 관할 선거관리위원회 지도계장에게 문의하여, 위와 같은 문자메시지 내용은 정보전달에 불과하기 때문에 ○○○당 당직자나 개소식에 관련된 당원, 지인 등에게는 발송가능한 것이라는 답변을 들은 점 및 그 밖에 문자메시지 발송 시기, 동기, 방법, 내용과 태양 등 제반 사정을 종합하여 볼 때, 피고인의 위와 같은 행위는 사회생활상의 일상적·의례적·사교적인 행위에 불과하고, 문자메시지를 발송한 대상자가 선거사무소 수용범위를 초과한다는 등의 사정만으로 예비후보자의 인지도를 높이고 지지를 이끌어 냄으로써 그 당선이나 선거에서 유리한 입지를 확보하게 하는 '선거운동' 내지 '선거에 영향을 미치기 위한 행위'에 해당한다고 단정할 수도 없다는 이유로, 이 사건 공소사실은 범죄의 증명이 없는 경우에 해당한다고 판단하여 피고인에게 무죄를 선고하였다.

그러나 원심의 위와 같은 판단은 다음과 같은 이유에서 수긍하기 어렵다.

원심이 적법하게 채택한 증거들에 의하면, 공소외인은 위 문자메시지 발송 당시 다른 후보들에 비하여 인지도가 낮은 상태였고, 피고인 스스로도 공소외인의 인지도를 높이기 위하여 위와 같은 대량의 문자메시지를 발송한 것이라고 인정하고 있는 점, 피고인의 검찰조사 과정에서의 진술에 따르더라도 문자메시지를 발송한 대상자 중 최소한 500명은 공소외인의 지인들이 선거운동을 위하여 휴대전화번호를 알려준 동구주민들로서 공소외인과 아무런 친분이 없는 사람들이고, 경찰에서 문자메시지 발송대상자 중 92명을 발췌하여 조사한 결과도 조사대상 중 상당수는 ○○○당 당원도 아니고 공소외인과 아무런 친분도 없다는 것으로서 피고인의 위 진술에 부합하는 점, 공소외인은 국회의원 출마 이전에는 위 문자메시지 발송대상자 중 일부와 사이에서만 통상적인 연락을 주고 받는 관계였는데, 국회의원 출마를 계기로 피고인이 위와 같은 많은 사람들에게 한꺼번에 문자메시지를 발송하게 된 점, 피고인이 문자메시지 발송 전에 관할 선거관리위원회 지도계장에게 문의하여, 선거사무소 개소식과 직접 관련이 있는 당원, 정당의 간부, 선거사무 관계자, 한정된 범위의 지인 등 선거사무소 수용범위를 고려한 제한된 범위의 자에게 개소식을 알리는 문자메시지가 발송 가능하다는 답변을 들었음에도 불구하고, 공소외인과 평소 특별한 친분도 없고 개소식과 직접적인 관련도 없는 사람들을 다수 포함하는 9,308명에게 위와 같은 문자메시지를 발송하였고, 공소외인의 사무실 면적은 약 100평에 불과하여 위 문자메시지 발송대상에 비하여 수용능력이 크게 떨어지는 점 등을 알 수 있는바, 위와 같은 사정을 종합하면 피고인의 이 사건 문자메시지 발송행위가 사회생활상의 일상적·의례적·사교적인 행위에 불과하다고 보기는 어렵고, 오히려 예비후보자인 공소외인의 인지도를 높이고 지지를 이끌어 냄으로써 그 당선이나 선거에서 유리한 입지를 확보하게 하는, 선거에 영향을 미치기 위한 행위에 해당한다고 봄이 상당하다 할 것이다.

그럼에도 불구하고, 피고인의 위와 같은 문자메시지 발송행위가 사회생활상의 일상적·의례적·사교적인 행위에 불과하다고 본 원심의 판단에는, 공직선거법 제93조 제1항의 '선거에 영향을 미치기 위하여'라는 요건에 관한 법리오해의 위법이 있고, 이는 판결 결과에 영향을 미쳤음이 분명하다. 이 점을 지적하는 상고이유의 주장은 이유 있다.

그러므로 원심판결을 파기하고, 사건을 다시 심리·판단하게 하기 위하여 원심법원에 환송하기로 하여 관여 대법관의 일치된 의견으로 주문과 같이 판결한다.

Chapter 29 문자메시지 발송

[1] 사건의 쟁점

1. 공직선거법 제58조 제1항에 정한 '선거운동'의 의미 및 그 판단 기준
2. 공직선거법 제93조 제1항에서 정한 '선거에 영향을 미치게 할 목적'의 판단 기준

[2] 관련법령

1. 공직선거법 제58조 제1항
2. 공직선거법 제93조 제1항

가. 공직선거법 [법률 제9466호, 2009. 2. 12, 일부개정]

제58조(정의 등) ① 이 법에서 "선거운동"이라 함은 당선되거나 되게 하거나 되지 못하게 하기 위한 행위를 말한다. 다만, 다음 각 호의 1에 해당하는 행위는 선거운동으로 보지 아니한다. 〈개정 2000.2.16〉

1. 선거에 관한 단순한 의견개진 및 의사표시
2. 입후보와 선거운동을 위한 준비행위
3. 정당의 후보자 추천에 관한 단순한 지지·반대의 의견개진 및 의사표시
4. 통상적인 정당활동

② 누구든지 자유롭게 선거운동을 할 수 있다. 그러나 이 법 또는 다른 법률의 규정에 의하여 금지 또는 제한되는 경우에는 그러하지 아니하다.

제93조(탈법방법에 의한 문서·도화의 배부·게시 등 금지) ① 누구든지 선거일전 180일(보궐선거등에 있어서는 그 선거의 실시사유가 확정된 때)부터 선거일까지 선거에 영향을

미치게 하기 위하여 이 법의 규정에 의하지 아니하고는 정당(창당준비위원회와 정당의 정강·정책을 포함한다. 이하 이 조에서 같다) 또는 후보자(후보자가 되고자 하는 자를 포함한다. 이하 이 조에서 같다)를 지지·추천하거나 반대하는 내용이 포함되어 있거나 정당의 명칭 또는 후보자의 성명을 나타내는 광고, 인사장, 벽보, 사진, 문서·도화, 인쇄물이나 녹음·녹화테이프 기타 이와 유사한 것을 배부·첩부·살포·상영 또는 게시할 수 없다. 다만, 선거운동기간 중 후보자가 제60조의3(예비후보자 등의 선거운동) 제1항 제2호의 규정에 따른 명함을 직접 주거나 후보자가 그와 함께 다니는 자 중에서 지정한 1인과 후보자의 배우자(배우자 대신 후보자가 그의 직계존·비속 중에서 신고한 1인을 포함한다)가 그 명함을 직접주는 경우에는 그러하지 아니하다. 〈개정 1997.11.14, 1998.4.30, 2002.3.7, 2004.3.12, 2005.8.4〉

② 누구든지 선거일전 90일부터 선거일까지는 정당 또는 후보자의 명의를 나타내는 저술·연예·연극·영화·사진 기타 물품을 이 법에 규정되지 아니한 방법으로 광고할 수 없으며, 후보자는 방송·신문·잡지 기타의 광고에 출연할 수 없다. 다만, 선거기간이 아닌 때에 「신문 등의 자유와 기능보장에 관한 법률」 제2조(용어의 정의)의 규정에 따른 정기간행물의 판매를 위하여 통상적인 방법으로 광고하는 경우에는 그러하지 아니하다. 〈개정 1998.4.30, 2005.8.4〉

③ 누구든지 선거운동을 하도록 권유·약속하기 위하여 선거구민에 대하여 신분증명서·문서 기타 인쇄물을 발급·배부 또는 징구하거나 하게 할 수 없다. 〈신설 1995.12.30〉

[3] 대법원의 판결[88)]

【피 고 인】 피고인
【상 고 인】 피고인
【변 호 인】 법무법인

【원심판결】 서울고법 2008. 12. 5. 선고 2008노2740 판결
【주 문】
상고를 기각한다.

【이 유】
상고이유를 판단한다.

---

88) 대법원 2009. 5. 28. 선고 2008도11857 판결 **【공직선거법위반】**

공직선거법 제58조 제1항 소정의 선거운동은 특정후보자의 당선 내지 득표나 낙선을 위하여 필요하고도 유리한 모든 행위로서 당선 또는 낙선을 도모한다는 목적의사가 객관적으로 인정될 수 있는 능동적·계획적인 행위를 말하는 것으로, 단순히 장래의 선거운동을 위한 내부적·절차적인 준비행위에 해당하는 선거운동의 준비행위나 통상적인 정당활동과는 구별되나, 구체적으로 어떠한 행위가 선거운동에 해당하는지 여부를 판단함에 있어서는 단순히 그 행위의 명목뿐만 아니라 그 행위의 태양, 즉 그 행위가 행하여지는 시기·장소·방법 등을 종합적으로 관찰하여 그것이 특정후보자의 당선 또는 낙선을 도모하는 목적의지를 수반하는 행위인지 여부를 판단하여야 하며(대법원 2005. 10. 14. 선고 2005도301 판결 등 참조), 공직선거법 제93조 제1항에서 '선거에 영향을 미치게 하기 위하여'라는 전제 아래 그에 정한 행위를 제한하고 있는 것은 고의 이외에 초과주관적 요소로서 '선거에 영향을 미치게 할 목적'을 범죄성립요건으로 하는 목적범으로 규정한 것이라 할 것인바, 그 목적에 대하여는 적극적 의욕이나 확정적 인식을 필요로 하는 것이 아니라 미필적 인식만으로도 족하고, 그 목적이 있었는지 여부는 피고인의 사회적 지위, 피고인과 후보자·경쟁 후보자 또는 정당과의 관계, 행위의 동기 및 경위와 수단 및 방법, 행위의 내용과 태양, 행위 당시의 사회상황 등 여러 사정을 종합하여 사회통념에 비추어 합리적으로 판단하여야 할 것이다(대법원 2007. 6. 15. 선고 2007도175 판결 등 참조).

그리고 형법 제16조에서 자기가 행한 행위가 법령에 의하여 죄가 되지 아니한 것으로 오인한 행위는 그 오인에 정당한 이유가 있는 때에 한하여 벌하지 아니한다고 규정하고 있는 것은 단순히 법률의 부지를 말하는 것이 아니고, 일반적으로 범죄가 되는 경우이지만 자기의 특수한 경우에는 법령에 의하여 허용된 행위로서 죄가 되지 아니한다고 그릇 인식하고 그와 같이 그릇 인식함에 정당한 이유가 있는 경우에는 벌하지 않는다는 취지이다(대법원 2002. 1. 25. 선고 2000도1696 판결 등 참조).

원심은, 그 채택 증거를 종합하여 그 판시와 같은 사실을 인정한 다음, 피고인의 지위나 역할, 문자메시지를 보낸 시기, 내용, 경위, 대상 및 발송량, 이 사건 범행 당시의 공천과정이나 선거상황 등을 참작하면, 피고인은 한나라당 국회의원 후보 공천과정에서 도움을 얻고자 한 것은 물론 더 나아가 국회의원 선거에서도 유리한 결과를 도모하고자 판시와 같은 내용의 문자메시지를 발송한 것으로 봄이 상당하고, 이는 선거에 영향을 미치게 하기 위한 것이며, 형법 제16조에 의해 책임이 조각되어야 할 사정도 인정되지 않는다고 판단하였다.

앞서 본 법리 및 기록에 비추어 살펴보면, 원심의 위와 같은 사실인정과 판단은 정당한 것으로 수긍이 가고, 거기에 상고이유에서 주장하는 바와 같은 채증법칙 위반으로 인한 사실오인, 죄형법정주의나 공직선거법에 관한 법리오해 등의 위법이 없다.

그러므로 상고를 기각하기로 하여 관여 대법관의 일치된 의견으로 주문과 같이 판결한다.

Chapter 30

선거운동기간전 발송의뢰한 문서의 우송이 중지되고 압수된 경우

[1] 사건의 쟁점

1. 공직선거법 제93조 제1항에서 금지하는 '배부행위'의 기수시기
2. 피고인들이 발송의뢰한 문서가 선거인들에게 도달되기 이전에 우체국에서 선거관리위원회의 우송중지요청에 의하여 우송이 중지되고 압수된 경우, 공직선거법 제93조 제1항에서 금지하는 '배부행위'에 해당하지 않는다고 한 사례
3. 선거운동기간 전 탈법방법에 의한 문서배부행위에 대한 적용법조

[2] 관련법령

1. 공직선거법 제93조 제1항
2. 공직선거법 제93조 제1항, 제255조 제2항 제5호
3. 공직선거법 제93조 제1항, 제254조 제2항 제1호, 제255조 제2항 제5호

가. 공직선거법 [법률 제9466호, 2009. 2. 12, 일부개정]

제93조(탈법방법에 의한 문서·도화의 배부·게시 등 금지) ① 누구든지 선거일전 180일(보궐선거등에 있어서는 그 선거의 실시사유가 확정된 때)부터 선거일까지 선거에 영향을 미치게 하기 위하여 이 법의 규정에 의하지 아니하고는 정당(창당준비위원회와 정당의 정강·정책을 포함한다. 이하 이 조에서 같다) 또는 후보자(후보자가 되고자 하는 자를 포함한다. 이하 이 조에서 같다)를 지지·추천하거나 반대하는 내용이 포함되어 있거나 정당의 명칭 또는 후보자의 성명을 나타내는 광고, 인사장, 벽보, 사진, 문서·도화, 인쇄물이나 녹음·녹화테이프 기타 이와 유사한 것을 배부·첩부·살포·상영 또는 게시할 수 없다. 다만, 선거운동기간 중

후보자가 제60조의3(예비후보자 등의 선거운동) 제1항 제2호의 규정에 따른 명함을 직접 주거나 후보자가 그와 함께 다니는 자 중에서 지정한 1인과 후보자의 배우자(배우자 대신 후보자가 그의 직계존·비속 중에서 신고한 1인을 포함한다)가 그 명함을 직접 주는 경우에는 그러하지 아니하다. 〈개정 1997.11.14, 1998.4.30, 2002.3.7, 2004.3.12, 2005.8.4〉

② 누구든지 선거일전 90일부터 선거일까지는 정당 또는 후보자의 명의를 나타내는 저술·연예·연극·영화·사진 기타 물품을 이 법에 규정되지 아니한 방법으로 광고할 수 없으며, 후보자는 방송·신문·잡지 기타의 광고에 출연할 수 없다. 다만, 선거기간이 아닌 때에 「신문 등의 자유와 기능보장에 관한 법률」 제2조(용어의 정의)의 규정에 따른 정기간행물의 판매를 위하여 통상적인 방법으로 광고하는 경우에는 그러하지 아니하다. 〈개정 1998.4.30, 2005.8.4〉

③ 누구든지 선거운동을 하도록 권유·약속하기 위하여 선거구민에 대하여 신분증명서·문서 기타 인쇄물을 발급·배부 또는 징구하거나 하게 할 수 없다. 〈신설 1995.12.30〉

제254조(선거운동기간위반죄) ① 선거일에 투표마감시각 전까지 선거운동을 한 자는 3년 이하의 징역 또는 600만원 이하의 벌금에 처한다.

② 선거운동기간 전에 다음 각 호의 1에 해당하는 행위를 한 자는 이 법에 다른 규정이 있는 경우를 제외하고는 2년 이하의 징역 또는 400만원 이하의 벌금에 처한다.

1. 벽보·현수막·애드벌룬·표지판·선전탑·광고판 기타 명칭의 여하를 불문하고 선전시설물이나 용구 또는 각종 인쇄물을 사용하여 선거운동을 하거나 하게 한 자
2. 방송·신문·통신 또는 잡지 기타 간행물을 이용하여 선거운동을 하거나 하게 한 자
3. 정견발표회·좌담회·토론회·향우회·동창회 또는 반상회 기타의 집회를 개최하여 선거운동을 하거나 하게 한 자
4. 선거운동을 위한 기구를 설치하거나 사조직을 만들어 선거운동을 하거나 하게 한 자
5. 호별방문하여 선거운동을 하거나 하게 한 자

③ 제2항에 규정된 방법외의 방법으로 선거운동기간전에 선거운동을 하거나 하게 한 자는 1년 이하의 징역 또는 200만원 이하의 벌금에 처한다.

제255조(부정선거운동죄) ① 다음 각 호의 어느 하나에 해당하는 자는 3년 이하의 징역 또는 600만원 이하의 벌금에 처한다. 〈개정 1995.12.30, 1997.11.14, 1998.4.30, 2000.2.16, 2002.3.7, 2004.3.12, 2005.8.4, 2009.2.12〉

1. 제60조(선거운동을 할 수 없는 자) 제1항의 규정에 위반하여 선거운동을 하거나 하게

한 자 또는 같은 조 제2항이나 제205조(선거운동기구의 설치 및 선거사무관계자의 선임에 관한 특례) 제4항의 규정에 위반하여 선거사무장 등으로 되거나 되게 한 자

2. 제61조(선거운동기구의 설치) 제1항의 규정에 위반하여 선거운동기구를 설치하거나 이를 설치하여 선거운동을 한 자

3. 제62조(선거사무관계자의 선임) 제1항 내지 제3항의 규정에 위반하여 선거사무장·선거연락소장이나 선거사무원을 선임한 자

3의2. 제68조(어깨띠) 제2항의 규정을 위반하여 어깨띠를 선거운동을 위하여 착용하거나 하게 한 자

4. 삭제 〈2004.3.12〉

5. 삭제 〈2004.3.12〉

6. 제80조(연설금지장소)의 규정에 위반하여 선거운동을 위한 연설·대담을 한 자

7. 제81조(단체의 후보자 등 초청 대담·토론회) 제1항의 규정에 위반하여 후보자 등 초청 대담·토론회를 개최한 자

8. 제81조 제7항[제82조(언론기관의 후보자등 초청 대담·토론회) 제4항에서 준용하는 경우를 포함한다]의 규정에 위반하여 대담·토론회를 개최한 자

9. 제85조(지위를 이용한 선거운동금지) 제2항 또는 제3항의 규정에 위반한 행위를 하거나 하게 한 자

10. 제86조(공무원등의 선거에 영향을 미치는 행위금지) 제1항 제1호 내지 제4호·제2항·제3항 또는 제5항의 규정에 위반한 행위를 하거나 하게 한 자 또는 같은 조 제6항의 규정에 위반한 행위를 한 자

11. 제87조(단체의 선거운동금지) 제1항의 규정을 위반하여 선거운동을 하거나 하게 한 자 또는 동조 제2항의 규정을 위반하여 사조직 기타 단체를 설립·설치하거나 하게 한 자

12. 제88조(타 후보자를 위한 선거운동금지) 본문의 규정에 위반하여 다른 정당이나 후보자를 위한 선거운동을 한 자

13. 제89조(유사기관의 설치금지) 제1항 본문의 규정에 위반하여 유사기관을 설립·설치하거나 기존의 기관·단체·조직 또는 시설을 이용한 자

14. 삭제 〈2004.3.12〉

15. 제92조(영화 등을 이용한 선거운동금지)의 규정에 위반하여 저술·연예·연극·영화나 사진을 배부·공연·상연·상영 또는 게시하거나 하게 한 자

16. 제105조(행렬등의 금지) 제1항의 규정에 위반하여 무리를 지어 거리행진·인사 또는 연달아 소리 지르는 행위를 하거나 하게 한 자, 같은 조 제2항의 규정에 위반하여

모양과 색상이 동일한 모자나 옷을 착용하거나 기타 표지물을 휴대하여 선거운동을 하거나 하게 한 자

17. 제106조(호별방문의 제한) 제1항 또는 제3항의 규정에 위반하여 호별로 방문하거나 하게 한 자
18. 제107조(서명·날인운동의 금지)의 규정에 위반하여 서명이나 날인을 받거나 받게 한 자
19. 제109조(서신·전보 등에 의한 선거운동의 금지) 제1항 본문 또는 제2항의 규정에 위반하여 서신·전보·모사전송·전화 기타 전기통신의 방법을 이용하여 선거운동을 하거나 하게 한 자나 같은 조 제3항의 규정에 위반하여 협박하거나 하게 한 자
20. 제218조의14 제1항을 위반하여 재외선거권자를 대상으로 선거운동을 한 자

② 다음 각 호의 어느 하나에 해당하는 자는 2년 이하의 징역 또는 400만원 이하의 벌금에 처한다. 〈개정 1995.12.30, 1997.11.14, 1998.4.30, 2000.2.16, 2002.3.7, 2004.3.12, 2005.8.4, 2007.1.3, 2008.2.29〉

1. 제60조의3 제1항 제4호 후단을 위반하여 예비후보자홍보물을 작성한 자

1의2. 대통령선거 및 지방자치단체의 장선거의 예비후보자가 아닌 자로서 제60조의4 제1항의 예비후보자공약집을 발간·배부한 자, 같은 항을 위반하여 1종을 넘어 예비후보자공약집을 발간·배부한 자, 같은 항을 위반하여 예비후보자공약집을 통상적인 방법으로 판매하지 아니하거나 방문판매의 방법으로 판매한 자, 같은 조 제2항을 위반하여 예비후보자공약집을 발간·배부한 자

1의3. 제64조(선전벽보) 제1항·제8항, 제65조(선거공보) 제1항·제2항, 제66조(선거공약서) 제1항 내지 제5항의 규정을 위반하여 선전벽보·선거공보 또는 선거공약서를 선거운동을 위하여 작성·사용하거나 하게 한 자

2. 제65조 제7항의 규정을 위반하여 선거공보에 후보자정보공개자료의 전부 또는 일부를 게재하지 아니한 자
3. 제57조의3(당내경선운동) 제1항의 규정을 위반하여 경선운동을 한 자
4. 제91조(확성장치와 자동차 등의 사용제한) 제1항·제3항 또는 제216조(4개 이상 선거의 동시실시에 관한 특례) 제1항의 규정에 위반하여 확성장치나 자동차를 사용하여 선거운동을 하거나 하게 한 자
5. 제93조(탈법방법에 의한 문서·도화의 배부·게시 등 금지) 제1항의 규정에 위반하여 문서·도화 등을 배부·첩부·살포·게시·상영하거나 하게 한 자, 같은 조 제2항의 규정에 위반하여 광고 또는 출연을 하거나 하게 한 자 또는 제3항의 규정에 위반하여 신분증명서·문서 기타 인쇄물을 발급·배부 또는 징구하거나 하게 한 자

6. 제100조(녹음기 등의 사용금지)의 규정에 위반하여 녹음기 또는 녹화기를 사용하여 선거운동을 하거나 하게 한 자
7. 삭제 〈1995.12.30〉
8. 제271조의2(선거에 관한 광고의 제한) 제1항의 규정에 의한 광고중지요청에 불응하여 광고를 하거나 광고게재를 의뢰한 자

③ 제85조 제1항의 규정에 위반하여 선거운동을 하거나 하게 한 자는 5년 이하의 징역에 처한다.
④ 제82조의5(선거운동정보의 전송제한) 제1항의 규정을 위반하여 선거운동정보를 전송한 자, 동조 제2항의 규정을 위반하여 선거운동정보에 해당하는 사실 등을 선거운동정보에 명시하지 아니하거나 허위로 명시한 자, 동조 제3항의 규정을 위반하여 수신자의 동의를 얻지 아니하고 선거운동정보를 전송한 자, 동조 제4항의 규정을 위반하여 기술적 조치를 한 자, 동조 제5항의 규정을 위반하여 비용을 수신자에게 부담하도록 한 자, 동조 제6항의 규정을 위반하여 선거운동정보를 전송한 자는 1년 이하의 징역 또는 100만원 이하의 벌금에 처한다. 〈신설 2004.3.12, 2005.8.4〉
[2006헌마1096, 2008.05.29, 공직선거법(2005. 8. 4. 법률 제7681호로 개정된 것) 제255조 제1항 제10호 중 '제86조 제1항 제2호' 부분은 공무원의 지위를 이용하지 아니한 행위에 대하여 적용하는 한 헌법에 위반된다.]

[3] 대전고등법원의 판결[89)]

【피 고 인】 피고인 1 외 1인
【항 소 인】 검 사
【검　　사】 검 사
【변 호 인】 변호사

【제1심판결】 대전지방법원 천안지원 2008. 11. 12. 선고 2008고합164 판결
【주　　문】
제1심판결을 파기한다.
피고인들은 무죄.

89) 대전고등법원 2009.2.5. 선고 2008노568 판결 【공직선거법위반】

【이　유】

1. 항소이유의 요지

사실오인 및 법리오해

2. 판　단

가. 직권판단

검사는 당심에 이르러, 당초의 공직선거법 제93조 제1항 위반의 공소사실에 관하여, 적용법조에 '공직선거법 제254조 제3항, 형법 제40조'를 추가하고, 공소사실을 아래에서 보는 바와 같이 사전선거운동의 공직선거법위반의 공소사실을 추가하는 내용의 공소장변경허가신청을 하였고, 이 법원이 이를 허가하였으므로, 제1심판결은 더 이상 유지될 수 없게 되었다.

다만, 공소장변경에도 불구하고, 당초의 공직선거법 제93조 제1항 위반의 공소사실에 대한 검사의 사실오인 및 법리오해 주장은 여전히 이 법원의 심판대상이 되므로, 아래에서 판단하기로 하고, 판단의 편의상 당심에서 추가된 사전선거운동의 공직선거법 위반의 점도 함께 판단하기로 한다.

나. 공소사실의 요지

누구든지 선거일전 180일부터 선거일까지 선거에 영향을 미치게 하기 위하여 공직선거법의 규정에 의하지 아니하고 후보자를 지지·추천하거나 후보자의 성명을 나타내는 문서를 배부할 수 없고, 선거운동기간 전에 선거운동을 하여서는 아니 됨에도 불구하고, 피고인들은 공모하여 2008. 4. 9. 실시 예정인 제18대 국회의원 선거운동기간 전날인 2008. 3. 26. 17:30경 천안시 대흥동에 있는 천안우체국에서 아산시 선거구에 선거권자로 신고된 부재자신고자인 공소외 1을 수취인으로 하여 제18대 국회의원 아산시 선거구 후보자 공소외 2를 지지하는 내용인 '이번에 출마하는 후보 중에 삼성과 현대 대기업 아산출신 의무고용제를 공약중 하나로 내세운 후보가 한 명 있더라구요... 전 개인적 생각이지만 우리 젊은이들을 위한 공약이 포함되어 있는 사람은 공소외 2후보 밖에 없더라구요..'라는 문구가 기재된 문서를 발송하여 배부한 것을 비롯하여 별지1. 범죄일람표 기재와 같이 492명에게 이와 같은 문구가 기재된 문서(이하 '이 사건 문서'라 한다)를 발송하여 배부함과 동시에 선거운동기간 전에 선거운동을 하였다.

다. 판　단

(1) 당초의 공직선거법 제93조 제1항 위반의 공소사실에 관한 검사의 항소이유에 관한 판단

(가) 제1심은, 기록에 의하면 피고인 1은 피고인 2의 제안에 따라 2008. 3. 25. 제18대 국회의원 선거에서 공소외 2 후보를 지지하기 위하여 공소외 2 후보의 공약에 대한 소개 등 공소외 2 후보를 지지하는 내용이 담긴 편지를 작성하였고, 피고인 1은 2008. 3. 26. 위 편지를 피고인 2에게 보여준 뒤 피고인 2로부터 우편발송료 명목으로 15만원을 지급받아 천안우체국에서 아산시 선거구에 선거권자로 신고된 공소외 1 등 492명의 부재자 신고자에게 이 사건 문서를 우편물로 발송 의뢰하였으나, 아산시 선거관리위원회는 2008. 3. 26. 천안우체국에 불법선전물 우송중지요청을 하였고 이에 따라 이 사건 문서는 발송 중지되면서 아산시 선거관리위원회가 이 사건 문서를 압수하여 결국 수취인들에게 교부되지 아니한 사실이 인정되는바, 피고인 1이 발송 의뢰한 이 사건 문서가 아산시 선거관리위원회의 우송중지요청에 의하여 발송이 중지되고 압수됨에 따라 선거권자에게 교부되지 아니하였기 때문에 불특정 다수인에게 교부되었다고 볼 수 없으므로, 공소사실 기재와 같은 피고인들의 행위를 공직선거법 제93조 제1항에서 금지하는 문서·도서 등의 '배부행위'에 해당한다고 볼 수 없다고 판단하여 피고인들에 대하여 무죄를 선고하였다.

(나) 공직선거법 제93조 제1항은 선거일을 앞둔 일정한 기간 동안 선거에 영향을 미치게 하는 탈법방법에 의한 문서, 도화 등의 배부, 게시 등의 행위를 금지한다고 규정하고 있는바, 이 규정의 취지는 선거에서 후보자의 조건을 공정·평등하게 하기 위하여 사실상 선거운동의 성격을 가진 문서와 같은 인쇄물 등이 무제한적으로 배부되어 선거운동에 부당한 경쟁을 초래함으로써 선거의 공정을 해치는 것을 막고자 함에 있다.

공직선거법 제93조 제1항의 배부행위라 함은 같은 조항에 규정된 문서·도화 등을 불특정 또는 다수인에게 교부하는 행위를 말하고(대법원 2005. 9. 29. 선고 2005도2025 판결, 대법원 2002. 1. 25. 선고 2000도1696 판결 등 참조), 앞서 본 이 조항의 입법 취지와 문언의 의미에 비추어 보면 직접 배부행위의 상대방에게 문서·도화 등이 도달되지 않는 이상 배부행위자의 사자 또는 그 내용을 모르는 운송기관 등에게 교부된 것만으로는 배부행위가 기수에 이르렀다고 할 수 없다.

따라서 이 사건의 경우 피고인들이 발송의뢰한 이 사건 문서가 교부상대방에게 도달되기 이전에 우체국에서 선거관리위원회의 우송중지요청에 의하여 우송이 중지되고 압수된 이상, 피고인들의 행위가 공직선거법 제93조 제1항에서 금지하는 '배부행위'에 해당한다고 볼 수 없으므로(공직선거법은 제93조 제1항 위반죄에 대하여 예비·음모 및 미수범에 대한 처벌조항을 별도로 두고 있지도 않다), 이 사건 공소사실을 무죄로 판단한 제1심의 판단은 정당한 것으로 수긍할 수 있다.

(2) 당심에서 추가된 사전선거운동의 공소사실에 관한 판단

공직선거법 제254조 제2항은 '선거운동기간 전에 다음 각 호의 1에 해당하는 행위를 한 자는 이 법에 다른 규정이 있는 경우를 제외하고는 2년 이하의 징역 또는 400만원 이하의 벌금에 처한다.'고 규정하고 있고, 각 호에 선거운동의 방법을 열거하면서 제1호로 '1.벽보·현수막·에드벌룬·표지판·선전탑·광고판 기타 명칭의 여하를 불문하고 선전시설물이나 용구 또는 각종 인쇄물을 사용하여 선거운동을 하거나 하게 한 자'를 들고 있으며, 공직선거법 제254조 제3항은 '제2항에 규정된 방법 외의 방법으로 선거운동기간 전에 선거운동을 하거나 하게 한 자는 1년 이하의 징역 또는 200만원 이하의 벌금에 처한다'고 규정하고 있다. 그리고, 공직선거법 제254조 제2항 소정의 '이 법에 다른 규정이 있는 경우'라 함은 법에 별도의 처벌 규정이 있는 경우를 말하고, 따라서 법에 별도의 처벌 규정이 있는 경우에는 공직선거법 제254조 제2항 위반으로는 처벌할 수 없다(대법원 1998. 6. 9. 선고 97도856 판결 등 참조).

따라서, 이 사건의 경우 피고인들이 당초 의도한 선거운동의 방법은, 선거일전 180일부터 선거일까지 사이에 공직선거법의 규정에 의하지 않고 인쇄물인 이 사건 문서를 사용하여 선거인에게 우편으로 배부하려 한 것이므로, 공직선거법 제254조 제2항 제1호가 정하고 있는 방법에 해당함과 동시에, 공직선거법 제255조 제2항 제5호, 제93조 제1항(탈법방법에 의한 문서·도화의 배부·게시 등 금지)에서 처벌하고 있는 선거운동의 방법에도 해당하므로, 공직선거법 제255조 제2항 제5호가 적용될 수 있을 뿐 공직선거법 제254조 제2항 제1호 또는 제254조 제3항이 적용될 여지가 없다. 또한 피고인들이 당초 의도한 선거운동의 방법에 관하여 공직선거법 제255조 제2항 제5호의 처벌규정이 있는 이상, 피고인들이 당초 의도한 선거운동이 완료되지 않아 위 조항에 의하여 처벌되지 않는다고 하더라도, 피고인들의 행위를 공직선거법 제254조 제2항 제1호 또는 제254조 제3항으로 처벌할 수도 없다고 보아야 한다.

3. 결 론

그러므로 형사소송법 제364조 제6항에 따라 제1심판결을 파기하고, 변론을 거쳐 다시 다음과 같이 판결한다.

이 사건 공소사실은 제2의 나항 기재와 같은바, 항소이유의 판단에서 본 바와 같이 범죄의 증명이 없는 경우에 해당하므로 형사소송법 제325조 후단에 의하여 피고인들에 대하여 무죄를 선고한다.

[별지 범죄 일람표 생략]

[4] 대법원의 판결[90)]

【피 고 인】 피고인 1 외 1인
【상 고 인】 검 사

【원심판결】 대전고법 2009. 2. 5. 선고 2008노568 판결
【주 문】
상고를 모두 기각한다.

【이 유】
상고이유를 판단한다.
원심판결 이유에 의하면 원심은, 공직선거법 제93조 제1항은 선거일을 앞둔 일정한 기간 동안 선거에 영향을 미치게 하는 탈법방법에 의한 문서·도화 등의 배부·게시 등의 행위를 금지한다고 규정하고 있는데, 이 규정의 취지는 선거에서 후보자의 조건을 공정·평등하게 하기 위하여 사실상 선거운동의 성격을 가진 문서와 같은 인쇄물 등이 무제한적으로 배부되어 선거운동에 부당한 경쟁을 초래함으로써 선거의 공정을 해치는 것을 막고자 함에 있고, 공직선거법 제93조 제1항의 배부행위라 함은 같은 조항에 규정된 문서·도화 등을 불특정 또는 다수인에게 교부하는 행위를 말하는바(대법원 2002. 1. 25. 선고 2000도1696 판결, 대법원 2005. 9. 29. 선고 2005도2025 판결 등 참조), 위와 같은 입법 취지와 문언의 의미에 비추어 보면 직접 배부행위의 상대방에게 문서·도화 등이 도달되지 않는 이상 배부행위자의 사자 또는 그 내용을 모르는 운송기관 등에게 교부된 것만으로는 배부행위가 기수에 이르렀다고 할 수 없으므로, 이 사건의 경우 피고인들이 발송의뢰한 이 사건 문서가 교부상대방에게 도달되기 이전에 우체국에서 선거관리위원회의 우송중지요청에 의하여 우송이 중지되고 압수된 이상, 피고인들의 행위가 공직선거법 제93조 제1항에서 금지하는 '배부행위'에 해당한다고 볼 수 없다(공직선거법은 제93조 제1항 위반죄에 대하여 예비·음모 및 미수범에 대한 처벌조항을 별도로 두고 있지도 않다)고 판단하였다.
또한, 원심은 원심에서 추가된 사전선거운동의 공소사실에 관하여, 공직선거법 제254조 제2항은 "선거운동기간 전에 다음 각 호의 1에 해당하는 행위를 한 자는 이 법에 다른 규정이 있는 경우를 제외하고는 2년 이하의 징역 또는 400만원 이하의 벌금에 처한다"고 규정하고 있고, 각 호에 선거운동의 방법을 열거하면서 제1호로 "1.벽보·현수막·에드벌룬·표지판·선전탑·광고판 기타 명칭의 여하를 불문하고 선전시설물이나 용구 또는 각종 인쇄물을

90) 대법원 2009. 5. 14. 선고 2009도1938 판결 【공직선거법위반】

사용하여 선거운동을 하거나 하게 한 자"를 들고 있으며, 공직선거법 제254조 제3항은 "제2항에 규정된 방법 외의 방법으로 선거운동기간 전에 선거운동을 하거나 하게 한 자는 1년 이하의 징역 또는 200만원 이하의 벌금에 처한다"고 규정하고 있는바, 피고인들이 발송의뢰한 이 사건 문서가 공직선거법 제254조 제2항 제1호 소정의 '인쇄물'에 해당되는 이상 공직선거법 제254조 제3항으로 처벌할 수는 없다고 판단하였다. 나아가 원심은, 공직선거법 제254조 제2항 소정의 '이 법에 다른 규정이 있는 경우'라 함은 법에 별도의 처벌규정이 있는 경우를 말하므로, 법에 별도의 처벌규정이 있는 경우에는 공직선거법 제254조 제2항 위반으로는 처벌할 수 없는바(대법원 1998. 6. 9. 선고 97도856 판결 등 참조), 이 사건의 경우 피고인들이 당초 의도한 선거운동의 방법은, 선거일전 180일부터 선거일까지 사이에 공직선거법의 규정에 의하지 않고 이 사건 문서를 사용하여 선거인에게 우편으로 배부하려 한 것으로서 공직선거법 제254조 제2항 제1호가 정하고 있는 방법에 해당함과 동시에, 공직선거법 제255조 제2항 제5호, 제93조 제1항(탈법방법에 의한 문서·도화의 배부·게시 등 금지)에서 처벌하고 있는 선거운동의 방법에도 해당하므로, 여기에는 공직선거법 제255조 제2항 제5호가 적용될 수 있을 뿐 공직선거법 제254조 제2항 제1호가 적용될 여지가 없고, 또한 피고인들이 당초 의도한 선거운동의 방법에 관하여 공직선거법 제255조 제2항 제5호의 처벌규정이 있는 이상, 피고인들이 당초 의도한 선거운동이 완료되지 않아 위 조항에 의하여 처벌되지 않는다고 하더라도, 피고인들의 행위를 공직선거법 제254조 제2항 제1호로 처벌할 수 없다 고 판단하였다.

기록에 비추어 살펴보면, 원심이 그 판시와 같은 이유로 피고인들에게 무죄를 선고한 것은 정당하고, 거기에 상고이유에서 주장하는 바와 같은 배부행위 및 인쇄물에 관한 법리오해, 이유모순 등의 위법이 없다.

그러므로 상고를 모두 기각하기로 하여 관여 대법관의 일치된 의견으로 주문과 같이 판결한다.

Chapter 31 외국학력의 수학기간을 기재하지 아니한 행위

[1] 사건의 쟁점

1. 공직선거법 제256조 제3항 제6호의 당원집회 제한조항 위반죄의 적용범위
2. 선거후보자가 홍보물 등에 학력으로서 "하버드대 대학원 졸업(공공행정학 석사)"이라고 게재하면서 그 수학기간을 기재하지 아니한 행위가 공직선거법 제250조 제1항의 허위사실공표에 해당한다고 한 사례
3. 공직선거법상 외국 학력의 수학기간 미기재 처벌규정이 외국에서 교육과정을 이수한 후보자를 부당하게 차별하거나 후보자의 기본권을 침해하는지 여부(소극)

[2] 관련법령

1. 공직선거법 제103조 제3항, 제141조 제1항, 제256조 제3항 제6호, 정당법 제3조, 제37조 제3항, 선거관리위원회법 제4조 제8항
2. 공직선거법 제64조 제1항, 제250조 제1항
3. 공직선거법 제64조 제1항, 제250조 제1항

가. 공직선거법 [법률 제9466호, 2009. 2. 12, 일부개정]

제64조(선전벽보) ① 선거운동에 사용하는 선전벽보에는 후보자의 사진(후보자만의 사진을 말한다)·성명·기호[제150조(투표용지의 정당·후보자의 게재순위 등)의 규정에 의하여 투표용지에 인쇄할 정당 또는 후보자의 게재순위를 말한다. 이하 같다]·정당추천후보자의 소속정당명(무소속후보자는 "무소속"이라 표시한다)·경력[학력을 게재하는 경우에는 정규학력과 이에 준하는 외국의 교육과정을 이수한 학력 외에는 게재할 수 없다. 이 경우 정규학력을 게재하는 경우에는 졸업 또는 수료당시의 학교명(중퇴한 경우에는 수학기간을 함께

기재하여야 한다)을 기재하고, 정규학력에 준하는 외국의 교육과정을 이수한 학력을 게재하는 때에는 그 교육과정명과 수학기간 및 학위를 취득한 때의 취득학위명을 기재하여야 하며, 정규학력의 최종학력과 외국의 교육과정을 이수한 학력은 제49조(후보자등록등) 제4항 제6호의 규정에 의하여 학력증명서를 제출한 학력에 한하여 게재할 수 있다. 이하 같다]·정견 및 소속정당의 정강·정책 기타 홍보에 필요한 사항(지역구국회의원선거에 있어서는 비례대표국회의원후보자명단을, 지역구시·도의원선거에 있어서는 비례대표시·도의원후보자 명단을, 지역구자치구·시·군의원선거에 있어서는 비례대표자치구·시·군의원후보자명단을 포함하며, 후보자외의 자의 인물사진을 제외한다)을 게재하여 동에 있어서는 인구 500인에 1매, 읍에 있어서는 인구 250인에 1매, 면에 있어서는 인구 100인에 1매의 비율을 한도로 작성·첩부한다. 다만, 인구밀집상태 및 첩부장소등을 감안하여 중앙선거관리위원회규칙이 정하는 바에 따라 인구 1천인에 1매의 비율까지 조정할 수 있다. 〈개정 1995.4.1, 1995.12.30, 1997.1.13, 1997.11.14, 1998.4.30, 2000.2.16, 2002.3.7, 2004.3.12, 2005.8.4〉

② 제1항의 규정에 의한 선전벽보는 후보자(비례대표국회의원후보자와 비례대표지방의회의원후보자를 제외하며, 대통령선거에 있어서 정당추천후보자의 경우에는 그 추천정당을 말한다. 이하 이 조에서 같다)가 작성하여 후보자등록마감일후 3일(대통령선거에 있어 추가등록의 경우에는 추가등록마감일 후 2일 이내를 말한다)까지 첩부할 지역을 관할하는 구·시·군선거관리위원회에 제출하고, 당해 구·시·군선거관리위원회가 이를 확인하여 선전벽보 제출마감일후 2일(대통령선거와 섬 및 산간오지지역의 경우는 3일)까지 첩부한다. 이 경우 선전벽보의 일부를 제출하지 아니할 때에는 선전벽보를 첩부하지 아니할 지역(투표구를 단위로 한다)을 지정하여 선전벽보의 제출시에 서면으로 신고하여야 하되, 선전벽보를 첩부하지 아니할 지역을 신고하지 아니한 때에는 당해 구·시·군선거관리위원회가 그 지역을 지정한다. 〈개정 1995.4.1, 2000.2.16, 2005.8.4〉

③ 관할선거구선거관리위원회는 제2항의 규정에 의하여 후보자가 작성하여 보관 또는 제출할 선전벽보의 수량을 선거기간개시일전 10일까지 공고하여야 한다. 이 경우 중앙선거관리위원회규칙이 정하는 바에 따라 일정한 수량을 가산할 수 있다. 〈개정 1995.12.30, 2004.3.12〉

④ 후보자가 제2항의 규정에 의한 제출마감일까지 선전벽보를 제출하지 아니한 때와 규격을 넘거나 미달하는 선전벽보를 제출한 때에는 그 선전벽보는 첩부하지 아니한다.

⑤ 제2항의 규정에 의하여 제출된 선전벽보는 정정 또는 철회할 수 없다. 다만, 그 내용중 경력·학력·학위 또는 상벌(이하 "경력등"이라 한다)에 관한 허위사실의 게재를 이유로 이의제기를 하는 때에는 당해 선거구선거관리위원회를 경유하여 직근 상급선거관리위원회에 서면으로 하여야 하며, 이의제기를 받은 상급선거관리위원회는 정당 또는 후보자에게 그 증명서류의 제출을 요구할 수 있으며, 그 증명서류의 제출이 없거나 허위사실임이

판명된 때에는 그 사실을 공고하여야 한다. 〈개정 2005.8.4〉

⑥ 관할선거구선거관리위원회는 제1항의 선전벽보에 다른 후보자, 그의 배우자 또는 직계존·비속이나 형제자매의 사생활에 대한 사실을 적시하여 비방하는 내용이 이 법에 위반된다고 인정하는 때에는 이를 고발하고 공고하여야 한다.

⑦ 선전벽보를 인쇄하는 인쇄업자는 제3항의 선전벽보의 수량 외에는 이를 인쇄하여 누구에게도 제공할 수 없다.

⑧ 후보자는 관할구·시·군선거관리위원회가 첩부한 선전벽보가 오손되거나 훼손되어 보완첩부하고자 하는 때에는 제3항의 규정에 의하여 공고된 수량의 범위 안에서 관할구·시·군선거관리위원회의 검인을 받아 그 선전벽보 위에 덧붙여야 한다. 〈신설 1995.12.30〉

⑨ 제1항의 규정에 의하여 선전벽보를 첩부하는 경우에 첩부장소가 있는 토지·건물 기타 시설물의 소유자 또는 관리자는 특별한 사유가 없는 한 선전벽보의 첩부에 협조하여야 한다.

⑩ 삭제 〈2000.2.16〉

⑪ 선전벽보의 수량공고·규격·작성·제출·확인·첩부·경력 등에 관한 허위사실이나 사생활비방으로 인한 고발사실의 공고 기타 필요한 사항은 중앙선거관리위원회규칙으로 정한다. 〈개정 2000.2.16〉

제103조(각종집회 등의 제한) ① 누구든지 선거기간 선거구민을 대상으로 하거나 선거가 실시되는 지역 안에서 향우회·종친회 또는 동창회 모임을 개최할 수 없다. 다만, 대통령선거에 있어서는 그러하지 아니하다. 〈신설 2000.2.16, 2002.3.7, 2004.3.12, 2005.8.4〉

② 특별법에 따라 설립된 국민운동단체로서 국가나 지방자치단체의 출연 또는 보조를 받는 단체(바르게살기운동협의회·새마을운동협의회·한국자유총연맹을 말한다) 및 주민자치위원회는 선거기간중 회의 그 밖에 어떠한 명칭의 모임도 개최할 수 없다. 〈신설 2005.8.4〉

③ 누구든지 선거기간중 선거에 영향을 미치게 하기 위하여 단합대회 또는 야유회 기타의 집회를 개최할 수 없다. 〈개정 2000.2.16〉

④ 선거기간중에는 특별한 사유가 없는 한 반상회를 개최할 수 없다.

⑤ 누구든지 선거일전 90일(선거일전 90일 후에 실시사유가 확정된 보궐선거등에 있어서는 그 선거의 실시사유가 확정된 때)부터 선거일까지 후보자(후보자가 되고자 하는 자를 포함한다)와 관련 있는 저서의 출판기념회를 개최할 수 없다. 〈신설 2004.3.12〉

제141조(당원집회의 제한 〈개정 2000.2.16〉) ① 정당은 선거일전 30일부터 선거일까지 소속당원의 단합·수련·연수·교육 기타 명목여하를 불문하고 선거가 실시중인 선거구

안이나 선거구민인 당원을 대상으로 당원수련회 등(이하 이 조에서 "당원집회"라 한다)을 개최할 수 없다. 다만, 당무에 관한 연락·지시 등을 위하여 일시적으로 이루어지는 당원간의 면접은 당원집회로 보지 아니한다. 〈개정 1995.12.30, 2000.2.16, 2004.3.12〉

② 정당이 당원집회를 개최하는 때(중앙당이 그 연수시설에서 개최하는 경우를 제외한다)에는 개최지역을 관할하는 구·시·군선거관리위원회에 신고한 후 당해 정당의 사무소, 주민회관, 공공기관·단체의 사무소 기타 공공시설 또는 다수인이 왕래하는 장소가 아닌 공개된 장소에서 개최하여야 한다. 〈개정 2004.3.12〉

③ 「정치자금법」 제27조(보조금의 배분)의 규정에 의하여 보조금의 배분대상이 되는 정당은 중앙선거관리위원회규칙이 정하는 바에 따라 국가 또는 지방자치단체[제53조(공무원등의 입후보) 제1항 제4호 또는 제6호에 규정된 기관을 포함한다]가 소유하거나 관리하는 주민회관·체육관 또는 문화원 기타 다수인이 모일 수 있는 시설이나 장소를 당원집회의 장소로써 무료로 사용할 수 있다. 이 경우 시설의 손괴 또는 전력의 사용 등 재산상의 손실을 끼친 때에는 당해 정당이 보상하여야 한다. 〈신설 2004.3.12, 2005.8.4〉

④ 제2항의 당원집회 장소의 외부에는 이 법에 의한 당원집회임을 표시하는 표지를 첩부 또는 게시하여야 하되, 그 개최자는 당해 집회종료 후에는 지체없이 철거하여야 한다. 이 경우 그 표지에는 후보자가 되고자 하는 자의 사진·성명 또는 선전구호 기타 후보자가 되고자 하는 자를 선전하는 내용을 게재하여서는 아니 된다. 〈개정 2004.3.12〉

⑤ 제3항의 규정에 의한 사용신청을 받은 공공시설의 관리자는 정당한 사유가 있는 경우를 제외하고는 그 사용을 거부할 수 없다. 〈신설 2004.3.12〉

⑥ 당원집회의 신고, 표지의 규격 또는 매수 기타 필요한 사항은 중앙선거관리위원회규칙으로 정한다. 〈개정 2004.3.12〉

제250조(허위사실공표죄) ① 당선되거나 되게 할 목적으로 연설·방송·신문·통신·잡지·벽보·선전문서 기타의 방법으로 후보자(후보자가 되고자 하는 자를 포함한다. 이하 이 조에서 같다)에게 유리하도록 후보자, 그의 배우자 또는 직계존·비속이나 형제자매의 출생지·신분·직업·경력등·재산·인격·행위·소속단체 등에 관하여 허위의 사실[학력을 게재하는 경우 제64조(선전벽보) 제1항의 규정에 의한 방법으로 게재하지 아니한 경우를 포함한다]을 공표하거나 공표하게 한 자와 허위의 사실을 게재한 선전문서를 배포할 목적으로 소지한 자는 5년 이하의 징역 또는 3천만원이하의 벌금에 처한다. 〈개정 1995.12.30, 1997.1.13, 1997.11.14, 1998.4.30, 2000.2.16, 2004.3.12〉

② 당선되지 못하게 할 목적으로 연설·방송·신문·통신·잡지·벽보·선전문서 기타의 방법으로 후보자에게 불리하도록 후보자, 그의 배우자 또는 직계존·비속이나 형제자매에

관하여 허위의 사실을 공표하거나 공표하게 한 자와 허위의 사실을 게재한 선전문서를 배포할 목적으로 소지한 자는 7년 이하의 징역 또는 500만원 이상 3천만원 이하의 벌금에 처한다. 〈개정 1997.1.13〉

③ 당내경선과 관련하여 제1항(제64조 제1항의 규정에 따른 방법으로 학력을 게재하지 아니한 경우를 제외한다)에 규정된 행위를 한 자는 3년 이하의 징역 또는 6백만원 이하의 벌금에, 제2항에 규정된 행위를 한 자는 5년 이하의 징역 또는 1천만원 이하의 벌금에 처한다. 이 경우 "후보자" 또는 "후보자(후보자가 되고자 하는 자를 포함한다)"는 "경선후보자"로 본다. 〈신설 2005.8.4〉

第256조(각종제한규정위반죄) ① 제103조(각종집회 등의 제한) 제1항 또는 제2항의 규정에 위반하여 모임을 개최하거나 하게 한 자는 3년 이하의 징역 또는 600만원 이하의 벌금에 처한다. 〈신설 2000.2.16, 2005.8.4〉

② 다음 각 호의 어느 하나에 해당하는 자는 2년 이하의 징역 또는 400만원 이하의 벌금에 처한다. 〈개정 1995.4.1, 1995.12.30, 1997.11.14, 1998.4.30, 2000.2.16, 2002.3.7, 2004.3.12, 2005.8.4, 2008.2.29, 2009.2.12〉

1. 선거운동과 관련하여 다음 각 목의 어느 하나에 해당하는 자
   가. 제67조의 규정에 위반하여 현수막을 게시한 자
   나. 삭제 〈2004.3.12〉
   다. 제79조(공개장소에서의 연설·대담) 제10항의 규정에 의한 정당 또는 후보자를 홍보하는 내용이외의 음악을 방송하거나 소속정당의 정강·정책, 후보자의 경력·정견·활동상황이외의 내용을 방송 또는 방영한 자
   라. 제84조(무소속후보자의 정당표방금지)의 규정에 위반하여 특정 정당으로 부터의 지지 또는 추천받음을 표방한 자
   마. 제82조의4(정보통신망을 이용한 선거운동) 제4항의 규정에 위반하여 각급선거관리위원회의 요청을 이행하지 아니한 자
   바. 제86조(공무원 등의 선거에 영향을 미치는 행위금지) 제1항 제5호 내지 제7호의 규정에 위반한 행위를 하거나 하게 한 자
   사. 제89조(유사기관의 설치금지) 제2항의 규정에 위반하여 선거에 영향을 미치는 행위 또는 선전행위를 하거나 하게 한 자
   아. 제90조(시설물설치 등의 금지)의 규정에 위반하여 선전물을 설치·진열·게시·배부하거나 하게 한 자 또는 상징물을 제작·판매하거나 하게 한 자
   자. 제101조(타연설회 등의 금지)의 규정에 위반하여 타연설회 등을 개최하거나 하게 한 자
   차. 제102조(야간연설등의 제한)의 규정에 위반하여 야간에 연설·대담 또는 대담·

토론회를 개최한 자

카. 제103조(각종집회등의 제한) 제3항 내지 제5항의 규정에 위반하여 각종집회 등을 개최하거나 하게 한 자

타. 제104조(연설회장에서의 소란행위등의 금지)의 규정에 위반하여 연설·대담장소 등에서 질서를 문란하게 하거나 횃불을 사용하거나 하게 한 자

파. 제108조(여론조사의 결과공표금지 등) 제1항의 규정에 위반하여 여론조사의 경위와 그 결과를 공표 또는 인용하여 보도하거나 하게 한 자 또는 같은 조 제2항의 규정에 위반하여 여론조사를 하거나 하게 한 자, 같은 조 제3항의 규정에 위반하여 여론조사를 하거나 하게 한 자, 같은 조 제4항의 규정에 위반하여 여론조사의 결과를 공표 또는 보도하거나 하게 한 자와 여론조사와 관련 있는 자료일체를 당해 선거의 선거일후 6월까지 보관하지 아니한 자

하. 제108조의2를 위반하여 비교평가를 하거나 그 결과를 공표한 자 또는 비교평가와 관련 있는 자료 일체를 해당 선거의 선거일후 6개월까지 보관하지 아니한 자

거. 제111조(의정활동 보고) 제1항 단서의 규정에 위반하여 선거일전 90일부터 선거일까지 의정활동을 보고한 자

2. 선거질서와 관련하여 다음 각 목의 어느 하나에 해당하는 자

가. 제39조 제8항(제218조의9 제3항에서 준용하는 경우를 포함한다)의 규정에 위반하여 선거인명부작성사무를 방해하거나 영향을 주는 행위를 한 자

나. 제46조(명부사본의 교부) 제4항[제60조의3(예비후보자 등의 선거운동) 제5항 및 제111조(의정활동 보고) 제4항에서 준용하는 경우를 포함한다]의 규정을 위반하여 선거인명부·부재자신고인명부(전산자료복사본을 포함한다)의 사본이나 세대주명단을 다른 사람에게 양도·대여 또는 재산상의 이익 기타 영리를 목적으로 사용하거나 하게 한 자

다. 삭제

라. 제161조(투표참관) 제7항[제162조(부재자투표참관) 제4항 및 제181조(개표참관) 제11항에서 준용하는 경우를 포함한다]의 규정에 위반하여 참관인이 되거나 되게 한 자

마. 제163조(제218조의17 제7항에서 준용하는 경우를 포함한다)를 위반하여 투표소 또는 부재자투표소에 들어가거나, 표지를 하지 아니하거나, 표지 외의 표시물을 달거나 붙이거나, 표지를 양도·양여하거나 하게 한 자

바. 제166조(제218조의17 제7항에서 준용하는 경우를 포함한다)에 따른 명령에 불응한 자 또는 같은 규정을 위반한 표지를 하거나 하게 한 자

사. 제183조(개표소의 출입제한과 질서유지) 제1항의 규정에 위반하여 개표소에 들어간 자 또는 같은 조 제2항의 규정에 위반하여 표지를 하지 아니하거나 표지외의 표시물을 달거나 붙이거나 표지를 양도·양여하거나 하게 한 자

3. 다음 각 목의 어느 하나에 해당하는 통보를 받고 지체없이 이를 이행하지 아니한 자
   가. 제8조의2(선거방송심의위원회) 제5항 및 제6항 [제8조의3(선거기사심의위원회) 제6항에서 준용하는 경우를 포함한다]의 규정에 의한 제재조치 등
   나. 제8조의3 제3항의 규정에 의한 사과문 또는 정정보도문의 게재
   다. 제8조의4(선거보도에 대한 반론보도청구) 제3항의 규정에 의한 반론보도의 결정
   라. 제8조의6(인터넷언론사의 정정보도 등) 제1항 또는 제3항의 규정에 의한 조치 또는 동조 제6항의 규정에 의한 반론보도의 결정
4. 제262조의2(선거범죄신고자 등의 보호) 제2항의 규정을 위반한 자

③ 정당이 다음 각 호의 어느 하나에 해당하는 행위를 한 때에는 당해 당부에 대하여는 1천만원 이하의 벌금에 처하고, 당해 당부의 간부 또는 당원으로서 위반행위를 하거나 하게 한 자는 2년 이하의 징역 또는 400만원 이하의 벌금에 처한다. 〈개정 2000.2.16, 2004.3.12, 2006.3.2, 2007.1.3〉

1. 제137조(정강·정책의 신문광고 등의 제한)의 규정에 위반하여 일간신문 등에 광고를 한 자
2. 제137조의2(정강·정책의 방송연설의 제한) 제1항 내지 제3항의 규정에 위반하여 정강·정책의 방송연설을 한 자
3. 제138조(정강·정책홍보물의 배부제한 등)의 규정(제4항을 제외한다)에 위반하여 정강·정책홍보물을 제작·배부한 자

3의2. 제138조의2(정책공약집의 배부제한 등)의 규정(제3항을 제외한다)을 위반하여 정책공약집을 발간·배부한 자

4. 제139조(정당기관지의 발행·배부제한)의 규정(제3항을 제외한다)에 위반하여 정당기관지를 발행·배부한 자
5. 제140조(창당대회 등의 개최와 고지의 제한) 제1항 및 제2항의 규정에 위반하여 창당대회 등을 개최한 자
6. 제141조(당원집회의 제한) 제1항 및 제4항(철거하지 아니한 경우를 제외한다)의 규정에 위반하여 당원집회를 개최한 자
7. 삭제 〈2004.3.12〉
8. 삭제 〈2004.3.12〉
9. 제144조(정당의 당원모집 등의 제한) 제1항의 규정에 위반하여 당원을 모집하거나 입당원서를 배부한 자
10. 제61조의2(정당선거사무소의 설치) 제1항의 규정을 위반하여 정당선거사무소를 설치하거나, 동조 제2항의 규정을 위반하여 소장 또는 유급사무직원을 둔 자

④ 다음 각 호의 어느 하나에 해당하는 자는 1년 이하의 징역 또는 200만원 이하의 벌금에 처한다. 〈개정 1995.12.30, 1997.1.13, 1997.11.14, 1998.4.30, 2000.2.16, 2004.3.12, 2005.8.4, 2007.1.3, 2008.2.29〉

1. 第48조(선거권자의 후보자추천) 제3항의 규정에 위반하여 검인받지 아니한 추천장에 의하여 선거권자의 추천을 받거나 받게 한 자 또는 선거운동을 위하여 추천선거권자수의 상한수를 넘어 선거권자의 추천을 받거나 받게 한 자
2. 第61조(선거운동기구의 설치) 제5항[제61조의2(정당선거사무소의 설치) 제7항에서 준용하는 경우를 포함한다]의 규정에 위반하여 선거사무소나 선거연락소를 설치한 자

2의2. 第61조(선거운동기구의 설치) 제7항의 규정에 의하여 선거사무소의 폐쇄명령을 받고도 이를 이행하지 아니한 자

3. 第62조(선거사무관계자의 선임) 제6항의 규정에 위반하여 선거사무장·선거연락소장 또는 선거사무원을 선임한 자 또는 동조 제7항의 규정에 위반하여 선거운동을 하는 자를 모집한 자
4. 第63조(선거운동기구 및 선거사무관계자의 신고) 제1항 후단의 규정에 위반하여 선거사무원수의 2배수를 넘어 두거나 두게 한 자
5. 第64조(선전벽보) 제7항[제65조 제10항 및 제66조(선거공약서) 제8항에서 준용하는 경우를 포함한다]의 규정을 위반하여 선전벽보·선거공보 또는 선거공약서의 수량을 넘게 인쇄하여 제공한 자
6. 第69조(신문광고) 제1항과 제2항의 규격과 회수에 관한 규정을 위반하지 아니하였으나 같은 조 제4항 내지 제6항의 규정에 위반하여 광고를 하거나 하게 한 자
7. 第82조의7(인터넷광고) 제4항의 규정을 위반하여 인터넷광고를 하거나 하게 한 자
8. 第79조(공개장소에서의 연설·대담) 제1항·제3항 내지 제5항, 제6항(표지를 부착하지 아니한 경우를 제외한다), 제7항 및 제9항(신분증명서를 달지 아니한 경우를 제외한다) 또는 제11항의 규정에 위반하여 공개장소에서의 연설·대담을 한 자
9. 第81조(단체의 후보자 등 초청 대담·토론회) 제3항 또는 제4항의 규정에 위반하여 대담·토론회의 개최신고를 하지 아니하거나 표지를 게시 또는 첩부하지 아니한 자
10. 삭제 〈2004.3.12〉
11. 第118조(선거일후 답례금지)의 규정에 위반한 자
12. 第272조의2(선거범죄의 조사 등) 제3항의 규정에 위반하여 출입을 방해하거나 자료제출요구에 응하지 아니한 자 또는 허위의 자료를 제출한 자

⑤ 삭제 〈2004.3.12〉

나. 정당법 [법률 제8881호, 2008. 2. 29, 일부개정]

제3조(구성) 정당은 수도에 소재하는 중앙당과 특별시·광역시·도에 각각 소재하는 시·도당(이하 "시·도당"이라 한다)으로 구성한다.

제37조(활동의 자유) ① 정당은 헌법과 법률에 의하여 활동의 자유를 가진다.
② 정당이 특정 정당이나 공직선거의 후보자(후보자가 되고자 하는 자를 포함한다)를 지지·추천하거나 반대함이 없이 자당의 정책이나 정치적 현안에 대한 입장을 인쇄물·시설물·광고 등을 이용하여 홍보하는 행위와 당원을 모집하기 위한 활동(호별방문을 제외한다)은 통상적인 정당활동으로 보장되어야 한다.
③ 정당은 국회의원지역구 및 자치구·시·군, 읍·면·동별로 당원협의회를 둘 수 있다. 다만, 누구든지 시·도당 하부조직의 운영을 위하여 당원협의회 등의 사무소를 둘 수 없다.

다. 선거관리위원회법 [법률 제9577호, 2009. 4. 1, 타법개정]

제4조(위원의 임명 및 위촉) ① 중앙선거관리위원회는 대통령이 임명하는 3인, 국회에서 선출하는 3인과 대법원장이 지명하는 3인의 위원으로 구성한다. 이 경우 위원은 국회의 인사청문을 거쳐 임명·선출 또는 지명하여야 한다. 〈개정 2005.7.28〉
② 시·도선거관리위원회의 위원은 국회의원의 선거권이 있고 정당원이 아닌 자중에서 국회에 교섭단체를 구성한 정당이 추천한 사람과 당해 지역을 관할하는 지방법원장이 추천하는 법관 2인을 포함한 3인과 교육자 또는 학식과 덕망이 있는 자중에서 3인을 중앙선거관리위원회가 위촉한다. 〈개정 1989.3.25〉
③ 구·시·군선거관리위원회의 위원은 그 구역 안에 거주하는 국회의원의 선거권이 있고 정당원이 아닌 자중에서 국회에 교섭단체를 구성한 정당이 추천한 사람과 법관·교육자 또는 학식과 덕망이 있는 자중에서 6인을 시·도선거관리위원회가 위촉한다. 다만, 정당이 추천하는 위원은 선거기간개시일(위탁선거는 제외한다. 이하 같다) 또는 국민투표안공고일후에는 당해 구·시·군선거관리위원회가 위촉할 수 있다. 〈개정 1989.3.25, 1994.3.16〉
④ 읍·면·동선거관리위원회의 위원은 그 읍·면·동의 구역 안에 거주하는 국회의원의 선거권이 있고 정당원이 아닌 자중에서 국회에 교섭단체를 구성한 정당이 추천한 사람과 학식과 덕망이 있는 자중에서 4인을 구·시·군선거관리위원회가 위촉한다. 다만, 읍·면의 구역 안에 군인을 제외한 선거권자가 없는 경우에는 그 읍·면·동선거관리위원회의 위원은 그 읍·면·동을 관할하는 구·시·군선거관리위원회의 구역 안에 거주하는 국회의원선거권자중에서 이를 위촉할 수 있다. 〈개정 1989.3.25, 1994.12.22, 2005.8.4〉

⑤ 구·시·군선거관리위원회와 읍·면·동선거관리위원회의 위원이 될 법관과 법원공무원 및 교육공무원은 거주요건의 제한을 받지 아니하며 법관을 우선하여 위촉하여야 한다. 〈개정 2005.8.4〉

⑥ 법관과 법원공무원 및 교육공무원 이외의 공무원은 각급선거관리위원회의 위원이 될 수 없다.

⑦ 제2항 내지 제4항의 규정에 따라 정당에서 추천하는 위원(이하 "정당추천위원"이라 한다)은 국회에 교섭단체를 구성한 정당(1정당이 1교섭단체를 구성한 경우를 말한다. 이하 같다)이 각 1인씩 서면으로 추천한다. 이 경우 국회에 교섭단체를 구성한 정당이 3을 초과하거나 그 미만이 되어 제2조 제1항 제2호 내지 제4호에 정한 위원의 정수를 초과하거나 부족하게 되는 경우에는 그 현원을 위원정수로 본다. 〈개정 1989.3.25〉

⑧ 제7항의 규정에 의한 정당추천위원의 추천은 당해 당부가 추천정당의 당원이 아님을 증명하는 서류와 본인승낙서 및 주민등록표 초본을 첨부하여 서면으로 제출한다. 다만, 국회의원선거권이 있는지의 여부에 대하여는 중앙선거관리위원회규칙이 정하는 바에 따라 위촉후에 조사할 수 있다. 이 경우 "당부"라 함은 정당법 제3조의 규정에 의한 중앙당과 시·도당을 말하며 추천할 당해 당부가 없을 때에는 그 상급 당부가 추천한다. 〈개정 1989.3.25, 2004.3.12〉

⑨ 정당추천위원에 결원이 생긴 때에는 관계선거관리위원회는 제8항의 규정에 의한 당해 당부에 이를 통지하여야 한다.

⑩ 국회의장은 제7항의 규정에 의한 교섭단체를 구성한 정당에 변동이 있을 때에는 이를 중앙선거관리위원회에 통보하여야 하며, 중앙선거관리위원회는 당해 정당과 그 하급선거관리위원회에 이를 즉시 통지하여야 한다. 〈개정 1989.3.25〉

⑪ 제7항의 규정에 따라 위원을 추천한 정당이 국회에 교섭단체를 구성할 수 없는 정당이 되고 새로 교섭단체를 구성하게 된 정당이 있는 경우에는 그 정당에서 추천한 자가 위원으로 위촉될 때까지 재임한다. 〈개정 1989.3.25〉

⑫ 구·시·군선거관리위원회는 선거기간개시일 또는 국민투표안공고일후에 당해 또는 읍·면·동선거관리위원회의 정당추천위원의 추천서를 접수한 때에는 제3항 단서의 규정에 따라 24시간이내에 위촉하여야 하며, 24시간이내에 위촉하지 아니할 때에는 구·시·군선거관리위원회위원장이 이를 위촉하고 각 상급선거관리위원회에 보고하여야 한다. 다만, 투표일 또는 개표개시일 직전에 교체하고자 할 때에는 늦어도 투표일 또는 개표개시일 2일전에 당해 정당의 교체추천이 있어야 하며 투표일 또는 개표기간 중에는 이를 교체할 수 없다. 〈개정 1994.3.16, 2005.8.4〉

⑬ 공직선거및선거부정방지법 제173조(개표소) 제2항의 규정에 의하여 하나의 구·시·군

선거관리위원회가 2개 이상의 개표소를 설치하는 경우 구·시·군선거관리위원회의 개표사무를 보조하기 위한 보조위원은 선거기간개시일 현재 국회에 교섭단체를 둔 정당이 개표소마다 각 3인 이내에서 추천한 자를 구·시·군선거관리위원회가 위촉한다. 이 경우 정당추천보조위원의 신분보장에 관하여는 제13조(위원의 신분보장)의 규정을 준용하며, 그 근무기간·실비보상 및 위촉절차 기타 필요한 사항은 중앙선거관리위원회규칙으로 정한다. 〈신설 1994.3.16, 2000.2.16〉

[3] 서울고등법원의 판결[91)]

【피 고 인】 피고인 1 외 1인
【항 소 인】 피고인들
【검　　사】 검 사
【변 호 인】 변호사(피고인들을 위하여)

【원심판결】 서울남부지방법원 2008. 10. 30. 선고 2008고합387 판결
【주　　문】
피고인들의 항소를 모두 기각한다.

【이　　유】
1. 항소이유의 요지
가. 원심 판시 제1항 부분에 관한 피고인들의 법리오해 주장
원심은 다음과 같은 점에 있어 법리를 오해한 위법이 있다.
(1) 이 사건 당원모임의 배경, 동기 및 성격, 시기와 장소, 횟수, 참여 인원수, 방법 및 대상, 내용, 규모 등에 비추어 보면, 이 사건 당원모임은 공직선거법 제141조 제1항에서 금지하는 당원집회가 아니라 같은 항 단서에서 규정하고 있는 당무에 관련한 당원 간의 면접에 해당한다.
(2) 공직선거관리규칙 제63조 제1항 제1호에 의하면, 정당의 사무소 및 당원연수시설에서 개최하는 당원집회의 경우에는 공직선거법 제141조 제2항이 정한 신고 대상 집회에서 제외하고 있으므로, 결국 정당의 사무소 등에서 개최하는 당원집회는 공직선거법 제141조 제1항에 의하여 제한되는 당원집회에 해당하지 않는다고 할

91) 서울고등법원 2009. 1. 8. 선고 2008노2861 판결 【공직선거법위반】

것인데, 이 사건 당원모임은 피고인 1의 선거사무소에서 개최되었으므로 공직선거법 제141조 제1항에서 금지하는 당원집회에 해당한다고 볼 수 없다.

(3) 현재 정당법의 개정으로 인하여 지구당이 폐지된 이상 공직선거법 제256조 제3항, 제141조에서 금지하는 당원집회의 행위주체인 정당은 중앙당과 시·도당이 될 수밖에 없고, 이 사건 당원모임에 있어서 ○○○당 서울특별시당의 의사가 전혀 개입한바 없이 ○○○당 ○○구 당원협의회 차원에서 이루어진 것인데, 당원협의회는 정당법상 ○○○당 서울특별시당의 하부조직도 아니므로, 정당법상 정당조직인 중앙당과 시·도당이 아닌 ○○구 당원협의회 차원에서 이루어진 이 사건 당원모임은 결국 공직선거법 제141조 제1항이 정한 당원집회라고 볼 수 없고, 또한, 공직선거법 제256조 제3항 제6호에 의하여 피고인들을 처벌하기 위하여는 공직선거법 제141조 제1항에서 행위주체에 정당 외에 '당원협의회'를 추가하거나 아니면 '누구든지'를 행위주체로 명시적으로 규정하고 있어야 함에도 현행 공직선거법에 이러한 규정이 없는 이상 비록 이 사건 당원모임이 당원집회에 해당한다고 하더라도 죄형법정주의의 원칙상 피고인들의 행위는 죄가 되지 아니한 경우에 해당한다.

나. 원심 판시 제2항 부분에 관한 피고인 1의 법리오해 주장

① 피고인이 정규 학위과정을 수학하였음에도 단순히 착오로 수학기간 1년을 표시하지 아니한 것에 불과하므로 이러한 경우까지 공직선거법 제250조 제1항이 예정하고 있는 허위사실공표죄의 구성요건에 해당한다고 보기 어렵고, ② 또한 공직선거에 처음 입후보한 피고인은 공직선거법의 각종 규정을 숙지하기 어려운 상황이었을 뿐만 아니라 선거홍보물에 관하여는 전문업체인 주식회사 ○○○이 적법하게 처리할 것으로 믿고 피고인이 그 제작을 위임하였으며, 피고인에 대한 예비후보자 홍보물의 경우에 선거관리위원회에 신고하여 선거관리위원회의 검토를 받았으나 선거관리위원회로부터 아무런 지적을 받지 않았기 때문에 피고인으로서는 모두 적법하게 제작된 홍보물이라고 믿었던 점 등을 고려하면, 피고인이 이 부분 범죄사실 기재와 같이 수학기간 1년을 기재하지 아니한 것에 관하여 허위라는 점에 대한 고의 내지는 그에 대한 범죄의 인식이 없었음에도, 이 부분에 관하여 유죄를 선고한 원심은 공직선거법 제250조 제1항에 의한 허위사실공표죄의 성립에 관한 법리를 오해한 잘못이 있다.

다. 피고인들의 양형부당 주장

피고인들이 개최한 당원집회가 모두 4회로, 그때마다 13명 내지 30명 정도의 당원이 피고인 1의 선거사무소에 모였으며, 그 당시 피고인 1이 단순히 자신을 소개하면서 참석자들과 악수를 나눈 정도에 불과한 점, 피고인 1이 공표한 허위의 내용도 단순히

수학기간의 기재를 누락한 것에 불과할 뿐이므로 이로써 선거인의 투표에 관한 공정한 판단을 흐리게 하였다고 보기 어렵고, 이 사건 공직선거법위반의 정도와 그 내용에 비추어 선거인에게 미친 영향의 정도가 미미한 것으로 보이며, 피고인 1이 선거공보와 선거벽보에는 하버드대 대학원에서의 수학기간을 명시한 점, 피고인 1은 도로교통법위반으로 벌금형을 선고받은 외에는 동종 범죄로 처벌받은 전력이 없고, 피고인 2는 초범이며, 피고인들이 자신의 잘못을 깊이 뉘우치고 있는 점 등을 고려하면 원심이 피고인 1에게 벌금 150만원을, 피고인 2에게 벌금 120만원을 각 선고한 형량은 너무 무거워서 부당하다.

2. 항소이유에 대한 판단

가. 당원 간의 일시적 면접에 해당한다는 주장에 대하여

공직선거법 제141조 제1항의 규정에 의하면, 정당은 선거일전 30일부터 선거일까지 소속당원의 단합·수련·연수·교육 기타 명목 여하를 불문하고 선거가 실시중인 선거구 안이나 선거구민인 당원을 대상으로 당원수련회 등을 개최할 수 없고, 단지 예외적으로 '당무에 관한 연락·지시 등을 위하여 일시적으로 이루어지는 당원 간의 면접은 당원집회로 보지 아니한다'고 규정하고 있고, 여기서의 당무라고 함은 통상적인 정당의 사무를 의미한다고 할 것이다.

원심 및 당심이 적법하게 조사·채택한 여러 증거를 기록에 비추어 종합·검토하여 보면, 피고인 1은 2008. 2. 5. ○○○당에 입당한 다음 2008. 3. 8.경 제18대 국회의원 선거에서 ○○○당 ○○구 선거구의 국회의원 후보자로 공천을 받았으며(공판기록 19쪽, 증거기록 4권, 658쪽), 피고인 2는 2001.에 ○○○당에 입당한 다음에 2007. 11.경부터 ○○○당 ○○구 당원협의회의 사무국장으로 근무하였던 사실(증거기록 4권, 1110쪽), 피고인들은 공모하여 피고인 2가 당원들에게 직접 연락하거나 피고인 2가 연락한 당원들을 통하여 집회의 개최사실을 알리는 방법으로 원심 판시 제1항 기재 범죄사실 기재와 같이 제18대 국회의원 선거일전 30일부터 선거일까지의 기간 내에 4회에 걸쳐 ○○구 선거구안에서 선거구민인 ○○○당 당원들을 중심으로 약 80명을 대상으로 하는 집회(이하 '이 사건 당원집회'라고 한다)를 개최한 사실(피고인들의 각 당심 법정 진술, 공판기록 16쪽)을 인정할 수 있다.

나아가 위 증거들에 의하면, 선거관리위원회 직원인 공소외 1은 수사기관에서 2008. 3. 25. 17:00경에 개최된 이 사건 당원집회 현장에 가보니 피고인 1이 참석자들과 대화를 하고 있었고, 이 사건 당원집회의 개최시간은 1시간 이상이었다는 취지로 진술하였고(증거기록 2권, 63쪽, 64쪽, 264쪽, 265쪽), 위 집회 당시 현장에 있던 ○○○당

○○구 구의원 공소외 2는 위 집회에 관하여 시흥동 주민들의 애로사항을 듣고 피고인 1의 정책에 이를 반영하기 위한 간담회라고 말하였다고 진술하였던 점(증거기록 2권, 265쪽, 266쪽), 이 사건 당원집회에 참가하였던 공소외 3는 검찰에서 피고인이 뉴타운과 관련한 언급을 하였다고 진술하였고(증거기록 2권, 253쪽, 254쪽), 피고인 1이 이 사건 당원집회 당시에 당원들에게 말한 내용도 자신의 소개와 아울러 임박한 국회의원선거에서의 피고인 1에 대한 지지를 부탁하는 것이 그 주요 내용인 것으로 보이는 점, 피고인 1 측이 작성한 것으로 보이는 확인서(증거기록 2권, 27쪽)에는 '2008. 3. 25. 18:00경 선거구민 30여 명을 본인의 선거사무소에 모이게 하여 지역발전을 위한 건의사항을 듣는 등 2008. 3. 24.부터 3. 25.까지 4회에 걸쳐 같은 장소에서 선거구민 120여 명에게 지역현안에 대한 의견을 듣기 위한 간담회를 개최하며 인사한 사실이 있음을 확인합니다'라는 문구가 기재되어 있어, 이 사건 당원집회가 당무에 관한 모임에 해당한다는 직접적인 언급은 없는 점, 피고인들은 수사기관 및 원심에서 이 사건 집회를 개최한 이유에 대하여 당원들이 피고인 1을 만나 보기를 원하여 당원들과의 상견례를 위하여 모임을 갖게 되었다는 취지로 진술하였고(공판기록 20쪽, 증거기록 4권, 659쪽, 1110쪽, 1111쪽), 이 사건 집회에 모인 당원들에게 구체적으로 어떠한 당무에 관한 지시나 연락을 위하여 모이도록 하였는지에 대한 진술은 하지 않았던 점, 피고인 2는 검찰에서 이 사건 집회에 참석한 당원 중 상당수는 당내 활동을 한 사실이 없고, 당비를 낸 사실도 없다는 취지로 진술하고 있어(증거기록 4권, 1117쪽, 1128쪽), 이 사건 당시에 당무에 관한 지시나 연락을 위하여 이 사건 당원집회에 당원들을 소집하였던 것으로는 보기 어려운 점 등을 종합하여 보면, 이 사건 당원집회가 당무를 위한 당원 간의 일시적인 면접에 해당한다는 피고인들의 이 부분 주장은 이유 없다.

(1) 공직선거법상 금지되는 당원집회에 해당하지 않는다는 주장에 대하여

공직선거법 제141조의 규정에 의하면 원칙적으로 선거일전 30일부터 선거일까지 명목 여하를 불문하고 선거가 실시중인 선거구 안이나 선거구민인 당원을 대상으로 한 당원집회를 개최할 수 없고(제1항), 한편, 선거일전 31일까지의 기간에 대하여는 당원집회를 개최할 수는 있으나, 이 경우에는 공직선거법이 정한 바에 따라 관할 선거관리위원회에 당원집회의 개최를 신고하되(제2항), 예외적으로 공직선거관리규칙 제63조 제1항 제1호 등이 규정한 바에 따라 정당의 사무소 등에서 개최하는 당원집회의 경우에는 선거일 31일까지 허용하는 당원집회를 개최함에 있어 관할 선거관리위원회에 신고하지 않고 개최할 수 있도록 허용하고 있는데, 위 공직선거관리규칙 제63조 제1항 제1호 등의 규정은 공직선거법이 선거일전 31일까지 허용하는 당원집회 중에서 관할 선거관리위원회에 개최신고를 하지 않아도 무방한 당원집회의 경우를 규정한 것에 불과할 뿐이고, 위 공직선거관리규칙

第63조를 근거로 피고인 1의 선거 사무소에서 개최한 이 사건 당원집회가 공직선거법 제141조 제1항에서 금지하는 당원집회가 아니라고 해석할 수는 없으므로, 피고인들의 이 부분 주장도 받아들일 수 없다.

(2) 이 사건 당원집회의 개최에 관하여 피고인들을 처벌할 수 없다는 주장에 대하여 공직선거법 제256조 제3항에서 특정 정당의 중앙당이나 시·도당을 의미하는 정당만을 처벌하도록 규정하고 있으므로, 이 사건에서 ○○○당의 중앙당이나 서울특별시당과 무관한 피고인들에 대하여는 이 사건 당원집회의 개최를 이유로 처벌할 수 없다는 취지의 피고인들의 주장에 관하여 살피건대, ① 공직선거법 제141조 제1항에 의하면, '정당은 선거일전 30일부터 선거일까지 소속당원의 단합·수련·연수·교육 기타 명목 여하를 불문하고 선거가 실시중인 선거구 안이나 선거구민인 당원을 대상으로 한 당원수련회 등 당원집회를 개최할 수 없다'고 규정하고 있고, 이에 위반할 경우에는 공직선거법 제256조 제3항에서 '정당의 당해 당부에 대하여는 1천만원 이하의 벌금에 처하고, 당해 당부의 간부 또는 당원으로서 위반행위를 하거나 하게 한 자는 2년 이하의 징역 또는 400만원 이하의 벌금에 처한다'고 규정하고 있음과 아울러 같은 항 제6호에서 '공직선거법 제141조 제1항의 규정에 위반하여 당원집회를 개최한 자'를 처벌하도록 규정하고 있는데, 위와 같이 공직선거법이 '제9장 선거와 관련 있는 정당활동의 규제'에서 제141조가 규정한 당원집회의 금지 등 일정한 내용의 정당활동을 규제하고 있는 이유는, 이러한 정당활동은 통상적인 정당활동에 속한다고 볼 수 있는 것들임에도 선거운동의 방법과 횟수 등에 대하여 엄격한 제한을 가하고 있는 공직선거법의 다른 조항들의 실효성을 확보하기 위한 것으로서 이러한 행위가 선거운동의 제한을 회피하는 탈법수단으로 악용될 가능성을 사전에 차단하기 위한 것이라고 보이는 점, ② 공직선거법 제256조 제3항 제6호에서 공직선거법 제141조 제1항을 위반하여 당원집회를 개최한 정당에 대하여 당해 당부뿐만 아니라 당해 당부의 간부 또는 당원으로서 위반행위를 한 자를 처벌한다고 명시적으로 규정하고 있고, 또한 당원집회를 개최한 자를 처벌하는 것으로 규정하고 있는데, 이러한 규정을 두고 있는 이유는 정당이란 원래 양벌규정과 같은 특별한 규정에 의하여 벌금형을 과하는 것 외에는 일반적인 범죄능력이 없어 형사처벌을 할 수 없으므로, 위 규정에 따라 정당을 처벌함과 아울러 정당 구성원이 그 업무와 관련하여 개최한 당원집회에 있어서는 정당 구성원의 행위를 정당의 행위로 보아 실제 당원집회를 개최한 행위자도 처벌함으로써 선거가 국민의 자유로운 의사와 민주적인 절차에 의하여 공정히 행하여지도록 하고, 선거와 관련한 부정을 방지함으로써 민주정치의 발전에 기여함을 목적으로 하는 공직선거법의 입법목적을 달성하기 위한 것이라고

해석되는 점, ③ 현행 공직선거법상 정당의 의미를 명시적으로 규정한 조항이 없고, 현행 정당법에 의하면 '정당이라 함은 국민의 이익을 위하여 책임 있는 정치적 주장이나 정책을 추진하고 공직선거의 후보자를 추천 또는 지지함으로써 국민의 정치적 의사형성에 참여함을 목적으로 하는 국민의 자발적 조직을 말하는 것'으로 규정하고 있으며(제2조), 정당의 구성에 관하여 '정당은 수도에 소재하는 중앙당과 특별시·광역시·도에 각각 소재하는 시·도당으로 구성한다'고 규정하고 있는데(제3조), 공직선거법 제141조에서 말하는 정당의 의미를 반드시 정당의 구성에 관하여 규정한 정당법 제3조의 '중앙당'이나 '시·도당'으로 한정하여 해석할 아무런 법적 근거는 없는 것으로 보이는 점, ④ 또한 현행 정당법 제37조(활동의 자유) 제3항에서 '정당은 국회의원지역구 및 자치구·시·군, 읍·면·동별로 당원협의회를 둘 수 있다'고 규정하고 있고, 검사가 당심에서 제출한 ○○○당의 '지방조직운영규정' 제24조에 의하면, 당원협의회는 "1. 당원들의 자발적인 지역활동 지원, 2. 시·도당 주관 당원교육 및 당원집회 등 지원, 3. 지역 현안 파악 및 건의, 4. 당세 확장 활동, 5. 기타 시·도당 요청사항 지원 등의 활동"을 할 수 있도록 규정하고 있으며, 명시적으로 당원협의회가 당원들을 소집하여 집회를 개최하는 등의 행위를 금지하는 내용은 없는 것으로 보여(피고인 2도 당심 제3회 공판기일에서 당원협의회가 수행하는 당세확장 활동에 대하여는 시·도당의 승인 없이 가능하다는 취지로 진술하고 있다), 당원협의회가 주관하는 당원집회도 정당의 활동인 것으로 볼 수 있다고 할 것인 점, ⑤ 만일, 피고인들의 주장과 같이 공직선거법 제141조 제1항 및 제256조 제3항에 규정하고 있는 정당의 의미를 정당의 중앙당이나 시·도당으로만 좁게 해석한다면, 중앙당이나 시·도당의 개입 없이 정당의 당원들이 당원집회를 명목으로 개최하는 각종 모임이나 집회를 허용할 수 밖에 없는데, 이러한 당원집회를 통하여 이루어지는 탈법적인 선거운동 등 공직선거법을 위반하는 행위를 방지하는 것이 사실상 어려워지는 문제가 발생할 수 밖에 없는 점 등을 앞서 인정한 사실과 종합하여 보면, 이 사건에서 피고인들이 ○○○당의 당원들을 소집한 다음에 이 사건 당원집회 참석자들에게 피고인 1이 자신을 소개함과 아울러 제18대 국회의원선거에서 피고인 1에 대한 지지를 요청하는 발언을 함으로써 ○○○당의 간부 내지 당원인 피고인들이 공모하여 공직선거법 제141조 제1항이 금지하는 당원집회를 개최하였다고 인정할 수 있으므로, 피고인들의 이 부분 주장도 이유 없다.

(3) 피고인 1에 대한 허위사실공표죄가 성립하지 않는다는 주장에 대하여

먼저, 피고인의 이 부분 행위가 공직선거법 제250조 제1항이 정한 구성요건에 해당하지 않는다는 주장에 관하여 보건대, 원심이 적법하게 조사·채택한 여러 증거를

기록에 비추어 종합·검토하여 보면, 피고인이 원심 판시 제2항 기재와 같이 수학기간의 기재 없이 정규학력에 준하는 외국의 교육과정을 게재한 예비후보자 홍보물, 예비후보자 명함, 후보자 명함을 발송하거나 배포한 사실을 인정할 수 있는데(공판기록 16쪽, 증거기록 1권, 19쪽, 55쪽, 57쪽), 공직선거법은 제250조 제1항에서 "당선되거나 되게 할 목적으로 연설·방송·신문·통신·잡지·벽보·선전문서 기타의 방법으로 후보자에게 유리하도록 후보자, 그의 배우자 또는 직계존·비속이나 형제자매의 출생지·신분·직업·경력등·재산·인격·행위·소속단체 등에 관하여 허위의 사실[학력을 게재하는 경우 제64조(선전벽보) 제1항의 규정에 의한 방법으로 게재하지 아니한 경우를 포함한다]을 공표하거나 공표하게 한 자와 허위의 사실을 게재한 선전문서를 배포할 목적으로 소지한 자는 5년 이하의 징역 또는 3천만원 이하의 벌금에 처한다"고 규정하고 있고, 공직선거법 제64조 제1항에 의하면, "선거운동에 사용하는 선전벽보에는 후보자의 사진·성명·기호·정당추천후보자의 소속정당명·경력[학력을 게재하는 경우에는 정규학력과 이에 준하는 외국의 교육과정을 이수한 학력 외에는 게재할 수 없다. 이 경우 정규학력을 게재하는 경우에는 졸업 또는 수료당시의 학교명을 기재하고, 정규학력에 준하는 외국의 교육과정을 이수한 학력을 게재하는 때에는 그 교육과정명과 수학기간 및 학위를 취득한 때의 취득학위명을 기재하여야 하며, 정규학력의 최종학력과 외국의 교육과정을 이수한 학력은 제49조(후보자등록 등) 제4항 제6호의 규정에 의하여 학력증명서를 제출한 학력에 한하여 기재할 수 있다]·정견 및 소속정당의 정강·정책 기타 홍보에 필요한 사항을 게재하여"로 규정하고 있는데, 이 사건에서 피고인이 수학기간의 기재 없이 정규학력에 준하는 외국의 교육과정인 '하버드대 대학원 졸업(공공행정학 석사)'이라고 게재한 예비후보자 홍보물, 예비후보자 명함, 후보자 명함을 발송하거나 배포하였다고 하여, 공직선거법 제64조에서 규정한 선전벽보에 이러한 내용을 게재한 경우와 달리 취급할 아무런 공직선거법상 근거가 없고, 위 공직선거법 제250조 제1항은 정규학력에 준하는 외국의 교육과정을 게재하는 때에 그 교육과정명과 수학기간을 기재하지 아니한 경우도 허위의 사실에 포함된다고 명시적으로 규정하고 있으므로, 피고인이 예비후보자 홍보물 등에 정규학력에 준하는 외국의 교육과정을 기재함에 있어서는 그 수학기간까지 기재하였어야 할 것이므로, 이를 기재하지 아니한 피고인의 행위는 공직선거법 제250조 제1항 소정의 허위사실공표의 구성요건에 해당한다고 할 것이다(대법원 2005. 12. 22. 선고 2004도7116 판결 참조).

다음으로, 피고인에게 이 부분 허위사실공표에 대한 고의 내지 그에 대한 범죄의 인식이 있었는지에 대하여 보건대, 공직선거법상의 허위사실공표죄에서 공표된 사실이 허위라는 것이 구성요건의 내용을 이루는 것이기 때문에 행위자의 고의의 내용으로서 그 사항이 허위라는 것의 인식이 필요하다 할 것이고, 이러한 주관적 인식의 유무는 그 성질상 외부에서 이를 알거나 입증하기 어려운 이상 공표사실의 내용과 구체성, 소명자료의 존재 및 내용 등을 토대로 피고인의 학력, 경력, 사회적 지위, 공표 경위, 공표한 시점 및 그로 말미암아 객관적으로 예상되는 파급효과 등 제반 사정을 모두 종합하여 규범적으로 이를 판단할 수밖에 없다고 할 것이고(대법원 2005. 7. 22. 선고 2005도2627 판결 참조), 범죄의 고의는 확정적 고의뿐만 아니라 결과 발생에 대한 인식이 있고 그를 용인하는 의사인 이른바, 미필적 고의도 포함하는 것이어서 공직선거법 제250조 제1항의 허위사실공표죄도 미필적 고의에 의하여도 성립된다고 할 것이다(대법원 2004. 2. 26. 선고 99도5190 판결 등 참조).

또한, 범죄의 성립에 있어서 위법의 인식은 그 범죄사실이 사회정의와 조리에 어긋난다는 것을 인식하는 것으로서 족하고 구체적인 해당 법조문까지 인식할 것을 요하는 것은 아니므로 설사 피고인이 자신의 행위가 특정 법률이 규정한 죄에 해당되는 줄 몰랐다고 하더라도 그와 같은 사유만으로서는 피고인에게 위법성의 인식이 없었다고 할 수는 없고(대법원 1987. 3. 24. 선고 86도2673 판결 참조), 그러한 사유는 단순한 법률의 부지에 불과하여 정당한 이유가 있다고도 볼 수 없다(대법원 1995. 12. 12. 선고 95도1891 판결 참조).

돌이켜 이 사건에 관하여 보건대, 원심 및 당심이 적법하게 조사·채택한 여러 증거를 기록에 비추어 종합·검토하여 보면, 피고인은 자신에 대한 선거홍보물 제작을 위하여 주식회사 ○○○의 담당자와 면담을 하면서 피고인이 원심 판시 제2항 기재와 같이 이수한 하버드대학교 케네디스쿨 공공행정학 석사 과정의 수학기간이 1년이라는 것을 말하였던 것으로 보이는 사실(공판기록 21쪽, 42쪽), 주식회사 ○○○이 피고인과의 면담 내용에 기초하여 제작한 피고인에 대한 선거홍보물의 초안을 피고인에게 제공하였는데, 피고인은 참모들과 함께 초안을 검토한 후 위 교육과정의 수학기간을 추가하지 않고, 피고인이 제공받은 초안을 그대로 사용하기로 결정한 사실(증거기록 1권, 166쪽, 167쪽)을 인정할 수 있음과 아울러 공직선거에 사용하는 선전벽보에 정규학력에 준하는 외국의 교육과정을 기재하는 경우에는 수학기간을 기재하도록 하고, 위 수학기간을 기재하는 아니한 경우에는 허위사실공표죄로 처벌받도록 하는 내용은 이미 1997. 1. 13. 법률 제5262호로 개정되면서부터 법률에 규정되었던 것으로 보이는 점 및 기록상 인정되는 피고인의 학력, 경력, 사회적 지위 등을 앞서 본 법리와 종합하면, 피고인에게 피고인이 이수한 위 교육과정의 수학기간이 누락되었다는 점에 관한 인식은 있었다고 인정되고, 비록 피고인이 선거홍보물 제작 업체를 통하여 이 사건 홍보물 등을 제작하게 되었고, 관할 선거관리위원회로부터 위 교육과정의 수학기간 누락에 대한 명시적인 지적을 받지 않았다고 하더라도, 피고인이 이수한 교육과정에 관하여 공직선거법이 규정한 수학기간을 누락하여 공표한 것이 인정되는 이상 그에 대하여 피고인은 허위사실공표로서의 책임을 진다고 할 것이므로, 피고인의 이 부분 주장도 이유 없다.

나. 피고인들의 양형부당 주장에 대하여

이 사건은 피고인들이 공모하여 4회에 걸쳐 당원집회를 개최하고, 피고인 1은 예비후보자 홍보물 등에 정규학력에 준하는 외국의 교육과정을 기재함에 있어 수학기간을 기재하지 않는 방법으로 허위사실을 공표하여 공직선거법을 위반한 것으로, 피고인들의 이러한 행위로 인하여 선거가 국민의 자유로운 의사와 민주적인 절차에 의하여 공정히 행하여지도록 하고, 선거와 관련한 부정을 방지함으로써 민주정치의 발전에 기여함을 목적으로 하는 공직선거법의 입법취지가 훼손되었으므로 피고인들에게 그에 상응하는 책임을 물을 필요가 있다고 할 것이다.

비록 피고인 1은 동종 범죄로 처벌받은 전력이 없고, 피고인 2인 초범이나, 공직선거법이 선거일전 30일부터는 원칙적으로 일체의 당원집회를 금지하는 취지가 공직선거법에서 후보자나 후보자가 되려는 자가 당원집회를 통하여 공직선거법이 금지하는 각종 선거운동이나 기부행위를 할 개연성이 높아 이에 대한 공직선거법상의 제한을 회피하는 탈법 수단으로 당원집회가 악용될 가능성을 사전에 차단함으로써 선거의 공정이라는 공직선거법의 입법목적을 실현하기 위하여 필요한 것이고, 나아가 선거에서 선거인이 누구에게 투표할 것인가를 공정하게 판단할 수 있도록 하기 위해서는 후보자 등에 관하여 정확한 판단자료가 제공되는 것이 필요하며, 만약 후보자 등에 대한 허위의 자료가 제공되면 선거인의 공정·정확한 판단을 그르칠 위험이 있어, 선거 과정에서 선거공보 등을 통하여 선거인에게 후보자의 경력 등에 관하여 정확한 정보가 전달되도록 하고, 그릇된 정보가 공표되는 것을 방지할 필요도 크다고 할 것이다.

또한, 피고인들은 4회에 걸쳐 계획적·조직적으로 피고인 1이 출마할 선거구에 거주하는 당원들을 중심으로 선거구 내의 동(동)별로 시간을 달리하여 4회에 걸쳐 당원집회를 개최하였고, 제18대 국회의원선거에서 피고인 1과 낙선한 2위 후보자의 유효투표수의 차이가 342표에 불과하여 이 사건 범행으로 인하여 실제 국회의원선거 결과에 영향을 미치지 않았다고 단정하기가 어려운 점 등 피고인들이 이 사건 범행에 이르게 된 경위, 수단과 결과, 범행 후의 정황, 그 외 피고인들의 연령, 성행, 지능과 환경 등 이 사건 기록에 나타난 양형의 조건이 되는 여러 사정을 참작하여 보면, 피고인들이 주장하는 사정을 모두 고려하더라도 원심이 피고인들에게 각 선고한 형은 적절하고 너무 무겁지 아니하므로, 피고인들의 이 부분 주장도 모두 이유 없다.

3. 결 론

따라서, 피고인들의 항소는 모두 이유 없으므로 형사소송법 제364조 제4항에 따라 이를 각 기각하기로 하여 주문과 같이 판결한다.

[4] 대법원의 판결92)

【피 고 인】 피고인 1 외 1인
【상 고 인】 피고인들
【변 호 인】 변호사 1 외 3인

【원심판결】 서울고법 2009. 1. 8. 선고 2008노2861 판결

【주　　문】

원심판결을 파기하고, 사건을 서울고등법원에 환송한다.

【이　　유】

상고이유를 판단한다.

1. 피고인들의 당원집회 제한조항 위반 부분에 관하여

가. 공직선거법은 제141조 제1항에서 "정당은 선거일전 30일부터 선거일까지 소속 당원의 단합·수련·연수·교육 기타 명목 여하를 불문하고 선거가 실시중인 선거구 안이나 선거구민인 당원을 대상으로 당원수련회 등을 개최할 수 없다."고 한 다음, 제256조 제3항에서 "정당이 다음 각 호의 어느 하나에 해당하는 행위를 한 때에는 당해 당부(당부)에 대하여는 1,000만원 이하의 벌금에 처하고, 당해 당부의 간부 또는 당원으로서 위반행위를 하거나 하게 한 자는 2년 이하의 징역 또는 400만원 이하의 벌금에 처한다."고 하면서, 그 제6호에서 "제141조 제1항의 규정에 위반하여 당원집회를 개최한 자"라고 규정하고 있다.

한편, 정당법은 제3조에서 "정당은 수도에 소재하는 중앙당과 특별시·광역시·도에 각각 소재하는 시·도당으로 구성한다."고 하고, 제37조 제3항에서 "정당은 국회의원

---

92) 대법원 2009. 5. 14. 선고 2009도679 판결 【공직선거법위반】

지역구 및 자치구·시·군, 읍·면·동별로 당원협의회를 둘 수 있다. 다만, 누구든지 시·도당 하부조직의 운영을 위하여 당원협의회 등의 사무소를 둘 수 없다."고 규정하고 있으며, 선거관리위원회법 제4조 제8항은 "제7항의 규정에 의한 정당추천위원의 추천은 당해 당부가 추천정당의 당원이 아님을 증명하는 서류와 본인승낙서 및 주민등록표 초본을 첨부하여 서면으로 제출한다. 다만, 국회의원선거권이 있는지의 여부에 대하여는 중앙선거관리위원회규칙이 정하는 바에 따라 위촉 후에 조사할 수 있다. 이 경우 '당부'라 함은 정당법 제3조의 규정에 의한 중앙당과 시·도당을 말하며 추천할 당해 당부가 없을 때에는 그 상급 당부가 추천한다."고 규정하고 있다.

위와 같은 관련 법령의 규정 내용과 체계, 특히 공직선거법 제141조 제1항은 선거기간 중 선거에 영향을 미치게 하기 위한 집회의 개최를 일반적으로 금지하는 공직선거법 제103조 제3항과는 달리 선거와 관련 있는 정당 활동으로서의 집회를 규제하는 데에 그 취지가 있는 점 등을 종합하여 보면, 공직선거법 제256조 제3항 제6호의 의미는 정당법 제3조의 규정에 의한 중앙당과 시·도당의 대표기관이나 이에 준하는 기관이 직접 당원집회를 개최하거나 또는 이들의 의사결정에 따라 당원집회가 개최된 경우에 한하여 그 당원집회를 정당이 개최한 것으로 평가하여 당해 당부인 중앙당 또는 시·도당과 그 간부 또는 당원으로서 그 당원집회를 개최하거나 하게 한 자를 처벌하는 것으로 해석되어야 하고, 당원협의회는 원칙적으로 시·도당 소속 하급기관에 불과할 뿐 공직선거법 제256조 제3항에 의하여 형사처벌 대상이 되는 당부(당부)에 해당한다고 볼 수 없으므로 당원집회가 단순히 시·도당 소속 당원협의회 차원에서 개최된 것에 불과하다면 비록 그것이 간부나 당원에 의하여 개최되었다고 하더라도 공직선거법 제256조 제3항 제6호를 적용하여 처벌할 수는 없다.

이와 달리, <u>당원협의회가 당원들을 소집하여 집회를 개최한 경우까지 공직선거법 제256조 제3항 제6호가 규정하고 있는 처벌대상에 포함된다고 해석하는 것은 위 조항이 그 적용범위를 "정당이 … 행위를 한 때"로 한정하고 있는 문언 내용에 정면으로 반할 뿐만 아니라 형벌규정의 구성요건을 지나치게 확대함으로써 자신의 행위에 대한 책임을 형벌의 기초로 삼는 책임주의의 원칙에 위배될 염려가 있어 허용되지 않는다고 보아야 한다.</u>

나. 원심판결 이유 및 기록에 의하면, 이 사건 당원집회는 피고인 1의 선거운동을 돕고 있던 피고인 2의 제의에 따라 피고인 2가 알고 있던 일부 당원들에게 연락하여 개최하게 된 사실, 이 사건 당원집회를 개최함에 있어 ○○○당 중앙당 또는 서울특별시당이 관여하거나 그 개최를 결의한 바 없는 사실을 알 수 있고, 이를 앞서 본 법리에 비추어 살펴보면, 비록 당시 피고인 2가 서울 ○○구 당원협의회 사무국장의 직책을

갖고 있었다고 하더라도 이 사건 당원집회를 정당이 개최한 것으로 평가할 수는 없으므로, 이 부분 공소사실은 공직선거법 제256조 제3항 제6호에서 정한 당원집회 제한조항 위반죄에 해당하지 않는다.

그럼에도 불구하고, 원심은 정당의 간부 또는 당원이 당원집회를 개최하였다면 이는 공직선거법 제256조 제3항 제6호가 처벌하려는 정당이 집회를 개최한 때에 해당한다고 전제하여, 이 사건 당원집회가 중앙당과 시·도당의 대표기관이나 이에 준하는 기관이 직접 또는 이들의 의사결정에 따라 개최된 것인지 살펴보지 아니한 채 위 조항을 적용하고 말았으니, 이러한 원심판결에는 위 조항의 적용범위에 관한 법리를 오해한 위법이 있어 그대로 유지될 수 없다.

2. 피고인 1의 허위사실공표 부분에 관하여

공직선거법 제250조 제1항은 선거에서 당선되거나 되게 할 목적으로 연설·방송·신문·통신·잡지·벽보·선전문서 기타의 방법으로 후보자에게 유리하도록 그의 학력에 관하여 허위의 사실을 공표할 수 없다고 하면서, 정규학력에 준하는 외국의 교육과정을 이수한 학력을 게재함에 있어 제64조 제1항의 규정에 반하여 수학기간을 기재하지 아니한 경우도 허위의 사실에 포함된다고 규정하고 있으므로, 피고인 1이 이 부분 공소사실과 같이 그 홍보물 등에 정규학력에 준하는 외국의 교육과정을 이수한 학력으로서 "하버드대 대학원 졸업(공공행정학 석사)"라고 게재하면서 그 수학기간을 기재하지 않은 것은 공직선거법 제250조 제1항의 허위사실공표죄에 해당한다(대법원 2005. 12. 22. 선고 2004도7116 판결 참조).

그리고 이 사건과 같이 정규학력에 준하는 외국의 교육과정을 이수한 학력을 게재함에 있어 수학기간을 기재하지 아니함으로써 성립하는 허위사실공표죄의 고의는 수학기간을 기재하지 않은 채 그 학력을 공표한다는 점에 대한 인식이 있으면 충분하고, 수학기간의 기재가 법령에 의하여 강제되어 있다는 점을 알아야 하는 것은 아닐 뿐 아니라, 설령 피고인 1의 주장대로 수학기간을 기재하지 않아도 되는 것으로 오인하였다고 하더라도 그 홍보물 등을 선거운동 관련 업무에 경험이 많은 선거홍보물 제작업체에 의뢰하여 제작하고 그 초안을 검토한 관할 선거관리위원회가 명시적으로 지적한 바 없다는 등 위 피고인의 주장과 같은 사정만으로는 위 피고인이 그와 같이 오인한 데에 정당한 이유가 있었다고 보기도 어렵다.

또 허위사실공표죄는 위와 같은 고의 외에 초과 주관적 위법요소로서 '당선되거나 되게 할 목적'을 범죄성립요건으로 하는 목적범으로, 그와 같은 목적이 있었는지 여부는 공표행위의 동기 및 경위와 수단·방법, 행위의 내용과 태양, 그러한 공표행위가 행해진 상대방의 성격과 범위, 행위 당시의 사회상황 등 여러 사정을 종합하여 사회통념에 비추어 합리적으로 판단하여야 하는바(대법원 1997. 4. 25. 선고 96도2910 판결, 대법원 2007. 9. 20. 선고 2007도5953 판결 등 참조), 제1심 및 원심이 적법하게 채택한 증거들에 의하여 인정되는 여러 사정, 특히 피고인 1의 수학기간이 1년에 불과하고 그러한 수학기간의 기재 없이 외국의 학력을 기재한 홍보물 등이 다수의 유권자에게 배포된 점을 고려하여 보면, 위 피고인은 당선될 목적으로 학력에 관하여 허위의 사실을 공표하였다고 보인다.

같은 취지에서 원심이 이 부분 공소사실을 유죄로 인정한 것은 정당하고, 거기에 주장하는 바와 같은 판결 결과에 영향을 미친 공직선거법상 허위사실공표죄의 성립에 관한 법리오해, 판단누락 등의 위법이 없다.

또한, 공직선거법 제250조 제1항, 제64조 제1항에서 정규학력에 준하는 외국의 교육과정을 이수한 학력을 게재함에 있어 그 수학기간을 기재하도록 하면서 이를 위반한 경우 처벌하도록 한 것은, 국내 정규학력의 경우 수학기간을 기재하지 않더라도 학과 및 학교와 졸업년도를 기재하면 관계 법령에 의하여 그 내용을 쉽게 인지할 수 있는 반면, 외국에서 이수한 교육과정의 경우에는 국내와 학제가 달라 그 교육과정명이나 취득학위명만으로는 유권자가 그 의미 및 교육과정 이수의 난이도를 명확히 알기 어려운 점을 고려하여 수학기간을 기재하도록 강제함과 아울러 형벌에 의하여 그 실효성을 확보하려는 것이고, 수학기간의 기재를 강제함으로써 발생하는 기본권의 제한효과와 민주절차의 중심이 되는 선거과정의 공정성을 확보한다는 공익 사이에 법익의 균형성도 인정되므로, 위 법조항 중 외국 학력의 수학기간 미기재를 처벌하는 부분이 외국에서 교육과정을 이수한 후보자를 국내에서 정규교육과정을 이수한 후보자에 비하여 부당하게 차별한다거나 과도하게 후보자의 기본권을 침해하는 것이라고 할 수 없다.

다만, 앞서 본 바와 같이 원심판결 중 피고인들의 당원집회 제한규정 위반 부분을 파기하는 이상, 그와 실체적 경합관계에 있어 하나의 형이 선고된 이 부분 공소사실에 관한 부분도 함께 파기한다.

3. 결 론

그러므로 나머지 상고이유에 관한 판단을 생략한 채 원심판결을 파기하고, 사건을 다시 심리·판단하게 하기 위하여 원심법원에 환송하기로 하여 관여 대법관의 일치된 의견으로 주문과 같이 판결한다.

Chapter 32

친박연대 공천헌금 사건

[1] 사건의 쟁점

1. 정당의 후보자 추천 관련 금품수수에 대한 처벌규정인 공직선거법 제47조의2 제1항, 제230조 제6항이 죄형법정주의의 명확성 원칙에 위배되는지 여부(소극)
2. 공직선거법상 정당의 공직선거와 관련한 금품수수행위를 처벌하는 것이 정당활동 자유의 본질적인 내용을 침해하여 비례의 원칙에 위배되는지 여부(소극)
3. 정당의 공직선거와 관련하여 금품을 수수한 당사자가 정당인 경우, 공직선거법 제230조 제6항, 제47조의2 제1항 위반죄의 주체
4. 친박연대가 특정인들을 비례대표 국회의원 후보로 추천하는 행위와 관련하여 그들로부터 금원을 제공받은 사안에서, 친박연대의 대표에게 공직선거법의 매수 및 이해유도죄를 인정한 사례
5. 공직선거법상 매수 및 이해유도죄와 정치자금법상 정치자금부정수수죄의 죄수관계(=상상적 경합)
6. 정당의 유급사무직원인 선거사무장 등에 대하여 금원을 제공한 경우, 선거사무관계자에 대한 수당과 실비보상에 관한 공직선거법 제135조 제3항 위반죄의 성립 여부
7. 이사가 사임한 경우 명의사용을 금지한 것인지 여부 및 상대방이 이를 인식하였는지 여부에 관한 판단 기준
8. 사임의사를 표시하였던 이사를 포함한 이사 3인 명의로 이사회 의사록을 작성하고 이를 비치하거나 교부한 행위가 사문서위조 및 위조사문서행사죄에 해당하지 아니한다고 한 사례

[2] 관련법령

1. 공직선거법 제47조의2 제1항, 제230조 제6항
2. 공직선거법 제47조의2 제1항, 제230조 제6항
3. 공직선거법 제47조의2 제1항, 제230조 제6항

4. 공직선거법 제47조의2 제1항, 제230조 제6항
5. 공직선거법 제47조의2 제1항, 제230조 제6항, 정치자금법 제32조, 제45조 제2항 제5호
6. 공직선거법 제135조 제1항, 제3항
7. 민법 제111조, 제689조 제1항
8. 형법 제231조, 제234조

가. 공직선거법 [법률 제9466호, 2009. 2. 12, 일부개정]

제47조의2(정당의 후보자추천 관련 금품수수금지) ① 누구든지 정당이 특정인을 후보자로 추천하는 일과 관련하여 금품이나 그 밖의 재산상의 이익 또는 공사의 직을 제공하거나 그 제공의 의사를 표시하거나 그 제공을 약속하는 행위를 하거나, 그 제공을 받거나 그 제공의 의사표시를 승낙할 수 없다.
② 누구든지 제1항에 규정된 행위에 관하여 지시·권유 또는 요구하거나 알선하여서는 아니 된다.
[본조신설 2008.2.29]

제135조(선거사무관계자에 대한 수당과 실비보상) ① 선거사무장·선거연락소장·선거사무원 및 회계책임자(이하 이 조에서 "선거사무장 등"이라 한다)에 대하여는 수당과 실비를 지급할 수 있다. 다만, 정당의 유급사무직원, 국회의원과 그 보좌관·비서관·비서 또는 지방의회의원이 선거사무장 등을 겸한 때에는 실비만을 보상할 수 있다. 〈개정 2000.2.16〉
② 제1항의 수당과 실비의 종류와 금액은 중앙선거관리위원회가 정한다.
③ 이 법의 규정에 의하여 수당·실비 기타 이익을 제공하는 경우를 제외하고는 수당·실비 기타 자원봉사에 대한 보상 등 명목여하를 불문하고 누구든지 선거운동과 관련하여 금품 기타 이익의 제공 또는 그 제공의 의사를 표시하거나 그 제공의 약속·지시·권유·알선·요구 또는 수령할 수 없다. 〈개정 1996.2.6, 1997.1.13, 1997.11.14, 2000.2.16〉
④ 삭제 〈2005.8.4〉
⑤ 삭제 〈2000.2.16〉

제230조(매수 및 이해유도죄) ① 다음 각 호의 1에 해당하는 자는 5년 이하의 징역 또는 1천만원 이하의 벌금에 처한다. 〈개정 1997.1.13, 1997.11.14, 2000.2.16, 2004.3.12, 2009.2.12〉
1. 투표를 하게 하거나 하지 아니하게 하거나 당선되거나 되게 하거나 되지 못하게 할

목적으로 선거인(선거인명부 또는 재외선거인명부등을 작성하기 전에는 그 선거인명부 또는 재외선거인명부등에 오를 자격이 있는 사람을 포함한다. 이하 이 장에서 같다) 또는 다른 정당이나 후보자(예비후보자를 포함한다)의 선거사무장·선거연락소장·선거사무원·회계책임자·연설원[제79조(공개장소에서의 연설·대담) 제1항의 규정에 의하여 연설·대담을 하는 자와 제81조(단체의 후보자 등 초청 대담·토론회) 제1항 및 제82조(언론기관의 후보자등 초청 대담·토론회) 제1항의 규정에 의하여 대담·토론을 하는 자를 포함한다. 이하 이 장에서 같다] 또는 참관인(투표참관인·부재자투표참관인과 개표참관인을 말한다. 이하 이 장에서 같다)에게 금전·물품·차마·향응 기타 재산상의 이익이나 공사의 직을 제공하거나 그 제공의 의사를 표시하거나 그 제공을 약속한 자

2. 선거운동에 이용할 목적으로 학교 기타 공공기관·사회단체·종교단체·노동단체 또는 청년단체·부녀단체·노인단체·재향군인단체·씨족단체 기타의 기관·단체·시설에 금전·물품 등 재산상의 이익을 제공하거나 그 제공의 의사를 표시하거나 그 제공을 약속한 자
3. 선거운동에 이용할 목적으로 야유회·동창회·친목회·향우회·계모임 기타의 선거구민의 모임이나 행사에 금전·물품·음식물 기타 재산상의 이익을 제공하거나 그 제공의 의사를 표시하거나 그 제공을 약속한 자
4. 제135조(선거사무관계자에 대한 수당과 실비보상) 제3항의 규정에 위반하여 수당·실비 기타 자원봉사에 대한 보상 등 명목여하를 불문하고 선거운동과 관련하여 금품 기타 이익의 제공 또는 그 제공의 의사를 표시하거나 그 제공을 약속한 자
5. 제1호 내지 제4호에 규정된 이익이나 직의 제공을 받거나 그 제공의 의사 표시를 승낙한 자

② 정당·후보자(후보자가 되고자 하는 자를 포함한다) 및 그 가족·선거사무장·선거연락소장·선거사무원·회계책임자·연설원 또는 제114조(정당 및 후보자의 가족 등의 기부행위제한) 제2항의 규정에 의한 후보자 또는 그 가족과 관계 있는 회사 등이 제1항 각 호의 1에 규정된 행위를 한 때에는 7년 이하의 징역 또는 1천500만원 이하의 벌금에 처한다.

③ 제1항 각 호의 1 또는 제2항에 규정된 행위에 관하여 지시·권유·요구하거나 알선한 자는 7년 이하의 징역 또는 1천500만원 이하의 벌금에 처한다.

④ 당선되거나 되게 하거나 되지 못하게 할 목적으로 선거기간중 포장된 선물 또는 돈봉투 등 다수의 선거인에게 배부하도록 구분된 형태로 되어 있는 금품을 운반하는 자는 5년 이하의 징역 또는 1천만원 이하의 벌금에 처한다.

⑤ 선거관리위원회의 위원·직원(투표관리관을 포함한다. 이하 이 장에서 같다) 또는 선거사무에 관계있는 공무원이나 경찰공무원(사법경찰관리 및 군사법경찰관리를 포함한다)이 제1항

각 호의 1 또는 제2항에 규정된 행위를 하거나 하게 한 때에는 7년 이하의 징역에 처한다. 〈개정 2005.8.4〉

⑥ 제47조의2 제1항 또는 제2항을 위반한 자는 5년 이하의 징역 또는 1천만원 이하의 벌금에 처한다. 〈신설 2008.2.29〉

⑦ 당내경선과 관련하여 다음 각 호의 어느 하나에 해당하는 자는 3년 이하의 징역 또는 600만원 이하의 벌금에 처한다. 〈신설 2005.8.4, 2008.2.29〉

1. 제57조의5(당원 등 매수금지) 제1항 또는 제2항의 규정을 위반한 자
2. 후보자로 선출되거나 되게 하거나 되지 못하게 하거나, 경선선거인(당내경선의 선거인명부에 등재된 자를 말한다. 이하 이 조에서 같다)으로 하여금 투표를 하게 하거나 하지 아니하게 할 목적으로 경선후보자·경선운동관계자·경선선거인 또는 참관인에게 금품·향응 그 밖의 재산상의 이익이나 공사의 직을 제공하거나 그 제공의 의사를 표시하거나 그 제공을 약속한 자
3. 제57조의5 제1항 또는 제2항에 규정된 이익이나 직의 제공을 받거나 그 제공의 의사표시를 승낙한 자

⑧ 제7항 제2호·제3호에 규정된 행위에 관하여 지시·권유·요구하거나 알선한 자 또는 제57조의5 제3항의 규정을 위반한 자는 5년 이하의 징역 또는 1천만원 이하의 벌금에 처한다. 〈신설 2005.8.4, 2008.2.29〉

나. 정치자금법 [법률 제8880호, 2008. 2. 29, 일부개정]

제32조(특정행위와 관련한 기부의 제한) 누구든지 다음 각 호의 어느 하나에 해당하는 행위와 관련하여 정치자금을 기부하거나 받을 수 없다.

1. 공직선거에 있어서 특정인을 후보자로 추천하는 일
2. 지방의회 의장·부의장 선거와 교육위원회 의장·부의장, 교육감·교육위원을 선출하는 일
3. 공무원이 담당·처리하는 사무에 관하여 청탁 또는 알선하는 일
4. 다음 각 목의 어느 하나에 해당하는 법인과의 계약이나 그 처분에 의하여 재산상의 권리·이익 또는 직위를 취득하거나 이를 알선하는 일

가. 국가·공공단체 또는 특별법의 규정에 의하여 설립된 법인

나. 국가나 지방자치단체가 주식 또는 지분의 과반수를 소유하는 법인

다. 국가나 공공단체로부터 직접 또는 간접으로 보조금을 받는 법인

라. 정부가 지급보증 또는 투자한 법인

제45조(정치자금부정수수죄) ① 이 법에 정하지 아니한 방법으로 정치자금을 기부하거나 기부받은 자(정당·후원회·법인 그 밖에 단체에 있어서는 그 구성원으로서 당해 위반행위를 한 자를 말한다. 이하 같다)는 5년 이하의 징역 또는 1천만원 이하의 벌금에 처한다. 다만, 정치자금을 기부하거나 기부받은 자의 관계가 「민법」 제777조(친족의 범위)의 규정에 의한 친족인 경우에는 그러하지 아니하다.

② 다음 각 호의 어느 하나에 해당하는 자는 5년 이하의 징역 또는 1천만원 이하의 벌금에 처한다.

1. 제6조(후원회지정권자)의 규정에 의한 후원회지정권자가 아닌 자로서 정치자금의 기부를 목적으로 후원회나 이와 유사한 기구를 설치·운영한 자
2. 제11조(후원인의 기부한도 등) 제1항의 규정을 위반하여 기부한 자와 제11조 제2항, 제12조(후원회의 모금·기부한도) 제1항·제2항 또는 제13조(연간 모금·기부한 도액에 관한 특례) 제1항의 규정을 위반하여 후원금을 받거나 모금 또는 기부를 한 자
3. 제14조(후원금 모금방법) 내지 제16조(정치자금영수증과의 교환에 의한 모금) 제1항의 규정을 위반하여 고지·광고하거나 후원금을 모금한 자
4. 제22조(기탁금의 기탁) 제1항의 규정을 위반하여 선거관리위원회에 기탁하지 아니하고 정치자금을 기부하거나 받은 자
5. 제31조(기부의 제한) 또는 제32조(특정행위와 관련한 기부의 제한)의 규정을 위반하여 정치자금을 기부하거나 받은 자
6. 제33조(기부의 알선에 관한 제한)의 규정을 위반하여 정치자금의 기부를 받거나 이를 알선한 자

③ 제1항 및 제2항의 경우 그 제공된 금품 그 밖에 재산상의 이익은 몰수하며, 이를 몰수할 수 없을 때에는 그 가액을 추징한다.

다. 민법 [법률 제8435호, 2007. 5. 17, 타법개정]

제111조(의사표시의 효력발생시기) ① 상대방 있는 의사표시는 그 통지가 상대방에 도달한 때로부터 그 효력이 생긴다.

② 표의자가 그 통지를 발한 후 사망하거나 행위능력을 상실하여도 의사표시의 효력에 영향을 미치지 아니한다.

제689조(위임의 상호해지의 자유) ① 위임계약은 각당사자가 언제든지 해지할 수 있다.

② 당사자일방이 부득이한 사유없이 상대방의 불리한 시기에 계약을 해지한 때에는 그 손해를 배상하여야 한다.

라. 형법 [법률 제7623호, 2005. 7. 29, 일부개정]

제231조(사문서등의 위조·변조) 행사할 목적으로 권리·의무 또는 사실증명에 관한 타인의 문서 또는 도화를 위조 또는 변조한 자는 5년 이하의 징역 또는 1천만원 이하의 벌금에 처한다. 〈개정 1995.12.29〉

제234조(위조사문서등의 행사) 제231조 내지 제233조의 죄에 의하여 만들어진 문서, 도화 또는 전자기록등 특수매체기록을 행사한 자는 그 각 죄에 정한 형에 처한다.
[전문개정 1995.12.29]

[3] 서울고등법원의 판결[93)]

【피 고 인】 서○○ 외 6인
【항 소 인】 피고인들 및 검사
【검　　사】 검 사 1 외 2인
【변 호 인】 법무법인

【원심판결】 서울중앙지방법원 2008. 8. 14. 선고 2008고합560 판결
【주　　문】

원심판결 중 피고인 서○○, 양○○, 피고인 5에 대한 부분 및 피고인 2에 대하여는 유죄부분(이유 무죄부분 포함)을 파기한다.
피고인 서○○을 징역 1년 6월에, 피고인 2를 징역 1년에, 피고인 양○○를 징역 10월에, 피고인 5를 징역 8월에 각 처한다.
원심판결 선고 전의 구금일수 2일씩을 피고인 2, 5에 대한 위 각 형에 각 산입한다.
다만, 이 판결 확정일로부터 2년간 피고인 양○○, 피고인 5에 대한 위 각 형의 집행을 각 유예한다.
피고인 5로부터 15,000,000원을 추징한다.
피고인 김○○, 피고인 6, 7의 항소 및 위 피고인들 및 원심판결의 피고인 2에 대한 무죄부분 가운데 2008. 4. 13.자 공직선거법위반의 점에 대한 검사의 항소를 각 기각한다.

---

93) 서울고등법원 2008. 11. 12. 선고 2008노2194 판결 【공직선거법위반·정치자금법위반·특정경제범죄가중처벌등에관한법률위반(횡령)·사문서위조·위조사문서행사】

【이 유】

1. 항소이유의 요지(항소이유서 제출기간 도과 후에 제출된 항소이유보충서, 변론요지서, 의견서 등은 각 항소이유서에 기재된 항소이유를 보충하는 범위 내에서만 판단한다)

가. 피고인들의 사실오인 내지 법리오해 주장

피고인들은 다음과 같은 사유를 들어 원심판결에는 사실을 오인하거나 법리를 오해한 위법이 있다고 주장한다.

(1) 피고인 서○○, 피고인 2, 양○○, 김○○의 각 후보자 추천 관련 금품수수의 점에 대하여

(가) 피고인 2, 양○○의 주장

① 차용증과 같은 처분문서의 경우에는 그 진정성립이 인정되는 이상 그 기재내용대로 차용행위가 있었다고 인정하여야 하고, 합리적인 근거 없이 확인되지 않은 인간의 내면의사를 추단하여 차용행위가 아니라고 판단하여서는 아니되는바, 피고인 2가 2008. 3. 28. 친박연대의 신고된 예금계좌에 금 14억원을 입금해 주고 친박연대로부터 차용증을 교부받았고, 친박연대에서 이를 차입금으로 회계처리한 다음 관할 선거관리위원회에 신고하였으며, 선거가 끝난 후 대여원리금을 모두 변제받은 점에 비추어, 피고인 2가 친박연대에게 제공한 금 14억원은 친박연대에게 원금과 이자를 반환받기로 하고 유상대여한 것이므로, 정치자금법 제32조 소정의 '정치자금의 기부'나 공직선거법 제47조의2 제1항 소정의 '금품의 제공'에 해당하지 않는다.

② 당시 재정적 어려움을 겪고 있던 친박연대를 돕기 위하여 친박연대에, 피고인 양○○가 특별당비 1억원을 납부하고, 피고인 2가 14억원을 유상 대여한 것일 뿐, 국회의원선거 비례대표 후보자 추천의 대가나 사례로 제공된 것이 아니다.

③ 피고인 양○○는 피고인 2가 친박연대에 14억원을 교부한 것과 관련하여 공모한 적이 없을 뿐만 아니라, 그 사실을 알지도 못하였다.

④ 공직선거법 제47조의2 제1항에서 규정한 '누구든지'에는 정당 자체는 포함되지 않는 것이므로, 정당인 친박연대가 정치자금 수입용 예금계좌로 당비나 대여금을 받은 이 사건에 대하여는 위 조항을 적용할 수 없을 뿐만 아니라, 위 조항의 입법취지는 정치활동을 하지 않는 사람이 공직선거 후보자 추천과 관련하여 금품을 받는 것을 처벌하고자 하는 것이므로, 이 사건과 같이 정당인 친박연대가 당비나 대여금을 받은 경우에 그 정당의 대표자를 처벌하거나 정당에게 당비를 납부한 당원 또는 정당에게 자금을 대여해 준 자를 처벌하기 위한 조항이 아니다.

⑤ 공천이 확정된 이후 당원이 당헌과 정치자금법에 따라 당비를 납부하는 행위는 헌법상의 정당활동의 자유와 복수정당제의 보장 등에 비추어 특단의 사정이 없는 한

사법적 판단의 대상이 되지 아니한다.

(나) 피고인 서○○, 김○○의 주장

① 피고인 서○○은 비례대표 상위순번 후보자에 대하여 특별당비를 내는 사람으로 선정하겠다고 발언한 사실이 없고, 창당 초기부터 피고인 김○○에게 친박연대의 자금조달 문제를 일임한 채 이에 관여하지 아니하였다.

② 피고인 김○○은 친박연대의 총괄본부장을 맡아 선거업무를 총괄 지휘하는 지위에 있으면서 부족한 선거자금을 마련하기 위하여 여러 차례에 걸쳐 금 15억 1,000만원을 친박연대의 신고된 예금계좌로 입금하여 이를 유상 대여하고 그때마다 차용증을 받아둔 것일 뿐, 비례대표 후보자를 추천하는 일과 관련하여 정치자금을 기부하거나 금품을 제공한 것이 아니다.

③ 친박연대의 정치자금 수입용 예금계좌에 입금된 돈은 친박연대가 받은 것이지 친박연대의 대표자인 피고인 서○○ 개인이 받은 것이라고 할 수 없으므로, 친박연대가 비례대표 후보자를 추천하는 일과 관련하여 금품이나 정치자금을 받았다고 하더라도 피고인 서○○ 개인이 형사책임을 져야 할 이유가 없다.

④ 공직선거법 제47조의2에 있어서 정당은 보호의 객체일 뿐, 위 조항에 의한 금품수수행위를 통해 정당 후보자 추천의 공정성과 민주성을 침해하는 주체가 될 수는 없으므로, 친박연대가 그 소속당원인 피고인 김○○으로부터 정치자금을 제공받은 행위에 대하여는 위 조항을 적용할 수 없다.

⑤ 친박연대의 공식계좌를 통해 실명으로 입금하였고, 그 지출내역이 중앙선거관리위원회에 신고되는 등 투명하고 공개적으로 이 사건 금품수수가 이루어졌을 뿐만 아니라, 정치자금에 대하여 잘 아는 세무사의 자문을 받기도 하였으며, 과거 다른 정당에서도 같은 방법으로 정치자금을 조달해 온 사례가 많이 있음에도 이를 처벌한 예가 없었기 때문에 피고인 서○○, 김○○은 이 사건 금품의 수수가 처벌된다는 점을 알지 못하였고, 그러한 착오를 일으킨 것에 대하여 정당한 사유가 있다.

⑥ 우리나라 정당운영의 현실상 공직선거의 후보자로 추천된 자가 특별당비 또는 대여금 명목으로 정치자금을 당에 제공하는 것은 흔한 일로서, 이를 처벌하는 것은 헌법상 보장된 정당활동의 자유에 대한 침해이며, 기존의 거대정당에 대하여는 이를 묵인하다가 친박연대와 같은 소수정당에 대하여만 이를 문제 삼는 것은 부당한 정치탄압으로 평등의 원칙에도 반한다.

(2) 피고인 2, 양○○, 피고인 5의 후보자 추천 관련 금품수수의 점에 대하여

(가) 피고인 2, 양○○의 주장

피고인 2, 양○○는 비례대표 후보자의 경우 지역구 후보자들의 활발한 선거운동을

통하여 정당이 더 많은 득표를 얻는 것 외에는 자신의 당선을 위한 선거운동을 할 수 있는 다른 방법이 없으므로, 친박연대의 지역구 후보자들 여러 명에게 후원금을 기부하는 과정에서 피고인 5의 후원회 계좌에도 2008. 4. 1. 피고인 양○○가 500만원을, 같은 달 7. 피고인 2가 모친 공소외 16, 동생 공소외 17 명의로 각각 500만원을 송금한 것일 뿐, 피고인 5가 피고인 양○○의 공천을 알선한 사실이 없으므로 피고인 2, 양○○가 후보자 추천 알선의 대가로 위와 같이 후원금을 제공한 것으로 볼 수 없으며(피고인 6은, 피고인 서○○이 피고인 2에게 피고인 5를 도와주라고 말했고, 이에 대해 피고인 2가 그렇게 하겠다고 말했다는 내용을 피고인 5로부터 들었다고 진술한 바 있으나, 이는 전문진술에 해당되어 증거능력이 없다), 더구나 피고인 양○○는 공소외 16, 17 명의로 후원금 합계 1,000만원을 기부하는 것과 관련하여 피고인 2와 상의한 적이 없으므로 그 공모관계를 인정할 수 없다.

(나) 피고인 5의 주장

피고인 5는 피고인 양○○의 후보자 추천을 알선하지 않았고, 피고인 2, 양○○에게 후보자 추천 알선 대가를 요구한 적이 없으며, 피고인 양○○와 피고인 2 측이 비례대표 후보자로서 지역구 후보자들의 선거운동을 돕고자 그들의 후원회에 기부하는 것과 같은 취지에서 피고인 5의 후원회에도 기부한 것인데, 피고인 5는 그와 같은 후원금이 입금된 사실을 선거가 끝나고서야 알게 되었을 뿐, 피고인 5가 피고인 양○○와 피고인 2로부터 후보자 추천 알선의 대가로 후원금을 제공받은 것이 아니다.

(3) 피고인 2, 6의 후보자 추천 관련 금품수수의 점에 대하여

(가) 피고인 2의 주장

피고인 양○○에 대하여 악의적인 기사가 보도되자 이를 무마하기 위하여 인터넷신문을 운영하고 있는 피고인 5에게 도움을 요청하도록 부탁하면서 만남을 주선하였던 피고인 6에게 500만원을 지급하였을 뿐, 피고인 양○○의 비례대표 후보자 추천 알선의 대가로 지급한 것이 아니다.

(나) 피고인 6의 주장

피고인 2로부터, 당시 피고인 양○○에 관한 여론이 좋지 않고 피고인 5로부터 계속하여 공천대가를 요구받고 있으니 피고인 5를 만나서 피고인 2에게 연락을 하지 않도록 해 달라는 부탁을 받으면서 식사비 명목으로 500만원을 교부받은 것일 뿐, 피고인 양○○의 비례대표 후보자 추천 알선의 대가로 받은 것이 아니다.

(4) 피고인 7의 선거운동 관련 금품제공의 점에 대하여

'친친사이버팀', 'SCW(Smart Challenge Women)팀', '친친 전화홍보단'의 구성원들과 공소외 4, 5, 6, 7의 경우 친박연대에 임시고용된 유급사무직원이었으므로, 피고인

7이 이들에게 지급한 금원은 급여에 해당한다 할 것이어서, 선거운동과 관련하여 금품을 제공한 것이 아니다. 또한, 공소외 8, 9, 10의 경우에는 관할 선거관리위원회에 신고된 선거사무원인 동시에 친박연대의 유급사무직원들로서, 공직선거관리규칙 제59조는 정당의 유급사무직원에 대한 급여액을 제한하는 규정이 아니므로, 피고인 7이 이들에게 지급한 금원은 공직선거관리규칙 제59조의 적용을 받지 않는 급여에 해당한다 할 것이고, 비록 피고인 7이 선거비용을 보전받고자 이들에 대하여 수당 및 실비로 59만원씩을 지급하였다고 선거관리위원회에 신고하였다고는 하나 이로써 급여로서의 성격이 달라지는 것은 아니므로, 결국 선거운동과 관련하여 금품을 제공한 것이 아니다.

나. 검사의 사실오인 내지 법리오해 주장

(1) 피고인 서○○, 피고인 2, 양○○의 2008. 4. 4. 1억원 및 그 시경의 1억원 등 합계 2억원의 후보자 추천 관련 금품수수의 점에 대하여

피고인 2, 양○○가 친박연대에 2008. 4. 4. 제공한 1억원과 그 시경 제공한 1억원, 합계 2억원도 피고인 양○○의 비례대표 후보자 추천에 대한 대가 또는 사례로서 제공된 것이다.

(2) 피고인 2, 5의 2008. 4. 13.자 공직선거법위반의 각 점에 대하여

피고인 2가 2008. 4. 13.경 피고인 5에게 피고인 양○○의 후보자 추천과 관련하여 그 알선 대가로 7,000만원을 제공하겠다는 의사를 표시하였고, 피고인 5가 이를 승낙하는 의사를 표시하였다.

(3) 피고인 김○○의 사문서위조, 위조사문서행사의 점에 대하여

이사회의사록이 이사의 동의 없이 작성된 이상 사문서위조죄가 성립하고, 1인회사인 ○○음료의 1인주주 의사에 합치된다고 하여 사문서위조죄가 성립하지 않는다고 할 수 없다.

(4) 특정경제범죄가중처벌등에관한법률위반(횡령)의 점에 대하여

피고인 김○○은 불법영득의 의사를 가지고 ○○음료 공장부지를 매각하여 이를 횡령하였다.

다. 피고인들 및 검사의 각 양형부당 주장

이 사건 여러 양형 요소에 비추어, 원심이 피고인들에 대하여 선고한 각 형량에 대하여 피고인들은 너무 무거워서 부당하다고 주장하고, 검사는 너무 가벼워서 부당하다고 주장한다.

2. 판 단

가. 피고인들의 각 사실오인 내지 법리오해 주장에 대한 판단

(1) 피고인 서○○, 피고인 2, 양○○, 김○○의 각 후보자 추천 관련 금품수수의 점에 대한 주장에 대한 판단

(개) 관련 법률조항 및 금품을 "제공받은 자"의 해석

정치자금법 제32조 제1호에서는 "누구든지 공직선거에 있어서 특정인을 후보자로 추천하는 일과 관련하여 정치자금을 기부하거나 받을 수 없다"고 규정하고 있고, 같은 법 제45조 제2항 제5호에서는 "제32조의 규정을 위반하여 정치자금을 기부하거나 받은 자"를 처벌하고 있는바, 여기서 정치자금을 기부하거나 받은 자와 관련하여 정당·후원회·법인 그 밖에 단체에 있어서는 그 구성원으로서 당해 위반행위를 한 자를 의미한다고 명시하고 있다.

한편 공직선거법(2008. 2. 29. 법률 제8879호로 일부개정된 것) 제47조의2 제1항에서는 "누구든지 정당이 특정인을 후보자로 추천하는 일과 관련하여 금품이나 그 밖의 재산상의 이익 또는 공사의 직을 제공하거나 그 제공의 의사를 표시하거나 그 제공을 약속하는 행위를 하거나, 그 제공을 받거나 그 제공의 의사표시를 승낙할 수 없다"고 규정하고 있고, 같은 조 제2항에서는 "누구든지 제1항에 규정된 행위에 관하여 지시·권유 또는 요구하거나 알선하여서는 아니 된다"고 규정하고 있으며, 같은 법 제230조 제6항에서는 제47조의2 제1항 또는 제2항을 위반한 자를 처벌하고 있다.

살피건대, 공직선거법 제47조의2 제1항을 위반하여 후보자 추천과 관련한 금품을 제공받은 자라 함은 어디까지나 당해 위반행위를 실제로 행한 자를 의미한다고 볼 것이고, 행위자가 자신이 아닌 다른 사람으로 하여금 후보자 추천과 관련한 금품 또는 재산상의 이익을 취득하게 하는 경우에는 원칙적으로 위 법조항을 위반한 행위에 해당된다고 볼 수 없으나, 다만 사회통념상 그 다른 사람이 재물 또는 재산상 이익을 받은 것을 행위자가 직접 받은 것과 같이 평가할 수 있는 관계가 있는 경우에는 위 법조항 위반에 따른 책임을 부담하게 되는 것이다(행위자가 취득하는 것을 성립요건으로 하는 형법상 배임수재죄에 관한 대법원 2008. 3. 27. 선고 2006도3504 판결 참조). 정당의 대표자인 피고인 서○○이 후보자 추천과 관련한 금품을 정당에 제공하게 한 경우에도 이와 같은 법리에 따라 그 책임이 가려져야 하는 것이고, 따라서 공직선거법 위 법조항의 적용과 관련하여 '누구든지'라는 개념에 정당이 포함되는지 여부 및 그 경우 정당의 대표자를 어떠한 근거로 처벌할 수 있는지 여부에 관한 피고인들의 주장은 이 사건과는 직접적인 관계가 없는 것이어서, 이 법원은 그 점에 대하여는 판단하지 아니한다.

(나) 제공된 금품의 성격

1) 차용금 여부의 판단기준

금품이 정치자금으로 제공된 사실은 시인하면서도 이를 빌린 것이라고 주장하는 경우, 그것이 실제로 빌린 것인지 여부는 제공받은 자가 제공한 자로부터 돈을 수수한 동기, 전달 경위 및 방법, 제공받은 자와 제공한 자 사이의 관계, 양자의 직책이나 직업 및 경력, 제공받은 자의 차용 필요성 및 제공한 자 외의 자로부터의 차용 가능성, 차용금의 액수 및 용처, 제공한 자의 경제적 상황 및 제공과 관련된 이익의 규모, 담보 제공 여부, 변제기 및 이자 약정 여부, 제공받은 자의 원리금 변제 여부, 채무불이행시 제공한 자의 독촉 및 강제집행의 가능성 등 증거에 의하여 나타나는 객관적인 사정을 모두 종합하여 판단하여야 할 것이다(직무에 관하여 금품 등을 취득하는 것을 성립요건으로 하는 형법상 뇌물죄에 관한 대법원 2007. 9. 7. 선고 2007도3943 판결 참조).

특히 차용증이 증거로 제출된 이 사건의 경우, 이러한 처분문서에 있어서는 그 성립의 진정함이 인정되는 이상 그 처분문서에 기재되어 있는 문언대로의 의사표시의 존재와 내용을 인정하여야 하는 것이지만, 처분문서란 그에 의하여 증명하려고 하는 법률상의 행위가 그 문서에 의하여 이루어진 것을 의미하므로, 어느 행위가 행하여진 후에 형식적으로 작성된 경우에는 처분문서의 증명력에 관한 법리가 적용되지 아니할 뿐만 아니라(대법원 1997. 5. 30. 선고 97다2986 판결 참조), 보통의 처분문서의 경우에도 그 기재 내용을 부인할 만한 분명하고도 수긍할 수 있는 특별한 사정이 있다면 그 기재내용을 배척할 수 있다고 할 것이고, 한편 처분문서에 표시된 일시, 장소 등의 보고적 부분에 대하여는 처분문서로서의 증명력은 미치지 아니한다고 보아야 할 것이다.

2) 인정사실

원심 및 당심이 적법하게 채택하여 조사한 증거들에 의하면 다음과 같은 사실이 인정된다.

① 피고인 서○○, 피고인 2, 양○○, 김○○의 신분과 경력

피고인 서○○은 친박연대 공동대표로서, 1981년부터 제11대, 제13대, 제14대, 제15대, 제16대 국회의원을 역임하면서 신한국당 원내총무, 한나라당 사무총장, 한나라당 대표 최고위원으로 활동하였고, 2008. 4. 9. 실시된 제18대 국회의원선거에서 친박연대 비례대표 후보자로 출마하여 당선되었다.

피고인 2는 배우자 등 친인척을 대표이사로 하여 주식회사 □□, 주식회사 △△ 등 수개의 법인체를 설립·운영하는 사람으로서, 1984년경 민주정의당에 입당하여 정당 활동을 시작한 이래 1991. 7.부터 1995. 6.까지 제3대 서울특별시

의회의원(민주자유당 소속)을 역임하였고, 그 이후로도 자유민주연합 및 한나라당 등에서 활동한 정치경력이 있다.

피고인 양○○는 어머니인 피고인 2와 함께 위 법인체를 운영하면서 주로 금융기관 대출업무, 부동산 경매, 회계업무 등을 담당하여 오다가, 2008. 4. 9. 실시된 제18대 국회의원선거에서 친박연대 비례대표 후보자로 출마하여 당선되었다.

피고인 김○○은 ○○음료 주식회사(이하 '○○음료'라고 한다)의 대표이사로서, 1981년부터 1985년까지 제11대 국회의원(민주한국당 소속)을 역임하였고, 그 이후로도 통일민주당, 한나라당 등에서 정치활동을 하다가, 2008. 4. 9. 실시된 제18대 국회의원선거에서 친박연대 비례대표 후보자로 출마하여 당선되었다.

② 친박연대의 결성경위, 재정상태 및 선거비용 충당방안

㉮ 피고인 서○○ 등은 제17대 대통령선거의 한나라당 대통령 후보자 경선 당시 박○○ 전 대표를 적극 지지하였다가 2008.(이하 연도 표시가 없는 것은 전부 2008년이다) 3. 중순경 한나라당의 제18대 국회의원선거 후보자 추천에서 탈락하게 되자 2008. 3. 18.경 같은 입장에 처한 서○○, 홍○○, 이○○, 함○○, 엄○○, 김○○ 등이 여의도 '○○○' 일식집에 모여 정당을 인수하여 국회의원 선거를 치르되, 사업체를 운영하던 피고인 김○○이 당의 재정을 총괄하며 선거비용을 조달하는 역할을 맡기로 하는 등 계획을 세우고, 피고인 서○○의 후원조직인 청산회 회원 등과 함께 미래한국당(2008. 2. 하순경 참주인연합에서 미래한국당으로 당명이 변경되었다)에 대거 입당하여, 3. 24. 정식으로 당명을 친박연대로 변경하였다.

㉯ 친박연대는 4. 9.자 제18대 국회의원선거를 얼마 남겨 두지 않은 시점에서 당명을 바꾼 지 얼마 되지 아니하여 언론매체를 통한 홍보 이외에는 달리 친박연대를 알릴 방법이 없는 처지라 홍보비용을 마련하지 못하면 제대로 선거를 치를 수 없는 상황이었으나, 인수받은 자산은 3. 24. 기준으로 예금자산 200만원에 불과할 정도로 재정상태가 부실하였고, 광고기획사 ♡♡♡을 통하여 3. 22.자 중앙일보에 친박연대 후보자 신청 광고를 게재하기로 하였으나 광고비용 3,000만원 정도를 마련하지 못하여 광고가 취소될 정도로 자금이 고갈되었으며, 3. 25.경 홍보업무대행업체인 주식회사 ◎◎으로부터 신문광고비 등 15억원을 현금으로 지급하지 아니하면 신문광고 등을 할 수 없다는 통보를 받게 되어 선거비용 마련이 시급한 상황이었다.

㉰ 피고인 서○○을 수행하는 비서인 공소외 18은 3. 22. 평소 알고 지내던 공소외 19 변호사(인천광역시 부평구 선거관리위원회의 선거관리위원으로서, 그 며칠 전에도

친박연대라는 명칭으로 당명을 변경할 수 있는지 여부에 대하여 공소외 18과 전화통화를 한 적이 있다)에게 정치자금으로 받을 수 있는 금액에 상한이 있는지 등을 문의하였고, 공소외 19 변호사는 3. 23. 공소외 18에게 '정치자금 일반'이라는 제목으로 당비·후원금·기탁금·보조금 등의 정치자금 일반에 대한 설명과 함께 결론에 해당하는 마지막 부분에서 '거액의 정치자금과 관련하여'라는 항목으로 "아무런 제한 없이 거액의 정치자금을 받을 수 있는 길은 당비만 있을 뿐입니다. 당비의 경우 정치자금법에서조차 상한선을 규정하고 있지 않으므로 당헌이나 당규에 별도로 제한이 없다면 당비를 거액의 정치자금으로 받는 것은 위법이 아니라 할 것입니다."라는 내용의 문서(A4 용지 10쪽 분량이다)를 첨부한 이메일을 발송하였으며, 같은 날 공소외 18이 위 이메일에 첨부된 문서를 인쇄하였다.

㉱ 한편 미래한국당의 전신인 참주인연합은 2007. 10.경 창당되어 제17대 대통령선거를 치르는 과정에서 11억원 정도의 채무를 부담하게 되었는데, 2008. 2. 25.경 피고인 서○○ 등 이른바 친박계열 정치인들과 친분이 있던 공소외 20을 사무총장으로 영입하면서 당의 기존 채무 중 참주인연합 출신 당직자들이 3억원을, 공소외 20측이 3억원을 1차 정리하기로 합의하고 당명을 미래한국당으로 변경하였고, 그 후 한나라당 출신인사들이 대거 입당하여 당명을 친박연대로 변경할 때까지도 여전히 위 채무가 변제되지 않은 채 남아 있었으며, 이로 인하여 3. 25. 당시 회계책임자이던 공소외 21이 후임 회계책임자로 내정되어 있던 피고인 7에게 정치자금 수입용 예금계좌 통장 등을 인계하지 않았고, 결국 같은 날 미래한국당의 대표로서 친박연대의 최고위원이 된 공소외 22와 친박연대의 최고위원이자 친박연대 선거대책위원회 총괄본부장인 피고인 김○○ 사이에, 피고인 김○○이 3. 25. 특별당비로 1억원, 3. 31. 특별당비로 2억원을 각 입금하고, 3. 25.자 1억원이 입금되면 회계책임자 인수·인계 절차를 밟으며, 입금된 3억원은 전 회계책임자 공소외 21이 집행하기로 하는 약정이 체결되었다.

㉲ 친박연대는 정당 및 후보자들의 홍보를 위하여 3. 24.경부터 주식회사 ◎◎와 접촉하여 주식회사 ◎◎가 친박연대의 홍보 전체를 대행하되 그 비용은 선거관리위원회로부터 선거비용을 보전받아 지급하는 방안을 제안하였으나, 주식회사 ◎◎는 3. 25.경 방송·신문·인터넷 광고는 광고를 할 때마다 비용을 지급하여야 하므로 외상거래를 할 수 없다고 하였고, 결국 3. 27.경에 이르러 친박연대는 주식회사 ◎◎와 사이에, 친박연대가 방송국에 직접 지급하여야 하는 방송광고비용 약 8억원을 제외한 나머지 전체 계약금액을

3,272,191,543원으로 정하되, 그 중 신문·인터넷 등 광고비용 15억원을 계약금으로 하여 계약 체결과 동시에 지급하고, 나머지 잔액은 선거비용을 보전받으면 최우선으로 지급하기로 하는 내용의 '광고제작 대행계약'을 체결하였다. 친박연대는 계약 체결과 동시에 계약금으로 3. 27. 8억원, 3. 30. 3억원, 3. 31. 6,000만원, 4. 2. 151,227,304원 등 합계 1,311,227,304원을 주식회사 ◎◎에게 지급하였다.

㈕ 피고인 서○○은 원래 친박연대의 서울 동작구 갑선거구 후보자로 출마하려고 하였으나, 친박연대 최고위원이자 선거대책위원장인 홍○○ 등으로부터 친박연대의 중앙당에서 제18대 국회의원선거를 총괄할 사람이 없으니 비례대표 후보자로 출마하라는 제안을 받고, 3. 24.경 비례대표 후보자로 출마하기로 최종 결정하였다. 한편, 피고인 서○○으로부터 비례대표 후보자 순위 1번으로 추천하겠으니 친박연대에 참여해 달라는 제의를 받은 공소외 23 전 의원이 3. 24. 저녁 무렵 피고인 서○○에게 공천을 받지 않겠다는 내용의 편지를 보내왔다.

㈖ 친박연대의 조직국장 공소외 24는 선거관리위원회에 문의한 결과를 토대로, 3. 25. 최고위원회의에서 공직선거법 제47조 제3항의 규정에도 불구하고 국회의원선거의 경우 비례대표 후보자 공천에 있어 홀수 순위에 남성을 공천하여도 특별한 문제는 없다고 보고하였다.

㈗ 3. 25. 개최된 친박연대의 최고위원회의에서 피고인 서○○은 제18대 국회의원선거의 비례대표 후보자 추천권을 자신과 공동대표인 이○○, 공천심사위원장 함○○에게 위임해 줄 것을 요구하여 참석한 최고위원들이 별다른 이의를 제기하지 않음에 따라 그 권한을 위임받았고, 함○○, 이○○은 지역구 국회의원 후보자로 출마하였으므로 그에 따른 선거운동으로 인해 여념이 없었기에 사실상 피고인 서○○이 그 전권을 행사하게 되었다. 피고인 서○○은 위 최고위원회의에서 비례대표 후보자 중 상위 순번은 특별당비를 낼 사람으로 선정하여야 하겠으니 특별당비를 낼 사람을 추천하여 달라고 주문하였다. 위 최고위원회의가 끝난 후 최고위원 공소외 25가 피고인 서○○에게 개별면담을 요청하여 특별당비의 금액 기준에 대하여 묻자, 피고인 서○○은 피고인 김○○이 15억원 내지 20억원을 내기로 하였다고 예를 들어주었고, 이에 공소외 25는 그 정도의 금액을 내고 비례대표 순위 4번으로 추천받을 사람을 알아보겠다고 하였다.

㈘ 공소외 25는 3. 25. 20:00경 자기가 소개할 후보 희망자의 아들과 함께 친박연대의 당사로 찾아가서 그 사람이 준비하여 온 1억원 자기앞수표 1장과

1,000만원 자기앞수표 12장을 들고 피고인 서○○의 방에 혼자 들어가 희망자를 추천하였으나, 피고인 서○○은 그날 낮에 공소외 25와 연락이 되지 않는 동안 이미 다른 사람을 비례대표 순위 4번으로 추천하기로 하였다면서 6번으로 추천받을 것을 제안하였고, 이를 수용하지 않고 4번을 고집하는 공소외 25와 사이에 말다툼이 벌어졌다.

③ 피고인 2, 양○○의 금품제공 경위

㉮ 피고인 양○○는 피고인 2가 운영하는 주식회사 □□에서 금융기관 대출업무, 부동산경매, 회계업무 등을 담당하는 한편 자신과 피고인 2의 모 공소외 16, 남편 공소외 26, 아들 공소외 27, 동생 공소외 28 등의 사업장들과 대출금 내역, 소유 토지 내역, 통장계좌 등을 노트에 정리하여 두고 자신과 가족들 명의로 되어 있는 부동산과 예금계좌를 관리해 오고 있었다. 피고인 양○○는 1. 30.경부터 피고인 2의 지시에 따라 기업은행 인천삼산지점의 공소외 29 차장에게 연락하여 주식회사 □□ 소유의 파주시 월롱면 영태리 (지번 생략) 외 2필지를 담보로 제공하고 60억원 이상을 대출받고자 하였으나, 3. 6.경 기업은행측으로부터 그 당시까지 확정된 주식회사 □□의 2006년도 재무제표상의 영업실적 및 재무상태로는 본점의 승인을 받을 수 있을지 장담하기 어렵다는 이유로 주식회사 □□의 2007년도 재무제표가 확정되는 3월 하순경 이를 근거로 신용평가 및 본점 승인을 받아 4월 초순경 운전자금 20억원, 시설자금 40억원 등으로 합계 60억원을 대출해 주겠다는 통보를 받았다.

㉯ 한편, 피고인 2는 약 3년 전 시공중인 파주 공사현장에 취직하려고 하였던 피고인 6을 알게 되었고, 2008. 2. 초순경 피고인 6을 만나 군사시설보호구역 내에서의 공장 분양사업에 관하여 협의하던 중 그로부터 자유선진당의 비례대표 후보자 추천을 제안받았으나 그 대가로 약 20억원가량이 필요하다는 말을 들었다. 그 후 피고인 2가 3월 초순경 피고인 6에게 피고인 2의 아들 공소외 27을 자유선진당의 비례대표 후보자 중 당선 가능한 순위로 추천되게 해 달라고 부탁하여 피고인 6이 이를 승낙한 후, 그 무렵 서울 마포구 도화동 (지번 생략) 소재 ○○호텔 지하 중식당에서 피고인 6과 함께 자유선진당의 당직자인 공소외 30 등을 만나 공소외 27의 이력서를 제시하면서 비례대표 후보자 추천 여부를 타진하였으나, 그 다음날 공소외 30으로부터 자유선진당의 비례대표 후보자가 모두 확정 단계에 있어 추천을 받을 수 없다는 통보를 받아 무산되었다.

㉰ 그 이후에도 피고인 2는 비례대표 후보자 추천에 대한 미련을 버리지 못하고 있다가 당선 가능한 비례대표 후보자로 추천되려면 적어도 그 대가로 약 20

억원이 필요하다는 사실을 알면서도, 3. 24. 오전 피고인 6에게 친박연대의 비례대표 후보자 추천을 받을 수 있는지 확인해 달라고 부탁하였고, 피고인 6은 3. 24. 15:00~16:00경 자신이 사무처장으로 있는 정치단체인 녹색회 임시사무실에서, 한나라당 대통령 후보자 경선 과정에서 알게 된 피고인 5가 그곳을 찾아오자 피고인 5에게 피고인 2의 친박연대 비례대표 후보자 추천을 알선하여 달라고 부탁하여 피고인 5가 이를 수락하였다. 그날 밤 피고인 6이 피고인 2에게 연락하여 피고인 5를 만나 피고인 서○○의 집을 방문하여 비례대표 공천 문제를 상의하도록 하였으나, 피고인 2는 알았다고만 대답한 채 연락이 두절되어 피고인 5 혼자 서울 동작구 (상세 주소 생략) 소재 피고인 서○○의 집에 찾아가 피고인 서○○에게 피고인 2를 친박연대 비례대표 후보자로 추천하였다.

㉱ 피고인 6이 3. 25. 08:36경 및 09:00경 피고인 2에게 전화를 하였고, 피고인 2가 09:10경 피고인 5에게 전화를 걸어 함께 피고인 서○○의 집을 방문하기로 약속한 후 09:31경 피고인 양○○에게 전화하여 기업은행에 연락해서 며칠 내로 20억원을 먼저 대출받을 수 있는지 알아보라고 하였으며, 피고인 양○○는 09:32경 기업은행 인천삼산지점의 공소외 29 차장 또는 다른 직원과 통화하여 주식회사 □□가 시행하는 공사와 관련하여 급히 필요하니 20억원 정도를 먼저 대출해 달라고 요구하면서 만일 그러한 대출이 어렵다면 다른 금융기관에서 알아보겠다고 하였고, 이어 09:33경 및 09:42경 피고인 2에게 전화하였다. 그러나 그 당시 주식회사 □□가 지급하여야 할 3월분 인건비와 공사비는 합계 5억 3,000만원 정도였고, 4월부터 8월까지 지급기일이 도래하는 주식회사 □□ 발행 어음은 합계 5억 2,000만원 정도로서, 3. 25. 당시로서는 주식회사 □□의 공사와 관련하여 위 20억원의 대출금이 급하게 필요한 것은 아니었다.

㉲ 피고인 2는 3. 25. 10:30경 피고인 서○○의 집 앞에서 피고인 5를 만나 함께 피고인 서○○의 집을 방문하였으나 피고인 서○○이 출근하여 없고 그의 처인 공소외 31이 있는 가운데 그 집에서 1시간 30분가량을 머무르다가 다시 피고인 5와 함께 친박연대 당사로 가서 피고인 서○○을 만나게 되었는데, 그 사이인 11:44경, 11:51경, 11:57경, 12:24경, 12:43경에 피고인 양○○와 전화통화를 하였고, 피고인 양○○가 12:54경 기업은행 인천삼산지점의 공소외 29 차장에게 전화를 하여 지점장 전결한도 최고액인 20억원을 먼저 대출받을 수 있음을 최종 확인하였다. 그날 오후 피고인 2는 친박연대 당사에서 피고인 서○○을 만나 비례대표 후보자 추천 문제를 상의한 결과 딸인 피고인 양○○를

비례대표 후보자로 추천하기로 내락받았고, 15:40경 기업은행 공소외 29 차장과 전화통화를 하였으며, 21:30경 피고인 양○○와 그녀의 남편인 공소외 32 변호사를 대동하여 친박연대 당사로 가서 피고인 서○○을 면담하였고, 그 자리에서 피고인 양○○를 비례대표 후보자로 추천하기로 확정하였다.

㉳ 그 후 피고인 양○○가 3. 26. 15:00경 친박연대의 비례대표 순위 1번으로 공식 추천되어 중앙선거관리위원회에 등록하였고, 3. 27. 피고인 2와 함께 친박연대 당사를 방문하여 피고인 2와의 상의하에 피고인 양○○ 소유 건물의 임대보증금으로 받은 7,000만원과 마이너스통장의 3,000만원, 합계 1억원을 11:31경 피고인 양○○의 예금계좌에서 친박연대 정치자금 수입용 예금계좌로 폰뱅킹 송금하였으며, 피고인 2는 그날 저녁 친박연대 당사에서 피고인 김○○으로부터 당에 광고계약할 자금이 없으니 지원해 달라는 부탁을 받았다.

㉴ 피고인 2는 3. 28. 07:40경, 09:19경, 09:37경 피고인 양○○에게 전화를 하였고, 이어 피고인 양○○는 09:44경 기업은행의 공소외 29 차장에게 대출금이 나오는지 확인한 후 09:50경 피고인 2에게 전화를 하였으며, 그 후 09:56경 기업은행으로부터 주식회사 □□의 계좌로 운전자금 명목으로 대출금 1,989,089,000원이 입금된 후 피고인 2가 11:15경과 11:21경 피고인 양○○에게 2차례 전화를 하였고, 12:35경 위 대출금 전액이 위 회사계좌에서 출금되어 위 회사의 대표이사이자 피고인 2의 남편인 공소외 26 명의로 된 하나은행 계좌로 이체된 후 피고인 2가 12:39경, 12:41경, 12:43경 피고인 양○○에게 전화를 하였으며, 이어 피고인 양○○가 12:59경 피고인 2에게 전화를 하였고, 다시 피고인 2가 13:09경 피고인 양○○에게 전화를 하였다. 그 후 피고인 양○○가 주식회사 □□의 직원인 공소외 33에게 연락하여 공소외 26 명의 하나은행 계좌에 입금된 위 대출금 중에서 14:00경 기탁금 등 1,600만원을, 14:08경 14억원을 각각 친박연대의 정치자금 수입용 예금계좌로 송금하도록 하였다. 한편, 주식회사 □□에서는 기업은행으로부터 받은 위 대출금으로 위 회사 대표이사인 공소외 26의 동액 상당의 기존 가수금을 변제한 것으로 회계처리를 하였다.

㉵ 피고인 서○○은 친박연대의 대표로서 지역구에 출마하는 대신 비례대표 후보자 순위 2번을 배정받아 등록하고 중앙당 차원에서 선거업무를 총괄하였으며, 3. 26.까지는 친박연대 당사에 매일 출근하여 회의를 주재하면서 당의 재정을 포함한 제반 상황을 보고받았고, 3. 27.부터는 지역구 선거운동을 지원하느라 당사에 없었기 때문에 주로 전화로 보고받았다. 그 당시 피고인 7이

회계책임자로서 실무를 담당하면서 총괄부본부장인 공소외 34와 총괄본부장인 피고인 김○○을 통해 피고인 서○○에게 주요 업무상황을 보고하였다. 피고인 서○○은 3. 28.경 피고인 김○○으로부터 피고인 2, 양○○가 입금한 위 1억과 14억에 대하여 보고를 받고 피고인 2에게 고맙다는 전화를 하였고, 4. 초순경 피고인 2, 양○○가 제공한 2억원은 사후에 보고를 받았다.

④ 피고인 김○○의 금품제공 경위

㉮ 피고인 김○○의 처인 공소외 15는 3. 25. ○○음료의 수질개선부담금을 납부할 목적으로 ○○음료 명의의 계좌에 보관하고 있던 7억원과 자기의 돈이나 지인으로부터 빌린 돈 5억원을 합한 12억원 정도를 준비하였다가, 친박연대의 정치자금 수입용 예금계좌로 3. 25. 1억원, 3. 26. 11억원을 각 송금하였고, 4. 3. ○○음료 명의의 계좌에서 3억원을 다시 인출하여 친박연대의 위 계좌로 송금하였으며, 4. 9. 1,000만원을 친박연대의 위 계좌로 송금하였다.

㉯ 공소외 15가 위와 같이 송금한 돈 중 3. 25.자 1억원은 앞서 본 피고인 김○○과 공소외 22 사이의 합의에 따라 정치자금 수입용 예금계좌 통장을 인수하기 위하여 특별당비 1억원을 입금하기로 하였던 약정을 이행하기 위한 것으로서, 위 돈은 입금된 후 참주인연합 시절의 채무를 변제하기 위하여 곧바로 사용되었는데, 피고인 김○○은 당시의 회계책임자인 공소외 21에게 위 돈이 대여금이라거나 이자나 변제기 등에 관하여 아무런 말을 하지 않았다.

㉰ 피고인 김○○은 3. 25. 비례대표 후보자 신청 접수비 명목으로 친박연대의 계좌에 100만원을 송금하였고, 그 이전부터 공소외 35와 공소외 15를 통하여 비례대표 후보자 등록서류를 준비하였다.

㉱ 친박연대의 비례대표 후보자 추천 명단은 3. 26. 15:00경 발표되었는데, 그 무렵 언론에 보도된 정당득표율 여론조사결과에 의하면 친박연대의 정당득표율은 4.4% 또는 2.7% 내지 5.6% 정도였고, 이를 근거로 친박연대 당직자들 대부분은 비례대표 후보자 순위 3번까지는 당선될 수 있을 것으로 예상하였다.

㉲ 공직선거법 제47조 제3항은 "정당이 비례대표 국회의원선거 및 비례대표 지방의회의원선거에 후보자를 추천하는 때에는 그 후보자 중 100분의 50 이상을 여성으로 추천하되, 그 후보자명부의 순위의 매 홀수에는 여성을 추천하여야 한다"고 규정하고 있으나, 친박연대는 남성인 피고인 김○○을 비례대표 후보자 순위 3번으로 추천하였고, 이에 대하여 비례대표 후보자 순위 4번, 5번으로 추천된 송○○, 공소외 37 후보자는 물론 친박연대 여성 당직자들의 비난이 이어졌다.

㉳ 피고인 서○○은 피고인 김○○이 입금한 위 3. 25.자 1억원, 3. 26.자 11억원에

대하여 입금 당일 피고인 김○○으로부터 보고를 받았고, 위 4. 3.자 3억원, 4. 9.자 1,000만원은 그 무렵 피고인 7 등으로부터 보고를 받았던 것으로 보인다.

⑤ 선거 이후의 경과

㉮ 피고인 양○○는 4. 14. 친박연대 당사에서 개최된 기자간담회에서 기자로부터 당비를 납부하였는지, 납부하였다면 그 액수는 얼마인지에 대한 질문을 받고는, 정당원으로서 정당이 어렵다고 하면 당연히 도와야 하는 것이고 그 액수는 회계처리를 할 때 밝혀질 것이라는 취지로 답변하였다.

㉯ 피고인 서○○은 4. 16. 친박연대 당사에서 기자회견을 하면서 기자로부터 특별당비로 받은 액수가 얼마인지에 대한 질문을 받고는 검찰 수사과정에서 밝혀질 것이라는 취지로 답변하였다.

㉰ 피고인 2가 공소외 26 명의로 입금한 3. 28.자 14억원과 관련하여, 친박연대가 중앙선거관리위원회로부터 지급받게 될 선거비용 보전금 중 1,421,479,452원의 채권을 5. 13. 공소외 26에게 양도하여 공소외 26이 6. 5. 중앙선거관리위원회로부터 그 돈을 지급받았다. 또한, 피고인 김○○이 자신 또는 공소외 15 명의로 친박연대에 입금한 15억 1,000만원과 관련하여, 친박연대가 6. 5. 중앙선거관리위원회로부터 지급받은 선거비용 보전금 중에서 1,532,963,292원을 피고인 김○○과 공소외 15에게 원리금 반환 명목으로 지급하였다. 한편, 친박연대는 공소외 26에게 선거비용 보전금채권을 양도하기 전인 5. 9. 미리 공소외 26 명의 계좌로 5,000만원을 입금하였고, 피고인 2측은 중앙선거관리위원회로부터 위 선거비용 보전금을 지급받은 후인 6. 9. 5,000만원을 친박연대의 피고인 7 계좌로 송금하여 주었다.

3) 판 단

가) 피고인들이 제출한 증거에 의하면, 친박연대에 피고인 2가 제공한 위 14억원과 피고인 김○○이 제공한 위 1억원, 11억원, 3억원, 1,000만원에 대한 각각의 차용증이 있고, 한편 친박연대의 인턴직원이던 공소외 38이 4. 4. 피고인 7에게 발송한 메일에 첨부된 차용증 양식의 기재에 의하면 4. 3.자 차용증이 작성되었던 것으로 보이며, 피고인 2, 김○○ 등이 위 각 차용증에 기재된 원금 및 약정 이율(연 8%)에 따른 이자를 변제기(2008. 6. 5.)에 반환받았고, 그에 앞서 5. 9. 친박연대로부터 공소외 26 명의계좌로 5,000만원을 받았다가 다시 6. 9. 5,000만원을 친박연대의 피고인 7 계좌로 송금하였음은 앞에서 본 바와 같은데, 과연 친박연대에 피고인 2가 제공한 14억원과 피고인 김○○이 제공한 15억 1,000만원이 대여금인지, 아니면 외형상으로만 대여일 뿐 실제로는 금품의 무상

제공 또는 기부에 해당하는지 여부를 앞서 본 판단기준에 의하여 살펴보기로 한다.

위 인정사실과 앞서 든 증거들에 의하여 인정되는 다음과 같은 사정들, 즉 ① 4. 9. 실시될 제18대 국회의원선거를 약 보름여 앞둔 시점에서야 미래한국당(참주인연합의 후신)에서 당명을 변경하고 정당의 체제를 다시 갖춘 친박연대로서는 당명과 후보자들을 홍보하기 위한 언론광고비 등의 재원 마련이 시급하였고, 참주인연합 시절부터의 채무 11억원가량이 해결되지 않은 상태였던 데다가 그 중 정당의 새로운 주체세력이 우선적으로 해결하기로 약정한 3억원의 채무를 변제하지 못하여 그 당시의 회계책임자로부터 정치자금 수입용 예금계좌 통장도 인계받지 못하고 있었으며, 중앙당사 임대차보증금 1억 5,000만원은 물론 당직자의 급여를 지급할 재원도 없었던 상황이었는데, 이러한 선거비용(친박연대는 중앙선거관리위원회가 비례대표 국회의원선거의 선거비용제한액으로 공고한 44억 2,800만원을 전액 사용하기로 하였다)과 승계채무 및 정당의 운영자금 등을 해결하기 위해서는 수십억원이 필요하였던 점, ② 이러한 자금을 제3자로부터 차용하기로 하였다면, 최고위원회의 등에서 공식적으로 논의되거나 적어도 피고인 서○○, 김○○ 등 핵심 당직자들 사이에서는 차용의 상대방, 금액, 반환방법 등에 관한 구체적인 내용을 상의하였을 터인데, 이 점에 관하여 피고인 서○○은 친박연대를 처음 구상할 당시부터 피고인 김○○이 당 살림을 맡아 자금조달을 책임지기로 되어 있었으므로 피고인 김○○에게 돈을 빌려오라는 부탁만 하였을 뿐, 최고위원회의 등에서 선거비용의 조달방법과 관련한 구체적인 논의를 한 적은 없었다고 진술하고 있고, 피고인 김○○은 원심까지는 선거비용을 조달하기 위해서는 차용하는 방법밖에 없다고 최고위원회의에 보고하고 차용 권한을 위임받았다고 진술하였다가 당심에 와서는 피고인 김○○이 자금조달에 관한 전권을 위임받은 상태여서 피고인 7의 건의를 받아 이율과 변제기를 정하고 그와 같은 내용을 서청원에게 보고하였으며, 피고인 2로부터 금전을 제공받을 때에도 결정된 이율을 이야기해 주었다고 취지로 진술하고 있는 점, ③ 위와 같은 진술 내용과는 달리, 비례대표 후보자의 추천에 관한 사실상 전권을 위임받은 피고인 서○○은 3. 25.자 최고위원회의에서 비례대표 후보자 중 상위 순위는 특별당비를 낼 사람으로 선정하여야 하겠으니 특별당비를 낼 사람을 추천하여 달라고 이야기하였고, 이에 따라 공소외 25 최고위원은 20억원 이상의 특별당비를 납부하겠다는 희망자를 피고인 서○○에게 소개하기까지 하였던 점, ④ 친박연대가 제18대 국회의원선거와 관련하여 돈을 차용하였다고 주장하는 상대방은 피고인 양○○, 김○○ 외에는 없고, 이들에 대해서는 당시 당선권에 든다고 예상된 비례대표 후보자 순위 내인 1번과 3번으로 추천된 점(2번은 친박연대의 공동대표인 피고인 서○○ 자신이다), ⑤ 피고인 양○○, 서○○은 앞서 본 기자회견에서 친박연대가 선거비용 등을 차용하였다는 등의 언급은 하지 않았고, 4. 21. 친박연대의 대변인이 차용한 것이라고 발표하면서부터 비로소 차용하였다는 취지의 주장을 적극적으로 하기 시작한 점, ⑥ 친박연대는 주식회사 ◎◎와 체결한 광고제작 대행계약에서 전체 계약금액 중 현금으로 바로 지급하기로 한 계약금 15억원을 제외한 나머지 약 17억여 원은 중앙선거관리위원회로부터 선거비용 보전금을 받아 최우선 순위로 지급하기로 하였는데도, 그 약정에 위반하여 선거비용 보전금청구권의 일부를 공소외 26 앞으로 양도하였고, 6. 5. 선거비용 보전금을 받아 피고인 김○○과 공소외 15에게 먼저 지급하였으며, 그로 인하여 그 당시 주식회사 ◎◎에 미지급된 계약금 및 잔금 약 19억원 중 일부만을 선거비용 보전금의 잔액과 다른 사람으로부터 다시 차용한 돈으로 변제하였고, 아직까지도 변제하지 못한 잔금이 남아 있는 점, ⑦ 앞서 본 바와 같은 친박연대의 선거비용, 참주인연합 시절부터 승계된 채무, 중앙당사 임대차보증금 및 당직자들의 급여 등의 액수에 비추어 볼 때, 타인으로부터의 차용을 통해서는 위와 같은 다액의 자금 수요를 완전히 해결하기에는 부족하였고, 설령 선거비용을 먼저 지출한 후 나중에 선거비용의 보전을 받는다고 하더라도, 선거비용의 보전은 그 요건이 갖추어진 때에 선거비용제한액 및 실제 사용액의 범위 내로서 정당하게 지출한 것으로 인정되는 비용에 한하여 이루어지는 것이므로, 선거비용 보전금으로는 실제로 지출한 선거비용도 전액 충족하기 어려울 뿐만 아니라 보전되지 않는 선거비용은 물론 승계채무나 정당 운영자금의 문제가 여전히 남게 되는바, 이에 대하여 피고인들은 선거 후 당선자들이나 일반 당원들로부터 받는 당비나 국고보조금 등을 통해 자금을 마련할 계획이었다고 하나, 선거 전후에 걸쳐 피고인 양○○가 납부한 특별당비 1억원을 제외하고는 친박연대가 후보자들이나 당원들로부터 받은 당비가 1억원에도 이르지 못하고 있는 점, ⑧ 피고인 2는 친박연대의 차용 요청을 받고는 평소 알고 지내던 고양시 선거관리위원회 사무국장 공소외 39에게 전화하여 정당에 돈을 대여할 수 있는 것인지, 나중에 그 돈을 반환받을 수 있는지 등을 문의하였다고 하는바, 피고인 2가 친박연대로부터 차용 요청을 받았다면 그에 대해서만 문의하면 될 것인데도, 공소외 39는 피고인 2가 3. 26.부터 3. 27.까지 사이에 자신에게 수회 전화하여 정당에 대한 대여 외에도 당비의 상한은 물론 후원금에 대해서도 질문하였다고 증언하고 있는 점, ⑨ 피고인 2는 친박연대가 상당한 이율의 이자를 지급한다고 하여 이자 수익을 얻을 목적으로 대여하기로 결정하였다고 하나, 그 자금의 조달 금리(주식회사 □□가 기업은행으로부터 받은 대출금의 이율)만 하더라도 연 7.39%였고, 여기에다가 담보설정비용 등의 대출비용을 가산한다면, 피고인 2가 친박연대로부터 연 8%의 이자를 받는다고 하더라도 특별한 이익을 얻기는 어려웠던 것으로 보이고, 더구나 피고인 2는 친박연대 이전에 자유선진당의 당직자를 만나 비례대표로 추천받을 수 있는지 그 가능성을 타진한 적이 있고, 피고인 김○○은 제11대 전국구 국회의원을 지낸 이후로 여러 차례 국회의원 선거에서 공천을 받지 못하거나 낙선하는 등으로 위 피고인들 모두 국회의원직에 강한 미련이 있었던 것으로 보이는데, 친박연대로부터 국회의원 당선이 유력시되는 비례대표 순위를 배정받으면서 선거비용이 전혀 없어 선거를 제대로 치를 수 있을 지조차 불확실한 신생정당을 상대로 시중 금리보다 높은 이자를 받기로 차용조건을 미리 협의하여 대여하였다는 것은 쉽게 납득하기 어려운 점, ⑩ 피고인 서○○이 추천 순위 4번 이하의 여성 비례대표 후보자나 여성 당직자들의 비난을 받아가면서까지 피고인 김○○을 비례대표 후보자 순위 3번에 추천한 것은 피고인 김○○을 당시까지 당선이 가능하다고 예상되는 순위로 추천하기 위한 것이라고 밖에 볼 수 없는 점, ⑪ 피고인 김○○은 친박연대의 최고위원이자 선거대책위원회 총괄본부장으로서 당의 재정을 책임지고 있는 입장에서 당이 재정적으로 어려워 부득이 자신의 배우자에게 부탁하여 선거비용을 차용하게 되었다고 주장하나, 그러한 위치에 있던 피고인 김○○이 3. 22. 중앙일보에 게재될 예정이었던 친박연대의 광고가 광고비를 조달하지 못하여 취소될 때에는 아무런 조치를 취하지 않다가, 피고인 서○○이 3. 25. 최고위원회의에서 비례대표 후보자 중 상위 순위는 특별당비를 낼 사람으로 선정하겠다고 말하자 피고인 김○○이 같은 날 1억원을, 비례대표 등록 마감일인 그 다음날 11억원을 친박연대에 입금하고 비례대표 후보자 순위 3번으로 추천받았으며, 한편 피고인 김○○은 자신이 3억원을 친박연대에 제공하여 참주인연합의 채무를 해결하겠다고 약정하면서 3. 25. 공소외 22와 사이에서 작성한 합의서에서 자신이 제공할 위 3억원을 차용증의 기재내용과는 다르게 특별당비라고 명시하였던 점, ⑫ 피고인 김○○은 3. 26.에 이르러서야 비례대표 출마를 결정하고 급하게 준비하였으며 비례대표 후보자 순위는 명단이 발표된 후에야 알았다는 취지로 진술하고 있으나, 피고인 김○○은 3. 25. 비례대표 후보자 접수비 명목으로 100만원을 당의 계좌로 송금함으로써 비례대표 출마의사를 표시하였고, 이미 그전부터 비례대표 후보자 접수서류를 준비하여 왔으며, 친박연대의 당직자들은 물론이고 직원들조차 피고인 김○○이 당에 재정적으로 기여할 것으로 알고 있었기에 피고인 김○○이 비례대표 선순위를 배정받는 것이 당연시되었던 것으로 보이는 점, ⑬ 피고인 2, 김○○이 친박연대에 금품을 지급할 당시에는 친박연대의 정당 득표율이나 지역구 후보자 중 당선자 수가 불확실하여 위 각 금원을 대여한 것이라고 하더라도 이를 회수할 수 있을지 여부가 불분명한 상태였고, 설령 선거비용 보전금을 받게 되는 경우에도 그 보전금으로 먼저 상환하여야 할 광고대행계약의 잔금이 거액에 이르고 있었음에도, 별다른 담보조치 없이 선뜻 거액의 돈을 입금한 점, ⑭ 위 각 차용증에 대하여, 친박연대의 회계책임자로서 이를 직접 작성하였다는 피고인 7의 진술과 그로부터 차용증을 받았다는 피고인 2, 김○○의 진술은 차용 경위, 차용증의 작성 경과, 차용증의 교부 시기 등은 물론이고 이자율과 변제기 등 차용조건이 정해진 경위에 관하여도 그 진술내용이 번복되거나 서로 상이하여 그대로 믿기는 어려운 점, ⑮ 피고인들은 4. 4. 공소외 38이 피고인 7에게 차용증 양식을 첨부하여 메일을 보낸 자료를 근거로 적어도 그 이전부터 차용증이 작성되기 시작하였다고 주장하고, 공소외 38은 당심에서 증인으로 출석하여 "이 사건 당시 인턴직원으로서 피고인 7과 한 사무실에 근무하면서 피고인 7의 지시에 따라 문서작성과 같은 일을 하고 있었는데 4. 3.경 피고인 7로부터 차용증 파일이 든 USB를 건네 받아 차용증 파일을 내려받은 후 USB를 다시 피고인 7에게 돌려주었고, 차용증 파일을 토대로 피고인 7의 지시내용과 같이 일부를 삭제하여 차용증 양식을 만든 후 4. 4.경 이를 메일에 첨부하여 피고인 7에게 전송해 주었다"고 진술하고 있으나, 굳이 그와 같이 번거로운 작업을 할 만한 합리적 이유를 찾아볼 수 없고, 공소외 38 스스로도 그 이유를 제대로 설명하지 못하였을 뿐만 아니라, 차용증 양식을 만들었다면서도 정작 대여자의 이름은 그대로 남겨 둔 채 작성일자 등은 지워버렸고, 굳이 내용이나 형태가 서로 다른 차용증 양식들을 만든 점 등에 비추어 단순히 어디서나 손쉽게 차용증을 작성하기 위해서 그와 같은 양식을 만들어 메일로 보낸 것이라고 보기에는 석연치 않은 점. 피고인 양○○를 비례대표 후보자로 추천한 직후인 3. 말경부터 이미 비례대표 후보자 추천과 관련하여 여러 가지 의혹이 연일 언론에 보도되고 있었으므로 친박연대로서는 만일의 사태를 대비하여 위와 같이 차용증을 사후에 작성해 두었을 가능성이 많은 점, 3. 25.자 1억원과 3. 26.자 11억원에 대한 각 차용증의 경우 입금일 이후 나중에 작성된 것임을 피고인 김○○, 피고인 7도 시인하고 있을 뿐만 아니라, 위 각 금원을 입금하기에 앞서 피고인 김○○이 3. 25. 공소외 22와 사이에 작성한 합의서에 제공할 3억원을 특별당비라고 기재한 것과도 모순되는 점, 피고인 김○○이 위 각 금원을 자신 또는 공소외 15 명의로 친박연대 계좌에 입금하여 이미 금융거래

자료를 확보하였음에도, 친박연대의 자금조달 총책이었던 사람이 그때그때 이자 및 변제기까지 정해서 차용증을 작성하였다는 것은 쉽게 믿기 어려운 점. 피고인 2가 위와 같이 15억원을 입금한 것 이외에 4. 4.자 각 1억원에 대한 차용증 2매의 경우, 피고인 2가 당초 생각한 15억원을 초과한데다가 실무자인 피고인 7이 집에 찾아와서까지 달라고 하였고, 친박연대의 공식 예금계좌에 송금한 것이 아니라 현금이나 수표로 교부하였으므로 그 근거를 명확히 하기 위하여 작성되었을 가능성이 많은 점 등 이 사건 기록에 나타난 여러 정황에 비추어 보면, 피고인 2가 제공한 14억원과 피고인 김○○이 제공한 합계 금 15억 1,000만원에 관한 각각의 차용증은 금품수수 당시 바로 작성된 것으로 보기 어려울 뿐만 아니라 그 기재내용을 그대로 믿기는 어려워 위 금품수수의 법률관계를 진정한 의미의 소비대차라고 인정할 수 없고, 이는 대여의 외형을 갖추기는 하였으나 그 실질은 피고인 2, 양○○, 김○○이 반환받을 의사가 없었거나 또는 반환받을 의사를 일부 가지고 있었다고 하더라도 반환받지 못할 수도 있다는 점을 인식하였으면서도 위 각 금원을 친박연대 계좌로 입금해 준 것으로 봄이 상당하므로, 이는 결국 금품을 무상으로 제공하거나 기부한 경우에 해당된다고 판단된다(대법원 2004. 3. 11. 선고 2003도6650 판결 참조). 가사 이 사건 금품의 성격이 진정한 차용금에 해당한다고 보더라도, 위 금품수수의 경위와 시기, 이자율과 변제기 등의 변제조건, 대여금의 회수가능성, 인적·물적 담보의 확보 여부, 위 피고인들의 지위·관계·신용상태, 차용금의 사용처 등을 종합하여 보면 당시 피고인 서청원이 위와 같은 조건으로 다른 곳에서 금품을 차용하는 것이 사실상 불가능하였을 것으로 보이므로, 결국 위 피고인들은 후보자 추천과 관련하여 유상으로 대여하는 행위를 통해 금융기회라는 재산상의 이익을 불법 수수함으로써 정치자금법 제45조 제2항 제5호, 제32조 제1호 또는 공직선거법 제230조 제6항, 제47조의2 제1항을 위반하였다고 봄이 상당하다.

나) 한편, 위 피고인들은 공소외 26이나 공소외 15는 친박연대의 당원이 아니어서 당비를 납부할 자격이 없고, 현행법상 당원이 아닌 제3자가 당의 공식 수입계좌로 금원을 입금하는 경우 대여금이 아닌 다른 명목으로 금원을 제공할 수 있는 방법은 없으며, 피고인 2, 김○○이 타인 명의로 특별당비를 납부했을 리 없으므로, 이 사건 금품은 대여금으로 볼 수밖에 없다고 주장하나, 공소외 26이나 공소외 15가 당원이 아니어서 현실적으로 그들 명의로 친박연대의 계좌에 입금된 금원을 대여금으로 회계처리 할 수밖에 없다 하더라도, 위 각 금원이 대여금인지 여부는 이를 제공하는 자가 실제 반환받을 의사가 있었는지에 따라 실질적으로 판단되어야 하므로, 위 주장은 이유 없다.

㈐ 후보자 추천과의 관련성 여부

1) 정치자금법 제45조 제2항 제5호는 제32조의 규정에 위반하여 정치자금을 기부하거나 받은 자를 처벌하도록 규정하고 있고, 같은 법 제32조 제1호는 누구든지 공직선거에 있어서 특정인을 후보자로 추천하는 행위와 관련하여 정치자금을 기부하거나 받을 수 없다고 규정하고 있으며, 또한, 공직선거법 제230조 제6항은 제47조의2 제1항을 위반한 자를 처벌하도록 규정하고 있고, 같은 법 제47조의2 제1항은 누구든지 정당이 특정인을 후보자로 추천하는 일과 관련하여 금품이나 그 밖의 재산상의 이익 또는 공사의 직을 제공하거나 그 제공의 의사를 표시하거나 그 제공을 약속하는 행위를 하거나, 그 제공을 받거나 그 제공의 의사표시를 승낙할 수 없다고 규정하고 있는바, 선출직 공직자 선거에 있어서 후보자 추천 단계에서부터 금권의 영향력을 원천적으로 봉쇄함으로써 궁극적으로 공명정대한 선거를 담보하고자 하는 위 규정의 입법 취지에 비추어 볼 때, 여기서 "후보자로 추천하는 행위와 관련하여"란 정치자금의 제공이 후보자 추천의 대가 또는 사례에 해당하거나, 그렇지 않다 하더라도 후보자 추천에 있어서 정치자금의 제공이 어떠한 형태로든 영향을 미칠 수 있는 경우에 해당하여야 할 것이고, 이와 같은 관련성 유무의 판단은 공천 및 정치자금 수수를 전후하여 있은 당사자들의 언행, 정치자금을 주고받은 시기와 장소, 동기와 경위, 그 액수의 다과 및 명목, 후보자를 결정하게 된 경위와 그 결과 등을 종합하여 판단하여야 할 것이며, 정치자금이 적법한 절차에 의하여 제공되었다고 하더라도 그것이 후보자 추천과 관련하여 제공된 이상 위 각 법조항에 저촉되어 처벌대상이 된다 할 것이다.

2) 먼저 피고인 2, 양○○가 제공한 금품에 관하여 보건대, 위에서 살펴본 사실관계 및 여러 사정 외에 앞서 본 증거들에 의하여 인정되는 다음과 같은 사정들, 즉, ① 제18대 국회의원선거를 불과 보름여 앞둔 시점에 급하게 정당의 체제를 다시 갖춘 친박연대로서는 선거비용과 참주인연합 측으로부터 승계한 채무 및 정당의 운영자금 등을 해결하기 위해서 상당한 액수의 자금이 필요하였으나 이를 조달할 마땅한 재원이 없었고, 이에 친박연대의 비례대표 후보자 추천에 관한 사실상의 전권을 위임받은 피고인 서청원이 3. 25. 최고위원회의에서 비례대표 상위 순번은 특별당비를 낼 사람으로 선정하겠다는 방침을 밝힌 점, ② 피고인 2는 2월 내지 3월 초순경 피고인 6으로부터 비례대표 후보자 추천을 제의받았을 때 20억원 상당의 돈이 들 것이라는 이야기를 들었음에도 피고인 6을 통해 자유선진당의 당직자와 접촉하여 비례대표 후보자 추천 가능성을 타진하였다가 거절당한 적이 있고, 다시 피고인 6을 통해 연결된 피고인 5의 소개로

3. 25. 피고인 서○○을 만나 피고인 양○○를 비례대표 후보자로 추천하기로 확답을 받은 점, ③ 피고인 2가 당초 기업은행으로부터 4. 초순경 60억원의 대출을 받기로 예정되었음에도 3. 25. 피고인 서○○을 만나기에 앞서 그날 오전에 기업은행에 연락하여 급하게 주식회사 □□ 앞으로 20억원을 대출해 달라고 신청하여 승인을 받은 점, ④ 그 다음날인 3. 26. 피고인 양○○가 친박연대의 비례대표 후보자 순위 1번으로 공식 추천받아 등록을 마쳤고, 3. 27. 피고인 양○○, 피고인 2가 친박연대 당사로 찾아가 친박연대 예금계좌에 1억원을 송금한 데 이어 3. 28. 기업은행으로부터 대출받은 약 20억원 중에서 14억원을 친박연대의 예금계좌로 송금한 점, ⑤ 피고인 양○○는 3. 27. 친박연대 당사에 찾아가 보니 당직자들이 자신에게 당이 재정적으로 너무 어렵다고 하소연하므로 당을 도와야겠다는 마음으로 1억원을 곧바로 당 계좌로 송금하였다고 진술하고 있으나, 피고인 양○○를 처음 보는 당직자들이 피고인 양○○에게 재정적인 어려움을 노골적으로 호소하였다는 것은 선뜻 믿기 어렵고, 그러한 호소를 듣고는 피고인 양○○의 재산규모에 비추어 적지 않은 금액인 1억원을 즉시 마련하여 당비로 입금하였다는 것 역시 쉽게 납득하기 어려울 뿐만 아니라, 피고인 양○○의 진술과는 달리 피고인 2는 오랫동안 정당활동을 하면서 비례대표 후보자로 선정되는 경우 특별당비를 내는 경우가 있다는 것을 알고 있어 친박연대 당사를 방문하기 전에 특별당비를 낼 의사가 있었고, 1억원을 특별당비로 납부하는데 동의하였다고 진술하고 있는 점, ⑥ 피고인 서○○이 3. 25. 피고인 2와 함께 피고인 양○○를 만날 당시 피고인 양○○에게는 박○○ 전 한나라당 대표의 지지단체인 새시대새물결의 공동대표로 있던 피고인 2를 도와 간사역할을 한 것 외에 눈에 띄는 사회활동 경력이 없었고, 국회의원으로서의 자질과 능력을 겸비하였는지를 검증할 수 있는 구체적인 정보가 부족하였음에도 별다른 확인절차 없이 그 자리에서 피고인 양○○를 비례대표 후보자로 추천하기로 확정하였고, 피고인 양○○ 본인도 그 당시 자신이 비례대표 후보자로 추천되리라고는 전혀 예상하지 못하였다고 진술하고 있어 준비 없이 갑작스럽게 추천을 받았음을 자인하고 있는바, 이와 같은 사정에 비추어 피고인 2, 양○○가 거액의 정치자금을 제공하기로 하는 조건이 없었더라면 피고인 양○○가 친박연대의 비례대표 후보자 순위 1번으로 추천받지는 못하였을 것으로 보이는 점, ⑦ 더구나 오랫동안 사업체를 운영해 오면서 금전거래를 해 본 경험이 많은 피고인 2로서는 당시 재정상태가 극히 어렵고 장래마저 불투명했던 친박연대에 경영에 어려움을 겪고 있는 주식회사 □□ 명의로 금융기관으로부터 대출받은 자금을 사용해 가면서까지 아무런 대가 없이 거액의 자금을 선뜻 제공하지는 않았을 것으로

보이는 점 등을 보태어 종합하여 보면, 피고인 양○○가 3. 26. 친박연대에 특별당비로 납부한 1억원과 피고인 2가 3. 28. 친박연대에 입금한 14억원, 합계 15억원은 피고인 양○○를 비례대표 후보자로 추천한 데 따른 대가 또는 사례에 해당한다고 봄이 상당하다.

3) 다음으로 피고인 김○○이 제공한 금품에 관하여 보건대, 앞에서 살펴본 사실관계 및 여러 사정에 비추어 인정되는 다음과 같은 사정들, 즉, ① 3. 18. 피고인 서○○, 김○○과 홍○○, 이○○, 함○○, 엄○○ 등은 여의도에 있는 '○○○'라는 일식집에서 회동을 갖고, 총선 선거운동이 시작되는 3. 27.을 불과 1주일 앞둔 시점에서 신당을 창당하는 것은 물리적으로 불가능하다는 판단 하에 기성 정당인 미래한국당을 인수하는 방식으로 신당을 결성하여 총선에 임하기로 의견을 모았으며, 선거자금의 조달은 오랫동안 사업을 한 경험이 있는 피고인 김○○에게 맡기는 대신 피고인 김○○이 비례대표 후보자로 추천받는 것에 대하여 의견이 모아진 점, ② 피고인 김○○은 제11대 국회에서 전국구 국회의원으로 활동한 적이 있고, 그 후로도 국회에 다시 들어가기 위하여 여러 차례 시도를 하였으나 공천에서 탈락하거나 낙선하는 등으로 번번이 좌절됨으로써 국회의원직에 대한 강한 미련이 있었던 것으로 보이는 점, ③ 그 당시 친박연대로서는 선거비용과 참주인연합 측으로부터 승계한 채무 및 정당의 운영자금 등을 해결하기 위해서 상당한 액수의 자금이 필요하였으나 이를 조달할 마땅한 재원이 없었으므로, 이에 친박연대의 비례대표 후보자 추천에 관한 사실상의 전권을 위임받은 피고인 서○○이 3. 25. 최고위원회의에서 비례대표 상위 순번은 특별당비를 낼 사람으로 선정할 방침을 밝혔고, 이어 공소외 25가 피고인 서○○과 개별 면담을 하면서 특별당비의 금액 기준에 대하여 묻자, 피고인 서○○이 피고인 김○○은 15억원 내지 20억원을 내기로 하였다고 언급한 점, ④ 오랫동안 사업체를 운영해 온 피고인 김○○이 당시 재정상태가 극히 어렵고 장래마저 불투명했던 친박연대에 경영에 어려움을 겪고 있는 ○○음료로부터 차용한 자금을 사용해 가면서까지 합계 15억 1,000만원이라는 거액의 자금을 제공한 데에는 상당한 이해관계가 있었을 것으로 보이는 점, ⑤ 피고인 김○○이 친박연대의 총괄본부장으로 당의 재정을 책임지고 있으면서도 3. 22. 중앙일보에 게재될 예정이었던 친박연대의 광고가 광고비를 조달하지 못하여 취소될 때에 아무런 재정적 도움을 주지 않았고, 참주인연합 시절의 채무 3억원을 변제해 주지 않음으로써 친박연대의 회계통장 등을 인수받지 못하고 있었음에도 별다른 조치를 취하지 않다가, 피고인 서○○이 3. 25. 오전 최고위원회의에서 비례대표 후보자 중 상위 순위는 특별당비를 낼 사람으로 선정하겠다고 밝히자, 그때서야 피고인

김○○이 그날 오후 참주인연합측의 공소외 22와 합의각서를 작성하고 그 내용에 따라 특별당비 명목으로 1억원을 친박연대의 계좌에 입금한 데 이어 비례대표 등록 마감일인 그 다음날 11억원을 친박연대의 계좌에 입금하고 비례대표 후보자 순위 3번으로 추천받았으며, 그 후 선거운동이 개시된 후 부족한 선거자금을 지원하고자 4. 3. 3억원, 선거 당일인 4. 9. 1,000만원을 추가로 친박연대의 계좌에 입금한 점, ⑥ 피고인 김○○은 3. 25. 비례대표 후보자 신청 접수비 명목으로 친박연대의 계좌에 100만원을 송금하여 출마의사를 표시하였고, 그 이전부터 공소외 35와 공소외 15를 통하여 비례대표 후보자 등록서류를 준비하여 왔으며, 그 당시 친박연대의 당직자들은 물론이고 직원들조차 피고인 김○○이 당에 선거자금을 지원할 것으로 알고 있었기에 피고인 김○○이 비례대표 선순위로 추천받는 것을 당연하게 여기고 있었던 점, ⑦ 그 당시 친박연대에서는 여론조사결과를 토대로 비례대표 후보자의 경우 3명 정도가 당선이 유력한 것으로 전망하였고, 이에 비례대표 후보자명부의 순위의 매 홀수에는 여성을 추천하여야 한다는 관련 규정에도 불구하고 피고인 김○○이 비례대표 후보자 순위 3번으로 추천되었는바, 여성 당직자들의 예상되는 반발 등을 고려할 때 피고인 김○○이 친박연대에 선거자금을 제공한다는 전제조건이 없었더라면 이와 같은 순위 배정은 기대하기 어려웠을 것으로 보이는 점 등을 종합하여 보면, 피고인 김○○이 친박연대에 제공한 합계 15억 1,000만원이 국회의원 비례대표 후보자 추천의 대가 또는 사례에 해당하거나, 비례대표 후보자로 추천함에 있어서 위 금원의 제공이 영향을 미칠 수 있는 경우에 해당한다고 판단된다.

㈑ 피고인 양○○의 공모 여부

앞서 본 사실관계 및 원심 및 당심이 적법하게 채택하여 조사한 증거들에 의하여 인정되는 다음과 같은 사정, 즉 ① 피고인 양○○는 평소 피고인 2를 보좌하여 주식회사 □□의 자금관리 및 회계업무는 물론이고 자신과 가족들 명의로 되어 있는 부동산과 예금계좌 등을 관리해 온 점, ② 피고인 양○○는 1. 30.경부터 피고인 2의 지시에 따라 기업은행의 직원들에게 연락하여 주식회사 □□ 소유의 부동산을 담보로 60억원을 대출받는데 관여해 왔고 최종적으로 주식회사 □□의 2007년도 재무제표가 확정된 후인 4. 초순경 60억원을 대출받기로 협의하였음을 잘 알고 있었던 점, ③ 그런데도 피고인 양○○가 3. 25. 오전 피고인 2로부터 연락을 받고는 곧바로 기업은행의 직원에게 전화하여 20억원의 대출을 급하게 요청하였고, 그날 점심 무렵에 20억원의 대출요청이 승인된 것을 확인하였으며, 그날 밤 피고인 2와 함께 친박연대 당사로 찾아가서 피고인 서○○을 만나 비례대표 후보자 추천을 내락받은 점, ④ 피고인 양○○는 3. 27. 친박연대에 특별당비 1억원을 납부하기 전에 피고인 2와 미리 상의하였던 점, ⑤ 피고인 양○○는 3. 28. 기업은행의 대출금 20억원이 입금되자 주식회사 □□의 직원 공소외 33에게 연락하여 친박연대 계좌로 14억원을 송금하게 한 점, ⑥ 피고인 2와 양○○는 모녀 사이로서 서울 서대문구 연희동의 50m 가량 떨어진 가까운 곳에 거주하면서 수시로 만나고 통화를 하였으며, 특히 3. 25. 이후 피고인 2가 피고인 서○○을 만나러 가는 시점과 20억원의 대출을 신청하고 그 후 그 대출금이 입금된 시점을 전후하여 눈에 띄게 많은 통화를 하였던 점, ⑦ 피고인 양○○는 3. 25. 밤 피고인 서○○을 만나러 갈 당시까지도 무슨 용무로 누구를 만나러 가는 것인지도 몰랐고, 갑작스럽게 친박연대 비례대표 후보자로 추천을 받게 되었으며, 그 후 당원으로서 1억원의 당비를 입금한 것 외에 추가로 친박연대에 금원을 입금한 사실을 전혀 알지 못하였고 관여한 바도 없다고 진술하고 있으나, 피고인 양○○ 스스로 피고인 서○○을 처음 만난 자리에서 "기회를 주시면 열심히 잘 하겠습니다"라고 대답하였다고 진술하고 있을 뿐만 아니라, 위 14억원은 피고인 양○○의 비례대표 국회의원 후보자 추천의 대가 또는 사례로 제공된 것이고, 이를 위해 20억원의 대출금을 신청하고 그 중 14억원을 친박연대 계좌로 송금하는 과정에 관여하였던 피고인 양○○가 정작 위 14억원이 입금된 이유 및 경위에 관하여 아는 바가 전혀 없다는 것은 쉽게 납득하기 어려운 점 등을 종합하여 보면, 피고인 양○○는 친박연대의 비례대표 국회의원 후보자 추천에 대한 대가 또는 사례로서 친박연대 계좌로 자신이 직접 1억원을 송금한 것은 물론이고 공소외 26 명의로 14억원을 입금한 행위에 대하여도 피고인 2와 공모관계가 있었다고 봄이 상당하다.

(마) 피고인 서○○의 책임

앞서 본 사실관계 및 원심 및 당심이 적법하게 채택하여 조사한 증거들에 의하여 인정되는 다음과 같은 사정, 즉, 피고인 서○○은 친박연대의 비례대표 후보자 추천과 관련하여 사실상 전권을 위임받은 후 최고위원회의에서 선거비용 마련을 위하여 비례대표 후보자 중 상위 순위를 특별당비를 낼 사람으로 선정하겠다고 밝혔고, 그에 따라 친박연대에 금품을 제공하는 조건으로 피고인 양○○, 김○○을 비례대표 후보자 순위 1, 3번으로 추천하였으며, 이에 피고인 2, 양○○와 피고인 김○○이 후보자 추천에 대한 대가 또는 사례로서 피고인 서○○의 양해하에 친박연대의 계좌로 금원을 입금하거나 회계책임자인 피고인 7에게 금원을 교부하였고, 피고인 서○○이 피고인 7, 총괄부본부장인 공소외 34, 총괄본부장인 피고인 김○○ 등으로부터 위와 같은 금품이 제공된 사실을 보고받았을 뿐만 아니라, 피고인 서○○이 친박연대의 대표로서 당의 자금관리와 관련하여 최종적인 결정권한을 가지고 있음을 알 수 있는바, 이러한 사정에 비추어 보면 사회통념상 친박연대가 피고인 2, 양○○, 김○○으로부터 금품을 받은 것을 피고인 서○○이 직접 받은 것과 같이 평가할 수 있는 관계가 있다 할 것이어서, 결국 피고인 서○○은 공직선거법 제47조의2 제1항을 위반하여 피고인 2, 양○○로부터 비례대표 후보자 추천과 관련한 금품을 제공받은 자로서, 또한 정치자금법 제32조 제1호를 위반하여 정당의 구성원으로서 비례대표 후보자 추천과 관련하여 정치자금을 기부받은 자로서 그에 따른 형사책임을 부담한다.

(바) 법률의 착오 여부

형법 제16조에서 자기가 행한 행위가 법령에 의하여 죄가 되지 아니한 것으로 오인한 행위는 그 오인에 정당한 이유가 있는 때에 한하여 벌하지 아니한다고 규정하고 있는 것은 일반적으로 범죄가 되는 경우이지만 자기의 특수한 경우에는 법령에 의하여 허용된 행위로서 죄가 되지 아니한다고 그릇 인식하고 그와 같이 그릇 인식함에 정당한 이유가 있는 경우에는 벌하지 아니한다는 취지이고, 이러한 정당한 이유가 있는지 여부는 행위자에게 자기 행위의 위법의 가능성에 대해 심사숙고하거나 조회할 수 있는 계기가 있어 자신의 지적능력을 다하여 이를 회피하기 위한 진지한 노력을 다하였더라면 스스로의 행위에 대하여 위법성을 인식할 수 있는 가능성이 있었음에도 이를 다하지 못한 결과 자기 행위의 위법성을 인식하지 못한 것인지 여부에 따라 판단하여야 할 것이다(대법원 2006. 3. 24. 선고 2005도3717 판결, 대법원 2006. 3. 10. 선고 2005도6316 판결 등 참조).

원심이 채용한 증거들을 기록과 위 법리에 비추어 살펴보면, 그동안 후보자 추천의 대가 또는 사례로서 정치자금을 수수하는 일부 정치권의 행태에 대하여 비판이 제기되어 왔고, 오랜 기간 정치활동에 종사하거나 관심이 있던 피고인 서○○과 김○○도 그러한 문제의 소지를 어느 정도는 인식하고 있었을 것으로 보이므로, 이 사건 후보자 추천과 관련한 금품수수행위의 위법 가능성에 대해 심사숙고하거나 조회할 수 있는 계기가 있어 이를 회피하기 위한 진지한 노력을 다하였더라면 스스로의 행위에 대하여 위법성을 인식할 수 있는 가능성이 있었다고 판단되는바, 피고인 서○○, 김○○이 주장하는 사유만으로는, 이 사건 금품의 수수가 법령에 의하여 허용되는 행위라고 오인하였다고 하더라도 그러한 오인에 정당한 이유가 있다고 볼 수 없다.

(사) 헌법위반 여부

1) 헌법상 정당활동의 자유

헌법상 기본권의 행사가 국가공동체 내에서 타인과의 공동생활을 가능하게 하고 다른 헌법적 가치 및 국가의 법질서를 위태롭게 하지 않는 범위 내에서 이루어져야 한다는 것은 정당활동의 자유를 포함한 모든 기본권 행사의 원칙적인 한계이므로, 피고인들이 주장하는 정당활동의 자유도 결국 그 제한을 정당화할 헌법적 법익이 존재하는 경우에는 헌법 제37조 제2항에 따라 법률에 의하여 제한될 수 있는 상대적 자유라고 하여야 할 것이다.

공직선거에 있어 후보자의 추천과 관련한 금전의 수수행위를 방치할 경우 국민의 대표자를 선출하는 선거과정이 매관매직의 수단으로 전락하게 될 뿐만 아니라, 정치권력과 금력의 결탁이 만연해져서 필연적으로 금력을 가진 소수 기득권자의 정치적 영향력이 증대되어 민주주의의 기초라 할 수 있는 1인 1표의 기회균등원리가 심각하게 훼손될 수 있으므로, 대의제 민주주의의 근간을 이루는 선거제도가 제대로 작동하기 위하여는 후보자의 추천과 관련한 금전의 수수행위를 규제할 필요성이 있는바, 정치자금법 제45조 제2항 제5호, 제32조 제1호 및 공직선거법 제230조 제6항, 제47조의2 제1항은 각기 공직선거에 있어서 후보자 추천 단계에서부터 금권의 영향력을 원천적으로 봉쇄함으로써 궁극적으로는 공명정대한 선거를 만들기 위하여 마련된 것이라는 점에서 그 입법목적의 정당성이 인정되고, 나아가 그 제한은, 참된 의미에서 정치자금의 투명성과 공정성을 확보하거나 선거의 자유와 공정을 보장하기 위한 제도적 장치로서의 의미가 있을 뿐만 아니라 공직선거의 후보자 추천과 관련하여 금품 등을 제공하거나 제공받는 것을 금지하는 것 외에 폐해 방지를 위한 효과적 수단을 상정하기 어렵고, 특히 공직선거에 있어서 '정당이 특정인을 후보자로 추천하는 일과 관련하여'라는 전제 아래 그 제한이 이루어지며, 그 제한은 정당이 선거자금을 포함한 정치자금을 조달하는 방법의 전반에 대한 전면적인 제한이 아니라 후보자 추천과 관련하여 금품 등을 제공하는 경우에만 국한되는 부분적인 제한에 불과하므로, 수단의 상당성 내지 적정성이 인정되며, 국가 전체의 정치·사회적 발전단계와 국민의식의 성숙도, 종래의 선거풍토나 그 밖의 경제적·문화적 모든 여건을 종합하여 보았을 때 위 각 법률조항은 선거의 공정성 확보를 위한 필요·최소한의 조치이자 불가피한 규제라 할 것이고, 이로써 정치활동의 자유가 전혀 무의미해지거나 형해화된다고 단정할 수 없으므로, 위 각 법률조항이 비례의 원칙에 위배되어 헌법상 보장된 정당활동의 자유의 본질적인 내용을 침해하고 있다고 보기는 어렵다 할 것이다.

2) 평등의 원칙

공직선거법 제47조의2 제1항은 그 행위주체에 관하여 아무런 제한도 가하고 있지 아니하여 일반인과 정치인은 물론이고 기존 정당이나 신생 정당에 대해서도 동일하게 적용된다. 위 법률조항을 엄격히 적용할 경우 현실적으로 정당이 정치자금을 조달하는 것이 여의치 않게 되고, 그 결과 자금력이 부족한 신생 정당이 기존 정당에 비하여 더 큰 어려움을 겪을 가능성이 있는 것은 사실이지만, 이는 후보자 추천과 관련하여 금전을 제공받는 행위를 금지하는 결과 생겨나는 사실적이고 반사적인 효과에 불과할 뿐, 이로 인하여 신생 정당을 기존 정당에 비하여 부당하게 차별적으로 취급하는 것이 되어 평등의 원칙에 위배된다고 할 수 없다.

또한, 정당에서 공직선거의 후보자로 추천된 자가 그에 대한 대가 또는 사례로서 정당에 특별당비 등의 명목으로 금품을 제공하는 관행이 있었다고는 단언할 수 없고, 가사 그러한 불법적인 관행이 현실적으로 존재한다고 하더라도 공직선거의 후보자 추천과 관련하여 금품을 제공받는 행위가 엄연히 불법임에도 그동안 다른 정당에서의 유사한 행위를 묵인해 온 점을 들어 이 사건의 경우에도 처벌하여서는 안된다는 논리는 이른바 '불법의 평등'을 주장하는 것으로서, 이는 헌법상에 명시된 평등보호의 대상이 되지 않으므로, 불법의 평등을 내세워 이 사건 후보자 추천과 관련한 금품수수행위를 정당화할 수는 없다 할 것이다.

3) 정치와 법치주의

입헌적 법치주의국가의 기본원칙은 어떠한 국가행위나 국가작용도 헌법과 법률에 근거하여 그 테두리 안에서 합헌적·합법적으로 행하여질 것을 요구하며, 이러한 합헌성과 합법성의 판단은 본질적으로 사법의 권능에 속하는 것이고, 다만 국가행위 중에는 고도의 정치성을 띤 것이 있고, 그러한 고도의 정치행위에 대하여 정치적 책임을 지지 않는 법원이 정치의 합목적성이나 정당성을 도외시한 채 합법성의 심사를 감행함으로써 정책결정이 좌우되는 일은 바람직하지 아니하므로, 고도의 정치성을 띤 국가행위에 대하여는 이른바 통치행위라 하여 법원 스스로 사법심사권의 행사를 억제하여 그 심사대상에서 제외하는 영역이 있으나, 이와 같이 통치행위의 개념을 인정한다고 하더라도 과도한 사법심사의 자제가 기본권을 보장하고 법치주의 이념을 구현하여야 할 법원의 책무를 태만히 하거나 포기하는 것이 되지 않도록 그 인정을 지극히 신중하게 하여야 하며, 그 판단은 오로지 사법부만에 의하여 이루어져야 하는 것이다.

정치자금은 정당의 물적 기반이 된다는 점에서 헌법상 정당활동의 자유를 실질적으로 보장하는 중요한 수단이 되므로, 형사재판에 있어서 정치자금을 조달하는 행위에 대한 사법부의 판단은 정당의 자율성을 부당하게 침해하는 일이 없도록 공정하고 신중하게 이루어질 필요가 있다 할 것이나, 공직선거에 있어서 후보자 추천과 관련하여 정치자금을 수수하는 행위 자체는 고도의 정치성을 띤 국가행위에 해당한다고 볼 수 없고, 헌법상 법치국가의 원리와 법 앞에 평등원칙

등에 비추어 볼 때 사법심사의 대상이 된다고 판단된다.

(2) 피고인 2, 양○○, 피고인 5의 후보자 추천 관련 금품수수의 점에 대한 주장에 대한 판단

(가) 인정사실

원심 및 당심이 적법하게 채택하여 조사한 증거들에 의하면, 다음과 같은 사실이 인정된다.

① 피고인 2는 2008. 2. 초순경 피고인 6을 만나 군사시설보호구역 내에서의 공장 분양사업에 관하여 협의하던 중 그로부터 자유선진당의 비례대표 후보자 추천을 제안받았으나 그 대가로 약 20억원가량이 필요하다는 말을 듣고 위 제안을 거절하였다. 그 후 피고인 2는 2008. 3. 초순경 피고인 6에게 자신의 아들 공소외 27을 자유선진당의 비례대표 후보자 중 당선 가능한 순위로 추천되게 해 달라고 부탁하여 피고인 6이 이를 승낙한 후, 그 무렵 서울 마포구 도화동 (지번 생략) 소재 ○○호텔 지하 중식당에서 피고인 6과 함께 자유선진당의 당직자인 공소외 30 등을 만나 공소외 30에게 공소외 27의 이력서를 제시하면서 비례대표 후보자 추천 여부를 타진하였으나, 그 다음 날 공소외 30으로부터 자유선진당의 비례대표 후보자가 모두 확정 단계에 있어 추천을 받을 수 없다는 통보를 받아 공소외 27의 자유선진당 비례대표 후보자 추천이 무산되었다. 그 이후에도 피고인 2는 비례대표 후보자 추천에 대한 미련을 버리지 못하고 있다가 3. 24. 오전 피고인 6에게 친박연대의 비례대표 후보자 추천을 받을 수 있는지 확인해 달라고 부탁하였고, 피고인 6은 3. 24. 15:00~16:00경 자신이 사무처장으로 있는 정치단체인 녹색회 임시사무실에서, 한나라당 대통령 후보자 경선 과정에서 알게 된 피고인 5가 그 곳을 찾아오자 피고인 5에게 피고인 2의 친박연대 비례대표 후보자 추천을 알선하여 달라고 부탁하였다. 이에 피고인 5는 3. 24. 밤 서울 동작구 (상세주소 생략) 소재 피고인 서○○의 집에 찾아가 피고인 서○○에게 피고인 2가 친박연대 비례대표 후보자로 추천받기를 원한다고 이야기하였다.

② 피고인 2는 2008. 3. 25. 피고인 5의 주선으로 함께 피고인 서○○의 집에 동 피고인을 만나러 갔다가 동 피고인이 출근하고 없어 피고인 2의 차를 함께 타고 서울 영등포구 여의도동 (지번 생략) 소재 ○○빌딩 8층에 있는 친박연대 당사로 피고인 서청원을 만나러 가는 과정에서 피고인 2는 피고인 5에게 "공천신청을 하게 되었으면 딸이 할 것이다"라고 말을 하자 피고인 5가 "따님 정도면 아주 훌륭하고 좋습니다"라고 말하였다. 그 후 피고인 2는 피고인 5와 함께 친박연대 당사로 가서 피고인 서○○을 만났는데, 그 자리에서 피고인 서○○은 피고인

2를 비례대표 후보자로 추천하려고 하였으나, 피고인 2에게 변호사법위반죄 등의 전과가 있는 사실을 알고 피고인 2가 거명한 피고인 양○○를 친박연대의 비례대표 선순위 후보자로 추천하기로 하였고, 같은 날 22:00경 피고인 2가 피고인 양○○와 함께 친박연대 당사로 피고인 서○○을 다시 찾아가 비례대표 후보자 추천 보장을 재차 확인받았다. 이에 따라 피고인 서○○은 2008. 3. 26. 친박연대의 국회의원선거 비례대표 후보자 명부에 피고인 양○○를 추천 순위 1번으로 등재하여 중앙선거관리위원회에 제18대 국회의원선거 비례대표 후보자 등록신청을 하였다.

③ 한편, 피고인 5는 제18대 국회의원선거에서 친박연대의 서울 동작갑구 후보자로 추천받아 출마하게 되었고, 2008. 3. 말경부터 피고인 2에게 자신의 지역구 선거비용을 도와달라고 계속해서 요구하다가, 2008. 4. 1.경 피고인 6의 전화를 받고 "자신을 도와주라는 피고인 서○○의 말에 대하여 그렇게 하겠다고 대답하였던 피고인 2가 도와주지 않으니 자신을 도와주도록 피고인 2에게 말해달라"는 취지로 부탁하였다.

④ 이에 피고인 6이 피고인 2에게 연락하여 피고인 5가 불만이 많은 것 같으니 찾아가 보라고 하자, 피고인 2는 2008. 4. 1. 19:00경 피고인 양○○ 및 공소외 32와 함께 피고인 5의 선거사무실을 방문하여 피고인 5에게 후원회 계좌번호를 물어보면서 후원금을 기부하겠다고 말하였고, 같은 날 21:56경 피고인 양○○의 예금계좌에서 500만원을 피고인 5의 후원회계좌로 이체해 주었다.

⑤ 피고인 5는 2008. 4. 7. 피고인 2에게 다시 전화를 걸어 "기름 살 돈이 없어 자동차가 정지되어 있다. 피고인 서청원이 도와주라고 하였는데 왜 안 도와주느냐"고 하면서 더 노골적으로 돈을 달라고 요구하였고, 이에 피고인 2는 같은 날 16:35경 1,000만원을 마련하여 어머니인 공소외 16과 동생인 공소외 17 명의로 각각 500만원씩 피고인 5의 후원회계좌로 입금한 후 이를 피고인 5에게 알리면서 앞으로는 돈 달라는 이야기를 하지 말라고 하였다.

⑥ 한편, 피고인 2는 2008. 4. 2.경부터 같은 달 7.경까지 친박연대의 비례대표 후보자인 피고인 양○○의 선거운동 차원에서 친박연대 지역구 후보자 중 당선가능성이 있거나 고위 당직을 가진 후보자들인 이○○·홍○○에게 각 1,000만원, 함○○·엄○○·박○근에게 각 500만원, 공소외 20에게 300만원을 위 후보자들의 후원회에 기부하였으나, 그 당시 피고인 5는 당선가능성이 낮았고, 당직자도 아니었으며, 선거기간중 들어온 후원금의 액수는 피고인 2, 양○○로부터 받은 것을 포함하여 총 1,890만원 정도였다.

⑦ 피고인 5는 2008. 4. 9. 치러진 국회의원 선거에서 낙선한 후 피고인 2에게 연락

하여 선거 때 1억원가량의 빚을 졌는데 그것을 갚아달라고 요구하였다가 거절당하였고, 같은 달 12.경 피고인 6에게 전화를 하여 "선거에 출마하였다가 1억원 정도의 빚을 졌다. 피고인 2에게 받아내야 하는데 어떻게 하면 좋겠느냐"고 물었으며, 이에 피고인 6은 피고인 5와 피고인 2에게 번갈아 연락을 하며 7,000만원 선에서 해결을 보도록 양측의 의견을 조율하여 2008. 4. 13. 14:00경 서울 서대문구 홍은동 소재 □□호텔에서 피고인 2와 피고인 5가 만나게 되었고, 그 자리에서 피고인 5가 해명성 기사를 보여주며 광고료 이야기를 꺼냈으나 피고인 2가 확답을 회피한 채 헤어졌다.

㈏ 후보자 추천과의 관련성 여부

1) 위 인정사실에 의하여 알 수 있는 다음과 같은 사정, 즉, ① 피고인 5는 피고인 2가 자신의 딸인 피고인 양○○를 비례대표 후보자로 추천받게 하려 한다는 정을 알면서 친박연대의 비례대표 후보자 선정작업을 하던 피고인 서○○에게 피고인 2를 소개하였고, 그 결과 피고인 양○○가 친박연대 비례대표 후보자 순번 1번으로 추천받게 된 점, ② 그 후 피고인 2가 피고인 5로부터 후보자 추천의 대가 또는 사례로서 금품 제공을 적극적으로 요구받고 피고인 5의 후원회 계좌에 피고인 양○○ 명의로 500만원, 피고인 2의 어머니 공소외 16 명의로 500만원, 동생 공소외 17 명의로 500만원, 합계 1,500만원을 입금하였는데, 이는 피고인 5가 받은 후원금의 상당 부분을 차지하는 점, ③ 피고인 2, 양○○는 선거운동기간 중에 당선가능성이 있거나 고위 당직을 가진 친박연대 후보자 몇 명만을 선별하여 후원금을 기부하였을 뿐 피고인 5와 같이 당선가능성이 낮고 고위 당직자도 아닌 다른 후보자에게는 후원금을 선뜻 기부하지 않은 점, ④ 피고인 5는 선거가 끝난 후에도 피고인 2에게 계속 금품제공을 요구하였던 점 등을 종합하여 보면, 피고인 2, 양○○가 피고인 5의 후원회계좌에 위와 같이 후원금 합계 1,500만원을 입금할 당시에 비례대표 후보자인 피고인 양○○의 선거운동을 위한다는 목적이 일부 있었다고 하더라도, 주된 동기는 비례대표자 후보자 추천 알선의 대가 또는 사례로서 후원금 명목으로 금품을 제공한 것이라고 봄이 상당하다.

2) 정치자금법 제3조 제7호에 의하면 후원회라 함은 이 법의 규정에 의하여 정치자금의 기부를 목적으로 설립·운영되는 단체라고 하고 있으므로, 공직선거후보자가 공천과 관련하여 그의 후원회에 정치자금을 기부하게 하였다 하여도 이를 공직선거 후보자 본인이 기부받은 것으로 볼 수 없는 것이고, 공천과 관련하여 그 후원회가 후원금을 받았다 하여도 공직선거 후보자는 후원회의 구성원이 아니므로, 그가 정치자금법 제45조 제2항 제5호를 위반하였다고 볼 수 없을 것이나,

공천과 관련된 정치자금을 받으면서 형식상 후원회를 통하여 받았을 뿐이라면 이는 직접 정치자금을 받은 것과 달리 볼 이유가 없다.

이 사건의 경우 앞서 본 사실관계에 의하면, 피고인 5가 피고인 2에게 후보자 추천의 대가 또는 사례로서 금품의 제공을 적극적으로 요구하였고, 이에 따라 피고인 2, 양○○가 피고인 5의 사무실을 방문하여 후원회 계좌번호를 물어보면서 후원금을 기부하겠다고 말하였을 뿐만 아니라, 후원금을 송금한 사실을 피고인 5에게 알려 주었음을 알 수 있는바, 이러한 경위에 비추어 볼 때 피고인 5가 비례대표 후보자 추천과 관련한 금품을 형식상 후원회를 통하여 받은 것으로 봄이 상당하다.

(다) 피고인 양○○의 공모 여부

1) 우선, 피고인 양○○ 명의로 기부한 후원금 500만원 부분에 관하여 보건대, 앞서 본 사실관계에 의하여 알 수 있듯이 피고인 양○○가 비례대표 후보자 순위 1번으로 추천받은 후 피고인 5가 피고인 2에게 선거비용 명목으로 계속 금품 제공을 요구하였고, 이에 피고인 2가 피고인 양○○, 공소외 32와 함께 2008. 4. 1. 친박연대 지역구 후보자들 중 첫 방문지로서 피고인 5의 선거사무실에 찾아가 후원회 계좌번호를 확인하면서 후원금을 기부하겠다고 말하고, 그날 피고인 양○○의 계좌에서 피고인 5의 후원회 계좌로 500만원을 송금한 점, 피고인 양○○는 모친인 피고인 2와 가까이 거주하면서 피고인 2가 경영하는 주식회사 □□의 자금관리를 담당하여 왔을 뿐만 아니라, 비례대표 후보자 추천 이후부터 선거운동기간 동안에도 피고인 2와 수시로 통화하고 같이 다니며 피고인 2의 지시에 따르는 등 밀접하게 생활하고 있었던 점 등에 비추어 볼 때, 피고인 양○○는 비례대표 후보자 추천 알선의 대가 또는 사례로서 피고인 5의 후원회계좌로 후원금 500만원을 기부한 부분에 대하여 피고인 2와의 공모관계를 인정할 수 있다.

2) 다음으로, 공소외 16, 17 명의로 기부한 후원금 합계 1,000만원 부분에 관하여 보건대, 앞에서 살펴본 사정들 외에도 원심 및 당심이 적법하게 채택하여 조사한 증거에 의하여 알 수 있는 다음과 같은 사정, 즉, ① 피고인 5가 2008. 4. 1. 피고인 2, 양○○로부터 후원금 명목으로 500만원을 받은 후에도 피고인 2에게 더 노골적으로 돈을 달라고 요구한 점, ② 피고인 양○○는 이전부터 피고인 2를 보좌하면서 주식회사 □□의 자금관리 및 회계업무는 물론이고 자신과 피고인 2의 모 공소외 16, 남편 공소외 26, 아들 공소외 27, 동생 공소외 28 등의 사업장들과 대출금 내역, 소유 토지 내역, 통장계좌 등을 노트에 정리하여 두고 자신과 가족들 명의로 되어 있는 부동산과 예금계좌를 관리해 온 것으로 보이는 점, ③ 피고인 양○○는 2008. 3. 27.경 주식회사 □□ 소유 부동산을 담보로

20억원을 대출받는 과정에도 관여하였고, 그 대출금 중 일부가 공소외 16 명의의 하나은행 계좌에 입금되었으며, 그 후 2008. 4. 3. 위 하나은행 계좌에서 자기앞수표로 1억 8,000만원이 출금되어 바로 공소외 16 명의의 지도농협 계좌로 입금된 후 같은 달 7. 위 지도농협계좌에서 1,000만원이 인출되어 공소외 16과 공소외 17의 명의로 각 500만원씩 피고인 5의 후원회 계좌로 입금된 점, ④ 피고인 2는 원심 법정에서 가족회의를 거쳐 공소외 16과 공소외 17이 위와 같이 후원금 500만원씩을 기부하였다고 진술하였는데, 공소외 16이나 공소외 17 보다 가까이 피고인 2와 생활하고 있던 피고인 양○○도 그와 같은 가족 모임에 참석하였거나 그 내용을 전해 들었을 것으로 보이는 점 등을 보태어 보면, 피고인 2가 비례대표 후보자 추천 알선의 대가 또는 사례로서 피고인 5의 후원회계좌로 공소외 16, 17 명의로 후원금 합계 1,000만원을 기부한 부분에 대하여도 피고인 양○○의 공모관계를 인정할 수 있다.

(3) 피고인 2, 6의 후보자 추천 관련 금품수수의 점에 대한 주장에 대한 판단

(가) 인정사실

원심 및 당심이 적법하게 채택하여 조사한 증거들에 의하면, 피고인 6이 친박연대의 비례대표 후보자 추천에 관심을 보인 피고인 2를 피고인 5에게 적극 소개하여 비례대표 후보자 추천문제로 피고인 서○○과 만날 수 있게 하였고, 그 결과 피고인 양○○가 친박연대 비례대표 후보자 순위 1번으로 추천되었으며, 피고인 6이 2008. 3. 26. 오전경 후보자등록 서류의 작성을 도와준다며 피고인 2 등을 만난 자리에서 피고인 2에게 피고인 양○○가 국회의원으로 당선되면 피고인 6의 친구 딸인 공소외 40을 보좌관으로 채용해 달라는 부탁을 하였다가 별다른 답변을 듣지 못하였고, 그 후 선거운동기간에도 피고인 2와 계속 연락을 주고받은 사실, 피고인 6은 2008. 4. 10.경 피고인 2에게 전화하여 자신의 소개로 피고인 양○○가 비례대표 후보자로 추천받아 당선되었으니 소개비를 달라고 말한 데 이어 같은 달 11. 서울 마포구 소재 ○○호텔에서 피고인 2를 만났을 때에도 "특별당비로 15억원을 낸 것으로 알고 있다. 내가 소개해 주어 피고인 양○○가 당선되었으니 15억원의 20%를 달라"고 요구하였고, 피고인 2는 위와 같은 말을 듣고 미리 준비해 간 500만원을 피고인 6에게 건네주었으며, 그 자리에서 피고인 6이 공소외 40의 채용을 재차 부탁하였으나 피고인 2가 이를 거절한 사실, 피고인 6은 500만원을 받은 후 친박연대의 최고위원인 공소외 41을 만나, 피고인 2로부터 입막음 용도로 500만원을 받았는데 이를 어떻게 돌려주어야 할지 고민이라고 말한 사실을 인정할 수 있다.

(나) 판 단

위와 같은 사실관계에 앞서 든 증거들에 의하여 인정되는 다음과 같은 사정들 즉, ① 피고인 6은 피고인 2를 피고인 5에게 소개할 당시부터 공소외 40의 취업을 포함하여 일정한 대가 또는 사례를 받을 목적이 있었던 것으로 보이는 점, ② 피고인 6이 오로지 피고인 5와 상의하여 언론을 무마하는 용도로 500만원을 받은 것이라면, 피고인 6과 피고인 5의 그 당시의 관계에 비추어 볼 때 피고인 5에게 이를 바로 알려주는 것이 자연스러울 것인데, 2008. 4. 12.경 피고인 5와 통화하면서도 그에 관한 이야기를 하지 않았을 뿐만 아니라, 피고인 6이 그와 같은 용도로 위 돈을 받았다면 이를 피고인 2에게 돌려주기 위하여 고민할 이유가 있었다고 보기도 어려운 점, ③ 피고인 6은 검찰에서 조사를 받으면서 결국은 피고인 5를 연결시켜 주어 피고인 양○○가 친박연대 비례대표 후보자 순위 1번으로 추천된 것에 대한 수고비 형식으로 받은 것이라고 진술한 적이 있는 점 등을 더하여 보면, 피고인 2가 피고인 6에게 제공한 500만원은 피고인 양○○가 비례대표 후보자로 추천된 데에 대한 대가 또는 사례로서 수수된 것이라고 봄이 상당하므로, 피고인 2, 6의 위 주장은 이유 없다.

(4) 피고인 7의 선거운동 관련 금품제공의 점에 대한 주장에 대한 판단

(가) 공직선거법 제135조 제1항은 "선거사무장·선거연락소장·선거사무원 및 회계책임자에 대하여는 수당과 실비를 지급할 수 있다. 다만, 정당의 유급사무직원, 국회의원과 그 보좌관·비서관·비서 또는 지방의회의원이 선거사무장 등을 겸한 때에는 실비만을 보상할 수 있다."고 규정하고 있으나, 공직선거법 제63조 제1항 전문은 "정당·후보자 또는 예비후보자가 선거사무소와 선거연락소를 설치·변경한 때와 정당·후보자·예비후보자·선거사무장 또는 선거연락소장이 선거사무장·선거연락소장이나 선거사무원을 선임하거나 해임한 때에는 지체 없이 관할 선거관리위원회에 서면으로 신고하여야 한다."고 규정하고 있으므로, 공직선거법 제135조 제1항에 의하여 수당과 실비를 지급받을 수 있는 선거사무장·선거연락소장·선거사무원 및 회계책임자는 관할 선거관리위원회에 신고된 선거사무장·선거연락소장·선거사무원 및 회계책임자에 한한다고 할 것이고, 그 외의 자에게 선거운동과 관련하여 수당과 실비 명목으로 금품이나 이익을 제공하는 행위는 비록 그 자가 사실상 선거사무를 담당하였다고 하더라도 공직선거법 제135조 제3항에 위반된다고 할 것이다. 또한, 공직선거법 제135조 제2항은 "제1항의 수당과 실비의 종류와 금액은 중앙선거관리위원회가 정한다."고 규정하고 있고, 중앙선거관리위원회가 제정한 공직선거관리규칙 제59조는 선거사무장·선거연락소장·선거사무원 및 회계책임자가 받을 수 있는 수당과 실비의 액수에 관하여

규정하고 있으므로, 관할 선거관리위원회에 신고된 선거사무장·선거연락소장·선거사무원 및 회계책임자에게도 그 선임신고를 한 날부터 해임신고를 하거나 그 활동이 종료한 날까지의 기간에 대해서만 위 규칙에 정한 수당과 실비를 지급할 수 있고, 그들에게 선거운동과 관련하여 이를 초과하는 금품이나 이익을 제공하는 행위는 공직선거법 제135조 제3항에 위반된다고 할 것이다(대법원 2006. 3. 10. 선고 2005도6316 판결, 2005. 1. 27. 선고 2004도7511 판결, 2005. 2. 18. 선고 2004도6795 판결 등 참조).

(나) 먼저, '친친 사이버팀', 'SCW팀', '친친 전화 홍보단'의 구성원들과 공소외 4, 5, 6, 7에게 금품을 제공한 부분에 대하여 본다.

원심 및 당심이 적법하게 채택하여 조사한 증거들에 의하면, '친친 사이버팀' 10명, 'SCW팀' 4명, '친친 전화 홍보단' 19명, 공소외 4, 5, 6, 7은 모두 관할 선거관리위원회에 신고된 선거사무원이 아닌 사실, 제18대 국회의원선거에서 '친친 사이버팀'은 친박연대의 공동대표인 피고인 서청원의 유세 일정과 유세 장면을 동영상으로 촬영하여 인터넷 카페에 게재하는 업무를, 'SCW팀'은 박○○, 홍○○, 피고인 서○○을 주인공으로 하는 패러디나 홍보 동영상을 만들어 인터넷 카페에 게재하는 업무를, '친친 전화 홍보단'은 전화홍보시스템을 이용하여 전화번호부에 등재된 사람들에게 무작위로 전화를 하여 친박연대와 그 정책을 홍보하는 업무를 각 담당한 사실, 공소외 4와 공소외 5는 친박연대의 조직 확장 업무를, 공소외 6과 공소외 7은 피고인 서○○의 전국 유세를 위한 준비 업무를 각 담당한 사실, 피고인 7은 2008. 3. 26. 중앙선거관리위원회에 제18대 국회의원선거의 친박연대 비례대표 선거사무소 회계책임자로 신고되어 그때부터 친박연대의 선거비용 등 정치자금의 수입 및 지출업무를 담당하면서 피고인 2로부터 현금 1억원을 교부받아 그 중 5,000만원을 친박연대의 정치자금용 수입계좌에 입금하지 아니한 채 2008. 4. 7. 친박연대 당사에서 친박연대가 제18대 국회의원선거와 관련하여 임시 고용한 미신고 선거사무원들에 대한 선거운동의 대가로, '친친 사이버팀' 10명, 'SCW팀' 4명, '친친 전화 홍보단' 19명, 공소외 4에게 각 35만원 내지 120만원씩 합계 1,745만원을 교부하고, 같은 달 8. 공소외 5, 6, 7에게 각 70만원 내지 100만원씩을 지급하여 합계 270만원을 교부한 사실을 인정할 수 있고, 기록상 위 사람들이 친박연대의 유급사무직원이었다거나 그들에게 급여로 위 금품이 지급되었다고 인정할 별다른 자료가 없으므로, 피고인 7의 위와 같은 행위는 공직선거법 제135조 제3항을 위반하여 선거운동과 관련하여 금품을 제공한 것에 해당하므로, 피고인 7의 이 부분 주장은 이유 없다.

(다) 다음으로, 공소외 8, 9, 10에게 금품을 제공한 부분에 대하여 본다.

앞서 든 증거들에 의하면, 공소외 8, 9, 10은 친박연대의 유급사무직원들임과 동시에 관할 선거관리위원회에 신고된 선거사무원인 사실, 피고인 7은 피고인 2로부터 현금으로 1억원을 교부받아 그 중 5,000만원을 친박연대의 정치자금용 수입계좌에 입금하지 아니한 채 2008. 4. 7. 친박연대 당사에서 공소외 8, 9, 10에게 급여가 너무 적어 선거운동과 관련하여 활동비를 지원한다는 명목으로 법정수당과 실비를 초과하여 각 41만원씩을 더 제공한 사실을 인정할 수 있는바, 피고인 7이 공소외 8, 9, 10에게 제공한 위 금원의 성격이 단순한 급여라고 보기는 어렵고, 공직선거법 제135조 제3항을 위반하여 선거운동과 관련하여 금품을 제공한 것에 해당한다고 봄이 상당하므로, 피고인 7의 이 부분 주장 역시 이유 없다.

나. 검사의 각 사실오인 내지 법리오해 주장에 대한 판단

(1) 피고인 서○○, 피고인 2, 양○○의 2008. 4. 4. 1억원 및 그 시경의 1억원 등 합계 2억원의 후보자 추천 관련 금품수수의 점에 대한 주장에 대한 판단

(가) 이 부분 공소사실의 요지

피고인 2, 양○○는 피고인 서○○과의 약속에 따라 앞서 본 바와 같이 3. 27. 1억원, 3. 28. 14억원을 친박연대 정치자금 수입용 예금계좌로 송금한 외에도 같은 해 4. 4. 친박연대 당사에서 회계책임자인 피고인 7에게 피고인 2의 동생인 공소외 28 명의의 예금계좌에서 인출한 1억원 자기앞수표 1장을 교부하고, 그 시경 친박연대 당사에서 피고인 7에게 현금 1억원을 교부하였다.

이로써 피고인 2, 양○○는 공모하여 정당인 친박연대가 피고인 양○○를 국회의원선거 비례대표 후보자로 추천하는 일과 관련하여 친박연대에 합계 2억원을 제공함과 동시에 같은 명목으로 동액의 정치자금을 기부하고, 피고인 서○○은 정당인 친박연대가 피고인 양○○를 국회의원선거 비례대표 후보자로 추천하는 일과 관련하여 친박연대에 공천 헌금으로 동액을 제공받음과 동시에 동액의 정치자금을 기부받았다.

(나) 위 피고인들의 주장의 요지

피고인 2는 피고인 7의 거듭된 요청에 따라 2008. 4. 4.(자기앞수표) 및 4. 7.(현금) 각 1억원씩 합계 2억원을 이자와 함께 2008. 6. 5. 반환받기로 약정하여 친박연대에 대여한 것에 불과하고, 이를 친박연대에 무상으로 제공하거나 기부한 것이 아니며, 피고인 양○○, 서○○은 이 부분에 관하여 전혀 알지 못하였다.

(다) 원심의 판단

피고인 2의 주장에 부합하는 차용증이 존재하고, 그러한 차용증은 돈을 지급한

무렵에 작성된 것으로 보이며, 피고인 2는 위 2억원의 대여원리금을 앞서 본 14억원과 마찬가지로 친박연대가 중앙선거관리위원회로부터 지급받게 될 선거비용 보전금을 양수받아 6. 5. 중앙선거관리위원회로부터 그 돈을 지급받은 사실을 알 수 있는바, 그렇다면 과연 피고인 2가 친박연대에 제공한 2억원이 차용증의 내용과 일치하는 대여금인지, 아니면 외형상으로만 대여일 뿐 실제로는 금품의 무상 제공 또는 기부에 해당하는지 여부를 앞서 본 판단기준에 의하여 살펴보기로 하여, 피고인 2는 3. 31.경 동생인 공소외 28에게 주식회사 □□가 시공하는 건축공사의 공사비에 사용한다는 명목으로 2억원 정도를 빌려달라고 부탁하였고, 공소외 28은 4. 2.경 자신 소유의 파주시 교하면 (이하 생략) 외 4필지를 담보로 하여 신청한 대출금이 입금될 통장을 피고인 2에게 건네준 사실, 피고인 김○○은 4. 2.경 피고인 2에게 자금이 없어 방송광고가 중단될 상황이고 그렇게 되면 비례대표나 지역구 후보자 모두 당선될 수 없으니 5억원 정도를 빌려달라고 부탁한 사실, 피고인 2가 돈이 없다면서 거부하자 피고인 김○○이 3억원 정도라도 빌려달라고 요청하였으나 피고인 2는 이 역시 거절한 사실, 그러자 피고인 7이 같은 날 밤에 피고인 2의 집에까지 찾아가 현금으로 돈을 빌려달라고 부탁한 사실, 피고인 2는 친박연대에 돈을 대여하기로 결정하고 공소외 28로부터 받은 위 통장에 대출금이 입금되자 4. 3. 현금으로 8,000만원을 인출하고, 앞서 본 주식회사 □□ 명의로 대출받은 돈에서 같은 날 현금으로 2,000만원을 더 인출하여 현금 1억원을 준비하기는 하였으나 이를 친박연대에 전달하지는 않은 사실, 피고인 2는 4. 4. 친박연대 관계자로부터 급하게 1억원을 빌려달라는 부탁을 다시 받게 되자, 공소외 28의 통장에서 1억원을 자기앞수표로 인출하여 친박연대에 빌려주고 차용증을 받은 사실, 그 후 4. 6.경 피고인 7로부터 다시 현금으로 1억원을 빌려 달라는 부탁을 받고는 위와 같이 현금으로 인출해 둔 현금 1억원을 4. 7.경 피고인 7에게 전달하고 차용증을 받은 사실, 한편, 친박연대의 회계책임자인 피고인 7은 피고인 2로부터 받은 현금 1억원 중 5,000만원만을 친박연대의 정치자금 수입용 예금계좌에 입금하고, 나머지 5,000만원은 선거비용으로 공식적인 회계처리를 하기 곤란한 용도에 사용할 목적으로, 4. 7. 밤 피고인 2의 집에 다시 찾아가 1억원의 차용증을 5,000만원 차용증으로 교환하여 줄 것을 요청하자, 피고인 2는 사위 등과 상의해 보겠으니 5,000만원 차용증을 두고 가라고 한 사실, 피고인 2는 그 후에도 1억원의 차용증은 물론 5,000만원의 차용증도 피고인 7에게 반환하지 않은 채 그대로 소지하고 있다가, 이 사건에 대하여 검찰 수사가 개시된 후 조사를 받게 되자 5,000만원의 차용증 사본을 1억원의 차용증 사본과 함께 검찰에 제출한 사실, 그 후 검찰 수사과정에서 피고인

7이 피고인 2로부터 받은 현금 1억원 중에서 5,000만원만 정치자금 수입용 예금계좌에 입금한 사실이 드러난 사실을 인정한 후, 여기에 다음과 같은 사정들 즉, 피고인 2는 피고인 양정례의 비례대표 후보자 추천 직후인 3. 27.과 3. 28. 합계 15억원을 친박연대에 제공한 후 1주일 정도 지나서 이 부분 2억원을 지급하여 그 사이에 시간적 간격이 있는 점, 위 15억원 중 14억원은 주식회사 □□ 명의로 받은 대출금에서 지급된 것인 반면, 이 부분 2억원 중 1억 8,000만원은 피고인 2가 공소외 28로부터 빌려서 지급한 것이어서 그 자금출처가 다른 점, 위 15억원은 친박연대의 정치자금 수입용 예금계좌에 송금하는 방법으로 지급되었으나, 이 부분 2억원은 현금과 자기앞수표로 지급하여 그 전달 방법도 다른 점, 피고인 양정례의 비례대표 후보자 추천의 대가로 위 15억원은 물론 이 부분 2억원도 제공하기로 하는 약속이 미리 있었다면, 피고인 2가 피고인 김○○의 부탁을 여러 번 거절하거나, 4. 3. 현금 1억원을 인출하고서도 이를 바로 지급하지 않거나, 특히 총 17억원 중에서 비교적 적은 액수인 5,000만원에 관한 피고인 7의 차용증 교환 부탁을 거절하거나 하지는 않았을 것이라고 보는 것이 더 자연스러운 점, 이 부분 2억원 중 1억원에 관하여는 이자의 이율이 다른 것과는 달리 연 10%로 기재되어 있고, 차용명의인도 일부 다르게 기재되어 있는 점 등을 종합하여 보면, 이 부분 2억원까지도 대여의 외형만 갖추었을 뿐 그 실질은 반환받을 의사 없이 금품을 무상으로 제공하거나 기부한 것이라고 보기는 어렵고, 달리 그렇게 인정할 만한 뚜렷한 증거가 없으므로 이 부분 공소사실은 무죄이다.

㈑ 당심의 판단

1) 이 부분 2억원의 성격

앞에서 판시한 인정사실과 여러 사정에 원심 및 당심이 적법하게 채택하여 조사한 증거들에 의하여 알 수 있는 다음과 같은 사정들, 즉, ① 친박연대에서는 비례대표 후보자 순위 1번으로 추천한 피고인 양○○와 피고인 2로부터 3. 27.과 3. 28. 합계 15억원을 제공받고, 순위 3번으로 추천한 피고인 김○○으로부터 3. 25.과 3. 26. 합계 12억원을 제공받아 선거비용 등에 사용하였으나, 선거운동이 본격화됨에 따라 추가로 5억원 정도의 선거자금이 필요하게 되자 4. 초순경 피고인 7이 피고인 2, 김○○에게 추가적인 자금제공을 요청하였고, 이에 피고인 김○○이 4. 3. 친박연대 계좌로 3억원을 입금하고, 피고인 2가 4. 4. 1억원, 4. 7. 1억원, 합계 2억원을 피고인 7에게 교부한 것으로서, 3월과 4월에 제공된 위 각 금원 사이에 1주일 남짓한 시간적 간격이 있다고 하여 두 금원의 성격을 달리 볼 이유는 없어 보이는 점, ② 피고인 2는 4. 3. 동생인 공소외 28 소유의 파주시 교하면 상지석리 (지번 생략) 외 4필지를 담보로 신청한 대출금

8억원이 공소외 28 명의의 지도농협계좌로 입금되자 가지고 있던 공소외 28 명의의 지도농협통장과 도장을 이용하여 위 통장에서 현금으로 8,000만원을 인출하고, 같은 날 앞서 본 주식회사 □□ 명의로 대출받은 약 20억원 중의 일부가 입금되어 있는 공소외 16 명의의 하나은행계좌에서 2,000만원을 인출하여 현금 1억원을 마련하였다가 이를 4. 7. 피고인 7에게 건네주었고, 그에 앞서 4. 4.경위 공소외 28의 통장에서 1억원을 자기앞수표로 인출하여 피고인 7에게 건네주었는데, 이와 같이 3월과 4월에 제공한 각 자금의 출처나 전달 방법이 다른 이유는 피고인 2가 기업은행으로부터 대출받은 위 약 20억원 중에서 14억원을 친박연대 계좌로 송금해 준 후 곧바로 5억원을 공소외 16 명의의 3개 계좌에 분산 예치한 후 마이너스 대출금을 변제하거나 회사 운영자금으로 사용하고 있었기 때문에 추가 요청받은 금원에 대해서는 다른 자금출처를 찾게 된 것으로 보이고, 또한 피고인 7의 요구에 따라 4월에는 현금이나 자기앞수표로 교부하였던 것으로 보이는 점, ③ 피고인 2가 피고인 6으로부터 비례대표 후보자로 추천받는 비용이 20억원정도 든다는 이야기를 듣고 피고인 6에게 비례대표 후보자리를 알아봐 달라고 했을 때에는 그 정도의 비용은 감안하였던 것으로 보이고, 피고인 서○○이 3. 25. 최고위원회의에서 한 발언 내용이나 공소외 25와 독대한 자리에서 한 발언 내용, 그날 저녁 공소외 25가 20억원을 내겠다는 비례대표 후보 신청자를 물색해 온 점 등에 비추어 보면 그 당시 비례대표 선순위 후보자로 추천받기 위하여 20억원가량을 정당에 제공하는 것이 관행처럼 인식되었을 가능성을 배제할 수 없고, 피고인 2도 피고인 서○○과의 면담을 통해 피고인 양○○를 친박연대의 비례대표 선순위 후보자로 추천하기로 확정짓는 과정에서 상당한 액수의 자금을 제공하는 문제를 논의하였을 것으로 보이며, 실제로 피고인 양○○가 비례대표 후보자 순위 1번으로 등록한 직후 피고인 2측에서 15억원을 친박연대에 제공하였는바, 당시 피고인 2가 비례대표 후보자 추천과 관련하여 제공하기로 한 금액을 15억원으로 한정하였다고 보기는 어렵고, 그 후 선거가 진행됨에 따라 친박연대가 선거자금의 부족으로 어려움에 처한 상황에서 재정적인 기여를 전제로 비례대표 후보자 순위 1번을 배정받은 피고인 2측으로서는 이를 모른 척할 수는 없었을 터이므로, 피고인 2가 4. 2.경 친박연대 당직자들로부터 추가 금원의 제공을 요구받자 바로 다음날 공소외 28의 계좌로 들어온 대출금 중에서 현금을 인출하는 등으로 1억원을 준비해 두었다가 이를 4. 7. 피고인 7에게 교부하고, 이에 앞서 4. 4. 1억원을 수표로 인출하여 피고인 7에게 교부해 준 것으로 보이는 점, ④ 피고인 2가 자신의 딸인 피고인 양○○가 비례대표 후보자 순위 1번으로 추천받지 않았다면 친박연대의 추가적인 자금

지원 요구에 응할 이유가 없는 점 등을 보태어 종합하여 보면, 결국 피고인 2가 친박연대 회계책임자인 피고인 7에게 교부한 2008. 4. 4.자(자기앞수표) 1억원 및 4. 7.경(현금) 1억원, 합계 2억원에 대한 각 차용증의 기재내용을 그대로 믿기 어려워 위 금품수수의 법률관계를 진정한 의미의 소비대차라고 인정할 수 없고, 이는 대여의 외형을 갖추기는 하였으나 그 실질은 위 피고인들이 반환받을 의사가 없었거나 또는 반환받을 의사를 일부 가지고 있었다고 하더라도 반환받지 못할 수도 있다는 점을 인식하였으면서도 피고인 양○○를 국회의원 선거 비례대표 후보자로 추천한 데 따른 대가 또는 사례로서 친박연대에 위 각 금원을 무상으로 제공하거나 기부한 경우에 해당된다고 할 것이다. 가사 이 사건 금품의 성격이 진정한 차용금에 해당한다고 보더라도, 위 금품수수의 경위와 시기, 이자율과 변제기 등의 변제조건, 대여금의 회수가능성, 인적·물적 담보의 확보 여부, 위 피고인들의 지위·관계·신용상태, 차용금의 사용처 등을 종합하여 보면 당시 피고인 서○○이 위와 같은 조건으로 다른 곳에서 금품을 차용하는 것이 사실상 불가능하였을 것으로 보이므로, 결국 위 피고인들은 후보자 추천과 관련하여 유상으로 대여하는 행위를 통해 금융기회라는 재산상의 이익을 불법 수수함으로써 정치자금법 제45조 제2항 제5호, 제32조 제1호 또는 공직선거법 제230조 제6항, 제47조의2 제1항을 위반하였다고 봄이 상당하다.

2) 피고인 양○○의 공모 여부

앞에서 판시한 여러 사정 및 원심 및 당심이 적법하게 채택하여 조사한 증거들에 의하여 인정되는 다음과 같은 사정들, 즉, ① 피고인 2, 양○○는 친박연대가 피고인 양○○를 국회의원 선거 비례대표 후보자로 추천한 것에 대한 대가 또는 사례로서 친박연대에 금품을 제공하기로 공모하여 3. 27. 1억원, 3. 28. 14억원을 친박연대의 계좌로 입금하였는바, 피고인 2가 친박연대에게 위 2억원을 제공한 것도 피고인 2, 양○○의 위와 같은 공모에 따른 금품 제공 행위의 연장선상에서 이루어진 것으로 보이는 점, ② 2008. 4. 2. 피고인 7이 피고인 2의 집에 찾아가 5억원을 더 빌려 달라고 부탁할 당시 피고인 양○○의 남편인 공소외 32도 그 자리에 있었던 점, ③ 피고인 양○○는 평소 피고인 2를 보좌하여 주식회사 □□의 자금관리 및 회계업무는 물론이고 자신과 부 공소외 26, 오빠 공소외 27, 외삼촌 공소외 28 명의의 부동산과 예금계좌 등을 수첩에 기재해 두고 관리해 온 것으로 보이는데, 피고인 양○○의 수첩에 기재된 공소외 28 소유 명의의 부동산을 담보로 신청한 대출금 8억원이 4. 3. 공소외 28 명의의 지도농협계좌에 입금된 후, 피고인 2가 위 지도농협계좌에서 1억 8,000만원을, 피고인 2의 모인 공소외 16 명의의 하나은행 계좌에서 2,000만원을 각 인출하여 친박연대에 2억원을 제공하였으며, 공소외 16 명의의 위 하나은행 계좌는 피고인 양○○의 관여하에 3. 28. 기업은행에서 대출받은 위 약 20억원 중 일부가 입금되어 있던 계좌로 주식회사 □□의 공사대금 결제용 계좌로 사용된 점, ④ 피고인 2와 양○○는 모녀 사이로서 서울 서대문구 연희동의 50m가량 떨어진 가까운 곳에 거주하면서 수시로 만나고 통화를 하면서 밀접하게 생활해 오고 있었던 점 등을 보태어 종합하여 보면, 피고인 2가 피고인 양○○의 국회의원선거 비례대표 후보자 추천과 관련하여 현금 1억원 및 수표 1억원을 친박연대에 제공한 행위에 대하여도 피고인 양○○의 공모관계를 인정함이 상당하다.

3) 피고인 서○○의 책임

앞서 본 사실관계 및 원심 및 당심이 적법하게 채택하여 조사한 증거들에 의하여 인정되는 다음과 같은 사정, 즉, 피고인 서○○은 친박연대의 비례대표 후보자 추천과 관련하여 사실상 전권을 위임받은 후 선거비용 마련을 위하여 비례대표 후보자 중 상위 순위를 15억원 내지 20억원의 특별당비를 낼 사람으로 선정하겠다고 밝혔고, 그에 따라 친박연대에 금품을 제공하는 조건으로 피고인 양○○를 비례대표 후보자 순위 1번으로 추천하였으며, 이에 피고인 2, 양○○가 후보자 추천에 대한 대가 또는 사례로서 친박연대의 계좌로 합계 15억원을 입금한 데 이어 회계책임자인 피고인 7에게 현금과 수표로 합계 2억원을 추가로 교부하여 친박연대의 선거비용 등으로 사용하게 하였고, 피고인 서○○이 피고인 7, 총괄부본부장인 공소외 34, 총괄본부장인 피고인 김○○ 등으로부터 위와 같이 추가로 금품이 제공된 사실을 보고받았을 뿐만 아니라, 피고인 서○○이 친박연대의 대표로서 당의 자금관리와 관련하여 최종적인 결정권한을 가지고 있음을 알 수 있는바, 이러한 사정에 비추어 보면 사회통념상 친박연대가 피고인 2, 양○○로부터 금품을 받은 것을 피고인 서○○이 직접 받은 것과 같이 평가할 수 있는 관계가 있다 할 것이어서, 결국 위 2억원 부분과 관련하여 피고인 서○○은 공직선거법 제47조의2 제1항을 위반하여 피고인 2, 양정례로부터 비례대표 후보자 추천과 관련한 금품을 제공받은 자로서, 또한 정치자금법 제32조 제1호를 위반하여 정당의 구성원으로서 비례대표 후보자 추천과 관련하여 정치자금을 기부받은 자로서 그에 따른 형사책임을 지게 된다 할 것이다.

4) 소결론

따라서 이 부분 공소사실은 유죄로 인정하여야 할 것인바, 이와 달리 이를 무죄로 인정한 원심판결에는 사실을 오인하거나 법리를 오해하여 판결에 영향을 미친 위법이 있으므로, 이를 지적하는 검사의 위 주장은 이유 있다.

⑵ 피고인 2, 5의 2008. 4. 13.자 공직선거법위반의 각 점에 대한 주장에 대한 판단

㈎ 직권판단

이 부분에 관한 검사의 주장에 대하여 판단하기에 앞서 직권으로 보건대, 검사는 당심에 이르러, 이 부분 공소사실을 주위적 공소사실로 유지하면서 피고인 5에 대한 예비적 공소로서 적용법조를 "공직선거법 제230조 제6항, 제47조의2 제2항, 제1항"으로 하고, 예비적 공소사실을 아래 범죄사실의 제5항 기재와 같이 추가하는 내용의 공소장변경신청을 하였고, 당원이 이를 허가함으로써 이 부분에 관한 원심판결은 그 심판의 대상이 변경되었다(아래에서 보는 바와 같이 이 부분에 관한 주위적 공소사실은 무죄이다).

그러나, 검사가 당심에 이르러 예비적 공소사실을 추가하는 내용으로 공소장을 변경하였다고 하더라도, 이 부분 주위적 공소사실에 대한 검사의 항소이유는 여전히 이 법원의 판단 대상이 되므로 이에 관하여 살펴본다.

㈏ 이 부분 검사의 항소이유에 대한 판단

1) 이 부분 주위적 공소사실의 요지

피고인 5는 2008. 4. 12. 피고인 2가 당초 약속한 공천 알선 대가를 전액 지급하지 않자 피고인 6으로 하여금 피고인 2와의 만남을 주선해달라고 요구하여, 2008. 4. 13. 서울 서대문구 홍은동 (지번 생략) 소재 □□호텔 커피숍에서 피고인 6, 2와 만났다. 피고인 5가 그 자리에서 피고인 2에게 공천 알선의 대가로 7,000만원을 제시하자, 피고인 2는 그 돈을 제공하겠다고 의사를 표시하였고, 피고인 5는 이를 승낙하였다. 누구든지 정당이 특정인을 후보자로 추천하는 일과 관련하여 금품제공의 의사를 표시하거나 그 의사표시를 승낙할 수 없음에도 불구하고, 피고인 2는 정당인 친박연대가 피고인 양정례를 국회의원선거 비례대표 후보자로 추천하는 일과 관련하여 공천 알선의 대가로 7,000만원을 제공하겠다는 의사를 표시하고, 피고인 5는 정당인 친박연대가 피고인 양정례를 국회의원선거 비례대표 후보자로 추천하는 일과 관련하여 금품제공의 의사표시를 승낙하였다.

2) 피고인들의 주장

① 피고인 2

피고인 5가 피고인 6을 통하여 피고인 2에게 7,000만원을 요구하였으나, 피고인 2는 이를 거절하였을 뿐 피고인 5에게 비례대표 후보자 추천 알선의 대가로 7,000만원을 제공하겠다는 의사를 표시한 사실이 없다.

② 피고인 5

피고인 5는 후보자 추천 알선의 대가로 7,000만원을 제공하겠다는 피고인 2의

의사표시를 승낙한 사실이 없고, 단지 2008. 4. 13. 피고인 2를 만나 피고인 양○○에 관한 언론대책의 일환으로 언론사와 광고계약을 체결하는 요령에 대하여 설명하였으며, 이를 위하여 광고홍보계약서 양식을 제시하였을 뿐이다.

3) 판 단

증인 공소외 42의 증언 등 원심 및 당심이 적법하게 채택하여 조사한 증거들에 의하면, 피고인 5가 2008. 3. 25. 친박연대의 비례대표 국회의원 후보자 선정작업을 맡고 있던 피고인 서○○에게 피고인 2를 소개해 주어서 피고인 2의 딸인 피고인 양○○가 친박연대의 비례대표 국회의원 후보자 순위 1번으로 추천된 사실, 피고인 5는 제18대 국회의원선거의 서울 동작구갑선거구 후보자로 출마하였다가 낙선한 후 1억원 정도의 채무를 부담하게 되자 그 변제자금을 조달할 생각으로 피고인 2에게 금품의 제공을 요구하였다가 거절당한 사실, 피고인 5는 4. 12. 피고인 6에게 전화를 하여 "선거에 출마하였다가 1억원 정도의 빚을 졌다. 피고인 2에게 받아내야 하는데 어떻게 하면 좋겠느냐"고 물었고, 이에 대하여 피고인 6은 7,000만원 정도를 받아서 해결할 것을 제의하면서 피고인 2와의 오해를 풀 수 있도록 피고인 양○○에 관하여 인터넷에 게재할 해명성 기사를 작성하여 오도록 하여 피고인 5가 이에 동의한 사실, 이에 피고인 6은 피고인 2에게 전화하여 피고인 5가 선거를 치르면서 빚을 많이 졌다고 하는데 7,000만원 정도에서 해결하라고 하자, 피고인 2는 알았다고만 답변하고 2008. 4. 13. 14:00경 서울 마포구 소재 ○○호텔에서 만나기로 약속하였다가 다시 약속장소를 변경하여 같은 날 서울 서대문구 홍은동 소재 □□호텔에서 피고인 2, 5, 6 및 피고인 2의 동생인 공소외 42가 함께 만난 사실, 그 자리에서 피고인 5는 피고인 2에게 미리 작성하여 온 해명성 기사를 보여주었고, 신문에 광고를 주면 언론사들과 친해질 것이라고 하면서 광고계약을 체결할 것을 은근히 요구한 사실, 위 광고서비스계약서는 2007. 4. 15.자로 피고인 2와 (주)○○○ 대표이사 공소외 43(피고인 5의 형) 사이에 광고계약을 체결하는 내용이 기재되어 있는 사실, 피고인 2는 위 광고서비스계약서를 가방에 집어넣고 "오늘이 일요일이라서 … "라고 말한 채 헤어진 사실이 인정된다.

위와 같은 사실관계에 앞서 본 증거들에 의하여 인정되는 다음과 같은 사정들, 즉, ① 비록 피고인 6이 2008. 4. 12.경 피고인 5와 피고인 2의 중간에서 전화연락을 통해 양측 의견을 조율하면서 7,000만원 선에서 해결을 보도록 제안하여 같은 달 13. 피고인 2가 피고인 5를 만나게 되었고, 그 자리에서 피고인 5가 피고인 2에게 광고료 명목으로 금품의 제공을 요구한 것으로 보이지만, 한편 피고인 2가 만일 4. 12. 피고인 6과 통화하면서 후보자 추천 알선의 대가로 7,000만원을 피고인 5에게 제공하겠다는 의사를 확실히 표시하였다면 그 이튿날인 4. 13. 피고인 5를 만나러 나갈 때 7,000만원 또는 그보다 적은 돈이라도 준비하였거나 폰뱅킹이나 인터넷뱅킹 등의 방법으로 그러한 돈을 송금할 수도 있었을 것인데, 피고인 2는 4. 13. 피고인 5를 만난 자리에서 불분명한 태도를 보이며 그 자리를 나왔고, 이에 대하여 피고인 5나 피고인 6도 특별한 언급을 하지 않았던 점, ② 국회의원 선거에 출마한 피고인 5가 선거운동기간 동안 피고인 2에게 여러 차례 금전적인 지원을 요구하였으나 피고인 2가 피고인 5의 후원금 계좌로 1,500만원을 입금해 준 것 외에는 추가 지급을 거절한 점, ③ 그 당시 피고인 2는 국회의원선거 후에 피고인 양○○의 비례대표 당선과 관련하여 언론의 집중적인 관심을 받고 있어 심신이 몹시 지쳐있는 상태인 데다가, 인터넷 언론계에 종사하고 있는 피고인 5가 공천 알선 대가를 받지 못한 데에 따른 불만으로 언론에 나쁜 영향을 주고 있는 것으로 의심하고 있었기에 피고인 6을 통한 피고인 5의 요구사항을 전혀 모른 체할 수만은 없었을 것으로 보이는 점, ④ 피고인 2가 피고인 5를 만난 자리에서도 광고서비스계약서를 받아 두었을 뿐 정식으로 계약서를 작성하지 않았으며, 그 밖에 금품을 지급하기로 하는 어떠한 근거서류도 작성하지 않은 점 등을 보태어 보면, 피고인 2가 4. 12. 피고인 6과 전화통화하면서 피고인 5에게 금원을 지급하는 문제에 대하여 긍정적으로 말한 사실이 있었다고 하더라도, 그러한 사실만으로서는 피고인 2가 비례대표 후보자 추천을 알선한 대가로 피고인 5에게 7,000만원을 제공하겠다는 의사를 확정적으로 표시하였다고 보기는 어렵고, 달리 그렇게 인정할 만한 뚜렷한 증거가 없다. 따라서, 피고인 2가 비례대표 후보자 추천을 알선한 대가로 피고인 5에게 7,000만원을 제공하겠다는 의사를 표시하였음을 전제로 한 이 부분 주위적 공소사실은 범죄의 증명이 없는 경우에 해당하므로, 같은 취지로 판시한 원심판결에 사실을 오인하거나, 법리를 오해함으로써 판결에 영향을 미친 위법이 있다고 할 수 없으므로, 검사의 이 부분 주장은 이유 없다.

㈐ 당심에서 추가된 피고인 5에 대한 예비적 공소사실에 대한 판단

전항에서 인정된 사실관계와 여러 사정에 앞서 든 각 증거에 의하여 알 수 있는 다음과 같은 사정, 즉, ① 피고인 5가 4. 13. 피고인 2에게 제시한 광고서비스계약서에는 계약당사자를 피고인 5의 형인 공소외 43이 대표로 있는 주식회사 ○○○와 피고인 2로 명기하였을 뿐만 아니라, 1년으로 된 계약기간에 맞추어 그 작성일자를 1년 전으로 소급하여 2007. 4. 15.로 기재하는 등으로 7,000만원을 지급받을 수 있는 근거를 남기려고 했던 것으로 보이는 점, ② 같은 날 저녁 피고인 5가 피고인 2의 사위이자 피고인 양○○의 남편인 공소외 32 변호사를 만나

광고계약을 체결하자고 하면서 광고료 명목으로 7,000만원을 요구한 점 등을 보태어 종합하여 보면, 피고인 5는 피고인 양○○가 친박연대의 비례대표 국회의원 후보자로 추천받을 수 있도록 알선한 데 따른 대가로서 피고인 2에게 7,000만원의 제공을 요구하였다고 봄이 상당하다.

검사가 당심에 이르러 이 부분 예비적 공소사실을 추가하는 취지의 공소장변경허가신청을 하였고 이 법원이 이를 허가하였는바, 앞서 본 바와 같이 이 법원이 그 중 예비적으로 추가된 공소사실을 유죄로 인정하는 이상 변경 전의 공소사실을 심판대상으로 삼아 피고인의 무죄를 인정한 원심판결은 더 이상 유지될 수 없게 되었다.

(3) 피고인 김○○의 사문서위조, 위조사문서행사의 점에 대한 주장에 대한 판단

(가) 이 부분 공소사실의 요지

피고인 김○○은 주주 및 이사들 몰래 ○○음료의 중요재산인 ○○음료 소유의 양주시 백석읍 가업리 (지번 생략) 외 17필지 232,704㎡의 공장부지(이하 '○○음료 공장부지'라고 한다)를 매각하는데 사용할 목적으로 권한 없이 ○○음료 이사회의 의사록을 작성하기로 마음먹고, 2007. 7. 일자 불상경 양주시 백석읍 가업리 소재 ○○음료 사무실에서 ○○음료 경리담당 직원인 공소외 44로 하여금 컴퓨터를 이용하여 "2007. 6. 14.경 ○○음료 주식회사 사무실에서 대표이사인 김○○과 이사인 공소외 11, 13, 감사인 공소외 12가 참석한 가운데 ○○음료 주식회사 이사회가 개최되어, 그 회의에서 ○○음료 공장부지 처분에 대하여 승인이 이루어지고 그 처분권한을 대표이사인 김○○에게 위임하는 안건이 가결되었다"는 내용이 기재된 이사회 의사록을 작성한 후, 공소외 11, 12, 13의 각 이름 옆에 동인들의 인장을 각 날인하도록 하고, 그 무렵 위와 같이 작성한 이사회 의사록을 ○○음료에 비치하고, 이어서 2007. 7. 19.경 부천시 소재 삼신상호저축은행에서 ○○음료 공장부지 매매계약을 체결하면서 그 정을 모르는 □□주식회사의 대표이사 공소외 14에게 위와 같이 위조된 이사회 의사록을 교부하였다. 이로써 피고인 김○○은 권리의무에 관한 사문서인 공소외 11, 12, 13 명의의 이사회 의사록을 위조한 후 이를 행사하였다.

(나) 피고인 김○○의 주장

○○음료는 피고인 김○○이 가장납입의 방법으로 설립한 1인 회사이고, 피고인 김○○은 이사회 구성원들로부터 의사록 작성 권한을 포괄적으로 위임받았으며, 누구도 그 작성에 동의하지 않았다거나 자신의 의사에 반하여 작성되었다는 등의 이의를 제기하지 않고 있으므로, 피고인 김○○이 이사회 의사록을 위조, 행사하였다고 볼 수 없다.

㈐ 원심의 판단

이른바 1인 회사에 있어서 1인 주주의 의사는 바로 주주총회나 이사회의 의사와 같은 것이어서 가사 주주총회나 이사회의 결의나 그에 의한 임원변경등기가 불법하게 되었다 하더라도 그것이 1인 주주의 의사에 합치되는 이상 이를 가리켜 의사록을 위조하거나 불실의 등기를 한 것이라고 볼 수 없다(대법원 1992. 9. 14. 선고 92도1564 판결 참조).

○○음료 설립 당시의 주주인 공소외 11, 12, 13, 15, 45, 46, 47이 주금을 납입한 실질주주라는 점에 부합하는 증거로는 검찰에서의 공소외 44(제1회 진술조서), 김○○(제2회 진술조서), 공소외 45(진술조서), 공소외 15(제3회 진술조서)의 각 진술과 공소외 45가 발송한 회계장부열람등사청구 내용증명의 기재가 있으나, 이는 증인 공소외 11, 12, 13, 44, 45, 47, 48, 49의 각 법정 진술과 수사기관에서의 피고인 김○○(제1회 피의자신문조서), 공소외 15(제4회 진술조서)의 각 진술에 비추어 선뜻 믿기 어렵고, 달리 이 점을 인정할 만한 뚜렷한 증거가 없다.

오히려 위에서 든 각 증거들에 의하면, 피고인 김○○은 1997년경 ○○음료를 설립하면서 자신의 가족과 지인들인 공소외 11, 12, 13, 15, 45, 46, 47에게 알리거나 동의를 얻어 그들을 발기인으로 내세우고, 타인으로부터 주금 3억원을 전부 빌려와 납입함으로써 설립 절차를 마친 후 주금을 인출하여 이자와 함께 반환하는 가장납입의 방법으로 주금을 모두 납입하였으므로, ○○음료는 피고인 김○○이 설립한 1인 회사이며, 따라서 1인 주주인 피고인 김○○의 의사에 기하여 이 사건 이사회 의사록이 작성된 이상 이사회 의사록을 위조하였다고 볼 수 없고, 더 나아가 이 사건 이사회 의사록을 회사에 비치하거나 금융기관에 제출하였다고 하여 위조된 이사회 의사록을 행사하였다고 할 수도 없다.

설령 그렇게 보지 않는다고 하더라도, ○○음료의 채무를 변제하기 위하여 피고인 김○○에게 공장부지의 매각 권한을 위임한다는 내용의 이 사건 이사회 의사록의 작성에 관하여는 공소외 11, 12, 13 등의 추정적 승낙이 있었다고 봄이 상당하다.

따라서 이 부분 공소사실은 범죄의 증명이 없는 경우에 해당하여 무죄이다.

㈑ 당심의 판단

1) 기록에 의하면, 원심이 적절하게 지적한 바와 같이 ○○음료는 피고인 김○○을 1인 주주로 하는 1인 회사에 해당하는 것으로 볼 것이다. 다만, 원심은 1인 주주인 피고인 김○○의 의사에 기하여 이사회의사록이 작성된 이상 이사회의사록을 위조하였다고 볼 수 없다고 판시하고 있는바, 1인 회사의 경우에 이사를 모두 1인 주주가 선임하게 되는 만큼 사실상 이사들의 의사가 1인 주주의 의사와 다른 경우는 거의 없을지도 모르나, 엄연히 주주와 회사는 별개이고 이사는 회사의

기관으로서 주주와는 그 권한과 책임을 달리하므로 주주의 의사가 이사회의 의사를 갈음할 수는 없다 할 것이어서, 1인 주주의 의사에 기하여 이사회의사록이 작성되었다는 이유만으로 곧바로 이사회의사록의 위조죄가 성립하지 않는다고 결론짓는 것은 부당하다.

2) 한편, 앞서 든 증거들에 의하면, 이 사건 이사회의사록의 작성명의인인 이사 공소외 13, 감사 공소외 12는 피고인 김○○의 절친한 친구이고, 이사 공소외 11은 피고인 김○○의 처남으로서 그들이 ○○음료의 이사 또는 감사로 취임하기는 하였으나 실제로는 이름만 빌려주었을 뿐 ○○음료의 경영에는 일체 관여하지 않고 피고인 김○○에게 회사운영에 대한 권한을 포괄적으로 위임한 것으로 보인다.

3) 뿐만 아니라, 원심이 적절하게 판시한 바와 같이 ○○음료는 채무초과로 오래전부터 화의절차가 진행 중이었고, 총부채와 총자산의 규모나 영업실적 등에 비추어 갱생이 거의 불가능한 상태였던 사실, ○○음료의 공장부지를 매각하여 채권자들에 대한 채무를 변제하는 방법 외에는 채무를 변제할 수 있는 다른 방안이 마땅히 없었기 때문에, ○○음료의 이사들이나 감사 중에는 공장부지 매각방안을 피고인 김○○에게 제안하기도 하였고, 피고인 김○○이 공장부지 매각방안을 검토하고 있음을 알고 있던 사람들도 있었던 사실, ○○음료의 이사 및 감사로서 이 사건 이사회의사록의 작성명의인인 공소외 11, 12, 13 등은 그들이 이사 및 감사로 취임하기는 하였으나 ○○음료의 경영에는 관여하지 않았고, 만일 피고인 김○○이 ○○음료의 채무를 변제할 목적으로 공장부지를 매각하려고 한다는 점을 알았더라면 이에 대하여 별다른 이의 없이 동의하였을 것이라는 취지로 이 법정에서 증언하고 있는 사실, 공소외 13과 공소외 12는 피고인 김○○의 절친한 친구이고, 공소외 11은 피고인 김○○의 처남인 사실을 인정할 수 있는바, 이러한 사실관계에 비추어 보면, 이 사건 이사회의사록의 작성에 관하여는 공소외 11, 12, 13의 추정적 승낙이 있었다고도 볼 수 있다.

4) 이에 대하여 검사는 공소외 13이 2007. 7. 4.경 ○○음료의 이사직을 사임하는 의사표시를 함으로써 포괄적 위임의사를 철회한 셈이므로 그 이후로는 공소외 13의 명의로 이사회의사록을 작성할 권한이 없음에도, 피고인 김○○이 공소외 13, 명의로 된 이사회의사록을 작성하여 이를 교부한 이상 사문서위조죄 및 위조사문서행사죄가 성립한다고 주장하나, 기록에 의하면, 이 사건 이사회의사록에 기재된 작성일자는 2007. 6. 14.로 되어 있고, 그 작성일자를 기준으로 하면 공소외 13이 이사직을 사임하기 전이므로, 피고인 김○○이 이 사건 이사회의사록을 작성함에 있어서 공소외 13의 위임 또는 승낙을 받았다고 보는데 아무런 지장이 없다 할 것이어서, 검사의 위 주장은 이유 없다.

5) 또한, 검사는 ○○음료의 유일한 재산인 공장부지를 임의로 매각하여 횡령하는 행위까지 이사회의사록을 작성하도록 위임 또는 승낙한 것으로 볼 수 없다고 주장하나, 이 사건 이사회의사록에 기재된 이사회의 결의 내용상으로는 회사채무를 변제하기 위하여 공장부지의 매각권한을 피고인 김○○에게 위임한다는 취지로 되어 있을 뿐만 아니라, 아래에서 보는 바와 같이 피고인 김○○이 공장부지를 매각한 대금 중 상당 부분이 회사 채무를 변제하는 데에 사용된 사실로 미루어 ○○음료의 채무변제가 공장부지의 중요한 매각 동기가 되었던 것으로 보이고, 단지 공장부지를 매각하여 이를 횡령하기 위한 방법으로서 이 사건 이사회의사록을 작성하였다고 보기는 어려운 이상, 피고인 김○○이 이 사건 이사회의사록을 작성하여 교부한 행위가 이사들로부터 위임 또는 승낙받은 범위를 넘어선다고 할 수 없고, 달리 이를 인정할 증거가 없다.

6) 결국, 이 부분 공소사실은 범죄의 증명이 없는 경우에 해당한다 할 것인바, 원심의 해당 판시 내용에는 다소 미비한 점은 있으나 그 결론에 있어서는 당심과 견해를 같이하므로, 검사의 이 부분 주장은 받아들이지 아니한다.

(4) 특정경제범죄가중처벌등에관한법률위반(횡령)의 점에 대한 주장에 대한 판단

(가) 직권판단

이 부분에 관한 검사의 주장에 대하여 판단하기에 앞서 직권으로 보건대, 검사는 당심에 이르러 이 부분 공소사실을 주위적 공소사실로 유지하면서 이에 대한 예비적 공소사실을 아래와 같이 추가하는 내용의 공소장변경허가신청을 하였고, 당원이 이를 허가함으로써 이 부분에 관한 원심판결은 그 심판의 대상이 변경되었다(이 부분 주위적 공소사실과 예비적 공소사실은 모두 ○○음료의 공장부지를 매각하여 그 매각대금을 임의 사용하였음을 전제한 것으로서 서로 밀접한 관계에 있으므로 그 기본적 사실관계가 동일한 것으로 봄이 상당하고, 검사가 원심에서 법원의 거듭된 촉구에도 불구하고 별다른 조치를 취하지 않다가 당심에 이르러서야 위와 같이 공소장변경허가신청을 하는 것이 적절하다고 할 수는 없겠으나, 현행법상 형사항소심의 구조가 오로지 사후심으로서의 성격만을 가지고 있는 것은 아니고 항소심에서도 공소장의 변경이 가능하며, 원심에서 위 매각대금의 사용 내역과 관련하여 어느 정도 심리가 진행된 상태이므로 항소심에서 위와 같이 공소장변경을 허가한다고 하여 피고인 김○○의 방어권 또는 심급의 이익이 침해된다고는 할 수 없다).

그러나, 검사가 당심에 이르러 예비적 공소사실을 추가하는 내용으로 공소장을 변경하였다고 하더라도, 이 부분 주위적 공소사실에 대한 검사의 항소이유는 여전히 이 법원의 판단 대상이 되므로 이에 관하여 살펴본다.

(나) 이 부분 검사의 항소이유에 대한 판단

1) 이 부분 주위적 공소사실의 요지

피고인 김○○은 2007. 5. 28.경부터 ○○음료의 대표이사로 근무하면서 ○○음료 공장부지를 업무상 보관하던 중, 2007. 7. 19. 부천시 소재 삼신상호저축은행에서 □□주식회사의 대표이사 공소외 14와 피해자 ○○음료 소유의 ○○음료 공장부지를 매매대금 216억원으로 정하여 매도하는 계약을 체결하였다. 피고인 김○○은 위와 같이 ○○음료 공장부지 매매계약을 체결하면서 공소외 14에게 피해자 ○○음료 소유의 ○○음료 공장부지 매각대금 216억원을 명의만 ○○음료로 되어 있을 뿐이지 ○○음료와 아무런 관련도 없이 피고인 김○○과 그의 처인 공소외 15가 개인적으로 관리하던 ○○음료 명의의 삼신상호저축은행과 농협 계좌로 각 송금하여 줄 것을 요청하였다. 피고인 김○○은 □□주식회사로부터 ○○음료 공장부지에 대한 매각대금 명목으로 2007. 7. 19.경 40억원, 2007. 8. 13.경 70억원, 2007. 10. 30.경 45억원 등 합계 155억원을 위 삼신상호저축은행의 계좌로 각 송금받고, 2007. 12. 4.경 13억 3천만원, 2007. 12. 6.경 1억 7,000만원, 2008. 1. 14.경 6억원 등 합계 21억원을 위 농협 계좌로 각 송금받아, 공소외 15의 은행적금 가입비용 등 개인적인 용도로 사용하고, 2007. 9. 7. □□주식회사의 요청에 따라 ○○음료 공장부지를 케이비부동산신탁 주식회사 명의로 소유권이전등기를 해 주었다. 이로써 피고인 김○○은 ○○음료 소유의 ○○음료 공장부지를 업무상 보관하던 중 이를 □□주식회사과 임의로 매매계약을 체결한 다음 소유권이전등기를 해 주고 그 대가를 지급받음으로써 이를 횡령하였다.

2) 피고인 김○○의 주장

피고인 김○○은 ○○음료 채권자들에 대한 채무를 변제하기 위하여 공장부지를 매각하였고, 실제로 매각대금을 받아 ○○음료 채권자들에 대한 채무를 변제하였으므로 불법영득의 의사가 있었다고 할 수 없다. 다만, 공장부지를 매각한 사실을 직원 등에게 알리지 않은 것은, ○○음료의 다른 채권자들이 그 매각사실을 알게 되어 공장부지에 가압류 등을 하게 되면 □□주식회사과 사이의 매매계약을 이행하기 어렵게 되고, 그렇게 되면 공장부지 매각을 통한 ○○음료의 채무 변제계획 전체에 차질이 생길 것으로 예상되어 부득이하게 취한 조치에 불과하다.

3) 판 단

원심 및 당심이 적법하게 채택하여 조사한 증거에 의하면, 비록 피고인 김○○이 회사 직원이나 채권자들에게 알리지 않은 채 ○○음료의 유일한 재산인 공장부지를 □□주식회사에 매각한 후 매각대금 176억원을 피고인 김○○ 개인이 별도 관리하는 ○○음료 명의의 계좌로 입금 받은 후 여러 계좌를 거쳐 사용하였고, 매각대금 중 일부는 ○○음료의 채무를 변제하는데 사용하면서도 회계장부상 피고인 김○○이나 처남인 김○호 등의 돈으로 회사 채무를 변제한 것처럼 처리한 사실이 인정된다.

그러나 기록에 의하면, 피고인 김○○과 □□주식회사 사이에 체결된 이 사건 매매계약에서 ○○음료는 공장부지에 설정된 저당권, 압류, 가압류, 가등기 등 소유권의 온전한 이전에 장해가 되는 모든 사유를 잔금을 지급받기 전에 전부 해소한 후 잔금의 지급을 청구하기로 하였고, 구체적으로 계약금과 중도금의 지급 일정에 맞추어 계약금과 제1차 중도금으로는 공소외 11의 가등기와 국세, 지방세, 보험료, 연금 등에 기한 압류를 말소하고, 제2차 중도금으로는 중소기업은행의 저당권을 말소하며, 잔금지급 전에 수질개선부담금과 한국리스에 대한 채무를 변제하기로 약정한 사실, 피고인 김○○은 □□주식회사과 이 사건 매매계약을 체결하고 지급받은 매매대금 176억원 중에서 ○○음료의 금융기관 및 공공기관에 대한 채무 변제로만 7,502,195,757원(중소기업은행 4,614,626,164원, 한국리스여신 680,000,000원, 외환캐피탈 89,000,000원, 서울보증보험 794,954,473원, 수질개선부담금 및 가산금 1,328,615,120원)을 사용하였고, ○○음료의 예금계좌에 7억여 원이 남아 있는 사실, 그 밖에 피고인 김○○이 ○○음료의 채무변제에 사용하였다고 주장하는 다른 여러 항목 중에서도 실제로 ○○음료의 채무를 변제한 것으로 보이는 항목들이 다수 있는 사실을 인정할 수 있는바, 이러한 사실관계에다가, 피고인 김○○의 주장과 같이 공장부지를 매각한 사실을 직원 등에게 알릴 경우 ○○음료의 다른 채권자들이 그 매각사실을 알게 되어 공장부지에 가압류 등을 하게 되면 □□주식회사과 사이의 매매계약을 이행하기 어렵게 되고, 그렇게 되면 공장부지 매각을 통한 ○○음료의 채무 변제계획 전체에 차질이 생길 수 있으므로 부득이하게 직원 등에게 매각사실을 알리지 않고 공장부지를 매각하게 되었으며, 그로 인하여 개인적으로 관리하는 별도의 ○○음료 명의 계좌로 매매대금을 송금받아 이를 가지고 회사의 채무를 정리하는 과정에서 회계장부상으로는 자산인 공장부지의 매각사실을 반영할 수 없어 임시로 가수금 등으로 처리하여 두었을 가능성을 배제할 수는 없다는 점 등을 보태어 보면, 검사가 제출한 증거만으로는 피고인 김○○이 불법영득의 의사로 공장부지를 매각하여 이를 횡령한 것이라고 보기 어렵고, 달리 이를 인정할 증거가 없으므로, 같은 취지의 원심의 판시 내용에는 어떠한 사실오인이나 법리오해의 위법이 없다 할 것이어서, 검사의 이 부분 주장은 이유 없다.

(다) 당심에서 추가된 이 부분 예비적 공소사실에 대한 판단

1) 이 부분 예비적 공소사실의 요지

피고인 김○○은 2007. 5. 28.경부터 ○○음료의 대표이사로 근무하던 중, 2007. 7. 19. 부천시 소재 삼신상호저축은행에서 □□주식회사의 대표이사 공소외 14와 사이에 ○○음료 소유의 ○○음료 공장부지를 매매대금 216억원으로 하여 양도하는 계약을 체결하였다. 피고인 김○○은 위와 같이 ○○음료 공장부지 매매계약을 체결하면서 공소외 14에게, 피해자 ○○음료 소유의 ○○음료 공장부지 매각대금 216억원을 명의만 ○○음료로 되어 있을 뿐이지 ○○음료와 아무런 관련도 없이 피고인 김○○과 피고인 김○○의 처인 공소외 15가 개인적으로 관리하던 ○○음료 명의 삼신상호저축은행 계좌 및 ○○음료 명의 농협 계좌로 각 송금하여 줄 것을 요청하였다. 이에 따라 피고인 김○○은 □□주식회사로부터 ○○음료 공장부지에 대한 매각대금 명목으로, 2007. 7. 19.경 40억원을, 2007. 8. 13.경 70억원을, 2007. 10. 30.경 45억원 등 합계 155억원을 위 삼신상호저축은행 계좌로 각 송금받고, 2007. 12. 4.경 13억 3,000만원을 2007. 12. 6.경 1억 7,000만원을, 2008. 1. 14.경 6억원, 합계 21억원을 위 농협 계좌로 각 송금받았다. 그 과정에서 피고인 김○○은 2007. 9. 7.경 □□주식회사의 요청에 따라 ○○음료 공장부지를 케이비부동산신탁 주식회사 명의로 소유권이전등기를 해 주었다. 위와 같은 삼심상호저축은행 및 농협계좌로 입금된 합계 176억원은 ○○음료의 공장부지 매각대금으로서 ○○음료의 소유이므로 ○○음료에 반환하여야 함에도 불구하고, 피고인 김○○은 위 돈이 자신이 개인적으로 관리하는 계좌에 입금되어 있을 것을 이용하여 이를 임의로 사용하기로 마음먹었다.

피고인 김○○은 2007. 8. 17.경 위 삼신상호저축은행 계좌에서 위 농협 계좌로 23억 9,000만원을 계좌이체하고, 2007. 10. 31.경 역시 위 삼신상호저축은행 계좌에서 위 농협 계좌로 43억 4,800만원을 계좌이체 하였다. 이로써, 피고인 김○○은 위 삼신상호저축은행 계좌에 ○○음료 주식회사 소유의 매각대금 총 87억 6,200만원(애초에 □□주식회사로부터 입금되었던 155억원에서 67억 3,800만원을 위 농협계좌로 이체하여 총 87억 6,200만원)을, 위 농협 계좌에 ○○음료 소유의 매각대금 중 총 88억 3,800만원(애초에 □□주식회사로부터 입금되었던 21억원에 위 삼신상호저축은행 계좌로부터 입금된 67억 3,800만원을 합하여 총 88억 3,800만원)을 입금하여 이를 업무상 보관하게 되었다.

피고인 김○○은 그의 처 공소외 15와 공모하여, 2007. 7. 20.경 위 삼신상호저축은행 계좌에 입금된 ○○음료 공장부지 매각대금에서 ○○음료 김○○ 명의의

신한은행 계좌로 30억원을 계좌이체하고, 같은 달 24.경 위 금원 중 13억원을 김○○ 명의 신한은행 계좌로 계좌이체 한 후 같은 달 27.경 공소외 15 명의의 농협 정기예금 계좌를 개설하고 위 금원 중 3억원을 입금하여 이를 횡령하였다. 피고인 김○○은 그의 처 공소외 15와 공모하여, 2007. 8. 21.경 위 농협 계좌에 입금된 ○○음료 공장부지 매각대금에서 피고인 김○○의 처남인 공소외 11의 농협 계좌로 9억원을 계좌이체하고, 같은 날 다시 위 농협 계좌에서 다시 피고인 김○○의 처 공소외 15 명의의 농협 계좌로 9억원을 계좌이체 한 후, 2007. 8. 28.경 공소외 50의 외환은행 계좌로 7,900만원을, 2007. 8. 31.경 (주)△△△ 명의 기업은행 계좌로 5억 4,900만원을 각 계좌이체하여 임의로 사용하였다. 피고인 김○○은 그의 처 공소외 15와 공모하여, 2007. 10. 30.경 위 삼신상호저축은행 계좌에 입금된 ○○음료 공장부지 매각대금에서 공소외 15 명의로 삼신상호저축은행에 정기예금계좌를 개설하고 총 1억원을 입금하여 임의로 사용하였다.

피고인 김○○은 그의 처 공소외 15와 공모하여 2007. 11. 9.경 위 농협 계좌에 입금된 ○○음료 공장부지 매각대금에서 5억원을 인출하고 (주)△△△ 명의 기업은행 계좌로 위 금 4억 6,500만원을 송금하여 이를 임의로 사용하였다.

피고인 김○○은 그의 처 공소외 15와 공모하여, 2007. 12. 10.경 위 농협 계좌에 입금된 ○○음료 공장부지 매각대금에서 7억원을 인출하고 공소외 50의 외환은행 계좌로 위 7억원을 송금하여 이를 임의로 사용하였다.

피고인 김○○은 그의 처 공소외 15와 공모하여, 2007. 12. 20.경 위 농협 계좌에 입금된 ○○음료 공장부지 매각대금에서 1억 5000만원을 공소외 15 명의 농협 계좌로 계좌이체하고, 같은 날 1,500만원을 인출하여 각 임의로 사용하였다.

피고인 김○○은 그의 처 공소외 15와 공모하여, 2008. 3. 25.경 위 농협 계좌에 입금된 ○○음료 공장부지 매각대금에서 피고인 김○○의 처 공소외 15 명의의 농협 계좌로 7억원을 계좌이체한 후, 2008. 3. 26.경 위 7억원을 인출하여 피고인 김○○의 친박연대당 비례대표 공천의 대가로 친박연대 명의 농협 계좌로 송금하여 임의로 사용하였다.

피고인 김○○은 그의 처 공소외 15와 공모하여, 2008. 4. 3.경 위 농협 계좌에 입금된 ○○음료 공장부지 매각대금에서 피고인 김○○의 처 공소외 15 명의의 농협 계좌로 3억원을 계좌이체한 후, 같은 날 위 3억원을 인출하여 피고인 김○○의 친박연대당 비례대표 공천의 대가로 친박연대 명의 농협 계좌로 송금하여 임의로 사용하였다. 이로써 피고인 김○○은 ○○음료 주식회사 소유의 ○○음료 매각대금 31억 4,300만원(33억 5,800만원의 계산착오로 보인다)을 업무상 보관하던 중 임의로 사용함으로써 이를 횡령하였다.

2) 피고인 김○○의 주장

피고인 김○○과 공소외 15가 개인적인 용도로 ○○음료의 회사자금을 사용한 것이 아니라 가수금반제나 채무변제 또는 자금대여 명목으로 이루어진 자금거래에 불과하므로, 불법영득의 의사가 없었고, 공소외 15의 계좌이체 또는 송금행위에 대하여 피고인이 공모한 사실이 없다.

3) 판 단

가) 1인 회사에 있어서 횡령죄의 법리

이른바 1인 회사에 있어서도 행위의 주체와 그 본인은 분명히 별개의 인격이며 1인 회사의 주주가 회사 자금을 불법영득의 의사로 사용하였다면 횡령죄가 성립한다. 다만, 대표이사가 회사를 위하여 보관하고 있는 회사 소유의 금전으로 회사에 대하여 개인적인 채권을 가지고 있는 자신 또는 제3자의 채권변제에 충당하는 행위는 대표이사의 권한 내에서 한 회사 채무의 이행행위로서 유효하고, 따라서 불법영득의 의사가 인정되지 아니하여 횡령죄의 죄책을 물을 수 없다.

나) 인정사실

원심 및 당심이 적법하게 채택하여 조사한 증거들에 의하면 다음과 같은 사실이 인정된다.

① ○○음료 대표이사인 피고인 김○○은 2007. 7. 19. □□주식회사의 대표이사 공소외 14와 사이에 ○○음료 소유의 ○○음료 공장부지를 매매대금 216억원에 양도하는 계약을 체결하고, □□주식회사로부터 ○○음료 공장부지에 대한 매각대금 명목으로, 2007. 7. 19.경 40억원, 2007. 8. 13.경 70억원, 2007. 10. 30.경 45억원, 합계 155억원을 ○○음료 명의 삼신상호저축은행 계좌로 각 송금받고, 2007. 12. 4.경 13억 3,000만원, 2007. 12. 6.경 1억 7,000만원, 2008. 1. 14.경 6억원, 합계 21억원을 ○○음료 명의 농협 계좌로 각 송금받았다. 그리고 2007. 8. 17.경 위 삼신상호저축은행 계좌에서 위 농협계좌로 23억 9,000만원을 계좌이체하고, 2007. 10. 31.경 위 삼신상호저축은행 계좌에서 위 농협계좌로 43억 4,800만원을 계좌이체 하였다. 그 과정에서 피고인 김○○은 2007. 9. 7.경 □□주식회사의 요청에 따라 ○○음료 공장부지를 케이비부동산신탁 주식회사 명의로 소유권이전등기를 해 주었다.

② 2007. 7. 20.경 위 ○○음료 명의의 삼신상호저축은행 계좌에 입금된 ○○음료 공장부지 매각대금에서 ○○음료 김○○ 명의의 신한은행 계좌로 30억원이

계좌이체되고, 같은 달 24.경 위 금원 중 13억원이 김○○ 명의 신한은행 계좌로 계좌이체 된 후 같은 달 27.경 공소외 15 명의의 농협 알짜배기 예금 계좌로 위 금원 중 3억원이 입금되었다.

③ 2007. 8. 21.경 위 ○○음료 명의의 농협계좌에 입금된 ○○음료 공장부지 매각대금에서 피고인 김○○의 처남인 공소외 11의 농협 계좌로 9억원이 계좌이체 되고, 같은 날 다시 위 공소외 11의 농협계좌에서 피고인 김○○의 처 공소외 15 명의의 농협 계좌로 9억원이 계좌이체 된 후, 2007. 8. 28.경 공소외 50의 외환은행 계좌로 7,900만원, 2007. 8. 31.경 (주)△△△ 명의 기업은행 계좌로 5억 4,900만원이 각 계좌이체 되었다.

④ 2007. 10. 30.경 위 ○○음료 명의의 삼신상호저축은행 계좌에 입금된 ○○음료 공장부지 매각대금에서 공소외 15 명의로 개설된 삼신상호저축은행 정기예금계좌로 총 1억원이 입금되었다.

⑤ 2007. 11. 9.경 위 ○○음료 명의의 농협계좌에 입금된 ○○음료 공장부지 매각대금에서 공소외 15가 5억원을 인출하여 그 중 금 4억 6,500만원을 (주)△△△ 명의 기업은행 계좌로 송금하였다.

⑥ 2007. 12. 10.경 위 ○○음료 명의의 농협계좌에 입금된 ○○음료 공장부지 매각대금에서 공소외 15가 7억원을 인출하여 이를 공소외 50의 외환은행 계좌로 송금하였다.

⑦ 2007. 12. 20.경 위 ○○음료 명의의 농협계좌에 입금된 ○○음료 공장부지 매각대금에서, 1억 5,000만원이 공소외 15 명의 농협 계좌로 계좌이체 되고, 같은 날 공소외 15가 1,500만원을 인출하였다.

⑧ 2008. 3. 25.경 위 ○○음료 농협계좌에 입금된 ○○음료 공장부지 매각대금에서 공소외 15 명의의 농협 계좌로 7억원이 계좌이체 된 후, 2008. 3. 26.경 위 7억원이 인출되어 친박연대 명의 농협 계좌로 송금되었고, 3. 31.경 공소외 15가 7억원을 위 ○○음료 농협계좌에 입금하였다.

⑨ 2008. 4. 3.경 위 ○○음료 명의의 농협계좌에 입금된 ○○음료 공장부지 매각대금에서 공소외 15 명의의 농협 계좌로 3억원이 계좌이체 된 후, 같은 날 위 3억원이 인출되어 친박연대 명의 농협 계좌로 송금되었고, 4. 28.경 공소외 15가 위 ○○음료 농협계좌에 3억원을 입금하였다.

다) 피고인 김○○이 주장하는 사용내역

① ○○음료의 자금관계

○○음료는 1997. 2.경 피고인 김○○이 운영하던 □□음료에서 분리되어 별도의 법인으로 설립되어 □□음료 제2공장을 인수하였고, 2001. 5.경 □□음

료가 부도나기까지는 동일한 사무실을 사용하면서 거래은행과 별도로 어음계약을 체결하지 아니하여 필요한 경우 □□음료 등의 어음을 빌려 ○○음료 명의로 배서하여 사용하여 왔다. 그러나 ○○음료의 주거래처인 ▽▽종합유통이 1997. 9. 9.경 부도나고 이어 IMF 외환위기의 여파로 매출이 급감하면서 적자가 누적되는 등으로 경영이 악화된 나머지 1999. 10. 화의인가를 받았고, 그 후 ○○음료는 매년 적자를 보면서 공소외 15, 11 등으로부터 자금을 차용하여 운영을 계속하여 왔으나 회계장부에 제대로 반영하지 못하였다. ○○음료 공장부지를 매각할 당시 공소외 15는 ○○음료에게 어음을 담보로 대여한 1,782,400,000원, ○○음료 통장으로 송금한 1,098,000,000원, ▽▽건설 약속어음을 담보로 ○○음료에게 대여한 1,000,000,000원, 공소외 15가 회수한 ○○음료 어음금 184,541,354원, 2003년 이후 ○○음료에 송금하였으나 부외부채 등으로 처리되어 장부상 가수금으로 회계정리되지 않은 458,798,004원, 2007. 8. 이후 ○○음료 계좌로 송금한 대여금 595,000,000원, 2007. 7. 16. 기준 ○○음료 회계장부상 가수금으로 처리된 1,544,472,325원, 합계 6,660,139,354원의 채권을 가지고 있었다. ○○음료 공장부지를 매각할 당시 공소외 11은 ○○음료에 대하여 가등기담보채권 560,000,000원, 공소외 11 소유 부동산을 담보로 2004. 5. 4. 백석농협으로부터 대출받은 4억원과 2007. 5. 11. 대출받은 5억원을 각각 ○○음료에 대여해 준 채권, 차용금에 대한 이자 240,000,000원, 합계 1,920,000,000원의 채권을 가지고 있었다.

② 공소외 15 관련 부분

위 2007. 7. 27.자 3억원, 10. 30.자 1억원, 11. 9.자 4억 6,500만원, 12. 10.자 7억원, 12. 20.자 1억 6,500만원은 ○○음료 명의 계좌에서 공소외 15의 계좌로 이체되거나 공소외 15가 이를 인출한 것으로서, 이는 공소외 15가 ○○음료에 대한 대여금채권을 변제받은 것이다.

③ 공소외 11 관련 부분

위 2007. 8. 21.자 9억원은 공소외 11이 ○○음료에 대한 대여금채권을 변제받은 후 이를 다시 공소외 15가 빌려 사용한 것이다.

④ 친박연대 관련 부분

위 2008. 3. 26.자 7억원 및 같은 해 4. 3.자 3억원은 피고인 김○○의 요청에 따라 공소외 15가 수질개선부담금을 지급하기 위하여 ○○음료 계좌에 입금되어 있던 금원을 일시 차용하여 친박연대 계좌로 송금해 준 것으로, 그 후 공소외 15가 ○○음료에게 3. 31. 위 7억원을, 4. 28. 위 3억원을 각 변제하였다.

라) 횡령죄의 성립 여부

① 공소외 15 관련 부분에 대한 판단

피고인 김○○의 변호인들이 제출한 증다4호 내지 44호증의 각 호증을 비롯하여 기록에 나타난 증거들을 종합하여 보면, ○○음료는 회계장부에 반영하지 않은 상당액의 부외부채가 있었던 것으로 보이고, 특히 공소외 15에 대하여는 이자를 제외하고라도 적게는 2,139,472,325원(= 위 2007. 8. 이후 ○○음료 계좌로 송금한 대여금 595,000,000원 + 2007. 7. 16. 기준 ○○음료 회계장부상 가수금으로 처리된 1,544,472,325원)에서 많게는 6,660,139,354원에 달하는 채무를 부담하고 있었던 것으로 보이고, 피고인 김○○이 공장부지의 매각대금이 보관된 ○○음료의 계좌에서 공소외 15에게 위 2007. 7. 27. 3억원, 10. 30. 1억원, 11. 9. 4억 6,500만원, 12. 10. 7억원, 12. 20. 1억 6,500만원을 지급한 것은 위와 같은 ○○음료의 공소외 15에 대한 채무를 변제한 것으로 볼 수 있으므로, 결국 피고인 김○○의 위와 같은 행위에 대하여는 불법영득의 의사가 인정되지 아니하여 횡령죄의 죄책을 물을 수 없다고 봄이 상당하다.

② 공소외 11 관련 부분에 대한 판단

검사는 공소외 15의 위 농협계좌에서 2007. 8. 28.경 공소외 50에게 7,900만원을 계좌이체한 부분과 2007. 8. 31.경 (주)△△△에게 5억 4,900만원을 계좌이체한 부분을 횡령으로 의율하고 있으나, 앞서 본 증거들에 의하면 8. 28. 당시 공소외 15의 위 농협계좌에는 잔고가 16억원 이상 되었으므로, 공소외 15가 공소외 50과 (주)△△△에게 이체한 위 각 금원이 공소외 15가 공소외 11로부터 입금받은 위 9억원의 일부라고 보는 것은 부당할 뿐만 아니라, 앞서 든 증거들에 의하면, 공소외 11 역시 ○○음료에 대하여 상당 금액의 채권을 가지고 있었던 것으로 보이고, 따라서 ○○음료 계좌에서 공소외 11에게 위 9억원을 입금해 준 것은 위와 같은 ○○음료의 공소외 11에 대한 채무를 변제한 것으로 볼 수 있어 불법영득의 의사가 인정되지 아니하고, 일단 공소외 11 계좌에 입금된 위 9억원이 사용된 부분에 대하여는 ○○음료와는 무관하다 할 것이므로, 결국 피고인 김○○에 대하여 횡령죄가 성립하지 않는다 할 것이다.

③ 친박연대 관련 부분에 대한 판단

위 인정사실에 의하면, 비록 ○○음료의 자금에서 위 7억원 및 3억원이 공소외 15 계좌로 이체되었다가 친박연대에게 송금된 것이 회사용도와는 상관없어 보이지만, 한편, 위 각 금원은 모두 ○○음료의 대표이사인 피고인 김○○이 비례대표 후보자로 추천받은 친박연대에 입금되었다가, 위 7억원의 경우 빌려간 지 5일 만인 3. 31. ○○음료에 반환되었고, 위 3억원의 경우 선거운동과 이 사건 수사개시 등으로 경황이 없는 상태에서 빌려간 지 25일 만인 4. 28. ○○음료에 반환되었음을 알 수 있는바, 이러한 사정에 비추어 볼 때 ○○음료 계좌에서 공소외 15 계좌로 이체된 후 사용된 위 7억원 및 3억원과 관련하여 피고인 김○○에게는 불법영득의 의사가 없었다고 봄이 상당하고, 달리 이 점을 인정할 증거가 없다.

4) 소결론

그렇다면, 이 부분 예비적 공소사실은 범죄의 증명이 없는 경우에 해당하므로 형사소송법 제325조 후단에 의하여 무죄를 선고하여야 할 것이나, 원심에서 이 부분 주위적 공소사실에 관하여 무죄를 선고하였고, 이에 대하여 검사가 항소를 제기한 다음 공소사실의 동일성의 범위 내에서 예비적으로 공소사실을 추가하였다 하더라도 원심의 결론과 동일하므로, 달리 주문에서 이 부분 예비적 공소사실에 대하여 무죄를 선고하지 아니하고, 이 부분에 대한 검사의 항소를 기각하기로 한다.

다. 피고인 김○○, 피고인 6, 7의 양형부당 주장 및 이들에 대한 검사의 양형부당 주장에 대한 판단

(1) 피고인 김○○에 대한 판단

피고인 김○○은 제18대 국회의원 선거를 앞두고 급조된 정당인 친박연대에서 재정을 책임지는 총괄본부장으로 있으면서 선거비용을 필요로 하는 친박연대에서 당선권으로 예상되던 비례대표 후보자 순위 3번을 추천받는 대신 이에 대한 대가 또는 사례로서 15억 1,000만원이라는 적지 않은 금액을 친박연대측에 제공한 것으로서, 이로 인하여 종래의 정치자금법은 물론 개정된 공직선거법의 입법취지가 크게 훼손되었고, 정당명부식 비례대표제도의 존립근거를 무력화시켰으며, 공당의 사당화를 초래하였고, 깨끗한 정치를 갈망하는 유권자들, 심지어는 친박연대에게 표를 주었던 국민들에게 심한 배신감과 좌절감을 안겨주고도 자신은 정작 원래 여성의 몫인 비례대표 3번으로 추천받아 국회의원 자리에 오른 뒤 여전히 범행사실을 부인한 채 잘못을 진심으로 반성하는 태도를 보이지 않고 있는 이상 엄중한 처벌이 불가피하다 할 것이다. 다만, 피고인 김○○이 동종전과가 없는 점, 장차 공개될 것이 예정되어 있는 정당의 정치자금 수입용 예금계좌를 통하여 금품을 제공하여 정당의 운영자금과 선거비용으로 사용하게 하였을 뿐 이를 친박연대 핵심당직자 등 개인에게 제공한 것은 아니라는 점 등의 참작할 만한 사정이 있는바, 여기에 피고인 김○○의 연령, 성행, 환경, 전력, 범행 경위, 범행 후의 정황 등 기록에 나타난 여러 양형요소를 종합하여 보면, 원심이 피고인 김○○에

대하여 선고한 형량(징역 1년)은 적정하다고 판단되므로, 피고인 김○○ 및 검사의 각 양형부당 주장은 이유 없다.

(2) 피고인 6에 대한 판단

이 사건은 피고인 6이 피고인 2를 피고인 서청원에게 소개하여 결국 피고인 양○○가 비례대표 후보자로 추천받게 되었고, 그에 대한 대가로 피고인 6이 아는 사람을 보좌관으로 채용해 줄 것과 금품의 제공을 요구하여 피고인 2로부터 500만원을 제공받은 것으로서, 이로 인하여 앞서 본 공직선거법 제47조의2 제1항의 입법취지가 훼손되었으므로 그에 상응하는 책임을 물을 필요가 있다 할 것이나, 피고인 6이 동종 전과가 없는 점, 제공받은 금품의 액수가 적은 점, 비록 일부 범행 내용을 다투고는 있으나 수사 및 재판 과정에서 이 사건 경위에 관하여 비교적 성실하게 진술한 것으로 보이는 점 등을 비롯하여 그 밖에 피고인 6의 연령·성행·환경·건강상태·범행경위·범행 후의 정황 등 기록에 나타난 여러 양형 요소를 종합하여 보면, 원심이 피고인 6에 대하여 선고한 형량(벌금 500만원 및 추징 500만원)은 적정하다고 판단되므로, 피고인 6 및 검사의 각 양형부당 주장은 이유 없다.

(3) 피고인 7에 대한 판단

정당을 통한 민주정치의 발전을 위하여는 정치자금이 투명하고 공정하게 관리되어야 할 필요성이 있고, 공직선거에 있어서 선거관계자에 대한 수당·실비의 지급을 합리적으로 제한하여 금권의 영향력을 배제할 필요성이 있으므로, 정치자금법 제36조 제2항은 회계책임자가 정치자금을 수입하는 경우 선관위에 신고된 예금계좌를 통하도록 하고 있고, 공직선거법 제135조 제3항은 선거운동과 관련한 금품의 제공을 제한하고 있는바, 이 사건은 정당의 회계책임자인 피고인 7이 공식적으로 회계처리하기 어려운 비용을 처리한다는 명목으로 피고인 2에게 현금으로 받은 5,000만원을 정치자금 수입용 예금계좌에 입금하지 않은 채 그 중 일부를 임시 고용된 선거운동원 등에게 제공한 것으로서, 이로 인하여 위 각 법률조항의 입법취지를 훼손하였으므로 그에 상응하는 책임을 물을 필요가 있다 할 것이다. 다만, 피고인 7은 동종전과가 없는 점, 친박연대의 체제가 완비되지 않은 시기에 회계책임자로 선임되어 일선 실무자로서 선거를 치러야 했던 점, 정치자금 수입용 예금계좌에 입금하지 않은 돈을 사적으로 사용한 것이 아니라 친박연대의 선거운동과 관련한 비용으로 사용한 점 등의 참작할 만한 정상이 있으므로, 여기에 피고인 7의 연령·성행·경력·환경·범행경위·범행 후의 정황 등 기록에 나타난 여러 양형 요소를 종합하면 원심이 피고인 7에 대하여 선고한 형량(징역 6월에 집행유예 2년)은 적정하다고 판단되므로, 피고인 7 및 검사의 각 양형부당 주장은 이유 없다.

3. 결 론

그렇다면, 피고인 김○○, 피고인 6, 7의 항소 및 검사의 위 피고인들 및 원심판결의 피고인 2에 대한 무죄부분 가운데 2008. 4. 13.자 공직선거법위반의 점에 대한 항소는 모두 이유 없으므로 형사소송법 제364조 제4항에 의하여 이를 모두 기각하고, 원심판결 중 피고인 5에 대한 무죄부분에 관하여는 위에서 본 직권파기 사유가 있고, 검사의 피고인 서○○, 피고인 2, 양○○에 대한 항소는 각 이유 있으므로, 형사소송법 제364조 제2항, 제6항에 의하여 원심판결 중 피고인 서○○, 양○○, 피고인 5에 대한 전체 부분과 피고인 2에 대한 유죄부분(이유 무죄부분 포함)을 파기하고, 변론을 거쳐 다시 다음과 같이 판결한다.

【범죄사실】

원심판결의 범죄사실 중 제1의 다.항 제4행의 "송금하게 하였다." 부분을 "송금하게 하고, 2008. 4. 4.경 친박연대 당사에서 회계책임자인 피고인 7에게 피고인 2의 동생인 공소외 28 명의의 예금계좌에서 인출한 1억원짜리 자기앞수표 1장을 교부하고, 4. 7.경 친박연대 당사에서 피고인 7에게 현금 1억원을 교부하였다."로, 제10행의 "15억원을" 부분을 "17억원을"로 각각 고치고, 아래와 같이 제5항을 추가하는 이외에는 원심판결의 범죄사실 중 제1의 가. 내지 다.항, 제2항, 제3항의 각 기재와 같으므로 형사소송법 제369조에 의하여 이를 그대로 인용한다.

"5. 피고인 5의 후보자 추천 관련 금품제공요구

피고인 5는 2008. 4. 12. 피고인 2가 당초 약속한 후보자 추천 알선 대가를 전액 지급하지 않자 피고인 6으로 하여금 피의자 피고인 2와의 만남을 주선해 주도록 요구하여 2008. 4. 13. 서울 서대문구 홍은동 (지번 생략)에 있는 □□호텔 커피숍에서 피고인 6, 2와 만났다. 피고인 5는 그 자리에서 피고인 2에게 7,000만원을 요구하였다. 이로써, 피고인 5는 정당인 친박연대가 피고인 양○○를 비례대표 후보자로 추천하는 일과 관련하여 피고인 2에게 후보자 추천 알선 대가로 7,000만원을 제공할 것을 요구하였다."

【증거의 요지】

[판시 제1의 사실]

1. 피고인 서○○, 피고인 2, 양○○, 김○○의 각 일부 법정진술 및 피고인 5, 6, 7의 각 법정진술
1. 증인 홍○○·공소외 38의 각 법정진술
1. 증인 피고인 2, 5, 6·공소외 18, 19, 21, 22, 34, 39, 41, 51, 52, 53, 이○○의 각 원심 법정진술

1. 증인 공소외 29(피고인 2에 한하여)·공소외 20(피고인 서○○, 피고인 2에 한하여)·공소외 25(피고인 서○○, 피고인 2에 한하여)의 각 원심 법정진술
1. 원심 제10회 공판조서 중 증인 공소외 29의 진술기재(피고인 서○○, 양○○, 김○○에 대하여), 제13회 공판조서 중 증인 공소외 20, 25의 각 진술기재(피고인 양○○, 김○○에 대하여)
1. 검사 작성의 피고인 김○○에 대한 각 피의자신문조서
1. 검사 작성의 피고인 7, 공소외 15, 24, 35, 54, 55, 서○○, 김○○에 대한 각 진술조서
1. 검사 작성의 양○○·공소외 28, 32에 대한 각 진술조서(피고인 서○○, 피고인 2, 양○○에 한하여)
1. 수사보고(친박연대 공천심사위원장 함○○ 전 국회의원 통화내용보고, 증거목록 23번), 수사보고(계좌추적결과 확인, 증거목록 52번), 수사보고(2008. 3. 22. 친박연대 중앙일보 광고 기재 취소에 관한 당시 기획사 ♡♡♡ 부사장 공소외 56의 전화 진술 청취보고, 증거목록 402번)
1. [아래의 각 증거들 중 증거목록 32번, 106번, 125번, 194번, 252번, 257번, 288번, 457번, 499번, 501번, 502번은 피고인 서○○, 피고인 2, 양○○에 한하여]
양○○ 후보등록 신청시 제출한 등록신청서 및 첨부 서류 일체(증거목록 32번), 친박연대 명의 농협계좌에 대한 거래내역 및 계좌에 입금된 공소외 26 명의 입금전표(증거목록 43번), 친박연대 비례대표 확정발표 네이버 검색자료(증거목록 55번), 양○○ 노트메모 사본(증거목록 106번), 주식회사 □□의 파주시 월롱면 영태리 토지에 대한 대출거래신청서류 등(증거목록 125번), 주식회사 ◎◎과 체결한 '광고제작 대행계약서'(증거목록 188번), 진술인 제출 공소외 28 명의의 예금통장 사본(증거목록 194번), 김○○ 18대 총선 비례대표 후보등록 서류(증거목록 231번), 각 통화내역 조회 정리(증거목록 246번), 원장 해당 사본(증거목록 252번), 양○○의 수첩사본(증거목록 257번), 대출거래약정서(증거목록 288번), 각 이메일 내용 1통(증거목록 341번), 채권양도통지서(증거목록 457번), 공소외 29, 피고인 2, 양○○ 사이의 통화내역서(증거목록 499번), 2008. 3. 25. 양○○·피고인 2, 공소외 29 3자간 통화내역(20억원 대출요구 시점 통화내역) 1부(증거목록 501번), 2008. 3. 28. 양○○·피고인 2, 공소외 29 3자간 통화내역(20억원 대출실행시점 통화내역) 1부(증거목록 502번)

[판시 제2의 사실]

1. 피고인 5의 일부 법정진술
1. 증인 피고인 2, 6의 각 원심 법정진술
1. 검사 작성의 양○○에 대한 각 진술조서
1. 각 통화내역 조회 정리(증거목록 246번), 후원회 입금자명단 1부(증거목록 282번), 거래내역서 1부(증거목록 349번), CCTV 화면 사진 11장(증거목록 358번)

[판시 第3의 사실]

1. 피고인 6, 2의 각 일부 법정진술
1. 증인 공소외 41, 피고인 2의 각 원심 법정진술
1. 공소외 40 이력서 사본(증거목록 219번), 각 통화내역 조회 정리(증거목록 246번)
1. 진술인이 제출한 현금 500만원이 들어있는 쇼핑백 촬영사진(증거목록 135번)

[판시 第5의 사실]

1. 피고인 2, 5, 6의 각 일부 법정진술
1. 증인 공소외 42의 일부 법정진술
1. 검사 작성의 피고인 6에 대한 피의자신문조서
1. 검사 작성의 피고인 2, 6, 공소외 32에 대한 각 진술조서
1. 광고서비스계약서 사본(증거목록 220번), 각 통화내역조회 정리(증거목록 246번), 피고인 2, 5, 6 사이의 전화통화내역(증거목록 381번)

【법령의 적용】

1. 범죄사실에 대한 해당법조

가. 피고인 서○○ : 각 공직선거법 제230조 제6항, 제47조의2 제1항(정당의 후보자 추천 관련 금품수수의 점), 각 정치자금법 제45조 제2항 제5호, 제32조 제1호(정치자금 부정수수의 점)

나. 피고인 2 : 각 공직선거법 제230조 제6항, 제47조의2 제1항, 형법 제30조(판시 제1, 2항의 정당의 후보자 추천 관련 금품수수의 점), 공직선거법 제230조 제6항, 제47조의2 제1항(판시 제3항의 정당의 후보자 추천 관련 금품수수의 점), 각 정치자금법 제45조 제2항 제5호, 제32조 제1호, 형법 제30조(정치자금 부정수수의 점)

다. 피고인 양○○ : 각 공직선거법 제230조 제6항, 제47조의2 제1항, 형법 제30조(정당의 후보자 추천 관련 금품수수의 점), 각 정치자금법 제45조 제2항 제5호, 제32조 제1호, 형법 제30조(정치자금 부정수수의 점)

라. 피고인 5 : 공직선거법 제230조 제6항, 제47조의2 제1항, 제2항(정당의 후보자 추천 관련 금품수수의 점 및 금품제공요구의 점), 정치자금법 제45조 제2항 제5호, 제32조 제1호(정치자금 부정수수의 점)

1. 상상적 경합

피고인 서○○, 피고인 2, 양○○, 피고인 5 : 각 형법 제40조, 제50조(각 죄질이 더 무거운 공직선거법위반죄에 정한 형으로 처벌)

1. 형의 선택
피고인 서○○, 피고인 2, 양○○, 피고인 5 : 각 징역형 선택
1. 경합범가중
피고인 서○○, 피고인 2, 양○○, 피고인 5 : 각 형법 제37조 전단, 제38조 제1항 제2호, 제50조
1. 미결구금일수의 산입
피고인 2, 5 : 각 형법 제57조
1. 집행유예
피고인 양○○, 피고인 5 : 각 형법 제62조 제1항
1. 추징
피고인 5 : 공직선거법 제236조 단서

【양형 이유】

1. 비례대표제도와 후보자 추천 관련 금품수수행위의 규제 필요성
정당명부식 비례대표제도는 국회의원 의석수 결정에 당 자체에 대한 지지도를 반영하고 군소정당에게 국회진출을 허용함으로써 그 정당이 내세우는 이념과 정책을 국정에 반영할 수 있는 기회를 보장해 주며, 유권자에게는 정당선택의 폭을 넓혀 주기 위하여 공직선거법에 도입된 제도로서, 이는 정당이 공식기구를 통하여 투명하고 민주적인 절차에 의하여 후보자를 추천하는 것을 그 필요조건으로 하고 있다. 만약, 정당의 핵심당직자가 재력가들과 결탁하여 후보자 추천을 좌우할 경우에는 재력을 가진 소수 기득권자의 정치적 영향력이 증대되어 민주주의의 기초라 할 수 있는 1인 1표의 기회균등원리가 심각하게 훼손될 수 있을 뿐만 아니라, 후보자 추천과 관련하여 부당하게 조성된 정치자금을 이용하여 공당을 특정인을 위한 사당으로 전락시키는 결과를 가져 올 수 있는바, 현대 민주주의에서 정당이 갖는 기능과 역할의 중요성을 고려할 때 정당이 비례대표 후보자를 추천하는 일과 관련하여 부정한 금품거래가 이루어지는 것을 막을 필요가 있다.

2. 피고인 서○○, 피고인 2, 양○○
피고인 서○○, 피고인 2, 양○○는 선거를 앞두고 기존 정당을 인수함으로써 많은 선거비용을 필요로 하는 신생 정당의 대표와 부정한 금품을 제공하면서까지 정당의 추천을 받아 비례대표 국회의원으로 당선되고자 하는 정치지망생 쌍방의 이해가 합치되어, 국회의원선거 비례대표 후보자 추천의 대가 또는 사례로 거액의 금품을 수수하였다. 특히, 피고인 서○○은 2004. 8. 13. 정치자금에관한법률위반죄로 징역 1년 6월 집행유예

3년을 선고받아 확정된 전력이 있음에도, 정당의 대표자로서 비례대표 후보자 추천과 관련하여 금품을 제공받아 선거를 치르겠다고 밝히고, 금품을 제공한 피고인 양○○, 김○○을 비례대표 1, 3번으로 추천함과 동시에 자신을 2번으로 배정한 후 피고인 2, 양○○, 김○○ 등이 제공한 금품으로 선거를 치른 결과 함께 당선되었다.

피고인 2는 딸인 피고인 양○○를 친박연대의 비례대표 후보자 순위 1번으로 추천받게 한 대가 또는 사례로 친박연대에 거액의 금품을 제공하였을 뿐만 아니라, 그 이전에도 다른 정당에 금품을 제공하는 조건으로 비례대표 후보자로 추천받으려고 시도한 적이 있으며, 피고인 5, 6에게 후보자 추천 알선의 대가 또는 사례를 제공하기도 하였다.

이러한 위 피고인들의 행위는 주권자인 국민이 공정한 절차에 의하여 국민의 대표자를 선출함으로써 국가체제에 대하여는 민주적 정당성을 부여하고, 국민에게는 그에 대한 신뢰를 갖게 하는 대의민주주의의 기반을 뿌리째 흔드는 것으로서, 그로 인하여 정당공천의 공정성과 정당운영의 투명성을 확보하고자 하는 정치자금법은 물론 개정된 공직선거법의 입법취지가 크게 훼손되었고, 모든 국민들에게 적지 않은 정신적 충격과 불신을 안겨주었다. 그럼에도 불구하고, 위 피고인들은 자신들의 행위에 대하여 뉘우치지 아니한 채 도덕적, 정치적, 법적 책임을 회피하려고만 하는 등 개전의 정을 보이지 않고 있으므로, 그에 상응하는 엄중한 책임을 물을 필요가 있다.

다만, 위 피고인들은 친박연대의 정치자금 수입용 예금계좌를 통하여 금품을 수수하였고, 친박연대가 이를 정당의 운영자금과 선거비용으로 사용하였을 뿐 피고인 서○○이 사적으로 취득한 흔적은 보이지 않으며, 피고인 양○○는 경험이 충분하지 않은 상태에서 어머니인 피고인 2가 주도한 이 사건 범행에 수동적으로 가담하게 된 것으로 보이는 점 등의 참작할 만한 정상이 있다.

이러한 여러 사정과 위 피고인들의 각 연령·성행·건강상태·전력·범행경위·범행 후의 정황 등 기록에 나타나는 여러 양형 요소를 참작하여 주문과 같은 형을 정한다.

3. 피고인 5

피고인 5는 피고인 2를 피고인 서○○에게 소개하여 결국 피고인 양○○를 비례대표 후보자로 추천받게 한 후 이에 관한 대가를 적극적으로 요구하여 피고인 2, 양○○로부터 후원금 명목으로 1,500만원을 제공받은 데 이어 추가로 피고인 2에게 7,000만원을 제공할 것을 요구한 것으로서 선거브로커 양태를 보였고, 이러한 피고인 5의 행위로 인하여 앞서 본 정치자금법과 공직선거법 해당조항의 입법취지가 크게 훼손되었으므로 그에 상응하는 책임을 물을 필요가 있다 할 것이다. 다만, 피고인 5가 동종 전과가 없는 점, 위 1,500만원을 후원회 공식계좌로 받아 선거비용 등으로 사용한 점 등의 사정이 있으며,

그 밖에 피고인 5의 연령·성행·환경·건강상태·범행경위·범행 후의 정황 등 기록에 나타난 여러 양형 요소를 참작하여 주문과 같은 형을 정한다.

【무죄부분】
이 사건 공소사실 중 피고인 5가 2008. 4. 13. 후보자 추천 관련 금품제공약속으로 인한 공직선거법위반의 점에 대한 요지는 위 항소이유에 대한 판단란의 제2의 나.(2)(나)1)항 기재와 같은바, 이는 위 판단란의 제2의 나.(2)(나)3)항 기재와 같이 범죄의 증명이 없는 때에 해당하므로 형사소송법 제325조 후단에 의하여 무죄를 선고할 것이나, 이와 일죄의 관계에 있는 예비적 공소사실인 피고인 5가 2008. 4. 13. 후보자 추천 관련 금품제공요구로 인한 공직선거법위반죄를 유죄로 인정한 이상 주문에서 별도 무죄를 선고하지 아니한다.
이상의 이유로 주문과 같이 판결한다.

[4] 대법원의 판결[94]

【피 고 인】 서○○ 외 6인
【상 고 인】 피고인들 및 검사
【변 호 인】 법무법인 1 외 14인

【원심판결】 서울고법 2008. 11. 12. 선고 2008노2194 판결
【주　　문】
원심판결 중 피고인 7에 대한 부분을 파기하고, 이 부분 사건을 서울고등법원에 환송한다.
피고인 서○○, 피고인 2, 양○○, 김○○, 피고인 5, 6 및 검사의 상고를 모두 기각한다.

【이　　유】
상고이유를 본다.
1. 공직선거법 제230조 제6항, 제47조의2 제1항 규정의 위헌 여부에 관하여
공직선거법 제47조의2 제1항은 "누구든지 정당이 특정인을 후보자로 추천하는 일과 관련하여 금품이나 그 밖의 재산상의 이익 또는 공사의 직을 제공하거나 그 제공의 의사를 표시하거나 그 제공을 약속하는 행위를 하거나, 그 제공을 받거나 그 제공의 의사표시를 승낙할 수 없다."고 규정하고, 같은 법 제230조 제6항은 "제47조의2 제1항 또는 제2항을

---

94) 대법원 2009. 5. 14. 선고 2008도11040 판결 【공직선거법위반·정치자금법위반·특정경제범죄가중처벌등에 관한법률위반(횡령)·사문서위조·위조사문서행사】 】 친박연대 공천헌금 사건〉

위반한 자는 5년 이하의 징역 또는 1천만원 이하의 벌금에 처한다."고 규정하고 있는바, 위 규정의 문언내용과 체계, 공직선거법의 입법 취지가 국민의 자유로운 의사와 민주적인 절차에 의한 공정한 선거의 진행과 선거와 관련한 부정을 방지하여 민주정치의 발전에 기여함을 목적으로 하는 점 등을 종합하여 보면, 공직선거법 제47조의2 제1항에 규정된 '누구든지'라 함은 일정한 신분이나 지위 등에 의하여 제한되는 것이 아닌 공직선거에 후보를 추천하는 정당을 포함한 모든 사람이나 단체를 의미하는 것이 명백하고, '후보자로 추천하는 일과 관련하여'라 함은 금품 또는 재산상 이익의 제공이 후보자 추천의 대가 또는 사례에 해당하거나, 그렇지 않다 하더라도 후보자 추천에 있어서 정치자금의 제공이 어떠한 형태로든 영향을 미칠 수 있는 경우를 의미한다고 할 것이다.
그리고 처벌법규의 입법 목적이나 그 전체적 내용, 구조 등을 살펴보아 사물의 변별능력을 제대로 갖춘 일반인의 이해와 판단으로서 그의 구성요건 요소에 해당하는 행위유형을 정형화하거나 한정할 합리적 해석기준을 찾을 수 있다면 죄형법정주의가 요구하는 형벌법규의 명확성의 원칙에 반하는 것이 아닌바(대법원 2002. 7. 26. 선고 2002도1855 판결), 위에서 본 바와 같이 이 사건 공소사실에 적용될 법규인 위 공직선거법 제230조 제6항, 제47조의2 제1항의 의미·내용이 분명하여 처벌규정으로서의 명확성을 지니는 것이어서 헌법 제12조의 죄형법정주의의 명확성의 원칙에 위배된다고 할 수 없다.
한편, 공직선거에 있어 정당의 후보자 추천과 관련한 금전의 수수행위는 정당으로 하여금 후보자 추천단계에서부터 금권의 영향력 아래 놓이게 하여 정당 내부의 민주적 절차에 따라 구성원들의 자유롭고 합리적인 의사결정에 의한 후보자 추천이 불가능하게 되는 등 후보자 추천의 공정성과 투명성을 훼손하고, 공직선거에서 정당의 후보로 추천될 수 있는 기회가 금권을 가진 특정 기득권자들에게 집중됨으로써 다양한 사회적 계층의 구성원들이 정당의 후보로 추천될 수 있는 기회를 박탈하는 결과를 초래하여 국민의 의사를 대변하는 진정한 대의제 민주주의의 발전을 저해하는 것으로서 이를 엄격히 규제할 필요성이 있다. 공직선거법 제230조 제6항, 제47조의2 제1항은 공직선거에 있어서 후보자 추천 단계에서부터 금권의 영향력을 원천적으로 봉쇄함으로써 궁극적으로는 공명정대한 선거를 만들기 위하여 마련된 것이라는 점에서 그 입법 목적의 정당성이 인정된다. 나아가 그 제한은 공직선거의 자유와 공정을 보장하기 위한 제도적 장치로서의 의미가 있고, 공직선거에 있어서 '정당이 특정인을 후보자로 추천하는 일과 관련하여'라는 전제 아래 그 제한이 이루어지며, 공직선거의 후보자 추천과 관련하여 금품 등을 제공하거나 제공받는 것을 금지하는 것 외에 폐해 방지를 위한 효과적 수단을 상정하기 어렵다. 이러한 점들을 종합하여 볼 때, 정당의 공직선거와 관련하여 금품이나 재산상 이익 등을 수수하는 행위를 처벌한다고 하여 그것이 헌법상 보장된 정당 활동 자유의 본질적인 내용을 침해하여 비례의 원칙에 위배된다고 할 수 없다.

따라서 공직선거법 제230조 제6항, 제47조의2 제1항의 규정이 위헌이라는 피고인 서○○, 피고인 2, 양○○, 김○○의 상고이유 주장은 받아들이지 않는다.

2. 피고인 2, 양○○, 김○○이 친박연대에 제공한 금품의 성격 및 피고인 2, 양○○의 공모 여부에 관하여

증거의 증명력은 논리와 경험칙에 따른 법관의 자유판단에 맡겨져 있고, 형사재판에 있어서 유죄로 인정하기 위한 심증형성의 정도는 합리적인 의심을 할 여지가 없을 정도여야 하나, 합리성이 없는 모든 가능한 의심을 배제할 정도에 이를 것까지 요구하는 것은 아니다(대법원 2006. 5. 25. 선고 2003도3945 판결 등 참조). 그리고 피고인이 공모의 점과 함께 범의를 부인하는 경우에는 이러한 주관적 요소로 되는 사실은 사물의 성질상 범의와 상당한 관련성이 있는 간접사실 또는 정황사실을 증명하는 방법에 의하여 이를 입증할 수밖에 없으며, 이때 무엇이 상당한 관련성이 있는 간접사실에 해당할 것인가는 정상적인 경험칙에 바탕을 두고 치밀한 관찰력이나 분석력에 의하여 사실의 연결상태를 합리적으로 판단하는 방법에 의하여야 한다(대법원 2006. 2. 23. 선고 2005도8645 판결 등 참조).

이러한 법리와 원심이 적법하게 채택하여 조사한 증거에 의하여 원심판결 이유를 살펴보면, 원심이 그 판시와 같은 사실을 인정한 다음, 피고인 2, 양○○가 공모하여 피고인 양○○가 친박연대의 비례대표 국회의원 후보 제1순위로 추천받은 것과 관련하여 합계 17억원을 무상으로 제공함과 동시에 동액의 정치자금을 기부한 것이라고 판단하고, 피고인 김○○이 비례대표 후보 추천과 관련하여 친박연대에 총 15억 1천만원을 무상 제공함과 동시에 동액의 정치자금을 기부한 것이라고 판단하여 피고인 서○○, 피고인 2, 양○○, 김○○의 이 부분 범죄사실을 모두 유죄로 인정한 조치는 정당한 것으로 수긍이 가고, 거기에 피고인 서○○, 피고인 2, 양○○, 김○○의 상고이유 주장과 같은 증거의 증명력에 대한 평가나 공동정범에 관한 법리오해 등의 위법이 없다.

3. 공직선거법상 매수 및 이해유도죄의 주체에 관하여

법인격 없는 사단과 같은 단체는 법인과 마찬가지로 법률에 명문의 규정이 없는 한 그 범죄능력은 없고 그 단체의 업무는 단체를 대표하는 자연인인 기관의 의사결정에 따른 대표행위에 의하여 실현될 수밖에 없는바(대법원 1997. 1. 24. 선고 96도524 판결 등 참조), 공직선거법 제47조의2 제1항에 의하여 정당이 특정인을 후보자로 추천하는 일과 관련하여 금품이나 그 밖의 재산상의 이익을 제공받은 당사자가 정당인 경우에는 자연인인 기관이 그 업무를 수행하는 것이므로, 같은 법 제230조 제6항에서 같은 법 제47조의2 제1항의 규정에 위반한 자라 함은 정당인 경우 업무를 수행하는 정당의 기관인 자연인을 의미한다고

할 것이다.

이와 같은 법리에서 원심이, 친박연대가 피고인 양○○를 비례대표 국회의원 후보로 추천하는 행위와 관련하여 피고인 2, 양○○로부터 합계 17억원을 제공받고, 피고인 김○○을 비례대표 국회의원 후보로 추천하는 행위와 관련하여 15억 1천만원을 제공받은 친박연대의 대표인 피고인 서○○에게 공직선거법의 매수 및 이해유도죄를 인정한 것은 결론에 있어서 정당하고 거기에 공직선거법의 매수 및 이해유도죄에 관한 법리를 오해한 위법은 없다. 이 점을 지적하는 피고인 서청원의 상고이유 주장은 받아들일 수 없다.

4. 법률의 착오에 관하여

형법 제16조에서 자기가 행한 행위가 법령에 의하여 죄가 되지 아니한 것으로 오인한 행위는 그 오인에 정당한 이유가 있는 때에 한하여 벌하지 아니한다고 규정하고 있는바, 여기에서 정당한 이유가 있는지 여부는 행위자에게 자기 행위의 위법의 가능성에 대해 심사숙고하거나 조회할 수 있는 계기가 있어 자신의 지적능력을 다하여 이를 회피하기 위한 진지한 노력을 다하였더라면 스스로의 행위에 대하여 위법성을 인식할 수 있는 가능성이 있었음에도 이를 다하지 못한 결과 자기 행위의 위법성을 인식하지 못한 것인지 여부에 따라 판단하여야 할 것이다(대법원 2006. 3. 24. 선고 2005도3717 판결 등 참조). 원심은 그 판시와 같은 사정을 들어 비례대표 국회의원 후보 추천과 관련하여 금품을 수수할 당시 피고인 서○○, 피고인 2, 양○○, 김○○에게 형법 제16조에서 정한 법률의 착오가 있었다고 볼 수 없다고 판단하였는바, 원심이 인정한 사정들을 앞서 본 법리에 비추어 보면, 원심의 위와 같은 판단은 정당하고, 거기에 피고인 서○○, 피고인 2, 양○○, 김○○의 상고이유 주장과 같은 법률의 착오에 관한 법리를 오해한 위법이 없다.

5. 공직선거법상 매수 및 이해유도죄와 정치자금법상 정치자금부정수수죄 사이의 죄수관계에 관하여

공직선거법 제230조 제6항, 제47조의2 제1항에서 규정하고 있는 매수 및 이해유도죄는 선거와 관련한 부정 방지 및 공정한 선거의 시행을 그 보호법익으로 하는 반면, 정치자금법 제45조 제2항 제5호, 제32조에서 규정하고 있는 정치자금부정수수죄는 정치자금의 투명성을 확보하고 정치자금과 관련한 부정의 방지를 통한 민주정치의 발전을 목적으로 하고 있어 그 보호법익이 같다고 할 수 없고, 매수 및 이해유도죄는 행위의 주체에 제한을 두지 않는 대신 정당이 후보자 추천하는 일과 관련하여 금품이나 그 밖의 재산상 이익뿐만 아니라 공사의 직을 제공하는 등의 행위를 구성요건으로 하는 반면, 정치자금

부정수수죄는 공직선거 후보자 추천의 주체가 누구든 상관없이 이와 관련하여 정치자금을 기부하거나 받는 행위를 구성요건으로 하고 있어 그 구성요건의 내용도 어느 한쪽이 다른 한쪽을 전부 포함한다고 할 수 없으므로 위 두 죄는 보호법익 및 구성요건의 내용이 서로 다른 별개의 범죄로서 상상적 경합의 관계에 있다고 할 것이다.

같은 취지의 원심의 판단은 정당하고 거기에 상고이유에서 주장하는 바와 같은 양 죄의 죄수관계에 관한 법리오해 등의 위법이 없다.

6. 공직선거법상 선거사무원 등에 대한 수당과 실비에 관하여

공직선거법 제135조 제1항은 "선거사무장·선거연락소장·선거사무원 및 회계책임자에 대하여는 수당과 실비를 지급할 수 있다."고 규정하고, 같은 법 제135조 제3항은 "이 법의 규정에 의하여 수당·실비 기타 이익을 제공하는 경우를 제외하고는 수당·실비 기타 자원봉사에 대한 보상 등 명목 여하를 불문하고 누구든지 선거운동과 관련하여 금품 기타 이익의 제공 또는 그 제공의 의사를 표시하거나 그 제공의 약속·지시·권유·알선·요구 또는 수령할 수 없다."라고 규정하고 있으며, 같은 법 제63조 제1항은 "정당·후보자·예비후보자·선거사무장 또는 선거연락소장이 선거사무장·선거연락소장이나 선거사무원을 선임하거나 해임한 때에는 지체 없이 선거관리위원회에 서면으로 신고하여야 한다."고 규정하고 있다. 이러한 규정들을 종합하여 보면, 공직선거법 제135조 제1항에 의하여 수당과 실비를 지급받을 수 있는 선거사무장·선거연락소장·선거사무원은 관할 선거관리위원회에 신고된 선거사무장·선거연락소장·선거사무원에 한한다고 할 것이고, 그 외의 자에게 선거운동과 관련하여 수당과 실비 명목으로 금품이나 이익을 제공하는 행위는 비록 그 자가 사실상 선거사무를 담당하였다고 하더라도 같은 법 제135조 제3항에 위반된다고 할 것이다(대법원 2005. 1. 27. 선고 2004도7511 판결, 대법원 2005. 2. 18. 선고 2004도6795 판결 등 참조).

이러한 법리와 원심이 적법하게 채택하여 조사한 증거에 의하여 원심판결 이유를 살펴보면, 원심이 친박연대의 회계책임자인 피고인 7이 친박연대의 유급사무직원이 아닐 뿐만 아니라 관할 선거관리위원회에 신고된 친박연대의 선거사무원도 아니면서 친박연대를 위하여 선거운동을 한 공소외 1 등 '친친 사이버팀' 10명, 공소외 2 등 'SCW(Smart Challenge Women)팀' 4명, 공소외 3 등 '친친 전화 홍보단' 19명, 공소외 4, 5, 6, 7에게 금품을 제공한 행위가 공직선거법 제135조 제3항을 위반하여 선거운동과 관련하여 금품을 제공한 것에 해당한다고 판단한 것은 정당하고, 거기에 피고인 7의 상고이유 주장과 같은 공직선거법상의 금품제공에 관한 법리오해 등의 위법이 없다.

한편, 원심은 피고인 7이 친박연대의 유급사무직원이자 관할 선거관리위원회에 선거

사무원으로 신고된 공소외 8, 9, 10에게 선거사무원으로서의 법정 수당과 실비를 초과하여 41만원씩을 추가 지급하였으므로 공직선거법 제153조 제3항을 위반하였다고 판단하였다. 그러나 이러한 원심의 판단은 다음과 같은 이유로 수긍할 수 없다.

공직선거법 제135조 제1항은 그 단서에서 정당의 유급사무직원이 선거사무장 등을 겸하는 경우에는 실비만을 보상할 수 있다고 규정하고 있는바, 이는 유급사무직원은 소속 정당으로부터 선거운동과는 무관하게 유급사무직원으로서의 급여를 지급받을 수 있으므로 유급사무직원에게는 선거운동과 관련하여서는 급여와 같은 성질을 가진 수당을 제외한 실비만을 지급하도록 한 것일 뿐 유급사무직원으로서의 급여 자체를 지급하지 못하게 하는 것은 아니어서 유급사무직원인 선거사무장 등에 대하여 제공된 금원이 유급사무직원으로서 정하여진 급여와 선거사무장 등으로서의 실비를 합한 금액을 초과하지 아니한 경우에는 같은 법 제135조 제3항을 위반하였다고 할 수 없다.

기록에 의하면, 피고인 7은 친박연대의 유급사무직원이자 관할 선거관리위원회에 신고된 선거사무원인 공소외 8, 9, 10에게 100만원씩을 지급하였는데, 이는 선거사무원으로서의 수당과 실비 명목의 59만원과 급여 보전금 명목의 41만원이 합쳐진 금액이었던 사실, 친박연대의 일반 사무직원의 월 급여는 약 100만원 정도인 사실을 인정할 수 있는바, 위에서 본 법리에 의하면, 피고인 7이 공소외 8, 9, 10에게 각 지급하였던 100만원과는 별도로 유급사무직원으로서의 급여를 각 지급하였다는 사정이 보이지 않는 이상 피고인 7은 유급사무직원이자 선거사무원인 공소외 8, 9, 10에게 선거운동에 관한 실비와 유급사무직원으로서의 급여를 함께 지급한 것이라고 볼 수 있을 뿐, 공직선거법 제135조 제1항 소정의 선거운동에 관한 실비를 초과하여 지급한 것은 아니라고 볼 여지가 충분하다. 그럼에도 불구하고 공소외 8, 9, 10이 유급사무직원으로서의 급여를 별도로 지급받았는지 여부를 따져보지도 아니한 채 피고인 7이 이들에게 공직선거법이 정한 선거운동원으로서의 실비를 초과하여 지급한 것이라고 한 원심의 판단은 공직선거법에서 정한 선거사무원에 대한 수당과 실비에 관한 법리를 오해한 위법이 있고 이 점을 지적하는 피고인 7의 상고이유 주장은 이유 있다.

7. 피고인 김○○의 사문서위조, 위조사문서행사의 점에 관하여

법인의 이사가 사임하는 행위는 상대방 있는 단독행위라 할 것이어서 그 의사표시가 상대방에게 도달함과 동시에 그 효력을 발생하는 것이고(대법원 2006. 6. 15. 선고 2004다10909 판결), 통상 이사가 사임하면 그 즉시 이사로서의 지위를 상실하므로 자신의 이름을 회사의 이사인 것처럼 사용하도록 허락한 사람이 사임의 의사표시를 하는 경우 그 의사표시에는 명의사용에 대한 기존의 승낙이나 동의를 더 이상 유지하지 않는다는

의사도 포함된 것이고 상대방도 이러한 의사를 인식하였다고 보는 것이 일반적이라고 할 것이므로 그 이후에는 더 이상 그 명의를 사용할 수 없다고 할 것이다. 그러나 사임으로 인하여 필요한 이사의 수에 결원이 생기는 등의 사유가 있는 경우에는 명의사용을 곧바로 금지한 것이고 상대방인 1인 회사의 대표이사도 그 금지의 의사를 인식하였다고 단정할 수는 없다. 그러므로 이사가 사임한 경우에 더 이상의 명의사용을 금지한 것인지 여부 및 상대방이 이를 인식하였는지 여부는 당초 이사로 선임된 동기, 사임으로 인한 이사 정원의 미달 여부, 사임의 동기, 이사와 회사 및 1인 주주와의 관계, 사임 이후의 명의사용에 대하여 이의를 제기하였는지 여부 등의 사정을 종합하여 살펴보아야 할 것이다. 원심은 피고인 김○○이 ○○음료의 이사인 공소외 11, 감사인 공소외 12 뿐만 아니라 사임의 의사를 표시하였던 이사 공소외 13 등 3인 명의로 이사회 의사록을 작성하고 이를 ○○음료에 비치하거나 ○○종합건설 주식회사 대표이사 공소외 14에게 교부한 행위가 사문서위조 및 위조사문서행사죄에 해당하지 아니한다고 하였는바, 위에서 본 법리 및 기록에 비추어 보면 원심의 판단은 정당하고 거기에 검사의 상고이유 주장과 같은 사문서위조 및 위조사문서행사에 관한 법리오해의 위법은 없다. 피고인 김○○의 ○○음료 공장부지 처분행위가 횡령에 해당함을 전제로 하는 검사의 나머지 상고이유 주장 역시 그 전제 사실을 인정할 수 없다고 본 원심 판단이 정당하므로 이를 받아들일 수 없다.

8. 나머지 상고이유에 관하여

피고인들 및 검사의 나머지 상고이유 주장은 모두 사실심인 원심의 전권에 속하는 증거의 취사선택과 사실의 인정을 탓하는 것에 불과하여 적법한 상고이유가 되지 못한다.

9. 결 론

그렇다면 원심판결의 피고인 7에 대한 부분 중 공소외 8, 9, 10에게 금품을 제공한 행위로 인한 공직선거법 위반 부분은 위와 같은 파기사유가 있고, 원심은 피고인 7에 대하여 하나의 형을 선고하였으므로 원심판결 중 피고인 7에 대한 부분을 파기하여 이 부분 사건을 다시 심리·판단하게 하기 위하여 원심법원에 환송하기로 하고, 피고인 서○○, 피고인 2, 양○○, 김○○, 피고인 5, 6 및 검사의 상고를 모두 기각하기로 하여, 관여 대법관의 일치된 의견으로 주문과 같이 판결한다.

Chapter
33

인터넷 문자메시지 발송행위

[1] 사건의 쟁점

1. 공직선거법 제109조 제1항의 입법 취지
2. 공직선거법 제109조 제1항 단서에서 말하는 '전화에 의하는 경우' 및 '인터넷에 의하는 경우'의 의미
2. 인터넷 문자메시지 발송사이트를 이용하여 선거권자의 휴대전화로 대량의 문자메시지를 발송한 행위는 공직선거법 제109조 제1항 본문에서 금지하고 있는 '기타 전기통신의 방법'을 이용한 선거운동에 해당한다고 한 사례

[2] 관련법령

1. 공직선거법 제109조 제1항
2. 공직선거법 제82조의4 제1항, 제82조의5 제2항, 제109조 제1항
3. 공직선거법 제109조 제1항

가. 공직선거법 [법률 제9466호, 2009. 2. 12, 일부개정]

제82조의4(정보통신망을 이용한 선거운동) ① 선거운동을 할 수 있는 자는 선거운동기간 중에 「정보통신망 이용촉진 및 정보보호 등에 관한 법률」 제2조(정의) 제1항 제1호의 규정에 의한 정보통신망(이하 "정보통신망"이라 한다)을 이용하여 인터넷 홈페이지 또는 그 게시판·대화방 등에 선거운동을 위한 내용의 정보를 게시하거나 전자우편을 전송하는 방법으로 선거운동을 할 수 있다. 〈개정 2005.8.4〉

② 누구든지 정보통신망을 이용하여 후보자(후보자가 되고자 하는 자를 포함한다), 그의 배우자 또는 직계존·비속이나 형제자매에 관하여 허위의 사실을 유포하여서는 아니되며,

공연히 사실을 적시하여 이들을 비방하여서는 아니 된다. 다만, 진실한 사실로서 공공의 이익에 관한 때에는 그러하지 아니하다.

③ 각급선거관리위원회(읍·면·동선거관리위원회를 제외한다)는 이 법의 규정에 위반되는 정보가 인터넷 홈페이지 또는 그 게시판·대화방 등에 게시되거나, 정보통신망을 통하여 전송되는 사실을 발견한 때에는 당해 정보가 게시된 인터넷 홈페이지를 관리·운영하는 자에게 해당 정보의 삭제를 요청하거나, 전송되는 정보를 취급하는 인터넷 홈페이지의 관리·운영자 또는 「정보통신망 이용촉진 및 정보보호 등에 관한 법률」 제2조 제1항 제3호의 규정에 의한 정보통신서비스제공자(이하 "정보통신서비스제공자"라 한다)에게 그 취급의 거부·정지·제한을 요청할 수 있다. 〈개정 2005.8.4〉

④ 제3항의 규정에 의한 요청을 받은 인터넷 홈페이지 관리·운영자 또는 정보통신서비스제공자는 지체없이 이에 따라야 한다.

⑤ 제3항의 규정에 의한 요청을 받은 인터넷 홈페이지 관리·운영자 또는 정보통신서비스제공자는 그 요청을 받은 날부터, 해당 정보를 게시하거나 전송한 자는 당해 정보가 삭제되거나 그 취급이 거부·정지 또는 제한된 날부터 3일 이내에 그 요청을 한 선거관리위원회에 이의신청을 할 수 있다.

⑥ 위법한 정보의 게시에 대한 삭제 등의 요청, 이의신청 기타 필요한 사항은 중앙선거관리위원회규칙으로 정한다.

[전문개정 2004.3.12]

[제82조의3에서 이동 〈2004.3.12〉]

제82조의5(선거운동정보의 전송제한) ① 누구든지 정보수신자의 명시적인 수신거부의사에 반하여 선거운동 목적의 정보를 전송하여서는 아니 된다.

② 제1항의 규정에 의한 선거운동 목적의 정보(이하 "선거운동정보"라 한다)를 전자우편으로 전송하거나 전화를 이용하여 전송(송·수화자간 직접 통화하는 경우를 제외한다. 이하 이 조에서 같다)하는 자는 다음 각 호의 사항을 선거운동정보에 명시하여야 한다. 〈개정 2005.8.4〉

1. 선거운동정보에 해당하는 사실
2. 삭제 〈2005.8.4〉
3. 삭제 〈2005.8.4〉
4. 수신거부의 의사표시를 쉽게 할 수 있는 조치 및 방법에 관한 사항

③ 전화를 이용하여 음성으로 선거운동정보를 전송하는 자는 접속 즉시 수신자에게 수신여부에 관한 의사를 물어 동의하는 경우에 한하여 전송할 수 있다.

④ 선거운동정보를 전송하는 자는 수신자의 수신거부를 회피하거나 방해할 목적으로 기술적 조치를 하여서는 아니 된다.
⑤ 선거운동정보를 전송하는 자는 수신자가 수신거부를 할 때 발생하는 전화요금 기타 금전적 비용을 수신자가 부담하지 아니하도록 필요한 조치를 하여야 한다.
⑥ 누구든지 숫자·부호 또는 문자를 조합하여 전화번호·전자우편주소 등 수신자의 연락처를 자동으로 생성하는 프로그램 그 밖의 기술적 장치를 이용하여 선거운동정보를 전송하여서는 아니 된다.
[본조신설 2004.3.12]

제109조(서신·전보 등에 의한 선거운동의 금지) ① 누구든지 선거기간중 선거권자에게 서신·전보·모사전송 기타 전기통신의 방법을 이용하여 선거운동을 할 수 없다. 다만, 인터넷[광고의 경우에는 제82조의7(인터넷광고)의 규정에 따른 광고에 한한다]·전화(컴퓨터를 이용한 자동송신장치를 설치한 전화의 경우를 제외한다)에 의하는 경우에는 그러하지 아니하다. 〈개정 1997.1.13, 1997.11.14, 2004.3.12, 2005.8.4〉
② 제1항 단서의 규정에 의한 전화를 이용한 선거운동은 야간(오후 11시부터 다음 날 오전 6시까지를 말한다)에는 이를 할 수 없다.
③ 누구든지 선거운동을 위하여 후보자, 선거사무장, 선거연락소장, 선거사무원, 회계책임자, 연설원, 대담·토론자 또는 선거권자 등을 전화 기타의 방법으로 협박할 수 없다.

[3] 서울고등법원의 판결[95)]

【피 고 인】 피고인 1 외 1인
【항 소 인】 검 사
【검 사】 검 사
【변 호 인】 변호사

【원심판결】 수원지방법원 2008. 10. 10. 선고 2008고합532 판결
【주 문】
원심판결을 파기한다.
피고인 1을 벌금 2,000,000원에, 피고인 2를 벌금 1,000,000원에 각 처한다.

---
95) 서울고등법원 2009. 1. 23. 선고 2008노2773 판결 **【공직선거법위반】**

피고인들이 위 각 벌금을 납입하지 아니하는 경우 각 금 50,000원을 1일로 환산한 기간 피고인들을 노역장에 유치한다.
위 각 벌금에 상당한 금액의 가납을 명한다.

【이 유】

1. 검사의 항소이유의 요지

인터넷 문자메시지 발송사이트를 이용하여 대량으로 문자메시지를 발송하는 행위는 공직선거법 제109조 제1항 단서의 "전화"에 해당되는 것이 아니거나, 공직선거법 제109조 제1항 단서의 예외조항인 "컴퓨터를 이용한 자동송신장치를 설치한 전화"에 해당되는 것이므로, 공직선거법 제109조 제1항 본문에서 금지하고 있는 전기통신의 방법을 이용한 선거운동에 해당된다 할 것임에도, 원심은 이 사건 공소사실에 대하여 무죄를 선고하였으니, 원심판결에는 공직선거법 제109조 제1항에 관한 법리를 오해하여 판결에 영향을 미친 위법이 있다.

2. 판 단

가. 이 사건 공소사실의 요지

이 사건 공소사실의 요지는 아래 범죄사실 기재와 같다.

나. 원심의 판단

원심은, 「공직선거법 제109조 제1항 단서와 같은 법 제82조의5 제2항에 비추어 전화를 이용한 문자메시지 발송에 의한 선거운동은 원칙적으로 가능하다 할 것이고, 다만, 문자메시지 발송사이트에 접속하여 휴대폰 등에 문자메시지를 발송하는 행위가 공직선거법 제109조 제1항 단서에서 금지하고 있는 "컴퓨터를 이용한 자동송신장치를 설치한 전화"를 이용한 행위인지 여부가 문제되는데, 여기서 "컴퓨터를 이용한 자동송신장치를 설치한 전화"라고 함은 기계 또는 전자·전기적으로 장치 스스로 수신자를 생성하거나 무작위 선택하여 입력된 내용을 자동으로 송신하는 장치라고 해석되나, 본건과 같은 문자메시지 발송사이트는 가입자가 수신자에 대하여 입력해 놓은 내용을 일시에 대량으로 발송하는 장치일 뿐, 위 장치가 스스로 수신자를 생성하거나 무작위 선택하여 입력된 내용을 자동으로 송신하는 것이 없으므로 "컴퓨터를 이용한 자동송신장치를 설치한 전화"에 해당한다고 볼 수 없다. 더구나 공직선거법 제82조의4 제1항은 정보통신망을 이용하여 전자우편을 전송하는 방법으로 선거운동을 할 수 있다고 규정하고 있는데, 이러한 인터넷 전자우편은 핸드폰의 문자메시지와 명백하게 별개라고 할 수 없을 뿐만 아니라, 피고인들이 인터넷 문자발송사이트를 이용하여 선거운동 정보를 대량으로 휴대폰으로 발송하는 행위의 경우 송신 측면에서 보면 정보통신망을 이용하여 선거운동정보를 전송하는 행위이고, 수신 측면에서 보면 전화라는 전기통신을 이용하여 선거운동을 하는 행위이므로, 이는 공직선거법 제109조 제1항 단서에서 금지하고 있는 "컴퓨터를 이용한 자동송신장치를 설치한 전화"에 해당되지 않는다」는 논지에서 피고인들의 이 사건 문자메시지 발송행위는 공직선거법 제109조 제1항에 위반되지 않는다고 판시하였다.

다. 당심의 판단

공직선거법 109조 제1항은 "누구든지 선거기간중 선거권자에게 서신·전보·모사전송 기타 전기통신의 방법을 이용하여 선거운동을 할 수 없다. 다만, 인터넷[광고의 경우에는 제82조의7(인터넷광고)의 규정에 따른 광고에 한한다]·전화(컴퓨터를 이용한 자동송신장치를 설치한 전화의 경우를 제외한다)에 의하는 경우에는 그러하지 아니하다"고 규정하고 있는바, 위 규정의 입법 취지는 서신·전기통신의 방법은 일방적·편면적 행위로서 이를 전면 허용할 경우 서신·전기통신의 대량 또는 무차별 송수신으로 이어져 선거홍보물이 범람하고 선거운동의 과열과 혼탁을 초래할 위험성이 많으므로 이를 방지하고자 하는 데에 있다 할 것이고, 따라서 위 규정은 이와 같은 서신·전기통신의 방법을 이용한 선거운동은 이를 원칙적으로 금지하되, 다만 전기통신의 방법 중에서 인터넷에 의하는 경우이거나 컴퓨터를 이용한 자동송신장치를 설치하지 아니한 전화에 의하는 경우와 같이 대량 또는 무차별 송수신으로 이어질 위험성이 적은 경우에 한하여 이를 이용한 선거운동을 예외적으로 허용하는 취지라고 할 것이다(대법원 2005. 3. 11. 선고 2004도5446 판결 참조).

이 사건의 경우 원심이 적법하게 채택하여 조사한 증거들에 의하면, 피고인들이 공모하여 제18대 국회의원 선거를 앞두고 이동전화 문자메시지의 대량 발송을 영업으로 하는 공소외 1 주식회사의 서버에 접속하여 그 운영 프로그램을 활용함으로써 선거권자 등 수천 명의 이동전화 단말기에 10회에 걸쳐 19,942건의 문자메시지를 대량으로 발송한 사실을 인정할 수 있다.

먼저, 공직선거법 제109조 제1항 본문에서 정한 "전기통신"이라 함은 유선·무선·광선 및 기타의 전자적 방식에 의하여 부호·문언·음향 또는 영상을 송신하거나 수신하는 것을 말하므로(전기통신기본법 제2조 제1호), 문자메시지의 송수신도 여기서 의미하는 전기통신의 방법에 해당된다 할 것이다. 다만, 전화와 전화기는 구별되는 개념으로서 전화는 음성을 송수신하는 전기통신의 방법을 의미하는 것인데, 휴대폰 문자메시지 발송은 음성을 송수신한 것이 아니므로 이를 공직선거법 제109조 제1항 단서에서 규정하고 있는 전화에 의한 경우에 해당된다고 볼 수 없다.

원심은 피고인들이 송신 측면에서 정보통신망인 인터넷을 이용하고, 수신 측면에서 전화를 이용하여 문자메시지를 발송한 것이므로 공직선거법상 허용되는 선거운동이라는 취지로 판시하고 있으나, 공직선거법 제82조의4에서는 "정보통신망을 이용하여 인터넷 홈페이지 또는 그 게시판·대화방 등에 선거운동을 위한 내용의 정보를 게시하거나 전자우편을 전송하는 방법"에 한정하여 정보통신망을 이용한 선거운동을 허용하고 있을 뿐 그 외의 방법으로 정보통신망을 이용하여 선거운동을 한다면 이는 공직선거법 제109조 제1항에 위반된다고 할 것이고, 인터넷 문자발송사이트를 이용하여 휴대폰에 문자메시지를 발송하는 것은 공직선거법 제82조의4에서 허용하고 있는 인터넷 전자우편을 전송하는 것과는 구별된다 할 것이며, 앞서 본 공직선거법 제109조 제1항의 입법취지에 비추어 볼 때 그 금지 예외 규정에서 말하는 '인터넷'이란 인터넷을 이용한 모든 선거운동을 의미하는 것이 아니라 인터넷을 이용한 전기통신의 방법에 의한 일대일, 양방향의 선거운동만을 허용하는 것으로 보아야 할 것이므로, 이 사건과 같이 대량의 문자메시지를 동시에 발송하는 회사의 서비스를 이용함에 있어 인터넷을 사용한 것은 공직선거법 제109조 제1항의 단서에서 말하는 인터넷을 사용한 경우에 해당한다고 볼 수 없다. 결국, 피고인들의 이 사건 문자메시지를 이용한 선거운동은 공직선거법 제109조 제1항에 위배된다고 할 것임에도, 원심은 이 사건 공소사실이 범죄가 되지 아니하는 경우에 해당하는 것으로 판단하여 무죄를 선고하였으니, 원심판결에는 위 법조항에 관한 법리를 오해하여 판결에 영향을 미친 위법이 있다 할 것이므로, 이를 지적하는 검사의 위 주장은 이유 있다.

3. 결 론

그렇다면, 검사의 항소는 이유 있으므로 형사소송법 제364조 제6항에 의하여 원심판결을 파기하고, 다시 변론을 거쳐 다음과 같이 판결한다(한편, 당심에서 검사는 이 사건 공소사실에 대하여 예비적 공소사실을 추가하였고 당원이 이를 허가하였으나, 위 주위적 공소사실을 유죄로 인정하는 이상 예비적 공소사실에 대하여는 따로 판단하지 아니한다).

【범죄사실】

피고인 1은 2008. 4. 9. 실시 제18대 국회의원 선거에서 용인시 수지구 선거구에 출마한 무소속 공소외 2 후보의 선거사무원이고, 피고인 2는 위 공소외 2 후보의 비서이다.

누구든지 선거기간중 선거권자에게 서신, 전보, 모사전송 기타 전기 통신의 방법을 이용하여 선거운동을 할 수 없다.

그런데 피고인 1은 위 공소외 2의 선거운동을 위하여 2008. 3. 29. 오전 시간불상경 서울시 여의도동 대한민국 국회의원회관 (호수 생략) 국회의원 공소외 2 사무실에서 피고인 2에게

'인터넷 문자발송사이트인 공소외 1 주식회사를 이용하여 선거구민들에게 공소외 2 후보를 홍보하는 내용의 문자메시지를 보내라'고 지시하고, 위 피고인 2는 위 같은 날 12:31경 용인시 수지구 풍덕천동 (이하 생략) 상호불상의 피시방에서 공소외 1 주식회사를 이용하여 선거구민 2,346명에게 "[YTN-용인수지 공소외 2 37.2% : 공소외 3 23.6] 공소외 2후보 13% 앞서"라는 내용의 문자메시지를 발송한 것을 비롯하여, 그때부터 4. 8. 19:35까지 사이에 별지 범죄일람표 기재와 같이 총 10회에 걸쳐 인터넷을 이용하여 자동으로 대량의 문자메시지를 전송하는 방법으로 19,942건의 문자메시지를 발송하였다. 이로써 피고인들은 상호 공모하여 선거기간중 전기통신의 방법을 이용하여 선거운동을 한 것이다.

【증거의 요지】

1. 피고인들의 각 원심 법정진술
1. 피고인들에 대한 각 검찰 피의자신문조서
1. 수사보고(압수수색영장 2008-6565호 집행결과)
1. 문자발송내역, 공소외 1 주식회사 홈페이지 출력분

【법령의 적용】

1. 범죄사실에 대한 해당법조
   각 포괄하여 공직선거법 제255조 제1항 제19호, 제109조 제1항, 형법 제30조(벌금형 선택)
1. 노역장 유치
   각 형법 제70조, 제69조 제2항
1. 가납명령
   각 형사소송법 제334조 제1항

【양형 이유】

이 사건 범행은 피고인들이 제18대 국회의원 선거를 앞두고 특정 후보자를 위한 선거운동으로서 인터넷 문자발송사이트를 이용하여 다수의 선거구민 휴대폰으로 10회에 걸쳐 19,942건의 문자메시지를 대량으로 발송한 것인바, 이 사건 문자메시지의 내용, 문자메시지의 발송시기·방법·대상·건수 및 선거에 미친 영향 등에 비추어 그 죄질이 가볍지 아니하고, 그와 같은 행위로 인하여 앞서 본 공직선거법 제109조 제1항의 입법취지가 크게 훼손된 이상 그에 상응하는 책임을 물을 필요가 있다 할 것인바, 그밖에 피고인들의 각 연령, 성행, 환경, 경력, 범행경위, 범행 후의 정황 등 기록에 나타난 양형의 조건이 되는 여러 사정을 종합하여 주문과 같은 형을 선고한다.

[별지 범죄 일람표 생략]

[4] 대법원의 판결[96)]

【피 고 인】 피고인 1 외 1인
【상 고 인】 피고인들
【변 호 인】 변호사

【원심판결】 서울고법 2009. 1. 23. 선고 2008노2773 판결
【주 문】
상고를 모두 기각한다.

【이 유】
상고이유를 판단한다.

1. 공직선거법 제109조 제1항에서 "누구든지 선거기간중 선거권자에게 서신·전보·모사전송 기타 전기통신의 방법을 이용하여 선거운동을 할 수 없다. 다만, 인터넷[광고의 경우에는 제82조의7(인터넷광고)의 규정에 따른 광고에 한한다]·전화(컴퓨터를 이용한 자동송신장치를 설치한 전화의 경우를 제외한다)에 의하는 경우에는 그러하지 아니하다."고 규정하고 있는바, 위 규정의 입법 취지는 서신·전기통신의 방법은 일방적·편면적 행위로서 이를 전면 허용할 경우 서신·전기통신의 대량 또는 무차별 송·수신으로 이어져 선거홍보물이 범람하고 선거운동의 과열과 혼탁을 초래할 위험성이 많으므로 이를 방지하고자 하는 데에 있다 할 것이고, 따라서 위 규정은 이와 같은 서신·전기통신의 방법을 이용한 선거운동은 이를 원칙적으로 금지하되, 다만 전기통신의 방법 중에서 인터넷에 의하는 경우이거나 컴퓨터를 이용한 자동송신장치를 설치하지 아니한 전화에 의하는 경우와 같이 대량 또는 무차별 송·수신으로 이어질 위험성이 적은 경우에 한하여 이를 이용한 선거운동을 예외적으로 허용하는 취지라고 할 것이다(대법원 2005. 3. 11. 선고 2004도5446 판결 참조). 이러한 공직선거법 제109조 제1항의 입법 취지와 전화에 의한 선거운동을 예외적으로 허용하면서도 그 '전화'의 개념에서 '컴퓨터를 이용한 자동송신장치를 설치한 전화'를 제외하는 것으로 정한 규정 형식 및 공직선거법 제82조의5 제2항에서 "선거운동 목적의 정보를 전화를 이용하여 전송(송·수화자간 직접 통화하는 경우를 제외한다)하는 자는 다음 각 호의 사항을 선거운동정보에 명시하여야 한다."고 규정하고 있는 점에 비추어 보면, 공직선거법 제109조 제1항 단서에서 말하는 '전화에 의하는 경우'라 함은 선거운동을 하는 자가 자신의 전화를 이용하여 선거권자의 전화로 선거운동정보를 문자메시지 등의

96) 대법원 2009. 4. 23. 선고 2009도1376 판결 【공직선거법위반】

형태로 전송하거나 선거권자와 직접 통화하는 방식으로 선거운동을 하는 경우를 뜻하는 것이라고 할 것이고, 한편 공직선거법 제82조의4 제1항에서 "정보통신망 이용촉진 및 정보보호 등에 관한 법률 제2조(정의) 제1항 제1호의 규정에 의한 정보통신망을 이용하여 인터넷 홈페이지 또는 그 게시판·대화방 등에 선거운동을 위한 내용의 정보를 게시하거나 전자우편을 전송하는 방법으로 선거운동을 할 수 있다."고 규정하고 있는 점에 비추어 보면, 공직선거법 제109조 제1항 단서의 '인터넷에 의하는 경우'라 함은 인터넷을 이용한 모든 선거운동을 뜻하는 것이 아니라 인터넷을 이용하여 공직선거법 제82조의4 제1항에서 정하고 있는 방식에 의한 선거운동을 하는 경우를 의미하는 것이라고 할 것이다.

따라서 피고인들이 그 전화를 이용하여 문자메시지를 송신한 것이 아니라, 인터넷을 이용하여 문자메시지의 대량 발송을 영업으로 하는 업체가 운영하는 사이트에 접속하여 선거권자의 휴대전화로 문자메시지를 송신할 것을 요청함으로써, 위 업체로 하여금 선거권자의 휴대전화로 문자메시지를 대량으로 송신하게 한 행위는 공직선거법 제109조 제1항 단서에서 허용하고 있는 선거운동인 '인터넷·전화'에 의한 선거운동이라고 할 수 없고, 공직선거법 제109조 제1항 본문에서 금지하고 있는 '기타 전기통신의 방법'을 이용한 선거운동이라고 할 것이다.

그러므로 원심이 휴대전화 문자메시지 발송은 음성을 송수신하는 것이 아니므로 전화에 해당하지 아니한다고 해석한 것은 잘못이라고 할 것이나, 피고인들의 이 사건 문자메시지 발송행위를 공직선거법 제109조 제1항 단서의 '전화에 의하는 경우'에 해당하지 않고, 같은 항 본문에서 정한 전기통신의 방법에 의한 선거운동에 해당하는 것으로 보아 유죄로 인정한 조치는 결론에 있어서는 정당하므로, 원심판결에는 상고이유의 주장과 같은 공직선거법 제109조 제1항 또는 죄형법정주의에 관한 법리오해 등의 위법이 있다고 할 수 없다.

2. 그리고 피고인들에게 벌금형이 각 선고된 이 사건에 있어서는 형의 양정이 부당하다는 사유는 적법한 상고이유가 될 수 없다.

3. 그러므로 상고를 모두 기각하기로 하여 관여 대법관의 일치된 의견으로 주문과 같이 판결한다.

Chapter 34

공천을 위하여 정당의 특별당비 등을 교부한 사안

[1] 사건의 쟁점

1. 당원의 당비 납부행위가 공직선거법상 기부행위로 보지 아니하는 행위에 해당하기 위한 요건
2. 비례대표 국회의원 후보자나 후보예정자가 공직선거법 제113조 제1항에 정한 기부행위 제한위반죄의 주체가 될 수 있는지 여부(적극)
3. 공직선거법 제112조 제1항의 기부행위 중 금품의 '제공'에 중간자에게 금품을 교부한 경우도 포함되는지 여부
4. 정당의 후보자추천 관련 금품수수금지를 규정한 공직선거법 제47조의2 제1항에서 '후보자로 추천하는 일과 관련하여'란 의미
5. 공천관련금품수수죄와 기부행위제한위반죄의 죄수관계
6. 국회의원 선거에서 정당의 공천을 받게 하여 줄 의사나 능력이 없음에도 이를 해 줄 수 있는 것처럼 기망하여 공천과 관련하여 금품을 받은 경우의 죄책 및 그 죄수관계(=공천관련 금품수수죄와 사기죄의 상상적 경합관계)
7. 비례대표 국회의원 후보예정자가 정당의 공천을 받게 하여 줄 능력이 없는 자의 기망으로 공천을 위하여 정당의 특별당비 등을 교부한 사안에서, 위 후보예정자에게 금원제공 과정에서 의사결정상 어느 정도의 하자가 있었다고 하더라도 후보자 추천과의 관련성이 인정된다는 이유로 공천관련금품수수죄가 성립한다고 본 사례

[2] 관련법령

1. 공직선거법 제112조 제2항 제1호 (나)목
2. 공직선거법 제20조 제1항, 제113조 제1항
3. 공직선거법 제112조 제1항
4. 공직선거법 제47조의2 제1항

5. 공직선거법 제47조의2 제1항, 제112조 제1항, 제113조 제1항, 제230조 제6항, 제257조 제1항 제1호
6. 공직선거법 제47조의2 제1항, 제230조 제6항, 형법 제40조, 제347조
7. 공직선거법 제47조의2 제1항, 제112조 제1항, 제113조 제1항, 제230조 제6항, 제257조 제1항 제1호

가. 공직선거법 [법률 제9466호, 2009. 2. 12, 일부개정]

제20조(선거구) ① 대통령 및 비례대표국회의원은 전국을 단위로 하여 선거한다. 〈개정 2000.2.16, 2005.8.4〉
② 비례대표시·도의원은 당해 시·도를 단위로 선거하며, 비례대표자치구·시·군의원은 당해 자치구·시·군을 단위로 선거한다. 〈신설 2005.8.4〉
③ 지역구국회의원, 지역구지방의회의원(지역구시·도의원 및 지역구자치구·시·군의원을 말한다. 이하 같다)은 당해 의원의 선거구를 단위로 하여 선거한다. 〈개정 2000.2.16, 2005.8.4〉
④ 지방자치단체의 장은 당해 지방자치단체의 관할구역을 단위로 하여 선거한다.

제47조의2(정당의 후보자추천 관련 금품수수금지) ① 누구든지 정당이 특정인을 후보자로 추천하는 일과 관련하여 금품이나 그 밖의 재산상의 이익 또는 공사의 직을 제공하거나 그 제공의 의사를 표시하거나 그 제공을 약속하는 행위를 하거나, 그 제공을 받거나 그 제공의 의사표시를 승낙할 수 없다.
② 누구든지 제1항에 규정된 행위에 관하여 지시·권유 또는 요구하거나 알선하여서는 아니 된다.
[본조신설 2008.2.29]

제112조(기부행위의 정의 등 〈개정 2004.3.12〉) ① 이 법에서 "기부행위"라 함은 당해 선거구안에 있는 자나 기관·단체·시설 및 선거구민의 모임이나 행사 또는 당해 선거구의 밖에 있더라도 그 선거구민과 연고가 있는 자나 기관·단체·시설에 대하여 금전·물품 기타 재산상 이익의 제공, 이익제공의 의사표시 또는 그 제공을 약속하는 행위를 말한다. 〈개정 2004.3.12〉

1. 삭제 〈2004.3.12〉
2. 삭제 〈2004.3.12〉
3. 삭제 〈2004.3.12〉
4. 삭제 〈2004.3.12〉
5. 삭제 〈2004.3.12〉
6. 삭제 〈2004.3.12〉
7. 삭제 〈2004.3.12〉
8. 삭제 〈2004.3.12〉
9. 삭제 〈2004.3.12〉

10. 삭제 〈2004.3.12〉 11. 삭제 〈2004.3.12〉

② 제1항의 규정에 불구하고 다음 각 호의 어느 하나에 해당하는 행위는 기부행위로 보지 아니한다. 〈개정 2004.3.12, 2005.8.4, 2008.2.29〉

1. 통상적인 정당활동과 관련한 행위
   가. 정당이 각급당부에 당해 당부의 운영경비를 지원하거나 유급사무직원에게 보수를 지급하는 행위
   나. 정당의 당헌·당규 기타 정당의 내부규약에 의하여 정당의 당원이 당비 기타 부담금을 납부하는 행위
   다. 선거비용제한액의 범위내에서 정당이 소속후보자에게 선거비용을 지원하는 행위
   라. 제140조(창당대회 등의 개최와 고지의 제한) 제1항의 규정에 의한 창당대회 등과 제141조(당원집회의 제한) 제2항의 규정에 의한 당원집회 및 당원교육 기타 소속당원만을 대상으로 하는 당원집회에서 참석당원 등에게 정당의 경비로 교재 기타 정당의 홍보인쇄물이나 싼 값의 정당의 배지나 상징마스코트를 제공하는 행위
   마. 통상적인 범위 안에서 선거사무소·선거연락소 또는 정당의 사무소를 방문하는 자에게 다과·떡·김밥·음료(주류는 제외한다) 등 다과류의 음식물을 제공하는 행위
   바. 통상적인 범위 안에서 시·도당의 대표자가 참석하는 당직자회의(읍·면·동단위 이상의 지역책임자급 간부와 관할 구·시·군의 수에 상당하는 상위직의 간부가 참석하는 회의를 말한다)에 참석한 당직자에게 식사류의 음식물(온천장·관광지 또는 유흥시설을 갖춘 장소 등에서 하는 음식물을 포함한 접대를 제외한다)을 제공하는 행위
2. 의례적 행위
   가. 민법 제777조(친족의 범위)의 규정에 의한 친족의 관혼상제의식 기타 경조사에 축의·부의금품을 제공하는 행위
   나. 정당의 대표자가 당해 당부에서 근무하는 유급사무직원에게 연말·설 또는 추석에 의례적인 선물을 제공하는 행위
   다. 정당의 대표자가 주관하는 당무에 관한 회의에서 참석한 각급 당부의 대표자·책임자 또는 유급당직자에게 정당의 경비로 식사류의 음식물을 제공하는 행위
   라. 정당의 중앙당의 대표자가 당무파악 및 지역여론을 수렴하기 위하여 시·도당을 방문하는 때에 정당의 경비로 방문지역의 기관·단체의 장 또는 사회단체의 간부나 언론인 등 제한된 범위의 인사를 초청하여 간담회를 개최하고 식사류의 음식물을 제공하는 행위
   마. 친목회·향우회·종친회·동창회 등 각종 사교·친목단체 및 사회단체의 구성원으로서 당해 단체의 정관·규약 또는 운영관례상의 의무에 기하여 종전의 범위 안에서 회비를 납부하는 행위

바. 종교인이 평소 자신이 다니는 교회·성당·사찰 등에 통상의 예에 따라 헌금(물품의 제공을 포함한다)하는 행위

사. 통상적인 범위 안에서 선거운동을 위하여 후보자와 함께 다니는 자나 국회의원·후보자·예비후보자가 관할구역안의 지역을 방문하는 때에 함께 다니는 자에게 식사류의 음식물(온천장·관광지 또는 유흥시설을 갖춘 장소 등에서 하는 음식물을 포함한 접대를 제외한다)을 제공하는 행위. 이 경우 함께 다니는 자의 범위에 관하여는 중앙선거관리위원회규칙으로 정한다.

아. 기관·단체·시설의 대표자가 소속 상근직원이나 그 배우자, 직계존·비속이 결혼하거나 사망한 때에 통상적인 범위 안에서 축의·부의금품을 제공하는 행위

자. 읍·면·동 이상의 행정구역단위의 정기적인 문화·예술·체육행사, 각급학교의 졸업식 또는 공공의 이익을 위한 행사에 의례적인 범위 안에서 상장(부상을 제외한다)을 수여하는 행위. 다만, 제60조의2(예비후보자등록) 제1항의 규정에 따른 예비후보자등록신청개시일부터 선거일까지 후보자(후보자가 되고자 하는 자를 포함한다)가 직접 수여하는 행위를 제외한다.

3. 구호적·자선적 행위

가. 법령에 의하여 설치된 사회보호시설중 수용보호시설에 의연금품을 제공하는 행위

나. 「재해구호법」의 규정에 의한 구호기관(전국재해구호협회를 포함한다) 및 「대한적십자사 조직법」에 의한 대한적십자사에 천재·지변으로 인한 재해의 구호를 위하여 금품을 제공하는 행위

다. 「장애인복지법」 제58조에 따른 장애인복지시설(유료복지시설을 제외한다)에 의연금품·구호금품을 제공하는 행위

라. 「국민기초생활 보장법」에 의한 수급권자인 중증장애인에게 자선·구호금품을 제공하는 행위

마. 자선사업을 주관·시행하는 국가·지방자치단체·언론기관·사회단체 또는 종교단체 기타 국가기관이나 지방자치단체의 허가를 받아 설립된 법인 또는 단체에 의연금품·구호금품을 제공하는 행위. 다만, 광범위한 선거구민을 대상으로 하는 경우 누가 주는 것인지를 알 수 있는 방법으로 제공하는 행위를 제외한다.

4. 직무상의 행위

가. 국가기관 또는 지방자치단체가 자체사업계획과 예산으로 행하는 법령에 의한 금품제공행위(지방자치단체가 표창·포상을 하는 경우 부상의 수여를 제외한다. 이하 나목에서 같다)

나. 지방자치단체가 자체사업계획과 예산으로 대상·방법·범위 등을 구체적으로 정한 당해 지방자치단체의 조례에 의한 금품제공행위

다. 구호사업 또는 자선사업을 행하는 국가기관 또는 지방자치단체가 자체사업계획과 예산으로 당해 국가기관 또는 지방자치단체의 명의를 나타내어 행하는 구호행위·자선행위

라. 선거일전 60일까지 국가·지방자치단체 또는 공공기관[「정부투자기관 관리기본법」 제2조(적용범위)의 규정에 의한 정부투자기관 그 밖에 중앙선거관리위원회규칙이 정하는 기관을 말한다]의 장이 업무파악을 위한 초도순시 또는 연두순시차 하급기관을 방문하여 업무보고를 받거나 주민여론 등을 청취하면서 자체사업계획과 예산에 따라 참석한 소속공무원이나 임·직원, 유관기관·단체의 장과 의례적인 범위안의 주민대표에게 통상적인 범위 안에서 식사류(지방자치단체의 장의 경우에는 다과류를 말한다)의 음식물을 제공하는 행위

마. 물품구매·공사·역무의 제공 등에 대한 대가의 제공 또는 부담금의 납부 등 채무를 이행하는 행위

5. 그 밖에 위 각 호의 어느 하나에 준하는 행위로서 중앙선거관리위원회규칙으로 정하는 행위

③ 제2항에서 "통상적인 범위 안에서 제공하는 음식물"이라 함은 중앙선거관리위원회규칙으로 정하는 금액범위 안에서 일상적인 예를 갖추는데 필요한 정도로 현장에서 소비될 것으로 제공하는 것을 말하며, 기념품 또는 선물로 제공하는 것은 제외한다. 〈신설 1997.11.14〉

④ 삭제 〈2004.3.12〉

⑤ 각급선거관리위원회(읍·면·동선거관리위원회를 제외한다)는 기부행위제한의 주체·내용 및 기간 그 밖에 필요한 사항을 광고 등의 방법으로 홍보하여야 한다. 〈개정 1997.11.14, 2004.3.12, 2005.8.4〉

제113조(후보자 등의 기부행위제한) ① 국회의원·지방의회의원·지방자치단체의 장·정당의 대표자·후보자(후보자가 되고자 하는 자를 포함한다)와 그 배우자는 당해 선거구안에 있는 자나 기관·단체·시설 또는 당해 선거구의 밖에 있더라도 그 선거구민과 연고가 있는 자나 기관·단체·시설에 기부행위(결혼식에서의 주례행위를 포함한다)를 할 수 없다.

② 누구든지 제1항의 행위를 약속·지시·권유·알선 또는 요구할 수 없다.

[전문개정 2004.3.12]

제230조(매수 및 이해유도죄) ① 다음 각 호의 1에 해당하는 자는 5년 이하의 징역 또는 1천만원 이하의 벌금에 처한다. 〈개정 1997.1.13, 1997.11.14, 2000.2.16, 2004.3.12, 2009.2.12〉

1. 투표를 하게 하거나 하지 아니하게 하거나 당선되거나 되게 하거나 되지 못하게 할 목적으로 선거인(선거인명부 또는 재외선거인명부등을 작성하기 전에는 그 선거인명부 또는 재외선거인명부등에 오를 자격이 있는 사람을 포함한다. 이하 이 장에서 같다) 또는 다른 정당이나 후보자(예비후보자를 포함한다)의 선거사무장·선거연락소장·선거사무원·회계책임자·연설원[제79조(공개장소에서의 연설·대담) 제1항의 규정에 의하여 연설·대담을 하는 자와 제81조(단체의 후보자 등 초청 대담·토론회) 제1항 및 제82조(언론기관의 후보자등 초청 대담·토론회) 제1항의 규정에 의하여 대담·토론을 하는 자를 포함한다. 이하 이 장에서 같다] 또는 참관인(투표참관인·부재자투표참관인과 개표참관인을 말한다. 이하 이 장에서 같다)에게 금전·물품·차마·향응 기타 재산상의 이익이나 공사의 직을 제공하거나 그 제공의 의사를 표시하거나 그 제공을 약속한 자
2. 선거운동에 이용할 목적으로 학교 기타 공공기관·사회단체·종교단체·노동단체 또는 청년단체·부녀단체·노인단체·재향군인단체·씨족단체 기타의 기관·단체·시설에 금전·물품 등 재산상의 이익을 제공하거나 그 제공의 의사를 표시하거나 그 제공을 약속한 자
3. 선거운동에 이용할 목적으로 야유회·동창회·친목회·향우회·계모임 기타의 선거구민의 모임이나 행사에 금전·물품·음식물 기타 재산상의 이익을 제공하거나 그 제공의 의사를 표시하거나 그 제공을 약속한 자
4. 제135조(선거사무관계자에 대한 수당과 실비보상) 제3항의 규정에 위반하여 수당·실비 기타 자원봉사에 대한 보상 등 명목여하를 불문하고 선거운동과 관련하여 금품 기타 이익의 제공 또는 그 제공의 의사를 표시하거나 그 제공을 약속한 자
5. 제1호 내지 제4호에 규정된 이익이나 직의 제공을 받거나 그 제공의 의사 표시를 승낙한 자

② 정당·후보자(후보자가 되고자 하는 자를 포함한다) 및 그 가족·선거사무장·선거연락소장·선거사무원·회계책임자·연설원 또는 제114조(정당 및 후보자의 가족 등의 기부행위제한) 제2항의 규정에 의한 후보자 또는 그 가족과 관계 있는 회사 등이 제1항 각 호의 1에 규정된 행위를 한 때에는 7년 이하의 징역 또는 1천500만원 이하의 벌금에 처한다.
③ 제1항 각 호의 1 또는 제2항에 규정된 행위에 관하여 지시·권유·요구하거나 알선한 자는 7년 이하의 징역 또는 1천500만원 이하의 벌금에 처한다.
④ 당선되거나 되게 하거나 되지 못하게 할 목적으로 선거기간중 포장된 선물 또는 돈봉투 등 다수의 선거인에게 배부하도록 구분된 형태로 되어 있는 금품을 운반하는 자는 5년 이하의 징역 또는 1천만원 이하의 벌금에 처한다.
⑤ 선거관리위원회의 위원·직원(투표관리관을 포함한다. 이하 이 장에서 같다) 또는 선거사무에

관계있는 공무원이나 경찰공무원(사법경찰관리 및 군사법경찰관리를 포함한다)이 제1항 각 호의 1 또는 제2항에 규정된 행위를 하거나 하게 한 때에는 7년 이하의 징역에 처한다. 〈개정 2005.8.4〉

⑥ 제47조의2 제1항 또는 제2항을 위반한 자는 5년 이하의 징역 또는 1천만원 이하의 벌금에 처한다. 〈신설 2008.2.29〉

⑦ 당내경선과 관련하여 다음 각 호의 어느 하나에 해당하는 자는 3년 이하의 징역 또는 600만원 이하의 벌금에 처한다. 〈신설 2005.8.4, 2008.2.29〉

1. 제57조의5(당원 등 매수금지) 제1항 또는 제2항의 규정을 위반한 자
2. 후보자로 선출되거나 되게 하거나 되지 못하게 하거나, 경선선거인(당내경선의 선거인명부에 등재된 자를 말한다. 이하 이 조에서 같다)으로 하여금 투표를 하게 하거나 하지 아니하게 할 목적으로 경선후보자·경선운동관계자·경선선거인 또는 참관인에게 금품·향응 그 밖의 재산상의 이익이나 공사의 직을 제공하거나 그 제공의 의사를 표시하거나 그 제공을 약속한 자
3. 제57조의5 제1항 또는 제2항에 규정된 이익이나 직의 제공을 받거나 그 제공의 의사표시를 승낙한 자

⑧ 제7항 제2호·제3호에 규정된 행위에 관하여 지시·권유·요구하거나 알선한 자 또는 제57조의5 제3항의 규정을 위반한 자는 5년 이하의 징역 또는 1천만원 이하의 벌금에 처한다. 〈신설 2005.8.4, 2008.2.29〉

제257조(기부행위의 금지제한 등 위반죄) ① 다음 각 호의 1에 해당하는 자는 5년 이하의 징역 또는 1천만원 이하의 벌금에 처한다. 〈개정 1996.2.6, 1997.1.13, 1997.11.14, 2000.2.16, 2004.3.12〉

1. 제113조(후보자 등의 기부행위제한)·제114조(정당 및 후보자의 가족 등의 기부행위제한) 제1항 또는 제115조(제삼자의 기부행위제한)의 규정에 위반한 자
2. 제81조(단체의 후보자 등 초청 대담·토론회) 제6항[제82조(언론기관의 후보자 등 초청 대담·토론회) 제4항에서 준용하는 경우를 포함한다]의 규정을 위반한 자

② 제81조 제6항·제82조 제4항·제113조·제114조 제1항 또는 제115조에서 규정하고 있는 정당(창당준비위원회를 포함한다)·정당의 대표자·정당선거사무소의 소장, 국회의원·지방의회의원·지방자치단체의 장, 후보자(후보자가 되고자 하는 자를 포함한다. 이하 이 조에서 같다), 후보자의 배우자, 후보자나 그 배우자의 직계존·비속과 형제자매, 후보자의 직계비속 및 형제자매의 배우자, 선거사무장, 선거연락소장, 선거사무원, 회계책임자, 연설원,

대담·토론자, 후보자 또는 그 가족과 관계있는 회사 등이나 그 임·직원과 제삼자[제116조(기부의 권유·요구 등의 금지)에 규정된 행위의 상대방을 말한다]에게 기부를 지시·권유·알선·요구하거나 그로부터 기부를 받은 자[제261조(과태료의 부과·징수 등) 제5항의 규정에 해당하는 자를 제외한다]는 3년 이하의 징역 또는 500만원 이하의 벌금에 처한다. 〈개정 1997.1.13, 2000.2.16, 2004.3.12, 2008.2.29〉

③ 제117조(기부받는 행위 등의 금지)의 규정에 위반한 자는 3년 이하의 징역 또는 500만원 이하의 벌금에 처한다. 〈신설 1995.5.10〉

④ 제1항 내지 제3항의 죄를 범한 자가 받은 이익은 이를 몰수한다. 다만, 그 전부 또는 일부를 몰수할 수 없을 때에는 그 가액을 추징한다. 〈신설 1995.5.10〉

나. 형법 [법률 제7623호, 2005. 7. 29, 일부개정]

제40조(상상적 경합) 1개의 행위가 수개의 죄에 해당하는 경우에는 가장 중한 죄에 정한 형으로 처벌한다.

제347조(사기) ① 사람을 기망하여 재물의 교부를 받거나 재산상의 이익을 취득한 자는 10년 이하의 징역 또는 2천만원 이하의 벌금에 처한다. 〈개정 1995.12.29〉

② 전항의 방법으로 제삼자로 하여금 재물의 교부를 받게 하거나 재산상의 이익을 취득하게 한 때에도 전항의 형과 같다.

[3] 서울고등법원의 판결[97)]

【피 고 인】 피고인 1 외 2인
【항 소 인】 피고인들 및 검사
【검　　사】 검 사 1 외 1인
【변 호 인】 법무법인

【원심판결】 서울중앙지방법원 2008. 10. 29. 선고 2008고합877, 899(병합), 1077(병합) 판결

【주　　문】

피고인들 및 검사의 항소를 모두 기각한다.

---

97) 서울고등법원 2009. 1. 9. 선고 2008노2864 판결 【특정경제범죄가중처벌등에관한법률위반(사기)·사기·특정범죄가중처벌등에관한법률위반(알선수재)·공직선거법위반】

【이 유】

1. 항소이유의 요지

가. 피고인 1의 주장

⑴ 공소외 1에 대한 기부행위 요구의 점에 대하여

피고인 1은 공소외 1로부터 공소외 2의 출마에 대하여 도와달라는 부탁을 받은 사실은 있으나 그와 관련하여 공소외 1에게 금품을 요구한 사실이 없음에도, 원심은 이 부분 공소사실을 유죄로 인정하였으니, 원심판결에는 사실을 오인하여 판결에 영향을 미친 위법이 있다.

⑵ 2008. 3. 7. 정당의 후보자 추천 관련 10억 3,000만원 수수의 점에 대하여

피고인 1이 2008. 3. 7. 받은 10억 3,000만원은 정당의 후보자 추천과 관련하여 수수된 것이 아니라 ○○회에 대한 기부금 등의 명목으로 수수된 것이므로 이를 공직선거법 제47조의2 위반죄로 의율할 수 없음에도, 원심은 이 부분 공소사실을 유죄로 인정하였으니, 원심판결에는 사실을 오인하거나 법리를 오해하여 판결에 영향을 미친 위법이 있다.

⑶ 공소외 3에 대한 사기 및 알선수재의 점에 대하여

피고인 1은 공소외 3으로부터 1억원을 빌린 것일 뿐 공무원인 대통령의 직무에 속하는 사항인 공기업 감사 임명을 알선해 주겠다는 명목으로 공소외 3을 기망하여 금원을 편취한 사실이 없음에도, 원심은 이 부분 공소사실을 유죄로 인정하였으니, 원심판결에는 사실을 오인하거나 법리를 오해하여 판결에 영향을 미친 위법이 있다.

⑷ 공소외 4에 대한 사기 및 알선수재의 점에 대하여

피고인 1은 공소외 4로부터 후원금으로 5,000만원을 받았을 뿐 공무원인 대통령의 직무에 속하는 사항인 공기업 감사 임명을 알선해 주겠다는 명목으로 공소외 4를 기망하여 금원을 편취한 사실이 없음에도, 원심은 이 부분 공소사실을 유죄로 인정하였으니, 원심판결에는 사실을 오인하거나 법리를 오해하여 판결에 영향을 미친 위법이 있다.

⑸ 양형부당 주장

이 사건 여러 양형 요소에 비추어 원심판결의 선고 형량은 너무 무거워서 부당하다.

나. 피고인 2의 주장

⑴ 공소외 5에 대한 사기의 점에 대하여

피고인 2가 피해자 공소외 5 등에게 대통령의 인척인 피고인 1과의 친분을 과시하고 골프장, 실버타운 등 건설계획이 있다거나 선거운동에 투자한 돈을 곧 돌려받기로 하였다는 취지의 말을 한 사실이 없으며, 가사 그와 같은 말을 하였다고 하더

라도 이는 피해자 공소외 5로부터 금원을 차용하는 행위와 무관하게 이루어진 것이어서 이를 기망행위라고 볼 수 없고, 피고인 2는 단지 나이트클럽 공사비를 조달하고자 피해자 공소외 5로부터 금원을 차용할 당시 공소외 6으로부터 나이트클럽 공사대금을 받아 돈을 갚기로 하였다가 공소외 6이 약속과 달리 공사대금을 주지 아니하여 갚지 못한 것으로서 이는 단순한 채무불이행에 불과함에도, 원심은 이 부분 공소사실을 유죄로 인정하였으니, 원심판결에는 사실을 오인하거나 사기죄에 관한 법리를 오해하여 판결에 영향을 미친 위법이 있다.

(2) 공소외 3에 대한 알선수재의 점에 대하여

피고인 2는 공소외 3이 좋은 자리를 원한다고 하여 이를 피고인 1에게 전하였을 뿐 공소외 3이 건설교통부 산하 기관의 감사 자리를 원하고 있다는 사실을 몰랐고, 가사 피고인 2가 그러한 사실을 알았다고 하더라도 이를 공공기관의 운영에 관한 법률 제5조 소정의 공기업 또는 준정부기관 감사 자리를 원하고 있다는 사실을 알았다고 단정할 수 없으므로 이것만으로 알선수재죄로 의율할 수는 없다 할 것임에도, 원심은 이 부분 공소사실을 유죄로 인정하였으니, 원심판결에는 사실을 오인하거나 알선수재죄에 관한 법리를 오해하여 판결에 영향을 미친 위법이 있다.

(3) 공소외 4에 대한 알선수재의 점에 대하여

피고인 2는 공소외 4가 에너지 관련 공기업 감사 자리를 원하고 있다는 사실을 알았을 뿐 구체적으로 어느 기관의 감사 자리를 원하고 있는지는 알지 못하였으므로, 막연히 에너지 관련 기관의 감사 자리를 원하고 있다는 사실을 알았다고 하여 이를 공공기관의 운영에 관한 법률 제5조 소정의 공기업 또는 준정부기관 감사 자리를 원하고 있다는 사실을 알았다고 단정할 수 없는 이상 이것만으로 알선수재죄로 의율할 수는 없다 할 것임에도, 원심은 이 부분 공소사실을 유죄로 인정하였으니, 원심판결에는 사실을 오인하거나 알선수재죄에 관한 법리를 오해하여 판결에 영향을 미친 위법이 있다.

(4) 양형부당 주장

이 사건 여러 양형 요소에 비추어 원심판결의 선고 형량은 너무 무거워서 부당하다.

다. 피고인 3의 주장

(1) 기부행위 금지위반의 점에 대하여

(가) 피고인 3이 피고인 1, 2에게 금원을 기부한 사실이 없고, 단지 피고인 1, 2에게 속아서 특별당비 명목으로 20억원을, ○○회 추천서 비용으로 10억원을 각 교부하였으나, 실제로는 피고인 3의 의사와는 달리 피고인 1이 위 30억원을 개인 용도로 사용한 것으로서 사실의 착오가 있는 경우에 해당되어 고의와 결과가 서로 부합한다고 할 수 없음에도, 원심은 이 부분 공소사실을 유죄로 인정하였으니,

원심판결에는 사실을 오인하거나 법리를 오해하여 판결에 영향을 미친 위법이 있다.

(나) 공직선거법 제113조 제1항은 기본적으로 지역구 선거만을 그 대상으로 하는 것으로서 비례대표 국회의원 후보자는 위 조항에서 말하는 후보자에 포함된다고 볼 수 없고, 이와 달리 해석하는 것은 헌법이 정하고 있는 평등의 원칙, 과잉금지의 원칙, 선거운동자유의 원칙, 죄형법정주의를 위반하고, 비례대표 국회의원 선거 후보자의 일반적 행동자유권, 행복추구권을 침해하는 것임에도, 원심은 이 부분 공소사실을 유죄로 인정하였으니, 원심판결에는 위 조항에 관한 법리를 오해하여 판결에 영향을 미친 위법이 있다.

(2) 정당의 후보자 추천 관련 금품제공의 점에 대하여

피고인 3은 정당의 후보자 추천과는 관계없이 ○○회의 추천을 받기 위하여 10억원을 교부하였으나, 실제로는 피고인 1이 피고인 3을 ○○○당 비례대표 국회의원 후보자로 추천받도록 할 의사나 능력이 없이 피고인 3으로부터 금원을 편취하기 위한 수단으로 비례대표 국회의원 후보자 추천 건을 이용하였던 것으로서, 피고인 3은 사기범행의 피해자에 불과한데도, 원심은 이 부분 공소사실을 유죄로 인정하였으니, 원심판결에는 법리를 오해하여 판결에 영향을 미친 위법이 있다.

(3) 양형부당 주장

이 사건 여러 양형요소에 비추어 원심판결의 선고 형량은 너무 무거워서 부당하다.

라. 검사의 주장

(1) 피고인 1, 2의 2008. 2. 13.자 및 2. 25.자 정당의 후보자 추천 관련 금품수수의 점에 대하여

피고인 1, 2가 정당의 후보자 추천과 관련하여 2008. 2. 13., 2. 25. 및 3. 7. 총 3회에 걸쳐 합계 금 30억 3,000만원을 수수한 행위는 단순일죄에 해당하므로 위 30억 3,000만원의 금품수수행위 전체를 2008. 2. 29.부터 시행되는 공직선거법 제47조의2 위반으로 처벌하여야 함에도, 원심은 2008. 2. 13. 및 2. 25.의 금품수수행위에 대하여는 범행 당시에 이를 금지하는 규정이 없었으므로 위 각 행위는 범죄구성요건을 충족하지 않아 2008. 3. 7.자 금품수수행위와 함께 포괄일죄로 평가할 수 없다는 이유로 이 부분 공소사실에 대하여 무죄를 선고하였으니, 원심판결에는 법리를 오해하여 판결에 영향을 미친 위법이 있다.

(2) 피고인 2의 특정경제범죄가중처벌등에관한법률위반(사기) 및 공소외 3, 4에 대한 각 사기의 점에 대하여

피고인 2는 피고인 1이 피고인 3을 ○○○당의 비례대표 국회의원 후보자로 추천받게 하거나 피해자 공소외 3, 4를 공기업의 감사로 임명하도록 알선해 줄 의사나

능력이 없다는 사실을 잘 알면서도 피고인 1과 공모하여 피고인 3, 피해자 공소외 3, 4를 기망하여 금원을 편취한 것임에도, 원심은 피고인 2의 각 편취 범의를 인정할 증거가 없다는 이유로 이 부분 각 공소사실에 대하여 무죄를 선고하였으니, 원심판결에는 사실을 오인하여 판결에 영향을 미친 위법이 있다.

(3) 양형부당 주장

이 사건 여러 양형요소에 비추어 피고인들에 대한 원심판결의 선고형량은 지나치게 가벼워서 부당하다.

2. 판 단

가. 피고인 1의 공소외 1에 대한 기부행위 요구의 점에 관한 주장에 대한 판단

원심이 증거로 채택한 공소외 2의 원심 법정진술과 공소외 2에 대한 검찰 진술조서의 진술기재 중 '피고인 1이 비례대표 공천을 위해서 30억원가량이 필요하다는 취지로 이야기했다는 것을 처인 공소외 1로부터 들었다'는 부분은 공소외 1의 진술을 내용으로 하는 전문진술로서 형사소송법 제310조의2의 규정에 따라 원칙적으로 증거능력이 없다고 할 것이지만, 공소외 2의 원심 법정진술과 공소외 2에 대한 검찰 진술조서의 진술기재 중 위 전문진술 부분을 제외한 나머지 부분과 피고인 1, 증인 공소외 1의 각 일부 원심 법정진술(증인 공소외 1의 원심 법정진술 중 피고인 1의 변소내용에 부합하는 듯한 부분은 공소외 1의 검찰 진술내용과 상반될 뿐만 아니라 증인 공소외 7의 원심 법정진술내용과도 모순되므로 그대로 믿기는 어렵다), 공소외 1에 대한 검찰 진술조서 등 원심이 적법하게 채택한 나머지 증거들을 종합하면, 공소외 1은 전 국회의원 공소외 2의 배우자로서 2007년 봄 무렵 피고인 1을 □□성당에서 만나 서로 인사를 나누는 사이로 지내던 중, 피고인 1이 영부인의 사촌이지만 실제로는 한집에 산 적이 있어서 친언니나 다름없다는 소문을 듣게 되자, 2007. 12. 말경 피고인 1에게 전화하여 "제 남편도 ○○○당 소속으로 정치를 하고 있으니 혹시 도움이 될까 해서 전화를 드렸다"고 하면서, 제18대 국회의원선거에 출마하려는 배우자가 비례대표나 지역구 중 어느 쪽으로 출마할 것인지는 아직 결정하지 못하였지만 도와달라고 부탁한 사실, 이에 피고인 1이 이력서를 가지고 와보라고 하여 공소외 1이 피고인 1의 집에 찾아가 배우자의 이력서를 건네주자 큰 기대는 하지 말라고 말한 사실, 그런데 피고인 1은 약 1주일 후 공소외 1에게 전화하여 다시 자신의 집으로 찾아오게 한 다음, "이○○ 대통령이 대통령선거기간 무렵 ○○회 간부들이 부탁을 하니까 나중에 ○○회 측에게 직능대표로 국회의원 1석을 주기로 약속한 적이 있다"는 취지로 말하면서, 공소외 2의 나이가 맞으니 ○○회의 추천서를 받으면 ○○○당 비례대표 국회의원 후보자로 추천받을 수 있는데, ○○회의 추천서를 받는 등의 일을 진행하는 데에 돈이 필요하다고 말한 사실,

그러자 공소외 1은 피고인 1에게 얼마나 드는지 물어보았고, 피고인 1은 손가락을 3개 펴면서 이 정도는 필요하다고 말한 사실, 공소외 1이 3억을 의미하는 것이냐고 물어보자 피고인 1은 아니라고 하였고, 30억원을 의미하는 것이냐는 질문에 그 정도는 돈을 준비해야 한다고 대답한 사실, 액수에 놀란 공소외 1이 "어디에 그렇게 돈이 드느냐? 그 돈 주고 할 사람이 있겠느냐?"라고 말하자, 피고인 1은 돈을 이미 준비해서 ○○회의 추천서를 받으려는 사람들도 많으니 빨리 결정해서 연락을 달라고 말한 사실, 그 자리에서 피고인 1은 "무덤에 비석세울 때 국회의원 한 것과 안 한 것은 다르다. 돈 많은 사람들이 비례대표 국회의원이 되려고 얼마나 노력하는지 모른다. 30억원은 아무것도 아니다"라고 말하면서 공소외 1을 설득한 사실, 이에 공소외 1은 "며칠 생각할 말미를 달라"고 말하고 돌아갔는데, 며칠 후 피고인 1은 공소외 1에게 다시 전화하여 연락을 준다더니 왜 전화도 하지 않느냐고 하면서 빨리 결정하지 않으면 기회를 놓친다고 독촉한 사실, 이에 공소외 1은 없던 일로 해달라며 피고인 1의 제안을 거절한 사실, 한편, 공소외 2는 그 후 제18대 국회의원선거의 ○○○당 비례대표 후보자 추천을 신청하였으나 추천받지 못한 사실을 인정할 수 있는바, 위 인정사실에 나타난 피고인 1의 일련의 행위는 국회의원선거의 후보자가 되고자 하는 공소외 2의 배우자인 공소외 1에게 30억원의 기부행위를 요구한 것으로 봄이 상당하므로, 피고인 1의 이 부분 주장은 이유 없다.

나. 피고인 1, 3의 2008. 3. 7. 정당의 후보자 추천 관련 금품수수의 점에 관한 주장에 대한 판단

(1) 정당의 후보자 추천과 관련하여 금품을 수수한 것인지 여부

원심이 적법하게 채택하여 조사한 증거들에 의하면, 피고인 1은 2007. 10.경 피고인 2의 친구인 공소외 8을 피고인 2와 함께 만나 ○○회 몫의 비례대표 국회의원으로 나갈 수 있도록 도와 줄 수 있으니 해보라고 권유하였으나 공소외 8은 자기 대신 피고인 3을 피고인 1, 2에게 소개해 준 사실, 피고인 1은 피고인 2와 함께 피고인 3을 만나 "대통령이 ○○회에 비례대표 국회의원 1석을 준다고 약속하였고, 영부인의 언니인 자신이 ○○회 몫의 비례대표 국회의원 1석의 추천권을 위임받았기 때문에 자신을 통하여 ○○회의 추천만 받으면 된다"는 취지로 말하면서 ○○회의 추천서를 받아 ○○○당 비례대표 국회의원 후보자 추천을 신청하라고 피고인 3에게 권유한 사실, 피고인 1, 2는 2008. 2. 5.경부터 2. 25.경까지 사이에 피고인 3에게 ○○○당의 비례대표 국회의원 후보자로 추천을 받으려면 특별당비를 납부하여야 한다면서 피고인 3으로부터 2회에 걸쳐 합계 20억원을 교부받은 사실, 피고인 1은 2008. 3. 초순경 피고인 3에게 ○○회 추천을 받기 위해 10

억원이 필요하니 이를 준비하라고 요구하였고, 이에 피고인 3은 2008. 3. 7.경 피고인 1, 2에게 ○○회의 추천을 받기 위한 명목으로 10억원 및 피고인 1의 개인적인 경비 명목으로 3,000만원, 합계 10억 3,000만원을 교부한 사실, 그 무렵 피고인 1은 피고인 2를 통하여 피고인 3에게 ○○회 추천서를 교부하였고, 피고인 3은 이를 첨부하여 ○○○당 비례대표 국회의원 후보자 추천을 신청한 사실, 그러나 2008. 3. 24.경 피고인 3이 ○○○당의 비례대표 국회의원 후보자 명단에 포함되지 않은 것으로 발표되자 그 다음날 피고인 1이 ○○회로 하여금 청와대에 진정서를 제출하도록 한 사실, 피고인 1은 피고인 3으로부터 받은 돈을 보관하다가 개인적인 용도로 약 6억 7,000만원을 사용하였고, 그 후 여러 차례에 걸쳐 피고인 2를 통하여 피고인 3에게 25억 4,000만원을 반환한 사실, ○○회의 추천을 받는 것만으로는 ○○○당 비례대표 국회의원 후보자로 추천된다는 보장이 없었고, 실제로 ○○회는 피고인 3 외에도 2명에게 추천서를 더 작성하여 주었으나 누구도 ○○○당 비례대표 국회의원 후보자로 추천받지 못하였으며, 이○○ 대통령이 ○○회에 비례대표 국회의원 1석을 주겠다고 약속한 적은 없었던 사실을 인정할 수 있다.

위 인정사실에 의하면, 피고인들 사이에 2008. 3. 7. 수수된 10억 3,000만원은 ○○○당 비례대표 국회의원 후보자로 추천받는 데에 반드시 필요하다는 ○○회의 추천을 받기 위한 명목과 이를 알선하는 피고인 1의 경비 명목으로 수수된 것으로서, 이는 후보자 추천의 대가 또는 사례에 해당하거나 후보자 추천에 있어서 그러한 금품의 제공이 어떠한 형태로든 영향을 미칠 수 있는 경우에 해당하므로, 피고인 1, 3은 공직선거법 제47조의2 제1항 소정의 '정당이 특정인을 후보자로 추천하는 일과 관련하여' 위 10억 3,000만원을 수수하였다고 봄이 상당하다.

(2) 공직선거법 제47조의2 제1항 위반죄와 사기죄와의 관계

앞서 본 사실관계에 의하면, 피고인 1이 피고인 3을 ○○○당 비례대표 국회의원 후보자로 추천받게 해 줄 능력이 없었음에도, 마치 대통령이 ○○회에 비례대표 국회의원 1석을 준다고 약속하였고, 영부인의 언니인 자신이 ○○회 몫의 비례대표 국회의원 1석의 추천권을 위임받았기 때문에 자신을 통하여 ○○회의 추천만 받으면 비례대표 국회의원 후보자로 추천받을 수 있는 것처럼 피고인 3을 속이고 정당의 후보자 추천과 관련하여 위 10억 3,000만원을 교부받아 이를 편취하였음은 분명하다.

한편 앞서 든 증거들을 종합하면, 이○○이 서울시장이 되기 전 무렵 피고인 1의 소개로 서울 □□구 ○○대학에서 강연을 한 이래 ○○회 서울시연합회 회장이던 공소외 9를 비롯한 간부진을 알게 되었고, 이○○이 서울시장으로 재직하던

시절 ○○회 서울시연합회 부회장의 직함을 가진 피고인 1의 연락을 통해 ○○회 소속 단체들의 행사에 참석하기도 하였으며, 제17대 대통령선거를 앞두고 이○○ 당시 대통령후보자가 2008. 12. 10.경 ○○회 사무실을 방문하기도 하였고, 대통령선거 과정에서 ○○회 회원들이 이○○ 당시 대통령후보자에게 많은 지지를 보냈으므로, 피고인 1이 내심 이○○ 대통령이 제18대 국회의원 선거에서 ○○회에서 추천하는 자를 ○○○당의 비례대표 국회의원 후보자로 추천해 줄 것이라는 기대를 하게 된 사실, 이에 피고인 1은 공소외 2의 배우자인 공소외 1이나 공소외 8 등에게 대통령의 인척이라는 신분을 내세워 ○○○당의 비례대표 국회의원 후보자로 추천받게 해 주겠다고 제의하기도 하였고, 결국에는 피고인 3에게 같은 제의를 하면서 돈을 요구하여 합계 30억 3,000만원을 받은 사실, 피고인 1은 2008. 2. 11.경 ○○회 사무실을 찾아가 회장 공소외 10을 만나 피고인 3의 이력서를 건네 주면서 ○○회 추천을 부탁하였고, 며칠 후 서울 □□동 소재 □□ 호텔에서 ○○회 사무총장인 공소외 11을 만나 이○○ 대통령의 의중을 거론하며 ○○회의 추천을 부탁하였으며, 그 후 피고인 1이 2008. 2. 28.경 위 ○○회 사무실을 방문하여 공소외 10으로부터 ○○회의 직인이 찍힌 추천서와 자문위원 위촉장을 받았고, 그 자리에서 공소외 10에게 비례대표 국회의원 후보자 추천 건과 관련해서 복지부장관에게 부탁해 달라는 요청을 하기도 한 사실, 그 후 피고인 1은 ○○회로부터 제공받은 의정활동계획서, 자문위원 위촉장 및 추천서를 피고인 3에게 전해 주어 ○○○당 비례대표 국회의원 후보자 추천 신청을 하도록 한 사실, 그러나 피고인 3이 ○○○당의 비례대표 국회의원 후보자 추천에서 탈락하자 2008. 3. 25. ○○회로 하여금 청와대에 진정서를 제출하도록 한 사실을 인정할 수 있는바, 위 인정사실에 의하면 피고인 1은 ○○○당에서 ○○회의 추천을 받은 자를 비례대표 국회의원 후보자로 추천해 주리라는 기대하에 ○○회의 추천서를 받아 피고인 3에게 교부하여 ○○○당에 비례대표 국회의원 후보자 추천 신청을 하도록 하는 등 피고인 3을 후보자로 추천받게 하려는 그 나름대로의 의사가 있었던 것으로 보이므로, 피고인 1이 그러한 의사로 ○○○당의 비례대표 국회의원 후보자 추천과 관련하여 금원을 수수한 이상 그 과정에서 금원의 제공을 유도하기 위하여 후보자 추천이 확실히 보장된 것처럼 자신의 영향력을 과장하는 등의 기망 수단을 사용하였더라도 피고인 1의 이러한 행위는 사기죄와는 별도로 공직선거법 제47조의2 제1항 위반죄에 해당되고 이러한 공직선거법위반죄와 앞에서 본 사기죄는 상상적 경합의 관계에 있다 할 것이다.

또한, 앞서 본 사실관계에 의하면, 피고인 3으로서도 피고인 1로부터 기망당하여 후보자 추천에 영향력을 행사할 수 있는지에 관하여 피고인 1의 능력 등을 잘못 판단하였으나, 피고인 1의 말을 믿고 ○○회 몫의 비례대표 국회의원 자리가 있다고 생각하고 피고인 1에게 금품을 제공하고서라도 ○○회의 추천을 받아 ○○○당의 비례대표 국회의원 후보자로 추천받겠다는 생각으로 위와 같이 피고인 1에게 10억 3,000만원을 제공한 것으로 보이므로, 결국 피고인 3이 위 금원을 제공하는 과정에서 의사결정상 어느 정도의 하자가 있었다고 하더라도 후보자 추천과의 관련성이 인정되는 이상 이러한 피고인 3의 행위 역시 공직선거법 제47조의2 제1항 위반죄에 해당한다고 봄이 상당하다.

(3) 소결론

따라서 피고인 1, 3의 이 부분 각 주장은 이유 없다.

다. 피고인 1의 공소외 3에 대한 사기의 점 및 피고인 1, 2의 공소외 3에 대한 알선수재의 점에 관한 주장에 대한 판단

원심이 적법하게 채택하여 조사한 증거들에 의하면, 공소외 3은 △△공단 기획조정본부장으로 근무하다가 2006. 7.경 퇴임한 후, 제17대 대통령선거 당시 ○○○당 중앙선거대책위원회에서 활동한 사실, 2008. 6.경 △△공단 이사장 공모에 신청하였다가 탈락한 공소외 3은 그전부터 알고 지내던 공소외 12에게 자신이 건설교통부 소속 고위공무원으로 재직하는 등 경력과 전문성을 갖추고 있으니 건설교통부 산하 기관의 감사가 되었으면 좋겠다고 말한 사실, 공소외 12가 공소외 3에게 피고인 2로부터 들은 피고인 1에 관한 얘기를 꺼내자 공소외 3은 피고인 1에게 부탁해 달라고 공소외 12에게 말한 사실, 그 무렵 공소외 12는 피고인 2에게 공소외 3의 부탁내용을 전달하였고 이를 들은 피고인 2는 한 번 알아봐서 되는 방향으로 해보자는 취지로 대답한 다음, 얼마 후 공소외 12를 통하여 공소외 3에게 1억원을 달라고 요구한 사실, 공소외 3은 7. 10.경 □□ 호텔에서 1, 피고인 2를 만나서 "부탁합니다. 열심히 하겠습니다"라고 인사하였고, 피고인 1은 "대통령선거 때 고생이 많았죠. 이번에 힘이 되면 제가 도와 드리겠습니다"라고 대답하였으며, 피고인 2가 피고인 1에게 "제가 잘 처리하겠습니다"라고 말하자 피고인 1은 자리를 떠났고, 이어 공소외 3은 준비하여 간 1억원을 피고인 2에게 건네주었으며, 돈을 받은 당일 피고인 1은 피고인 2에게 그 중 9,000만원을 피고인 3에게 지급하라고 지시한 사실, 피고인 2가 남은 현금 1,000만원을 피고인 1에게 건네주자, 피고인 1은 그 중 200만원을 피고인 2에게 다시 건네준 사실, 공소외 3은 돈을 교부한 직후 피고인 2, 1에게 자신의 이력서와 '교통관련기관'이라는 제목으로 한국도로공사 감사, 한국철도공사 감사 등 자신이 희망하는 공기업과 직역을 기재해 놓은 문서를 건넨 사실을 인정할 수 있다.

위 인정사실에 의하면, 피고인 1, 2는 공소외 3의 과거 경력과 관련 공기업의 감사직을

희망한다는 것을 알고 있었고, 그로부터 감사 임명을 희망하는 구체적인 공기업의 명칭이 기재된 메모나 문서를 받기까지 하였으므로, 위 피고인들은 공모하여 공무원의 직무에 속한 사항인 공기업 감사 임명의 알선에 관하여 금품을 교부받았다고 봄이 상당하고, 나아가 위에서 인정한 사실에다가 피고인 1이 검찰 이래 이 법정에 이르기까지 공소외 3으로 하여금 공기업 감사로 임명되게 알선해 줄 수 있는 능력이 없었다고 진술하고 있는 점을 보태어 보면, 피고인 1이 공기업 감사에 임명되도록 해 주겠다고 공소외 3을 기망하여 그로부터 1억원을 편취한 것이라고 판단되므로, 피고인 1, 2의 이 부분 각 주장은 이유 없다.

라. 피고인 1의 공소외 4에 대한 사기의 점 및 피고인 1, 2의 공소외 4에 대한 알선수재의 점에 관한 주장에 대한 판단

원심이 적법하게 채택하여 조사한 증거들에 의하면, 공소외 4는 27년 동안 □□공사에서 근무하다가 퇴임한 자로서 2008. 6.경 공소외 13을 통하여 피고인 2에게 에너지계통에 경험이 많으니 공기업 감사직을 희망하고 있다는 이야기를 전하였고, 같은 달 중순경 피고인 2를 만나 가스공사, 수자원공사 등 공기업의 감사직을 원하고 있다고 말하면서 자신의 이력서를 교부한 사실, 피고인 2는 2008. 7. 초순경 공소외 13을 통하여 공소외 4에게 후원금 명목으로 돈을 달라고 요구하였고, 공소외 4는 2008. 7. 14.경 위 □□ 호텔에서 피고인 2에게 가입해 있던 펀드를 해지하거나 배우자로부터 받은 돈으로 마련한 5,000만원을 교부한 사실, 그 자리에 늦게 합류한 피고인 1은 피고인 2로부터 공소외 4가 돈을 가져왔다는 이야기를 듣고는 그러냐고 하면서 공소외 4에게 "인상이 참 좋다. 이력서는 가져왔느냐"고 말하였고, 공소외 4는 가져온 이력서와 자기소개서 및 '희망사 : 한국수자원공사(감사), 석유공사(감사), 한국가스공사(감사)'라고 기재된 메모를 피고인 1에게 건넨 사실을 인정할 수 있다.

위 인정사실에 의하면, 피고인 1, 2는 공모하여 공소외 4로부터 공무원의 직무에 속한 사항인 공기업 감사 임명의 알선에 관하여 금품을 교부받았다고 봄이 상당하고, 나아가 위에서 인정한 사실에다가 피고인 1이 검찰 이래 이 법정에 이르기까지 공소외 4로 하여금 공기업 감사로 임명되게 알선해 줄 수 있는 능력이 없었다고 진술하고 있는 점을 보태어 보면, 피고인 1이 공기업 감사에 임명되도록 해주겠다고 공소외 4를 기망하여 그로부터 5,000만원을 편취한 것이라고 판단되므로, 피고인 1, 2의 이 부분 각 주장은 이유 없다.

마. 피고인 2의 공소외 5에 대한 사기의 점에 관한 주장에 대한 판단

원심이 적법하게 채택하여 조사한 증거들에 의하면, 피해자 공소외 5의 직원인 공소외

14는 2007. 9.경 알게 된 피고인 2의 사무실에 방문하여 피고인 2로부터 자신이 이○○ 대통령 후보자의 처형이라는 피고인 1과 사업을 같이하고 있고, 이○○ 대통령 후보자가 당선되면 큰일을 할 것이며, 골프장과 실버타운도 건설할 것이라는 취지의 이야기를 들은 사실, 공소외 14를 통하여 이러한 말을 전해들은 피해자 공소외 5는 피고인 2가 재력이 있는 대단한 사람인 것으로 알고 있었던 사실, 피고인 2가 공소외 6으로부터 부천시 역곡동 소재 나이트클럽 시설공사를 하도급 받아 공사를 진행하던 중 2007. 12.경에 이르러 공소외 6이 나이트클럽의 공사자금을 조달하고자 공소외 14에게 사업자등록증, 인감증명서 등의 서류를 교부하여 대출받게 해 달라고 부탁하였으나 대출 조건이 맞지 않아 무산된 사실, 그 무렵 피고인 2는 공소외 14를 통하여 피해자 공소외 5에게 3,000만원을 급히 차용해 달라고 부탁하였고, 그 후 2007. 12. 21.경 공소외 14와 피해자 공소외 5를 만난 자리에서 피해자 공소외 5에게 "공소외 6으로부터 공사대금을 곧 받을 수 있고, 선거운동 자금으로 투자한 수억원도 곧 반환받을 수 있으니 1주일이면 위 3,000만원을 충분히 변제할 수 있지만, 혹시라도 실수하기 싫으니 변제기를 넉넉하게 2008. 1. 15.로 정해주면 그날까지는 위 차용금을 틀림없이 변제하겠다"고 약속한 사실, 그러나 당시 피고인 2는 공소외 6으로부터 공사대금을 언제 받을 수 있을지가 불분명한 상황이었고, 선거운동 자금으로 돈을 투자하거나 그와 관련하여 반환받을 자금도 전혀 없었던 사실, 피해자 공소외 5는 피고인 2의 말을 믿고 종업원들의 월급을 지급하기 위해 대출받아 놓았던 3,000만원을 이자의 약정도 없이 피고인 2에게 대여한 사실을 인정할 수 있다.

위 인정사실에 의하면, 공소외 6이 나이트클럽 공사비를 조달하기 위하여 대출을 시도하였다가 무산되었고, 달리 공소외 6이 공사대금을 지급할 여력이 없어서 부득이 피고인 2가 다른 사람으로부터 돈을 빌려다가 공사비로 사용하여야 하는 상황이었으므로, 피고인 2가 피해자 공소외 5로부터 3,000만원을 빌리더라도 공소외 6이 약정한 기한 내에 공사대금을 지급한다는 보장이 없었고, 달리 변제자금을 마련할 방도가 없었음에도, 피해자 공소외 5 측이 피고인 2의 능력을 과신하고 있는 점을 이용하여 가까운 시일 내에 틀림없이 변제할 수 있는 것처럼 피해자 공소외 5를 기망하고 그로부터 3,000만원을 차용금 명목으로 편취하였다고 봄이 상당하므로, 피고인 2의 이 부분 주장은 이유 없다.

바. 피고인 3의 기부행위제한 위반의 점에 관한 주장에 대한 판단

(1) 공직선거법 제113조 제1항 위반죄와 제47조의2 제1항 위반죄의 관계

공직선거법 제113조 제1항은 "국회의원·지방의회의원·지방자치단체의 장·정당의 대표자·후보자(후보자가 되고자 하는 자를 포함한다)와 그 배우자는 당해 선거구안에

있는 자나 기관·단체·시설 또는 당해 선거구의 밖에 있더라도 그 선거구민과 연고가 있는 자나 기관·단체·시설에 기부행위를 할 수 없다"고 규정하고 있는데, 이는 그러한 기부행위가 후보자 등의 지지기반을 조성하는 데에 기여하거나 매수행위와 결부될 가능성이 높아 이를 허용할 경우 선거 자체가 후보자의 인물, 식견 및 정책 등을 평가받는 기회가 되기보다는 후보자의 자금력을 겨루는 과정으로 타락할 위험성이 있어 이를 방지하기 위하여 마련된 것이다. 한편, 공직선거법 제47조의2 제1항은 "누구든지 정당이 특정인을 후보자로 추천하는 일과 관련하여 금품이나 그 밖의 재산상의 이익 또는 공사의 직을 제공하거나 그 제공의 의사를 표시하거나 그 제공을 약속하는 행위를 하거나, 그 제공을 받거나 그 제공의 의사표시를 승낙할 수 없다"고 규정하고 있는데, 이는 정당의 후보자 추천의 공정성과 정당 운영의 투명성, 도덕성을 제고하고 나아가 공직선거에 있어서 후보자 추천 단계에서부터 금권의 영향력을 원천적으로 봉쇄함으로써 궁극적으로 공명정대한 선거를 보장하기 위하여 마련된 것이다. 이와 같이 공직선거법 제47조의2 제1항과 공직선거법 제113조 제1항은 각기 범죄구성요건이나 입법취지를 달리하고 있으므로, 정당의 후보자추천 관련 금품수수금지위반죄가 성립한다고 하여 후보자 등의 기부행위금지위반죄의 성립이 배제되는 것은 아니며, 이들은 각기 독립된 별개의 구성요건으로서 1개의 행위가 각 구성요건을 충족하는 경우에는 상상적 경합의 관계에 있다고 보아야 한다.

(2) 피고인 1, 2에 대한 기부행위에 해당하는지 여부

공직선거법상 '기부행위'의 정의규정인 공직선거법 제112조 제1항의 '제공'의 의미에 대하여 반드시 금품을 '상대방에게 귀속'시키는 것만을 뜻하는 것으로 한정 해석할 것은 아니고, 중간자에게 금품을 주는 경우라 하더라도 그 중간자가 단순한 보관자이거나 특정인에게 특정금품을 전달하기 위하여 심부름을 하는 사자에 불과한 자가 아니고 그에게 금품배분의 대상이나 방법, 배분액수 등에 대한 어느 정도의 판단과 재량의 여지가 있는 한 비록 그에게 귀속될 부분이 지정되어 있지 않은 경우라 하더라도 위 규정에서 말하는 '제공'에 포함된다고 해석함이 상당하다 (대법원 2002. 2. 21. 선고 2001도2819 전원합의체 판결 참조).

이 사건의 경우 원심이 적법하게 채택하여 조사한 증거에 의하여 알 수 있는 다음과 같은 사정, 즉, ① 피고인 1, 2는 2008. 2. 5.경 피고인 3에게 "비례대표 추천을 받으려면 특별당비 10억원이 필요하다"고 하면서 돈을 요구하여 피고인 3이 2008. 2. 13.경 피고인 1, 2에게 10억원을 교부하였고, 피고인 1, 2는 며칠 후 피고인 3에게 "10억원으로는 부족하니 특별당비 10억원을 더 준비하라"고 하여 피고인 3이 2008. 2. 25.경 피고인 1, 2에게 추가로 10억원을 교부하였으며, 그

후로 다시 피고인 1, 2가 피고인 3에게 "○○회 몫으로 ○○○당 국회의원 비례대표 후보자로 추천받기 위해서는 ○○회의 추천서가 반드시 필요한데, ○○회의 추천서를 받기 위한 비용으로 10억원이 필요하니 이를 더 준비하라"고 하였고, 이에 피고인 3이 2008. 3. 7.경 피고인 1, 2에게 위와 같은 명목으로 10억원과 피고인 1의 경비 명목으로 3,000만원 등 합계 10억 3,000만원을 교부한 점, ② 비록 피고인 3이 위와 같이 피고인 1, 2의 요구에 따라 특별당비나 ○○회 추천 관련 비용 등의 명목으로 금원을 교부하였다고는 하나, 그러한 거액의 금원을 교부한 주된 동기는 피고인 1의 도움을 받아 비례대표 국회의원 후보자로 추천받는 데 있었고, 그러한 목적만 이룰 수 있다면 피고인 1, 2에게 교부한 금원이 당초 언급된 명목과는 다른 용도로 사용되더라도 이의를 제기하지는 않았을 것으로 보이는 점, ③ 당초 피고인 1, 2가 내세운 명목 자체도 막연히 특별당비가 필요하다거나 ○○회의 추천을 받는데 돈이 든다는 정도에 불과하고 자금을 언제, 어떤 방식으로 집행할 것인지에 관한 구체적인 계획은 밝힌 적이 없고, 실제로도 피고인 1, 2가 피고인 3으로부터 3회에 걸쳐 받은 합계 30억 3,000만원 중에서 특별당비로 납부하거나 ○○회에 제공한 금원은 없는 것으로 보이며, 피고인 3도 금원을 교부한 시점을 전후하여 그 자금의 사용처를 확인하기 위한 별다른 노력을 하지 않은 점 등에 비추어 보면, 결국 피고인 3이 피고인 1, 2에게 특별당비를 내거나 ○○회에 제공한다는 명목 등으로 합계 30억원을 주었다고는 하나, 특정의 선거인에게 전달하기 위하여 피고인 1, 2에게 단순히 보관시키거나 돈 심부름을 시킨 것이 아니라 그들로 하여금 비례대표 국회의원 후보자 추천과 관련하여 필요한 곳에 사용하도록 제공한 것으로서 금품배분의 대상이나 방법, 시기, 액수 등에 대하여 어느 정도의 판단과 재량의 여지가 있었던 것으로 판단되므로, 피고인 3이 피고인 1, 2에게 위와 같이 합계 30억원을 준 행위는 공직선거법 제112조 제1항 소정의 금품을 '제공'한 경우에 해당되어 공직선거법 제113조 소정의 기부행위가 성립한다고 할 것이고, 피고인 3의 생각과는 달리 피고인 1, 2가 위 금원을 받을 당시 내세운 명목대로 이를 사용하지 않음으로써 피고인 3의 의사와 결과 사이에 불일치하는 측면이 있다 하더라도 이러한 사정만으로는 공직선거법 제113조 소정의 기부행위가 성립되는데 방해되지 아니한다.

(3) 비례대표 국회의원 후보자가 되고자 하는 자가 기부행위의 제한 주체에 포함되는지 여부

이 사건에서 피고인 3과 같이 비례대표 후보자가 되고자 하는 자(이하, '후보예정자'라고 한다)가 공직선거법 제113조 소정의 기부행위의 제한 주체에 포함되는지에 관하여 살피건대, ① 현행 공직선거법은 국회의원 선거를 실시함에 있어 지역구 국회

의원 선거에 대한 투표와 비례대표 국회의원 선거에 대한 투표를 분리하여 별도로 하고(1인 2표제), 비례대표 국회의원 선거에 대한 투표결과에 기초하여 비례대표 국회의원 의석을 배분하도록 규정하고 있어 비례대표 국회의원 후보자나 후보예정자도 비례대표 국회의원 선거에 대비하여 적극적으로 선거운동에 나설 가능성이 커진 점, ② 공직선거법 제20조 제1항에 의하면 비례대표 국회의원은 전국을 단위로 선거한다고 규정하고 있으므로, 비례대표 국회의원 후보자나 후보예정자의 경우 공직선거법 제113조의 규정의 '당해 선거구'라 함은 전국을 의미하고, 기부행위가 금지되는 대상은 전국의 선거구민이 된다고 해석할 수 있는 점, ③ 비례대표 국회의원 후보자나 후보예정자의 전국의 선거구민에 대한 기부행위를 공직선거법 제113조 제1항에 의하여 제한한다고 하더라도 공직선거법과 중앙선거관리위원회 규칙에 정한 바에 따라 통상적인 정당활동과 관련된 행위, 의례적 행위, 구호적·자선적 행위 등은 허용되는 점, ④ 위 공직선거법조항에서 기부행위를 할 수 없도록 제한한 주체에 비례대표 국회의원 후보자나 후보예정자는 포함되지 않는 것으로 제한 해석하게 되면, 지역구 국회의원 후보자나 후보예정자에게는 지역 선거구민에 대해서 기부행위를 제한하면서 비례대표 국회의원 후보자나 후보예정자에게는 전국 어느 누구에게나 기부행위를 할 수 있게 됨으로써 오히려 불공정한 차별을 가져올 뿐만 아니라, 정당의 지지도 상승을 노리는 각 정당이 이를 이용하여 전국적으로 기부행위를 할 우려가 있고, 이는 공직선거법 제113조 등을 통해 고비용 정치구조를 개혁하려는 입법취지를 몰각하게 된다는 점 등에 비추어 보면, 비례대표 국회의원 후보자나 후보예정자라고 하더라도 적어도 선거에 관하여 기부행위를 하는 것은 공직선거법 제113조 제1항에 의하여 금지된다고 해석함이 상당하고, 이 경우 기부행위가 금지되는 대상은 전국의 선거구민이 된다고 보아야 할 것이며, 이로 인하여 헌법상 평등의 원칙, 과잉금지의 원칙, 선거운동자유의 원칙, 죄형법정주의에 위배된다거나, 비례대표 국회의원 선거 후보자의 일반적 행동자유권, 행복추구권을 침해한다고 볼 수 없다.

이 사건의 경우 비례대표 국회의원 후보예정자인 피고인 3이 피고인 1, 2에게 특정 정당의 후보자 추천을 받을 수 있도록 영향력을 행사해 줄 것을 부탁하며 그에 필요한 용도로 사용하도록 금원을 제공하였음은 앞서 본 바와 같은바, 이는 비례대표 국회의원 후보예정자가 선거에 관하여 기부행위를 한 경우에 해당하므로 공직선거법 제113조 제1항에 위배된다고 보아야 할 것이어서, 피고인 3의 이 부분 주장은 이유 없다.

사. 검사의 피고인 1, 2의 2008. 2. 13.자 및 2. 25.자 정당의 후보자 추천 관련 금품수수의 점에 관한 주장에 대한 판단(직권으로 피고인 3의 2008. 2. 13.자 및 2. 25.자 정당의 후보자

추천 관련 금품제공의 점을 함께 판단한다)

(1) 단순일죄에 해당하는지 여부

검사는 피고인들이 후보자 추천 대가를 지급하기로 약속하는 최초 시점에 금품액수를 특정금액으로 한정하지 아니한 점, 피고인들이 후보자 추천을 받도록 활동함에 있어서 순차적으로 비용이 더 들어갈 수 있다는 점에 대하여 인식하고 있었고, 그렇기 때문에 별다른 설명 없이 불과 23일 여 만에 30억 3,000만원이 순차 지급된 점, 만약 특정금액에 대하여 서로 약정한 내용이 있었다면 마지막 10억원을 더 달라는 요구에 대하여 피고인 3이 종전 약정 내용을 들어 이를 거절하였을 것으로 보이는 점 등을 근거로 피고인 3과 피고인 1, 2 사이에 ○○○당의 비례대표 국회의원 후보자 추천을 받기 위한 활동상황에 따라 금품을 지급한다는 취지의 사전 합의가 있었고, 그 후 피고인들이 후보자 추천과 관련하여 2008. 2. 13. 10억원, 2. 25. 10억원, 3. 7. 10억 3,000만원을 수수하는 행위는 위 합의내용을 실행하는 행위에 불과하므로, 3회에 걸쳐 30억 3,000만원을 수수한 행위 전체가 단순일죄에 해당되어 공직선거법 제47조의2를 적용하여야 한다고 주장한다.

그러므로 살피건대, 앞서 본 증거에 의하면 피고인 3이 피고인 1, 2를 만나 ○○회의 추천을 통하여 ○○○당 비례대표 국회의원 후보자로 추천받기로 하고, 특별당비 10억원을 내달라는 피고인 1, 2의 요구에 따라 2008. 2. 13. 피고인 1, 2에게 최초로 10억원을 교부하였으나, 그 당시 피고인들 사이에 추가로 금원을 지급하기로 약속한 사실이 없고, 그 후 피고인 3이 특별당비를 좀 더 내야한다는 피고인 1, 2의 요구에 따라 2008. 2. 25. 추가로 10억원을 교부한 데 이어, 다시 경비가 필요하고 ○○회의 추천을 받기 위한 비용을 달라는 피고인 1, 2의 요구에 따라 마지 못해 2008. 3. 7. ○○회 추천 관련 비용으로 10억원과 활동 경비 명목으로 3,000만원을 교부한 사실이 인정되는바, 위 인정사실에 의하면, 피고인들 사이에 후보자 추천과 관련하여 최초 10억원을 수수한 후 2회에 걸쳐 당초 예정하지 않았던 금원을 추가 지급할 것을 요구하고 이에 대한 수락이 있었음을 알 수 있으므로, 피고인들이 사전에 ○○○당의 비례대표 국회의원 후보자 추천을 받기 위한 활동상황에 따라 순차적으로 금품을 지급한다는 취지의 합의가 있었다고 보기는 어렵고, 따라서 피고인들이 후보자 추천과 관련하여 3회에 걸쳐 금원을 수수하는 행위가 당초 합의된 내용을 실행하는 행위에 불과하여 그 전체가 단순일죄에 해당된다는 검사의 주장은 받아들일 수 없으며, 오히려 피고인들의 위와 같은 각 금품수수행위는 수개의 행위가 시간적, 장소적으로 접속하여 행하여지고, 범의가 단일하고 계속되며, 침해법익이 동일한 경우에 해당되어 포괄일죄로서의 처벌가능성만이 문제된다고 할 것이다.

(2) 공직선거법 제47조의2 제1항을 적용할 수 있는지 여부

포괄일죄를 구성하는 행위 도중에 형벌법규의 제정·개정이 있었다 하더라도 이로 인하여 포괄적 범죄는 양분되지 아니하고 포괄적 범죄 전체를 형벌법규 제정·개정 후에 범한 일죄로 취급하여야 한다. 다만, 헌법 제13조 제1항에 의하면 모든 국민은 행위시의 법률에 의하여 범죄를 구성하지 아니하는 행위로 소추되지 아니한다고 규정하고 있는바, 정당의 후보자 추천과 관련한 금품의 수수를 금지하는 공직선거법 제47조의2 제1항과 그 처벌규정인 공직선거법 제230조 제6항은 2008. 2. 29. 법률 제8879호로 신설되어 같은 날부터 시행되었고, 그전에는 공직선거법에 이러한 행위에 대한 처벌규정이 없었으므로, 형벌불소급의 원칙상 위 개정규정이 시행되기 전에 이루어진 피고인들 사이의 2008. 2. 13. 및 2. 25.의 각 금품수수행위에 대해서는 그 후에 시행된 위 개정규정을 적용하여 처벌할 수 없다고 봄이 상당하다.

(3) 소결론

따라서 피고인들의 2008. 2. 13. 및 2. 25. 각 금품수수행위를 2008. 3. 7. 금품수수행위와 함께 일죄로 평가하여 공직선거법 제47조의2 제1항 위반죄로 처벌하여야 한다는 검사의 이 부분 주장은 받아들일 수 없다.

아. 검사의 피고인 2의 특정경제범죄가중처벌등에관한법률위반(사기)의 점 및 공소외 3, 4에 대한 각 사기의 점에 관한 주장에 대한 판단

피고인 1의 검찰, 원심 및 이 법정에서의 각 진술을 비롯하여 검사가 제출한 증거들만으로는 피고인 2가 이○○ 대통령의 ○○회에 대한 ○○○당 비례대표 국회의원 후보자 추천 약속이 없었다거나 ○○회의 추천권이 존재하지 아니하여 피고인 1이 피고인 3을 ○○○당 비례대표 국회의원 후보자로 추천받게 해 줄 능력이 없었다는 것을 알고 있었고, 또한 피고인 1이 공기업의 감사 임명을 알선해 줄 아무런 의사나 능력이 없다는 것을 알면서도 편취의 범의로써 피고인 1과 공모하여 이 부분 각 공소사실과 같은 일련의 행위를 하였다고 인정하기에 부족하고, 달리 이를 인정할 만한 뚜렷한 증거가 없다.

오히려 기록에 의하여 알 수 있는 다음과 같은 사정들, 즉, ① 피고인 2는 2005. 6.경 ○○회 부회장인 공소외 15의 소개로 당시 이○○ 서울특별시장의 처형이라는 피고인 1을 알게 된 후, 피고인 1에게 용돈을 제공하거나 사용하던 오피스텔을 내어주고 피고인 1을 '여사님'이라고 부르면서 어른으로 모셔왔던 점, ② 스스로를 '○○회 부회장'이라고 칭하던 피고인 1은 대통령선거가 끝나기도 전인 2007. 10.경부터 ○○회 몫으로 비례대표 국회의원 1석이 있다고 피고인 2에게 말하였던 점, ③ 그 당시 ○○회

임원에서 이미 퇴임한 공소외 15를 제외하고는 ○○회에 아는 사람이 없었기 때문에 피고인 1의 말을 믿을 수밖에 없었다는 피고인 2의 주장을 배척할 만한 증거가 없는 점, ④ 피고인 1은 피고인 3으로부터 돈을 받은 후 ○○회 사무실에 찾아가 피고인 3에 대한 ○○회의 자문위원위촉장과 추천서를 받아왔는데, 피고인 1은 피고인 2를 대동하지 않은 채 혼자서 ○○회를 방문하거나 관련 업무를 처리하였던 점, ⑤ 피고인 1은 청와대에 간다면서 피고인 2의 승용차를 몇 번 이용하기는 하였으나, 종각 근처에서 차에서 내린 다음 피고인 2를 먼저 돌아가게 하였던 점, ⑥ 피고인 1은 피고인 3으로부터 받은 30억 3,000만원을 전부 자신이 보관하면서 이를 임의로 사용한 반면, 피고인 2는 그 돈의 보관처나 사용처에 대하여 전혀 알지 못하였던 점, ⑦ 피고인 3도 원심 법정에서 피고인 2는 피고인 1이 힘이 있는 것으로 믿고 있었던 것 같다고 진술하고 있는 점, ⑧ 피고인 2는 피고인 3이 비례대표 국회의원 후보자 추천에서 탈락하자 피고인 1에게 국회의원이 안 되면 다른 자리라도 알아봐 달라고 말한 점, ⑨ 피고인 2는 공소외 3, 4로부터 받은 1억 5,000만원 중 1억 4,000만원을 피고인 1의 지시에 따라 피고인 3에게 반환하였고, 나머지 1,000만원도 피고인 1에게 주었다가 피고인 1로부터 그 중 200만원을 다시 건네받아 피고인 1이 거주하던 오피스텔의 관리비로 사용한 점, ⑩ 피고인 2는 이 사건이 문제되어 검찰에 체포된 이후에도 제1회 검찰 피의자신문 당시 자신이 모든 범행을 독자적으로 저질렀다고 진술하면서 피고인 1을 보호하려고 하였던 점 등을 종합하여 보면, 피고인 2는 피고인 1이 영부인의 친언니라고 알고 있으면서 정당의 후보자 추천과 관련한 피고인 1의 말을 사실로 믿었고, 피고인 1에게 공기업의 감사 임명과 관련하여 알선하여 줄 의사나 능력이 있는 것으로 믿고서, 이 부분 각 공소사실에 적시된 바와 같이 피고인 3, 공소외 3, 4로부터 돈을 받았고, 그에 앞서 이들과 피고인 1의 만남을 주선하였으며, 피고인 3에게는 피고인 1이 비례대표 국회의원 후보자로 추천받게 해 줄 것이라고 수차례 이야기하였고, 공소외 3, 4에게는 그들이 부탁하는 공기업의 감사 임명에 대하여 피고인 1이 알선해 줄 수 있는 것처럼 말하는 등 이 부분 범죄사실에 관여한 것으로 보인다.

따라서, 이 사건 공소사실 중 피고인 2의 특정경제범죄가중처벌등에관한법률위반(사기)의 점 및 공소외 3, 4에 대한 각 사기의 점은 모두 범죄의 증명이 없는 경우에 해당한다 할 것이므로, 검사의 이 부분 주장은 이유 없다.

자. 피고인들 및 검사의 각 양형부당 주장에 대한 판단

(1) 피고인 1

피고인 1이 74세의 고령으로 건강이 좋지 않은 점, 그동안 아무런 전과가 없는 점, 자신의 잘못을 어느 정도 뉘우치고 있는 것으로 보이는 점, 피해자 공소외 3,

4, 16이 피고인 1의 처벌을 바라지 않고 있는 점, 피고인 3으로부터 받은 돈의 상당 부분을 반환한 점 등의 참작할 만한 사정이 있으나, 이 사건은 피고인 1이 마치 이○○ 대통령의 약속이 있었기 때문에 ○○회의 추천을 받기만 하면 ○○○당 비례대표 국회의원 후보자로 추천받을 수 있는 것처럼 거짓말하면서 대통령의 인척이라는 신분을 내세워 국회의원 후보자가 되고자 하는 자의 배우자에게 30억원의 기부행위를 요구하였다가 거절당하자, 다시 재력이 있는 피고인 3에게 같은 수법으로 정당의 후보자 추천과 관련한 금품제공을 요구하여 3회에 걸쳐 합계 30억 3,000만원을 교부받아 이를 편취하였고, 그 후 비례대표 후보자로 추천받지 못한 피고인 3으로부터 30억 3,000만원의 반환을 요구받고 피고인 1 자신과 아들 부부 및 손자가 외제 승용차 구입, 임대차보증금, 외환선물거래 등으로 개인적으로 사용한 6억여 원을 제외한 나머지 금액만 반환하였으나, 피고인 3으로부터 잔액의 반환을 독촉받게 되자 그 반환자금을 마련하기 위하여 또 다른 피해자들인 공소외 3, 4, 16에게 사기업에 취직시켜 줄 수 있다거나 공기업 감사 임명을 알선해 줄 수 있는 것처럼 기망하여 그들로부터 합계 2억원을 교부받아 편취한 것으로서, 이와 같은 범행으로 인하여 앞서 본 공직선거법 제47조의2 제1항과 제113조 제1항의 입법취지가 크게 훼손되었고, 여러 피해자가 다액의 경제적 손해를 입었으며, 공기업 인사와 관련한 공무원 직무의 공정성에 대한 국민의 신뢰가 현저하게 훼손되었고, 대통령과의 인척관계를 내세워 범행을 저질렀다는 점에서 그 죄질이 중할 뿐만 아니라, 그동안 사회적 지탄에도 불구하고 대통령 친인척비리가 근절되지 않고 반복됨으로써 국민에게 불신감과 좌절감을 안겨 주었고, 여전히 주요한 부패의 원인이 되고 있으므로 이를 예방하기 위한 차원에서도 엄히 처벌할 필요가 있다 할 것인바, 그 밖에 피고인 1의 연령, 성행, 환경, 전력, 범행경위, 범행 후의 정황 등 기록에 나타난 양형 요소가 되는 여러 사정을 종합하여 보면, 원심이 피고인 1에 대하여 선고한 형량(원심 판시 제2, 3의 각 죄에 대하여 징역 2년, 원심 판시 제4 내지 제6의 각 죄에 대하여 징역 1년)은 적정하다고 판단된다.

(2) 피고인 2

피고인 2가 환갑이 넘은 나이에 건강상태가 좋지 않은 점, 동종 전과가 없는 점, 자신의 잘못을 상당 부분 뉘우치고 있는 것으로 보이는 점, 피고인 3, 공소외 3, 4 등이 제공한 돈은 대부분 피고인 1이 가져갔을 뿐 피고인 2가 이를 직접 관리하거나 사용하지는 않은 점, 피고인 3, 공소외 3, 4, 5가 피고인 2의 처벌을 바라지 않고 있는 점 등의 참작할 만한 사정이 있으나, 이 사건은 피고인 2가 차용금 명목으로 3,000만원을 편취하고, 피고인 1로 하여금 대통령의 인척이라는 점을 이용하여 비례대표 국회의원 후보자 추천이나 공기업 감사 임명에 영향력을 행사할 것을 기대하고 피고인 1에게 피고인 3, 공소외 3, 4를 소개하여 피고인 3으로부터 정당의 후보자 추천과 관련하여 합계 30억 3,000만원을 제공받고, 공소외 3, 4로부터 공기업 감사 임명을 알선해 주는 대가로 합계 1억 5,000만원을 교부받는 과정에 깊이 관여한 것으로서, 그로 인하여 해당 공직선거법조항의 입법취지가 크게 훼손되었고, 공기업 인사와 관련한 공무원 직무의 공정성에 대한 국민의 신뢰가 훼손되었으며, 대통령 친인척비리를 조장하는 결과가 초래되어 그 죄질이 좋지 아니하므로 그에 상응하는 엄중한 책임을 물을 필요가 있다 할 것인바, 여기에 피고인 2의 연령, 성행, 환경, 전력, 범행경위, 범행 후의 정황 등 기록에 나타난 양형의 요소가 되는 여러 사정을 종합하여 보면, 원심이 피고인 2에 대하여 선고한 형량(원심 판시 제1, 제5, 제6의 각 죄에 대하여 징역 8월, 원심 판시 제3의 죄에 대하여 징역 10월)은 적정하다고 판단된다.

(3) 피고인 3

피고인 3은 67세의 노인으로 동종 전과가 없는 점, 결과적으로 ○○○당으로부터 비례대표 국회의원 후보자로 추천받는 데 실패하였을 뿐만 아니라 피고인 1의 사기 범행으로 인하여 거액을 편취당하고 그 중 4억 9,000만원을 아직 변제받지 못하고 있는 피해자이기도 한 점, 대부분의 범행사실을 인정하고 자신의 과오를 뉘우치고 있는 것으로 보이는 점 등의 참작할 만한 사정이 있으나, 이 사건은 피고인 3이 대통령의 인척인 피고인 1의 영향력을 이용해서 돈을 주고서라도 비례대표 국회의원이 될 욕심으로 피고인 1, 2에게 30억 3,000만원이라는 거액을 제공한 것으로서, 이로 인하여 기부행위를 제한하고 정당의 후보자 추천과 관련한 금품의 수수를 금지하는 공직선거법의 입법취지를 크게 훼손하였을 뿐만 아니라, 대통령 친인척비리에 적극 편승한 것으로서 죄질이 좋지 아니하므로, 그에 상응하는 엄중한 책임을 물을 필요가 있다 할 것인바, 그밖에 피고인 3의 연령·성행·환경, 경력, 범행경위, 범행 후의 정황 등 기록에 나타난 양형의 요소가 되는 여러 사정을 종합하여 보면, 원심이 피고인 3에 대하여 선고한 형량(징역 1년)은 적정하다고 판단된다.

(4) 소결론

그러므로 피고인들 및 검사의 위 각 양형부당 주장은 모두 이유 없다.

3. 결 론

따라서, 피고인들 및 검사의 항소는 모두 이유 없으므로, 형사소송법 제364조 제4항에 의하여 이를 모두 기각하기로 하여 주문과 같이 판결한다.

[4] 대법원의 판결[98)]

【피 고 인】 피고인 1 외 1인
【상 고 인】 피고인들
【변 호 인】 변호사 1 외 3인

【원심판결】 서울고법 2009. 1. 9. 선고 2008노2864 판결
【주 문】
상고를 모두 기각한다. 상고 후의 구금일수 중 피고인 1에 대하여는 24일을 제1심 판시 제2, 3의 죄에 대한 본형에, 피고인 2에 대하여는 89일을 그 본형에 각 산입한다.

【이 유】
상고이유를 본다.

1. 피고인 1의 상고이유에 대하여

원심판결 이유를 기록에 비추어 살펴보면, 원심이 그 판시와 같은 이유로 피고인에 대한 공소사실을 모두 유죄로 인정한 것은 정당하다.

원심판결에는 상고이유의 주장과 같이 채증법칙을 위반한 위법이 없으므로, 사실심인 원심의 전권사항에 속하는 증거의 취사선택이나 사실의 인정을 탓하는 취지의 상고이유의 주장은 적법한 상고이유가 될 수 없다.

2. 피고인 2의 상고이유에 대하여

가. 기부행위제한위반죄에 관하여

(1) 20억원은 특별당비이므로 공직선거법상 기부행위가 될 수 없다는 주장에 대하여

정당의 당원이 당비를 납부하는 행위가 공직선거법 제112조 제2항에 의하여 기부행위로 보지 아니하는 같은 항 제1호 (나)목의 '정당의 당헌·당규 기타 정당의 내부규약에 의하여 정당의 당원이 당비 기타 부담금을 납부하는 행위'에 해당하려면, 위 규정의 문언상 당해 정당의 당헌·당규 기타 내부규약에 따른 경우라야 한다 (대법원 2007. 4. 26. 선고 2007도218 판결 참조).

원심이 적법하게 인정한 사실관계에 의하면, 피고인은 ○○○당의 비례대표 국회의원 공천을 부탁하기 위하여 특별당비가 필요하다는 피고인 1의 말을 듣고 2회에 걸쳐 20억원을 공식적으로 당과 아무런 관련이 없는 피고인 1에게 직접 교부한

---

98) 대법원 2009. 4. 23. 선고 2009도834 판결 【특정경제범죄가중처벌등에관한법률위반(사기)·사기·특정범죄가중처벌등에관한법률위반(알선수재)·공직선거법위반】

것을 알 수 있는바, 피고인의 이러한 행위는 공직선거법 제112조 제2항 제1호 (나)목의 '정당의 당헌·당규 기타 정당의 내부규약에 의하여 정당의 당원이 당비 기타 부담금을 납부하는 행위'에 해당한다고 할 수 없다.

이와 같은 취지에서 피고인이 교부한 금원 중 20억원 부분이 공직선거법상 금지된 기부행위에 해당함을 전제로 하여 이 부분 공소사실을 유죄로 인정한 원심의 판단은 정당하다.

원심판결에는 공직선거법상 기부행위나 이에 대한 고의에 관한 법리오해의 위법이 없다.

(2) 비례대표 국회의원은 공직선거법상 기부행위제한위반죄의 주체가 될 수 없다는 주장에 대하여

공직선거법 제113조는 국회의원·지방의회의원·지방자치단체의 장·정당의 대표자·후보자(후보자가 되고자 하는 자를 포함한다)와 그 배우자는 당해 선거구안에 있는 자나 기관·단체·시설 또는 당해 선거구의 밖에 있더라도 그 선거구민과 연고가 있는 자나 기관·단체·시설에 기부행위를 할 수 없다고 규정하고 있는바, 공직선거법이 국회의원 선거에서 지역구 국회의원 선거에 대한 투표와 비례대표 국회의원 선거에 대한 투표를 분리하여 별도로 하도록 정하고 있고(1인 2표제), 비례대표 국회의원 선거에 대한 투표결과에 기초하여 비례대표 국회의원 의석을 배분하도록 규정하고 있어 비례대표 국회의원 후보자나 후보예정자도 비례대표 국회의원 선거에 대비하여 적극적으로 선거운동에 나설 가능성이 있는 점, 공직선거법 제20조 제1항에 의하면 비례대표 국회의원은 전국을 단위로 선거한다고 규정하고 있으므로, 비례대표 국회의원 후보자나 후보예정자의 경우 공직선거법 제113조의 규정의 '당해 선거구'라 함은 전국을 의미하고, 기부행위가 금지되는 대상은 전국의 선거구민이 되는 것으로 해석하는 것이 충분히 가능한 점, 통상 비례대표 국회의원은 지역 명망가보다는 성·계층·직능대표 중에서 선발되는 경우가 많으므로, 정당의 대표자로서의 지위에 기하여 전국에 걸쳐 계층·직능의 단체 등을 상대로 하여 기부행위를 통해 지지기반을 마련하는 것으로 정당을 위해 선거운동을 할 수도 있고, 한편으로는 기부행위를 통하여 마련된 개인적인 지지기반을 토대로 하여 비례대표 후보명단에서 앞선 순위에 오르게 함으로써 개인적으로도 당선가능성을 높이는 효과를 가져 오게 할 수도 있다고 할 것인바, 이처럼 비례대표 국회의원의 경우에 전국적인 차원에서 기부행위를 금할 실질적인 필요성이 지역구 국회의원보다 더 강하다고 볼 수도 있는 점, 비례대표 국회의원 후보자나 후보예정자의 전국의 선거구민에 대한 기부행위를 공직선거법 제113조 제1항에 의하여 제한한다고 하더라도 일상생활에서의 모든 기부행위를 금지하는 것이

아니라 후보자로 나서기로 한 이후의 기부행위만을 금하는 것이고, 공직선거법과 중앙선거관리위원회규칙에 정한 바에 따라 통상적인 정당 활동과 관련된 행위, 의례적 행위, 구호적·자선적 행위 등은 허용되며, 그 기준은 지역구 국회의원에 적용되는 것과 같으므로 비례대표 국회의원의 경우의 제한 범위가 특별히 모호하다고 할 수 없는 점, 위 공직선거법 조항에서 기부행위를 할 수 없도록 제한한 주체에 비례대표 국회의원 후보자나 후보예정자는 포함되지 않는 것으로 제한하여 해석하게 되면, 지역구 국회의원 후보자나 후보예정자에게는 지역 선거구민에 대해서 기부행위를 제한하면서 비례대표 국회의원 후보자나 후보예정자에게는 전국 어느 누구에게나 기부행위를 할 수 있게 됨으로써 오히려 불공정한 차별을 가져올 뿐만 아니라, 정당의 지지도 상승을 노리는 각 정당이 이를 이용하여 전국적으로 기부행위를 할 우려가 있고, 이는 공직선거법 제113조 등을 통해 고비용 정치구조를 개혁하려는 입법 취지를 훼손할 가능성이 있는 점 등을 종합하여 보면, 비례대표 국회의원 및 그 후보자나 후보예정자 또한 공직선거법 제113조 제1항에 정한 기부행위제한위반죄의 주체가 될 수 있다고 해석함이 상당하고, 이렇게 해석하는 것이 죄형법정주의나, 헌법상 평등의 원칙, 과잉금지의 원칙, 비례의 원칙, 선거운동자유의 원칙 등에 위반된다고 할 수 없다.

원심이 같은 취지에서 비례대표 국회의원 후보예정자 또한 공직선거법 제113조 제1항에서 정한 기부행위제한위반죄의 주체가 될 수 있다고 판단한 것은 위의 법리에 따른 것으로서 정당하다.

원심판결에는 상고이유 주장과 같이 공직선거법상 기부행위의 주체에 관한 법리를 오해한 위법이 없다.

(3) 피고인이 교부한 금원이 피고인 1에게 '제공'되었다고 볼 수 없다는 주장에 대하여

공직선거법 제112조 제1항에서 정한 '제공'은 반드시 금품을 '상대방에게 귀속'시키는 것만을 뜻하는 것으로 한정 해석할 것은 아니고, 중간자에게 금품을 주는 경우라 하더라도 그 중간자가 단순한 보관자이거나 특정인에게 특정금품을 전달하기 위하여 심부름을 하는 사자(사자)에 불과한 자가 아니고 그에게 금품배분의 대상이나 방법, 배분액수 등에 대한 어느 정도의 판단과 재량의 여지가 있는 한 비록 그에게 귀속될 부분이 지정되어 있지 않은 경우라 하더라도 위 규정에서 말하는 '제공'에 포함된다고 해석함이 상당하다(대법원 2002. 2. 21. 선고 2001도2819 전원합의체 판결 참조).

원심은 그 적법하게 채용한 증거에 의하여 인정한 그 판시와 같은 사정들을 종합하여, 피고인이 피고인 1 등에게 특별당비를 내거나 ○○회에 제공한다는 명목 등으로 합계 30억원을 주었다고는 하나, 이는 전달을 위하여 피고인 1 등에게 단순히

보관시키거나 돈 심부름을 시킨 것이 아니라 그들로 하여금 비례대표 국회의원 후보자 추천과 관련하여 필요한 곳에 사용하도록 제공한 것으로서, 피고인 1 등에게 금품배분의 대상이나 방법·시기·액수 등에 대하여 어느 정도의 판단과 재량의 여지가 있었다고 판단하여, 피고인의 그와 같은 행위는 공직선거법 제112조 제1항 소정의 금품을 '제공'한 경우에 해당된다고 인정하였다.

원심판결 이유를 위에서 본 법리 및 관계 증거에 비추어 살펴보면, 원심의 위와 같은 사실인정과 판단은 정당한 것으로 수긍할 수 있다.

원심판결에는 상고이유 주장과 같은 공직선거법상 기부행위의 정의에 관한 법리오해나 이유모순의 위법이 없다.

(4) 기부행위제한위반죄에 관한 법률의 착오 주장에 대하여

이 부분 주장은 독립된 항소이유로 삼지 않았던 것으로서 상고이유로 처음으로 하는 주장이므로 적법한 상고이유라 할 수 없을 뿐만 아니라, 직권으로 살펴보아도, 피고인이 국회의원 후보로서 정당 공천을 받기 위하여 금품을 제공한 스스로의 행위에 대하여 일반적으로 범죄가 되는 경우이지만 자기의 특수한 경우에는 법령에 의하여 허용된 행위로서 죄가 되지 아니한다고 그릇 인식하였고 그와 같이 그릇 인식함에 정당한 이유가 있었다고 볼 만한 사정을 찾아볼 수 없으므로 이 부분 주장은 받아들일 수 없다.

나. 2008. 3. 7. 수수된 10억 3천만원의 공천헌금 관련성 부인 주장에 대하여

공직선거법 제47조의2 제1항은 '정당이 특정인을 후보자로 추천하는 일과 관련하여' 금품 등을 제공하거나 받는 등의 행위를 금지하고 있는데, 위 법률에서 규정한 '후보자로 추천하는 일과 관련하여'란 금품의 제공이 후보자 추천의 대가 또는 사례에 해당하거나, 그렇지 않다 하더라도 후보자 추천에 있어서 그러한 금품의 제공이 어떠한 형태로든 영향을 미칠 수 있는 경우에 해당하여야 함을 의미하는 것이라고 보아야 한다 (대법원 2007. 9. 6. 선고 2006도6307 판결 참조).

원심은, 그 채용 증거들을 종합하여 그 판시와 같은 사실을 인정한 다음, 피고인과 피고인 1 사이에 2008. 3. 7. 수수된 10억 3천만원은 ○○○당 비례대표 국회의원 후보자로 추천받는 데에 반드시 필요하다는 ○○회의 추천을 받기 위한 명목과 이를 알선하는 피고인 1의 경비 명목으로 수수된 것으로서, 이는 후보자 추천의 대가 또는 사례에 해당하거나 후보자 추천에 있어서 그러한 금품의 제공이 어떠한 형태로든 영향을 미칠 수 있는 경우에 해당한다고 보아 그 행위는 공직선거법 제47조의2 제1항 소정의 정당이 특정인을 후보자로 추천하는 일과 관련된다고 판단하였다.

기록에 비추어 보면, 원심의 위와 같은 사실인정과 판단은 위의 법리에 따른 것으로서

정당하다. 원심판결에는 공직선거법 제47조의2 소정의 공천관련성에 관한 법리를 오해한 위법이 없다.

다. 기부행위제한위반죄와 공천관련금품수수죄의 죄수관계에 관한 주장에 대하여

상상적 경합은 1개의 행위가 실질적으로 수개의 구성요건을 충족하는 경우를 말하고, 법조경합은 1개의 행위가 외관상 수개의 죄의 구성요건에 해당하는 것처럼 보이나 실질적으로 1죄만을 구성하는 경우를 말하며, 실질적으로 1죄인가 또는 수죄인가는 구성요건적 평가와 보호법익의 측면에서 고찰하여 판단하여야 한다(대법원 2002. 7. 18. 선고 2002도669 전원합의체 판결 등 참조). 한편, 법조경합의 한 형태인 특별관계란 어느 구성요건이 다른 구성요건의 모든 요소를 포함하는 외에 다른 요소를 구비하여야 성립하는 경우로서, 특별관계에서는 특별법의 구성요건을 충족하는 행위는 일반법의 구성요건을 충족하지만 반대로 일반법의 구성요건을 충족하는 행위는 특별법의 구성요건을 충족하지 못한다(대법원 2006. 5. 26. 선고 2006도1713 판결 참조).

살피건대, 공직선거법에서의 기부행위는 일방이 상대방에서 무상의 이익을 제공하거나 약속하는 것으로서, 이를 제한하는 것은 그것이 후보자 등의 지지기반을 조성하는 데에 기여하거나 매수행위와 결부될 가능성이 높아 이를 허용할 경우 선거 자체가 후보자의 인물·식견 및 정책 등을 평가받는 기회가 되기보다는 후보자의 자금력을 겨루는 과정으로 타락할 위험성이 있어 이를 방지하기 위하여 마련된 것이고, 공천과 관련한 금품수수행위는 정당이 특정인을 후보자로 추천하는 일과 관련하여 재산상 이익이나 공사의 직을 제공하는 등의 행위를 하는 것으로서, 이를 제한하는 것은 정당의 후보자 추천의 공정성과 정당 운영의 투명성·도덕성을 제고하고 나아가 공직선거에 있어서 후보자 추천 단계에서부터 금권의 영향력을 원천적으로 봉쇄함으로써 궁극적으로 공명정대한 선거를 보장하기 위한 것으로서, 양자는 범죄구성요건과 입법 취지를 달리하고 있다. 한편, 지역구 국회의원이 공천과 관련하여 자신의 선거구 밖에서 연고가 없는 상대방에게 금품 등을 교부한 경우나, 혹은 공천과 관련하여 제공된 금품이 적절한 대가관계에 있는 등 무상성이 인정되지 아니하는 경우에는 공천관련금품수수죄가 성립하는데도 기부행위제한위반죄에는 해당하지 않을 경우를 상정할 수도 있다. 이러한 점들을 종합하여 보면 공천관련금품수수죄가 기부행위제한위반죄에 대하여 특별관계에 있다고는 볼 수 없다.

같은 취지의 원심의 판단은 정당하다. 원심판결에는 상고이유의 주장과 같이 공직선거법상 기부행위제한위반죄와 공천관련금품수수죄 사이의 관계에 관하여 법리를 오해한 위법이 없다.

라. 사기죄의 피해자는 공천관련금품수수죄의 주체가 될 수 없다는 주장에 대하여

국회의원 선거에서 정당의 공천을 받게 하여 줄 의사나 능력이 없음에도 이를 해 줄 수 있는 것처럼 기망하여 공천과 관련하여 금품을 받은 경우, 공직선거법상 공천관련금품수수죄와 사기죄가 모두 성립하고 양자는 상상적 경합의 관계에 있다고 할 것이다.

원심판결 이유에 의하면 원심은, 그 판시와 같은 사정들을 종합하여, 피고인 1은 피고인을 후보자로 추천받게 할 능력은 없었더라도 그 나름대로의 의사가 있었던 것으로 보이므로, 피고인 1이 그러한 의사로 ○○○당의 비례대표 국회의원 후보자 추천과 관련하여 금원을 수수한 이상 그 과정에서 금원의 제공을 유도하기 위하여 후보자 추천이 확실히 보장된 것처럼 자신의 영향력을 과장하는 등의 기망 수단을 사용하였더라도 피고인 1의 이러한 행위는 사기죄와는 별도로 공직선거법 제47조의2 제1항 위반죄에 해당되고 이러한 공직선거법 위반죄와 앞에서 본 사기죄는 상상적 경합의 관계에 있다 할 것이고, 한편으로는 피고인으로서도 피고인 1로부터 기망당하여 후보자 추천에 영향력을 행사할 수 있는지에 관하여 피고인 1의 능력 등을 잘못 판단하였으나, 피고인 1의 말을 믿고 ○○회 몫의 비례대표 국회의원 자리가 있다고 생각하고 금품을 제공하고서라도 ○○회의 추천을 받아 ○○○당의 비례대표 국회의원 후보자로 추천받겠다는 생각으로 금품을 제공한 것이므로, 결국 피고인이 위 금원을 제공하는 과정에서 의사결정상 어느 정도의 하자가 있었다고 하더라도 후보자 추천과의 관련성이 인정되는 이상 이러한 피고인의 행위 역시 공직선거법 제47조의2 제1항 위반죄에 해당한다고 봄이 상당하다고 판단하였다.

위의 법리와 기록에 비추어 살펴보면, 원심의 판단은 정당한 것으로 수긍이 간다. 원심판결에는 상고이유의 주장과 같은 사기죄와 공직선거법상 공천관련금품수수죄의 관계나, 공천관련금품수수죄의 주체에 관하여 법리를 오해한 위법이 없다.

3. 결 론

그러므로 상고를 모두 기각하고, 상고 후의 구금일수 중 일부씩을 각 본형에 산입하기로 하여 관여 대법관의 일치된 의견으로 주문과 같이 판결한다.

Chapter
35 지방의회의원이 음식물등 제공에 사용한 금원이 지방의회의 업무추진비에서 예산집행절차를 거쳐 지급된 것인 경우

[1] 사건의 쟁점

1. 지방의회의원 등의 기부행위가 공직선거법 제112조 제2항 등에 규정된 의례적이거나 직무상의 행위 또는 통상적인 정당활동에 해당하지 않더라도 예외적으로 위법성이 조각될 수 있는지 여부
2. 지방의회의원이 음식물 등 제공에 사용한 금원이 지방의회의 업무추진비에서 예산집행절차를 거쳐 지급된 것이라고 하더라도, 그 지급행위가 공직선거법 제257조 제1항 제1호 위반죄에 해당한다고 한 사례

[2] 관련법령

1. 공직선거법 제112조 제1항, 제2항, 제113조, 제257조 제1항 제1호, 형법 제20조
2. 공직선거법 제112조 제2항 제4호, 제257조 제1항 제1호, 형법 제20조

가. 공직선거법 [법률 제9466호, 2009. 2. 12, 일부개정]

제112조(기부행위의 정의 등 〈개정 2004.3.12〉) ① 이 법에서 "기부행위"라 함은 당해 선거구안에 있는 자나 기관·단체·시설 및 선거구민의 모임이나 행사 또는 당해 선거구의 밖에 있더라도 그 선거구민과 연고가 있는 자나 기관·단체·시설에 대하여 금전·물품 기타 재산상 이익의 제공, 이익제공의 의사표시 또는 그 제공을 약속하는 행위를 말한다. 〈개정 2004.3.12〉

1. 삭제 〈2004.3.12〉
2. 삭제 〈2004.3.12〉
3. 삭제 〈2004.3.12〉
4. 삭제 〈2004.3.12〉
5. 삭제 〈2004.3.12〉
6. 삭제 〈2004.3.12〉
7. 삭제 〈2004.3.12〉
8. 삭제 〈2004.3.12〉
9. 삭제 〈2004.3.12〉

10. 삭제 〈2004.3.12〉 11. 삭제 〈2004.3.12〉

② 제1항의 규정에 불구하고 다음 각 호의 어느 하나에 해당하는 행위는 기부행위로 보지 아니한다. 〈개정 2004.3.12, 2005.8.4, 2008.2.29〉

1. 통상적인 정당활동과 관련한 행위
   가. 정당이 각급당부에 당해 당부의 운영경비를 지원하거나 유급사무직원에게 보수를 지급하는 행위
   나. 정당의 당헌·당규 기타 정당의 내부규약에 의하여 정당의 당원이 당비 기타 부담금을 납부하는 행위
   다. 선거비용제한액의 범위 내에서 정당이 소속후보자에게 선거비용을 지원하는 행위
   라. 제140조(창당대회 등의 개최와 고지의 제한) 제1항의 규정에 의한 창당대회 등과 제141조(당원집회의 제한) 제2항의 규정에 의한 당원집회 및 당원교육 기타 소속당원만을 대상으로 하는 당원집회에서 참석당원 등에게 정당의 경비로 교재 기타 정당의 홍보인쇄물이나 싼 값의 정당의 배지나 상징마스코트를 제공하는 행위
   마. 통상적인 범위 안에서 선거사무소·선거연락소 또는 정당의 사무소를 방문하는 자에게 다과·떡·김밥·음료(주류는 제외한다) 등 다과류의 음식물을 제공하는 행위
   바. 통상적인 범위 안에서 시·도당의 대표자가 참석하는 당직자회의(읍·면·동단위 이상의 지역책임자급 간부와 관할 구·시·군의 수에 상당하는 상위직의 간부가 참석하는 회의를 말한다)에 참석한 당직자에게 식사류의 음식물(온천장·관광지 또는 유흥시설을 갖춘 장소 등에서 하는 음식물을 포함한 접대를 제외한다)을 제공하는 행위
2. 의례적 행위
   가. 민법 제777조(친족의 범위)의 규정에 의한 친족의 관혼상제의식 기타 경조사에 축의·부의금품을 제공하는 행위
   나. 정당의 대표자가 당해 당부에서 근무하는 유급사무직원에게 연말·설 또는 추석에 의례적인 선물을 제공하는 행위
   다. 정당의 대표자가 주관하는 당무에 관한 회의에서 참석한 각급 당부의 대표자·책임자 또는 유급당직자에게 정당의 경비로 식사류의 음식물을 제공하는 행위
   라. 정당의 중앙당의 대표자가 당무파악 및 지역여론을 수렴하기 위하여 시·도당을 방문하는 때에 정당의 경비로 방문지역의 기관·단체의 장 또는 사회단체의 간부나 언론인 등 제한된 범위의 인사를 초청하여 간담회를 개최하고 식사류의 음식물을 제공하는 행위
   마. 친목회·향우회·종친회·동창회 등 각종 사교·친목단체 및 사회단체의 구성원으로서 당해 단체의 정관·규약 또는 운영관례상의 의무에 기하여 종전의 범위 안에서 회비를 납부하는 행위

바. 종교인이 평소 자신이 다니는 교회·성당·사찰 등에 통상의 예에 따라 헌금(물품의 제공을 포함한다)하는 행위

사. 통상적인 범위 안에서 선거운동을 위하여 후보자와 함께 다니는 자나 국회의원·후보자·예비후보자가 관할구역안의 지역을 방문하는 때에 함께 다니는 자에게 식사류의 음식물(온천장·관광지 또는 유흥시설을 갖춘 장소 등에서 하는 음식물을 포함한 접대를 제외한다)을 제공하는 행위. 이 경우 함께 다니는 자의 범위에 관하여는 중앙선거관리위원회규칙으로 정한다.

아. 기관·단체·시설의 대표자가 소속 상근직원이나 그 배우자, 직계존·비속이 결혼하거나 사망한 때에 통상적인 범위 안에서 축의·부의금품을 제공하는 행위

자. 읍·면·동 이상의 행정구역단위의 정기적인 문화·예술·체육행사, 각급학교의 졸업식 또는 공공의 이익을 위한 행사에 의례적인 범위 안에서 상장(부상을 제외한다)을 수여하는 행위. 다만, 제60조의2(예비후보자등록) 제1항의 규정에 따른 예비후보자등록신청개시일부터 선거일까지 후보자(후보자가 되고자 하는 자를 포함한다)가 직접 수여하는 행위를 제외한다.

3. 구호적·자선적 행위

가. 법령에 의하여 설치된 사회보호시설 중 수용보호시설에 의연금품을 제공하는 행위

나. 「재해구호법」의 규정에 의한 구호기관(전국재해구호협회를 포함한다) 및 「대한적십자사 조직법」에 의한 대한적십자사에 천재·지변으로 인한 재해의 구호를 위하여 금품을 제공하는 행위

다. 「장애인복지법」 제58조에 따른 장애인복지시설(유료복지시설을 제외한다)에 의연금품·구호금품을 제공하는 행위

라. 「국민기초생활 보장법」에 의한 수급권자인 중증장애인에게 자선·구호금품을 제공하는 행위

마. 자선사업을 주관·시행하는 국가·지방자치단체·언론기관·사회단체 또는 종교단체 기타 국가기관이나 지방자치단체의 허가를 받아 설립된 법인 또는 단체에 의연금품·구호금품을 제공하는 행위. 다만, 광범위한 선거구민을 대상으로 하는 경우 누가 주는 것인지를 알 수 있는 방법으로 제공하는 행위를 제외한다.

4. 직무상의 행위

가. 국가기관 또는 지방자치단체가 자체사업계획과 예산으로 행하는 법령에 의한 금품제공행위(지방자치단체가 표창·포상을 하는 경우 부상의 수여를 제외한다. 이하 나목에서 같다)

나. 지방자치단체가 자체사업계획과 예산으로 대상·방법·범위 등을 구체적으로 정한 당해 지방자치단체의 조례에 의한 금품제공행위

다. 구호사업 또는 자선사업을 행하는 국가기관 또는 지방자치단체가 자체사업계획과 예산으로 당해 국가기관 또는 지방자치단체의 명의를 나타내어 행하는 구호행위·자선행위

라. 선거일전 60일까지 국가·지방자치단체 또는 공공기관[「정부투자기관 관리기본법」 제2조(적용범위)의 규정에 의한 정부투자기관 그 밖에 중앙선거관리위원회규칙이 정하는 기관을 말한다]의 장이 업무파악을 위한 초도순시 또는 연두순시차 하급기관을 방문하여 업무보고를 받거나 주민여론 등을 청취하면서 자체사업계획과 예산에 따라 참석한 소속공무원이나 임·직원, 유관기관·단체의 장과 의례적인 범위안의 주민대표에게 통상적인 범위 안에서 식사류(지방자치단체의 장의 경우에는 다과류를 말한다)의 음식물을 제공하는 행위

마. 물품구매·공사·역무의 제공 등에 대한 대가의 제공 또는 부담금의 납부 등 채무를 이행하는 행위

5. 그 밖에 위 각 호의 어느 하나에 준하는 행위로서 중앙선거관리위원회규칙으로 정하는 행위

③ 제2항에서 "통상적인 범위 안에서 제공하는 음식물"이라 함은 중앙선거관리위원회규칙으로 정하는 금액범위 안에서 일상적인 예를 갖추는데 필요한 정도로 현장에서 소비될 것으로 제공하는 것을 말하며, 기념품 또는 선물로 제공하는 것은 제외한다. 〈신설 1997.11.14〉

④ 삭제 〈2004.3.12〉

⑤ 각급선거관리위원회(읍·면·동선거관리위원회를 제외한다)는 기부행위제한의 주체·내용 및 기간 그 밖에 필요한 사항을 광고 등의 방법으로 홍보하여야 한다. 〈개정 1997.11.14, 2004.3.12, 2005.8.4〉

제113조(후보자 등의 기부행위제한) ① 국회의원·지방의회의원·지방자치단체의 장·정당의 대표자·후보자(후보자가 되고자 하는 자를 포함한다)와 그 배우자는 당해 선거구안에 있는 자나 기관·단체·시설 또는 당해 선거구의 밖에 있더라도 그 선거구민과 연고가 있는 자나 기관·단체·시설에 기부행위(결혼식에서의 주례행위를 포함한다)를 할 수 없다.
② 누구든지 제1항의 행위를 약속·지시·권유·알선 또는 요구할 수 없다.
[전문개정 2004.3.12]

제257조(기부행위의 금지제한 등 위반죄) ① 다음 각 호의 1에 해당하는 자는 5년 이하의 징역 또는 1천만원 이하의 벌금에 처한다. 〈개정 1996.2.6, 1997.1.13, 1997.11.14, 2000.2.16,

2004.3.12〉

1. 제113조(후보자 등의 기부행위제한)·제114조(정당 및 후보자의 가족 등의 기부행위제한) 제1항 또는 제115조(제삼자의 기부행위제한)의 규정에 위반한 자
2. 제81조(단체의 후보자 등 초청 대담·토론회) 제6항[제82조(언론기관의 후보자 등 초청 대담·토론회) 제4항에서 준용하는 경우를 포함한다]의 규정을 위반한 자

② 제81조 제6항·제82조 제4항·제113조·제114조 제1항 또는 제115조에서 규정하고 있는 정당(창당준비위원회를 포함한다)·정당의 대표자·정당선거사무소의 소장, 국회의원·지방의회의원·지방자치단체의 장, 후보자(후보자가 되고자 하는 자를 포함한다. 이하 이 조에서 같다), 후보자의 배우자, 후보자나 그 배우자의 직계존·비속과 형제자매, 후보자의 직계비속 및 형제자매의 배우자, 선거사무장, 선거연락소장, 선거사무원, 회계책임자, 연설원, 대담·토론자, 후보자 또는 그 가족과 관계있는 회사 등이나 그 임·직원과 제삼자[제116조(기부의 권유·요구 등의 금지)에 규정된 행위의 상대방을 말한다]에게 기부를 지시·권유·알선·요구하거나 그로부터 기부를 받은 자[제261조(과태료의 부과·징수 등) 제5항의 규정에 해당하는 자를 제외한다]는 3년 이하의 징역 또는 500만원 이하의 벌금에 처한다. 〈개정 1997.1.13, 2000.2.16, 2004.3.12, 2008.2.29〉
③ 제117조(기부받는 행위 등의 금지)의 규정에 위반한 자는 3년 이하의 징역 또는 500만원 이하의 벌금에 처한다. 〈신설 1995.5.10〉
④ 제1항 내지 제3항의 죄를 범한 자가 받은 이익은 이를 몰수한다. 다만, 그 전부 또는 일부를 몰수할 수 없을 때에는 그 가액을 추징한다. 〈신설 1995.5.10〉

나. 형법 [법률 제7623호, 2005. 7. 29, 일부개정]

제20조(정당행위) 법령에 의한 행위 또는 업무로 인한 행위 기타 사회상규에 위배되지 아니하는 행위는 벌하지 아니한다.

[3] 서울고등법원의 판결[99)]

【피 고 인】 피고인
【항 소 인】 쌍 방
【검　　사】 검 사

99) 서울고등법원 2009. 1. 8. 선고 2008노2701 판결 **【공직선거법위반】**

【변 호 인】 법무법인

【원심판결】 춘천지방법원 속초지원 2008. 10. 10. 선고 2008고합33 판결

【주 문】

원심판결 중 유죄부분을 파기한다.

피고인을 벌금 800,000원에 처한다.

피고인이 위 벌금을 납입하지 아니하는 경우 50,000원을 1일로 환산한 기간 피고인을 노역장에 유치한다.

별지 범죄일람표 순번 2 내지 9, 11 내지 20, 22 내지 24, 26 내지 28, 30 내지 32, 34 내지 37, 39 내지 42, 44 내지 47, 49, 51, 52, 54, 57 내지 59번 기재의 각 공직선거법위반의 점은 각 무죄.

원심판결 중 무죄부분에 대한 검사의 항소를 기각한다.

【이 유】

1. 항소이유의 요지

가. 피고인

(1) 사실오인 내지 법리오해

피고인은 다음과 같은 사유로 이 사건 공소사실에 대하여 무죄가 선고되어야 함에도 불구하고 유죄를 선고한 원심에는 사실오인 내지 법리오해로 인하여 판결에 영향을 미친 위법이 있다고 주장한다.

(가) 이 사건 공소사실 중 별지 범죄일람표 순번 5 내지 8, 11, 12, 14, 15, 16, 19, 20, 24, 35, 37, 39, 40, 42, 45, 46, 49, 52, 54, 56, 57, 58번 부분은 피고인으로부터 음식물 등을 제공받은 상대방이 공직선거법 제113조 제1항에서 금지하고 있는 기부행위의 상대방인 "당해 선거구안에 있는 자"와 "당해 선거구의 밖에 있더라도 그 선거구민과 연고가 있는 자"에 해당하는지 여부가 불분명하고, 이를 인정할 증거가 없다.

(나) 이 사건 피고인의 행위는, ① 이 사건 식사제공 등의 동기 및 경위가 피고인이 ○○군의회 의장으로서 열악한 조건에서 고생하고 있는 환경미화원들과 같이 새벽 5시부터 시내, 항구, 포구를 다니면서 쓰레기를 수거한 후 조찬을 하면서 어려움을 청취하고 음지에서 묵묵히 역할을 수행하고 있음을 치하 격려하였고, 또한 피고인의 선거구가 아닌 ○○군의회의 의장으로서 군청, 면사무소, 보건소, 경찰서 등에서 ○○군 전체를 위하여 업무를 수행하고 있는 직원들로부터 군정발전을 위한 의견을 듣고 업무를 격려하였던 것이며, 축제위원회 관련자들이나

요양원 자원봉사자 등에 대해서도 지역발전 및 공익을 위해 봉사하는 사람들의 사기를 진작하고 애로사항을 청취하기 위하여 노력하였고, ☆☆을 상대로 하는 언론기자 등에 대해서도 강원도 전체 도민에게 ○○군의 의정활동을 널리 올바르게 홍보하고 의정활동에 필요한 정보를 수집하는 등으로 원만한 관계를 유지하기 위하여 의장으로서의 직분을 수행하였으며, 그 과정에서 피고인의 업무추진비를 이용하여 참석자들에게 의례적으로 인정되는 정도의 음식물 등을 제공하였고, 그 시기 역시 이미 지방선거가 있은 지 1년이 지난 후이며 또한 2010. 5. 2. 실시되는 다음 지방선거 선거기일까지 한참을 앞두고 있는 시점에서 이와 같은 의장으로서의 직무를 수행하면서 의례적으로 식비를 부담하였던 것으로서 이것이 통상적으로 다음 선거에 영향을 미칠 가능성이 있다고 할 수 없는 점, ② 피고인이 상대방에게 현금을 제공한 바 없고, 모두 ○○군의회 의장에게 부여되어 제반 규정과 적법절차에 의하여 사용용도가 정해진 업무추진비에서 신용카드 결제방식으로 식사비용 등을 제공하였던 점, ③ 피고인으로부터 식사 등을 제공받은 자들 중에 피고인의 선거구에 해당하는 사람들이 존재하는 것은 군정 업무종사자 중에서 피고인이 알고 있는 사람들이 주로 해당 지역구에 거주하고 있기 때문이었고, 식사를 한 장소가 피고인의 선거구에 속해 있는 경우가 다수 있는 것은 주로 저녁 시간대인 관계로 가능한 한 피고인의 주거지와 가까운 곳으로 정하였고, 가급적이면 업무추진비를 사용하는 김에 선거구 내의 음식점 등을 이용하여 매출을 올려주는 것이 낫다고 생각하였기 때문인 점, ④ 별지 범죄일람표상 피고인이 초등학교 동창생 4명과 함께 식사를 한 것이나 피고인의 처가 가입한 혼인계 회원들과 삼겹살 등을 먹은 부분들은 사회생활을 하는 보통 사람이라면 누구나 용인할 수 있는 범위 내에 해당하는 점 등을 종합할 때 사회상규에 위배되지 않거나 정당한 행위에 해당하여 위법성이 없다.

(2) 양형부당

이 사건 공소사실은 2006년 지방선거가 있은 지 1년 이상이 지나고 나서 이루어졌고, 차기 지방선거일인 2010년까지도 한참을 앞두고 있는 시점에서 이루어진 것으로서 선거의 공정성이 현실적으로 침해될 가능성은 높지 않다고 할 것인 점, 그 방식 역시 상대방에게 금전을 지급한 것이 아니라 간단한 식사를 하고 그 비용을 부담한 것으로서 행위태양 역시 가벌성이 높다고 할 수 없는 점, 피고인이 그 잘못을 깊이 반성하고 있는 점 등 이 사건의 여러 가지 양형 조건에 비추어 피고인에 대한 원심의 선고형(벌금 300만원)은 너무 무거워 부당하다.

나. 검　사

(1) 원심판결 중 무죄부분에 대한 사실오인 내지 법리오해

피고인이 피고인 개인이 소지한 법인카드로 결제를 하였거나, ○○군의회가 소지한 법인카드로 결제를 하였거나간에 범죄성립에는 지장이 없음에도 불구하고 ○○군의회가 소지한 법인카드로 결제를 한 공소사실 부분에 대하여 사용한 카드가 ○○군의회가 소지한 법인카드라는 이유만으로 무죄를 선고한 원심에는 사실오인 내지 법리오해로 판결에 영향을 미친 위법이 있다.

(2) 양형부당

피고인이 8개월 동안 총 49회에 걸쳐 합계 7,816,500원 상당의 음식물을 제공하여 기부행위를 한 점, ○○군의회의 바람직한 의정활동을 위하여 지급된 돈을 피고인 개인의 월급처럼 마음대로 사용한 점 등 이 사건의 여러 가지 양형 조건에 비추어 피고인에 대한 원심의 선고형은 너무 가벼워 부당하다.

2. 항소이유에 대한 판단

가. 피고인의 항소이유 중 사실오인 내지 법리오해 주장에 대한 판단

(1) 피고인으로부터 음식물 등을 제공받은 상대방이 공직선거법 제113조 제1항에서 금지하고 있는 기부행위의 상대방인 "당해 선거구안에 있는 자"와 "당해 선거구의 밖에 있더라도 그 선거구민과 연고가 있는 자"에 해당하는지 여부에 대한 판단

(가) 공직선거법 제113조 제1항은 '당해 선거구안에 있는 자'와 '당해 선거구의 밖에 있더라도 그 선거구민과 연고가 있는 자'에 대한 기부행위를 금지하고 있는바, 여기서 '당해 선거구안에 있는 자'란 선거구 내에 주소나 거소를 갖는 사람은 물론 선거구안에 일시적으로 머무르는 사람도 포함되고, '선거구민과 연고가 있는 자'란 당해 선거구민의 가족·친지·친구·직장동료·상하급자나 향우회·동창회·친목회 등 일정한 혈연적·인간적 관계를 가지고 있어 그 선거구민의 의사결정에 직접적 또는 간접적으로 어떠한 영향을 미칠 수 있는 가능성이 있는 사람을 말하며 그 연고를 맺게 된 사유는 불문한다고 할 것이다(대법원 2007. 3. 30. 선고 2006도9043 판결 등 참조).

(나) 원심 및 당심이 적법하게 채택하여 조사한 증거들에 의하면 다음 사실이 인정된다.

① 피고인은 2006. 5. 31. 실시된 제4회 전국동시지방선거에서 지방의회 의원으로 당선된 자로서 그 선거구는 ○○군 △△읍과 ◇◇면을 선거구로 하는 ○○군 '나'선거구이고, 2006. 7. 1. ○○군의회 의장에 선출되었다.

② 별지 범죄일람표 순번 6, 8, 16, 52, 57번에 기재된 공소외 1은 ○○군청 문화관광과 과장이고, 문화관광과 직원인 공소외 2는 피고인의 선거구인 강원 ○○군

△△읍(이하 '△△읍'이라고만 한다)에 거주하고 있으며, 공소외 3 역시 피고인의 선거구인 강원 ○○군 ◇◇면(이하 '◇◇면'이라고만 한다)에 거주하고 있다.

③ 별지 범죄일람표 순번 7번에 기재된 ◎◎면사무소 면장 공소외 4는 △△읍에 거주하는 공소외 5, 6, 7과 개인적인 친분관계가 있다.

④ 별지 범죄일람표 순번 11번에 기재된 공소외 8은 △△읍의 거주자이고, 이 사건 당시 ○○경찰서 ◇◇면치안센터의 민원담당관이었다.

⑤ 별지 범죄일람표 순번 12, 19번에 기재된 ○○군보건소 소장 공소외 9는 그 보건소 직원인 공소외 10이 △△읍에 거주하고 있다.

⑥ 별지 범죄일람표 순번 15, 35번에 기재된 공소외 11은 △△읍의 거주자이다.

⑦ 별지 범죄일람표 순번 24번에 기재된 강원도청 마라톤 코치 공소외 12는 2007. 10. 중순경 당시 □□여고에 재학중인 공소외 13을 스카웃하기 위해 강원 ○○군을 방문하였다가(공소외 13의 부모는 강원 ○○군 ◇◇면 거주) 피고인으로부터 음식을 대접받았다.

⑧ 별지 범죄일람표 순번 37, 42번에 기재된 ○○군청 농업기술센터 소장 공소외 14는 업무관계로 피고인의 위 선거구에 자주 출장을 다니면서 직무관계로 알게 된 사람도 많고, △△읍에 거주하는 농촌지도자회 ○○군 연합회장 공소외 15, △△읍 생활개선회장 공소외 16, 여성농업인 ○○군연합회 부회장 공소외 17 및 ◇◇면에 거주하는 농업경영인 회원 공소외 18과 개인적으로 잘 아는 관계이다.

⑨ 별지 범죄일람표 순번 39, 49, 54번에 기재된 공소외 19는 ○○명태 및 겨울바다 축제위원회 부위원장으로서 위 축제위원회의 고문 18명 중 피고인을 포함한 6명이 피고인의 위 선거구에 거주하는 등 축제위원들 중 상당수가 피고인의 위 선거구에 거주하고 있다.

⑩ 별지 범죄일람표 순번 40번에 기재된 공소외 20은 ○○경찰서 ▽▽지구대 경감인데, ▽▽지구대 소속 경장 공소외 21은 ◇◇면에 거주하고 있다.

⑪ 별지 범죄일람표 순번 56번에 기재된 ××상사 □□영업소 소장 공소외 22는 □□, ○○ 지역을 영업지역으로 하고 있으며, 위 영업소 소속 직원인 공소외 23, 24, 25는 △△읍에 거주하고 있다.

⑫ 별지 범죄일람표 순번 58번에 기재된 공소외 26은 ○○명태 및 겨울바다 축제위원회 위원장으로서 위 축제위원회의 고문 18명 중 피고인을 포함한 6명이 피고인의 위 선거구에 거주하는 등 축제위원들 중 상당수가 피고인의 위 선거구에 거주하고 있다.

(다) 위 인정사실에다가 당심에서 별지 범죄일람표 순번 5, 14, 20, 45, 46번에 기재된 ○○일보 기자 공소외 27, ○○군검도연합회 회장 공소외 28, ▼▼▼ ▼▼▼ 요양원 자원봉사자인 성명불상자 등에 대하여는 검사가 이들이 피고인의 '당해 선거구(앞서 본 피고인의 선거구인 ○○군 △△읍과 ◇◇면을 말한다, 이하 같다) 안에 있는 자'와 '당해 선거구의 밖에 있더라도 그 선거구민과 연고가 있는 자'임을 인정할 아무런 자료를 제출하지 못하고 있는 점 등을 더하여 앞서 본 법리에 비추어 보면, 별지 범죄일람표 순번 5 내지 8, 11, 12, 14, 15, 16, 19, 20, 24, 35, 37, 39, 40, 42, 45, 46, 49, 52, 54, 56, 57, 58번 부분 중 5, 14, 20, 24, 45, 46번 부분은 피고인의 이 사건 행위가 피고인의 '당해 선거구안에 있는 자'와 '당해 선거구의 밖에 있더라도 그 선거구민과 연고가 있는 자'를 대상으로 한 것임을 인정하기 어렵거나 이를 인정할 증거가 없다고 할 것인 반면에, 나머지 부분은 피고인이 피고인의 '당해 선거구안에 있는 자'와 '당해 선거구의 밖에 있더라도 그 선거구민과 연고가 있는 자'를 대상으로 이 사건 행위를 하였음을 충분히 인정할 수 있다고 할 것이므로, 피고인의 이 부분 주장은 별지 범죄일람표 순번 5, 14, 20, 24, 45, 46번 부분에 한하여 이유 있고, 나머지 부분에 대하여는 이유 없다고 할 것이다{별지 범죄일람표 순번 5 내지 8, 11, 12, 14, 15, 16, 19, 20, 24, 35, 37, 39, 40, 42, 45, 46, 49, 52, 54, 56, 57, 58번 부분 중 5, 14, 20, 24, 45, 46번을 제외한 나머지 부분에 기재된 식사제공 대상자 중 특정되지 않는 사람들이 일부 존재하나, 위 (1)(나)① 내지 ⑥항 및 ⑧ 내지 ⑫항에서 본 바와 같은 사정 및 아래 (2)(나)① 내지 ⑪, ⑬, ⑭항에서 보는 바와 같은 각 식사의 성격에 비추어 보면, 그들도 모두 '당해 선거구안에 있는 자'와 '당해 선거구의 밖에 있더라도 그 선거구민과 연고가 있는 자'에 해당한다고 봄이 상당하다고 할 것이다}.

(2) 피고인의 이 사건 행위가 사회상규에 위배되지 않거나 정당한 행위에 해당하여 위법성이 없는지 여부에 대한 판단

(가) 무릇 공직선거법 제112조 제1항에 해당하는 금품 등의 제공행위가 같은 조 제2항과 이에 근거한 중앙선거관리위원회규칙 및 그 위원회의 결정에 의하여 의례적 행위나 직무상 행위로서 허용되는 것으로 열거된 행위에 해당하는 경우에는 후보자 등의 기부행위 금지위반을 처벌하는 같은 법 제257조 제1항 제1호의 구성요건해당성을 결여한다고 할 것이고, 후보자 등이 한 기부행위가 같은 법 제112조 제2항 등에 의하여 규정된 의례적 행위나 직무상 행위에 해당하지는 아니하더라도, 그것이 지극히 정상적인 생활형태의 하나로서 역사적으로 생성된 사회질서의 범위 안에 있는 것이라고 볼 수 있는 경우에는 일종의 의례적 행위나 직무상의 행위로서 사회상규에 위배되지 아니하여 위법성이 조각된다고 할 것이다

(대법원 2007. 9. 7. 선고 2007도3823 판결 등 참조).

(나) 원심 및 당심이 적법하게 채택하여 조사한 증거들에 의하면 다음 사실이 인정된다{위 (1)항에서 피고인의 항소이유가 인정된 별지 범죄일람표 순번 5, 14, 20, 24, 45, 46번과 원심에서 무죄가 선고된 별지 범죄일람표 순번 1, 10, 21, 25, 29, 38, 48, 50, 53, 55, 60번을 제외한 부분에 대하여만 살펴본다}.

① 피고인은 ○○군의회 의장으로서 2006. 7. 1.부터 매월 210만원의 업무추진비를 지급받아 월 업무추진비 한도에서 ○○군의회에서 교부하는 신용카드를 사용한 후 그 매출전표를 의회 담당자에게 주면, 사후에 지출결의서 등의 서류를 작성하여 내부결재를 받은 후 카드대금을 지급하는 방식으로 업무추진비를 사용하였는바, 아래의 내역은 피고인이 위 업무추진비를 지출한 내역이다.

② 별지 범죄일람표 순번 2, 3, 13, 18, 26번 부분은 피고인이 △△읍 및 ◇◇면 소속 환경미화원들을 격려하기 위하여 그들에게 편육 등으로 식사를 제공한 것이다.

③ 별지 범죄일람표 순번 4, 22, 27, 30, 41, 51, 59번 부분은 영농교육, 공공비축미 매입, 동절기 제설작업, ◇◇면사무소 청사신축 설계용역, ○○군민 축제인 군민의 날 및 ▽▽문화제 행사 등과 관련하여 ◇◇면사무소 직원들을 격려하기 위한 것이고, 순번 36번 부분은 추곡수매 및 산불 예방 등과 관련하여 △△읍사무소 직원들을 격려하기 위한 것이며, 별지 범죄일람표 순번 7번 부분은 피고인이 ○○군 ◎◎면 □□■ 지역축제를 준비중인 ◎◎면사무소 직원들을 격려하기 위하여 막국수 등으로 식사를 제공한 것이다.

④ 별지 범죄일람표 순번 6, 8, 16, 52, 57번 부분은 피고인이 당시 ○○군 문화관광과 소속 직원 등과 문화관광과 소관 업무인 ○○군 관내 해수욕장 개장, ○○군의 축제인 명태와 겨울바다 축제, 제43회 ☆☆ 체육대회 등의 준비에 대한 협의, 애로사항 청취 등을 한 후 그들을 격려하기 위하여 영양탕 전골 등으로 식사를 제공한 것이다.

⑤ 별지 범죄일람표 순번 9번 부분의 점심식사는 ○○군 관내의 이승만 대통령 ◆◆◆ 기념관 개관과 관련하여 피고인이 기념관 개관에 기여한 군부대 관계자들을 격려하기 위한 것이었고, 식사 당시 ◇◇면 청사 신축에 따른 사무실 이전 협의가 이루어지기도 하였다.

⑥ 별지 범죄일람표 순번 11번 부분은 여름 휴가철 관광객 증가로 인하여 ○○군 관내 교통안전 관리 등으로 바빠진 ○○경찰서 교통지도계 소속 경찰관들을 격려하기 위하여 피고인이 저녁식사를 제공한 것이고, 순번 34번 부분은 어민들의 해상치안과 어민 보호를 담당하는 □□해양경찰서 △△파출소 직원들을 격려하기

위하여 역시 피고인이 저녁식사를 제공한 것이며, 순번 40번 부분의 식사제공은 연말 연시를 맞아 ○○경찰서 ▽▽지구대 경찰관들을 격려하기 위한 것이다.

⑦ 별지 범죄일람표 순번 12, 19번 부분은 ○○군보건소에서 ●●병원의 농, 어촌 주민 무료이동진료에 따른 업무를 관장한 후 피고인이 그 의견을 청취하기 위하여 간담회를 가지고 위 업무 종사자들을 격려하기 위하여 식사를 제공한 것이다.

⑧ 별지 범죄일람표 순번 15번 부분의 식사 제공은 2007년도 을지훈련과 관련하여 훈련준비 및 진행을 담당한 재난안전관리과 직원들을 격려하기 위한 것이었고, 35번 부분의 식사 제공은 2007 복지종합평가 우수 자치단체 최우수상을 수상하는데 기여한 ○○군청 주민생활지원과 직원들을 격려하기 위한 것이다.

⑨ 별지 범죄일람표 순번 17번 부분은 2007. 8. 25. 및 같은 달 26. 개최된 제8회 강원도지사기 시·군 대항 초·중 및 동호인 수영대회에 참가한 수영 임원진 및 선수단을 격려하기 위하여 △△초등학교 수영코치 공소외 29 등 13명에게 저녁식사를 제공한 것이다.

⑩ 별지 범죄일람표 순번 23, 28, 31번 부분의 식사제공은 ◇◇면 의용소방대의 사무실 건물 신축문제를 협의하기 위한 것이고, 순번 44번 부분의 식사제공은 ○○군 관내에 있는 통일전망대 인근 지역의 관광개발사업 추진 협의를 위하여 통일전망대 본부장 서승대 등 관계자들과 간담회를 겸하여 한 것이다.

⑪ 별지 범죄일람표 순번 32번 부분의 식사제공은 월동기를 맞아 어려운 이웃에게 사랑의 김장김치 나누기 행사를 주관하는 ◇◇면 새마을부녀회장 공소외 30 등을 격려하기 위한 것이다.

⑫ 별지 범죄일람표 순번 33번 부분은 피고인의 초등학교 동창생 부부동반 모임에서 피고인이 그 식비를 계산한 것이고, 순번 43번 부분은 피고인의 처 공소외 31이 가입한 혼인계 모임시에 모임에 참석한 혼인계 회원 5명에게 피고인이 삼겹살과 소면, 소주 등을 제공한 것이다.

⑬ 별지 범죄일람표 순번 37번 부분은 피고인이 ○○군청 농업기술센터 부지 내에 개소한 국립 농산물품질관리원 강원지원 ○○출장소의 개소를 축하하고 ○○군청 농업기술센터 직원들과 간담회를 함과 아울러 그들에게 저녁식사를 제공한 것이고, 순번 42, 47번 부분은 2008년도 새해영농설계교육을 실시하는 ○○군청 농업기술센터 소장 및 교육 관계자를 격려하기 위하여 저녁식사를 제공한 것이다.

⑭ 별지 범죄일람표 순번 39, 49, 54, 58번 부분은, ○○군에서 예산을 지원하고 ○○군의회가 후원하여 ○○군의 대표행사로서 매년 개최되는 ○○명태 및 겨울바다축제가 2008년에는 2. 21.부터 같은 달 24.까지 4일간 개최되었는데, 그 준비 및 정리, 결산에 전후 약 2개월 정도 소요되었는바, 피고인은 위 행사준비에

따른 예산 및 운영계획 협의, 프로그램 등 준비 및 행사운영, 행사 후 3월경 결산 등을 위하여 순번 39, 49, 54, 58번 부분과 같이 2007. 12. 25.부터 2008. 3. 1.까지 4회에 걸쳐 축제위원회 위원들과 간담회를 가졌고, 관계 공무원 및 축제위원들을 격려하기 위하여 식사제공을 한 것이다.

⑮ 별지 범죄일람표 순번 56번 부분의 식사제공은 시내버스 회사인 ××상사 ▷▷영업소가 개소함에 따라 ××상사 관계자와 시내버스 노선 협의 및 친절서비스 협의 등을 위한 간담회를 가지면서 한 것이다.

(다) 한편, 지방자치법 제39조 제1항에 의하면, '지방의회는 조례의 제정·개정 및 폐지, 예산의 심의·확정, 청원의 수리와 처리 등을 의결한다'고 규정되어 있고, 같은 법 제41조 제1항에는 '지방의회가 지방자치단체의 사무 중 특정 사안에 관하여 본회의 의결로 본회의나 위원회에서 조사하게 할 수 있다'고 규정되어 있으며, 같은 법 제9조에는 '주민의 복지증진에 관한 사무, 농림·상공업 등 산업 진흥에 관한 사무, 지역개발과 주민의 생활환경시설의 설치·관리에 관한 사무, 교육·체육·문화·예술의 진흥에 관한 사무, 지역민방위 및 소방에 관한 사무' 등 지방자치단체의 사무범위에 관하여 규정하고 있고, 또한, 2007. 6. 28. 신설된 지방재정법 시행령 제144조 제2항은 '지방자치단체의 업무추진비 집행기준에 관한 사항은 행정자치부령으로 정한다'고 규정되어 있는데, 위 조항의 신설 이후에도 이에 따른 지방자치단체의 업무추진비 집행기준이 제정되지 않다가 2008. 3. 11.에야 위 조항에 근거하여 행정안전부령 제5호 '지방자치단체 업무추진비 집행에 관한 규칙'이 제정되어 같은 날부터 시행되었고{위 규칙의 제정 이전에는 '업무추진을 위한 접대성경비 집행은 신용카드 사용을 원칙으로 하고, 간담회 등 접대비는 1인 1회당 3만원 이하로 하며, 접대성 경비를 집행하고자 하는 경우에는 집행목적, 일시, 장소, 집행대상 등을 증빙서류에 기재하여 사용용도를 명확히 하여야 한다'는 내용의 지방자치단체 세출예산 집행기준(행정자치부 예규 제208호, 2008. 2. 5. 개정되기 전의 것) '의회비(205목), 업무추진비(205-05, 205-06)'가 적용되었다}, 위 '지방자치단체 업무추진비 집행에 관한 규칙' 제1조(목적)에는 '이 규칙은 「지방재정법 시행령」 제144조 제2항에 따른 지방자치단체 업무추진비 집행기준을 정함을 목적으로 한다'라고 규정되어 있으며, 제2조(정의)에는 '이 규칙에서 정하는 용어의 뜻은 다음과 같다. 1. "업무추진비"란 지방자치단체의 장과 보조기관, 사업소장의 직무수행에 드는 비용과 지방자치단체가 시행하는 행사, 시책추진사업, 투자사업의 원활한 추진을 위한 비용을 말한다'라고 규정되어 있고, 제3조(업무추진비의 집행)에는 '회계관계공무원은 업무추진비를 집행하려는 경우에는 별표(별지 기재 "별표"를 말한다)에 규정된 직무활동에 대하여 집행하여야 한다'

라고 규정되어 있다.

원심 및 당심이 적법하게 채택하여 조사한 증거들에 의하여 인정되는 다음과 같은 사정, 즉 지방자치단체 주민의 복지증진이나 편의를 위한 사무는 주로 지방자치단체의 장의 업무에 속한 것이기는 하나, 지방의회 역시 주민을 위한 조례의 제정·개정 및 폐지, 예·결산안의 심의 또는 승인 등의 업무를 직접적으로 담당하고 있을 뿐만 아니라 지방자치단체 주민의 대표기관으로서 주민의 복지증진이나 편의를 위해 노력할 의무를 부담하고 있고, 이를 위해 지방의회의원들에게 의정활동비나 직무활동에 대한 수당 등을 지급하고 있으며, 이와 같은 취지에 따라 위 규칙은 위 제1조에서 보는 바와 같이 지방자치단체 업무추진비 집행기준을 정하는 데 그 목적을 두고 있고, 그 내용이 위 제2조 제1호 및 별표 기재와 같은 점, 이 사건 기부행위가 피고인의 선거구인 △△읍과 ◇◇면 등에 편중되어 있기는 하나, 이 사건 기부행위가 이루어진 시기가 2006년에 실시된 제4회 전국동시지방선거 선거일로부터 1년이 지난 후이고 2010년에 실시될 제5회 전국동시지방선거를 2년 앞둔 때로, 이 사건 기부행위가 선거에 미칠 영향은 그리 크지 아니할 것으로 보이는 점에다가 위 지방재정법 시행령 제144조 제2항의 규정취지 및 위 규칙의 제정목적 등을 종합하여 보면, 피고인의 이 사건 행위 중 위 규칙의 적용을 받는 것은 2008. 3. 11. 이후의 행위인 별지 범죄일람표 순번 59번 부분에 불과하고, 나머지 부분은 위 규칙의 적용을 받지는 않는다고 할 것이나, 위 순번 59번 부분을 비롯하여 비록 그 이전의 행위라 하더라도 그 행위가 위 규칙 제3조의 별표에 규정된 직무활동에 해당하는 경우에는 지극히 정상적인 생활형태의 하나로서 역사적으로 생성된 사회질서의 범위 안에 있는 것으로 볼 수 있어 사회상규에 위배되지 아니하는 일종의 의례적 행위나 직무상의 행위로 봄이 상당하다고 할 것이다.

㈑ 살피건대, 위 각 인정사실을 별표에 비추어 보면, 별지 범죄일람표 순번 2, 3, 4, 6, 7, 8, 12, 13, 15, 16, 18, 19, 22, 26, 27, 30, 35, 36, 37, 41, 42, 47, 51, 52, 57, 59번은 별표 6의 마호에, 별지 범죄일람표 순번 9, 11, 23, 28, 31, 34, 40, 44번은 별표 7의 가호에, 별지 범죄일람표 순번 17번은 별표 3의 가호에, 별지 범죄일람표 순번 32번은 별표 3의 다호에, 별지 범죄일람표 순번 39, 49, 54, 58번은 별표 4의 다호에 각 해당하고, 별지 범죄일람표 순번 33, 43, 56번은 별표의 각 항목 중 이에 해당하는 항목이 존재하지 아니한다고 할 것인바, 그렇다면, 위 순번들 중 33, 43, 56번을 제외한 나머지 부분은 모두 지극히 정상적인 생활형태의 하나로서 역사적으로 생성된 사회질서의 범위 안에 있는 것으로 볼 수 있어 사회상규에 위배되지 아니하는 일종의 의례적 행위나 직무상의

행위로 봄이 상당하여 위법성이 조각된다고 할 것이므로 피고인의 이 부분 주장은 위 33, 43, 56번을 제외한 범위 내에서 이유 있다.

(3) 소 결

그렇다면, 피고인의 이 사건 행위 중 별지 범죄일람표 순번 2 내지 9, 11 내지 20, 22 내지 24, 26 내지 28, 30 내지 32, 34 내지 37, 39 내지 42, 44 내지 47, 49, 51, 52, 54, 57 내지 59번 부분은 공직선거법 제113조 제1항의 구성요건에 해당하지 아니하거나 의례적 행위 또는 직무상의 행위로서 사회상규에 위반되지 아니하여 위법성이 없다고 할 것이어서 피고인의 위 주장은 이 범위 내에서 이유 있고, 나머지 별지 범죄일람표 순번 33, 43, 56번 부분에 대하여는 이유 없다고 할 것이다.

나. 원심판결 중 무죄부분에 관한 검사의 항소이유에 대한 판단

(1) 이 부분 공소사실의 요지

피고인은 2007. 6. 28. 19:00경 강원 ○○군 ◎◎면 ◀◀에 있는 "♡♡" 식당에서, ○○군번영회장 공소외 32 등 24명에게 돼지갈비, 소주 등 합계 400,000원 상당의 음식물을 제공한 것을 비롯하여, 별지 범죄일람표 순번 1, 10, 21, 25, 29, 38, 48, 50, 53, 55, 60 기재와 같이 선거구민 또는 선거구 내에서 활동하는 경찰관, 면사무소 직원, 환경미화원, 기자, 각종 계모임 등 친목단체 등에 11회에 걸쳐 합계 4,073,000원 상당의 음식물 등을 제공하여 기부행위를 하였다.

(2) 원심의 판단

위 각 음식물 제공은 피고인 개인이 소지한 법인카드(비씨 카드번호 생략)로 결제한 것이 아니라, ○○군의회가 소지한 공용법인카드(비씨 카드번호 각 생략)로 결제하고 ○○군의회 공통 업무추진비에서 최종 지출된 것이어서(피고인의 변호인이 제출한 2008. 10. 1.자 참고자료에 첨부된 해당 카드매출전표 사본, 원심에서의 ○○군의회 직원 공소외 33의 증언), 이 부분 음식물 제공행위를 피고인의 기부행위로 볼 수는 없다. 따라서, 이 부분 각 공소사실은 범죄의 증명이 없는 경우에 해당되므로 형사소송법 제325조 후단에 의하여 이 부분 각 공소사실에 대하여 각 무죄를 선고한다.

(3) 당심의 판단

살피건대, 원심이 적법하게 채택하여 조사한 증거들에 의하면, 별지 범죄일람표 순번 1, 10, 21, 25, 29, 38, 48, 50, 53, 55, 60번 부분은 원심 판시와 같이 ○○군의회가 소지한 공용법인카드로 결제가 이루어지고 ○○군의회 공통 업무추진비에서 최종 지출된 사실, ○○군의회 소속 공무원으로서 ○○군의회의 운영업무를 담당했던 공소외 33은 원심에서 "의회가 전체 의정활동을 추진하는 공통업무추진비가 있는데, 이 비용으로 쓴 것은 의장 재량으로 쓴 것이 아니다, 별지 범죄

일람표 순번 21번은 ○○군청 집행부 공무원 실, 국장과 9월 두 번째 간담회를 마치고 식사를 한 것인데, 피고인이 진술을 잘못한 것 같다, 의원들 전체가 움직이면서 같이 하는 간담회라든가 그런 것들 이후에 식사나 회의에 필요한 비용들은 전부 공통운영비에서 지출하고 있다"라고 진술한 사실이 인정되는바, 위 인정사실에 의하면, 별지 범죄일람표 순번 1, 10, 21, 25, 29, 38, 48, 50, 53, 55, 60번 부분은 ○○군의회 전체의 공식적인 행사에 ○○군의회의 공통업무추진비가 지출된 것으로 보이고, 피고인이 개인적으로 식사제공을 한 것으로 보기 어렵다고 할 것이어서 결국 이 부분 음식물 제공행위를 피고인의 기부행위로 볼 수 없다는 원심의 판단은 정당한 것으로 수긍이 가며, 거기에 검사가 주장하는 바와 같은 사실오인 내지 법리오해로 인하여 판결에 영향을 미친 위법이 있다고 할 수 없으므로 검사의 위 주장은 이유 없다.

3. 결 론

그렇다면, 원심판결 중 무죄부분에 대한 검사의 항소는 이유 없으므로 형사소송법 제364조 제4항에 따라 이를 기각하고, 원심판결 중 유죄부분에 대한 피고인의 항소는 일부 이유 있으므로 원심판결 중 유죄부분은 피고인 및 검사의 각 양형부당 주장에 관한 판단을 생략한 채 형사소송법 제364조 제2항, 제6항에 의하여 이를 파기하며, 변론을 거쳐 다시 다음과 같이 판결한다.

【범죄사실】

피고인은 2006. 5. 31. 실시된 제4회 전국동시지방선거에서 ○○군 △△읍과 ◇◇면을 선거구로 하는 ○○군 '나'선거구에서 지방의회 의원으로 당선된 자인바, 지방의회의원은 당해 선거구안에 있는 자나 기관·단체·시설 또는 당해 선거구의 밖에 있더라도 그 선거구민과 연고가 있는 자나 기관·단체·시설에 기부행위를 할 수 없음에도,

2007. 11. 23. 18:00경 강원 ○○군 ◇◇면 ▶▶리에 있는 "♥♥"에서, ◇◇면 ▶▶리 소재 ▶▶초등학교 동창생 공소외 34 등 11명에게 모듬회, 소주 등 합계 320,000원 상당의 음식물을 제공한 것을 포함하여 그때부터 2008. 2. 29.경까지 사이에 별지 범죄일람표 43, 56번 기재와 같이 총 3회에 걸쳐 선거구민 또는 선거구민과 연고가 있는 초등학교 동창생, 피고인 처의 혼인계 회원 등에 합계 520,000원 상당의 음식물 등을 제공하여 기부행위를 하였다.

【증거의 요지】

1. 피고인의 당심에서의 일부 법정 진술
1. 피고인에 대한 각 검찰 피의자신문조서

1. 공소외 35에 대한 검찰 진술조서
1. 2007. 11. 23., 2008. 1. 11. 및 2008. 2. 29.자 각 카드매출전표 사본
1. 공소외 22의 확인서

【법령의 적용】

1. 범죄사실에 대한 해당법조 및 형의 선택
   공직선거법 제257조 제1항 제1호, 제113조 1항(각 벌금형 선택)
1. 경합범가중
   형법 제37조 전단, 제38조 제1항 제2호, 제50조(범정이 가장 무거운 별지 범죄일람표 순번 33번 기재의 공직선거법위반죄에 정한 형에 가중)
1. 노역장유치
   형법 제70조, 제69조 제2항

【양형 이유】

원심 및 당심이 적법하게 채택하여 조사한 증거들에 의하여 인정되는 다음과 같은 사정, 즉 피고인이 2006. ○○군의회 의원으로 당선되어 2년 동안 의회 의장직을 성실히 수행해 온 점, 이 사건 각 기부행위가 2010. 제5회 지방의회 선거에 임박해서 이루어진 것은 아니고, 현금 지급의 방식을 취한 것도 아닌 점, 이 사건 범행횟수가 3회에 불과하고 그 액수도 그리 크지는 않은 점 등을 피고인에게 유리한 정상으로 고려하고, 공직선거법이 그 명목, 형식에 불구하고 기부행위를 엄격히 금지하고 있는 점, 피고인이 2002. 공직선거법 위반으로 벌금형을 선고받은 전력이 있음에도 이 사건 기부행위에 나아간 점 등을 피고인에게 불리한 정상으로 감안하여, 주문과 같이 형을 정한다.

【무죄 부분】

이 부분 공소사실의 요지는, '피고인이 2007. 6. 29. 12:00경 강원 ○○군 ◇◇면 ▲▲에 있는 "▣▣"에서, 위 ◇◇면사무소 환경미화원 공소외 36 등 7명에게 편육, 막국수 등 합계 70,000원 상당의 음식물을 제공한 것을 포함하여 그때로부터 2008. 3. 14.경까지 사이에 총 46회에 걸쳐 별지 범죄일람표 순번 2 내지 9, 11 내지 20, 22 내지 24, 26 내지 28, 30 내지 32, 34 내지 37, 39 내지 42, 44 내지 47, 49, 51, 52, 54, 57 내지 59번 기재와 같이 선거구민 또는 선거구 내에서 활동하는 경찰관, 면사무소 직원, 환경미화원, 기자 등에 합계 7,296,500원 상당의 음식물 등을 제공하여 기부행위를 하였다'는 것인바, 이에 관하여는 위 2의 가.항에서 본 바와 같이 범죄의 증명이 없거나 범죄로 되지 아니하는 경우에 해당하므로 형사소송법 제325조 후단 및 전단에 의하여 무죄를 선고한다.

이상의 이유로 주문과 같이 판결한다.
[별지 범죄일람표 생략]

[4] 대법원의 판결[100)]

【피 고 인】 피고인
【상 고 인】 검 사
【변 호 인】 법무법인

【원심판결】 서울고법 2009. 1. 8. 선고 2008노2701 판결
【주 문】
원심판결 중 그 판시의 별지 범죄일람표 기재 순번 2 내지 4, 6 내지 9, 11 내지 13, 15 내지 19, 22, 23, 26 내지 28, 30 내지 37, 39 내지 44, 47, 49, 51, 52, 54, 56 내지 59번에 관한 공직선거법 위반죄 부분을 모두 파기하고, 그 부분 사건을 서울고등법원으로 환송한다. 검사의 나머지 상고를 기각한다.

【이 유】
상고이유를 판단한다.
1. 기관운영 업무추진비 집행 관련 기부행위의 각 점에 대하여
공직선거법 제113조가 지방의회의원 등은 당해 선거에 관한 여부를 불문하고 일체의 기부행위를 할 수 없다고 규정하여 이를 금지하고, 제112조 제1항이 처벌대상이 되는 기부행위의 종류를 포괄적으로 규정한 후, 제2항에서 기부행위로 보지 아니하는 경우를 제한적으로 열거하고 있는 법령 규정방식에 비추어, 일응 제112조 제1항에 해당하는 금품 등의 제공행위가 제112조 제2항과 이에 근거한 중앙선거관리위원회규칙 및 그 위원회의 결정에 의하여 의례적이거나 직무상의 행위 또는 통상적인 정당활동으로서 허용되는 것으로 열거된 행위에 해당하지 아니한 이상, 후보자 등의 기부행위금지 위반을 처벌하는 제257조 제1항 제1호의 범죄구성요건 해당성이 있고, 다만 후보자 등이 한 기부행위가 제112조 제2항 등에 의하여 규정된 의례적이거나 직무상의 행위 또는 통상적인 정당활동에 해당하지는 아니하더라도, 그것이 지극히 정상적인 생활 형태의 하나로서 역사적으로 생성된 사회질서의 범위 안에 있는 것이라고 볼 수 있는 경우에는 일종의 의례적이

100) 대법원 2009. 4. 9. 선고 2009도676 판결 【공직선거법위반】

거나 직무상의 행위 또는 통상적인 정당활동으로서 사회상규에 위배되지 아니하여 위법성이 조각되는 경우가 있을 수 있지만, 그와 같은 사유로 위법성의 조각을 인정함에는 신중을 요한다(대법원 2005. 1. 13. 선고 2004도7360 판결, 대법원 2007. 4. 26. 선고 2007도218 판결, 대법원 2007. 11. 16. 선고 2007도7205 판결 등 참조).

그리고 이 사건에서 피고인이 음식물 등 제공에 사용한 금원이 ○○군의회의 예산에 편성되어 있는 업무추진비에서 예산집행절차를 거쳐 지급된 것이라고 하더라도, 그 지급이 공직선거법 제112조 제2항 제4호 (가)목 소정의 '법령에 의한 금품제공행위' 또는 (나)목 소정의 '대상·방법·범위 등을 구체적으로 정한 당해 지방자치단체의 조례에 의한 금품제공행위'에 해당하지 않는 이상, 그 지급은 제257조 제1항 제1호의 구성요건 해당성이 있다고 할 것이다(대법원 2006. 9. 28. 선고 2006도4666 판결 등 참조).

원심은, 적법하게 채택한 증거들에 의하여 그 판시와 같은 사실들을 인정한 다음, 지방재정법 시행령 제144조 제2항의 규정 취지와 2008. 3. 11. 제정·시행된 지방자치단체 업무추진비 집행에 관한 규칙(이하 '지방자치단체 업무추진비 규칙'이라 한다)의 제정 목적 및 지방의회도 주민을 위한 조례의 제정·개정 및 폐지, 예·결산안의 심의 또는 승인 등의 업무를 직접 담당하고 있을 뿐만 아니라 지방자치단체 주민의 대표기관으로서 주민의 복지증진이나 편의를 위해 노력할 의무를 부담하고 있고, 이를 위해 지방의회의원들에게 의정활동비나 직무활동에 대한 수당 등을 지급하고 있는 점, 이와 같은 취지에 따라 지방자치단체 업무추진비 규칙은 지방자치단체 업무추진비 집행 기준을 정하고 있는 점, 피고인의 판시 각 기부행위가 이루어진 시기가 2010년에 실시될 제5회 전국동시지방선거를 2년 앞둔 때로 선거에 미칠 영향이 크지 아니할 것으로 보이는 점, 판시 각 기부행위 중 지방자치단체 업무추진비 규칙의 적용을 받는 별지 범죄일람표 순번 59번 부분을 비롯하여 그 이전의 나머지 행위도 지방자치단체 업무추진비 규칙 제3조의 별표(3의 가호, 3의 다호, 4의 다호, 6의 마호, 7의 가호)에 규정된 직무활동에 해당하는 점 등에 비추어, 판시 범죄일람표 기재 순번 2 내지 4, 6 내지 9, 11 내지 13, 15 내지 19, 22, 23, 26 내지 28, 30 내지 32, 34 내지 37, 39 내지 42, 44, 47, 49, 51, 52, 54, 57 내지 59번 기부행위(이하 '이 사건 기부행위'라고 한다)는 모두 지극히 정상적인 생활 형태의 하나로서, 역사적으로 생성된 사회질서의 범위 안에 있는 것으로 볼 수 있어 사회상규에 위배되지 아니하는 일종의 의례적 행위나 직무상의 행위로서 위법성이 없다는 이유로, 이와는 달리 이 사건 기부행위에 대하여 유죄를 선고한 제1심을 파기하고 위 기부행위에 대하여 무죄를 선고하였다.

그러나 원심의 위와 같은 판단은 다음과 같은 이유에서 수긍하기 어렵다.

원심이 인정한 사실과 기록에 의하면, 피고인은 2006. 5. 31. 실시된 제4회 전국동시지방선거에서 강원 ○○군 △△읍, ◇◇면으로 이루어진 ○○군 '나'선거구에서 지방의회 의원으로 당선되었고, 2010. 6. 2. 실시될 제5회 지방선거에서도 위 ○○군 '나'선거구에 지방의회 의원 후보로 출마할 생각을 하고 있는 점, 피고인은 원심에서 유죄로 인정한 기부행위를 제외하고도 약 8개월 간 40회에 걸쳐 약 358명을 상대로 합계 6,667,500원 상당의 음식물 등을 제공한 점, 이 사건 기부행위의 상대방이 ○○군청, ○○경찰서, △△읍·◇◇면사무소의 공무원, 의용소방대장 등이나 그들은 대부분 피고인이 당선된 ○○군 '나'선거구의 주민들로서 선거구민 내지 선거구민과 연고가 있는 자인 점, 공직선거관리규칙 제50조 제5항 제2호 (다)목에서는 기관·단체·시설의 대표자가 소속 상근직원에게 연말·설 등에 의례적인 선물을 할 수 있으나 그 경우에도 행정기관 및 이에 준하는 단체의 직원은 제외하도록 규정하고 있고, 같은 조 제6항에서는 통상적인 범위 안에서 1인에게 제공할 수 있는 음식물의 금액 범위를 식사류는 7천 원 이하로 규정하고 있는데 이 사건 기부행위는 같은 규칙상 기부행위로 보지 아니하는 행위를 상당히 벗어난 것으로 보이는 점, 지방자치단체의 집행기관은 지방자치단체장이고 지방의회는 조례 제정, 예산 심의, 행정사무의 감사 등의 업무를 주로 담당하므로, 기부행위의 동기 측면에서도 이 사건 기부행위가 지극히 정상적인 생활 형태의 하나라고 보기는 어려운 점, 2004. 3. 12. 공직선거법 개정으로 기부행위 제한기간 규정을 삭제함으로써 국회의원·지방의회의원·후보자 등의 기부행위는 상시 금지되게 된 점, 지방자치단체 업무추진비 규칙은 이 사건 기부행위(판시 범죄일람표 기재 순번 59번 기부행위 제외) 이후에 제정·시행되었고, 지방의회의원의 업무추진비는 그 적용대상도 아니므로, 위 기부행위의 위법성조각 여부를 판단함에 있어 고려할 사정이 아닌 점 등을 알 수 있다.

앞서 본 바와 같은 법리 및 위와 같은 사정들에 비추어 보면, 피고인의 이 사건 기부행위를 지극히 정상적인 생활 형태의 하나로서 역사적으로 생성된 사회질서의 범위 안에 있는 일종의 의례적 행위나 직무상의 행위로서 사회상규에 위배되지 아니하여 위법성이 조각되는 경우에 해당한다고 볼 수는 없다고 할 것이다.

그럼에도 불구하고, 피고인의 이 사건 기부행위가 위법성이 없다고 본 원심의 판단에는 공직선거법 제112조 제2항에 정한 의례적 행위나 직무상 행위 등에 해당하지 않는 기부행위의 위법성조각 요건에 관한 법리를 오해한 위법이 있고, 이는 판결 결과에 영향을 미쳤음이 분명하다. 이 점을 지적하는 상고이유의 주장은 이유 있다.

한편, 검사는 원심판결 중 유죄 부분 및 판시 범죄일람표 기재 순번 5, 14, 20, 24, 45, 46번 음식물 제공행위에 관한 무죄 부분에 대하여도 불복한다는 취지의 상고장을 제출하였음에도 상고이유서에서 그 부분에 관한 상고이유를 기재하고 있지 않으므로(그 부분에 관한 원심판결에 위법이 있다고 볼 수도 없다), 이 부분에 대한 상고는 이유 없다.

2. 의정운영 공통업무추진비 집행 관련 기부행위의 각 점에 대하여
원심은 적법하게 채택·조사한 증거를 토대로 그 판시와 같은 사실을 인정한 다음, 판시 범죄일람표 순번 1, 10, 21, 25, 29, 38, 48, 50, 53, 55, 60번 부분은 ○○군의회 전체의 공식적인 행사에 ○○군의회의 공통업무추진비가 지출된 것으로서 피고인이 개인적으로 식사제공을 한 것으로 보기 어렵다는 이유로, 이 부분 음식물 제공행위를 피고인의 기부행위로 볼 수 없다는 제1심의 판단을 유지하고 있는바, 기록에 비추어 살펴보면 원심의 위와 같은 인정과 판단은 정당한 것으로 수긍이 가고, 거기에 기부행위에 관한 법리오해 등의 위법이 없다. 이 부분에 대한 상고이유의 주장은 이유 없다.

3. 그러므로 원심판결 중 그 판시의 별지 범죄일람표 기재 순번 2 내지 4, 6 내지 9, 11 내지 13, 15 내지 19, 22, 23, 26 내지 28, 30 내지 37, 39 내지 44, 47, 49, 51, 52, 54, 56 내지 59번에 관한 공직선거법 위반죄 부분을 모두 파기하고, 그 부분 사건을 다시 심리·판단하게 하기 위하여 원심법원으로 환송하며, 검사의 나머지 상고를 기각하기로 하여 관여 대법관의 일치된 의견으로 주문과 같이 판결한다.

Chapter 36

국회의원 후보 공천과정에서 특정 예비후보자를 홍보하는 내용의 문자메시지를 발송한 행위

[1] 사건의 쟁점

1. 공직선거법 제58조 제1항에 정한 선거운동의 의미 및 그 판단 기준
2. 국회의원 후보 공천과정에서 특정 예비후보자를 홍보하는 내용의 문자메시지를 발송한 행위가 공직선거법상 선거운동으로서 탈법방법에 의한 문서 등의 배부죄에 해당한다고 한 사례

[2] 관련법령

1. 공직선거법 제58조 제1항
2. 공직선거법 제58조 제1항, 제93조 제1항

가. 공직선거법 [법률 제9466호, 2009. 2. 12, 일부개정]

제58조(정의 등) ① 이 법에서 "선거운동"이라 함은 당선되거나 되게 하거나 되지 못하게 하기 위한 행위를 말한다. 다만, 다음 각 호의 1에 해당하는 행위는 선거운동으로 보지 아니한다. 〈개정 2000.2.16〉

1. 선거에 관한 단순한 의견개진 및 의사표시
2. 입후보와 선거운동을 위한 준비행위
3. 정당의 후보자 추천에 관한 단순한 지지·반대의 의견개진 및 의사표시
4. 통상적인 정당활동

② 누구든지 자유롭게 선거운동을 할 수 있다. 그러나 이 법 또는 다른 법률의 규정에 의하여 금지 또는 제한되는 경우에는 그러하지 아니하다.

제93조(탈법방법에 의한 문서·도화의 배부·게시 등 금지) ① 누구든지 선거일전 180일(보궐선거등에 있어서는 그 선거의 실시사유가 확정된 때)부터 선거일까지 선거에 영향을 미치게 하기 위하여 이 법의 규정에 의하지 아니하고는 정당(창당준비위원회와 정당의 정강·정책을 포함한다. 이하 이 조에서 같다) 또는 후보자(후보자가 되고자 하는 자를 포함한다. 이하 이 조에서 같다)를 지지·추천하거나 반대하는 내용이 포함되어 있거나 정당의 명칭 또는 후보자의 성명을 나타내는 광고, 인사장, 벽보, 사진, 문서·도화, 인쇄물이나 녹음·녹화테이프 그 밖에 이와 유사한 것을 배부·첩부·살포·상영 또는 게시할 수 없다. 다만, 다음 각 호의 어느 하나에 해당하는 행위는 그러하지 아니하다. 〈개정 1997.11.14, 1998.4.30, 2002.3.7, 2004.3.12, 2005.8.4, 2010.1.25〉

1. 선거운동기간 중 후보자, 제60조의3 제2항 각 호의 어느 하나에 해당하는 사람(같은 항 제2호의 경우 선거연락소장을 포함하며, 이 경우 "예비후보자"는 "후보자"로 본다)이 제60조의3 제1항 제2호에 따른 후보자의 명함을 직접 주는 행위
2. 선거기간이 아닌 때에 행하는 「정당법」 제37조 제2항에 따른 통상적인 정당활동

② 누구든지 선거일전 90일부터 선거일까지는 정당 또는 후보자의 명의를 나타내는 저술·연예·연극·영화·사진 그 밖의 물품을 이 법에 규정되지 아니한 방법으로 광고할 수 없으며, 후보자는 방송·신문·잡지 기타의 광고에 출연할 수 없다. 다만, 선거기간이 아닌 때에 「신문 등의 진흥에 관한 법률」 제2조 제1호에 따른 신문 또는 「잡지 등 정기간행물의 진흥에 관한 법률」 제2조에 따른 정기간행물의 판매를 위하여 통상적인 방법으로 광고하는 경우에는 그러하지 아니하다. 〈개정 1998.4.30, 2005.8.4, 2010.1.25〉
③ 누구든지 선거운동을 하도록 권유·약속하기 위하여 선거구민에 대하여 신분증명서·문서 기타 인쇄물을 발급·배부 또는 징구하거나 하게 할 수 없다. 〈신설 1995.12.30〉

[3] 대법원의 판결[101)]

【피 고 인】 피고인
【상 고 인】 피고인

【원심판결】 서울고법 2008. 12. 26. 선고 2008노2272 판결
【주　　문】
상고를 기각한다.

---

101) 대법원 2009. 3. 12. 선고 2009도445 판결 **【공직선거법위반】**

【이 유】

상고이유를 판단한다.

공직선거법 제58조 제1항 소정의 선거운동은 특정후보자의 당선 내지 득표나 낙선을 위하여 필요하고도 유리한 모든 행위로서 당선 또는 낙선을 도모한다는 목적의사가 객관적으로 인정될 수 있는 능동적·계획적인 행위를 말하는 것으로, 단순히 장래의 선거운동을 위한 내부적·절차적인 준비행위에 해당하는 선거운동의 준비행위나 통상적인 정당활동과는 구별되나, 구체적으로 어떠한 행위가 선거운동에 해당하는지 여부를 판단함에 있어서는 단순히 그 행위의 명목뿐만 아니라 그 행위의 태양, 즉 그 행위가 행하여지는 시기·장소·방법 등을 종합적으로 관찰하여 그것이 특정 후보자의 당선 또는 낙선을 도모하는 목적의지를 수반하는 행위인지 여부를 판단하여야 한다고 할 것이다(대법원 2005. 10. 14. 선고 2005도301 판결, 대법원 2008. 9. 25. 선고 2008도6232 판결 등 참조).

원심은, 그 채용 증거에 의하여 그 판시와 같은 사실 및 사정들을 인정한 다음, 피고인의 지위나 역할, 문자메시지를 보낸 시기, 내용, 경위, 대상 및 발송량, 이 사건 범행 당시의 공천과정이나 선거상황 등을 참작하면, 피고인이 이 사건 문자메시지를 발송한 행위는 단순히 한나라당 국회의원 후보 공천과정에서 공소외인 후보자의 추천을 위한 통상적인 정당활동이나 당내 경선활동에 불과한 것이 아니라 이를 넘어 제18대 국회의원 선거에서 공소외인의 당선을 도모하고자 하는 목적의지가 수반된 선거운동에 해당한다고 봄이 상당하여 공직선거법상 '탈법방법에 의한 문서 등의 배부죄'에 해당된다는 이유로 피고인의 판시 범죄사실을 유죄로 인정한 제1심판결을 그대로 유지하였는바, 앞서 본 법리 및 기록에 비추어 살펴보면 원심의 위와 같은 사실인정과 판단은 정당한 것으로 수긍이 가고, 거기에 상고이유에서 주장하는 바와 같은 심리미진이나 채증법칙 위반으로 인한 사실오인, 공직선거법에 관한 법리오해 등의 위법이 없다.

그러므로 상고를 기각하기로 하여 관여 대법관의 일치된 의견으로 주문과 같이 판결한다.

Chapter 37 보도자료 등을 통하여 허위사실을 홍보 내지 진술한 경우

[1] 사건의 쟁점

1. 공직선거법 제250조 제1항에 정한 '허위사실'의 의미 및 그 해당 여부의 판단 방법
2. 국회의원 선거에 출마한 현직 국회위원이 보도자료 등을 통하여 "건설교통부로부터 울산 고속도로 통행료폐지약속을 받았다"고 홍보 내지 진술하여 이를 피고인의 업적으로 공표한 행위가 허위사실의 공표로서, 공직선거법 제250조 제1항의 허위사실공표죄에 해당한다고 한 사례

[2] 관련법령

1. 공직선거법 제250조 제1항
2. 공직선거법 제250조 제1항

가. 공직선거법 [법률 제9466호, 2009. 2. 12, 일부개정]

제250조(허위사실공표죄) ① 당선되거나 되게 할 목적으로 연설·방송·신문·통신·잡지·벽보·선전문서 기타의 방법으로 후보자(후보자가 되고자 하는 자를 포함한다. 이하 이 조에서 같다)에게 유리하도록 후보자, 그의 배우자 또는 직계존·비속이나 형제자매의 출생지·신분·직업·경력등·재산·인격·행위·소속단체 등에 관하여 허위의 사실[학력을 게재하는 경우 제64조(선전벽보) 제1항의 규정에 의한 방법으로 게재하지 아니한 경우를 포함한다]을 공표하거나 공표하게 한 자와 허위의 사실을 게재한 선전문서를 배포할 목적으로 소지한 자는 5년이하의 징역 또는 3천만원이하의 벌금에 처한다. 〈개정 1995.12.30, 1997.1.13, 1997.11.14, 1998.4.30, 2000.2.16, 2004.3.12〉

② 당선되지 못하게 할 목적으로 연설·방송·신문·통신·잡지·벽보·선전문서 기타의 방법으로 후보자에게 불리하도록 후보자, 그의 배우자 또는 직계존·비속이나 형제자매에 관하여 허위의 사실을 공표하거나 공표하게 한 자와 허위의 사실을 게재한 선전문서를 배포할 목적으로 소지한 자는 7년 이하의 징역 또는 500만원 이상 3천만원 이하의 벌금에 처한다. 〈개정 1997.1.13〉

③ 당내경선과 관련하여 제1항(제64조 제1항의 규정에 따른 방법으로 학력을 게재하지 아니한 경우를 제외한다)에 규정된 행위를 한 자는 3년 이하의 징역 또는 6백만원 이하의 벌금에, 제2항에 규정된 행위를 한 자는 5년 이하의 징역 또는 1천만원 이하의 벌금에 처한다. 이 경우 "후보자" 또는 "후보자(후보자가 되고자 하는 자를 포함한다)"는 "경선후보자"로 본다. 〈신설 2005.8.4〉

[3] 부산고등법원의 판결[102)]

【피 고 인】 피고인
【항 소 인】 피고인
【검　　사】 검 사
【변 호 인】 법무법인

【원심판결】 울산지방법원 2008. 10. 7. 선고 2008고합245 판결
【주　　문】
피고인의 항소를 기각한다.

【이　　유】
1. 항소이유의 요지
가. 사실오인 및 법리오해
피고인이 건설교통부 기반시설본부장 공소외 1로부터 울산－언양간 고속도로(이하, '울산고속도로'라고 한다) 통행료 폐지에 대한 약속을 받은 것이 사실이고, 그렇지 않더라도 피고인의 일련의 행위 등에 비추어 볼 때 피고인은 공소외 1의 울산고속도로 통행료 폐지 약속이 허위라는 점에 대한 인식이 없었다. 그럼에도 원심은 피고인에 대한 허위사실공표의 점을 유죄로 인정하였던바, 원심판결에는 사실을 오인하거나, 허위

102) 부산고등법원 2008. 12. 30. 선고 2008노744 판결 【공직선거법위반】

사실공표로 인한 공직선거법위반죄에 있어 범의에 관한 법리를 오해하여 판결에 영향을 미친 위법이 있다.

나. 양형부당

피고인의 선거구는 울산광역시 북구로서 그 선거구 주민들은 울산고속도로를 많이 이용하지 않을 뿐만 아니라, 피고인은 선거 이전부터 이미 다른 후보자들에 비하여 높은 지지율을 보이고 있었으므로, 울산고속도로 통행료 폐지를 약속받았다는 허위사실을 공표한 것이 선거에 큰 영향을 미쳤다고 볼 수 없다.

그리고, 피고인은 2008. 4. 9. 실시된 제18대 국회의원 선거에서 전체 투표수 52,642표 중 24,135표(45.84%)를 획득하여 다른 후보자들과 1만여 표 이상 격차를 벌리며 당선되었고, 제17대 국회의원으로 재직시에도 선거구 주민들을 위하여 여러 문제를 훌륭하게 처리하고 성심을 다해 국회의원으로서의 업무를 처리하여 2002년에 이어 2006년에도 국정감사 NGO모니터단에 의하여 국정감사 우수의원으로 선정되기도 하였다. 그러한 여러 사정들을 고려하면, 피고인에 대하여 당선을 무효로 하는 벌금형을 선고한 원심의 양형(벌금 150만원)은 너무 무거워서 부당하다.

2. 판 단

가. 사실오인 및 법리오해 주장

(1) 인정사실

원심 및 당심이 적법하게 채택·조사한 증거들을 종합하면, 다음 사실을 인정할 수 있다.

(가) 울산고속도로는 울산 울주군 언양읍에 있는 언양인터체인지에서 울산 남구에 있는 울산공업단지를 연결하는 14.3km의 4차로 산업고속도로로서 1969. 12. 29. 개통되었다. 울산고속도로의 통행료는 1,400원인데, 현재까지 통행료 수입으로 총 투자비 대비 약 242%의 회수율(건설비용 기준 회수율은 약 464%이고, 순이익은 약 560억원이다)을 보이고 있다.

(나) 울산의 시민·사회단체와 울산광역시의회 등 정치권은, 울산시와 울주군이 통합되어 울산광역시로 승격된 결과 울산고속도로가 광역시 안의 도로로 바뀌어 고속도로로서의 기능을 제대로 발휘하지 못하고 있을 뿐만 아니라 그간 한국도로공사가 얻은 울산고속도로 통행료 수익이 매우 크다는 등의 이유를 내세워 2002년부터 꾸준하게 개통 후 30년이 경과한 울산고속도로의 통행료 폐지를 주장하여 왔다(유료도로법 시행령 제10조 제1항은 '유료도로관리청은 법 제16조의 규정에 의하여 30년의 범위 안에서 통행료의 수납기간을 정하여야 한다'고 규정하고 있다).

(다) 이러한 상황에서 피고인도 2006년경부터 울산고속도로의 통행료 폐지를 촉구하여 오다가, 2007. 7. 13. 유료도로법 일부개정법률안을 대표발의하였고, 위 개정안 외에 그 무렵 공소외 2 등 다른 국회의원들 일부도 5개의 개정안을 발의하였는데, 그 내용은 대략 출퇴근시간대 고속도로 통행료 감면, 명절 연휴기간 고속도로 통행료 면제, 경인고속도로, 울산고속도로 등 준공 후 30년이 경과한 고속도로의 통행료 감면 등이었다.

(라) 이에 따라 건설교통부(정부조직법이 2008. 2. 29. 법률 제8852호로 전부개정되면서 국토해양부로 통폐합되었다. 이하 '건설교통부'라고 한다)는 통행요금 제도 전반에 대한 종합적인 검토가 필요하여 2007. 10월경 한국도로공사를 통하여 한국개발연구원(KDI)에 용역기간을 2007. 11. 5.부터 2008. 11. 4.까지로 정하여, 고속국도 건설 및 운영정책·건설재원 조달방안, 통합채산제 등 유료도로 정책 발전방향(고속국도 투자비 회수노선 관리방안, 통합채산노선에 포함하여 운영시 문제점 및 해소방안, 고속국도 제외 후 지방자치단체 이관의 타당성 등), 통행요금 체계 및 구조 개선방안 등 '고속도로 통행요금 제도 및 법령에 대한 개선방안' 연구용역을 의뢰하였다. 당시 건설교통부는 위 용역결과가 나오는 대로 종합적인 개선대책을 마련한다는 입장을 취하고 있었을 뿐, 위 용역의뢰와 별도로 울산고속도로 통행료 폐지 방침을 정하거나 구체적인 개선대책을 결정한 바는 없었다.

(마) 그리고, 건설교통부는 그러한 유료도로법 개정안에 따르면 건설된 지 30년이 지났거나 건설원가를 모두 회수한 4개 노선(경부고속도로, 울산고속도로, 경인고속도로, 남해 제2지선)이 모두 통행료 폐지대상이 되어, 통합채산제를 유지하고 있는 정부입장에서는 유료도로법 개정안을 도저히 받아들이기 어렵고, 특히 경부고속도로만큼은 절대 통행료를 폐지해 줄 수 없는 입장이었다.

그런데, 위와 같은 6건의 유료도로법 개정안을 검토하기 위한 국회 건설교통위원회 법안심사소위원회 개최를 앞두고, 위 소위원회 소속 국회의원들이 대부분 개정안 통과에 우호적인 태도를 보임에 따라, 건설교통부는 위 6건의 개정안을 소위원회에 계류시킴으로써 제17대 국회의원의 임기만료로 인한 회기종료와 함께 자동폐기되도록 하여 위 개정안 통과를 적극 저지하려고 하였다. 그 과정에서, 건설교통부 차관 공소외 3(그 당시 장관은 국회의원 출마를 위하여 사직하여 공석인 상태였다), 기반시설본부장 공소외 1, 정책홍보관리실장 공소외 4 등 법안심사소위원회 참석자들이 국회의원들의 질의에 대한 답변방향을 공유하기 위해 작성된 건설교통부의 답변자료에 의하면, 피고인이 발의한 개정안의 '유료도로관리권자의 교통체증 등 관리소홀로 인한 통행료 감면', '통행료수납기간의 법률화', '통행료회수율의 대소에 따른 통행료 감면' 등 항목들 모두에 대해

수용하기 곤란하다는 취지로 기재되어 있다.

(바) 공소외 1, 3, 4 등 건설교통부 관계자들은 2008. 2. 13. 개최된 국회 건설교통위원회 법안심사소위원회(피고인이 소위원회 위원장이다)에 참석하여 피고인을 비롯한 위 위원회 소속 국회의원들의 질의에 대하여 위와 같은 건설교통부의 입장을 설명하면서, 유료도로법 개정에 관한 의원 입법안을 수용하기 곤란하다는 답변과 함께 한국개발연구원의 용역 조사가 진행 중이니 추후 그 결과가 나오면 국회의원들의 요구사항을 충분히 검토하여 고속도로 통행료 체계 전반에 대한 개선대책을 마련하겠다는 취지로 답변하였다.

(사) 한편, 피고인은 위와 같은 건설교통부의 답변에 대하여, 예전부터 통행료 폐지 문제를 꾸준히 이야기해왔다고 하면서, 30년이 경과되었고 건설비를 모두 회수한 울산고속도로에 법에도 없는 통행료를 왜 징수하는지, 이러한 상황에서 또다시 무슨 용역결과가 필요한지에 대하여 의문을 표시하며 강한 어조로 항의하기도 하였다.

또한, 피고인은 위 소위원회 회의 도중 정회 시간에 위원장실로 공소외 1을 따로 불러 면담을 하는 자리에서 공소외 1에게 울산고속도로 통행료를 반드시 폐지해달라고 재차 요구하였는데, 공소외 1은 회의석상에서와 같이 '잘 검토하겠다'는 취지로 답변하였을 뿐 울산고속도로 통행료 폐지를 구체적으로 약속하지는 않았다(국회 속기록에는 유료도로법 개정안이 18:04부터 18:43경까지 40여 분간 논의되었고 19:42경 회의를 마쳤으나, 유료도로법 개정안 논의 도중이나 그 이후 회의 종료시까지 정회는 되지 않은 것으로 기록되어 있다).

(아) 결국 피고인이 발의한 개정안을 포함한 6건의 유료도로법 개정안 모두 건설교통부의 반대입장 등으로 위 소위원회에서 결론을 맺지 못하자 피고인은 그날 이를 소위원회에 계류시켰고, 결과적으로 위 개정안들은 모두 회기종료와 함께 자동폐기되었다.

(자) 피고인은 2008. 2. 13. 19:42경 회의를 마친 후 위 건설교통부 관계자들과 같이 저녁식사를 하는 자리에서도 맞은편에 배석한 공소외 1에게 '울산고속도로는 건설된 지 30년 이상 경과하였고 이미 시가지로 되어서 고속도로도 아니다. 반드시 통행료가 폐지되어야 한다'며 울산고속도로 통행료를 폐지하여 줄 것을 여러 차례 다그치듯 요청하였는데, 이에 대하여 공소외 1은 공식 회의석상에서의 답변과 마찬가지로 '잘 검토하겠다', '한국개발연구원의 연구용역 결과를 근간으로 종합개선대책을 마련하여 추진하겠다'는 대답만 2~3번 되풀이하였을 뿐 울산고속도로의 통행료를 반드시 폐지하겠다는 취지로 말한 바는 없었다.

(차) 피고인은 그 날 저녁 21:09경(피고인은 저녁식사 전이라고 진술하다 당심에 이르러

저녁식사 후라고 진술하였다) 울산광역시장 공소외 5에게 전화하여 '건설교통부가 울산고속도로 관리권을 울산광역시로 넘겨주면 울산광역시가 받을 의향이 있는가'라고 물었고, 이에 울산광역시장 공소외 5는 '우리 시의 숙원 현안인 만큼 받아들이겠다'고 답변하였다.

(카) 피고인은 2008. 2. 14. 공소외 1에게 전화하여 '지역 주민들에게 울산고속도로 통행료 폐지에 대한 정부의 약속사항을 홍보하겠다'고 말하였는데, 공소외 1은 '정부에서 2008년 말까지 전국 고속도로에 대한 제도개선 종합대책을 마련할 계획이니까 거기에 울산고속도로도 포함해서 검토하겠다. 그렇기 때문에 통행료 폐지 약속을 하였다는 것은 곤란하고, 정부에서 종합대책을 마련하겠다고 약속하였다는 내용으로, 지역주민들에 대한 홍보용으로 가볍게 다루면 좋겠다'고 답하였다.

(타) 피고인은 그날 공소외 6 보좌관에게 지시하여 보도자료를 작성, 배포하였는데, 보도자료에는 피고인이 건설교통부로부터 울산고속도로 통행료 폐지를 약속받았다는 내용 외에도 '건교부는 앞으로 고속국도법 시행령 개정을 통해 고속국도 제16호 울산선(울산-언양간 고속도로)을 해제하여 광역시도로 지정하는 절차를 밟게 된다'는 등 통행료 폐지에 관한 구체적 절차까지 기재되어 있고, 뉴시스는 2008. 2. 14. 13:00경 서울판에서, 경상일보, 울산매일신문 등 울산지역 언론사는 2008. 2. 15.경 위와 같은 보도자료를 인용한 기사를 게재하였다.

(파) 그 후에도 피고인은 원심 판시 범죄사실 기재와 같이 피고인이 건설교통부로부터 울산고속도로 통행료 폐지 약속을 받아내었다는 내용을 담은 예비후보자 홍보물, 선거공보를 발송하고, 방송광고 및 후보자 방송토론회에서도 같은 내용을 이야기하였는데, 특히 후보자 방송토론회에서는, 같은 지역구에 출마한 공소외 7 후보자로부터, 건설교통부에서 울산고속도로 통행료 폐지나 관리권 이양에 관하여 구체적 방침을 정하지 못하였다는 내용을 확인하였다는 추궁을 받게 되자, 그러한 약속을 받은 것이 사실이나 건설교통부에서 다른 지역 고속도로와의 형평상 이를 공개하지 못하는 것이라는 취지로 답변하였다.

(하) 한편, 한국개발연구원의 고속도로 통행요금 제도개선에 관한 연구는 현재까지 완료되지 못하였고, 그 연구 결과에 따라 고속도로 통행료 체계 전반에 대한 종합대책을 마련하겠다는 건설교통부의 입장은 종전과 달라진 것이 없다.
그리고, 울산고속도로의 통행료를 폐지하기 위하여는 통합채산제를 개편하거나 예외를 두는 방향으로 국회에서 유료도로법을 개정하거나 관리권을 지방자치단체에 이관하는 등의 정책결정이 있어야 하고, 그러한 정책결정을 위해서는 관계부처 및 지방자치단체와 협의, 공청회 및 관련법령 개정 등의 절차가 이루어져야 하나, 건설교통부에서 지금까지 그러한 절차를 진행한 바는 없다.

(거) 기반시설본부는 건설교통부에 설치되어 고속도로, 국도 및 일반철도의 건설과 유지관리, 수자원시설의 건설과 유지관리, 민간투자사업의 계획관리 및 남북협력사업 등의 업무를 총괄적으로 담당하는 실무부서이나, 울산고속도로 통행료 폐지 여부는 위 한국개발연구원의 용역결과를 기초로 관계부처 및 지방자치단체와 협의, 공청회 등의 절차를 거쳐 건설교통부장관이 결정할 사항이며, 장관의 결정이 있더라도 그 후속조치로 법령개정 등이 필요한 문제이기 때문에, 기반시설본부장인 공소외 1은 당시 그러한 결정이나 약속을 할 만한 시기나 입장이 아니었다(소위원회에는 건설교통부 장관이 공석인 상태에서 차관인 공소외 3이 참석하여 적극적으로 답변을 하였으므로, 그러한 약속을 한다면 공소외 3이 하여야 할 것이다).

(너) 통상적으로 국회의원들의 질문에 대한 공무원들의 답변 중 '신중하게 검토하겠다'는 말은 부정적인 입장이고, '검토하겠다'는 것은 정부 방침에 확정되지 않았을 때 시간을 벌기 위한 중간적인 입장이며, '적극 검토하겠다'는 것은 긍정적 방향으로 추진이 가능할 때 답변이나, 공무원들로서는 내부적으로 정부방침이 결정되지 않은 이상 단정적인 말은 하지 않으며, 대외적으로도 우회적인 답변에 그치는 경우가 많다.

(더) 한편, 피고인이 제16대 국회의원 선거에서 울산광역시 북구에 한나라당 후보로 출마하여 당선되었으나, 울산광역시 북구는 현대자동차(주) 노동자들이 많이 거주하고 있어 그들을 지지기반으로 하는 민주노동당의 지지율이 높은 편이었고, 피고인이 2004년 제17대 국회의원 선거에 한나라당 후보(19,952표 득표)로 출마하였으나 민주노동당 공소외 8 후보(27,212표 득표)가 당선되었다가 공소외 8 후보가 공직선거및선거부정방지법위반죄로 벌금 150만원을 선고받아 당선이 무효가 되어, 그 다음해 실시된 재선거에서 피고인이 비로소 다시 당선되었다.

(2) 허위사실 여부에 대한 판단

공직선거법 제250조 제1항에서 말하는 허위의 사실이라 함은, 진실에 부합하지 않은 사항으로서 선거인으로 하여금 후보자에 대한 정확한 판단을 그르치게 할 수 있을 정도로 구체성을 가진 것이면 충분하다(대법원 2003. 2. 20. 선고 2001도6138 전원합의체 판결 등 참조).

피고인은, ① 2008. 2. 13. 열린 국회 건설교통위원회 법안심사소위원회 1차 회의에 상정된 유료도로법 개정안과 관련하여 공소외 1이 수사기관에서 '다각적인 개선방안을 마련하여 공청회, 관계부처 협의, 지역 주민 의견수렴 등을 거쳐 2008년 말까지 종합대책을 마련하기로 피고인과 약속하고 법안을 보류키로 하였다'고 진술(2008. 4. 23.자 우편진술서)한 점, ② 법안심사소위원회 위원장인 피고인으로서는 공소외 1로부터 울산고속도로 통행료 폐지에 대한 약속을 받지 않았다면 2008. 2. 14. 속개된 법안심사소위원회 2차 회의에 전날 계류한 유료도로법 개정안을 상정하여 통과시킬 수도 있었던 점, ③ 피고인이 2008. 2. 13. 저녁에 공소외 5 울산광역시장에게 전화하여 울산고속도로 관리권 이양문제를 논의한 점, ④ 피고인이 그 다음날 공소외 1 본부장과 보도자료를 내는 문제를 상의한 후 언론에 보도자료를 배포한 점, ⑤ 공소외 1은 이에 대하여 피고인이 단지 지역 주민들에게 홍보하는 것으로 알고 언론보도자료를 확인하지 않았고 당시 건설교통부에서도 파악한 사실이 없다고 진술하였으나, 그 날 13시에 게재된 뉴시스는 서울판으로서 건설교통부에서 이를 확인하지 않았다고 하는 것은 납득하기 어렵고, 건설교통부에서 매일 두 차례에 걸쳐 연합뉴스를 모니터링하고 있는데, 지방지(특히 연합뉴스)에 게재된 기사라고 하더라도 모두 모니터링하여 사실과 다른 경우 해명을 하고 있는 점 등에 비추어 공소외 1의 그러한 진술은 신빙성이 없는 점, ⑥ 또한 공소외 1은 수사기관에서 피고인과 보도자료에 대하여 이야기할 당시 피고인에게 가볍게 다루어 달라고 하였다고 진술하였으나, 만약 기존 정부 방침과 변한 것이 하나도 없고 피고인에게 통행료 폐지 약속을 하지 않았다면 굳이 가볍게 다루어 달라고 할 하등의 이유가 없는 점(공소외 1은 자신의 약속을 인지하고 그 파급효과를 고려하여 피고인에게 가볍게 다루어 달라고 하였을 것으로 경험칙상 추단된다), ⑦ 2008. 2. 14. 오후 2시부터 법안심사소위원회 2차 회의가 예정되어 있었고 공소외 1도 여기에 참석하였으므로 공소외 1로서는 그날 오전 피고인과 울산고속도로 통행료 폐지와 보도자료 등에 대하여 전화로 대화를 나눈 상황이었으므로, 피고인에게 그에 관하여 재차 확인을 하였을 법한데도 아무런 확인이 없었던 점 등을 종합하면, 피고인이 공소외 1 본부장으로부터 울산고속도로 통행료 폐지를 약속받은 사실을 넉넉히 인정할 수 있다고 주장한다.

살피건대, 위에서 본 바와 같이 2008. 2. 13. 열린 국회 건설교통위원회 법안심사소위원회 1차 회의에 상정된 유료도로법 개정안에 대하여 건설교통부로서는 도저히 이를 수용할 수 있는 입장이 아니었으며, 그 당시 소위원회에 참석한 국회의원 대다수가 개정안 통과에 호의적이어서 건설교통부 관계자들은 그 개정안 통과를 적극 저지하려는 입장이었던 사실을 인정할 수 있다.

그러나, 건설교통부 기반시설본부장인 공소외 1이 관계부처간의 실무협의나 타당성 검토, 그 자리에 참석한 차관 공소외 3과 의논 등을 전혀 하지 아니한 채 본부장 개인의 권한으로 피고인에게 울산고속도로 통행료 폐지를 약속한다는 것은 납득하기 어렵다.

당시 회의에 관여하였던 건설교통부의 관계자인 공소외 1, 3, 4는 수사기관 내지 원심 및 당심 법정에서, 피고인에게 '고속도로 통행료 제도 전반에 대한 개선대책을 마련하겠다', '잘 검토하겠다'는 등의 원론적이고 유보적인 답변을 하였을 뿐 울산고속도로 통행료를 폐지하겠다고 구체적으로 약속한 바 없다고 일관되게 진술하고 있으며, 특히 국회 건설교통위원회 법안심사소위원회의 2008. 2. 13.자 속기록 어디에도 공소외 1 등 건설교통부 관계자가 울산고속도로의 통행료를 폐지하겠다는 취지의 발언을 했다는 내용이 없을 뿐만 아니라, 위 속기록 89면 우측 상단(수사기록 제106면)의 기재에 의하면, 한국개발연구원의 검토 결과에 따라 의원입법안에서 주장하는 내용들을 적극적으로 검토하겠다는 공소외 1의 답변에 대하여 공소외 9 위원이 정부 의견이 무엇인지 밝히라고 다그치자, 피고인이 나서서 예산이 소요되는 부분은 무조건 반대하는 취지라고 설명하기도 하였고, 피고인 스스로도 검찰의 2회 피의자신문 당시, 공소외 1로부터 통행료 폐지를 구체적으로 약속받은 것은 아니나, '개선대책을 꼭 마련하겠다' 혹은 '적극적으로 개선대책을 마련하겠다'는 답변을 들었고, 이를 통행료 폐지에 관한 약속으로 받아들인 것이라고 진술하고 있으므로, 피고인이 주장하는 사정 등을 감안하더라도, 피고인이 건설교통부로부터 울산고속도로 통행료를 폐지하겠다는 약속을 받았다고 보기 어렵다.

따라서, 피고인이 원심 판시 범죄사실 기재와 같이 보도자료 등을 통하여 '피고인이 건설교통부로부터 울산고속도로 통행료 폐지 약속을 받았다'고 홍보 내지 진술하여 이를 피고인의 업적으로 공표한 행위는, 진실에 부합하지 않은 사항으로서 선거인으로 하여금 후보자에 대한 정확한 판단을 그르치게 할 수 있을 정도로 구체성을 가진 허위사실을 공표한 것에 해당한다.

(3) 허위사실 인식 여부에 대한 판단

공직선거법 제250조 제1항에서 규정하는 허위사실공표죄에서는 공표된 사실이 허위라는 것이 구성요건의 내용을 이루는 것이기 때문에 행위자의 고의의 내용으로서 그 사항이 허위라는 것의 인식이 필요하고, 이러한 주관적 인식의 유무는 그 성질상 외부에서 이를 알거나 입증하기 어려운 이상 공표 사실의 내용과 구체성, 소명자료의 존재 및 내용, 피고인이 밝히는 사실의 출처 및 인지경위 등을 토대로 피고인의 학력, 경력, 사회적 지위, 공표 경위, 시점 및 그로 말미암아 객관적으로 예상되는 파급효과 등 제반 사정을 모두 종합하여 규범적으로 이를 판단할 수밖에 없다(대법원 2005. 7. 22. 선고 2005도2627 판결 등 참조).

피고인은, ① 피고인의 유료도로법 개정안 제출 목적은 울산고속도로(관리권 이양)라는 사실을 공·사석에서 누누이 강조하였고, 이와 같은 사실은 당시 건설교통부와 도로공사 관계자들도 모두 알고 있었기 때문에, 피고인으로서는 공소외 1의 개선대책 약속은 당연히 통행료 폐지 약속으로 인식하였고, ② '적극 검토, 개선대책 마련 약속' 등의 표현은 행정부 공무원들이 사실상 약속할 때 관행적으로 사용하는 용어이며, 지금까지 수차례에 걸친 울산 출신 의원이나 시민들의 울산고속도로 통행료 폐지 요구에 대하여 단 한 번도 이런 답변이 없었기 때문에, 피고인의 통행료 폐지 요구를 수용하는 것으로 인식할 수밖에 없었으며, 국민을 대표하는 국회의원들의 질의 내지 요구에 대하여 관련 공무원들이 '적극적으로 검토하겠다' 내지 '잘 검토하겠다'라는 대답은 긍정적 방향으로 추진하겠다는 것으로 사실상의 약속을 의미하는 점(더욱이 경부고속도로를 포함한 건설 후 30년이 경과한 고속도로의 통행료를 일괄적으로 폐지하는 것을 골자로 하는 유료도로법 개정안의 통과를 막고자 하였던 건설교통부의 입장에서, 그 관련 공무원이 법안심사소위원회와 그 소위원회 후 소위원장인 피고인과 식사를 하면서, 일괄폐지는 곤란하지만 울산고속도로에 대하여는 통행료 폐지를 '적극적으로' 내지 '잘' 검토하겠다고 말하였다는 것은 위 유료도로법 개정안이 통과되지 않는다면 울산고속도로의 경우에는 통행료를 폐지하는 방향으로 정부의 정책결정을 하겠다는 약속을 한 것에 결코 다름아니다), ③ 피고인의 요구는 통행료 폐지나 관리권 이양 등이었고, 공소외 1 본부장의 개선대책 방안도 통행료 폐지나 관리권 이양 등이었으므로, 방법은 어떻든 결론적으로 통행료가 폐지될 수 밖에 없는 상황이었던 점(통행료 감면도 있을 수 있겠지만 이것은 피고인의 요구에 대한 대책이 아니었고, 당시 이미 출퇴근자에게 50% 할인이 확정되었기 때문에 고려대상이 아니었다), ④ 피고인은 공소외 1 본부장과의 약속 전에, 정부는 울산고속도로와 경인고속도로의 관리권 이양은 가능하지만 경부고속도로 때문에 어렵다는 입장으로 이 문제를 해결하기 위하여 용역을 시행하는 것으로 이해하고 있었으며, 결국 피고인은 울산고속도로만의 관리권 이양은 얼마든지 가능한 것이었고, 개선대책 약속은 곧 관리권 이양으로 판단하고, 보도자료와 예비홍보물에도 관리권 이양을 통한 통행료 폐지라고 명시하였으며, 선거 당시 홍보물과 연설 등에는 시간관계상 통행료 폐지라고 표현한 점, ⑤ 피고인이 '약속할 수 있느냐'고 물었을 때 공소외 1 본부장은 '약속한다'고 대답하였고, 이에 대하여 피고인은 관리권 이양 등 통행료 폐지를 계속 주장하다 약속한다는 답변을 들었기 때문에 폐지 약속으로 받아들일 수밖에 없는 상황인 점, ⑥ 피고인은 당시 건설교통위원회 법안심사소위원회 위원장이었고, 당시 회의시 찬성의원이 참석자의 과반수를 넘고 있었기 때문에 피고인이 마음먹기에 따라서는 얼마든지 통과시킬 수 있었으며, 당시 공소외 1 본부장은 유료도로법 개정안이 통과되면 고속도로 전체 관리상의 문제와 수익성 문제점이 발생하기 때문에 유료도로법 통과를 적극적으로 막아야 하는 상황이어서 피고인으로서는 공소외 1이 피고인에게만 특별히 약속한다고 정치적으로 해석하였던 점(특히 2월 13일 회의는 종결되더라도 2월 14일도 소위원회가 예정되어 있어 다시 상정하여 통과시키는 것도 피고인의 결심에 따라 얼마든지 가능하였으며, 법안심사소위원회에서 통과된 것은 전체 상임위와 법사위를 거쳐 본회의에서 통과되는 것이 관례인 점을 고려하면, 피고인으로서는 건설교통부가 피고인에게 일종의 특혜를 베풀었다고 받아들일 수밖에 없었다), ⑦ 피고인은 2월 14일 배포한 보도자료가 중앙언론과 지방지 등에 뉴스를 공급하는 뉴시스를 통해 인터넷으로 13시경 이미 보도되었기 때문에 정부에서도 당연히 알고 있는 것으로 생각하였는데, 그 뒤 정부로부터 어떤 문제제기도 없었던 점 등을 종합하면, 피고인으로서는 당연히 공소외 1이 울산고속도로의 통행료 폐지를 약속한 것으로 믿었다고 주장한다.

살피건대, ① 피고인은 공소외 1로부터 통행료 폐지를 약속받은 시기에 관하여, 처음 경찰조사 시에는 소위원회 회의를 마친 후 저녁식사 자리에서 약속받았다고 진술하였고, 검찰 1회 조사 시에는 소위원회 도중 정회 시간에 약속받았다고 진술하였다가(속기록에는 정회하였다는 기록이 없다) 경찰조사 시와 진술이 다르다는 추궁에 정회 시간 및 저녁식사 자리에서 모두 약속을 받았다고 진술하였고, 공소외 5 울산광역시장에게 전화를 건 시간도 저녁식사 전이라고 진술하다 당심에서 저녁식사 후라고 진술하는 등 그 구체적 시기 등에 대하여 진술이 엇갈리고 있는 점, ② 피고인은 소위원회 회의 시, 정회 시, 저녁식사 시 모두 거듭하여 공소외 1에게 통행료 폐지를 요구하였고, 그 다음날 보도자료를 배포하기 전에도 공소외 1에게 폐지방침을 다시 확인하였다는 것인바, 만일 피고인이 건설교통부 또는 실무책임자인 공소외 1로부터 피고인의 진술과 같이 소위원회 정회 시간에 구체적 약속을 받았다고 생각하였더라면 국회의원이자 건설교통위원회 법안심사소위원장의 지위에 있던 피고인이 이와 같이 계속적으로 요구하거나 보도자료 배포 전 재차 확인을 하지는 않았을 것으로 보이는 점, ③ 소위원회 회의 당시 울산고속도로 등 통행료 폐지와 관련하여 한국개발연구원에 연구용역을 의뢰한 외에는 아무런 준비나 대책이 없었던 건설교통부 관계자들은 즉각적인 답변은 하지 않은 채 '검토 중(공소외 1은 '어쨌든 적극적으로 검토하겠다'는 답변을 1회 한 바 있다)'이라는 취지의 대답으로만 일관하였을 뿐 구체적인 답변을 회피하였고, 피고인 스스로도 정부 입장을 추궁하는 공소외 9 위원에게 정부 입장은 예산이 소요되는 부분은 무조건 반대하는 취지라고 설명하기도 하여, 한국개발연구원의 구체적 연구결과가 나오기 전에는 통행료 폐지나 감면에 소극적인 건설교통부의 입장을 잘 알고 있었는데, 그러한 상황에서 건설교통부의 실무책임자가 공식회의석상이 아닌 정회시간 혹은 회의종료 후 사석에서 내부적인 실무협의나 검토도 없이 정부의 정책방향과 배치되게 중요정책에 관한 구체적 약속을 한다는 것도 납득하기 힘든 점, ④ 피고인이 소위원회 종료 후 울산광역시장 공소외 5에게 전화한 내용역시 '울산고속도로의 관리권을 울산광역시로 넘겨주면 받을 의향이 있나'는 것인데, 이는 건설교통부 관계자들로부터 울산고속도로의 관리권 이양 내지 이를 전제로 한 통행료 폐지를 약속받았다는 것을 배경으로 하기보다는, 구체적으로 약속을 받지는 않았지만 피고인의 노력으로 관리권이 이양될 경우를 상정한 표현으로 보이는 점, ⑤ 피고인은 소위원회 개최 다음날인 2008. 2. 14. 보도자료를 내기 위해 공소외 1과 통화하는 과정에서 공소외 1로부터 재차 '정부에서 2008년 말까지 전국 고속도로에 대한 제도개선 종합대책을 마련할 계획이니까 거기에 울산고속도로도 포함해서 검토하겠다'는 종전과 같은 답변을 들었고, 아울러 '그렇기 때문에 통행료 폐지를 약속하였다고 지역주민들에게 홍보하는 것은 곤란하다'는 취지로 당부받은 점, ⑥ 피고인이 건설교통부 관계자로부터 일관된 원론적인 답변만 듣고, 구체적 보도자료를 내겠다는 피고인의 발언에 대하여 공소외 1로부터 위와 같이 통행료 폐지를 홍보하지 말라고 당부받았으며, 피고인의 진술에 의하더라도 법 개정 혹은 시행령 개정, 관리권 이양 등 통행료 폐지의 구체적 절차에 관하여는 아무런 구체적 언질을 받지 못하였음에도, 보도자료 내지 예비후보자 홍보물에서 고속국도법 시행령 개정을 통해 울산고속도로를 울산광역시도로 지정하거나 고속도로 관리권을 울산시로 이관한다는 등의 구체적인 방법까지 적시하며 홍보한 점, ⑦ 소위원회에 참석한 국회의원 대다수가 유료도로법 개정안 통과에 호의적이었으나 이를 수용할 수 있는 입장이 아니었던 건설교통부 관계자들이 그 개정안 통과를 적극 저지하는 과정에서, 여러 국회의원들의 거듭된 제도 개선요구에 대하여 한국개발연구원의 연구 결과에 따라 종합적으로 검토하겠다는 입장을 밝히면서 건설교통부 관계자 특히 실무책임자인 공소외 1이 '검토하겠다'는 말보다는 좀더 긍정적인 '적극' 또는 '잘' 검토하겠다는 취지의 말을 반복하였다고 하더라도, 그러한 다급한 입장에 있던 건설교통부 내지 실무책임자가 국회의원들의 요청에 떠밀려 좀더 긍정적인 대답을 하는 상황인 이상, 말 그대로 건설교통부가 곧바로 긍정적인 방향으로 정책추진이 가능한 경우라고 보기 어려울 뿐만 아니라 그러한 구체적인 약속까지 한 것으로는 보기 어려운 점, ⑧ 공소외 1이 건설교통부 기반시설본부장으로 실무책임자이기는 하나 그 당시 건설교통부 최고책임자로 차관인 공소외 3이 참석하였으므로, 피고인으로서는 공소외 1이 그러한 약속을 하였다고 믿었다면 당연히 차관인 공소외 3에게도 확인을 하거나 이야기를 하였을 것으로 보이나, 공소외 3은 회의 도중 공소외 1로부터 울산고속도로 통행료 폐지에 관하여 의논을 하거나 보고를 받은 바가 없고, 또 회의 도중이나 피고인 바로 앞에 앉아 저녁식사를 할 때에도 피고인이나 공소외 1이 그러한 내용의 이야기를 하는 것을 들은바 없다고 진술하고 있는 점,

⑨ 관련 부처 공무원이 '검토하겠다'고 답변한 뒤 실제로 그러한 국회의원의 제도 개선요구가 실현된 경우도 없지는 않으나, 이는 그 개선요구를 검토하여 경제성, 타당성이 있다고 인정되어 그 개선요구를 실행한 것에 불과할 뿐 그러한 답변을 할 당시에 이미 그러한 개선요구를 실행하겠다고 약속한 것으로는 볼 수 없는 점, 그 밖에 피고인의 학력, 경력, 지위 내지 통행료 폐지 약속 공표로 인한 파급효과 등을 종합하면, 피고인이 원심 판시 범죄사실 기재와 같이 보도자료 등을 통하여 '피고인이 건설교통부로부터 울산고속도로 통행료 폐지 약속을 받았다'고 홍보 내지 진술할 당시 그 내용이 허위라는 점을 인식하고 있었다고 넉넉히 인정할 수 있다.

따라서, 피고인이 원심 판시 범죄사실 기재와 같이 보도자료 등을 통하여 '피고인이 건설교통부로부터 울산고속도로 통행료 폐지 약속을 받았다'고 허위사실을 공표하였고, 피고인으로서는 그러한 내용이 허위임을 인식하고 있었다 할 것이므로, 피고인의 사실오인 및 법리오해 주장은 이유 없다.

나. 양형부당 주장

살피건대, 피고인은 초범으로 범죄전력이 전혀 없을 뿐만 아니라, 국회의원으로 성실하게 의정활동에 임하여 왔으며, 제18대 국회의원 선거에서 큰 표차이로 당선된 점 등은 인정된다.

그러나, 선거와 관련된 부정을 방지함으로써 민주정치의 발전에 기여하고자 하는 공직선거법의 입법 취지와 공명선거가 정착되어야 한다는 국민적 공감대에 비추어 볼 때, 선거범죄에 대한 처벌은 엄중할 필요가 있는데, 공직선거법은 후보자가 공직선거법위반죄로 100만원 이상의 벌금형을 선고받는 경우 당선을 무효로 하고 있는바, 그러한 당선무효가 되는 사정 역시 양형요소의 하나이기는 하나, 일반적인 기준에 따라 벌금 100만원에 해당하는 사소한 위반행위를 하더라도 당선을 무효로 하겠다는 입법자의 의지 역시 최대한 존중받아야 할 필요가 있는 점, 울산고속도로의 통행료 폐지 문제는 울산시민의 주요한 관심의 대상이었고, 그 폐지를 약속받았다고 허위사실을 공표하는 것은 비록 피고인의 선거구 주민들이 울산고속도로를 다른 울산광역시 지역구 주민들보다는 빈번하게 이용하지 않는다 하더라도 상당수 이를 이용하고 있어 통행료 폐지에 관심을 가지지 않을 수 없었던 점, 특히 피고인으로서는 통행료 폐지를 약속받았다는 점을 내세워 지역구 주민들에게 피고인이 정부에 강한 영향력을 행사하여 주요 지역현안을 해결할 수 있는 힘있는 국회의원이라는 것을 손쉽게 강조할 수 있는 점, 이에 피고인으로서는 그러한 통행료 폐지약속을 주요 업적의 하나로 계속 반복하여 보도하거나 선전하였고, 그러한 허위사실을 공표한 횟수나 홍보물의 수가 적지 아니한 점, 그리고 울산광역시 북구 선거구는 주민들 중 현대자동차(주) 노동자들이 많아 그와 관련된 민주노동당의 지지율이 높았고, 피고인이 제17대 국회의원 선거에서 민주노동당 후보에게 패배한 전력도 있어, 제18대 국회의원 선거에서 피고인이 당선을 낙관하고 있을 상황은 아니었던 점, 기타 이 사건 각 범행 동기, 수단과 결과, 피고인의 연령, 성행, 지능과 환경, 전과관계, 범행 후의 정황 등 이 사건 변론에 나타난 제반 양형조건을 종합·검토하여 보면, 피고인의 당선이 무효로 되는 점을 감안하더라도 원심이 피고인에게 선고한 형량은 적정하다고 판단되고 너무 무거워서 부당하다고는 인정되지 아니하므로, 피고인의 양형부당 주장 역시 이유 없다.

3. 결 론

따라서, 피고인의 이 사건 항소는 이유 없으므로, 형사소송법 제364조 제4항에 따라 이를 기각하기로 하여 주문과 같이 판결한다.

[5] 대법원의 판결103)

【피 고 인】 피고인
【상 고 인】 피고인
【변 호 인】 변호사 1 외 1인

【원심판결】 부산고법 2008. 12. 30. 선고 2008노744 판결

【주 문】

상고를 기각한다.

【이 유】

상고이유(상고이유서 제출기간 경과 후에 제출된 상고이유보충서의 기재는 상고이유를 보충하는 범위 내에서)에 대하여 본다.

1. 상고이유 제1점에 대하여

가. 공직선거법 제250조 제1항에서 말하는 허위의 사실이라 함은 진실에 부합하지 않은 사항으로서, 선거인으로 하여금 후보자에 대한 정확한 판단을 그르치게 할 수 있을 정도로 구체성을 가진 것이면 충분하다(대법원 2000. 4. 25. 선고 99도4260 판결, 대법원 2003. 2. 20. 선고 2001도6138 전원합의체 판결 등 참조). 하지만, 공표된 사실의 내용 전체의

103) 대법원 2009. 3. 12. 선고 2009도26 판결 【공직선거법위반】

취지를 살펴볼 때 중요한 부분이 객관적 사실과 합치되는 경우에는 세부에 있어서 진실과 약간 차이가 나거나 다소 과장된 표현이 있다 하더라도 이를 허위의 사실이라고 볼 수는 없다(대법원 2004. 2. 26. 선고 99도5190 판결, 대법원 2004. 6. 25. 선고 2003도7423 판결 등 참조).

나. 원심은 적법하게 채용한 증거들에 의하여 그 판시와 같은 사실들을 인정한 다음, 그 인정 사실들을 종합하면, 피고인이 이 사건 각 범죄사실 기재와 같이 보도자료, 예비후보자 홍보물 및 선고공보, 방송광고나 후보자 토론회 등에서 '피고인이 건설교통부로부터 울산고속도로 통행료 폐지 약속을 받았다'고 홍보 내지 진술하여 이를 피고인의 업적으로 공표한 행위는 공직선거법 제250조 제1항에서 말하는 후보자(피고인)의 행위에 관한 허위의 사실을 공표한 것에 해당한다고 판단하였는바, 앞서 본 바와 같은 법리 및 기록에 비추어 살펴보면 위와 같은 원심에서의 증거의 취사선택과 사실인정 및 판단은 정당하여 수긍할 수 있고, 거기에 상고이유로 주장하는 바와 같은 공직선거법 제250조 제1항에서 말하는 '후보자의 행위에 관한 허위의 사실'에 관한 법리오해 등의 위법이 있다고 할 수 없다.

2. 상고이유 제2점에 대하여

가. 공직선거법 제250조 제1항 소정의 허위사실공표죄에서는 공표된 사실이 허위라는 것이 구성요건의 내용을 이루는 것이기 때문에 행위자의 고의의 내용으로서 그 사항이 허위라는 것의 인식이 필요하다 할 것이고, 이러한 주관적 인식의 유무는 그 성질상 외부에서 이를 알거나 입증하기 어려운 이상 공표 사실의 내용과 구체성, 소명자료의 존재 및 내용, 피고인이 밝히는 사실의 출처 및 인지 경위 등을 토대로 피고인의 학력, 경력, 사회적 지위, 공표 경위, 시점 및 그로 말미암아 객관적으로 예상되는 파급효과 등 제반 사정을 모두 종합하여 규범적으로 이를 판단할 수밖에 없다(대법원 2005. 7. 22. 선고 2005도2627 판결 등 참조). 그리고 위 허위사실공표죄는 미필적 고의에 의하여도 성립되는 것이고(위 대법원 2004. 2. 26. 선고 99도5190 판결 등 참조), 위 허위사실공표죄에서의 '당선되거나 되게 할 목적'은 허위사실의 공표로서 후보자가 당선되고자 하는 또는 당선되게 한다는 인식만 있으면 충분한 것이며, 그 결과의 발생을 적극적으로 의욕하거나 희망하는 것을 요하는 것은 아니다(대법원 2006. 5. 25. 선고 2005도4642 판결 등 참조).

나. 원심은 적법하게 채용한 증거들에 의하여 그 판시와 같은 사실들을 인정한 다음, 그 인정 사실들을 종합하면, 피고인은 이 사건 각 행위 당시에 당선될 목적으로 그 공표

하는 사실이 허위라는 점을 인식하면서 이 사건 각 허위사실 공표를 한 것이라고 판단하였는바, 앞서 본 바와 같은 법리 및 기록에 비추어 살펴보면 위와 같은 원심에서의 증거의 취사선택과 사실인정 및 판단은 정당하여 수긍할 수 있고, 거기에 상고이유로 주장하는 바와 같은 공직선거법 제250조 제1항에 있어서 허위사실 공표의 고의 및 당선될 목적에 관한 법리오해 등의 위법이 있다고 할 수 없다.

3. 결 론

그러므로 상고를 기각하기로 하여, 관여 대법관의 일치된 의견으로 주문과 같이 판결한다.

Chapter 38 허위사실공표죄에 있어서 공표사실의 허위성

[1] 사건의 쟁점

1. 공직선거법 제250조 제2항의 허위사실공표죄에 있어서 '허위사실'의 의미 및 그 판단 기준
2. 공직선거법 제250조 제2항의 허위사실공표죄에 있어서 공표사실의 허위성에 관한 증명책임 및 증명의 정도

[2] 관련법령

1. 공직선거법 제250조 제2항
2. 공직선거법 제250조 제2항

가. 공직선거법 [법률 제9466호, 2009. 2. 12, 일부개정]

제250조(허위사실공표죄) ① 당선되거나 되게 할 목적으로 연설·방송·신문·통신·잡지·벽보·선전문서 기타의 방법으로 후보자(후보자가 되고자 하는 자를 포함한다. 이하 이 조에서 같다)에게 유리하도록 후보자, 그의 배우자 또는 직계존·비속이나 형제자매의 출생지·신분·직업·경력등·재산·인격·행위·소속단체 등에 관하여 허위의 사실[학력을 게재하는 경우 제64조(선전벽보) 제1항의 규정에 의한 방법으로 게재하지 아니한 경우를 포함한다]을 공표하거나 공표하게 한 자와 허위의 사실을 게재한 선전문서를 배포할 목적으로 소지한 자는 5년이하의 징역 또는 3천만원이하의 벌금에 처한다. 〈개정 1995.12.30, 1997.1.13, 1997.11.14, 1998.4.30, 2000.2.16, 2004.3.12〉

② 당선되지 못하게 할 목적으로 연설·방송·신문·통신·잡지·벽보·선전문서 기타의 방법으로 후보자에게 불리하도록 후보자, 그의 배우자 또는 직계존·비속이나 형제자매에

관하여 허위의 사실을 공표하거나 공표하게 한 자와 허위의 사실을 게재한 선전문서를 배포할 목적으로 소지한 자는 7년 이하의 징역 또는 500만원 이상 3천만원 이하의 벌금에 처한다. 〈개정 1997.1.13〉

③ 당내경선과 관련하여 제1항(제64조 제1항의 규정에 따른 방법으로 학력을 게재하지 아니한 경우를 제외한다)에 규정된 행위를 한 자는 3년 이하의 징역 또는 6백만원 이하의 벌금에, 제2항에 규정된 행위를 한 자는 5년 이하의 징역 또는 1천만원 이하의 벌금에 처한다. 이 경우 "후보자" 또는 "후보자(후보자가 되고자 하는 자를 포함한다)"는 "경선후보자"로 본다. 〈신설 2005.8.4〉

[3] 대법원의 판결[104)]

【피 고 인】 피고인
【상 고 인】 피고인 및 검사
【변 호 인】 법무법인

【원심판결】 서울고법 2008. 11. 27. 선고 2008노2421 판결
【주 문】
상고를 모두 기각한다.

【이 유】
상고이유를 본다.

1. 피고인의 상고이유에 대하여

공직선거법 제250조 제2항에서 규정하는 허위의 사실이라 함은 진실에 부합하지 않은 사항으로서 선거인으로 하여금 후보자에 대한 정확한 판단을 그르치게 할 수 있을 정도로 구체성을 가진 것이면 충분하고 판단할 진술이 사실주장인가 또는 의견표현인가를 구별함에 있어서는 선거의 공정을 보장한다는 입법 취지를 염두에 두고 언어의 통상적 의미와 용법, 문제된 말이 사용된 문맥, 입증가능성, 그 표현이 행하여진 사회적 상황 등 전체적 정황을 고려하여 판단하여야 한다(대법원 2000. 4. 25. 선고 99도4260 판결 참조). 또한, 위 허위사실공표죄가 성립하기 위하여는 검사가 공표된 사실이 허위라는 점을 적극적으로 증명할 것이 필요하고, 공표한 사실이 진실이라는 증명이 없다는 것만으로는

104) 대법원 2009. 3. 12. 선고 2008도11443 판결 【공직선거법위반】

허위사실공표죄가 성립할 수는 없지만(대법원 2003. 11. 28. 선고 2003도5279 판결 참조), 한편 허위사실공표죄에 있어서 의혹을 받을 일을 한 사실이 없다고 주장하는 사람에 대하여 의혹을 받을 사실이 존재한다고 적극적으로 주장하는 자는 그러한 사실의 존재를 수긍할 만한 소명자료를 제시할 부담을 진다고 할 것이며, 검사는 제시된 그 자료의 신빙성을 탄핵하는 방법으로 허위성의 입증을 할 수 있다고 할 것인데(대법원 2003. 2. 20. 선고 2001도6138 전원합의체 판결 참조), 이 때 제시하여야 할 소명자료는 위의 법리에 비추어 단순히 소문을 제시하는 것만으로는 부족하고 적어도 허위성에 관한 검사의 입증 활동이 현실적으로 가능할 정도의 구체성은 갖추어야 할 것이며, 이러한 소명자료의 제시가 없거나 제시된 소명자료의 신빙성이 탄핵된 때에는 허위사실 공표로서의 책임을 져야 할 것이다(대법원 2005. 7. 22. 선고 2005도2627 판결 참조).

이러한 법리와 기록에 비추어 살피건대, 원심이 판시 기재와 같은 사실인정 하에 이 사건 공소사실 중 '구정은 팽개치고 사전선거운동만 하면서 직무유기를 하였다는 부분'과 '104억원의 예산을 선거선심용으로 부풀렸다가 결손되었다는 부분'을 각 유죄로 인정한 조치는 정당한 것으로서 수긍이 가고, 거기에 상고이유에서 주장하는 바와 같은 법리오해나 채증법칙 위반 등의 위법이 없다.

피고인의 상고이유는 받아들일 수 없다.

2. 검사의 상고이유에 대하여

원심은, 판시 사실관계와 제반 사정 등에 비추어 볼 때 공소외 1 후보자 측과 상반된 이해관계를 가지는 공소외 2 후보자 측의 선거연설원인 피고인으로서는 공소외 1 후보자가 공소외 2 후보자에 대한 평가를 저하시킬 목적으로 판시 유인물을 배포하였다고 의심할 만한 여지가 충분히 있었고, 그러한 의심에는 상당한 근거도 있는 등 피고인에게 위 연설내용의 허위성에 대한 인식이 있었다고 보기 어렵다는 이유로, 이 사건 공소사실 중 '공소외 1 후보가 공소외 2 후보를 헐뜯기 시작하였다는 부분'에 대해 무죄로 판단한 제1심의 견해를 그대로 유지하였다.

전술한 법리와 기록에 비추어 살펴보면, 원심의 이 부분 판단 또한 정당한 것으로 볼 수 있고, 거기에 상고이유에서 주장하는 바와 같은 법리오해의 위법이 없다 할 것이므로, 검사의 상고논지 또한 이유 없다.

3. 결 론

그러므로 상고를 모두 기각하기로 하여 관여 대법관의 일치된 의견으로 주문과 같이 판결한다.

Chapter
39

구분된 형태로 되어 있는 금품을 운반하는 행위

[1] 사건의 쟁점

1. 공직선거법 제230조 제4항에 정한 '구분'된 형태로 되어 있는 금품의 의미

[2] 관련법령

1. 공직선거법 제230조 제4항

가. 공직선거법 [법률 제9466호, 2009. 2. 12, 일부개정]

제230조(매수 및 이해유도죄) ① 다음 각 호의 1에 해당하는 자는 5년 이하의 징역 또는 1천만원 이하의 벌금에 처한다. 〈개정 1997.1.13, 1997.11.14, 2000.2.16, 2004.3.12, 2009.2.12〉

1. 투표를 하게 하거나 하지 아니하게 하거나 당선되거나 되게 하거나 되지 못하게 할 목적으로 선거인(선거인명부 또는 재외선거인명부등을 작성하기 전에는 그 선거인명부 또는 재외선거인명부등에 오를 자격이 있는 사람을 포함한다. 이하 이 장에서 같다) 또는 다른 정당이나 후보자(예비후보자를 포함한다)의 선거사무장·선거연락소장·선거사무원·회계책임자·연설원[제79조(공개장소에서의 연설·대담) 제1항의 규정에 의하여 연설·대담을 하는 자와 제81조(단체의 후보자 등 초청 대담·토론회) 제1항 및 제82조(언론기관의 후보자등 초청 대담·토론회) 제1항의 규정에 의하여 대담·토론을 하는 자를 포함한다. 이하 이 장에서 같다] 또는 참관인(투표참관인·부재자투표참관인과 개표참관인을 말한다. 이하 이 장에서 같다)에게 금전·물품·차마·향응 기타 재산상의 이익이나 공사의 직을 제공하거나 그 제공의 의사를 표시하거나 그 제공을 약속한 자

2. 선거운동에 이용할 목적으로 학교 기타 공공기관·사회단체·종교단체·노동단체 또는 청년단체·부녀단체·노인단체·재향군인단체·씨족단체 기타의 기관·단체·시설에 금전·물품 등 재산상의 이익을 제공하거나 그 제공의 의사를 표시하거나 그 제공을 약속한 자
3. 선거운동에 이용할 목적으로 야유회·동창회·친목회·향우회·계모임 기타의 선거구민의 모임이나 행사에 금전·물품·음식물 기타 재산상의 이익을 제공하거나 그 제공의 의사를 표시하거나 그 제공을 약속한 자
4. 제135조(선거사무관계자에 대한 수당과 실비보상) 제3항의 규정에 위반하여 수당·실비 기타 자원봉사에 대한 보상 등 명목여하를 불문하고 선거운동과 관련하여 금품 기타 이익의 제공 또는 그 제공의 의사를 표시하거나 그 제공을 약속한 자
5. 제1호 내지 제4호에 규정된 이익이나 직의 제공을 받거나 그 제공의 의사 표시를 승낙한 자

② 정당·후보자(후보자가 되고자 하는 자를 포함한다) 및 그 가족·선거사무장·선거연락소장·선거사무원·회계책임자·연설원 또는 제114조(정당 및 후보자의 가족 등의 기부행위제한) 제2항의 규정에 의한 후보자 또는 그 가족과 관계 있는 회사 등이 제1항 각 호의 1에 규정된 행위를 한 때에는 7년 이하의 징역 또는 1천500만원 이하의 벌금에 처한다.
③ 제1항 각 호의 1 또는 제2항에 규정된 행위에 관하여 지시·권유·요구하거나 알선한 자는 7년 이하의 징역 또는 1천500만원 이하의 벌금에 처한다.
④ 당선되거나 되게 하거나 되지 못하게 할 목적으로 선거기간중 포장된 선물 또는 돈봉투 등 다수의 선거인에게 배부하도록 구분된 형태로 되어 있는 금품을 운반하는 자는 5년 이하의 징역 또는 1천만원 이하의 벌금에 처한다.
⑤ 선거관리위원회의 위원·직원(투표관리관을 포함한다. 이하 이 장에서 같다) 또는 선거사무에 관계있는 공무원이나 경찰공무원(사법경찰관리 및 군사법경찰관리를 포함한다)이 제1항 각 호의 1 또는 제2항에 규정된 행위를 하거나 하게 한 때에는 7년 이하의 징역에 처한다. 〈개정 2005.8.4〉
⑥ 제47조의2 제1항 또는 제2항을 위반한 자는 5년 이하의 징역 또는 1천만원 이하의 벌금에 처한다. 〈신설 2008.2.29〉
⑦ 당내경선과 관련하여 다음 각 호의 어느 하나에 해당하는 자는 3년 이하의 징역 또는 600만원 이하의 벌금에 처한다. 〈신설 2005.8.4, 2008.2.29〉

1. 제57조의5(당원 등 매수금지) 제1항 또는 제2항의 규정을 위반한 자
2. 후보자로 선출되거나 되게 하거나 되지 못하게 하거나, 경선선거인(당내경선의 선거인명부에 등재된 자를 말한다. 이하 이 조에서 같다)으로 하여금 투표를 하게 하거나 하지

아니하게 할 목적으로 경선후보자·경선운동관계자·경선선거인 또는 참관인에게 금품·향응 그 밖의 재산상의 이익이나 공사의 직을 제공하거나 그 제공의 의사를 표시하거나 그 제공을 약속한 자

3. 제57조의5 제1항 또는 제2항에 규정된 이익이나 직의 제공을 받거나 그 제공의 의사표시를 승낙한 자

⑧ 제7항 제2호·제3호에 규정된 행위에 관하여 지시·권유·요구하거나 알선한 자 또는 제57조의5제3항의 규정을 위반한 자는 5년 이하의 징역 또는 1천만원 이하의 벌금에 처한다. 〈신설 2005.8.4, 2008.2.29〉

[3] 대구고등법원의 판결[105)]

【피 고 인】 피고인 1 외 1인
【항 소 인】 피고인들 및 검사
【검 사】 검 사
【변 호 인】 법무법인

【원심판결】 대구지방법원 영덕지원 2008. 6. 23. 선고 2008고합10 판결
【주 문】

원심판결을 파기한다.
피고인들을 각 징역 10월에 처한다.
원심판결 선고 전의 구금일수 82일씩을 피고인들에 대한 위 각 형에 산입한다.
다만, 이 판결 확정일로부터 2년간 위 각 형의 집행을 유예한다.
압수된 현금 29만원(압수목록 순번 1), 현금 200만원(압수목록 순번 2), 현금 50만원(압수목록 순번 3), 현금 1,500만원(압수목록 순번 16), 종이상자 1개(압수목록 순번 17)를 피고인 1로부터, 현금 100만원(압수목록 순번 9), 현금 100만원(압수목록 순번 10)을 피고인 2로부터 각 몰수한다.
피고인들로부터 각 105,000원씩을 추징한다.

【이 유】

1. 항소이유의 요지

---

105) 대구고등법원 2008. 11. 27. 선고 2008노293 판결 【공직선거법위반】

가. 피고인들

(1) 사실오인 및 법리오해

피고인 1의 집에서 발견된 돈은 위 피고인이 농협 대출금 등을 갚기 위하여 농작물을 판매한 돈과 아들인 공소외 1이 준 돈을 모아둔 것이고, 긴급체포 당시 피고인 1은 농협 대출금 이자와 친구인 공소외 2로부터 빌린 돈을 갚기 위하여 집에 있던 돈 중 300만원을 가져 나와 농협 대출금 이자 30만원을 갚고 나머지 돈을 소지하고 있었던 것이며, 피고인 2는 공소외 3, 4 등으로부터 빌린 돈을 갚기 위하여 대구에 사는 친구로부터 빌린 현금 200만원가량을 소지하고 있었을 뿐인데도, 원심은 피고인들이 성명불상자로부터 선거운동비 명목으로 2,000만원을 교부받고, 선거기간중 다수의 선거인에게 배부할 목적으로 구분된 형태의 돈을 소지하고 있었다고 인정하였으니 원심판결에는 사실을 오인하거나 법리를 오해하여 판결에 영향을 미친 위법이 있다.

(2) 양형부당

원심이 피고인들에게 선고한 각 징역 10월의 형은 너무 무거워 부당하다.

나. 검 사

원심이 피고인들에게 선고한 위 각 형은 너무 가벼워 부당하다.

2. 판 단

가. 피고인들의 사실오인 및 법리오해 주장에 대한 판단

(1) 인정 사실

원심에서 적법하게 채택하여 조사한 증거들 및 증인 공소외 5, 6의 당심 법정에서의 진술을 종합하면 다음과 같은 사실을 인정할 수 있다.

(가) 피고인 1은 1998년부터 2002년경까지 경북 영양군 석보·입암·청기 지역의 도의원을 지낸 자로 2008. 4. 9. 실시된 제18대 국회의원선거 영덕·울진·영양·봉화 선거구에서 무소속으로 출마한 공소외 7 후보의 영양지역 선거대책본부 부본부장(선거관리위원회 미등록)으로 활동한 자이고, 피고인 2는 공소외 7 후보의 영양지역 선거연락소장(선거관리위원회 등록)으로 활동한 자이다.

(나) 경북 영양경찰서 수사과 소속 경찰관 공소외 5, 6은 피고인 1이 선거자금을 운반한다는 첩보를 입수하고 수사하던 중 2008. 4. 2. 12:05경(이 날은 공소외 7 후보의 부인이 경북 영양군 석보면을 방문하여 선거유세를 하기로 예정되어 있었다) 영양군 선거관리위원회 직원들과 함께 경북 영양군 석보면 지경리 마을 입구에서 피고인 1 소유의 (차량번호 생략) 레간자 승용차를 운전하던 피고인 1 및 위 승용차를 타고 가던 피고인 2를 공직선거법위반죄로 긴급체포하면서 위 승용차 내부를

압수수색하였는데, 당시 위 승용차 조수석 사물보관함에서 현금 100만원 묶음 2다발(압수목록 순번 2), 현금 50만원(1만원권 50장, 압수목록 순번 3)이 든 우편봉투(삼성생명보험 주식회사의 명칭이 인쇄되어 있고 받는 사람으로 피고인 1이 기재되어 있었다)가 발견되었고, 피고인 1은 바지 뒷주머니에 현금 29만원(1만원권 29장, 압수목록 순번 1)과, 공소외 7 후보의 명함 36장(압수목록 순번 5), 영양에 거주하는 사람들의 이름과 주소, 전화번호 등이 기재된 수첩(압수목록 순번 6, 7)을 소지하고 있었으며, 피고인 2는 상의 좌측주머니에 현금 100만원 묶음 1다발(압수목록 순번 9), 상의 우측주머니에 현금 100만원(1만원권 100장, 압수목록 순번 10) 및 공소외 7 후보의 명함 22장(압수목록 순번 12), 선거사무소 개소시의 지출경비 내역 등을 기재한 수첩(압수목록 순번 13), 읍·면별로 하위 동·리에 각 거주하는 사람들의 이름과 연락처가 기재된 수첩(압수목록 순번 14) 등을 소지하고 있었다.

(다) 또한 위 압수수색 당시 위 승용차 안에서는 현금을 묶는 띠지 5개가 발견되었는데, 그 중 2개는 위 승용차 조수석 사물보관함에서 발견된 현금 100만원 묶음 2다발의 띠지이고, 1개는 피고인 2의 상의 좌측주머니에서 발견된 100만원 묶음 1다발의 띠지이며, 또 다른 1개는 피고인 2의 상의 우측주머니에 발견된 돈에서 분리되어 끊어져 위 돈과 함께 발견된 띠지이고, 나머지 1개는 위 승용차 재떨이 안에서 발견된 띠지로서 위 띠지들 표면에는 모두 SC 제일은행 상호가 인쇄되어 있었고, 위 은행 서울 강남 중앙지점 직원인 공소외 8의 인장이 날인되어 있었다.

(라) 공소외 5와 공소외 6은 위와 같이 피고인들을 긴급체포한 다음 다른 증거물이 있는지 여부를 확인하기 위하여 피고인 1의 집에 대한 압수수색을 실시한 결과 피고인 1의 집 장롱 위에 있던 '자연송이'라고 적힌 상자(압수목록 순번 17) 속에 현금 1,500만원(100만원 묶음 15다발, 압수목록 순번 16)이 들어있는 것을 발견하였는데, 위 돈 중 1,000만원은 띠지로 100만원씩 묶은 다음에 다시 100만원 묶음 10다발을 은행에서 사용하는 플라스틱 끈(증거기록 171의 하단 사진 고무줄 밑의 것)을 이용하여 하나로 묶은 상태였고, 나머지 500만원은 100만원씩 띠지로 묶인 5다발이었는데, 위 각 돈을 묶은 띠지는 모두 농협의 띠지였다.

(마) 그 후 공소외 5와 공소외 6이 위 승용차에서 발견된 띠지에 날인된 도장의 출처를 알아보기 위하여 SC 제일은행 서울 강남 중앙지점을 방문한 사실이 있는데, 당시 공소외 5 등은 피고인 1의 집에서 발견된 농협 띠지로 묶인 돈들도 위 제일은행 근처의 농협에서 인출된 것일 가능성이 크다고 판단하여 위 제일은행 인근에 있는 농협중앙회 서울 논현 남지점을 방문하여 직원들에게 피고인 1의 집에서 발견된 돈 중 띠지에 인영이 비교적 선명하게 찍힌 100만원 묶음 3다발을

보여주면서 누구의 도장인지 확인해 줄 것을 요청한 결과 동료 직원인 공소외 10의 도장이라고 확인받았다.

(바) 한편 피고인들은 긴급체포된 당일 처음 진술조서를 받을 당시에는 선거운동과 관련하여 금품을 수수한 사실을 부인했으나 같은 날 오후 6시경 피고인 1의 집에서 돈다발이 든 상자가 발견되자 피고인 1은 사실대로 이야기하겠다고 하면서 경찰 1회 피의자신문 당시부터 "4월 1일 밤 10시 30분경에 선거 캠프에서 피고인의 휴대전화로 선거운동경비가 좀 나가니 밤 12시경에 대천 한내다리로 나오라는 전화를 받았다. 밤 12시경에 피고인 2와 함께 피고인 1이 운전하여 대천교 다리에 먼저 도착해 있으니 영덕 방면에서 온 검은색 승용차에서 사람이 내려서 돈가방을 도로에 놓았고 피고인 2가 돈가방을 들고 차에 타서 확인해 보니 2,000만원이 들어 있었다. 피고인 2가 돈을 확인하고는 '이것밖에 안 되나'라고 말하였다. 선거운동을 하면서 선거운동원들에게 음료수나 빵을 사준다고 그 돈을 받았다"라고 진술하였고 경찰 2회 피의자신문 당시에도 같은 취지로 진술하였으며, 피고인 2도 경찰 1회 피의자신문 당시에 "2,000만원을 준 사람은 모르고, 차가 멀리 떨어진 상태에서 상대방이 차의 중간에 돈을 놓고 출발했다. 피고인 1이 자백하였기 때문에 자신도 자백한다. 선거운동 기간에 현금이나 이런 것을 주는 것을 다른 사람이 보면 위험하기 때문에 모르게 돈을 받았다"라고 진술하였고, 경찰 2회 피의자신문 당시에도 같은 취지로 진술하였다.

(사) 경찰은 피고인들의 위와 같은 진술을 토대로 피고인들에게 돈을 건넨 성명불상의 남자가 타고 왔다는 검은색 승용차를 확인하기 위하여 영양읍 일대에 설치된 방범용 CCTV에 녹화된 장면을 확인하던 중 영양읍 무창리 지방도에 설치된 CCTV에 피고인 1이 위 레간자 승용차에 피고인 2를 태우고 2008. 4. 2. 02:02경 영양에서 영해 방면으로, 같은 날 02:58경 영해에서 영양 방면으로 각 운행하는 장면이 위 CCTV에 촬영된 것을 확인하였고, 이어 피고인들의 주거지인 입암면과 반대 방향인 영양군 일월면 곡강리에 설치된 CCTV에 같은 날 03:12경 피고인 1이 위 레간자 승용차를 운전하여 영양읍에서 일월면 방면으로 진행하였다가 같은 날 03:17경 다시 일월면에서 영양읍 방면으로 진행하는 장면이 촬영되었고, 피고인 1의 차량이 촬영되기 약 10여 분 전인 같은 날 03:02경에 공소외 7 후보의 비서인 공소외 9가 그 소유의 (차량번호 생략) 렉스턴승용차를 운전하여 영양읍에서 일월면 방면으로 진행하는 장면이 촬영된 사실이 확인되었으며, 한편 피고인 2의 휴대전화 통화내역을 조회한 결과 2008. 4. 2. 00:08경부터 4. 2. 03:10경까지 영양군 일대에서 공소외 9와 8회 통화한 사실이 확인되었다.

(아) 피고인들은 위와 같이 금품 수수사실을 자백하다가 구속영장청구 후 영장실질심사 단계부터 이를 부인하기 시작하여 원심 및 당심 법정에 이르기까지 일관하여 피고인 1이 운전하던 승용차에 피고인 2가 동승하여 2008. 4. 2. 새벽에 영양읍 무창리를 지나 영덕군 창수면 방면으로 운행한 사실은 있으나(이 부분에 대하여 피고인들은 당초에는 당일 서로 만난 적도 없고 승용차를 운행한 사실도 없다고 부인하다가 검사가 방범카메라 촬영장면을 제시하자 공소외 7 후보의 영양읍 선거사무실에서 만나 영덕 방면으로 승용차를 운행한 사실만 인정하고 있다), 이는 영양의 선거사무실에서 자정 무렵까지 후보자 합동 TV토론회를 시청한 후 영덕 지역의 상황이 궁금하여 영덕으로 가다가 돌아왔을 뿐이고 위 공소사실 기재와 같이 성명불상자를 만나 그로부터 선거자금 명목으로 돈을 받은 적은 없으며, 긴급체포 당시 돈을 소지한 채 위 레간자 승용차를 타고 간 것은 사실이나 자신들은 각자 볼일을 보러 석보면으로 가던 중이었고 소지한 돈은 석보면으로 가는 길에 아는 사람들로부터 빌린 돈, 연체된 신문대금 등을 갚기 위해 준비한 돈이었다고 주장하면서 범행을 극구 부인하고 있다.

(2) 금품 수수의 점에 대하여

(가) 앞서 본 사실에 의하여 인정되는 다음과 같은 사정, 즉 ① 위 레간자 승용차에서 발견된 띠지가 총 5개인데 그 중 3개는 위 승용차 사물보관함에서 발견된 100만원 묶음 2다발, 피고인 2의 상의 좌측 주머니에서 발견된 100만원 묶음 1다발에 그대로 묶여있었고, 1개는 피고인 2의 상의 우측 주머니 속에서 현금 100만원과 함께 발견되었으며, 나머지 1개는 승용차 내의 재떨이에서 발견되었고, 위 승용차 내 사물보관함, 피고인 1의 뒷주머니에서 띠지로 묶이지 않은 현금 79만원이 추가로 발견된 점, 피고인 1이 긴급체포 직전 농협에 들러 대출금 이자 30만원을 변제한 점에 비추어 원래 위 승용차 안에는 총 100만원 묶음 5다발, 합계 500만원이 있었다고 추정되며, 여기에 피고인 1의 집에서 발견된 1,500만원을 합하면 피고인들이 경찰 수사 단계에서 수수하였다고 자백한 2,000만원과 일치하는 점, ② 위 승용차 안에서 발견된 5개의 띠지에는 모두 SC 제일은행 서울 강남 중앙지점 직원 공소외 8의 도장이 날인되어 있었으며, 피고인 1의 집에서 발견된 현금 100만원 묶음 15다발의 띠지에는 위 제일은행 인근의 농협중앙회 논현 남지점 직원 공소외 10의 것으로 보이는 도장이 각 날인되어 있는 점에 비추어 피고인 1의 집에서 발견되거나 위 승용차에 대한 압수수색시 발견된 위 각 돈의 출처는 모두 비슷하다고 판단되는 점(피고인 1은 보관하고 있던 돈의 출처에 대하여 2008. 1.경 자신이 농사지은 참깨, 고추를 판매한 돈과 자신의 아들 공소외 1로부터 그동안 받은 돈을 모아둔 것이라고 주장하나, 농작물을 판매하였다는 상인의 인적 사항이나 구체적인 거래품목, 거래량, 판매금액 등에 대하여 상세하게 진술

하지 못하고 있고, 또 농협에 대한 대출금채무가 5,000만원가량이나 된다는 피고인 1이 상당한 액수의 이자 부담을 감수하면서까지 채무를 변제하지 않고 1,500만원이 넘는 거액을 몇 달간 집안 장롱 위에 보관하고 있었다는 것은 쉽게 이해되지 않으며, 피고인 2도 승용차에 대한 압수수색 당시 발견된 돈은 영양의 어느 다방에서 대구에 사는 친구를 1년 만에 우연히 만나 그로부터 즉석에서 현금 200만원을 빌린 것이라고 주장하고 있으나, 그 친구의 인적사항에 대하여 일체 진술하지 않고 있을 뿐만 아니라, 1년 만에 다방에서 우연히 만난 친구가 공교롭게도 띠지로 묶인 200만원이라는 많은 현금을 소지하고 있다가 빌려주었다는 것도 역시 이해하기 어려운 점, 경북 영양읍에 거주하면서 공소외 7 후보가 청와대에 근무할 당시 서울에 가보고 그 이후에는 서울에 가본 적이 없다는 피고인들이 서울에 있는 은행에서 인출한 돈을 소지하고 있었던 점 등에 비추어 위 주장은 믿기 어렵다), ③ 피고인들의 자백을 근거로 2008. 4. 1. 밤부터 다음날 새벽까지 영양읍 일대에 찍힌 CCTV 촬영장면을 분석한 결과 피고인들이 탄 승용차가 영양군 일월면 곡강리 인근을 지나간 사실이 포착되었고, 그로부터 불과 10여 분 간격을 두고 공소외 7 후보의 비서인 공소외 9가 운행하는 승용차가 같은 장소를 운행하는 장면이 같은 CCTV에 촬영되었으며, 피고인 2와 공소외 9가 그 무렵 수회 통화한 사실이 확인되는 점(피고인들은 새벽 시간에 영덕 지역의 선거분위기를 살피기 위해 그로부터 약 1시간 가량 떨어진 영덕지역 선거사무실로 가다가 선거사무실에 잘 방이 없다는 말을 듣고 다시 돌아왔고, 당시 공소외 9와 여러 차례 통화한 이유는 공소외 9가 봉화로 가려 하는데 길을 잘 몰라 설명해 주기 위해서였다고 주장하고 있으나, 당시 피고인들이 굳이 새벽에 자신들의 책임구역도 아닌 영덕의 선거사무실로 간다는 상황 자체가 상식적으로 이해되지 않고, 공소외 9가 심야에 피고인 2와 수차례 통화하면서 부근의 지리를 물어보고 때마침 같은 지역을 통과했다는 것도 우연의 일치라고 보기는 어려워 위 주장 역시 믿기 어렵다) 등의 사정과, 피고인들이 위 2,000만원을 받은 시점이 2008. 4. 1.~4. 2.로 제18대 국회의원 선거의 법정선거운동기간이었고, 피고인 1은 공소외 7 후보의 선거관리위원회에 등록된 선거운동원도 아닐뿐더러 위 2,000만원 중 1,500만원을 종이 상자에 넣어 집안의 장롱 위에 보관하고 있었던 점, 선거운동은 누구나 할 수 있으나 선거운동과 관련하여 중앙선거관리위원회에서 정한 수당과 실비를 지급받을 수 있는 자들은 선거사무장·선거연락소장·선거사무원 및 회계책임자로 한정되어 있기 때문에 이들 외의 자들은 선거운동을 하는 경우 무보수로 선거운동을 하여야 하는 점, 피고인 1로서는 그의 경력에 비추어 선거사무관계자가 아니면서 선거와 관련하여 금품을 수수하는 행위가 위법하다는 것을 충분히 인식하고 있었다고 보는 것이 타당한 점, 공직선거법 제135조 제1항, 공직선거관리규칙 제59조 제1항 제5호에 의하면, 선거사무장·선거연락소장·선거사무원 및 회계책임자에 대하여는 1일 3만원 이내의 수당과 공무원여비규정 별표 2의 제4호에 해당하는 실비를 제공할 수 있다고 규정하고 있고, 정치자금법 제36조 제4항에서는 공직선거법 제135조의 규정에 의한 선거사무장 등의 수당·실비는 당해 선거사무장 등이 지정한 금융기관의 예금계좌에 입금하는 방법으로 지급하여야 한다고 규정하고 있는바, 이 사건의 경우 공소외 7 후보의 선거사무소 회계책임자가 지정된 금융계좌를 통하여 피고인 2에게 수당 등을 지급하는 법정된 수당지급방식에 의하지 아니하고, 피고인들이 성명불상자로부터 심야에 노상에서 현금으로 2,000만원을 변칙적인 방법으로 수수한 점, 위 금액이 피고인 2에 대한 수당 등으로 지급되었음을 증명하는 적법한 영수증 그 밖의 증빙서류가 첨부되지 아니한 점 등에 비추어 보면, 피고인들이 받은 돈은 공직선거법이 허용하는 선거비용으로 지출될 돈이 아니고, 선거인 또는 다른 선거운동원에게 전달할 돈 내지 자신들에게 귀속될 부분이라 할 것인데, 선거인 또는 다른 선거운동원에게 귀속될 돈을 포함하여 받은 돈 전부가 불법 선거운동의 대가 내지 그와 관련하여 지급된 것이라고 보는 것이 사회통념상 합리적이라고 할 것이다.

이에다, 피고인들이 경찰에서 조사를 받을 당시 선거운동과 관련하여 위 2,000만원을 제공받은 개략적인 일시와 장소를 시인하였다는 경찰관 공소외 5, 6의 원심 및 당심 법정에서의 증언 등을 종합하면, 피고인들은 2008. 4. 1. 24:00경부터 다음날 03:00경까지 사이에 경북 영양군 이하 불상지에서 성명불상자로부터 선거운동과 관련하여 2,000만원을 받았다고 인정된다.

이와 달리 기부행위 제한규정에 위반하여 받은 돈이라고 볼 여지가 있는지에 관하여 보건대, 피고인들이 위와 같이 받은 2,000만원 중 1,500만원은 피고인 1의 집에 두고 나머지 500만원을 선거인들에게 배부하기 위하여 가지고 가다가 긴급체포된 점에 비추어 위 2,000만원은 선거운동과 관련하여 받은 돈으로 볼 수밖에 없다.

(나) 피고인들은 이 사건 금품수수의 공소사실에는 피고인들이 위 돈을 언제, 어디에서 누구로부터 받았는지에 대한 구체적인 사실이 적시되어 있지 않아 위법하다고 주장한다.

살피건대, 공소사실의 기재에 있어서 범죄의 일시, 장소, 방법을 명시하여 공소사실을 특정하도록 한 법의 취지는 법원에 대하여 심판의 대상을 한정하고 피고인에게 방어의 범위를 특정하여 그 방어권 행사를 쉽게 해 주기 위한 데에 있는 것이므로, 공소사실은 이러한 요소를 종합하여 구성요건 해당사실을 다른 사실과 구별할 수 있을 정도로 기재하면 족하고, 공소장에 범죄의 일시, 장소, 방법 등이 구체적으로 지적되지 않았더라도 위와 같이 공소사실을 특정하도록 한

법의 취지에 반하지 아니하고, 공소범죄의 성격에 비추어 그 개괄적 표시가 부득이한 경우에는, 그 공소내용이 특정되지 않아 공소제기가 위법하다고 할 수 없다(대법원 1999. 11. 12. 선고 99도2934 판결, 대법원 2005. 1. 14. 선고 2004도6646 판결 등 참조).

이러한 법리와 기록에 비추어 살피건대, 이 사건과 같은 선거 범죄의 경우 그 특성상 금품 수수 행위가 매우 은밀하게 이루어지고 있어서 금품 수수 현장을 바로 적발하여 범행 일시, 장소를 구체적으로 특정하는 것이 쉽지 아니하고, 이 사건 금품 수수의 공소사실에 범행일시를 '2008. 4. 1. 24:00경부터 다음날 03:00경까지'로, 범행 장소를 '경북 영양군 이하 불상지'로 특정하고 있는 점에 비추어 공소사실에 기재된 범죄의 일시, 장소, 방법이 위 공소사실의 특정을 요구하는 취지에 비추어 볼 때 다른 사실과의 식별이 어렵거나 피고인들의 방어권 행사에 지장을 준다고 보기는 어렵다.

(다) 피고인들은 또 피고인들을 조사했던 경찰관들이 원심법정에서 피고인들이 수사과정에서 선거운동과 관련하여 금품을 수수한 사실을 자백하였다고 증언하였으나 피고인들이 경찰에서 금품을 수수하였다고 인정한 것은 나이 어린 경찰관들이 모욕적인 언사로 추궁을 하며 윽박지르는 바람에 검찰에서 진솔하게 대답하기 위하여 허위로 진술한 것이므로 위 경찰관들의 증언은 형사소송법 제312조 제2항의 입법취지에 따라 아무런 증거능력이 없다고 주장한다.

종래 대법원 판례는 피고인이 경찰에서의 진술을 부인하는 경우 조사경찰관이 경찰 조사시 피고인이 범행을 자백하였고 그에 따라 범행사실을 확인하였다고 법정에서 증언하였다고 하더라도 피고인이 경찰에서의 진술을 부인하는 이상 구 형사소송법 제312조 제2항(현행 형사소송법 제312조 제3항)의 취지에 비추어 증거능력이 없다고 판시하여 왔다. 그러나 2007. 6. 1. 법률 제8496호로 개정되어 2008. 1. 1.부터 시행된 현행 형사소송법은 조사자의 증언을 인정하지 아니한 종래의 대법원 판례의 태도와는 달리, 조사경찰관 등이 증인으로 나와 위증죄의 부담을 안고 피고인 측의 반대신문을 받으면서 한 증언에 증거능력을 부여함으로써 실체적 진실발견과 피고인의 방어권 보장 사이에 조화를 도모할 목적으로, 제316조 제1항에서 피고인이 아닌 자에 "공소제기 전에 피고인을 피의자로 조사하였거나 그 조사에 참여하였던 자를 포함한다."는 규정을 신설하였다. 따라서 피고인의 진술을 내용으로 하는 조사경찰관의 증언은 그 진술이 특히 신빙할 수 있는 상태하에서 행하여졌다면 증거능력이 있다고 할 것이다.

그러므로 살피건대, 원심에서 적법하게 채택하여 조사한 증거들과 당심 증인 공소외 5, 6의 진술에 의하면, 피고인들을 조사한 경찰관인 공소외 5와 공소외

6은 피고인들에게 진술거부권과 변호인선임권이 있음을 고지하고 조사 도중에 적절하게 휴식 시간을 주면서 조사하였고, 피고인들은 2008. 4. 2. 긴급체포된 후 그날 오후부터 다음날 새벽 1시경까지 1회 경찰 피의자신문을 받았으나 그 후 충분히 수면을 취하고 그 다음 피의자신문부터는 주간에 조사를 받았으며, 피고인들이 영양경찰서에서 1회 경찰 피의자신문을 마치고 영덕경찰서 유치장에 입감되기 직전 담당 검사와의 면담을 원하여 조사 경찰관들이 배제된 상태에서 대구지방검찰청 영덕지청의 담당 검사와 면담하였는데 당시 '불편한 점이 없었느냐'는 담당 검사의 질문에 피고인들은 경찰의 회유나 협박이 있었다, 불편한 점이 있다는 등의 이야기를 한 적이 없었고, 피고인들은 처음부터 범행을 자백한 것이 아니라 피고인 1의 집에 대한 압수수색 결과 장롱 위에 띠지로 묶인 100만원 묶음 15다발이 발견되자 그때부터 자신들의 범행을 자백하기 시작하였으며, 피고인 1은 영양군 입암면 출신으로 경상북도 도의회 의원까지 지낸 인물이고, 위 피고인을 주로 조사하여 금품 수수 사실을 자백하는 진술을 받은 경찰관 공소외 5도 입암면이 고향으로 위 피고인 아들의 중학교 후배인 점 등에 비추어 볼 때, 경찰에서 피고인들이 금품 수수 사실을 자백하는 내용의 진술을 한 것은 그 진술에 허위개입의 여지가 거의 없고 그 진술내용의 신빙성이나 임의성을 담보할 만한 상태에서 행하여졌다고 보인다.

따라서 경찰수사 단계에서 범행을 자백하는 피고인들의 진술을 내용으로 하는 증인 공소외 5, 6의 원심 및 당심 법정진술은 그 증거능력이 있고, 피고인들의 신분이나 지위에 비추어 볼 때 자백의 의미나 중요성을 제대로 헤아리지 못한 채 허위자백을 하였다고 볼 수 없는 만큼 그 신빙성도 충분하다고 할 것이다.

(3) 금품 운반의 점에 대하여

먼저, 피고인들이 긴급체포될 당시 소지하고 있었던 돈이 선거와 관련하여 선거인들에게 배부할 돈이었는지 여부에 관하여 살피건대, 위에서 인정한 바와 같이 특정 후보자의 선거운동원들인 피고인들이 선거일이 임박한 시점에 출처가 비슷한 돈을 여러 군데 나누어 묶음별로 소지하고 있고, 특정후보의 명함과 다수 선거인의 이름과 연락처 등이 기재된 수첩을 위 돈과 함께 소지하고 있었고, 피고인들의 목적지는 후보자의 부인이 선거유세차 방문할 예정인 곳이었으며, 소지하고 있던 돈이 합계 479만원에 이르는 큰 금액이라면 그 돈은 피고인들이 선거인들에게 배부할 목적으로 소지한 것으로 볼 수밖에 없다.

다음으로, 피고인들이 위 돈을 100만원 다발 여러 개 등으로 나누어 소지하고 있었던 점을 '구분된 형태로 되어 있는 금품'으로 볼 수 있는지 여부에 관하여 살피건대, 공직선거법의 규정상 반드시 포장된 선물 또는 돈 봉투 등에 들어있지 않더라도 다수의 선거인에게 배부하도록 구분지어져 있으면 이를 '구분된 형태로 되어 있는 금품'이라고 볼 수 있다고 판단되고, 이 사건에서 긴급체포될 당시 피고인 1은 자신의 지갑(위 지갑에 든 8만원은 기소되지 아니하였다) 외에 승용차의 사물보관함, 우편봉투, 바지 뒷주머니에 279만원을, 피고인 2는 자신의 하의주머니(위 하의주머니에 든 11만원은 기소되지 아니하였다) 외에 상의 좌측주머니, 상의 우측주머니에 200만원을 나누어 소지하고 있었던 점에 비추어 보면 위 479만원은 '다수의 선거인에게 배부하도록 구분된 형태로 되어 있는 금품'에 해당한다고 할 것이다.

마지막으로 피고인들에게 '당선되거나 되게 하거나 되지 못하게 할 목적'이 있었는지에 관하여 보건대, 원심이 적법하게 채택하여 조사한 증거에 의하여 인정되는 피고인들의 지위, 피고인들과 공소외 7 후보자와의 인적관계, 행위의 동기 및 경위, 행위의 내용과 태양, 행위 당시의 상황 등 여러 사정을 종합하면, 피고인들에게 공소외 7 후보를 당선시킬 목적이 있었다고 보는 것이 사회통념에 비추어 합리적이라고 할 것이다.

(4) 소 결

그렇다면, 원심의 사실인정과 판단은 적법하고 거기에 피고인들이 주장하는 바와 같은 사실오인이나 법리오해의 위법이 없다.

나. 피고인들 및 검사의 양형부당 주장에 대한 판단

피고인들이 선거운동과 관련하여 금품을 수수하고, 수수한 금품 중 일부를 다수의 선거인에게 배부할 목적으로 구분된 형태로 운반한 행위는 유권자들에 대한 매수행위와 결부되어 선거의 공정성을 침해할 위험성이 매우 높은 범죄로서 그 죄질이 좋지 아니하고, 피고인들이 수수한 액수가 2,000만원으로 그 액수가 적지 아니함에도 피고인들이 이 사건 수사 단계에서부터 당심 법정에 이르기까지 자신들의 잘못을 뉘우치지 않고 납득하기 힘든 변명만을 늘어놓은 채 범행을 극구 부인하며 금품 제공자를 밝히지 않는 등 개전의 정을 보이지 않는 점에 비추어 보면 피고인들을 엄한 형으로 처벌하는 것이 마땅할 것이다. 그러나 다행스럽게도 피고인들이 이 사건 범행으로 수수한 금품을 유권자들에게 살포하기 전에 체포됨으로써 선거결과에는 영향을 미치지 않은 것으로 보이는 점, 피고인들이 고령이고, 피고인 1은 형사처벌을 받은 전력이 전혀 없으며, 피고인 2 또한 도박죄로 1회 벌금형을 선고받은 외에는 달리 형사처벌을 받은 전력이 없는 등 농촌 지역에서 성실하게 살아온 것으로 보이는 점, 그밖에 이 사건 각 범행의 동기, 방법, 결과, 피고인들의 성행, 전력, 환경 등 양형의 조건이 되는 여러 사정을 종합하여 보면, 원심이 피고인들에게 선고한 형은 너무 무거워 부당하다고 인정된다.

3. 결 론

따라서 피고인들의 항소는 이유 있으므로, 형사소송법 제364조 제6항에 의하여 원심판결을 파기하고, 변론을 거쳐 다시 다음과 같이 판결한다.

【범죄사실 및 증거의 요지】

이 법원이 인정하는 범죄사실 및 그에 대한 증거의 요지는, 원심판결의 범죄사실 중 제4행 다음에 '피고인들은 공동하여'를 추가하고 제1항 제6행 이하의 '2,000만원(증 제1 내지 3, 9, 10, 16호)'을 '2,000만원(압수목록 순번 1 내지 3, 9, 10, 16 및 21만원)으로 정정하고, 제2항 제5행의 '자신의 지갑에 든 8만원 외에' 및 제8행 이하의 '자신의 하의 주머니에 든 11만원 외에'를 삭제하고, 증거의 요지 중 '씨디(CD) 및 비디오테이프의 각 검증결과'를 '검증조서(제3회 공판조서의 일부)의 기재'로, '증 제1 내지 제17호의 각 현존'을 '각 압수조서의 기재'로 정정하고, '증인 공소외 5, 6의 당심 법정에서의 진술'을 추가하는 외에는, 원심판결의 각 해당란에 기재되어 있는 바와 같으므로 형사소송법 제369조에 의하여 이를 그대로 인용한다.

【법령의 적용】

1. 범죄사실에 대한 해당법조 및 형의 선택

 가. 선거운동 관련 금품 수수의 점

  (1) 피고인 1 : 공직선거법 제230조 제1항 제5호, 제4호, 제135조 제3항, 형법 제30조 (징역형 선택)

  (2) 피고인 2 : 공직선거법 제230조 제2항, 제230조 제1항 제5호, 제4호, 제135조 제3항, 형법 제30조(징역형 선택)

 나. 금품 운반의 점

  각 공직선거법 제230조 제4항, 형법 제30조(각 징역형 선택)

1. 경합범 가중

 각 형법 제37조 전단, 제38조 제1항 제2호, 제50조(피고인 1에 대하여는 죄질이 더 무거운, 피고인 2에 대하여는 형이 더 무거운 각 선거운동 관련 금품수수로 인한 공직선거법위반죄에 정한 형에 가중)

1. 미결구금일수 산입

 각 형법 제57조

1. 집행유예

 각 형법 제62조 제1항

1. 몰　수

가. 피고인 1 : 공직선거법 제236조 본문(압수목록 순번 1 내지 3, 16), 형법 제48조 제1항(압수목록 순번 17)

나. 피고인 2 : 공직선거법 제236조 본문(압수목록 순번 9, 10)

1. 추　징

각 공직선거법 제236조 단서

[4] 대법원의 판결[106]

【피 고 인】 피고인 1 외 1인
【상 고 인】 피고인들
【변 호 인】 법무법인

【원심판결】 대구고법 2008. 11. 27. 선고 2008노293 판결

【주　　문】

상고를 모두 기각한다.

【이　　유】

상고이유를 본다.

1. 공소사실을 구체적으로 특정하도록 한 법의 취지는 법원에 대하여 심판의 대상을 한정하고 피고인에게 방어의 범위를 특정하여 그 방어권 행사를 쉽게 해 주기 위한 데에 있는 것이므로 공소사실은 이러한 요소를 종합하여 구성요건 해당사실을 다른 사실과 구별할 수 있을 정도로 기재하면 족하고, 범죄의 일시·장소·방법 등이 구체적으로 적시되지 않았더라도 공소범죄의 성격에 비추어 그 개괄적 표시가 부득이한 경우에는 그 공소내용이 특정되지 않아 공소제기가 위법하다고 할 수 없다(대법원 1999. 10. 12. 선고 99도3335 판결, 대법원 2002. 6. 20. 선고 2002도807 전원합의체 판결, 대법원 2006. 6. 27. 선고 2005도4177 판결 등 참조). 이와 같은 법리에 비추어 금품수수 관련 이 사건 공소사실을 살펴보면, 그 일시인 '2008. 4. 1. 24:00경부터 다음날 03:00경까지 사이'는 이중기소나 시효에 저촉되지 않는 정도이고, 그 장소인 '경북 영양군 이하 불상지'는 토지관할을 가늠할 수 있는 정도이며, 그 방법인 '성명불상자로부터 선거운동비 명목으로 2,000만원을 제공받

---

106) 대법원 2009. 2. 26. 선고 2008도11403 판결 【공직선거법위반】

았다'는 것은 범죄구성요건을 밝힐 수 있는 정도이므로, 위와 같은 정도의 기재만으로 공소사실은 충분히 특정되었다고 보아야 할 것이다. 원심판결에는 공소사실 특정에 관한 법리오해 등의 위법이 없다.

2. 원심판결과 원심이 유지한 제1심판결의 채용 증거를 기록에 비추어 살펴보면, 원심이 금품수수 관련 이 사건 공소사실을 유죄로 인정한 것은 수긍이 가고, 거기에 상고이유에서 주장하는 바와 같이 채증법칙 위배 또는 법리오해 등의 위법이 없다.

3. 공직선거법 제230조 제4항은 '당선되거나 되게 하거나 되지 못하게 할 목적으로 선거기간중 포장된 선물 또는 돈봉투 등 다수의 선거인에게 배부하도록 구분된 형태로 되어 있는 금품을 운반하는' 행위를 금지하고 있는바, 여기에서 구분이라 함은 동조 소정의 금품을 일정한 기준에 따라 전체를 크게 또는 작게 몇 개로 갈라 나누는 것을 말하고, 구분의 방법에는 제한이 없어 돈을 포장 또는 봉투에 넣거나 물건으로 싸거나 띠지로 감아 매는 것은 물론, 몇 개의 단위로 나누어 접어놓는 등 따로따로 배부할 수 있도록 분리하여 소지하는 것도 포함된다. 이와 같은 법리와 기록에 비추어 살펴보면, 원심이 그 설시 증거를 종합하여 피고인들이 당선되거나 되게 하거나 되지 못하게 할 목적으로 띠지로 감아맨 돈 등을 봉투, 주머니 등에 넣어가지고 다님으로써 선거기간중 다수의 선거인에게 배부하도록 구분된 형태로 되어 있는 금품을 운반한 사실을 인정하여 유죄로 판단한 것은 정당하고, 거기에 상고이유의 주장과 같은 채증법칙 위배 또는 공직선거법에 관한 법리오해 등의 위법이 없다.

4. 그러므로 상고를 모두 기각하기로 하여 관여 대법관의 일치된 의견으로 주문과 같이 판결한다.

Chapter 40 흰색 면장갑을 착용하고 선거운동을 한 사안

[1] 사건의 쟁점

1. 공직선거법 제105조 제2항에서 말하는 '표지물'의 의미
2. 교육감 선거에서 선거운동원들이 지지 후보자와 관련한 어떠한 기호나 문구도 기재되지 않은 흰색 면장갑을 착용하고 선거운동을 한 사안에서, 위 면장갑이 공직선거법 제105조 제2항의 '표지물'에 해당하지 않는다고 한 사례

[2] 관련법령

1. 공직선거법 제105조 제2항
2. 공직선거법 제105조 제2항

가. 공직선거법 [법률 제8879호, 2008. 2. 29, 일부개정]

제105조(행렬 등의 금지) ① 누구든지 선거운동을 위하여 2인(후보자와 함께 있는 경우에는 후보자를 포함하여 5인)을 초과하여 무리를 지어 다음 각 호의 어느 하나에 해당하는 행위를 할 수 없다. 다만, 제2호의 행위를 하는 경우에는 후보자와 그 배우자(배우자 대신 후보자가 그의 직계존·비속 중에서 신고한 1인을 포함한다), 선거사무장, 선거연락소장, 선거사무원 및 회계책임자는 그 수에 산입하지 아니한다. 〈개정 2004.3.12, 2005.8.4〉

1. 거리를 행진하는 행위
2. 다수의 선거구민에게 인사하는 행위
3. 연달아 소리 지르는 행위. 다만, 제79조(공개장소에서의 연설·대담)의 규정에 의한 공개장소에서의 연설·대담에서 당해 정당 또는 후보자에 대한 지지를 나타내기 위하여 연달아 소리 지르는 경우에는 그러하지 아니하다.

② 누구든지 모양과 색상이 동일한 모자나 옷을 착용하거나 그 밖의 표지물을 휴대하여 선거운동을 할 수 없다. 다만, 제1항 각 호 외의 부분 단서에 규정된 자가 모양과 색상이 동일한 모자나 티셔츠를 착용하는 경우에는 그러하지 아니하다. 〈신설 1997.11.14, 2002.3.7, 2004.3.12, 2005.8.4〉

[3] 부산고등법원의 판결[107)]

【전 문】
【피 고 인】 피고인
【항 소 인】 검 사
【검 사】 검 사

【원심판결】 창원지방법원 2008. 6. 27. 선고 2008고합21 판결
【주 문】
검사의 항소를 기각한다.

【이 유】
1. 항소이유의 요지
가. 사실오인 또는 법리오해
선거사무원인 피고인이 다른 선거사무원 3명과 함께 모양과 색상이 동일한 흰색 계통의 장갑인 표지물을 휴대하여 선거운동을 한 공직선거법 위반의 점에 관하여 위 흰색 계통의 장갑이 공직선거법 제105조 제2항에서 정한 '그 밖의 표지물'에 해당하지 않는다는 이유로 무죄를 선고한 원심은 '그 밖의 표지물'에 관한 사실을 오인하였거나 법리를 오해한 잘못이 있다.

나. 양형부당
원심이 피고인에게 선고한 형(선고유예, 유예할 형 : 벌금 2,500,000원)은 너무 가벼워서 부당하다.

2. 판 단
가. 사실오인 또는 법리오해 주장에 대하여
원심이 적법하게 채택·조사한 증거에 의하면, 피고인을 포함한 4명의 선거사무원들이

107) 부산고등법원 2008. 9. 10. 선고 2008노461 판결 【공직선거법위반】

2007. 12. 11. 18:00경 의령군청 4거리에서 나란히 선 채 지나가는 행인들에게 권정호 후보자에 대한 지지를 부탁하는 취지로 선거운동을 하고 있었던 사실, 그 중 피고인을 포함한 3명은 흰색 계통의 장갑을 착용하였고 나머지 1명은 녹색 계통의 장갑을 착용한 사실, 위 4명의 선거사무원들이 착용한 장갑의 모양이 특별하지 아니하였을 뿐만 아니라 거기에 위 후보자를 연상시키는 어떠한 기호나 문구는 표시되어 있지 아니하였던 사실이 인정된다.

한편, 공직선거법 제105조 제2항은 "누구든지 모양과 색상이 동일한 모자나 옷을 착용하거나 그 밖의 표지물을 휴대하여 선거운동을 할 수 없다. 다만, 제1항 각 호 외의 부분 단서에 규정된 자가 모양과 색상이 동일한 모자나 티셔츠를 착용하는 경우에는 그러하지 아니하다."라고 규정하고 있는바, ① 위 조항에서 정하고 있는 '그 밖의 표지물'의 해석과 관련하여 '표지물'의 사전적 의미가 '표시나 특징으로 어떤 사물을 다른 것과 구별하게 하는 물건'으로 이해되고, 죄형법정주의의 원칙상 확장이나 유추해석은 허용되지 않는 점, ② 위 조항의 입법취지가 선거의 과열·혼탁을 조장하거나 비용 증가 등으로 인해 선거의 공정성이 저해되는 것을 막기 위한 것이라는 점에 비추어 보면, 공직선거법 제102조 제2항이 정하는 '표지물'이란 '선거운동을 하는 자가 휴대한 물건이 유권자로 하여금 특정 정당이나 후보자를 연상시키거나 인식하게 할 수 있는 정도에 이르고 이로 인해 선거의 과열·혼탁을 조장하거나 비용 증가 등을 야기하여 선거의 공정성을 저해할 위험성이 있는 물건'으로 해석함이 상당하다.

그런데 앞서 본 인정사실에 의하면, 피고인이 착용하였던 흰색 계통의 장갑은 외관상 주위에서 흔히 볼 수 있는 흰색 면장갑으로서 그 모양이 특별하거나 기호 또는 문구 표시 등을 통해 특정 정당이나 후보자를 연상·인식하게 하는 것이 아니었으므로, 이는 '손에 착용하는 물건'이라는 의미에서 다른 물건과 구별될 뿐이지 공직선거법 제102조 제2항이 정한 '그 밖의 표지물'에는 해당한다고 볼 수 없다(공직선거법 제105조의 입법취지가 비록 선거사무원이라 하더라도 모자나 티셔츠를 착용하는 외에 2인 이상이 함께 모양과 색상이 동일한 장갑 등 물건을 휴대하여 선거운동을 하지 못하도록 규정한 것일 수는 있으나, '표지물'에 관한 사전적 의미를 넘어 이를 확장하거나 유추하여 해석하는 것은 죄형법정주의의 원칙상 허용될 수 없다).

따라서 피고인이 공직선거법 제105조 제2항에서 정한 표지물을 휴대하여 선거운동을 함으로써 공직선거법을 위반하였다는 공소사실에 관하여 원심이 범죄의 증명이 없는 때에 해당한다는 이유로 무죄를 선고한 것은 정당하고, 거기에 검사의 주장과 같은 사실오인이나 법리오해의 위법이 있다고는 할 수 없으므로, 검사의 위 주장은 이유 없다.

나. 양형부당 주장에 대하여

피고인이 선거운동을 하는 과정에서 선거부정감시단원인 피해자를 폭행하여 상해를 입힌 사안이어서 죄질이 불량하긴 하나, 한편으로는 피해자의 상해정도가 경미하고 피해자도 피고인에 대한 처벌을 원하지 않는 점, 범행 동기에 참작할 만한 사정이 있는 점, 피고인이 도로교통법 위반으로 벌금형 1회 받은 외에는 별다른 범행전력이 없고 자신의 잘못을 깊이 뉘우치고 있는 것으로 보이는 점 기타 피고인의 나이, 성행, 가정환경 등 변론에 나타난 여러 양형조건을 종합·검토해 볼 때, 원심이 피고인에게 선고한 형은 적정하고 너무 가벼워서 부당하다고는 인정되지 아니한다.

따라서, 검사의 위 주장은 이유 없다.

3. 결 론

그렇다면, 검사의 항소는 이유 없으므로 이를 기각하기로 하여 주문과 같이 판결한다.

[4] 대법원의 판결[108)]

【피 고 인】 피고인

【상 고 인】 검 사

【원심판결】 부산고법 2008. 9. 10. 선고 2008노461 판결

【주 문】

상고를 기각한다.

【이 유】

상고이유를 본다.

공직선거법 제105조 제2항은 "누구든지 모양과 색상이 동일한 모자나 옷을 착용하거나 그 밖의 표지물(표지물)을 휴대하여 선거운동을 할 수 없다. 다만, 제1항 각 호 외의 부분 단서에 규정된 자가 모양과 색상이 동일한 모자나 티셔츠를 착용하는 경우에는 그러하지 아니하다"고 규정하고 있는바, 위 조항의 문언, 입법 연혁, 입법 취지 등을 종합하여 보면, 위 조항 소정의 '표지물(표지물)'이란 '유권자로 하여금 특정 후보자나 정당을 연상시키거나 인식하게 할 수 있는 물건'을 말하고, 구체적으로는 후보자의 사진·성명·기호 및 소속 정당명 기타 홍보에 필요한 사항이 게재되어 있거나, 그러한 사항이 게재되어 있지 않더라도 선거

108) 대법원 2009. 1. 30. 선고 2008도8419 판결 【공직선거법위반】

운동에 사용된 방법 등 구체적인 제반 사정에 비추어 특정 후보자나 정당을 연상시키거나 인식하게 할 수 있는 물건이라면 이에 해당한다고 보아야 한다.

위 법리에 비추어 기록에 의하여 알 수 있는, 피고인은 이 사건 공소사실 기재 일시 장소에서 다른 선거운동원 3명과 나란히 서서 지나가는 행인들에게 ○○도 교육감선거에 출마한 공소외인 후보자에 대한 지지를 부탁하는 취지의 선거운동을 하였는데, 당시 피고인을 포함한 3명의 선거운동원들이 흰색 계통의 면장갑을 착용하고 있었고, 나머지 1명은 녹색 계통의 장갑을 착용하고 있었던 점, 피고인이 착용한 흰색 면장갑에 공소외인 후보자와 관련한 어떠한 기호나 문구도 게재되어 있지 않았던 점, 당시는 겨울철 저녁이었으므로, 피고인으로서는 방한 용도로 장갑을 착용할 필요가 있었다고 보이는 점 등 제반 사정을 살펴보면, 피고인이 착용한 흰색 면장갑이 '유권자로 하여금 공소외인 후보자를 연상시키거나 인식하게 할 수 있는 물건'에 해당한다고 보기 어렵고, 달리 기록상 피고인이 착용한 흰색 면장갑이 '유권자로 하여금 공소외인 후보자를 연상시키거나 인식하게 할 수 있는 물건'에 해당한다고 볼 아무런 자료도 없다.

같은 취지에서 피고인이 착용한 흰색 면장갑이 공직선거법 제105조 제2항 소정의 '표지물'에 해당하지 않는다는 이유로, 이 사건 공소사실에 대하여 무죄를 선고한 제1심판결을 그대로 유지한 원심의 조치는 정당하고, 상고이유에서 주장하는 바와 같이 공직선거법 제105조 제2항 소정의 '표지물'에 관한 법리를 오해한 위법 등이 없다.

그러므로 상고를 기각하기로 관여 대법관의 의견이 일치되어 주문과 같이 판결한다.

판·례·색·인

사·항·색·인

[ㅊ]

[ㅌ]

[ㅍ]

[ㅎ]

[기타]

저자약력

김 민 수

서울대학교 공과대학 화학공학과 졸업
대림산업 주식회사 근무
서울대학교 행정대학원 정책학 전공
사법연수원 수료
국방부장관 표창(법률제정유공) 수상

現) 법무법인 가온 구성원변호사

저 서

최신 형사재판 조세범처벌법(진원사)

최신 형사재판 **공직선거법 (상)**

저 자 김민수 2012년 1월 10일 초 판 인쇄
발행인 양진수 2012년 1월 20일 초 판 발행
발행처 진원사
서울시 서초구 서초3동 1714-32 형덕빌딩 1층
전화 : 02) 916-1850 / 팩스 : 02) 916-3442
신고번호 제321-2512007002호
http://www.jinwonsa.co.kr
http://www.lawbookstore.co.kr

인 지

ISBN : 978-89-6346-143-4 94360
ISBN : 978-89-6346-145-8 94360(전 2권)

정가 45,000원